Arbeiter im »Arbeiterstaat« DDR

Für Dorothea

Christoph Kleßmann

Arbeiter im »Arbeiterstaat« DDR

Deutsche Traditionen, sowjetisches Modell, westdeutsches Magnetfeld (1945 bis 1971)

Verlag J.H.W. Dietz Nachf.

Reihe

Geschichte der Arbeiter und der Arbeiterbewegung in Deutschland
seit dem Ende des 18. Jahrhunderts, Band 14

Herausgegeben von Gerhard A. Ritter

Das Projekt »Geschichte der Arbeiter und der Arbeiterbewegung in Deutschland
seit dem Ende des 18. Jahrhunderts« wurde mit Mitteln der VolkswagenStiftung
(Hannover) und der Friedrich-Ebert-Stiftung (Bonn) gefördert.

Bibliographische Information der Deutschen Bibliothek

Die Deutsche Bibliothek verzeichnet diese Publikation in der
Deutschen Nationalbibliographie; detaillierte bibliographische Daten sind
im Internet unter *http://dnb.ddb.de* abrufbar.

ISBN 978-3-8012-5034-8

Copyright © 2007 by Verlag J. H. W. Dietz Nachf. GmbH
Dreizehnmorgenweg 24, 53175 Bonn
Lektorat: Dr. Alexander Behrens, Bonn
Umschlag: Karl Debus, Bonn (unter Verwendung des Bildes
»Gruppenbild« von Werner Tübke, Rechte: Brigitte Tübke-Schellenberger
sowie Staatliche Kunstammlung Dresden)
Satz & Layout: Kempken DTP-Service · Büro für Satztechnik, Marburg
Druck und Weiterverarbeitung: Westermann Druck Zwickau GmbH, Zwickau

Alle Rechte vorbehalten
Printed in Germany 2007

Besuchen Sie unseren Verlag im Internet: *http://www.dietz-verlag.de*

Inhalt

Einleitung 9

I. Kapitel:
Die fragmentierte Klasse – Arbeiter und Arbeiterbewegung
in der SBZ (1945–1947) 45

1. Wirtschaftliche und soziale Profile des Territoriums
   und der »Arbeiterklasse« 47
2. Die Erfahrung der sowjetischen Besatzung
   und die Hinterlassenschaften des Krieges 59
3. Überlebensstrategien: Ernährung, Wohnen,
   Arbeitsbedingungen, soziale Hilfen 73
4. Pläne der Exil-KPD, Aktivitäten der Antifa und »Sektierer« . . . 85
5. »Die Arbeiterklasse« und der Mythos der Einheit –
   Illusion und Zwang auf dem Weg zur SED 92
6. Gewerkschaften im Konflikt zwischen Tradition
   und politischer Instrumentalisierung 102
7. »Aktivisten der ersten Stunde« – Betriebsräte und Basisinteressen . 113
8. Tätigkeitsfelder des FDGB in der Zusammenbruchsgesellschaft . . 121
9. »Antifaschistisch-demokratische Umwälzung« unter der
   Flagge der Entnazifizierung 129
10. Kompensationshandel, Arbeitsdisziplin und SMAD-Befehl 234 . . 138
11. Gewerkschaftliche Interzonenkonferenzen – gesamtdeutsche
    Hoffnung und kommunistische »Westarbeit« 145

II. Kapitel:
»Aufbau des Sozialismus« – stalinistische Diktatur,
gesamtdeutsche Propaganda und politisch-soziale
Konflikte (1948–1953) 155

1. Das Ende des »eigenen Weges«, die innerparteiliche
   Disziplinierung und die Gründung des »Arbeiter-und-Bauern-
   Staates« 160
2. Arbeiterwiderstand, Milieubindung und Kampf gegen
   den »Sozialdemokratismus« 175
3. Der FDGB als »Transmissionsriemen« – die mühsame
   Durchsetzung marxistisch-leninistischer Gewerkschaftspolitik . . 196
4. Kumpel Hennecke und die Aktivistenkampagne – Erfolge und
   Mißerfolge einer lautstarken Bewegung 215

5. Brigaden als Kern kollektiver Arbeitsorganisation 227
6. Frauenarbeit und Frauenemanzipation 233
7. »Brechung des bürgerlichen Bildungsmonopols« –
   Arbeiter-und-Bauern-Fakultäten und Umbau des Schulsystems . . 243
8. Schwieriger Elitenaustausch im Zuge der Vorbereitung der
   Planwirtschaft und der Errichtung der »Diktatur des Proletariats« . 252
9. Der erste Fünfjahrplan und der Lebensstandard
   im »Arbeiterstaat« 259
10. Reibungsflächen betrieblicher Sozialpolitik –
    Technische Arbeitsnormen, Betriebskollektivverträge
    und »Gesetz der Arbeit« 270
11. Kulturelle Massenarbeit im Betrieb –
    sowjetisches Modell und deutsche Traditionen 281
12. Der Westen als Missionsfeld, Klassenfeind und Magnet 300

III. Kapitel:
Die Klasse lehrt die Führung das Fürchten – Unruhen, Aufstand und Proteste der Arbeiter 1953 311

1. Der umstrittene Charakter des Aufstandes vom 17. Juni 313
2. Äußere und innere Voraussetzungen: ökonomische und
   politische Krisenentwicklungen nach der 2. Parteikonferenz
   1952 und nach Stalins Tod 321
3. Der Streik der Bauarbeiter in der Stalinallee und der Beginn
   des Aufstandes in Berlin 329
4. Regionale und betriebliche Schwerpunkte des Aufstandes
   und Formen des Protests 333
5. Das Dilemma der Funktionäre: Fortdauer der Konflikte
   in den Betrieben nach der Niederschlagung des Aufstandes 348
6. Repression und Krisenprävention – Verurteilungen, »Säuberung«
   der Apparate und Schaffung der Betriebskampfgruppen 357
7. Der Aufstand als doppelte traumatische Erfahrung in der
   DDR und sein Echo in der westdeutschen Arbeiterbewegung . . . 364

IV. Kapitel:
Vom »Neuen Kurs« zum Mauerbau – Mobilisierungsstrategien und Arbeiterverhalten unter den Bedingungen der offenen Grenze (1953–1961) 375

1. Arrangement, Renitenz und innerbetriebliche Konflikte
   im Zeichen des verlangsamten sozialistischen Aufbaus 379
2. Arbeiter in der Entstalinisierungskrise 1956/57 – Reaktionen
   auf die Vorgänge in Polen und Ungarn und das Experiment
   der »Arbeiterkomitees« 398

3. Der FDGB als sozialpolitische »Implementationsbürokratie«
   und ständiger Sündenbock 413
4. »Aktion ›Normalisierung‹« und Griff nach den Sternen:
   der V. Parteitag 1958 420
5. Der »Bitterfelder Weg« von 1959 – Programm und Realität
   einer neuen Arbeiterkultur 432
6. »Brigaden der sozialistischen Arbeit« als Lebensform? 448

Farbabbildungen
17 Farbabbildungen zum Thema 449-464

IV. Kapitel:
Fortsetzung des Kapitels 465

7. Halbstaatliche Betriebe, privates Handwerk und
   genossenschaftliche »Landarbeiter« 476
8. Die Attraktivität des Westens, die Republikflucht und die
   »Westarbeit« bis zum Mauerbau 490

Exkurs
Stalinstadt – »die erste sozialistische Stadt in Deutschland« . . 519

1. »Wo einst nur Sand und Kiefern waren …« –
   Aufbau und Aufbaumythos 524
2. Arbeitskräfte und Sozialstruktur 528
3. Symbole und Rituale 531
4. Erfahrungen und Erinnerungen 538

V. Kapitel:
Der »Arbeiterstaat« im Zeichen von Stabilisierung und
Modernisierung nach dem Mauerbau (1961–1971) 541

1. Demographische und sozialstrukturelle Entwicklungslinien 545
2. Der Mauerbau vom 13. August 1961; das »Produktionsaufgebot«
   als kurzfristiges Krisenmanagement 549
3. Das Gesetzbuch der Arbeit und die »sozialistische Moral« 557
4. Utopische Höhenflüge im neuen Parteiprogramm der SED
   von 1963 564
5. Das »Neue Ökonomische System« (NÖS) und die Arbeiter 568
6. Das Dilemma der Staatsgewerkschaft –
   Produktionspropaganda, Interessenvertretung und
   »Arbeiter-und-Bauern-Inspektionen« (ABI) 585
7. Risiken »sozialistischer Rationalisierung« und einer
   »ökonomisierten Sozialpolitik« 593

8. Qualifikationsoffensiven, Arbeitskräfterekrutierung und mentale Barrieren gegen die Gleichberechtigung der Frauen im gesellschaftlichen Alltag 602
9. Ausländische Arbeiter in der DDR – proletarischer Internationalismus oder pragmatischer Arbeitseinsatz? 614
10. Veränderte Arbeiterleitbilder und Trends der kulturellen Betriebsarbeit 624
11. Ulbrichts Fiktion einer »sozialistischen Menschengemeinschaft« in der geteilten Nation und die krisenhafte Realität der »arbeiterlichen Gesellschaft« 634

VI. Kapitel: Arbeiterleben im »Arbeiter-und-Bauern-Staat« 647

1. Milieu und Klasse – alte und neue Lebenszusammenhänge 654
2. Löhne und Haushaltseinkommen 664
3. Wohnen und Wohnquartiere 672
4. Versorgung und Konsumverhalten in der Mangelgesellschaft ... 688
5. Private und organisierte Freizeit 695
6. Rituale, Symbole, Feste, Religiosität 709
7. Der Betrieb als Lebenswelt und Zentrum der politischen Massenarbeit 721
8. Familien- und Geschlechterbeziehungen, Generationskonflikte .. 736
9. Arbeiterverhalten zwischen Loyalität, Arrangement und spontanen Streiks 743
10. Politische Geographie im Alltag: der Westen im Osten 758

Resümee und Ausblick 767

Nachwort und Dank 783

Anhang

Abkürzungsverzeichnis 789
Tabellenverzeichnis 791
Abbildungsverzeichnis 793
Quellen- und Literaturverzeichnis 799
Personenregister 847
Orts- und Länderregister 853
Sachregister 857

Über den Autor 891
Über die Reihe 892

Einleitung

In seinen »Fragen eines lesenden Arbeiters« formulierte Bertolt Brecht mit lakonischer Ironie seine Kritik an einer Geschichtsvorstellung, in der die Erfolge und Niederlagen großer Männer, historischer Helden und Schurken dargestellt, die Siege und Eroberungen früherer Epochen gefeiert wurden, in der die »kleinen Leute« aber nicht vorkamen.[1] Der Staat, in dem Brecht nach dem Zweiten Weltkrieg lebte, versuchte in seinem Sinne das Gegenteil: Er beförderte die Massen auf die historische Bühne, insbesondere die Arbeiter, denen nach Marx die Zukunft gehörte. Die Geschichte der Arbeiterbewegung avancierte zu einem »umfassenden Deutungsfeld der gesellschaftlichen Entwicklung«[2] und übernahm damit eine Aufgabe, die man in anderen Phasen des Jahrhunderts der Philosophie oder den Sozialwissenschaften zugewiesen hatte. Mit der unter wesentlicher persönlicher Mitwirkung von Walter Ulbricht 1966 erschienenen achtbändigen »Geschichte der deutschen Arbeiterbewegung« erreichten die Bemühungen um die Legitimation des in der östlichen Hälfte Deutschlands neu geschaffenen Staates ihren ersten Höhepunkt.[3] Historiographie hatte demnach parteilich zu sein, im Dienste der Arbeiterklasse zu stehen und sich an der »historischen Begründung ihrer Befreiungsmission«[4] auszurichten. Zur Geschichte dieser Klasse gehörte für die Führung der SED daher von Anfang an die Geschichte ihrer Stilisierung als Trägerin des Fortschritts und der Zukunft.

Wer aber war diese Arbeiterklasse? Wie lebten und dachten diejenigen, die ihr zugerechnet wurden, wie verhielten sie sich und welche Interessen zeigten sie unter völlig veränderten politischen Bedingungen einer Gesellschaftsordnung, die in ihrem Namen mit diktatorischen Mitteln und Methoden als kompletter Gegenentwurf zur westlich-bürgerlichen Demokratie jenseits der innerdeutschen Grenze aufgebaut wurde? Das Bild der Arbeiter im »ersten Arbeiter-und-Bauern-Staat« blieb in dessen offizieller Historiographie nicht zufällig völlig unscharf. Denn sozialhistorisch-kritische Fragen wurden nicht gestellt und durften nicht gestellt werden, weil sie das stilisierte Bild arg verkratzt hätten. Ein methodischer Ansatz, der vor allem nach gesellschaftlichen Realitäten und weniger nach politischen Intentionen »von oben« fragt und nahezu zwangsläufig widersprüchliche und unbequeme empirische Befunde zu Tage fördert, wirkte als »störendes Herumstochern im marxistisch-leninistischen Geschichtsbild«.[5] Sozialgeschichte konnte aus der dieser Sicht subversiv sein und war deshalb unerwünscht. Dies hatte zur Folge, daß es zwar neben der monumentalen »Meistererzählung« in acht Bänden eine Flut von

---

1 Bertolt Brecht, Kalendergeschichten, Reinbek bei Hamburg 1953, S. 91 f.
2 Klaus Tenfelde, Die Geschichte der Arbeiterbewegung, in: BzG 33 (1991), S. 638-643, hier: S. 640.
3 Geschichte der deutschen Arbeiterbewegung. In acht Bänden, hg. vom Institut für Marxismus-Leninismus beim ZK der SED, Berlin (O) 1966.
4 Ebd., Bd. 1, Vorwort, S. 7. Vgl. Siegfried Lokatis, Der rote Faden. Kommunistische Parteigeschichte und Zensur unter Walter Ulbricht, Köln 2003.
5 Peter Hübner, »Revolution in der Schrankwand?« Die Objektkultur des DDR-Alltags und ihre Musealisierung in der Perspektive sozialhistorischer Forschung, in: Gerd Kuhn/Andreas Ludwig (Hg.), Alltag und soziales Gedächtnis. Die DDR-Objektkultur und ihre Musealisierung, Hamburg 1997, S. 152-169, hier: S. 155.

veröffentlichten Quellen und Dokumentationen, regionalen und betrieblichen Geschichtsdarstellungen sowie hagiographischen Heldenbildern und Erinnerungen gab, aber kaum den Versuch einer kritischen sozialhistorisch orientierten Geschichtsschreibung. »Die real existierende Arbeiterschaft und ihre Lebensweise waren in der DDR keine lohnenden Forschungsobjekte.«[6] Die begriffliche Doppelung von Arbeiterschaft und Arbeiterbewegung ist mit guten Gründen als theoretisches Fundament der Gesamtreihe gewählt worden, in der dieser Band erscheint.[7] Zwischen beiden lag und liegt unter Umständen eine große Distanz. Organisationsgeschichte ist ohne Zweifel auch unter lebensweltlichen Aspekten für diejenigen, die sich zur Arbeiterbewegung zugehörig fühlten, von großer Bedeutung. Aber die in sich sozial vielfach gegliederte und politisch fragmentierte Arbeiterschaft ist darin zu keiner Zeit auch nur annähernd aufgegangen, so daß eine Geschichte der Arbeiterschaft einen erheblich breiteren Rahmen abstecken muß, um ihren Gegenstand angemessen zu erfassen. Die vorangegangenen Bände haben diesen elementaren Sachverhalt bereits zur Genüge verdeutlicht, so daß er hier nicht noch einmal erörtert werden muß.[8]

Was aber bedeutet es, »Arbeiterbewegung« im Rahmen eines diktatorischen Systems zu behandeln, das deren Geschichte zu vollenden beanspruchte und deren freiheitliche Traditionen zugleich usurpierte und vernichtete? Ohne Zweifel war der kommunistische Zweig der Arbeiterbewegung ein integraler Bestandteil ihrer Gesamtgeschichte. Deshalb kann auch ihre »Verstaatlichung« sowohl unter ideologie- wie sozialgeschichtlichem Aspekt in einer fundamental neuen politischen Konstellation einen wichtigen Platz beanspruchen. Zudem erweisen sich gerade für die ersten Nachkriegsjahrzehnte nicht nur die personellen und biographischen, sondern auch die institutionellen Kontinuitäten zur »alten« Arbeiterbewegung als so eng, daß eine Darstellung der »verstaatlichten Arbeiterbewegung«[9] daraus ihre besondere Spannung bezieht.

Das Modell des »Arbeiterstaates« – die Bauern in der offiziellen Etikettierung lassen sich hier vernachlässigen[10] – fußte im sowjetkommunistischen Selbstverständnis auf zwei Axiomen, die auf Marx und Lenin zurückgingen. Nach Marx sollte die Diktatur des Proletariats aus dem Klassenkampf und einer breiten emanzipatorischen Massenbewegung hervorgehen. Sie war als Übergangsherr-

---

6   Ina Merkel, Arbeiter und Konsum im real existierenden Sozialismus, in: Peter Hübner/Klaus Tenfelde (Hg.), Arbeiter in der SBZ/DDR, Essen 1999, S. 527-553, hier: S. 528.
7   Gerhard A. Ritter, Zum Gesamtwerk, in: Jürgen Kocka, Weder Stand noch Klasse. Unterschichten um 1800, Bonn 1990, S. 11-21.
8   Vgl. Michael Schneider, Unterm Hakenkreuz. Arbeiter und Arbeiterbewegung 1933 bis 1939, Bonn 1999, S. 6-10.
9   Horst Groschopp, Deutsche Einigung – Ende einer verstaatlichten Arbeiterbewegungskultur, in: Loccumer Protokolle 8, 1991, S. 136-148; vgl. auch Christoph Kleßmann, Die »verstaatlichte Arbeiterbewegung«. Überlegungen zur Sozialgeschichte der Arbeiterschaft in der DDR, in: Karsten Rudolph/Christl Wickert (Hg.), Geschichte als Möglichkeit. Über die Chancen von Demokratie. Festschrift für Helga Grebing, Essen 1995, S. 108-119.
10 Vgl. als Beispiel das vom Deutschen Institut für Zeitgeschichte in Verbindung mit dem Staatsverlag der DDR herausgegebene »Handbuch der Deutschen Demokratischen Republik«, Berlin (O) 1964, S. 10 f.

Einleitung

schaft gedacht, die auf ihre eigene Überwindung zielte und letztlich einen Zustand schaffen sollte, in dem zum ersten Mal Menschen ihre Geschichte selber machen und den »stummen Zwang der Ökonomie«[11] überwinden würden. Ohne diese ausgeprägt idealistische Komponente des Historischen Materialismus ist die lange weltweite Faszination des Marxismus und die Verführungskraft seiner Utopie einer klassenlosen Gesellschaft nicht verständlich. Lenin fügte dieser Vorstellung die Forderung nach einer revolutionären Avantgarde hinzu, ohne die es keine erfolgreiche proletarische Revolution geben könne. Nur so ließ sich nach Lenin das Verharren der Arbeiterschaft in einem »trade-unionistischen« Bewußtsein verhindern und überwinden.[12] Die Arbeiterklasse besaß zwar eine aus der Geschichte abgeleitete Mission, aber sie mußte geführt und zum Klassenkampf erzogen werden. Diese Überzeugung war eine der kommunistischen Lehren aus der erfolgreichen bolschewistischen Revolution und dem Scheitern von Weimar.

An diesen beiden Axiomen waren die politischen und ökonomischen Grundstrukturen der Systeme orientiert, die nach 1945 mit Hilfe der Roten Armee in Ostmitteleuropa etabliert wurden. Die mit der kommunistischen Bewegung verbundene selbsternannte Avantgarde, auf die sich die Sowjetunion stützte, stammte in ihrer großen Mehrheit aus der Arbeiterschaft, sie war aber trotz aller terminologischen Rabulistik nicht mehr Teil dieser Klasse, sondern verselbständigte sich schnell gegenüber ihrer Basis. Ihre Herrschaft funktionierte nach den Gesetzen einer von der Sowjetunion implantierten und von der deutschen kommunistischen Führungselite akzeptierten und gewollten Diktatur, die ihren ursprünglich gedachten Übergangscharakter schnell verlor. Statt des von Engels prognostizierten »Absterbens des Staates«[13] okkupierte dieser immer größere Segmente der Gesellschaft. Die Dichotomie von Avantgarde und Klasse erhielt jedoch für die Arbeiter eine besondere Prägung. »Ihr Staat« war eine Diktatur, dessen Struktur sie kaum beeinflussen konnten, seit demokratische Mechanismen zerstört und »umdefiniert« worden waren. Er war aber im Anspruch eine proletarische Diktatur und insofern auf eine spezifische Legitimation angewiesen, die für die Herrschaftspraxis nicht ohne Folgen blieb.

In der östlichen Hälfte Deutschlands vollzog sich dieser Versuch in einer singulären Situation: Jenseits der Grenze gab es einen »bürgerlichen« Staat innerhalb einer noch existierenden Gesamtnation, die lange Zeit durch vielfältige wirtschaftliche, soziale und kulturelle Verbindungen über die politische Grenze hinweg zusammengehalten wurde. Das bedeutete nicht zuletzt, daß im deutschen Fall der Westen im Osten ungleich stärker präsent war, als das für Ostmitteleuropa gelten konnte.

---

11 Karl Marx, Das Kapital, in: Marx-Engels-Werke (MEW), Bd. 23, Berlin (O) 1962, S. 765.
12 Wladimir I. Lenin, Was tun?, in: Ders., Ausgewählte Werke in zwei Bänden, Bd. 1, Berlin (O) 1960, S. 156-193.
13 Friedrich Engels, Die Entwicklung des Sozialismus von der Utopie zur Wissenschaft, in: MEW, Bd. 19, Berlin (O) 1960, S. 224.

Aus diesen Überlegungen läßt sich die doppelt aufgefächerte *Leitfrage* dieser Darstellung ableiten: Welche soziale Relevanz hatte die Ideologie des »Arbeiterstaates«, der zwar politisch ein sowjetischer Oktroi war, aber zugleich wesentliche Ziele der sozialistischen Arbeiterbewegung einzulösen beanspruchte, nicht nur für die Politik der SED, sondern auch für die realen Arbeiter im beruflichen und alltäglichen Leben? Was bedeutete in diesem Kontext die Nachbarschaft der kapitalistischen Bundesrepublik mit politischer Freiheit, einer expandierenden Sozialpolitik und einer starken »reformistischen« Arbeiterbewegung für die Politik der SED und für das Verhältnis der Arbeiter in der DDR zu »ihrem« Staat? Eine Geschichte der Arbeiter und der Arbeiterbewegung in der DDR wird damit in drei Bezugsfelder eingeordnet. Sie stand einerseits in einer deutschen Tradition, auf die man sich zu Recht und zu Unrecht ständig berief. Sie war andererseits Teil des sowjetsozialistischen Herrschaftssystems, in dem sowjetische Modelle von außen vorgegeben, aber auch freiwillig als Vorbilder übernommen wurden. Beide Entwicklungsstränge aber standen ständig unter dem Einfluß eines westdeutschen Magnetfeldes, dessen Ausstrahlung zwar nicht gleichbleibend war, aber zu keinem Zeitpunkt wirklich durchkreuzt werden konnte und so stets eine strukturelle und mentale Herausforderung blieb. Diese Komponente ist nach dem Ende der DDR viel deutlicher als zuvor ins Blickfeld der zeithistorischen Forschung getreten, in der Arbeiterhistoriographie allerdings noch kaum.[14]

Ein Grundproblem sind die Begriffe. Wie läßt sich »Arbeiterschaft« empirisch erfassen und welche Bedeutung hat das offenkundig problematische Etikett »Arbeiterklasse«? Von handlichen Wörterbuch-Definitionen und plakativen Parteitagserklärungen abgesehen, sind die Begriffe Arbeiter und Arbeiterklasse vor allem seit den sechziger Jahren auch in der DDR immer wieder diskutiert worden und haben unter Sozialwissenschaftlern zu durchaus kontroversen Meinungen geführt.[15] Diese blieben jedoch im Großen und Ganzen folgenlos für die SED, die die Definitionsmacht besaß und an einem Konzept festhielt, das zwar für die Ideologiegeschichte von zentraler Bedeutung, für sozialgeschichtliche Fragen aber eher hinderlich ist. Gleichwohl erscheint der umfassende und empirisch unbrauchbare Begriff »Arbeiterklasse« unverzichtbar, weil er zunächst einmal den Gesamtrahmen wiedergibt, in dem jede Darstellung dieses »Sonderfalls« von Arbeiter- und Arbeiterbewegungsgeschichte steht. Der akademische Volksmund brachte das Problem treffend auf den Punkt: »Jeder will zur Arbeiterklasse gehören, aber niemand will Arbeiter sein!«[16] Der Klassenbegriff wurde politisch verordnet und die ideologische Konstruktion »der Arbeiterklasse« war Teil der politischen Wirklichkeit der DDR. Nicht zuletzt die überall anzutreffenden Spruch-

---

14 Vgl. meine Skizze: Arbeiter im »Arbeiterstaat«: Deutsche Traditionen, sowjetisches Modell und westdeutsches Magnetfeld, in: APZ B 50 (2000), S. 20-28.
15 Vgl. Kurt Lungwitz, Über die Klassenstruktur in der Deutschen Demokratische Republik. Eine sozialökonomisch-statistische Untersuchung, Berlin (O) 1962; Siegfried Grundmann/Manfred Lötsch/Rudi Weidig, Zur Entwicklung der Arbeiterklasse und ihrer Struktur in der DDR, Berlin (O) 1976.
16 Hinweis von Dietrich Mühlberg.

bänder zeugten davon, so noch in den achtziger Jahren: »Die Lehre von Karl Marx ist allmächtig, weil sie wahr ist.« Wie mit solchen Legitimationsfiguren umgegangen wurde, steht dagegen auf einem ganz anderen Blatt.

Der pauschale und grob gestrickte offiziöse Klassenbegriff fußte auf einem Schema, nach dem die ökonomische Basis letztinstanzlich die Sozialstruktur bestimmte. Von den marxistisch-leninistischen Prämissen her war das genauso konsequent, wie es aus der Perspektive linker Kritiker absurd war. So hielt Rudolf Bahro »Arbeiterklasse jenseits des Kapitalismus« für einen »Unbegriff«, der lediglich zur »Pseudolegitimation der bürokratischen Stellvertretermacht«[17] diente. Moderne Sozialstrukturanalysen gingen dagegen stets von der Mehrdimensionalität von Faktoren aus[18], zunehmend auch die Sozialwissenschaftler der DDR, allerdings mit erheblicher Verzögerung.[19] Ebenso wandelte sich das anfangs sehr holzschnittartige, heroische Arbeiterbild in den sechziger Jahren. Gleichwohl überlagerte der politisch-ideologisch aufgeladene Begriff »der Arbeiterklasse« stets den Begriff des Arbeiters in der Wirtschafts- und Sozialstatistik sowie im Arbeitsrecht, aber auch in den lebensweltlichen Bezügen. Alle drei Versionen behielten jedoch im Alltag der DDR ihre eigene Relevanz.[20] Die Konnotationen des Arbeiterbegriffs in der Bevölkerung der DDR fielen daher auch noch über das Ende des Staates hinaus deutlich anders aus als in der Bundesrepublik. Insofern blieb die jahrzehntelange Inszenierung der Arbeiterklasse nicht ohne Wirkung. Nach einer Umfrage von 1991 rechneten sich in Ostdeutschland 61 Prozent der Befragten zur Unter- und Arbeiterschicht, 37 Prozent zur Mittelschicht und 2 Prozent zur oberen Mittel- und Oberschicht. Von den Westdeutschen stuften sich dagegen nur 25 Prozent in die Unter- und Arbeiterschicht, aber 62 Prozent in die Mittelschicht, die restlichen 13 Prozent in die obere Mittel- und Oberschicht ein.[21]

Angesichts der politisch-inflationären Verwendung des Arbeiterbegriffs in der DDR hat Ina Merkel vorgeschlagen, auf ihn zugunsten des Begriffs »Werktätige« zu verzichten, um innerhalb dieser allumfassenden Großgruppe nach kulturellen und sozialen Kriterien neu zu differenzieren.[22] Ähnlich hat aus der Rückschau Wolfgang Engler argumentiert und den Kern des historischen Problems, das hier von Interesse ist, als diskutable Hypothese auf einen Nenner gebracht: »Die Ostdeutschen lebten in einer Gesellschaft, in der die Arbeiterschaft sozial und kulturell dominierte und die anderen Teilgruppen mehr oder weniger ›verarbeiterlichten‹. Es wäre eine Absurdität zu behaupten, die ostdeutschen Arbeiter hätten die politische Herrschaft ausgeübt. Aber das soziale Zepter hielten sie in der Hand.

---

17 Rudolf Bahro, Die Alternative, Frankfurt/M. 1977, S. 217.
18 Hans-Jürgen Krysmanski, Entwicklung und Stand der klassentheoretischen Diskussion, in: Kölner Zeitschrift für Soziologie und Sozialpsychologie 41(1989), S. 149-167.
19 Vgl. Sozialstruktur der DDR, Autorenkollektiv unter der Leitung von Rudi Weidig, Berlin (O) 1988, S. 43 ff.
20 Vgl. Peter Hübner, Arbeiterklasse als Inszenierung? Arbeiter und Gesellschaftspolitik in der SBZ/DDR, in: Richard Bessel/Ralph Jessen (Hg.), Die Grenzen der Diktatur. Staat und Gesellschaft in der DDR, Göttingen 1996, S. 199-223.
21 Ebd., S. 201.
22 Ina Merkel, Arbeiter und Konsum, in: Hübner/Tenfelde (Hg.), Arbeiter, S. 543 ff.

Anschauungen, Meinungen, Konventionen, Kleidungs- und Konsumgewohnheiten und nicht zuletzt die Alltagssitten richteten sich nach den Normen und Idealen der arbeitenden Klasse.«[23] Die Frage, wieweit und in welchen Entwicklungsphasen der DDR solche Befunde tragfähig und empirisch verifizierbar sind, muß zu den Fluchtpunkten einer Gesamtdarstellung gehören. Die Stilisierung neuer Verhaltensweisen bezog ihre Substanz gerade aus der Abgrenzung zum Bürgertum und Kleinbürgertum, deren noch existierende Relikte immer wieder angeprangert wurden. Welch kuriose Formen dieses dornige Problem annehmen konnte, zeigt die Dienstanweisung des Stasi-Chefs Erich Mielke von 1962, der für seine tschekistische Elite festlegte, »alle kleinbürgerlichen Anschauungen und Überreste bürgerlicher Ideologie wie Überheblichkeit, egoistisches Verhalten, Schwatzhaftigkeit, Trinkerei und ausschweifender Lebenswandel bei einem Teil der Mitarbeiter« seien »restlos zu beseitigen.«[24]

Der offizielle Klassenbegriff der DDR ging im wesentlichen auf Lenin zurück. Danach waren Klassen »große Menschengruppen, die sich voneinander unterscheiden nach ihrem Platz in einem geschichtlich bestimmten System der gesellschaftlichen Produktion, nach ihrem (größtenteils in Gesetzen fixierten und formulierten) Verhältnis zu den Produktionsmitteln, nach ihrer Rolle in der gesellschaftlichen Organisation der Arbeit und folglich nach der Art der Erlangung und der Größe des Anteils am gesellschaftlichen Reichtum, über den sie verfügen.«[25] Diese formale Definition ließ sich auf unterschiedliche Gesellschaften anwenden, auch wenn sie in ihrer ökonomischen Verengung für eine historische Analyse unzureichend bleibt. Denn über die tatsächlichen Verfügungsrechte war damit nichts ausgesagt. Max Webers Begriff der »Erwerbsklasse« zielt in eine ähnliche Richtung, ist jedoch explizit am (kapitalistischen) Markt ausgerichtet und insofern auf sowjetsozialistische Systeme schwer anwendbar.[26]

Im historischen Entstehungszusammenhang des Klassenbegriffs ist das feindliche Gegenüber der Arbeiter, die »Ausbeuterklasse«, konstitutiv. Obwohl es diese nach der Konstruktion und dem Selbstverständnis der SED dort nicht mehr gab, verstand sich die DDR – von dem kurzen Intermezzo einer »sozialistischen Menschengemeinschaft« in der Spätphase der Ära Ulbricht abgesehen – immer (noch) als nicht-antagonistische Klassengesellschaft, im Übergang zu einem neuen Zustand. Die Hauptklassen waren die der Arbeiter und Bauern, in denen der Mittelstand aufging, während die Intelligenz als eigene Schicht (aber nicht als Klasse) galt.[27] Dieses grobe dreiteilige Klassifikationsschema läßt sich nur als Ausgangspunkt einer Untersuchung nutzen. »Die Arbeiterklasse« hatte darin die dominante Position und entsprach dem parteioffiziellen Verständnis zufolge durchaus der Leninschen Klassendefinition, weil sie das »Volkseigentum« besaß. Daß diese ju-

---

23 Wolfgang Engler, Die Ostdeutschen. Kunde von einem verlorenen Land, Berlin 1999, S. 200.
24 Zit. nach Jens Gieseke, Die hauptamtlichen Mitarbeiter der Staatssicherheit. Personalstruktur und Lebenswelt 1950–1989/90, Berlin 2000, S. 282.
25 Wladimir I. Lenin, Werke, Bd. 29, Berlin (O) 1961, S. 410.
26 Max Weber, Wirtschaft und Gesellschaft, Tübingen 1922, S. 12.
27 Kleines politisches Wörterbuch, Berlin (O) 1986, S. 459 f.

ristische Fiktion nichts über die wirklichen Verhältnisse aussagte und die Verfügungsgewalt über die Produktionsmittel in den Händen einer kleinen politischen Führungsgruppe lag, macht die sozialgeschichtliche Begrenztheit dieser Definitionsversuche deutlich. Daraus ergibt sich aber kaum eine geeignete Basis für ein neues Klassenschema, wie es Heike Solga entwickelt hat.[28] Da der Klassenbegriff im »Arbeiterstaat« der DDR als zentrale politische Legitimationsgröße fungierte und die Arbeiterklasse in erheblichem Ausmaß durch die Industriepolitik der SED konserviert wurde, scheint es mir sinnvoll, zunächst bei dieser offiziösen Definition anzusetzen, sie dann aber in ihre Teile zu zerlegen und so die widersprüchlichen Entwicklungen im Zuge des Aufbaus einer »sozialistischen Gesellschaft« zu analysieren.

Denn nicht nur die Soziologen der DDR hatten zunehmend Probleme mit der Zurechnung von Arbeitern, Angestellten und Teilen der Intelligenz zur Arbeiterklasse, auch jeder Versuch einer halbwegs präzisen statistischen Erfassung bleibt bis heute ein höchst schwieriges Unterfangen. Zwei Gründe sind dafür vor allem maßgeblich. Zum einen verzichtete die offizielle Sozialstatistik seit den sechziger Jahren auf eine explizite Unterscheidung zwischen Arbeitern und Angestellten und rechnete beide zusammen. Diese »Zwangsfusion« erlaubte es, bis zum Ende des »Arbeiter-und-Bauern-Staates« einen gleichbleibenden oder sogar noch leicht wachsenden Teil der Berufstätigen der führenden Klasse zuzurechnen. Zum andern blieb der gesamte »X-Bereich«, das heißt der Sicherheitsapparat im weitesten Sinne, zeitweilig aber auch die Wismut AG, in der Statistik ausgespart. Es gibt dennoch Möglichkeiten, relativ zuverlässige Größenordnungen zu bestimmen.[29] Die ideologisch determinierte Konstruktion einer Arbeiterklasse, die anders als in allen modernen Industriegesellschaften nicht schrumpfte, ist somit nur die eine Seite der Medaille. Die andere ist die reale Arbeiterschaft, die kontinuierlich abnahm und sich damit quantitativ selber den Boden für ihre Führungsrolle entzogen hätte, wäre diese Rolle nicht weiterhin von den Führungsgremien der SED bekräftigt worden – und dies mit nicht unerheblichen sozialen Konsequenzen.

Schließlich ist für jede sozialgeschichtliche Analyse eine Differenzierung »der Arbeiterschaft« nach Berufen, Branchen, Regionen sowie nach den gängigen Kategorien von Herkunft, Alter, Geschlecht, Qualifikation und Status unerläßlich – im Rahmen einer Gesamtdarstellung ein kaum lösbares methodisches Problem, das in entsprechenden thematischen Zusammenhängen nur punktuell berück-

---

28 Heike Solga, Auf dem Weg in eine klassenlose Gesellschaft? Klassenlagen und Mobilität zwischen Generationen in der DDR, Berlin 1995.
29 Ausführlicher dazu unten, Kap. VI 1, S. 654 ff. Vgl. Peter Hübner, Benzenberg im Osten. Eine Anmerkung zur Diskussion um die Statistik der DDR, in: Historical Social Research 23 (1998)3, S. 152-158. Zur Begriffsproblematik und Quellenlage: Ders., Die Zukunft war gestern: Soziale und mentale Trends in der DDR-Industriearbeiterschaft, in: Hartmut Kaelble/Jürgen Kocka/Hartmut Zwahr (Hg.), Sozialgeschichte der DDR, Stuttgart 1994, S. 171-187. Die beste Grundlage für eine kritische Verwendung der Definitionen der amtlichen Statistik bietet Wolfgang Fritz, Historie der amtlichen Statistiken der Erwerbstätigkeit in Deutschland. Historical Social Research, Supplement Nr. 13 (2001).

sichtigt werden kann. Besonders schwierig ist die Erfassung der Landarbeiter, die in den ersten Nachkriegsjahren noch eine klar identifizierbare Gruppe waren. Mit der Kollektivierung der Landwirtschaft wurden sie jedoch zum Teil LPG-Mitglieder und gingen in einer diffusen Großgruppe von »Staatsangestellten« auf dem Lande auf, ohne daß dieser Status schon Wesentliches über Lebenslage und Bewußtsein aussagt. Dieses Teilproblem bleibt zwar im Blick, kann aber nur am Rande behandelt werden.[30] Im Zentrum steht die Industriearbeiterschaft, und zwar aus zwei Gründen: Sie wurde zum einen durch die Industriepolitik künstlich konserviert und blieb so in ihrem Umfang viel länger erhalten als in westlichen Ländern; sie bildete zum andern den Kern der politisch-ideologischen Legitimationsstrategien, die für alle osteuropäischen kommunistischen Staaten galten, in der DDR aber ein besonders ausgeprägtes Profil besaßen.

Ziel der Reihe »Geschichte der Arbeiter und der Arbeiterbewegung in Deutschland« war und ist es, über Ideologie- und Organisationsgeschichte hinaus eine moderne Sozialgeschichte zu bieten. Dazu gehört als zentrales Element die Darstellung der Arbeiterbewegung als Kultur. Gerhard A. Ritter hat sie im Kern als »Daseinsbewältigung unter den Bedingungen der industriekapitalistischen Produktionsweise« beschrieben.[31] Die industriekapitalistische Form von »Proletarität« (Goetz Briefs) entfiel in der DDR, doch die mit »Arbeiterkultur« im weiteren Sinne verbundenen Fragen stellen sich großenteils kaum anders, als sie für die klassische Arbeiterbewegung gestellt wurden. Wie sah der Zusammenhalt am Arbeitsplatz, in der Familie, in der Nachbarschaft aus, welche Rolle spielten Disziplin und Bewußtsein von der Qualität der Arbeit, der Wille zu Bildung und Aufstieg, die Formen von Festen und Feiern? Wie läßt sich das Verhältnis zu anderen Klassen und Schichten bestimmen? Wenn die Arbeiterbewegung im kaiserlichen Deutschland nicht zuletzt deshalb besonders ausgeprägte Konturen entwickelte, weil ihr die Teilhabe an der politischen Macht und am gesellschaftlichen Leben schroff verweigert wurde, so bietet die »verstaatlichte Arbeiterbewegung« der DDR äußerlich das totale Gegenbild. Zwar gab es keine wirkliche politische Partizipation, aber vielerlei Ersatzformen, und die Arbeiter prägten in erheblichem Ausmaß Staat und Gesellschaft. Inwieweit dabei noch Traditionen aus der Blütezeit der sozialistischen Arbeiterbewegung eine Rolle spielten und sich mit spezifisch sowjetsozialistischen Vorgaben vermischten, wird auf verschiedenen Ebenen jeweils genauer zu untersuchen sein.

Andererseits ist für den »Sonderfall« des Arbeiter-und-Bauern-Staates die traditionelle Ideologie- und Organisationsgeschichte, die im Rahmen komplexer Fragestellungen trotz aller berechtigten Kritik ihren Stellenwert behalten hat, von so zentraler Bedeutung, daß ihr ein prominenter Platz eingeräumt werden muß. Denn ideologisch aufgeladener Organisationsfetischismus bildete nicht nur die Basis des gesamten Herrschaftssystems, ohne das die soziale Realität nicht erfaß-

---

30 Vgl. dazu jetzt Arnd Bauerkämper, Ländliche Gesellschaft in der kommunistischen Diktatur, Köln 2002.
31 Gerhard A. Ritter, Zum Gesamtwerk, S. 17.

bar wird. Er war auch ein wesentliches Stück politischer und alltäglicher Lebenswirklichkeit, wenngleich weit entfernt von den hochtönenden Erfolgsbilanzen der zeitgenössischen Propaganda und der SED-Historiographie. Mit politischer Repression, organisatorischen Zwängen und ideologischen Dauerappellen war jeder Arbeiter ständig konfrontiert, selbst wenn er sie zu ignorieren versuchte. Insofern muß auch die eingehende Berücksichtigung der Entwicklung der SED, ihrer Massenorganisationen, Institutionen und Kampagnen einen wesentlichen Aspekt dieses Typs von Arbeiterbewegungsgeschichte ausmachen. Im Falle der DDR – hier durchaus exemplarisch für alle Volksdemokratien Ostmitteleuropas – lassen sich die eigene Zielsetzung und der selbstformulierte Anspruch auf etwas völlig Neues in der bisherigen Geschichte insoweit ernst nehmen, als man nach der sozialen Relevanz und den organisatorischen Folgen und Auswirkungen dieser Ideologie fragt. Nicht zuletzt im »eigen-sinnigen« Umgang[32] von Arbeitern mit den vorgefundenen und angeblich für sie geschaffenen Organisationen läßt sich dieser Zusammenhang beobachten. Die enge Verbindung von Politik- und Organisationsgeschichte mit Sozial- und Kulturgeschichte erscheint daher für eine angemessene Erfassung der Besonderheiten dieses Themas unerläßlich.

Wieweit die sozialistische Arbeiterbewegung als eigenständige Kultur, als breit gefächertes Organisationsnetz und Lebenswelt nach 1945 ihr Ende fand, ist für den westlichen Teil Deutschlands – und nur der wird meist thematisiert – im Detail durchaus strittig.[33] In der Entstehungsphase der DDR waren Institutionen, Traditionen und Ziele der alten Arbeiterbewegung in beträchtlichem Umfang reaktiviert worden. Sie bildeten eine innere Spannungslinie im Prozeß der schrittweisen Übertragung des sowjetischen Modells. Traditionelle Arbeitermilieus als organisatorische Basis wiesen bereits im Gefolge von Nationalsozialismus, Krieg und Besatzungsherrschaft starke Erosionstendenzen auf[34], verschwanden aber nicht abrupt und gingen teilweise in neue Milieubildungen über. Zwar läßt sich mit Recht fragen, ob es sinnvoll und legitim ist, den Begriff der Arbeiterbewegung überhaupt im Kontext der Geschichte der SED-Diktatur zu verwenden. Denn als Emanzipationsbewegung für diejenigen, die nach Marx nichts als ihre Ketten zu verlieren hatten[35], war sie ohne Autonomie nicht lebensfähig. Diese gab es nicht mehr. Denn nach ihrer Zerschlagung im »Dritten Reich« wurde die Arbeiterbe-

---

32 Zu dem von Alf Lüdtke erstmals für die DDR verwandten Begriff vgl. Thomas Lindenberger (Hg.), Herrschaft und Eigen-Sinn in der Diktatur. Studien zur Gesellschaftsgeschichte der DDR, Köln 1999, S. 23 ff.
33 Zusammenfassend dazu Peter Steinbach, Das Ende der Arbeiterkultur, in: Zeitgeschichte 19 (1992), S. 67-91; Jürgen Kocka, Geschichte und Zukunft der Arbeiterschaft und der Arbeiterbewegung, in: Rudolph/Wickert (Hg.), Geschichte als Möglichkeit, S. 90-107; Peter Brandt, Die Arbeiterbewegung des 19. und 20. Jahrhunderts. Entwicklung – Wirkung – Perspektiven, in: Jb. für Forschungen zur Geschichte der Arbeiterbewegung 2002, S. 5-220.
34 Michael Hofmann/Dieter Rink, Die Auflösung der ostdeutschen Arbeitermilieus. Bewältigungsmuster und Handlungsspielräume ostdeutscher Industriearbeiter im Transformationsprozeß, in: APZ B 26/27 (1993)26/27, S. 29-36, hier S. 31 f.
35 Karl Marx/Friedrich Engels, Manifest der Kommunistischen Partei, in: MEW, Bd. 4, Berlin (O) 1959, S. 493.

wegung zum zweiten Mal, wenn auch in ganz anderer Weise, Opfer einer Parteidiktatur. Andererseits kann nicht bestritten werden, daß die KPD und ihre Umfeldorganisationen einen starken Zweig der Geschichte der deutschen Arbeiterbewegung bildeten. Zudem berief sich die SED anders als die Nationalsozialisten ausdrücklich auf diese Tradition und beanspruchte ihre Vollendung. Unter diesem Blickwinkel läßt sich die Geschichte der DDR im Kern als die einer »verstaatlichten Arbeiterbewegung« interpretieren, die ihre freiheitlichen und autonomen Traditionslinien verloren hatte.

Dietrich Mühlberg hat dennoch in der Rezeption der Formen und Erfahrungen der Arbeiterbewegung als Organisationskultur aus den zwanziger Jahren einen wesentlichen Charakterzug der DDR gesehen. »So gut wie alle Einrichtungen der Arbeiterbewegungskultur wurden wieder aufgenommen und in modifizierter Form (meist an Betriebe oder Gewerkschaften gebunden) weitergeführt. Sie sollten nun für alle – vorzugsweise aber für Arbeiter – offen sein.«[36] Wieweit diese These trägt, wird in unterschiedlichen systematischen Zusammenhängen zu verfolgen sein. Auch wenn eine »verstaatlichte« Arbeiterbewegung nicht bruchlos in deren traditionelle Geschichte paßt, bleibt die Frage, welche Ideale, Organisationsmuster, Rituale und Erwartungen weiterwirkten oder übernommen wurden, welche instrumentalisiert, pervertiert oder gekappt wurden. Offenkundig entlieh die SED viele »Namen, Schlachtparole, Kostüm, um in dieser altehrwürdigen Verkleidung und mit dieser erborgten Sprache die neue Weltgeschichtsszene aufzuführen.«[37] Diese Rituale bilden ein wesentliches Element des alltäglichen Erscheinungsbildes des »Arbeiter-und-Bauern-Staates«, auch wenn sie unter dem Druck von Gewöhnung und Modernisierungszwängen zunehmend hohl und inhaltsleer wurden. Aber welche greifbaren sozial-, bildungs- und rechtspolitischen Folgen hatte die Berufung auf die Arbeiterbewegungstradition und die Stilisierung der Arbeiter zur »führenden Klasse«? Wie läßt sich diese Geschichte darstellen, ohne Staatsgeschichte zu schreiben? Wieweit muß eine solche Darstellung andererseits gerade auch Staatsgeschichte sein, um ihren Gegenstand in seiner spezifischen Ausprägung nicht zu verfehlen? Manche dieser Fragen haben sich bereits für die Historiographie der »Arbeiter unter dem Hakenkreuz« gestellt.[38] Für die DDR muß jedoch angesichts des umfassenden Anspruchs der SED-Diktatur eine Arbeitergeschichte noch stärker zu einer Gesamtgeschichte tendieren.

Wenn Arbeiterbewegungen aus organisationssoziologischer Perspektive – zumindest partiell – als »Vernetzungen von Primärgruppen« verstanden werden und auf kleinere Kollektive zielen, die in sich strukturiert sind, anstatt nur das Abbild

---

36 Dietrich Mühlberg, Warum sollten wir wissen, was Arbeiter sind und was sie in der Freizeit machen? Zur Bestimmung von Arbeiterkultur in der DDR, in: Wolfgang Kaschuba/Gottfried Korff/ Bernd Jürgen Warneken (Hg.), Arbeiterkultur seit 1945 – Ende oder Veränderung? Tübingen 1991, S. 71-84, hier: S. 79.
37 Karl Marx, Der achtzehnte Brumaire des Louis Bonaparte, in: MEW, Bd. 8, Berlin (O) 1960, S. 111.
38 Michael Schneider, Unterm Hakenkreuz, S. 10-15.

einer amorphen Klasse zu bieten, dann könnten auch bei dem DDR-Beispiel »aus der erkaltenden Asche der spröden Arbeiterbewegungsgeschichte noch Funken schlagen«.[39] Hier sind vor allem zwei Spezifika in den Vordergrund der Untersuchung zu rücken: die augenfällige Betriebsbezogenheit in der »Arbeitsgesellschaft«[40] der DDR und die – verglichen mit westlichen kapitalistischen Staaten – singuläre Bedeutung des Kollektivs als Arbeitseinheit und »Lebensraum«. Beides war in dieser Ausprägung neu und wies eine starke Anlehnung an das sowjetische Modell auf, das weitreichende Zustimmung fand.[41] Relativ eindeutig und unabhängig von politischen Einstellungen läßt sich eine durchgehend hohe Wertschätzung des Kollektivs erkennen. Insbesondere die Geschichte der Brigaden, die in ihren Anfängen bis ins Jahr 1947 zurückging, zeigt in wechselnden Konfigurationen einen überraschenden Grad an grundsätzlich positiver Resonanz – vor allem angesichts der sonstigen permanenten Unzufriedenheit. Den verschiedenen Typen und der Entwicklung kollektiver betrieblicher und außerbetrieblicher Organisationsformen und Erfahrungsräume muß daher in angemessener Weise Raum gegeben werden, soweit die Quellenlage das zuläßt.

Am deutlichsten greifbar ist die herausgehobene Rolle der Betriebe für das Gesamtsystem und auch für den Einzelnen in der Sozialpolitik und in der Kulturarbeit. Seit der FDGB sich zur eigentlichen »Implementationsbürokratie« sozialpolitischer Leistungen entwickelte[42], erhielt die betriebliche Ebene für deren Verteilung eine Schlüsselfunktion. Selbst wo das Image der Staatsgewerkschaft miserabel war, weil sie die Erwartungen in eine reale Interessenvertretung nicht erfüllen konnte, wuchs dem FDGB über diese Schiene eine starke, auch lebensweltlich relevante Position zu. Denn nicht nur soziale Sicherheit und Gesundheitsfürsorge, sondern auch die Organisation von Freizeitaktivitäten und die Verteilung von Ferienplätzen fielen in sein Ressort. In der ebenfalls gewerkschaftlich initiierten »kulturellen Massenarbeit« zeigte zwar schon der Begriff an, daß es sich hier im wesentlichen um eine »von oben« betriebene, parteilich kontrollierte Veranstaltung handelte. Es ist aber trotzdem eine noch keineswegs eindeutig zu beantwortende Frage, welche Chancen dieser Kulturbetrieb bot und welche Resonanz er unter den Belegschaften fand. Zumindest erschöpfte er sich keineswegs in seiner ihm zugedachten Funktion als Stimulans der Produktionssteigerung. Die vor allem in den fünfziger Jahren entstandenen Kulturhäuser als »Arbeiterpaläste« repräsentieren in diesem Kontext ein wichtiges, nicht nur symbolisches Element.[43] Das gesamte

---

39 Thomas Welskopp, Von der verhinderten Heldengeschichte des Proletariats zur vergleichenden Sozialgeschichte der Arbeiterschaft – Perspektiven der Arbeitergeschichtsschreibung in den 1990er Jahren, in: »1999«. Zeitschrift für Sozialgeschichte des 20. und 21. Jahrhunderts 8 (1993)3, S. 34-53, hier: S. 48.
40 Vgl. Martin Kohli, Die DDR als Arbeitsgesellschaft? Arbeit, Lebenslauf und soziale Differenzierung, in: Kaelble/Kocka/Zwahr (Hg.), Sozialgeschichte, S. 31-61.
41 Siehe unten, Kap. IV 6, S. 448 ff. und VI 7, S. 721 ff.
42 Hans Günter Hockerts, Grundlinien und soziale Folgen der Sozialpolitik in der DDR, in: Kaelble/Kocka/Zwahr (Hg.), Sozialgeschichte, S. 519-544, hier: S. 523.
43 Vgl. Simone Hain/Stephan Stroux/Michael Schroedter, Die Salons der Sozialisten. Kulturhäuser in der DDR, Berlin 1996.

Feld des betrieblichen Kulturlebens mit einer breiten Palette von Aktivitäten gehörte lange Zeit zu den kaum bearbeiteten Bereichen der DDR-Geschichte.[44] Zum Erbe der sozialistischen deutschen Arbeiterbewegung ist aber auch ein Element zu rechnen, das schon unter den Zeitgenossen kritisiert wurde und das dann in der DDR besonders üppige Blüten trieb: der Organisationsfetischismus. Er läßt sich aus der Funktion als Subkultur in der wilhelminischen Gesellschaft mit langen Nachwirkungen in der Weimarer Republik und zumindest in einem gewissen Milieuzusammenhalt während der nationalsozialistischen Verfolgung erklären. Für eine kommunistische Bewegung – und für einen daraus entstandenen Staat noch viel mehr – gehörte seit Lenins Tagen der Glaube an die Macht der Organisation zu den unerschütterlichen Grundsätzen und war somit ein notwendiger Bestandteil der »verstaatlichten Arbeiterbewegung«. Er bildete die eigentliche Quelle jenes »Bürokratismus«, dessen Kritik wie ein roter Faden die gesamte Geschichte der SED und des FDGB durchzieht, ohne daß sich jemals irgend etwas änderte. Er konnte zwar kritisiert werden, aber seine systembedingte Notwendigkeit ließ sich nicht außer Kraft setzen, ohne das Ganze zu gefährden. Dahinter stand – und auch das gehört zu den substanziellen Merkmalen des »Arbeiterstaates« – die totalitäre Vorstellung vom »neuen Menschen«, der aus Überzeugung und eigener Motivation seine ganze Kraft für das große Zukunftsziel einsetzen würde. Er mußte jedoch erzogen werden, und das bedeutete Schulung und Kontrolle. In diesem Sinne erklärte Ulbricht 1948 im Zusammenhang der Vorbereitung des Zweijahrplans vor Gewerkschaftern: »Ihr seht also: hinter den Zahlen, die ihr im Plan gelesen habt, stecken doch sehr große politische und wirtschaftliche Aufgaben; die bedeutendste Aufgabe aber ist die Umerziehung und Erziehung der Menschen«.[45] Ein wachsendes Heer von Funktionären wurde damit beschäftigt, die ständig geforderten Initiativen und Aktionen von oben »anzuleiten«. Das war der Nährboden für die Hydra bürokratischer Wucherungen. Schlug man ihr einen Kopf ab, wuchsen gleich neue nach. Die Attitüde der »Anleitung«, die den Besitz der Wahrheit voraussetzte, mußte zwangsläufig Eigeninitiative und Engagement lähmen und das Gegenteil von dem bewirken, was sie erreichen sollte. Dieses Phänomen war kein Spezifikum der Organisationsgeschichte der Arbeiterschaft in der DDR, aber es muß ein unverzichtbares Element der Darstellung sein, so öde es auf den ersten Blick auch anmutet.

Jenseits dieses spezifischen Aspekts von Organisationsgeschichte gab es eine weitere Besonderheit: In der DDR blieb die herkömmliche soziale Basis der Arbeiterbewegung trotz der erörterten Einschränkungen länger und eindeutiger erhalten als im westlichen Deutschland, wo die Erosionstendenzen viel stärker waren. Das hing nicht zuletzt mit der Ausrichtung kommunistischer Industriepoli-

---

44 Vgl. Sandrine Kott, Zur Geschichte des kulturellen Lebens in DDR-Betrieben. Konzepte und Praxis der betrieblichen Kulturarbeit, in: AfS 39 (1999), S. 167-195. Ausführlich jetzt dazu die Dissertation von Annette Schuhmann: Kulturarbeit im sozialistischen Betrieb. Gewerkschaftliche Erziehungspraxis in der SBZ/DDR 1946 bis 1970, Köln 2006.
45 Walter Ulbricht, Über Gewerkschaften. Bd. 2: 1945–1952, Berlin (O) 1953, S. 250 (Rede auf der Tagung des Bundesvorstandes des FDGB am 6./7. Juli 1948: Aufgaben der Gewerkschaften im Zweijahrplan).

tik zusammen.⁴⁶ Im Falle der DDR läßt sie sich überdies mit der Teilung Deutschlands in Verbindung bringen. Der klassische Typ des Industriearbeiters prägte das marxistisch-leninistische Bild der Arbeiterklasse. Nach dem von Stalin kreierten und von der Kriegserfahrung bestimmten Dogma hatte zudem jedes Land seine eigene Schwerindustrie aufzubauen. Für die DDR ließ sich dem immerhin insofern noch eine gewisse Rationalität abgewinnen, als die ostdeutsche Wirtschaft von ihrer ehemals schwerindustriellen Basis im Ruhrgebiet fast vollständig abgeschnitten war und somit Ersatz benötigte. In dieser Sicht sorgte ein starker Strukturkonservativismus dafür, daß die Industriearbeiterschaft – mit einem ausgeprägt schwerindustriellen Profil – quantitativ die bei weitem stärkste Klasse blieb und sich der Trend moderner Gesellschaften zur Expansion des tertiären Sektors erheblich verzögerte. »In der DDR«, hat Peter Hübner festgestellt⁴⁷, »wurde der Typus des deutschen Facharbeiters politisch umworben und sozial konserviert.« Damit schuf die SED unbeabsichtigt eine prekäre Konstellation, die für die gesamte Geschichte der DDR eine zentrale Bedeutung erlangte und sowohl die Dauer und relative Stabilität wie auch langfristig den unvermeidlichen Kollaps des »Arbeiterstaates« zu erklären vermag. Dieser Zusammenhang dürfte sich in unterschiedlicher Intensität für alle kommunistischen Staaten als »Falle« erwiesen haben. Denn dieser Typus von Arbeiter war ideologisch unverzichtbar, besaß eine soziale Schlüsselstellung und verhinderte durch die Formen der Interessenwahrnehmung die notwendige Modernisierung des Lohnsystems.⁴⁸

Nicht erst in der Ära Honecker mit ihrer signifikanten Priorität der Sozialpolitik, sondern bereits in der Entstehungsphase und insbesondere nach der traumatischen Erfahrung mit dem Aufstand vom 17. Juni 1953 bildete sich eine Art »geheimer Sozialkontrakt«⁴⁹ zwischen SED und Industriearbeiterschaft heraus. Der vor allem aus den ersten Nachkriegsjahren stammende ausgeprägte Egalitarismus im Lohnsystem konnte nicht durch die disziplinierende Funktion eines kapitalistischen Arbeitsmarkts beseitigt werden. Die zahllosen Appelle und kompensatorischen Wettbewerbskampagnen erwiesen sich hier als langfristig ineffektiv, und der ernsthafteste Anlauf zu einer gründlichen Änderung mit dem »Neuen Ökonomischen System« (NÖS) in den sechziger Jahren scheiterte aus politischen Gründen.⁵⁰ Die Erwartungen der Arbeiterschaft an ein gerechtes und akzeptables Lohnsystem und Lebensniveau konnten sich aber nicht nur auf Wertvorstellungen der SED berufen, sondern waren zugleich mehr oder minder offen am stets präsenten Niveau der Bundesrepublik orientiert. Arbeiter nahmen bestimmte Angebote gerne an, wollten aber mehr, als »ihr Staat« ihnen geben konnte. Damit wurde das

46 Vgl. Peter Hübner, Das Jahr 1961 und die Kontinuität der Arbeitergeschichte in der DDR, in: Ders./Tenfelde (Hg.), Arbeiter, S. 15-38.
47 Ebd., S. 32.
48 Die Modernisierungsresistenz der Facharbeiter in realsozialistischen Staaten betont auch Christoph Boyer, Arbeiter im Staatssozialismus: Ein Leitfaden in theoretischer Absicht, in: Bohemia 42(2001) H. 2, S. 209-219.
49 Jeffrey Kopstein, Chipping away at the State. Workers' resistance and the demise of East Germany, in: World Politics 48 (1996), S. 391-423.
50 Siehe unten, Kap. V 5. (S. 568 ff.)

Problem vollends unlösbar. Die Leitfrage nach der sozialen Relevanz der Ideologie stellt sich hier, zugespitzt, in einer anderen Variante. Der Chefökonom des Politbüros, Günter Mittag, brachte das Dilemma im September 1988 plastisch auf den Punkt: »Unsere Leute wollen die soziale Sicherheit, Geborgenheit, sichere Arbeitsplätze und Ausbildung von uns und die Kaufhäuser aus der BRD.«[51] Der zu einer stillschweigend akzeptierten sozialen Norm avancierte Egalitarismus in der Arbeiterschaft war nur mit hohem politischen Risiko zu beseitigen. Der Aufstand vom 17. Juni, ebenso wie die zahlreichen späteren Krisen in Polen, zeigten, wohin Versuche führen konnten, Normenerhöhungen (oder auch ökonomisch notwendige Preissteigerungen) konsequent von oben durchzusetzen. Insofern war die SED wegen des hohen politischen Risikos nicht mehr in der Lage, das durchzuführen, was ökonomisch eigentlich zwingend gewesen wäre, und stieß immer wieder an die selbstgeschaffenen Grenzen ihrer politischen Dispositionsfreiheit. In anderer Weise ist dieser grundlegende Zusammenhang auch aus der Sozialpolitik des »Dritten Reiches« bekannt. Wie Tim Mason eindrucksvoll gezeigt hat[52], blieb das Trauma der Novemberrevolution für Hitler bis in die letzten Kriegsjahre so prägend, daß er vor einer exzessiven Belastung der deutschen Arbeiterschaft und der Mobilisierung aller Reserven, insbesondere der weiblichen Arbeitskräfte, zurückschreckte. Auch Diktaturen mit totalitärem Anspruch legten sich also partiell soziale Fesseln an, die aus den Imperativen der Ideologie und prägenden historischen Erfahrungen resultierten. Bereits dieser Zusammenhang verweist auf die kaum zu überschätzende Bedeutung der – in einem breiten Sinne verstandenen – Sozialpolitik für die Bindungskraft von Diktaturen.[53]

Gewiß war die SBZ/DDR vor allem in den Anfangsjahren in erster Linie ein von der sowjetischen Besatzungsmacht oktroyiertes Herrschafts- und Gesellschaftssystem. Auch für die »verstaatlichte Arbeiterbewegung« tauchten damit neue Vorgaben auf, an denen sie sich zu orientieren hatte. Andererseits war das sowjetische Modell selbst zu einem großen Teil ein Produkt marxistischer und nicht nur leninistischer und stalinistischer Vorstellungen, also keineswegs nur ein fremder Import. Der Hinweis auf den Satellitenstatus der DDR, auf einen Sozialismus »von außen und oben«[54], muß daher ergänzt werden durch die »autochthonen« Entwicklungsbedingungen einer deutschen »Diktatur des Proletariats«. Das Konzept der »Sowjetisierung« als Interpretationsansatz[55] geht nicht in einer Okkupationsgeschichte auf, wie sie sich für die zeitgenössischen Beobachter insbesondere in den

---

51 Zit. nach Hans-Hermann Hertle, Der Fall der Mauer. Die unbeabsichtigte Selbstauflösung des SED-Staates, Opladen 1996, S. 71 f.
52 Timothy W. Mason, Sozialpolitik im Dritten Reich. Arbeiterklasse und Volksgemeinschaft, Opladen 1977.
53 Vgl. Hans Günter Hockerts (Hg.), Drei Wege deutscher Sozialstaatlichkeit. NS-Diktatur, Bundesrepublik und DDR im Vergleich, München 1998, S. 14 f.
54 So die treffliche Formulierung von Paul Elflein, Immer noch Kommunist? Erinnerungen, hg. von Rolf Becker/Claus Bremer, Hamburg 1978, S. 108.
55 Vgl. Michael Lemke (Hg.), Sowjetisierung und Eigenständigkeit in der SBZ/DDR (1945–1953), Köln 1999; Konrad H. Jarausch/Hannes Siegrist (Hg.), Amerikanisierung und Sowjetisierung in Deutschland 1945 bis 1970, Frankfurt/M. 1997.

fünfziger Jahren häufig darstellte. Es setzt bei den Betroffenen die Bereitschaft zur Implementation im Zeichen einer gemeinsamen Ideologie voraus. Im Extremfall entstand daraus ein Prozeß der »Selbstsowjetisierung«, in der Regel jedoch ein viel komplexeres Konglomerat von äußeren Vorgaben, nationalen Besonderheiten und Traditionslinien, vielfältigen Formen von Verweigerung und hartnäckiger Renitenz. Das galt für alle Volksdemokratien in allen Phasen, denn selbst in der Hoch-Zeit des Stalinismus war der Grad der sozialen Uniformierung viel geringer, als der Blick auf politische Strukturen vermuten ließ.[56] Die SED mußte versuchen, angesichts der exponierten Lage der DDR ihre Herrschaft in immer neuen Anläufen abzusichern. Repression und Verlockung, Gewalt und Verführung gingen eine enge Bindung ein, die gerade die Geschichte der »führenden Klasse« zu einem lohnenden Untersuchungsfeld macht. Deren Interessenlage war höchst diffus.

Arbeiterinteressen ließen sich, anders als die offizielle Ideologie glauben machen wollte, keineswegs »objektiv« bestimmen und durch Anleitung von oben lenken, sondern äußerten sich in verschiedensten Formen, auf die immer wieder neue Antworten nötig wurden. Herrschaft veränderte als soziale Praxis ihren Charakter[57], sie wurde diffuser und nahm Formen von Interaktion und Arrangement in sich auf, die das stilisierte Bild »der Klasse« in seinen Konturen verschwimmen lassen. Arbeiterinteressen artikulierten sich am Arbeitsplatz und in sozialen Konfliktsituationen. Sie umfaßten hohe politische Ziele und alltäglich banale Wünsche. Dabei konnte es jedoch für die Arbeiter wichtig sein, sich auf die offizielle Rhetorik des Systems einzulassen und sich gegenüber der SED-Spitze als »führende Klasse« zu präsentieren. Das eigentliche Ziel war jedoch, eigene Wünsche durchzusetzen oder Zumutungen abzuwehren. Die Klasse, so hat Hartmut Zwahr festgestellt, wurde ebenso wie die Arbeitermilieus nicht aufgelöst, sondern eher umgeformt. Sie wurde aber auch zu einem erheblichen Teil postuliert, war Bezugsgröße für die Politik und Adressat von Forderungen und Versprechungen. Deshalb existierte sie auch unabhängig von ihrem sozialen Substrat. »Wie die Partei in die ›Klasse‹ hineinrief, so schallte es heraus. So entstand ein ritualisierter Dialog, den die Beteiligten bis zum Ende der DDR durchhielten.«[58] In diesem Bild werden verschiedene Dimensionen der sozialen Relevanz des Postulats »Arbeiterstaat« faßbar.

Die antikapitalistische und antibürgerliche Propaganda war ein zentraler Bestandteil dieses ritualisierten Dialogs. Sie hatte aber auch noch feste Wurzeln in den Sozialisationsbedingungen der Aktivisten sowohl des kommunistischen als auch des sozialdemokratischen Zweigs der Arbeiterbewegung und konnte in den frühen Jahren der SBZ und der DDR auf unmittelbare Resonanz rechnen.[59] Der

---

56 Das wird eindrucksvoll belegt in der vorzüglichen Studie von John Connelly, Captive University. The Sovietization of East Germany, Czech, and Polish Higher Education 1945–1956, Chapel Hill 2000.
57 Vgl. Lindenberger, Herrschaft und Eigen-Sinn, S. 21 f.
58 Hartmut Zwahr, Alte und neue Arbeitermilieus in der DDR. Einige Anmerkungen zu Kontinuitäten und Kontinuitätsbrüchen (unveröff. MS 1995), S. 10 f.
59 Als ein Beispiel ließe sich die Biographie des Sozialdemokraten und Gewerkschaftsfunktionärs Adam Wolfram anführen, der sich nach 1945 zunächst im FDGB engagierte und Präsident des Landtages von Sachsen-Anhalt wurde, bis er 1951 angesichts drohender Verhaftung in die Bun-

Nationalsozialismus hatte der älteren Generation die scheinbare Richtigkeit der sozialistisch-kommunistischen Kapitalismus-Diagnosen in brutaler Zuspitzung vor Augen geführt. Daher war auch der frühe Antifaschismus keineswegs nur verordnet. Gerade vor diesem Hintergrund konnte der neue Staat mit seinem Anspruch, den vollständigen Bruch mit dieser Vergangenheit zu repräsentieren, auf eine gewisse Resonanz rechnen. Darin steckte vielleicht auch ein kaum genau faßbares Element, das Barrington Moore als den »bescheidenen Grundzug«[60] der deutschen Arbeiterbewegung jenseits großer revolutionärer Ziele bezeichnet hat: das Verlangen nach Respekt für den Arbeiter und nach menschlicher Behandlung. Trotz massiver Repressionen und Manipulationen erhielt diese Forderung neues Gewicht. Ein »Arbeiterstaat« mußte sich, wollte er ein Minimum an Glaubwürdigkeit gegenüber seiner Klientel behaupten, anders verhalten als ein bürgerlich-kapitalistischer. Es ist daher kein Zufall, daß sich SED und Gewerkschaften immer wieder von derartigen Erwartungen herausgefordert fühlten und mit geradezu stereotyper Regelmäßigkeit Kritik an »herzlos-bürokratischem Verhalten« übten. Eine Arbeiterin aus dem Berliner Glühlampenwerk drückte diesen Sachverhalt in einem Interview Anfang der achtziger Jahre so aus: »Man soll den Arbeiter-und-Bauern-Staat mehr achten und schätzen. Man soll nicht vergessen, was diese Namen bedeuten [...] Sie sollen auf'm Teppich bleiben, sollen nicht vergessen, daß sie alle sich mal emporgearbeitet haben, alle von klein angefangen haben, der Arbeiter auch.«[61] Hier zeigt sich, daß die Stilisierung der Arbeiterklasse und ihrer »Avantgarde«, die den Kern der ständigen »Theatralisierung des Alltags«[62] in der DDR ausmachte, in der Perzeption der Betroffenen nicht völlig belanglos blieb und daher ein aufschlußreicher Teil der sozialen Herrschaftsgeschichte sein kann. Wie diese Konstellation entstand und wie die Spannungen zwischen einer Diktatur, die sich auf die Arbeiterbewegung berief, und einer Arbeiterschaft mit vielfältigen Interessen und verqueren Verhaltensweisen aussahen, ist erst mit den Arbeiten von Peter Hübner genauer untersucht worden.[63]

In der Geschichte der Arbeiterbewegung war dieser Staat etwas völlig Neues. Er wurde zwar nach dem Vorbild der Sowjetunion modelliert, ist aber zu keinem

---

desrepublik floh. Adam Wolfram, Es hat sich gelohnt. Der Lebensweg eines Gewerkschafters, Koblenz 1977.

60 Diesen Hinweis gibt Josef Mooser, Thesen zum sozialhistorischen Ort des Marxismus in der deutschen Arbeiterbewegung, in: SOWI 14 (1985), S. 155-160, hier: S. 157. Ein schönes Beispiel für dieses oft unterschätzte Moment findet sich in der ersten »Proklamation an die Bergarbeiter« im Ruhrgebiet vom April 1945, in der neben klassischen Forderungen wie Achtstundenschicht, Mitbestimmungsrecht, Wiedereinführung von Lohn- und Tarifverträgen auch gefordert wird: »eine warme, d. h. menschenwürdige Behandlung. Diese letzte Forderung ist nicht weniger bedeutsam wie die erste.« Der Text in: Christoph Kleßmann/Peter Friedemann, Streiks und Hungermärsche im Ruhrgebiet 1946–1948, Frankfurt/M. 1977, S. 93 f.
61 Wolfgang Herzberg, So war es. Lebensgeschichten zwischen 1900 und 1980 nach Tonbandprotokollen, Halle 1985, S. 199 f.
62 So der gleichnamige Artikel von Susanne Helle, in: SBZ-Archiv 7 (1956), S. 194-196.
63 Peter Hübner, Konsens, Konflikt und Kompromiß. Soziale Arbeiterinteressen und Sozialpolitik in der SBZ/DDR 1945–1970, Berlin 1995. Grundlegend ist ferner das voluminöse Sammelband von Hübner/Tenfelde von 1999 (siehe Anm. 6, S. 12).

Zeitpunkt eine bloße Kopie des Originals gewesen. Die Wirksamkeit deutscher Traditionsprägungen läßt sich in unterschiedlicher Intensität immer wieder beobachten. Verstärkt wurden diese Traditionsbezüge durch die Teilung Deutschlands und durch den Anspruch der DDR, Vorreiter eines gesamtdeutschen Sozialismus zu sein. Unter diesem Blickwinkel war die Arbeiterbewegung der Bundesrepublik ständiger Adressat politischer und sozialer Aktivitäten. In allen Arten von Quellen tritt diese Präsenz des Westens im Osten in Erscheinung. Von verdeckten Infiltrationsbemühungen über platte Propagandaaktivitäten bis zu demonstrativen Geldsammlungen für Streikende in Westdeutschland reichte die Palette. Wichtiger und wirkungsvoller aber war die Präsenz der Bundesrepublik als »Referenzgesellschaft« (Lepsius) und heimliche Meßlatte im Alltag. Für Arbeiter hatte dieser Zusammenhang vermutlich noch stärkere Relevanz als für andere Schichten und Gruppen. Insofern ist die Sozialgeschichte der ostdeutschen Arbeiter trotz ihrer spezifischen Struktur in einem jeweils noch genauer zu bestimmenden Umfang auch Teil einer gesamtdeutschen Geschichte.

Eher ein Seitenaspekt bleibt im Vergleich mit der Beziehungsgeschichte zur Bundesrepublik die Verflechtung der DDR mit den Nachbarstaaten in Ostmitteleuropa. Genauer läßt diese sich, so scheint es bisher, in ihrer Bedeutung für eine Arbeitergeschichte der DDR nur in Konflikt- und Krisensituationen erfassen.[64] Für die offenkundige Distanz zur polnischen »Solidarnosc« 1980/81 ist das hinreichend bekannt.[65] Für den »polnischen Oktober« und den ungarischen Aufstand 1956 lassen sich zumindest einige Indizien für ein ambivalentes Interesse feststellen. Zwar gehörten regelmäßige Solidaritätsbeteuerungen, Delegationsbesuche und in den frühen fünfziger Jahren auch die Übernahme erfolgreicher Arbeitsmethoden zum festen Ritual der verordneten Freundschaft mit den »Bruderländern«. Den durchschnittlichen DDR-Arbeiter kümmerten solche Bemühungen in der Regel jedoch wenig. Wichtiger war hier eher ein kompensatorischer Mechanismus aus der Stammtisch-Psychologie. Während der Abstand im Produktionsniveau und im Lebensstandard zum Westen allen hoch gesteckten Zielen zum Trotz eher zu- als abnahm, stand die DDR als hochentwickelter Industriestaat mit einer qualifizierten Arbeiterschaft gegenüber den östlichen Nachbarn vergleichsweise gut da. Der ernüchternde Blick nach Westen ließ sich immerhin durch den Stolz nach Osten kompensieren. Hartnäckige Völkerstereotype konnten auf diese Weise unter den Bedingungen der politischen Völkerfreundschaft

---

64 Vgl. Hendrik Bispinck/Jürgen Danyel/Hans-Hermann Hertle/Hermann Wentker (Hg.), Aufstände im Ostblock. Zur Krisengeschichte des realen Sozialismus, Berlin 2004. Ein erster Einstieg in eine Vergleichsgeschichte in verschiedenen Dimensionen: Peter Hübner/Christoph Kleßmann/Klaus Tenfelde (Hg.), Arbeiter im Staatssozialismus. Ideologischer Anspruch und soziale Wirklichkeit, Köln 2005. Vgl. die konzeptionellen Überlegungen von Boyer, Arbeiter.

65 Vgl. Peter Jochen Winters, Angst vor dem polnischen Bazillus, in: DA 14 (1981), S. 1009-1012; Wolf Oschlies »Ich fürchte Unmutsäußerungen ...«. Polen und die DDR 1981, in: ebd., S. 1012-1014; Wlodzimierz Borodziej/Jerzy Kochanowski, Der DDR-Staatssicherheitsdienst und ein befreundetes Nachbarland: Das Beispiel Volksrepublik Polen, in: Dies./Bernd Schäfer, Grenzen der Freundschaft. Zur Kooperation der Staatssicherheitsorgane der DDR und der Volksrepublik Polen zwischen 1956 und 1989, Dresden 2000, S. 9-36.

und des Internationalismus überleben. Das zeigte sich nicht zuletzt im Umgang mit den ausländischen »Gastarbeitern« in der DDR. In einem gewissen Rahmen mochte dieser vergleichende Blick über die östliche Grenze langfristig sogar zur Stärkung der Loyalität gegenüber dem eigenen Staat beitragen. Daß dieser kompensatorische Mechanismus eines Überlegenheitsgefühls auch gegenüber dem »großen Bruder« Sowjetunion gerade unter Arbeitern nachhaltige Wirkungen zeigte, ist vor allem für die Anfangsjahre der DDR vielfach zu belegen.

Wie die DDR-Geschichte insgesamt muß also ihre Arbeitergeschichte ebenfalls in mehrere Bezugsfelder eingebettet werden, auch wenn ein primär sozialgeschichtlicher Blick sich vor allem auf die inneren Entwicklungstrends und Spannungslinien richtet.

Quellen und Forschungsstand

Auf den kuriosen Befund, daß die »führende Klasse« zwar Gegenstand einer ungeheuren Menge von Dokumentationen, knappen und ausführlichen Darstellungen, Propagandabroschüren und Schulungsmaterial sowie Filmen und Belletristik war, bis zum Ende der DDR aber niemals eine differenzierte historiographische Behandlung erfuhr, ist bereits hingewiesen worden. Das gilt aber ebenso für die westliche Geschichtsschreibung. Auch zu den Zeiten, als Arbeiter- und Arbeiterbewegungsgeschichte noch Konjunktur hatten, hat sie mit einer frappierenden Selbstverständlichkeit ihre Kontroversen und prinzipiellen Debatten auf kapitalistische Staaten vor und nach 1945 beschränkt. Das mochte insofern legitim sein, als man darüber streiten kann, ob die SED-Diktatur noch etwas mit Arbeiterbewegung zu tun hat. Daß hier ein anderes Konzept vertreten wird, ist oben erörtert worden. Das doppelte historiographische Defizit macht es jedoch schwer, einen soliden Forschungsstand zu diesem Thema zu benennen, auf dem sich aufbauen ließe. Für die DDR-Geschichte insgesamt mußten Historiker nach 1990 keineswegs beim Nullpunkt anfangen, auch wenn dieser Eindruck in der öffentlichen Debatte angesichts sensationeller Aktenfunde und spektakulärer Enthüllungen häufig entstand. »Neben den Akten existieren eben auch andere Quellen, und es gibt einen Forschungsstand«, stellte Hermann Weber zu Recht in seinen kritischen Anmerkungen zu einigen Veröffentlichungen von Archivalien aus der DDR fest.[66] Für die komplexe Geschichte der Arbeiter in der DDR gilt dieser Hinweis aber merkwürdigerweise am wenigsten. Gleichwohl gibt es auch auf diesem Feld eine große Zahl von Quellen und wissenschaftlichen Vorarbeiten, die hier zumindest knapp vorgestellt werden sollen, bevor die Chancen und Grenzen einer Auswertung der schier uferlosen Masse neu zugänglicher Archivquellen erörtert werden.[67]

---

66 Hermann Weber, Was beweisen die Akten? Anmerkungen zu Veröffentlichungen von Archivalien aus der DDR, in: IWK 33 (1997), S. 232-243, hier: S. 241.
67 Ich verzichte hier auf allgemeine Verweise zur neueren Literatur zur Politik- und Sozialgeschichte der DDR, weil sie leicht auffindbar ist und ggfls. in den Einzelkapiteln genannt wird. Einen kom-

Sieht man von der bereits erwähnten achtbändigen »Geschichte der deutschen Arbeiterbewegung« ab, die nicht nur einen besonderen politischen Stellenwert besaß, sondern partiell auch nützliche empirische Passagen enthält, so bilden die allgemein zugänglichen und bisweilen in hohen Auflagen produzierten Dokumentensammlungen, Protokolle, Geschäftsberichte und offiziellen Verlautbarungen in der Presse den Ausgangspunkt jeder Untersuchung. Die »Dokumente der SED« mit Beschlüssen und Erklärungen der Spitzengremien sowie die Parteitagsprotokolle, Partei-Zeitschriften und -Zeitungen der SED sind ebenso wie die entsprechenden Quellen des FDGB und einiger anderer Massenorganisationen vor allem deshalb die Grundlage für sozial- und kulturgeschichtliche Themen, weil es sich hier um normative Texte von besonderem Gewicht handelte, die entsprechend dem Selbstverständnis und der politischen Konstruktion der SED-Diktatur für jedermann verbindlich waren.[68] Natürlich sagt dieser Anspruch noch nichts über ihre tatsächliche gesellschaftliche Relevanz aus. Gerade die Spannung zwischen hohem Anspruch und eher trüber Wirklichkeit muß ein wesentlicher Leitfaden kritischer Analysen sein. Hölzerne Parteitagsreden enthalten aber ebenso wie die nicht weniger öden FDGB-Protokolle neben den dröhnenden Erfolgsmeldungen auch zahlreiche kritische Hinweise auf Probleme, die die Basis drückten und denen näher nachzugehen ist. Die offiziellen Quellen dieser Gattung bieten darüber hinaus reichen Anschauungsunterricht für die Formen einer hochgradig ritualisierten Kommunikation mit stereotypen Argumentationsfiguren, die sich als wichtige Bestandteile eines »Herrschaftsdiskurses« verstehen lassen.[69] Dem Appellcharakter der normativen Texte, deren Adressat die Arbeiterschaft war, entsprach häufig die Verwendung entsprechender Floskeln in kritischen Äußerungen. Aber auch die innere Gliederung von Partei-, Gewerkschafts- oder Stasi-Berichten folgte in der Regel einem vorgegebenen und internalisierten Muster: Erst nach einem ausführlichen Lobgesang kam das große »Aber«. In dieser Hinsicht unterscheiden sich öffentliche und Archivquellen nur wenig. Das schwer erträgliche peinliche Pathos der parteiamtlichen Texte spiegelt aber noch einen weiteren Sachverhalt, der ebenso irritierend wie erklärungsbedürftig ist. Diese Texte waren in ihrem schablonenhaften Charakter ein Stück Wirklichkeitskonstruktion, ohne die das Herrschaftssystem nicht auskommen konnte. Besonders augen-

---

pakten Überblick bietet Arnd Bauerkämper, Die Sozialgeschichte der DDR, München 2005. Umfassend: Bilanz und Perspektiven der DDR-Forschung, hg. von Rainer Eppelmann/Bernd Faulenbach/Ulrich Mählert, Paderborn 2003.

68 Siehe Quellen- und Literaturverzeichnis. Ein Schlüsseltext, der die Funktionsmechanismen der SED-Diktatur und die enge Verflechtung von Partei- und Staatsapparat belegt, sind die »Richtlinien über die Fertigstellung von Vorlagen und wichtigen Materialien für die Regierung und Regierungsstellen zur Entscheidung durch die zuständigen Organe des Parteivorstandes sowie über die Kontrolle der Durchführung dieser Entscheidungen« von 1949, zit. bei Monika Kaiser, Die Zentrale der Diktatur – organisatorische Weichenstellungen, Strukturen und Kompetenzen der SED-Führung in der SBZ/DDR 1946 bis 1952, in: Jürgen Kocka (Hg.), Historische DDR-Forschung. Aufsätze und Studien, Berlin 1993, S. 57-86, hier: S. 78 ff.

69 Zu diesem Konzept, das ich nicht in jeder Hinsicht teile, das aber eine neue Perspektive bietet, Martin Sabrow (Hg.), Geschichte als Herrschaftsdiskurs. Der Umgang mit der Vergangenheit in der DDR, Köln 2000.

fällig ist das zum Beispiel in der öffentlichen »Westarbeit« der SED und der Massenorganisationen.[70] Daß diese »Missionsarbeit« nach Westen trotz ihrer offenkundigen Erfolglosigkeit kontinuierlich und mit hohem personellen und finanziellen Aufwand fortgesetzt wurde, läßt sich letztlich nur damit erklären, daß die ideologische Konstruktion einer bestimmten Klassenrealität und eines fortbestehenden Klassenkampfes aufrechterhalten werden mußte, weil sonst wesentliche Pfeiler des eigenen Gebäudes ins Wanken geraten konnten. Die immer wieder beschworene »historische Mission der Arbeiterklasse« wurde in den parteioffiziellen Dokumenten ebenso wie in Erinnerungen und Biographien zu einem quasi-religiösen Versatzstück, das als Handlungsmotiv bei der Analyse nicht einfach übergangen werden kann, auch wenn es vom durchschnittlichen Arbeiter als unvermeidlicher Teil des Alltags kaum noch wahrgenommen wurde.[71]

Auch die umfangreiche »graue Literatur« ist für sozialgeschichtliche Fragen bedeutsam. Dazu gehören insbesondere Broschüren- und Referentenmaterial, Richtlinien und Schulungshinweise, Betriebszeitungen, Kalender, Handreichungen verschiedenster Provenienz. Dieses Material ist oft schwer zugänglich und methodisch nicht einfach auszuwerten.[72] So bietet beispielsweise die in den frühen fünfziger Jahren geschaffene »Bibliothek des Aktivisten« einen plastischen Eindruck von dem keineswegs nur verordneten Enthusiasmus und den verzweifelten Bemühungen, von der Sowjetunion konkret zu lernen, neue Arbeitsmethoden und praktische Hilfestellungen an der Basis zu verbreiten und so die hehren politischen Ziele auf ein handliches Format im Betrieb herunter zu transformieren. Zwar gibt es gelegentlich Hinweise auf Stückzahlen derartiger Broschüren, aber ihre tatsächliche Nutzung läßt sich nicht einfach rekonstruieren. Relativ gut zu verfolgen ist das auf dem Gebiet der eher praxisfernen betrieblichen Kulturarbeit. Die eigens dafür vom FDGB geschaffene Zeitschrift[73] »Arbeit und Kultur« fand offenbar nur mäßige Resonanz, und die häufigen Klagen, viele Betriebe hätten sie immer noch nicht abonniert, sprechen für sich. Gleichwohl ist dieses in seinem äußeren Zuschnitt wenig attraktive Organ mit seinen Hinweisen auf Kulturhäuser, kulturelle Wettbewerbe, Betriebschöre, Rote Ecken usw. eine Fundgrube für interessante betriebsgeschichtliche Details ebenso wie für die spezifischen Schwierigkeiten der Operationalisierung betrieblicher Kulturarbeit vor Ort.[74]

Nicht minder gilt das für die Kategorie der Betriebsgeschichten. Zwischen 1949 und 1990 sind rund 2.000 Monographien und Artikel dazu in der DDR veröffentlicht worden.[75] Die SED ahmte damit die ursprünglich von Maxim Gorki

---

70 Siehe unten, Kap. II 12. (S. 300 ff.)
71 Vgl. zu Ritualen im Alltag unten, Kap. VI 6. (S. 709 ff.)
72 Neben der Bibliothek der SAPMO ist hier auf die vorzügliche Sammlung des früheren Zentralinstituts 6 der Freien Universität Berlin zu verweisen, die hier intensiv ausgewertet worden ist.
73 »Arbeit und Kultur«. Informationsmaterial für die gewerkschaftliche Kulturarbeit in den Betrieben und auf dem Lande H. 1, 1950. Ab Juni 1952 hieß der Titel »Kulturelle Massenarbeit«, ab 1954 »Kulturelles Leben«.
74 Siehe unten, Kap. II 11. (S. 281 ff.)
75 Arnd Kluge, Betriebsgeschichte in der DDR – ein Rückblick, in: Zeitschrift für Unternehmensgeschichte 38 (1993), S. 49-62.

angestoßenen Ansätze einer »Geschichte der Fabriken und Werke« nach. Sie sollte Stolz auf Betriebe und Heimat wecken, das sozialistische Bewußtsein fördern. Die Schöpfer der neuen Geschichte sollten, wie der führende Betriebshistoriker Hans Radandt 1960 schrieb, nun auch die Geschichte ihrer »Arbeit in Vergangenheit und Gegenwart« verfassen.[76] Diese Gattung konnte jedoch kaum ein eigenständiges Profil entwickeln. Sie sollte Teil der ideologischen Zielsetzung in den Betrieben sein, durfte daher nicht dem Selbstlauf überlassen, sondern mußte von den Betriebsparteiorganisationen (BPO) geplant und geleitet werden. Nach den unbefriedigenden Ergebnissen der fünfziger Jahre wurde die Hauptarbeit zunehmend Experten übertragen. Die unvermeidliche »Anleitung« lag bei den SED-Kommissionen zur Erforschung der Geschichte der örtlichen Arbeiterbewegung, seit 1978 beim Institut für Marxismus-Leninismus beim ZK der SED. Brigadetagebücher bildeten eine wichtige Quelle solcher Betriebsgeschichten, aber nur selten waren sie mehr als geschönte Erfolgsgeschichten oder dürre Chroniken.

Das gesamte »offiziöse« Quellenmaterial sollte angesichts der jetzt zugänglichen Archivalien in seinem Wert nicht unterschätzt und nicht auf einen bloß propagandistischen Gehalt reduziert werden. Zu den signifikanten Unterschieden der SED-Diktatur gegenüber dem »Dritten Reich« gehört gerade diese ritualisierte Kommunikation zwischen »Avantgarde« und »Klasse«. Die Kommando-Struktur war eine andere. »Anleitung« von oben mußte und sollte nach unten vermittelt werden, und das hatte ständige und oft konfliktreiche Diskussionsprozesse zur Folge. Die immer wieder in den Quellen auftauchenden Argumentationsfiguren der Selbstkritik im Umgang der Funktionäre mit den Arbeitern, wie »Bürokratismus«, »Kommandieren«, »herzloses Verhalten«, erhellen diesen gravierenden Unterschied. Mit diesem Hinweis werden Druck und auch Terror des Herrschaftsapparats nicht relativiert. Aber die innere Struktur der Herrschaft in den Betrieben verlief in anderen Formen, und die Quellen spiegeln das, nicht zuletzt in ihrem maßlosen Umfang, der sich aus der permanenten Berichtspflicht auf allen Ebenen ergab. Lutz Niethammer hat diesen Sachverhalt pointiert so charakterisiert: »Eine kühle politische Soziologie der DDR hat natürlich recht, wenn sie in deren herrschender Klasse zunächst einmal die politische Klasse, also die Oberschicht der Partei- und Betriebsfunktionäre der SED und der anderen Blockparteien sieht. Aber die andere ›herrschende Klasse‹, in die man abstürzen konnte, also die der industriellen Betriebsarbeiter, war auch eine Realität, und vor nichts – vielleicht mit Ausnahme sowjetischer Direktiven – hatte die Führungsschicht der SED so viel Respekt, um nicht Angst zu sagen, wie vor ihr.«[77]

76 Hans Radandt, Der Stand der Geschichte der Fabriken und Werke in der Deutschen Demokratischen Republik, in: Jb.WG 1960 II, S. 153-199, hier: S. 156. Summarische Zusammenstellungen der in der DDR erschienenen Arbeiten zur örtlichen Arbeiterbewegung und zur Betriebsgeschichte bieten: Hans-Joachim Krusch, Forschungen zur Geschichte der örtlichen Arbeiterbewegung, in: Historische Forschungen in der DDR 1970–1980. Analysen und Berichte, Berlin (O) 1980, S. 734-759; Heinz Moritz/Hans Radandt, Forschungen zur Betriebsgeschichte, in: ebd., S. 760-769.
77 Lutz Niethammer, Die SED und »ihre« Menschen. Versuch über das Verhältnis zwischen Partei und Bevölkerung als bestimmendem Moment innerer Staatssicherheit, in: Siegfried Suckut/Wal-

Die westliche Kommunismus-Forschung vor 1989 hat mit Erfolg das methodische Instrumentarium angewandt, um aus Material, das in der DDR publiziert wurde, kritische Interpretationen zu destillieren, die auch heute noch großenteils tragfähig sind. Hier sind insbesondere das SBZ-Archiv und die »Bonner Berichte« des Ministeriums für Gesamtdeutsche Fragen zu nennen. Viele dieser zeitgenössischen Analysen überraschen trotz ihrer unübersehbaren politischen Ausrichtung durch Genauigkeit im Detail und Treffsicherheit im Urteil. Für das SBZ-Archiv, den Vorläufer der Zeitschrift »Deutschland Archiv«, liegt darüber hinaus ein großer Nutzen in der Verbindung von genauer zeitgenössischer Beobachtung der Vorgänge und ihrer Dokumentation. Insbesondere die Wiedergabe der Regional- und Organisationspresse erschließt ein heute kaum noch ohne weiteres erreichbares Material. Damit bietet sich eine Themenpalette von eindrucksvoller Breite. Sozial- und alltagsgeschichtliche Details, die öffentlich bekannt waren, im Gebirge der jetzt zugänglichen Akten aber allzu leicht untergehen, spielen dabei eine größere Rolle, als es die überwiegend politische Wahrnehmung in der Zeit des Kalten Krieges vermuten läßt.

Seit dem Ende der DDR sind Historiker über das umfängliche gedruckte Material hinaus mit einer nicht zu bewältigenden Fülle von früher unzugänglichen Archivquellen konfrontiert. Die überlieferten Akten der SED, des MfS, des FDGB und anderer Massenorganisationen sowie der staatlichen und betrieblichen Bürokratien haben einen Umfang, der jede auch nur annähernd vollständige Durchsicht und Auswertung unmöglich macht. Die verpflichtende Berichterstattung und der Drang zur Kontrolle aller Vorgänge nahm vor allem in den letzten Jahren der DDR absurde Ausmaße an, so daß die Kontrolleure selber die Übersicht verloren und nicht mehr sichergestellt war, daß die politische Spitze relevante Informationen überhaupt noch zur Kenntnis nahm.[78] Dieses Informationssystem entwickelte sich aber erst allmählich. Es verlor zusammen mit einer immer stärkeren Formalisierung und sprachlichen Schematisierung beträchtlich an Wert.[79] Für die ersten Jahrzehnte erlauben die internen Quellen dagegen oft sehr instruktive Einblicke in politische und soziale Vorgänge. Dabei muß man sich stets bewußt sein, daß diese Quellen überwiegend den interessengeleiteten Blick von außen, die Perspektive der politischen Funktionäre und des planwirtschaftlichen Managements, spiegeln und bestenfalls indirekt Informationen von Arbeitern selber wiedergeben. Für die bis in die siebziger Jahre häufig noch wenig professionellen Stasi-Berichte gilt das gleiche.

Für die ersten Nachkriegsjahre ist die Quellensituation ähnlich wie bei den westlichen Besatzungszonen: bruchstückhaft, oft zufällig und verstreut, aber auch vielfältig und bunt. Die drängenden Alltagsprobleme einer Zusammenbruchsge-

---

ter Süß (Hg.), Staatspartei und Staatssicherheit. Zum Verhältnis von SED und MfS, Berlin 1997, S. 307-340, hier: S. 327.

78 Karl Wilhelm Fricke, MfS intern. Macht, Strukturen, Auflösung der DDR-Staatssicherheit. Analysen und Dokumentation, Köln 1991, S. 68.

79 Vgl. Mary Fulbrook, Methodologische Überlegungen zu einer Gesellschaftsgeschichte der DDR, in: Bessel/Jessen (Hg.), Grenzen der Diktatur, S. 274-297, hier: S. 279.

sellschaft, einer erst im Wiederaufbau befindlichen deutschen Verwaltung, die zerstörten Kommunikationsnetze und die noch fehlende Zentralisierung der Entscheidungsvorgänge auf sowjetischer und deutscher Seite ließen regionalen und lokalen Instanzen gewisse Spielräume, die auch in den Quellen Spuren hinterlassen haben. Trotz politischer Omnipotenz waren die Besatzungsmächte in der Berichterstattung und in der alltäglichen Politik auch auf ihre Untertanen angewiesen. Anders als für die westlichen Besatzungsmächte läßt sich die sowjetische Okkupationspolitik dennoch quellenmäßig nur unbefriedigend erfassen. Dafür dürfte aber nicht nur die restriktive Freigabe von Akten aus den Moskauer Archiven maßgeblich sein, sondern auch die innere Struktur sowjetischer Politik. Norman Naimark hat auf der bisher wohl breitesten Quellengrundlage die politischen Rahmenbedingungen rekonstruiert, dabei aber auch eindrucksvoll gezeigt, wie »polykratisch« diese anfänglich geprägt waren.[80] Die kontroversen Diskussionen um die Ziele und Methoden sowjetischer Deutschlandpolitik werden daher weitergehen.[81] Die mittlerweile im Detail bekannten Planungen der Exil-KPD in Moskau für den künftigen Wieder- und Neuaufbau können zwar kleinere Lücken schließen, ihr Aussagewert bleibt aber begrenzt, da sie keine Hinweise darauf liefern, wieweit die deutschen Genossen über die tatsächlichen Ziele Stalins informiert waren. In jedem Falle scheint sich das Urteil Jan Foitziks zu bestätigen, daß die SED »kein bloßes Objekt der sowjetischen Besatzungspolitik« war, sondern selber Einfluß auf die Entwicklung nahm und auch auf Entscheidungen in Moskau einzuwirken versuchte, wie die Notizen des KPD-Vorsitzenden Wilhelm Pieck punktuell belegen.[82] Aber auch die regionalen Problembilanzen deutscher Verwaltungsstellen gegenüber SMAD-Offizieren verweisen auf diesen Interaktionszusammenhang.[83] Angesichts der zwangsläufig bruchstückhaften Überlieferung der Besatzungszeit können Erinnerungen und zeitgenössische Reportagen zusätzliche Bedeutung gewinnen. Das trifft insbesondere für später geflüchtete Funktionäre wie Wolfgang Leonhard, Erich W. Gniffke, Moritz Thape, Adam Wolfram, Ernst Lemmer, Johann Baptist Gradl und andere zu.[84] Die in der DDR publizierten Erinnerungen

---

80 Bernd Bonwetsch/Gennadij Bordjugov/Norman M. Naimark (Hg.), Sowjetische Politik in der SBZ 1945–1949. Dokumente zur Tätigkeit der Propagandaverwaltung (Informationsverwaltung) der SMAD unter Sergej Tjulpanov, Bonn 1998, S. XIII. Eine wichtige Teilveröffentlichung von Quellen haben Jochen Laufer und Georgij P. Kynin vorgelegt: Die UdSSR und die deutsche Frage 1941–1948. Dokumente aus dem Archiv für Außenpolitik der Russischen Föderation, Bd. 1-3, Berlin 2004.
81 Vgl. Günter Braun, Was wollten die Russen eigentlich? Neue Forschungen zur sowjetischen Besatzungspolitik in Deutschland, in: JHK 1999, S. 340-361.
82 Ebd., S. 358 f.
83 Berichte der Landes- und Provinzialverwaltungen zur antifaschistisch-demokratischen Umwälzung 1945/46. Quellenedition, Berlin (O) 1989.
84 Wolfgang Leonhard, Die Revolution entläßt ihre Kinder, Köln 1955; Erich W. Gniffke, Jahre mit Ulbricht, Köln 1966; Dietrich Güstrow, In jenen Jahren. Aufzeichnungen eines »befreiten« Deutschen, Berlin (W) 1983; Adam Wolfram, Es hat sich gelohnt. Der Lebensweg eines Gewerkschafters, Koblenz 1977; Ernst Lemmer, Manches war doch anders. Erinnerungen eines deutschen Demokraten, Frankfurt/M. 1968; Johann Baptist Gradl, Anfang unter dem Sowjetstern. Die CDU 1945–1948 in der sowjetischen Besatzungszone Deutschlands, Köln 1981.

hoher deutscher und sowjetischer Funktionäre und »Aktivisten der ersten Stunde« sind dagegen für eine Arbeitergeschichte wenig oder nur unter einem besonderen Blickwinkel ergiebig.[85] Das Gesamtbild der Frühphase hatte sich bereits wesentlich verändert, bevor neue Quellen zugänglich wurden. So hat Wolfgang Zank mit seiner kritischen Analyse der sozioökonomischen Ausgangslage eine auch heute noch gültige solide Grundlage für sozialgeschichtliche Fragen gelegt.[86] Siegfried Suckut hat in seiner Untersuchung über die Betriebsrätebewegung der SBZ anhand veröffentlichter Materialien eine betriebspolitische Landschaft im Umbruch skizziert, die sehr vielfältig und weit von der konsequenten Realisierung zentraler politischer Ziele entfernt war.[87] Mehrere Autoren versuchten, Verhaltensweisen von Industriearbeitern und Konfliktstrukturen in der ersten Nachkriegsphase differenziert nachzuzeichnen, und konnten ein völlig anderes Bild als die Parteihistoriographie bieten.[88] In den letzten Jahren der DDR änderte sich aber auch das Erscheinungsbild ihrer Historiographie in etlichen zeithistorischen Publikationen erheblich. Als Beispiele lassen sich die empirisch dichte Darstellung der KPD-Geschichte im Jahr 1945 von Günter Benser sowie der neunte Band der »Deutschen Geschichte« nennen, der nicht nur einen methodisch breiteren Zugang suchte, sondern auch vorsichtige Kritik an alten Sprachregelungen übte.[89] Ferner bieten die sozialgeschichtlichen Detailuntersuchungen von Gottfried Dittrich trotz ihrer formationstheoretischen Überfrachtung wichtige Erörterungen und Materialien zu einer Untersuchung der Arbeitergeschichte in den Anfängen.[90] Die fünfziger und sechziger Jahre fallen demgegenüber sowohl in der ost- wie westdeutschen Historiographie vor 1990 deutlich ab.

Der ungeheure Boom in der historischen DDR-Forschung nach der Öffnung der Archive hat mittlerweile auch für die Arbeiterthematik die Forschungslandschaft erheblich verändert. Anfangs standen vor allem die einschneidenden politischen Daten wie die Vereinigung von SPD und KPD oder der Aufstand vom 17. Juni 1953 stark im Vordergrund. Zahlreiche Einzelstudien zu verschiedenen wirtschaftlichen und sozialen Fragen insbesondere aus der Besatzungs- und Früh-

---

85 Vgl. unten, Kap. I 7. (S. 113 ff).
86 Wolfgang Zank, Wirtschaft und Arbeit in Ostdeutschland 1945–1949, München 1987.
87 Siegfried Suckut, Die Betriebsrätebewegung in der Sowjetisch Besetzten Zone Deutschlands (1945–1948), Frankfurt/M. 1982.
88 Klaus Ewers, Einführung der Leistungsentlohnung und verdeckter Lohnkampf in den volkseigenen Betrieben der SBZ, in: DA 13 (1980), S. 612-633; Axel Bust-Bartels, Herrschaft und Widerstand in den DDR-Betrieben, Frankfurt/M. 1980; Dietrich Staritz, Sozialismus in einem halben Lande. Zur Programmatik und Politik der KPD/SED in der Phase der antifaschistisch-demokratischen Umwälzung in der DDR, Berlin (West) 1976.
89 Günter Benser, Die KPD im Jahre der Befreiung. Vorbereitung und Aufbau der legalen kommunistischen Massenpartei, Berlin (O) 1985; Deutsche Geschichte, Bd. 9. Die antifaschistisch-demokratische Umwälzung, der Kampf gegen die Spaltung Deutschlands und die Entstehung der DDR von 1945 bis 1949, Autorenkollektiv unter Leitung von Rolf Badstübner, Berlin (O) 1989.
90 Gottfried Dittrich, Zu den Reproduktionsquellen und einigen Veränderungen in der sozialen Struktur der Arbeiterklasse der DDR während der Übergangsperiode vom Kapitalismus zum Sozialismus (1945 bis 1961), in: Jb.WG 1981 II, S. 243-279.

phase folgten.⁹¹ Als problemorientierte Zwischenbilanz bildet seit 1999 vor allem der von Peter Hübner und Klaus Tenfelde herausgegebene voluminöse Band eine empirisch und konzeptionell dichte und weiterführende Grundlage für nahezu alle Einzelfelder der ostdeutschen Arbeitergeschichte in der Ära Ulbricht. Peter Hübner hat mit seinen noch in der DDR entstandenen und dann erheblich erweiterten Studien zu sozialen Arbeiterinteressen und zur Sozialpolitik in der SBZ/DDR sowie zahlreichen weiteren Aufsätzen das ehemals unbeackerte Gelände der Sozialgeschichte genauer bearbeitet.⁹² Zu den grundsätzlichen Problemen der Auswertung und angemessenen Interpretation der neuen Quellen sind Alf Lüdtkes Überlegungen hervorzuheben, die bereits in mehrere Spezialuntersuchungen Eingang gefunden haben.⁹³ Informationsberichte, oft mehrmals im Monat, beim Bundesvorstand des FDGB anfangs sogar zweimal pro Woche, gehörten zu den obligatorischen Aufgaben der Partei und der Massenorganisationen auf allen Ebenen. Mit der Formalisierung dieses Berichtswesens stellte sich unvermeidlich ein Schematismus ein, der häufig Gegenstand der Kritik wurde, ohne daß er sich prinzipiell änderte. Die seit 1946 kontinuierlich gesammelten Beschlußprotokolle der Sitzungen des Bundesvorstandes des FDGB (mit Anlagen) bilden hier einen wichtigen Bestand, weil die Diskussionen an der Spitze durchaus Prioritäten in der Gesamtberichterstattung widerspiegeln.⁹⁴ Angesichts der Masse an Berichten ist es für größere Zusammenhänge weitgehend unmöglich, die unteren und mittleren Ebenen der Informationserstellung intensiver zu berücksichtigen, obwohl man davon ausgehen kann, daß diese oftmals bessere, weil weniger bearbeitete Nachrichten enthielten als die an der Spitze der jeweiligen Organisation produzierten Zusammenfassungen.⁹⁵ Möglicherweise gilt Ähnliches auch für das Berichtswesen der Stasi. Die Grundstruktur der Berichterstattung ähnelte sich in allen Sparten und zu allen Zeiten, auch wenn die schönfärberische Tendenz in den Reporten des MfS oft weniger ausgeprägt war.⁹⁶ Der Erwartungsdruck, der von den übergeordneten Instanzen ausging, führte aber auch in den unteren Ebenen zwangsläufig zu entsprechenden Glättungen und zur Überbetonung erfolgreicher

---

91 Vgl. den ausführlichen Forschungsbericht von Günter Braun, Die Geschichte der Sowjetischen Besatzungszone im Spiegel der Forschung. Eine Bestandsaufnahme der neueren Literatur (Teil I), in: JHK 1995, insbes. S. 284 ff.
92 Siehe oben, Anm. 63, S. 26.
93 Alf Lüdtke, »... den Menschen vergessen«? – oder: Das Maß der Sicherheit. Arbeiterverhalten der 1950er Jahre im Blick von MfS, SED, FDGB und staatlichen Leitungen, in: Alf Lüdtke/Peter Becker (Hg.), Akten. Eingaben. Schaufenster. Die DDR und ihre Texte. Erkundungen zu Herrschaft und Alltag, Berlin 1997, S. 189-222.
94 Vgl. Heinz Braun, Die Überlieferung des FDGB in der Stiftung Archiv der Parteien und Massenorganisationen der DDR im Bundesarchiv, in: IWK 32 (1996), S. 520-534.
95 Hier läßt sich auf das »Bayernprojekt« verweisen, das von der Arbeitshypothese ausging, für eine Rekonstruktion von Volksstimmungen und -reaktionen seien die Überlieferungen auf den unteren Ebenen besser geeignet als die der höheren Stufen. Diese Hypothese bestätigte sich vielfach. Martin Broszat/Elke Fröhlich/Falk Wiesemann (Hg.), Bayern in der NS-Zeit. Soziale Lage und politisches Verhalten der Bevölkerung im Spiegel vertraulicher Berichte, München 1977, S. 13.
96 Roger Engelmann, Zum Quellenwert der Unterlagen des Ministeriums für Staatssicherheit, in: Klaus-Dietmar Henke/Roger Engelmann (Hg.), Aktenlage. Die Bedeutung der Unterlagen des Staatssicherheitsdienstes für die Zeitgeschichtsforschung, Berlin 1995, S. 23-39, hier: S. 39.

Arbeit. Agenten und Provokateure oder – weniger dramatisch – »feindliche Elemente« mußten zudem ebenso wie »Sozialdemokratismus« oder andere ideologische Unklarheiten zur Erklärung unerfreulicher Befunde herhalten und damit auch eigenes Versagen verdecken. Das methodische Hauptproblem scheint bei allen Gattungen von Berichten dieser Art am ehesten darin zu liegen, daß die analytische Qualität und Generalisierbarkeit sehr zu wünschen übrig lassen. Einzelne Beispiele stehen für »das Ganze«.[97] Erst allmählich gelang dem MfS überhaupt die Systematisierung der Informationsgewinnung, und die ungenügende Qualität der Berichte war der Führungsspitze durchaus bewußt. So beklagte die Auswertungsgruppe im Staatssekretariat für Staatssicherheit – auf diesen Status war das Ministerium nach dem Aufstand vom 17. Juni herabgestuft worden – im Juli 1953 die Schwierigkeit, sich anhand der Informationen aus den Bezirksverwaltungen ein ungefähres Bild über die Stimmung der Bevölkerung zu machen: »Bei diesen Stimmungsberichten, die täglich durch FS [Fernschreiben; C. K.] zugesandt werden, handelt es sich einzig und allein um aneinandergereihte Diskussionsbeispiele.« Eine genaue Staffelung des Berichtswesens von der Betriebs- über die Kreis- und Bezirksebene bis zum Staatssekretariat sowie präzisere Vorgaben für die Berichterstattung sollten hier Abhilfe schaffen.[98] Inwieweit das erfolgreich war, läßt sich kaum generell feststellen. In weniger ausgeprägter Form besteht dieses Problem aber auch bei den SD-Berichten über die Stimmungslagen im »Dritten Reich«. Letztlich ist es in einer Darstellung, die auf exemplarische und illustrative Beispiele angewiesen ist, nicht restlos lösbar.

In der Berichterstattung gibt es jedoch deutliche qualitative Unterschiede. Hier lassen sich etwa die Berichte der »Instrukteursbrigaden« nennen, die in den frühen fünfziger Jahren meist vom ZK oder vom Bundesvorstand des FDGB eingesetzt wurden. Ihre Aufgabe war es, ein möglichst umfassendes und ungeschminktes Bild von den Zuständen in den Betrieben und den Erfolgen und Mißerfolgen parteilicher und gewerkschaftlicher Arbeit zu liefern. Die mögliche systematische Informationsverzerrung vor Ort durch die Informanten dieser Brigaden blieb aber bestehen. Man präsentierte sich entweder als besonders fortschrittlich oder beglich auf diesem Wege auch die ein oder andere persönliche Rechnung. Zudem erforderte das Instrukteurssystem bei flächendeckender Anwendung viel qualifiziertes Personal, so daß Loyalitätskonflikte unausweichlich waren. Obwohl die Instrukteursbrigaden noch bis in die achtziger Jahre existierten, verlor ihre Berichterstattung seit den Sechzigern an Bedeutung, zumal sich in diesem Jahrzehnt mit der Aufwertung der empirischen Umfrageforschung andere Möglichkeiten boten.

---

97 Alf Lüdtke, »… den Menschen vergessen«?, S. 193.
98 Vorschlag (der Abteilung Information) vom 29.7.1953 betr. »Tätigkeit der Auswertungsgruppe im Staatssekretariat für Staatssicherheit«, BStU, AS 9/57 Bd. 13, Bl. 191 ff. Ein exemplarisches Beispiel für die genauen Anweisungen zur Berichterstattung ist der detaillierte 33-seitige Entwurf einer Lektion für alle operativen Mitarbeiter der Abeilung Information vom 24.12.1955. Ebd., AS 43/58 Bd. 9, Bl. 380-411. Die enormen Probleme der Gewinnung geeigneter Kader und einer Professionalisierung der Arbeit des MfS werden sehr informativ bei Jens Gieseke behandelt: Die hauptamtlichen Mitarbeiter der Staatssicherheit, Berlin 2000.

Für die fünfziger Jahre existieren mit den Monatsberichten des Ostbüros der SPD aufschlußreiche Quellenbestände[99], die unter umgekehrtem Vorzeichen zwar ähnliche Interpretationsprobleme wie die Partei- und MfS-Quellen aufweisen, aber doch eine wichtige Form der Gegenüberlieferung bilden. Anfangs existierte offenbar noch ein relativ dichtes Netz von betrieblichen Vertrauensleuten, die aus unmittelbarer Anschauung berichten konnten. Nach dem Mauerbau 1961 wird die Berichterstattung auffällig schlechter und beschränkt sich häufig auf Hinweise aus öffentlichen Äußerungen und veröffentlichten Zeitungs- und Zeitschriftenmaterialien. Diese selektiven Zusammenstellungen selbstkritischer Äußerungen bilden indes ein informatives Quellenmaterial, das zielgerichtet und mit dem geschärften, interessegeleiteten Blick von »Dissidenten« gesammelt wurde. Es sollte die prinzipielle und dauerhafte Resistenz der Mehrheit der Arbeiterschaft gegenüber dem »Zonenregime« unter Beweis stellen. Das Ausmaß dieser Ablehnung ist sicher erheblich übertrieben worden und die ausschließliche Konzentration auf kritische Äußerungen vermittelt suggestiv ein stark überzeichnetes Bild von Widerstand und oppositionellem Verhalten, das korrekturbedürftig ist. In der Kombination mit Stasi-, Partei- und Gewerkschaftsberichten ist es jedoch möglich, eine halbwegs zutreffende Gewichtung vorzunehmen. Für die fünfziger Jahre sind zudem die quantitativ und qualitativ ergiebigen Befragungen von geflüchteten Arbeitern heranzuziehen, die gerade deshalb aufschlußreiche Details bieten, weil sie unter besonderen politischen Bedingungen stattfanden. Sie lassen sich ergänzen durch weitere Erhebungen zum Alltagsleben, die sich nicht speziell auf Arbeiter richteten.[100]

Nach dem Bau der Mauer konnte diese Form der Befragung nicht mehr genutzt werden, doch für die sechziger Jahre bieten empirische Erhebungen, die vom ZK und verschiedenen Instituten intern angefertigt wurden – so vom Institut für Marktforschung und vom Leipziger Institut für Jugendforschung – ein höchst interessantes Quellenmaterial, das für bestimmte Fragen der Arbeitergeschichte bereits intensiv genutzt worden ist.[101] Empirische interne Erhebungen wurden zwar unter Honecker zunächst weitergeführt, schließlich aber wieder eingestellt, weil die Parteispitze offenbar den »Defätismus« fürchtete[102], der von sol-

---

99 Monatsberichte über die Entwicklung in der Sowjetzone (1953–1967), Archiv der sozialen Demokratie (AdsD), Friedrich-Ebert-Stiftung, Bonn-Bad Godesberg. Diese in großer Stückzahl vervielfältigten Berichte werden im Folgenden zitiert als MB mit Monat und Seitenzahl. Daneben sind Einzelberichte des Ostbüros aus dem Archiv ausgewertet worden.
100 Viggo Graf Blücher, Industriearbeiterschaft in der Sowjetzone. Eine Untersuchung der Arbeiterschaft in der volkseigenen Industrie der SBZ. Eine Veröffentlichung des Instituts infratest München, Stuttgart 1959; Die ökonomischen Einflüsse auf das Alltagsleben in der SBZ. infratest München 1958 (hektographiert); Alltagsleben der sowjetzonalen Bevölkerung – Alltagsverhalten und politische Einflüsse, infratest München 1959 (hektographiert). Vgl. dazu Michael Meyen, Die Flüchtlingsbefragungen von Infratest: Eine Quelle für die Geschichte der frühen DDR, in: BzG 42 (2000)4, S. 64-77.
101 Vgl. Walter Friedrich/Peter Förster/Kurt Starke (Hg.), Das Zentralinstitut für Jugendforschung Leipzig 1966–1990. Geschichte, Methoden, Erkenntnisse, Berlin 1999; Ina Merkel, Utopie und Bedürfnis. Die Geschichte der Konsumkultur in der DDR, Köln 1999.
102 Heinz Niemann, Meinungsforschung in der DDR. Die geheimen Berichte des Instituts für Meinungsforschung an das Politbüro der SED, Köln 1993.

chen weitgehend ungeschminkten politischen Bilanzen ausging. Die Rückkehr zu alten Prinzipien in der Wirtschaftspolitik, die stärkeren sozialpolitischen Kompensationen und die Konzedierung gesellschaftlicher Nischen im Zeichen des Utopieverlusts förderten andere Formen des Arrangements, die hier allenfalls noch angedeutet werden. Generationsspezifische Einstellungsveränderungen bilden dabei einen wichtigen Hintergrund, der erstmals durch das lebensgeschichtliche Projekt der Arbeitsgruppe von Lutz Niethammer erhellt und durch die Arbeiten insbesondere von Dorothee Wierling genauer erforscht worden ist.[103] Jugendkulturelle Bezüge können daher auch für die Arbeitergeschichte genauer berücksichtigt werden.

Parallel zur Vorbereitung dieses Buches ist im Rahmen des Großprojekts zur Geschichte der deutschen Sozialpolitik nach 1945 eine Fülle von Material erschlossen worden, das sich in weitem Sinne auf den Lebensstandard und die Einstellungen der »führenden Klasse« bezieht und in den sechziger Jahren erstaunlich offen kritische Befunde mit strategischen Debatten künftiger Gesellschaftspolitik verband.[104] Auch statistische Aspekte der DDR-Sozialgeschichte sind hier auf neuer Quellengrundlage bearbeitet worden. Die Verbindung von systematischer Darstellung aller Bereiche der DDR-Sozialpolitik mit einer breiten Auswahl von Archivquellen stellt eine Fundgrube für jede zeithistorische Arbeit dar.

Kulturwissenschaftliche Forschungen konnten sich in der DDR abseits der etablierten politischen Zeitgeschichte seit den siebziger Jahren entfalten und haben zumindest für die ältere Geschichte der Arbeiterbewegung produktive Impulse entwickelt.[105] Eingaben stellen in diesem Zusammenhang eine wichtige Quellengattung für die Alltagsgeschichte dar.[106] Neuere Arbeiten zur DDR-Zeit erleichtern es, den Rahmen der Organisationsgeschichte zu überschreiten und alltags- und kulturgeschichtlichen Fragestellungen im Rahmen einer Gesamtdarstellung erstmals genauer nachzugehen. In weiterem Sinne lassen sich dazu Milieu-Untersuchungen rechnen, die jenseits des Forschungshorizonts der SED-Parteigeschichtsschreibung lagen. Für die ersten Nachkriegsjahre sind sie von besonderem Interesse, und zwar im Hinblick auf Kontinuitäten und Brüche zur alten Arbeiterbewegung, bieten aber für die Frage nach neuen Milieubildungen auch in späteren Perioden noch neue Interpretationschancen, wie die Studien zu

---

103 Lutz Niethammer/Alexander von Plato/Dorothee Wierling, Die volkseigene Erfahrung. Eine Archäologie des Lebens in der Industrieprovinz der DDR, Berlin 1991; Dorothee Wierling, Geboren im Jahr Eins. Der Jahrgang 1949 in der DDR. Versuch einer Kollektivbiographie, Berlin 2002.
104 Geschichte der Sozialpolitik in Deutschland seit 1945, hg. vom Bundesministerium für Gesundheit und Soziale Sicherung und Bundesarchiv, 11 Bde. (mit Dokumentation auf CD-ROM), Baden-Baden 2001 ff. Bd. 2 behandelt die Besatzungszonen, Bd. 8, 9 und 10 sind der DDR gewidmet. Die Grundsatzdebatten in den sechziger Jahren werden im Band 9 eingehend behandelt. Das Erscheinen der letzten Bände ist für 2007 geplant.
105 Vgl. insbesondere den Band »Ostdeutsche Kulturgeschichte«, in: Mitteilungen aus der kulturwissenschaftlichen Forschung (MKF) 33, 1993 (mit mehreren einschlägigen Beiträgen); Horst Groschopp, Zwischen Bierabend und Bildungsverein. Zur Kulturarbeit in der deutschen Arbeiterbewegung vor 1914, Berlin (O) 1987.
106 Vgl. Felix Mühlberg, Bürger, Bitten und Behörden – Geschichte der Eingaben in der DDR, Berlin 2004.

Leipzig und Rostock überzeugend gezeigt haben. Nicht zuletzt für Teilvergleiche mit bestimmten Entwicklungen in der Bundesrepublik sind derartige Zugänge höchst aufschlußreich.[107] Läßt sich auch die äußere und innere Geschichte der Arbeiter in der DDR auf der Basis des erweiterten Quellenzugangs und der beträchtlich angewachsenen Spezialforschung in ihren wesentlichen Dimensionen fundiert nachzeichnen, so bleiben doch einige Felder übrig, die hier nur unzureichend behandelt oder lediglich gestreift werden können. Eines der größten Defizite ist die bislang unbefriedigende Untersuchung der Rolle von Klein- und Mittelbetriebe in der DDR. Wieweit diese Lücke angesichts der methodischen Schwierigkeiten und der schlechten Quellenlage zu schließen ist, läßt sich noch nicht absehen.[108] Kaum behandelt ist bislang die Frage nach dem Einfluß der DDR auf die Geschichte der Arbeiterbewegung in der Bundesrepublik und nach den nicht minder schwer erfassbaren Verbindungen und Wechselbeziehungen zu den ostmitteleuropäischen Volksdemokratien. Zwar bilden diese beiden Themenbereiche nicht zwingend ein integrales Element einer Arbeitergeschichte der DDR, sie sind jedoch aufschlußreiche Seitenaspekte der politischen und sozialen Geschichte der deutschen Nachkriegszeit. Während die enorme Bedeutung »des Westens« für die DDR auf allen Ebenen völlig unstrittig ist, bleibt die umgekehrte Frage viel schwieriger zu beantworten.[109] Denn sie fällt unspezifischer aus, führt stärker in die Gefilde der politischen Kulturforschung und läßt sich nur selten an handfesten Untersuchungsgegenständen festmachen. Für die Beziehungs- und Vergleichsgeschichte Ostmitteleuropas gilt das in anderer Weise ebenfalls.[110] Wo es der Forschungsstand erlaubt, wird auf diese Zusammenhänge punktuell eingegangen. Doch eine Arbeit, die die für alle kommunistischen Staaten exemplarische Frage nach der tatsächlichen Rolle von »Arbeitern im Arbeiterstaat« in einer konsequent komparatistischen Perspektive abhandelt, wird auf absehbare Zeit wohl noch ein Desiderat bleiben.

Ein generelles Problem jeder Darstellung von DDR-Geschichte ist ihre angemessene sprachliche Darstellung, das heißt nicht zuletzt die Nähe und Distanz zur Eigenart ihrer Quellen. Christoph Hein hat mit seiner Erfindung der »fünften Grundrechenart« sarkastisch auf ein Grundelement der offiziösen Berichterstat-

---

107 Vgl. Franz Walter/Tobias Dürr/Klaus Schmidtke, Die SPD in Sachsen und Thüringen zwischen Hochburg und Diaspora. Untersuchungen auf lokaler Ebene vom Kaiserreich bis zur Gegenwart, Bonn 1993; Michael Hofmann/Dieter Rink, Auflösung der ostdeutschen Arbeitermilieus; Peter Alheit/Hanna Haack/Heinz-Gerd Hofschen/Renate Meyer-Braun, Gebrochene Modernisierung – Der langsame Wandel proletarischer Milieus. Eine empirische Vergleichsstudie ost- und westdeutscher Arbeitermilieus in den 1950er Jahren, 2 Bde., Bremen 1999.
108 Neben einigen Hinweisen in dem Sammelband von Hübner/Tenfelde wären noch folgende Arbeiten zu nennen: Frank Ebbinghaus, Ausnutzung und Verdrängung. Steuerungsprobleme der SED-Mittelstandspolitik 1955–1972, Berlin 2003; Heinz Hoffmann, Die Betriebe mit staatlicher Beteiligung im planwirtschaftlichen System der DDR 1956–1972, Stuttgart 1999; Martin Brussig u. a. (Hg.), Kleinbetriebe in den neuen Bundesländern, Opladen 1997.
109 Vgl. Josef Mooser, Die Arbeiterbewegung in der Bundesrepublik und DDR in den fünfziger Jahren, in: Arnd Bauerkämper/Martin Sabrow/Bernd Stöver (Hg.), Doppelte Zeitgeschichte. Deutsch-deutsche Beziehungen 1945–1990, Bonn 1998, S. 142-157.
110 Vgl. aber den Sammelband von Hübner/Kleßmann/Tenfelde (siehe oben, Anm. 64, S. 27).

tung hingewiesen: Zuerst wurde der Schlußstrich gezogen und das erforderliche und gewünschte Ergebnis darunter geschrieben. Das gab festen Halt für allerlei waghalsige Operationen über dem Schlußstrich.[111] Angesichts des in öffentlichen und internen Quellen dominierenden Ausmaßes an »Kaderwelsch« und Parteichinesisch läßt sich auf Ironie als Mittel der Distanzierung, aber auch der Illustration im Zitat nicht verzichten. Die hochgradig genormte, ritualisierte und bis zur Lächerlichkeit pathetisch aufgeblasene, zudem vielfach militarisierte Parteisprache drang permanent in die Öffentlichkeit ein und war dort präsent. Zugleich wurde sie von großen Teilen der Bevölkerung ignoriert, nicht mehr wahrgenommen oder auch mit Vorliebe karikiert. »Es wurden hohe Produktionsergebnisse erzielt und die Sorge um den Menschen verwirklicht.«[112] Dieser – obendrein auch noch grammatisch ein wenig verunglückte – Satz aus dem Rechenschaftsbericht des FDGB-Bundesvorstandes von 1959 mag in seiner kuriosen Kombination zweier Sachverhalte die groteske Formelhaftigkeit und Gedankenlosigkeit eingeschliffener sprachlicher Versatzstücke illustrieren, die schwer ohne Ironie zu referieren sind. Ironie kann aber nicht alleiniges Stilprinzip sein. Nachdem sich die Illusionen über die Modernität und Entwicklungsfähigkeit des zweiten deutschen Staates erledigt haben und seitdem sich auch der Pulverdampf der heftigen politischen Auseinandersetzungen um die »richtige« Interpretation der SED-Diktatur verzogen hat, dürfte eine um Verstehen *und* kritische Distanz bemühte Historisierung leichter geworden sein. Daß eine Arbeitergeschichte, die exemplarisch einen wichtigen Ausschnitt einer untergegangenen Gesellschaftsformation des 20. Jahrhunderts in Ost- und Mitteleuropa repräsentiert, in einer von Globalisierungsproblemen bedrängten Welt obsolet geworden zu sein scheint, läßt sich schwerlich leugnen. Das muß jedoch nicht dauerhaft so bleiben. Zwar ergeben sich daraus kaum Antworten auf Gegenwartsfragen. Aber diese Arbeitergeschichte gehört zum Kern der Geschichte des Staatssozialismus und damit auch zu den großen Themen von Demokratie und Diktatur, Freiheit und Unterdrückung, gescheiterten Alternativen und Gründen für das Scheitern im 20. Jahrhundert. Sie reicht damit über den engeren Horizont der DDR hinaus.

Die zeitliche Eingrenzung dieses Bandes auf die Ära Ulbricht hat primär arbeitsökonomische Gründe. Der nachfolgende Band, der die Phase bis zum Ende der DDR behandelt, wird von Peter Hübner vorbereitet.

---

111 Christoph Hein, Die fünfte Grundrechenart. Aufsätze und Reden 1987–1990, Frankfurt/M. 1990, S. 163 f.
112 Rechenschaftsbericht des Bundesvorstandes an den 5. FDGB-Kongreß 1955–1959, hg. vom Bundesvorstand des FDGB, Berlin (O) 1959, S. 127.

Zur Kapitelgliederung

Die Kapitel folgen einer Mischung aus Chronologie und Systematik. Das schließt Rückgriffe und Vorgriffe nicht aus, um zusammenhängende Themen nicht schematisch zu zerreißen. Wenn die »politische Konstitution des Sozialen« (Tenfelde) ein Kennzeichen der DDR ist, wird die nachdrückliche Berücksichtigung ihrer politischen Geschichte auch im Rahmen eines genuin sozialhistorischen Themas zwingend. Überdies fallen die ersten Kapitel zu den fünfziger Jahren relativ ausführlicher aus als die Darstellung der Spätphase der Ära Ulbricht, weil hier die Grundlagen für alle späteren Entwicklungen gelegt wurden.

Das erste Kapitel skizziert die Ausgangslage und charakterisiert die aus der Tradition und der Zusammenbruchsgesellschaft resultierende innere Vielfalt »der Klasse«, ihrer Verhaltensweisen und Tätigkeitsfelder im Rahmen der sowjetischen Besatzung. Die frühzeitig beginnende Stilisierung und Antizipation der künftigen Rolle kontrastiert dabei scharf mit den eher chaotischen Gegebenheiten, den Verhaltensmustern der Arbeiter und auch den politischen Entscheidungsprozessen der sowjetischen Politik. Das Schlüsselproblem der gesamten DDR-Geschichte taucht bereits hier auf und läßt sich am SMAD-Befehl 234 exemplarisch verdeutlichen: Die ausgeprägt egalitäre Orientierung der Arbeiter geriet mit dem ökonomisch und politisch zwingenden Gebot der schnellen Produktivitätssteigerung in Konflikt.

Das zweite Kapitel setzt mit der gegenüber dem Datum der Staatsgründung wichtigeren politischen Zäsur des Jahres 1948 ein, an der sich die Koinzidenz von Weltpolitik (offener Ausbruch des Kalten Krieges) und beschleunigter innenpolitischer Transformation genau verfolgen läßt. Die Spannung zwischen diesem volksdemokratischen Umbau und der gleichzeitig verstärkten gesamtdeutschen Propaganda bildet den Rahmen, in dem die Probleme der Durchsetzung des neuen Gesellschaftskonzepts und die beträchtlichen verdeckten Konflikte, die daraus resultierten, analysiert werden. Gegenüber der ersten Nachkriegsphase wird hier viel stärker die Oktroyierung des sowjetischen Modells erkennbar, ohne daß damit bereits eine »Sowjetisierung« als Ergebnis zu konstatieren ist. Gerade mit der Verschärfung des Tempos 1952 und der beginnenden Erfolgsgeschichte der Bundesrepublik bildete sich die von sozialen und nationalen Faktoren bestimmte Konfliktkonstellation heraus, die in den Aufstand von 1953 mündete.

Im dritten Kapitel muß unabhängig von der strittigen Gesamtcharakterisierung des Aufstandes für eine Arbeitergeschichte ausführlich das zusammengefaßt werden, was bisher an Einzelforschungen veröffentlicht worden ist. Dabei kommt es zum einen auf die Einbettung dieses punktuellen Datums in einen längeren Zeitraum von Vorgeschichte und Nachwirkungen an, zum anderen soll über die narrative Wiedergabe der Abläufe hinaus versucht werden, systematischen Zusammenhängen nachzugehen und typologische Muster herauszuarbeiten. Die zentrale langfristige Bedeutung der Erhebung sowohl für die SED wie für die Bevölkerung ist aus den heute zugänglichen Akten sehr deutlich geworden, so daß hier ein in seiner Bedeutung kaum zu überschätzender Faktor sowohl für die Stabilisierungsversuche wie für die innere Labilität der DDR zu finden ist. Deswegen wurde dieser Teil auch als eigenes Kapitel und Scharnier zwischen den frühen fünfziger Jahren und der Phase nach 1953 bis zum Mauerbau konzipiert.

Das vierte Kapitel ist vergleichsweise schwer zu konturieren, weil einerseits viele Linien aus der Transformationsphase im Zeichen des »Neuen Kurses« mit leicht veränderten Methoden fortgesetzt wurden, andererseits sowohl im osteuropäischen Vergleich wie in der westdeutschen Beziehungsgeschichte einschneidende Veränderungen der äußeren Determinanten zum Vorschein kommen, auf welche die DDR reagieren mußte. Der 1958/59 mit der Parole vom »Einholen und Überholen« der Bundesrepublik und mit dem Siebenjahrplan intendierte Griff nach den Sternen endete im für alle spürbaren Fiasko und machte die totale Abschottung durch den Mauerbau fast unausweichlich, obwohl es dagegen bis zuletzt erhebliche Vorbehalte im Warschauer Pakt gab. Die Einstellungen und Verhaltensweisen der Arbeiterschaft in der Mitte des Jahrzehnts lassen sich so gut wie vermutlich zu keinem anderen Zeitpunkt in einem dreifachen Zugriff rekonstruieren: Neben den bis 1961 noch recht ergiebigen Monatsberichten des Ostbüros der SPD existieren für 1955/56 umfangreiche, wenn auch qualitativ mäßige MfS-Informationen sowie eine umfassende und differenzierte empirische Untersuchung von infratest zu geflüchteten Arbeitern. Die Leitfrage nach der sozialen Relevanz der Ideologie des Arbeiterstaates läßt sich hier in einer präzisen Momentaufnahme annähernd beantworten und in späteren Kapiteln mit internen Materialien und Meinungsbefragungen des ZK der SED aus den sechziger und siebziger Jahren in Beziehung setzen.

Das unter dem Anspruch der umfassenden Modernisierung und Stabilisierung stehende folgende Jahrzehnt, das in besonderem Maße den Stempel von Walter Ulbricht trägt, soll im fünften Kapitel untersucht werden. In seinen politischen, ökonomischen und kulturellen Dimensionen ist der Zeitabschnitt in der Forschung vergleichsweise intensiv bearbeitet worden. Die absehbaren, in verschiedenen von Ulbricht eingesetzten und bisher völlig unbekannten Arbeitsgruppen verblüffend intensiv und offen diskutierten Konsequenzen der begonnenen Reformen für die »führende Klasse« bedürfen jedoch noch einer eingehenden Darstellung. Ein wichtiger Aspekt sind in diesem Kontext die von der SED und Ulbricht persönlich inszenierten Legitimationsstrategien, welche die sozialen Folgen der Modernisierung auffangen sollten und sich sowohl in der breiten Propagierung der »Geschichte der deutschen Arbeiterbewegung« als auch in der Konstruktion einer »sozialistischen Menschengemeinschaft« niederschlagen. Zumindest in Ansätzen dürfte hier bereits die erst später deutlicher zu Tage tretende Einebnung und Neudifferenzierung sozialer Schichtung faßbar sein, die Wolfgang Engler mit dem Begriff der »arbeiterlichen Gesellschaft« charakterisiert hat.

Das sechste Kapitel versucht, einen systematisch-bilanzierenden sozial- und kulturgeschichtlichen Längsschnitt zu relevanten Fragen zu machen, die zwar in den chronologischen Abschnitten punktuell bereits auftauchen, dort aber nicht in der notwendigen Komplexität und genauen Entwicklung behandelt werden. Auf diese Weise läßt sich vor allem der Wandel von Rahmenbedingungen und

Verhaltensweisen in einem längeren Zeitablauf darstellen. Dies ist ohne Zweifel der schwierigste Teil, nicht zuletzt weil die Quellen zu einzelnen Aspekten dürftig sind. Die umfangreiche DDR-Forschung der letzten Jahre hat jedoch so viel Material erschlossen, daß zumindest exemplarische Antworten auf generelle Fragen möglich werden. Überschneidungen dieses Kapitels mit den vorangegangnen, eher chronologisch angelegten lassen sich dabei nicht ganz vermeiden. In einem Exkurs über Stalinstadt, ein Vorzeigeobjekt, das um das Eisenhüttenkombinat Ost (EKO) entstanden ist, sollen mehrere generelle Untersuchungsdimensionen in einer Fallstudie zusammengeführt werden.

I. Kapitel

Die fragmentierte Klasse – Arbeiter und Arbeiterbewegung in der SBZ (1945–1947)

*Die deutsche Arbeiterklasse ist geistig und moralisch, politisch und organisatorisch
[…] zermürbt, ermattet und zerfallen (Hermann Brill, Juli 1945).**

1. Wirtschaftliche und soziale Profile des Territoriums und der »Arbeiterklasse«

Die Sowjetische Besatzungszone war ebenso wie die westlichen Zonen ein künstliches Gebilde ohne miteinander verflochtene, homogene wirtschaftliche Strukturen. Als die SMAD mit dem Befehl Nr. 5 vom 9. Juli 1945 fünf Landes- beziehungsweise Provinzialverwaltungen einrichtete[1], konnte sie sich zwar auf historisch gewachsene Territorien der Länder Sachsen, Thüringen, Mecklenburg und der preußischen Provinzen Brandenburg und Sachsen stützen, aber alle waren wirtschaftlich aus dem größeren Reichsverband herausgebrochen und durch die Zonengrenzen von ihren »natürlichen« Ergänzungsgebieten und Partnern stark abgeschottet. Die Verwaltungsgrenzen dieser künftigen fünf Länder der SBZ erfuhren kleinere oder größere Veränderungen. Sachsen erhielt zusätzlich drei ehemals schlesische Kreise, dem Land Thüringen wurde der frühere preußische Regierungsbezirk Erfurt einverleibt, die Provinz Sachsen mit dem ehemaligen Freistaat Anhalt und zwei braunschweigischen Enklaven vereint, von der Provinz Brandenburg wurden die östlich der Oder gelegenen Bezirke abgetrennt, und Mecklenburg wurde mit der früheren preußischen Provinz Vorpommern und Rügen zusammengefaßt.[2] In den fünf künftigen Landeshauptstädten Schwerin, Potsdam, Halle, Weimar und Dresden residierten jeweils Landesverwaltungen der zentralen SMAD, die den Aufbau deutscher Administrationen zügig vorantrieben und steuerten.[3] Parallel dazu existierten zunächst 11 Zentralverwaltungen in Berlin, deren Zahl bis zum Sommer 1947 auf 16 stieg und folgende Bereiche umfaßte: Verkehrswesen, Nachrichtenwesen, Brennstoffindustrie, Handel und Versorgung, Industrie, Landwirtschaft, Finanzen, Arbeit und Sozialfürsorge, Gesundheitswesen, Volkserziehung, Justiz; später kamen Umsiedler, Statistik, Sequestrierung und Beschlagnahme, Inneres, Außen- und Interzonenhandel hinzu.[4]

Anfangs eher als Beratungsorgane der SMAD fungierend, entwickelten sich diese Zentralverwaltungen ab 1946 immer mehr zu Koordinierungs- und Steuerungsinstanzen für die entsprechenden Abteilungen der Länder. Der Verwal-

---

* Zit. bei Frank Moraw, Die Parole der »Einheit« und die Sozialdemokratie, Bonn 1973, S. 67. Dieses Kapitel fußt im wesentlichen auf meinem überarbeiteten und ergänzten Aufsatz: Die stilisierte Klasse, in: AfS 39 (1999), S. 19-71.
1 Martin Broszat/Hermann Weber (Hg.), SBZ-Handbuch, München 1990, S. 73.
2 Deutsche Geschichte, Bd. 9, S. 72 ff.
3 Stefan Creuzberger, Die sowjetische Besatzungsmacht und das politische System der SBZ, Weimar 1996, S. 27 f. Vgl. dazu die grundlegende Darstellung von Jan Foitzik, Sowjetische Militäradministration in Deutschland (SMAD) 1945–1949, Berlin 1999.
4 Um ein antifaschistisch-demokratisches Deutschland. Dokumente aus den Jahren 1945–1949, Berlin (O) 1968, S. 100 ff.; Hermann Weber, Geschichte der DDR, aktualisierte u. erw. Neuausg., München 1999, S. 57.

I. Die fragmentierte Klasse (1945–1947)

tungsaufbau in den Ländern und in der Zentrale verlief zwar in der SBZ – verglichen mit den Westzonen – schneller und konsequenter, dennoch blieb die SBZ zunächst das provisorische Gebilde, als das sie in der alliierten Planung auf den Konferenzen von Jalta und Potsdam 1945 gedacht war. Die Zielformulierung des Potsdamer Protokolls, Deutschland als wirtschaftliche Einheit zu behandeln, war ein deutlicher Hinweis darauf, daß die politische Zonenteilung nicht zum ökonomisch unsinnigen Auseinanderreißen eines eng verflochtenen Wirtschaftsraumes führen sollte, auch wenn gravierende Entscheidungen wie die zonenbezogene Reparationsentnahme diesem Ziel bereits diametral zuwider liefen.

Daß Stalin schon im Juni 1945 mit der Möglichkeit von »zwei Deutschlands« rechnete[5], läßt sich kaum als Indiz für eine frühzeitige Teilungsabsicht verstehen, sondern entsprang eher einer nüchternen politischen Lagebeurteilung. Sowohl aus wirtschaftlichen wie politischen Gründen erschien es in der spezifischen Situation der SBZ fast zwingend, einer Teilung entgegen zu wirken, weil deren Konsequenzen für das sowjetische Besatzungsgebiet besonders fatal wären. Denn ökonomisch war die SBZ so stark auf die Verbindung mit dem westlichen Teil Deutschlands ausgerichtet, daß man sich im zerstörten und besetzten Deutschland des Jahres 1945 die Lebensfähigkeit eines isolierten östlichen Teils nur schwer vorstellen konnte. Zwar war die Versorgungssituation in der SBZ anfänglich besser als in vielen Regionen der Westzonen, weil die großen agrarischen Gebiete Mecklenburg-Vorpommerns und Brandenburgs zumindest eine günstige Ausgangsbasis boten. Jedoch wurden sie durch die hohe Zahl von »Umsiedlern«, das heißt Flüchtlingen und Vertriebenen aus den früheren Ostgebieten, extrem belastet, so daß von dem strukturellen Vorteil nicht mehr viel übrig blieb. Vor allem die Industrie der südlichen SBZ-Länder war in erheblichem Umfang von Zulieferungen aus dem Westen abhängig. Zerschnitt man diesen gewachsenen Zusammenhang politisch, drohten dem wirtschaftlichen Aufbau und damit auch dem Versuch, eine neue gesellschaftliche Ordnung zu etablieren, schwere Rückschläge.

Die wirtschaftlichen Rahmendaten gehören zu den elementaren Determinanten sozialer und auch politischer Profile und Entwicklungspotentiale der ostdeutschen Arbeiterbewegung. Wenigstens in groben Strichen sind deshalb einige wirtschaftliche und soziale Charakteristika nachzuzeichnen.

Die sowjetische Zone war im Vergleich zum Reichsdurchschnitt sowie auch zu den Westzonen ein industriell überdurchschnittlich hoch entwickeltes Gebiet. »Die Sowjetzone ist *die* Industriezone Deutschlands«, erklärte Otto Suhr, Abteilungsleiter in der sowjetischen Zentralverwaltung der Industrie, im September 1945.[6] Die traditionell hochentwickelte gewerbliche Wirtschaft Sachsens, Thüringens und Berlins hatte während der Kriegszeit durch forcierte Rüstungsinvestitionen noch einen beträchtlichen Entwicklungsschub erhalten. Mit den Buna-Werken war sogar ein neuer Industriezweig entstanden. Die Schwerpunkte der Wirt-

---

5 Rolf Badstübner/Wilfried Loth (Hg.), Wilhelm Pieck – Aufzeichnungen zur Deutschlandpolitik 1945–1953, Berlin 1994, S. 50 ff.
6 Zit. bei Zank, Wirtschaft, S. 18. Eine detaillierte zeitgenössische Bibliographie (für alle Zonen) bietet Karl-Georg Mahnke, Die deutsche Industrie 1948 im Spiegel der Fachzeitschriften, Berlin 1949.

1. Wirtschaftliche und soziale Profile des Territoriums und der »Arbeiterklasse«

schaft in der SBZ lagen in der weiterverarbeitenden Industrie, insbesondere Maschinen- und Fahrzeugbau, Feinmechanik und Optik, Druck und Papier, Textil und Bekleidung. 1936 lag ihr Anteil an der jeweiligen Produktion des gesamten Reiches bei über 30 Prozent. Diese Wirtschaftsstruktur war jedoch auf Energielieferungen aus dem Westen Deutschlands angewiesen. Selbst die verstärkte Erschließung von Braunkohle konnte den Energiebedarf, der damals im wesentlichen aus Kohle bestand, 1936 nur rund zur Hälfte decken. Ebenso fehlten Rohstoffe für die Metallindustrie.[7] Diese strukturellen Disproportionen sind zu Recht häufig als eine Ursache für die schlechten Startbedingungen der SBZ- und DDR-Wirtschaft angeführt worden.[8]

Hinsichtlich ihrer Bedeutung sticht ein starkes Süd-Nord-Gefälle der SBZ-Länder ins Auge. Sachsen war flächenmäßig das kleinste Land, hatte aber die höchste Bevölkerungszahl und -dichte und besaß eine hochentwickelte Industrie und Infrastruktur. Hier lag die Hälfte der industriellen Produktionskapazität der SBZ, doch sie war von Kriegszerstörungen stark betroffen. Rund 250.000 Klein- und Mittelbetriebe der Industrie und des Handwerks prägten die industrielle Struktur. Firmen mit über 50 Beschäftigten machten nur etwa 2 Prozent der Gewerbebetriebe aus, verfügten aber zusammen über 61,3 Prozent der Belegschaften. Der stärkste Zweig war die Textilindustrie, die 1939 etwa 25 Prozent aller in Handwerk und Industrie Beschäftigten stellte. Sie war jedoch bei Kriegsende durch Produktionsumstellungen und Zerstörungen fast zum Erliegen gekommen. Auch die Eisen- und Metallverarbeitende Industrie hatte ein traditionell großes Gewicht, blieb jedoch angewiesen auf die Zulieferung von Rohstoffen und Halbfertigfabrikaten, die vornehmlich aus dem Ruhrgebiet kamen.[9]

Nach Angaben des Präsidenten der Landesverwaltung Sachsen, Dr. Rudolf Friedrich, waren 1945 von den insgesamt rund 1,9 Millionen Berufstätigen 65 Prozent in der Industrie und im Handwerk, 9 Prozent in der Landwirtschaft und die übrigen im tertiären Sektor beschäftigt.[10] Wie überall gab es auch hier vor allem Klagen über gravierende Engpässe im Transport- und Verkehrswesen – eines der größten Probleme in allen Zonen, dessen Lösung zum Gradmesser des wirtschaftlichen Aufschwungs werden sollte. Im Kaiserreich und in den Anfängen der Weimarer Republik gehörte Sachsen ebenso wie Thüringen zu den Zentren der sozialdemokratischen Arbeiterbewegung. So errang die SPD bei der Reichs-

---

7   Ebd., S. 19; ferner Albrecht Ritschl, Aufstieg und Niedergang der DDR-Wirtschaft 1945 bis 1989, in: Jb.WG 1995 II, S. 11-46, hier: S. 17 f.
8   So insbesondere Horst Barthel, Die wirtschaftlichen Ausgangsbedingungen der DDR, Berlin (O) 1979, S. 68.
9   Karl Czok (Hg.), Geschichte Sachsens, Weimar 1989, S. 530, 547-551. Franz Walter, Sachsen – Stammland der Sozialdemokratie? In: Politische Vierteljahrsschrift 32 (1991), S. 207-231. Zur Wirtschaftsgeschichte Sachsens jetzt ausführlich Winfried Halder, »Modell für Deutschland«. Wirtschaftspolitik in Sachsen 1945–1948. Paderborn 2001.
10 Niederschrift des Präsidenten der Deutschen Verwaltung für Arbeit und Sozialfürsorge, Gustav Gundelach über die Rechenschaftslegung der Präsidenten und Vizepräsidenten der Landes- und Provinzialverwaltungen vor dem Obersten Chef der SMAD, Marschall Georgi K. Shukow, am 13. und 14. November 1945, in: Berichte der Landes- und Provinzialverwaltungen, S. 127-133, hier S. 129.

I. Die fragmentierte Klasse (1945–1947)

tagswahl von 1903 mit 58,8 Prozent der Stimmen 22 von 23 sächsischen Wahlkreisen.[11] Bereits in der Krise der Republik begann jedoch der Niedergang.[12] Nach Sachsen und Rheinland-Westfalen zählte Thüringen seit Ende des 19. Jahrhunderts zu den hochindustrialisierten Regionen des Deutschen Reiches. Ähnlich wie in Sachsen dominierte hier eine spezialisierte und exportorientierte Leichtindustrie mit wenigen Großbetrieben und zahlreichen Mittel- und Kleinbetrieben, die über eine qualifizierte Facharbeiterschaft verfügten. Glas und Keramik, Textil, Maschinen- und Fahrzeugbau waren einige ihrer wichtigsten Zweige.[13] Die feinmechanisch-optische Industrie der Zeiss-Werke in Jena erlangte zu Beginn des 20. Jahrhunderts Weltruhm und behielt ihn auch in DDR-Zeiten. Anders als in Sachsen führte die wirtschaftliche Entwicklung Thüringens nie zu größeren Ballungszentren und städtischen Metropolen. Obwohl das Land lange Zeit als eine Hochburg der Sozialdemokratie galt, war es alles in allem »in wirtschaftlicher, sozialer und konfessioneller Hinsicht nur beschränkt ein günstiger Boden für die sozialistische Arbeiterbewegung«.[14] Am Ende der Weimarer Republik erwies sich das »rote, sozialdemokratische Thüringen« nur noch als Legende, weil die Nationalsozialisten bereits vor 1933 an der Macht beteiligt waren. Die Legende hielt sich jedoch lange und gehörte auch 1945 durchaus zum politisch-sozialen Erscheinungsbild des Landes.

Sachsen-Anhalt nahm nach seiner wirtschaftlichen Bedeutung unter den fünf Ländern der SBZ den zweiten Platz ein.[15] Es war einerseits durch den hochentwickelten Schwermaschinenbau in Magdeburg und durch das Ballungsgebiet der chemischen Industrie im Dreieck Halle–Leuna–Bitterfeld geprägt, die während des Krieges durch die Forcierung der Treibstoffgewinnung aus Braunkohle noch eine erhebliche Expansion erfahren hatte. Außerdem galt es traditionell als Schwerpunkt der Großlandwirtschaft, insbesondere in der fruchtbaren Magdeburger Börde, so daß der Präsident der Landesverwaltung Sachsen-Anhalt gegenüber der SMAD im November 1945 als »Kornkammer der Sowjetzone« bezeichnete.[16] Die Förderung von Braunkohle und Kali lief zu diesem Zeitpunkt bereits wieder in erstaunlichem Umfang trotz erheblicher Kriegszerstörungen. Von den 2.800 Betrieben mit mehr als 10 Beschäftigten arbeiteten 2.600 bereits wieder.[17]

Brandenburg galt traditionell als ein Gebiet mit hohen agrarischen Überschüssen für den Export. Bei Kriegsende war es besonders betroffen von den Folgen der

---

11 Walter/Dürr/Schmidtke, Die SPD in Sachsen und Thüringen, S. 12.
12 Vgl. Jürgen Falter/Thomas Lindenberger/Siegfried Schumann, Wahlen und Abstimmungen in der Weimarer Republik, München 1986, S. 67 ff.
13 Franz Walter, Thüringen – einst Hochburg der sozialistischen Arbeiterbewegung? In: IWK 28 (1992), S. 21-39.
14 Ebd., S. 25.
15 Vgl. Manfred Wille, Die Industrie Sachsen-Anhalts im Spannungsfeld zwischen Neuaufbau, Besatzungsregime und gesellschaftlichen Umbrüchen 1945–1947, in: Christoph Buchheim (Hg.), Wirtschaftliche Folgelasten des Krieges in der SBZ/DDR, Baden-Baden 1995, S. 141-168, hier: S. 141.
16 Niederschrift (Anm. 10), S. 130.
17 Ebd.

1. Wirtschaftliche und soziale Profile des Territoriums und der »Arbeiterklasse«

Bodenkämpfe und von seiner Lage als Durchgangsland für Flüchtlinge und Vertriebene aus den Ostgebieten, so daß zunächst nicht einmal mehr die Grundversorgung der ansässigen Bevölkerung gesichert werden konnte. Zudem hatte es den Bedarf der um Berlin konzentrierten Roten Armee zu decken. Neben der dominierenden Agrarwirtschaft wurden die industriellen Kapazitäten des Landes vor allem auf die Branchen Nahrung und Genußmittel, Textil, Brennstoffe, Maschinenbau und Metallverarbeitung konzentriert. Nach einer Bestandsaufnahme vom Mai 1946 gab es insgesamt 2.952 produzierende Industriebetriebe mit 94.134 Beschäftigten.[18] Diese niedrige Zahl spiegelte die schwierige Ausgangslage wider.

Noch sehr viel mehr »Umsiedler« hatte das industriell kaum entwickelte Mecklenburg-Vorpommern 1945 aufzunehmen. Die ursprüngliche Bevölkerungszahl von 1,5 Millionen schnellte bereits bis November 1945 auf 2,6 Millionen hoch und stieg aufgrund der Zuweisung von »Umsiedlern« ständig weiter an. 1946 stammten 46 Prozent der Wohnbevölkerung aus den Ostgebieten.[19] Die Industriearbeiterschaft konzentrierte sich in den großen Werften von Rostock und in der seit den dreißiger Jahren stark ausgebauten Rüstungsindustrie. So beschäftigten die Ernst-Heinkel-Flugzeugwerke als größter Betrieb Rostocks 1939 etwa 9.000 Menschen. Die Belegschaft der Neptun-Werft zählte bei Kriegsende 4.423 Personen.[20]

Für die wirtschaftliche Lage und die Rolle der Arbeiterschaft in der SBZ spielte schließlich Groß-Berlin, das unter Vier-Mächte-Verwaltung stand, eine wichtige Rolle. Erst mit der Schaffung getrennter Magistrate während der Blockade wurde die politische Teilung auch ökonomisch schärfer spürbar, und die Berliner Industrie hatte sich im sowjetischen Teil auf ihr »Hinterland« einzustellen. Daß bis 1961 vielfältige Verbindungen bestehen blieben, machte die Situation der Beschäftigten in der Berliner Industrie kompliziert, weshalb Zuordnungen zum östlichen oder westlichen Teil nicht immer eindeutig sind. In jedem Falle bildete Berlin ein Zentrum von Handwerksbetrieben und spezialisierter Leichtindustrie mit einer ausgeprägten Tradition sozialistischer und kommunistischer Arbeiterbewegungen.[21] Die industrielle Kapazität war durch Krieg und Demontagen einschneidend vermindert worden, ihre Struktur aber im wesentlichen erhalten geblieben. Vor allem die Elektro- und die Bekleidungsindustrie, die 1938 etwa 60 beziehungsweise 40 Prozent der gesamtdeutschen Produktion aufbrachten, machten ihr besonderes Profil aus.[22] (☛ vgl. *Abb. 1*, S. 52)

---

18 Ingo Materna/Wolfgang Ribbe (Hg.), Brandenburgische Geschichte, Berlin 1995, S. 680-684.
19 Niederschrift (Anm. 10), S. 131; Gerold Richter, Kulturlandschaft und Wirtschaft, in: Hermann Hechmann (Hg.), Mecklenburg-Vorpommern. Historische Landeskunde Mitteldeutschlands, Würzburg ²1991, S. 155.
20 Vgl. Alheit u. a., Gebrochene Modernisierung, S. 392 f. Vgl. Damian van Melis (Hg.), Sozialismus auf dem platten Land, Tradition und Transformation in Mecklenburg-Vorpommern 1945 bis 1952, Schwerin 1999, S. 343-347.
21 Vgl. Gert-Joachim Glaessner u. a. (Hg.), Studien zur Arbeiterbewegung und Arbeiterkultur in Berlin, Berlin (W) 1989.
22 Tätigkeitsbericht der Abteilung Wirtschaft des Magistrats der Stadt Berlin 1945/46 vom Mai 1946, in: Berichte der Landes- und Provinzialverwaltungen, S. 238 f.

Abb. 1: Traditionelle Industriestandorte in der sowjetischen Zone 1946.

1. Wirtschaftliche und soziale Profile des Territoriums und der »Arbeiterklasse«

Insgesamt zeigte die SBZ zwar eine relativ ausgeglichene Balance zwischen agrarischen und gewerblich entwickelten Regionen, aber ihre Rohstoffabhängigkeit war strukturell begründet[23], und die starke Belastung durch die Aufnahme des höchsten Anteils an »Umsiedlern« erlaubte ihr kaum, die Vorteile der Agrarländer zur schnellen Bewältigung der Zusammenbruchskatastrophe zu nutzen. Im Grunde kämpften alle Länder beziehungsweise Provinzen in unterschiedlicher Form ums elementare Überleben. Die strukturellen Daten hatten sich in der Industrie insbesondere durch die forcierte Rüstung während des Krieges beträchtlich verändert. Während die Grundstoffindustrie weitgehend stagnierte, konnten die metallverarbeitende Industrie, vor allem in den Bereichen Feinmechanik und Elektrotechnik, aber auch der Maschinenbau und die chemische Industrie erhebliche Zuwächse verzeichnen. Dagegen ging die Konsumgüterbranche sehr stark zurück.[24] Die SMAD und die deutschen Verwaltungen standen somit in den ersten Nachkriegsjahren vor dem Problem, diese auf Kriegsbedingungen ausgerichtete Struktur nach den Bedürfnissen des Wiederaufbaus umzuformen, außerdem die starke Abhängigkeit von Lieferungen aus dem Westen abzubauen und diese so weit wie möglich durch eine eigene Schwer- und Grundstoffindustrie zu ersetzen. Diese Ziele unter den Bedingungen sich schnell verschärfender politischer Konflikte zu erreichen, glich der Quadratur des Kreises.

In der sozialen Zusammensetzung sowie in der Ausbildung spezifischer Traditionszusammenhänge und Milieubildungen wiesen die einzelnen Länder und Regionen, wie die wenigen Hinweise schon gezeigt haben, erhebliche Unterschiede auf. Teilweise waren die Voraussetzungen für einen sozialistischen Umbau der Gesellschaft ähnlich schlecht wie in den typischen Agrarländern Ostmitteleuropas, teilweise aber auch gut, weil sie an starke linke Arbeiterbewegungstraditionen wie etwa in der benachbarten Tschechoslowakei anknüpfen konnten.

Daß die Arbeiterbewegung die führende Rolle beim politischen und gesellschaftlichen Neuaufbau des zerstörten Deutschland zu spielen habe, war 1945 die gemeinsame Überzeugung der gesamten Linken. Ihre Begründungen wiesen freilich erhebliche Unterschiede auf.[25] Für KPD und SED sowie für ihre späteren Geschichtsschreiber genügte der Hinweis auf die Lehren der »Klassiker« der deutschen Arbeiterbewegung, die Kontinuität der politischen Avantgarde im antifaschistischen Widerstandskampf und die fortschrittliche welthistorische Rolle der Sowjetunion. Die DDR-Historiographie zeichnet sich in diesen Formulierungen durch stereotype Gleichförmigkeit aus.[26] Der Rekurs auf die historisch begründete Vorrangstellung wurde jedoch bereits in zeitgenössischen Diskussionen häufig

---

23 Bruno Gleitze, Die Wirtschaftsstruktur der Sowjetzone und ihre gegenwärtigen sozial- und wirtschaftsrechtlichen Tendenzen, Bonn 1951, S. 54 f.
24 Barthel, Ausgangsbedingungen, S. 30 f.
25 Vgl. Kurt Schumacher in seiner Rede »Wir verzweifeln nicht!« vor sozialdemokratischen Funktionären Hannovers am 06. Mai 1945: Die SPD sei die einzige Partei in Deutschland gewesen, »die an der durch den Ablauf der Ereignisse als richtig erwiesenen Linie von Demokratie und Frieden unverrückbar festgehalten hat.«, in: Willy Albrecht (Hg.), Kurt Schumacher, Reden – Schriften – Korrespondenzen 1945–1952, Berlin (W) 1985, S. 231.
26 Vgl. z. B. Deutsche Geschichte, Bd. 9, S. 42.

I. Die fragmentierte Klasse (1945–1947)

mit Hinweisen auf die aus dem Faschismus herrührenden Deformationen der Arbeiterklasse verbunden[27], so daß antifaschistische Umerziehung und richtige »Anleitung« um so wichtiger sein mußten. Nur selten und spät wurde dagegen genauer erörtert, welche quantitativen und qualitativen Veränderungen die Umbrüche bei Kriegsende für die Klasse als soziale Größe mit sich brachten. Das war kaum zufällig: Ein genauer Blick auf ihren diffusen Charakter hätte die postulierte Legitimation ihrer Führungsrolle in Frage gestellt. Das Grundproblem der Sozialgeschichte der Arbeiterschaft in der DDR taucht somit bereits in der Entstehungsphase auf: Der ideologisch aufgeladene politische Oberbegriff »Arbeiterklasse« deckte sich in keiner Weise mit den realen Arbeitern, die Akteure und Objekte zugleich waren, verschiedene Differenzierungen nach Herkunft und Status aufwiesen und im politischen Verhalten alles andere als homogen waren.

Wer gehörte in der Zusammenbruchsgesellschaft mit zerrütteten sozialen Strukturen zur Arbeiterklasse? Nach welchen beruflichen und politischen Kriterien und Selbstzuordnungen wurde sie 1945/46 und später in der Historiographie erfaßt? Die sozialstatistischen Zurechnungen änderten sich mehrfach im Laufe der Geschichte der DDR. Die tendenzielle Ausweitung des Begriffs auf die große Mehrheit der Bevölkerung, wobei Angestellte und Teile der Intelligenz einbezogen wurden, macht es unmöglich, eine einheitlich gültige Arbeiter-Definition für alle Phasen der DDR zu verwenden.[28] In den Anfangsjahren spielte das noch keine große Rolle, weil Arbeiter und Angestellte in den offiziellen Statistiken getrennt geführt wurden. Statt dessen gab es aber sozialgeschichtlich gravierende Probleme, die insbesondere mit den demographischen Verschiebungen und den frühen politischen und sozioökonomischen Struktureingriffen (Bodenreform, Enteignung der Großindustrie, Entnazifizierung) zusammenhingen. Mit diesen Eingriffen waren einerseits Deklassierungsprozesse und -erfahrungen für die Betroffenen verbunden, andererseits konnten sie zu einschneidenden Veränderungen im traditionellen Gefüge »der Arbeiterklasse« führen. Diese sozialen Wandlungen lassen sich statistisch nicht exakt erfassen und häufig nur annähernd schätzen, sie sind aber zur Beurteilung von Organisationsproblemen und Verhaltensweisen von erheblicher Bedeutung. Insbesondere gilt das für die als »Umsiedler« bezeichnete Gruppe der Flüchtlinge und Vertriebenen aus den deutschen Ostgebieten und Ostmitteleuropa, für die Landarbeiter sowie für die durch strukturelle und personelle Entnazifizierungsmaßnahmen aus ihren früheren Berufen entfernten Personen, die nun zu beträchtlichen Teilen in die Arbeiterschaft abgestiegen sind.

Vergleicht man die groben Rahmendaten, so schien es zunächst wenig grundlegende Veränderungen gegeben zu haben. 1939 wies die Statistik für das Gebiet der späteren SBZ 56,8 Prozent der Erwerbspersonen als Arbeiter, 17,9 Prozent als

---

27 So etwa Hermann Matern, Mitglied des KPD-Exilvorstandes, 1944: »Die deutsche Arbeiterklasse hat große Veränderungen erfahren. Durch die totalen Mobilisierungen und die massenhafte Vernichtung kleiner Existenzen sind Menschenmassen in die Betriebe gekommen, die kleinbürgerlichen Auffassungen und Vorstellungen mitbringen. Klassensolidarität und Klassenbewußtsein sind ihnen fremd.« Zit. bei Dittrich, Reproduktionsquellen, in: Jb.WG 1981 II, S. 243–279, hier: S. 252.
28 Siehe oben, Einleitung, Anm. 29 (S. 17).

1. Wirtschaftliche und soziale Profile des Territoriums und der »Arbeiterklasse«

Angestellte und Beamte aus. Nach der Volkszählung für die SBZ vom Dezember 1945 machten die entsprechenden Anteile 52,1 Prozent und 18,1 Prozent aus.[29] Im Oktober 1946, als für alle vier Zonen eine Volks- und Berufszählung durchgeführt wurde, hatten sich die absoluten Zahlen beträchtlich erhöht, die Relation aber blieb annähernd beim Vorkriegsstand. (☞ vgl. *Tab. 1*, S. 56 u. 57) Diese Zahlen geben noch keine hinreichende Auskunft über die tiefgreifenden sozialen Veränderungen, die stattgefunden hatten. Bereits der im Vergleich zu 1939 erheblich höhere Frauenanteil ist ein Indiz dafür: Nach der Volkszählung von 1946 gab es bei einer Gesamtzunahme der Bevölkerung in der SBZ auf 17,180 Millionen Personen 7,316 Millionen Männer und 9,864 Millionen Frauen. Der weibliche Anteil an den Erwerbsfähigen lag bei 54,7 Prozent, derjenige der Männer nur bei 45,3 Prozent.[30] Hinzu kam der hohe Zustrom von Flüchtlingen und Vertriebenen. Die berufliche Zusammensetzung ist erst in der Volkszählung von 1946 erfaßt worden. Demnach waren von den 1,87 Millionen erwerbstätigen »Umsiedlern« über 18 Jahre etwa 530.000 Arbeiter (28,2 Prozent) und 330.000 landwirtschaftliche Arbeiter (17,7 Prozent).[31] Allein diese Veränderungen der Arbeiterschaft in der Geschlechterverteilung sowie in den Anteilen von Einheimischen und »Umsiedlern« mußte auf die Berufsqualifikation und die der Arbeiterschaft zugeschriebene politische Qualität tiefgreifende Auswirkungen haben. Das gestiegene Durchschnittsalter – eine Folge der hohen Kriegsverluste unter den jüngeren und mittleren Jahrgängen – verschob ihre innere Struktur zusätzlich.

Gänzlich ungenau sind die Hinweise auf die im Zuge der Entnazifizierung erfolgten Verschiebungen. Wie viele Menschen durch die personellen Säuberungen und die sozialökonomischen Struktureingriffe deklassiert wurden und in die Arbeiterschaft abstiegen, ist bisher nur grob geschätzt worden. Gottfried Dittrich nimmt an, daß von den – nach offiziellen und zu hoch angesetzten Angaben – bis 1948 rund 520.000 meist aus dem öffentlichen Dienst entlassenen ehemaligen NSDAP-Mitgliedern der weitaus größte Teil vorübergehend oder dauerhaft »in die Arbeiterklasse einging«.[32] Peter Hübner schätzte den Anteil der nichtproletarischen Schichten innerhalb der Arbeiterschaft zum Ende der vierziger Jahre auf insgesamt 20 bis 25 Prozent.[33] Aus marxistisch-leninistischer Sicht spiegelten sol-

---

29 Dittrich, Reproduktionsquellen, S. 250 f.
30 Statistische Praxis 3 (1948), Beilage, S. 5.
31 Dittrich, Reproduktionsquellen, S. 254.
32 Ebd. Ein besonders hoher Anteil von früheren PGs hatte sich offenbar im Baubereich konzentriert, ohne daß er sich allerdings quantifizieren läßt. Der Monatsbericht der IG Bau in Sachsen-Anhalt vom 26. Juni 1946 stellte dazu fest: »Wenn von einem Strukturwandel der Bauarbeiterschaft gesprochen [worden] ist, so ist dieser zum Teil durch die ins Baugewerbe einströmenden und untergeschlüpften Nazis hervorgerufen. Der Ruf nach ›schippen lassen‹ hat alle aus ihren Positionen herausgeflogenen PGs ins Baugewerbe dirigiert.« SAPMO-BArch, DY34/20434.
33 Peter Hübner, Zu den Auswirkungen des Auf- und Ausbaus von Industriekapazitäten in der Übergangsperiode vom Kapitalismus zum Sozialismus auf die soziale Struktur der Arbeiterklasse der DDR, in: Rolf Badstübner/Heinz Heitzer (Hg.), Die DDR in der Übergangsperiode, Berlin (O) 1979, S. 196-222, hier: S. 203.

I. Die fragmentierte Klasse (1945–1947)

Tab. 1: Die Bevölkerung nach ihrer Berufszugehörigkeit 1939 und 1946

a) Die Berufszugehörigen nach Bevölkerungsgruppen

Bevölkerungsgruppen	Sowjetische Besatzungszone insgesamt		davon Brandenburg	
	Zahl	vH	Zahl	vH
Berufszählung 1946 [1]				
Erwerbspersonen	8.139.574	47,4	1.225.057	48,7
Selbständige Berufslose	2.240.433	13,0	322.583	12,8
Angehörige ohne Beruf	6.800.400	39,6	967.036	38,5
Insgesamt	**17.180.407**	**100,0**	**2.514.676**	**100,0**
Berufszählung 1939 [2]				
Erwerbspersonen	7.684.931	51,7	1.218.785	52,2
Selbständige Berufslose	1.488.634	10,0	245.132	10,5
Angehörige ohne Beruf	5.698.061	38,3	869.772	37,3
Insgesamt	**14.871.626**	**100,0**	**2.333.689**	**100,0**

b) Die Berufszugehörigen nach Wirtschaftsabteilungen

	Zahl	vH	Zahl	vH
Berufszählung 1946 [1]				
Land- und Forstwirtschaft	3.487.948	20,3	700.977	27,9
Industrie und Handwerk	6.125.142	35,6	717.632	28,5
Handel und Verkehr	2.109.611	12,3	283.008	11,2
Öffentlicher Dienst und private Dienstleistungen	1.595.230	9,3	266.535	10,6
Häusliche Dienste	270.404	1,6	39.326	1,6
Selbständige Berufslose	3.592.072	20,9	507.198	20,2
Insgesamt	**17.180.407**	**100,0**	**2.514.676**	**100,0**
Berufszählung 1939 [2]				
Land- und Forstwirtschaft	2.319.198	15,6	469.373	20,1
Industrie und Handwerk	6.649.709	44,7	891.469	38,2
Handel und Verkehr	2.219.773	14,9	332.122	14,2
Öffentlicher Dienst und private Dienstleistungen	1.426.483	9,6	274.378	11,8
Häusliche Dienste	284.040	1,9	47.461	2,0
Selbständige Berufslose	1.972.423	13,3	318.886	13,7
Insgesamt	**14.871.626**	**100,0**	**2.333.689**	**100,0**

c) Die Berufszugehörigen nach der Stellung im Beruf

	Zahl	vH	Zahl	vH
Berufszählung 1946 [1]				
Selbständige	2.396.099	14,0	420.225	16,7
Mithelfende Familienangehörige	1.106.163	6,4	216.004	8,6
Angestellte	2.428.754	14,1	319.963	12,7
Arbeiter	7.657.319	44,6	1.051.286	41,8
Selbständige Berufslose	3.592.072	20,9	507.198	20,2
Insgesamt	**17.180.407**	**100,0**	**2.514.676**	**100,0**
Berufszählung 1939 [2]				
Selbständige	1.751.695	11,8	279.401	12,0
Mithelfende Familienangehörige	1.026.644	6,9	188.474	8,1
Angestellte und Beamte	2.543.551	17,1	409.633	17,5
Arbeiter	7.577.313	50,9	1.137.295	48,7
Selbständige Berufslose	1.972.423	13,3	318.886	13,7
Insgesamt	**14.871.626**	**100,0**	**2.333.689**	**100,0**

[1] Ohne Insassen von Umsiedler-, Kriegsgefangenen- usw. Durchgangslagern.
[2] Umgerechnet auf den Gebietsstand 1946 und ohne die ihrer Dienstpflicht genügenden Soldaten und Arbeitsmänner sowie ohne die Arbeitsmaiden.

1. Wirtschaftliche und soziale Profile des Territoriums und der »Arbeiterklasse«

Tab. 1: Die Bevölkerung nach ihrer Berufszugehörigkeit 1939 und 1946 (Forts.)

a) Die Berufszugehörigen nach Bevölkerungsgruppen

		davon					
Mecklenburg		Sachsen-Anhalt		Thüringen		Sachsen	
Zahl	vH	Zahl	vH	Zahl	vH	Zahl	vH
Berufszählung 1946 [1]							
951.877	45,1	1.880.694	45,5	1.378.081	47,3	2.703.865	49,1
285.617	13,6	542.565	13,1	351.288	12,1	738.380	13,4
871.241	41,3	1.712.583	41,4	1.180.967	40,6	2.068.573	37,5
2.108.735	100,0	4.135.842	100,0	2.910.336	100,0	5.510.818	100,0
Berufszählung 1939 [2]							
672.058	49,4	1.683.605	49,9	1.280.356	53,7	2.830.127	52,3
121.700	8,9	324.818	9,6	213.330	8,9	583.654	10,8
567.384	41,7	1.367.175	40,5	892.692	37,4	2.001.038	36,9
1.361.142	100,0	3.375.598	100,0	2.386.378	100,0	5.414.819	100,0

b) Die Berufszugehörigen nach Wirtschaftsabteilungen

Berufszählung 1946 [1]							
733.651	34,8	880.673	21,3	540.243	18,6	632.404	11,5
440.561	20,9	1.401.370	33,9	1.132.489	38,9	2.433.090	44,2
208.057	9,8	496.071	12,0	348.850	12,0	773.625	14,0
197.733	9,4	393.826	9,5	262.367	9,0	474.769	8,6
39.809	1,9	69.332	1,7	44.951	1,5	76.986	1,4
488.924	23,2	894.570	21,6	581.436	20,0	1.119.944	20,3
2.108.735	100,0	4.135.842	100,0	2.910.336	100,0	5.510.818	100,0
Berufszählung 1939 [2]							
431.432	31,7	590.051	17,5	404.913	17,0	423.429	7,8
371.778	27,3	1.493.915	44,3	1.135.233	47,6	2.757.314	50,9
188.768	13,9	485.924	14,4	310.487	13,0	902.472	16,7
168.602	12,4	298.183	8,8	215.022	9,0	470.298	8,7
34.974	2,6	66.863	2,0	40.512	1,7	94.230	1,7
165.588	12,1	440.662	13,0	280.211	11,7	767.076	14,2
1.361.142	100,0	3.375.598	100,0	2.386.378	100,0	5.414.819	100,0

c) Die Berufszugehörigen nach der Stellung im Beruf

Berufszählung 1946 [1]							
404.105	19,1	509.859	12,3	417.948	14,3	643.962	11,7
198.066	9,4	245.858	6,0	206.317	7,1	239.918	4,4
237.982	11,3	607.371	14,7	429.780	14,8	833.658	15,1
779.658	37,0	1.878.184	45,4	1.274.855	43,8	2.673.336	48,5
488.924	23,2	894.570	21,6	581.436	20,0	1.119.944	20,3
2.108.735	100,0	4.135.842	100,0	2.910.336	100,0	5.510.818	100,0
Berufszählung 1939 [2]							
187.354	13,7	353.899	10,5	316.524	13,3	614.517	11,4
118.528	8,7	241.049	7,1	243.316	10,2	235.277	4,3
211.908	15,6	553.416	16,4	381.065	16,0	987.529	18,2
677.764	49,8	1.786.572	52,9	1.165.262	48,8	2.810.420	51,9
165.588	12,2	440.662	13,1	280.211	11,7	767.076	14,2
1.361.142	100,0	3.375.598	100,0	2.386.378	100,0	5.414.819	100,0

[1] Siehe links, S. 56
[2] Siehe links, S. 56
[Quelle: SBZ-Handbuch, hg. von Martin Broszat/Hermann Weber, München 1990, S. 1073 f.]

I. Die fragmentierte Klasse (1945–1947)

che Zahlen »qualitative Veränderungen in der Klasse wider: vor allem eine Schwächung ihres politischen Potentials, ihrer revolutionären Potenz.«[34]
Innerhalb dieser demographischen Veränderungen ist auch die Gruppe der Landarbeiter bislang kaum genau erfassbar. Sie wurde in der DDR bisweilen als »Zweiggruppe der Arbeiterklasse« verstanden.[35] Es ist jedoch fraglich, wo sie sozial und mentalitätsgeschichtlich einzuordnen ist. Der Verband der Landarbeiter im FDGB begrüßte zwar 1945 uneingeschränkt die Bodenreform. Dennoch gab es auf dem Lande keine spontane Bewegung für diesen Eingriff und die Landarbeiter zögerten, sich offen gegen die Gutsbesitzer zu stellen.[36] Insgesamt wurde in der SBZ im Zuge der Bodenreform etwa ein Drittel der männlichen Landarbeiter auf den Gutsbetrieben freigesetzt. Der größte Teil der Landarbeiter war jedoch noch 1949 in privatbäuerlichen Betrieben beschäftigt (35 Prozent in Betrieben unter 20 ha und 31 Prozent in großbäuerlichen Betrieben über 20 ha). Arnd Bauerkämper schätzt, daß rund 40 Prozent der Landarbeiter und 85 Prozent der in Agrarbetrieben mithelfenden familienfremden Arbeitskräfte sich aus »Umsiedlern« rekrutierten. Besonders schwer hatten es dabei alleinstehende Flüchtlingsfrauen, die Hilfsarbeiten verrichten mußten, um ihre Kinder zu ernähren. Zwar gehörten – mit regional großen Unterschieden – viele Landarbeiter der Gewerkschaft an, aber auch viele Neubauern blieben in der IG Land- und Forstwirtschaft, so daß reine Organisationszahlen wenig aussagen. Die Landarbeiterschaft war also durch die Sogwirkung der Bodenreform, den Zustrom von Flüchtlingen und die Zunahme von fremdberuflichen und saisonalen Arbeitskräften eine überaus heterogene Gruppe.[37]

Waren schon die Grenzen zwischen Landarbeitern und Neubauern fließend, so wurde ihre Stellung besonders prekär wegen der besonderen Versorgungsregelung auf dem Lande. Aus diesem Grund sind sie auch nicht mit anderen Arbeitsgruppen vergleichbar. Denn Landarbeiter wurden von der SMAD nicht wie Industriearbeiter mit Lebensmittelkarten versorgt, sondern mußten nach Befehl Nr. 55 »aus den freien Spitzen der Betriebe« (d. h. Überschüssen nach Erfüllung der Zwangsablieferung) ernährt werden. Die Versorgungslage nahm damit Züge an, die der Situation in Sowjetrußland vor der Einführung der »Neuen Ökonomischen Politik« ähnelten. Der Zentralvorstand der IG Land- und Forstwirtschaft des FDGB stellte fest, »daß aufgrund dieses Befehls auf allen Bauerndörfern und in allen landwirtschaftlichen Betrieben Kommissionen der SMA umherreisen

---

34 Gottfried Dittrich/Manfred Bensing, Konsolidierung der Arbeiterklasse und Eröffnung des Übergangs vom Kapitalismus zum Sozialismus im Osten Deutschlands, in: Wissenschaftliche Zeitschrift der Karl-Marx-Universität Leipzig, Ges.wiss. Reihe 38 (1989), S. 476.
35 Dittrich, Reproduktionsquellen, S. 255. Im Dezember 1946, also nach der Landzuteilung durch die Bodenreform, belief sich die Zahl der Landarbeiter auf 990.000, davon arbeiteten nur 4,6 Prozent auf den landeseigenen Gütern, die übergroße Mehrheit in Privatbetrieben. Vgl. Joachim Piskol/Christel Nehrig/Paul Trixa, Antifaschistisch-demokratische Umwälzung auf dem Lande (1945–1949), Berlin (O) 1984, S. 95.
36 Arnd Bauerkämper, Aufwertung und Nivellierung. Landarbeiter und Agrarpolitik in der SBZ/DDR 1945 bis 1960, in: Hübner/Tenfelde (Hg.), Arbeiter, S. 250 f.
37 Ausführlicher zum Ganzen Bauerkämper, Ländliche Gesellschaft, S. 371-381, hier: S. 372 ff.

und man kann sagen, das letzte Korn beschlagnahmen. Die Folge ist, daß kein Mensch mehr weiß, wovon die Arbeitnehmer in der Landwirtschaft ernährt werden sollen. Es geht auf die Dauer nicht mehr so weiter, daß innerhalb der SMA die Abteilungen für Land- und Forstwirtschaft, Handel und Versorgung und Abt. Arbeitskraft gegeneinander arbeiten.«[38] Gerade weil die Landarbeiter aufgrund dieser paradoxen Lage ums Überleben und die Ernährung ihrer Familien kämpfen mußten, waren sie für politische und gewerkschaftliche Mobilisierung nur schwer erreichbar.

Die groben Strukturdaten und ihre punktuelle politische Aufschlüsselung hinsichtlich der Arbeiterschaft lassen nicht nur die vollmundigen Beschwörungen der Schlüsselrolle, die »die Arbeiterklasse« für den Aufbau eines neuen politischen Systems spiele, in anderem Licht erscheinen, sondern auch die Organisationsgeschichte des engeren politischen Kerns dieser Klasse. Ein solcher Vorbehalt bedeutet keineswegs, die frappierende Aktivität und Organisationsbereitschaft einer großen Zahl von Arbeitern zu relativieren. Aber dieses Organisationsverhalten muß nicht nur im Kontext der Besatzungspolitik gesehen werden, die linkes Engagement prinzipiell prämierte, sondern auch vor dem sozialen Hintergrund der frühen Nachkriegsjahre. Auf diese Weise lassen sich die höchst widersprüchlichen und diffusen Befunde über das Verhalten von Arbeitern in der Zusammenbruchsgesellschaft und im Neuaufbau angemessener interpretieren.

2. Die Erfahrung der sowjetischen Besatzung und die Hinterlassenschaften des Krieges

Der britische Journalist polnischer Herkunft Isaac Deutscher, dessen »Reportagen aus Nachkriegsdeutschland« ebenso plastische wie analytisch scharfe Berichte über das besetzte Deutschland bieten, hat die unterschiedlichen Stile der Besatzungsmächte beim »Plünderungsfest« nach dem Einmarsch charakterisiert. Jede Armee machte zwar auf ihre Weise vom »Recht des Siegers« Gebrauch, aber die sowjetischen Truppen hinterließen die schlimmsten Spuren und fühlten sich dabei subjektiv im Recht. Sie waren, schrieb Deutscher im Oktober 1945[39], »wie hungrige Heuschreckenschwärme nach Deutschland gekommen«, um sich zurückzuholen, was die Deutschen ihnen geraubt hatten. »Das Verhalten der russischen Soldaten wird mit Sicherheit ein starkes und weitreichendes politisches Echo haben. Politische Beobachter sind allgemein der Ansicht, daß der Einfluß des Kommunismus zumindest in der russischen Zone jetzt auf einem Tiefpunkt angelangt ist. Die Arbeiterwohnbezirke Berlins, Wedding und Neuköln, die während der Weimarer Republik Hochburgen des Kommunismus waren und es bis in die allerjüngste Zeit geblieben sind, haben unter den russischen Plünderungen und Gewalttätigkeiten

---

38 Schreiben des Zentralvorstandes der IG Land- und Forstwirtschaft vom 2. 12. 1946, SAPMO-BArch, DY34/42/897/4210.
39 Isaac Deutscher, Reportagen aus Nachkriegsdeutschland, Hamburg 1980, S. 123.

I. Die fragmentierte Klasse (1945–1947)

genauso stark gelitten wie der Berliner Westen. In Berlin hat unter der kommunistisch gesinnten Arbeiterbevölkerung eine Art geistige Krise eingesetzt.« Diese punktuelle Beobachtung eines aus der sozialistischen Tradition stammenden Journalisten und Historikers entspricht nicht nur zahlreichen zeitgenössischen Schilderungen, sondern ist auch in neuen historischen Darstellungen als Schlüssel zum Verständnis der Vorgeschichte der DDR genutzt worden. So hat Norman Naimark in seiner grundlegenden und auf breitem Quellenmaterial fußenden Untersuchung den Vergewaltigungen ein eigenes ausführliches Kapitel gewidmet.[40] Selbst wenn die Schätzung des amerikanischen Chefberaters Robert Murphy in seinem Memorandum vom 19. Juli 1945, wonach die Mehrheit der weiblichen Bevölkerung vergewaltigt worden sei, wahrscheinlich übertrieben ist und eine genauere quantitative Erfassung ohnehin unmöglich erscheint[41], steht die Bedeutung dieses Problems für die Stimmungslage in der Bevölkerung und die weitere politische Entwicklung völlig außer Frage. Die SED-Historiographie hat ausschließlich die »Befreiung« hervorgehoben und das Problem damit ignoriert, obwohl interne Dokumente zeigen, daß es sowohl bei der KPD wie vor allem bei der SPD immer wieder Versuche gab, dieses Thema bei den Vertretern der sowjetischen Besatzungsmacht zur Sprache zu bringen.[42] Während Ulbricht eine Diskussion unter Hinweis auf die Verbrechen der Deutschen in der Sowjetunion eher beiseite schieben wollte, drängten einfache Funktionäre und Mitglieder häufig auf Intervention bei den Sowjets – in der Regel ohne Erfolg.[43]

Obwohl Berlin in besonderem Maße betroffen war und es in der sowjetischen Zone beträchtliche regionale Unterschiede gab, blieb das Verhalten der Roten Armee insgesamt für KPD und SED eine kaum zu überschätzende Belastung bei ihrem Versuch, Resonanz unter der Bevölkerung für den politischen Neuaufbau zu finden. Ein aus der SED selbst stammendes Beispiel ist die Äußerung Otto Gotsches, Kreisvorsitzender der SED in Eisleben, der im Herbst 1947 auf einer Sitzung des Landesvorstandes seinem Ärger Luft machte: »Ich habe festgestellt, daß im allgemeinen die öffentliche Sicherheit vor die Hunde gegangen ist. Wenn man in der Straßenbahn, Eisenbahn, in öffentlichen Diskussionen vor Lokalen und Läden zuhört, ist immer wieder ein roter Faden festzustellen, daß sich ein, ich möchte fast sagen, unmenschlicher Haß breitmacht, der sich gegen die Besatzungsmächte richtet. Ich muß das aussprechen, weil das Tatsache ist.«[44] Auch Bertolt Brecht stellte 1948 in seinem Arbeitsjournal fest: »Immer noch, nach den drei Jahren, zittert unter den Arbeitern, höre ich allgemein, die Panik, verursacht

---

40 Norman Naimark, Die Russen in Deutschland. Die sowjetische Besatzungszone 1945 bis 1949, Berlin 1999, S. 91-179. Vgl. auch Ilko-Sascha Kowalczuk/Stefan Wolle, Roter Stern über Deutschland. Sowjetische Truppen in der DDR, Berlin 2001.
41 Naimark, Russen, S. 104.
42 Ebd., S. 152 f. Hinweise auf regionale Unterschiede ebd., S. 114. Etliche parteiinterne Berichte erwähnt Andreas Malycha, Die Illusion der Einheit – Kommunisten und Sozialdemokraten in den Landesvorständen der SED 1946–1951, in: Michael Lemke (Hg), Sowjetisierung und Eigenständigkeit in der SBZ/DDR (1945–1953), Köln 1999, S. 81-117.
43 Naimark, Russen, S. 152 f.
44 Zit. bei Malycha, Illusion, in: Lemke (Hg.), Sowjetisierung, S. 101.

2. Die Erfahrung der sowjetischen Besatzung und die Hinterlassenschaften des Krieges

durch die Plünderungen und Vergewaltigungen, nach, die der Eroberung von Berlin folgten. In den Arbeitervierteln hatte man die Befreier mit verzweifelter Freude erwartet, die Arme waren weit ausgestreckt, aber die Begegnung wurde zum Überfall, der die Siebzigjährigen und die Zwölfjährigen nicht schonte und in voller Öffentlichkeit vor sich ging.«[45]

Gleichwohl wurde diese erste Schlüsselerfahrung von anderen Erfahrungen überlagert. Dazu gehörte die schnelle Etablierung von Verwaltungen, die zumindest notdürftige Reparatur des Verkehrssystems und der Aufbau einer im Vergleich zu den Westzonen früh funktionierenden elementaren Versorgung. Auf der anderen Seite fanden die Plünderungsaktionen während des Einmarsches ihre Fortsetzung in wilden Demontagen, die zumindest bis zur Durchsetzung effizienterer Formen der Reparationssicherung andauerten. Die Ambivalenz gegenüber diesen Erscheinungen charakterisierte Deutscher mit den Sätzen: »Paradoxerweise gewinnen die Deutschen in der russischen Zone trotz ihrer Angst und Niedergeschlagenheit etwas von ihrem gewohnheitsmäßigen Überlegenheitsgefühl wieder. Sie blicken mit einer gewissen Ironie auf auffällige Beispiele russischer Untüchtigkeit und Pfuscherei. Sie sehen erstaunt und belustigt zu, wenn russische Soldaten demontierte Präzisionsinstrumente oder Geräte optischer Feinmechanik wie Kartoffelsäcke auf Lastautos oder Pferdefuhrwerke werfen. Und sie konstatieren mit böser oder schlecht verhohlener Befriedigung die unglaubliche Armut und Ausgemergeltheit der Besucher aus dem Osten.«[46]

Auch hier wird bereits ein Motiv sichtbar, das gerade für die Arbeitergeschichte im östlichen Teil Deutschlands noch lange eine erhebliche Rolle spielen sollte. Man könnte es die mentale Umkehrung des Verhältnisses von Besatzern und Besetzten nennen. Die Ohnmächtigen besaßen das Know-how und verachteten insgeheim das unprofessionelle Vorgehen der Mächtigen.

»Durchhalten« und »Durchkommen« – so hat Peter Hübner am Fallbeispiel der Niederlausitz die auch bei Arbeitern dominierenden individuellen Überlebensstrategien im Übergang vom Krieg zur Besatzung charakterisiert und detailliert beschrieben.[47] Stabile tradierte Arbeitshaltungen erleichterten das Fortwirken oder die schnelle Wiederingangsetzung wichtiger Betriebe, und pragmatisches Verhalten prägte die Einstellung zum Systemwechsel. Die Fixierung darauf, durchzukommen war jedoch von verbreitetem Mißtrauen gegenüber neuen, verordneten politischen Aktivitäten begleitet. Daß es in der Arbeiterschaft neben dem Engagement der »Aktivisten der ersten Stunde« viel Apathie und Orientierungslosigkeit gab, die auch aus den Nachwirkungen des Nationalsozialismus resultierten[48], darüber machten sich führende Funktionäre wenig Illusionen. Walter

---

45 Bertolt Brecht, Arbeitsjournal, Bd. 2. 1942–1955, hg. von Werner Hecht, Frankfurt/M. 1974, S. 527.
46 Deutscher, Reportagen, S. 130.
47 Peter Hübner, »Durchhalten« und »Durchkommen«. Niederlausitzer Industriearbeiter im Jahre 1945, in: Werner Stang (Hg.), Brandenburg im Jahr 1945, Potsdam 1995, S. 136-166.
48 Vgl. dazu Klaus-Dietmar Henke, Die amerikanische Besetzung Deutschlands, München 1995, S. 624-628.

I. Die fragmentierte Klasse (1945–1947)

Ulbricht sprach in seinen »Erinnerungen an die ersten Kriegsjahre« von den ideologischen Verwüstungen, die der »deutsche Sozialismus« angerichtet habe.[49] Und Hermann Brill (SPD), nach seiner Befreiung aus dem Konzentrationslager Buchenwald erster Regierungspräsident in Thüringen, diagnostizierte im Juli 1945: »Die deutsche Arbeiterklasse ist geistig und moralisch, politisch und organisatorisch [...] zermürbt, ermattet und zerfallen.«[50]

Während wir bei elementaren sozialpsychologischen Fragen – ähnlich wie in den Westzonen – auf zeitgenössische Eindrücke und sehr fragmentarische Quellen angewiesen sind, läßt sich das Ausmaß der materiellen Zerstörung quantitativ genauer erfassen. Die deutsche Wirtschaft war 1945 in sehr unterschiedlichem Grad von Zerstörung betroffen. Insgesamt waren die Folgen des Luftkriegs für die deutsche Industrieproduktion weniger einschneidend, als der Augenschein vor allem der zerstörten Städte zunächst vermuten ließ. Bis in die letzten Kriegsmonate hinein gelang es noch, bombardierte Produktionsanlagen zu reparieren, so daß – wiederum mit beträchtlichen regionalen Unterschieden – diese Form der Zerstörung nicht den größten Belastungsfaktor beim Wiederaufbau darstellte.[51] Die Industriegebiete Sachsens und Thüringens waren überdies meist kampflos von den sowjetischen und amerikanischen Armeen besetzt worden. Auch Hitlers »Nero-Befehl«, der auf völlige Zerstörung beim Rückzug der deutschen Truppen zielte, hatte kaum nennenswerte Industriezerstörungen verursacht, da er meistens sabotiert wurde.[52] Die Wirkungen der bis zuletzt erbittert geführten Bodenkämpfe waren dagegen in einigen Regionen wie etwa Brandenburg verheerend.[53]

Als besonders nachteilig und spezifisch für die SBZ erwiesen sich die zunächst wilden und später systematischen Demontagen. Sie wurden anfangs »derart überstürzt und unsachgemäß durchgeführt, daß der angerichtete Schaden groß, der Nutzen für die Sowjetunion jedoch klein war.«[54] Bis 1948 bildeten diese Demontagen nicht nur ein Schlüsselproblem für die Wirtschaft, sondern auch für die Sozial- und Mentalitätsgeschichte der Arbeiter. Zwar sind wir mittlerweile über Umfang und Formen der Demontage sehr viel genauer unterrichtet[55] also noch zu

---

49 Walter Ulbricht, Erinnerungen an die ersten Kriegsjahre, in: Ders., Zur Geschichte der deutschen Arbeiterbewegung. Aus Reden und Aufsätzen, Bd. 2. 1933 bis 1946, Berlin (O) 1953, S. 257-260.
50 Zit. bei Frank Moraw, Die Parole der »Einheit« und die Sozialdemokratie, Bonn 1973, S. 67.
51 Zank, Wirtschaft, S. 20; Albrecht Ritschl, Aufstieg und Niedergang der DDR-Wirtschaft 1945 bis 1989, in: Jb.WG 1995 II, S. 11-96, hier: S. 18 f.
52 Zank, Wirtschaft, S. 20 f.
53 Barthel, Ausgangsbedingungen, S. 43.
54 Zank, Wirtschaft, S. 21.
55 Vgl. Rainer Karlsch, Allein bezahlt? Die Reparationsleistungen der SBZ/DDR 1945–1953, Berlin 1993. Zu den eng begrenzten Möglichkeiten, sich gegen Demontagen zu wehren, vgl. ders., »Arbeiter schützt Eure Betriebe!« Widerstand gegen Demontagen in der SBZ, in: IWK 30 (1994), S. 380-404; Jochen Laufer, Von den Demontagen zur Währungsreform – Besatzungspolitik und Sowjetisierung in Ostdeutschland 1945–1948, in: Lemke (Hg.), Sowjetisierung, S. 163-186; Rainer Karlsch/Burghard Ciesla, Vom »Karthago-Frieden« zum Besatzungspragmatismus. Wandlungen der sowjetischen Reparationspolitik und ihre Umsetzung 1945/46, in: Hartmut Mehringer/Michael Schwartz/Hermann Wentker (Hg.), Erobert oder befreit?, München 1999, S. 71-92. Ein sehr informatives Fallbeispiel bietet Burghard Ciesla, Demontagen und betriebliche Selbstorganisation in der SBZ. Auskünfte eines Tagebuches, in: Berliner Debatte Initial 6 (1995) H. 4/5, S. 93-

2. Die Erfahrung der sowjetischen Besatzung und die Hinterlassenschaften des Krieges

DDR-Zeiten, dennoch bleibt hier ein großes Dunkelfeld bestehen, insbesondere deshalb, weil sich die Auswirkungen nicht präzise angeben lassen und kleine Eingriffe unter Umständen ganze Betriebe lahmlegen konnten. Die gravierenden psychologischen Folgen stehen außer Zweifel, lassen sich aber ebenfalls nur schwer genau erfassen. In einem Stenogramm des sowjetischen ZK-Sekretärs Kuznecov vom 9. Dezember 1946 ist von über 2 Millionen Arbeitern die Rede, die durch die Demontage ihren Arbeitsplatz verloren hätten. Lakonisch hieß es dazu: »Das wirkt sich irgendwie auf die Stimmung aus. Wir wollen bei den Deutschen keine Annäherungsversuche machen, wir führen unsere Politik durch.«[56] Besonders fatal wirkte es, daß die SMAD mehrfach die Einstellung der Demontagen angekündigte, diese dann aber gleichwohl fortsetzte.[57] Sofort nach der Besetzung registrierten spezielle sowjetische Aufklärungstrupps über 6.000 industrielle Objekte. Darunter dürften alle Großbetriebe der SBZ gewesen sein, von denen es nach sowjetischen Angaben rund 3.000 gab. Detaillierte Zahlen lassen die Stoßrichtung der Demontagepolitik erkennen: je größer ein Betrieb, desto höher die Wahrscheinlichkeit seiner Demontage.[58] Was das für die Auflösung von Traditionsbelegschaften und somit für die Arbeitergeschichte der späteren DDR bedeutet, ist bislang kaum feststellbar und dürfte sich über exemplarische Betriebsstudien nur annähernd rekonstruieren lassen. (☞ vgl. *Abb. 2*, S. 64)

Die Verbitterung der Arbeiterschaft war groß. Norman Naimark hat die Wirkungen plastisch beschrieben: »In ohnmächtiger Wut mußten die deutschen Arbeiter mit ansehen, in welch ignoranter Weise die sowjetischen Demontagekolonnen ihre Maschinen und Ausrüstung behandelten. In einigen Fällen zeigten die Sowjets wenig oder gar kein Interesse an einer fachgerechten Verpackung der Geräte. Maschinen wurden nachlässig gehandhabt, und der Transport war schlecht organisiert. [...] Als hätten derartige Vorfälle nicht gereicht, um die Arbeiter zu erbittern, hatten es die Sowjets mit ihren Demontagen oft so eilig, daß zusätzliche Arbeiter herangeholt werden mußten, und dies zumeist ohne Bezahlung. In einem Fall benutzte ein Major Orlow von der 9. Beutebrigade seine Truppe, um ein Fußballstadion zu umstellen, das Spiel, das gerade lief, zu unterbrechen und Arbeiter zur Demontage einer Fabrik abzutransportieren.«[59] Nicht zuletzt für die politische Position der KPD beziehungsweise SED wirkte sich dieses Vorgehen desaströs aus. Selten gelang es, über Bittschriften der Belegschaften oder durch Interventionen der SED-Spitze bei der SMAD Anlagen, die für die Demontage vorgesehen waren, zu retten.[60] Die größte Resonanz fanden die Bemühungen um

---

100. Zusammenfassend für viele Aspekte: Rainer Karlsch/Jochen Laufer (Hg.), Sowjetische Demontagen in Deutschland 1944–1949. Hintergründe, Ziele, Wirkungen, Berlin 2002.
56 Bonwetsch/ Bordjugov/ Naimark (Hg.), Sowjetische Politik, S. 252.
57 Naimark, Russen, S. 228 f.; Ciesla, Demontagen, S. 97. Auch in den Westzonen, wo die Demontagen bekanntlich nur geringe wirtschaftliche Auswirkungen hatten, waren die psychologischen Folgen beträchtlich. Vgl. Kleßmann/Friedemann, Streiks, S. 19.
58 Laufer, Demontagen, S. 170.
59 Naimark, Russen, S. 229.
60 Karlsch, Arbeiter, S. 393, 398 f. Stimmen zur Wirkung der Demontagen auch bei Karlsch/Laufer, Demontagen, S. 467 f.

I. Die fragmentierte Klasse (1945–1947)

Abb. 2: Produktionshalle im Elektrochemischen Werk Hennigsdorf November 1947 nach der sowjetischen Demontage.

den Erhalt des weltberühmten Zeiss-Werkes in Jena. Dabei gab es hinter den Kulissen auch heftige Auseinandersetzungen zwischen der Industrieabteilung der SMAD und dem Jenaer Werkskommandanten, einem Vertrauten von Generalmajor Maksim S. Saburov, dem für Demontagen verantwortlichen Leiter des »Sonderkomitees« für Demontage. Der Werkskommandant setzte sich durch, und Zeiss-Jena verlor fast 98 Prozent seiner Kapazitäten. Die immer wieder mit besonderer Empörung registrierten unsinnigen Formen solcher Demontageaktionen charakterisierte der Thüringer Ministerpräsident Paul (Herbst 1945–1947) später so: »Demontage? Ich habe wiederholt neben dieser Ausschlachtung gestanden, eine von Haß getragene Verwüstung und Zerstörung sahen meine Augen. Eingeschlagene Wände, herausgerissene Fußböden, zertrümmerte Wasch- und Spülbecken – und das alles in einem Werke, das als erstes in Europa sozialistische Ideen in die Tat umgesetzt hatte. Machtlos steht man in den Anlagen der Firma Carl Zeiss. Die Arbeiter sollen wenigstens sehen und fühlen, daß man mit seinem ganzen Herzen bei ihnen ist.«[61] Ulbricht hat mehrfach versucht, eine verbindliche Auflage über das Ende der Demontagen zu erhalten. Auch er konnte »die sowjetischen Freunde« nur sanft an die verheerenden Auswirkungen auf die politische Moral der Arbeiterklasse erinnern.[62]

---

61 Zit. Karlsch, Arbeiter, S. 397.
62 Naimark, Russen, S. 231.

2. Die Erfahrung der sowjetischen Besatzung und die Hinterlassenschaften des Krieges

Die höchsten Demontageverluste verzeichneten die Branchen, die in der Kriegswirtschaft hohe Zuwächse erzielt hatten. Die Willkür in der Praxis der Demontage reichte jedoch, wie das Zeiss-Werk exemplarisch zeigt, weit über diesen rüstungswirtschaftlichen Anteil hinaus. Die demontagebedingten Kapazitätsverluste sind von Rainer Karlsch aufgrund neu erschlossener Quellen niedriger angesetzt worden als in der älteren Literatur. Als Mindestangabe aller Reparationsleistungen berechnet er eine Summe von 54 Milliarden Mark (zu laufenden Preisen).[63] Von den verheerenden sozialpsychologischen und den schwer präzise faßbaren ökonomischen Folgen abgesehen, beeinträchtigten Demontagen und Reparationen aus der laufenden Produktion nicht nur langfristig die Startchancen der DDR-Wirtschaft, sondern beschleunigten auch die Anbindung an den rückständigen osteuropäischen Wirtschaftsraum und die Abhängigkeit von der Sowjetunion.[64]

Schließlich ist der seit den letzten Kriegsjahren einsetzende Verschleiß des Produktionsapparats als wesentlicher Faktor für die wirtschaftliche Ausgangssituation in der SBZ zu nennen – nicht anders als in den Westzonen. Denn die Produktionsanlagen wurden in der Endphase des Krieges kaum noch ausreichend erneuert, so daß die Betriebe von ihrer Substanz zehren mußten. Daß dies in der SBZ/DDR ein lang anhaltendes Strukturproblem blieb, machte einen wesentlichen Unterschied zur ökonomischen Entwicklung im Westen aus. Insgesamt, so hat Wolfgang Zank resümiert, wurde der 1944 noch außerordentlich leistungsstarke Produktionsapparat durch die kombinierte Wirkung von Kriegszerstörungen, Demontagen und Verschleiß »binnen weniger Jahre ganz erheblich, um mehr als 40 v. H., reduziert.«[65] Gleichwohl blieb die Kapazität, nicht zuletzt dank der Expansion in der Kriegszeit, noch beträchtlich. Das nach anfänglichen Startvorteilen seit 1947 sichtbar verlangsamte Aufbautempo der SBZ gegenüber den Westzonen hatte daher vor allem mit Fehlleistungen im Verkehrssystem, mit politischen Problemen der Teilung Deutschlands sowie den Schwächen der entstehenden zentralisierten Planwirtschaft zu tun.[66]

Zu den einschneidendsten und bittersten Hinterlassenschaften des Krieges gehörten die demographischen Zerstörungen. Kriegsverluste sowie der Zustrom von Flüchtlingen, Vertriebenen und Zwangsaussiedlern waren die beiden Elemente, die die Bevölkerungsstruktur Nachkriegsdeutschlands am stärksten veränderten. Doch brachte der Massenzustrom zugleich eine Kompensation für die Verluste, so daß rein zahlenmäßig in der Bevölkerungsbilanz das Ausmaß der Veränderung nicht sofort erkennbar war. Bis 1950 setzte sich durch die Abwanderung nach Westen und die Heimkehr von Kriegsgefangenen wieder eine gewisse Normalisierungstendenz durch.

63 Karlsch, Allein bezahlt?, S. 230 f.
64 Rainer Karlsch, Umfang und Struktur der Reparationsentnahmen aus der SBZ/DDR 1945–1953. Stand und Probleme der Forschung, in: Buchheim (Hg.), Wirtschaftliche Folgelasten. 45-78, hier: S. 77.
65 Zank, Wirtschaft, S. 21.
66 Ebd., S. 24-26.

I. Die fragmentierte Klasse (1945–1947)

Die demographischen Daten sind im einzelnen nicht völlig gesichert und besitzen zum Teil nur Annäherungscharakter. Wolfgang Zank hat einige Korrekturen an den Daten der Bevölkerungszählung von 1946 versucht.[67] Auf seinen Berechnungen beruhen die folgenden Angaben. Danach war gegenüber 1939 die Stammbevölkerung (auf dem Gebiet der SBZ) um fast 3 Millionen zurückgegangen. Davon waren etwa 1,6 Millionen Kriegstote, rund 600.000 befanden sich noch in Kriegsgefangenschaft, rund 750.000 hielten sich in den Westzonen auf. Trotz der hohen Verluste lebten nach Kriegsende wegen des hohen Anteils an Flüchtlingen und Vertriebenen mehr Menschen auf dem Territorium der SBZ (einschließlich Ost-Berlin) als 1939, zunächst sogar mit steigender Tendenz. Gegenüber 16,745 Millionen im Jahre 1939 waren es 1946 rund 17,820 Millionen, 1947 schon 18,892 Millionen und 1948 19,066 Millionen. Die arbeitsfähige Bevölkerung für das Gebiet der SBZ (einschließlich Ostberlins) sank von 11,244 Millionen (1939) auf 10,865 Millionen Menschen (1946) und stieg bis 1950 wieder auf 11,376 Millionen an.[68] 1946 gab es aber fast eine Million Männer im arbeitsfähigen Alter weniger als 1939, wobei sich dieser Rückgang im wesentlichen auf die Altersgruppe bis 40 Jahre konzentrierte, während ältere Jahrgänge einen Zuwachs aufwiesen. Zunächst war der Frauenanteil mit 59 Prozent extrem hoch, sank aber bis 1950 wieder ab.[69]

Für die weitere wirtschaftliche und soziale Entwicklung ist gleichwohl der Hinweis wichtig, daß sich mit dem Einströmen der Flüchtlinge und Vertriebenen und der Rückkehr von Kriegsgefangenen das Arbeitskräftepotential nicht nur erhöhte, sondern gegenüber der Endphase des Krieges auch verbesserte, weil das Qualifikationsniveau höher war als bei den in der Kriegswirtschaft beschäftigten Zwangsarbeitern. »Alles in allem«, resümiert Zank, »befanden sich in der Nachkriegszeit erheblich mehr und erheblich besser ausgebildete Arbeitskräfte im DDR-Gebiet als im letzten Kriegsjahr, bei (fast) überall stark geschrumpfter Produktion und Kapazität: Im Vergleich zu 1944 war die SBZ von Arbeitskräften geradezu überschwemmt. Dennoch wurde in der Nachkriegszeit schon frühzeitig von einem Mangel an bestimmten Kategorien von Facharbeitern berichtet.«[70] Zu den »wichtigsten Mangelberufen« zählte das »Jahrbuch Arbeit und Sozialfürsorge« 1947 Gärtner, Bergleute, Former/Kernformer, Schmiede, Schweißer, Schlosser, Klempner, Rohrleger, Tischler, Stellmacher, Herrenschneider, Schuhmacher, Bauhandwerker.[71]

Unter dem politisch bewußt beschönigenden Begriff »Umsiedler« wurde jene große Gruppe von Flüchtlingen, Vertriebenen und Zwangsaussiedlern aus den Gebieten jenseits von Oder und Neiße sowie aus den ostmitteleuropäischen Ländern zusammengefaßt, die zunächst für alle Besatzungszonen eine der schwierigsten sozialen Herausforderungen darstellten, später aber auch ein enormes Potential

---

67 Ebd., S. 31.
68 Ebd., S. 31-33.
69 Ebd., S. 36.
70 Ebd., S. 46.
71 Jahrbuch Arbeit und Sozialfürsorge 1945 bis 1947, Berlin 1947, S. 70 f.

2. Die Erfahrung der sowjetischen Besatzung und die Hinterlassenschaften des Krieges

für den wirtschaftlichen Wiederaufschwung bildeten.[72] Schon Ende 1945 betrug ihr Bevölkerungsanteil in der SBZ 17,1 Prozent. Er stieg im Sommer 1946 auf 19,8 Prozent und 1949 auf 25 Prozent. Überdurchschnittlich betroffen war Mecklenburg, dessen Vertriebenenanteil Ende 1945 bei 36,6 Prozent und 1949 bei 46,5 Prozent lag. Brandenburg, Sachsen-Anhalt und Thüringen lagen knapp über oder unter dem Zonendurchschnitt, während Sachsen, das bis Mitte 1946 von einer Endaufnahme ausgenommen war, immer stark unterdurchschnittlich blieb.[73]

Da in den Gebieten östlich von Oder und Neiße 1939 etwa ein Drittel der Erwerbspersonen in industriellen und handwerklichen Berufen, rund ein Fünftel in Handels- und Verkehrsberufen arbeitete[74], kann man davon ausgehen, daß mit diesem Zustrom eine beträchtliche Zahl qualifizierter Arbeitskräfte in die SBZ kam, auch wenn genaue Angaben über die erlernten Berufe der Flüchtlinge und Vertriebenen nicht existieren. Genau zu erfassen ist jedoch die Berufsstruktur der in der SBZ beschäftigten »Umsiedler«. Nach dem (internen) Jahresbericht der Zentralverwaltung für Umsiedler (ZVU) waren am 1. Dezember 1947 von insgesamt 6.001.107 unselbständig Beschäftigten 1.348.903 (22,5 Prozent) Umsiedler. Ihre Verteilung auf die am stärksten frequentierten Berufsgruppen dokumentiert die nachfolgende Tabelle. (☞ vgl. *Tab. 2*, S. 68)

Allein die hohe Konzentration von Umsiedlern in der Landwirtschaft und im Sektor Hilfsarbeiten sagt viel über Beschäftigungsprobleme und soziale Deklassierung aus. Überdies verweisen die hohen Frauenanteile in der Textil- und Bekleidungsindustrie schon früh auf die herkömmlichen und später nur graduell veränderten Verteilungsmuster.

Die SED ging in der Zielsetzung ihrer Politik frühzeitig über die Lösung akuter Krisenlagen hinaus und wollte definitive Verhältnisse schaffen. Paul Merker, Mitglied des Zentralsekretariats der SED, veröffentlichte 1947 eine Broschüre, in der er die »nächsten Schritte zur Lösung des Umsiedlerproblems« skizziert und feststellte, die »endgültige Einbürgerung« dürfe nicht als lästige Verwaltungsaufgabe angesehen werden. »Sie ist eine menschliche und volkswirtschaftliche Not-

---

72 Grundlegend zu diesem in der DDR kaum behandelten Thema sind die Arbeiten von Michael Schwartz. Vgl. Dierk Hoffmann/Michael Schwartz (Hg.), Geglückte Integration? Spezifika und Vergleichbarkeiten der Vertriebenen-Eingliederung in der SBZ/DDR, München 1999; Michael Schwartz, Vertrieben in der Arbeiterschaft. »Umsiedler« als »Arbeiter« in der SBZ/DDR 1945–1952, in: Hübner/Tenfelde (Hg.), Arbeiter, S. 79-128. Zu den ersten wissenschaftlichen Arbeiten in der DDR auf der Basis von Archivalien gehörte vor allem: Wolfgang Meinicke, Zur Integration der Umsiedler in die Gesellschaft 1945–1952, in: ZfG 36 (1988), S. 865-878. Instruktiv für die beträchtlichen Integrationsprobleme vor Ort: Gerald Christopheit, Verschwiegene Millionen. Heimatvertriebene in der SBZ, in: Jb. für Deutsche u. Osteuropäische Volkskunde 38 (1995), S. 222-251.
73 Michael Schwartz, Zwischen Zusammenbruch und Stalinisierung. Zur Ortsbestimmung der Zentralverwaltung für deutsche Umsiedler (ZVU) im politisch-administrativen System der SBZ, in: Hartmut Mehringer (Hg.), Von der SBZ zur DDR. Studien zum Herrschaftssystem in der Sowjetischen Besatzungszone und in der Deutschen Demokratischen Republik, München 1995, S. 43-96, hier: S. 44. Andere und offenkundig überhöhte Zahlen für 1945 liefert eine Statistik der Zentralverwaltung für Arbeit und Sozialfürsorge, in: Manfred Wille (Hg.), Die Vertriebenen in der SBZ/DDR. Dokumente, Bd. I, Wiesbaden 1996, S. 280.
74 Zank, Wirtschaft, S. 43.

Tab. 2: Verteilung der »Umsiedler« auf Berufszweige

	Zahl der »Umsiedler« in Berufszweigen	Anteil in % der dort Beschäftigten	Davon Frauen	
			abs.	%
1	Landwirtschaft	401.541	42,8	220.034	54,8
2	Hilfsarbeiten aller Art	180.419	26,5	66.308	36,8
3	Kaufmänn. Büro- u. verwandte Berufe	108.333	13,2	53.123	49,0
4	Hausgehilfen u. verwandte Berufe	97.522		96.267	89,7
5	Metallindustrie	90.619	13,9	9.211	10,2
6	Baugewerbe	55.093	20,6	837	1,5
7	Textilindustrie	54.908	18,3	44.905	81,8
8	Bekleidungsindustrie	54.330	19,4	38.429	70,7
9	Holz- u. Schnitzstell-Gewerbe	37.502	20,4	6.924	18,5

[**Quelle:** BArch. Abt. Berlin, DO 2/14, Bl. 108. Diese Daten hat mir freundlicherweise Michael Schwartz zur Verfügung gestellt.]

wendigkeit; sie ist von größter Bedeutung für die Sicherung unserer fortschrittlichen Errungenschaften und für den Ausbau unseres demokratischen Staatswesens. Nur so kann man die Umsiedler davor schützen, daß sie nicht dem verderblichen Einfluß nazistischer Elemente erliegen.« Das bedeutete Integration auf schnellstem Wege. »Sind sie über den Zustand der Hilfsbedürftigkeit hinweg, sind sie eingebürgert, in ständiger Wohnung und Arbeit oder Versorgung, dann sollten sie auch aus den Umsiedlerstatistiken gestrichen werden.«[75]

Eines der großen Strukturprobleme in allen betroffenen Zonen lag zunächst darin, daß die Neuankömmlinge in den agrarisch geprägten Ländern und Provinzen konzentriert waren. Auf diese Weise sollte die Versorgung wenigstens notdürftig gesichert werden. Angesichts der extrem schwierigen sozialen Lage und der geringen öffentlichen Unterstützung wurde für sie ein Arbeitsplatz noch wichtiger als für die ansässige Bevölkerung. Da die Arbeitskräftelenkung auf diesem Feld jedoch spät einsetzte und zunächst nicht sehr effektiv war, ist das Gesamtbild sehr unübersichtlich. Abgesehen von der Teilnahme an der Bodenreform und dem wenig erfolgreichen Versuch, gezielt Heimarbeit auf dem Lande zu schaffen[76], bot erst die gesteuerte Binnenwanderung bessere Chancen auf eine Arbeit und damit auch auf eine Integration in die neue Gesellschaft. (☞ vgl. *Bild Nr. 1* im Farbteil, S. 449)

---

75 Paul Merker, Die nächsten Schritte zur Lösung des Umsiedlerproblems, hg. vom Zentralsekretariat der SED, Berlin (O) 1947, S. 7 und 13.
76 Zank, Wirtschaft, S. 149; Alexander von Plato/Wolfgang Meinicke, Alte Heimat – neue Zeit. Flüchtlinge, Umgesiedelte, Vertriebene in der Sowjetischen Besatzungszone und in der DDR, Berlin 1991, S. 69.

2. Die Erfahrung der sowjetischen Besatzung und die Hinterlassenschaften des Krieges

Die SMAD verfolgte zwar das Ziel, den Vertriebenenstrom in dünn besiedelte Räume zu lenken, aber die praktische Umsetzung ließ erheblich zu wünschen übrig.[77] So fiel den regionalen und lokalen Behörden eine entscheidende Rolle zu. Ein Extremfall war die Anweisung der sächsischen Landesregierung vom Juli 1945, alle Neuankömmlinge nach Mecklenburg weiterzuleiten. Die Folgen solcher Eigenmächtigkeiten bestanden zunächst darin, daß diese von den Kriegsfolgen besonders bitter getroffene Bevölkerungsgruppe planlos umherzog. Erst mit der Jahreswende lichtete sich das Chaos langsam. Der Befehl Nr. 3 des Alliierten Kontrollrates vom 17. Januar 1946 verpflichtete alle arbeitsfähigen Männer im Alter zwischen 14 und 65 (Frauen 15 bis 50) Jahren, sich beim Arbeitsamt registrieren zu lassen. Da aber das Netz von Arbeitsämtern noch sehr löchrig war und das Arbeitsplatzangebot dort, wo die »Umsiedler« sich konzentrierten, spärlich ausfiel, zudem Kriegsheimkehrer und einsatzfähige Frauen auf den Arbeitsmarkt drängten, bedurfte es mehrerer Jahre, bis dieses für alle Besatzungszonen schwierige Problem der unfreiwillig »fehlgeleiteten« Arbeitskräfte einigermaßen gelöst werden konnte. Dies schloß jedoch nicht aus, daß sich bestimmte Branchen und insbesondere Großbetriebe schon frühzeitig erfolgreich um Arbeitskräfte aus diesem Potential bemühten. So heißt es in einem Tätigkeitsbericht des »Amtes für Umsiedler der Provinzialverwaltung Mark Brandenburg« vom Oktober 1946: »Wir sind im Einvernehmen mit dem Landesarbeitsamt dazu übergegangen, auch die Unternehmer direkt in die Lager zu schicken, um sich die Arbeiter auszuwählen und nach Rücksprache mit ihnen einen Arbeitsvertrag abzuschließen. Die Erfahrungen, die wir mit dieser Arbeitsvermittlung machten, waren gut. Der Kontakt zwischen Arbeitern und Unternehmern wird hergestellt. Der Umsiedler erhält das Gefühl: Du wirst gebraucht.«[78]

Auch wenn sich solche Erfolgsmeldungen keineswegs generalisieren lassen, so ist der Befund, daß vor allem Großbetriebe – neben dem Uranbergbau, der einen Sonderfall darstellt[79] – besonders viele Vertriebene beschäftigten, eindeutig und auch plausibel.[80] Denn die hier zu erwartenden Sonderrationen und besseren Chancen bei der Wohnungszuteilung erhöhten die Attraktivität dieser Arbeitsplätze. Schon Anfang 1948 wiesen die Belegschaften vieler Großbetriebe einen überdurchschnittlichen Anteil von »Umsiedlern« auf. Nach einer Umfrage von 1952 lag der Vertriebenenanteil in 34 Großbetrieben der DDR bei 39 Prozent, die Spitze hielten die Leuna-Werke mit 47 Prozent.[81] Der Gesamtprozeß der Eingliederung in den Arbeitsmarkt und in die Gesellschaft verlief jedoch in der SBZ

---

77 Das Folgende nach: Dierk Hoffmann, Vertriebenenintegration durch Arbeitsmarktlenkung? Zur Beschäftigungspolitik der SBZ/DDR (1945–1950), in: Ders./Schwartz (Hg.), Geglückte Integration, S. 173-192.
78 Berichte der Landes- und Provinzialverwaltungen, S. 405.
79 Vgl. dazu Naimark, Russen, S. 300-315; Rainer Karlsch/Harm Schröter (Hg.), »Strahlende Vergangenheit«. Studien zur Geschichte des Uranbergbaus der Wismut, St. Katharinen 1996.
80 Zank, Wirtschaft, S. 151.
81 Ebd. Vgl. ferner Dagmar Semmelmann, Zur Integration aus lebensgeschichtlicher Sicht. Eingliederungsverläufe von Flüchtlingen und Vertriebenen in der SBZ/DDR dargestellt am Sonderfall Eisenhüttenstadt, in: Hoffmann/Schwartz (Hg.), Geglückte Integration, S. 321-333.

I. Die fragmentierte Klasse (1945–1947)

und der frühen DDR kaum schneller als im Westen, trotz einer gezielten Integrationspolitik, was an der schwierigen wirtschaftlichen Situation und unzureichenden sozialen Stützungsmaßnahmen lag. Die Tabuisierung der Vertreibung und das »Revanchismus«-Verdikt gegenüber allen Versuchen von Heimat- und Traditionspflege erschwerten den Prozeß auch in sozialpsychologischer Hinsicht.[82]

Die schon im September 1945 in Angriff genommene Bodenreform hatte zum Ziel, das »Umsiedler«-Problem zu entschärfen, auch wenn politische Motive im Vordergrund dieses überstürzt begonnenen Struktureingriffs standen. Von der Reform waren auch Arbeiter und Angestellte betroffen. Insgesamt erhielten 183.261 nichtlandwirtschaftliche Arbeiter und Angestellte Gartenparzellen (von 0,6 ha Durchschnittsgröße) aus dem Bodenfonds zugeteilt.[83] Angesichts der Notsituation in der Zusammenbruchsgesellschaft war diese Maßnahme für die soziale Situation der Arbeiterschaft durchaus von erheblicher Bedeutung. Merkwürdigerweise ist sie bislang in der Literatur nicht behandelt worden und hat auch in den einschlägigen Quellen kaum einen Niederschlag gefunden. Eine Fallstudie für das Niederlausitzer Industriegebiet zeigt[84], daß sich die Anzahl ländlicher Industriearbeiter mit Parzellenbesitz zwar beträchtlich erhöhte, diese Struktur jedoch keinen Bestand hatte, sondern sich in den fünfziger Jahren mit einem neuen Industrialisierungsschub wieder veränderte. Immerhin ist bemerkenswert, daß sich viele auf dem Lande wohnende Industriearbeiter bei der Bodenreform persönlich engagierten und beispielsweise häufig den Vorsitz von Gemeindebodenkommissionen übernahmen, um ihre Versorgungslage zu verbessern. Auch solche scheinbar genuin politischen Aktivitäten lassen sich als Element individueller Überlebensstrategien des »Durchhaltens und Durchkommens«[85] verstehen, die alle Bevölkerungsgruppen entwickeln mußten und entwickelten – die Arbeiter teilweise besonders erfolgreich.

Nach dem Ende der DDR ist das jahrzehntelang tabuisierte »Umsiedler«-Thema intensiv erforscht worden. Dabei zeigte sich deutlich, wie konsequent und auch rücksichtslos einem ganzen Bevölkerungsteil, dessen Bezeichnung bereits schief und verharmlosend war, jede Form von Sonderstatus aus politischen Gründen verwehrt wurde. Die Politik zielte auf eine schnelle »Normalisierung«, ohne auf individuelle psychische Kosten Rücksicht zu nehmen. Zwar ist es sicher richtig, daß sich nach 1945 beide Seiten, die Alteingesessenen und die Neuankömmlinge, in eine »neue Welt«, in eine sozial und politisch tief umgepflügte Gesellschaft ein-

---

82 Plato/Meinicke, Alte Heimat, S. 80. Das DDR-Innenministerium untersagte 1950 alle öffentlichen Bezugnahmen auf die alte Heimat auch im kulturellen Leben. Sogar der Briefverkehr wurde als Bildung einer »illegalen Umsiedlerorganisation« verfolgt. Vgl. Philipp Ther, Deutsche und polnische Vertriebene. Gesellschaft und Vertriebenenpolitik in der SBZ/DDR und in Polen 1945–1956, Göttingen 1998, S. 238.
83 Vgl. Christoph Kleßmann, Die doppelte Staatsgründung. Deutsche Geschichte 1945–1955, Göttingen 5. erw. Aufl. 1991, S. 81.
84 Christel Nehrig, Industriearbeiter im dörflichen Milieu, in: Peter Hübner (Hg.), Niederlausitzer Industriearbeiter 1935 bis 1970. Studien zur Sozialgeschichte, Berlin 1995, S. 167-191, hier: S. 168, 175.
85 Hübner, »Durchhalten«.

2. Die Erfahrung der sowjetischen Besatzung und die Hinterlassenschaften des Krieges

fügen mußten[86], so daß manche Spannungslinien auch gemildert wurden. Aber die mit vielen Demütigungen verbundenen Anpassungsleistungen waren für die Vertriebenen doch ungleich größer. Dazu gehörte ohne Zweifel eine ausgeprägte Aufstiegsorientierung, die ökonomisch begründet und nach den Verlusterfahrungen im Gefolge des Krieges mit konservativen Wert- und Orientierungsmustern verbunden war. Für das Funktionieren eines ineffektiven Wirtschaftssystems wie in der DDR erhielt damit dieser Wunsch nach Sicherheit und Wiederaufstieg, der in Ost und West gleichermaßen existenziell empfunden wurde, eine erhöhte Bedeutung.

Neben den »Umsiedlern« bildeten die Heimkehrer aus der Kriegsgefangenschaft eine besondere Problemgruppe. Daß der Begriff »Heimkehrer« ein euphemistische Bezeichnung war, die zur Verdrängung der Niederlage und der damit verbundenen Demütigung kriegerischer Männlichkeit beitrug, mag aus der rückschauenden Perspektive zutreffend sein.[87] Die Heimkehrer waren jedoch politisch und sozialpsychologisch eine Gruppierung, die besonderer öffentlicher Aufmerksamkeit und Zuwendung sicher sein konnte, denn sie gehörten »im Leben der kleinen Leute und in deren Alltagsphantasien durchaus zu den Schicksalsfiguren der Nachkriegszeit«.[88] Die Zentralverwaltung für Umsiedler übernahm auch die Betreuung der Heimkehrer und die Aufgaben eines Suchdienstes zur Zusammenführung von Familienangehörigen. Quarantäne- und Durchgangslager sowie Heimkehrerberatungsstellen wurden eingerichtet, um Seuchen zu verhindern und bei Behördengängen und der Arbeitsbeschaffung behilflich zu sein. Trotz grundsätzlicher Arbeitspflicht durften Heimkehrer zunächst zwei Wochen pausieren und erhielten 50 Reichsmark Überbrückungsgeld. Eine möglichst schnelle Arbeitsaufnahme war erwünscht, wofür Versorgung und emotionale Ansprache eine wichtige Voraussetzung bildeten. »So reichen wir Dir die Hand in der Heimat«, hieß es in einer Heimkehrer-Broschüre der SED. »In den ersten Wochen Deiner Rückkehr wird so manche Sorge und Schwierigkeit an Dich herantreten und es wird nicht immer ganz leicht sein, mit dem Alltagsleben auf Du und Du zu kommen. Wir betrachten es als unsere sozialistische Ehrenpflicht, Dir mit Rat und Tat zu Seite zu stehen.«[89]

Zwar zeichneten sich viele Heimkehrer durch ausgeprägte Einsatzbereitschaft und Arbeitsleistung aus, aber andererseits gab es auch ein hohes Maß an Desorientierung und Eingliederungsschwierigkeiten. Diese schlugen sich nicht zuletzt in einer stark erhöhten Kriminalitätsrate der 16- bis 28-Jährigen nieder. Häufig war es auch nicht möglich, im erlernten Beruf unterzukommen, so daß

---

86 Vgl. Plato/Meinicke, Alte Heimat, S. 262 f. Das Plädoyer für den Begriff »Verschmelzung« statt »Integration« und die These, dieser Verschmelzungsprozeß sei erleichtert worden, weil sich beide Seiten in eine neue Welt einfügen mußten, scheinen mir problematisch, weil sie die nach außen kaum sichtbaren Verwerfungen nachträglich zu stark glätten.
87 Evemarie Badstübner, »Die Heimat grüßt Euch: Heimkehrer in der sowjetisch besetzten Zone Deutschlands – ein kulturgeschichtliches Thema? In: MKF 36,1996, S. 296-313, hier: S. 300.
88 Ebd., S. 303.
89 Zit. ebd., S. 307.

I. Die fragmentierte Klasse (1945–1947)

Umschulungen nötig waren, im Extremfall auch Arbeitsverpflichtungen gegen den Widerstand der Betroffenen erfolgten (z. B. bei der Wismut AG). Neuere Forschungen haben zudem gezeigt, daß ein erheblicher Teil von Heimkehrern in den späten vierziger Jahren in die Kasernierte Volkspolizei eingegliedert wurde.[90] Zu den kurzfristig gravierenden und auch besonders »sichtbaren« Hinterlassenschaften des Krieges sowie Lasten für die Sozialpolitik gehörten die Kriegsopfer und Schwerbeschädigten. Bis Ende 1947 wurden insgesamt 422.000 Schwerbeschädigte erfaßt.[91] Sie bildeten zwar gegenüber anderen Kriegsfolgegeschädigten wie den Vertriebenen eine Ausnahme, weil die physischen Schäden nicht beseitigt werden konnten, aber die Zielrichtung der Politik war ähnlich: schnelle und weitestgehende Integration in den Arbeitsmarkt. Das entsprach ohne Zweifel den Intentionen der Betroffenen, die schon 1945 zu zwei Dritteln und 1949 zu 87 Prozent als erwerbsfähig beziehungsweise erwerbswillig eingestuft wurden.[92] Bereits mit der Verordnung vom 2. September 1946 erfolgte für die SBZ eine einheitliche Regelung der Arbeitsvermittlung für Schwerbeschädigte. Zwei Jahre später legte die Rentenverordnung fest, daß diejenigen nicht in den Genuß von Invalidenrenten kommen sollten, die eine ihnen angebotene und zumutbare Umschulung ablehnten.[93] Hier zeigte sich bereits, wie rigide die arbeitsmarktorientierte Konzeption von Sozialpolitik in der SBZ ausfiel. Sie mußte allerdings oft auch gegen erhebliche Widerstände der Betriebe, das vorgeschriebene Einstellungssoll von 10 Prozent Schwerbeschädigten zu erfüllen, durchgesetzt werden. In der Gesamtbilanz gelang jedoch relativ schnell und erfolgreich eine Integration der Schwerbeschädigten in den Produktionsprozeß und somit die Lösung eines schwierigen Teilproblems der Kriegsfolgen.[94]

Zahllose zeitgenössische Reportagen ebenso wie interne Berichte der deutschen Ämter und der sowjetischen Besatzungsbehörden, bis hin zu bürokratischen Richtlinien für die Behandlung bestimmter Problemlagen, vermitteln anschauliche Einblicke in den äußeren und inneren Zustand einer Zeit des Zusammenbruchs, der Zerstörung, der Abenteuerlichkeit und »Außerordentlichkeit«, einer Umbruchssituation mit noch offenem und unklarem Entwicklungspotential.[95] Eine solche Konstellation systematisch und generalisierend zu erfassen, ist kaum möglich. Ein methodischer Zugang bestünde in mehreren komparativ aufeinander bezogenen regionalen und betrieblichen Fallstudien, die Tiefenschärfe

---

90 Ebd., S. 310.
91 Wolfgang Rüfner/Michael Schwartz/Constantin Goschler, Ausgleich von Kriegs- und Diktaturfolgen, soziales Entschädigungsrecht, in: Geschichte der Sozialpolitik, Bd. 2/1, S. 787.
92 Ebd., S. 787.
93 Marcel Boldorf, Eingliederung der Kriegsopfer und Schwerbeschädigten Ostdeutschlands in den Arbeitsprozeß 1945–1951, in: Buchheim (Hg.), Wirtschaftliche Folgelasten, S. 403-415, hier: S. 405 f.
94 Ebd., S. 407.
95 Diese treffende Charakterisierung für die Westzonen dürfte auch für die SBZ gelten. Martin Broszat/Klaus-Dietmar Henke/Hans Woller (Hg.), Von Stalingrad zur Währungsreform. Zur Sozialgeschichte des Umbruchs in Deutschland, München 1988, Einleitung.

3. Überlebensstrategien: Ernährung, Wohnen, Arbeitsbedingungen, soziale Hilfen

in das Bild brächten.[96] Dazu fehlt es jedoch noch an Vorarbeiten, zumal diese durch die Quellensituation erheblich erschwert werden. Dennoch lassen sich Akzente und Prioritäten erkennen. Weniger die Besonderheiten in der SBZ im Vergleich zu den anderen Besatzungszonen als die überall charakteristischen gleichen Problemlagen einer Notgesellschaft dominierten. Das betraf vor allem die Ernährungs- und Wohnsituation sowie die Lohn- und Arbeitsbedingungen.

3. Überlebensstrategien: Ernährung, Wohnen, Arbeitsbedingungen, soziale Hilfen

Angesichts des gezielten und im Vergleich zum Westen in der Regel auch schnelleren Verwaltungs- und Organisationsaufbaus in der SBZ läßt sich vermuten, daß die generelle Versorgungslage hier anfangs besser war.[97] Dennoch war der Hunger eine allgegenwärtige Drohung. Industriearbeiter in den Städten konnten immerhin, insbesondere wenn sie in wichtigen Branchen arbeiteten, mit einer vergleichsweise besseren Versorgung durch Sonderzuteilungen rechnen. Überdies bot der Kompensationshandel Möglichkeiten, Industrieprodukte gegen Lebensmittel einzutauschen. Daher dürfte der »Kartoffelbetriebsrat«[98] ein typisches Phänomen aller industriellen Ballungsgebiete in Deutschland gewesen sein. Es gab sogar Fälle, wo sowjetische Generaldirektoren diese illegalen Praktiken duldeten und damit die Produktion aufrechterhielten oder Leistungsprämien verteilten.[99]

Lebensmittelkarten mit monatlicher Geltungsdauer wurden einheitlich für die SBZ am 1. November 1945 eingeführt. Bis dahin galten unterschiedliche Versorgungspläne der Länder und Provinzen. Ein kompliziertes System der Vollrationierung für Genuß- und Lebensmittel sowie Industriewaren mit verschiedenen Sonderkarten prägte die Jahre von 1945 bis 1948. Erst danach wurde es langsam abgebaut.[100] Sechs Gruppen gab es demzufolge für die Rationszuteilung: I – Schwerstarbeiter, II – Schwerarbeiter, III – Arbeiter, IV – Angestellte, V – Kinder und Jugendliche bis zu 15 Jahren, VI – Sonstige Bevölkerung einschließlich Hausfrauen und Arbeitslosen. Diese neue Form sozialer Differenzierung, die an die nationalsozialistische Kriegswirtschaft anknüpfte, schlug sich in Kalorientabellen nieder. Einen punktuellen Eindruck vermittelt ein Bericht für Thüringen vom Februar 1946.[101] Danach erhielten Schwerst- und Schwerarbeiter, die zusammen 6 Prozent der Bevölkerung stellten, zwischen 1.725 und 1.900 Kalorien, Arbeiter (19 Prozent der Bevölkerung) 1.375, Angestellte (11 Prozent der Bevölkerung) 1.100, Ju-

---

96 So Hübner, Konsens, S. 136.
97 Vgl. Werner Abelshauser, Zur Entstehung der »Magnet-Theorie« in der Deutschlandpolitik. Ein Bericht von Hans Schlange-Schöningen über einen Staatsbesuch in Thüringen im Mai 1946, in: VfZ 27 (1979), S. 660-679, hier: S. 665.
98 So Alexander von Plato, »Der Verlierer geht nicht leer aus«. Betriebsräte geben zu Protokoll, Bonn 1984, S. 202.
99 Hübner, Konsens, S. 139.
100 Deutsche Geschichte, Bd. 9, S. 140 f.
101 Berichte der Landes- und Provinzialverwaltungen, S. 183.

gendliche (27 Prozent der Bevölkerung) 1.000 Kalorien und die Gruppe VI, die 37 Prozent der Bevölkerung ausmachte, nur 925 Kalorien pro Tag.

Die Konkretisierung solcher dürren Kalorienzahlen in Lebensmittelzuteilungen zeigt die folgende Tabelle aus dem Befehl Nr. 96 des Obersten Chefs der SMAD vom 13. Oktober 1945:

Tab. 3: Rationen für die Versorgung der nicht in der Landwirtschaft beschäftigten Bevölkerung in der SBZ (in Gramm pro Person täglich)

Gruppen	Brot	Nährmittel	Kartoffeln	Zucker	Marmelade	Fleisch	Fett
Schwerstarbeiter	450	40	500	25	30	40	20
Schwerarbeiter	400	40	400	25	30	40	20
Übrige Arbeiter	350	20	300	20	30	25	10
Angestellte	250	15	300	20	30	20	10
Kinder u. Jugendliche bis zum 15. Lebensjahr	200	10	300	25	30	15	10
Sonstige Bevölkerung	200	10	300	15	30	–	–

[Quelle: BArch Abt. Berlin, DX1 (SMAD-Befehlssammlung), Nr. 96/1945.]

Für die wichtigsten Städte wurden leicht erhöhte Sätze festgelegt. Aufschlußreich für die soziale Differenzierungspolitik sind die bevorzugten Zuteilungen für bestimmte Berufsgruppen, insbesondere aus der Intelligenz.[102]

Mit solchen normativen Daten lassen sich nicht mehr als grobe Annäherungswerte wiedergeben, die regional und örtlich erheblich unterschiedlich ausfallen konnten.[103] Überdies war in keiner Weise gesichert, daß entsprechende Versorgungsgüter auch tatsächlich erhältlich waren. Schließlich verschlechterte sich die Situation im zweiten Nachkriegsjahr, insbesondere durch den extrem kalten Winter 1946/47. Tauschreserven waren aufgebraucht, zumal Sparguthaben in der SBZ gesperrt waren.[104] Aus einer Untersuchung über die Ernährungssituation in Berlin geht hervor, daß ein Monatseinkommen von 200 bis 300 Reichsmark aus geregelter Arbeit durch Schwarzmarktgeschäfte mindestens verdoppelt werden mußte, um die dringendsten Ausgaben abzudecken. Einige Betriebe legten eine Fünf-Tage-Woche fest, um entsprechende Schwarzmarktaktivitäten zu ermöglichen.[105]

---

102 Unter Punkt 4 wurde zum Beispiel festgelegt, daß mit Rationen, die für Arbeiter festgesetzt sind, zu versorgen seien: »Schullehrer, Ärzte und mittleres medizinisches Personal in Krankenhäusern und anderen stationären Kuranstalten, Professoren und Wissenschaftler, namhafte Persönlichkeiten der Kunst und der Literatur«. Vgl. ausführlich zur Versorgung Zank, Wirtschaft, S. 66-80.
103 Vgl. Peter Hübner, Betriebe als Träger der Sozialpolitik,,in: Geschichte der Sozialpolitik, Bd. 2/1, S. 920-943, hier: S. 935. Einen plastischen Eindruck von der Vielfalt der Wiederaufbauprobleme und ihren regionalen Besonderheiten bieten die »Berichte der Landes- und Provinzialverwaltungen zur antifaschistisch-demokratischen Umwälzung 1945/46« (siehe oben, Anm. 10, S. 49).
104 Vgl. Thomas Scholze, Zur Ernährungssituation der Berliner nach dem Zweiten Weltkrieg. Ein Beitrag zur Erforschung des Großstadtalltags (1945–1952), in: Jb. für Geschichte 35,(1987), S. 539-563, hier: S. 552.
105 Ebd., S. 553.

3. Überlebensstrategien: Ernährung, Wohnen, Arbeitsbedingungen, soziale Hilfen

Unter solchen Bedingungen die Wiederherstellung funktionsfähiger Lohnregelungen und eine normale Arbeitsmoral als Voraussetzung für den wirtschaftlichen Wiederaufbau zu sichern, war eines der schwierigsten Probleme in allen Besatzungszonen.

In einer vom FDGB durchgeführten Erhebung in rund 1.000 Haushalten der Zone und 170 Haushalten in Berlin wurde die Lebenshaltung anhand von Rechnungen erfaßt. Nicht alle Ausgaben entsprechen gängigen Vorstellungen, aber in den wichtigsten Posten wie Nahrungs- und Genußmittel sowie Bekleidung spiegeln die Daten die typischen Probleme wider, die auch noch Ende 1947 akut waren.[106] Der überraschend große Anteil für »andere Gegenstände des persönlichen Bedarfs« im Dezember hängt offenkundig mit dem Weihnachtsfest zusammen. Ansonsten resümiert der Bericht in schönem Bürokratendeutsch: »In der Sowjetische Besatzungszone und – in noch stärkerem Maße – in Berlin mußte zur Sicherung der Mindest-Existenzbedürfnisse zum Teil ganz erheblich auf die Substanz zurückgegriffen werden. Je kleiner das Einkommen war, um so relativ größere Bedeutung erlangte der Substanzverlust. Die Konsumenten waren zu erheblichen Opfern bereit, um auch nur kleine zusätzliche Versorgungsmengen zu erhalten. Das Bestehen ausgedehnter Schwarzer Märkte, die Veräußerungsmöglichkeiten für Sachwerte bieten, erleichterte den Berliner Haushaltungen ihre zusätzliche Versorgung.«

Um das knappe Lebensmittelangebot entsprechend den festgelegten Rationen verteilen zu können und den Schwarzmarkt einzudämmen, griff die sowjetische Besatzungsmacht zu rigiden Kontrollen, die nahtlos an Maßnahmen aus der Kriegszeit anschlossen. So galt die Kriegswirtschaftsverordnung von 1939 weiter und ein »Beiseiteschaffen« für den »freien Markt« wurde entsprechend hart bestraft.

In ähnlicher Weise wie für die Westzonen galt für die SBZ, daß die Zusammenbruchsgesellschaft äußerlich eher durch gemeinsame und gruppenspezifische Notlagen als durch alte Trennlinien von Klassen und sozialer Schichtung geprägt war. Dennoch wird die politische Überformung elementarer Notsituationen und auch der Versuche, sie zu überwinden, hier viel früher sichtbar. Nicht nur durch politische und soziale Trennlinien, sondern auch durch den ökonomischen Zwang, das Überleben zu organisieren, wurde »die Arbeiterschaft« stark fragmentiert. Versuchten Betriebsleitungen und Belegschaften von größeren Industriebetrieben vor allem durch Kompensationsgeschäfte die Lücken der unzureichenden Lebensmittel- und Warenzuteilung wenigstens notdürftig zu schließen, so waren andere, die über keine geeigneten Tauschprodukte verfügten, besonders hart betroffen. Das galt vor allem für Arbeiter in städtischen Betrieben, während Arbeiter in ländlichen Regionen meist besser für ihr individuelles Auskommen sorgen konnten. Ein wichtiges Element bildete auch die Zuteilung von Gartenland für Industriearbeiter, die in der Diskussion um die Bodenreform ganz an den Rand gerückt war. Damit boten

---

106 DWK, Statistisches Zentralamt, Ergebnisse von Haushaltsrechnungen für Oktober, November und Dezember 1947, SAPMO-BArch, DY34/21433.

I. Die fragmentierte Klasse (1945–1947)

sich Möglichkeiten, an die Tradition des organisierten Kleingartenwesens in der Arbeiterbewegung anzuknüpfen. Das industriell hochentwickelte Sachsen und Berlin waren hier Vorreiter. Das Bemühen, den Kern dieser Tradition durch eine neue politische Ausrichtung zu retten und damit brennende Alltagsprobleme zu lösen, läßt sich hier gut verfolgen.

»Im Interesse der Volksernährung« hieß es in einem Schreiben des Berliner Magistrats an die Alliierte Kommandantur vom 18. Dezember 1945 »ist es dringend geboten, daß die segensreiche Tätigkeit des früheren unpolitischen Vereinswesens auf dem Gebiete der Kleingartenwirtschaft und der Kleintierhaltung in vollem Maße wieder hergestellt wird. [...] Es ist selbstverständlich, daß die Vereine und ihre bezirklichen Zusammenschlüsse und Zentralverbände nach demokratischen und antifaschistischen Grundsätzen aufgebaut werden.« Nach dieser Quelle gab es im Berliner Stadtgebiet eine Gesamtfläche von rund 5.000 ha Kleingartenpachtland, das sich auf etwa 150.000 Haushalte verteilte. Hinzu kamen die Flächen von Hausgärten und Kleinsiedlungen, die zu etwa 4.000 ha als Gemüseland für etwa 90.000 Haushalte zu nutzen waren.[107] In Dresden bemühte sich die Stadtverwaltung bereits im Juni 1945, den »Deutschen Siedlerbund Sachsen e. V.« wieder ins Leben zu rufen mit der Auflage, »die Organisation auf demokratischer Grundlage neu umzustellen und sämtliche Vereine mit Antifaschisten neu zu besetzen«.[108] Die kommissarische Leitung bestand aus 3 verdienten KPD- und SPD-Genossen. Die 36.000 Mitglieder der insgesamt 770 im sächsischen Siedlerbund zusammengeschlossenen Vereine gehörten zu 70 Prozent der KPD oder SPD an, sie bewirtschafteten innerhalb Sachsens 32 Millionen Quadratmeter und stellten für Gemüseanbau und Kleintierhaltung ohne Zweifel im Chaos der ersten Nachkriegsjahre eine Überlebenshilfe dar.

Generell dürfte sich die Situation von Arbeitern im Kampf um die Sicherung ihrer Ernährung während der ersten beiden Nachkriegsjahre nur unwesentlich von der anderer Bevölkerungsteile unterschieden haben, solange zumindest, wie zentrale Regelungen »vor Ort« angesichts zusammengebrochener Strukturen noch kaum wirksam werden konnten. Hunger regierte überall, und wieweit man ihm entgegenwirken konnte, hing wesentlich von der Region, vom ländlichen oder städtischen Wohnort, von Alter und Gesundheitszustand, von der Lage des Arbeitsplatzes sowie von sozialen und politischen Beziehungen ab. Die festgelegten Verpflegungssätze existierten oft nur auf dem Papier, weil die Zulieferung und Verteilung nicht funktionierte. Erst mit dem SMAD-Befehl 234 trat ab 1947 insofern eine deutliche Veränderung ein, als Leistungsanreize konsequenter mit einer betrieblich organisierten Verpflegung verbunden wurden. Zumindest ansatzweise konnte damit die unselige Kette von grauen beziehungsweise schwarzen Märkten und individualisierter »Selbstversorgung« durchbrochen werden.[109]

---

107 SAPMO-BArch, DQ/2/3956.
108 Schreiben des deutschen Siedlerbundes vom 16.02.1946 »An die Zentralverwaltung der Sowjetischen Besatzungszone«, SAPMO-BArch, DQ/2/3956.
109 Siehe unten, Abschnitt 10. (S. 138 ff.)

3. Überlebensstrategien: Ernährung, Wohnen, Arbeitsbedingungen, soziale Hilfen

Die aus der Not geborenen phantasievollen Speisezettel vereinten alle Zonen und sozialen Schichten. Ein die Realität wahrscheinlich noch vielfach beschönigendes Beispiel aus der Frauenzeitschrift der SBZ »Für Dich« sah so aus:

Wochenküchenzettel für Dich

Der Küchenzettel ist aufgestellt für 2 Erwachsene (beide mit Karte 3) und 2 Kinder von 5 und 8 Jahren. Die täglich zur Verfügung stehenden Mengen sind 120 g Fleisch, 63 g Fett, 105 g Zucker, 145 g Nährmittel. In dieser Woche gab es keine Fleischzuteilung, von der Vorwoche hatten wir noch 2 Heringe. Dafür gingen wir bei den Nährmitteln etwas über die Rationen hinaus, das müssen wir in der kommenden Woche natürlich einsparen. Wir hatten es in dieser Woche aber dadurch sehr gut, daß wir 2 Pfund Äpfel, 3 Pfund Tomaten, 2 Pfund Gurkenkürbisse und 2 Pfund Pilze bekamen; eine überraschend große Menge, in der jetzigen Hauptzeit aber erklärlich. Das Wildgemüse für Montag sammelten wir auf dem Sonntagsspaziergang, die kleine Menge für den Salat am Sonnabend stammt aus den Ruinen.

	Mittags	Abends
Montag:	Gebratene Heringsfilets, Wildsalat Kaffeeflammeri von Grieß	Wildkräutersuppe Brot mit Tomaten
Dienstag:	Haferflockensuppe mit Tomaten Gerstenmehlplinsen	Suppe von rohen Kartoffeln, Brot
Mittwoch:	Je 1 Apfel pro Person Pilze, Kartoffeln	Pilzsuppe, Brot
Donnerstag:	Geschmorte Tomaten auf Brot Bratkartoffeln, süße Nudeln	Brot mit Tomatenaufstrich, Kaffee
Freitag:	Kartoffelsuppe mit Petersilie und gerösteten Semmelbröckchen falsche Pfannkuchen	Brotsuppe mit Kümmel Pfannkuchen (kalt)
Sonnabend:	Semmelklöße mit Majoransauce Wildsalat	Suppe mit Nudeln Röstbrot mit Zucker
Sonntag:	Gefüllter Gurkenkürbis Auflauf von Weißbrot mit Äpfeln	Suppe aus restlichem Gemüse Brot mit Kräuteraufstrich

Abb. 3: Phantasievolles fleischloses Wochenmenü.

Zu den schlimmsten Hinterlassenschaften des Krieges in allen Besatzungszonen gehörten die katastrophalen Wohnbedingungen. Dennoch läßt sich bisher kaum ein genaues Bild für die SBZ gewinnen, da nicht nur die Differenzen zwischen Stadt und Land, sondern auch zwischen Regionen und Orten beträchtlich waren. Der Zerstörungsgrad wies in der SBZ hinsichtlich der Folgen des Luftkrieges und der heftigen Bodenkämpfe erhebliche Unterschiede auf.[110] Generell war der Versorgungsgrad mit Wohnungen vor dem Krieg auf dem Territorium der späteren SBZ quantitativ besser als im Westen.[111] Ebenso lag der Verlust von Wohnraum durch Bombardierungen in der SBZ deutlich unter dem der Westzonen.[112] Da bis Ende der vierziger Jahre kaum Wohnungen gebaut wurden, verschärfte sich die allgemeine Wohnsituation zunächst kontinuierlich durch den Zustrom von Vertriebenen, der noch nicht durch eine Abwanderung nach Westen kompensiert wurde.[113] (vgl. Tab. 4, S. 78)

Welche gravierenden regionalen Unterschiede existierten, zeigt vor allem das Land Mecklenburg, das zwar 1939 eine geringe Wohndichte aufwies, durch Bombardierungen und Bodenkämpfe aber prozentual den höchsten Verlust an Wohnungen und zugleich den größten Bevölkerungszuwachs (um 52,3 Pro-

---

110 Vgl. Barthel, Ausgangsbedingungen, S. 40-46.
111 Vgl. Helmut W. Jenkis, Wohnungswirtschaft und Wohnungspolitik in beiden deutschen Staaten, Hamburg 1976, S. 12 ff.
112 Vgl. Dorothea Faber, Entwicklung und Lage der Wohnungswirtschaft in der Sowjetischen Besatzungszone 1945 bis 1953, in: Europa-Archiv 8 (1953), S. 5943-5950, hier: S. 5943.
113 Vgl. Oskar Schwarzer, Der Lebensstandard in der SBZ/DDR 1945 bis 1989, in: Jb.WG 1995 II, S. 119-146, hier: S. 129.

I. Die fragmentierte Klasse (1945–1947)

Tab. 4: Zerstörte Wohnungen in der SBZ (Mai 1946) nach Ländern/Provinzen (einschließlich Großberlin)

Land (L) / Provinz (P)	Wohnungsbestand 1939 total	Total zerstörte bzw. unbewohnbare Wohnungen		Teilzerstörte Wohnungen *	
		Absolut	% im Vgl. zu 1939	Absolut	% im Vgl. zu 1939
L Sachsen	1.778.756	214.000	12,0	400.000	22,5
L Thüringen	718.783	31.000	4,3	39.000	5,4
L Mecklenburg	418.200	108.500	25,9	102.000	24,4
P Sachsen (L Sachsen-Anhalt)	983.105	161.000	16,4	98.000	10,0
P Brandenburg	692.048	125.000	18,1	118.000	17,1
Zwischensumme	4.590.892	639.500	15,3	757.000	15,9
Stadt Großberlin	1.544.000	627.000	40,6	–	–
Summe	6.134.892	1.266.500	19,6	1.514.000	15,9

* Wohnungen mit einem Beschädigungsgrad von 15–33 %.
[**Quelle:** Hannsjörg F. Buck, Wohnungspolitik. Sowjetische Besatzungszone, in: Geschichte der Sozialpolitik in Deutschland seit 1945, Bd. 2/1, Baden-Baden 2001, S. 894. Die Gesamtsumme 1939 ist dort falsch wiedergegeben.]

zent) zu verkraften hatte.[114] Insgesamt fehlten in der SBZ (ohne Berlin) 1946 etwa 1,9 Millionen Wohnungen.[115] Das trostlose Bild von massenhafter Unterbringung in Notquartieren wie Kellern, Behelfsheimen, Bunkern, Baracken, Lauben usw. bot sich überall. Noch im März 1947 waren etwa 1,040 Millionen Menschen auf derartige Provisorien angewiesen.[116]

Das Wohnungsgesetz des Alliierten Kontrollrats vom 8. März 1946 verfügte die Zwangsbewirtschaftung des gesamten Wohnraums. Wohnungsausschüsse sollten die lokalen Wohnungsämter beraten. Die Verteilungsprioritäten, die das Gesetz festlegte, atmeten den Geist sozialpolitischer Kriegsfolgenlinderung: Anerkannte Verfolgte des Nazi-Regimes, kinderreiche Familien, Schwerbeschädigte und Invaliden sollten bevorzugt bedacht werden. Ab 1947 rückten in der SBZ jedoch wirtschaftliche Aspekte stärker nach vorn: Bergleute, Facharbeiter in Mangelberufen, Aktivisten, aber auch Angehörige der Intelligenz sollten mit Wohnungszuteilung gewonnen werden.[117]

Die vorhandenen Daten geben kaum genauere Einblicke in die Wohnungsversorgung von Arbeitern, weil hier die örtlichen Gegebenheiten maßgeblich waren. Die Zuweisung von Arbeitskräften wurde, wie die Arbeitsämter ständig beklagten, durch fehlende Unterbringungsmöglichkeiten erheblich erschwert.[118] Da vor allem Städte von Zerstörungen betroffen waren, stellte sich das Problem somit weit

---

114 Faber, Entwicklung, S. 5943.
115 »Grundsätze für die Behebung des Wohnraummangels«. Schreiben des Zentralsekretariats der SED vom 12.05.1947, SAPMO-BArch, DY34/18/-/733.
116 Vgl. Buck, Wohnungspolitik, in: Geschichte der Sozialpolitik, Bd. 2/1, S. 899.
117 Ebd., S. 903.
118 »Arbeit und Sozialfürsorge« 3 (1948), S. 43.

3. Überlebensstrategien: Ernährung, Wohnen, Arbeitsbedingungen, soziale Hilfen

gravierender dar, als die absoluten Zahlen der Wohnungsverluste vermuten ließen. Erschwerend kam hinzu, daß das Nahverkehrssystem nur unzureichend funktionierte: Mit öffentlichen Verkehrsmitteln waren manche Arbeitsplätze praktisch nicht zu erreichen. Auch Berg- und Metallarbeiter mußten häufig in Behelfsheimen leben.[119] Obwohl sie bevorzugt behandelt wurden, hatten viele von ihnen lange Wege zum Arbeitsplatz zurückzulegen. Laut Statistik für die Bergarbeiter des sächsischen Werkes »Deutschland« in Oelsnitz kam die Belegschaft 1948 aus 43 verschiedenen Ortschaften, und die meisten mußten zu Fuß kommen. Noch 1949 hatten nur 54 Prozent einen Fußweg von weniger als fünf Kilometern, 42 Prozent wohnten zwischen sechs und zehn Kilometern entfernt. Für rund 16 Prozent der Beschäftigten wurde ein täglicher Hin- und Rückweg von über vier Stunden errechnet.[120]

Zwar entwickelte die SED 1947 einige strategische Grundsätze, aus denen Ziele und Prioritäten erkennbar werden. Aber diese blieben angesichts der schwierigen Baustoffversorgung vage Pläne. Die Formulierungen waren daher auch sehr vorsichtig: »Vordringliche Neubauten können sein: solche, die zur Beschaffung von Wohnraum für die Ansiedlung von Arbeitskräften im Zuge der Errichtung oder Erweiterung von Betrieben, zur Unterbringung von Umsiedlern oder zur Schaffung von Neubauernstellen erforderlich werden.«[121]

Untersuchungen zur Arbeiterwohnsituation gibt es bisher nicht einmal in Umrissen. Einzelne Hinweise lassen sich bestenfalls aus Werksgeschichten entnehmen.[122] Die Überschneidung verschiedener sozialer und wirtschaftlicher akuter Problemlagen in der Zusammenbruchsgesellschaft der ersten Nachkriegsjahre machte den zeitgenössischen Beobachtern und Fachleuten in der Verwaltung einen Gesamtüberblick noch kaum möglich, so daß die Quellen eher ein düsteres Mosaik regionaler und lokaler Notsituationen wiedergeben, aus dem sich aber die fast unlösbar erscheinenden Herausforderungen an jede Form von Sozialpolitik ablesen lassen. Dieser Befund gilt trotz aller frühzeitig einsetzenden Bemühungen um schnellen wirtschaftlichen Wiederaufbau und Arbeitskräftelenkung auch für jeden Versuch, sich ein zutreffendes Bild von den Arbeitsbedingungen zu machen.[123]

---

119 Zank, Wirtschaft, S. 83.
120 Helke Stadtland, Herrschaft nach Plan und Macht der Gewohnheit. Sozialgeschichte der Gewerkschaften in der SBZ/DDR 1945–1953, Essen 2001, S. 304.
121 Grundsätze (s. Anm. 115).
122 Eines der ganz wenigen ergiebigen Beispiele ist der Band von Alheit u. a., Gebrochene Modernisierung, S. 582-614. Hier werden die Wohnverhältnisse in der Neptun-Werft in Rostock dargestellt. Mehrere Hinweise finden sich auch in Peter Hübner, Niederlausitzer Industriearbeiter 1935–1970. Studien zur Sozialgeschichte, Berlin 1995. Plastische Einblicke für Berlin bietet die empirische Familienuntersuchung von Hilde Thurnwald, Gegenwartsprobleme Berliner Familien. Eine Untersuchung an 498 Familien, Berlin 1948.
123 Eine für die hohe Regelungsdichte instruktive Zusammenstellung der veröffentlichten SMAD-Befehle, die das gesamte soziale und wirtschaftliche Leben betrafen, findet sich im »Jahrbuch Arbeit und Sozialfürsorge« 1945–1947, Berlin 1947, S. 280-288.

I. Die fragmentierte Klasse (1945–1947)

Ab September 1945 wurde die gesamte arbeitsfähige Bevölkerung durch die »Zentralverwaltung für Arbeit und Sozialfürsorge« (ZVAS) gezählt. Die Arbeitsämter hatten für die Arbeitskräftelenkung zu sorgen.[124] Zunächst existierten jedoch noch keine ausgearbeiteten, längerfristigen Planungen zum Einsatz von Arbeitskräften. Die Arbeitsverwaltung beschränkte sich darauf, die Kriegsfolgen zu lindern und die Bereitstellung von Arbeitskräften für Demontagearbeiten zu sichern. Zudem litt die Arbeitsverwaltung unter Personalmangel, nicht zuletzt aufgrund der Folgen der Entnazifizierung.[125] Um das Arbeitskräftepotential besser erfassen und lenken zu können, beauftragte die SMAD die ZVAS im September 1945 mit der Einführung eines »Arbeitspasses«, der sich nur terminologisch vom nationalsozialistischen »Arbeitsbuch« unterschied. Eben deswegen gab es Vorbehalte gegen diesen Plan, der zunächst nicht umgesetzt wurde.[126]

Die lohn- und tarifpolitische Ausgangssituation zeigt 1945 frappierende Kontinuitätslinien zur nationalsozialistischen Kriegszeit. Eine Reihe pragmatischer Regelungen, die so gar nicht zum lautstark verkündeten Bruch mit der »faschistischen Ausbeuterordnung« passen wollten, hatten ihren Grund primär im Interesse der Sowjets an Reparationen. Bereits am 23. Juli 1945 ordnete die SMAD an: »Lohnsätze und Gehälter für Arbeiter und Angestellte in Körperschaften und Organisationen, in Unternehmungen der Stadt- und Bezirksverwaltungen, sowie in Privatunternehmungen, die vor dem Kriegsende bestanden haben, müssen bestehen bleiben.«[127] Das entsprach im Prinzip auch der Politik des Alliierten Kontrollrats. Jedoch ließ dessen Direktive vom 12. Oktober 1945 eine flexiblere Handhabung zu. Danach waren neue Lohnsätze mit Zustimmung der deutschen Arbeitsämter möglich, wenn sich dadurch die durchschnittlichen Löhne (auf der Basis des generellen Lohnstopps) nicht erhöhten. Faktisch wären damit Veränderungen nur durch Entlassungen möglich gewesen. Dennoch blieb das Lohnsystem keineswegs so starr, wie es der Befehl nahelegte. Da mit dem Lohnstopp auch alle vor dem 1. Mai 1945 geltenden Lohnsätze, »einschließlich der Akkord- und Überstundenlöhne sowie alle zur Anspornung eingeführten Lohnsysteme«[128] erhalten blieben und somit eine Vielzahl von Sonderzulagen konserviert wurden, bestand faktisch eine große Grauzone von außertariflichen Regelungen und Differenzierungen. Zudem legte die SMAD am 29. Juli 1945 fest, daß für herrenlose Betriebe sofort Direktoren und Chefingenieure durch die Landes- und Provinzialverwaltungen zu ernennen seien. Handel und Umsätze sollten auf der Basis der Preise von 1944 erfolgen.[129]

---

124 Wera Thiel, Arbeitsverfassung und Arbeitsrecht. Sowjetische Besatzungszone, in: Geschichte der Sozialpolitik, Bd. 2/1, S. 203.
125 Dierk Hoffmann, Arbeitskräftegewinnung und Arbeitskräftelenkung in der SBZ, in: Geschichte der Sozialpolitik, Bd. 2/1. S. 323.
126 Ebd., S. 325 f.
127 Zit. bei Hübner, Konsens, S. 16.
128 Zit. ebd., S. 18.
129 Text in: Geschäftsbericht des Freien Deutschen Gewerkschaftsbundes 1946, hg. vom Vorstand des FDGB, Berlin 1947, S. 414.

3. Überlebensstrategien: Ernährung, Wohnen, Arbeitsbedingungen, soziale Hilfen

Galt zunächst – wenn auch nicht einheitlich – noch der aus der Kriegszeit übernommene Zehn-Stunden-Tag weiter, so legte der SMAD-Befehl vom 17. Februar 1946 generell den Acht-Stunden-Tag und die 48-Stunden-Woche fest (außer in der Landwirtschaft).[130] Auch damit veränderte sich de facto das Lohngefüge. Um die für die Sowjetunion vorrangigen Ziele der Reparationssicherung zu realisieren, griff die SMAD zunächst zu einer rigorosen Politik der Erfassung von Arbeitskräften mit Hilfe der Abteilungen für Arbeit und Sozialfürsorge. So stiegen die Beschäftigtenzahlen von 5,387 Millionen im Oktober 1945 auf 6,162 Millionen im Januar 1946. Am Jahresende 1946 standen nach Angaben des FDGB bereits 7,489 Millionen Personen im Arbeitsprozeß, das waren fast 80 Prozent der Meldepflichtigen. Nach der gleichen Quelle gab es zu diesem Zeitpunkt nur noch 207.876 Arbeitslose.[131] Das Arbeitslosenproblem, das in den Westzonen erst nach der Währungsreform politisch brisant wurde, hatte die Arbeitsverwaltung in der SBZ zunächst scheinbar erfolgreich in den Griff bekommen. Die Zahl von 500.000 bis 590.000 Arbeitslosen im letzten Quartal 1945 sank auf 180.000 im September 1946 und 107.000 im September 1947. Ab Ende 1948 jedoch stiegen die Ziffern wieder deutlich an und lösten bei den Fachleuten und der SED Ratlosigkeit aus. Mehrere kreditgestützte Beschäftigungsprogramme der Länder aus dem Jahr 1949 sollten diesen Trend stoppen oder umkehren. Ein spürbarer Rückgang der Arbeitslosenzahlen konnte jedoch erst in den frühen fünfziger Jahren verzeichnet werden.[132]

Besonders betroffen waren Frauen. Im Februar 1946 registrierte die Statistik 308.896 weibliche, arbeitsfähige Arbeitslose bei nur 27.047 offenen Stellen. Im gleichen Monat standen bei den Männern dagegen 124.920 Arbeitslose 152.821 offenen Stellen gegenüber. Aufgrund der schlechteren Qualifikation der Frauen war der ohnehin von extremen Schwankungen charakterisierte Arbeitsmarkt somit geschlechtsspezifisch auffallend fragmentiert. Die Forderung nach verstärkten Maßnahmen zur Weiterqualifikation wurde daher bereits frühzeitig erhoben.[133]

Der vergleichsweise effektiven Politik der Registrierung und Lenkung von Arbeitskräften standen viele Hindernisse entgegen. Dazu gehörten die völlig unzureichenden Wohnbedingungen besonders in den Städten, die Zerstörung des Verkehrssystems, die chaotische Demontagepolitik sowie auch die spezifischen Probleme einer sozialpolitisch motivierten Einbeziehung von Heimkehrern, Kriegsversehrten und zum Teil auch Umsiedlern in den Arbeitsprozeß.

An der Politik, die Löhne mit einem Gewirr von Tarifordnungen einzufrieren, hielt die SMAD bis zum Frühjahr 1947 fest. Neben Sonderregelungen für die Reichsbahn und den Bergbau bot die Möglichkeit, Tarife zu senken, wenn die Ar-

---

130 Jahrbuch Arbeit und Sozialfürsorge 1945–1947, S. 104.
131 »Arbeit und Sozialfürsorge« 1(1946), S. 50; Geschäftsbericht des FDGB 1946, S. 120.
132 Hoffmann, Arbeitskräftegewinnung, in: Geschichte der Sozialpolitik, Bd. 2/1, S. 320 f., 327.
133 »Arbeit und Sozialfürsorge« 1 (1946),4, S. 74 f. (»Die Eingliederung der Frauen und weiblichen Jugendlichen in das Arbeitsleben«). Monatsdaten zur Entwicklung der Arbeitslosigkeit von Frauen 1945 bis 1949 bei Dierk Hoffmann, Aufbau und Krise der Planwirtschaft. Die Arbeitskräftelenkung in der DDR, München 2002, S. 112.

I. Die fragmentierte Klasse (1945–1947)

beitsproduktivität unter den Durchschnitt sank, jedoch gewisse Ansatzpunkte zur Flexibilisierung.[134] Aus diesem Blickwinkel betrachtet, wurde eine konsequente Lohnstoppolitik bereits lang vor dem grundlegenden Befehl 234 vom Oktober 1947 durchlöchert.[135] Trotz des restriktiven Rahmens konnten Gewerkschaften und Betriebsräte in den ersten Nachkriegsjahren häufig günstigere Effektivlöhne durchsetzen. Betriebsvereinbarungen und veränderte Einstufungen in Ortsklassen und Lohngruppen boten dafür die (erforderlichen) Instrumente.[136]

So blieb die tatsächliche Bedeutung von Arbeitszeit und tariflichen Lohnregelungen – einschließlich einiger deswegen entstandener Streiks – insgesamt begrenzt. Nach der Streikordnung des FDGB sollte das Streikrecht »im Kampf gegen das kapitalistische Unternehmertum und die Begleiterscheinungen der kapitalistischen Verhältnisse« angewandt werden.[137] Die Reichweite war damit grundsätzlich stark eingeengt. Gleichwohl gab es in den ersten Nachkriegsjahren nicht nur in Privatbetrieben, sondern auch in den VEB etliche Fälle von kurzen Arbeitsniederlegungen. Zumeist handelte es sich um Konflikte, die über Betriebsvereinbarungen und Tariffragen entstanden waren.[138] Das Risiko für die Arbeiter war durchweg hoch, weil sich zumeist sofort die SMA-Vertreter einschalteten.

Angesichts der fortschreitenden Entwertung der Reichsmark und einer sich rasant verschlechternden Versorgung, angesichts permanenter Unsicherheiten in Bezug auf Demontagen sowie Schwierigkeiten in der Materialzulieferung erhielten betriebliche Arbeitsplätze, selbst wenn ihre angeblich geregelten Arbeitsbedingungen reine Augenwischerei waren, eine neue alltagsgeschichtliche Dimension: Naturallöhne, Kompensationshandel und eine betriebliche Essensversorgung, wie kärglich sie auch immer gewesen sein mochte, relativierten das ohnehin kaum durchschaubare Gestrüpp von alten und neuen Regelungen. Hinzu kamen die katastrophalen Auswirkungen des ungewöhnlich kalten Winters 1946/47 und einer Dürreperiode im Sommer 1947 mit schweren Mißernten. So zeichnete sich im Jahr 1947 eine tiefe Krise ab, die sich mit Instrumenten wie dem ohnehin nicht konsequent durchzuhaltenden Preis- und Lohnstopp nicht mehr bewältigen ließ. Der Befehl 234 versuchte daher, den gordischen Knoten mit einer auf Anreiz und Sanktionen ausgerichteten Lohn- und Sozialpolitik zu durchschlagen.[139]

Überlebensstrategien ließen sich individuell und kollektiv organisieren, Belegschaften hatten dabei vergleichsweise gute Ausgangspositionen. Für große Teile der Notgesellschaft traf das jedoch nicht zu, insbesondere für Alte, Kranke, Invaliden, Kriegsbeschädigte und Frauen mit Kleinkindern. Der Wiederaufbau des Sozialsystems benötigte Zeit. Um so wichtiger blieb das freiwillige und ehrenamtliche Engagement von sozialen Hilfsorganisationen. Sie lassen sich kaum schichten- und gruppenspezifisch zuordnen, auf ihre Hilfe konnten prinzipiell jedoch

---

134 Hübner, Konsens, S. 19.
135 Zank, Wirtschaft, S. 130 f.; Jahrbuch Arbeit und Sozialfürsorge 1945–1947, S. 105.
136 Zank, Wirtschaft, S. 130.
137 Geschäftsbericht FDGB 1946, S. 37.
138 Mehrere Hinweise finden sich in den Akten der IG Metall, SAPMO-BArch, DY34/11/859/3505.
139 Siehe unten, Abschnitt 10, S. 138 ff.

3. Überlebensstrategien: Ernährung, Wohnen, Arbeitsbedingungen, soziale Hilfen

alle rechnen. Zwei spezifische Formen von »Sozialfürsorge« sind hier hervorzuheben: die »Volkssolidarität«, die in die Tradition der Arbeiterbewegung gehört und bei der Wiedergründung an die »Rote Hilfe« der Weimarer Republik anknüpfte, sowie die Sozialdienste der Kirchen, die traditionell eher im Konflikt mit der Arbeiterbewegung standen.

Die starke Ausweitung der Zahl von Fürsorgeempfängern gehörte zu den unmittelbaren Folgen von Krieg und Zusammenbruch, insbesondere solange das Sozialversicherungssystem noch nicht wieder funktionierte. Im Dezember 1946 lag die Zahl mit 1.070.645 in der SBZ viermal so hoch wie während der Kriegszeit.[140] Der hohe Anteil von »Umsiedlern« gibt einen Eindruck der besonderen Schwierigkeiten dieser Bevölkerungsgruppe, solange es nicht gelang, sie in Regionen mit Arbeitsplatzangeboten umzulenken und sie wirksam in den Arbeitsmarkt zu integrieren. Ab 1948 sank die Zahl der Unterstützungsempfänger jedoch deutlich ab.

Tab. 5: Gesamtzahl der Unterstützungsempfänger und Unterstütztenquote (*kursiv*) nach Ländern der SBZ (1946–1949)

	Sachsen	Sachsen-Anhalt	Thüringen	Brandenburg	Mecklenburg	SBZ
Juni 1946	491.565	296.702	55.777	100.975	85.669	1.030.688
Dezember 1946	467.051 *8,3 %*	272.448 *6,4 %*	155.664 *5,2 %*	90.496 *3,6 %*	84.986 *4,0 %*	1.070.645 *6,1 %*
Januar 1948	360.841	308.849	142.366	98.630	106.124	1.015.810
Oktober 1948	253.299 *4,4 %*	244.599 *5,6 %*	116.724 *3,9 %*	73.154 *2,8 %*	89.872 *4,3 %*	777.648 *4,3 %*
Dezember 1948	142.659 *2,4 %*	157.419 *3,7 %*	75.245 *2,5 %*	79.766 *3,0 %*	65.429 *3,0 %*	520.518 *2,9 %*

[Quelle: Marcel Boldorf, Sozialfürsorge in der SBZ/DDR 1945–1953, Stuttgart 1998, S. 34.]

Hilfe in akuten Notsituationen mußte zusätzlich und schnell erfolgen und sollte durch freiwillige Aktivität unterstützt werden. Hier hatte die »Volkssolidarität« ihren Ursprung. Im Oktober 1945 entstand zuerst in Sachsen die »Volkssolidarität gegen Wintersnot«. Die anderen Länder und Provinzen folgten bald.[141] Im Mai 1946 wurde ein Zentralausschuß gegründet, der die zonenweite Koordination dieser Organisation übernehmen sollte. Die Organisationsgeschichte läßt bereits die Spannungslinien zu den kirchlichen Aktivitäten erkennen. Kurt Roßberg, SED-Funktionär in Sachsen, wurde Hauptgeschäftsführer des Zentralausschusses. Er betonte die breite überparteiliche Grundlage der »Volkssolidarität«, welche die »Solidarität der Arbeiterklasse mit der christlichen Nächstenliebe der Kirchen und der allgemeinen Hilfsbereitschaft aller Menschen, die guten Willens sind«, verbinde.[142]

---

140 Marcel Boldorf, Sozialfürsorge in der SBZ/DDR 1945–1953, Stuttgart 1998, S. 19-21.
141 Ebd., S. 173 f.; Vgl. auch die Referate auf der Leipziger Arbeitstagung der Volkssolidarität in: »Volkssolidarität« Nr. 1/ 2, Dezember 1946, S. 8 ff.
142 Zit. nach Günter Braun, Volkssolidarität, in: Broszat/Weber (Hg.), SBZ-Handbuch, S. 793.

I. Die fragmentierte Klasse (1945–1947)

Die programmatische Harmonie währte jedoch nicht lange. Ernst Tillich, ein »religiöser Sozialist«, in der NS-Zeit mehrere Jahre inhaftiert und später einer der Begründer und Organisatoren der »Kampfgruppe gegen Unmenschlichkeit« (KgU), wurde zwar als Mitglied des Hilfswerks der Evangelischen Kirche (Zentralbüro Ost) in die Sekretariatsleitung der »Volkssolidarität« aufgenommen, im Juni 1946 aber bereits wieder ausgebootet. Die SED wollte sich offensichtlich alle Schlüsselpositionen auf diesem Feld sichern und dabei vor allem die kirchliche Konkurrenz ausschalten. Als Vorsitzender des Präsidiums des Zentralausschusses fungierte Helmut Lehmann, das für Sozialpolitik zuständige Mitglied im Zentralsekretariat der SED.[143] Das Hilfswerk der Evangelischen Kirche spielte bei der Verteilung von Auslandsspenden aus Schweden, der Schweiz und den USA eine herausgehobene Rolle. Ein Teil der Hilfsgüter wurde aus den Westzonen an kirchliche Gemeinden und Anstalten in der SBZ verteilt. An dieser nicht politisch kontrollierten Spendenverteilung entzündeten sich seit 1947 Konflikte zwischen SED und Kirchen.[144] 1948 konnte von Kooperation kaum noch die Rede sein. In der sächsischen Landesorganisation der »Volkssolidarität« erklärte deren Landessekretär in einer internen Sitzung: »Wesentlich ist, wir unterbinden, wenn wir eine große soziale Organisation schaffen, die Innere Mission und den Caritas-Verband, wir dämmen sie ab.«[145]

Bereits in der Entstehungsphase zeigte sich, daß die »Volkssolidarität« neben aktuellen Hilfen für besondere Problemgruppen auch zur wirtschaftlichen Mobilisierung der Bevölkerung und zur Kampagnenpolitik der SED herangezogen werden sollte. Ein spektakuläres Beispiel auf diesem Gebiet war ihre Mithilfe bei der Aktion »Wasser für ›Max‹«, die dem Bau einer fünf Kilometer langen Wasserleitung zum Stahlwerk der Maxhütte in Unterwellenborn/Thüringen galt. »Wasser für ›Max‹« sollte also helfen, die Stahlproduktion im Rahmen des Zweijahrplanes von 1949/50 zu erhöhen. Tatsächlich beschränkte sich die Unterstützung durch die »Volkssolidarität« allerdings auf die Lieferung von Socken, Arbeitsanzügen, Schuhen, Kaffeekannen, Wolldecken und auf die kulturelle Betreuung. Darüber hinaus hat die »Volkssolidarität« mit der Errichtung kleiner Handwerksbetriebe, Nähstuben, Schuhmacher- und Schneiderwerkstätten im Einzelfall trotz ihrer insgesamt begrenzten Zahl wichtige Impulse geben können.[146] Die vielfältigen Aktivitäten der »Volkssolidarität« entziehen sich ihrem Wesen nach einer präzisen Erfassung, sie gehören jedoch in das Gesamtbild einer Notgesellschaft, in der organisierte und nichtorganisierte Bemühungen dazu beitrugen, den Schwächsten wirksam zu helfen.

---

143 Boldorf, Sozialfürsorge, S. 174. Zu Tillich vgl. Bernd Stöver, Die Befreiung vom Kommunismus, Köln 2002, S. 275 f.
144 Thomas Olk, Soziale Infrastruktur und soziale Dienste. Die Sowjetische Besatzungszone, in: Geschichte der Sozialpolitik, Bd. 2/1, S. 862.
145 Zit. bei Philipp Springer, Da konnt' ich mich dann so'n bißchen entfalten. Die Volkssolidarität in der SBZ/DDR 1945–1969, Frankfurt/M. 1999, S. 159.
146 Ebd., S. 107 f.

4. Pläne der Exil-KPD, Aktivitäten der Antifa und »Sektierer«

Planungen über die künftige Behandlung eines besiegten und besetzten Deutschlands haben die Alliierten frühzeitig entwickelt. Dabei konnte deutschen Emigranten unter Umständen eine wichtige Rolle zufallen. Details zum Umbau und Wiederaufbau Deutschlands ließen sich aber erst festlegen, wenn vor Ort genauere Informationen vorlagen. Insofern trugen politische Pläne im Exil durchweg einen stark vorläufigen und allgemeinen Charakter. Überdies gab es keine Einheitlichkeit in der Planungsarbeit. Es standen nicht nur verschiedene Alternativen zur Diskussion, auch die politische Entscheidungsbildung verlief unterschiedlich und war von differierenden Interessen geprägt. Für die USA sind diese unterschiedlichen Vorstellungen seit langem bekannt[147], für die Sowjetunion haben jüngst zugänglich gewordene Quellen das Bild zumindest deutlich verändert. »Der Stalinismus«, hat Norman Naimark festgestellt[148], »war entgegen gängigen Vorstellungen keine perfekt funktionierende, hierarchisch organisierte Diktatur, die Staat und Gesellschaft voll unter Kontrolle hatte. Stalin war zweifellos ein Diktator, aber einer, der sich zu dieser Zeit kaum äußerte; wenn es geschah dann mit Absicht vieldeutig, so daß seine Anweisungen in unterschiedlicher Weise interpretiert werden konnten«. Diesen grundsätzlichen methodischen Einwand sollte man sich vor Augen halten, wenn man nach dem politischen Gewicht der inhaltlich relativ eindeutigen und klaren Konzeptionen der Exil-KPD fragt. Zwar waren alle Besatzungsmächte auf die Landes- und Ortskenntnisse deutscher Berater angewiesen, aber sie waren weder an deren Vorschläge gebunden noch ließen sie sich bei grundsätzlichen Entscheidungen von diesen nachhaltig beeinflussen – Ausnahmen bestätigen die Regel. Das galt für die Sowjetunion und ihre Deutschlandpolitik noch stärker als für die Westalliierten.

Einige allgemeine Planungen der Exilführung der KPD in Moskau sind seit langem publiziert.[149] Seit der Öffnung der Archive lassen sich die Einzelheiten aber sehr viel genauer erfassen.[150] Dennoch bleibt die Frage nach dem tatsächli-

---

147 Vgl. Wolfgang Krieger, Die amerikanische Deutschlandplanung. Hypotheken und Chancen für einen Neuanfang, in: Hans-Erich Volkmann (Hg.), Ende des Dritten Reiches – Ende des Zweiten Weltkriegs, München 1995, S. 25-50; Vgl. zusammenfassend Rolf Steininger, Deutsche Geschichte seit 1945, Bd. 1, erw. Neuausg. Frankfurt/M. 1996, Kap. 1.
148 Einleitung zu Bonwetsch /Bordjugov/Naimark (Hg.), Sowjetische Politik, S. XIII.
149 Vgl. Horst Laschitza, Kämpferische Demokratie gegen Faschismus. Die programmatische Vorbereitung auf die antifaschistisch-demokratische Umwälzung in Deutschland durch die Parteiführung der KPD, Berlin (O) 1969. Als frühe Analyse immer noch wichtig: Arnold Sywottek, Deutsche Volksdemokratie. Studien zur politischen Konzeption der KPD 1935–1946, Düsseldorf 1971. Eine umfassende Darstellung der sowjetischen und KPD-Planungen zur Deutschlandpolitik, zu den Aktivitäten der Initiativgruppen Ulbricht, Ackermann und Sobottka und ihrem Verhalten zu lokalen Antifa-Gruppen sowie zur Antifa im »Niemandsland« Schwarzenberg bietet jetzt: Jeanette Michelmann, Aktivisten der ersten Stunde. Die Antifa in der Sowjetischen Besatzungszone, Köln 2002.
150 Vgl. dazu die Dokumentation von Peter Erler/Horst Laude/Manfred Wilke (Hg.), »Nach Hitler kommen wir«. Dokumente zur Programmatik der Moskauer KPD-Führung 1944/45 für Nachkriegsdeutschland, Berlin 1994.

I. Die fragmentierte Klasse (1945–1947)

chen Stellenwert der Planungen schwer zu beantworten. Die Antinomie von Besetzung und Befreiung galt für die SBZ noch härter als für die Westzonen, auch wenn die öffentliche Rhetorik ganz anders lautete. Das mußten gerade Vertreter der Arbeiterbewegung, auch Kommunisten, in oft bitteren Formen erfahren. Isaac Deutscher schrieb dazu: »Ein kommunistischer Arbeiter, der in den Konzentrationslagern der Nazis unvorstellbare Grausamkeiten erdulden mußte, sagte mir, nachdem betrunkene Soldaten seine Frau vergewaltigt und sein Haus verwüstet hatten: ›Das ist eine tragische Erfahrung gewesen. Aber soll ich dem Ideal, dessentwegen ich in die Konzentrationslager der Nazis ging, abschwören, weil betrunkene russische Soldaten mir und meinen Nachbarn Unrecht taten? Diese betrunkenen Soldaten haben letzten Endes die russische Revolution gerettet. Und ich bleibe der russischen Revolution trotz allem treu.‹«[151] Das zentralistische und an bestimmten ideologischen Axiomen orientierte Politikverständnis der sowjetischen Besatzungsmacht zeigte andererseits eine breite Zone der Übereinstimmung mit der KPD, so daß hier deren ausgearbeitete Pläne eine beträchtliche Orientierungsfunktion besaßen. Generell ist die Sozialgeschichte der frühen Nachkriegszeit in der SBZ nachdrücklich von dieser Spannung zwischen Planungen, Erwartungen und Hoffnungen einerseits und oft unkoordinierten Eingriffen von oben, Exzessen, Widersprüchlichkeiten und Überraschungen in der politischen und sozialen Praxis andererseits geprägt.

Die Exil-KPD hatte seit 1943 verschiedene umfangreiche programmatische Konzepte für den Wiederaufbau, die »antifaschistisch-demokratische Umgestaltung«, entwickelt. Sie waren in den Grundzügen mit den sowjetischen Genossen abgestimmt oder antizipierten sowjetische Wünsche. Sie waren zugleich Elemente einer internationalen kommunistischen Nachkriegsplanung, für die es zumindest einige generelle Eckwerte gab.[152] In diesen Plänen spielten die Gewerkschaften eine herausgehobene Rolle. Zwar war vom kommunistischen Politikkonzept her klar, daß die Partei die Führungsfunktion besaß, doch das volksdemokratische Modell in seiner Frühphase ließ diese noch nicht offen erkennen, und die tatsächliche politische Machtverteilung wurde bewußt kaschiert.[153] Für die Breitenwirkung programmatischer Verlautbarungen in einer noch unübersichtlichen Aufbausituation kam den Gewerkschaften als Vermittlern daher eine Schlüsselrolle zu. 1944 stand das Konzept der »kämpferischen Demokratie« als Leitvorstellung für die Neuordnung im Zentrum der KPD-Planungen. Parteien waren zunächst noch nicht vorgesehen. Eine aus 20 Personen bestehende Arbeitskommission sollte die wichtigsten Grundsatzfragen klären und sicherstellen, daß die KPD die entscheidende Rolle auch in der Gewerkschaftsbewegung haben werde. »Der Wiederaufbau der Gewerkschaften ist von erstrangiger politischer Bedeutung«, resümierte

---

151 Deutscher, Reportagen, S. 123 f.
152 Vgl. Erler/Laude/Wilke (Hg.), Nach Hitler, S. 41 ff.
153 Trotz skeptischer Gesamteinschätzung hoffte die KPD-Führung darauf, daß »durch Kriegserlebnis und Zusammenbruch eine gewaltige Radikalisierungswelle hohe Wogen schlagen« werde. So Hermann Matern in einem Referat im Juni 1944, ebd. S. 200.

4. Pläne der Exil-KPD, Aktivitäten der Antifa und »Sektierer«

Hermann Matern abschließend eine Diskussion der Arbeitskommission.[154] »Die Gewerkschaften sind eine entscheidende Transmission der Partei in der Arbeiterklasse. Im Kampf um die Gewinnung der Arbeiterklasse ist die Gewerkschaftspolitik der Partei von großer Bedeutung. Die dem Stand der Entwicklung der gewerkschaftlichen Aufgaben entsprechenden Organisationsformen sind Industrieverbände mit Berufsgliederung (ein Betrieb – ein Verband) auf einheitlicher Grundlage. Auf die Verhinderung der Spaltung müssen die größten Anstrengungen gemacht werden.« Nach außen hin sollte aber, um die Funktionsfähigkeit einer Massenorganisation sicherzustellen, die parteipolitische und konfessionelle Neutralität sowie ein »demokratischer Zentralismus mit weitgehender innerorganisatorischer Demokratie und Toleranz« propagiert werden.[155] Ulbricht forderte zudem ausdrücklich einen Beitrag der Gewerkschaften zur Umerziehung der Arbeiterklasse und warnte davor, sich allein auf die Vertreter der alten Verbände zu stützen. Vielmehr gehe es um »neue Kader aus [der] Jugend«.[156]

Zu Recht haben Laude und Wilke in ihrer eingehenden Analyse der kommunistischen Gewerkschaftsprogrammatik hervorgehoben, daß diese sowohl im Verhältnis zu den Sozialdemokraten als auch in Einzelfragen wie ihrer Stellung zum Streik »ausgesprochen taktische Züge« besaß.[157] Das impliziert noch keine präzise Vorstellung vom künftigen Staat, wohl aber von der Schlüsselposition der KPD als Staatspartei und einer völlig veränderten Aufgabenstellung der Gewerkschaften.

In den vermutlich von der Politischen Hauptverwaltung der Roten Armee ausgearbeiteten[158] »Richtlinien für die Arbeit der deutschen Antifaschisten in dem von der Roten Armee besetzten deutschen Gebiet« vom 5. April 1945 traten sämtliche Exilplanungen zunächst deutlich hinter den unmittelbaren Tagesaufgaben, vor allem dem mit Nachdruck geforderten Aufbau von Verwaltungen, zurück. An der Spitze der detaillierten Richtlinien standen verschiedene Informations- und Propagandamaßnahmen zur Beschleunigung der Kapitulation und zur »politisch-moralischen Ausrottung des Nazismus« sowie Forderungen nach Wiederherstellung der Ordnung und Sicherung einer notdürftigen Ernährung. Um dieses Ziel zu erreichen, waren so schnell wie möglich Bürgermeister und Kommunalverwaltungen zu ernennen. Für die Personalauswahl sollte ein Personalamt federführend sein, geleitet von einem Genossen, »der in den letzten Jahren außerhalb Deutschlands als antifaschistischer Funktionär gearbeitet hat.«[159] Um die Betriebe sollte sich die Abteilung für Gewerbe, Handwerk und Handel in der Verwaltung kümmern. Ihr unterstanden auch die Betriebsausschüsse der Arbeiter und Angestellten. »Ihre Aufgabe ist die Steigerung der Produktion und Sicherung der Arbeitsdis-

---

154 Ebd., S. 207.
155 Ebd., S. 200.
156 Zit. bei Horst Laude/Manfred Wilke, Die Pläne der Moskauer KPD-Führung für den Wiederaufbau der Gewerkschaften, in: Klaus Schroeder (Hg.), Geschichte und Transformation des SED-Staates, Berlin 1994, S. 27-51, hier: S. 41.
157 Ebd.
158 Ebd., S. 49.
159 Erler/Laude/Wilke (Hg.), Nach Hitler, S. 383.

I. Die fragmentierte Klasse (1945–1947)

ziplin, antifaschistische Umerziehung der Belegschaft, Vereinbarung der Arbeitsbedingungen im Rahmen der allgemeinen Anweisungen der Stadtverwaltung, soziale Fürsorge. Nachdem sich im Betrieb antifaschistische Kräfte herausgebildet haben, werden betriebliche Gewerkschaftsgruppen organisiert.«[160] Mit einer solchen Prioritätensetzung waren wichtige Eckdaten für die Entwicklung der Arbeiterbewegung vorgegeben. Diese Schwerpunkte galten auch nach der Kapitulation und der Einrichtung der SMAD. In den Grundzügen entsprach die praktische Politik diesen Zielsetzungen. Sie stieß dabei jedoch auf mannigfache Schwierigkeiten. Zwei Probleme treten in den internen zeitgenössischen Quellen, aber auch in öffentlichen Verlautbarungen immer wieder hervor: die Konflikte mit den »Sektierern« und die Skepsis gegenüber der SPD, deren traditionelle Stärke im Gewerkschaftsbereich als Hindernis für den gewünschten Umbau angesehen wurde. Neue sowjetische Quellen bestätigen zwar die erheblichen Eigenmächtigkeiten der regionalen sowjetischen Kommandanten, die anfangs zu einem chaotischen Erscheinungsbild sowjetischer Politik führten, sie zeigen aber auch die Entschlossenheit, »Sektierer« konsequent auszuschalten und für die »richtige« Gewerkschaftspolitik zu sorgen. Das schloß harsche interne Kritik der Sowjets an taktischen Fehlern der KPD beziehungsweise SED ein.[161]

Einer der Gründe, rigoros gegen alle »Sektierer« vorzugehen, war der ausdrücklich gewünschte schnelle Aufbau von Verwaltungen und die Wiederherstellung zweier separater Arbeiterparteien. Alle spontanen Initiativen und alternativen Organisationsmodelle standen diesem Ziele im Wege, weil sie nicht ohne weiteres zu kontrollieren waren. In den Westzonen gab es ähnliche Prioritäten[162], und die Notlage im zerstörten Deutschland sprach auch durchaus dafür. Ein Minimum an Kontinuität kommunaler und regionaler Verwaltung konnte am ehesten zur Lösung der drängenden wirtschaftlichen und sozialen Probleme beitragen. Aber während Amerikaner und Briten eher – meist konservativen – Sachverstand bevorzugten, sorgten die SMAD und die KPD für eine stärker politische Absicherung zumindest aller wichtigen Verwaltungsposten. Dabei trat nach außen oft nicht in Erscheinung, wer die Fäden in der Hand hielt. Nach dem Stellvertreterprinzip wurden Bürgermeisterposten häufig mit Bürgerlichen besetzt, die Stellvertreter und Leiter der Personalabteilung aber waren meist KPD-Leute. Ulbrichts oft zitierter Satz gehört in diesen Kontext: »Es muß demokratisch aussehen, aber wir müssen alles in der Hand haben.«[163]

---

160 Ebd., S. 384.
161 Vgl. das Memorandum des Stellvertreters des Obersten Chefs der SMAD für Zivilangelegenheiten I. Serov für L. Berija über die Lage in Thüringen und Sachsen nach dem Abzug der US-Truppen vom 09.07.1945, in: Bonwetsch/Bordjugov/Naimark (Hg.), Sowjetische Politik, S. 11 f. Scharfe Kritik an der SED übte der Lagebericht Tjulpanovs vom 16./17. September 1946, ebd. S. 71-92, bes. S. 76.
162 Vgl. Lutz Niethammer/Ulrich Borsdorf/Peter Brandt (Hg.), Arbeiterinitiative 1945. Antifaschistische Ausschüsse und Reorganisation der Arbeiterbewegung in Deutschland, Wuppertal 1976, S. 644 ff.
163 Wolfgang Leonhard, Die Revolution entläßt ihre Kinder, Köln 1955 (ungekürzte Volksausgabe), S. 365.

4. Pläne der Exil-KPD, Aktivitäten der Antifa und »Sektierer«

Der erste Schritt nach der Kapitulation war die Installierung von 70 kommunistischen deutschen Emigranten aus Moskau und rund 300 ehemaligen deutschen Kriegsgefangenen, die antifaschistische Schulungen im »Nationalkomitee Freies Deutschland« absolviert hatten.[164] Eines der Hauptargumente, mit dem die an zahlreichen Orten spontan entstandenen antifaschistischen Komitees (Antifa) in der SBZ aufgelöst wurden, war der Hinweis, die besten Antifaschisten sollten in den Verwaltungen mitwirken und die politische und ideologische Arbeit der Parteien, die anfangs noch nicht zugelassen waren, übernehmen.[165] Dahinter steckten aber vor allem ein ausgeprägtes Mißtrauen der KPD-Führung und das Bedürfnis nach politischer Kontrolle. Insbesondere Ulbricht zeigte eine tief verwurzelte Abneigung gegen jede Eigeninitiative an der Basis. Seine abfällige Bemerkung von der »Rummurkserei mit der Antifa«[166] belegt diese Aversion. Antifas ebenso wie »Sektierer«, die beide in verschiedensten Erscheinungsformen auftraten, zeigten, daß die Rote Armee und die in ihrem Auftrag tätigen Initiativgruppen der KPD keineswegs nur auf eine apathische und politisch willenlose deutsche Bevölkerung stießen, sondern sich mit vielfältigen bodenständigen Aktivitäten im Umbruch auseinanderzusetzen hatten. Diese waren ganz überwiegend im linken, KPD-nahen Spektrum anzusiedeln, warteten aber als Basisinitiativen keineswegs ohne weiteres auf ein Kommando von oben.

Die Antifas lassen sich kaum generalisierend erfassen und charakterisieren. Sie bildeten ein typisches Phänomen der Umbruchphase vor und nach der Kapitulation.[167] Ihre Organisationsstrukturen reichten von lockeren Zusammenschlüssen der Nachbarschafts- und Selbsthilfe bis zu stadtteilbezogenen Organisationsnetzen mit klaren Aufgabenverteilungen und Informationsblättern. Viele entwickelten sich aus Widerstandsgruppen, deren Organisationskerne vor allem aus Kommunisten bestanden und sich nach der Besetzung um Sozialdemokraten und bürgerliche Vertreter erweiterten. Andere entstanden ohne solche politischen Verbindungen zum Widerstand. In Größe, sozialer und politischer Zusammensetzung schwankten die Gruppen von einem Dutzend bis zu mehreren Hundert Aktiven und Tausenden von Sympathisanten. »Diese Gruppen«, hieß es in einem zusammenfassenden amerikanischen Geheimdienstbericht vom 30. Juni 1945, »sind ein Ausdruck der aktivsten Kräfte im politischen Leben Deutschlands – Kräfte, die wir entweder unterdrücken oder uns zunutze machen können.«[168]

---

164 Naimark, Russen, S. 319 f.
165 Ebd., S. 327. Dieses Argument ist in einschlägigen DDR-Arbeiten nachdrücklich immer wieder betont worden. Vgl. Günter Benser, Die KPD im Jahre der Befreiung, Berlin (O) 1985, S. 109 f.
166 Protokoll der Beratung mit Parteileitern der KPD der Provinz Brandenburg vom 27.06.1945, in: Walter Ulbricht, Zur Geschichte der deutschen Arbeiterbewegung. Aus Reden und Aufsätzen (1933–1946), Bd. 2, Zusatzband Berlin (O) 1966, S. 233.
167 Vgl. dazu neben dem Sammelband von Niethammer/Borsdorf/Brandt den zusammenfassenden Aufsatz von Günter Benser, Antifa-Ausschüsse – Staatsorgane – Parteiorganisation. Überlegungen zu Ausmaß, Rolle und Grenzen der antifaschistischen Bewegung am Ende des Zweiten Weltkrieges, in: ZfG 26 (1978), S. 785-802.
168 Ulrich Borsdorf/Lutz Niethammer (Hg.), Zwischen Befreiung und Besatzung. Analysen des US-Geheimdienstes über Positionen und Strukturen deutscher Politik 1945, Wuppertal 1976, S. 115.

I. Die fragmentierte Klasse (1945–1947)

So breit und vielfältig das Spektrum insgesamt war, so eindeutig belegen alle Quellen das Übergewicht der Linken. Darüber hinaus läßt sich auch eine ausgeprägte Kontinuität von kommunistischen Kadern feststellen. Die von Moskau zumindest locker gesteuerten, zum Teil aber auch unabhängig entstandenen NKFD-Gruppen spielten eine herausragende Rolle.[169] Keinesfalls lassen sich die Antifas insgesamt, wie es die DDR-Historiographie darstellte, als Vorstufe der zielgerichteten Arbeit der aus Moskau eingeflogenen Initiativgruppen sowie der KPD vor und nach der Wiederzulassung von Parteien interpretieren. Günter Benser hat insgesamt rund 500 Ausschüsse in Deutschland ermittelt, die überwiegend in den Monaten Mai und Juni agierten.[170] Ihr Aktionsradius war unterschiedlich und im wesentlichen auf die Umbruchphase nicht zuletzt aufgrund der restriktiven Politik aller Besatzungsmächte beschränkt. Das tatsächliche politische Gewicht der Ausschüsse ist schwer zu bestimmen, da die meisten schnell verboten wurden oder sich freiwillig in Partei- und Gewerkschaftsgruppen oder auch in die eingesetzten Kommunalverwaltungen integrieren ließen.

Unter zwei Aspekten sind die Antifas als Teil der Arbeitergeschichte historisch bedeutsam: Erstens repräsentierten sie die schmale Traditionslinie einer versuchten, wenn auch in der Regel erfolglosen Selbstbefreiung. Erfolgreich waren viele zumindest in ihrem Bemühen, im Übergang vom Nationalsozialismus zur alliierten Besatzung weitere Zerstörungen und Blutopfer zu verhindern, indem rechtzeitig Kapitulationssignale ausgesandt wurden. Zweitens zeigte sich in den Antifas zumindest partiell ein begrenzt eigenständiges linkes politisches Potential, das keineswegs auf der Linie der Pläne der Exil-KPD und auch der SMAD lag. »Insgesamt stellt sich die Antifa-Bewegung als eine Durchgangsstufe im Aufbau der Arbeiterbewegung dar«, hat Lutz Niethammer resümiert[171], »die mit der Regeneration der Subkultur die Handlungs- und Organisationsfähigkeit der Arbeiter erst wieder vorbereitete. Die auf dieser Grundlage entwickelten Ansätze – Doppelherrschaftsorgane, Einheitspartei, zentrale Einheitsgewerkschaft – hatten die Einheitsperspektive und den Aufbau von unten als Strukturmerkmale gemeinsam.«

Sich über die in den zeitgenössischen Berichten immer wieder auftauchenden »Sektierer« ein einigermaßen genaues Bild zu verschaffen, ist äußerst schwierig. Es gab sie 1945 offenbar massenhaft. Für die linientreue KPD-Führung stellten sie ein höchst unerfreuliches Problem dar ebenso wie für die politische Führung der SMAD und das ZK in Moskau. »Sektierer« stellten durch ihre Abweichung von der geplanten politischen Linie der KPD deren Etappenkonzept in Frage, da sie bereits radikalsozialistische und kommunistische Vorstellungen proklamierten und praktizieren wollten. Bisweilen waren hier die Grenzen aber fließend. Wenn Klaus-Dietmar Henke zu Recht festgestellt hat, daß der Zusammenstoß der ame-

---

169 Besondere Bedeutung hatte hier die NKFD-Gruppe in Leipzig, vgl. dazu außer der erwähnten Literatur Klaus-Dietmar Henke, Die amerikanische Besetzung Deutschlands, München 1995, S. 702-714.
170 Benser, Antifa-Ausschüsse, S. 787.
171 Niethammer/Borsdorf/Brandt (Hg.), Arbeiterinitiative, S. 714.

4. Pläne der Exil-KPD, Aktivitäten der Antifa und »Sektierer«

rikanischen Militärregierung mit dem enorme Dynamik entfaltenden NKFD in Leipzig unausweichlich war[172], so gilt das, wenngleich in anderer Weise, für die SMAD und die »Sektierer« nicht minder. So schwammig dieser Begriff auch war und blieb, so offenkundig war die Sorge vor den Sektierern. Sie bildete ein wesentliches Motiv für die Wiedergründung der KPD, um so in den eigenen Reihen für ideologische Ordnung sorgen zu können, bevor ein Zusammenschluß mit den Sozialdemokraten begann.

Es gibt bisher – anders als bei den Antifas – keinen Versuch einer zusammenfassenden Darstellung und Analyse dieser in der politischen Orientierung durchaus heterogenen Gruppen. Sie selber hinterließen wenige Spuren, wurden aber von ihren Gegnern als ideologische Ketzer scharf verfolgt. Viele Hinweise stammen aus Erinnerungen, die derartige Erscheinungen als zeitweilige ideologische Verirrungen darstellen, bis die Überzeugungsarbeit der KPD den »richtigen Weg« wies.[173] Am 7. Mai 1945 berichtete Arthur Pieck an seinen Vater in Moskau von einer »internationalen Miliz« in Spandau, einem »Arbeiter- und Soldatenrat« in Wittenau, einer »Internationalen Kommunistischen Partei« in Wilmersdorf.[174] »Sektierer« rekrutierten sich häufig aus Mitgliedern der früheren linken Abspaltungen von KPD und SPD, insbesondere der »Sozialistischen Arbeiterpartei« (SAP) und der KPD-Opposition (KPO). Unter den zahlreichen Beispielen sticht die am 7. Juli 1945 in Eisleben ins Leben gerufene »Partei der Werktätigen« wegen ihrer Größe hervor. Ihrem Vorstand gehörten fünf Kommunisten und vier Sozialdemokraten an, und sie soll es auf etwa 10.000 Mitglieder gebracht haben. In Coswig erschienen einige Nummern einer »Roten Fahne«, die einen deutschen Sowjetstaat propagierte. KPD-Führer in anderen Orten bezeichneten sich als »Kommissare« und ließen überall Rot flaggen.[175] Massive Probleme gab es im Zwickauer Bergbaurevier. Der Aufsichtsratsvorsitzende der Zeche »Gottessegen« in Oelsnitz forderte auf allen Betriebsratssitzungen »Alle Macht den Räten!«. Bis Ende 1945 habe sich der »Kampf der Partei und der Gewerkschaft gegen die Auswüchse des Sektierertums und des Opportunismus« hingezogen, heißt es in einer Untersuchung zur Geschichte der Zwickauer Bergarbeiter, »weil sich ihre Vertreter bei den Kumpels durch verschiedene Maßnahmen eine Basis geschaffen hatten.«[176] Besonders schwierig war aus sowjetischer Sicht die Situation in Berlin. »Es ist schwer«, stellte ein politischer Lagebericht Tjulpanovs vom September 1946 fest, »über das Sektierertum unter den Kommunisten im Ganzen etwas zu sagen, aber in der Berliner Organisation rechnet man, daß ungefähr 10 Prozent so unzu-

---

172 Henke, Amerikanische Besetzung, S. 712.
173 So etwa Otto Gotsche, Lehr- und Arbeitsjahre, in: »Sinn und Form« 27 (1975), S. 250-265, hier: S. 254.; Benser, KPD, S. 126 f. Vgl. auch Dietrich Staritz, Die Gründung der DDR. Von der Sowjetischen Besatzungsherrschaft zum sozialistischen Staat, München 1984, S. 78 f.
174 Benser, KPD, S. 96.
175 Ebd., S. 122 f.; Naimark, Russen, S. 322 f.
176 Heinz Stützner, Der Kampf der Bergarbeiter des sächsischen Steinkohlenreviers für die Errichtung und Festigung der antifaschistisch-demokratischen Ordnung im Osten Deutschlands 1945–1948, Diss. Leipzig 1964 (MS), S. 23.

I. Die fragmentierte Klasse (1945–1947)

frieden sind, daß sie bereit sind, zu einer anderen Gruppe überzugehen und mit der SED zu brechen.«[177]

Die Probleme mit den »Sektierern« begrenzten sich nicht auf die ersten beiden Nachkriegsjahre. Was sich änderte, waren die Methoden ihrer Verfolgung im Zeichen der offenen Stalinisierung. Zu den schlimmsten Beispielen gehörte die Verhaftung Alfred Schmidts, der in Erfurt die größte KPO-Gruppe führte, im Herbst 1948 von der sowjetischen Geheimpolizei verhaftet und zum Tode verurteilt wurde. Das Urteil wurde dann in 25 Jahre Haft umgewandelt, von denen Schmidt acht in Bautzen absitzen mußte.[178] Hinter einer derartig rigiden Verfolgung der »Ketzer« im eigenen politischen Milieu stand eine totalitäre Vorstellung von ideologischer und organisatorischer Einheit, die letztlich auch den Rahmen für die überstürzte Schaffung der »sozialistischen Einheitspartei« bildete.

5. »Die Arbeiterklasse« und der Mythos der Einheit – Illusion und Zwang auf dem Weg zur SED

Der Streit darüber, wie die Vereinigung von KPD und SPD zur SED im April 1946 richtig zu charakterisieren sei, eskalierte anläßlich ihres 50. Jahrestages 1996 fast zu einem neuen Glaubenskrieg. Dieser zeigte zumindest die anhaltende Nachwirkung der alten SED-Interpretation. Zwar sind die Fronten aufgeweicht, und kein ernstzunehmender Historiker oder Politiker bestreitet den ausgeübten Zwang. Der Begriff »Zwangsvereinigung« wird dennoch von PDS-nahen Historikern ebenso häufig als unangemessen abgelehnt, wie er von anderen als quasi verbindlich propagiert wird.[179]

---

177 Stenogramm des politischen Lageberichts von S. Tjulpanov vom 16./17. September 1946, in: Bonwetsch/Bordjugov/Naimark (Hg.), Sowjetische Politik, S. 76. Vgl. auch die Mitteilungen von Generaloberst I. A. Serow, Stellvertreter des Obersten Chefs der SMAD für Fragen der Zivilverwaltung und Geheimdienstchef in der SBZ, vom 7.8.1946, in: Badstübner/Loth (Hg.), Pieck, S. 77 ff.
178 Ebd., S. 183 ff. (Memorandum des Chefs der SMA-Verwaltung des Landes Thüringen vom 29.11.1948); Mario Keßler, Zwischen Kommunismus und Sozialdemokratie, zwischen Ost und West. Die marxistischen Kleingruppen auf dem Weg in die deutschen Nachkriegsgesellschaften, in: Arnd Bauerkämper/Martin Sabrow/Bernd Stöver (Hg.), Doppelte Zeitgeschichte. Deutsch-Deutsche Beziehungen 1945–1990, Bonn 1998, S. 251-266, hier: S. 261; Vgl. Thomas Klein, Die Parteikontrolle in der SED als Instrument der Stalinisierung, in: Lemke (Hg.), Sowjetisierung, S. 142 ff.
179 Vgl. Harold Hurwitz, Die Stalinisierung der SED, Opladen 1997, S. 20 f.; Werner Müller, SED-Gründung unter Zwang – Ein Streit ohne Ende? Plädoyer für den Begriff »Zwangsvereinigung«, in: DA 24 (1991), S. 52-58. Eine wortreiche Reflexion der Vereinigung jenseits von »Zwangsvereinigung« und »historischem Sieg der Arbeiterklasse«, aber mit deutlicher Rechtfertigungstendenz der SED-Gründung hat Günter Benser 1995 versucht. Der Wahrheit am nächsten kommt demnach, daß eine »bedeutende Minderheit engagiert und überzeugt für die Einheitspartei eintrat« und eine »beachtliche Mehrheit bereit war, den Führungen zu vertrauen und den Weg in die Einheitspartei mitzugehen, die auf sie so starke Anziehungskraft ausübte, daß Bedenken in den Hintergrund traten.« Die SED habe daher einen Doppelcharakter getragen als »Massenpartei und Kaderpartei neuen Typs«. Günter Benser, Zusammenschluß von KPD und SPD 1946. Erklärungsversuche jenseits von Jubel und Verdammung, Berlin 1995, S. 40, 42 (hefte zur ddr-geschichte, 27). Das ist zwar eine bemerkenswert differenzierte Position, viel zu wenig kommen dabei aber die zeitliche

5. »Die Arbeiterklasse« und der Mythos der Einheit – auf dem Weg zur SED

Wie häufig bei historischen Begriffen ist der Streit zwar keineswegs müßig, aber nicht eindeutig und endgültig zu entscheiden, weil komplizierte historische Prozesse sich schwer auf einen alle relevanten Facetten einbeziehenden Terminus bringen lassen. Die Instrumentalisierung historischer Vorgänge für aktuelle politische Auseinandersetzungen war und ist in der Zeitgeschichte an der Tagesordnung. Dazu gehörten 1996 nicht zuletzt Versuche aus dem konservativen Lager, der SPD genau das vorzuwerfen, was die SED aus anderen Motiven zu vollziehen beanspruchte: Einheit als Realisierung eines alten Traums der seit 1914 beziehungsweise 1919 gespaltenen deutschen Arbeiterbewegung. Beklagen die einen vor allem die Elemente des Zwangs, triumphieren die anderen über das illusionäre Nachgeben oder die »einverständliche Unterwerfung«.[180] Läßt man den aus durchsichtigem parteipolitischen Kalkül geführten Streit beiseite, wird aus dem mittlerweile vorliegenden riesigen Quellenmaterial unzweifelhaft bestätigt, was auch früher für kritische Historiker erkennbar war: Erst die Mischung aus massivem Zwang und illusionärer Verführung, aus Druck von oben und dem aus vielfältigen Erfahrungen gespeisten ehrlichen Wunsch, »Lehren aus der Geschichte« zu ziehen, macht die Brisanz des Gesamtvorgangs aus. Die Historisierung eines in der Vergangenheit ideologisch kontaminierten Ereignisses ist nötig, nicht die Säuberung eines sperrigen Befundes nach Kriterien einer nachträglichen »political correctness« oder politischer Wünschbarkeit ex post. Dazu lassen sich einige markante Positionen und Strategien identifizieren, die es nicht mehr erlauben, das historische Urteil über die Vereinigung beliebig vage und ambivalent zu formulieren.

Ohne Zweifel gab es nach Kriegsende unter Mitgliedern und Anhängern beider Parteien einen weitverbreiteten Drang nach Einheit.[181] Nicht zufällig formulierte der Zentralausschuß der SPD in seinem Gründungsaufruf vom 15. Juni 1945 – anders als die KPD – ausdrücklich diesen Wunsch nach einer einheitlichen Partei: »Wir wollen vor allem den Kampf um die Neugestaltung auf dem Boden der organisatorischen Einheit der deutschen Arbeiterklasse führen! Wir sehen darin eine moralische Wiedergutmachung politischer Fehler der Vergangenheit, um der jungen Generation eine einheitliche politische Kampforganisation in die Hand zu geben. Die Fahne der Einheit muß als leuchtendes Symbol in der politischen Aktion des werktätigen Volkes voran getragen werden!«[182] Daß sich dahinter eine problematische Wahrnehmung und Interpretation der Frage verbarg, wie der Nationalsozialismus möglich werden konnte, steht auf einem anderen

---

Entwicklung, der Zwang, die taktischen Motive der KPD-Führung und die Aussichtslosigkeit einer Alternative für SPD-Mitglieder zur Geltung. Eine völlig unkritische und hinter Benser zurückfallende Darstellung und Dokumentation der Vereinigungsbestrebungen der Arbeiterparteien 1945/46 und gesellschaftspolitischen Forderungen, Bonn 1996 (Pahl-Rugenstein Nachf.). Hier wird die alte Tradition des von SED mitfinanzierten Verlages offenbar unverdrossen fortgesetzt.
180 Beispiele sind: Friedrich Karl Fromme, Die Sozialdemokraten haben wenig Grund, die Union als ehemalige Blockpartei anzuklagen, in: FAZ vom 1.7.1994; Manfred Wilke/Peter Erler, FAZ vom 10.5.1995.
181 Vgl. Naimark, Russen, S. 343 ff.
182 Text in: Um ein antifaschistisch-demokratisches Deutschland. S. 67-71, hier: S. 71.

I. Die fragmentierte Klasse (1945–1947)

Blatt. Die noch hautnahen Erfahrungen mit dem »Dritten Reich«, dessen erstes Opfer die organisierte Arbeiterbewegung in ihren beiden Zweigen wurde, ist ein Schlüssel zur Erklärung dieser Stimmungslage. Sie war auf beiden Seiten keineswegs einheitlich, umfaßte aber weitaus mehr als nur Randgruppen.[183] Max Fechner, Mitglied des Zentralausschusses, brachte diese Stimmung in einem Brief an Ulbricht vom Ende April 1945, auf den er keine Antwort erhielt, zum Ausdruck: »Ich hätte gern mit Dir darüber gesprochen, wie es möglich wäre, endlich die so ersehnte Einheitsorganisation der deutschen Arbeiterklasse zu schaffen. Meine politischen Freunde und ich stehen auf dem Standpunkt, daß bei der ersten Möglichkeit, sich wieder politisch betätigen zu können, über alle Vergangenheit hinweg der neu zu beschreitende Weg ein gemeinsamer sein muß zwischen KPD und SPD. Ich möchte sagen, daß es bei Beginn der politischen Tätigkeit leichter wird, die Einheit zu schaffen, als wenn wir erst bei den Nachwirkungen der Kriegshandlungen angelangt sind.«[184]

Ebenso unübersehbar und empirisch belegbar ist jedoch, daß dieser verbreitete Einheitsdrang bereits im Herbst 1945 im Zuge der organisatorischen Stabilisierung beider Parteien und angesichts der Erfahrungen der SPD mit der SMAD und der vor ihr bevorzugten KPD deutlich abkühlte.[185] Auch Otto Grotewohl steht dafür als prominentes Beispiel. Er gehörte bis zur Sechziger Konferenz im Dezember zu den Gegnern der schnellen organisatorischen Einheit. Befürwortung oder Ablehnung der Fusion lassen sich daher nicht punktuell festlegen, sondern veränderten sich im Zeitverlauf einschneidend. Gerade hier hat die SED-Historiographie die Dinge völlig auf den Kopf gestellt, wenn sie feststellte: »In der politischen Praxis wuchs die Gemeinsamkeit von KPD und SPD, schwand das gegenseitige Mißtrauen und wurden die antikommunistischen Argumente der Einheitsgegner widerlegt.«[186]

Unzweifelhaft ist ferner, daß sowohl die SMAD wie die engere KPD-Führung eine präzise Vorstellung davon besaßen, was mit der organisatorischen Einheit bezweckt werden sollte: Die Ausschaltung der SPD als eigenständiger politischer Kraft und ihre Vernichtung durch Integration. »Einheit ist die Frage der SPD – sie wird dadurch ausgeschaltet«, hatte Wilhelm Pieck bereits im April 1944 notiert.[187] Damit wurde die Strategie der KPD in militärisch knapper Kürze auf den

---

183 Vgl. Andreas Malycha, Auf dem Weg zur SED. Die Sozialdemokratie und die Bildung einer Einheitspartei in den Ländern der SBZ. Eine Quellenedition, Bonn 1995, S. XXVIII ff.
184 Zit. bei Staritz, Gründung, S. 83 f.
185 Malycha, Auf dem Weg, S. LXIV f.
186 Deutsche Geschichte, Bd. 9, S. 172.
187 Zit. bei: Beatrix Bouvier, Ausgeschaltet. Sozialdemokraten in der Sowjetischen Besatzungszone und in der DDR 1945–1953, Bonn 1996, S. 11. In seiner detaillierten Analyse und Zahlendokumentation der KPD kommt Günter Benser zu dem zweifellos zutreffenden Fazit, daß Kaderpolitik als bevorzugte Methode der Durchsetzung des Führungsanspruchs »selbstverständlich« war, und zwar bei der Führung, aber auch bei gestandenen Kommunisten als Erwartung. Der Widerspruch zwischen Kaderpolitik und dem Anspruch, Partei der Arbeiterklasse und des ganzen Volkes zu werden, sei hier besonders markant. Günter Benser, Zur sozialen und politischen Struktur der KPD und ihres Kaders (1945/1946), in: BzG 39 (1997)4, S. 17-40.

5. »Die Arbeiterklasse« und der Mythos der Einheit – auf dem Weg zur SED

Punkt gebracht. Diese zynische Eindeutigkeit ist nachträglich klar belegbar, war jedoch für die Zeitgenossen nicht ohne weiteres zu erkennen. Zu den ungeklärten Fragen gehörten auch das von der SMAD forcierte Tempo und die fatale Fehleinschätzung der Folgen der Vereinigung, die in der SBZ bereits viel früher erfolgte als in den osteuropäischen Volksdemokratien. Das Kalkül einer Sogwirkung in den Westzonen fußte zumindest auf einer naiven Einschätzung der politischen Lage im Westen. Plausibler ist dagegen die Sorge von SMAD und KPD vor der zunehmenden organisatorischen und politischen Stärke der schnell anwachsenden SPD. Kurt Schumachers kompromißloser antisowjetischer Sozialismus dürfte diese Gefahrenwahrnehmung noch dramatischer gemacht haben.[188]

Ferner muß man für ein angemessenes Verständnis des Vorgangs nach Ebenen und organisatorischen Standorten in den jeweiligen Parteien differenzieren. Der Riß ging oft durch alle Organisationsebenen und auch durch Massenorganisationen wie den FDGB. Tendenziell scheinen die Betriebe ein besonders günstiges Feld für die Zustimmung zur Einheit gewesen zu sein, während sich die Wohngebietsgruppen der SPD eher distanziert verhielten. Dahinter stand oft die anfängliche Erfahrung einer leidlich funktionierenden Kooperation in der betrieblichen Arbeit und bei der Lösung dringender Alltagsprobleme. So forderte der sowjetische SMAD-Vertreter General Kolesnitschenko in Thüringen, die Vereinigung schnell zu vollziehen. Nach dem Bericht des SPD-Bezirksvorsitzenden August Fröhlich erklärte er: »Man müsse die Einheit von unten, wo reif, verwirklichen, d. h. wo geringste Hemmungen. Anzufangen sei in den Fabriken: Gemeinschaftliche Versammlungen sollten dort einheitliche Leitungen bestimmen.«[189]

Schließlich sind die schärfer werdenden Formen von Druck, Drohung und Verfolgung neben verschiedenen Lockungen im Vorfeld der Vereinigung so umfassend und unübersehbar dargestellt worden, daß allein vor diesem Hintergrund die Charakterisierung als »Zwangsvereinigung« gerechtfertigt ist.[190] Sie allein erklärt jedoch nicht den relativ glatten Verlauf des ja keineswegs einfachen »Gleichschaltungsprozesses« und die Motive für die schließlich erfolgte breite, wenn auch formale Zustimmung. Insofern sind neben den berechtigten Ängsten auch die Hoffnungen und Illusionen einzubeziehen, die unter den Anhängern der Sozialdemokratie angesichts einer offenbar ausweglosen Situation für die Entscheidung maßgeblich waren und die auch aus damaliger Perspektive nicht von vornherein völlig irreal erscheinen mußten.

Das Bündel von Faktoren, die bei der Analyse des Vereinigungsprozesses eine Rolle spielten, verbietet somit die Reduktion auf simple Alternativen. Die an-

---

188 Naimark, Russen, S. 349.
189 Zit. ebd., S. 352.
190 Vgl. Malycha, Auf dem Weg, S. XCIII; Helga Grebing /Christoph Kleßmann/Klaus Schönhoven/ Hermann Weber, Zur Situation der Sozialdemokratie in der SBZ/DDR im Zeitraum zwischen 1945 und dem Beginn der 50er Jahre, Marburg 1992, S. 41 f.; Hermann Weber, »Hauptfeind Sozialdemokratie«: Zur Politik der deutschen Kommunisten gegenüber den Sozialdemokraten zwischen 1930 und 1950, in: Rainer Eckert/Bernd Faulenbach (Hg.), Halbherziger Revisionismus: Zum postkommunistischen Geschichtsbild, München 1996, S. 25-46, hier: S. 34-40.

I. Die fragmentierte Klasse (1945–1947)

gebliche Freiwilligkeit war eine zynische Legende. Aber nur mit Zwang wäre die Entscheidung angesichts der internationalen Rahmenbedingungen und der politischen Interessenlage der Sowjetunion in Deutschland zu diesem Zeitpunkt schwerlich so durchsetzbar gewesen. Analog zur sozialen Uneinheitlichkeit ließe sich auch hier von einer politisch fragmentierten Klasse sprechen, wobei die Facetten vielfältig sind und nicht einmal immer – wie das berühmt gewordene Beispiel Wolfgang Leonhards zeigt – entlang den Parteigrenzen verliefen. Die Stationen auf dem kurzen, aber windungsreichen Weg zur SED zeigen, wie wenig einheitlich sich »die Arbeiterklasse« in dieser für sie zentralen Frage verhielt und wie aufgebläht der von der SED und ihrer Geschichtsschreibung produzierte Mythos war. Ein kommunistischer Beobachter schätzte im Februar 1946 die Situation der Berliner Sozialdemokraten in einer Weise ein, die auch für die SBZ insgesamt gelten kann. Er unterschied drei Gruppen: »1. die ehrlichen Anhänger der Einheit (20–25 Prozent der Mitgliedschaft; 2. die bewußten Gegner der Einheit, die wahrscheinlich in gleicher Stärke vorhanden sind; 3. die weitaus stärkste Gruppe der Besorgten, die mit großen Vorbehalten, schärfster Kritik und organisatorischen Widerständen an die Frage der Einheit herangehen.«[191]

Verfolgt man die wichtigsten Etappen bis zum Vereinigungsparteitag am 21./22. April 1946, so sind vor allem die Rede von Wilhelm Pieck vom 19. September 1945 und die »Erste Sechziger-Konferenz« am 20./21. Dezember 1945 als Einschnitte zu nennen. Pieck reagierte auf eine Rede Grotewohls einige Tage zuvor, in der dieser auf die verbreiteten Zweifel an der Ehrlichkeit der kommunistischen Politik eingegangen war. Die organisatorischen Voraussetzungen der Vereinigung, zu deren prinzipiellen Anhängern Grotewohl gehörte, seien noch nicht erfüllt.[192] Pieck erklärte sich nun erstmals öffentlich für die »Schaffung einer kampffähigen Einheit der Arbeiterklasse« und drängte auf eine »möglichst baldige Vereinigung«.[193] Er verband diese Forderung mit einer scharfen Polemik gegen die Tradition des rechten Flügels der Sozialdemokratie aus der Weimarer Republik. Solche Ausfälle riefen Erbitterung unter vielen Ortsgruppen der SPD hervor.[194] Mit dieser Rede rückte die KPD-Führung von ihrer bisherigen Position ab, die mit dem Argument begründet worden war, vor einem organisatorischen Zusammenschluß müsse ein Prozeß der gründlichen ideologischen Klärung erfolgen, andernfalls würde eine überstürzt geschaffene Einheitspartei wieder auseinanderbrechen. Das sollte nun offenbar plötzlich nicht mehr gelten.

In den folgenden Monaten, insbesondere nach den Wahlschlappen der kommunistischen Parteien in Österreich und Ungarn, verstärkten KPD und SMAD die Propaganda für die neue Linie. Auf der Konferenz des ZK der KPD und des Zentralausschusses der SPD mit den Vorsitzenden der Bezirks- und Landesver-

---

191 Zit. bei Malycha, Auf dem Weg, S. IC.
192 Einheitsdrang oder Zwangsvereinigung? Die Sechziger-Konferenzen von KPD und SPD 1945 und 1946, Berlin (O) 1990, S. 11.
193 Wilhelm Pieck, Reden und Aufsätze. Auswahl aus den Jahren 1908–1950, Bd. 2, Berlin (O) 1950, S. 21 f., 25 f.
194 Malycha, Auf dem Weg, S. LXIX.

5. »Die Arbeiterklasse« und der Mythos der Einheit – auf dem Weg zur SED

bände am 20./21. Dezember 1945 – jeweils 34 Funktionäre beider Parteien nahmen daran teil – prallten die differierenden Standpunkte zunächst hart aufeinander. Dabei ging es primär um den Weg, weniger um das Ziel. Das Hauptargument der Gegner – unter ihnen insbesondere Gustav Dahrendorf und Gustav Klingelhöfer – war die Sorge vor den Spaltungswirkungen eines isolierten Vorgehens in der SBZ. Nur ein »Reichsparteitag« der gesamten SPD könne die Voraussetzungen für eine Fusion schaffen.[195] Das Ergebnis des zweiten Tages war insofern überraschend, als die Konferenz beschloß, wenn auch noch in vagen Formulierungen, die Erweiterung der Aktionseinheit als Auftakt zur »Verschmelzung« zu verstehen und eine Studienkommission damit beauftragte, programmatische Grundsätze sowie ein Statut der künftigen Einheitspartei vorzubereiten.[196] Immerhin schrieb Hermann Brill, der Bezirksvorsitzende der SPD in Thüringen in einem Artikelentwurf für die Thüringer SPD-Zeitung »Tribüne«, der nicht gedruckt wurde, Ende Dezember 1945: »Die Konferenz [...] hat durch zwei Entschließungen zur Einheitsfrage und zur Frage der Gemeindewahlen das bestätigt, was wir in Thüringen immer vertreten haben [...] Die Konsolidierung eines neuen demokratischen Staates in Deutschland steht und fällt mit der Herstellung der sozialistischen Einheit der Arbeiterklasse. Außerhalb einer geeinten Arbeiterklasse gibt es keine gesellschaftliche Kraft, die ein neues öffentliches Gemeinwesen schaffen könnte.«[197] In der nachträglichen Interpretation des Beschlusses durch den Zentralausschuß vom 15. Januar wurde jedoch ausdrücklich festgestellt: »Die Herstellung der organisatorischen Einheit kann nur durch den Beschluß eines Reichsparteitages erfolgen.«[198] Mit der Entschließung der Ersten Sechziger-Konferenz waren zwar Weichen gestellt, aber der Zeitpunkt blieb offen. In den folgenden Wochen fanden erbitterte Auseinandersetzungen statt. Von einer organischen Entwicklung konnte keine Rede sein. Massenhafte Zustimmung in Resolutionen aus den Betrieben sowie aus den regionalen und lokalen Parteiorganisationen sollte die Legitimation für den Einheitskurs liefern. In fast allen osteuropäischen Ländern wiederholte sich später dieser strukturell ähnliche Prozeß. Dabei ist unübersehbar, daß der zum Teil gesteuerte Druck »von unten« kam: von Landes- und Provinzialvorständen, aus den Betrieben und Gewerkschaftsgruppen. Diese ließen sich leichter instrumentalisieren und hatten weniger Möglichkeiten, sich gegen Drohungen zur Wehr zu setzen.[199] Tjulpanov, der Leiter der Propaganda- und Informationsverwaltung der SMAD, bestätigte in einem Memorandum an das sowjetische ZK vom 26. Februar 1946 lakonisch die Intensität der Konflikte: »Um die Vereinigung der beiden Arbeiterparteien [...] hat sich ein heftiger Kampf mit den Feinden der Einheit in der gesamten Sowjetischen Besatzungszo-

---

195 Einheitsdrang oder Zwangsvereinigung?, S. 19.
196 Ebd., S. 21.
197 Malycha, Auf dem Weg, S. 347.
198 Grebing u. a., Zur Situation, S. 30. In der Dokumentation »Einheitsdrang oder Zwangsvereinigung?« wird dieser Text nicht erwähnt.
199 Malycha, Auf dem Weg, S. XCII f.

ne ergeben.«²⁰⁰ Die zweite Sechziger-Konferenz am 26. Februar 1946 fand bereits in einer Situation statt, in der bei den Einheitsgegnern Resignation dominierte. Klingelhöfer und Dahrendorf waren schon in den Westen geflohen, die meisten SPD-Funktionäre sahen keine andere Möglichkeit mehr, als dem Druck von SMAD und KPD nachzugeben, sofern sie nicht jeden Einfluß auf die Entwicklung verlieren wollten. Die Konferenz nahm den Entwurf der »Grundsätze und Ziele« sowie des Parteistatuts der SED an.²⁰¹ Bereits am 4. Februar 1946 hatte Grotewohl gegenüber Vertretern der britischen Besatzungsmacht auf den starken Druck seitens der Sowjets hingewiesen und erklärt, die SPD werde von »russischen Bajonetten gekitzelt« und sei in der SBZ »vollkommen unterminiert«.²⁰²

Bevor der pompöse Vereinigungsparteitag am 21./22. April stattfinden konnte, gab es jedoch noch einen für die kommunistische Seite peinlichen Querschlag, der die wahre Stimmungslage schlagartig widerspiegelte: die Urabstimmung in den Westsektoren Berlins am 31. März. 71,8 Prozent der stimmberechtigten Mitglieder der SPD in den Westsektoren nahmen daran teil. Von ihnen sprachen sich 82,6 Prozent gegen eine sofortige Vereinigung mit der KPD aus, 61,5 Prozent stimmten jedoch für ein »Bündnis, welches gemeinsame Arbeit sichert und den Bruderkampf ausschließt«.²⁰³ Dieses in der Sache eindeutige, in der SED-Historiographie daher durchweg falsch wiedergegebene Ergebnis²⁰⁴ konnte den Marsch in die verordnete Einheit jedoch nicht aufhalten. Am 21. April trafen sich im Admiralspalast am Bahnhof Friedrichstraße in Berlin 548 sozialdemokratische und 507 kommunistische Delegierte zum grandios inszenierten Vereinigungsspektakel.

»Mehr als 1.000 Delegierte und Ehrengäste«, ist im Parteitagsprotokoll festgehalten, »dazu noch eine größere Zahl von Gästen und Zuhörern, füllten den mächtigen Raum bis auf den letzten Platz. Lebhaft und herzlich war durchweg die persönliche Begegnung alter Kampfgenossen aus den bisher getrennten Parteilagern nach jahrzehntelanger Spaltung. Nachdem die Fidelio-Ouvertüre von Ludwig van Beethoven, gespielt vom Orchester der Staatsoper, verklungen war, betraten die beiden Parteivorsitzenden, Wilhelm Pieck und Otto Grotewohl, von verschiedenen Seiten kommend, die Bühne, trafen in der Mitte zusammen und reichten sich unter minutenlangem stürmischen Beifall der Delegierten und Gäste, die sich von ihren Plätzen erhoben hatten, die Hände. Einem Schwur gleich brauste ein dreifaches Hoch auf die deutsche Arbeiterklasse durch den Saal.«²⁰⁵ (☞ vgl. hierzu auch *Bild Nr. 2* im Farbteil S. 450 sowie nachfolgend *Abb. 4*)

Die Gründung der SED war nach marxistisch-leninistischer Lesart »ein Wendepunkt in der Geschichte der deutschen Arbeiterbewegung. Von nun an trat in

---

200 Zit. bei Bonwetsch/Bordjugov/Naimark (Hg.), Sowjetische Politik, S. 31.
201 Einheitsdrang oder Zwangsvereinigung?, S. 32 f.
202 Grebing u. a., Zur Situation, S. 35.
203 Ebd., S. 37.
204 Vgl. Deutsche Geschichte, Bd. 9, S. 183.
205 Protokoll des Vereinigungsparteitages der Sozialdemokratischen Partei Deutschlands (SPD) und der Kommunistischen Partei Deutschlands (KPD) am 21. und 22. April 1946 in der Staatsoper, »Admiralspalast« in Berlin, Berlin 1946, S. 10 f.

5. »Die Arbeiterklasse« und der Mythos der Einheit – auf dem Weg zur SED

Abb. 4: Vereinigungsparteitag von KPD und SPD in Mecklenburg im April 1946. Die Porträts von Friedrich Engels und Karl Marx sowie Ernst Thälmann und Rudolf Breitscheid verweisen auf die gemeinsamen Wurzeln und die beiden Parteien.

einem großen Teil Deutschlands die Arbeiterklasse als geschlossene Kraft auf. Sie wurde befähigt, auch in Deutschland ihre historische Mission zu erfüllen.«[206] Diese kanonische Version der »Geschichte der deutschen Arbeiterbewegung« fand ihren Niederschlag in allen historischen Darstellungen, Arbeitsmaterialien, Schulbüchern, Ausstellungen und Museen. Dieser Mythos der Einheit hatte im Vorfeld der Vereinigung eine Eigendynamik entwickelt, die man zur Erklärung der unterschiedlichen Verhaltensweisen berücksichtigen muß. Nicht alle, die sich angesichts einer ausweglosen Situation für die Vereinigung entschieden und die einzige Alternative der – unter anderem von Schumacher empfohlenen – Selbstauflösung ablehnten, waren Opportunisten oder Illusionisten. Zum einen hätte eine Selbstauflösung jeden weiteren Einfluß von vornherein zunichte gemacht. Zum anderen wäre dieser Schritt für diejenigen, die ihn vollzogen, gegenüber der SMAD ein lebensgefährlicher Akt politischer Opposition gewesen, und schließlich hätte die Selbstauflösung einer traditionsreichen Massenpartei nach dem gerade erst erlebten Ende der nationalsozialistischen Verfolgung eine in sozialpsychologischer Hinsicht schwer kalkulierbare Zumutung bedeutet. Die Hoffnung auf Einfluß innerhalb der neuen Einheitspartei und auf Wahrung sozialdemokratischer Identität war angesichts der im Statut festgelegten und zunächst auch

---

206 Geschichte der deutschen Arbeiterbewegung, Bd. 6, Berlin (O) 1966, S. 153.

I. Die fragmentierte Klasse (1945–1947)

praktizierten Parität und angesichts einer politischen Landschaft in Deutschland, die noch nicht vom Kalten Krieg und vom offenen Stalinismus geprägt war, keineswegs so illusionär, wie sie aus der Rückschau erscheint. Anton Ackermann hatte zudem im Vorfeld der Vereinigung seine These vom »besonderen deutschen Weg zum Sozialismus« entwickelt[207] und damit vielen eine politische Orientierung geboten, die attraktiv erschien. Schon innerhalb der nächsten eineinhalb Jahre entpuppten sich diese Hoffnungen jedoch als Illusion und fielen dem konsequenten kommunistischen Machtkalkül zum Opfer.[208]

Wie sah das politische und soziale Profil der neuen »Partei der Arbeiterklasse«, die sich zu diesem Zeitpunkt noch nicht als deren Avantgarde verstand, aus? Eine genauere sozialstatistische Aufschlüsselung stößt für die Frühzeit auf erhebliche Probleme, läßt andererseits klarer erkennen, daß die SED tatsächlich eine Arbeiterpartei war, die noch nicht der ideologischen Manipulation des Arbeiterbegriffs aus späteren Phasen der DDR ausgesetzt war. Aus den inzwischen relativ detailliert erschlossenen Daten zur Entwicklung der Arbeiterparteien lassen sich gute Einblicke in das Organisationspotential und das Sozialprofil der frühen Arbeiterbewegung in der SBZ gewinnen.[209] Das Organisationspotential war in der SBZ aufgrund des sozialökonomischen Entwicklungsstandes der sächsischen, thüringischen und sachsen-anhaltinischen Regionen besonders hoch. Auch wenn Altmitglieder von SPD und KPD aus der Zeit vor 1933 in der SED erst ab 1948 statistisch erfaßt wurden (allerdings nicht mehr getrennt), gab es aus beiden Parteien ein erhebliches »Weimarer Erbe«, dessen politisches Gewicht über seine quantitative Größe vermutlich beträchtlich hinausgeht, allerdings noch genauer zu bestimmen wäre. Denn 1949, nach dem Höhepunkt der »internen Karteibereinigung«, stellten die Altmitglieder aus beiden Arbeiterparteien nur noch 18,8 Prozent der Gesamtmitgliedschaft der SED.[210]

Im Sozialprofil spiegelte die SED-Mitgliedschaft die unausgeglichene Bevölkerungsstruktur mit schwacher Repräsentation Jüngerer und einer überdurchschnittlich starken Vertretung der über 40jährigen. In der Berufsstruktur wies die KPD im Januar 1946 noch 57 Prozent Arbeiter auf, im Herbst 1946 hatte die SED nur noch 49 Prozent Industriearbeiter in ihren Reihen, und der Anteil sank weiter.[211] In den sinkenden Zahlen spiegelten sich sowohl soziale Aufstiegsprozesse als auch die Folgen politischer »Säuberungen« wider.[212]

Eine interne Statistik der ZK-Abteilung Parteiorgane von 1961 zeigt trotz teilweise differierender Angaben den gleichen Trend in der SED an.

---

207 Anton Ackermann, Gibt es einen besonderen deutschen Weg zum Sozialismus? In: Einheit 1 (1946) H.1, S. 31 ff.
208 Vgl. Hurwitz, Stalinisierung, S. 44-57.
209 Günter Braun, Konturen, Probleme und Perspektiven der Arbeiterbewegung in der SBZ, in: Mehringer/Schwartz/Wentker (Hg.), Erobert, S. 163-187.
210 Ebd., S. 171.
211 Ebd., S. 175-178.
212 Vgl. Klein, Parteikontrolle, in: Lemke (Hg.), Sowjetisierung, S. 119-161.

5. »Die Arbeiterklasse« und der Mythos der Einheit – auf dem Weg zur SED

Tab. 6: Soziale Gliederung der SED zwischen 1946 und 1950

Zeitpunkt	Gesamt	davon			
		Arbeiter	Bauern	Angestellte	Intelligenz
April 1946	1.298.415	710.660 *(54,7 %)*	69.880 *(5,4 %)*	227.810 *(17,5 %)*	47.960 *(3,7 %)*
31.12.1946	1.662.473	876.326 *(52,7 %)*	96.973 *(5,8 %)*	289.459 *(17,4 %)*	71.149 *(4,3 %)*
31.12.1947	1.784.214	883.569 *(49,5 %)*	106.442 *(6,0 %)*	340.815 *(19,1 %)*	73.000 *(4,1 %)*
31.12.1948	1.773.698	845.511 *(47,7 %)*	103.653 *(5,8 %)*	360.683 *(20,3 %)*	75.962 *(4,3 %)*
31.12.1949	1.685.592	773.384 *(45,9 %)*	101.476 *(6,0 %)*	347.848 *(20,6 %)*	82.916 *(4,9 %)*
31.12.1950	1.572.996	668.420 *(42,5 %)*	92.154 *(5,9 %)*	360.183 *(22,3 %)*	90.551 *(5,8 %)*

[**Quelle:** Ilko-Sascha Kowalczuk, Geist im Dienste der Macht, Berlin 2003, S. 48.]

»Wenn die Statistik angibt«, heißt es im Rechenschaftsbericht des II. Parteitages 1947,»daß 48 Prozent unserer Mitgliedschaft Industriearbeiter sind, so unterstreicht das die Tatsache, daß aus ihr die sozialistische Arbeiterbewegung entstanden ist und daß sie das Rückgrat der Partei bildet. Weil die Arbeiterschaft, insbesondere die Industriearbeiterschaft, das Rückgrat unserer Bewegung bildet, haben wir alles, aber auch alles zu tun, um dieses Prozentverhältnis nicht nur zu halten, sondern zu bessern.«[213]

Um den fatalen Trend wieder in Ordnung zu bringen, wurde 1951 eine neue Zählweise eingeführt. Mit Hilfe der Differenzierung von erlerntem Beruf, Erwerbstätigkeit zur Zeit des SED-Beitritts und der aktuellen Berufszugehörigkeit ließ sich die SED als »Partei der Arbeiterklasse« durch den Hinweis absichern, daß über 75 Prozent der Gesamtmitgliedschaft eine Herkunft aus dem Arbeitermilieu aufwiesen.[214] Ende der fünfziger Jahre fand dann in aggregierten offiziellen Angaben die »statistische Zwangsfusion« von Arbeitern und Angestellten zu einer Klasse statt, so daß die Zahlen der echten Arbeiter nur über interne Erhebungen aufzufinden sind. Die Konstanz und das Wachstum der Klasse wurden auf diese Weise bis zum Ende der DDR trotz einer kontinuierlich sinkenden Arbeiterquote gesichert. Eine offene Frage bleibt, ob die Angehörigen dieser völlig diffusen »Arbeiterklasse« nicht zutreffender als »Werktätige« zu bezeichnen sind und welche Kriterien der inneren Differenzierung dann maßgeblich sein können.[215]

---

213 Protokoll der Verhandlungen des II. Parteitages der Sozialistischen Einheitspartei Deutschlands, Berlin 1947, S. 122.
214 Braun, Konturen, S. 178.
215 Vgl. Ina Merkel, Arbeiter und Konsum im real existierenden Sozialismus, in: Hübner/Tenfelde (Hg.), Arbeiter, S. 527-553.

6. Gewerkschaften im Konflikt zwischen Tradition und politischer Instrumentalisierung

Neben dem Verwaltungsaufbau und der damit verbundenen Ausschaltung eigenständiger Initiativen von unten gehörte die schnelle zentralistische Rekonstruktion von Gewerkschaften zu den vorrangigen Zielen von SMAD und KPD. Mit der Zulassung von Parteien und Gewerkschaften am 10. Juni 1945[216], wenige Tage nach der Übernahme der vollziehenden Gewalt durch den Kontrollrat und ohne Abstimmung mit den westlichen Verbündeten, war die Sowjetunion in ihrer Zone vorgeprescht. Diese Zulassung gehörte durchaus zu den positiven Überraschungen, da man in ganz Deutschland zunächst von einem noch länger andauernden Verbot zumindest der politischen Parteien ausging. Daß jedoch erneut zwei separate Arbeiterparteien wiederentstehen sollten, irritierte viele Kommunisten und Sozialdemokraten, die in der ersten Phase noch vom Einheitsdrang beseelt waren und praktische Formen von Einheit in betrieblichen Komitees und Ausschüssen häufig auch realisierten.

In den Betrieben gab es – ähnlich wie in den Westzonen – Vorformen gewerkschaftlicher Vertretungsorgane, die sich meist aus früheren Gewerkschaftern oder Betriebsräten zusammensetzten. In anderer Weise bestand deshalb auch hier das strukturelle Problem der »Sektierer«, die sich nicht ohne weiteres zentral kontrollieren ließen. Die Anleitung von oben durchzusetzen, dauerte daher in den mittleren und unteren Ebenen viel länger und verlief konfliktreicher, als es die politischen Führungsgremien geplant hatten. Das macht die frühe Gewerkschaftsgeschichte der SBZ trotz einer zielstrebigen Politik der KPD zu einem ebenso unübersichtlichen wie interessanten Untersuchungsfeld. Die organisatorische Entwicklung hier stand in scharfem Kontrast zu der in den Westzonen, wo die Alliierten strikt darauf achteten, daß alles langsam und »von unten nach oben« geschah.[217] In der SBZ bestand das Problem, für die schnell geschaffene Spitze einen Unterbau auf lokaler und betrieblicher Ebene zu schaffen. Die traditionelle Ortsgruppenstruktur ließ sich noch am ehesten von oben her organisieren. In den Betrieben aber stieß die Etablierung von Gewerkschaftsgruppen häufig auf schon bestehende selbsternannte Betriebsausschüsse und Betriebsräte, die ihrerseits zum Teil durch die SMAD legitimiert worden waren. Siegfried Suckut hat diese Konstellation eingehend untersucht und gezeigt, wie vielfältig die betriebliche Organisationsszene im Umbruch und während der ersten Nachkriegsjahre aussah.[218]

Dennoch wäre es falsch, durchweg von einer starken Polarisierung zwischen betrieblichen Vertretungen sowie neu zu schaffenden oder auch schon vorhandenen betrieblichen Gewerkschaftsgruppen auszugehen und in dieser Konstellation Umrisse einer relativ autonomen Arbeiterselbstverwaltung zu vermuten. Analog zur Arbeitergeschichte in den Westzonen wird man auch hier eine viel nüchterne-

---

216 Text in: Um ein antifaschistisch-demokratisches Deutschland, S. 54 f.
217 Vgl. Kleßmann, Staatsgründung, S. 128 f.
218 Suckut, Betriebsrätebewegung, Frankfurt/Main 1982.

6. Gewerkschaften zwischen Tradition und politischer Instrumentalisierung

re Bilanz ziehen und Suckuts materialreiche Studie auf der Basis neuer Quellen relativieren müssen.[219] Zum einen gab es ein häufiges Nebeneinander von Betriebsräten und Betriebsgewerkschaftsleitungen, ohne daß den Belegschaften der Unterschied überhaupt bewußt war oder beide funktional deutlich getrennt waren. Zum anderen sind Betriebsräte ebenso wie Gewerkschaften in der Zusammenbruchsgesellschaft als ein wichtiges Element zu verstehen, das half, sein Überleben zu organisieren. Sie betrieben wenig Politik, boten aber viel praktische Stütze im Alltag. Eben darin lag ihre Attraktivität und relative Stärke begründet. Schließlich waren Betriebsräte ohne Unterstützung der Gewerkschaften und ohne Schulung in der Wahrnehmung ihrer regulären Aufgaben auf Dauer machtlos und ineffizient. In dieser Hinsicht blieben beide aufeinander angewiesen.

Die Organisationsgeschichte des FDGB bietet an der Spitze ein klar konturiertes Bild, das von zielstrebiger Sicherung von Schlüsselpositionen und Gremienmehrheiten durch die Kommunisten bestimmt ist. Die SMAD initiierte diese Politik oftmals oder stützte sie durch massive Eingriffe ab. Die Aktivitäten an der betrieblichen Basis ließen sich jedoch nicht ignorieren. Insofern fand die Gewerkschaftsgründung in der SBZ sowohl »von oben« wie »von unten« statt. In Berlin wurden die ersten Weichen gestellt. Schon vor der offiziellen Zulassung von Parteien und Gewerkschaften hatten sich am 2. Juni 1945 auf Initiative Ulbrichts (mit sowjetischer Unterstützung) Vertreter der früheren Richtungsgewerkschaften getroffen und einen vorläufigen Gründungsausschuß ins Leben gerufen.[220] Ulbricht legte hier bereits einen Vorschlag für die personelle Zusammensetzung und den Entwurf eines Gründungsaufrufs vor. Die kommunistischen Vertreter wünschten den früheren RGO-Funktionär Roman Chwalek als Vorsitzenden, die übrigen hatten sich auf den ehemaligen ADGB-Funktionär Hermann Schlimme (SPD) geeinigt. Der Kompromiß bestand schließlich in der Wahl von Otto Braß, einem SPD-Mitglied, das jedoch vermutlich bereits zu diesem Zeitpunkt zur KPD übergewechselt war. Nach zähen Verhandlungen kam auch ein veränderter Text für den Gründungsaufruf zustande, der keine ausdrückliche Verurteilung des Versagens der ADGB-Führung am 1. Mai 1933 mehr enthielt und auf den von der KPD gewünschten »tiefen Dank an die Rote Armee« sowie die Rechtfertigung sowjetischer Demontagen verzichtete.[221]

Dieses Gremium konstituierte sich am 14. Juni als »Vorbereitender Gewerkschaftsausschuß für Groß-Berlin« und fungierte fortan de facto als Spitze des

---

219 Vgl. Martin Rüther, Zwischen Zusammenbruch und Wirtschaftswunder. Betriebsratstätigkeit und Arbeiterverhalten in Köln 1945 bis 1952, Bonn 1991; Thomas Reichel, Auf dem Weg zur »herrschenden Klasse«? Die Arbeiterschaft in der SBZ zwischen Betriebsräten und FDGB, in: IWK 36 (2000), S. 454-498. Grundlegend zu den organisatorischen Problemen Stefan Werum, »Wir sind die Illegalen!« Zum Wandel der Funktionen und Organisationsstrukturen des FDGB 1948–1952/53, in: AfS 39 (1999), S. 73-121. Nicht mehr berücksichtigt werden konnte die voluminöse Untersuchung desselben Autors: Gewerkschaftlicher Niedergang im sozialistischen Aufbau. Der Freie Deutsche Gewerkschaftsbund (FDGB) 1945 bis 1953, Göttingen, 2005.
220 Ulrich Gill, Der Freie Deutsche Gewerkschaftsbund (FDGB), Opladen 1989, S. 61-64.
221 Ebd., S. 67-70. Ausführlich und minutiös jetzt zur Gründungsgeschichte: Detlev Brunner, Sozialdemokraten im FDGB, Essen 2000, S. 38-70.

FDGB. Die acht Gründungsmitglieder waren Otto Braß (Vorsitzender; SPD/ KPD), Roman Chwalek (RGO/KPD), Paul Walter (RGO/KPD), Hans Jendretzky (KPD); Hermann Schlimme (ADGB/SPD), Bernhard Göring (AfA/ SPD), Jakob Kaiser (Christliche Gewerkschaften/CDU), Ernst Lemmer (Hirsch-Dunckersche/CDU).²²² Die Legitimation der Gewerkschaftsführung sollte der Gründungskongreß des FDGB für die Ostzone im Februar 1946 bringen, nachdem der Versuch einer überzonalen, gesamtdeutschen Delegiertenversammlung am Veto der Westmächte gescheitert war.²²³ Zuvor hatten sich bereits die Landesorganisationen des FDGB und zum Teil auch der Industriegewerkschaften (IG) konstituiert. Die SMAD bestand überall auf formaler »Parität«, was angesichts der zahlenmäßigen Unterlegenheit der KPD-Funktionsträger auf eine deutliche Benachteiligung von Sozialdemokraten und christlichen Gewerkschaftern hinauslief.²²⁴ Bereits zwischen Juli und September 1945 entstanden überall gewerkschaftliche Landes- und Provinzialvorstände. In vier von fünf Vorständen stellte die KPD den ersten Vorsitzenden. Besonders massiv intervenierte in diesem Zusammenhang die SMA in Sachsen. Dort hatte sich bereits im Mai ein ausschließlich aus früheren ADGB-Vertretern zusammengesetzter Organisationsausschuß gebildet, der nun umgebaut wurde und einen kommunistischen Vorsitzenden erhielt.²²⁵ Ähnlich verlief die Entwicklung in der Provinz Brandenburg. Hier führte sich der neue FDGB-Gründungsausschuß bereits im Sommer 1945 so auf, als sei er selbstverständlicher Teil des kommunistischen Machtapparats.²²⁶

Von Brandenburg ging die Initiative zur Vorbereitung des gesamtzonalen Gründungskongresses aus.²²⁷ Sie fiel zeitlich bereits in die Phase der forcierten Kampagne für die Vereinigung von KPD und SPD und erhielt damit noch stärker politische Funktionen als es dem kommunistischen Gewerkschaftsverständnis ohnehin entsprach. Den Betrieben kam in dieser Kampagne besondere Bedeutung zu, und viele unerfahrene sozialdemokratische Betriebsgruppen ließen sich für sie einspannen.²²⁸ Um das gewünschte Wahlergebnis für die künftigen Delegierten des Gründungskongresses sicherzustellen, griffen SMAD und KPD zu verschiedenen Methoden der Beeinflussung, von der Veränderung der Wahlkreise bis hin zu massiven Wahlmanipulationen. So ersetzte in Sachsen der kommunistisch geleitete Wahlausschuß fünfzig gewählte sozialdemokratische Delegierte durch andere, die gar nicht gewählt worden waren.²²⁹ Zudem hatte die KPD entgegen einer ursprünglichen gewerkschaftlichen Absprache an ihre Mitglieder die Losung ausge-

---

222 Horst Bednareck/Albert Behrendt/Dieter Lange (Hg.), Gewerkschaftlicher Neubeginn. Dokumente zur Gründung des FDGB und zu seiner Entwicklung von Juni 1945 bis Februar 1946, Berlin (O) 1975, S. 8-11.
223 Werner Müller, Freier Deutscher Gewerkschaftsbund, in: Broszat/Weber (Hg.), SBZ-Handbuch, S. 630 f.
224 Detlev Brunner, Sozialdemokraten, S. 47.
225 Müller, Freier Deutscher Gewerkschaftsbund, in: Broszat/Weber (Hg.), SBZ-Handbuch, S. 630 f.
226 Vgl. Kurt Baller, Gewerkschaftlicher Neubeginn in Brandenburg 1945/46, Potsdam 1996, S. 22.
227 Ebd., S. 24.
228 Malycha, Auf dem Weg, S. XXVII f.
229 Brunner, Sozialdemokraten, S. 127.

6. Gewerkschaften zwischen Tradition und politischer Instrumentalisierung

geben, nur KPD-Vertreter als Delegierte zu wählen. So kam schließlich eine groteske kommunistische Zweidrittelmehrheit zustande, die nicht annähernd dem Wählerverhalten und den politischen Einstellungen entsprach. Um dieses im Sinne der Einheitsgewerkschaft peinliche Ergebnis zu kaschieren, wurden nachträglich 180 sozialdemokratische und 30 CDU-Mandate zusätzlich verteilt.[230] Das Ausmaß dieser Manipulationen und Fälschungen dürfte damals kaum bekannt gewesen sein, auch wenn es viele Einzelproteste gab.[231] So konnte der Gründungskongreß vom 9. bis 11. Februar 1946 dann trotz immer wieder beschworener Einheitsappelle einen durchaus sachbezogenen und auch pluralistischen Eindruck vermitteln. Konkrete Probleme wurden diskutiert und Vorschläge für die praktische Arbeit erörtert. Zum reinen Abstimmungsritual war dieser Gründungskongreß noch nicht verkommen.[232] Wie die politische Machtverteilung aussah, zeigte sich jedoch unter anderem im Abstimmungsergebnis für den 45-köpfigen Bundesvorstand. Ulbricht erzielte die höchste Stimmenzahl. Jakob Kaiser hingegen wurde, anders als Ernst Lemmer, nicht gewählt, aber, wie das Protokoll vermerkt, »mit Rücksicht auf seine gewerkschaftliche Tradition« als beratendes Mitglied des Vorstandes hinzugezogen.[233] Nach außen hin demonstrierten die drei gewählten Vorstandsvorsitzenden Hans Jendretzky, Bernhard Göring und Ernst Lemmer immerhin eine pluralistische Eintracht der neuen Einheitsgewerkschaft. (☞ vgl. *Abb. 5*, S. 106)

Die Massivität der sowjetischen Eingriffe belegt die Furcht der SMAD vor einer Gewerkschaftsentwicklung, die nicht im kommunistischen Sinne verlaufen könnte und eine starke sozialdemokratische Bastion in der wichtigsten Massenorganisation schaffen würde. »Die Sozialdemokraten entfalten eine energische Tätigkeit und versuchen, sich die Gewerkschaften zu unterwerfen«, stellte ein Bericht des Informationsbüros der SMAD vom 3. November 1945 fest.[234] »Die Sozialdemokraten ziehen die übriggebliebenen Kader der Gewerkschaftsbürokratie an sich und stützen sich auf sie. Diese Kader haben große Erfahrung in der Gewerkschaftsarbeit und genießen Autorität bei einem beträchtlichen Teil der Arbeiter.« Vor allem Hermann Schlimme wurde als gefährlicher Gegner eingeschätzt. Er habe, so behauptete der Bericht, »durch die Engländer von den sozialdemokratischen Emigranten in London schriftliche Anweisungen erhalten« und

---

230 Brunner, Sozialdemokraten im FDGB, in: Gewerkschaftliche Monatshefte 46 (1995), S. 41-55, hier: S. 47.
231 Ebd.; Müller, Freier Deutscher Gewerkschaftsbund, S. 633 f.
232 Das gilt auch noch für den 2. FDGB-Kongreß 1947. Bemerkenswert scheint hier auch, daß der eher zum rechten Flügel der SPD zu rechnende Franz Spliedt aus Hamburg als Gastredner eingeladen war. Vgl. Protokoll des 2. Kongresses des Freien Deutschen Gewerkschaftsbundes 1947, hg. vom Bundesvorstand des FDGB, Berlin 1947, S. 14 ff. und 167 ff.
233 Protokoll der Ersten Allgemeinen Delegierten Konferenz des Freien Deutschen Gewerkschaftsbundes für das sowjetisch besetzte deutsche Gebiet, 9.–11. Februar 1946, Berlin 1946, S. 211.
234 Zit. bei Bonwetsch/Bordjugov/Naimark (Hg.), Sowjetische Politik, S. 23. Ähnlichen Nachdruck in der Gewerkschaftsfrage zeigt Wilhelm Piecks Notiz über ein Gespräch mit Generalleutnant Bokow, einem der Stellvertreter Schukows vom 25.09.1945 in Karlshorst: »Gewerkschaften schärfste Frage neben Bodenreform – weil Sozialdemokrat. dort reform. bürgerl. Politik –«, in: Badstübner/ Loth (Hg.), Pieck, S. 59.

I. Die fragmentierte Klasse (1945–1947)

Abb. 5: Der Gründungskongreß des FDGB 1946 grüßt die sowjetischen Gewerkschaften, aber es fehlen (noch) die Bilder Lenins und Stalins.

vertrete eine »englische Orientierung.« In der sowjetischen Wahrnehmung gab es somit eine doppelte Gefährdung der Gewerkschaftsentwicklung in der SBZ, so daß eine politische Intervention besonders dringlich erschien. Auch die Vorstände der Landes- und Provinzialorganisationen des FDGB wurden daher kompromißlos mit kommunistischen Funktionären besetzt.[235]

Ein probates Instrument bei der Durchsetzung und Legitimation dieser Personalpolitik war der Rückgriff auf die Geschichte. Aus KPD- und SED-Sicht hatte die reformistische Praxis des ADGB die Kampfkraft der Gewerkschaftsbewegung massiv geschwächt und die faschistische Machtergreifung erleichtert. Wer 1933 »kapituliert« hatte, taugte daher nicht mehr zum Neuaufbau. »Die neuen Freien Gewerkschaften«, hieß es in einer »Plattform« über die Aufgaben des FDGB vom Dezember 1945, »können ihre großen Aufgaben nur erfüllen, wenn neben den bewährten Gewerkschaftsfunktionären, die mutig den Kampf gegen den Faschismus geführt und niemals kapituliert haben, jene jungen Gewerkschaftsfunktionäre, die als gute Antifaschisten am Aufbau teilnahmen, in verantwortliche Gewerkschaftsfunktionen gewählt werden.«[236]

Daß sozialdemokratische Vertreter im FDGB dieser Strategie wenig entgegensetzten, läßt sich nur mit einem Bündel mehrerer Faktoren erklären. Dazu gehörte

---

235 Gill, FDGB, S. 90.
236 Zit. bei Stadtland, Herrschaft, S. 79.

6. Gewerkschaften zwischen Tradition und politischer Instrumentalisierung

die rigide Haltung der SMAD, der ausgeprägte Einheitswille, die Illusion von der eigenen Überlegenheit auf Grund jahrzehntelanger Gewerkschaftserfahrung. So sprach Berhard Göring in einem Privatbrief von »Kinderkrankheiten, die wir überstehen müssen«.[237] Schließlich konnten sozialdemokratische Gewerkschafter ihre Position gegenüber christlichen und Hirsch-Dunckerschen Vertretern zunächst deutlich ausbauen. Diese wurden völlig marginalisiert. »Der Einheitsgedanke beinhaltete damit bereits zum Zeitpunkt der Gründung des FDGB nicht mehr die Einheit der Gewerkschaften, sondern nur noch die Einheit der Arbeiterparteien, ohne daß diese Bedeutungsverschiebung auch nur thematisiert worden wäre.«[238]

Die frühen Mitgliederzahlen lassen das schnelle Wachstum, aber auch die erheblichen regionalen Unterschiede erkennen, die aus der jeweiligen Wirtschafts- und Sozialstruktur und entsprechenden Traditionen der Arbeiterbewegung erklärbar sind.

Tab. 7: Unselbständig Beschäftigte und gewerkschaftlich Organisierte in der SBZ 1946

Land / Provinz und Monat	Unselbständig Beschäftigte	Gewerkschaftlich Organisierte	%
Brandenburg			
Juni	802.991	234.463	29,2
September	855.462	284.371	33,2
Dezember	879.579	311.821	35,5
Mecklenburg			
Juni	514.876	155.576	30,2
September	574.992	182.397	31,7
Dezember	609.278	203.753	33,4
Land Sachsen			
Juni	1.733.693	1.140.138	65,8
September	1.868.765	1.265.323	67,7
Dezember	1.950.607	1.323.367	67,8
Prov. Sachsen			
Juni	1.261.183	722.719	57,3
September	1.320.867	771.870	58,4
Dezember	1.349.308	807.357	59,8
Thüringen			
Juni	889.340	502.853	56,5
September	941.548	562.656	59,7
Dezember	982.986	631.280	64,2
Gesamt:			
Juni	5.202.083	2.755.749	53,0
September	5.561.634	3.066.617	55,1
Dezember	5.771.740 *)	3.277.578	56,8

*) Offenbar Rechenfehler im Bericht: Summarisch wären es 5.771.758.
[Quelle: Geschäftsbericht des Freien Deutschen Gewerkschaftsbundes 1946, Berlin 1947, S. 84.]

---

237 Zit. ebd., S. 81.
238 Ebd., S. 82.

I. Die fragmentierte Klasse (1945–1947)

Anders als auf den Führungsebenen ist das Bild an der Basis in den Betrieben und den lokalen Organisationseinheiten weniger von parteipolitischen Konflikten bestimmt. Auf Betriebsebene fällt es schwerer, bestimmte Vorstellungen von Gewerkschaftspolitik einzelnen Funktionären aufgrund ihrer früheren Zugehörigkeit zu SPD oder KPD zuzuordnen. Die Mitgliedschaft in beiden Parteien war heterogen. Nur etwa die Hälfte ließ sich den Stammanhängern aus der Zeit der Weimarer Republik zuordnen. Die Mehrheit der Neuzugänge in beiden Parteien war nicht in der jeweiligen Parteidisziplin erzogen worden. Besonders skeptisch wurden von der Spitze überdies die früheren Abweichler und »Sektierer« aus der Sozialistischen Arbeiterpartei (SAP) und der Kommunistischen Partei-Opposition (KPO) betrachtet. Daher vermutet Helke Stadtland plausibel, wichtiger als das Parteibuch seien die konkreten politischen Erfahrungen gewesen, die Kontinuität der jeweiligen Parteimitgliedschaft, die soziale Herkunft, die Generation, Aufstiegs- und Abstiegserfahrungen im »Dritten Reich« und in der frühen Nachkriegszeit.[239] Jedenfalls betrachtete die SED-Führung die Heterogenität der Mitgliedschaft kritisch und begann 1947 mit der »Säuberung« und Disziplinierung in ihrem Sinne. Auf die Gewerkschaftsarbeit mußte dieser Zustand beträchtliche Auswirkungen haben. In Konkurrenz zu den Betriebsräten fiel es den Betriebsgewerkschaftsleitungen anfangs ausgesprochen schwer, sich zu etablieren. Häufig befanden sie sich im Schlepptau der Betriebsräte.[240]

Ein weiteres Element, das die Lage unübersichtlich machte, waren die Branchengewerkschaften, die Industrieverbände. Ihre Geschichte wurde nur in Einzelfällen genauer erforscht. Hier ist vor allem die grundlegende Arbeit von Stadtland zu nennen, die sich intensiv mit der IG Bergbau und der IG Chemie beschäftigt. Äußerlich schien das Bild klar: Anders als in den Westzonen waren die Einzelgewerkschaften konsequent in die zentralistische FDGB-Struktur eingebunden. Ihre Satzungen wurden vom FDGB festgelegt, sie genossen keine finanzielle Eigenständigkeit, Streiks durften sie nur mit Zustimmung der Zentrale organisieren und alle hatten ihre jeweiligen Gewerkschaftszentralen in Berlin. Die räumliche Nähe spiegelte auch die organisatorische Abhängigkeit.[241] Waren sie somit auch als ausführendes Organ des FDGB konzipiert, so entwickelten sie doch vielfältige Eigeninitiativen. Zeitweilig gab es heftige »Grenzstreitigkeiten« insbesondere zwischen IG Bergbau und IG Chemie über die Organisationsbereiche und Zuständigkeiten, und nur schwer gelang es dem FDGB-Bundesvorstand, sie zu schlichten, solange dieser noch mit einem unzureichend ausgebauten Apparat arbeiten mußte.[242] Die strukturelle Schwäche der Einzelgewerkschaften hatte aber auch für die Gesamtorganisation fatale Folgen: Eigeninitiative wurde gelähmt, und häufig bestand der Apparat zu einem erheblichen Prozentsatz nur auf dem Papier, wie die IG Bergbau im Dezember 1946 bemängelte.[243] Die FDGB-Spitze sah

---
239 Stadtland, Herrschaft, S. 84 f.
240 Reichel, Auf dem Weg, S. 487. Vgl. unten, Abschnitt 7 (S. 113 ff.).
241 Stadtland, Herrschaft, S. 95.
242 Ebd., S. 102-106.
243 Ebd., S. 108 ff.

6. Gewerkschaften zwischen Tradition und politischer Instrumentalisierung

zwar die Defizite, erkannte aber kaum den Zusammenhang zwischen diesen und fehlender Autonomie oder wollte ihn nicht erkennen. Die Vorbereitung und Durchführung der Industriegewerkschafts-Wahlen zeigt vor allem, daß auf dieser Ebene ein beträchtliches Potential an »reformistischen« Funktionären und ein Mangel an »fortschrittlichen« Kandidaten existierte, so daß die Ergebnisse keineswegs den Wünschen der SED und der FDGB-Spitze entsprachen.[244]

Mit dem Befehl 234 vom Oktober 1947 trat eine deutliche Wende ein. Herbert Warnke verkündete eine »neue Ideologie der Arbeit« und gab damit die Ausrichtung des FDGB/der IG am sowjetischen Typ der Gewerkschaften vor, das heißt als Massenorganisation mit dem Hauptzweck der Produktionssteigerung. Das traf zwar auf breite Ablehnung bei den Belegschaften bis weit in die Vorstände der IG hinein, aber im Laufe des Jahres 1948 setzte ein massiver Kampf gegen diese Form der Resistenz ein. Zahlreiche Beispiele von Verdrängungen, Verhaftungen, Flucht, aber auch freiwilliger Anpassung in den Gewerkschaftsorganisationen belegen die Härte und Konsequenz des nun forcierten Kurswechsels.[245] Detlev Brunner ist in diesem Zusammenhang der Verbindung von biographischer Prägung und politischem Verhalten der sozialdemokratischen Gewerkschaftsfunktionäre nachgegangen.[246] Ihr weitaus größter Teil gehörte den Jahrgängen 1880 bis 1900 an. Sie waren fest im »Reformismus« verankert: »Die Gewerkschaften wurden als Teil der sozialdemokratischen Gesamtbewegung angesehen, das SPD-Parteibuch war obligatorisch, wobei sich die meisten weniger auf die Parteiarbeit als auf die gewerkschaftliche Arbeit konzentrierten [...] Die Prägungen durch den persönlichen Werdegang in der sozialdemokratischen Arbeiterbewegung und die dort geltenden politischen Inhalte und Zielsetzungen waren auch nach dem Krieg präsent.«[247] Derartige Prägungen determinierten nicht per se das Verhalten gegenüber den Forderungen und Herausforderungen der SED, wie etwa der Wandlungsprozeß Hermann Schlimmes zum linientreuen Gefolgsmann zeigt[248], aber sie machen plausibel, daß es zu Beginn ein erhebliches Widerstandspotential gab.

Nach dem gleichen Muster der IG wollte der FDGB formal das Angestelltenproblem regeln, das traditionell zu den dornigen Feldern gewerkschaftlicher Organisationsdebatten gehörte und daher auch in den Westzonen nicht gelöst werden konnte.[249] Im Mitteilungsblatt des FDGB Groß-Berlin »Betrieb und Gewerkschaft« vom September 1945 sprach Bernhard Göring, der frühere Sekretär des Hauptvorstandes des »Allgemeinen freien Angestelltenbundes«, die Folgen der besonderen arbeitsrechtlichen Stellung von Angestellten in der Vergangenheit an: »Diese bewußt geförderte Ideologie hat bei den Angestellten zwischen 1918 und

---

244 Brunner, Sozialdemokraten, S. 239-252.
245 Ebd., S. 418-421.
246 Ebd., S. 428 ff.
247 Ebd., S. 430.
248 Ebd., S. 434 ff.
249 Vgl. Michael Prinz, Die Angestellten im »Dritten Reich« und in der Bundesrepublik, in: Jürgen Kocka (Hg.), Die Angestellten in der deutschen Geschichte 1850–1980, Göttingen 1981, S. 171-229.

I. Die fragmentierte Klasse (1945–1947)

1945 dem Gedanken immer wieder Vorschub geleistet, eine *Klasse zwischen den Klassen* zu sein. Einem einheitlichen und geschlossenen Vorgehen standen damit aus dem Standesbewußtsein geborene Hindernisse im Wege.« Nach den Lehren des Hitler-Regimes solle nun das tradierte Organisationsprinzip aufgegeben werden.[250] In seiner Sitzung vom 29. April 1946 bekräftige der FDGB-Bundesvorstand zwar das Organisationsprinzip »Ein Betrieb – eine Gewerkschaft« als verbindlich, gab aber einstimmig zu Protokoll: »Es wird grundsätzlich *eine* Angestelltengewerkschaft mit den dazugehörigen Sparten Industrie, Handel, Verkehr, Versicherung, Banken, Sozialversicherung errichtet. Die Angestellten in den öffentlichen Betrieben und Verwaltungen bleiben beziehungsweise werden in der Industriegewerkschaft für öffentliche Betriebe und Verwaltungen organisiert. Die Angestellten in Industriebetrieben werden in Angestellten-Betriebsgruppen erfaßt. Sie gehören durch einen Vertreter der Betriebsgewerkschaftsleitung der zuständigen Industriegewerkschaft an. Im Betrieb ist jeweils die zuständige Industriegewerkschaft federführend.«[251] Abgesehen von unvermeidlichen Zuordnungsschwierigkeiten blieben spezifische Unwägbarkeiten, die sich aus der traditionellen Sonderrolle und der Bedeutung der »Kragenlinie« zwischen Angestellten und Arbeitern ergaben, ungelöst. Im Rahmen der Umorganisation der anfangs 18 Branchengewerkschaften wurde der Angestelltenverband 1949 aufgelöst.[252] Die Hauptkonflikte zwischen Arbeitern und Angestellten verliefen jedoch innerhalb der Betriebe – zumal die Angestellten in den Augen vieler Belegschaftsmitglieder diskreditiert waren, weil sie ehemals einen hohen Organisationsgrad in der NSDAP aufwiesen und trotzdem im wirtschaftlichen Aufbau vielfach als unersetzlich galten, was ihnen entsprechende Privilegien verschaffte.[253]

Die frühen Mitgliederzahlen der Einzelgewerkschaften zeigen überall das schnelle quantitative Wachstum und die erheblichen Unterschiede in den Größenordnungen. (☛ vgl. *Tab. 8*)

Einheit als große und über die Zonengrenzen hinweg auch gemeinsame Zielsetzung der deutschen Gewerkschaften ist in der SBZ als Organisationsprinzip konsequent realisiert worden. Aber diese Form von verordneter Zentralisierung und Einförmigkeit hatte zur Folge, daß eine ursprünglich mit großem Engagement und emotionalem Gehalt verfochtene Orientierung schnell zur öden Formel verkam. Das historische Pathos war erheblich überzogen, aber man kann davon ausgehen, daß es 1945 nicht nur wirksam war, sondern auch eine tatsächliche Stimmungslage unter denen wiedergab, die der Arbeiterbewegung nahestanden oder angehörten. »Nur eine gefestigte, geeinte Arbeiterbewegung«, so die beschwörenden Sätze in der Einleitung der »Grundsätze und Aufgaben der Freien Deutschen Gewerkschaften« vom Februar 1946, »die in den entscheidenden Jahren vor 1933 entschlossen gewesen wäre, den antifaschistischen Massenkampf

---

250 Bernhard Göring, Die Angestellten im FDGB, in: »Betrieb und Gewerkschaft«, September 1945, S. 13 f.
251 Beschluß-Protokoll, SAPMO-BArch, NL 4182/1139, Bl. 70.
252 Broszat/Weber (Hg.), SBZ-Handbuch, S. 657.
253 Vgl. Stadtland, Herrschaft, S. 353 f.

6. Gewerkschaften zwischen Tradition und politischer Instrumentalisierung

Tab. 8: Mitgliederzahlen der Industriegewerkschaften des FDGB

Industrie-Gewerkschaften	Juni 1946	September 1946	Dezember 1946
Bau	199.330	236.942	259.714
Bekleidung	71.885	83.756	94.616
Bergbau	147.644	154.765	164.844
Chemie	230.464	255.943	272.330
Graphisches Gewerbe	49.475	55.962	62.167
Holz	109.952	121.470	130.322
Eisenbahn	207.164	213.661	215.771
Post- und Fernmeldewesen	54.639	59.394	60.235
Handel und Transport	51.218	62.306	71.054
Land- und Forstwirtschaft	167.065	195.967	203.488
Leder	45.236	48.079	50.706
Metall	421.558	473.294	509.842
Textil	202.616	230.418	249.327
Nahrung und Genuß	143.989	160.353	181.361
Öffentliche Betriebe	417.504	451.001	464.418
G. d. Angestellten	128.634	150.177	164.837
G. f. Kunst und Schrifttum	32.614	39.441	43.462
G. d. Lehrer und Erzieher	44.392	56.016	63.220
Einzelmitglieder (noch nicht in IG eingereiht)	30.370	17.672	15.864
Gesamt	**2.755.749**	**3.066.617**	**3.277.578**

[Quelle: Geschäftsbericht des Freien Deutschen Gewerkschaftsbundes 1946. Berlin 1947, S. 85.]

mit allen Mitteln zu führen, hätte das furchtbare Unglück, das Deutschland und in der Folge die Welt traf, wenden können.«[254] Wegen dieser fehlenden Einheit wurde der 1. Mai 1933 zum »schwärzesten Tag in der Geschichte der deutschen Arbeiterbewegung«. Die organisatorische Konsequenz, die Überwindung der alten Richtungsgewerkschaften, war, anders als bei den Parteien, kaum strittig. Das Mißtrauen wuchs jedoch in der Praxis, weil sich die kommunistischen Vertreter von ihrem parteipolitisch gebundenen Gewerkschaftskonzept nicht verabschieden wollten und konnten. Auch die sonstigen allgemeinen Forderungen durften mit breiter grundsätzlicher Zustimmung in allen Zonen rechnen: Mitbestimmungsrecht in der Wirtschaft, Entnazifizierung der Betriebe und Verwaltungen, Rückkehr zum Acht-Stunden-Tag, Tarifverträge, kollektive Vertretung von Arbeitern und Ange-

---

254 Sichert die Einheit in den Betrieben. Grundsätze und Aufgaben des Freien Deutschen Gewerkschaftsbundes, in: Protokoll der Ersten Allgemeinen Delegierten-Konferenz des Freien Deutschen Gewerkschaftsbundes für das sowjetisch besetzte deutsche Gebiet, 9.–11. Februar 1946, Berlin 1946.

I. Die fragmentierte Klasse (1945–1947)

stellten durch Betriebsräte und Betriebsgewerkschaftsleitungen, sozialpolitische Absicherung und Vereinheitlichung der Sozialversicherung, Schaffung von Arbeitsgerichten zur Schlichtung von Streitfällen, Schulungs- und Kulturaufgaben der Gewerkschaften, Initiativen für eine gesamtdeutsche Gewerkschaftsbewegung.[255]

Hinter der Fassade der Einheit schwelten jedoch traditionelle und neue Konfliktlinien weiter. Sie wurden zunehmend von SMAD und SED unterdrückt und provozierten auf diese Weise eine neue, tiefgehende Spaltung zwischen einer politisch eng reglementierten Arbeiterbewegung im Osten und einer prinzipiell freien und autonomen im Westen. So scharf diese Trennlinie bereits vor der Gründung zweier deutscher Staaten sichtbar wurde, so schief wäre dennoch ein Bild, das den sowjetischen Einfluß in der SBZ allein in den Vordergrund rückt. Was für die gesamte DDR-Geschichte hinsichtlich deutscher Handlungsspielräume gilt, trifft auch für die frühe Arbeiterbewegung zu: Sie waren eng begrenzt, aber durchaus vorhanden. Die Interaktionsformen zwischen SMAD und deutschen Kommunisten waren in der Regel komplexer, als die zeitgenössische Wahrnehmung und der überwiegend als politisches Kampfinstrument verwandte Begriff Sowjetisierung vermuten lassen. Der völlig unstrittige starke sowjetische Einfluß konnte auf eine deutsche kommunistische Tradition rekurrieren, und die deutschen Moskau-Emigranten, die nach 1945 eine besonders wichtige Rolle spielten, haben sich programmatisch und habituell besonders nachdrücklich am sowjetischen Vorbild orientiert.[256] Im Sommer 1946 war erstmals eine sowjetische Gewerkschaftsdelegation zu Gast beim FDGB und besuchte zahlreiche Betriebe. Eine große Abschlußveranstaltung in der Berliner Staatsoper sollte als Geste für ein neues Verhältnis zwischen den Werktätigen beider Länder und als Beleg für den Abbau des »Mißtrauens der Werktätigen gegenüber dem Sowjetvolk« dienen. Ende Oktober fand dann die erste Studienreise einer FDGB-Delegation in die Sowjetunion statt.[257]

Die Befunde der Organisationsgeschichte und auch die Ergebnisse des in der FDGB-Spitze beginnenden Kampfes gegen den »Sozialdemokratismus« auf den mittleren und unteren Ebenen der Gewerkschaften sind zu diffus, als daß man nur von einem konsequenten Traditionsbruch sprechen könnte. Deutsche und sowjetische Traditionen vermischten sich und nahmen auf den verschiedenen Feldern der Sozialpolitik, die in der SBZ und DDR immer gleichbedeutend war mit umfassender Gesellschaftspolitik, vielgestaltige Ausdrucksformen an. Hans Günter Hockerts hat daher die Bedeutung der Moskauer Oberherrschaft vor allem darin gesehen, »daß sie die SED in die Lage versetzte, deutsche Traditionsbestände neu zu sortieren«.[258]

---

255 Ebd., S. 5-12.
256 Vgl. Stadtland, Herrschaft, S. 47 f.
257 Albert Behrendt, Die Anfänge des Delegationsaustausches zwischen Gewerkschaften der Sowjetunion und dem FDGB 1946/47, in: Die Entwicklung der freundschaftlichen Beziehungen zwischen der DDR und der UdSSR, Berlin (O) 1977, S. 85 ff.
258 Hockerts (Hg.), Drei Wege, S. 9.

7. »Aktivisten der ersten Stunde« – Betriebsräte und Basisinteressen

Zu den positiven und von den Beteiligten bisweilen nostalgisch verklärten Erinnerungen an die Zusammenbruchsgesellschaft gehörten in allen Zonen die »Aktivisten der ersten Stunde«, die zwar keineswegs auf die Arbeiterschaft begrenzt waren, aber in der wiederentstehenden Arbeiterbewegung doch eine beträchtliche Signalwirkung entfalteten. In der überlieferten betrieblichen und gewerkschaftlichen Erinnerung waren es nahezu ausschließlich Männer.[259] Den Frauen hat das populäre kollektive Gedächtnis vor allem die Trümmerräumung zugewiesen. Da die Arbeiterbewegung männlich dominiert war, ist dieser Befund aber nicht nur ein Produkt geschlechtsspezifischer Blindheit, sondern entsprach der sozialen Realität. So nachdrücklich die neuere Geschichtsschreibung die überragende organisatorische Rolle von Frauen für das Überleben in allen Bereichen der Gesellschaft betont hat[260], so klar bestimmten im betrieblichen und gewerkschaftlichen Bereich 1945 die Männer das Feld. Für die Frühgeschichte der Arbeiterbewegung nach 1945 sind die herausragenden Aktivitäten von Betriebsvertretungen und Vorformen der Betriebsräte ein Schlüssel zum Verständnis des widersprüchlichen und spannungsreichen Erscheinungsbildes einer Gesellschaft im Umbruch. Betriebliche Varianten der Antifa-Ausschüsse entstanden 1945 häufig in herrenlosen oder beschlagnahmten Betrieben. Die frühe Präsenz »der Linken« nach dem Ende der braunen Diktatur machte sichtbar, daß die Arbeiterbewegung trotz der brutalen Verfolgungen im Kern keineswegs zerstört war. Schon die große Breite unterschiedlicher Bezeichnungen spiegelt die Vielfalt spontaner, oft an tradierte Muster anknüpfender Organisationsformen: Arbeiterausschuß, Arbeiterrat, Fabrikausschuß, Aktionsausschuß, Fabrikkomitee, Vertrauensrat, Betriebsverwaltungsrat und andere.[261]

So bunt das Erscheinungsbild dieser meist spontanen Organisations- und Tätigkeitsformen anfänglich war, so schnell setzte sich doch das traditionsorientierte Betriebsrätemodell durch, wobei die Reichweite der Aktivitäten erheblich differierte. Aus der übergeordneten Perspektive von SMAD und KPD/SED lassen sich

---

259 Ein typisches Beispiel ist dafür die im Gewerkschaftsverlag der DDR erschienene Publikation »Aufbruch in unsere Zeit. Erinnerungen an die Tätigkeit der Gewerkschaften von 1945 bis zur Gründung der Deutschen Demokratischen Republik«, Berlin (O) 1975. Von den 22 mit kurzen Lebensläufen vorgestellten Autoren, die überwiegend bereits vor 1933 parteilich oder gewerkschaftlich organisiert waren und nach 1945 Funktionen ausübten, waren lediglich 3 Frauen. Die linientreue Auswahl kann natürlich nicht als repräsentativ gelten, aber die Relation dürfte sich auch bei einer anderen Zusammenstellung schwerlich ändern. Wenig ergiebig auch: Die ersten Jahre. Erinnerungen an den Beginn der revolutionären Umgestaltungen, hg. vom Institut für Marxismus-Leninismus Berlin (O) 1979). Die unterschiedlichen Motive der Männer der ersten Stunde betont zu Recht Horst Barthel, Der schwere Anfang. Aspekte der Wirtschaftspolitik der Partei der Arbeiterklasse zur Überwindung der Kriegsfolgen auf dem Gebiet der DDR 1945 bis 1949/50, in: Jb. für Geschichte 16 (1977), S. 253-282.
260 Robert G. Moeller, Geschützte Mütter. Frauen und Familien der westdeutschen Nachkriegspolitik, München 1997.
261 Uwe Rosenthal/Matthias Loeding, Stadien der Betriebsrätebewegung in der SBZ – eine Skizze, in: BzG 41(1999)1, S. 35-56.

I. Die fragmentierte Klasse (1945-1947)

drei Phasen in der Betriebsrätepolitik deutlich unterscheiden. Bis zum Sommer 1945 versuchte man, die ungeliebten, weil nicht von oben gesteuerten und zu steuernden Betriebsräte – ähnlich wie die Antifa – auszuschalten oder zu verbieten. Schon im August aber erklärte Ulbricht, die Tradition der Betriebsräte habe sich wieder durchgesetzt, und er begrüßte diesen Umstand wie selbstverständlich. In der nun beginnenden zweiten Phase sollten sie einerseits für die Ankurbelung der daniederliegenden Wirtschaft genutzt, andererseits aber auch unter Kontrolle gebracht werden. Die dritte Phase begann im Februar 1948 mit der Verschiebung der anstehenden Betriebsratswahlen und war durch systematische Kompetenzbeschneidungen bis hin zur formellen Auflösung der Betriebsräte in Bitterfeld im November 1948 gekennzeichnet.[262]

Das erstaunliche Faktum, daß nicht nur die KPD, sondern auch die SMAD darauf verzichtete, ihre ursprüngliche Forderung nach einem Ende der spontan entstandenen Betriebsräte und deren Ersetzung durch die unterste Organisationseinheit der Gewerkschaften, die BGL, zu exekutieren, ist ein indirekter Beleg für die starke Verankerung der Betriebsräte in der Industriearbeiterschaft.[263] Ohne eine entsprechende Vorbereitung wäre ihr Verbot riskant gewesen und hätte dem Ziel, die Arbeiter für den Aufbau zu mobilisieren, sowie auch allen deutschlandpolitischen Ambitionen auf schwer kalkulierbare Weise geschadet. Gleichwohl mußte es nach marxistisch-leninistischem Gewerkschafts- und Parteiverständnis vorrangiges Ziel bleiben, diese Basisorganisationen mit ausgeprägt betriebsegoistischen Aktivitäten unter die Kontrolle des FDGB zu bringen, und zwar indem man sie integrierte. Das sollte sich als ein mühsamer und konfliktreicher Prozeß erweisen, der auch noch über die Bitterfelder Beschlüsse von 1948 hinaus andauerte. Der Strukturkonflikt zwischen Gewerkschaft und Betriebsvertretung bestimmte auch die frühe Geschichte der Arbeiterbewegung in den Westzonen, mit formal teils ähnlichen, teils anders gelagerten Motiven.[264] Im Betriebsrätegesetz des Alliierten Kontrollrats vom April 1946 fand das Mißtrauen gegenüber einer starken Stellung autonomer Betriebsräte ebenfalls seinen Niederschlag.[265] Die Besonderheit in der SBZ lag jedoch in der spezifischen Form, in der das Problem politisiert wurde. Der FDGB betonte besonders die Feststellung des Kontrollratsgesetzes in Artikel 7: »Die Betriebsräte führen ihre Aufgaben in Zusammenarbeit mit den anerkannten Gewerkschaften durch.« Die von der Partei leichter zu steuernden Betriebsgewerkschaftsgruppen standen dabei im Hintergrund.[266] Schon bei der Vorbereitung der ersten regulären Betriebsrätewahlen in der sowjetischen Zone forderte ein internes Rundschreiben der SED, daß »die Partei dafür sorgen muß,

---

262 Reichel, Auf dem Weg, S. 454-458.
263 Erstmalig hat darauf Suckut, Betriebsrätebewegung, S. 163 f., 182, 229 hingewiesen.
264 Vgl. Christoph Kleßmann, Betriebsräte und Gewerkschaften in Deutschland 1945-1952, in: Heinrich August Winkler (Hg.), Politische Weichenstellungen im Nachkriegsdeutschland 1945-1953 (Geschichte und Gesellschaft Sonderheft 5), Göttingen 1979, S. 44-73.
265 Ebd.
266 Das Mitbestimmungsrecht in den Betrieben in Verbindung mit dem Betriebsrätegesetz. Informationsmaterial für Gewerkschafts-Funktionäre, Berlin Februar 1947, Nr. 4 (Hg. vom FDGB).

7. »Aktivisten der ersten Stunde« – Betriebsräte und Basisinteressen

daß nur Anhänger der Arbeitereinheit gewählt werden [...], die aktiv am Neubau und der Steigerung der Produktion mitarbeiten.«[267] Trotz aller Hilfestellung des FDGB bei Schulungsmaßnahmen gelang es kaum, die Dominanz der Betriebsräte gegenüber den BGL zu brechen. So beklagte sich Herbert Warnke im Juni 1947, daß bei einem Dutzend von ihm besuchter Belegschaftsversammlungen in Sachsen, Thüringen und Sachsen-Anhalt die betriebliche Gewerkschaftsgruppe nirgendwo offiziell oder führend in Erscheinung getreten sei.[268]

Einige Betriebsratswahlergebnisse aus den Ländern vermitteln interessante Aufschlüsse darüber, daß trotz großer Anstrengungen noch keineswegs »klare Verhältnisse« im Sinne der SED erreicht waren. In Sachsen als dem industriell wichtigsten Land der Ostzone brachten die Wahlen vom Juli 1946 folgende Zahlen: In 20.009 Betrieben mit 1.094.166 Beschäftigten wurden 55.065 Betriebsräte gewählt (davon 39.304 Männer, 12.275 Frauen, 3.486 Jugendliche). Nach parteipolitischer Zugehörigkeit setzten sich die gewählten Betriebsräte folgendermaßen zusammen: SED – 26.808, CDU – 679, LDP – 701, Parteilose – 26.877.[269] Ein Jahr später sahen die (vorläufigen) Ergebnisse für alle fünf Länder (ohne Berlin) nach Angaben der Hauptabteilung Betriebsräte des Bundesvorstandes prinzipiell ähnlich aus: In 52.316 Betrieben mit rund 2,773 Millionen Beschäftigten wurden über 140.600 Betriebsräte gewählt. Über die parteipolitische Zusammensetzung der Betriebsräte lagen dem Bundesvorstand folgende Zahlen vor:

Tab. 9: Parteizugehörigkeit der Betriebsräte 1947

Land	SED	CDU	LDP	Parteilos
Sachsen	26.696	618	555	23.348
Sachsen-Anhalt	14.961	328	444	13.364
Thüringen	13.726	644	445	12.370
Brandenburg	6.472	138	91	7.075
Mecklenburg	5.880	189	50	5.740
Zusammen	**67.735**	**1.917**	**1.585**	**61.897**
Im Vorjahr	64.460	1.582	1.409	50.541

[Quelle: Zusammenstellung der Hauptabteilung Betriebsräte des FDGB-Bundesvorstandes vom 26.06.1947, SAPMO-BArch, DY30/IV 2/5/235.]

Der Bericht liefert keinerlei Hinweise zur Erklärung der auffallend hohen Zahlen von parteilosen Betriebsräten. Es ist durchaus möglich, daß sich dahinter auch viele »trojanische Pferde« der Kommunisten verbargen, die sowohl aus westdeut-

---

267 Zit. bei Reichel, Auf dem Weg, S. 456.
268 Ebd., S. 457.
269 Undatierter Bericht »Der FDGB im Land Sachsen« (Anfang 1947), SAPMO-BArch, DY34/ 23188, S. 9 f. Etwas niedrigere Zahlen gibt der Geschäftsbericht des FDGB 1946, S. 158 an. Hier fehlen jedoch selbstverständlich die Hinweise auf die Parteizugehörigkeit.

schen als auch polnischen Betriebsratswahlergebnissen bekannt sind.[270] Überdies läßt sich die Zahl der SED-Mitglieder nicht nach früherer parteipolitischer Herkunft aufgliedern. Zweifellos spiegeln die hohen Zahlen von Parteilosen jedoch eine deutliche Distanz der Belegschaft zu den forcierten Bemühungen um politische Mobilisierung. Dabei konnten sich solche Formen der Distanznahme ebensogut aus einer gewissen Gleichgültigkeit wie auch verdecktem Protest speisen. Auch die starke Rolle einer »Personenwahl« fällt hier als Motiv für die Entscheidung beträchtlich ins Gewicht. Gerade dieser Gesichtspunkt relativiert die Aussagekraft parteipolitischer Zuordnungen von Betriebsräten. Einzelbeispiele aus Ost und West zeigen, daß persönlicher Einsatz und Charisma bei den Belegschaften oft wichtiger waren als ein bestimmtes Parteibuch. Otto Marquardt, schon in der Weimarer Republik Betriebsrat der Firma Carl Zeiss in Jena und auch nach 1945 mehrfach in diese Funktion gewählt, ließe sich als prominentes Beispiel für die Ostzone nennen[271], ferner Clemens Kraienhorst (KPD) in Bottrop oder Werner Söchtig (KPO-KPD) in Salzgitter.[272] Das Beispiel Marquardt zeigt aber, wie diffus die politischen Fronten auf der unteren Ebene unter Umständen verlaufen konnten. Der Sozialdemokrat Marquardt war SED-Mitglied geworden, wollte aber als Betriebsrat die Enteignung und Verstaatlichung des Zeiss-Unternehmens verhindern – ohne Erfolg. Noch vor der Bitterfelder Konferenz 1948 zwang die SED-Kreisleitung den unbequemen Betriebsrat unter Androhung des Parteiausschlusses, seine Funktion aufzugeben. Er arbeitete danach bis 1953 in der Personalabteilung des VEB Carl Zeiss.[273]

Anfänglich gab es an der Basis offenbar Vorbehalte gegen Betriebsrätegesetze, wie sie im Herbst 1945 in Thüringen veröffentlicht und in Sachsen diskutiert wurden, also bevor der Alliierte Kontrollrat im April 1946 ein Rahmengesetz für alle Zonen erließ. In einer Resolution von Funktionären und Betriebsräten der Bauarbeiter im Bezirk Leipzig hieß es in ungelenken, noch nicht vom Partei-Jargon durchtränkten Formulierungen: »Wir vertreten die Auffassung, daß wir für die nächste Zeit auch noch ohne eine solche gesetzliche Regelung auskommen können. Das Recht auf Betriebsvertretungen ist ein historisch gewordenes Recht und damit als Gewohnheitsrecht außerhalb jeder Diskussion, Formen und Aufgaben aber können am besten in der jetzigen Zeit durch die Praxis und durch die Aktivität der Arbeiter im Betrieb herauskristallisiert werden.«[274]

---

270 Vgl. Kleßmann, Betriebsparteigruppen, S. 306; Zur Situation in Polen in den ersten Nachkriegsjahren liegt eine Arbeit von Jedrzej Chuminski vor: Ruch zawodowy w Polsce w warunkach ksztaltujacego sie systemy totalitarnego, Breslau 1999 (in deutscher Übersetzung als MS: Gewerkschaften und Arbeiterinteressen in Polen 1944–1956, Potsdam 2000, ein Exemplar in der Bibliothek des ZZF).
271 Vgl. Wolfgang Mühlfriedel/Edith Hellmuth, Das Tagebuch des Betriebsrats der Firma Carl Zeiss in Jena, in: JHK 1994, S. 189-206.
272 Vgl. Bottroper Protokolle, aufgezeichnet von Erika Runge, Frankfurt/M. 1968, S. 11-39; Christoph Kleßmann, Politisch-soziale Traditionen und betriebliches Verhalten von Industriearbeitern nach 1945 – Umrisse am Beispiel zweier Werke, in: Mentalitäten und Lebensverhältnisse. Festschrift für Rudolf Vierhaus, Göttingen 1982, S. 365-381.
273 Mühlfriedel/Hellmuth, Tagebuch, S. 205 f.
274 Undatierte Resolution im Nachlaß Ulbrichts, SAPMO-BArch, NL4182/1156 Bl. 46.

7. »Aktivisten der ersten Stunde« – Betriebsräte und Basisinteressen

Einen halbwegs repräsentativen Einblick in die Probleme der Betriebsratsarbeit der ersten Nachkriegsjahre vermittelt eine Umfrage des FDGB-Bundesvorstandes von 1946. Von 200 befragten Betrieben verschiedener Größe und Branchen antwortete immerhin die Hälfte. Der Untersuchungsbericht vermerkt zudem, daß auch persönliche Erfahrungen aus Betriebsbesuchen, Betriebsrätevollversammlungen und Unterredungen mitausgewertet worden seien.[275] Nach Industriegewerkschaften differenziert entfiel die größte Zahl der Betriebe auf die IG Metall (26), IG Chemie (16), öffentliche Betriebe (9), Nahrung und Genuß (9), Bergbau (7). Sachsen lag mit 29 Rückmeldungen an der Spitze, gefolgt von der Provinz Sachsen (Sachsen-Anhalt), Thüringen und Brandenburg (mit je 18), Mecklenburg-Vorpommern mit 11 und Berlin mit 6. Die Antworten zur Frage der Mitbestimmung in der Produktion zeigten, daß es nur in relativ wenigen Fällen ein wirkliches Mitbestimmungsrecht gab, lediglich Einsichtnahme in die Produktionspläne wurde oft gewährt. Doch ein Betrieb unter sowjetischer Leitung gestattete selbst das nicht. Über Preiskontrollen schwiegen sich die meisten Berichte aus. Die Arbeitsmoral wurde zwar nicht durchweg als schlecht bezeichnet, aber mehrfach auf Ungerechtigkeiten in der Lebensmittelkarteneinstufung sowie niedrige Löhne hingewiesen. Fast alle Berichte betonten jedoch das Bemühen der Betriebsräte, die Versorgungssituation zu verbessern. Die Schwierigkeiten bei der Einrichtung von Betriebsküchen, konkret bei der Anschaffung von Einrichtungsgegenständen, spielten dabei eine große Rolle. »Insgesamt gesehen«, stellte der Bericht fest, »hat man den Eindruck, daß die Aufgaben in der Versorgung und Ernährung den größten Raum in der Arbeit der Betriebsräte einnehmen, einen größeren als die Produktionsaufgaben.«

Schon mehrfach wurden die Schwierigkeiten angesprochen, Frauen für die betriebliche Gewerkschaftsarbeit heranzuziehen und das Prinzip »gleicher Lohn für gleiche Arbeit« tatsächlich durchzusetzen. In größeren und mittleren Betrieben schuf man daher Betriebsfrauenkommissionen, deren vorrangige Aufgaben in den von der Hauptabteilung Frauen beim FDGB-Bundesvorstand entworfenen Richtlinien vom Juni 1946 beschrieben waren: Mitarbeit bei der Entnazifizierung, Veranstaltung von Kursen zur wirtschaftlichen, gewerkschaftlichen und kulturellen Schulung, Beseitigung ungerechter Frauenlöhne, Schaffung betrieblicher Sozialeinrichtungen (insbesondere Betriebskindergärten), Entlastungsmaßnahmen bei der Hausarbeit. Während der Geschäftsbericht des FDGB für 1946 bei den sozialen Aufgaben viele Erfolge registrierte, charakterisierte er die »ideologische Aufklärungsarbeit« als »bisher noch unbefriedigend«[276] und belegte damit eine kaum überraschende Gewichtsverteilung der Interessen.

Besonders aufschlußreich sind die Hinweise der zusammenfassenden Analyse auf die Arbeit der Betriebsgewerkschaftsgruppen. Häufig bestanden gar keine Betriebsgewerkschaftsleitungen oder sie waren mit dem Betriebsrat identisch und

---

275 SAPMO-BArch, DY34/20201. Eine Zusammenfassung findet sich auch im Geschäftsbericht des FDGB 1946, S. 167 ff. Vgl. Reichel, Auf dem Weg, S. 474 f.
276 Geschäftsbericht des FDGB 1946, S. 201.

I. Die fragmentierte Klasse (1945–1947)

wurden deshalb als unnötig angesehen. »Es herrscht auf diesem Gebiet also noch ein solches Durcheinander«, lautete das Resümee, »daß man unbedingt die Aufgaben der Betriebsgewerkschaftsleitungen öfter und gründlicher als bisher und auch vor besonderen Konferenzen der Betriebsgewerkschaftsleitungen behandeln muß.« Dekuvrierend im Hinblick auf den offenbar völlig unzureichenden gewerkschaftlichen Einfluß ist auch die abschließende Feststellung: »Am schlimmsten wirkt sich der schlechte Stand der Betriebsgewerkschaftsarbeit auf die Durchführung der Belegschaftsversammlung aus. Die Diskussionen in ihnen sind deswegen schwach oder schlecht, und es kommen deswegen nicht genügend Anträge und Beschlüsse zusammen, weil die Belegschaftsversammlung nicht vorher von der Betriebsgewerkschaftsgruppe entsprechend vorbereitet wird.«

Die Antworten auf die Umfrage vermitteln trotz ihres fragmentarischen Charakters ein insgesamt ernüchterndes Bild, das von zeitgenössischen parteifrommen Erfolgsmeldungen ebensoweit entfernt ist wie von politischen Stilisierungen im Sinne einer effektiven Betriebsrätebewegung. Zugleich bestätigt die Umfrage in ihrem ausgeprägten Alltagsbezug einen Befund, zu dem auch neuere Untersuchungen für die Westzonen gelangt sind.[277]

Die landeseigenen Betriebe (VEB) sollten Schrittmacher einer fortschrittlichen Entwicklung sein und den Boden für die generelle Durchsetzung des Primats der Gewerkschaften bereiten. Dem dienten mehrere im Sommer und Herbst 1947 von den Landesvorständen des FDGB einberufene Betriebsrätekonferenzen der Länder.[278] Die Schwierigkeiten des FDGB, in den Betrieben seine unterste Organisationseinheit fest zu verankern, blieben auch in den folgenden Jahren bestehen. Eine vom Bundesvorstand Anfang 1948 eingeleitete Untersuchung über die Arbeit von Betriebsgewerkschaftsgruppen in Betrieben mit über 500 Belegschaftsmitgliedern bestätigte das mit umfassenden und genauen Zahlen. Das Fazit der Hauptabteilung Organisation des Bundesvorstandes lautete für alle Länder der SBZ nahezu gleich: »Eine Klarstellung der führenden Rolle der Betriebsgewerkschaftsleitungen ist erforderlich, da die Erhebung zeigt, daß nicht einmal in den Großbetrieben auch in nur annäherndem Maße wirklich ihren Aufgaben entsprechend arbeitsfähige Betriebsgewerkschaftsleitungen entwickelt worden sind.«[279]

Was hier in eher dürren Resümees aus detaillierten Zahlenangaben formuliert wurde, faßte der Landesvorstand des FDGB Sachsen-Anhalt in einem knappen Bericht über eine eigene Untersuchung zur Tätigkeit von Betriebsgewerkschaftsleitungen in 238 Betrieben aller Industriezweige vom 5. Mai 1948 in viel schärfere Worte. Demnach entwickelten die BGL nur in 17 Großbetrieben ein eigenes Leben. In allen anderen Betrieben fanden BGL-Sitzungen gemeinsam mit dem Betriebsrat statt. Arbeitsprogramme gab es selten, Betriebsvereinbarungen exis-

---

277 Vgl. Rüther, Zwischen Zusammenbruch, Kap. 5 (»Die Zeit der Improvisation«).
278 Albert Behrendt, Die Betriebsrätekonferenzen der landeseigenen Betriebe in der SBZ 1947, in: ZfG 27 (1979), S. 868-883.
279 Hausmitteilung der Abteilung Organisation des FDGB vom 29.04.1948, SAPMO-BArch, DY34/42/720c/3398 (mit Einzeluntersuchungen für alle Länder).

7. »Aktivisten der ersten Stunde« – Betriebsräte und Basisinteressen

tierten zwar fast überall, das Mitbestimmungsrecht fand jedoch kaum Anwendung. Betriebsausschüsse entsprechend dem SMAD-Befehl 234 bestanden zwar in 80 Prozent der untersuchten Betriebe, zumeist aber nur auf dem Papier. In 85 Prozent der Betriebe fanden sich überhaupt keine Gewerkschaftsvertrauensleute. Die Ursachen dieser Defizite wurden vor allem in mangelnden Kontakten zur jeweiligen Industriegewerkschaft ausgemacht. »Es gibt Betriebe, in denen seit einem Jahr und darüber hinaus kein Gewerkschaftssekretär anwesend war. Oder er erschien nur nach Aufforderung«. Das Fazit des Landesvorstandes lautete: »Die Betriebsarbeit muß von uns ganz konsequent und restlos auf operative Anleitung umgestellt werden. Ohne Verzögerung! Gründlich!«[280]

Ein solches Ergebnis mußte um so deprimierender sein, als sich der FDGB schon frühzeitig um die Schulung der Betriebsräte bemüht und damit ein klassisches Feld der Kooperation reaktiviert hatte. Der FDGB begann bereits im Herbst 1945 in Sachsen mit gezielten Schulungsmaßnahmen, die dann auf die übrigen Landesorganisationen übertragen wurden. Nach Angaben des FDGB-Geschäftsberichts für 1946 haben in der SBZ insgesamt etwa 20.000 Betriebsratsmitglieder an diesen Veranstaltungen teilgenommen. Ihr Lehrplan sah 162 Unterrichtsstunden vor, deren Aufgliederung einiges über die Notwendigkeiten praktischer Betriebsrätearbeit aussagt[281]:

Die Aufgaben der Freien Gewerkschaften in der Wirtschaft und in den Wirtschaftsorganisationen	16 Stunden
Was muß der Betriebsrat von der Bilanz wissen?	24 Stunden
Einführung in die Politische Ökonomie: Kapitalismus und Imperialismus	16 Stunden
Betriebswirtschaftslehre	16 Stunden
Das neue Arbeitsrecht, Tarifwesen und Betriebsrätegesetz	18 Stunden
Industrielle Kostenrechnung (Was muß der Betriebsrat von der Kalkulation kennen?)	26 Stunden
Aus der Geschichte der Arbeiter- und Gewerkschaftsbewegung	16 Stunden
Warenkunde und Rohstoffprobleme	10 Stunden
Soziale Aufgaben des Betriebsrats	10 Stunden
Strukturwandel der Wirtschaft in der sowjetisch besetzten Zone und in der Wirtschaft – Grundlagen der Wirtschaftsplanung	10 Stunden

Der Erfolg dieser überwiegend auf klassische Betriebsratsfunktionen ausgerichteten Schulungen läßt sich nicht feststellen. Ernüchternde Hinweise bot Herbert Warnke in seinem Reisebericht vom 2. Juni 1946. Er stellte fest, die Themen der Schulungen seien für die praktische Anleitung der Betriebsräte zu abstrakt und die Referenten oft nicht genügend geeignet. So sei die Teilnehmerzahl in einem

---

280 Ebd., Schreiben des Landesvorstandes Sachsen-Anhalt vom 05.05.1948.
281 Geschäftsbericht des FDGB 1946, S. 179 f. Vgl. auch: Betriebsräteschulen in Sachsen, in: »Neuer Weg« 1 (1946) H. 8, S. 22 f. Eine Sammlung von wichtigen Dokumenten bei Karin Kolasinski (Hg.), Betriebsräte und Gewerkschaften: Dokumente 1945–1950, Berlin (O) 1990.

I. Die fragmentierte Klasse (1945–1947)

Fall in den 26 Wochen von 800 auf 100 gesunken.[282] Die Zahlen zeigen dennoch, daß die Betriebsräte erhebliche organisatorische Unterstützung durch die Gewerkschaften erfuhren. Gleichwohl gerieten Partei- und Gewerkschaftsfunktionäre angesichts der Notlagen ständig in die Kritik der Belegschaften. Herbert Warnke gab nach seiner Informationsreise durch die fünf Länder im Frühsommer 1947 kritische Eindrücke wieder. Im Bezirk Halle, stellte er fest, mache sich die Unzufriedenheit über die Ernährungsmisere vor allem gegenüber der SED Luft, so daß zahlreiche SED-Betriebsräte auf eine erneute Kandidatur verzichtet hätten mit der Begründung, die Probleme seien zu groß. Zusammenfassend konstatierte Warnke: »Während meiner anlässlich der Betriebsräte-Wahlen durchgeführten Reisen (in allen 5 Ländern der Zone) habe ich den sich Woche für Woche vertiefenden Eindruck gewonnen, daß Behörden sowie Parteien und z. T. auch der FDGB sowie besonders die Presse sehr stark isoliert von der Bevölkerung arbeiten und sich zwischen ihnen und dieser eine Kluft aufzutun droht, die z. T. sogar schon vorhanden ist. Wenn wir die Betriebsräte-Wahlen richtig auswerten wollen, müssen wir diese Frage in den Vordergrund stellen und Änderung schaffen.«[283]

Das Verhältnis von Betriebsräten und Gewerkschaften war – wie schon in Weimar und in den Westzonen auch – zwangsläufig von einer strukturellen Spannung geprägt, die jedoch nicht in eine unproduktive Konfrontation münden mußte. Ihre besondere Note erhielt diese Spannung in der SBZ jedoch durch das kommunistische Gewerkschaftskonzept, das keinen Spielraum für betriebliche Basisvertretungen vorsah. Insofern sind die intensiven zeitgenössischen Diskussionen, die anfangs noch nicht völlig reglementiert waren und werden konnten, weniger von der Suche nach basisnaher Kooperation als von der Attitüde der »Anleitung« durch übergeordnete FDGB-Instanzen geprägt.[284] Ein Betriebsrat stellte in der Diskussion mit Herbert Warnke fest, FDGB und Betriebsrat seien nach 1945 »wie Zwillingsbrüder« miteinander aufgewachsen. »Ohne Gewerkschaft hätte es keine ersprießliche Arbeit der Betriebsräte gegeben, ohne die tätige Mitarbeit der Betriebsräte hätte niemals der FDGB eine derartig sprunghafte Aufwärtsentwicklung durchmachen können, wie wir sie erlebt haben. Damit haben die Betriebsräte unter Beweis gestellt, daß sie ein wertvolles und würdiges Organ der Gewerkschaft sind. Soll das nunmehr nach der Schaffung der Betriebsgewerkschaftsgruppen unbedingt anders werden? Ich sage nein!« Warnke antwortete mit dem dezidierten Hinweis auf die Gefahr der Loslösung der Betriebsräte von den Gewerkschaften, falls man beide als Zwillingsbrüder verstehen würde. »Nicht neben, sondern innerhalb der Betriebsgewerkschaftsgruppe« sollte der Platz der Betriebsräte sein.[285]

Angesichts der sozial unverzichtbaren, aber ökonomisch problematischen Aktivitäten der Betriebsräte im Kompensationshandel war diese Forderung aus über-

---

282 SAPMO-BArch, NL4182/1157, Bl. 16.
283 Ebd., Bericht vom 16.06.1947, Bl. 56.
284 Vgl. etwa: Betriebsgruppen, Betriebsgewerkschaftsgruppen, in: »Die Arbeit«, 1 (1947), S. 185 f.
   Kritik und Diskussion dazu: ebd., S. 287 f.
285 Ebd., S. 287 f.

geordneter Perspektive durchaus berechtigt. Aber das, worauf sie letztlich zielte, hieß: Ausschaltung durch Integration. Der zweifellos vorhandene Strukturkonflikt muß daher mit Blick auf die besonderen Ausgangsbedingungen der Zusammenbruchsgesellschaft bewertet werden. Damit relativieren sich die Vorstellungen von weitreichenden politischen Neuordnungsambitionen und einem quasirevolutionären Potential der Betriebsräte in einem innerbetrieblich »machtfreien Raum«, wie sie von Theo Pirker für die Westzonen entwickelt und von mehreren Autoren für die SBZ übernommen worden sind.[286]

Die im Sinne der Gewerkschaftsspitze völlig unzureichende betriebliche Organisationsarbeit hatte viele Ursachen, die im einzelnen schwer zu erfassen und zu gewichten sind. Doch indirekt lassen die Berichte die veränderten und der Zusammenbruchsgesellschaft durchaus angemessenen Prioritätensetzungen deutlich erkennen. Darin spiegelten sich zweifellos bestimmte ausgeprägte, fortwirkende oder wiederbelebte Traditionsbindungen. Die Gewerkschaften und Betriebsräte fanden Resonanz und Unterstützung auch dann, wenn sie ihre spezifischen Interessen unter den neuen politischen Rahmenbedingungen vertraten. Arbeiterinteressen betrafen zunächst vorrangig den alltäglichen Bereich: vernünftige Lohn- und Normregelungen, Versorgungsfragen, der Wunsch nach gerechter Verteilung betrieblicher Verpflegungsrationen und bei Frauen insbesondere nach Erleichterungen von der Doppelbelastung durch Erwerbs- und Hausarbeit.

8. Tätigkeitsfelder des FDGB in der Zusammenbruchsgesellschaft

Diese Besonderheiten der Mangel- und Notgesellschaft der ersten Nachkriegsjahre haben nicht nur in der praktizierten Arbeit, sondern in auffälliger Weise auch in der gewerkschaftlichen Organisationsgeschichte ihren Niederschlag gefunden. Sozialpolitik mit einem breiten Aufgabenfeld war eine tägliche Herausforderung, die sich unabhängig von politischen Orientierungen stellte. In dieser sozialen Dimension trafen sich am ehesten Planungen von oben mit der Bereitschaft zum Engagement von unten. Sie erscheint als komplementäre positive Kehrseite der von zynischer Mißachtung elementarer Demokratievorstellungen durchsetzten politischen Geschichte der Arbeiterbewegung in der SBZ. Sozialpolitik sollte, wie es im Geschäftsbericht des FDGB für 1946 heißt, entsprechend den grundlegenden Veränderungen in Wirtschaft und Gesellschaft neue Wege beschreiten, aber zunächst auch noch traditionelle Aufgaben erfüllen. »Diese Erkenntnis führt dazu, daß auf der einen Seite der Kampf um eine fortschrittliche Sozialpolitik noch im Rahmen der bestehenden Wirtschaftsordnung und ihrer klassenmäßigen Struktur geführt wird, auf der anderen Seite aber bereits sozialpolitische Maß-

---

286 Vgl. Fred Klinger, Betriebsräte und Neuordnung in der sowjetischen Besatzungszone. Zur Kritik eines politischen Mythos, in: Rolf Ebbinghaus/Friedrich Tiemann (Hg.), Das Ende der Arbeiterbewegung in Deutschland?, Opladen 1984, S. 336-351.

I. Die fragmentierte Klasse (1945–1947)

nahmen vorbereitet und durchgeführt werden, die die Wege zu dem gesteckten grundsätzlichen Ziel ebnen müssen.«[287]

Wie breit diese Palette von Aufgaben war, zeigt allein die Gliederung der sozialpolitischen Abteilung der Ortsvorstände des FDGB in elf Referate: Sozialversicherung; Schwerbeschädigte und ihnen Gleichgestellte; Erwerbslosenhilfe; Arbeitsschutz – Gesundheitsschutz; Sozialfürsorge; Arbeitszeit; Arbeitseinsatz; Umsiedler, Heimkehrer, Kriegsgefangene; betriebliche Sozialpolitik; Gesundheitshelfer des FDGB; Unterstützungseinrichtung des FDGB. Bis 1948 gab es beim FDGB-Bundesvorstand eine eigene Hauptabteilung »Selbsthilfe«. Auch wenn Geschäftsberichte selten Realitäten abbilden, reflektieren sie das enorm breite praktische Aufgabenfeld. Die Selbsthilfe bezog sich auf Unterstützung von Neusiedlern und Neubauern nach der Bodenreform, auf die Reparatur und Herstellung von Maschinen und Geräten, auf die Einbringung der Ernte, auf die Nutzung von Brachland zum Anbau von Gemüse, auf Hilfe beim Wohnungsbau, aber auch auf den Kampf gegen den Schwarzmarkt. Zu den wichtigsten Beschlüssen des Bundesvorstandes im ersten Arbeitsjahr zählte der für die Sicherung der Ernährung, der die »Brachlandaktion« besonders unterstrich. »Jeder Betrieb mit eigenen Werksküchen muß unbedingt danach streben, den Gemüsebedarf aus eigenem, gärtnerisch bearbeitetem Gelände zu sichern. Betriebsgelände von Betrieben, die keine eigene Werksverpflegung besitzen, muß aufgeteilt und abgegeben werden an geeignete Kollegen, welche sich mit der Betriebsvertretung und der Selbsthilfekommission in Verbindung setzen.«[288] In der um mehrere Vertreter aus Großbetrieben erweiterten Vorstandssitzung des FDGB am 2./3. April 1946 wurde diese Selbsthilfeaktion eingehend und auch mit konkreten Vorschlägen erörtert.[289] »Wer im Arbeitsprozeß steht«, heißt es im Protokoll, »hat das erste Anrecht auf ein Stückchen Land, um zusätzliche Nahrung ziehen zu können.«[290] Beispielhaft für Sachsen beschrieb der Vorsitzende des Landesvorstandes Paul Gruner die Situation:

> »Die Selbsthilfeaktion haben wir als Brachlandaktion bezeichnet. Das ist nicht eine Art neue Bodenreform innerhalb der Schrebergärten, sondern alles verfügbare Land soll bearbeitet werden. Wir werden zusätzlich Gemüse schaffen. Die Parteien und Kommunalbehörden haben ähnliche Maßnahmen eingeleitet. Wir stellen bestimmte Personen hauptamtlich an, die sich mit der Brachlandaktion beschäftigen. So gibt es kein Nebeneinander mehr. Dadurch sind alle Organisationen zusammengefaßt in einem gemeinsamen Aktionsausschuß unter Führung des FDGB. Alle verfügbaren Plätze werden als Gemüsebeete aufgezogen. Wir haben nicht genügend Samen. Wir wollen da einen Austausch vornehmen. Unsere Gärtnereien sind stark zerschlagen. Mangel an Glas ist vor-

---

287 Geschäftsbericht des FDGB 1946, S. 95. Generell ist hier auf die verschiedenen Felder der Sozialpolitik zu verweisen, die eingehend dargestellt werden in: Geschichte der Sozialpolitik, Bd. 2/1.
288 Geschäftsbericht des FDGB., S. 23.
289 SAPMO-BArch, NL4182/1139, Bl. 45 ff.
290 Ebd., Bl. 45.

8. Tätigkeitsfelder des FDGB in der Zusammenbruchsgesellschaft

handen. Für die Werkküchen sollen größere Gelände freigestellt werden. Welche Sicherheit können wir übernehmen, damit nicht gestohlen wird? Die Polizei soll damit beauftragt und durch Zivilpersonen verstärkt werden. Zur Herstellung von Ackergeräten für die Klein- und Neubauern ist ein bestimmtes Schema aufgestellt. Zur Zeit werden nur Pflüge, Eggen und Sämaschinen repariert. Andere landwirtschaftliche Geräte werden zurückgestellt. Die Ortsbauernausschüsse sammeln unbrauchbare Ackergeräte, damit sie dort repariert werden. Reparaturkolonnen werden in die Dörfer geschickt. Der Transport wird dadurch gespart.«[291]

Frühzeitig schaltete sich der FDGB, auch wenn er formal noch keineswegs die Alleinzuständigkeit für Sozialpolitik besaß, in alle wesentlichen Fragen der Organisation der Sozialversicherung und Sozialfürsorge, der Krankenversicherung, der Erfassung und Lenkung von Arbeitskräften, der Integration von »Umsiedlern« in den Arbeitsprozeß, der Betreuung von Heimkehrern und Kriegsversehrten und der Umschulung ein. Bereits zum 1. Januar 1947 wurde auch ein Ferien- und Erholungsdienst des FDGB eingerichtet, der angesichts zerstörter Städte, Betriebe und Verkehrsnetze sowie der schlechten allgemeinen Gesundheitsverfassung ein wichtiges Signal bedeutete, auch wenn die praktische Reichweite zunächst sehr begrenzt blieb.

Die Zuständigkeit für die Erfassung, Vermittlung und Lenkung der Arbeitskräfte übertrug die SMAD mit den Befehlen Nr. 65 vom 15. September 1945 und Nr. 153 vom 29. November 1945 der Deutschen Verwaltung für Arbeit und Sozialfürsorge (DVAS).[292] Der FDGB und die Industriegewerkschaften unterstützten die Zentralverwaltung und die Ämter für Arbeit und Sozialfürsorge in eigenen Beratungsausschüssen. Angesichts der besonderen Dringlichkeit der »Umsiedler«-Versorgung legte ein Abkommen von 1946 zwischen der DVAS und der Zentralverwaltung für Umsiedler ausdrücklich fest, daß der FDGB in die beiderseitige Arbeit eingeschaltet werden solle. Aus arbeitsmarktpolitischen und humanitären Gründen erhielt der FDGB ebenfalls eine wichtige Rolle bei der Betreuung der Heimkehrer. Schon in den Auffang- oder Grenzübertrittslagern erhielten entlassene Kriegsgefangene eine Broschüre mit dem Titel »Der FDGB grüßt die Heimkehrer«. In den Heimatorten war der FDGB in den lokalen Heimkehrerausschüssen vertreten, hatte sich um die Versorgung der Ankömmlinge mit dem Nötigsten zu kümmern und sollte sich zusammen mit dem zuständigen Arbeitsamt um eine möglichst schnelle Wiedereingliederung in den Produktionsprozeß bemühen.[293] Indirekt war der FDGB auch bei der bevorzugten Fürsorge und Wiedergutmachung für die »Opfer des Faschismus« beteiligt. Neben Rehabilitierungsmaßnahmen und der Wiederherstellung der Gesundheit galt auch hier die

---

291 Ebd., Bl. 47 f.
292 »Arbeit und Sozialfürsorge« 2 (1947), S. 323 f.
293 Geschäftsbericht des FDGB 1946, S. 129 f.

I. Die fragmentierte Klasse (1945–1947)

Vermittlung von Erwerbsarbeit für die nach sozialer Schichtung und politischer Zugehörigkeit genau erfaßten Personen als besonders vordringlich.[294] Das langfristig wichtigste Arbeitsfeld lag in der Sozialversicherung. Ihre Neuordnung gehörte zwar vorrangig zu den drängenden Aufgaben der DVAS, die von der SMAD frühzeitig das Verordnungsrecht übertragen bekam. Das Prinzip der Selbstverwaltung sollte dabei nicht zuletzt aus Gründen der praktischen Arbeitsfähigkeit weitgehend wiederhergestellt werden. Angesichts der finanzpolitischen »Stunde Null« nach dem Ende des »Dritten Reiches« gab es hier besonders hohen Handlungsbedarf. Berlin war in mancher Hinsicht das Modell. In der zerstörten Hauptstadt war die Tätigkeit der Sozialversicherungsträger bei Kriegsende praktisch zum Stillstand gekommen: die Gebäude überwiegend zerstört, Unterlagen vernichtet, die Kassen leer. Beim Wiederaufbau spielte die Idee der Vereinheitlichung des zersplitterten Versicherungswesens von Anfang an eine Schlüsselrolle. Eine alte Forderung der Arbeiterbewegung erhielt damit erstmals die Chance, erfüllt zu werden. So wurden die bis April 1945 bestehenden 122 Krankenkassen in einer Anstalt zusammengefaßt. Erste Anordnungen über den Kreis der Versicherten und die Höhe der Beiträge und Leistungen sollten eine Basisversorgung sicherstellen. Parallel dazu wurden viele Mitarbeiter, die man 1933 gemaßregelt oder entlassen hatte, wiedereingestellt, gleichzeitig aber der Gesamtpersonalbestand durch Zentralisierung verringert.[295]

Mit dem SMAD-Befehl 28 wurden am 28. Januar 1947 die früher bestehenden 1.300 Versicherungsträger zu 5 Sozialversicherungsanstalten mit 153 Sozialversicherungskassen zusammengeschlossen. Das ermöglichte eine Steigerung der Leistungen, die sich 1948 folgendermaßen aufgliederten (wobei die hohen Anteile für Rentenzahlungen und die niedrigen Verwaltungskosten bemerkenswert sind[296]). (☛ vgl. *tabellarische Aufstellung*)

Das zumindest gewünschte große Gewicht der Gewerkschaften in der Neukonstruktion fand seinen Niederschlag unter anderem in der Schaffung von Ausschüssen und Vorständen, die zu zwei Drittel vom FDGB und zu einem Drittel von Vertretern der Wirtschaft beschickt werden sollten. Dierk Hoffmann hat allerdings im einzelnen dargelegt, daß der FDGB in den politisch-konzeptionellen

---

294 Jahrbuch Arbeit und Sozialfürsorge (1945–1947), S. 228 ff. Nach Angaben des Jahrbuchs setzten sich die in der NS-Zeit Verhafteten nach der sozialen Schichtung folgendermaßen zusammen: 10.845 Arbeiter, 5.748 Angestellte, 2.156 Selbständige, 303 Akademiker und Geistliche, 330 Soldaten, 2.089 Hausfrauen, 782 Angehörige sonstiger Berufe. Hinsichtlich der politischen und religiösen Zugehörigkeit finden sich folgende Daten: 9.504 Kommunisten, 2.469 Sozialdemokraten, 197 Demokraten, 61 Deutschnationale, 1.117 Angehörige einer religiösen Gemeinschaft, 4.271 Parteilose.

295 Vgl. »Arbeit und Sozialfürsorge« 1 (1946), S. 232-234 (E. Fischer, Die Neuordnung der Sozialversicherung). Eine gründliche Gesamtuntersuchung liegt jetzt vor von Dierk Hoffmann, Sozialpolitische Neuordnung in der SBZ/DDR. Der Umbau der Sozialversicherung 1945–1956, München 1996. Vgl. auch ders., Gemeinsame Fragen der Organisation und des Rechts der sozialen Leistungen. Sowjetische Besatzungszone, in: Geschichte der Sozialpolitik Bd. 2/1, S. 379-390. Als zeitgenössische Darstellung und Dokumentation ist wichtig: Die Sozialversicherung in der Sowjetischen Besatzungszone Deutschlands, erläutert durch Helmut Lehmann, Berlin 1949.

296 Zusammenstellung des FDGB vom 20.8.1948, SAPMO-BArch, DY 34/A 1433.

8. Tätigkeitsfelder des FDGB in der Zusammenbruchsgesellschaft

Renten	54,9 %
Verwaltungskosten	4,5 % (1943: 14,7 %)
Krankenhausbehandlung	8,3 %
Krankengeld	8,9 %
Krankenbehandlung	10,9 %
Wochenhilfe	1,3 %
Sterbegeld	1,0 %
Heilverfahren	2,2 %
Gemeinlast	2,4 %
Sonstige Ausgaben	1,6 %

Grundsatzentscheidungen zur Sozialversicherung insofern im wesentlichen auf eine Statistenrolle beschränkt blieb, als die Direktiven von der SED vorgegeben wurden.[297] Andererseits war dieses breite Aktionsfeld für gewerkschaftliche Personalpolitik von erheblicher Bedeutung, und zwar auch schon, bevor dem FDGB formell die Zuständigkeit für die Sozialpolitik im engeren Sinne übertragen wurde. Auch innerhalb der SED-Spitze konnten sich anfangs führende sozialdemokratische Sozialpolitiker der Weimarer Zeit wie Helmut Lehmann weitgehend mit ihren Vorstellungen durchsetzen, weil der KPD, von Martha Arendsee abgesehen, entsprechende Kompetenz weitgehend fehlte.[298] Auf diese Weise kamen gerade in der Frühphase wesentliche Kontinuitätsstränge aus der alten Arbeiterbewegung auch in der SBZ wieder zum Tragen, auch wenn die Rolle des FDGB die eines »Transmissionsriemens« der SED sein sollte. Mit der zuerst in Berlin geschaffenen Einheitsversicherung wurde ein Modell geschaffen, das nicht nur auf die Länder der SBZ übertragen wurde, sondern bis 1947 durchaus auch noch Chancen in den Westzonen zu haben schien.[299] »Die deutsche Arbeiterbewegung forderte seit 80 Jahren eine einheitliche, den sozialen Bedürfnissen des Volkes gerecht werdende, mit voller Selbstverwaltung der Versicherten ausgestattete Sozialversicherung«, stellte Helmut Lehmann 1947 in einer programmatischen Erklärung fest.[300] »Das wurde verwirklicht. [...] Daß der Kontrollrat die gleiche Regelung für die anderen Zonen und für Berlin zum Gesetz erheben wird, daran ist kaum zu zweifeln.« Der Artikel schloß mit einem kritischen Hinweis auf die Gegner, die noch nicht verstanden hätten, »daß ein neues Zeitalter die Verwirklichung neuer Ideen erfordert« und bemühte Friedrich Schiller:

»Das Alte stürzt,
es ändern sich die Zeiten
und neues Leben blüht aus den Ruinen.«

297 Hoffmann, Neuordnung, S. 337.
298 Ebd., S. 336 f.
299 Vgl. Hans Günter Hockerts, Sozialpolitische Entscheidungen im Nachkriegsdeutschland. Alliierte und deutsche Sozialversicherungspolitik 1945 bis 1957, Stuttgart 1980, S. 51.
300 Helmut Lehmann, Demokratische Sozialpolitik, in: »Arbeit und Sozialfürsorge« 2 (1947), S. 86.

I. Die fragmentierte Klasse (1945-1947)

Schon in der Gründungsphase des FDGB stellte die Repräsentation von Frauen in der Organisation und die Schaffung von angemessenen Voraussetzungen, um, wie gefordert wurde, Frauen verstärkt für die Erwerbsarbeit zu gewinnen, ein Schlüsselproblem der internen Diskussionen und der praktischen Arbeit auf allen Ebenen dar. Bei der Realisierung dieser Forderung galt es, viele Barrieren zu überwinden, und das Thema blieb in der Geschichte des FDGB nicht minder aktuell als im Westen. Die ausgeprägte betriebspolitische Komponente wurde jedoch in der SBZ schon frühzeitig deutlich und blieb ein spezifisches Charakteristikum der DDR. Eine genaue Übersicht über die tatsächlichen Verhältnisse zu gewinnen, ist hier ähnlich schwierig wie auf anderen Feldern. Aber auch die verbalen Bemühungen und die aus den ersten Nachkriegsjahren verfügbaren Daten sind durchaus aussagekräftig für einen neuen sozialpolitischen Ansatz, dessen Breitenwirkung nicht zu unterschätzen ist.

Worum es angesichts der Not der Zusammenbruchsgesellschaft zunächst in erster Linie ging, brachte eine Delegierte auf dem FDGB-Gründungskongreß im Februar 1946 nachdrücklich auf den Punkt.»Eine Arbeiterin, die acht Stunden im Betrieb tätig gewesen ist,« erklärte sie zum Problem der gewerkschaftlichen Frauenarbeit[301],»die dann nach Hause geht, sich stundenlang anstellt, dann die Wirtschaft machen muß, dann Essen kochen und vielleicht noch Kinder versorgen muß, kann unmöglich ihre Kraft noch für gewerkschaftliche oder politische Arbeit einsetzen.« Eindringlich und plastisch verwies sie auf die Notwendigkeit entsprechender Entlastungsmaßnahmen im Betrieb:»Wenn Kollege Walter Ulbricht vorhin davon sprach, daß die Gewerkschaften ihr Augenmerk nicht nur auf die Steigerung der Produktion, sondern auch auf die Gewerkschaftsarbeit richten müssen, so bedeutet das, daß unsere Betriebsräte und Vertrauensmänner in den Betrieben darauf hinarbeiten müssen, in dieser schweren Zeit Betriebsküchen und Waschküchen im Betrieb einzurichten, daß sie dafür zu sorgen haben, daß die werktätigen Frauen sich nicht zu Hause stundenlang hinsetzen müssen, um Flick- und Stopfarbeit zu leisten, sondern daß diese Dinge vom Betriebe aus getan werden müssen.«

Solche Forderungen fanden in den Zusammenstellungen über sozialpolitische Einrichtungen in den Betrieben breiten Niederschlag. Der Jahresbericht des Landesvorstandes Sachsen des FDGB für 1948 vermittelt davon einen Eindruck. Demnach gab es in den Jahren 1947 (und 1948) in dem industriell am höchsten entwickelten Land 156 (613) Betriebsnähstuben, 86 (126) Betriebskindergärten, 18 (102) *Konsum*-Verteilungsstellen, 47 (416) Schuhreparaturen, 10 (36) Waschküchen, 12 (127) Friseurstuben.[302] Im Jahr 1949 sah die Verteilung betrieblicher Sozialeinrichtungen in der SBZ insgesamt so aus.[303] (☛ vgl. *tabellarische Aufstellung*)

---

301 Trude Klapphut (Potsdam), Protokoll der Ersten Allgemeinen Delegiertenkonferenz des FDGB vom 9.–11. Februar 1946, Berlin 1946, S. 155.
302 SAPMO-BArch, DY34/20074.
303 Peter Hübner, Betriebe als Träger, in: Geschichte der Sozialpolitik Bd. 2/1, S. 939.

8. Tätigkeitsfelder des FDGB in der Zusammenbruchsgesellschaft

Kindertagesstätten	301
Werkküchen	6.477
Nähstuben	883
Schuhreparaturwerkstätten	949
Polikliniken u. Ambulatorien	478
darunter Betriebspolikiniken	36

Neben dem generellen Grundsatz »gleiche Entlohnung für gleiche Arbeit«, der in dem SMAD-Befehl Nr. 253 vom 17. August 1946 seinen Niederschlag gefunden hatte, vereinbarten zahlreiche Landesverwaltungen oder auch Betriebe einen bezahlten Hausarbeitstag einmal im Monat. Neben diesem gehörte zu den besonderen Betreuungsmaßnahmen für Frauen auch die Einrichtung der Referate »Mutter und Kind« bei den Landesverwaltungen, die unter Beteiligung des FDGB, der Betriebsräte, der betrieblichen Frauenausschüsse und der Volkssolidarität für die Koordination der Maßnahmen zum Mutterschutz arbeitender Frauen zu sorgen hatten.[304]

Im Gegensatz zu diesen schnell entwickelten Infrastruktur-Maßnahmen blieb die Umschulung und Berufsausbildung von Frauen ebenso wie ihre Vertretung in den gewerkschaftlichen Spitzengremien völlig unbefriedigend. Die Hauptabteilung Frauen des sächsischen FDGB-Landesvorstandes begrüßte daher ausdrücklich die Auflösung der 1946 geschaffenen Frauenabteilungen, um die Beschäftigung von Frauen in leitenden Positionen und ihre Integration in die Gesamtarbeit zu befördern, stellte aber lapidar fest: »Ein Sorgenkind ist die Umschulung und Berufsausbildung der Frauen, solange es nicht gelingt, die Hirne unserer Männer und Frauen von den Schlacken der Tradition zu befreien. Von 11.042 Umschülern sind 907 Frauen. Der größte Prozentsatz (435) entfällt davon auf die Bekleidungsindustrie.«[305]

Viele betriebliche Sozialeinrichtungen, für die der FDGB zuständig wurde, existierten bereits vor 1945. Aber die Gewichte verschoben sich deutlich. Die ökonomischen und sozialen Zwänge ähnelten sich anfangs in allen Zonen, so daß pragmatische ad-hoc-Entscheidungen das Feld bestimmten. Ernährung, Bekleidung, Sonderzuteilungen und Wohnen hatten Priorität. Sobald die bitterste Not gelindert war, trat in der SBZ das eigentliche Ziel der Sozialpolitik in den Vordergrund: Leistungsanreize zu schaffen und die Sozialpolitik an die Planerfüllung zu koppeln. Hier liegt der Grund dafür, daß der Begriff Sozialpolitik aus dem öffentlichen Sprachgebrauch der fünfziger Jahre zunehmend verschwand.[306]

Eine für die frühe Nachkriegszeit wichtige Aufgabe fiel dem FDGB mit den im November 1947 gegründeten Volkskontrollausschüssen zu, in denen auch andere Organisationen wie die FDJ, die VdgB und der DFD vertreten waren, deren

---

304 Jahrbuch Arbeit und Sozialfürsorge 1945–1947, S. 244-251.
305 Jahresbericht 1948, SAPMO-BArch, DY34/20074.
306 Hübner, Betriebe als Träger, in: Geschichte der Sozialpolitik Bd. 2/1, S. 943.

I. Die fragmentierte Klasse (1945–1947)

Leitung aber in den Händen der Gewerkschaft lag. Diese Ausschüsse sollten vor allem für die Sicherung der Ernährung und der Produktionspläne sorgen und einen »unerbittlichen Kampf gegen Schieber, Drückeberger, Spekulanten und Preistreiber« führen.[307] Für ihre Arbeit gab der Bundesvorstand des FDGB detaillierte Richtlinien heraus, die im Sinne dieser Zielsetzung und in Zusammenarbeit mit den Behörden wie auch der Polizei vor allem auf örtlicher Ebene »ein lückenloses Netz der Kontrolle über die Zone legen« sollten, »dem kein Betrüger und Schieber auf die Dauer entschlüpfen kann.«[308] Die Probleme eines exzessiven Schwarzmarkts und Kompensationshandels ließen sich damit zwar nicht wirklich lösen, aber Listen beschlagnahmter Waren belegten, daß diese Kontrollaktionen keineswegs erfolglos blieben.[309]

Zwei weitere Schwerpunktaufgaben im Rahmen der betrieblichen Arbeit des FDGB entwickelten sich bereits in den ersten Nachkriegsjahren und erhielten im Zuge des Ausbaus des Gewerkschaftsapparats immer mehr Gewicht: die Kulturarbeit und der Feriendienst. Das schnelle quantitative Anwachsen betrieblicher Kulturarbeit, die noch eingehend darzustellen ist[310], zeigen schon die kumulierten Daten für 1947 und 1948.

Tab. 10: Kulturarbeit in den Betrieben der SBZ 1947 und 1948		
In den Betrieben bestehen	März 1947	März 1948
Kulturkommissionen und Kulturobleute	6.190	11.244
Volkshochschulen und Kurse	275	395
Betriebsbüchereien	957	2.447
Wandzeitungen	754	2.739
Laienspielgruppen	269	1.058
Literaturvertrieb	1.305	2.490
Theaterkartenvertrieb	2.513	4.566
Betriebsklubs bzw. Räume für kulturelle Zwecke	444	1.447
[Quelle: Jahrbuch Arbeit und Sozialfürsorge 1947/1948, Berlin 1948, S. 30 f.]		

Besondere Attraktivität sollte der zum 1. Januar 1947 eingerichtete Ferien- und Erholungsdienst gewinnen. Er wurde zentral vom FDGB-Bundesvorstand durchgeführt. Die in den Ländern und Provinzen vorhandenen Erholungs- und Ferienheime wurden registriert und gingen in den Besitz der Vermögensverwaltung des FDGB über. Ihre Renovierung und ihr Ausbau sollten so schnell wie möglich in Angriff genommen werden und dabei geeignete Betriebe herangezo-

---

307 Zahlenmaterial der Abteilung Statistik des Bundesvorstandes des FDGB vom 29.4.1948, SAPMO-BArch, DY 34/A 1433, S. 5.
308 Informationen des FDGB für die Arbeit der Volkskontroll-Ausschüsse auf dem Gebiet der Versorgungskontrolle vom 13.3.1948, SAPMO-BArch, DY 34/18/-726.
309 Zahlenmaterial (wie Anm. 307), S. 5 ff.
310 Siehe unten Kap. II 11, S. 281 ff.

gen sowie Patenschaften eingerichtet werden. Angesichts der enormen Verkehrs- und Versorgungsprobleme konnten naturgemäß zunächst nur wenige in den Genuß eines Ferienaufenthalts kommen. Bis zum 15. Oktober 1947 wurden für die fünf Länder 15.833 Feriengäste vermittelt.[311] Mit dem Befehl 147 vom 16. Mai 1946 hatte die SMAD den Betriebsleitungen und Verwaltungsbehörden gestattet, bezahlten Erholungsurlaub zu gewähren: für Arbeiter 6 bis 12 Tage (mit der Möglichkeit von Zusatzurlaub bei schweren oder gesundheitsschädlichen Arbeiten), 12 Tage für Angestellte und frühere Beamte, 18 bis 24 Tage für Werkleiter, Ingenieure, Meister, Abteilungsleiter und sonstige leitende Angestellte nach Vereinbarung mit dem Betriebsrat. Anerkannte »Opfer des Faschismus« erhielten zusätzlich fünf Urlaubstage. Für Jugendliche bis zum 16. Lebensjahr wurden einheitlich 18 Werktage festgelegt.[312] Die allen egalitären Grundsätzen Hohn sprechende soziale Differenzierung, die später im »Aufbaubefehl« 234 ihren deutlichsten Niederschlag fand, warf hier bereits ihre Schatten voraus. Die Organisation des Feriendienstes und die Möglichkeit, mit einem preiswerten Urlaub ein früher kaum erreichbares Ziel zu realisieren, sollte sich dennoch als ein handfestes Element der begrenzten Loyalitätssicherung gegenüber dem FDGB bei den Belegschaften erweisen.[313]

9. »Antifaschistisch-demokratische Umwälzung« unter der Flagge der Entnazifizierung

Die Entnazifizierung war zwar Kernbestandteil der interalliierten Deutschlandplanung, in der SBZ reichte sie aber in Theorie und Praxis weit über die Ausschaltung politisch belasteten Personals hinaus. Sie trug von Anfang an den Charakter einer nachgeholten Revolution. Gemäß der kommunistischen Faschismusinterpretation, wonach der Großgrundbesitz und das Großkapital die eigentliche Verantwortung für die nationalsozialistische Machterringung trugen, setzte diese Form der Entnazifizierung bei den überkommenen Eigentumsstrukturen an. Das schloß umfassende personelle Säuberungen keineswegs aus, verlieh ihnen aber eine andere Gewichtung. Bereits in den Moskauer Planungen der Exil-KPD läßt sich diese Stoßrichtung deutlich erkennen. Im Gründungsaufruf der KPD vom 11. Juni 1945 fand dieses Konzept ebenfalls seinen Niederschlag, wenn auch in abgemilderter Form im Rahmen der primär taktisch gedachten Proklamation eines »antifaschistischen, demokratischen Regimes, einer parlamentarisch-demokratischen Republik«.[314] Tiefe Eingriffe in die Struktur der Eigentumsordnung bildeten somit von vornherein ein Schlüsselelement kommunistischer Machteroberung und Machtsicherung und lassen Parallelen zur volksdemokratischen

311 »Ferienaufenthalt durch den FDGB«. Zweiter Entwurf vom 29.01.1947, sowie Bericht des Bundesvorstandes vom 16.10.1947, SAPMO-BArch, DY34/5/3/1479.
312 Jahrbuch Arbeit und Sozialfürsorge 1945–1947, S. 109 f.
313 Siehe unten, Kap. VI 5, S. 695 ff.
314 Text des Aufrufs in: Um ein antifaschistisch-demokratisches Deutschland, S. 56-63, hier S. 60.

I. Die fragmentierte Klasse (1945–1947)

»Umwälzung« in den Ländern Ostmitteleuropas erkennen. Sie waren nicht zwingend als erste Etappe einer »Sowjetisierung« erkennbar, erhielten unter dem Einfluß des beginnenden Kalten Krieges aber schnell diese Funktion.

Der erste Schritt der Sowjetisierung bestand in der überstürzt begonnenen und auch für hohe KPD-Funktionäre überraschenden Bodenreform. Den Vorreiter spielte Sachsen mit der Verordnung vom 3. September 1945, die das Muster für alle anderen Länder und Provinzen abgab.[315] Als die entschädigungslose Enteignung und Parzellierung des »feudal-junkerlichen Großgrundbesitzes« über 100 Hektar durchgeführt wurde, spielten die beiden Arbeiterparteien eine wichtige initiierende Rolle. Die Bodenreformkommissionen auf den Ebenen von Gemeinde, Kreis und Land/Provinz setzten sich parteipolitisch mehrheitlich aus KPD- und SPD-Vertretern zusammen. Von den insgesamt 52.292 Mitgliedern aller Kommissionen gehörten 12.475 der KPD, 9.164 der SPD, 974 der CDU und LDPD an, der Rest war parteilos. Daß es sich dabei allerdings überwiegend keineswegs um Arbeiter handelte, zeigt die Sozialstatistik aus der gleichen offiziellen Quelle: In den insgesamt 10.747 Bodenreformkommissionen waren 19.700 Landarbeiter, 18.556 landarme Bauern, 6.352 »Umsiedler« und 7.684 Sonstige vertreten.[316] Die Charakterisierung der Gemeindebodenkommissionen als »revolutionär-demokratische staatliche Machtorgane und damit als Bestandteile der sich entwickelnden Diktatur der Arbeiter und Bauern«[317], gehört zu den nachträglichen ideologischen Stilisierungen der SED-Historiographie. Gleichwohl konnte die Bodenreform auf breite politische Zustimmung der beiden Arbeiterparteien rechnen, zumal die teilweise brutalen Formen, mit denen sie durchgeführt wurde, und ihre ökonomisch oft verheerenden Auswirkungen nicht voll erkennbar waren.[318]

Waren Arbeiter in diesen revolutionären Veränderungsprozeß auf dem Lande primär als Parteimitglieder eingebunden, so betraf der zweite große Struktureingriff sie unmittelbarer: die Beschlagnahme, Enteignung und Verstaatlichung der großen Industriebetriebe. Auch dieser Schritt paßte zur sozialistischen Programmatik sowie zur Stimmungslage in der frühen Arbeiterbewegung sämtlicher Besatzungszonen und konnte daher auf grundsätzliche Zustimmung rechnen. Ex post ist er zugleich als Basis für alle weiteren kommunistischen Maßnahmen der Machtsicherung sowie als Teil einer spezifischen Form der Sowjetisierung zu verstehen.

Die Struktureingriffe gingen auf drei Ebenen vonstatten, die sich allerdings häufig überlappten.

In oft diffusen, weil spontanen Formen begannen zahlreiche Enteignungs- und Sozialisierungsaktionen bereits in der Umbruchsituation des Frühjahrs und

---

315 Ebd., S. 132-138.
316 Karl-Heinz Schöneburg (Leitung des Autorenkollektivs), Errichtung des Arbeiter- und Bauern-Staates der DDR 1945–1949, Berlin (O) 1983, S. 135.
317 Ebd., S. 136.
318 Zur Bodenreform und ihren verschiedenen Facetten ausführlich Bauerkämper, Ländliche Gesellschaft.

9. »Antifaschistisch-demokratische Umwälzung« unter der Flagge der Entnazifizierung

Sommers 1945 in herrenlosen Betrieben oder politisch besonders belasteten Unternehmen. Dabei vermischten sich oft pragmatische Aktionen zur Rettung von Betrieben und schnellen Wiederingangsetzung der Produktion mit politisch motivierten Säuberungsabsichten.[319] Solche spontanen, aber eher provisorischen Arten der Enteignung und Sozialisierung »von unten« wurden seit dem Herbst 1945 durch systematische Formen der Beschlagnahme und Enteignung durch die SMAD ersetzt. Den dritten Schritt bildete dann die politische Legitimation durch den sächsischen Volksentscheid vom 30. Juni 1946.

Der Typus der »spontanen Enteignungen« und provisorischen Betriebsübernahmen durch Arbeiterkomitees, Betriebsräte oder andere Belegschaftsvertretungen gehört auch in den oben dargestellten Kontext von Arbeiterinitiativen im linken politischen Spektrum, die noch nicht unter der Kontrolle »von oben« standen und daher leicht dem Verdikt als »Sektierer« verfallen konnten.[320] Der Typus der Antifa läßt sich zwar durch zahlreiche interessante und bisweilen auch pittoreske Beispiele illustrieren, ist aber in seiner quantitativen Verbreitung kaum genauer zu erfassen und sollte nicht mit dem Mythos revolutionärer Qualität umgeben werden. Ulbrichts zynische Äußerung von der »Rummurkserei mit der Antifa« vom 27. Juni 1945 verweist jedoch auf die Ängste der Parteispitze gegenüber ungesteuerten Basisaktivitäten.[321] Fritz Selbmann, von 1946 bis 1948 Wirtschaftsminister in Sachsen, berichtete 1948 rückschauend von Experimenten in Sachsen, »auf der Grundlage der alten utopischen Sozialisten [...] zu sozialisieren. Ich denke an die Gründung von Produktivgenossenschaften durch die Übernahme von Betrieben von Naziverbrechern in das Eigentum der Belegschaften [...] Glauben Sie ja nicht, daß es nicht möglich gewesen wäre, eine Welle von solchen Sozialisierungs-Experimenten über das Land laufen zu lassen [...] Aber weil es falsch ist, [...] haben wir solche Versuche schnell und geräuschlos liquidiert.«[322] Die Einschätzung der parteioffiziellen »Geschichte der deutschen Arbeiterbewegung« von 1966, »die Mehrheit der Arbeiterklasse (habe sich) zunächst ebenso wie die anderen Klassen als besiegt betrachtet« und erst langsam erkannt, »daß die Niederlage des Hitlerstaates ihrem klassenmäßigen Wesen nach ein Sieg für die Arbeiterklasse darstellte«[323], war gleichwohl nicht falsch. Die Entpolitisierung der Arbeiterschaft war keineswegs flächendeckend, aber politische Eigeninitiativen blieben ebenfalls und nicht nur deshalb punktuell, weil sie unterdrückt wurden, so daß eine Gesamtbewertung der Vorgänge und Verhaltensweisen in der Umbruchphase außerordentlich schwierig ist.

Mit dem SMAD-Befehl Nr. 124 vom 30. Oktober 1945 begann die zweite Phase der Sozialisierung als formeller Enteignungsprozeß unter der Parole Entnazifizierung. Da der Befehl nicht nur das Eigentum des deutschen Staates, der NSDAP und ihrer Organisationen sowie der mit Deutschland im Krieg Verbün-

---
319 Vgl. Suckut, Betriebsrätebewegung; Staritz, Sozialismus, S. 90 ff.
320 Siehe Abschnitt 4 dieses Kapitels, S. 85 ff.
321 Staritz, Sozialismus, S. 89.
322 Zit. ebd., S. 95 f.
323 Geschichte der deutschen Arbeiterbewegung, Bd. 6, S. 34.

I. Die fragmentierte Klasse (1945–1947)

deten betraf, sondern auch Personen, die von der SMAD durch »besondere Listen oder auf eine andere Weise bezeichnet werden«[324], fielen praktisch alle Konzern- und Großbetriebe unter diesen Befehl. Überdies wurden die Länder und Provinzen angewiesen, herrenlose Unternehmen zu registrieren und provisorisch zu verwalten. Die wichtigsten Instrumente, diesen Befehl umzusetzen, waren die Sequesterkommissionen, die in Thüringen und Sachsen im Dezember und etwas später auch in den anderen Ländern ihre Arbeit begannen. Sie als »Organisationsformen der revolutionär-demokratischen Diktatur der Arbeiter und Bauern« zu charakterisieren[325], ist sicher eine nachträgliche revolutionstheoretische Überhöhung, denn sie waren primär Exekutivorgane der Besatzungsmacht. Insbesondere auf Kreis- und Gemeindeebene verfügten sie aber über beträchtlichen Einfluß, lag doch die Entscheidung, welche Betriebe unter den Befehl fallen sollten, großenteils bei ihnen. Tausende von Vertretern der Städte, Betriebe, Parteien und Gewerkschaften wurden in das System dieser Sequesterkommissionen eingebunden. Im einzelnen bietet es ein kompliziertes und verwirrendes Bild, da die Vorgaben in den Ländern und Provinzen nicht einheitlich waren. Die Kommissionen setzten sich aus Vertretern der Parteien, des FDGB und des Staates zusammen und hatten alle in Frage kommenden Betriebe zu prüfen. In strittigen Fällen lag die letzte Entscheidung auf der obersten Ebene, der Präsidialkommission der Landesverwaltung. Die Unternehmer hatten zwar das Recht, bei der sowjetischen Militärverwaltung Einspruch zu erheben.[326] Ob davon aber in nennenswertem Maße Gebrauch gemacht wurde, ist fraglich. Wo es sich um Großbetriebe handelte, war die SMAD ohnehin sehr stark engagiert, weil im Sommer 1946 die Übernahme in sowjetisches Eigentum begann.

Prinzipiell hatten die Kommissionen drei Optionen: Sie konnten eine entschädigungslose Enteignung (Liste A) oder die Rückgabe an die Besitzer (Liste B) vorschlagen oder die Entscheidung offenlassen (Liste C), insbesondere da, wo sich die Besatzungsmacht das letzte Wort vorbehielt.

Daß dabei keineswegs nur schematisch verfahren wurde, belegt die Zahl von 2.300 kleineren und mittleren Betrieben in Sachsen, die zum Teil nach Einsprüchen bei der sowjetischen Militärverwaltung wieder an ihre Besitzer zurückgegeben wurden.[327]

Der Volksentscheid, der in Sachsen begonnen und danach in den anderen Ländern übernommen wurde, hatte die Funktion, den faktisch weitestgehend schon gefällten Entscheidungen eine demokratische Legitimation zu verleihen. Nach einer aufwendigen propagandistischen Vorbereitung fand am 30. Juni 1946 der Volksentscheid zum »Gesetz über die Übergabe von Betrieben von Kriegs- und Naziverbrechern in das Eigentum des Volkes« statt. Sie brachte bei einer Beteiligung von 93,7 Prozent 77,6 Prozent Ja-Stimmen, 16,6 Prozent Nein-Stimmen,

---

324 Um ein antifaschistisch-demokratisches Deutschland, S. 190.
325 Schöneburg, Errichtung, S. 161.
326 Vgl. ebd., S. 161 ff.
327 Ebd., S. 166.

9. »Antifaschistisch-demokratische Umwälzung« unter der Flagge der Entnazifizierung

ungültig waren 5,8 Prozent.[328] Zwar sind die Ergebnisse nicht manipuliert worden und entsprachen grundsätzlich auch einer verbreiteten politischen Einstellung zur Sozialisierung von Schlüsselindustrien, wie sie in den Westzonen ebenfalls zu finden war. Aber die Anlage der Kampagne rief doch ausgeprägtes Mißtrauen hervor. Zudem übte die SMAD indirekt über die SED massiven psychologischen Druck aus[329], so daß die hohe Zustimmung sicherlich zu einem Teil als Ausdruck der Anpassung an das Unvermeidliche verstanden werden muß. Darüber hinaus war die Abstimmungsfrage nach der Eigentumsform so suggestiv mit dem propagierten Entnazifizierungsziel verbunden, daß eine Ablehnung riskant erschien. Mißstimmung rief vor allem hervor, daß die Listen über die zu enteignenden oder zurückzugebenden Betriebe den örtlich zuständigen Verwaltungen und Parteigremien oft nicht rechtzeitig vorlagen, so daß ein korrektes Verfahren kaum zu sichern war. Es gab daher geharnischte Proteste insbesondere seitens der Liberaldemokraten.[330] Unter der Bevölkerung gab es aber auch ein verbreitetes Desinteresse, das die SED und die Landesverwaltung beunruhigen mußte, weil man sich des gewünschten Ergebnisses keineswegs ganz sicher sein konnte. Daher wurde immer wieder die prinzipielle Garantie des Privateigentums hervorgehoben.[331] Sogar in der Arbeiterschaft waren die Meinungen diffus. Das Landesnachrichtenamt, das die Stimmungslage genau verfolgte, stellte in einem Bericht fest: »Selbst in Arbeiterkreisen hört man oft die Bedenken, daß die Betriebe und ihre Übergabe an die Selbstverwaltung für diese und die darin beschäftigten Arbeiter nur Nachteile bringen würden, da die Betriebsführung durch den schwerfälligen bürokratischen Apparat niemals in der Lage sein könne, z. B. die Rohstoffversorgung bei der heutigen schwierigen Marktlage auch nur einigermaßen sicherzustellen.«[332] Die IG Metall in Leipzig meldete wenige Tage vor dem Volksentscheid, leider habe ein kleiner Teil von Betriebsräten gegen die beabsichtigte Enteignung von rund 100 Leipziger Betrieben Einspruch erhoben. Wie man solchen Akten der Unbotmäßigkeit im Zweifelsfall begegnete, zeigt der Satz: »Durch energisches Zugreifen und Betriebsversammlungen wurden die Unterschriften von den in Frage kommenden Betriebsräten zurückgezogen.«[333]

Letztlich war hinter der demonstrativen Verstaatlichung, die der gesamten Zone als Modell diente, kaum ein Bemühen zu erkennen, im Sinne individueller Schuldzurechnung Gerechtigkeit walten zu lassen, sondern in erster Linie der Wille, mit der Übernahme der Großbetriebe die »Kommandohöhen der Wirt-

---

328 Deutsche Geschichte, Bd. 9, S. 204.
329 Stefan Creuzberger, »Klassenkampf in Sachsen«. Die SMAD und der Volksentscheid am 30. Juni 1946, in: Historisch-Politische Mitteilungen. Archiv für Christlich-Demokratische Politik 2 (1955), S. 119-130.
330 Winfrid Halder, »Prüfstein ... für die politische Lauterkeit der Führenden«? Der Volksentscheid zur »Enteignung der Kriegs- und Naziverbrecher« in Sachsen im Juni 1946, in: GG 25 (1999), S. 589-612, hier: S. 596.
331 Ebd., S. 607.
332 Zit. ebd., S. 606.
333 Monatsbericht vom 27.6.1946, SAPMO-BArch, DY 34/A434.

schaft« zu besetzen und damit auch der marxistisch-leninistischen Faschismusdoktrin zu entsprechen, die dieser Form von Entnazifizierung zugrunde lag.[334] In engem Zusammenhang mit diesen Enteignungen stand eine veränderte Methode der Reparationssicherung, die zwar ebenfalls viel Mißstimmung in der Bevölkerung hervorrief, aber gegenüber den Demontagen immerhin rationeller war: die Übernahme der wichtigsten Industriebetriebe in sowjetisches Eigentum als »Sozialistische Aktiengesellschaften« (SAG). Ursprünglich waren im April 1946 213 Großbetriebe für die Demontage und den Abtransport in die Sowjetunion vorgesehen worden. Davon wurden jetzt 50 bis 60 der größten Fabriken in der SBZ belassen und in SAG umgewandelt.[335]

Die SAG-Betriebe galten in der DDR offiziell als »Schulen des Sozialismus«, die den Leitungen und Belegschaften das sowjetische Modell näherbringen sollten.[336] Tatsächlich hatten sie wegen ihrer Bedeutung für die Reparationspolitik einen juristischen, ökonomischen und sozialen Sonderstatus, der sich nicht zuletzt in der bevorzugten Belieferung mit Arbeitskräften, Energie, Rohstoffen und Ausrüstungen manifestierte. Ihr Aufbau verlief daher im Vergleich zu den VEB in der Regel zügiger und erfolgreicher.[337] An der Spitze stand die sowjetische Generaldirektion mit mehreren Direktoren, in der Regel hochqualifizierten Experten im Offiziersrang. Das stärkte die Position der SAG gegenüber dem Militärapparat. Nachgeordnet war die deutsche Leitung, die jedoch angesichts der geringen sowjetischen Personalstärke großen Spielraum besaß. Im Betriebsalltag ging es hier meist sehr pragmatisch zu. Führungspersonal aus der Zeit vor 1945 behauptete sich in den SAG mit sowjetischer Duldung länger als in den VEB, Spezialisten waren gefragt, und die Entnazifizierung wurde sehr locker praktiziert.[338] Nach einer Zusammenstellung des FDGB über die durchgeführten Entnazifizierungsmaßnahmen in der Provinz Sachsen-Anhalt Ende Januar 1947 wiesen die SAG den höchsten Anteil an weiterbeschäftigten Arbeitern und Angestellten von allen Wirtschafts- und Dienstleistungszweigen auf.[339] Im Extremfall lockte das sowjetische Angebot auch hochqualifizierte Fachkräfte aus den Westzonen an. »Hohe Gehälter, ausreichende Lebensmittelrationen, zweihundert Zigaretten pro Tag

334 Eingehend zum Gesamtbereich der Enteignungs- und Verstaatlichungspolitik Tilman Bezzenberger, Wie das Volkseigentum geschaffen wurde. Die Unternehmens-Enteignungen in der Sowjetischen Besatzungszone 1945–1948, in: Zs. für Neuere Rechtsgeschichte 19 (1997), S. 210-248 (der Autor spricht von »konfiskatorischer Strafenteignung«). Ein anschauliches Beispiel, wie Wiederaufbau, Improvisation der Belegschaft und Verstaatlichung ablaufen konnten, bietet Johann Vogler, Von der Rüstungsfirma zum volkseigenen Betrieb. Aufzeichnungen eines Unternehmers der Sowjetischen Besatzungszone Deutschlands von 1945–1948, hg. von Burghard Ciesla, München 1992.
335 Naimark, Russen, S. 241.
336 Wolfgang Mühlfriedel, SAG-Betriebe – Schulen des Sozialismus, in: Jb.WG 1980 IV, S. 159-186.
337 Johannes Bähr, Die Betriebe der Sowjetischen Akteingesellschaften (SAG) in Berlin 1945/46–1953, in: Berlin in Geschichte und Gegenwart. Jahrbuch des Landesarchivs Berlin 15,(1996), S. 183-208.
338 Vgl. Naimark, Russen, S. 243 f.
339 Statistische Angaben des Provinzvorstandes des FDGB vom 19.3.1947, SAPMO-BArch, DY 34 / A3196.

9. »Antifaschistisch-demokratische Umwälzung« unter der Flagge der Entnazifizierung

und schöne Häuser im Hirschgarten, einem gutbürgerlichen Wohnviertel [in Ostberlin], waren ein unwiderstehlicher Magnet, insbesondere für frühere Mitglieder der NSDAP, die in den Westzonen offiziell nur als Arbeiter eingestellt werden konnte.«[340] Betriebsräte hatten keinen leichten Stand, wenn sie gegen solche Privilegierung und politische »Großzügigkeit« protestierten.[341] Zudem wurden Tarifabschlüsse oft willkürlich diktiert, Gewerkschaften in ihrer Arbeit behindert und Mitbestimmungsregelungen ignoriert.[342] Insgesamt wurden in der SBZ 33 SAG gebildet, denen 213 Zweigbetriebe angehörten. In Sachsen umfaßten sie nach einer Schätzung von Ende 1946 rund 25 Prozent der industriellen Produktionskapazität.[343]

Die Lage der Arbeiter in den SAG-Betrieben läßt sich nicht generell charakterisieren. Einerseits war der Arbeitsplatz gesichert, und man wurde in gewissen Dingen gegenüber anderen bevorzugt. Andererseits produzierte das sowjetische Eigentum erhebliche Spannungen. Auch DDR-Autoren haben auf diese »Widersprüche« hingewiesen, die aus der »nationalen Nichtidentität von Eigentümern an den Produktionsmitteln und Produzentenmasse« resultierten und sich in »Vorurteilen gegen die Sowjetunion« äußerten, die »ihren Niederschlag in Arbeitszurückhaltung, Gleichgültigkeit gegenüber der Produktionsqualität usw. fanden.«[344] Daß beim Juni-Aufstand 1953 die SAG-Betriebe zu den Zentren der Unruhen gehörten[345], mag zu einem Teil mit dieser Sondersituation zusammenhängen. »Die Umwandlung fast aller wichtigen Großunternehmen der Provinz in Sowjetische Aktengesellschaften«, hat Manfred Wille für Sachsen-Anhalt festgestellt, »hatte tiefgreifende Auswirkungen auf die Stimmung der Bevölkerung. Auch in den Behörden und Parteien griffen Enttäuschung und Ablehnung um sich, weil die Maßnahme neben den weiter laufenden Demontagen und Reparationen als neue schwere Belastung empfunden wurde. Viele Arbeiter der betroffenen Betriebe fühlten sich um monatelange harte Aufbauarbeit betrogen. Gerüchte kursierten, daß mit dem befürchteten späteren Abbau der SAG auch sie in Richtung Osten abtransportiert würden. Der Ende des Jahres 1946 einsetzende sehr strenge Winter verschlimmerte die Situation dramatisch.«[346] (☛ vgl. *Abb. 6*, S. 136)

Mit den Enteignungen, Verstaatlichungen und der Bildung der SAG war die Eigentumsordnung in der SBZ vollständig umgebaut und die Grundlage für den »Arbeiterstaat« und eine zentrale Planwirtschaft gelegt. Zwar blieb die »führende Klasse«, wie gerade die SAG zeigen, weit von ihrer deklarierten Position entfernt, aber die neue »von oben« erzwungene Eigentumsordnung schuf zugleich nie dagewesene Chancen für den Aufstieg neuer Eliten, die sich vornehmlich aus der Arbei-

---

340 Tom Bower, Verschwörung Paperclip. NS-Wissenschaftler im Dienst der Siegermächte, München 1988, S. 280.
341 Vgl. Suckut, Betriebsrätebewegung, S. 393 f.
342 Bähr, Betriebe, S. 197 f.; Naimark, Russen, S. 242.
343 Halder, Modell, S. 283. Eine Liste der SAG-Betriebe in Sachsen, ebd., S. 280 f.
344 Mühlfriedel, SAG-Betriebe, S. 176.
345 Bähr, Betriebe, S. 200.
346 Wille, Industrie Sachsen-Anhalts, S. 163.

I. Die fragmentierte Klasse (1945–1947)

```
                        B e f e h l
  des Befehlshabers und Militärkommandanten des sowjetischen Sektors der
                        Stadt Berlin
  21. Oktober 1946        Nr. 63                              Berlin

  Inhalt: Übernahme der Siemens-Plania - Werke in Berlin - Lichtenberg
          auf Reparationskonto Deutschlands zu Gunsten der Sowjet-Union
          und Übergabe derselben Werke an die Sowjetische Aktiengesell-
          schaft.

        In Ausführung des Befehls des Oberbefehlshabers der Sowje-
  tischen Militär-Administration, des Oberkommandierenden der Sowje-
  tischen Okkupationstruppen in Deutschland vom 8.Oktober 1946

                        befehle ich

  1. den Herren Hans Adam, Konstantin v. Bentheim und Hans Henning von
     Pentz die Siemens-Plania -Werke, befindlich in Berlin-Lichtenberg
     und alle dazu gehörigen Werte dem zum Generaldirektor der Siemens-
     Plania-Werke und Bevollmächtigten von seiten der sowjetischen
     Elektrotechnischen Aktiengesellschaft ernannten und zur Übernahme
     und Leitung des Werkes Bevollmächtigten
                        Herrn  S e m i o n o w , W.A.
     auf Reparationskonto Deutschlands zu Gunsten der Sowjet-Union zu
     übergeben.

  2. Zur Übernahme der Siemens-Plania-Werke wird eine Kommission be-
     stimmt, die aus folgenden Personen besteht:
     a) Generaldirektor S e m i o n o w , W.A.
     b) Der Vertreter des Befehlshabers der Garnison und des Militär-
        kommandanten des Sowjetischen Sektors der Stadt Berlin, Ober-
        leutnant  R o g u l t a k , I.S. und
     c) der Vertreter der Selbstverwaltung, Herrn Valentin K l i n g ,
        der vom Magistrat, Bezirk Lichtenberg, eingesetzt worden ist.

  3. Die Übernahme und Übergabe der Siemens-Plania-Werke an die Elektro-
     technische Aktiengesellschaft, ihre Bewertung und Abrechnungen
     müssen gemäss den Instruktionen und Bestimmungen der Sowjetischen
     Militär-Administration in Deutschland durchgeführt werden.

  4. Zur Durchführung der Abrechnung auf Grund von Verpflichtungen und
     anderen Aktiven und Passiven der oben angeführten Werke, welche von
     der Sowjetischen Elektrotechnischen Aktiengesellschaft nicht mit-
     übernommen werden, wird dem Magistrat, Bezirk Lichtenberg, die
     Ernennung einer Liquidationskommission aufgetragen.

                        Der Befehlshaber der Garnison und
                        Militärkommandant des Sowjetischen
                        Sektors der Stadt Berlin

                        gez. Generalmajor A. Kotikow
```

Abb. 6

terschaft rekrutieren sollten, auch wenn man vorerst noch nicht auf alte Fachleute verzichten konnte und wollte. Der im Vergleich zum Westen prinzipiell unterschiedliche Ansatz der Entnazifizierung erlaubte im Zweifelsfalle auch »Großzügigkeit« und Opportunismus bei der personellen politischen Säuberung der Betriebe von belastetem Personal. Das Gesamtbild sieht insofern weniger eindeutig aus, als die lautstarke antifaschistische Propaganda vermuten ließ. Der sich bereits deutlich abzeichnende Trend zur politischen Spaltung Deutschlands erhielt dennoch einen weiteren kräftigen Schub.

9. »Antifaschistisch-demokratische Umwälzung« unter der Flagge der Entnazifizierung

F·D·G·B
FREIER DEUTSCHER GEWERKSCHAFTSBUND
BERLIN C2, WALLSTRASSE 61-65

Schulungs- und Referentenmaterial

Anfang Januar 1948 / Ausgabe Nummer 3(3)r

947/70

Die Rolle der Arbeiterschaft in den volkseigenen Betrieben

Aus dem Inhalt:
                 Seite

I. Demokratisierte Wirtschaft — Wirtschaftsdemokratie.... 3

II. Was sind volkseigene Betriebe?...................... 4

III. Die Verwaltung der volkseigenen Betriebe............ 5

IV. Die Produktionsentwicklung in den volkseigenen Betrieben 6

V. Kritik oder Stimmungsmache........................ 10

VI. Akkord — Wettbewerb............................. 12

VII. Sozialer Fortschritt in den volkseigenen Betrieben 15

Nur für den Organisationsgebrauch!

Abb. 7

10. Kompensationshandel, Arbeitsdisziplin und SMAD-Befehl 234

Der Bereich, in dem politische Aufbauplanungen und Basisinitiativen zur Organisation des Überlebens am härtesten aufeinanderprallten und damit die Überwindung der akuten Not bremsten, waren die niedrige Produktivität und der Kompensationshandel in den Betrieben. Beides nahm dramatische Ausmaße an und forderte zwingend Gegenmaßnahmen. Unter den Bedingungen einer beginnenden Staatswirtschaft und massiver sowjetischer Eingriffe durch Demontagen und Reparationsforderungen waren Abhilfen jedoch viel schwerer zu schaffen als in den Westzonen. »Wir alle treiben noch in einem großen Strudel«, hieß es im Monatsbericht für Januar 1947 des Landesvorstandes Sachsen des FDGB. »Alles ist gefährdet – nicht nur unser wirtschaftliches Sein – nein, in hohem Maße auch unsere moralische Qualität. Hier müssen wir wieder festen Boden gewinnen und uns den normalen Umgangsformen des Lebens nähern. Der Vorteil der Einzelnen darf nicht dem Nutzen der Gesamtheit vorangehen.«[347] Das »Jahrbuch Arbeit und Sozialfürsorge« stellte fest, der Arbeiterschaft sei »seit Jahren nicht mehr möglich, den allernotwendigsten Bedarf an Textilien, Schuhen und Haushaltsgegenständen zu decken«, und plädierte für ein stärker arbeitsbezogenes und leistungsorientiertes Verteilungssystem.[348]

Eingehend beschrieb ein interner Informationsbericht die Probleme mit der Arbeitsdisziplin und niedrigen Arbeitsproduktivität und verband sie mit detaillierten Lösungsvorschlägen.[349] Demnach ergab sich im März 1947 nach stichprobenartigen Überprüfungen von 5.900 Betrieben aus verschiedenen Branchen mit 391.500 Beschäftigten, daß im Durchschnitt nur 83,3 Prozent zur Arbeit erschienen. In einigen wichtigen Industriezweigen lag die Anwesenheit unter 80 Prozent. Stichproben für Betriebe mit Reparationsaufträgen im Sommer 1947 erbrachten eine Abwesenheitsquote von 24,2 Prozent, wobei 5,3 auf Urlaub, 12,8 auf Krankheit und 6,1 auf Bummeln entfielen. Die Pro-Kopf-Produktion eines Arbeiters betrug 1947 gegenüber 1939 in der Textilindustrie 66,3 Prozent, in der elektrotechnischen Industrie 51,5 und in Betrieben für Maschinenbau und Metallverarbeitung nur 44,7 Prozent. Überdies wurde dem Bericht zufolge überall versucht, die Produktionsaufträge nicht durch eine verbesserte Organisation des Produktionsprozesses und höhere Arbeitsproduktivität zu erreichen, sondern durch Aufstockung der Belegschaft. Als besonders krasses Beispiel galten die Metallbetriebe der Max-Hütte (Ostthüringen), wo die Zahl der Beschäftigten in der Hochofen-Abteilung im Vergleich zu 1944 145,4 Prozent, der Produktionsausstoß aber nur 36,2 Prozent betrug.

Die Liste der aufgeführten Ursachen für den schlechten Stand der Arbeitsdisziplin, die hohe Fluktuation der Arbeitskräfte und die niedrige Produktivität war

---

347 SAPMO-BArch, DY34/A3189, S. 4.
348 Jahrbuch Arbeit und Sozialfürsorge 1945–1947, S. 115.
349 Undatierter Bericht (von 1947) »Über Maßnahmen zur Festigung der Arbeitsdisziplin und Steigerung der Arbeitsproduktivität«. SAPMO-BArch, NL4182/1139, Bl. 78-85.

10. Kompensationshandel, Arbeitsdisziplin und SMAD-Befehl 234

lang und führte neben den bekannten Versorgungs- und Verteilungsproblemen sowie der schlechten Infrastruktur einige Gesichtspunkte an, die deutlich machen, wie schwer es war, Arbeiter, Betriebsleiter und Gewerkschaften für die neuen Verhältnisse und eine neue Arbeitsmoral zu gewinnen – ein charakteristisches Dilemma. Die Länderregierungen als neue Herren der landeseigenen Betriebe hatten es demnach nicht verstanden, daß der entscheidende Aufbaufaktor »die bewußte Initiative der Arbeiter selbst« sei. Die Betriebsleiter stützten sich nicht auf die Partei, Gewerkschaften und Betriebsräte, sie beschränkten sich gewohnheitsgemäß auf wirtschaftliche Interessenvertretung und entwickelten »kein neues Verhältnis der Arbeiter zum Betrieb, der Eigentum des Volkes geworden ist«. Aber auch die SED nutze die bereits eingeführte fortschrittliche sozialpolitische Gesetzgebung zu wenig für ihre Propaganda und die Mobilisierung der Arbeiterklasse. Schließlich fehlten Hinweise auf verdeckte Sabotage, insbesondere in Betrieben mit Reparationsaufträgen, sowie auf die großzügige Praxis der Krankschreibung durch Privatärzte keineswegs. Die Überprüfung von sieben Betrieben habe ergeben, daß von 320 krankgeschriebenen Personen 158 gesund waren. In dem vorgeschlagenen Maßnahmenkatalog, mit dem eine einschneidende Verbesserung der Lage erreicht werden sollte, fällt neben einer Reihe sozialpolitischer Angebote insbesondere der Vorschlag auf, bis zum 1. November 1947 ein »Gesetz über disziplinare und gerichtliche Maßnahmen gegen Verletzung der Arbeitsdisziplin in den Betrieben« zu erlassen sowie ein neues Versorgungssystem auszuarbeiten, das die bevorzugte Versorgung der Arbeiter und Angestellten der führenden Industriezweige und des Transports vorsehen solle. Zwar kam ein solches Gesetz nicht zustande, der SMAD-Befehl Nr. 234 hatte jedoch genau diese Stoßrichtung im Sinn und sollte durch ein Bündel von Maßnahmen die gravierenden Probleme im Arbeitsprozeß lösen.

Die enormen Versorgungsprobleme und die darauf ausgerichteten dominanten Belegschaftsinteressen hatten jedoch einen Teufelskreis in Gang gesetzt, der nur mühsam aufzulösen war, so daß noch weit bis ins Jahr 1948 hinein der Kompensations- und Schwarzhandel eine große Rolle spielte. Während anfangs noch zweifelhafte individuelle »Selbsthilfeaktionen« registriert wurden wie Diebstahl von Handwerkszeug, Verwendung von Treibriemen als Schuhsohlen oder die Entwendung von Stühlen, Fenstern und anderem Inventar[350], nahm der organisierte Tauschhandel immer regulärere Formen an. Die Betriebsräte hatten hier, ähnlich wie in den Westzonen eine Schlüsselrolle und ihre »große Zeit«. In Thüringen gingen im Sommer 1947 manche Werke schon vor der Einbringung der Ernte dazu über, mit einzelnen Bauern oder auch ganzen Gemeinden Lieferverträge für Getreide, Kartoffeln und Gemüse abzuschließen.[351] Ein interner Bericht der Abteilung Wirtschaft des FDGB vom 13. September 1947 listete in Mark und Pfennig typische Kompensationsgeschäfte verschiedener Firmen auf: Kohlen gegen Textilwaren, Fleisch gegen Textilwaren, Kartoffeln gegen Schuhe, Mehl ge-

---

350 Harry Kuhn, Richtige Arbeitsmoral – höhere Arbeitsleistung, in: »Arbeit und Sozialfürsorge« 1 (1946), S. 145 f. Vgl. zusammenfassend zum Thema Klinger, Betriebsräte, in: Ebbighausen/ Tiemann (Hg.), Ende der Arbeiterbewegung, S. 336-351.
351 Ebd., S. 345.

I. Die fragmentierte Klasse (1945-1947)

gen Textilien usw. »Diese Kompensationsgeschäfte«, stellt der Bericht fest[352], »stören die planmäßige Versorgung der Bevölkerung; ein Überhandnehmen kann zur Lahmlegung der aufgestellten Versorgungspläne führen. Kompensationen dienen nicht immer persönlicher Bereicherung, sondern entstehen oft aus der mangelnden Versorgung der Betriebe mit Roh- und Hilfsstoffen. Sollen also Kompensationen vermieden werden, dann muß erstens sorgfältig geplant, zweitens scharf kontrolliert werden.« Wie schwierig die Kontrolle in dieser Situation war, deutete jedoch der folgende Satz an: »Die Kontrolle hat nicht nur durch die Verwaltungen, sondern insbesondere durch die Betriebsräte, die allerdings noch erzogen werden müssen, zu erfolgen.«

Das Ausmaß des Kompensationshandels und des situationsbedingten »Absentismus« in den Betrieben ist bereits in zahlreichen zeitgenössischen öffentlichen Quellen sichtbar geworden, auch wenn sich beides naturgemäß quantitativ nicht genau erfassen läßt. Klaus Ewers hat 1980 anhand einer ungemein sorgfältigen Analyse beiläufiger offizieller Äußerungen, die in kritischer Absicht auf die volkswirtschaftliche Misere hinwiesen, ein sehr plastisches Bild von Formen und Motiven des Verhaltens vieler Belegschaften gezeichnet.[353] Akkord und Überstunden waren nach Kriegsende weitestgehend abgeschafft worden. Den eingefrorenen Löhnen standen erheblich gestiegene und in der Struktur völlig durcheinander geratene Lebenshaltungskosten gegenüber, die angesichts der überall akuten Versorgungskrise Hamsterfahrten zum typischen Erscheinungsbild der Nachkriegswirtschaft machten. In den Leuna-Werken erschienen an manchen Tagen bis zu 6.000 Arbeiter, das heißt ein Viertel der Belegschaft, nicht zur Arbeit, um durch »Hamstern« und Tauschaktionen auf dem Lande das Notwendigste zum Leben zu beschaffen.[354] Die Bindung an den Betrieb entstand vor allem durch die Berechtigung zum Bezug von Lebensmittelkarten und betrieblichen Sozialleistungen. Darüber hinaus kennzeichnete anfangs eine radikale Vereinfachung des Lohntarifsystems die Situation. Es gab sogar Fälle, in denen allen Arbeitern während der Wiederingangsetzung der Produktion gleiche Löhne gezahlt wurden. Hinter den ausgeprägten Egalisierungstendenzen stand auch ein mehr oder minder bewußter Wille zur Ablehnung von Akkord und »Leistungsterror«. Ohne wirksame Leistungsanreize war diese aus der Not geborene und aus der sozialistischen Tradition gespeiste Gleichmacherei und Differenzierungsfeindlichkeit kaum aufzubrechen. Eben hier setzte der SMAD-Befehl 234 vom 7. Oktober 1947 an, nachdem vorangegangene Versuche weitgehend erfolglos geblieben waren.

Das Dilemma, auf das die sowjetische Besatzungsmacht damit reagierte, bestand in allen Zonen. Die niedrige Arbeitsproduktivität, der überlebensnotwendige Kompensationshandel, bei dem sich Formen, die das individuelle »Durchkommen« sichern sollten, und solchen, die kollektive Solidarität bewiesen, vermischten, sowie Egalisierungsimpulse aus dem Arsenal des utopischen Sozialis-

---

352 Bericht vom 13.9.1947 »Betr. Kompensationsgeschäfte«, SAPMO-BArch, NL4182/1139, Bl. 134 f.
353 Ewers, Einführung, in: DA 13 (1980), S. 612-633.
354 Ebd., S. 613.

10. Kompensationshandel, Arbeitsdisziplin und SMAD-Befehl 234

mus – dieses Bündel verschiedener Faktoren der Zusammenbruchsgesellschaft produzierte ein System, das zwar irgendwie das Überleben sicherte, aber zugleich jeden langfristigen gesamtwirtschaftlichen Aufschwung blockierte. Im Ruhrbergbau, dem für den Wiederaufbau in Deutschland und Europa wichtigsten Schlüsselsektor, versuchten die Westalliierten, den gordischen Knoten auf ihre Weise zu durchschlagen. Die von linken Vertretern der Arbeiterbewegung in pejorativem Sinn formulierte Frage »Speck oder Sozialisierung?« brachte die mißliche Alternative auf den Punkt.[355] Da in der SBZ und im östlichen Europa kein Marshall-Plan existierte, bestanden hier wenig Chancen, schnell an Speck zu kommen, während die Sozialisierung im Kern bereits realisiert war. »Speck durch Sozialisierung« konnte bestenfalls eine langfristige Hoffnung sein.[356]

Der SMAD-Befehl spiegelte die typische Nachkriegsmisere noch insofern wider, als er vor allem mit handfesten Leistungsanreizen wie warmer und markenfreier Verpflegung für bessere Arbeit und höhere Produktivität sorgen wollte. Ulbricht stellte ihn daher in seiner Bedeutung auf die gleiche Stufe wie die tiefgreifenden Strukturveränderungen durch die Bodenreform und Verstaatlichung der großen Industriebetriebe.[357] Das war ohne Zweifel übertrieben, verweist aber auf das enorme Gewicht des Problems, ohne dessen Lösung der im Entstehen begriffene »Arbeiterstaat« kaum Überlebenschancen hatte. Die Präambel des Befehls legte daher nach einer Positivbilanz der bisherigen Sozialpolitik den Finger in die offene Wunde: »Die weitere Wiederherstellung und Entwicklung der Industrie und des Verkehrswesens erfordert vor allem eine Erhöhung der Arbeitsproduktivität und eine Festigung der Arbeitsdisziplin. In vielen Werken und Fabriken, Gruben und Eisenbahnen befinden sich die Arbeitsdisziplin und die Arbeitsproduktivität noch auf einem niedrigen Niveau.«[358] Die konkreten Folgerungen waren einschneidend und verbanden in 14 Punkten das Zuckerbrot besserer Versorgung mit der Peitsche harter Strafen gegen »Bummelanten und Desorganisation der Arbeit«. Was hier allgemein angedroht wurde, entfalteten die Ausführungsbestimmungen der Zentralverwaltung für Arbeit und Sozialfürsorge in einem Strafkatalog bei Schwarzmarkttouren und Verstößen gegen die Arbeitsordnung.[359] Aus der langen Reihe sozialpolitischer Verbesserungen waren zwei besonders brisant: Bei der verbindlichen Einführung einer täglichen warmen Mahlzeit im Betrieb wurde nach zwei Qualitäts-Kategorien A und B (hochqualifizierte oder körperlich schwere und gesundheitsschädliche Arbeit sowie Techniker und Ingenieure einerseits, »die übrigen Arbeiter und Angestellten« andererseits) unterschieden, ferner sollten die Arbeiter und Angestellten der »führenden Betriebe« bevorzugt

---

355 Vgl. Kleßmann, Doppelte Staatsgründung, S. 110 ff.
356 Hübner, Betriebe als Träger, in: Geschichte der Sozialpolitik, Bd. 2/1, S. 942.
357 Um ein antifaschistisch-demokratisches Deutschland, S. 511 ff.
358 Text des Befehls ebd., S. 504-510.
359 Verordnung über die Einführung einer neuen Arbeitsordnung vom 13.10.1947, in: Jahrbuch für Arbeit und Sozialfürsorge 1947/48, S. 398 ff.; Richtlinien für die Durchführung der warmen Zusatzverpflegung in Werkküchen der Betriebe führender Industriezweige und des Transportwesens, ebd., S. 414 ff.

I. Die fragmentierte Klasse (1945-1947)

mit Industriewaren beliefert werden (Punkt 9 und 10 des Befehls). Beides mochte ökonomisch sinnvoll und produktivitätssteigernd sein, in der allgemeinen Mangelsituation verstieß es flagrant gegen die verbreiteten Vorstellungen von sozialer Gerechtigkeit und Solidarität. Zeitgenössische Berichte sind daher voll von Beispielen, wo sich die Belegschaften und Betriebsräte gegen diese Richtlinien zur Wehr setzten und die Essens- und Warenverteilung egalitär zu regeln versuchten, so daß höhere Instanzen intervenierten.[360] Etwa ein Jahr später stellte der FDGB eine Übersicht zusammen, in der minutiös die Verteilung der Essensportionen gemäß Befehl 234 aufgeführt wurde, differenziert nach Ländern und Beschäftigten. Demnach wurden bei einer Wohnbevölkerung von 17, 913 Millionen Menschen und 5, 904 Millionen unselbständig Beschäftigten insgesamt 1, 380 Millionen Essenportionen ausgegeben, davon 653.900 an die Gruppe A und 726.100 an die Gruppe B.[361] Allein diese Zahlen lassen erkennen, daß längst nicht alle Arbeiter und Angestellten in den Genuß der betrieblichen Verpflegung kamen. Neben den VEB wurden vor allem die wirtschaftlich wichtigen SAG-Betriebe bevorzugt.

Der verpflegungspolitische Ansatz des Befehls fand jedenfalls große Resonanz, auch wenn die Einlösung angesichts der allgemeinen Versorgungs- und Verkehrsprobleme höchst unterschiedlich ausgefallen sein dürfte. Die Zielrichtung war jedoch eine andere. So empfahl der SED-Landesvorstand von Sachsen-Anhalt den unteren Parteimitgliedern besorgt, »darauf zu achten, daß beim Befehl 234 nicht immer nur die Seite des Werkküchenessens gesehen wird.«[362] Denn als Hebel für die Steigerung der Produktivität sollte insbesondere die erweiterte Anwendung von Stück- und Akkordlöhnen dienen, vor allem im Erzbergbau, in der Kohlen- und Metallindustrie, im Maschinenbau, in der elektrotechnischen Industrie und im Eisenbahntransportwesen. Bei der Berechnung der Akkordlöhne sollten die in den Tarifverträgen festgelegten Mindestlöhne zugrunde gelegt werden (Punkt 4 des Befehls). Der FDGB hatte bereits im März 1947 in einem von der SMAD genehmigten Musterkollektivvertrag Akkord- und Stücklohn als vorrangige Entlohnungsform festgelegt. Das blieb jedoch ohne erkennbare Folgen. Die Vorbehalte gegen Leistungslöhne und die verbreitete Skepsis, daß erhöhte Produktionsergebnisse ohnehin nur der Besatzungsmacht zugute kämen, hemmten massiv die Bereitschaft, freiwillig die Arbeitsnormen heraufzusetzen. Der SMAD-Befehl wurde daher nur schleppend umgesetzt. So hatten beispielsweise in Sachsen-Anhalt Ende 1947 erst sieben Betriebe Akkord- und Stücklohn eingeführt, bei denen 9,4 Prozent aller im volkseigenen Sektor Beschäftigten arbeiteten.[363]

Daß der Befehl 234 dennoch ein nachdrücklicher, von den Gewerkschaften massiv unterstützter Versuch war, einen Durchbruch in der Produktivitätssteigerung zu erreichen, belegen der zentrale »Aktionsplan« des FDGB-Bundesvorstan-

---

[360] Ewers, Einführung, S. 618 f.
[361] FDGB HA Statistik, 28. September 1948 (nur für den Dienstgebrauch), SAPMO-BArch DY34/A 1433.
[362] Zit. bei Ewers, Einführung. S. 619.
[363] Ebd., S. 623. Zur Reaktion der Gewerkschaften auf den Befehl 234 vgl. Brunner, Sozialdemokraten, S. 215 ff.

10. Kompensationshandel, Arbeitsdisziplin und SMAD-Befehl 234

des sowie seiner Landesvorstände und einige markante Beispiele von Betriebsprogrammen, die seiner Umsetzung dienen sollten. Der FDGB bildete »Arbeitsausschüsse 234« und setzte eine riesige Kampagne in Gang, über die der Tätigkeitsbericht als Erfolgsmeldung festhielt:

»Im letzten Vierteljahr 1947 fanden allein in Sachsen-Anhalt insgesamt 11.251 Versammlungen und Konferenzen mit zusammen 919.215 Teilnehmern statt. Die Zahl der Versammlungen auf dem ganzen Gebiet der sowjetischen Besatzungszone muß auf über 40.000 geschätzt werden. Die Bedeutung des Planes lag aber nicht nur in seiner wirtschaftlichen Aufgabenstellung oder in seiner zusätzlichen Versorgung. Er wurde gleichzeitig zum Instrument der weiteren Hebung des Klassenbewußtseins der Werktätigen. In unzähligen Referaten, Plakaten, Broschüren, in Zeitschriften und Zeitungen wurden ihnen die großen Veränderungen der Wirtschaft aufs neue nahegebracht. Dadurch, daß die Belegschaften in den volkseigenen Betrieben konkret zu den eigenen, unmittelbaren Aufgaben der Produktionssteigerung, zu den Fragen des Leistungslohnes und zur Organisierung von Wettbewerben Stellung nahmen, wurde das ideologische Ringen um ein neues Verhältnis zur Arbeit gewaltig gefördert.«[364]

Wie detailliert die Leitlinien des »Aufbaubefehls« im betrieblichen Rahmen umgesetzt werden sollten, kann das Beispiel der Zuckerfabrik Voßberg (Kreis Lebus, Brandenburg) zeigen. In einer Betriebsversammlung waren demnach fünf Punkte »im Einverständnis zwischen Betriebsleiter und Betriebsrat« für das Jahr 1948 beschlossen worden:
1. Die Betriebsordnung legte fest, daß unentschuldigtes Fehlen nicht mehr geduldet werde und Krankheit innerhalb von 24 Stunden nachgewiesen werden müsse. Die Meister wurden angewiesen, in unregelmäßigen Abständen drei- bis viermal täglich die Anwesenheit zu kontrollieren. Bei mehr als dreifachem unentschuldigten Fehlen drohten Entlassung und gerichtliche Verfolgung. Um die Arbeitsproduktivität zu heben und die Beschäftigten zur Pünktlichkeit zu erziehen, wurden fünf Minuten vor Arbeitsbeginn und vor Arbeitsende alle Namen verlesen. Die Pausen sollten genau eingehalten werden. In Werksnähe wohnende Arbeiter wurden verpflichtet, Be- und Entladungsarbeiten auf Aufforderung des diensttuenden Meisters auch noch nach Arbeitsschluß durchzuführen.
2. Zur Verbesserung der Lebens- und Arbeitsverhältnisse forderte das Betriebsprogramm, den Ausbau der Aufenthalts- und Waschräume, einen sorgfältigen Umgang mit Werkzeugen und Maschinen und täglich eine warme Mahlzeit ohne Markenabgabe »endlich durchzuführen«. Bei der Landesregierung und dem FDGB sollte die bevorzugte Versorgung mit Textilien, Schuhen, Kohle und Industriewaren verlangt werden.

364 Aus der Arbeit des Freien Deutschen Gewerkschaftsbundes 1947–1949, hg. vom Bundesvorstand des FDGB, Berlin (O) 1950, S. 121.

I. Die fragmentierte Klasse (1945-1947)

3. Die ärztliche Betreuung und der Unfallschutz sollten durch konkrete Hinweise wirksamer gestaltet werden.
4. Eine Verbesserung der sozialen Verhältnisse beinhaltete vor allem kürzere Jugendarbeitszeiten, die Einhaltung der Urlaubsregelung sowie des Grundsatzes »gleicher Lohn für gleiche Arbeit« bei Frauen, die Regelung einer Lohnfortzahlung von 90 Prozent im Krankheitsfall bis maximal 12 Wochen.
5. Instandsetzungs- und Reinigungsarbeiten in der Fabrik mit festgelegten Terminen.[365]

Natürlich sagen derartige Absichtserklärungen wenig über die Realität aus. Die minutiösen Festlegungen lassen jedoch exemplarisch die gravierenden Defizite im betrieblichen Alltag erkennbar werden, denen der »Aufbaubefehl« nun zu Leibe rückte.

Der Schwarz- und Kompensationshandel konnte durch die neue Initiative der SMAD erst nach längerer Zeit beseitigt werden. Die Informationen aus den Betrieben waren zum Ärger der FDGB-Spitze und der Landesvorstände höchst unbefriedigend. Die Berichterstattung von unten nach oben blieb aufgrund naheliegender Interessen unzuverlässig und fragmentarisch, und auch die ab 1. Januar 1948 eingeführten Betriebsberichtsbögen konnten den Strukturkonflikt zwischen Informationswünschen an der Spitze und gegenläufigen Interessen an der Basis nicht lösen.[366] Nach Angaben eines DDR-Historikers gingen noch 1948 allein in Sachsen durch Schwarzmarkt- und Kompensationsgeschäfte etwa 25 Prozent der industriellen Gebrauchsgüter der zentralen Verteilung verloren.[367] Insofern war es konsequent, wenn die Deutsche Wirtschaftskommission (DWK) schließlich im Herbst 1948 eine Wirtschaftsstrafverordnung erließ, die für schwere Fälle bis zu zehn Jahre Zuchthaus androhte.[368]

365 SAPMO-BArch, DY 34/15/1004/4794 (Betriebsprogramm vom 8.12.1947).
366 Sehr aufschlußreich ist dazu die ungeschminkte Kritik der Hauptabteilung Wirtschaft des FDGB-Landesvorstandes Thüringen vom 19.07.1948 an der Berichterstattung der Betriebe. SAPMO-BArch, DY34/23199. Ein gemeinsam von den Hauptabteilungen der Landesvorstände erarbeiteter Berichtsbogen war vom Bundesvorstand erheblich verändert worden, vor allem aber hatte die SMAD die Streichung aller Fragen zur Wirtschaft veranlaßt. »Damit hat der Fragebogen jedoch seinen Anspruch als Unterlagenmaterial für die Bearbeitung *sämtlicher* gewerkschaftlicher Aufgaben dienen zu wollen, völlig eingebüßt. Er ist in einen Berichtsbogen der Hauptabteilung Organisation und Sozialwesen umgewandelt worden.« Zur Durchführung des Befehls 234 stellt der Bericht fest: »Auf diesem Gebiet haben wir hinsichtlich der Kontrolle und erforderlichen Berichterstattung wohl das größte Fiasko erlebt. Wenn die Landesvorstände klare übersichtliche Berichte an den Bundesvorstand oder die SMA aufstellen sollen, mangelt es an den notwendigen, einheitlichen und zuverlässigen Unterlagen, welche ausschließlich aus den Betrieben selbst geschaffen werden können. Bisher war weder die HA Wirtschaftspolitik noch irgendeine IG in der Lage, dieses authentische Material laufend zusammenzutragen, um es im entscheidenden Moment zur Verfügung zu haben.«
367 Dietmar Keller, Lebendige Demokratie. Der Übergang von der antifaschistischen zur sozialistischen Demokratie in der volkseigenen Industrie der DDR 1948-1952, Berlin (O) 1971, S. 97 (nach Angaben des FDGB-Bundesvorstandes). Viele solcher Hinweise finden sich in diesem sehr materialreichen Buch.
368 Verordnungsblatt der Deutschen Wirtschaftskommission (DWK) 1948, zit. bei Klinger, Betriebsräte, S. 345.

Der nachdrückliche Appell des II. Parteitages der SED vom September 1947 an die Arbeiterschaft,»daß es in ihrem eigenen Interesse liegt, die Produktion in den Betrieben durch eine gesteigerte Arbeitsleistung und Hebung der Arbeitsdisziplin maximal zu erhöhen«[369], wurde vom SMAD-Befehl mit einem umfassenden sozialpolitischen Konzept untermauert. Er konstituierte damit wesentliche Rahmenbedingungen für die künftige Wirtschafts- und Sozialpolitik der SED, außerdem für die Beziehungen zwischen Arbeiterschaft und Betriebsleitungen sowie für das gestaffelte Lohn- und Normensystem, das die ersten beiden Jahrzehnte der SBZ/DDR bestimmte.[370]

11. Gewerkschaftliche Interzonenkonferenzen – gesamtdeutsche Hoffnung und kommunistische »Westarbeit«

Daß sich mit der aus den Trümmern der »Volksgemeinschaft« entstandenen Einheitsgewerkschaft 1945 zugleich der Keim einer neuen politischen und organisatorischen Spaltung abzeichnen würde, war für die Zeitgenossen zunächst nicht absehbar. Wo solche Gefahren sichtbar wurden, versuchten die Protagonisten eines Neubeginns gegenzusteuern. Schließlich entsprang der programmatische Erneuerungsimpuls über Zonengrenzen hinweg zu einem erheblichen Teil der gemeinsamen Erfahrung von Nationalsozialismus und Exil. Obwohl die Zulassungsmodalitäten der Gewerkschaften an die jeweiligen Zonenbefehlshaber gebunden waren, gab es frühzeitig Versuche, auf eine zonenübergreifende Gewerkschaftsarbeit hinzuarbeiten. Dazu gehörten die insgesamt 9 Interzonenkonferenzen zwischen dem FDGB und den westdeutschen Vorläufern des DGB. Daneben gab es eine Reihe von interzonalen Konferenzen der jeweiligen Branchengewerkschaften, insbesondere Bergbau, Bau, Chemie, Landwirtschaft und Metall. Ein genauer Überblick über alle derartigen Konferenzen existiert bislang nicht.

Aus der Rückschau fügt sich das Erscheinungsbild dieser Konferenzen mit ihren harten politischen Konflikten hinter Formelkompromissen ziemlich glatt in die Strategie der SED ein, die Gewerkschaften als größte und wichtigste Massenorganisationen für ihre politischen Zwecke einzusetzen und zu versuchen, im Westen Terrain zu gewinnen, nachdem die SED-Gründung dort ein überwiegend negatives Echo gefunden hatte. Dieses Bild unterschlägt aber, daß die Gewerkschaften beider Seiten zunächst starke gemeinsame Interessen und Ziele hatten, so daß sich mit den Treffen große Hoffnungen verbanden. Die Gewerkschaften besaßen in der Zusammenbruchsgesellschaft eine beträchtliche Bedeutung für den täglichen Kampf ums Überleben und um den elementaren Wiederaufbau. Ihre ureigenen Aufgaben in der Tarif- und Sozialpolitik sowie bei der gesellschaftspolitischen Neuordnung hatten indes auch einen ausgeprägt gesamtdeut-

---

369 Protokoll des II. Parteitages der SED, S. 88.
370 Hübner, Konsens, S. 27.

I. Die fragmentierte Klasse (1945–1947)

schen Akzent, weil nur mit zahlenmäßig und organisatorisch starken Verbänden der Kern gemeinsamer Zielvorstellungen realisiert werden konnte. Mit der Direktive Nr. 31 vom 3. Juni 1946 hatte sich der Alliierte Kontrollrat nach langen Auseinandersetzungen auf »Grundsätze für die Errichtung von Gewerkschaftsverbänden« geeinigt.[371] Diese beinhalteten nur sehr allgemeine Prinzipien und Organisationshinweise. Interzonale Zusammenschlüsse waren möglich, alle Aktivitäten in dieser Richtung blieben aber abhängig von der Genehmigung der jeweiligen Zonenkommandeure. Die Geschichte der Interzonenkonferenzen ist daher auch geprägt von vielerlei Schwierigkeiten, überhaupt zusammenzukommen, von verspäteten oder verweigerten Genehmigungen sowie von Eingriffen in die Organisationsentwicklung. Bernhard Göring, Vorstandsmitglied des FDGB, beklagte sich Ende 1946, man müsse die Konferenzen »gewissermaßen auf Hintertreppen arrangieren«.[372] Die anfängliche Vielfalt der Organisationsstrukturen in den Westzonen, die sich scharf abhob von der seit Beginn an zentralistischen Einheitsgewerkschaft in der SBZ, erschwerte eine interzonale Kooperation und die Verständigung über gemeinsame Aufbau- und Strategieprobleme. Berlin als eigene Organisationseinheit, gleichsam eine »fünfte Zone«, komplizierte die Kontakte und Diskussionen zusätzlich. Angesichts dieser organisationspolitischen Vorzeichen ist es im Grunde überraschend, daß relativ schnell interzonale Gewerkschaftskonferenzen zustande kamen und nicht schon im Vorfeld an politischen Konflikten scheiterten.

Initiator und Gastgeber der ersten Konferenz vom 7. bis 8. November 1946 in Mainz war der Generalsekretär des Weltgewerkschaftsbundes Louis Saillant. Er bemühte sich darum, daß die deutschen Gewerkschaften in die internationale Bewegung zurückkehren konnten und Schwierigkeiten beim Alliierten Kontrollrat beseitigt wurden. Bereits einen Monat nach Mainz konnte das zweite Treffen in Hannover stattfinden, auf dem vor allem Fragen der Entnazifizierung der Wirtschaft diskutiert und eine »Grundordnung« für die Interzonenkonferenzen verabschiedet wurden.[373] Die dritte Konferenz im Februar 1947 in Berlin beschloß die Einsetzung von Arbeitsausschüssen für besonders wichtige Fragen, um entsprechende Entscheidungsvorlagen vorzubereiten. Die folgenden drei Interzonenkonferenzen in Garmisch-Partenkirchen (6. bis 8. Mai 1947), Badenweiler (7. bis 9. August 1947) und Bad Pyrmont (21. bis 23. Oktober 1947) verabschiedeten eine Fülle von Entschließungen, die von beiden Seiten gemeinsam getragen wurden, so zu allgemeinpolitischen Fragen wie zum Friedensvertrag und zu Problemen der Neugestaltung der Wirtschaft, zum Arbeitsrecht, zu Betriebsräten und Mitbestimmung, zur Frauenarbeit, zum Neuaufbau der Sozialversicherung und

---

371 Gunther Mai, Der Alliierte Kontrollrat in Deutschland. Alliierte Einheit – Deutsche Teilung?, München 1995, S. 119 ff.
372 Zit. nach: Werner Müller, Die Interzonenkonferenzen und die Spaltung der deutschen Gewerkschaftsbewegung, in: Gewerkschaften in der SBZ-DDR 1945 bis 1950. Anspruch und Wirklichkeit, Hannover 1996, S. 38.
373 Ebd, S. 41.

11. Gewerkschaftliche Interzonenkonferenzen

(mit einer Stimme Mehrheit) auch zur Einberufung eines allgemeinen deutschen Gewerkschaftskongresses im Frühjahr 1948.[374] Zwar haben alle Gewerkschaftsvertreter anfangs ihre politische Unabhängigkeit betont und sich in primär gewerkschaftlichen Fragen um einen breiten Konsens bemüht, aber bei genauerer Betrachtung wurden die grundsätzlichen Differenzen schon in der Konstituierungsphase erkennbar. So beklagte sich der aus dem englischen Exil zurückgekehrte Hans Gottfurcht im November 1946 bei Bernhard Göring über die »fantastischen Dummheiten«, die im Berliner »Vorwärts« über sozialdemokratische Genossen publiziert worden seien.[375] Im Oktober 1947 konstatierte Hans Jendretzky vom FDGB bereits »zwei gewerkschaftliche Richtungen« und beschwor damit Parallelen zu der von Andrej Shdanow bei der Kominform-Gründung verkündeten These von der Spaltung der Welt in »zwei Lager«. »Der Standort«, stellte Jendretzky im FDGB-Bundesvorstand fest, »von dem wir zur Weiterentwicklung des Gedankens der deutschen Gewerkschaftseinheit Stellung nehmen, […] ist gekennzeichnet durch die außerordentlich hart aufeinander prallenden Interessengegensätze zwischen zwei Welten, von denen die eine seit längerer Zeit eine systematische Kriegspsychose erzeugt, während die andere zielbewußt für den Frieden arbeitet.«[376] Auch international kam diese Spaltung in der anfangs latenten, seit 1947 aber manifest werdenden, geteilten Haltung gegenüber dem kommunistisch beeinflußten Weltgewerkschaftsbund und der American Federation of Labor (AFL) zum Ausdruck. Zu handfesten Auseinandersetzungen und schließlich zum Bruch führte schließlich die Diskussion um den Marshall-Plan. Zwar fanden noch weitere Konferenzen statt, die auch quer zu den Zonenvertretungen verlaufende Mehrheitsentscheidungen brachten, aber mit Formelkompromissen ließ sich jetzt der Grundsatzkonflikt nicht mehr kitten. Zwar bekannten sich alle Vertreter auf der Dresdner Konferenz (3. bis 5. Februar 1948) zur parteipolitischen und religiösen Neutralität der Gewerkschaften, doch gab es bereits eine separate Erklärung des FDGB zur Bildung eines »Zentralrats der Deutschen Gewerkschaften«. Drei Monate später in Heidelberg (13. bis 15. Mai 1948) brach der Konflikt offen aus und fand in zwei gegensätzlichen Stellungnahmen der östlichen

---

374 Die Texte der entsprechenden Erklärungen sind wiedergegeben im Anhang der Broschüre: Versprochen – Gebrochen. Die Interzonenkonferenzen der Deutschen Gewerkschaften von 1946–1948, hg. vom Bundesvorstand des Deutschen Gewerkschaftsbundes, Düsseldorf 1961. Aus DDR-Sicht: Albert Behrendt, Die Interzonenkonferenzen der deutschen Gewerkschaften. Der Kampf des FDGB um eine fortschrittliche, gesamtdeutsche Gewerkschaftspolitik auf den Interzonenkonferenzen der deutschen Gewerkschaften, Berlin (O), 1959. Eine unkritische Darstellung bietet Sylvia Pfeifer, Gewerkschaften und Kalter Krieg 1945 bis 1949, Köln 1980 (Pahl-Rugenstein). Zwar werden hier die Interzonenkonferenzen im Rahmen einer breiteren Fragestellung eingehend auf der Basis der veröffentlichten Dokumente analysiert, der Kern des Konflikts, die parteipolitische Funktionalisierung des FDGB, bleibt aber weitgehend im Dunkeln. Eher Kuriositätswert als Beispiel orthodoxer Folklore nach dem Ende der DDR haben dagegen: Werner Petschnik, Bemerkungen zu den Interzonenkonferenzen der deutschen Gewerkschaft 1946–1949 – aus heutiger Sicht, in: Zum deutschen Neuanfang 1945–1949. Tatsachen – Probleme – Ergebnisse – Irrwege, Bonn 1993, S. 74-88 (Schriftenreihe der Marx-Engels-Stiftung, 19, Pahl-Rugenstein Nachf.).
375 Zit. bei Müller, Interzonenkonferenzen, S. 42.
376 Zit. ebd., 43.

I. Die fragmentierte Klasse (1945–1947)

Abb. 8: Das gebrochene gewerkschaftliche Einheitsversprechen vor dem Hintergrund der Dreiteilung Deutschlands aus der Sicht des DGB 1961.

und westlichen Gewerkschaftsvertreter zum Marshall-Plan seinen Ausdruck. Die neunte und letzte Interzonenkonferenz vom 17. bis 19. August 1948 in Enzisweiler bei Lindau am Bodensee beschloß zwar formal nur eine Unterbrechung der Treffen, da man sich über die Frage, ob die Berliner »Unabhängige Gewerkschaftsorganisation (UGO)«[377] einzubeziehen sei, völlig zerstritten hatte, doch ein weiteres Treffen fand aus politischen Gründen nicht mehr statt.

Neben dem Marshall-Plan, der auch unter den Westzonengewerkschaften anfangs keineswegs unumstritten war, bildeten drei Dinge den Kern des unüberbrückbaren Konflikts: die innere Struktur der Gewerkschaften, ihr Verhältnis zur Demokratie und zu den politischen Parteien. Fritz Tarnow – als »Reformist« und ehemaliges Vorstandsmitglied des ADGB ein »rotes Tuch« für die kommunistische Seite – wünschte in Dresden die Erweiterung der allgemeinen Erklärung durch ein ausdrückliches Bekenntnis zur Demokratie. In seiner auf der Konferenz diskutierten, wenn auch nicht verabschiedeten »Prinzipienerklärung« sah der FDGB ein »demagogisches Machwerk« und den gezielten Versuch, die Konferenz platzen zu lassen.[378] Was anfangs verdeckt blieb, brach auf den letzten Interzonenkonferenzen offen hervor: Es gab zwei konträre Gewerkschaftskonzepte, die nicht miteinander kompatibel waren. Zu Recht hat Werner Müller dennoch die Frage gestellt, warum die Gewerkschaften so lange an ihren Bemühungen um Einheitsgewerkschaften festgehalten haben.[379] An vorderster Stelle stand ohne Zweifel der nachdrückliche Wunsch, »Lehren aus der Geschichte« zu ziehen. Die verhängnisvolle richtungspolitische Aufspaltung der Gewerkschaftsbewegung vor 1933 sollte endlich überwunden werden. Dafür schienen die Voraussetzungen zunächst nicht schlecht zu sein, gab es doch auch in den Westzonen deutliche Fortschritte auf diesem Weg. Darüber hinaus sollte ein gesamtnationaler Zusammenschluß den Gewerkschaften größeres Gewicht gegenüber den Alliierten verleihen. Schließlich ist auch die internationale Schützenhilfe

377 Zur UGO, die in der DDR-Literatur meist als »Unabhängige Gewerkschaftsopposition« bezeichnet wird, vgl. Versprochen – Gebrochen, S. 206 f.; Berliner Gewerkschaftsgeschichte. FDGB, UGO, DGB 1945 bis 1950, Berlin (W) 1971.
378 Müller, Interzonenkonferenzen, S. 45.
379 Ebd., S. 50.

11. Gewerkschaftliche Interzonenkonferenzen

durch den anfänglich noch nicht als kommunistisch gesteuert erkennbaren Weltgewerkschaftsbund als wichtigen Faktor zu nennen. Für den FDGB boten sich darüber hinaus die Interzonenkonferenzen als ein Instrument an, um in den westlichen Besatzungsgebieten an Einfluß zu gewinnen – ein Bemühen, das in den folgenden Jahren mit der organisierten »Westarbeit« fortgesetzt werden sollte.

Die interzonalen Konferenzen verschiedener Branchengewerkschaften sind bislang nur äußerst bruchstückhaft dokumentiert.[380] Das Verlaufsmuster ähnelt aber dem der Gewerkschaftsbünde und belegt, wie eng der Handlungsspielraum war, der den Gewerkschaften angesichts der sich verschärfenden Konfrontation im beginnenden Kalten Krieg trotz ihrer beachtlichen Mitgliederzahl noch übrigblieb. Unter diesen politischen Rahmenbedingungen traten die alten Konfliktlinien aus der Weimarer Zeit zwischen kommunistischen und »reformistischen«, also sozialdemokratischen Gewerkschaftsvertretern, wieder drastisch zu Tage. Sie waren auch in den Westzonen erkennbar, jedoch bemühten sich die Gewerkschaften hier viel länger und nicht ohne Erfolg darum, die gerade erworbene »Einheitsgewerkschaft« nicht wieder aufs Spiel zu setzen. Dabei gingen sie häufig auf Distanz zu den politischen Parteien und scheute für das übergeordnete Ziel einer Einheitsorganisation auch nicht den Konflikt mit Parteiführungen.[381] In der SBZ ließ sich ein solcher Kurs jedoch nicht durchhalten, da SED und SMAD frühzeitig auf das Leninsche Konzept der Gewerkschaften als »Transmisionsriemen« setzten, so mühsam es an der Basis auch zu realisieren sein mochte.

Die Gewerkschaft der Bau- und Holzarbeiter kann als Beispiel für das konfliktreiche Gesamtszenario dienen. Nach längeren und mühevollen Vorarbeiten fand ein erstes Treffen vom 9. bis 11. Juni 1947 in Berlin statt. Drei zusätzliche folgten in Ulm, Lübeck und Worms. Bei der letzten Konferenz im September 1948 konnte man sich schon nicht mehr auf eine Tagesordnung einigen, so daß weitere Zusammenkünfte keinen Sinn mehr machten.[382] Bereits im Vorfeld der Vorbereitung zur ersten Konferenz traten die späteren politischen Differenzen zutage. Die beiden Vorsitzenden waren Nikolaus Bernhard (SPD) für die westlichen Bauarbeiterverbände und Franz Jahn, der im Sommer 1945 der KPD beigetreten war, für die SBZ. Beide hatten nicht nur politische, sondern auch persönliche Meinungsverschiedenheiten. Offenbar versuchten die FDGB-Vertreter, Bernhard die angestrebte Führungsposition streitig zu machen. Dabei spielten Hinweise auf sein Verhalten in der Vergangenheit eine wichtige Rolle. So schrieb Jahn

---

380 Belegt und z. T. untersucht sind Konferenzen der IG Bergbau, Chemie – Papier – Keramik, öffentliche Betriebe und Verwaltungen, Metall, Bau und Holz, Landarbeiter. Vgl. Werner Müller, Die Interzonenkonferenzen der deutschen Gewerkschaften – Zwei konträre Beispiele: Bergbau und Chemie – Papier – Keramik, in: Ein neues Band der Solidarität. Chemie – Bergbau – Leder. Industriearbeiter und Gewerkschaften in Deutschland seit der Zweiten Weltkrieg, Hannover 1997, S. 129-144.
381 Vgl. Kleßmann, Betriebsparteigruppen, S. 280.
382 Eine ausführliche Dokumentation findet sich in der gewerkschaftlichen Publikation: Im Rückblick. Die Interzonenkonferenzen der Baugewerkschaften und der Landarbeitergewerkschaften Deutschlands von 1947 bis 1948, hg. vom Bundesvorstand der Industriegewerkschaft Bauen – Agrar – Umwelt, Frankfurt/M. 1998, S. 73 f., 84 f.

I. Die fragmentierte Klasse (1945–1947)

1946 an den FDGB-Vorsitzenden Jendretzky, »daß der Kollege B. [Bernhard; C. K.] nach wie vor an seiner alten reformistischen Auffassung, die er vor 1933 vertreten hat, festhält [...] Aus dem vorliegenden Material ergibt sich unserer Meinung nach zwingend der Schluß, daß mit der bisherigen Haltung einer dauernden Toleranz nicht fortgefahren werden kann, wenn damit nicht nur im Westen, sondern auch hier, nicht ein völlig falsches Bild entstehen soll, woraus sich wiederum Weiterungen für die Zukunft ergeben würden. Es genügt nicht nur, einen Gegner zu kennen, sondern man muß darüber hinaus gewillt sein, ihm auch zu begegnen.«[383] Abgesehen von solchen Spannungen gab es auch Streit um grundsätzlichen Fragen der Organisation, der Rolle der Einzelgewerkschaften im Bund und des Verhältnisses zu den politischen Parteien. Daß die Interzonenkonferenzen dennoch stattfanden, läßt sich als Zeichen für das überragende Interesse an einer gesamtdeutschen Stärkung des Verbandes im Sinne gemeinsamer gewerkschaftlicher Ziele verstehen. (☞ vgl. *Abb. 9 a u. b*)

Zwar hatte die erste Interzonentagung im Juni 1947 noch optimistisch den Primat des gewerkschaftlichen Interesses vor der »großen Politik« erkennen lassen, doch konnte diese politische Abstinenz nicht lange anhalten. Die Bau- und Holzgewerkschaft nahm daher den gleichen Weg wie die Verbände auf den Zentralen Interzonenkonferenzen. Als Nikolaus Bernhard 1948 aus seinen Funktionen im FDGB und in der IG Bau ausschied, brachte der »Grundstein«, das Organ der IG Bau in der SBZ, einen Artikel von Franz Jahn, der die Gründe für das Scheitern aller Interzonenkonferenzen auf die treffende Kurzform brachte: »Nur-Gewerkschaftertum«.[384]

Die vergleichsweise unbedeutende Landarbeitergewerkschaft startete relativ spät, nämlich am 1./2. Oktober 1947 ihre erste Interzonenkonferenz, die sich insbesondere um die tarifliche Gleichstellung der Landarbeiter mit den Industriearbeitern bemühte. Ein weiteres Treffen kam nicht mehr zustande, weil auch hier die politischen Konflikte und innerorganisatorischen Probleme eine sinnvolle Fortsetzung verhinderten.[385] (☞ vgl. *Abb. 10, S. 152*)

Die von den ostzonalen Gewerkschaften mit besonderem Nachdruck betriebenen Interzonenkonferenzen lassen sich als wichtiges Teilelement einer intensivierten »Westarbeit« interpretieren, die in der Folgezeit in anderen Formen fortgeführt wurde. Sie war Bestandteil jener kommunistischer Deutschlandpolitik, wie sie in Umrissen bereits im Moskauer Exil geplant worden war. Die KPD und potentiell auch die SED verstanden sich als »Reichsparteien«, die einen »Kampfauftrag« im Westen besaßen[386], und dies umso mehr, je deutlicher sich Spaltungstendenzen abzeichneten und gesamtdeutsche Blütenträume welkten. Die Hege-

---

383 Zit. ebd., S. 18.
384 »Grundstein« Dezember 1948, ebd., Anlage 53.
385 Ebd., S. 100-105.
386 Vgl. Michael Kubina, »Was in dem einen Teil verwirklicht werden kann mit Hilfe der Roten Armee, wird im anderen Teil Kampffrage sein«: Zum Aufbau des zentralen Westapparates der KPD/SED 1945-1949, in: Manfred Wilke (Hg.), Anatomie der Parteizentrale. Die KPD/SED auf dem Weg zur Macht, Berlin 1998, S. 481-500.

11. Gewerkschaftliche Interzonenkonferenzen

Einladung ZUR ABSCHLUSS-KUNDGEBUNG
DER
1. INTERZONEN-KONFERENZ
DER BAUARBEITER
AM MITTWOCH, DEM 11. JUNI 1947, 8.30 UHR
METROPOL-THEATER, SCHÖNHAUSER ALLEE 123

VERKEHRSVERBINDUNGEN: U- und S-BAHN SCHÖNHAUSER ALLEE / STRASSENBAHN 47, 49

Abb. 9 a

Programmfolge MUSIKALISCHE EINLEITUNG
Orchester des Metropol-Theaters

1. „Empor zum Licht" Männerchor Prenzlauer Berg
2. Begrüßung durch N. Bernhard, 1. Vorsitzender IG BAU Groß-Berlin
3. „Unsterbliche Opfer" Orchester des Metropol-Theaters
4. Prolog von Walter Dehmel
5. Rückgabe der von Faschisten 1933 nach München verschleppten Berliner Bauarbeiterfahnen durch eine bayrische Delegation
6. „Tord Foleson" Männerchor Prenzlauer Berg
7. Ansprachen von Bauarbeitervertretern der anderen Besatzungszonen
8. „Ich warte Dein" Männerchor Prenzlauer Berg
9. „Brüder zur Sonne zur Freiheit"
Gemeinsamer Gesang mit Orchesterbegleitung des Metropol-Theaters

Abb. 9 b: Die Programmfolge der Konferenz entsprach in der Mischung aus Politik und Chorgesang einem typischen Muster.

monie in der deutschen Arbeiterbewegung zu erringen, erwies sich zwar als illusorisch, insbesondere nach der forciert betriebenen und gewaltsam durchgesetzten SED-Gründung, aber noch war die Situation sehr unübersichtlich. Ein westdeutscher Staat existierte noch nicht, die KPD konnte in Ballungsgebieten wie dem rheinisch-westfälischen Industrierevier vergleichsweise gute Wahlergebnisse vorweisen und besonders im Ruhrbergbau eine beträchtliche Stärke in den Betrieben erringen. Anläßlich des II. SED-Parteitages sprach Ulbricht mit KPD-Delegier-

I. Die fragmentierte Klasse (1945–1947)

Der Land- und Forstarbeiter

Mitteilungsblatt der IG Land- u. Forstwirtschaft (einschl. Gärtnerei-Betriebe) im FDGB, sowjet. Besatzungszone

Berlin N4, Invalidenstraße 120/121
Fernruf: 42 52 21, Apparat 26

Erscheint monatlich — Für die Funktionäre — Nummer 9 · September 1947

Zum Gruß!

Wenn früher die deutschen Gewerkschaften über die Grenzen hinaus allen Arbeitsbrüdern zu gemeinsamer internationaler Arbeit die Hände entgegenstreckten, so haben wir heute leider die Tatsache zu verzeichnen, daß wir auf Grund der wahnsinnigen Politik der Nazigesellschaft versuchen müssen, über die leidigen Zonengrenzen hinweg zusammenzukommen. Es ist notwendig, daß wir eine einheitliche Plattform unserer gewerkschaftlichen Arbeit innerhalb Deutschlands, trotz aller Zonengrenzen, finden müssen. Die Gewerkschaftsverbände nahmen vor bereits längerer Zeit entsprechende Beziehungen auf. Die fünf Konferenzen in Mainz, Hannover, Berlin, Garmisch-Partenkirchen und Badenweiler schufen die Voraussetzungen für die Erreichung unseres Zieles, nämlich für eine einheitliche einige Gewerkschaftsbewegung ganz Deutschlands. Die Industriegewerkschaften gehen jetzt daran, diese begonnene Arbeit zu vertiefen und auszurichten.

Viele Fragen sind auf einen einheitlichen Nenner zu bringen. Ich denke an die tarifvertragliche Regelung, an den Ausbau des Betriebsrätegesetzes, an die Nachwuchserziehung, Ausbildung und Schulung, an die Koordinierung des gewerkschaftlichen Pressewesens usw. Fragen, die von großer organisatorischer Bedeutung sind.

Am 1. und 2. Oktober werden sich die Delegierten der Gartenbau-, Land- und Forstarbeiterverbände in Berlin im Haus unseres Bundesvorstandes zu ernster Arbeit zusammenfinden. Die Tagesordnung lautet:
1. Bericht über den Stand der Organisation in den einzelnen Zonen oder Ländern, 2. Tarif- und Lohnfragen,
3. Interzonale Zusammenarbeit und Schaffung einer Arbeitsgemeinschaft, 4. Verschiedenes.

Es ist zu erwarten, daß die Tagesordnung im Geiste fortschrittlicher Zusammenarbeit und im Interesse der Land-, Forst- und Gärtnereiarbeiter, die am meisten unter der Willkür einer ausbeuterischen Unternehmerclique gelitten haben, erledigt werden wird. Durch ihr Zusammenstehen müssen die Land-, Forst- und Gärtnereiarbeiter zeigen, daß sie sich der Freiheit, die ihnen ein neues demokratisches Deutschland gibt, bewußt sind.

Die Delegierten aus den anderen Teilen unseres Vaterlandes werden sich aber zu gleicher Zeit an Ort und Stelle davon überzeugen können, daß die böswillige Flüsterpropaganda, die in allen Zonen geübt wird, keiner ernstlichen Erwähnung bedarf. Sie werden erstaunt feststellen können, daß sie ohne einen Paß durch alle Sektoren Berlins fahren können, daß sich in dieser Stadt jeder Mensch genau so frei bewegen kann wie in irgendeinem anderen Orte Deutschlands.

Unter dem Motto: Für Einigkeit, Einheit und Freiheit, trotz aller Zonengrenzen, treten die Delegierten zu ernster Arbeit zusammen. Auch wir wollen unsere Stimme erheben dafür, daß die Zonengrenzen für die freie Entwicklung der Wirtschaft und im besonderen für eine freie einheitliche deutsche Gewerkschaftsbewegung beseitigt werden.

In diesem Sinne herzlich willkommen in Berlin!

Industriegewerkschaft Land- und Forstwirtschaft
Zentralvorstand. Willi Hübner

Aus dem Kreise Gotha

Eine der gewerkschaftlichen Aufgaben ist es, dafür zu sorgen, daß die Leistungsfähigkeit unserer Kollegen auf den höchsten Stand gebracht wird.

Kürzlich fand in Mechterstädt ein Leistungshüten der Schäfer statt, das um 9.30 Uhr durch den Kreisschäfermeister Tenner eröffnet wurde. Nach Beendigung wurde Kritik geübt. Zuvor gedachte Schäfermeister Tenner unseres Kollegen, des Schäfermeisters Philipp Hösler, der in treuer Pflichterfüllung sein Leben ließ. Tenner schloß mit den Worten:

„Ein guter Hirt gab sein Leben hin für seine Herde."
Dann gab Kollege Brummer das Leistungsergebnis bekannt und vermerkte, daß von allen Dingen auf eine gute Hundehaltung Wert gelegt werde, da sowohl vom Schäfer selbst als auch von seinem Hund viel Arbeit verlangt würde. Jeder Schäfer muß sich eine gute Hütetechnik aneignen. Bei der Ausbildung von Lehrlingen sei ganz besondere Mühe anzuwenden, da nur durch einen tüchtigen Schäfer-Berufsstand ermöglicht würde, die in Deutschland daniederliegende Schafzucht wieder in die Höhe zu bringen. Jeder Bauer sollte sich einen zusätzlichen Schafbestand anschaffen, der dann gemeinschaftlich durch einen Schäfermeister betreut werden könne. Nur auf diesem Wege würde die Zucht wieder hochkommen.

Im Anschluß an die Ausführungen des Kollegen Brummer wurden die Sieger bekanntgegeben. Den ersten Preis erhielt der Kollege Gustav Tenner mit 94, den zweiten Preis mit 90 und den dritten Preis der Kollege Horst Bärwald mit 84 Punkten.

Zum Schluß sprach unser Kreissekretär, Kollege Kummer. Er führte etwa folgendes aus:

„Ich freue mich, feststellen zu können, welch hohen Grad der Ausbildung unser Schäferberuf aufzuweisen hat. Mit aller Intensität müssen wir an einem tüchtigen Nachwuchs weiterarbeiten, denn ein Schäfermeister trägt eine riesige Verantwortung gegenüber dem Volksganzen. Neben der Wolle her für Fleisch zu sorgen, das die Stadtbevölkerung so dringend braucht. Wir sind es unserem Volke schuldig, daß alles tun, um in unserem Beruf Höchstleistungen zu erreichen. Auch die Schafzucht ist ein Glied unseres Neuaufbaues. Je größer und besser die Herden werden, so mehr werden wir Fleisch und Wolle liefern können. Wir betrachten es aber als notwendig, daß sich alle Schäfer einig sind und sich in ihrer Organisation, ihrer Gewerkschaft, zusammenschließen.
W. H.

Abb. 10: Das Grußwort betont nachdrücklich den Einheitswunsch über Zonengrenzen hinweg.

ten des Ruhrgebiets. Er wies auf die günstigen Bedingungen zur Aktivierung der Massen, zur Stärkung der KPD und zur Auslösung von Streiks im Revier hin. Die

11. Gewerkschaftliche Interzonenkonferenzen

Demontagen brächten den Marshall-Plan in Mißkredit und würden es leichter machen, die Arbeiter gegen die Besatzungsmächte auszuspielen.[387] Westeuropas sozialistische Linke insgesamt war noch keineswegs auf dem Rückzug. Demgemäß hoffte die Sowjetunion immer noch auf eine Mitsprache bei der für den europäischen Wiederaufbau wichtigen politischen Gestaltung des Ruhrgebiets. Vor diesem Hintergrund trug die kommunistische Westarbeit in ihren Anfängen also noch nicht den Stempel des Scheiterns auf der Stirn, und »Einheit oder Sozialismus« erschienen auch noch keineswegs als unvereinbare Alternativen.[388] Daß die Beschlüsse der Interzonenkonferenzen in späterer Zeit wieder beschworen wurden, um die Überlegenheit des »Arbeiterstaates« gegenüber der Bundesrepublik zu dokumentieren, gehört dagegen als eins von vielen Mustern ins Waffenarsenal der politischen Propaganda.[389]

---

387 Bericht eines Informanten des Ostbüros vom 3.10.1947. AdsD, Ostbüro, 0386/Box 1394.
388 Vgl. Lemke, Einheit oder Sozialismus. Zur gewerkschaftlichen Westarbeit siehe Kap. II 12, S. 300 ff.
389 Bestandsaufnahme: Wo wurden die Beschlüsse der Interzonenkonferenzen der deutschen Gewerkschaften verwirklicht? Hg. vom Bundesvorstand des FDGB, Berlin (O) 1962.

II. Kapitel

»Aufbau des Sozialismus« – stalinistische Diktatur, gesamtdeutsche Propaganda und politisch-soziale Konflikte (1948–1953)

Es müssen Maßnahmen zur Hebung des Klassenbewußtseins der Arbeiterklasse und der Partei ausgearbeitet werden. Deshalb ist es nötig, die SED vor dem Einfluß bürgerlicher Elemente, die in die Partei eingedrungen sind, zu schützen.*

An drei Leitlinien läßt sich der Aufbau einer sozialistischen Diktatur nach sowjetischem Muster in der SBZ und frühen DDR verfolgen: an den Parallelen zur Entwicklung der osteuropäischen Nachbarstaaten, an der gleichzeitig ständig betonten Sondersituation der DDR als Teil einer gespaltenen Nation und schließlich an den Konfliktzonen, die sich aus dem Oktroi eines Modells ergaben, das in seinen wesentlichen Elementen fremd war, und zwar gerade in der Konfrontation mit der Tradition der deutschen Arbeiterbewegung.

Das Jahr 1947 ist in der Historiographie schon frühzeitig zur entscheidenden Zäsur in der deutschen Nachkriegsgeschichte erklärt worden, weil sich damals die außenpolitische Konstellation klärte, die bipolare Struktur des Kalten Krieges deutlicher sichtbar wurde und sich daraus unübersehbare Konsequenzen für die innere Entwicklung der Ost- und der Westzonen ergaben.[1] Auch wenn die Entstehung des Kalten Krieges früher datiert werden muß, ist diese starke Gewichtung richtig, weil sich die Befürchtungen der Zeitgenossen bestätigten und die Hoffnungen schwanden, zwischen den beiden auseinanderdriftenden Teilen Deutschlands doch noch tragfähige Brücken bauen zu können. In den Parteien und in den Gewerkschaften verschoben sich 1947 die Programme, Strukturen und Führungsfiguren, und hinter den Kulissen wurde bereits erkennbar, daß es für »dritte Wege« zwischen den politischen Systemen Ost und West in Deutschland, an der Nahtstelle der Konfrontation, keinen Platz geben werde.

Das betraf die Arbeiterbewegung besonders hart, weil hier durch die SED-Gründung bereits frühzeitig Weichen gestellt worden waren, die jede Kooperation mit der SPD angesichts der dezidiert ablehnenden Haltung Kurt Schumachers nahezu unmöglich machten.[2] Aber auch Jakob Kaiser als Vertreter des linken Flügels der CDU und Repräsentant einer gesamtdeutschen christlichen Gewerkschaftsbewegung verlor den politischen Boden unter den Füßen.[3] Die verschärfte Tonlage der öffentlichen Auseinandersetzungen zwischen Ost und West ließ Brückenkonzepte, wie er sie vertrat, zunehmend als illusorisch erscheinen. In der SBZ hatte die – wie wir heute wissen – bloß strategisch gedachte und auch der osteuropäischen »Generallinie« entsprechende Programmatik des »eigenen deutschen Weges zum Sozialismus«, im Vorfeld der SED-Gründung 1946 von Anton Acker-

---

* Der Chef der SMA-Verwaltung Thüringen, I. Kolesnicenko, in einem Memorandum vom November 1948, in: Bonwetsch u. a. (Hg.): Sowjetische Politik, S. 186.
1 Vgl. Hans-Peter Schwarz, Vom Reich zur Bundesrepublik, Neuwied 1966.
2 Vgl. die einschlägigen Reden und Schriften Schumachers: Albrecht (Hg.), Kurt Schumacher; Peter Merseburger, Der schwierige Deutsche. Kurt Schumacher. Eine Biographie, Stuttgart, 1995.
3 Vgl. Christian Hacke (Hg.), Jakob Kaiser. Wir haben Brücke zu bauen. Reden, Äußerungen und Aufsätze zur Deutschlandpolitik, Köln 1988.

mann verkündet[4], die tiefgreifenden ideologischen Differenzen noch überdeckt. Jetzt hatte sie offenbar ihre Schuldigkeit getan und wurde schrittweise widerrufen. Damit erhielten auch die in den ersten beiden Nachkriegsjahren durchgesetzten tiefgreifenden Strukturreformen andere Akzente. Waren sie zum Zeitpunkt ihrer Realisierung noch keineswegs als eindeutiger Schritt auf dem Weg zu einer künftigen Sowjetisierung Ostdeutschlands erkennbar, weil die programmatischen Forderungen nahezu aller sozialistischen Gruppierungen in Europa eine gleiche oder ähnliche Richtung einschlugen, so mußten sie im Zeichen des offenen Kalten Krieges einen neuen Stellenwert erhalten. Trotz aller gegenteiligen gesamtdeutschen Beschwörungsformeln seitens der SED und der sowjetischen Besatzungsmacht wurde in den beiden folgenden Jahren der Schritt zur Vertiefung der Spaltung und zur Vorbereitung einer eigenen ostdeutschen Staatsgründung beschleunigt. Die »antifaschistisch-demokratische« Umgestaltung fügte sich damit in ein Gesamtkonzept, das dem der ostmitteleuropäischen Volksdemokratien genau entsprach und mit den Demokratievorstellungen der Westmächte nicht mehr in Einklang zu bringen war. Daß auch bei den Westmächten und in Westdeutschland nur wenig Engagement gegen die drohende Spaltung zu finden war und sich die Separierungstendenzen in Ost und West wechselseitig hochschaukelten, ist schwerlich zu bestreiten und gehört zu den charakteristischen Mechanismen der Entstehung des Kalten Krieges und der deutschen Teilung.[5] Die Gemeinsamkeit bestand allenfalls darin, daß niemand die Spaltung wollte, aber auch niemand sie ernsthaft zu verhindern suchte.

In diesem Rahmen läßt sich der bereits erörterte SMAD-Befehl 234 nicht nur als erneuter Anlauf verstehen, dem desolaten Produktivitätsniveau in der SBZ mit einer Mischung von Zuckerbrot und Peitsche auf die Sprünge zu helfen, sondern auch als wichtiger Schritt, die ökonomische Basis eines östlichen Separatstaates zu schaffen. Die Schritte, die ihm folgten, waren keineswegs zwingende Etappen auf dem Weg zur DDR-Gründung 1949, aber sie machen doch die Entschlossenheit der sowjetischen Besatzungsmacht und der SED-Führung sichtbar, im Nebel einer intensivierten gesamtdeutschen Propaganda die Gründung eines eigenen »Arbeiter-und-Bauern-Staates« voranzutreiben. Die strukturelle Umgestaltung, personalpolitische Disziplinierung und programmatische Neuorientierung innerhalb der SED, der bürgerlichen Parteien und der Massenorganisationen machte seit 1947 schnelle Fortschritte, der Kampf gegen den »Sozialdemokratismus« wurde verstärkt, der Umbau der Deutschen Wirtschaftskommission (DWK) zur umfassenden Planungsbürokratie für Wirtschaft und Staat vorangetrieben, und mit der Volkskongreßbewegung als gesamtdeutschem Propagandaforum schuf sich die SED ein Instrument, um die Separatstaatsentwicklung in national verbrämte organisierte Bahnen zu lenken.

---

4 Ackermann, Gibt es einen besonderen deutschen Weg? In: Einheit 1(1946) H. 1, S. 22-32; Auszug in: Hermann Weber (Hg.), DDR. Dokumente zur Deutschen Demokratischen Republik 1945–1985, München 1986, S. 64 f.
5 Vgl. Wilfried Loth, Die Teilung der Welt 1941–1955, München 1980.

II. »Aufbau des Sozialismus« (1948–1953)

»Die Arbeiterklasse« erhielt in diesem Prozeß propagandistisch ein immer größeres Gewicht. Ihre Stilisierung zum Träger der neuen Gesellschaft erschöpfte sich aber keineswegs in pathetischen Erklärungen. Der Elitenaustausch nahm bereits Ende der vierziger Jahre, vor allem aber in den frühen fünfziger Jahren durch den gezielten Umbau des Bildungswesen konkrete Formen an, und die verstärkte Rekrutierung von Frauen für den Arbeitsprozeß sollte sowohl auf ökonomische Zwänge wie auch auf alte Postulate der sozialistischen Tradition antworten. Die Verlagerung kultureller Initiativen in die Betriebe folgte zwar zunächst dem sowjetischen Modell, sollte damit aber auch eine alte Erwartung erfüllen: das bürgerliche Bildungs- und Kulturmonopol zu überwinden. Sich solchen hehren Zielen zu nähern, war jedoch nur möglich, wenn das Schlüsselproblem der frühen Nachkriegsjahre und das Dauerdilemma der gesamten DDR-Geschichte, nämlich die schnelle Steigerung der Arbeitsproduktivität, gelöst wurde. Hier liegt eine der Nahtstellen zwischen Besatzungsphase und Staatsgründung: Ohne eine solide Arbeitsverfassung stand der neue Arbeiter-und-Bauern-Staat auf tönernen Füßen. Die Instrumentalisierung der Gewerkschaften zu Gehilfen der Planerfüllung, der verzweifelte Kampf um Technische Arbeitsnormen (TAN) anstelle der in der Zusammenbruchsgesellschaft wiederbelebten und dann hartnäckig aufrechterhaltenen Gewohnheitsnormen, schließlich die aktive Erfüllung der von oben festgelegten Betriebskollektivverträge (BKV) mit einem umfassenden System von Vorgaben und Selbstverpflichtungen – dies alles gehörte zu den integralen Voraussetzungen, um die Versprechungen der neuen Gesellschaft verwirklichen zu können.

Der Arbeiterschaft kam damit im wahrsten Sinne des Wortes eine staatstragende Rolle zu. Doch sie war noch längst nicht das, was sie sein sollte und sein mußte, sollte der Aufbruch gelingen. Marx' berühmtes Diktum, daß die Tradition aller toten Geschlechter wie ein Alb auf den Gehirnen der Lebenden lastet[6], läßt sich auch unmittelbar auf die DDR übertragen. Sie berief sich auf die Geschichte der sozialistischen Arbeiterbewegung, wollte diese aber nur selektiv und manipulativ in ihrem Sinne nutzen. Die Arbeiter aber waren, sofern sie aus dieser Tradition stammten oder mit ihr in Berührung kamen, nicht ohne weiteres zum Verzicht auf essentielle Elemente einer Programmatik bereit, deren Geschichte noch nicht alt war und gegen die schon die Nationalsozialisten Front gemacht hatten. Dazu gehörten elementare Rechte wie Interessenvertretung und Organisationsfreiheit. Aber auch die Unpolitischen hatten wenig Anlaß, sich auf neue Formen des Akkords und der »Normenschinderei« einzulassen, solange nicht zu erwarten war, daß dafür auch ein deutlich verbesserter Lebensstandard winkte, wie man ihn in der Bundesrepublik bereits in Ansätzen beobachten konnte. Die Konflikte um Löhne und Normen sind daher von Anfang an ein Schlüsselelement der Sozialgeschichte der SBZ und DDR gewesen und geblieben. Die SED hat anfänglich mit scharfem Druck und erhöhtem Tempo versucht, die Entwicklung in die gewünschte Richtung zu lenken. Mit einem für stalinistisches Denken

---

6   Marx Der 18. Brumaire. Einleitung zur Kritik der Politischen Ökonomie, in: MEW Bd. 8, S. 115.

II. »Aufbau des Sozialismus« (1948–1953)

typischen Voluntarismus wurde 1952 der beschleunigte »Aufbau des Sozialismus« proklamiert und mit Stalins These vom »verschärften Klassenkampf« garniert, ohne zuvor eine auch nur halbwegs rationale Analyse der tatsächlichen sozialökonomischen und mentalen Gegebenheiten vorzunehmen. Damit legte die SED bereits die Lunte an das Pulverfaß, das ein Jahr später explodierte, als die »führende Klasse« gegen ihre Avantgarde und den von ihr verordneten politischen und sozialen Kurs revoltierte.

1. Das Ende des »eigenen Weges«, die innerparteiliche Disziplinierung und die Gründung des »Arbeiter-und-Bauern-Staates«

Daß der II. Parteitag der SED im September 1947 eine Neubestimmung des politischen Kurses vornehmen würde, war äußerlich schwer zu erkennen. Im Mittelpunkt stand die zum Dauerappell gewordene offizielle Losung: »Mehr produzieren, gerechter verteilen, besser leben!«[7] Dagegen konnte schwerlich jemand etwas haben. Die Wege zur Umsetzung wies im folgenden Monat der SMAD-Befehl Nr. 234. Die Aktivistenbewegung, die den Geruch ihres sowjetischen Vorbildes nicht los wurde, war eine der bald in Gang gesetzten Konsequenzen. Der Parteitag deutete aber auch einen anderen und politisch einschneidenden Kurswechsel – wenn auch noch vorsichtig – an. Die Gründung der SED als Massenpartei hatte als Fundament und Konzession an die früheren Sozialdemokraten die verbindliche Parität in der Besetzung der Leitungsgremien auf allen Ebenen eingeführt. Damit sollte nun bald Schluß sein, weil das angeblich nicht mehr dem ideologischen Entwicklungsstand der Partei entsprach. Ulbricht sprach in seinem Parteitagsreferat an, wie das Ziel aussah: »Die Diskussion vor dem Parteitag hat schon gezeigt, daß wir auf dem Wege sind, eine Partei neuen Typus zu werden. [...] Wir können die großen Probleme nur lösen, wenn unsere Parteifunktionäre und Parteimitglieder zu Parteiarbeitern neuen Charakters werden.«[8] Mit der Übernahme der Shdanowschen These von den »zwei Lagern« in der Welt auf dem Gründungskongreß des Kommunistischen Informationsbüros (Kominform) im September 1947 verabschiedete sich die SED de facto bereits vom »eigenen Weg« zum Sozialismus.[9] Daß dem so war, ließ sich allerdings noch nicht klar erkennen.

Der II. Parteitag vermittelt ein schiefes Bild, wenn man ihn ohne seine parteiinterne, höchst konfliktreiche Vorgeschichte und ohne die einschneidend veränderte internationale Konstellation betrachtet, deren deutlichster Ausdruck die Kominform-Gründung war. Zwar gehörte die Anwesenheit politischer Vertreter der Besatzungsmacht auch in den Westzonen zu dieser Zeit durchaus noch zum Erscheinungsbild von Partei- und Gewerkschaftsveranstaltungen. Doch in der

---

7 Protokoll II. Parteitag.
8 Ebd., S. 479.
9 Hermann Weber, Geschichte der DDR, München 1985, S. 158 f.

1. Das Ende des »eigenen Weges«

Deutschen Staatsoper in Berlin wurde in Ansätzen bereits ein Ritual vollzogen, das zum festen Bestandteil aller späteren SED-Parteitage gehören sollte: stürmischer Beifall für eine provozierend scharfe Begrüßungsrede Sergej Tulpanovs.[10] Formell begann die Eröffnung nach den Klängen von Beethovens »Weihe des Hauses« und zwei vom Männerchor gesungenen Liedern der Arbeiterbewegung »Ich warte dein« und »Der Sturm«. Bei der Totenehrung stand zwar Ernst Thälmann an der Spitze, aber auch Sozialdemokraten und »Reformisten« aus der Gewerkschaftsbewegung wie Fritz Husemann, Wilhelm Leuschner, Julius Leber und der 1946 verstorbene Theodor Leipart wurden namentlich aufgeführt. Den Ablauf des Parteitages bestimmte die Vorgabe, daß nur schriftlich vorbereitete und eingereichte Reden vorgetragen werden durften, so daß es kaum offene und kontroverse Diskussionen gab. Die den einfachen Genossen am meisten bedrückenden Probleme wie die Ernährungskrise tauchten kaum auf, geschweige denn das willkürliche Verhalten der sowjetischen Besatzungsmacht. Um so ostentativer beschworen die Regisseure der Veranstaltung die großen Forschritte im Zusammenwachsen von Sozialdemokraten und Kommunisten in der SED und polemisierten gegen die »Feinde der Einheit« im Westen.[11]

Im Vorfeld des Parteitages hatte es, wie Harald Hurwitz detailliert gezeigt hat, harte Auseinandersetzungen und prinzipielle Meinungsverschiedenheiten um die innere Struktur der Partei gegeben. Die nicht nur als Gerücht aufgetauchten Überlegungen im Umfeld der Moskauer Außenministerkonferenz des Frühjahrs 1947, aus gesamtdeutschem Kalkül eine Wiederzulassung der SPD in der Ostzone und im Gegenzug eine Zulassung der SED im Westen zu prüfen, hatten offenbar in der SED-Spitze erhebliche Beunruhigung ausgelöst. Um so konsequenter bemühte sie sich, die Vereinigung als Erfolgsgeschichte zu präsentieren und auch so weit wie möglich Fakten zu schaffen, die bereits in Richtung Kaderpartei wiesen. »Die Bevölkerung der Sowjetzone braucht keine SPD«, erklärte Walter Ulbricht am 14. Februar 1947 im Parteivorstand der SED und fügte mit der ihm eigenen Süffisanz hinzu, es sei eine andere Frage, »ob die Besatzungsbehörde in Zusammenhang mit der Frage der Einheit Deutschlands eine SPD erlaubt. Das ist ihre Sache, nicht unsere.«[12] Das Argument, auf die gewünschte Parteifusion in den Westzonen Rücksicht zu nehmen, mußte auf dem Parteitag auch dazu herhalten, die angeblichen Forderungen »gerade der unteren Einheiten, nun endlich mit der Parität Schluß zu machen«, nachdrücklich zurückzuweisen. »Die Vereinigung im Westen kann sich organisatorisch nur in den Formen vollziehen, die sich in der sowjeti-

---

10 Protokoll II. Parteitag, S. 14 ff. Gleichwohl sollte man nicht übersehen, daß als Gäste auch die Stellvertretende Oberbürgermeisterin Louise Schroeder und der Vorsitzende der Stadtverordnetenversammlung Otto Suhr (beide SPD) anwesend waren.
11 Eine ausführliche, leider in der additiven Zusammenstellung von Äußerungen schwer lesbare Darstellung der Hintergründe des Parteitages bietet Hurwitz, Die Stalinisierung. Vgl. ferner Andreas Malycha, Partei von Stalins Gnaden? Die Entwicklung der SED zur Partei neuen Typs in den Jahren 1946 bis 1950, Berlin 1996. Einen kurzen Bericht zum Parteitag brachte der »Spiegel« vom 27.9.1947 (»Allmächtiger Marxismus«).
12 Zit. bei Hurwitz, Stalinisierung, S. 192.

II. »Aufbau des Sozialismus« (1948-1953)

schen Besatzungszone bewährt haben. Die Fortführung des Verschmelzungsprozesses im Westen wird zwangsläufig im Zeichen der Parität erfolgen.«[13]
Wie stark solche Tendenzen in den betrieblichen Parteiorganisationen tatsächlich waren, ist kaum abschätzbar, weil derartige Behauptungen zum festen Argumentationsarsenal der Parteispitze gehörten. Sie fügten sich allerdings durchaus in die Gesamtstrategie ein, die Betriebsgruppen zu stärken, weil frühere KPD-Mitglieder hier dominierten und die betriebliche Ebene am ehesten geeignet schien, das alte Paritätsprinzip auszuhebeln. Die Vorgeschichte des II. Parteitages in den Ländern und Regionen macht jedenfalls deutlich, daß von einer wachsenden inneren Verschmelzung keine Rede sein konnte und daß die Stimmung in der Partei und noch mehr in der Bevölkerung angesichts der Ernährungsmisere, der Weiterführung der Demontagen und des unberechenbaren sowjetischen Verhaltens insgesamt desolat war. Die SED galt als »Russenpartei«, wurde für die schlechten Zustände verantwortlich gemacht und konnte ihre behauptete Unabhängigkeit auch gegenüber den eigenen Genossen in keiner Weise glaubhaft machen. Das Krisensyndrom verlangte daher aus stalinistischer Sicht einen grundlegenden Wandel.[14]

Im Hintergrund des formell noch im Zeichen der Massenpartei inszenierten Parteitages stand damit nicht nur die Abschaffung der Parität, sondern bereits die Umformung der SED zur leninistischen Kaderpartei und somit die konsequente Anpassung an das Vorbild des »großen Bruders«. Nach einer gewissen internen Vorbereitungsphase wurde dieser einschneidende innere Umbau der Parteistruktur, verbunden mit dem Abschied vom bislang gültigen Programm des »besonderen deutschen Weges zum Sozialismus«, ein Jahr später öffentlich im »Neuen Deutschland« verkündet.[15] Anton Ackermann, die Galionsfigur dieses Konzepts, hatte bereits auf dem 12. Plenum des Parteivorstandes der SED am 28./29. Juli 1948 Selbstkritik geübt und diese für viele Kommunisten und Sozialdemokraten attraktive Idee begraben.[16] Den äußeren ideologischen Rahmen der forcierten Aktivitäten zur Schaffung einer neuen Parteistruktur hatte das Zentralsekretariat der SED bereits am 3. Juli 1948 in einem Beschluß zur »jugoslawischen Frage« angedeutet, der im stalinistischen »Kampfvokabular« der Folgezeit formuliert war: »Die wichtigste Lehre der Ereignisse in Jugoslawien besteht aber für uns deutsche Sozialisten darin, mit aller Kraft daranzugehen, die SED zu einer Partei neuen Typus zu machen, die unerschütterlich und kompromißlos auf dem Boden des Marxismus-Leninismus steht. Dazu ist es notwendig, einen politisch festen, zielklaren Funktionärskörper in der Partei zu schaffen, die Kritik und Selbstkritik ohne Ansehen der Person zu entfalten und den Kampf gegen alle Feinde der Arbeiterklasse, insbesondere gegen Schumacher-Agenten, mit rücksichtsloser Schärfe zu führen.«[17] Diese Absicht war mit einem »eigenen Weg« offensichtlich nicht mehr vereinbar. Insofern bedeutete Ackermanns Selbstkritik nur noch den Nachvollzug einer

13 Protokoll II. Parteitag, S. 111.
14 Hurwitz, Stalinisierung, S. 381, 344.
15 »Neues Deutschland« vom 24.9.1948.
16 Hurwitz, Stalinisierung, S. 437 f.
17 »Neues Deutschland« vom 3.7.1948; Auszug bei Weber (Hg.), DDR. Dokumente, S. 119 f.

1. Das Ende des »eigenen Weges«

längst gefällten Entscheidung und einen weiteren Schritt zur »Entsozialdemokratisierung«. Die Theorie vom »besonderen deutschen Weg«, erklärte Ackermann, sei »zweifellos eine Konzession an die starken antisowjetischen Stimmungen in gewissen Teilen der deutschen Bevölkerung« und enthalte »das Element einer Abgrenzung von der Arbeiterklasse und von der bolschewistischen Partei der Sowjetunion, ganz unbeschadet, ob man sich dessen bewußt war oder nicht, ob es beabsichtigt war oder nicht.«[18]

Die Bedeutung dieses Kurswechsels reichte weit über die innere Organisationsgeschichte der SED hinaus. Sowjetisierung als Übernahme sowjetischer Vorbilder und Organisationsmodelle hieß in der Praxis auch Einführung und Durchsetzung des demokratischen Zentralismus in allen Massenorganisationen und bürgerlichen Parteien, systematische »Säuberung« des Mitgliederbestandes, wovon insbesondere ehemalige Sozialdemokraten und linke »Sektierer« betroffen waren, Etablierung eines parteiinternen Überwachungsapparats in Gestalt der Parteikontroll-Kommissionen (PKK) und nicht zuletzt verstärkte Ausrichtung der Parteiarbeit auf die Betriebe.

Das Ausmaß und die Formen, in denen dieser Kontroll- und Säuberungsapparat aktiv wurde, der gleichermaßen deutsch und sowjetisch geprägt war und ein wichtiges Element der Parteidiktatur über das Proletariat darstellte, sind eingehend von Thomas Klein analysiert worden. Zwar handelte es sich bei den Säuberungen primär um ein Phänomen innerhalb des »Apparats«. Dieser reichte aber im Zweifelsfall bis in die untersten Parteiorganisationen. Die interne Parteikontrolle begann nicht erst 1948/49 mit der Schaffung der PKK-Gremien, sondern hatte ihre Wurzeln bereits im Gründungsprozeß der SED. Die Abwehr von tatsächlichen und vermeintlichen Gegnern führte zu jener für die stalinistische Phase konstitutiven Entwicklung, die Klein so umschrieben hat: »Über die Konstruktion von Parteifeinden zur Kontrolle der Gesamtpartei«.[19]

Die personalpolitische Abteilung beim Parteivorstand der SED durchleuchtete die politischen Biographien. Mit zum Teil geheimdienstlichen Methoden wurden systematisch Informationen über alle Arten von »oppositionellen Gruppen« gesammelt. Erich W. Gniffke brachte am 10. Juni 1947 im Zentralsekretariat den Antrag ein, bei der personalpolitischen Abteilung eine eigene Unterabteilung einzurichten »für die Untersuchung aller Versuche der Zersetzung und des Eindringens feindlicher Elemente in die Partei.«[20] Solche Referate wurden umgehend beim Zentralsekretariat und bei den Landesvorständen geschaffen. Daß sozialdemokratische Aktivitäten neben Trotzkisten und anderen »Linksabweichlern« besondere Aufmerksamkeit erfuhren, war kaum überraschend. Es gehört jedoch zur Geschichte der Parteikontrolle, daß Feindbilder im Zeichen des proklamierten »verschärften Klassenkampfes« immer diffuser und beliebiger wurden.

---

18 Ebd., S. 129.
19 Thomas Klein, »Für die Einheit und Reinheit der Partei.« Die innerparteilichen Kontrollorgane der SED in der Ära Ulbricht, Köln 2002. Überschrift des 2. Kapitels über die Stalinisierung der SED.
20 Ebd., S. 30.

II. »Aufbau des Sozialismus« (1948–1953)

Die formale Institutionalisierung der PKK auf allen Ebenen der Partei fand am 15./16. September 1948 statt. Der Parteivorstand stellte dazu fest: »Die Partei-Kontrollkommissionen haben die Aufgabe, den Kampf zu führen gegen die im Auftrage ausländischer Kräfte tätigen feindlichen Agenten, die besonders vom sogenannten ›Ostbüro‹ der SPD entsandt werden. Ihre weitere Aufgabe besteht im Kampf gegen Korruptionserscheinungen, gegen den Mißbrauch von Parteifunktionen und staatlichen Funktionen sowie gegen Karrierismus«.[21] Die typischen Sauberkeits- und Kampfmetaphern bestimmten die offizielle und interne Parteisprache ebenso wie die wachsende Agentenhysterie. Die permanenten Aufforderungen zur »revolutionären Wachsamkeit« verloren unter diesen Bedingungen insofern ihren Floskelcharakter. Jedes Mitglied konnte nun leicht in die Mühlen der PKK geraten konnte, wenn es diese Wachsamkeit vernachlässigte. Nachdrücklich wurde jetzt postuliert, »jene wankenden und schwankenden Mitglieder in unserer Partei, die nach mehr als zwei Jahren nach dem Vereinigungsparteitag noch immer mit der Frage der proletarischen Einheit und mit der Sowjetunion nicht ins Reine gekommen sind«, nicht mehr zu tolerieren.[22] Seit Anfang 1949 begannen die ZPKK mit Otto Buchwitz und Hermann Matern an der Spitze sowie die Landeskommissionen zu arbeiten.

Der Umbau der SED in eine »Partei neuen Typus« fand seinen öffentlich propagierten Abschluß und Höhepunkt in der eigens zu diesem Zweck im Januar 1949 einberufenen Ersten Parteikonferenz. Formell wurden deren Beschlüsse durch den regulären III. Parteitag im Juni 1950 sanktioniert.[23] Die Kennzeichen der neuen Definition der SED als Kaderpartei wurden plakativ zusammengefaßt, das Prinzip der paritätischen Besetzung von Führungsfunktionen für »überlebt« erklärt und die Vorbildrolle der KPdSU nachdrücklich unterstrichen. Die Warnung vor dem »Eindringen von Spionen, Agenten der Geheimdienste und des Ostbüros Schumacher in die Partei« und die wiederholte Aufforderung zum »schonungslosen Kampf gegen alle opportunistischen Einflüsse« bekräftigten, daß die neue Stoßrichtung sich gegen alle Formen sozialdemokratischer Überbleibsel richtete. Die ZPKK verabschiedete im Februar 1949 Richtlinien über den von nun an gültigen Sanktions-Katalog. Als Parteistrafen konnten verhängt werden: Verwarnungen, Rügen, strenge Rügen, Zurückversetzung in den Kandidatenstand und schließlich Parteiausschluß. Die Kontrollkommissionen konnten überdies Parteimitglieder auch aus staatlichen Funktionen abberufen oder in niedrigere Positionen versetzen und strafrechtlich relevante Untersuchungsergebnisse an die Staatsorgane weiterleiten.[24] Diese Form der innerparteilichen Kontrolle und Abwehr stellte den Kern des »Bolschewisierung« mit fließenden Grenzen zur polizeistaatlichen Verfolgungspraxis dar. Hermann Matern sprach diesen

---

21 Zit. ebd., S. 95.
22 So der Leiter der Westkommission beim Parteivorstand der SED Bruno Haid am 18.11. 1948, zit. ebd., S. 99.
23 Protokoll der Verhandlungen des III. Parteitages der SED, 20.–24. Juli 1950 in der Werner-Seelenbinder-Halle zu Berlin, Bd. 2, Berlin (O) 1951, S. 338.
24 Klein, Einheit, S. 103 f.

1. Das Ende des »eigenen Weges«

Sachverhalt auf einer gemeinsamen Konferenz der ZPKK mit den Landeskommissionen im April 1949 eindeutig an: »Die Einrichtung von Parteikontrollorganen haben wir bisher in der deutschen Arbeiterbewegung nicht gekannt, weder in der Sozialdemokratischen Partei vor 1914 noch in der SPD nach 1914 noch in der Kommunistischen Partei. Deswegen ist diese Einrichtung für uns und für die ganze Partei etwas Neues, wobei wir uns allerdings auf die Erfahrungen der Bolschewistischen Partei stützen können.«[25]

Abb. 11: Leninistische Kaderpartei wurde die SED offiziell auf ihrer ersten Parteikonferenz 1949, Stalin- und Leninbilder dominieren die Tribüne.

Die gewünschte »Einheit und Reinheit der Partei« ließ sich jedoch nicht so einfach mit Hilfe der neuen Kontrollinstrumente herstellen. Ein relativ ungeschminkter Lagebericht vom August 1949 konstatierte, viele Genossen aus der SPD hätten sich aus der Parteiarbeit zurückgezogen und säßen in Verwaltungen, Gewerkschaften, Konsumgenossenschaften und Sozialversicherungen. »Politisch und organisatorisch ist der Verschmelzungsprozeß in allen Kreisen vollzogen. Ideologisch ist der Verschmelzungsprozeß noch nicht vollzogen. Die Schwächen liegen allgemein in den kleinen Städten und in der Ortsgruppenmitgliedschaft, vor allem unter den Genossen der ehemaligen SP.«[26] Für alle genannten Institutionen und Organisationen wurden zahllose Beispiele angeführt, die den kritischen Befund erhärteten und

25 Zit. ebd., S. 104.
26 Zit. ebd., S. 107.

II. »Aufbau des Sozialismus« (1948–1953)

zeigten, daß die SED angesichts des allgemeinen Vertrauensverlustes in der Bevölkerung extreme Schwierigkeiten hatte, ihre neue Linie konsequent umzusetzen. Neben dem Kampf gegen alle vermuteten und tatsächlichen linkssozialistischen Splittergruppen blieben Polemik und Vorgehen gegen den »Sozialdemokratismus« das Dauerthema der SED-Geschichte, besonders ihrer Anfangsphase.[27] Mochten sozialdemokratische Überbleibsel im hauptamtlichen Parteiapparat mit den probaten Mitteln interner »Säuberungen« in den Griff zu bekommen sein, so blieb eine erfolgreiche Auseinandersetzung an der Basis erheblich schwieriger. Das zeigten nicht zuletzt die mühsame Organisationsgeschichte der betrieblichen Parteigruppen (Betriebsparteiorganisation; BPO) ebenso wie die FDGB-Geschichte auf der betrieblichen Ebene.

In ihrem Ziel, die Partei in den Betriebszellen zu verankern, konnte die KPD zwar 1945 auf Traditionen aus der Weimarer Republik zurückgreifen.[28] Doch hatte sich dieses Prinzip schon damals längst nicht in dem gewünschten Umfang durchsetzen lassen. In den ersten Nachkriegsjahren unternahmen KPD und SED einen erneuten Anlauf, allerdings noch ohne eine klare Priorität für die betriebliche Organisation, das Produktionsprinzip nach sowjetischem Vorbild, zu formulieren. Immerhin riefen diese Bemühungen 1945 und 1946 auch entsprechende Reaktionen bei der SPD hervor, die – ähnlich wie in den Westzonen – zu der Einsicht gelangte, man komme in der Auseinandersetzung mit der KPD nicht um das politische »Schlachtfeld der Betriebe« herum (so Kurt Schumacher 1947 in einer Besprechung mit Gewerkschaftsvertretern[29]). Mit Sorge beobachtete daher die SED, daß in den Westzonen Betriebsgruppen der SPD aufgebaut wurden, in denen man primär Instrumente der Fraktionsarbeit in den Gewerkschaften sah.[30] Da eine ausgeprägte Tradition fehlte und die Repression durch die sowjetische Besatzungsmacht wuchs, blieben in der SBZ Erfolge der ohnehin nur kurzzeitig möglichen SPD-Gruppenarbeit in den Betrieben sehr begrenzt.[31] Das galt ebenso für die Versuche der bürgerlichen Parteien, in den Betrieben Fuß zu fassen. Es ist wenig über entsprechende Betriebsparteigruppen bekannt, ihre zeitweilige Existenz in wenigen Großbetrieben schien aber zumindest den Effekt zu haben, daß sich die SED seit 1948 im Zuge des politischen Kurswechsels noch intensiver um ihre betriebliche Verankerung bemühte und zugleich jede Konkurrenz ausschaltete. Immerhin mauserten sich etliche der erst 1948 von der SMAD zugelassenen Betriebsgruppen der CDU und ansatzweise auch der LDPD zu aktiven Gruppierungen und Nestern von Renitenz gegen das von der SED beanspruchte Monopol in den Betrieben. Im September 1948 stellte ein kritischer Bericht des FDGB-Bundesvorstandes fest, in Sachsen-Anhalt gebe es eine Reihe von Betrieben, in de-

---

27 Siehe unten, Abschnitt 2, S. 175 ff.
28 Vgl. Heinrich August Winkler, Der Schein der Normalität. Arbeiter und Arbeiterbewegung in der Weimarer Republik 1924 bis 1930, 2. durchges. Aufl., Bonn 1988, S. 450-452.
29 Kleßmann, Betriebsparteigruppen, in: VfZ 31 (1983), S. 272-307, hier: S. 280.
30 Wie stehen wir zu den Betriebsgruppen der SPD? In: »Neuer Weg« 2(1947)10, S. 26 f.
31 Moraw, Parole der »Einheit«, S. 144-149; Thomas Reichel, »Feste Burgen der Partei«? Aufbau und Rolle der SED-Betriebsgruppen in der SBZ 1946–1949, in: IWK 36 (2000), S. 63 f.

1. Das Ende des »eigenen Weges«

nen die »Tätigkeit der LDP- und teilweise der CDU-Gruppen in bezug auf die Betriebswahlen lebhafter als die der SED-Gruppen« sei.[32] Länger als in anderen Gliederungen der Partei hielt sich in den Betriebsgruppen der CDU der Widerstand gegen den Alleinvertretungsanspruch der SED. Bis zu ihrem faktischen Verschwinden 1953 stieg die Zahl der Betriebsgruppen kontinuierlich an: von 680 im Januar 1949 auf 1.471 im Juni 1952.[33]

In der KPD gab es zwar einige schnelle Erfolge, aber insgesamt mußte das theoretische Organ »Neuer Weg« im Januar 1946 noch konstatieren: »Meist bleibt die Betriebsarbeit – von rühmlichen Ausnahmen abgesehen – eine kampagnenhafte Angelegenheit. Dieses zusammenfassende Urteil ist scharf, wir wissen das, entspricht aber den Tatsachen. Viele Parteileitungen, ja Bezirksleitungen haben offensichtlich noch nicht begriffen, daß die Betriebsgruppen die Grundlage unserer Parteiorganisation sind.«[34] Diese Erkenntnis war nicht zuletzt deshalb von besonderem politischem Gewicht, weil die Forcierung der Verschmelzungs-Propaganda in den Betrieben ihre Stütze haben sollte. Bereits in den »Richtlinien für den Aufbau der Betriebsgruppen« vom September 1946 hatte die SED-Führung festgelegt, daß in allen Betrieben mit mindestens drei Parteimitgliedern Betriebsgruppen zu bilden seien. Die Ausführungsvorschläge dazu legten neben genauen Arbeitsanweisungen besonderen Wert auf regelmäßige Betriebsversammlungen, für die gelten sollte: »a) dazu eine gut vorbereitete Tagesordnung festlegen; b) Ausschmückung des Lokals; c) wenn möglich, mit einer Musikkapelle; d) Rezitationen, Gedichte oder Vorlesung aus einem guten Buch.« Differenzen zwischen der Herkunft aus KPD und SPD hatten vollständig zu verschwinden. Neben »Umsiedlern« als Adressatengruppe, um die man sich besonders kümmern wollte, sollten Betriebsversammlungen auch mit nominellen PGs durchgeführt werden, die man »aufklären und sie für die spätere Aufnahme in die Partei reif machen« wollte.[35]

Die Umsetzung dieser Organisationsrichtlinien mit einem erweiterten Programm, das die zentrale Rolle des Betriebes erkennen läßt, stieß aber gegenüber dem traditionell dominierenden Wohngruppenprinzip auf beträchtliche Schwierigkeiten, ja zum Teil zähen Widerstand.[36] Nur in Sachsen waren im August 1947 rund 40 Prozent der SED-Mitglieder in Betriebsgruppen organisiert, in den übrigen Ländern lag der Anteil deutlich niedriger.[37] Es dauerte bis ins Jahr 1948, ehe die SED-Spitze das Betriebsgruppenproblem systematischer und nachdrücklicher anging, lag doch hier auch ein Schlüssel für die konsequente Realisierung einer »Partei neuen Typs«. Die erste »Konferenz der Betriebsgruppensekretäre wichtiger Großbetriebe der Zone und Berlins« im Januar 1948 forderte, um den Füh-

---

32 SAPMO-BArch, DY 34/20343 (Zwischenbericht über den Stand der Betriebswahlen vom 13.9.1948).
33 Die Zahlen und einige Hinweise bei Michael Richter, Die Ost-CDU 1948–1952, Düsseldorf 1990, S. 396, 323-328.
34 »Neuer Weg«1 (1946) H.1, S. 37.
35 SAPMO-BArch, DY 30/IV 2/5/229, Bl. 1-3.
36 Vgl. Reichel, Feste Burgen, S. 66 f.; Malycha, Partei, S. 148.
37 Zahlen bei Malycha, Partei, S. 149.

II. »Aufbau des Sozialismus« (1948–1953)

rungsanspruch der Partei strukturell abzusichern, daß Betriebsleiter, Vorsitzende des Betriebsrats beziehungsweise der BGL und anderer Massenorganisationen der Leitung der Betriebsparteigruppe angehören sollten, wenn sie Parteimitglieder waren.[38] Neben detaillierten Festlegungen zur Organisation und zur Arbeitsweise wurde damit das Fundament für die parteiliche Durchdringung der DDR-Betriebe gelegt, so unterschiedlich das tatsächliche Gewicht dieser Konstruktion zu unterschiedlichen Zeiten auch ausfallen mochte.

Die Entschließung des Parteivorstandes der SED vom 21. Oktober 1948 »Zur Verbesserung der Arbeit der Parteibetriebsgruppen in den Großbetrieben«[39] ist ein ebenso hybrides wie typisches Dokument für die verwegene Zielsetzung, die »Partei neuen Typs« zum Motor der neuen Gesellschaftsordnung in den Betrieben zu machen und ihr dabei einen derartig umfassenden Aufgabenkatalog aufzubürden, daß ein Scheitern vorprogrammiert war. Die ideologisch-polische Schulung stand an erster Stelle, weil davon nicht nur die Abwehr der Saboteure und Feinde, sondern auch die »richtige Argumentation« gegenüber »rückständigen Stimmungen« sowie die Aufklärung über die neue Ordnung und die Einsicht in eine neue Arbeitshaltung abhingen. »Die gesamte Erziehungs- und Kulturarbeit im Betrieb muß im Zeichen eines neuen Menschen mit neuen Einstellungen zur Arbeit stehen.« Die BPO sollte überall ihre führende Rolle realisieren, ohne aber in »Praktizismus« zu verfallen, das heißt sich auf die praktische Arbeit der Leitung zu beschränken. Sie sollte vielmehr die Arbeit der Betriebsleitungen »befruchten, anleiten und kontrollieren und gleichzeitig die Belegschaften [...] für die großen Aufgaben mobilisieren«.[40] Diese Quadratur des Kreises konnte nicht gelingen, und so wiederholten sich derartige pathetische Appelle in schöner Regelmäßigkeit. Die Einrichtung von Betriebsparteischulen zeigte aber, daß an den hehren Zielen hartnäckig festgehalten wurde. Eine derartige Einrichtung der Böhlener Benzinwerke bei Leipzig, die etwa 14.000 Arbeiter beschäftigten, wurde als gelungenes Beispiel für die richtige Verbindung von politisch-ideologischer Schulung mit konkreter Auswertung der Erfahrungen im Betrieb präsentiert.[41]

»Das Gesicht den Betrieben zu« – so lautete der Titel des Referats von Franz Dahlem, dem zuständigen Funktionär im Zentralsekretariat der SED, zur Vorbereitung einer Parteikonferenz über dieses Thema in Berlin im Dezember 1948.[42] Der Parteivorstand hatte sich im Laufe des Jahres 1948 mehrfach ausführlich damit befaßt. Das große thüringische Eisenhüttenwerk in Unterwellenborn, die Max-Hütte, die im Zuge der westlichen Gegenblockade während der Berlin-Kri-

---

38 Reichel, Feste Burgen, S. 75.
39 Dokumente der Sozialistischen Einheitspartei Deutschlands, Bd. 2, Berlin 1950, S. 140-145. Vgl. auch Erich W. Gniffke, Unsere Parteiorganisation in den volkseigenen Betrieben, in: »Neuer Weg« 3 (1948) H. 2, S. 6 f.
40 So die Entschließung des Parteivorstandes vom 11. Januar 1950 zum Volkswirtschaftsplan, in: Dokumente der SED, Bd. 2, S. 399.
41 Wie eine Betriebsparteischule arbeitet, in: »Neuer Weg« 3 (1948) H. 5/6, S. 19; Das Idealbild eines Parteigruppensekretärs aus dem Steinkohlenbergwerk Oelsnitz im Erzgebirge, in: Ebd., S. 33.
42 SAPMO-BArch, DY 30/IV 2/5/229. Auszüge in: Entscheidungen der SED 1948, hg. von Thomas Friedrich, Berlin 1995, S. 443-454.

1. Das Ende des »eigenen Weges«

se Adressat einer zonenweiten Hilfsaktion durch den FDGB wurde[43], fand dabei besondere Aufmerksamkeit. An ihm demonstrierte der Parteivorstand im Oktober 1948 die Erfolge und Defizite betrieblicher Parteiarbeit. Franz Dahlem gab ein insgesamt positives Bild der Betriebsgruppenarbeit in diesem Großbetrieb mit 800 Parteimitgliedern. Angeblich geschah nichts in der Werkleitung ohne den Betriebsgruppenleiter. Tatsächlich aber, stellte Dahlem fest, »hat der Werkdirektor zusammen mit dem Leiter der Gewerkschaftsgruppe – sie ist inzwischen sehr stark geworden – die Initiative in der Hand und nicht der Betriebsgruppenvorstand [...] Der Betriebsgruppenleiter ist in der jetzigen Phase der Entwicklung der Betriebsgruppe manchmal noch ein Anhängsel der leitenden Genossen in der Betriebsdirektion. Dieser Zustand muß jetzt so schnell wie möglich geändert werden.«[44] Nicht nur die interne Kommunikation ließ häufig zu wünschen übrig, durch die Größe mancher Betriebe und das beibehaltene Prinzip der Zehnergliederung als kleinster Einheit ging gelegentlich auch die Übersicht verloren oder es entstanden abenteuerliche bürokratische Auswüchse. So hatte das Leuna-Werk mit 5.000 Mitgliedern die wohl stärkste Betriebsgruppe. Sie war unterteilt in 29 Bezirke, 85 Untergruppen und 395 Zehnergruppen. Das entsprach der Größenordnung einer Kreisorganisation. An der Spitze standen sieben hauptamtliche Parteisekretäre und vier hauptamtliche Instrukteure des Betriebsgruppensekretariats. »Jetzt hört zu, Genossen!« rief Dahlem. »Ein Instrukteur des Zentralsekretariats [der SED; C. K.] berichtete, daß diese vier Instrukteure allem Anschein nach nur dazu dienen, es den sieben Sekretären zu ermöglichen, den größten Teil ihrer Arbeit am Schreibtisch zu verbringen, weil sie es den Instrukteuren überlassen, die Verbindung zwischen der Leitung und den Bezirksvorständen und Untergruppenvorständen herzustellen. Hier hat sich also ein Bürokraten-Beamtenapparat in einem solchen Betrieb entwickelt, nachdem die Betriebsorganisation kaum aufgebaut war.«

Das in der späteren DDR-Geschichte, insbesondere während des Juni-Aufstandes 1953, wichtige Stahlwerk Hennigsdorf bietet exemplarisch ebenfalls aufschlußreiche Einblicke in die Startschwierigkeiten bei der Verankerung von Betriebsgruppen.[45] Das Werk war 1945 vollständig demontiert und ab Ende 1947 wieder aufgebaut worden. Der Produktionsplan der DWK nahm auf diese Ausgangssituation kaum Rücksicht und gab unerfüllbare Ziele vor. Von den knapp 3.000 Beschäftigten war nur jeder zweite gewerkschaftlich organisiert, was weit unter dem SBZ-Durchschnitt lag. Ein Kontrollbericht vermerkte, der Arbeitsschutz sei mangelhaft. Rangierer liefen in Holzpantoffeln herum, obwohl das lebensgefährlich sei. Die Wohnverhältnisse waren oft miserabel. »Im Massenlager ist es schmutzig, es sind keine Fensterscheiben da, mangelhafte Beleuchtung und zu wenig Decken«. Vor allem aber rief das Betriebsessen Beschwerden hervor. »Viele Arbeiter lassen ihren Topf voll oder halb leer in der Kantine stehen [...]

---

43 Aufruf (des FDGB-Bundesvorstandes) zur Selbsthilfeaktion aller volkseigenen Betriebe für die Maxhütte (o. D. ca. Herbst 1948), SAPMO-BArch, DY 34/387.
44 Friedrich (Hg.), Entscheidungen, S. 447 f.
45 Reichel, Feste Burgen, S. 79 ff.

169

II. »Aufbau des Sozialismus« (1948–1953)

Das 234er Essen besteht an mindestens 4 Tagen in der Woche aus einer Wassersuppe mit Kohl und kaum einer Kartoffel.« Daß gegen politische Parolen, die den »Schumacher-Agenten« zugeschrieben wurden, nur unzureichend vorgegangen wurde, traf besonders die Betriebsgruppe. Der Werksdirektor war zwar Genosse, gehörte der BPO aber nicht an. Diese leitete ein Angestellter, der als »rechte Hand« des Direktors den Arbeitskräfteeinsatz im gesamten Werk organisierte. Nach dem Einsatz der Instrukteurskommission des Zentralsekretariats wurde die BPO gründlich umorganisiert.

Nach Dahlems Angaben existierten im August 1948 in der SBZ insgesamt 14.784 Betriebsgruppen mit 658.748 Mitgliedern. Das entsprach 36,6 Prozent der Mitglieder der SED, die sich damals zu etwa 50 Prozent aus Arbeitern zusammensetzte. Zu Recht stellte Dahlem daher fest, es sei noch eine gewaltige Aufgabe zu lösen, um zu erreichen, »daß die Betriebsgruppen als die entscheidenden Grundeinheiten der Partei die führende Rolle in den Betrieben erkämpfen und die Betriebe zu den festen Burgen der Partei werden.«[46]

Tab. 11: SED-Betriebsgruppen 1948

Land	Gemein- den	SED-Ortsgruppen		SED-Betriebs- gruppen		SED-Mitglieder Mai 1948		SED-Mitglieder Oktober 1948		
		Mai 1948	Okt. 1948	Mai 1948	Okt. 1948	in BG	gesamt	in BG	Anteil an gesamt (in %)	gesamt
A	2.579	2.367	2.353	6.783	7.131	271.564	570.754	283.881	49,5	573.898
B	2.663	2.547	2.551	2.049	2.163	145.492	418.395	152.568	36,5	417.819
C	2.383	2.159	2.097	2.081	2.025	97.563	268.278	100.024	37,9	264.175
D	2.210	2.078	2.110	1.344	1.410	39.846	217.304	50.082	23,8	210.268
E	2.407	2.010	2.010	926	926	30.000	196.929	30.000	14,9	202.021
F	–	–	–	1.145	1.175	40.177	113.006	42.586	37,6	113.197
G	12.242	11.161	11.121	13.183	13.655	584.465	1.671.660	616.555	37,0	1.668.181
H	–	–	–	14.328	14.830	624.642	1.784.666	659.141	37,0	1.781.378

A = Sachsen · B = Sachsen-Anhalt · C = Thüringen · D = Brandenburg · E = Mecklenburg · F = Berlin
G = SBZ · H = SBZ und Berlin
[Quelle: Thomas Reichel, »Feste Burgen der Partei«?, in: IWK 36 (2000), S. 70.]

Die Bilanz blieb, von wenigen Glanzlichtern abgesehen, insgesamt eher mager, von »festen Burgen« war man noch weit entfernt, zudem mit regional großen Unterschieden, so daß die Stärkung der Betriebsparteigruppen in den fünfziger Jahren ständig auf der Agenda der SED-Spitze stand. Das Thema blieb deshalb so bedeutsam, weil die Partei hier den geeigneten Hebel sah, um das übergeordnete Ziel einer effektiven Erfüllung der Wirtschaftspläne sowie die Popularisierung der ungeliebten Aktivistenbewegung in den Belegschaften besser durchsetzen zu können. Betriebs- und Wandzeitungen spielten dafür eine wichtige Rolle. Das unbefriedigende Verhältnis der Gewerkschaften zur Partei stand dabei im Hintergrund. Inso-

---

46 Friedrich (Hg.), Entscheidungen, S. 454.

fern fiel der BPO im Sowjetisierungsprozeß eine Schlüsselrolle zu. Die eher desolate Realität in zahllosen Betrieben verweist indes auf die hohen Reibungsverluste und das offenkundig große Resistenzpotential der Belegschaften gegenüber dieser zentralen Zielsetzung der SED. Dies läßt sich auch für spätere Jahre nachweisen – unter anderem anhand der Monatsberichte des Ostbüros der SPD. In der Gründungsphase aber scheint es besonders ausgeprägt gewesen zu sein. Dabei ist Resistenz eher als situationsbezogene und milieuverankerte Gleichgültigkeit gegenüber den Mobilisierungsappellen zu verstehen, viel weniger als aktive Widerständigkeit, die zu diesem Zeitpunkt bereits höchst riskant war.

Der organisatorische und ideologische Umbau der Partei muß als wesentliches Element und als Voraussetzung der gesamtgesellschaftlichen Transformation verstanden werden. Deswegen betraf er in der Tat die gesamte Bevölkerung, macht aber auch die spezifischen Schwierigkeiten in der Praxis plausibel. Der bei den gläubigen Parteikadern verbreitete Optimismus, die Arbeiterklasse schnell von der Notwendigkeit eines neuen Bewußtseins überzeugen zu können, mündete daher in Enttäuschung, wenn sie immer wieder das »Zurückbleiben« dieses Bewußtseins konstatieren mußten, obwohl nach orthodoxer Lehre die sozialökonomische Basis eigentlich eine schnellere Veränderung des »Überbaus« hätte mit sich bringen müssen. Die ausgedehnten Passagen entsprechender selbstkritischer Bilanzen in zeitgenössischen Parteidokumenten, sowohl internen wie veröffentlichten, weisen in fast stereotyper Wiederholung auf dieses Problem hin. Um so nachdrücklicher wurde daraus aber die Forderung abgeleitet, eine bessere »Anleitung« durch fähige und klassenbewußte Genossen einzuführen und die Qualität der Organisations- und Schulungsarbeit generell zu erhöhen.

Das Modell der »Partei neuen Typs« verlangte nicht nur innerparteiliche Disziplinierung und rigorose politische »Säuberung«, sondern auch die umfassende Einbindung und Kontrolle aller anderen Parteien und Massenorganisationen. Dieser Weg wurde seit 1947 von SMAD und SED konsequent beschritten. Die Absetzung der CDU-Vorsitzenden Jakob Kaiser und Ernst Lemmer war nicht zuletzt im Hinblick auf die Ausschaltung der Reste einer christlichen Arbeiterbewegung ein wichtiger Schritt. Zwar haben neuere Untersuchungen gezeigt, daß damit das oppositionelle Potential der bürgerlichen Parteien nicht vollständig eliminiert werden konnte und die Ost-CDU bis Anfang der fünfziger Jahren noch keineswegs die Rolle einer später so genannten »Blockflöte« spielte[47], aber, von regionalen Ausnahmen wie dem katholischen Eichsfeld abgesehen, kann man seit den späten vierziger Jahren nicht mehr von politisch relevanten Gegengewichten in der SED-gesteuerten Arbeiterbewegung ausgehen. Die übrigen Parteien rekrutierten ihre Mitglieder und Anhänger ohnehin kaum aus der Arbeiterschaft. FDJ, Demokratischer Frauenbund Deutschlands (DFD) und die nach dem FDGB zahlenmäßig größte Organisation, die »Gesellschaft für Deutsch-Sowjetische Freundschaft« (DSF), waren im Prozeß ihrer Entstehung bereits so stark gelenkt, daß es keiner größeren Gleichschaltungsbemühungen mehr bedurfte. Anders sah es dagegen

---

47 Vgl. Michael Richter, Die Ost-CDU 1948–1952, Düsseldorf 1990.

beim FDGB aus. Seine frühe Zentralisierung, die anfangs große Probleme bei der Etablierung auf den unteren Ebenen mit sich brachte, wirkte offenbar lange nach. Auf diese Weise war zwar frühzeitig der politische Primat der Partei in der Gewerkschaftsspitze gesichert, doch die Durchsetzung der politischen Willensbildung auf den unteren Organisationsebenen ebenso wie in den einzelnen Branchengewerkschaften ließ noch weit über die Staatsgründung hinaus sehr zu wünschen übrig. Der Kampf um diese Bastion, die noch über zähe Traditionsreste in der Mitgliedschaft verfügte, blieb eine Daueraufgabe der SED. Sie wurde nicht nur in immer wiederkehrende scharfe Kritik gekleidet, sondern auch als selbstkritischer Appell an die eigenen Genossen zur verstärkten »Hilfe« der Partei für die ideologisch zurückgebliebenen Gewerkschaften formuliert.[48] Angesichts der herausgehobenen Bedeutung des FDGB für die Geschichte der Arbeiterschaft und »ihres Staates« ist diesen Friktionen zwischen Partei und Gewerkschaft ebenso wie dem ideologischen Übersoll in der Produktionspropaganda noch im einzelnen nachzugehen.

Die 1948 massiv intensivierten Bemühungen um Unterordnung und Gleichschaltung wurden forciert und erleichtert durch die Verschärfung der außenpolitischen Situation während der Berlin-Krise. Zwar ließ sich die innere Glaubwürdigkeit der »Partei neuen Typs« durch die martialischen Propagandakampagnen gegen die »imperialistische Spaltungspolitik« des Westens kaum erhöhen, aber als Vorwand für eine umfassende Disziplinierung taugte der bis zur Kriegsdrohung eskalierende Berlin-Konflikt allemal. Im Zeichen der Berlin-Blockade und der Vorbereitung einer westdeutschen Staatsgründung sind daher die Bemühungen der SED-Spitze, einen eigenen Staat zu gründen, unverkennbar vorangekommen. Zwar ist die These, Stalin habe die DDR nicht gewollt[49], nur soweit richtig, daß er ursprünglich mehr wünschte und möglicherweise erst spät der für ihn schlechtesten Option zustimmte. Nach der konsequenten volksdemokratischen Umgestaltung der SBZ und angesichts der amerikanischen Entschlossenheit, sich nicht aus Deutschland zurückzuziehen, gab es aus sowjetischer Sicht aber kaum eine andere Möglichkeit als der Gründung eines eigenen ostdeutschen Staates zuzustimmen. Der sowjetische Diktator zögerte aber länger, als es seinem getreuesten deutschen Satrapen, Walter Ulbricht, lieb war. Als die SED-Spitze im Dezember 1948 in Moskau zu Gesprächen mit der sowjetischen Führung weilte, bekam sie von Stalin noch kein grünes Licht. Vielmehr hielt Stalin der SED schroff ihr mangelndes taktisches Geschick und ihre teutonische Offenheit vor und forderte statt dessen: »Nicht direkte Eingriffe, sondern Zickzack – opportunistische Politik zum Sozialismus«.[50]

Ulbricht dagegen hatte schon im April 1948 in einer Unterredung mit einem hohen sowjetischen Berater seine Präferenz durchblicken lassen: Man solle statt Demokratie zu spielen und parlamentarische Wahlen durchzuführen, politische

---

48 Vgl. die Erklärung des Politbüros der SED vom 15.3.1950 »Die Hilfe der Partei zu Verbesserung der Arbeit der Gewerkschaften«, in: Dokumente der SED, Bd. 2, S. 455-459.
49 Wilfried Loth, Stalins ungeliebtes Kind. Warum Moskau die DDR nicht wollte, Berlin 1994.
50 Zit. bei Dietrich Staritz, Die SED, Stalin und die Gründung der DDR, in: APZ B 5 (1991), S. 3-16, hier: S. 7 (nach einer Aufzeichnung W. Piecks).

1. Das Ende des »eigenen Weges«

Klarheit schaffen. »Errichten wir die Diktatur des Proletariats, dann werden alle Dinge klar und einfach.«[51] Dies hätte freilich bedeutet, daß die nationale Propaganda, die parallel zur volksdemokratischen Transformation intensiviert wurde, vollends unglaubwürdig geworden wäre.

Die nationale Camouflage gehörte aber zu den Essentials der Deutschlandpolitik von Sowjetunion und SED, sowohl vor wie nach der Staatsgründung. Wieweit sie auch die Arbeiterschaft in nennenswertem Umfang erreichte, obwohl sie primär auf bürgerliche und konservativ-nationale Gruppierungen zielte, ist kaum feststellbar. Zumindest sind die zahllosen Entschließungen aus den Betrieben zum verstärkten Kampf um die Einheit Deutschlands kein brauchbarer Indikator. Nach außen bemühte sich die SED jedoch, die nationale Schiene auf einer möglichst breiten Spur zu fahren. Die im Dezember 1947 im Vorfeld der Londoner Außenminister-Konferenz ins Leben gerufene Volkskongreß-Bewegung repräsentierte eine diffuse Ansammlung verschiedener Parteien und Massenorganisationen, unter denen Arbeiter – aus Westdeutschland vorwiegend KPD-Vertreter und ihre fellow travellers – stark vertreten waren.[52] Ihr Delegiertenschlüssel läßt keinerlei demokratische Legitimation erkennen. Die Fortsetzung im März 1948, die bewußt an die Märzrevolution von 1848 erinnern sollte, und vor allem der im Mai 1949 nach dem Blocksystem gewählte Dritte Deutsche Volkskongreß bildeten die unmittelbare Vorgeschichte der Gründung des »ersten deutschen Arbeiter-und-Bauern-Staates«. Vor dem Hintergrund der Währungsreform und der Berlin-Krise 1948 wurde der nationale Faktor zu einem konstitutiven Element der SED-Propaganda. Im Schatten dieser plakativen Agitation für die deutsche Einheit vollzog sich die rücksichtslose Veränderung der sowjetischen Besatzungszone in einen sozialistischen Teilstaat, der sich auf keine demokratische und nationale Legitimation berufen konnte, beides aber um so lauter beanspruchte.

Sieht man einmal von den massenhaft inszenierten Zustimmungsritualen und bombastischen Jubeldemonstrationen im Oktober 1949 ab, sind bisher kaum überzeugende Zeugnisse bekannt, die auf breitere Zustimmung zu dieser Staatsgründung unter der Arbeiterschaft schließen lassen.[53] Angesichts des physischen Terrors der sowjetischen Besatzungsmacht und der – wenn auch noch schwach entwickelten – deutschen Sicherheitsorgane wie der Polizeiabteilung K 5 war dies auch kaum verwunderlich. Selbstverständlich gab es ostentative Zustimmung, aus Überzeugung, Opportunismus oder Angst. Aber die SED hatte sich insbesondere nach ihrem leninistischen Umbau als »Russenpartei« in breiten Kreisen der Bevölkerung und der Arbeiterschaft verhaßt gemacht und sich gegenüber ihren Anfängen noch weiter von der Basis, auf die sie sich ständig berief, entfernt. Ein

---

51 Zit. bei Jochen Laufer, Die Verfassungsgebung in der SBZ 1946–1949, in: APZ B 32-33 (1998), S. 29-41, hier: S. 39.
52 Die Entstehung und Zusammensetzung der Volkskongresse wird dargestellt bei Staritz, Gründung der DDR, S. 165 ff.
53 Das Gegenteil suggeriert naturgemäß die DDR-Historiographie. Vgl. Helmut Neef, Entscheidende Tage im Oktober 1949. Die Gründung der DDR, Berlin (O) 1984; Deutsche Geschichte, Bd. 9, S. 455 ff.

II. »Aufbau des Sozialismus« (1948–1953)

Schweriner Gewerkschaftsvertreter gab ein Stimmungsbild über die negative Aufnahme der Regierungsbildung der DDR bei der Belegschaft der traditionsreichen Neptun-Werft in Rostock mit drastischen Einzeläußerungen gegen die SED und »die Russen«. Seine Schilderung war dekuvrierend:
»Am 10. Oktober fand auf dem Marktplatz in Rostock eine Massenkundgebung statt, auf der Vertreter aller Parteien und Organisationen sowie der Bürgermeister zu der Regierungsbildung Stellung nahmen. Der Marktplatz war, wen man es gut rechnet, halb gefüllt und davon war der überragende Teil die aufmarschierte Volkspolizei der Stadt, die Neptun-Werft und Derutra und ein riesiger Haufen Kinder, die auf die Verteilung der Fackeln für den Fackelzug im Anschluss an die Kundgebung verteilt werden sollten. [sic!] Auf die Anwesenden muss es doch einen sehr lächerlichen Eindruck gemacht haben, und ich habe auch Diesbezügliches genügend gehört, als ich durch die Reihen schlenderte, daß der Wortführer der Demonstration zum Schluss die neuen Regierungsmitglieder ausrief und eine Wahl herbeiführte, an deren Ende er dann ausrief: ›Ich stelle fest, daß die werktätigen Massen der Stadt Rostock unsere Regierung gewählt haben und ihr volles Vertrauen und aktive Unterstützung zusichern!‹ Ähnliches besagte auch eine verlesene Resolution. Am Vorabend der Geburt der Regierung, dem 6. Oktober, sprach Genosse Newis vom Landesvorstand der Partei vor der versammelten Belegschaft der Neptun-Werft. Es war bezeichnend, daß nur eine sehr geringe Anzahl Kollegen zu seinen Worten applaudierte, während die überragende Mehrzahl stumm da saß und auch in der Diskussion kein Wort sagte. In der Diskussion wurde lediglich Zustimmungen Ausdruck gegeben.«[54]

Irritiert folgerte er aus den Beobachtungen: »Diese Ablehnung ist im allgemeinen in der Neptun-Werft zu hören und zu spüren und stellt durchaus keine Einzelmeinung dar. Ich frage mich nun, woher diese Stimmung rührt und was man tun muß, um die Arbeiter für ihre Regierung zu gewinnen und von der Richtigkeit unseres Weges zu überzeugen.« Mit bösem Spott kommentierte der linke Publizist Alfred Kantorowicz die Regierungsbildung in seinem Tagebuch weniger irritiert: »Wie Mars aus dem Haupte des Zeus ist die Regierung unserer Volksrepublik zur Welt gekommen […] Die Erheiterung ist mäßig. Da ohnehin nur Claqueure Zutritt hatten, waren die Heldendarsteller des Beifalls gewiß: Otto Grotewohl als Siegfried (mit einigen verwundbaren Blößen aus seiner sozialdemokratischen Vergangenheit); Ulbricht, wie der grimmige Hagen ihm zur Seite.«[55]

Daß sich Enttäuschung und Unmut nicht deutlicher Luft machten, mochte mit dem offenbar bis noch weit in die Kreise überzeugter SED-Mitglieder hinein verbreiteten Glauben zusammenhängen, es handele sich lediglich um ein Provisorium. Otto Grotewohl schien zumindest davon überzeugt zu sein, dieses provisorische Staatswesen sei »für längstens ein Jahr« geschaffen[56] und werde einer entspre-

---

54 SAPMO-BArchiv, DY 34/20408 »Betr.: Stimmungsbild über die Aufnahme der Regierungsbildung bei der Belegschaft der Neptun-Werft in Rostock«, o. D.
55 Alfred Kantorowicz, Deutsches Tagebuch, Teil 1, Berlin (W) 1978, S. 647
56 Elke Scherstjanoi (Hg.), »Provisorium für längstens ein Jahr«. Protokoll des Kolloquiums »Die Gründung der DDR«, Berlin 1991.

chenden Politik der nationalen Einheit nicht im Wege stehen. Für Historiker stellt sich angesichts dieser »Deutschlandpolitik« der SED, die in den folgenden Jahren mit enormem finanziellen und personellen Aufwand betrieben wurde, heute die Frage, wie die geradezu verzweifelt anmutenden und gleichzeitig total widersprüchlichen und unglaubwürdigen Einheits-Beschwörungen zu verstehen sind, will man sie nicht als bloße zynische Pflichtübungen abtun, was sie ohne Zweifel in großem Umfang auch waren. Jedenfalls müssen diese mit der Separatstaatsgründung verbundenen nationalen Rituale auch in einer Geschichte der Arbeiter vorkommen. Sie waren nicht nur ein fester Bestandteil des betrieblichen Alltags, sondern erinnerten in ihrer kompensatorisch gedachten Funktion ständig an die ungelöste nationale Frage, die der SED schwer zu schaffen machte.[57]

2. Arbeiterwiderstand, Milieubindung und Kampf gegen den »Sozialdemokratismus«

Mit der organisatorischen Ausschaltung der Sozialdemokratie – Wilhelm Pieck hatte sie 1944 als strategisches Ziel der »Einheit« anvisiert[58] – war das Problem des »Sozialdemokratismus« in keiner Weise vom Tisch. Es gewann im Gegenteil eher an subversiver politischer und ideologischer Brisanz. Zudem war der Prozeß der »Ausschaltung« komplizierter, als es das im kommunistischen Sprachgebrauch gängige mechanische Bild suggeriert. Die brutalste Form: Einige Gegner der Einheitspartei unter kommunistischem Vorzeichen fanden sich in einem der fünf berüchtigten sowjetischen »Speziallager« wieder.[59]

Im Zuge des Umbaus der SED zu einer »Partei neuen Typs« 1948 ging es in erster Linie um das, was im leninistisch-stalinistischen Jargon »Säuberung« hieß, ohne die fatalen Konnotationen dieses schon in der alten KPD üblichen Vokabulars jemals zu reflektieren. Die Säuberung betraf Menschen, die innerhalb oder außerhalb der SED Positionen vertraten, die von der vorgegebenen Generallinie abwichen oder eine aus stalinistischer Sicht nicht lupenreine Biographie hatten, dafür gerügt, ausgeschlossen oder verhaftet wurden, ihren Arbeitsplatz verloren oder die Flucht nach Westen antraten. Innerhalb des Spektrums überzeugter Sozialisten oder Kommunisten zielte dieses Vorgehen besonders auf »Abweichler« aus den Reihen der früheren Kommunistischen Parteiopposition (KPO), der Sozialistischen Arbeiterpartei (SAP), Westemigranten, Titoisten und Trotzkisten – stärker noch als auf ehemalige Sozialdemokraten. Die bereits erwähnten Instrumente der PKK, aber auch harmlos erscheinende Aktionen zum Umtausch der SED-Mitgliedsbücher, dienten dieser Zielsetzung. Die Details der verschiedenen Säuberungswellen

---

57 Vgl. dazu ausführlich Lemke, Einheit oder Sozialismus.
58 Siehe oben, Kap. I 5, S. 92 ff.
59 Vgl. Jörg Morré, Speziallager des NKWD. Sowjetische Internierungslager in Brandenburg 1945– 1950, Potsdam 1997, S. 19.

II. »Aufbau des Sozialismus« (1948–1953)

sind mittlerweile breit aufgearbeitet worden.[60] Die innerparteilich angelegten, aber schnell übergreifenden und sich verselbständigenden Aktionen fanden teilweise zeitgleich mit Schauprozessen in Osteuropa statt. Sie waren der beklemmende Ausdruck einer »innerbürokratischen Logik« (Thomas Klein) des Hochstalinismus und wurden in der Öffentlichkeit von einer ebenso widerwärtigen wie ermüdenden Polemik begleitet, die nicht einmal mehr Spurenelemente jener Zielsetzungen erkennen ließ, mit der die Kommunisten einmal angetreten waren. So kritisierte Franz Dahlem im November 1948 die mangelnde Einsicht mancher SED-Kreisverbände und konstatierte: »Also, die Dreieinigkeit: alte Gestapo, Schumacher-Agentur und imperialistisches Spionagebüro [...] Es gibt immer noch Genossen, die nicht an solche Zusammenhänge glauben.«[61] Im Juli 1950 stellte der Abschlußbericht einer zentralen Sonderkommission im typischen SED-Jargon dieser Zeit fest: »Zwölf Jahre Nazimoral, die Einflüsse des verfaulenden imperialistischen Systems, mit dem stinkenden Geschwür der Berliner Filiale des Ostbüros und dem östlichen Hauptquartier der imperialistischen Agenten- und Spionagezentrale werden uns noch lange zwingen, die Wachsamkeit zu steigern. Die Partei muß ein einziger großer Erziehungsapparat für die gesamten werktätigen Massen werden, damit auch sie immun gegen die feindlichen Einflüsse werden.«[62] Die Säuberungen waren kaum in erster Linie eine Reaktion auf anwachsende Widerstandsneigungen in der Partei, sondern, wie Thomas Klein treffend festgestellt hat, »präventive und einschüchternde Kampagnen für ihre Zurichtung, um sie letztlich in eine funktionierende Transformationsmaschine politbürokratischer Zwecksetzungen zu verwandeln, in der gar nicht erst nennenswerte Gegenwehr entstehen konnte.«[63]

Gleichwohl gab es innerhalb und außerhalb der SED vielfältige Formen von Widerstand, Opposition, Resistenz und »aufrechtem Gang« von Arbeitern und Repräsentanten der Arbeiterbewegung, die sich dem Terror nicht fügten oder Verlockungen nicht erlagen. Diese Widerstandsgeschichte der SBZ und frühen DDR weist viele Parallelen zur Geschichte der Arbeiterbewegung und Arbeiterschaft in den ersten Jahren der NS-Diktatur auf. Ihre Erfassung und angemessene historische Beurteilung bringt aber auch ähnliche methodische Probleme mit sich. Sie ist dabei eng verflochten mit der eskalierenden Ost-West-Auseinandersetzung als »kaltem Bürgerkrieg«[64], in dem sich politische Verantwortlichkeiten nur schwer eindeutig zuordnen lassen und die Rhetorik einer »Befreiung vom Kommunismus« eine kaum noch kontrollierbare Eigendynamik mit fatalen Folgen entwickelte.[65] Weder Erfolg und Mißerfolg der Widerstandsaktionen noch die alleinige Frage nach Motiven können hinreichende Maßstäbe der Forschung sein. Zu den me-

---

60 Vgl. vor allem Klein, Einheit; Andreas Malycha, Die SED. Geschichte ihrer Stalinisierung 1946–1953, Paderborn 2000. Mit osteuropäischen Fällen Hermann Weber/Ulrich Mählert (Hg.), Terror, Stalinistische Parteisäuberungen 1936–1953, Paderborn 2001.
61 Zit. bei Malycha, SED, S. 378.
62 Zit. bei Klein, Einheit, S. 138.
63 Ebd., S. 479.
64 Vgl. Patrick Major, The death of KPD. Communism and anti-communism in West Germany 1945–1956, Oxford 1997.
65 Ausführlich dazu Stöver, Befreiung.

2. Arbeiterwiderstand, Milieubindung und Kampf gegen den »Sozialdemokratismus«

thodischen Schwierigkeiten gehört auch die Form der Darstellung der vielfältigen Aktivitäten. Sie erfordern mehr als dürre quantitative Bilanzen, sie erfordern Einzelheiten und Namen. Diese lassen sich aber nur exemplarisch wiedergeben, weil vollständige Aufzählungen sich erübrigen. Die Materialien des Ostbüros der SPD bieten hier ebenso wie die jetzt zugänglichen Partei- und Stasi-Berichte gute Grundlagen. Andererseits verbindet diese beiden gegensätzlichen Quellengattungen, daß sie in der Regel den sozialdemokratischen Widerstand und den »Sozialdemokratismus« überschätzen. Wer mit den Augen der Verfolger auf die vielfältigen Erscheinungsformen von Opposition und Widerständigkeit blickt, erhält leicht ein ähnlich selektives Bild, wie es die Berichte des Ostbüros liefern, die häufig eine breite sozialdemokratisch inspirierte Resistenz suggerieren und unbequeme Befunde ebenfalls vernachlässigen. Hier die richtige Balance zu finden, ist schwierig. Die historischen Forschungen über soziale Milieus – so Martin Broszats Untersuchungen zu Bayern in der NS-Zeit – haben aber gerade deutlich gemacht, daß die traditionellen Kategorien der Widerstandshistoriographie aufgeweicht werden, wenn politische Organisationsgeschichte durch Sozialgeschichte erweitert wird.[66] Damit tut sich auch für die SBZ/DDR ein ebenso faszinierendes wie unübersichtliches Feld auf. Einer der gravierenden Unterschiede aller Vergleiche zwischen NS- und DDR-Geschichte ist in der Lage der geteilten Nation im Kalten Krieg begründet. Diese Konstellation ermöglichte und provozierte beiderseitige Kommunikation und Abgrenzung, ohne die auch die Geschichte der Widerstandsformen gegen die SED und deren erbitterter Kampf gegen das allgegenwärtige Gespenst des »Sozialdemokratismus« nicht verständlich sind.

Ein kurzlebiges, aber gefährliches Gespenst ähnlicher Qualität war die NGO, die »Nur Gewerkschaftliche Opposition innerhalb des FDGB«. Aus Sicht des Ministeriums für Staatssicherheit (MfS) wurde sie Anfang 1951 durch »Renegaten der Arbeiterbewegung im Auftrage des amerikanischen Geheimdienstes« in Westberlin gegründet. Neben Diffamierung von SED- und FDGB-Funktionären, Aufputschung der Belegschaften, Infiltration der Gewerkschaftsleitungen, Spionage und Sabotage hatte sie nach Meinung der Stasi vor allem die Verbreitung von »Hetzschriften« zum Ziel. Diese wurden als äußerst gefährlich eingestuft, weil sie geschickt auf die Mentalität eines Teils der Arbeiter eingingen und beispielsweise äußerlich dem Zentralorgan des FDGB »Tribüne« glichen.[67] Die Schnecke als Symbol des Widerstandes war ihr Kennzeichen.

---

66 Martin Broszat, Resistenz und Widerstand. Eine Zwischenbilanz des Forschungsprojekts, in: Ders./Elke Fröhlich/Falk Wiesemann (Hg.), Bayern in der NS-Zeit. Herrschaft und Gesellschaft im Konflikt, Bd. IV, München 1981, S. 691-709. Aus der nicht überschaubaren Literatur zum Widerstand und zur Erörterung der Begriffe vgl. Peter Steinbach/Johannes Tuchel (Hg.), Widerstand gegen den Nationalsozialismus, Bonn 1994. Detlef Schmiechen-Ackermann (Hg.), Anpassung, Verweigerung, Widerstand. Soziale Milieus, Politische Kultur und Widerstand gegen den Nationalsozialismus in Deutschland im regionalen Vergleich, Berlin 1997. Ulrike Poppe/Rainer Eckert/Ilko-Sascha Kowalczuk (Hg.), Zwischen Selbstbehauptung und Anpassung. Formen des Widerstandes und der Opposition in der DDR, Berlin 1995.

67 Dienstanweisung Mielkes 11/53 zur Sachakte »Kleine Tribüne«, vom 1.7.1953. BStU, DSt. 100897. Ich danke Bernd Stöver für diesen Hinweis.

II. »Aufbau des Sozialismus« (1948–1953)

Bitte lesen und weitergeben!

DIE KLEINE Tribüne

| Nr. 11 / 2. Jhrg. | Nov. 1952 | FDGB |

Vorsicht bei den BGL-Wahlen!

Volksdemokratische Wahlvorschriften

Der Beschluß der 11. Bundesvorstandssitzung, während des Winterhalbjahres 1952/53 die Wahlen der Gruppenleitungen, AGL, BGL, Gebietsleitungen und Bezirksvorstände über die Bühne gehen zu lassen, erfordert die volle Aufmerksamkeit aller Kollegen. Die Wahlen der Leitungen von den BGL größerer Betriebe aufwärts können wir kaum beeinflussen, weil dabei das Delegiertensystem angewandt wird. Und das kennen wir schließlich von den Betriebskollektivverträgen her zur Genüge.

Möglichkeiten bestehen jedoch für uns bei den kleineren BGL und namentlich bei den AGL. Hierbei ist aber zu beachten, daß erst o f f e n darüber abgestimmt wird, wer zur g e h e i m e n Wahl als Kandidat zugelassen wird. SED und FDGB werden durch Einsprüche gegen Kandidaten und durch drohende Erklärungen bei der offenen Abstimmung Mätzchen zu machen versuchen. In einigen Betrieben besteht aber die Möglichkeit, den Spieß umzudrehen und Scharfmacher-Kandidaten vor der offenen Abstimmung mit Fragen und Kritiken zu bombardieren. Beispielsweise ist es verhältnismäßig ungefährlich, einen von den Antreibern wiederaufgestellten Kandidaten durch drei Diskussionsreden nacheinander als „Nurwirtschafter", „Kommandierer" und wegen „Vernachlässigung der Sorge um den Menschen" anzugreifen.

Stimmzettel vervollständigen!

Ist eine offene Stellungnahme in der Versammlung zu gefährlich, so sollten die Kollegen bei der geheimen Abstimmung i h r e n Kandidaten auch wenn er bei der offenen Abstimmung nicht zugelassen wurde — auf den Stimmzettel h i n z u s c h r e i b e n. Die Wahlordnung versichtshalber mit dem „offiziellen" Bleistift in D r u c k s c h r i f t geschehen. Der SSD hat auch Graphologen; doch ist gegen Druckschrift noch kein Spitzelkraut gewachsen.

70% Parteilose!

Bei den überbetrieblichen Organen des FDGB werden nur einige parteilose Konzessionsschulzen „gewählt". In den Betrieben sollen es jedoch bis zu 70% sein. Wer als NGO-Kollege da Morgenluft wittert, irrt sich. Der FDGB will nämlich nicht sich selbst, sondern nur sein äußeres Ansehen bessern! Die höheren Leitungen bleiben ein Verein von Stalin-Jüngern und die unteren satzungsgemäße Befehlsempfänger. Wo nicht eine kampferprobte Belegschaft dahinter steht, kann die Wahl guter Kollegen in AGL und BGL nur Schaden anrichten. Der FDGB möchte ja gerade diese guten Kollegen aus dem Schutz der Belegschaft herauslocken, diskreditieren oder ausmerzen. Deshalb werden wir nur da um Positionen in AGL und BGL kämpfen, wo die Belegschaft Chancen hat, dem FDGB mit Hilfe ihrer Funktionäre die Zähne zu zeigen.

Aus dem Inhalt:

Medizinische Selbsthilfe
Der FDGB verlor die Wahl
Löhne in den Privatbetrieben
Schauprozesse werden
              vorbereitet

```
Dieser Artikel beweist,dass es der NGO nicht nur darum
geht gegen den FDGB zu hetzen,sondern sie versuchen
ihre Agenten in die Leitungen des FDGB wählen zu lassen
um ihre Zersetzungsarbeit als Funktionäre getarnt durch
zuführen.
```

Abb. 12 a + b: Die als Imitation der offiziellen Gewerkschaftszeitung gestaltete »Kleine Tribüne« des Ostbüros des DGB wurde, wie der Kommentar unter der Kopie zeigt, vom MfS aufmerksam beobachtet.

Die bizarrsten Auswüchse der Verfolgung und »Abwehr« richteten sich gegen kommunistische und linke Splittergruppen, deren Aktivitäten sich nur noch begrenzt an die Arbeiterschaft zurückbinden lassen, deren ideologische Unbotmä-

2. Arbeiterwiderstand, Milieubindung und Kampf gegen den »Sozialdemokratismus«

 Schneckentier auf jeder Mauer . . .

...macht Grotewohl das Leben sauer. So soll und wird es künftig sein. Mit der Schneckenaktion will die in der Sowjetzone weitverzweigte gewerkschaftliche Opposition im FDGB (NGO) sichtbar machen, wie groß die Widerstandsbewegung gegen die vom FDGB erzwungenen sowjetischen Ausbeutungsmethoden bereits ist. Die Schnecke soll dabei als Symbol für das Tempo gelten, mit dem Aufbau und Fortschritt in der Zone vorangetrieben werden, und zugleich demonstrieren, daß die Arbeiterschaft für die permanenten Reparationslieferungen nicht schneller zu arbeiten gewillt ist, als sie es wegen der persönlichen Sicherheit unbedingt muß. Zudem läßt sich das Zeichen von jedermann schnell an die Wand malen.

Der Anstoß zur Schneckenaktion ging von Kollegen aus dem Leuna-Werk aus. Damit jeder weiß, worum es sich handelt, kursiert zugleich mit der Schnecke eine Anzahl von Versen, die dem Schneckenzeichen hinzugefügt werden, und

mit denen die Lage der Arbeiterschaft in der sogenannten DDR treffend gekennzeichnet wird.

Im übrigen bleibt es jedem selber überlassen, eigene Sprüche zu finden, die er an die Wand malen will. Die besten Vorschläge werden von der NGO prämiert. Die Prämien wurden von nach dem Westen geflüchteten und dort schon wieder in Arbeit stehenden Kollegen gespendet. Wer sich an diesem Wettbewerb beteiligen will, richtet seine Einsendungen an die NGO, Berlin-Charlottenburg, Postschließfach 41. Im Interesse der persönlichen Sicherheit ist selbstverständlich größte Vorsicht dabei geboten.

Die Schneckenaktion ist erst dieser Tage angelaufen. Wir sind überzeugt, daß sie sich schnell über die ganze Sowjetzone verbreitet. Eins der Merkmale der Schnecke ist ja eben ihre viele Nachkommenschaft. Und so wird der Widerstand der Arbeiter durch die Schneckenaktion progressiv anwachsen. Nebenbei, man kann sie nicht nur an Fabrikmauern malen, sondern auch an die Türen der zuständigen Bonzen.

 Mit soviel Fleisch, wie Schnecke hat,
macht Ulbricht die Proleten satt.

Wenn Warnke selber mauern müßt,
wär' Schnecke noch ein Aktivist.

 Die Schneckenzeichen sind jetzt Mode
und nicht die Kowaljow-Methode.

Nur ein ganz Doofer
liebt Nina Nazarowa.

 Dies Schneckentier uns lieber ist
als ein verdienter Aktivist.

Wo immer wieder Schnecken kleben
Vor Wut die ganzen Bonzen beben.

 Wo sich zeigt das Schneckenzeichen,
Kollege, find'st du deinesgleichen.

Wer keine Schnecken heimlich malt
der ist kein braver Mann.

 Schneckentier auf jeder Mauer
macht Grotewohl das Leben sauer.

Willst du bald deinen Grabstein sehen,
laß dir doch deine Norm erhöhen.

 Auch der Vopo an der Ecke
kriegt langsam Angst vor unsrer Schnecke.

So müßten die Lokomotiven
für Reparationszüge aussehen.

Das ist die Anweisung der NGO für ihre Schmier- und Klebekolonnen in der DDR.

ßigkeit aber gerade wegen ihres konspirativ erscheinenden Charakters besonders hart und konsequent bestraft wurde.[68]

Die direkte Bekämpfung aller organisierten Formen von Widerstand und Informations- und Aufklärungsarbeit, vor allem des Ostbüros der SPD, später auch der »Kampfgruppe gegen Unmenschlichkeit« (KgU) und des »Untersuchungsausschusses freiheitlicher Juristen« (UfJ), nahm seit 1948 erheblich zu.[69] Eine an-

---

68 Ausführlich dargestellt bei Klein, Einheit, S. 48-93.
69 Vgl. zu beiden Organisationen, die Überschneidungszonen mit den Ostbüros der Parteien aufweisen, hier aber nicht behandelt werden müssen, Kai-Uwe Herz, Kalter Krieg als antikommunisti-

II. »Aufbau des Sozialismus« (1948–1953)

dere Ebene der Auseinandersetzung waren die Gewerkschaften, in denen mit Recht ein anhaltender Einfluß sozialdemokratischen Personals und Gedankenguts vermutet wurde. Scharfe Formen nahmen diese Konflikte insbesondere in Berlin an, als sich hier 1948 im Schatten der Berlin-Blockade die »Unabhängige Gewerkschaftsorganisation« (UGO) vom FDGB abspaltete und erhebliche Unruhe innerhalb der Gewerkschafts- und Parteispitze hervorrief.[70] Berlin blieb ohnehin ein eigenes Terrain, weil hier die SPD im Osten formal weiterbestand, auch wenn sie sich politisch nicht entfalten konnte, und weil sie im westlichen Teil die SED in eine blamable Randposition drängte.[71] Ein aus Sicht des MfS gefährliches Beispiel war eine SPD-Gruppe in einem Betrieb der BVG im Stadtbezirk Pankow, die sich personell mit einer Gruppe von UGO-Anhängern überschnitt. Diese verfolgte die Taktik, die BGL mit ihren Leuten zu besetzen. Die Gruppe setzte sich ausschließlich aus älteren, gut qualifizierten Facharbeitern mit langer Betriebszugehörigkeit zusammen. Im Verein mit Sympathisanten umfaßte diese Gruppierung, wie das MfS berichtete, etwa 50 SPD-Mitglieder. Sie spielte während der Ereignisse des 17. Juni eine wichtige Rolle.[72]

Schwierig und langwierig blieb der bis zum Ende der DDR vergeblich geführte Kampf gegen den »Sozialdemokratismus«, der zur ideologischen Chiffre für ein ganzes Konglomerat von unerwünschten Einstellungen und politischen Verhaltensweisen wurde. Noch 1971 warnte die Gewerkschaftszeitung »Tribüne« vor dem »trojanischem Pferd der großen Monopole«.[73] Die Definitionen wechselten vielfach, blieben aber immer so verschwommen und letztlich nichtssagend, daß sie vieles abdeckten. Gerade deshalb aber war es ziemlich hoffnungslos, den betrieblichen Partei- und Gewerkschaftsgruppen eine klare Vorstellung von ihren häufigen ideologischen Sünden zu vermitteln und sie über belanglose Resolutionen hinaus auf den Pfad der Tugend zurückzuführen. Die Häufigkeit der Hinweise etwa in den Berichten des Ostbüros sowie der entsprechenden Klagen in Partei-, Gewerkschafts- und Stasi-Quellen ist ein untrüglicher Indikator dafür, daß sich hinter dem »Sozialdemokratismus« eine hartnäckige Form sowohl der Traditions- als auch der Westorientierung verbarg, der mit politischen Erklärungen nicht beizukommen war.

Zunächst aber stand die unmittelbare Verfolgung illegaler Arbeit im Zentrum der Aufmerksamkeit. In einem Bericht des Referats K 5 der Kriminalpolizei von 1948 findet sich eine lange Liste von Beispielen aus allen Ländern über die »antidemokratische Arbeit in der illegalen SPD-Schumacherrichtung in der SBZ«. Der Be-

---

scher Widerstand. Die Kampfgruppe gegen Unmenschlichkeit 1948–1959, München 1987. Frank Hagemann, Der Untersuchungsausschuß Freiheitlicher Juristen 1949–1969, Frankfurt/M. 1994. Stöver, Befreiung, Kap. IV 2 und VI 5.
70 Siehe oben, Kap. I 11, S. 145.
71 Vgl. zur Geschichte der SPD im östlichen Teil Berlins: Stefan Wolle, Die SPD in Ostberlin (1946–1961), in: Materialien der Enquete-Kommission »Aufarbeitung von Geschichte und Folgen der SED-Diktatur in Deutschland«, Bd. 2, Baden-Baden 1995, S. 2941-2993; Siegfried Heimann, Die Sonderentwicklung der SPD in Ost-Berlin 1945–1961, in: Ebd, S. 1648-1688.
72 Wolle, ebd., S. 2969 f.
73 Sozialdemokratismus – Trojanisches Pferd der großen Monopole, »Tribüne« vom 6.1.1971.

2. Arbeiterwiderstand, Milieubindung und Kampf gegen den »Sozialdemokratismus«

richt konstatiert eine »erhöhte Aktivität dieser Richtung« und charakterisiert das Material so: »Vom primitiven mit Schreibmaschine und Abziehapparat hergestellten Flugblatt bis zum auf gutem Papier mit modernem Druck erzeugten Plakat. Wenn auch das anfallende Material nicht einwandfrei beweist, daß Flugblätter, Parolen, Klebezettel usw. von der angegebenen Seite stammen, so ist doch festzustellen, daß der Inhalt sich immer auf der gleichen Linie hält, wie sie von der SPD-Presse zum Ausdruck gebracht wird.«[74] Die aufgeführten Beispiele sagen für sich genommen wenig über Umfang und Intensität dieser Widerstandsaktionen aus. Angeblich hatten alle illegalen Gruppen in der Ostzone »ständigen Kontakt mit der Zietenstrasse«, dem damaligen Sitz des Ostbüros in Berlin-West. In Rostock wurden dem Bericht zufolge 136 Flugblätter verschiedenen Inhalts gefunden, in Leipzig wurde ein Verbindungsmann zum Ostbüro verhaftet, der Flugblätter verteilte: »Parteien kommen und gehen, die SPD bleibt bestehen.« Solche Formen des Protests mit Plakaten, Handzetteln, Briefen, Wandparolen fanden sich überall, sie waren eine Variante der illegalen Arbeit der linken Parteien in den ersten Jahren des »Dritten Reiches« ebenso wie nach 1945 und Zeugnisse einer mutigen und zugleich hilflosen, gefährlichen Auflehnung, die mit schärfsten Sanktionen zu rechnen hatte.

Die Verbreitung illegaler Schriften und Parolen läßt sich nicht annähernd präzise erfassen, noch weniger ihre Wirkung. Auch hier zeigen sich Parallelen zum Widerstand der dreißiger Jahre. Sie waren dennoch sichtbare Zeichen dafür, daß die Besatzungsmacht und die SED nicht auf ungeteilte Zustimmung rechnen konnten, daß es breite Ablehnung auch in der Arbeiterschaft gab und daß der ostentative Antifaschismus angesichts erneuter massiver Repression wenig glaubwürdig wirkte. Die Protestformen waren nicht nur Hinweise auf die Arbeit des politischen Gegners jenseits der Grenze, sondern auch Signale der politischen Resistenz im Innern, die sorgsam beobachtet und deren Initiatoren hart verfolgt wurden. Bis Ende 1948 hatten die »Säuberungen« zwar auf zentraler und überwiegend auch auf Landesebene den Einfluß ehemaliger Sozialdemokraten in den Vorständen und im Apparat der Partei gebrochen.[75] Aber insbesondere in früheren Hochburgen der Sozialdemokratie in Sachsen und Sachsen-Anhalt dauerten Widerstand und Verfolgung an. Leipzig ist ein herausgehobenes Beispiel. Das Leipziger »Volkshaus« symbolisierte plastisch die Kontinuität eines alten Arbeiterbewegungsmilieus. Erich Schilling kümmerte sich als Vermögensverwalter des FDGB um den Wiederaufbau des zerstörten Gebäudes. Hier trafen sich im Dezember 1947 etwa 40 Gewerkschafter und Sozialdemokraten, um im Garten des Hauses einen Gedenkstein für Heinrich Heine zu enthüllen. Ein Jahr später wurde Schilling aus der SED ausgeschlossen, mit der für die wuchernden Verschwörungsthesen charakteristischen Begründung: »Schilling hat in Leipzig einen Kreis ehemaliger SPD-Funktionäre um sich geschart, die wiederholt fraktionell in einem Restaurant getagt haben. Die Einladungen zu diesen unter der Bezeichnung

---

74 BStU, Allg. S. 313/66, Bl. 16 (Bericht vom 4.9.1948 Betr. Antidemokratische Tätigkeit der SPD in der SBZ).
75 Malycha, SED, S. 381. Detailliert zu Widerstand und Verfolgung von Sozialdemokraten vor Beginn der systematischen »Säuberung«: Klein, Einheit, S. 31-47.

›Heine-Gedenkfeier‹, ›Richtfest Volkshaus‹ usw. getarnten Veranstaltungen sind durch ihn erfolgt.«[76] Andere Funktionäre mit SPD-Biographie folgten. Im November 1950 begann ein regelrechtes Kesseltreiben, eröffnet von der Leipziger Volkszeitung unter der Überschrift »Räuchert die Nester der Schumacher-Agenten aus! Die Kreisleitung der SED Leipzig zum Kampf gegen den Sozialdemokratismus aller Schattierungen.« Im Ergebnis dieser Kampagne wurden rund 200 ehemalige Mitglieder und Funktionäre der Leipziger SPD aus der SED ausgeschlossen.[77] Zahlreiche andere Beispiele von Ausschlüssen, Verhaftungen und Verfolgungen finden sich in zeitgenössischen westlichen Berichten und in der neueren Literatur.[78] Zeitgenössische SPD-Schriften gingen von 20.000, der Kurt-Schumacher-Kreis dagegen von 5.000 verhafteten Sozialdemokraten aus, von denen 400 in Gefängnissen und Zwangsarbeitslagern umgekommen seien. Ein SPD-Anwalt schätzte die Zahl der Verhafteten in einem Prozeß vor dem Bundesgerichtshof auf 10.000 bis 12.000. Diese Zahl dürfte einigermaßen realistisch sein, auch wenn sich exakte Angaben kaum werden zusammenstellen lassen.[79] Daß die Zahl der Verfolgungsopfer so hoch war, hing nicht nur mit der Größe der früheren SPD in der SBZ zusammen, sondern auch mit der organisierten Informations- und Widerstandsarbeit, die im geheimnisumwitterten und dämonisierten, in seiner Wirkung aber zweifellos überschätzten Ostbüro ihren Ausgangspunkt und Kern besaß. Seine Geschichte ist hier nur insoweit von Interesse, als es zum Arbeiterwiderstand zählt, auch wenn sein Aktionsradius weiter reichte und die von ihm gesammelten und zusammengefaßten Materialien eine wichtige Quelle darstellen, die bisher erstaunlich wenig Beachtung gefunden hat.[80]

Als »Betreuungsstelle Ost« Anfang 1946 beim Büro Schumacher gegründet, diente es zunächst zur Hilfeleistung für Flüchtlinge aus der SBZ und zur Information der Parteispitze über die politische Situation. Die eingehenden Informationen wurden bald aber auch zur gezielten Aufklärungsarbeit in der sowjetischen Zone verwandt, indem man ein Netz von Vertrauensleuten und Kurieren aufbaute. Dafür wurde die im März 1948 in Westberlin eingerichtete Zweigstelle besonders wichtig. Daß in der Anfangsphase viele Kuriere und Kontaktleute aufflogen und verhaftet wurden, lag an der Verfolgungspraxis der sowjetischen Behörden und auch an der Unerfahrenheit und dem Leichtsinn der Angehörigen des Ostbüros.[81] Als Stephan Thomas am 1. November 1948 offiziell die Leitung des Ostbüros von seinem Vorgänger Sigi Neumann übernahm, saßen bereits Hunderte von Vertrauensleuten im Gefängnis und viele Verbindungen waren abgerissen. Thomas und

---

76 Zit. ebd., S. 385; Vgl. Klein, Einheit, S. 43 f.
77 Ebd., S. 388.
78 Neben Malycha sei verwiesen auf Bouvier, Ausgeschaltet; Grebing/Kleßmann/Schönhoven/Weber., Zur Situation (mit Hinweisen zur älteren Literatur).
79 Die Zahlenangaben bei Wolfgang Buschfort, Das Ostbüro der SPD, München 1991, S. 46. Ferner Helmut Bärwald, Das Ostbüro der SPD, Krefeld 1991.
80 Die einschlägige Darstellung dazu hat Wolfgang Buschfort verfaßt. Eine weitere Studie des Autors unter Einbeziehung von SED- und Stasi-Material: Parteien im Kalten Krieg. Die Ostbüros von SPD, CDU und FDP, Berlin 2000.
81 Buschfort, Ostbüro, S. 41.

2. Arbeiterwiderstand, Milieubindung und Kampf gegen den »Sozialdemokratismus«

sein Sekretär Helmut Bärwald organisierten die Arbeit völlig um. Der Kurierverkehr in der bisherigen Form wurde eingestellt, das Konzept, in der SBZ Widerstandsgruppen als Keimzellen einer künftigen SPD zu bilden, ließ man fallen. Die Arbeitsweise mit V-Leuten und Aufträgen für bestimmte Recherchen kam der eines Nachrichtendienstes näher.[82] Das Ostbüro arbeitete zwar mit den westlichen Geheimdiensten zusammen und war darauf insbesondere nach der Abschnürung Berlins auch angewiesen, stand aber nicht, wie die SED-Propaganda stets lautstark behauptete, in deren Diensten. Zwar blieben kleine sozialdemokratische Widerstandsgruppen in verschiedenen Betrieben in lockerer Form noch in den frühen fünfziger Jahren existent, ihre Wirksamkeit aber blieb naturgemäß marginal.

Mit der Festigung der SED-Macht, der Etablierung der politischen Polizei und seit 1950 der Staatssicherheit wurden die Verfolgung effektiver, das Risiko von Widerstand immer größer und die Verluste höher, so daß sich das System der Vertrauensleute und Grenzsekretariate nicht mehr in der alten Form aufrechterhalten ließ. Zudem war die Untergrundarbeit oft dilettantisch und die Opfer standen in keinem Verhältnis zum Erfolg. Im Verlauf der fünfziger Jahre wurde das Organisationsnetz daher immer weiter ausgedünnt, die politische Aufklärungsarbeit erfolgte vor allem von außen. Sie blieb Teil der oft abenteuerlichen Geschichte des »kalten Bürgerkriegs«, in dem sich Geheimdienstaktivitäten und Widerständigkeit aus ehrlicher politischer Überzeugung vermengten und angesichts der brutalen Verfolgungsmethoden zu zahllosen menschlichen Tragödien führten. Ohne Zweifel gab es eine Reihe von Sabotageakten, die jedoch weder in ihrem Umfang noch in den Motiven der Akteure eindeutig zu erfassen und zuzuordnen sind. Der Sicherheitsdienst registrierte selbstverständlich »organisierte Sabotage« sorgfältig und brachte sie meist mit »Schumacherkreisen« in Verbindung oder vermutete »einheitsfeindliche SPD-Leute« im FDGB als Umfeld.[83]

Bedeutsamer wurden zum einen die massenhafte Verteilung von Flugblättern mit Gasballons und zum anderen die systematische Zusammenfassung der erreichbaren Informationen aus der DDR in den »Monatsberichten« des Ost-Büros, die in 350 bis 400 Exemplaren nicht nur an den SPD-Vorstand, sondern auch an Abgeordnete, Ministerien, Botschaften, Journalisten und politische Stiftungen verteilt wurden.[84] In den Unterlagen des Ostbüros finden sich von den späten vierziger bis in die frühen fünfziger Jahre hinein viele Berichte von Vertrauensleuten aus einzelnen Betrieben und Orten. Sie geben Stimmungen wieder, berichten häufig von kleineren Arbeitsniederlegungen, Unruhen und Verhaftungen, besonders häufig im Frühjahr 1953 und nach der Niederschlagung des Aufstandes vom 17. Juni. Diese Informationen wurden auszugsweise in die »Monatsberichte« übernommen und flossen auch in Sendungen des RIAS und des SFB ein. So berichtete der RIAS regelmäßig von 5.35 bis 5.40 Uhr über den »Werktag in der

---

82 Ebd., S. 65 f.
83 Das Reichsbahnausbesserungswerk Meiningen (Thüringen) registrierte die DWK als Beispiel ständiger Sabotage und schaltete die Hauptabteilung K der Deutschen Verwaltung des Innern ein. Bericht vom 4.1.1949, BStU, Zentral-Archiv 453/66, Bl. 4-7.
84 Buschfort, Ostbüro, S. 103.

II. »Aufbau des Sozialismus« (1948–1953)

Zone«. Stellenweise konnten auf diese Weise sofort Meldungen über Streiks und Verhaftungen publik gemacht werden.[85] Nach 1953 werden solche Berichte zwar seltener, doch die bis zur Auflösung des Ostbüros fortgesetzten »Monatsberichte« sind durch die systematische Sammlung von kritischen Passagen aus der offiziellen DDR-Presse gleichwohl von einigem Wert, da sie gezielt viele der betrieblichen Alltagsprobleme zusammentragen.

Vorsichtiger ging man mit den seit 1952 für den SPD-Parteivorstand erstellten »Berichten über die Sonderaktionen in der SBZ« um, die bis Ende der fünfziger Jahre eine Fülle von Flugblättern, Tarnzeitungen und illegalen Schriften enthalten, die zumeist mit Ballons über die innerdeutsche Grenze transportiert wurden. Die Angaben über Auflagenzahlen und Kurzinformationen über Erfolge und Probleme dieser Ballonaktionen vermitteln zumindest einen Eindruck davon, in welchem Umfang solches Material in die DDR gelangte. Diese »Hetzschriften« bereiteten dem MfS immer wieder erhebliche Sorgen, wie die häufigen Hinweise zur Auseinandersetzung mit den Aktivitäten des Ostbüros belegen.[86] Vereinzelt finden sich hier auch selbst verfaßte einfache Flugblätter aus Großbetrieben, wie das einer im EKO Fürstenberg (später Stalinstadt) existierenden »SPD-Betriebsgruppe«, die während eines Ulbricht-Besuchs im Januar 1952 drei Sprengstoff-Anschläge ausgeführt und per Rakete Flugblätter verteilt hatte.[87]

Die in meist riesigen Stückzahlen aufgelegten Flugblätter hatten als gleichbleibendes Erkennungszeichen ein Emblem mit drei Pfeilen und der Aufschrift »Einheit, Freiheit, Frieden«. Sie argumentierten offen von den politischen Positionen der SPD aus und sprachen im agitatorischen Vokabular der Zeit nationale und internationale Fragen ebenso wie konkrete sozialpolitische Probleme oder die Militarisierung des 1. Mai in der DDR an.

So nahm die »SPD-Widerstandsgruppe Eisenhüttenkombinat Ost« den Mai-Aufruf des kommunistischen Weltgewerkschaftsbundes im Mai 1953 zum Anlaß für ein maschinenschriftlich hergestelltes Flugblatt »Unsere Mai-Parole: Aktionseinheit gegen die SED-Ausbeuter«.[88] Darin hieß es:

> »Wo bleiben die gewerkschaftlichen Rechte der Werktätigen im EKO? Jede Kritik am verbrecherischen SED-Regime wird mit Zuchthaus bestraft. Jede Forderung nach Menschenwürdigkeit wird als Hetze westlicher Agenten gebrandmarkt.
> Die katastrophale Ernährungslage hat uns an den Rand der Leistungsfähigkeit gebracht. Von den Werktätigen der metallurgischen Industrie sind nach der

---

85 AdsD, Ostbüro 0257, Ordner 691-696.
86 Zum Beispiel BStU, JHS 316/58: Lektion »Die Organisierung der Abwehrarbeit der Organe des MfS gegen die Zersetzungstätigkeit des Ostbüros der SPD und seiner Hilfsorganisationen (April 1958)«. Hinweis von Bernd Stöver. Vgl. Heike Amos, Die Westpolitik der SED 1948/49–1961, Berlin 1999, S. 229 f.
87 AdsD, Ostbüro, Berichte über die Sonderaktionen in der SBZ, Januar 1952 (Bericht über Einsatz der Flugblattraketen im Eisenhütten-Kombinat Ost in Fürstenberg, Abschrift).
88 AdsD, Ostbüro, Berichte über Sonderaktionen, Mai 1953.

2. Arbeiterwiderstand, Milieubindung und Kampf gegen den »Sozialdemokratismus«

neuesten geheimen Statistik 10,53 Prozent krankgeschrieben. Statt aber durch die Sicherung einer ausreichenden Ernährung Gegenmaßnahmen gegen den chronischen Schwächeverfall bei uns Arbeitern zu treffen, werden die Krankgeschriebenen von SED und FDGB als Bummelanten und Saboteure des sozialistischen Aufbaues verleumdet. Die größte Sorge des FDGB besteht in der rücksichtslosen Senkung des Krankenstandes. Dieser Krankenstand ist bei allen Arbeitern der metallurgischen Betriebe von 7,4 Prozent im Dezember 1952 auf 10,53 Prozent gestiegen, weil das brutale Ausbeutungssystem und die Hungerrationen auch den gesündesten Werktätigen ruinieren müssen.
EKO-Arbeiter! Nehmt den WGB beim Wort. Verlangt sofortige Erfüllung seiner Mai-Parolen im EKO und allen anderen Betrieben der Zone! Die Forderung des SED-Zentralorgans vom 8. April »Verwirklicht die Aktionseinheit in allen Betrieben!« muß zum flammenden Protestruf aller Sklavenarbeiter der Zone werden. Protestiert und demonstriert geschlossen als Aktionseinheit gegen das brutalste Ausbeutungssystem aller Zeiten.
FREIHEIT SPD
– SPD-Widerstandsgruppe Eisenhüttenkombinat Ost –«

Ein anderes Beispiel aus dem VEB Motorenwerke Thurm in Sachsen illustriert, wie Flugblattaktionen im Betrieb ablaufen konnten. Ein Vertrauensmann berichtete darüber an das Ostbüro:

»Das Flugblatt, das für das Motorenwerk Thurm bestimmt war, wurde von dem Arbeiter FLATH eingeschleust. Er verteilte die Flugblätter auf Toiletten, in der Kantine, und legte sie auf Werkbänken ab. Während der Nacht (15. zum 16.3.54) warf er sie auch in der Montagehalle ab, so daß hier überall unsere Flugblätter auf dem Boden herumlagen. Der Betrieb hat etwa 800 Arbeiter. Am 16.3. war sofort der SSD im Haus. Er verhaftete das Belegschaftsmitglied HERMANN GREIPEL, der als Freund des im Flugblatt erwähnten verhafteten Arbeiters NIENHOLD verdächtigt wurde, aus Rache wegen der Verhaftung seines Freundes die Flugblätter angefertigt zu haben. Bei GREIPEL wurde eine Haussuchung durchgeführt. Es wurde aber nicht das Geringste gefunden, was ihn belasten konnte. GREIPEL befindet sich wieder auf freiem Fuß.
Das Flugblatt hat unter der Arbeiterschaft großes Aufsehen erregt. Einige Tage später kam Quelle in einem Lokal in Thurm mit einem Arbeiter aus diesem Betrieb zufällig zusammen, der ein ausgesprochener SEDist ist. Er berichtete Quelle, über diese unerhörte Agentenprovokation des Ostbüros der SPD. Er teilte Quelle auch mit, der SSD vermute, daß die Aktionsgruppen der SPD außerhalb von Zwickau ihren Sitz hätten. 2 Tage lang führte der SSD in dem Thurmer Betrieb seine Untersuchungen durch. Nach der Aktion wurden 15 linientreue SE-Disten zusätzlich zu den bereits bestehenden Wachposten eingeteilt.«[89]

---

89 Ebd., März 1954.

II. »Aufbau des Sozialismus« (1948–1953)

Zu den regelmäßig in sechs bis acht Ausgaben pro Jahr in hohen Stückzahlen verteilten Zeitungen gehörten der »Sozialdemokrat« und die der FDGB-Zeitung nachgemachte »Tribüne«. Daneben produzierte das Ostbüro eine Fülle von Tarnschriften als Broschüren, ebenfalls mit Auflagenzahlen von mehreren Tausend, für ausgewählte Adressatengruppen.[90] Sie imitierten Propagandamaterial der SED wie die »Bibliothek des Agitators« oder »Unser Präsident« mit dem Konterfei Wilhelm Piecks oder das theoretische Organ der SED »Einheit« ebenso wie den »Kleingärtner. Zeitung für Garten, Siedlung und Kleintierzucht«. Eigens für Intellektuelle und Funktionäre gab es seit 1953 eine numerierte Reihe »SED-Opposition«, die sich als Gruppe oppositioneller Kommunisten ausgab und mit dem Traditionsverständnis der SED abrechnete. Hinzu kamen allein schon durch ihre Aufmachung besonders provozierende Broschüren wie »Tatsachen und Berichte aus der Sowjetzone«, etwa der Titel »Vom Dritten Reich zur DDR« mit einem Häftlingsbild und Stacheldraht auf dem Deckblatt.[91] (☞ vgl. nachfolgend *Abb. 13, 14* und *15 a u. b* sowie *Abb. 16 a u. b*, S. 188 u. 189)

Abb. 13: Diktaturvergleich aus Sicht des Ostbüros.

Abb. 14: Tarnschrift vom Mai 1952 mit dem Deckblatt der »Bibliothek des Agitators«.

---

90 Genauere Hinweise zu Auflagen und weiteren Titeln bei Buschfort, Ostbüro, S. 102 ff.; Bärwald, Ostbüro, S. 58 ff.
91 AdsD, Ostbüro, Bericht über Sonderaktionen, Mai 1952, November 1952, März 1953

2. Arbeiterwiderstand, Milieubindung und Kampf gegen den »Sozialdemokratismus«

Ein dünnes Netz von Informanten, insbesondere aus den Betrieben, blieb über viele Jahre erhalten und sorgte für bleibende Unruhe bei den Sicherheitsorganen. Deren ständige Warnungen vor Erscheinungsformen des »Sozialdemokratismus« und die ebenso häufigen Hinweise der betrieblichen Vertrauensleute auf die Stärke sozialdemokratischer Traditionen unter den Arbeitern bestätigen jedenfalls, daß es die SED weder vor noch nach dem 17. Juni 1953 schaffte, mit diesem Problem fertig zu werden. Selbst wenn es den Verfolgungsorganen gelang, organisierte Formen von Widerstand mehr oder minder zu zerschlagen, mußten die Instrukteure der Partei immer wieder feststellen, daß damit das eigentliche Ziel noch längst nicht erreicht war. Mochte innerhalb der SED der mit administrativen und terroristischen Mitteln geführte Kampf gegen sozialdemokratische Relikte noch primär als Element der stalinistischen Säuberungsrituale zu verstehen sein, die wenig über soziale Realitäten aussagen, so blieb dieser Kampf in den Gewerkschaften offenbar ein kaum zu lösendes Dauerproblem. Die »Org.-Instrukteur-Abteilung« beim Bundesvorstand des FDGB berichtete im Juli 1951 über den Stand der Erfüllung der Kongreßbeschlüsse und kam zu dem, gemessen am Propaganda-Aufwand, niederschmetternden Fazit: »Der ungenügende Kampf gegen den Sozialdemokratismus ist unter anderem besonders darauf zurückzuführen, daß die Gewerkschaftsleitungen [sich] selbst nicht über die Erscheinungsformen des Sozialdemokratismus im Klaren sind.«[92] Als wichtigste Erscheinungsformen des »noch sehr stark« in den Gewerkschaften verbreiteten »Sozialdemokratismus« reproduzierte der Bericht die stereotypen Formeln, mit denen offiziell das unerwünschte Phänomen charakterisiert und politisch eingeord-

Abb. 15 a: Tarnschrift vom Mai 1952 mit dem Konterfei von Wilhelm Pieck; im Innern der Broschüre wird der »Stalin-Agent im Hohenzollernschloß von Niederschönhausen« vorgestellt.

Abb. 15 b: Aus dem Inhalt.

---

92 SAPMO-BArch, DY 34 15/b/712 A (Bericht vom 24.7.1951).

II. »Aufbau des Sozialismus« (1948–1953)

Zum 1. Mai 1953

Seit Jahrzehnten begehen die schaffenden Menschen in allen Ländern den 1. Mai als einen Kampftag für ihre Forderungen nach politischer und sozialer Demokratie.

Jahr für Jahr konnte die Arbeiterbewegung der f r e i e n W e l t auf neue Erfolge zurückblicken und in der Überzeugung bestärkt werden, sich auf dem richtigen Wege zur Neuordnung des politischen und wirtschaftlichen Lebens zu befinden. Als im Jahre 1889 der 1. Mai vom internationalen Arbeiterkongreß in Paris zum Kampftag erhoben wurde, ging es noch um den Achtstundentag als erste Forderung. Heute ist dieses Ziel in den Ländern der Demokratie längst verwirklicht, und die Vollendung der g l e i c h b e r e c h t i g t e n M i t b e s t i m m u n g der Werktätigen in allen Fragen steht auf der Tagesordnung.

Kampf den Unterdrückern!

Dennoch, für uns in Deutschland ist gerade der diesjährige 1. Mai – vielleicht weit mehr als für die Menschen in anderen Ländern – ein Kampftag. Ein Kampftag deshalb, weil das gemeinsame Vaterland von einer imperialistischen, arbeiterfeindlichen Macht noch immer im Zustand der S p a l t u n g gehalten wird. Diese Macht, die sich unter Fälschung eines ehrwürdigen Wortes „sozialistisch" nennt, hat in ihrem Machtbereich ebenso den Gedanken des 1. Mai v e r f ä l s c h t.

Mit Marschstiefeln gegen Arbeiterrechte

Während die Arbeiterbewegung in der westlichen Welt i n v o l l e r F r e i h e i t für ihre Forderungen demonstriert, lassen die kommunistischen Machthaber in der Sowjetzone junge Menschen – in den Uniformen der Volkspolizei, des Arbeitsdienstes oder der FDJ gepreßt – im P a r a d e s c h r i t t an den Tribünen der Bedrücker vorbeimarschieren. Das Dröhnen der Marschstiefel und Motoren von Kriegsfahrzeugen soll die w a h r e S t i m m e d e r B e v ö l k e r u n g der Zone übertönen und jenseits der Grenze Furcht und Unsicherheit verbreiten.

Werktätige, Männer, Frauen und Kinder, denen man Bilder kommunistischer Diktatoren und Spruchbänder mit Huldigungen für die Peiniger i n d i e H a n d g e z w u n g e n hat, müssen die Staffage für dieses Zerrbild des „Tages der Arbeit" bilden. Diese Männer und Frauen, die dem Z w a n g und nicht dem eigenen Willen zu diesen Aufmärschen folgten, sind dieselben, denen das Regime durch den sogenannten 5-Jahr-Plan und „Aufbau des Sozialismus" die letzten wirtschaftlichen und politischen Freiheiten genommen hat.

Es sind diejenigen, denen durch einen sogenannten „s o z i a l i s t i s c h e n W e t t b e w e r b" die letzten Kräftereserven ausgesaugt, durch K o l l e k t i v v e r t r ä g e gerechte Arbeitszeit und gerechter Lohn vorenthalten, durch „P r o d u k t i o n s g e n o s s e n s c h a f t e n" Grund und Boden gestohlen werden.

Ohne Kampf keine Freiheit!

Der freiheitliche Gedanke des 1. Mai ist bei unseren Brüdern und Schwestern in der Sowjetzone am tiefsten verankert. Sie wissen es besser als mancher im Westen, daß die Freiheit eines Volkes e r k ä m p f t werden und daß jeder einzelne dazu beitragen muß. Sie wissen aus ihren Betrieben, daß die Normentreiberei nur dann aufgehalten werden kann, wenn sich k e i n e r v o n i h n e n dazu hergibt, durch Stoßarbeit einen Normendurchbruch zu erzielen um so den Reallohn aller anderen erneut zu senken.

Ähnlich ist es mit den anderen Kampfzielen. Wenn sie ihre Forderungen stellen, dann wissen sie, daß nur der eigene Einsatz ihre Verwirklichung näherbringen kann. So setzen sich die Schaffenden der Sowjetzone ein für:

- Freigabe der Staatsreserven zur Behebung der Hungersnot in der Zone;
- Beendigung des Lohnabbaus durch Beseitigung des TAN-Systems, der Kollektivverträge und der illegalen Zwangsabzüge für Koreafonds und Aufbaulotterie;
- Abschaffung der unbezahlten Mehrarbeit bei Sonder- und Aufbauschichten;
- Abschaffung der Freizeitbeschneidung durch Schulungsabende, vormilitärische Übungen und Wehrsport.

Der freie Arbeiter verläßt euch nicht!

Gewiß, der innere Widerstand, getragen von unzähligen Zonenbewohnern, kann allein nicht die Befreiung bringen. Aber die Brüder und Schwestern in der Sowjetzone können sich auf die freie Arbeiterbewegung v e r l a s s e n , die im Westen Deutschlands die Möglichkeit hat, in freier Entscheidung ihren Willen zu bilden und zu vertreten. Die Schaffenden in Westdeutschland werden am 1. Mai 1953 für die Bewohner der Sowjetzone verlangen:

Durchführung von Viermächtebesprechungen über Deutschland;
Herstellung rechtsstaatlicher Verhältnisse und Befreiung der politischen Häftlinge in der Sowjetzone;
Freiheit für die Kriegsgefangenen und Verschleppten;
Durchführung gesamtdeutscher freier Wahlen;
Bildung einer Nationalversammlung durch diese Wahlen;
Schaffung einer deutschen Regierung durch die Nationalversammlung;
Beteiligung dieser Regierung an Friedensverhandlungen für Gesamtdeutschland.

Diese Forderungen, die von den deutschen Werktätigen am 1. Mai 1953 vertreten werden, weisen den Weg aus unserer nationalen Not. Diesen Weg freizukämpfen, bedeutet das zu vollenden, wonach alle Deutschen streben:

Frieden und Einheit in Freiheit!

 Sozialdemokratische Partei Deutschlands

Herausgegeben vom:
Ostbüro der SPD, Berlin-Charlottenburg 9, Langobardenallee 14

Abb. 16 a + b: Flugblatt des Ostbüros mit den drei Pfeilen »Einheit, Freiheit, Frieden« als Emblem dieser illegalen Schriften.

II. »Aufbau des Sozialismus« (1948–1953)

net wurde: »a) Praktizismus, Unterschätzung der Theorie, b) Nur-Gewerkschaftertum, Ablehnung der führenden Rolle der SED und der Sowjetunion, c) Opportunismus, Ausweichen vor Schwierigkeiten, ungenügende Verbindung zu den Massen, Entwicklung einer Gewerkschaftsbürokratie«. Die aus einzelnen Betrieben referierten kritischen Fragen ließen sehr viel konkreter erkennen, welche Stimmungen an der Basis bis hinein in die Reihen der Parteimitglieder verbreitet waren: »Was hat der FDGB mit der SED zu tun? Der Betriebs-Kollektiv-Vertrag ist ein Ausbeutungs-Instrument. Was können uns die Russen schon Neues geben, wir sind die deutschen Facharbeiter. Wir brauchen eine Opposition, die SPD muß bei uns in der DDR wieder zugelassen werden. Gewerkschaften brauchen wir nicht mehr, denn sie führen ja sowieso keinen Kampf gegen Normerhöhungen.«

Auch öffentlich gestanden SED-Funktionäre eine gewisse Ratlosigkeit ein. So frage Horst Sindermann in der Parteizeitung »Freiheit« in Halle, »woher es kommt, daß die Agenturen des Ostbüros einen relativ größeren Einfluß bei den Arbeitermassen haben als andere Agenturen. Es handelt sich bei den Agenten des Ostbüros zumeist um langjährige Angehörige der Arbeiterbewegung, die auch politische Erfahrung gesammelt haben, damit treten sie heute als die Verfechter der Arbeiterinteressen auf [...]«[93] Detlev Brunner hat die Bedeutung von (ehemaligen) Sozialdemokraten im FDGB eingehend untersucht und auch an verschiedenen individuellen Beispielen anschaulich gemacht. Generationsspezifische Prägungen spielten dabei eine wichtige Rolle. Etwa Dreiviertel der sozialdemokratischen Funktionäre, die bis 1950 auf der zentralen Ebene oder den Landesebenen des FDGB tätig waren, gehörten zur Generation der vor 1900 Geborenen. Von ihnen läßt sich mit Grund vermuten, daß sie eine höhere Resistenz aufwiesen als diejenigen, die erst in den letzten Jahren der Weimarer Republik oder in der NS-Zeit sozialisiert worden waren.[94]

Die Angst vor dem »Sozialdemokratismus« hatte stets einen unmittelbaren Bezug zur Bundesrepublik. So antwortete das »Neue Deutschland« 1954 in mehren Artikelfolgen auf die Frage »Sozialdemokratismus – was ist das?«: »Er will den Arbeitern einreden, daß es angeblich einen anderen Weg zum Sozialismus gäbe. Er verbündet sich mit den schlimmsten Feinden der Arbeiterklasse in der Bekämpfung derjenigen Staaten, in denen die Werktätigen die Staatsmacht innehaben und in der Bekämpfung derjenigen Arbeiterparteien, die diesen Weg anstreben [...]. Gleichzeitig – und das ist nur die Kehrseite derselben Medaille – predigt er der Arbeiterklasse die Notwendigkeit der Versöhnung mit dem kapitalistischen Ausbeuterstaat, dessen Klassencharakter beschönigt und vertuscht wird.«[95] Erich Mielke, damals noch Staatssekretär im MfS, wartete schließlich in einer Kreisparteiaktivtagung der SED im Januar 1951 mit einer Attacke gegen den »Sozialdemokratismus« auf, die noch eine völlig neue Note in die Mixtur des ideologischen Gebräus brachte: »Sozialdemokratismus äußert sich nicht nur darin, daß man mal

---

93 »Freiheit« vom 13.10.1953, zit. in: MB Ostbüro Oktober 1953, S. 4.
94 Brunner, Sozialdemokraten, S. 429 f.
95 »Neues Deutschland« vom 5. März 1954.

2. Arbeiterwiderstand, Milieubindung und Kampf gegen den »Sozialdemokratismus«

ein Sozialdemokrat war, sondern auch darin, daß man die Aufgaben und die Beschlüsse der Partei und Regierung nicht oder schlecht durchführt, daß man glaubt, man kommt mit einer bestimmten Arbeitszeit aus und könnte in einer Arbeitszeit von 8 Stunden die Probleme meistern.«[96] Aus der Sicht des späteren Stasi-Chefs, der aber schon seit 1946 eine wichtige Rolle im entstehenden Überwachungsapparat spielte und bis zu seinem kabarettreifen letzten Auftritt – »Ich liebe euch doch alle!« – in der schon nicht mehr konformen Volkskammer im November 1989 der wohl am längsten amtierende Spitzenfunktionär war, verkörperte der »Sozialdemokratismus« offensichtlich besonders viele Übel dieser Welt. Den Kampf dagegen wollte er daher vor allem mit Mitarbeitern führen, »die eine langjährige Erfahrung haben und diese alten Sozialdemokraten genau kennen. Wir bekommen in jede Bezirksverwaltung alte, in der Arbeiterbewegung bewährte Genossen, die Lebenserfahrung besitzen. Diese Genossen werden ausschließlich damit beschäftigt, den Kampf gegen das Ostbüro, gegen die rechten Sozialdemokraten zu führen.«[97]

In den permanenten Angriffen der SED auf diese verbreitete Form ideologischer Abweichung und »falschen Bewußtseins« bündelten sich die geradezu verzweifelten Versuche, den Teil der eigenen Tradition, den sie sich 1946 einverleibt hatte und der nun wie ein Stachel im eigenen Fleische saß, loszuwerden und der Arbeiterklasse endlich die politische Einstellung zu vermitteln, die ihre selbsternannte Avantgarde sich wünschte. Formen und Intensität der Polemik wechselten und waren auch von der politischen Großwetterlage abhängig.[98] Aber das Thema blieb auf der politischen Agenda, weil es niemals gelang, die Mehrheit der Arbeiterschaft von den überwältigenden Vorzügen »ihres Staates« hinreichend zu überzeugen. Besonders heftig und brutal war die Offensive im Vorfeld und im Anschluß an den Aufstand des 17. Juni 1953, zeigte dieser doch in den Augen der am Staats-Ruder gebliebenen SED-Spitze, welche gefährlichen Konsequenzen sich aus solchen Traditionsresten, verbunden mit aktiver Einmischung von außen durch das Ostbüro, ergeben konnten.[99] Gerade ältere und erfahrene Arbeiter, häufig mit einer Affinität zur Sozialdemokratie, hatten aufgrund der starken Verluste jüngerer Jahrgänge durch Krieg und Gefangenschaft in den ersten Nachkriegsjahren noch eine relativ starke Position.

Ob und wie lange sich sozialdemokratische Milieus in der DDR angesichts des massiven Außendrucks und der Auflösung tradierter Organisationszusammenhänge halten und wirksam bleiben konnten, ist schwer genau zu erfassen. Man wird davon ausgehen müssen, daß die erzwungene Erosion überwiegend frühzeitig einsetzte und Ersatzformen allenfalls in Organisationen und Milieus, die sich neu bildeten, einen gewissen Einfluß entwickeln konnten. Die sozialhistorischen Fallstudien zu ehemaligen sozialdemokratischen Hochburgen wie Frei-

---

96 Zit. bei Jens Gieseke, Die hauptamtlichen Mitarbeiter der Staatssicherheit, Berlin 2000, S. 140.
97 Ebd., S. 182.
98 Vgl. Bouvier, Ausgeschaltet, S. 155 ff.; Hans-Joachim Spanger, Die SED und der Sozialdemokratismus, Köln 1982.
99 Siehe unten, Kap. III, S. 311 ff.

II. »Aufbau des Sozialismus« (1948–1953)

tal, Schmölln und Altenburg in Sachsen oder der Neptun-Werft in Rostock bieten exemplarisch einige Einblicke, lassen sich aber nicht einfach verallgemeinern. Auch für Ostberlin, wo die SPD formell noch bis zum Mauerbau existierte, gab es Beispiele fortdauernder sozialdemokratisch-gewerkschaftlicher Milieus, die aber unter besonders intensiver Observation der Stasi standen.[100] In Grenzen gilt das auch für die Genossenschaften.

Die alten sozialdemokratischen Hochburgen der SPD hatten zwar in der Endphase der Weimarer Republik bereits schwere Einbrüche im Wählerpotential zu verkraften gehabt und sich keineswegs als so krisenfest erwiesen, wie viele Traditionalisten glaubten. Aber einige überstanden die Weltwirtschaftskrise und den Nationalsozialismus relativ gut und boten 1945 immer noch eine Basis, an die man unmittelbar wieder anknüpfen konnte. So schien es zumindest. »Das sozialistische Milieu«, hat Franz Walter beispielhaft für Freital und Schmölln hervorgehoben, »war Gegenkirche geworden, organisatorisch ausdifferenziert, doch eng miteinander verschränkt. Die sozialistische Arbeiterkultur bestimmte das Freizeitleben der beiden Städte. Arbeiterkultur also war in Freital und Schmölln Stadtkultur, nicht Alternativ- oder Gegenkultur, sondern vorherrschende, hegemoniale Kultur.«[101] Für die ostthüringische Kleinstadt Altenburg galt Ähnliches.[102] Charakteristisch für diesen Typus sozialdemokratischer Hochburgen war 1945 ein ausgeprägter Drang zur »Einheit«, der von der selbstbewußten Position sozialdemokratischer Überlegenheit ausging. Auch wenn die Begeisterung angesichts sowjetischer Interventionen und kommunistischer Verhaltensweisen gegenüber der Besatzungsmacht schnell verflog, setzten viele Sozialdemokraten nach der erzwungenen SED-Gründung noch auf die Stärke ihrer eigenen Tradition in der neuen Partei. Warum trog diese Hoffnung und warum löste sich das einst so festgefügte Milieu unter dem Druck kommunistischer Angriffe auf den »Sozialdemokratismus« überraschend schnell auf? Parteikontrolle und Terror allein erklären diesen Prozeß nicht hinreichend, obwohl sie ohne Zweifel der ein-

---

100 Ein für die Form und Intensität der Observation sehr aufschlußreiches Beispiel bietet die 11bändige Stasi-Akte zum OV »Verschwörer«. Der Vorgang wurde 1958 angelegt, ging aber bis ins Jahr 1953 zurück. Er betraf die »SPD/DGB-Arbeitsgemeinschaft für Gewerkschaftsfragen« in Ostberlin. In der abschließenden »Einschätzung« vom 22.5.1962 hieß es dazu: »Dieser Kreis existierte seit ca. 10 Jahren, hatte jedoch erst seit Mitte 1957 eine ständig steigende Bedeutung erlangt. Die sonstige Organisationsform der ehemaligen SPD sprengend, erfaßte dieser Arbeitskreis ehem. SPD-Mitglieder aus verschiedenen Kreisen des dem. Berlin, insbesondere aus Lichtenberg, Köpenick und Treptow, die in volkseigenen Groß- und Versorgungsbetrieben im dem. Berlin beschäftigt sind. Dieser Arbeitskreis umfaßte ca. 50 Personen, wovon aber nur 15 an den monatlichen Tagungen teilnahmen. In der operativen Arbeit wurde festgestellt, daß neben der Sammlung von Nachrichten aus volkseigenen Betrieben, Hetzmaterialien des SPD-Ostbüros zur Verteilung kamen und Arbeitskreisteilnehmer konkret angeleitet wurden, wie sie in Betrieben im Sinne der ehem. SPD zu arbeiten haben.« BStU, AOP 283/61.
101 Franz Walter/Tobias Dürr/Klaus Schmidtke, Die SPD in Sachsen und Thüringen zwischen Hochburg und Diaspora, Bonn 1993, S. 25. Vgl. Kap. I 1 (S. 47 ff.).
102 Vgl. Günter Braun, Die SED-Kreisleitung Altenburg und die »Genossen in Uniform«. Eine lokalhistorische Skizze zum Verhältnis zwischen SED und SMAD in einem traditionellen Zentrum der deutschen Arbeiterbewegung, in: Klaus Schönhoven/Dietrich Staritz (Hg.), Sozialismus und Kommunismus im Wandel, Köln 1993, S. 352–377.

2. Arbeiterwiderstand, Milieubindung und Kampf gegen den »Sozialdemokratismus«

schneidendste Faktor waren. Franz Walter weist sehr nachdrücklich auf ein Element hin, das vielleicht einen Schlüssel für die frühe Arbeitergeschichte in der DDR bildet und zugleich dem häufig herangezogenen Vergleich mit der Resistenz unter der nationalsozialistischen Diktatur enge Grenzen setzt: die scheinbare ideologische Nähe zwischen Sozialisten und Kommunisten und die symbolische »Enteignung« der Sozialdemokraten durch die SED. Die alte geschlossene Solidargemeinschaft, die man im »Dritten Reich« einigermaßen hatte aufrecht erhalten können, ließ sich nach 1946 kaum noch retten. Denn ein wesentlicher Teil ihrer identitätsstiftenden Symbolsprache wurde jetzt gleichsam von innen aufgebrochen und für andere Ziele funktionalisiert. »Denn die alten sozialdemokratischen Metaphern, Ausdrucksformen und Manifestationen gehörten ebenfalls alle zur Rhetorik, dem Selbstbild und der Präsentation der SED: die roten Fahnen, die Anredeformeln, die Lieder, die Demonstrationen, ja die Begriffe, Endziele, Visionen und Utopien. Die Sozialdemokraten konnten nicht auf die alten identitätsstiftenden Zeichen ihrer früheren Partei zurückgreifen, um sie den verhaßten Herrschenden entgegenzuhalten oder sich damit einfach nur das eigene Selbstverständnis zu bewahren und zu tradieren. Die SED gebrauchte schließlich dieselben Zeichen, hatte dadurch die Sozialdemokraten gewissermaßen symbolisch enteignet, arktikulationsunfähig gemacht.«[103]

Sicherlich bedeutete diese »Enteignung« einen großen Schritt auf dem von der SED gewollten Weg der konsequenten Zerstörung eines sozialdemokratischen Milieus. Dennoch wurden die Verbindungslinien nicht einfach gekappt. »Die Metaphorik der Arbeiterkultur bildete die Brücke zu den symbolischen Angeboten der DDR-Gesellschaft, die alten sozialdemokratischen Funktionären den Übergang in die DDR-Diktatur erleichterte.« Zudem blieb es nicht bei der Symbolik. »Das kollektivistische Versorgungsmodell und Freizeitwesen der Freitaler Sozialdemokraten aus den zwanziger Jahren feierte in den fünfziger Jahren fröhliche Urständ, nun nicht mehr über die Kommunalpolitik, sondern durch den Staat in den Betrieben, durch Betriebsküchen, Kinderhortplätze, medizinische Versorgungseinrichtungen, durch Betriebssport, Laienspielgruppen und Volksbühnenbetriebsabonnements.«[104] Die Angebote des neuen »Arbeiterstaates« besaßen ohne Zweifel eine gewisse Bindewirkung und Integrationskraft, so daß aus langjährigen Sozialdemokraten, ehemaligen engagierten Reichsbannerleuten oder Arbeitersportlern auch treue, kleine Funktionäre der SED werden konnten, die sich mit der Partei identifizierten, weil sie diese »für die gebotene geschichtliche Konsequenz aus den Erfahrungen der Arbeiterbewegung« hielten.[105] Solche Hinweise lassen sich nicht quantifizieren, ihr Gewicht sollte auch nicht überschätzt werden, sowohl bei den verschiedenen Formen von Widerstand und Resistenz als auch der Resignation und der Anpassung an das Unver-

---

103 Walter/Dürr/Schmidtke, Die SPD, S. 32.
104 Ebd., S. 161.
105 Ebd.

meidliche.¹⁰⁶ Die eher diffusen Befunde aus mikrohistorischen Untersuchungen relativieren die aus der Perspektive der Verfolger und der Widerständler gewonnenen Eindrücke, aber sie erklären auch, ohne den anfänglich noch verbreiteten organisierten Arbeiterwiderstand zu entwerten, warum er es so schwer hatte, im »Arbeiterstaat« wirksam zu werden.

Neben den Gewerkschaften bildeten die Genossenschaften – nach FDGB und »Deutsch-Sowjetischer Freundschaft« (DSF) die drittgrößten Massenorganisationen der DDR – ein Feld, dem die Aufmerksamkeit der SED gelten mußte, weil sich hier noch schwer zu eliminierende Relikte eines sozialdemokratischen Organisationsmilieus fanden und verhinderten, daß eine sehr alte Institution der Arbeiterbewegung für neue Ziele mobilisiert werden konnte. So beklagte das Politbüro 1951 in einer Entschließung »die mangelnde kämpferische Einstellung zur Planerfüllung« und kritisierte »Erscheinungsformen des Nur-Genossenschaftlertums und Sektierertums«, die zu einer »starken Vernachlässigung der massenpolitischen Arbeit in den Konsumgenossenschaften geführt« habe.¹⁰⁷ Der Maßstab für diese Kritik war die neue Funktion der Konsumgenossenschaften als »Schulen der Demokratie und des Sozialismus« mit dem Ziel, das ökonomische Bündnis zwischen Stadt und Land zu festigen. Das bedeutete konkret vor allem die Verbesserung der werktätigen Bevölkerung und die »Hebung der Verkaufskultur.« Es implizierte aber auch den demonstrativ geforderten Abschied von »opportunistischen Genossenschaftsführern« und dem Prinzip der politischen Neutralität aus der Vergangenheit.¹⁰⁸

Die Genossenschaften haben als Thema der Sozialgeschichte der DDR bislang wenig Beachtung gefunden. Sie waren ein wichtiger Teil der sozialdemokratisch geprägten Arbeiterbewegung. Besonders in Leipzig läßt sich diese markante Traditionslinie sichtbar machen. Entstanden während des Sozialistengesetzes in den achtziger Jahren des 19. Jahrhunderts, boten sie nicht zuletzt berufliche Perspektiven für politisch gemaßregelte Sozialdemokraten. Nach dem Fall des Sozialistengesetzes stand die Parteiführung der SPD zwar offiziell zur Genossenschaftsbewegung in einer gewissen Distanz, weil sie nicht in die revolutionäre Programmatik der Partei paßte. Das hinderte aber die Mehrzahl ihrer Anhänger nicht daran, weiter in ihren eigenen Konsumgenossenschaften zu kaufen, die als dritte Säule der Arbeiterbewegung anzusehen sind. Vor allem die Gründung der Bauge-

---

106 Diese Tendenz zeigen die Fallstudien von Walter und seiner Projektgruppe gelegentlich, auch wenn sie die Ablehnung der SED keineswegs bagatellisieren. So schreibt Dürr für Schmölln: »Mochte die Einheitspartei sozialdemokratische Traditionen in ihrer Praxis noch so verquer instrumentalisieren, mochte sie sozialdemokratisches Gedankengut in sein genaues Gegenteil verkehren oder (ab 1948) sogar offen als ›Opportunismus‹ diffamieren – insofern und solange die Partei die Sprache und Traditionen, Symbole und Begriffe, teilweise auch die politischen Zielsetzungen der alten SPD für sich reklamierte, verurteilte sie die Schmöllner Arbeiterschaft von vornherein zur Artikulationsunfähigkeit.« Ebd., S. 427.
107 Entschließung des Politbüros vom 17.7.1951, in: Dokumente der SED, Bd. 3, Berlin 1952, S. 530-536.
108 In diesem Sinne ist die umfängliche und wortreiche Broschüre von Werner Krause zu verstehen: Bedeutung und Aufgaben der Konsumgenossenschaften, Berlin (O) 1954, hier: S. 44 f.

2. Arbeiterwiderstand, Milieubindung und Kampf gegen den »Sozialdemokratismus«

nossenschaften zielte auf eine größere Perspektive: Es ging auch um die Schaffung eines gesellschaftlichen Gegenentwurfs, um »Sozialismus im Kleinen«.[109] Leipzig stellt insofern einen Idealtypus dar, als hier die personelle Identität groß geblieben war. Den Nationalsozialisten war kein wirklicher Einbruch in die informellen Strukturen gelungen, die sich die SPD im Rahmen der weiter bestehenden Konsumgenossenschaft gesichert hatte. Ihre Verteilerstellen konnten für die ehemals sozialdemokratische Stammkundschaft als »Nischen einer milieuspezifischen Identität fungieren.«[110] Die zentrale Figur war Stanislaw Trabalski, der erste Bezirksvorsitzende der SPD nach 1945. Im Rahmen seiner Tätigkeit in der genossenschaftlichen Werbeabteilung konnte er seit 1936 den rudimentären Zusammenhalt der illegalen SPD aufrechterhalten und in den letzten Kriegsjahren die Grundlage für die schnelle Reorganisation der SPD im Jahr 1945 schaffen. »Die Konsumgenossenschaft hatte somit für die Leipziger Sozialdemokratie als Rückzugsbereich mit fließenden Grenzen zwischen Aufrechterhaltung von bloßen Kommunikationsstrukturen bis hin zu aktivem Widerstand eine große Bedeutung.«[111]

Der SMAD-Befehl vom 18. Dezember 1945 erlaubte den Wiederaufbau von Genossenschaften. Die Richtlinien dazu ließen erkennen, daß Konsumgenossenschaften neben der erst 1948 gegründeten staatlichen Handelsorganisation (HO) zu einer wichtigen politischen Massenorganisation avancieren sollten. Im April 1946 war die Neugründung mit der Übertragung des alten genossenschaftlichen Vermögens im wesentlichen abgeschlossen. Ihre Bedeutung spiegelte sich in der Feststellung des III. Parteitages der SED wider, der genossenschaftliche Unternehmen als »niedere Form des gesellschaftlichen Eigentums« und dem volkseigenen Sektor am nächsten charakterisierte.[112] Im Zuge der Entnazifizierung und vor allem der Transformation der SED zu einer »Partei neuen Typs« wurde den Leipziger Genossenschaftsfunktionären dann aber ihre frühere taktische Nähe zur NSDAP zum Verhängnis – so hatte Trabalski noch im Juli 1944 einen Aufnahmeantrag gestellt, um einer erneuten »Schutzhaft« zu entgehen. Sie gerieten in die Mühlen der stalinistischen Säuberungsprozeduren und die komplette Führungsspitze wurde entfernt. »Was den Nationalsozialisten in zwölf Jahren nicht gelungen war, vollendete das Regime der SED in einer nur zweijährigen Spanne zwischen 1948 und 1950. Es trocknete die Konsumgenossenschaft endgültig als milieuspezifischen Rückzugsbereich der Leipziger Sozialdemokratie aus.«[113]

Leipzig mag somit in doppelter Hinsicht ein Sonderfall gewesen sein: Die Traditionsbindung war besonders augenfällig, doch wurde die Ausschaltung dieser Traditionselemente auch besonders rigide durchgesetzt. Wieweit sich dieses Bei-

---

109 Thomas Adam/Stefan Jaunich, Die Leipziger Bau- und Konsumgenossenschaften. Ein sozialdemokratisches Traditionsmilieu in der NS-Zeit und der frühen DDR, in: IWK 36 (2000), S. 200-209, hier: S. 202.
110 Ebd., S. 205.
111 Ebd., S. 206.
112 Gerhard Rönnebeck, Die Konsumgenossenschaften der ehemaligen DDR – eine kritische Analyse, Berlin 1994, S. 13 f.
113 Adam/Jaunisch, Die Leipziger, S. 209.

spiel für andere Städte und Regionen sowie für andere Genossenschaftstypen verallgemeinern läßt, ist fraglich. Das schnelle Wachstum der Genossenschaften von rund 500.000 Mitgliedern im Jahre 1945 auf über 3 Millionen 1956 weckte zwar einen gewissen Stolz, daß man hier den Westen überflügelte. Die Genossenschaften galten als eigene Säule des sozialistischen Eigentums. Aber den Geruch des »Reformismus« und des unterentwickelten sozialistischen Bewußtseins wurden sie offenbar nie ganz los, und dem Regime gelang es nicht, sie zu reinen Erfüllungsgehilfen der Politik zu machen.[114] Angesichts der hohen Beschäftigtenzahlen in den Konsumgenossenschaften – 1950 waren es 116.215 Arbeiter und Angestellte, 1956 schon 242.016[115] – ist zumindest wahrscheinlich, daß sich darunter auch noch ein erheblicher Teil von Arbeitern befand, die Erfahrungen aus dem alten Genossenschaftswesen mitbrachten. Zwar läßt sich daraus noch nicht ohne weiteres ein Resistenzpotential ableiten, aber die Befunde könnten ähnlich ausfallen wie in den Verwaltungen der Sozialversicherung und den mittleren und unteren Ebenen der Gewerkschaften, in denen sich sozialdemokratische Traditionselemente hartnäckiger hielten, als es den Protagonisten des »Transmissionsriemens« lieb sein konnte. Jedenfalls funktionierten die Konsumgenossenschaften, obwohl sie mit eigenen Abgeordneten in den Gemeindevertretungen präsent waren, nicht wie eine »richtige« politische Massenorganisation, und ihre tatsächliche Bedeutung lag – eher unspektakulär – in der Versorgung und in den Dienstleistungen für die Bevölkerung.[116] Vor allem in ländlichen Gebieten hatte der *Konsum* als genossenschaftliche Einrichtung wichtige Versorgungsfunktionen (☞ vgl. *Bild Nr. 3* im Farbteil, S. 451).

3. Der FDGB als »Transmissionsriemen« – die mühsame Durchsetzung marxistisch-leninistischer Gewerkschaftspolitik

»Rottet den Bürokratismus in den Gewerkschaften aus!« Unter dieser martialischen Überschrift verabschiedete der FDGB-Bundesvorstand im Februar 1952 einen jener zahllosen Appelle, die auf die Lösung eines unlösbaren Problems zielten.[117] Die selbstkritische Liste von Sünden war lang: »Bürokratismus, Mißachtung der Initiative und schöpferischen Arbeit unserer werktätigen Menschen, Herzlosigkeit und Kälte gegenüber den Sorgen unserer Arbeiter, Angestellten, Techniker und Ingenieure, Überheblichkeit, Kommandieren, Mißachtung unserer Satzungen, opportunistisches Ausweichen vor der Pflicht zur ideologischen Auf-

---

114 Zur Entwicklung insgesamt vgl. Brett Fairbairn, Wiederaufbau und Untergang der Konsumgenossenschaften in der DDR und der Bundesrepublik 1945 bis 1990, in: IWK 34 (1998), S. 171-198, hier: S. 174 f., 182. Zur Organisationsgeschichte: Hans-Joachim Herzog, Genossenschaftliche Organisationsformen in der DDR, Tübingen 1982.
115 Rosemarie Piltz, Die Konsumgenossenschaften in der Sowjetzone, Bonn 1960, S. 40.
116 Ulrich Kurzer, Konsumgenossenschaften in der Sowjetischen Zone und in der DDR, in: DA 32 (1999), S. 812-823.
117 Geschäftsbericht des Bundesvorstandes des FDGB 1950–1954, Berlin (O) 1955, S. 322-328.

3. Der FDGB als »Transmissionsriemen«

klärung, Schönfärberei gegenüber den Mängeln und Schwächen haben sich in vielen Gewerkschaftsleitungen – den Apparat des Bundesvorstandes nicht ausgenommen – eingenistet und verhindern, daß sich die Gewerkschaften zu Schulen der Demokratie und des Sozialismus entwickeln können [...] Viele Gewerkschaftsleitungen sind nicht mehr Helfer und Führer der Arbeiterklasse, sondern aufgeblähte Apparate [...].«[118] Der Beschluß nannte konkrete Beispiele von riesigen Zahlen in einzelgewerkschaftlichen und FDGB-Kreisvorständen und forderte kurzerhand eine Verminderung des »aufgeblähten Gewerkschaftsapparats« um 50 Prozent.

Die einzelnen Vorwürfe verweisen auf das vorgestanzte ideologische Vokabular von Kritik und Selbstkritik in der kommunistischen Bewegung, das den Anspruch spiegelt, daß es im »Arbeiterstaat« anders zugehen müsse als unter kapitalistischen Bedingungen und neue Formen der Kommunikation das gewerkschaftliche und betriebliche Leben prägen sollten. Der innere Widerspruch zwischen der permanent geforderten Initiative der Kollektive und jedes Einzelnen sowie ihrer gleichzeitigen Kontrolle und »Anleitung« hat nicht nur die gesamte Geschichte der Gewerkschaften in der DDR begleitet, sondern auch die aller anderen Massenorganisationen. Für den FDGB als größte und wichtigste Institution ist er jedoch besonders signifikant. Gewerkschaften waren nach offizieller Lesart »selbständige Klassenorganisationen der Arbeiterklasse, die die ganze Masse der Arbeiter umfassen, ihre materiellen Interessen vertreten und sie zu klassenbewußten Menschen und zu Sozialisten erziehen sollen.«[119] Der doppelte Auftrag von materieller Interessenvertretung und sozialistischer Erziehung mußte zwangsläufig immer wieder in Aporien führen, solange der gewünschte »neue Mensch« auf sich warten ließ. Die »Überwindung des Nurgewerkschaftertums« galt als wichtigste Voraussetzung einer erfolgreichen Gewerkschaftsarbeit. Mit dieser spätestens 1948 in die Funktionärswelt gesetzten Parole wurden denjenigen die Leviten gelesen, die »Fragen des gewerkschaftlichen Kampfes vorwiegend vom Standpunkt der gewerkschaftlichen Alltagsarbeit« betrachteten.[120] Die gewünschte Alternative war Lenins Vorstellung von den Gewerkschaften als »Transmissionsriemen« des Parteiwillens. Damit wurde ein politisches Konzept maßgebend, dessen Realisierung aller Kritik zum Trotz einen notwendigen Bürokratisierungsprozeß in Gang setzte, der weit über die »normale« innere Bürokratisierung einer Großorganisation hinausging. Das besondere Gewicht der Gewerkschaften im Herrschaftskonzept der SED, die enorme Erweiterung des Aufgabenbereichs und der Anspruch der Partei auf politische Führung und Kontrolle gaben den Anstoß dazu. Der FDGB entwickelte sich im Lauf der Jahre zu einer nahezu alle Berufstätigen umfassenden Organisation, der sich niemand entziehen konnte, ohne deutliche indi-

---

118 Ebd., S. 323.
119 Walter Ulbricht, Über Gewerkschaften, Bd. 2. 1945–1952, Berlin (O) 1953, S. 250 (Gewerkschaften und Zweijahrplan, Rede auf der Tagung des Bundesvorstandes des FDGB am 6./7. Juli 1948).
120 So Herbert Warnke: Überwindung des Nurgewerkschaftertums – wichtigste Voraussetzung für erfolgreiche Gewerkschaftsarbeit, in: »Neues Deutschland« vom 19. 11.1948 (Wiederabgedruckt in: Herbert Warnke, Arbeiterklasse und Gewerkschaften, Berlin (O) 1953, S. 158 ff.

viduelle Nachteile zu riskieren. Zunächst jedoch trug er noch ausgeprägte Züge einer klassischen Interessenorganisation, und der Schwerpunkt seines Rekrutierungsfeldes lag in den Großbetrieben. Eine vom Bundesvorstand erstellte (sehr unvollständige) Liste der großen Industriebetriebe gibt für 1950 eine ungefähre Vorstellung davon. (☛ vgl. *Abb. 17 a u. b*)

In den ersten Jahren nach Kriegsende läßt sich in der Aufgabenstellung und der konkreten Arbeit des FDGB noch eine ausgeprägte alltagsbezogene und lebensweltliche Dimension erkennen.[121] Das verschaffte ihm trotz aller schon früh einsetzenden politischen Manipulations- und Instrumentalisierungsversuche zunächst eine relativ hohe Akzeptanz bei den Arbeitern. Genau diese Akzeptanz aber stand dem politischen Konzept der SED im Wege, das spätestens seit 1948 verbindlich wurde. Über die Veränderung von Herrschaftsstrukturen setzte damit in einem Kernbereich des künftigen »Arbeiterstaates« ein Prozeß von innerer »Sowjetisierung« als Orientierung am verbindlichen Vorbild der Sowjetunion ein, dessen Mechanismen sich relativ genau anhand neuer Quellen verfolgen lassen.

Eine wesentliche Voraussetzung der Durchsetzung des leninistischen Gewerkschaftskonzepts lag darin, die noch bestehenden Bastionen der Betriebsräte zu entmachten. Diese bedienten noch stark das traditionelle Funktionsverständnis von Gewerkschaften. Daß die traditionsreiche Institution der Betriebsräte, die nicht im Gewerkschaftsapparat aufging, in der SBZ noch ein erhebliches Gewicht besaß, zeigen allein schon die angestrengten Bemühungen der SMAD, SED und der Gewerkschaftsspitzen, diese auszuschalten. Nachdem der erste Anlauf gescheitert war, setzten 1948 gezielt und systematisch Aktivitäten ein, deren formeller Höhepunkt und Abschluß die Bitterfelder Gewerkschafts-Konferenz vom November 1948 bildete. Eine interne Bestandsaufnahme aus allen Ländern vom Frühjahr und Sommer 1948 über die Arbeit der Betriebsgewerkschaftsgruppen in Betrieben mit über 500 Belegschaftsmitgliedern bot ein höchst ambivalentes Bild.[122] Zwar existierten sie in fast allen untersuchten Betrieben. Aber das ernüchternde Fazit des Bundesvorstandes galt auch für alle: »daß nicht einmal in den Großbetrieben auch nur in annäherndem Maße wirklich ihren Aufgaben entsprechend arbeitsfähige Betriebsgewerkschaftsleitungen entwickelt worden sind.« In vielen Fällen gab es die vorgeschriebenen Kommissionen noch gar nicht. Die gewerkschaftlichen Vertrauensleutekörper waren schwach, es fehlten gewerkschaftliche Arbeitsprogramme, und zwischen Betriebsrat und BGL gab es Kompetenzüberschneidungen. Für das wichtige Stahlwerk Hennigsdorf in Brandenburg wurde der besonders niedrige Organisationsgrad von 41 Prozent hervorgehoben. Der Landesvorstand des FDGB in Sachsen-Anhalt zog aus seiner Statistik sogar die Folgerung: »Die Betriebsarbeit muß von uns ganz konsequent und restlos auf operative Anleitung umgestellt werden. Ohne Verzögerung! Gründlich!«

Darum bemühte sich der FDGB-Bundesvorstand auf seiner Tagung im Walzwerk Hettstedt am symbolisch bedeutsamen 8. Mai 1948. Sie stand im Zeichen

---

121 Siehe oben, Kap. I 8, S. 121 ff.
122 SAPMO-BArch, DY 34/42/720c/3398.

3. Der FDGB als »Transmissionsriemen«

Abb. 17 a

Abb. 17 b

der immer noch völlig unzureichenden Umsetzung des grundlegenden SMAD-Befehls 234 von 1947 und faßte dessen Absicht in die Parole zusammen: »Mehr produzieren – richtig verteilen – besser Leben! Daher: Verstärkt die operative Arbeit in den Betrieben und Verwaltungen.«[123] Die Verbesserung der »operativen Arbeit« zielte vor allem auf die bislang nicht gelungene Verankerung der Gewerkschaftsorganisation in den Betrieben. Ein umfassender Maßnahmenkatalog legte fest: In allen Betrieben mit mehr als 1.000 Gewerkschaftsmitgliedern sollte mindestens ein hauptamtlicher Funktionär in der Betriebsgewerkschaftsleitung (BGL) eingesetzt werden, in größeren Betrieben sollten darüber hinaus die Abteilungs-Gewerkschaftsleitungen (AGL) entsprechend personell ausgestattet sein. Diese gewerkschaftlichen Leitungsgremien hatten Arbeitsprogramme aufzustellen, die insbesondere auf Produktionsberatungen, Förderung der Aktivisten- und Wettbewerbsbewegung, Einführung des Leistungslohns und Verbesserung sozialer Einrichtungen in den Betrieben zielten. Die Festigung des organisatorischen Aufbaus und die inhaltliche Erweiterung oder Intensivierung der Aufgabenstellung bedeuteten zwangsläufig einen weiteren Schritt im später so heftig kritisierten Bürokratisierungsprozeß. Für September waren BGL- und Betriebsrätewahlen vorgesehen[124], die man dann jedoch auf den 18. November verschob, weil offenbar die Voraussetzungen zu wünschen übrig ließen. Denn zwei Monate nach den richtungsweisenden Hettstedter Beschlüssen mußte die zuständige Abteilung des SED-Zentralsekretariats konstatieren, daß die »operative Arbeit« nur schleppend vorankam. Sie kritisierte, daß »die BGL entweder gar nicht existieren oder nur auf dem Papier stehen oder als Anhängsel der Betriebsräte fungieren.« Die Neuwahlen der BGL – verbunden mit der Wahl gewerkschaftlicher Vertrauensleute – sollten diesem Zustand abhelfen und sicherstellen, daß »in Zukunft die entscheidende Vertretung der Arbeiterschaft im Betrieb die [...] Gewerkschaftsleitung sein muß«.[125] Zudem hatten die Gewerkschafts-Delegiertenwahlen in Berlin im April 1948 zu schweren Einbrüchen der SED-Kandidaten geführt und einen wachsenden Einfluß der UGO sogar im Ostsektor Berlins offenbart. In einer Krisensitzung mit der SMAD wurde daher scharfe Kritik am Versagen der Partei geübt und eine grundlegende Verbesserung der politischen Arbeit in den Gewerkschaften gefordert.[126] Die mit erheblichem Aufwand schließlich durchgeführten BGL-Wahlen brachten nicht überall den gewünschten Erfolg. In über 140.000 Betrieben wurden etwa 50.000 Gewerkschaftsleitungen gewählt. Darunter waren 12.000 ehemalige Betriebsratsvorsitzende.[127] Diese Zahl belegt zumindest eine nicht unerhebliche Kontinuität zwischen Betriebsräten und BGL.

123 Der vollständige Text in: Aus der Arbeit des FDGB 1947–1949, Berlin (O) 1950, S. 411-413. Vgl. Stefan Werum, »Wir sind die Illegalen!« Zum Wandel der Funktionen und Organisationsstrukturen des FDGB 1948–1952/53, in: AfS 39 (1999), S. 73-121, hier: S. 79.
124 Plan zur Durchführung der Betriebsgewerkschaftsleitungs- und Betriebsrätewahlen 1948. Informationsmaterial für Gewerkschaftsfunktionäre, Berlin Juli 1948 (Hg. FDGB-Bundesvorstand).
125 Zit. bei Reichel, Auf dem Weg, S. 491.
126 Besprechung über Gewerkschaftswahlen in Karlshorst am 28.4.1948, in: Badstübner/Loth (Hg.), Wilhelm Pieck, S. 202-215.
127 Detlev Brunner (Hg.), Der Wandel des FDGB zur kommunistischen Massenorganisation. Das Protokoll der Bitterfelder Konferenz des FDGB am 25./26. November 1948, Essen 1996, hier: S. 207.

3. Der FDGB als »Transmissionsriemen«

Zwar waren die betrieblichen Gewerkschaftsvertretungen nun flächendeckend installiert, aber politisch zeigten die Wahlergebnisse für die SED bedenkliche Tendenzen. Gegenüber 1947 fiel in einigen Ländern der Anteil der SED-Genossen in den BGL deutlich ab. Häufig wurden »bewährte Gewerkschaftsfunktionäre« nicht wiedergewählt, so daß man in Sachsen eine Wiederholung der Wahlen in den Betrieben mit »unbefriedigenden« Ergebnissen anordnete. Auffällig war auch ein signifikanter Anstieg von Parteilosen, die in einzelnen Ländern oder Branchen den Prozentsatz der SED deutlich übertrafen.[128] Angesichts dieser Bilanz schien eine weitere politische Initiative unerläßlich: Die Konferenz von Bitterfeld am 25./26. November 1948 gab das Signal zur konsequenten Durchsetzung der gewünschten Linie unter dem sinnreichen Motto »Der nächste entscheidende Schritt – Durch politische Klarheit zu schnellen Erfolgen der Gewerkschaften!«.[129] Was politische Klarheit bedeutete, bekamen auf dieser Konferenz all diejenigen Funktionäre zu spüren, die noch nicht »auf Linie« waren. Sie waren in den Branchengewerkschaften und in den Landesverbänden noch relativ stark vertreten und wurden als »Nurgewerkschafter« gebrandmarkt. Exemplarisch erfuhr das der Vorsitzende der Eisenbahnergewerkschaft Theodor Kotzur, der aus der SPD in die SED gekommen war. Er wurde regelrecht vorgeführt, weil er Positionen vertreten hatte, die sich nicht uneingeschränkt mit der »führenden Rolle« der Partei vertrugen. Ähnlich ging es den Vertretern aus der christlichen Gewerkschaftsbewegung wie dem Leipziger Paul Nowack, der für die parteipolitische Neutralität des FDGB eintrat. Im Vergleich zu späteren Kongressen fand zwar noch eine kontroverse Diskussion statt, aber die personellen Konsequenzen waren eindeutig. Der Bundesvorstand führte eine umfangreiche Überprüfung und »Säuberung« von »Reformisten« und »Nurgewerkschaftern« durch. Der zahlenmäßige Umfang der Ausschlüsse und erzwungenen Rücktritte läßt sich nicht genau feststellen, war aber beträchtlich. Allein in Leipzig mußten 180 Gewerkschafter aus ihren Funktionen ausscheiden. Im Zuge der Parteiüberprüfung des Jahres 1951, bei der 150.000 SED-Mitglieder ausgeschlossen wurden, hat man zugleich auch zahlreiche Gewerkschafter, vor allem aus Landes- und Kreisvorständen, aus ihren Funktionen entfernt.[130] Bereits im Vorfeld von Bitterfeld hatte das Zentralsekretariat der SED festgelegt, daß die für 1949 anstehenden Gewerkschaftswahlen verschoben werden sollten. Die Begründung erhellt die Skepsis der Parteispitze gegenüber den unsicheren Kantonisten, insbesondere in den Industrieverbänden. Man solle das Jahr 1949 »zu einer gründlichen Durchorganisierung der Gewerkschaften ausnutzen«, schrieb Warnke an den noch amtierenden Vorsitzenden des FDGB Jendretzky, »vor allen Dingen bei den Industriegewerkschaften.« Es sei wichtiger, »arbeitsfähige Leitungen« zu schaffen, die man dann später zur Wahl stellen könne.[131]

---

128 Reichel, Auf dem Weg, S. 490 ff.
129 Brunner (Hg.), Wandel, S. 34.
130 Ebd., S. 19-26, 30.
131 Ebd., S. 17.

II. »Aufbau des Sozialismus« (1948–1953)

Der eigentliche Kern der Bitterfelder Beschlüsse war die formelle Auflösung der Betriebsräte zugunsten der BGL. Damit war das seit 1945 schwelende Problem der SED und ihren Funktionären äußerlich nun endlich im Sinne des Transmissionsriemen-Konzepts gelöst. Die Durchsetzung sollte aber noch erhebliche Schwierigkeiten bereiten.

Die Gründe für den anfangs auffallend schleppenden Aufbau des betrieblichen Gewerkschaftsapparats lagen zum einen im Strukturkonflikt mit den Betriebsräten, zum andern im Personalmangel begründet. Auf das Verhältnis zwischen Betriebsräten und Gewerkschaften in der Entstehungsphase ist bereits hingewiesen worden.[132] Es ging keineswegs in Spannungen und Reibereien auf, sondern war auch von wechselseitiger Anerkennung, Hilfestellung und Arbeitsteilung geprägt. Überdies ergibt sich ein nach Branchen, Regionen und Betrieben so differenziertes Bild, daß sich dafür keine knappe und eindeutige Charakterisierung finden läßt.[133] Das Konfliktpotential wuchs jedoch im Zuge der Instrumentalisierung der Gewerkschaften, die damit ihre erwartete Funktion einer unmittelbaren Interessenvertretung kaum noch glaubwürdig erfüllen konnten. Anfänglich hatte der FDGB zudem häufig versucht, aus der Not eine Tugend zu machen, die Betriebsräte einzubinden und den Aufbau einer eigenen betrieblichen Organisationsebene zu vernachlässigen. Mit dem generellen politischen Kurswechsel ließ sich diese Strategie jedoch nicht mehr durchhalten, ohne massiv mit der Partei in Konflikt zu geraten. Zudem hing die Akzeptanz der Einheitsgewerkschaft stark davon ab, inwieweit es ihr gelang, der akuten Notlage der Zusammenbruchsgesellschaft halbwegs erfolgreich zu begegnen und in der Tarifpolitik die Erwartungen der Belegschaften zu erfüllen. Hier gab es zu Beginn häufig eine sehr direkte »Basisorientierung«, aber der Spielraum wurde schnell enger. Seit Mai 1948 machte die SMAD die »Deutsche Wirtschaftskommission« (DWK) für die Festlegung der Lohntarife verantwortlich, so daß es kaum noch Möglichkeiten zur klassischen Aushandlung von Tarifverträgen gab. Vielfach weigerten sich daher Einzelgewerkschaften, die Vorgaben der DWK zu unterschreiben. Die Auseinandersetzungen um Tariflöhne gingen bis zur Streikdrohung und zeigten, daß 1947/48 die SED noch keineswegs in der Lage war, die Wünsche der sowjetischen Besatzungsmacht mit Hilfe gefügiger Gewerkschaften überall durchzusetzen. Um politisch höchst riskanten Streiks wegen Tariffragen angesichts der oft rüden Haltung, die sich die zuständigen sowjetischen Instanzen zueigen gemacht hatten, vorzubeugen, bat daher das Zentralsekretariat 1948 die SMAD, »ihrer Abteilung Arbeitskraft und ihren Dienststellen in den Ländern Anweisungen zu geben, die bisher in Deutschland üblichen Prinzipien der Tarifvertragspolitik und der gewerkschaftlichen Arbeit, soweit diese nicht den Direktiven des Alliierten Kontrollrats und den Befehlen des Obersten Chefs der SMAD über Regelung der Lohn- und Arbeitsbedingungen widersprechen, nicht zu verletzen.« Das Motiv für diese Intervention war plausibel und verwies auf das spezifische Dilemma der

---

132 Siehe oben, Kap. I 7, S. 113 ff.
133 Vgl. Stadtland, Herrschaft, S. 120 ff.

3. Der FDGB als »Transmissionsriemen«

SED: Die Probleme beim Abschluß von Tarifverträgen müßten schnellstens beseitigt werden, »wenn das Vertrauen der werktätigen Bevölkerung zum FDGB und zur SED nicht erschüttert werden soll.«[134] Eine »Arbeiterpartei« mußte massives Interesse daran haben, von ihrer sozialistischen Besatzungsmacht nicht auch auf diesem Feld desavouiert zu werden.

Der Übergang von einer Doppel- in eine reine Gewerkschaftsstruktur verlief jedoch auch nach Bitterfeld keineswegs abrupt, wohl aber ohne harte Auseinandersetzungen. Manche Belegschaften nahmen den Wechsel kaum wahr, andere hatten ihn schon vorher vollzogen. Viele versuchten, alte Loyalitäten in die neue Form hinüberzuretten. So lassen sich zahlreiche Beispiele dafür finden, daß frühere Betriebsräte oder Betriebsratsvorsitzende auch wieder in den BGL vertreten waren. Je nach Stärke der früheren Betriebsräte konnte sich auf diese Weise ein gewisses Potential an autonomer Interessenvertretung erhalten, das sich gegen eine schnelle und konsequente Transformation im Sinne der SED sperrte.[135] Gesamtzahlen darüber liegen nicht vor. Beispiele zeigen aber, daß hier ein Rest von Resistenzpotential erhalten blieb, das in manchen Fällen, ohne es zu überschätzen, zur Erklärung der Ursachen des Juni-Aufstandes 1953 herangezogen werden kann.[136]

Ein anderer einschneidender Faktor für die in der Folgezeit immer wieder beklagte innerorganisatorische Misere bei den Gewerkschaften auf dem Weg in den marxistisch-leninistischen Arbeiterstaat war der Mangel an geeignetem Personal. Angesichts der generell hohen Aufstiegschancen für Arbeiter und der konsequenten Marginalisierung profilierter ehemals sozialdemokratischer Funktionäre schrumpfte das Reservoir rapide. Innerhalb der Volkseigenen Betriebe und des FDGB-Apparats gelangten politisch engagierte Gewerkschafter schnell nach oben und fehlten somit an der betrieblichen Basis.[137] Nach Angaben Herbert Warnkes, der 1948 im Bundesvorstand des FDGB die Betriebsräteabteilung leitete, waren zu dieser Zeit 50 bis 60 Prozent der Direktoren der VEB ehemalige Arbeiter und Angestellte, darunter oft ehemalige Betriebsräte.[138] Die Intensivierung schneller Schulungsmaßnahmen, die helfen sollte, Lücken zu füllen, führte nur begrenzt aus dem Dilemma heraus, da sich die Motivation, Engagement zu zeigen, angesichts der desolaten sozialen und politischen Bedingungen nicht einfach erzeugen ließ. Da jedoch der Mitgliederbestand 1948 bereits 4,4 Millionen umfaßte, mußte sich der FDGB dennoch um einen schnellen Ausbau der Gesamtorganisation bemühen, wollte er nicht ein »Koloß auf tönernen Füßen« bleiben.[139]

---

134 Beschluß des Zentralsekretariats der SED vom 1.6.1948, zit. bei Brunner, Sozialdemokraten, S. 179.
135 Vgl. Suckut, Betriebsrätebewegung, S. 524ff; Ferner Stadtland, Herrschaft, S. 128, 139 f.
136 Überzogen wird dieser Zusammenhang betont von Axel Bust-Bartels, Der Arbeiteraufstand am 17. Juni 1953. Ursachen, Verlauf und gesellschaftspolitische Ziele, in: APZ B 25 (1980), S. 24-54.
137 Reichel, Auf dem Weg, S. 492.
138 Die Rolle der Arbeiterschaft in den volkseigenen Betrieben. FDGB Schulungs- und Referentenmaterial Nr. 36, Januar 1948, S. 8.
139 So Gill, FDGB, S. 72.

II. »Aufbau des Sozialismus« (1948–1953)

Ein wichtiges Teilziel der Schulung und »gründlichen Anleitung« war es, die offensichtliche Diskrepanz zwischen besoldeten und ehrenamtlichen Funktionären zu verringern, insbesondere in den Ortsvorständen der Industriegewerkschaften. »Die besoldeten Kollegen fühlen sich gegenüber der Organisation mehr verpflichtet, die ehrenamtlichen mehr ihren Betrieben«, stellte der FDGB-Bericht für Sachsen 1949 fest[140] und charakterisierte damit eine der Ursachen für die – im Sinne der Führung – unzureichende übergeordnete politische Arbeit auf den unteren Organisationsebenen.

Die auf dem 3. FDGB-Kongreß 1950 formell verabschiedete erste Satzung kann als Gerüst dienen, um den Umfang der gewerkschaftlichen Binnenorganisation abzubilden. Der Kongreß unterstrich noch einmal die vorrangigen Aufgaben von Mitgliedermobilisierung, Einführung der Technischen Arbeitsnormen (TAN) und Intensivierung der Wettbewerbsbewegung. In dieser Verbindung aus organisatorischer Festigung und einer konsequenten Ausrichtung auf das Hauptziel Produktivitätssteigerung sollte er den Abschluß der Transformation dokumentieren. Die enorme Zahl der Kommissionen ist zwar nicht per se aussagekräftig für die gewerkschaftliche Praxis, verweist aber auf den ausgedehnten Aufgabenbereich und eine wichtige Ursache des permanent beklagten »Bürokratismus«.[141] Das Beispiel des für seine gute Gewerkschaftsarbeit gelobten Steinkohlenbergwerks »Deutschland« illustriert diese Kommissionsstruktur. (☛ vgl. *Abb. 18*)

Hinzu kamen eine Reihe weiterer Aufgaben: die Einführung und Unterstützung der Neuerer-Bewegung, die Produktionsberatungen, die Beteiligung am Arbeitsschutz, die Organisation der Volkskontrolle, die Mitarbeit in den quasi-staatlichen Konsumgenossenschaften und der immer stärker expandierende Sektor der Sozial- und Kulturarbeit.[142]

Versucht man, sich angesichts des Dickichts von Kommissionen und Beteiligungen des FDGB an staatlichen Institutionen sowie angesichts seines nahezu uferlosen Aufgabenfeldes ein Bild von den Realitäten innerhalb und außerhalb der Betriebe zu machen, so bieten sich vor allem zwei Wege an: Zum einen spiegelt die Kritik der SED an der unzureichenden Arbeit der Gewerkschaften einige der politischen Hauptprobleme, zum anderen bieten die in den frühen fünfziger Jahren nach sowjetischem Vorbild eingesetzten Instrukteursbrigaden in ihren detaillierten und ziemlich ungeschminkten Berichten plastische Einblicke in das betriebliche Leben, das Verhalten der Belegschaften und die spezifischen Schwierigkeiten der Gewerkschaften.

Aus der Sicht der SED war es angesichts der relativen politischen Rückständigkeit vorrangig notwendig, wie das Politbüro in seinem Beschluß vom 27. No-

---

140 FDGB Landesvorstand Sachsen, Wie arbeiten die Ortsvorstände im Land Sachsen? Bericht vom 3.2.1949 (Pfennig), SAPMO-BArch, DY 34/A3188.
141 Zur Kommissionsarbeit: Werum, Wir sind die Illegalen, S. 82–90.
142 Siehe unten, Abschnitt 11. (S. 281 ff.) Die Neuererbewegung diente der Steigerung der Produktivität. Neuerer (auch als Rationalisatoren oder Erfinder bezeichnet) sollten außerhalb der regulären Arbeitszeit Vorschläge zur Verbesserung oder Neuentwicklung von Arbeitsmitteln und -methoden machen. Vgl. FDGB-Lexikon (elektronische Version).

3. Der FDGB als »Transmissionsriemen«

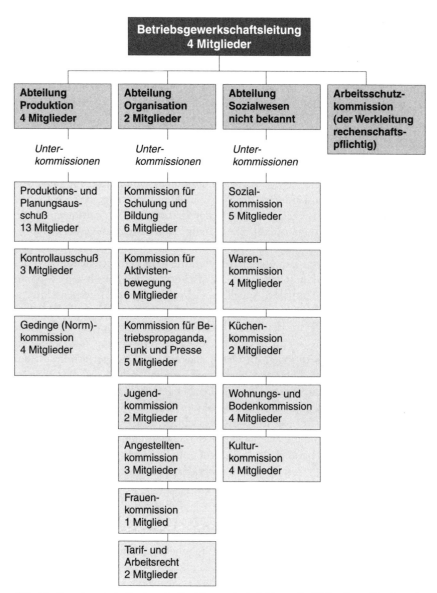

Abb. 18: Organisatorische Struktur der Betriebsgewerkschaftsleitung des Werks »Deutschland«, Oelsnitz (Stand: 6.10.1948).

vember 1951 feststellte, »den gewerkschaftlichen Organisationen mehr als bisher kameradschaftliche Hilfe zu erweisen«.[143] An erster Stelle rangierte dabei die »ide-

---

143 Förderung der Arbeit der Gewerkschaften durch die Leitungen und Mitglieder der Sozialistischen Einheitspartei Deutschlands, in: Dokumente der SED, Bd. 3, S. 643-657.

ologische Erziehungsarbeit« als Grundlage für alles weitere. Sie bezog sich auf das gründliche Studium des Marxismus-Leninismus und der Geschichte der KPdSU, auf die Verbesserung der Schulungsangebote, auf »einen entschiedenen Kampf gegen den Sozialdemokratismus« und auch auf eine gründlichere Beschäftigung »mit der Lage der Arbeiterklasse und mit der Gewerkschaftspolitik in Westdeutschland«. Über diese ideologische Grundlagenarbeit hinaus forderte die SED vor allem parteiliche Hilfestellung für die Gewerkschaften bei der »Entfaltung des Wettbewerbs in der gesamten volkseigenen Industrie bis zur letzten Brigade«, der Durchführung der Betriebskollektivverträge (BKV) und bei der Hebung des politischen und künstlerischen Niveaus in der betrieblichen Kulturarbeit. Um diesen immer wieder propagierten Zielen näherzukommen, wurden jetzt vor allem »die SED-Genossen in den Leitungen des FDGB und der Industriegewerkschaften, in den Gewerkschaftsleitungen der volkseigenen Betriebe und Verwaltungen« nachdrücklich aufgefordert, »ernsthaft ihre bisherige Arbeitsweise zu verbessern«.[144]

Solche Ermahnungen zur »kameradschaftlichen Hilfe« waren symptomatisch für die Umsetzung von Gewerkschaftsarbeit, die dem Leninschen Konzept des Transmissionsriemens zu folgen hatte. Sie erschöpften sich jedoch keineswegs in ständig erneuerten öffentlichen Appellen. Vielmehr zeigen die internen Unterlagen der SED, in welchem Ausmaß man sich um konkrete organisatorische Folgerungen aus der Kritik am desolaten Erscheinungsbild der Gewerkschaften bemühte. Das bedeutete vor allem eine noch engere Verflechtung von Partei und FDGB und eine institutionell im Detail abgesicherte Erfolgskontrolle. Beides entsprach der inneren Logik der nach sowjetischem Vorbild realisierten Konstruktion eines »Arbeiterstaates«, verfestigte aber gerade dadurch die Eigendynamik des vergeblich angeprangerten »Bürokratismus«. Eine Beschlußvorlage des ZK-Sekretariats der SED von 1951 mit »Vorschlägen zur Übernahme von Erfahrungen aus der Arbeit der Gewerkschaften der Sowjetunion« kann als exemplarisches und plastisches Beispiel für den Ablauf und die Mechanismen der »Sowjetisierung« dienen. Denn trotz ihres stark programmatischen und auch proklamatorischen Charakters werden hier die Determinanten des Stalinismus im Betrieb konkretisiert und in ihrer Bedeutung für den Alltag der Belegschaften schärfer sichtbar als in den peinlichen Lobgesängen der FDGB-Spitze auf Stalin als »Freund und Lehrer der Gewerkschaften«.[145] Diese 32 Seiten umfassende Vorlage läßt sich gleichermaßen als detailliertes Organisationsstatut wie als Grundsatzprogramm für die Sowjetisierung des FDGB und der Industriegewerkschaften lesen.[146] In der »Auswertung der Erfahrungen der Arbeit der sowjetischen Gewerk-

---

144 Ebd., S. 643.
145 Vgl. Herbert Warnke, Stalin als Freund und Lehrer der Gewerkschaften, Berlin (O) 1950 (Rede anläßlich der Festsitzung des Bundesvorstandes des FDGB in den Kammerspielen des Deutschen Theaters in Berlin. Das Grußtelegramm an »den Führer des Weltproletariats« ist im Anhang wiedergegeben.).
146 SAPMO-BArch, DY 30/IV2/5/156. Vgl. auch das Referat des Stellv. Vorsitzenden des FDGB-Bundesvorstandes, Rudolf Kirchner, auf der Sitzung vom 3.–5. Mai 1951: Vom Vorbild lernen! Kommissionsbericht über das Studium der Gewerkschaftsarbeit in der Sowjetunion, Berlin (O) 1951.

3. Der FDGB als »Transmissionsriemen«

schaften« wurde der Schlüssel gesehen für die »Verbesserung unserer eigenen Gewerkschaftsarbeit, für eine entschiedene Wendung in unserer Gewerkschaftsarbeit.« Verfaßt nach dem Besuch mehrerer Gewerkschaftsdelegationen in der Sowjetunion, vermittelt die Lektüre einen Eindruck von dem atemberaubenden Organisationsfetischismus gläubiger Parteifunktionäre in der SED. Die Vorschläge waren als Ergänzung zu den Beschlüssen des III. FDGB-Kongresses, des Kulturprogramms und des FDGB-Plans »zur Entfaltung der Masseninitiative« gedacht und orientierten sich an drei Aufgabenbereichen des großen Vorbildes: der Erfüllung der Wirtschaftspläne, der kulturellen Massenarbeit als ideologischer und kultureller Erziehungsarbeit und der »Sorge um den Menschen«. Fünf Kritikpunkte standen im Vordergrund und sollten die Defizite gegenüber dem sowjetischen Vorbild markieren:

»1. Es fehlt bei uns sehr oft an der richtigen Methode der Überzeugung und Heranführung der breiten Arbeitermassen an die wirtschaftlichen, politischen und kulturellen Aufgaben [...]
2. Die Arbeit unserer Gewerkschaften wird sehr oft mit der Arbeit staatlicher Wirtschaftsorgane verwechselt [...]
3. Unsere Gewerkschaften kümmern sich zu wenig um die Vertretung der Tagesinteressen der Arbeiter und Angestellten. Auf den Gewerkschaftskonferenzen kommen die Fragen der Sorge um den Menschen kaum, meistens aber überhaupt nicht zum Ausdruck [...]
4. Im Gegensatz zur Arbeit der sowjetischen Gewerkschaften sind unsere Gewerkschaften noch nicht zu einer Massenorganisation geworden, die die Massen der Arbeiter mit ihrer Avantgarde verbinden [...]
5. Im Gegensatz zu den sowjetischen Gewerkschaften sind unsere Arbeitsmethoden vielfach bürokratisch [...].«

Für die drei großen Aufgabenfelder entwickelte die Vorlage demzufolge bis in kleine Details gehende Vorschläge, mit denen die Genossen in den Gewerkschaften den verbindlichen Auftrag erhielten, für die Lösung sämtlicher Probleme die organisatorischen Voraussetzungen zu schaffen. Da die Vorgaben so umfassend und detailliert ausfielen und stets an die Spitze des FDGB und der Einzelgewerkschaften gerichtet waren, womit sie genau der stalinistischen Vorstellungswelt der »Anleitung« entsprachen, strukturierten sie die wohltönenden Erfolgbilanzen gewerkschaftlicher Geschäftsberichte vor und verfestigten zugleich das Fundament des »Bürokratismus«, den sie ausrotten sollten.

Eine der handgreiflichen Folgerungen aus der Maxime »Lernen von der Sowjetunion« war der Einsatz besonderer Instrukteure, die mit der Org.-Abteilung beim Bundesvorstand des FDGB verbunden waren. Diese Instrukteurkollektive, bestehend »aus den besten und aktivsten Gewerkschaftern des Betriebes«[147] oder auch von außen zusammengestellt, besuchten die Betriebe, verschafften sich ein

---

147 Muster eines Instrukteursauftrags vom Juli 1951, SAPMO-BArch, DY 34/15/-/875.

II. »Aufbau des Sozialismus« (1948–1953)

möglichst genaues Bild von der Lage und berichteten dann mündlich und in schriftlichen Zusammenfassungen meist recht kritisch. Anders als in den späteren völlig stereotypisierten Berichten bieten sich hier relativ genaue Einblicke in die Praxis der Gewerkschaftsarbeit und in das Verhalten der Belegschaften. Zwar bleiben auch diese Bilanzen immer nur auf einzelne Beispiele beschränkt, machen jedoch charakteristische Zustände sichtbar. Die Einführung des Instrukteurseinsatzes als neues Prinzip stieß anfangs auf erhebliche Skepsis und Zurückhaltung bei Gewerkschaften und Belegschaften. Ein weiteres Kontrollinstrument konnte kaum auf positive Resonanz rechnen. Um so mehr bemühten sich die Erfinder dieser politischen Initiative, sie als gut gemeinte Maßnahme darzustellen, um Gewerkschaftern die Erfüllung ihrer Aufgaben zu erleichtern und die Sorgen der Arbeiter ernst zu nehmen. Schon bald nach dem Start des Massen-Instrukteurs-Einsatzes kam eine erste »Auswertungskonferenz« des FDGB-Bundesvorstandes sowie der Zentralvorstände der Einzelgewerkschaften zu dem Ergebnis, daß der Sinn dieser Arbeitsmethode von der Mehrzahl der Industriegewerkschaften noch nicht erkannt worden sei, daß es demnach weiterer Anstrengungen bedürfe und vor allem eine präzise Koordination durch die FDGB-Zentrale notwendig sei.[148]

Besonders fatal fielen die Urteile über die gewerkschaftliche Arbeit in den fünf mecklenburgischen Großwerften in Mecklenburg aus. In der Volkswerft Stralsund hatte sich die BGL »in einen vollständigen Praktizismus verrannt«, mit der Folge, daß die Vorsitzenden »von einer Besprechung zur anderen gehen und zu den täglichen Aufgaben der Gewerkschaften nicht mehr kommen«. Außerdem sei die BGL mehr oder weniger zu einem Anhängsel der Direktion verkommen und erhalte von der Parteibetriebsgruppe keine Anleitung. In der Warnow-Werft wurde eine ausgeprägte »Anti-Sowjet-Hetze« konstatiert, weil sich die deutsche Direktion ebenso wie die BGL hinter der sowjetischen Direktion – die Werft war ein SAG-Betrieb – verkrieche und nicht den Mut zur Selbstkritik finde. Das Fazit: »Bei dem vier-wöchigen Einsatz stellten unsere Instrukteursgruppen in allen Werften fest, daß bei den Diskussionen an der Werkbank der Kollege förmlich darauf wartet, daß mit ihm alle Probleme durchgesprochen werden. Bei der Belegschaft ist eine gute Bereitschaft zur Mitarbeit vorhanden. Die Gewerkschaftsleitungen haben sich aber zum großen Teil ziemlich weit von den Belegschaften entfernt. Sie sehen ihre Arbeit nur im Büro und nicht am Arbeitsplatz bei den Werktätigen.«[149] Eine sehr ähnliche Kritik an »rein praktizistischer Arbeit« und an verbreiteten antisowjetischen Stimmungen, gegen die die BGL nicht vorgehe, erbrachte die Überprüfung des SAG-Betriebes Bleichert in Leipzig. Die Kommissionen arbeiteten demnach durchweg schwach oder gar nicht, und die BGL befand sich »im Schlepptau der rückständigen Stimmung der Belegschaft«.[150] Beim größten SAG-Betrieb der DDR, den Leuna-Werken »Walter Ulbricht«, sahen die Ergebnisse kaum besser

---

148 Protokoll über die Auswertungs-Konferenz des Massen-Instrukteur-Einsatzes mit den Instrukteuren der Zentralvorstände und des Bundesvorstandes am 10.2.1951, SAPMO-BArch, DY 34/15/a/569.
149 SAPMO-BArch, DY 34/42/807a/4451.
150 Bericht vom 8.4.1952, SAPMO-BArch, DY 34/15/20c/1028.

aus. Die »politische Rückständigkeit der Arbeiter« und das gänzliche Versagen der Gewerkschaft besonders in der Schulung hatte das Amt für Information 1950 anläßlich der Gewerkschaftswahlen bei Leuna registriert. Von den 344 Delegierten, die eine neue BGL zu wählen hatten, gaben 29 ungültige Stimmzettel ab. Der Berichterstatter wertete dies als Protest der »alten Anhänger des Praktizismus« dagegen, daß der alte BGL-Vorsitzende nicht wieder aufgestellt worden war.[151] Daß ausgerechnet hier »der Klassengegner eine ganze Zeit lang legal arbeiten« konnte, wurde primär auf den Zustand der Partei- und Gewerkschaftsarbeit zurückgeführt. »Ohne Zweifel gibt es im Leuna-Werk »Walter Ulbricht« einen guten Kern von klassenbewußten, der Partei ergebenen Genossen. Aber auf Grund der mangelnden, innerhalb der Grundeinheiten bestehenden Kollektivarbeit [sic!] bestand die Gefahr des Abkapselns von den Massen. Kritisch muß gesagt werden, daß in der Parteiorganisation sich Versöhnlertum, Sektierertum und Tendenzen des Sozialdemokratismus zeigen.«[152] Der FDGB-Landesvorstand Brandenburg brachte die systemimmanente Misere in schöner Offenheit auf den Punkt, wenn er kritisierte, es sei zu befürchten, daß der Politbüro-Beschluß über die Förderung der Arbeit der Gewerkschaften durch die SED in ihr Gegenteil verkehrt werde »und daß die Beseitigung des Bürokratismus durch einen neuen Bürokratismus der zentralen Gewerkschaftsleitungen gehemmt wird.«[153]

Die Konferenz des FDGB-Bundesvorstandes mit dem Zentralvorstand der IG Metall in Chemnitz im Juli 1951 hatte nochmals nachdrücklich die Rolle der Gewerkschaftsgruppen und der betrieblichen Kommissionen unterstrichen und für alle Betriebe den Gewerkschaftsgruppenorganisator eingeführt. Dessen Aufgabe in der überschaubaren Gewerkschaftsgruppe von 20 bis 40 Mitgliedern war im Grunde ein Abbild des umfassenden Aufgabenkatalogs der BGL.[154] Er ersetzte zeitweilig den noch eng mit den alten Betriebsräten verbundenen gewerkschaftlichen Vertrauensmann. Daß dieser traditionelle Name aus der Arbeiterbewegung jetzt durch den eines »Organisators« ersetzt wurde, war mehr als ein bloßer Etikettenwechsel. Während in der Eingliederungsphase der Vertrauensleute noch die »vertrauensvolle Zusammenarbeit von unten nach oben und umgekehrt«[155] im Vordergrund stand, dominierte jetzt das Konzept der »Anleitung«. Der neue Typus des Basisfunktionärs war verantwortlich »für die ideologische und organisatorische Arbeit am Arbeitsplatz und in den volkseigenen Betrieben, insbesondere für die Förderung der Aktivisten- und Wettbewerbsbewegung.«[156] 1950 waren 218.287 Vertrauensleute gewählt oder berufen worden, in der Mehrheit parteilos. Nach den Gewerkschaftswahlen 1952/53 gab es nur noch 114.637 Vertrauens-

---

151 Information vom 15.3.1950 »Kritische Einzelheiten von den Gewerkschaftswahlen bei Leuna«, BStU, MfS-AS 231/66, Bl. 786.
152 Bericht der IG Chemie vom 19.9.1951, SAPMO-BArch, DY 34/15/-/875.
153 Bericht vom 10.5.1952, SAPMO-BArch, DY 34/A3244.
154 Organisation und Aufgaben sind ausführlich in der Entschließung von Chemnitz genannt: Geschäftsbericht FDGB 1950–1954, S. 287 ff.
155 Vom Aufbau eines gewerkschaftlichen Betriebs-Vertrauensmännerkörpers, in: »Neuer Weg« 3 (1948) H. 5/6, S. 31.
156 Heinz Deutschland, Vertrauensmann – eine traditionsreiche Funktion, Berlin (O) 1988, S. 22.

leute, aber insgesamt 405.289 Gruppenfunktionäre.[157] Die »Sorge um den Menschen« sollte im Mittelpunkt der gesamten Arbeit stehen, aber vor allem durch Erziehung aller Gruppenmitglieder zu einem festen Kollektiv.»Durch die Schaffung eines starken Kollektivs ist die Interessenvertretung zu den einzelnen gesichert«, konstatierte zumindest das gewerkschaftliche Schulungsmaterial.[158] Seit Herbst 1956 galt wieder der alte Name. Daß die ehrenamtlich tätigen Vertrauensleute trotz ihres umfassenden und gar nicht zu bewältigenden Aufgabenbereichs einen spezifischen Funktionärstyp repräsentierten, der für die innerbetrieblichen Sozialbeziehungen in den frühen Phasen der DDR bedeutsam war, ist in der Historiographie lange kaum beachtet und erst in einer neueren Untersuchung hervorgehoben worden. Vor allem in den fünfziger Jahren spielte der Vertrauensmann eine zu seinem Namen wenig passende Rolle als Kontrolleur, politischer Agitator und auch Anschwärzer. Genügend Basisfunktionäre für diese Aufgabe zu finden, war daher für den FDGB sehr schwierig. Gegenüber den hauptamtlichen verlor dieser Typus des ehrenamtlichen Funktionärs immer mehr an Bedeutung für eine wenigstens rudimentäre Interessenvertretung.[159] Sein Erscheinungsbild ist jedoch keineswegs eindeutig. Denn von den Spitzen der Partei und des FDGB wurde er häufig, wie interne Akten zeigen, auch als Träger des »Nurgewerkschaftertums« kritisiert.[160]

Um eine enge Verbindung zwischen Mitgliedern und Leitungen der Gewerkschaften zu sichern, wurde Sankt Bürokratius in Chemnitz noch ein weiteres Opfer gebracht in Gestalt des »Gewerkschaftsaktivs«. Ihm gehörten alle Gewerkschaftsfunktionäre eines Betriebes an: die Gewerkschaftsgruppenorganisatoren, die Kulturorganisatoren, die Bevollmächtigten für Sozialversicherung, die Arbeitsschutzobleute, die Mitglieder und Leiter der Abteilungsgewerkschaftsleitungen (AGL), die Mitglieder und Leiter der betrieblichen Kommissionen und die Mitarbeiter in Bibliotheken, Klubs und anderen kulturellen Einrichtungen.[161]

Nach den Chemnitzer Beschlüssen bekamen auch die Instrukteureinsätze eine vom Bundesvorstand des FDGB vereinheitliche Form. Wie ein solcher Einsatz abzulaufen hatte, wurde genau vorgegeben. Dazu gehörten Gespräche und Informationen am Vorabend und eine kurze Aussprache mit der Werksleitung und der BGL beim Eintreffen im Betrieb. Die eigentliche Untersuchung bestand dann in Diskussionen mit den Gewerkschaftsgruppenorganisatoren, den Funktionären der AGL und der verschiedenen Kommissionen sowie mit Betriebsarbeitern am Arbeitsplatz selbst. »Offen und kameradschaftlich« sollte diskutiert werden, und gleichzeitig hatte der Instrukteur Anregungen für die Überwindung der

---

157 Ebd., S. 21, 24.
158 Die Aufgaben des Gewerkschaftsgruppenorganisators (Lehrmaterial für Betriebsseminare zur Schulung der Gewerkschaftsaktive in volkseigenen und ihnen gleichgestellten Betrieben, 4), Berlin (O) 1952, S. 27. Vgl. Handbuch für den Gewerkschaftsfunktionär im Betrieb, hg. vom Bundesvorstand des FDGB, 2. verb. Aufl. Berlin (O) 1955, S. 579-581.
159 Renate Hürtgen, Zwischen Disziplinierung und Partizipation. Vertrauensleute des FDGB im DDR-Betrieb, Köln 2005, S. 51, 68 f.
160 Hinweis von Peter Hübner, abweichend von der Interpretation Hürtgens.
161 Geschäftsbericht FDGB 1950–1954, S. 290. Vgl. Werum, Wir sind die Illegalen, S. 87.

3. Der FDGB als »Transmissionsriemen«

Mängel zu geben. Am Abend des Einsatzes mußte die gemeinsame Formulierung eines Arbeitsprogramms erfolgen, wobei dem BKV, dem Aktivistenplan, dem betrieblichen Kulturprogramm und der Ferienvereinbarung besondere Aufmerksamkeit galten. Am zweiten Einsatztag sollte eine Sitzung mit allen Funktionären des Betriebes stattfinden, die festgestellten Versäumnisse zur Diskussion gestellt und das Arbeitsprogramm bestätigt werden. Nach Abschluß des Instrukteurseinsatzes waren die Orts- und Gebietsvorstände zu informieren und mit »Anregungen zur Kontrolle, Anleitung und Hilfe bei der Realisierung der Chemnitzer Beschlüsse« zu versorgen.[162]

Es ist kaum möglich festzustellen, wieweit dieser erneute Anlauf insgesamt zu besseren Ergebnissen führte, waren doch die Probleme weitgehend strukturell und politisch bedingt, so daß es bestenfalls eine graduelle Veränderung gab. Den größten Erfolg konnte der Zentralvorstand der IG Bergbau über die Steinkohlen-Zeche »Deutschland« vermelden, deren Gewerkschaftsarbeit als die beste in der gesamten DDR eingestuft wurde.[163]

Düster sah es dagegen im Mansfeld-Kombinat »Wilhelm Pieck« in Eisleben aus. Offenbar wucherte hier der »Bürokratismus« besonders heftig. »Die Hauptbeschäftigung aller Kollegen [aus der Gewerkschaft; C.K)]«, schrieb der Instrukteur, »besteht in Sitzungsbesuchen, die hauptsächlich von der Verwaltung angesetzt werden. Sobald die Kollegen des Gebietsvorstandes eine Sitzung nicht besuchen, wird sofort durch das Parteisekretariat in der Presse die IG angeprangert, so daß die Kollegen schon aus Angst auch in die unbedeutendsten Sitzungen rennen, weil sie mit dem Parteisekretariat nicht in Konflikt kommen wollen.« Die befragten Gewerkschafter bezeichneten diese Treffen als »Befehlsempfang der Verwaltung«. Die Chemnitzer Beschlüsse seien, so der Bericht, nur formal durchgeführt und in den Gewerkschaftsgruppen sei »nur selten Leben«. Die Parteisekretäre sähen ihre Aufgabe primär darin, Gewerkschaftsfunktionäre zu kritisieren, »ohne daß diese Kritik eine helfende ist«. Der Vertrauensverlust der Gewerkschaften bei den Kumpels hatte in der stets besonders brisanten Normenfrage dann auch noch zur Folge, daß diese zur »Selbsthilfe« griffen und das geförderte Kupfererz mit ähnlich aussehendem Gestein auffüllten, um so ihr Produktionsergebnis zu erhöhen.[164]

Derartige Instrukteursberichte sind neben den zahllosen Organisationskonferenzen und Tagungen des Bundesvorstandes des FDGB aussagekräftige Indikatoren für die enormen Probleme einer effektiven Entscheidungsbildung und Durchsetzung der beschlossenen Ziele. Dabei läßt sich, wie Stefan Werum gezeigt hat, ab 1950 eine gewisse Veränderung in Stil und Methode feststellen. Ging die FDGB-

---
162 Siehe oben, Anm. 148 (S. 208).
163 SAPMO-BArch, DY 34/115/45/1165, Inspektion vom Januar 1952. Daß die Kommunikation und Berichterstattung der Instrukteure erheblich zu wünschen übrig ließ, zeigt das Protokoll der Aussprache mit einzelnen Instrukteuren in Sachsen vom 2.1.1952, SAPMO-BArch, DY 34/25/108/2297.
164 Undatierter Bericht (1952) des Inspekteurs Karl Pfennig vom Bundesvorstand, SAPMO-BArch, DY 34/115/45/1165.

II. »Aufbau des Sozialismus« (1948–1953)

Spitze bis dahin davon aus, ihre Direktiven ohne intensivere Konsultation der mittleren und unteren Ebenen durchsetzen zu können, so bemühte sie sich seitdem um eine möglichst weitreichende vorherige Konsensbildung mit den Funktionären. Das baute Mißtrauen ab, nicht ernst genommen zu werden, und förderte die tatsächliche Einbindung in die Gewerkschaftspolitik.[165]

Um die gewerkschaftliche Arbeit in der Praxis zu verbessern, mußte das komplizierte und sich weiter ausdifferenzierende Organisationsgeflecht den Mitgliedern und Funktionären möglichst konkret und handlich nahegebracht werden. Zur Organisationsgeschichte dieser Zeit gehört daher in besonders ausgeprägtem Maße eine große Zahl von Schulungsheften, Anleitungen und Materialien, die diesem Zweck dienten. An erster Stelle ist hier das nach langen Vorbereitungen 1952 erschienene »Handbuch des Gewerkschaftsfunktionärs« zu nennen. Dieser in einer Auflage von 200.000 Exemplaren erschienene Band enthielt zwar nichts grundsätzlich Neues. Aber er faßte alle relevanten Beschlüsse der letzten Jahre zusammen und bot außerdem eine genaue und verbindliche Beschreibung des gesamten Aufgabenfeldes der vielen Institutionen, Kommissionen, Bevollmächtigten und Obleute in der gewerkschaftlichen Arbeit.[166] Diese Form einer verpflichtenden Darstellung der Organisationsstruktur betraf somit unmittelbar die Frage nach den Zielen und Hindernissen bei der Umsetzung des »Transmissionsriemen«-Konzepts, weil erst so eine halbwegs praktikable Vermittlung von oben nach unten im kruden Alltag möglich war, auch wenn sich nicht mehr feststellen läßt, wie intensiv das Handbuch genutzt wurde. Zumindest bildete eine solche Zusammenstellung eine unverzichtbare Voraussetzung dafür, daß Funktionäre, die bestenfalls unter kapitalistischen Verhältnissen Erfahrungen in gewerkschaftlicher Arbeit hatten sammeln können, sich auch unter den Bedingungen eines »Arbeiterstaates« zurecht fanden und ihre neue Rolle besser definieren konnten. Insofern hat dieses denkbar trockene Handbuch auch seine sozialgeschichtliche Dimension.

Ergibt schon der Versuch einer organisationshistorischen Darstellung in den Großbetrieben, auf die vor allem die partei- und gewerkschaftsinternen Quellen primär abheben, kein klar konturiertes Bild, so wird der Eindruck von der Lage in den immerhin noch zahlreichen Mittel- und Kleinbetrieben vollends diffus. Sie führten angesichts der ideologischen Vorgaben über die Rolle der »führenden Klasse« eher eine Randexistenz und sind in der Historiographie auffällig vernachlässigt worden, obwohl sie gesamtwirtschaftlich bis 1958, bis zur Einführung der staatlichen Beteiligung, ein beträchtliches Gewicht behielten. Die gewerkschaftliche Arbeit in den Privatbetrieben bekam insofern eine spezifische Note, als hier zunächst noch das alte Schema des modifizierten Klassenkampfes galt. Die SED forderte die Gewerkschaftsfunktionäre ständig dazu auf, die Rechte der Belegschaft gegenüber dem Unternehmer wahrzunehmen, in Betriebsvereinbarungen

---

165 Werum, Wir sind die Illegalen, S. 103 ff.
166 Ebd., S. 115 f. Für die ersten Jahre bis 1948 brachte der FDGB 53 Hefte als »Schulungs- und Anleitungsmaterial« zu allen relevanten Themen der Gewerkschaften und ihrer Geschichte heraus.

und Betriebskollektivverträgen (BKV) die Mitbestimmung durchzusetzen und angemessene Löhne einzufordern. In der Regel war die Einlösung solcher Forderungen nicht einmal sonderlich schwierig, da sich die Privatunternehmer politische Alleingänge nicht leisten konnten. Die Probleme lagen aus Sicht der Partei und der Gewerkschaftsinstrukteure eher darin, daß zumindest in wirtschaftlich erfolgreichen Betrieben schnell eine Art von Betriebsgemeinschaft entstand, die sich gegen die Politisierung der Gewerkschaften sperrte. »Die Arbeit in den Privatbetrieben ist nach wie vor äußerst mangelhaft«, stellte der Abschlußbericht der 3. Instrukteursbrigade Dresden/Chemnitz/Bautzen Ende 1950 fest. »Das Klassenbewußtsein der Beschäftigten ist nur schwach entwickelt [...] Ein großer Teil, besonders der Angestellten, steht unter dem Einfluß der Unternehmer (Paktierertum).« In einem Bautzener Betrieb bezahlte der Unternehmer die Gewerkschaftszeitung »Tribüne«, und sogar Parteimitglieder waren der Meinung, daß man selten einen so guten Unternehmer finde![167]

Außerhalb des engeren betrieblichen Bereichs spielten die Gewerkschaften anfangs eine wichtige Rolle bei der Etablierung der »Volkskontrolle«. Sie diente zunächst vor allem dem Kampf gegen den Schwarzhandel. Der oft kriminalistische Eifer der Volkskontrolleure und ihr Drang, die Allgegenwart der Arbeiterklasse vorzuführen, gepaart mit fachlicher Inkompetenz, erwiesen sich jedoch für die Wirtschaft als eher kontraproduktiv. Da der FDGB mit der Leitung offenbar überfordert war, wurde die »Zentrale Kommission für Staatliche Kontrolle« (ZKSK) zuständig. Sie war ein reines Parteiorgan, dessen Mitglieder zu zwei Dritteln aus Arbeitern bestanden. 1963 wurde die ZKSK aufgelöst und durch die effektivere »Arbeiter-und-Bauern-Inspektion« (ABI) ersetzt.[168]

Versucht man ein allgemeines Fazit zu ziehen aus dem insgesamt diffusen und widersprüchlichen Bild des organisatorischen Zustands der Gewerkschaften in den ersten Jahren nach dem politischen Kurswechsel und der Staatsgründung, so lautet es: Gemessen an den Erwartungen mußte der Eindruck niederschmetternd gewesen sein. Wie Stefan Werum festgestellt hat, blieb der FDGB bis 1952/53 in besonderem Maße eine ineffektive, nicht durchsetzungsfähige Organisation.[169] Zwar war er maßgeblich an der Realisierung der staatlichen Lohn- und Arbeitspolitik beteiligt und konnte den Aufbau der Brigaden und den Ausbau des sozialen und kulturellen Netzwerks in den Betrieben vorantreiben, aber vom selbst gesteckten Ziel blieb er weit entfernt. Eine umfassende Interessenvertretung der Werktätigen zu sein, gelang ihm ebenso wenig wie eine nachdrückliche Steigerung der Arbeitsproduktivität. Um im Bild zu bleiben: Dem Transmissionsriemen fehlte der Schwung, weil das prognostizierte neue Gesellschaftsmodell unter solchen wirtschaftlichen Rahmenbedingungen und mit politischen Methoden

---

[167] Undatierter Abschlußbericht (1950), SAPMO-BArch, DY 34/15/-/875. Vgl. unten, Abschnitt 9 (S. 259 ff.).

[168] Ausführlich zu der sonst in der Literatur kaum behandelten ZKSK Thomas Horstmann, Logik der Willkür. Die Zentrale Kommission für Staatliche Kontrolle in der SBZ/DDR von 1948 bis 1958, Köln 2002, hier: S. 49 ff., 437 f. Zur ABI vgl. unten, Kap. V 6 (S. 585 ff.).

[169] Werum, Wir sind die Illegalen, S. 121.

II. »Aufbau des Sozialismus« (1948–1953)

aufgebaut wurde, die kaum überzeugen und nur wenige motivieren konnten. Zudem gab sich nach Ansicht der FDGB-Spitze die Partei offenbar nicht immer genügend Mühe, über Gewerkschaftsangelegenheiten zu berichten. So beschwerte sich Herbert Warnke in einem Brief an die SED-Betriebsgruppe des »Neuen Deutschland« (mit Durchschrift an Ulbricht) bitter über die »geradezu unmögliche Haltung« und das »völlige Unverständnis« des Zentralorgans gegenüber den Aufgaben der Gewerkschaften.[170]

Dennoch wäre es eine grobe Vereinfachung, würde man nur die Defizite und Pannen betonen. Schließlich wurde der riesige Apparat zum Laufen gebracht, und dazu bedurfte es Tausender engagierter Mitglieder und Funktionäre, die weder alle überzeugte SED-Anhänger noch bloße Opportunisten waren. Der über die engere kommunistische Klientel hinausreichende Aufbauelan nach der Erfahrung eines katastrophalen Zusammenbruchs läßt sich in diesen Jahren noch nicht auf das peinliche Pathos parteioffizieller Verlautbarungen reduzieren.

Das Kernproblem war der innere Widerspruch zwischen der ständig geforderten Masseninitiative von unten und der ebenso permanent beanspruchten Anleitung und Kontrolle von oben. Er ist nie gelöst worden und konnte nach dem tragenden Konstruktionsprinzip des »Arbeiterstaates« auch gar nicht gelöst werden. In späteren Entwicklungsphasen der DDR wurde das immer wieder deutlich. Der Moloch »Bürokratismus« blieb. Nicht ohne Ironie bemerkte der Bundesvorsitzende Warnke auf der Tagung des FDGB-Vorstandes im Dezember 1955: »Die 8. Bundesvorstandssitzung, die im Februar 1952 stattfand, faßte einen ausgezeichneten Beschluss gegen den Bürokratismus in den Gewerkschaftsleitungen. Wäre dieser Beschluß durchgeführt worden, dann wäre alles in Ordnung. Aber er wurde eben nicht durchgeführt! Dieser Beschluß sah z. B. eine Verminderung der zentralen Gewerkschaftsapparate um 50 Prozent vor. Wir haben jetzt einige zentrale Apparate mit dem damaligen Stand verglichen – und siehe da, sie sind nicht kleiner, sondern größer als damals!«[171]

Im Arsenal des permanenten Kampfes gegen die unaufhaltsam wachsende Bürokratie der größten Massenorganisation und für den schnellen sozialistischen Aufbau sollte auch die Musik nicht fehlen. 1950 initiierte der FDGB ein großes Preisausschreiben »Wer schreibt das Lied des Freien Deutschen Gewerkschaftsbundes?« Denn noch fehlte »das Lied, das von der Tätigkeit der Gewerkschaft und ihrer Millionen Mitglieder im Kampf um Frieden, Einheit und Aufbau spricht.« Es sollte »rhythmisch gestrafft, mitreißend, einfach und klar gestaltet sein« und nicht mehr als drei Verse haben. Dafür wurden drei Preise zu 5.000, 3.000 und 1.000 DM und zehn Anerkennungspreise ausgesetzt.[172]

Das Ziel wurde nicht erreicht, weil die eingereichten Arbeiten als »zu allgemein gehalten« bewertet wurden. »Das Blickfeld ist oft zu eng begrenzt, die Aufgaben zu einseitig gesehen. So wurde zum Beispiel der Kampf um den Frieden und die Ein-

---

170 Brief vom 22.9.1949, SAPMO-BArch, Nl 4182/1143, Bl. 177 f.
171 Zit. in MB Ostbüro, Dezember 1955, S. 43.
172 »Arbeit und Kultur« (1950/51)3, S. 20.

heit Deutschlands zu wenig mit den Aufgaben der Gewerkschaften in Verbindung gebracht.« Dennoch wurden zwölf Liedertexte mit sprechenden Titeln prämiert (mit reduzierten Prämien).[173] Drei Jahre später gab es offenbar ein verbindliches Lied, aber die Popularisierung ließ dennoch zu wünschen übrig. Herbert Warnke legte es daher seinen Mitgliedern auf der Chemnitzer Kulturtagung besonders ans Herz, denn dieses Lied »spricht von der Arbeit der Gewerkschaften, von der Lebensfreude, von den neuen Aufgaben der Gewerkschaften, vom Kampf der ganzen deutschen Arbeiterklasse um die Einheit Deutschlands.«[174]

> Wir haben gelernt, das Leben zu lieben,
> Das Leben ist unser, wir sind seine Saat.
> Wir haben es fest in die Herzen geschrieben,
> Wir sind die Zukunft, wir sind die Tat!

4. Kumpel Hennecke und die Aktivistenkampagne – Erfolge und Mißerfolge einer lautstarken Bewegung

Ob die »Aktivisten der ersten Stunde«, jene von der DDR-Historiographie oft beschworenen »heldenhaften Pioniere des antifaschistisch-demokratischen Neuaufbaus«[175], die Grundlagen für die 1948 geschaffene Bewegung legten, dürfte zweifelhaft und eher eine gefällige Konstruktion sein. Zwischen dem überwiegend spontanen Aufbauwillen in der Zusammenbruchsgesellschaft, für den es in allen Besatzungszonen nach Kriegsende zahllose Beispiele gibt, und der mit dem Namen Adolf Hennecke verbundenen Kampagne lag eine Phase, in der sich auf höchst diffuse Weise Steuerungsversuche der deutschen und sowjetischen Behörden mit freiwilligem und verantwortungsbewußtem Engagement sowie mit dem bloßen Willen zum überlebenswichtigen »Durchkommen« und »Organisieren« kreuzten. Das Ergebnis war in den Industriebetrieben vor allem eine Form der »Gleichmacherei« bei Löhnen und Normen, die zwar auf breite Zustimmung rechnen konnte und solidarisches Verhalten in der allgemeinen Misere zum Ausdruck brachte, aber für den Aufbau einer funktionierenden Wirtschaft langfristig

---

173 »Herbei, Ihr Millionen« von Erich Guthknecht; »Brüder, am Werke, Millionen« von Heinz Rusch; »In Fabriken und Kontoren« von Hermann Heinz Wille; »Wir bauen die Zukunft« von Gerd Breitenfeld; »Genug gebückt« von Bernhard Seeger; »Die Sterne vom Himmel« von W. Jarnowski; »Vom Vertrauen der Massen getragen« von Agge Pestow; »An die Schaffenden der Erde« von Hildegard Maria Rauchfuß; »Schwingt die Hämmer« von Alfred Flamme; »Freiheit, das Signal« von B. Weimann; »Rhythmus der Arbeit« von Ingeborg Dudat; »Solidarität erhält« von Johannes Reinhard.
174 Der Kern der kulturellen Massenarbeit ist die ideologische Erziehungsarbeit. Chemnitzer Kulturtagung der Gewerkschaften 28./29.1.1953, S. 22. Ich danke Annette Schuhmann für diesen Hinweis. Ob dies wirklich der letzte musikalische Stand der Dinge war, konnte bislang auch im Bundesarchiv nicht sicher festgestellt werden.
175 Dietmar Keller, Lebendige Demokratie: Der Übergang von der antifaschistischen zur sozialistischen Demokratie in der volkseigenen Industrie der DDR 1948 bis 1952, Berlin (O) 1971, S. 41; Deutsche Geschichte, Bd. 9, S. 16.

II. »Aufbau des Sozialismus« (1948–1953)

verheerende Konsequenzen haben mußte. Im Kohlebergbau des Ruhrgebiets stand man vor ähnlichen Problemen, die Produktion rasch steigern zu müssen, wenn gerade die hochindustrialisierten Regionen dem circulus vitiosus von miserabler Versorgung und niedriger Produktivität entrinnen wollten. Die dort praktizierte griffige Alternative »Speck oder Sozialisierung« – wobei sich die Arbeiter notgedrungen überwiegend für den Speck entschieden – stand in der SBZ nicht zur Diskussion. Aber ohne wirkliche Anreize war das Problem auch in einer Gesellschaft nicht zu lösen, die ihre Schlüsselindustrien bereits verstaatlicht hatte. Nicht nur die ökonomischen Daten, sondern auch die unübersehbaren Zeichen einer sich vertiefenden Teilung Deutschlands und die insgeheim verfochtene Orientierung der SED auf eine separate Staatsgründung machten eine Lösung des Problems noch dringlicher. Insofern erhielt die Aktivistenbewegung einen hohen Stellenwert. Diese von den Gewerkschaften organisierte Kampagne sollte zunächst »eine wirkliche und ernsthafte Initiative der Arbeiterschaft« sein. Der Begriff »Aktivist« dürfe daher nicht verwässert werden und mit diesem Ehrentitel solle man sparsam verfahren, forderte Herbert Warnke. Dabei gelte es, mit alten Auffassungen aus der Arbeiterbewegung zu brechen, in der öffentliche Auszeichnungen für Einzelleistungen nicht üblich waren. Vielmehr sei deutlich zu machen, »daß diese persönliche Herausstellung der Aktivisten auch zum Zwecke des Ansporns der übrigen Arbeiter geschieht.«[176] Die Aktivisten- und Wettbewerbsbewegung sollte die flächendeckende Einführung des Leistungslohnprinzips zur schnellen Steigerung der Produktivität beschleunigen. Zwar gingen die Vorläufer schon in die Jahre 1946 und 1947 zurück, aber die Arbeiterschaft verhielt sich zunächst zurückhaltend, und die Zahl der Aktivisten, die besondere Leistungen an den Tag legten und dafür ausgezeichnet wurden, blieb gering. Den Durchbruch zur Massenbewegung sollte daher die sorgfältig vorbereitete Aktion zum Jahrestag des SMAD-Befehls 234 bringen, die sich mit Kumpel Hennecke verbindet.

Politisch war sie ein Element des 1948 überall in den Volksdemokratien erkennbaren Sowjetisierungsprozesses, in dem sowjetische Muster mehr oder minder bedingungslos kopiert wurden. Kumpel Hennecke besaß daher auch zahlreiche Mitstreiter in Osteuropa. Ihr gemeinsames Vorbild war der sowjetische Bergmann Stachanow, der 1935 sein Soll nach sorgfältiger Vorbereitung zu 1.457 Prozent erfüllte und damit die nach ihm benannte Bewegung auslöste, die zum plebiszitären Fundament des Stalinismus gehörte.[177] Der Hauer Adolf Hennecke stammte zwar aus einer westfälischen Bergarbeiterfamilie, hatte aber zunächst eine kaufmännische Lehre gemacht und war Lohnbuchhalter, bevor er 1925 im westfälischen und seit 1926 im sächsischen Steinkohlenbergbau arbeitete.

---

176 Herbert Warnke, Arbeiterklasse, S. 244 (Artikel »Aktivisten des Aufbaus«, in: »Die Arbeit« 2 (1948) Nr. 5).
177 Manfred Hildermeier, Geschichte der Sowjetunion 1917–1991, München 1998, S. 521 f. Zu den polnischen, ungarischen und tschechoslowakischen Heldenfiguren Silke Satjukow/Rainer Gries (Hg.), Sozialistische Helden: eine Kulturgeschichte von Propagandafiguren in Osteuropa und der DDR, Berlin 2002. Vgl. unten Kap. VI 6 (S. 709 ff.).

4. Kumpel Hennecke und die Aktivistenkampagne – Erfolge und Mißerfolge

Die Heldenleistung am 13. Oktober 1948 im Karl-Liebknecht-Schacht der Zeche »Gottes Segen« in Oelsnitz (Sachsen) ist häufig dargestellt worden, ebenso wie ihre unmittelbaren Voraussetzungen und Folgen für die Belegschaft. Hennecke selber hat sie mit gebührendem Realismus beschrieben. Sie ging auch in überwiegend mißglückte lyrische Versuche ein oder gab den Stoff für szenische Skizzen ab[178], vor allem aber wurde sie zum Ausgangspunkt einer riesigen Propaganda-Kampagne der SED und des FDGB, die alle bisherigen in den Schatten stellte. Das unterstrich die enorme Bedeutung, die man ihr beimaß für das große Ziel der schnellen Produktivitätssteigerung auf breiter Front.[179] Wie in der Sowjetunion fiel die Wahl nicht zufällig auf einen Bergmann. Die Untertagearbeit war noch relativ wenig mechanisiert und automatisiert, so daß sich mit einer gut vorbereiteten Einzelaktion spektakuläre Ergebnisse erzielen ließen. Hennecke schlug 24,4 Kubikmeter Steinkohle aus dem Stollen und erfüllte damit 387 Prozent des üblichen Tagessolls. In der Folgezeit gelang es einigen Bergarbeitern sogar, sein Ergebnis noch zu überbieten.[180] In anderen Industriezweigen mit höherem Mechanisierungsgrad waren solche »Traumergebnisse« kaum zu erreichen. Wichtiger als bloße Prozentzahlen sollte jedoch die erhoffte Initialzündung für die Masse der Arbeiterschaft sein. »Die Hennecke-Bewegung ist in erster Linie ein eminent wichtiges gesellschaftliches und politisches Problem«, erklärte Fritz Selbmann, stellvertretender Vorsitzender der Deutschen Wirtschaftskommission (DWK), auf der ersten Zonen-Tagung der Hennecke-Aktivisten in Berlin am 14. November 1948. Damit zielte er auf die immer wieder beschworene Utopie vom neuen Menschen: »und dieser neue Mensch ist der Aktivist, der an der Spitze aller gesellschaftlichen Vorgänge steht.«[181] (☛ vgl. *Bild Nr. 4* im Farbteil, S. 452).

Angesichts der vielen Peinlichkeiten, die mit der Inszenierung dieses Heldentums im Industriebetrieb verbunden waren, liegt es nahe, die tatsächliche Resonanz als bloße Parteiagitation zu unterschätzen. Ein zutreffendes Bild zu bekommen, ist schwierig. Aus den veröffentlichten und unveröffentlichten Quellen wird eine breite Skala von Einstellungen der Arbeiter gegenüber der von oben initiierten und zumeist auch von den Gewerkschaften »angeleiteten« Aktivistenbewegung erkennbar. Sie reichte von ehrlichem Enthusiasmus, insbesondere bei Jugendlichen, über rein materielle Prämienwünsche bis zur verdeckten Sabotage gegenüber einem als Ausbeutung empfundenen System des »Stachanowismus«. Hennecke selber hat seine Situation nach dem Ende seiner Hochleistungsschicht geschildert: »Ich wußte, die Arbeiter in der Ostzone würden toben gegen mich. Aber in einer

---

178 Vgl. Regina Hastedt, Henneckegeschichten, in: DDR-Reportagen. Eine Anthologie, Leipzig 1969.
179 Aus der DDR-Historiographie ist zu nennen: Gottfried Dittrich, Die Anfänge der Aktivistenbewegung, Berlin (O) 1987; Waltraud Falk, Kleine Geschichte einer großen Bewegung. Zur Geschichte der Wettbewerbs- und Aktivistenbewegung in der Industrie der DDR, Berlin (O) 1966. Weitere Spezialliteratur bei Stadtland, Herrschaft, S. 432.
180 Klaus Ewers, Aktivisten in Aktion. Adolf Hennecke und der Beginn der Aktivistenbewegung 1948/49, in: DA 14 (1981), S. 947-970, hier: S. 949. Dittrich, Anfänge, S. 77 ff.
181 Fritz Selbmann, Die Entwicklung der Hennecke-Bewegung, in: »Die Wirtschaft« 3 (1948), S. 537 ff.

Sache war ich absolut sicher: Meine Kumpel in meinem Schacht, die würden zu mir halten. Sie würden mir wahrscheinlich nicht um den Hals fallen. Aber wir würden weiter gemeinsam unser Bier trinken, uns die Hand geben, uns streiten und vertragen wie immer [...] Und als ich dann ausfuhr, war alles ganz anders. Ich existierte mit einemmal nicht mehr. Meine Kumpel sahen mich nicht. Ich war für sie Luft [...] Es kamen Briefe, anonyme Briefe, mit Morddrohungen. Der Strick läge schon bereit und ähnliche Naziparolen. Das Schlimmste war, daß auch fortschrittliche Menschen verwirrt waren. Funktionäre vom Nachbarschacht riefen an und machten unseren Funktionären Vorwürfe, daß sie einen Normenbrecher wie mich herausstellten. Drei Tage wußte ich nicht, was ich bin.«[182] Mit erbitterten Diskussionen, Vorwürfen unsolidarischen Verhaltens, Beschimpfungen als »Arbeiterverräter« und eisiger Ablehnung hatten sich betriebliche Leitungskader und Aktivisten auseinanderzusetzen.[183] Vor allem die noch immer schlechte Ernährungslage rief Widerwillen gegen die geforderte Steigerung der Arbeitsleistung hervor. »Gebt uns Piek [sic] und Grotewohl Verpflegung, dann sind wir für die Hennecke-Bewegung«, stand Ende 1948 mit Kreide im Treppenhaus der Brikettfabrik Espenhain zu lesen.[184] Dennoch blieb Hennecke, dem im August 1949 der Nationalpreis – die erstmalige Auszeichnung mit diesem Preis – verliehen wurde[185], nicht singulär, sondern fand viele Nachahmer. Ausdrücklich genannt wurden unter anderem Otto Freyhoff in der Chemieindustrie, Paul Sack und Hans Garbe bei den Maurern, Erich Wirth unter den Drehern, Luise Ermisch – noch vor Frida Hockauf – in der Bekleidungsindustrie, Paul Heine bei den Eisenbahnern, Lothar Borkmann in der Lederindustrie, Bruno Kießler als Traktorist.[186] Im Braunkohlebergbau wurde der aus Schwiebus im Kreis Züllichau stammende Stanislaus Szymanski 1949 zum bedeutendsten Aktivisten befördert und von der IG Bergbau ebenfalls für den Nationalpreis vorgeschlagen. »Die Wirtschaft« kommentierte die Ehrung mit den für das neue Selbstbewußtsein charakteristischen Sätzen: »Wenn man bisher gewohnt war, Generäle, Minister und Filmstars zu feiern, so wollen wir jetzt die Menschen ehren, welche täglich unserem gesellschaftlichen Leben die stärksten Impulse geben, ein neues Arbeitsethos entwickeln helfen und damit die Voraussetzungen für einen gehobenen Lebensstandard der Bevölkerung schaffen.«[187]

Mochte in solchen Fällen politische Überzeugung und Idealismus eine wichtige Rolle spielen, so verfehlten für die Masse der Arbeiter auch die materiellen Anreize sowie die Chance, Einkommen und Ansehen zu verbessern und Aufstiegserwartungen befriedigen zu können, nicht ihre Wirkungen. Jugendliche und teil-

---

182 Zit. in: Die erste Stunde. Porträts, hg. von Fritz Selbmann, Berlin (O) 1969, S. 191 f.
183 Ewers, Aktivisten, S. 957 f.; Stadtland, Herrschaft, S. 470 f.
184 Zit. bei Stadtland, Herrschaft, S. 470.
185 Horst Barthel, Adolf Hennecke. Beispiel und Vorbild, Berlin (O) 1979, S. 40.
186 Herbert Warnke, Ehre und Dank den Aktivisten, »Tägliche Rundschau« vom 13.10.1951, in: Ders., Arbeiterklasse, S. 274 f.
187 Der Nationalpreisträger Stanislaus Szymanski, in: »Die Wirtschaft« 4 (1949), S. 660 f. Vgl. auch die von G. Grünberg, dem Generalsekretär der DSF, herausgegebene Sammlung biographischer Skizzen: Helden der Arbeit. Aus dem Leben und Wirken der Helden unserer Zeit berichten G. Grünberg u. a., Berlin (O) 1951.

4. Kumpel Hennecke und die Aktivistenkampagne – Erfolge und Mißerfolge

weise auch Frauen, die neu in die Betriebe kamen, waren mit dem Vorbild Hennecke und den Angeboten seiner Bewegung eher anzusprechen als langjährige Belegschaftsmitglieder.

Abb. 19

II. »Aufbau des Sozialismus« (1948–1953)

Die Zeitschrift »Arbeit und Sozialfürsorge« konstatierte 1949 kritisch, Jugendliche ließen sich »in ihrem Eifer dazu hinreißen, ihren Aufbauwillen durch freiwillige Sonderschichten und Überstunden zu bekunden. Vielfach übernahmen sie auch Arbeiten, die mit besonderen Betriebs- und Gesundheitsgefahren verbunden waren, und bedachten dabei nicht, daß die körperliche Entwicklung schwer geschädigt werden kann.«[188] Bei Frauen scheint die Beteiligung an individuellen Rekordleistungen eher die Ausnahme gewesen zu sein. Sie akzeptierten vor allem die kollektive Arbeitssteigerung. Angesichts der Doppelbelastung durch Haushalt und Beruf wollten viele Frauen zunächst offenbar nichts von der Aktivistenbewegung hören.[189] Ohnehin paßte diese heroische Attitüde noch wenig in das tradierte Frauenbild. Die weiblichen Pendants zu Adolf Hennecke haben daher auch nie die gleiche Berühmtheit erlangt wie dieser. Dennoch bemühten sich Partei und Gewerkschaften, wirksame weibliche Arbeitshelden zu kreieren – wenn auch mit zeitlicher Verspätung. Frida Hockauf, Weberin im VEB Mechanische Weberei Zittau, ist hier an erster Stelle zu nennen. Mit einer lupenreinen proletarischen und antifaschistischen Biographie verpflichtete sie sich am 29. September 1953, »dem Ruf der Partei folgend« im Oktober 10, im November 15 und im Dezember 20 Meter Stoff bester Qualität über ihre bisherige Leistung hinaus zu weben. Sie löste damit ähnlich wie Hennecke und gegen ähnliche Widerstände und Drohungen die Hockauf-Bewegung in der Textilindustrie aus, die bald auf andere Branchen übergriff. Ein »Prawda«-Artikel vom 7. Oktober 1953 gab ihr die höhere politische Weihe: »Eine Woche vor der Feier des Jahrestages der Republik wurde der Name Frida Hockauf, einer bescheidenen Weberin aus dem sächsischen Städtchen Zittau, bekannt. Sie trat in einer Versammlung des Gewerkschaftsaktivs auf und wandte sich an alle Textilarbeiter der Republik mit dem Appell: »Mehr gute und billige Stoffe für das Volk!«[190]

Wenn der SMAD-Befehl 234 über die Leistungsstimulation zur sozialen Differenzierung innerhalb der Arbeiterschaft beitragen und die »Gleichmacherei«, die sich in der Zusammenbruchsgesellschaft eingeschliffen hatte, beseitigen sollte, so war die Aktivistenbewegung trotz aller Widerstände ein weiterer großer Schritt auf diesem Weg. Dazu trugen neben den Anreizen durch Prämien und Vergünstigungen nicht zuletzt die verschiedenen Auszeichnungen mit Urkunden und Abzeichen während des seit 1950 jährlich feierlich begangenen »Tages des Aktivisten« am 13. Oktober bei.

Nicht nur die Statistik zeigt, daß die Aktivistenbewegung – anders als die Produktionsberatungen – keineswegs eine periphere oder nur der spektakulären Propaganda zuzurechnende Erscheinung war. Die Bilanz für 1950 mit insgesamt 81.714 ausgezeichneten Aktivisten gibt immerhin eine quantitative Dimension

---

188 Zit. bei Ewers, Aktivisten., S. 962.
189 Stadtland, Herrschaft, S. 477.
190 Helmut Schwarzbach, So wie wir heute arbeiten, werden wir morgen leben! Frida Hockauf. Biographische Skizzen, in: BzG 19 (1977), S. 1037-1044, hier: S. 1041. Vgl. Gottfried Dittrich, Die SED und die Aktivisten- und Wettbewerbsbewegung in den Jahren 1948 bis 1950, in: Jb. für Geschichte 6 (1972), S. 343-369.

4. Kumpel Hennecke und die Aktivistenkampagne – Erfolge und Mißerfolge

wieder, die bei allen regionalen und betrieblichen Unterschieden nicht ohne Aussagekraft für ein bestimmtes Segment im politischen und alltäglichen Leben der Betriebe ist. Sie zeigt zudem die starke Schwerpunktbildung in der Metall und Grundstoffindustrie.

Tab. 12: Stand der Aktivisten, die mit Urkunden und Abzeichen ausgezeichnet wurden (Mai 1950)

Industriegewerkschaft	Männer	Frauen	Insgesamt
Bau / Holz	5.014	373	5.414 *)
Bergbau	12.090	412	12.502
Bühne – Film – Musik	109	7	116
Chemie	7.872	1.789	9.661
Eisenbahn	5.175	304	5.479
Energie	6.663	225	6.888
Gesundheitswesen	210	136	346
Graphik	591	225	816
Handel	289	105	394
Land und Forst	2.682	935	3.617
Metall	19.641	3.754	23.395
Nahrung und Genuß	543	290	833
Post- und Fernmeldewesen	673	162	835
Textil / Bekleidung	3.364	4.393	7.757
Transport	1.260	148	1.408
VEB	1.450	773	2.223
Lehrer und Erzieher	15	15	30
Wismut			
Insgesamt	**67.668**	**14.046**	**81.714**

*) Rechenfehler in Spalte Bau/Holz. Richtig: 5.387.
[**Quelle:** Aus der Arbeit des FDGB 1947–1949, Berlin (O) 1950, S. 132 f.]

Um das Aktivistenabzeichen über die einmalige Ehrung hinaus auch im Arbeitsalltag zu etablieren, schlug die Abteilung Agitation des FDGB-Bundesvorstandes 1951 lapidar vor, »für die ausgezeichneten Kollegen die Spange mit dem Band und dem Bügel mit der Jahreszahl in einer Ausführung zu erarbeiten, die täglich – auch zum Arbeitsanzug – getragen werden kann, die also eine dauerhafte sein muß.«[191]

---

191 Schreiben vom 29.3.1951 an die Fa. Stanzila-VEB, Dresden, SAPMO-BArch, DY 34/42/636a/ 4490.

II. »Aufbau des Sozialismus« (1948–1953)

Gleichwohl bleibt es schwierig, die Aktivistenbewegung in der Sozialgeschichte der Arbeiterschaft der DDR zu verorten. Ihre ökonomische und politische »Logik« war eindeutig: Leistungsorientierung und »erfolgsorientiertes Heraustreten des einzelnen aktivistischen Arbeiters aus der Masse seiner Kollegen«[192] mußten das Ziel sein. Damit sollte die ökonomisch lähmende »Gleichmacherei« der ersten Nachkriegsjahre, so erklärlich und »legitim« diese nach dem Ende der kriegswirtschaftlichen Überspannung des Lohngefüges auch sein mochte, durchbrochen und elementare Voraussetzungen für eine effektive Steuerung der Wirtschaft von oben geschaffen werden. Sieht man wie Fred Klinger in dem »sozialen Moment der Herauslösung der motivierbaren wie folgebereiten Teile der Arbeiterschaft« die alles entscheidende Funktion der Aktivistenbewegung[193], dann erscheint sie als Schlüsselelement zur Aufspaltung eines zuvor zusammenhängenden Sozialgebildes zum Zwecke der Herrschaftssicherung. Hier lag möglicherweise, zumindest für die Anfangsphase der DDR, ein Kernbereich, in dem es der Avantgarde gelang, sich die partielle Unterstützung der Basis zu sichern. Diese Form der Unterstützung resultierte nicht ausschließlich aus Zwang oder Verführung, sondern – glaubt man den zahlreichen Selbstzeugnisses der Aktivisten – auch aus Überzeugung und freiwilligem Engagement für die neue Ordnung. Eine solche Einstellung war nie mehrheitsfähig, sondern rief massive Konflikte innerhalb der Belegschaften hervor, weil sie Assoziationen an alte Formen von Normentreiberei und unsolidarischem Verhalten weckte. Andererseits wird man in den immer wieder erneuerten Versuchen, diese Form von Parteiherrschaft in den Betrieben zu verankern, ein wichtiges Element der zumindest partiell gelungenen Loyalitätssicherung sehen müssen, ohne die der langsame und schwierige Aufstieg der DDR nicht möglich gewesen wäre.

Hierher gehört auch der Zusammenhang von Staatsgründung und Proklamation des 13. Oktober zum »Tag des Aktivisten« auf Beschluß des FDGB-Bundesvorstandes. Was Herbert Warnke in der Tagung des SED-Parteivorstandes am 3. Oktober 1949 vorschlug, sollte den politischen Gründungsakt durch eine neue soziale Dimension ergänzen und so das besondere Profil des »Arbeiterstaates« hervorheben.[194] Er wollte »den Tag der Aktivisten eng mit der Frage der Bildung der Deutschen Demokratischen Republik verbinden. Das würde bedeuten, daß wir uns darüber einig sind, daß die Verpflichtung, den Jahresplan vorfristig zu erfüllen, eine Wettbewerbsbewegung zu entfalten und die besonderen Leistungen, die in einer Reihe von Betrieben in Vorbereitung sind, nunmehr auch zu Ehren der Regierungsbildung durchgeführt werden, und daß das ausdrücklich in den Versammlungen beschlossen wird.« Er regte weiter den Besuch möglichst vieler Mi-

---

192 Fred Klinger, Auf dem Wege zur staatsgelenkten Klasse – Widersprüche und Ungleichzeitigkeiten betrieblicher Mitwirkung in der Frühphase der DDR, in: Deutsche Studien 23 (1985), S. 389-409, hier: S. 397.
193 Ebd., S. 398.
194 Vgl. Gottfried Dittrich, Staatsgründung und Aktivistenbewegung, in: Elke Scherstjanoi (Hg.), »Provisorium für längstens ein Jahr«. Protokoll des Kolloquiums »Die Gründung der DDR«, Berlin 1993, S. 189-194.

nister in verschiedenen Betrieben an, »um damit von vornherein zum Ausdruck zu bringen, daß diese Regierung eine Regierung des Volkes ist, eng verbunden mit den Massen, eng verbunden mit dem Aufbau in unserer Zone, mit den Interessen der Arbeiterschaft.«[195] Dieser Passus ist einerseits typisch für das zentralistische politische Steuerungskonzept der SED, andererseits macht er die Intention für die Gründung der DDR als Gegengesellschaft zur Bundesrepublik deutlich. So traten am 13. Oktober 1949 unter anderem Otto Grotewohl in den Leunawerken, Walter Ulbricht im Horch-Werk in Zwickau, Otto Nuschke im Benzinwerk Böhlen und Lothar Bolz in der Maxhütte Unterwellenborn in Belegschaftsversammlungen auf – ein Vorgang, der im neu gegründeten westdeutschen Staat schwerlich vorstellbar war. Am gleichen Tag dokumentierte der FDGB mit der Auszeichnung von 25.000 »Aktivisten des Zweijahrplans« und 3.500 »Jungaktivisten« diese spezifische Verbindung von staatsrechtlichen und sozialpolitischen Elementen. Ob man sie als »Werben der Macht um ein Mandat« in Verbindung mit einem umfassenden sozialpolitischen Gesetzespaket der folgenden Monate verstehen kann[196], läßt sich bezweifeln, da diese Macht nie zur Disposition gestellt und damit einem politischen Wettbewerb ausgesetzt wurde. Gerade darin ist aber die besondere Konstellation eines »Arbeiterstaates« zu finden, der sich um sichtbare Formen der sozialen Legitimation zumindest bemühen mußte. Ein großer Teil der Aktivisten, aber keineswegs immer die Mehrheit, gehörte der SED an. Einige rückten später ins ZK, in die Volkskammer, in den Staatsrat oder in Ministerien ein. 1951 bestand die Mehrzahl der FDGB-Fraktion in der Volkskammer aus Aktivisten.[197]

Die optische Präsenz der Aktivisten in den Betrieben sollte die Stimulierung der Arbeitsleistung als ständige Aufgabe unterstreichen. Der neu eingeführte »Tag der Aktivisten« brachte zwar neue Impulse, legte aber auch die großen Defizite in der Realität offen. Die handlichen Erklärungen dafür lauten in den zeitgenössischen politischen Analysen meist »ungenügendes ideologisches Bewußtsein« und »unzureichende Hilfestellung« der Gewerkschaften.[198] Die großen Probleme der Umsetzung der Aktivistenbewegung auf breiter Basis wurden in den zeitgenössischen veröffentlichten Berichten des FDGB mit frappierender Deutlichkeit angesprochen. »Ernste Schwächen« zeigten insbesondere die Leitungen einiger Industriegewerkschaften, die sich auf die bloße »Registrierung der periodisch anwachsenden Zahlen neu ausgezeichneter Aktivisten« beschränkten. Auch die mangelnde Einbeziehung der Aktivisten in wirtschaftliche und gewerkschaftliche Funktionen fand harte Kritik. »Die Ursache ist vor allem in der Verkennung ihrer [der Aktivisten; C. K.] Bedeutung und der Angst vieler Funktionäre, ihre Funktionen

---

195 Zit. ebd., S. 190. Dittrich, Anfänge, S. 149.
196 So Dittrich, Staatsgründung, S. 192 f.
197 Warnke, Arbeiterklasse, S. 275. Gottfried Dittrich, Zur Geschichte der Aktivisten- und Wettbewerbsbewegung in der DDR während der Übergangsperiode, in: Die DDR in der Übergangsperiode, Berlin (O) 1979, S. 116-133, hier: S. 125.
198 Bericht des Landesvorstandes Sachsen des FDGB vom 1.3.1950, SAPMO-BArch, DY 34/A3188.

zu verlieren, zu suchen.« Es gab aus Sicht der FDGB-Spitze »noch beträchtliche Schlacken von Egoismus und Nurgewerkschaftertum«.[199]

Die Popularisierung der Aktivistenbewegung war und blieb eine schwierige Prozedur, weil sie de facto auf eine Heraufsetzung der Arbeitsnormen hinauslief und auch so wahrgenommen wurde. Zudem gab es verbreitete Widerstände gegen die ostentative Herausstellung der Helden. So stellte ein Bericht für Sachsen vom Oktober 1951 fest, die Beteiligten verweigerten häufig ihr Einverständnis, daß ihr Bild und ihre Leistung öffentlich gemacht wird. »Diese Einstellung beruht meistens auf falscher Scham bzw. auf Einwirkung der gegnerischen Propaganda.«[200] Andererseits waren die Betriebsfeiern zu Ehren der Aktivisten mittlerweile weitgehend etabliert. Sie wurden kulturell von Jungen Pionieren, von betrieblichen Kulturgruppen oder lokalen Theatern und Orchestern umrahmt. »Der Verlauf der Auszeichnungen in den Betriebsfeiern zeigte Begeisterung und Aufgeschlossenheit unter den Anwesenden. Es war klar zu erkennen, daß sich das Bewußtsein unter den Belegschaftsmitgliedern der VEB im allgemeinen und unter den Aktivisten im besonderen zu Gunsten unserer Aktivistenbewegung entwickelt hat.«[201]

Dieses euphorische Urteil war zweifellos übertrieben, denn aus der Aktivistenbewegung mußten immer wieder neue Formen des Wettbewerbs entwickelt werden, bis hin zu den 1959 geschaffenen »Brigaden der sozialistischen Arbeit«, die gleichsam auf einer höheren Stufe die ursprünglichen Ziele weiterführen sollten. Um aus den spektakulären Einzelaktionen eines Hennecke eine dauerhafte Massenbewegung werden zu lassen, waren zudem konkrete, am Arbeitsplatz umsetzbare Anleitungen und Hinweise nötig. Dem diente die 1951 geschaffene »Bibliothek der Aktivisten«, die vom FDGB herausgegeben wurde und neben unvermeidlichen ideologischen Zutaten neue Arbeitsmethoden für verschiedene Arbeitsfelder vorstellte und beschrieb. Auch hier läßt sich wenig über ihre praktische Wirkung sagen. Die Auflagenzahlen sind nicht bekannt, dürften jedoch hoch gewesen sein. Dieser Typ von Heften, die für die praktische Arbeit bestimmt waren, erlaubt jedoch gewisse Rückschlüsse darauf, wie der abstrakt als »Sowjetisierung« bezeichnete Prozeß der Übertragung sowjetischer Vorbilder und Modelle in kleine Münze umgewechselt werden sollte. Denn hier wurden anschaulich beschriebene Methoden sowjetischer und kurzzeitig auch polnischer Arbeitshelden popularisiert und nutzbar gemacht. Daß solche Broschüren mit der genauen Praxisanleitung auch noch ein erhebliches Maß an peinlichem Pathos und falschem Heroismus mitlieferten, gehörte unabdingbar zur Phänomenologie des Hochstalinismus und ist seinerseits in gleicher Weise für das sowjetische Original wie für die volksdemokratischen Kopien symptomatisch.

Die insgesamt 82 Hefte – sie erschienen bis 1955 – stammten überwiegend von sowjetischen oder polnischen Aktivisten und Arbeitshelden oder griffen auf

---

199 Aus der Arbeit des FDGB, S. 133 f.
200 Bericht des Landesvorstandes Sachsen des FDGB vom 16.10.1951, S. 6. SAPMO-BArch, DY 34/A 3248.
201 Ebd.

deren Methoden zurück. Insofern sind sie eine aufschlußreiche Quelle für die operative Umsetzung von Sowjetisierungsprozessen im Arbeitsleben. So beschrieb die Broschüre von Piotr Trzcinski über das Dreierputzsystem aus der Sicht eines polnischen Aktivisten neue Formen der Arbeitsteilung und der Arbeitsgeräte beim Putzen auf dem Bau. Der Brigadeleiter Jakow Trojan aus dem sowjetischen Erzbergwerk »Dsershinski« berichtete, wie es ihm durch die Kombination der »Mehrstoßmethode« mit gleichzeitiger Bedienung mehrerer Bohrmaschinen (Mehrbohrermethode) gelang, hervorragende Fördererergebnisse bei gleichzeitiger Kostensenkung zu erzielen.[202] (☛ vgl. auch *Bild Nr. 5* im Farbteil S. 453)

In der Schriftenreihe des FDGB-Bundesvorstandes
BIBLIOTHEK DER AKTIVISTEN
sind bisher erschienen:

Heft 1	Ljapin, A. P.	Die Verteilung entsprechend der Leistung . . . 0,20
Heft 2	Jakuschin, A.	Der Stachanowplan zum Kampf gegen alle Produktionsverluste 0,20
Heft 3	Fedorowitsch, N.	Auf dem Wege zum Stachanowbetrieb . . . 0,20
Heft 4	Trzcinski, P. Schawljugin, F.	Das Dreierputzsystem . . . . 0,20 Ziegelverlegen in der Fünfergruppe
Heft 5	Striemann, F.	Wir weben die besten Stoffe für Dich! . . . 0,20
Heft 6	Rossiski, N. A.	Die kollektive Stachanowarbeit 0,20
Heft 7	Zep, Stanisław	Meine Verbesserungspläne und ihre Verwirklichung 0,20
Heft 8	Gmitrzykowski, W.	Nach dem Vorbilde Matrosows 0,20
Heft 9	Müller, Heinz	Die Anwendung der Kowaljowmethode in unseren volkseigenen Betrieben 0,60
Heft 10	Korabelnikowa, L.	Unsere Erfahrungen im Wettbewerb um allseitige Einsparungen 0,40
Heft 11	Gościmińska, W.	Mein großer Tag 0,20
Heft 12	Opitz, Gerhard	Plan zur Verbesserung der betrieblichen Abrechnungsarbeit 0,40
Heft 13	IG Chemie	Das Schnellbrennen nach der Duwanow-Methode 0,20
Heft 14	Bykow, P.	Die erste Komplexbrigade 0,20
Heft 15	Filippow, A.	Durch Kollektivarbeit zur Bestleistung am Hochofen 0,30
Heft 16	Trojan, J.	So wurden die Normen übererfüllt 0,20

Die Schriftenreihe wird fortgesetzt!

Hersteller **TRIBUNE** Verlag und Druckereien des FDGB
Berlin N 4, Chausseestraße 123/124 — Redaktion: W. Fickenscher und V. Linsbauer

Die Agitationsliteratur des FDGB-Bundesvorstandes ist nicht durch den Buchhandel zu beziehen, sondern vom Literatur-Obmann im Betrieb durch den zuständigen Zentralvorstand der Industriegewerkschaften bzw. Gewerkschaften oder direkt vom Zentralen Literatur-Vertrieb des FDGB, Berlin O 17, Fritz-Heckert-Straße 70

Satz und Druck: Tribüne, Druckerei I, Dresden III/9/2 9 51 1789 — Lizenz-Nr. 281 — P 1068 a — 07 951

Abb. 20: Sowjetisierung im Betrieb durch Propagierung sozialistischer Vorbilder.

---

202 Piotr Trzcinski, Das Dreierputzsystem. Fedos Schawljugin, Ziegelverlegen in der Fünfergruppe (Bibliothek der Aktivisten 4), Berlin (O) 1951. Jakow Trojan, So wurden Normen übererfüllt! (Bibliothek der Aktivisten 16), Berlin (O) 1951. Eine lange Liste der meist aus der Sowjetunion übernommenen Formen der »Neuererbewegung« von 1949 bis 1952 ist zusammengestellt bei Keller, Demokratie, S. 306-314.

II. »Aufbau des Sozialismus« (1948–1953)

Eine zentrale Rolle in der generellen betrieblichen Orientierung an der Sowjetunion spielte eine nach dem sowjetischen Ingenieur Kowaljow benannte und für die volkseigene Industrie breit propagierte Methode. Ihre Philosophie war ebenso einfach formuliert wie schwer einzulösen: »Die Kowaljow-Methode besteht – und darin liegt ihre große Bedeutung – im systematischen Studium, der Verallgemeinerung und der allgemeinen Verbreitung der fortgeschrittensten Aktivistenerfahrungen.« Ihre Anwendung setzte allerdings, wie der beim FDGB zuständige Heinz Müller an Kowaljow schrieb, »einen bestimmten Entwicklungsstand der Aktivistenbewegung, ihre Anerkennung durch die technische Intelligenz und einen bestimmten Reifegrad des Bewußtseins aller Werktätigen voraus. Alle diese Voraussetzungen sind bei uns gegenüber dem Stand in der Sowjetunion nur schwach entwickelt.«[203] Diese Sätze spiegelten nicht nur die Vorbehalte gegenüber dem »Großen Bruder«, sondern auch gegenüber den Galionsfiguren der Aktivistenbewegung wider. Wie intensiv und wie lange solche Übernahmen sowjetischer Vorbilder in der betrieblichen Praxis eine Rolle spielten, läßt sich kaum generell feststellen. Nach Stalins Tod wurde diese Form des »Lernens von der Sowjetunion« zwar noch kampagnenartig fortgesetzt, verlor aber an Bedeutung.

Mit dem Anlaufen des ersten Fünfjahrplans wuchs der Druck, aus der Hennecke-Bewegung eine wirkliche Massenbewegung und aus individuellen Höchstleistungen kollektive Dauerleistungen zu machen. Neue Formen des »sozialistischen Massenwettbewerbs« sollten »Hilfe für die Zurückgebliebenen« organisieren und durch vorfristige Planerfüllung im letzten Quartal des Jahres 1950 einen guten Start für den großen Plan sichern.[204] Die Palette der Initiativen in den folgenden Jahren war breit: Massen-, Sonder- und innerbetriebliche Wettbewerbe; Aktivistenschulen und Produktionsberatungen; die Verpflichtungsbewegung als Ausdruck der Weiterentwicklung der Aktivistenbewegung; die Neuerer-, Rationalisatoren- und Erfinderbewegung; schließlich der verstärkte Ausbau der Brigaden. Ohne Zweifel gab es eine erheblich breitere Beteiligung der Arbeiter in den VEB als zuvor, und ohne diese Aktivitäten wäre der Fünfjahrplan der Erfüllung der wichtigsten Ziele kaum so nahegekommen. Der Plan des FDGB »Zur Entfaltung der Masseninitiative«[205] ging somit in vielerlei organisierte Einzelinitiativen ein, die vorgelegten Erfolgsbilanzen erlauben jedoch kaum einen genauen Einblick in das Gesamtergebnis. Die permanenten Konflikte um die Betriebskollektivverträge (BKV), in denen die hautnahe Probe aufs allgemeine Exempel gemacht wurde, sprechen eine andere Sprache.[206] Zudem ist zweifelhaft, ob und in-

---

203 Beide Zitate im Vorwort zu: Fjedor Lukitsch Kowaljow, Wie sollen wir die fortgeschrittensten Arbeitsmethoden untersuchen, zusammenfassen und zur allgemeinen Anwendung bringen? (Bibliothek der Aktivisten 33), Berlin (O) 1952.
204 Ausführlich und systematisch mit vielen aufschlußreichen Details, aber als durchgängige Erfolgsgeschichte geschrieben: Falk, Kleine Geschichte, hier. S. 82 ff. Vgl. Aus der Arbeit des FDGB, S. 141-147.
205 Beschluß der 2. Tagung des Bundesvorstandes vom 9./10.11.1950, Geschäftsbericht 1950 bis 1954, S. 256-262.
206 Vgl. unten, Abschnitt 10 (S. 270 ff.).

wieweit für die einfachen Belegschaftsmitglieder dieses ausufernde, mit immer neuen pathetischen, peinlichen oder trivialen Parolen garnierte System von Ansporn und Druck noch durchschaubar und nachvollziehbar war. Daß die »großen politischen und nationalen Aufgaben mit den täglichen Produktionsaufgaben verbunden wurden«[207] und daß hierin das Neue des Massenwettbewerbs lag, dürfte eher ein frommer Wunsch oder eine nachträgliche Stilisierung gewesen sein. Eine wichtige soziale Konsequenz war jedoch der Aufstieg von Hennecke-Aktivisten in den betrieblichen Leitungs- und Aufsichtsapparat: als Vorarbeiter, Meister, Arbeitsinstrukteure oder auch auf überbetrieblicher Ebene als Fachleute im Verwaltungs- oder Wirtschaftsapparat.[208]

Ökonomisch blieben – gemessen an den Zielen – alle Formen von Wettbewerben, die ein funktionelles Äquivalent zum Druck von Märkten und Preisen im Kapitalismus bieten sollten, wenig erfolgreich, auch wenn sie das typische Nachkriegsdilemma, nämlich die wechselseitige Blockade von niedriger Produktivität und schlechter Versorgung, durchaus aufbrechen konnten. Idealistische Motivationen ließen sich kaum dauerhaft aufrechterhalten, zumal wenn ein großer Teil der Aktivisten »vor Ort« nicht mehr zu Verfügung stand. Daher wurden, als die Aktivistenbewegung ihren Kampagnen-Charakter längst eingebüßt hatte, dauerhafte Formen der Stimulierung notwendig. Die Brigaden boten dafür die besten Ansatzpunkte.

5. Brigaden als Kern kollektiver Arbeitsorganisation

Die Anfänge der Brigaden als spezifisch sowjetsozialistischer Form der Arbeitsorganisation gehen in das Jahr 1947 zurück. Sie konnten zwar auf deutschen Traditionen kollektiver Ausrichtung von Arbeitsprozessen aufbauen, ihre Zielsetzung aber reichte weiter. Sie sollten vor allem ein Element des Wettbewerbs, des engeren Kontakts am Arbeitsplatz, aber auch der Kontrolle bei der Steigerung der Produktionsergebnisse und der Erfüllung der Wirtschaftspläne bilden. Insofern waren sie ein Kernelement der Erziehungsdiktatur der SED gegenüber der »herrschenden Klasse«. Das »Wörterbuch der Ökonomie des Sozialismus« von 1968 definierte eine Brigade als »Kollektiv von Werktätigen, die nach dem sozialistischen Prinzip der kameradschaftlichen, gegenseitigen Hilfe und Unterstützung arbeitet und unter Leitung eines Brigadiers gemeinsame bestimmte Produktionsaufgaben löst.« Sie sollte aber nicht nur Höchstleistungen in der Produktion liefern, sondern auch zur Persönlichkeitsentwicklung ihrer Mitglieder beitragen.[209] Als Substruktur der einem Meister zugeordneten Arbeitsbereiche umfaßten sie in der Regel 15 bis 25 Mitglieder. Die Zahlen schwankten jedoch und konnten auch deutlich darüber oder darunter liegen. Formell regelte der auf ein Jahr befristete

---
207 Falk, Kleine Geschichte, S. 87.
208 Ewers, Aktivisten, S. 969.
209 Wörterbuch der Ökonomie des Sozialismus, Berlin (O) 1968, S. 170.

Brigadevertrag die Beziehungen zwischen Brigade und Betrieb sowie innerhalb der Brigade. Ihre Etablierung gelang relativ schnell, und ihre Geschichte zeigt ein kontinuierliches Wachstum, das nicht nur auf die von oben durchgesetzten Anstrengungen zurückzuführen ist, sondern auch auf eine in allen Phasen der DDR-Geschichte bemerkenswerte Resonanz stieß.[210] Diese breite Akzeptanz verweist auf eine Entwicklung, die die Brigaden zu einem besonders interessanten Feld der Arbeitergeschichte macht. Denn hier kreuzten sich unterschiedliche Linien, die häufig quer zu den Intentionen des Herrschaftsapparats verliefen, typische Konfliktkonstellationen offenlegten und insbesondere in späteren Phasen auch ausgeprägt kommunikative und lebensweltliche Bezüge aufwiesen.

Die allgemeine Zielsetzung der gewerkschaftlichen Initiatoren läßt sich präzise mit den Worten Rudi Kirchners, des stellvertretenden FDGB-Vorsitzenden, von 1950 charakterisieren: »Es muß unser Ziel sein, bis zum Ende des Fünfjahrplans die überwiegende Masse der Produktionsarbeiter in Arbeitsbrigaden zu organisieren, den Geist der Aktivisten auf die Masse der Brigademitglieder zu übertragen, durch die kollektive Arbeit in den Brigaden und die mir ihr verbundene Erziehung zu kollektiver Verantwortung die individualistischen und Einzelgängertendenzen zu zerschlagen und die Brigade zur Zelle der vollen Entfaltung der schöpferischen Kräfte der Arbeiter zu machen«.[211] Die Differenz zwischen dieser hehren Absicht und den vielfältigen Erscheinungsformen in der betrieblichen Praxis macht die innere Dynamik der Geschichte der Brigaden aus, die bis zum Ende der DDR ein starkes Element der Kontinuität der Arbeitsorganisation und der Herrschaftsstruktur darstellten. Gerade in der Anfangszeit lassen sich aber aus Instrukteursberichten des FDGB durchaus glaubwürdige Hinweise auf erhöhte Leistungsbereitschaft durch Brigadebildung ablesen. Der von Jan Koplowitz in seiner »Wettbewerbspolka« beschworene Eifer dürfte dagegen eher ein Wunschbild geblieben sein. (☞ vgl. *Abb. 21*)

In der Entwicklung der Brigaden sind vor allem drei Aspekte von besonderem Interesse: die Formen der Übernahme des sowjetischen Modells, die Rolle des FDGB und das Verhalten der Arbeiter in den Brigaden zwischen Leistungsdruck und Renitenz. Der Anstoß für die Schaffung der Brigaden kam aus der Aktivisten- und Wettbewerbsbewegung. Der FDGB als ihr Initiator wollte das kollektive Moment stärker zur Geltung bringen. Dabei diente die Brigadebewegung der Sowjetunion als Vorbild, über deren Struktur und Arbeitsweise aber noch kaum Informa-

---

210 Die wichtigsten Arbeiten dazu: Jörg Roesler, Die Produktionsbrigaden in der Industrie der DDR. Zentrum der Arbeitswelt?, in: Kaelble/Kocka/Zwahr (Hg.), Sozialgeschichte, S. 144-170; Ders., Gewerkschaften und Brigadebewegung in der DDR, in: BzG 36 (1996) 3, S. 3-26; Ders., Probleme des Brigadealltags. Arbeitsverhältnisse und Arbeitsklima in volkseigenen Betrieben 1950–1989, in: APZ B 38 (1997), S. 3-17; Ders., Zur Rolle der Arbeitsbrigaden in der betrieblichen Hierarchie der VEB, in: DA 30 (1997), S. 737-749; Hübner, Konsens, S. 212-232; Ders., »Sozialistischer Fordismus«? Oder: Unerwartete Ergebnisse eines Kopiervorgangs. Zur Geschichte der Produktionsbrigaden in der DDR, in: Alf Lüdtke/Inge Marßolek/Adelheit von Saldern (Hg.), Amerikanisierung. Traum und Alptraum im Deutschland des 20. Jahrhunderts, Stuttgart 1996, S. 96-115.
211 Zit. bei Hübner, Fordismus, S. 102.

> **DIE WETTBEWERBSPOLKA**
>
> Geschrieben für das Maxhütten-Ensemble im Film „Jacke wie Hose"
>
> 1952
>
> Im Wettbewerb, im Wettbewerb geht alles besser, schneller;
> im Wettbewerb, im Wettbewerb wird es im Kopfe heller.
> Ein jeder packt für alle an,
> von allen wird das Werk getan,
> viel Speichen gibt's am Rade.
> Damit das Rad sich schneller dreht,
> drum lebe, daß es vorwärts geht,
> die Wettbewerbsbrigade.
>
> Im Wettbewerb, im Wettbewerb erringen wir das Schöne;
> im Wettbewerb, im Wettbewerb erfüllen wir die Pläne.
> Wer besser hämmert, feilt und stanzt,
> wer besser singt und spielt und tanzt,
> beschreitet neue Pfade,
> wird Meister unsrer neuen Zeit,
> der ehrt die Arbeit. Sei bereit,
> du Wettbewerbsbrigade!
>
> Im Wettbewerb, im Wettbewerb verschönern wir das Leben;
> im Wettbewerb, im Wettbewerb wird sich der Wohlstand heben.
> Wer schwächer ist, kommt auch in Tritt,
> die ganze Gruppe nimmt ihn mit,
> um jeden wär' es schade!
> Es sorgt, daß alles gut gerät,
> es sorgt für beste Qualität
> die Wettbewerbsbrigade.
>
> Musik: Joachim Werzlau

Abb. 21: Der populäre Schriftsteller Jan Koplowitz arbeitete zeitweilig in der Maxhütte und schrieb darüber Reportagen und Gedichte.

tionen vorlagen.[212] Jörg Roesler hat jedoch auch die relative Eigenständigkeit des FDGB bei der Initiierung der Brigadebewegung betont. Sie entwickelte sich zu einer erfolgreichen Masseninitiative, mit der die FDGB-Spitze so zunächst nicht gerechnet hatte. Dabei spielte offenbar eine Rolle, daß die Arbeiter eher eine Rückkehr zu traditionellen Aufgabenfeldern der Gewerkschaft erwarteten. Die Brigade gestaltete mehr oder minder spontan ihren Aufgabenbereich aus, und die Gewerkschaftsführung tolerierte diesen Trend zunächst: Brigadiere lösten Vorarbeiter ab und begannen, traditionell dem Meister oder Abteilungsleiter zugeordnete Funkti-

---

212 Roesler, Zur Rolle, S. 739.

onen zu übernehmen.[213] Die Brigadebildung förderte einen engeren Zusammenschluß und ein stärkeres Verantwortungsgefühl der Mitglieder. Sie brachte aber auch eine größere Transparenz in den Zusammenhang zwischen eigener Leistung und Entlohnung. Hatten früher die Verteilung der Prämien, die Normung und die Qualitätsprüfung vollständig in der Hand des Meisters gelegen, so fielen diese Funktionen jetzt de facto – wenn auch ohne ausdrückliche Genehmigung der Betriebsleitung – häufig in die Kompetenz der Brigade. Diese Ausweitung des Handlungsspielraums ging also primär auf Kosten der Meister. Traditionell gehörten Gütekontrolle, Normenfestlegung und Lohnabrechnung in großen deutschen Industriebetrieben zum Aufgabenfeld von Meisterbereichen, in denen ein Stab von Fachleuten für Statistik, Normen, Lohnabrechnung und Kontrolle zur Verfügung stand. Daß ein Teil dieser Aufgaben vom Brigadier oder von Brigademitgliedern okkupiert wurde, mußte Werksleitungen und Ministerien irritieren. Die SED versuchte daher, diese Entwicklung mit der Meisterverordnung von 1952 wieder zurückzudrehen und den Brigadier auf den Status eines Vorarbeiters zurückzustufen. Die relative Eigendynamik ließ sich damit jedoch nicht mehr vollständig stoppen. Vor allem nach dem Debakel des 17. Juni mit dem gescheiterten Versuch, die Normenfrage zentral zu regeln, akzeptierte die SED-Führung stillschweigend die prekäre Position der Betriebsleitungen, die nur informell und im Kompromiß mit den Brigaden unter Duldung der Meister Normerhöhungen durchsetzten.[214]

Die anfänglichen Pläne des FDGB-Bundesvorstandes, bis Ende des Jahres 1950 mindestens 15.000 Brigaden zu schaffen, wurden noch im gleichen Jahr erheblich überboten. Bereits Ende 1950 waren 663.000 Industriearbeiter in rund 98.000 Brigaden organisiert. Damit näherte man sich in den Augen der Gewerkschaftsführung dem Entwurf der neuen Gesellschaft. Ließen sich damit Produktivitätsverbesserungen erreichen, bedeutete das ein starkes Argument für diese neue Form nach sowjetischem Vorbild. Daß damit auch ein Konfliktpotential zwischen Betriebsleitungen und Brigaden entstehen konnte, wurde zunächst kaum wahrgenommen.[215] Am Beispiel des Hydrierwerks Schwarzheide läßt sich zeigen, wie bisherige Meisterbereiche in Brigaden aufgegliedert wurden und welcher umfassende Katalog von »Aufgaben und Zielen« für sie in einem Mustertext schriftlich fixiert wurde:

»1. Soweit im Leistungslohn gearbeitet wird, neue Normenstellung und Normerhöhung auf gesunder Grundlage nach dem Arbeitskatalog.
2. Die Qualität zu verbessern und zu steigern; Frauen zu qualifizieren.
3. Die Arbeitsproduktivität zu erhöhen, Wettbewerbe zu organisieren, Verbesserungsvorschläge anzuregen und durchzuführen, richtige Einhaltung und Ausführung der Arbeitszeit, Produktionsbesprechungen am Arbeitsplatz.
4. Überplanmäßige Selbstkostensenkung erzielen, Grund- und Hilfsstoffe einsparen, Werkzeuge und Maschinen schonend behandeln.

---

213 Roesler, Gewerkschaften, S. 10 f.
214 Roesler, Zur Rolle, S. 740 ff.; Ders., Probleme, S. 8.
215 Roesler, Zur Rolle, S. 739 f.

5. Brigaden als Kern kollektiver Arbeitsorganisation

5. Unfallverhütung, Belehrung am Arbeitsplatz.
6. Ausnutzung der betrieblichen Reserven.«[216]

Die relativ großen Gestaltungsspielräume der Brigaden trugen also – im Gegensatz zum zähen Widerstand gegen die Betriebskollektivverträge (BKV) – wesentlich zur schnellen Akzeptanz bei den Belegschaften bei und machten bereits Mitte der fünfziger Jahre die Brigaden zum Element des normalen Arbeitslebens in der staatlichen Industrie.[217] 1952 war rund ein Fünftel aller Beschäftigten in der staatlichen Industrie in Arbeitsbrigaden zusammengefaßt.[218] Für 1957 gab das Statistische Jahrbuch der DDR bereits 179.000 Brigaden mit rund 1,9 Millionen Mitgliedern an.[219] Die traditionelle »Kragenlinie« gegenüber den Angestellten blieb weitestgehend erhalten, Meister- und Verwaltungsbrigaden in den kaufmännischen Abteilungen waren die Ausnahme.[220] In dieser sozialen Differenzierung und im Trend zur Profilierung als Interessenorganisation konnten die Brigaden, wie Peter Hübner pointiert festgestellt hat, eine Lücke füllen, »die der FDGB mit seinen dauernden Attacken gegen das ›Nurgewerkschaftertum‹ eines Teils seiner Basisfunktionäre aufgerissen hatte. Anders gesagt: Es gab eine Entwicklung, durch die Brigaden auf quasigewerkschaftliche Aufgaben verwiesen wurden.«[221] Diese Rolle sollte nicht überschätzt werden. Aber sie war in der Entstehungsgeschichte der Produktionsbrigaden als Möglichkeit angelegt und hat später vor allem im Zusammenhang mit der Kampagne »Brigaden der sozialistischen Arbeit« und den von der SED erhobenen Syndikalismus-Vorwürfen eine für die Arbeitergeschichte aufschlußreiche Konstellation geschaffen.[222] Daß die zahlreichen kurzfristigen Arbeitsniederlegungen, die sich meist an Lohn- oder Prämienangelegenheiten entzündeten, häufig von Brigaden ausgingen, bestätigt ihre Bedeutung als verdeckte Interessenvertretung.[223]

Als Spezialformen sind die Frauen- und Jugendbrigaden zu erwähnen. Die Frauenbrigaden sollten den besonderen Problemen der Frauenarbeit, wie sie vor allem in der Textil- und Chemieindustrie existierten, Rechnung tragen. Den in Ansätzen schon 1947/48 geschaffenen Jugendbrigaden galt erst in den fünfziger Jahren und dann später, mit der Ausweitung zu sozialistischen Brigaden, besondere Aufmerksamkeit im Zusammenhang mit der Ausbildung von Jugendlichen. 1953 erhielten Betriebe mit mehr als 200 Jugendlichen die Anweisung, hauptamtliche FDJ-Sekretäre einzustellen.[224]

---

216 Zit. bei Hübner, Konsens, S. 216.
217 Ebd., S. 217.
218 Roesler, Zur Rolle, S. 744.
219 Statistisches Jahrbuch der DDR 1957, S. 197.
220 Roesler, Produktionsbrigaden, S. 149.
221 Hübner, Konsens, S. 218 f.
222 Siehe unten Kap. IV 6 (S. 448 ff.)
223 Hübner, Konsens, S. 218.
224 Roesler, Produktionsbrigaden, S. 148 f.; Ders., Jugendbrigaden im Fabrikalltag der DDR 1948–1989, in: APZ B 28 (1999), S. 21-31, hier: S. 22 f.

II. »Aufbau des Sozialismus« (1948–1953)

Den Kontakt zur Schuljugend zu intensivieren, gehörte ebenfalls zu den Aufgaben der Brigaden. Dazu wurden Patenschaften mit Schulklassen organisiert. Damit sollte die Verbindung von Schule und Arbeitswelt gestärkt werden. Patenschaften scheinen aber erst in der Phase der »sozialistischen Brigaden« eine größere Rolle gespielt zu haben, ebenso wie der Wunsch, die Jugendweihe im Betrieb durchzuführen. Nur im Idealfall aber sah die Realität so aus, wie sie ein FDGB-Bericht von 1963 darstellte. Demnach hospitierten Brigademitglieder »als Beauftragte des Kollektivs in den Schulklassen. Die Patenklassen kommen zu den Brigaden an die Arbeitsplätze und mit dieser unmittelbaren Verbindung Schule–Unterricht und Leben in der Produktion wird der Jugend immer besser die Perspektive für ihre spätere Entwicklung aufgezeigt.«[225]

In der Brigadebewegung flossen die Ziele von SED und FDGB, Leistungssteigerungen und Rationalisierungen, aber auch eine erzieherische Wirkung zu erreichen, mit einer pragmatischen Fürsprache unter den Arbeitern zusammen, die hier, auf der untersten Ebene, erweiterte Handlungsspielräume für sich sahen. Diese nutzten sie meist auf unspektakuläre Weise, akzeptierten im übrigen diese Form kollektiver Arbeitsorganisation als Normalität im Betrieb. Die pathetische ideologische Überhöhung kam erst mit der Ausrufung der sozialistischen Brigaden 1959. Am Grundmuster einer komplexen und spannungsreichen, aber auch auf paradoxe Weise herrschaftstabilisierenden Rolle der Brigaden änderte sich damit jedoch wenig.

Diese Rolle konnten die in ersten Ansätzen schon 1948 geschaffenen Produktionsberatungen keineswegs übernehmen. Dieses Instrument, in dem die Gewerkschaften die Schlüsselrolle spielten, versprach den Arbeitern Mitbestimmung im Produktionsprozeß. Zeitlich schloß die Schaffung der Produktionsberatungen an das Ende der Betriebsräte an. Es war ein weiterer Versuch, das beginnende Planungssystem durch veränderte Verhaltens- und Orientierungsmuster der Arbeiter zu flankieren.[226] Sie sollten ein Mitbestimmungsorgan für die Gesamtheit der Belegschaftsmitglieder abgeben. Was als partizipatives Element in der neuen Ordnung verkauft wurde, hatte faktisch vor allem die Funktion, die Belegschaften mit den Planaufgaben vertraut zu machen und sie für die Mängelbeseitigung im Produktionsprozeß zu aktivieren. Tatsächlich war ihre Bedeutung in dieser frühen Phase gering und das Desinteresse bei Arbeitern ebenso wie bei Wirtschafts-, Gewerkschafts- und Parteifunktionären groß[227], weshalb erst unter neuen Rahmenbedingungen nach dem Mauerbau ein neuer Anlauf erfolgte, den Produktionsberatungen ein größeres Gewicht zu verleihen.[228]

---

225 Zit. bei Roesler, Produktionsbrigaden, S. 159. Eine genauere Untersuchung, die vor allem über Interviews die oft sehr ernüchternde Praxis gebührend berücksichtig, bereitet Emmanuel Droit vor: Die Arbeiterklasse als Erzieher – die Beziehung zwischen Schulen und Betrieben in der DDR 1949–1989. MS eines Vortrags im Centre Marc Bloch 2005, vgl. unten, Anm. 288, S. 251.
226 Eine gute Analyse dazu bietet Klinger, Auf dem Wege, S. 389 ff. Vgl. für die zeitgenössische offizielle Begründung und Zielsetzung: Die Produktionsberatungen. Entscheidende Hilfe für die Planerfüllung, In: »Die Wirtschaft« 3 (1948), S. 542
227 Ebd., S. 393.
228 Siehe unten, Kap. V 5 (S. 568 ff.).

6. Frauenarbeit und Frauenemanzipation

Das Bild der legendären Trümmerfrauen bestimmte in der SBZ nur kurze Zeit die Szenerie der Zusammenbruchsgesellschaft. Es traf auf die Gesamtsituation der Frauen ohnehin weniger zu, als die populäre Erinnerung, insbesondere in bekannten zeitgenössischen Photos konserviert, glauben macht.[229] Sowohl die SMAD als auch die SED machten sich frühzeitig daran, den Frauen in der neu aufzubauenden Gesellschaft und in der Wirtschaft einen gebührenden Platz zu sichern. Dieser wurde von zwei Zielsetzungen bestimmt. Zum einen war in der sozialistischen und kommunistischen Tradition die Lösung der »Frauenfrage« eng mit dem revolutionären Umbau der Gesellschaft verbunden. Zum anderen benötigte die im Aufbau befindliche Wirtschaft Arbeitskräfte, zumal die Kriegsverluste und die noch immer zahlreichen Kriegsgefangenen einschneidende Lücken im Arbeitskräftepotential hinterlassen hatten. Beide Ziele waren insofern miteinander verbunden, als sich die sozialistisch-kommunistische Vorstellung von der gesellschaftlichen Emanzipation der Frau primär daran orientierte, daß Frauen berufstätig sein sollten. So eindeutig diese doppelte Zielsetzung war, so schwierig ließ sie sich in den ersten Nachkriegsjahren, aber auch in den folgenden Jahrzehnten, einlösen, da sie auf vielfältige Hindernisse stieß.

Schon in ihrem ersten Verfassungsentwurf von 1946 hatte die SED die Gleichberechtigung der Frau auf allen Gebieten des politischen, wirtschaftlichen und gesellschaftlichen Lebens gefordert. Der II. Parteitag verabschiedete 1947 eine eigene Resolution zur Frauenfrage, in der diese Forderung detailliert entwickelt wurde. Über allgemeine Postulate hinaus wurde hier vor allem die wirtschaftliche und sozialpolitische Dimension hervorgehoben: »Die besondere Sorge der Partei ist dem Schutze der arbeitenden Frau gewidmet. Gleicher Lohn für gleiche Arbeit, verbesserter Arbeitsschutz, bezahlter Hausarbeitstag, soziale Betriebsfürsorge, zusätzliche Ernährung und Arbeitskleidung für die Werktätigen. Erschließung aller für Frauen geeigneten Berufe und aller Lern- und Ausbildungsmöglichkeiten sind ihre grundlegenden Forderungen.«[230] Damit waren zwar die wichtigsten Ebenen angesprochen, auf denen die Politik anzusetzen hatte, aber der Weg war lang und steinig.

Zu den ersten organisatorischen Ansatzpunkten gehörten die 1947 überregional zusammengeschlossenen Frauenausschüsse. Aus ihnen entstand der »Demokratische Frauenbund Deutschlands« (DFD). Die Reihenfolge seiner generellen

---

229 Eine glänzende, mit bissiger Ironie gegen alte und neue Klischees in West und Ost vor und nach der »Wende« argumentierende Dokumentation und Analyse der Frauenbilder in der SBZ und DDR hat die Kulturwissenschaftlerin Ina Merkel vorgelegt: »... und Du, Frau«. Darin auch zum Mythos der Trümmerfrauen S. 31 ff. Einen allgemeinen Überblick bietet Michael Schwartz, Emanzipation zur sozialen Nützlichkeit: Bedingungen und Grenzen von Frauenpolitik in der DDR, in: Dierk Hoffmann/Michael Schwartz (Hg.), Sozialstaatlichkeit in der DDR. Sozialpolitische Entwicklungen im Spannungsfeld von Diktatur und Gesellschaft 1945/49–1989, München 2005, S. 47-87.
230 Resolution des II. Parteitages zur Frauenfrage, in: Dokumente der SED Bd. 1, Berlin (O) 1952, S. 231 f. Der Hinweis auf den Verfassungsentwurf der SED von 1946 in der Erklärung des Politbüros vom 18.4.1950 »Das Politbüro an die Frauen«, in: Dokumente der SED, Bd. 3, S. 13.

II. »Aufbau des Sozialismus« (1948–1953)

Programmpunkte offenbarte allerdings schon das Ausmaß der politischen Steuerung dieser von der SED abhängigen Massenorganisation. An der Spitze rangierten der »Kampf für Frieden gegen Faschismus und Militarismus« sowie der »Aufbau eines demokratischen Deutschlands«, erst an dritter Stelle folgte der »Kampf um Gleichberechtigung«. Diese Instrumentalisierung kostete den DFD bald alles Ansehen in der Gesellschaft. In den Anfangsjahren jedoch gab es eine Reihe von Aktivitäten, die Resonanz unter den Frauen fanden, weil sie auf akute Problemlagen reagierten.[231] In den Gewerkschaften war und blieb die »Frauenfrage« ein besonders häufig behandelter Problempunkt auf der politischen und sozialen Agenda[232], wobei nicht zuletzt die mentalen Schwierigkeiten, die einer Gleichberechtigung der Frauen im Arbeitsprozeß nach wie vor entgegenstanden, oft und offen diskutiert wurden. Angesichts der trotz aller Appelle und organisatorischer Bemühungen hartnäckig aufrechterhaltenen Barrieren im Alltag beschloß das Politbüro am 8. Januar 1952, Frauenausschüsse in der Industrie und Landwirtschaft zu gründen, die nur auf betrieblicher Ebene tätig sein sollten, um so »problemnah« wie möglich agieren zu können.[233] Diese Betriebsfrauenausschüsse konnten zwar auf der Tradition einer relativ selbständigen Frauenbewegung innerhalb der sozialistischen Arbeiterbewegung aufbauen, so daß diese Tradition selbst möglicherweise ein Motiv für die Initiative der SED gewesen ist. Zugleich waren die Ausschüsse ein Eingeständnis der praktischen Schwierigkeiten, die man offensichtlich nicht schnell genug zu überwinden vermochte.[234] Ulbricht sprach auf der 2. Parteikonferenz im Juli 1952 mit deutlichen Worten die Misere an: »Aber manche unserer Parteigenossen und vor allen Dingen unsere Wirtschaftsfunktionäre sind der Meinung, daß die Arbeiterklasse nur aus Männern besteht. Es ist tief beschämend, was auf einigen Konferenzen von den Frauen hervorgebracht wurde. Wir lassen alle diese Fälle untersuchen. Jeden Funktionäre, jeden Genossen in den Gewerkschaftsleitungen, der die Arbeit der Frauenausschüsse verhindert, werden wir jetzt vor die Parteikontrollkommission stellen.«[235]

In den fünfziger Jahren entwickelten diese betrieblichen Frauenausschüsse eine bemerkenswerte Aktivität – mit Erfolgen, die zumindest deutlich machen, daß die Verbindung von ökonomischen Zielen und emanzipatorischen Bemühungen keineswegs bloße Propaganda war und nicht primär unter dem Aspekt politischer Herrschaft und »Ausbeutung der Frau in der Sowjetzone« – so die da-

---

231 Daphne Hornig/Christine Steiner, Der alltägliche Frauenk(r)ampf zwischen Küche, Kirche und Kombinaten, in: MKF H. 36, 1995, S. 55-72. Als offiziöse Gesamtgeschichte: Geschichte des DFD, Hg.: Demokratischer Frauenbund Deutschlands, Leipzig 1989.
232 Ein frühes Beispiel ist das mit Zahlenmaterial und diversen Aufrufen und Grußadressen versehene 16-seitige Schulungs- und Referentenmaterial Nr. 7 vom Dezember 1945 »Frauen und Gewerkschaften«, hg. vom FDGB.
233 Dokumente der SED, Bd. 3, S. 690 f.
234 Ausführlich dazu Petra Clemens, Frauen helfen sich selbst. Die Betriebsfrauenausschüsse der fünfziger Jahre in kulturhistorischer Sicht, in: Jb. für Volkskunde und Kulturgeschichte 1987, S. 107-142.
235 Zit. ebd., S. 111.

6. Frauenarbeit und Frauenemanzipation

mals dominante westdeutsche Perspektive[236] – zu verstehen ist. Erst 1965 gingen die Ausschüsse als eigene Kommission in den BGL auf.[237] Sie hatten das Recht, zu allen frauenpolitischen Problemen öffentlich Stellung zu nehmen und von den Betriebs- und Gewerkschaftsleitungen geeignete Maßnahmen zu fordern. Den Startschuß gab der zum festen Begriff gewordene Betriebsfrauenausschuß des VEB Elbe-Werft Boitzenburg, der am 29. Januar 1952 im »Neuen Deutschland« als dringliche Aufgabe formulierte, »die berufliche Qualifikation der Frauen im Betrieb zu fördern und, wo es nötig sein sollte, ihre Forderungen energisch durchzusetzen.«[238] Von 1952 bis 1961 stieg die Zahl der weiblichen Beschäftigten in der Industrie von 880.000 auf 1,13 Millionen an.[239] Zwar blieb das Grundmuster der geschlechtsspezifischen Verteilung der Arbeitskräfte in den Wirtschaftszweigen lange Zeit erhalten, aber für die DDR war doch charakteristisch, daß Frauen zunehmend in bisherige Männerdomänen von Schwerindustrie, Maschinenbau, chemischer Industrie und Bauwesen eindrangen. Daraus ergaben sich viele Probleme, mit denen sich die Ausschüsse auseinanderzusetzen hatten. Eine anschauliche Illustration lieferte der Bericht von Berta Truppel aus einem Pressen- und Scherenbaubetrieb in Erfurt auf der Konferenz der Frauenausschüsse in Glauchau 1957: »Bei 2.800 Belegschaft sind wir nur 300 Frauen. Wir müssen uns tüchtig auf den Hosenboden setzen, um uns zu behaupten, denn erst 1945 ist in unserem Betrieb sozusagen die Frauenarbeit übernommen worden. Es ist auch gar nicht so einfach, mit vielen Männern zusammenzuarbeiten und dann die gehörige Achtung oder das Verständnis für unsere Arbeit zu haben. Es ist nicht selten der Fall gewesen, daß ich, nach Hause gekommen, geheult habe und mir sagte, du machst nichts mehr, du schmeißt den Kram an die Wand; es hat doch keinen Zweck, man kommt doch nicht durch.«[240]

In den frühen fünfziger Jahren waren die Lebensbedingungen für berufstätige Frauen mit Familie insofern besonders schwierig, als die Infrastruktur noch wenig ausgebaut und das Dienstleistungsnetz noch sehr löchrig war. Nicht zuletzt hing das mit dem auf den vorrangigen Ausbau der Schwerindustrie gerichteten Wirtschaftspolitik der SED zusammen. Technische Haushaltsgeräte und ein breiteres Angebot an Konsumwaren fehlten weitgehend im Alltag. Die Frauenausschüsse bemühten sich daher intensiv um die Einrichtung betrieblicher Kindergärten und -krippen, um Ferienangebote für Kinder von Werksangehörigen,

---

236 Vgl. etwa den Artikel »Arbeitseinsatz der Frau in der ›DDR‹. Gleichberechtigt als Objekt der Ausbeutung«, in: SBZ-Archiv 5 (1954), S. 166 f., wobei der sachliche Inhalt durch die Überschrift kaum gedeckt ist. Ein drastisches Beispiel für die Einseitigkeit der Perspektive ist die Denkschrift des Parteivorstandes der SPD: Die Entrechtung der Frau in der Sowjetzone. Kommunistische Frauengesetzgebung in Propaganda und Wirklichkeit, hg. vom Vorstand der SPD, Sopade Informationsdienst, Denkschrift Nr. 49, Bonn 1953.
237 Clemens, Frauen, S. 119.
238 Zit. bei Jürgen Kirchner, Zur Bedeutung der Betriebsfrauenausschüsse für die gleichberechtigte Teilnahme der Frauen am planmäßigen Aufbau der Grundlagen des Sozialismus in der DDR (1952 bis 1955), in: Jb.WG 1976 II, S. 33-52, hier: S. 38. Vgl. Merkel, ... und Du, S. 86 f.
239 Clemens, Frauen, S. 108.
240 Zit. ebd., S. 115.

aber auch um die Sicherung und Ausweitung des Haushaltstages auch für Alleinstehende. Schließlich gehörten neben berufsqualifizierenden Maßnahmen allgemeine und lebenspraktische Vorträge sowie gesellige Zusammenkünfte zu ihren Aufgabenfeldern. Nach Petra Clemens arbeiteten sie in Betrieben mit überschaubaren Belegschaften erfolgreicher und engagierter als in Großbetrieben, wobei die Altersgruppe der Vierzig- bis Fünfzigjährigen dominierte. Vermutlich war für diese Gruppe eine ständige Berufstätigkeit am ehesten realisierbar und gewollt.[241]

Die Tabelle mit Daten von 1955 zeigt, daß es sich bei den Betriebsfrauenausschüssen nicht um einen Ableger der Massenorganisationen handelte, auch wenn sie – zu Recht – als Konkurrenz zum DFD aufgefaßt wurden. Sie zeigt auch, daß es sich überwiegend um ein Phänomen der verstaatlichten Industrie handelte, während Privatbetriebe nur peripher beteiligt waren. Daß die Parteilosen unter den Mitgliedern die große Mehrheit stellten, sagt zwar wenig über das politische Innenleben aus, jedoch wird man gerade für die Anfangsjahre davon ausgehen können, daß die praktische und lebensweltliche Interessenvertretung zunächst gegenüber der politischen Funktion im Vordergrund stand.[242] (☞ vgl. *Tab. 13*)

Zu den schon 1945 von der SMAD eingeführten sozialpolitischen Errungenschaften der berufstätigen Frauen gehörte der monatliche Haushaltstag.[243] Er war in der Regel ein Bestandteil der im Betriebskollektivvertrag (BKV) festgelegten Regelungen. Gleichberechtigung konnte in diesem Fall aber auch bedeuten, daß nur die Frauen in den Genuß der Freistellung kamen, die familiäre Versorgungspflichten hatten. Dies jedenfalls wollte 1951 der Betrieb »Radio- und Fernmeldetechnik« in Leipzig mit einem offenbar hohen weiblichen Beschäftigtenanteil durchsetzen. Alleinstehende Frauen mit eigenem Haushalt sollten demnach keinen Anspruch mehr haben – entsprechend den für Männer geltenden Regeln. In einem in seiner ungelenken und ungeschminkten Diktion bemerkenswerten Brief an den Bundesvorstand des FDGB setzten sich die weiblichen Belegschaftsmitglieder des Betriebes zur Wehr, kritisierten die vorgesehene Änderung als ungerechtfertigte Härte und baten im höflichen Ton einer Bittschrift um eingehende Prüfung. Der Text wirft zugleich interessante Schlaglichter auf die Versorgungssituation und auch auf die Wahrnehmung der Rollenverteilung zwischen Frauen und Männern. Die folgende Passage soll das verdeutlichen:

> »Wir geben zu Bedenken, daß alle anfallenden Hausarbeiten, seien es welche jeder Art, für die alleinstehende wie für die verheiratete Frau die gleichen sind. Einer verheirateten Frau werden sogar noch manche Arbeiten, denken wir an die sogenannten ›Männerarbeiten‹ wie Holzhacken, Kohlenbesorgen und vieles andere mehr, vom Ehemann abgenommen, welche jene alles allein tun muß. Auch den Fenstern, die geputzt, Zimmern, die gesäubert, Öfen, die geheizt werden

---

241 Ebd., S. 117.
242 Ebd., S. 112 f.
243 Ausführlich zur Geschichte in breiterem Zusammenhang: Carola Sachse, Der Hausarbeitstag. Gerechtigkeit und Gleichberechtigung in Ost und West 1939–1994, Göttingen 2002.

6. Frauenarbeit und Frauenemanzipation

Tab. 13: Anzahl und Zusammensetzung der Betriebsfrauenausschüsse am 1.1.1955

	Frauenausschüsse	In Prozent
Gesamtzahl, davon in	10.131	100,00
VEB	4.455	44,00
Privatbetrieben	190	1,90
MTS	495	4,90
VEG	339	3,30
LPG	2.253	22,20
Verwaltungen	1.352	13,35
Handelsbetrieben	1.047	10,35

Politische Zusammensetzung der Frauenausschüsse

	Mitarbeiter	In Prozent
Gesamtzahl	83.599	100
Mitglieder der SED	20.072	24
Blockparteien	1.644	2
Parteilose	61.883	74

Soziale Zusammensetzung der Frauenausschüsse

	Mitarbeiter	In Prozent
Gesamtzahl	83.599	100,00
Arbeiterinnen und Angestellte	72.835	87,10
Bäuerinnen	10.595	12,70
Intelligenz	151	0,20

[Quelle: Jürgen Kirchner, Zur Bedeutung der Betriebsfrauenausschüsse, in: Jb.WG 1976 II, S. 44 f.]

wollen, ist es bestimmt sehr gleichgültig, ob die Arbeit eine verheiratete Frau besorgt oder eine unverheiratete. Gehen wir abends nicht genau so wie die anderen Frauen einkaufen, unsere Kleinigkeiten des alltäglichen Lebens besorgen? [...] Außerdem wird jeder zugeben müssen, daß man dringend notwendige Einkäufe an Textilien fast jeder Art, sagen wir Mangelware, des Vormittags vornehmen muß, weil zu der Zeit nämlich die Ware eingeht und auch meist gleich verkauft wird. Hier ist den Nöten der Berufstätigen noch zu wenig Rechnung getragen worden. Dazu wird der Haushaltstag benötigt. Oder besteht etwa immer noch die in weiten Kreisen verbreitete Meinung, daß der Haushaltstag nur zum Wäschewaschen da ist?

Auch wir fangen, abends nach Hause angekommen, an zu kochen und für den nächsten Tag zu sorgen. Jeden Abend essen zu gehen, entspricht nun einmal

237

II. »Aufbau des Sozialismus« (1948–1953)

nicht der Natur einer Frau und, in den allermeisten Fällen, auch nicht dem Portemonnaie. Man kann also hingehen, wo man will, es gibt wohl kaum einen Handgriff, der nicht ebenso von einer ledigen wie von einer verheirateten Frau getan werden muß. Wir glauben bestimmt, daß sich Ehepaare, die doch in den meisten Fällen Doppelverdiener sind (wo gibt wohl Ehen, wo die Frau für den Mann arbeitet?) manche Erleichterungen schaffen können, zu der wir finanziell nicht in der Lage sind.

Ist es auch im Sinne unseres Fünfjahrplanes, wenn wir nach einem mit Hausarbeit überhäuften Sonntag abgespannt und unlustig unsere Berufsarbeit am Montag wieder aufnehmen, was sich bei allem guten Willen mit der Zeit auf die Arbeit, wie auf die Gesundheit der Frau auswirken muß? Sicher doch nicht!«[244]

Der FDGB wandte sich in seiner Antwort zwar gegen schematische Festlegungen, bekräftigte dennoch die Auffassung, es sei eine »ungerechtfertigte Bevorzugung gegenüber Zehntausenden von Männern, die sich genau in der gleichen Lage befinden«, wenn alleinstehende Frauen, die nur für sich zu sorgen hätten, einen Haushaltstag bekämen.[245] Die anfangs in den Ländern der SBZ unterschiedlichen Regelungen wurden schließlich in der Verordnung »über die Wahrung der Rechte der Werktätigen und über die Regelung der Entlohnung der Arbeiter und Angestellten« vom 20. Mai 1952 einheitlich fixiert.[246]

Die Eingliederung von Frauen in den Arbeitsprozeß wurde zwar frühzeitig begonnen, stieß aber in der Wiederaufbauphase angesichts der noch überwiegend niedrigen Qualifikation und der gravierenden Probleme einer ökonomisch sinnvollen Arbeitskräftelenkung auf Schwierigkeiten, die erst im Zuge der allmählichen Normalisierung des wirtschaftlichen Lebens überwunden werden konnten. So hat eine Studie für Sachsen nachgewiesen, daß häufig Frauen als erste wieder entlassen oder auf schlechter bezahlte Arbeitsplätze umgesetzt wurden, wenn Veränderungen der Technologie und Intensivierungen der Produktion anstanden, aber auch, wenn Kriegsheimkehrer oder »Umsiedler« unterzubringen waren. Die Arbeitsämter wurden daher angehalten, gezielt gegenzusteuern. Sie hatten Vermittlungen von Frauen in körperlich schwere Arbeitsplätze und solche, für die Männer angefordert wurden, vorzunehmen, sollten Hilfsarbeiterinnen qualifizieren und anschließend umgruppieren und für Umschulungen mit Ausbildungsvertrag sorgen.[247]

Die Gleichberechtigung von Frauen am Arbeitsplatz und die Realisierung des schon von der SMAD 1946 befohlenen Grundsatzes »gleicher Lohn für gleiche

---

244 Brief vom 13.4.1951, SAPMO-BArch, DY 34/15/b/712 A
245 Schreiben vom 26.6.1951, ebd.
246 Gbl. DDR 1952, S. 377-383. Vgl. Gunnar Winkler (Hg.), Geschichte der Sozialpolitik in der DDR 1945–1985, Berlin (O), S. 80.
247 Rosemarie Eichfeld, Zu den Problemen der Teilnahme der Frau am gesellschaftlichen Produktionsprozeß im Land Sachsen in den Jahren 1945 bis 1949, in: Studien zur Rolle der Frau im Arbeitsprozeß im Sozialismus, Leipzig 1979 (Freiberger Forschungshefte), S. 7-49, hier: S. 35 f., 46.

6. Frauenarbeit und Frauenemanzipation

Arbeit«[248] war besonders in den Anfangsjahren ein mühsamer Prozeß, wie schon die zeitgenössischen publizierten Quellen nachdrücklich zeigen. Dabei mußten keineswegs nur traditionelle Vorbehalte unter männlichen Betriebsleitern sowie Gewerkschafts- und Parteifunktionären überwunden werden. Auch viele Frauen selbst freundeten sich erst allmählich mit der ihnen zugedachten neuen Rolle an. Alte Vorbehalte gegen »Doppelverdiener« waren zumindest in den Jahren noch bestehender Arbeitslosigkeit keineswegs ausgeräumt. Auf einige drastische Fälle in Sachsen, die kaum einmalig gewesen sein dürften, wies im Mai 1950 das »Amt für Information«, der Vorläufer des MfS, hin. Danach waren in einem SAG-Betrieb 20 Frauen entlassen worden, weil sie angeblich ihre Norm nicht erfüllt hatten. In der Betriebsvereinbarung der Kattun-Druckerei Böhme in Frohburg war festgelegt worden, »daß weiblichen Arbeitskräften zu kündigen ist, sobald sie in den Ehestand treten.« Das Arbeitsamt Plauen lehnte es ab, »Frauen, vor allem Ehefrauen, in Arbeit zu vermitteln, solange ihre 172 männlichen Arbeitslosen noch nicht untergebracht sind.« Der Erste Sekretär des SED-Kreisvorstandes Plauen unterstützte diese Ansicht. Die Arbeitsämter in Borna und Chemnitz vertraten ähnliche Positionen.[249] Ausgeprägte Vorbehalte oder Gleichgültigkeit gab es auch in den Gewerkschaften. Der Geschäftsbericht des FDGB für die frühen fünfziger Jahre legte zwar eine zahlenmäßig stolze Bilanz vor, ließ aber die gravierenden Defizite in der Praxis deutlich erkennen.

Von 1950 bis 1954 waren 67.856 Frauen als »Aktivisten«, 30.010 »für ausgezeichnete Leistungen« und 267 als »Verdiente Aktivisten« ausgezeichnet worden. 20 hatten es zum »Held der Arbeit« und 17 zum Nationalpreisträger gebracht. Fünf Frauen waren Minister oder Staatssekretäre, 60 Hauptabteilungs- oder Abteilungsleiter, 772 Bürgermeister in Städten und Dörfern, zwei Oberbürgermeister in größeren Städten, zehn Vorsitzende der Räte von Stadt- und Landkreisen, 104 Frauen waren Abgeordnete der Volkskammer.[250] Eine vergleichbare Bilanz war zu dieser Zeit in der Bundesrepublik nicht denkbar. Den Gewerkschaftsleitungen aber kreidete der Bundesvorstand an, sie hätten »in der Mehrzahl die berufliche und gesellschaftspolitische Weiterentwicklung sowie die Sorge um die werktätige Frau mehr oder weniger dem Selbstlauf überlassen.« Im Rahmen der BKV sollten daher Kommissionen zur Überprüfung der Arbeitsplätze gebildet und Frauenförderungspläne ausgearbeitet werden. Arbeitsschutz und gesundheitspolitische Vorsorge mahnte die FDGB-Spitze ebenso an wie zahlreiche Maßnahmen der betrieblichen Sozialpolitik zur spürbaren Entlastung der Frauen und zur besseren Vereinbarkeit von Berufstätigkeit und Mutterschaft. Schließlich wurden eine bessere Zusammenarbeit mit den Frauenausschüssen

---

248 Befehl Nr. 253 der SMAD vom 17.8.1946,, in: Um ein antifaschistisch-demokratisches Deutschland, S. 328.
249 Inform-Mitteilung »Arbeitskräftelenkung in Sachsen« vom 5.5.1950, BStU, MfS-AS 231/66, Bl. 567.
250 Geschäftsbericht FDGB 1950–1954, S. 168 f. Die ausschließlich männliche Bezeichnung war und blieb generell üblich.

II. »Aufbau des Sozialismus« (1948–1953)

und eine stärkere Repräsentanz von Frauen in den BGL und AGL gefordert.[251] Der weibliche Mitgliederanteil im FDGB wird für 1952/53 mit 37,7 Prozent angegeben. Dem Bundesvorstand gehörten 1954 114 Funktionäre an, davon 22 Frauen. Im neunköpfigen Sekretariat des Bundesvorstandes war lediglich eine Frau vertreten.[252]

Die Erwerbssituation von Frauen war in der Frühphase der DDR zutiefst widersprüchlich. Ähnlich wie schon in der NS-Kriegswirtschaft sollten Frauen »ihren Mann stehen.« Sie taten das aber oder mußten das überwiegend auf klassisch frauenspezifischen Teilarbeitsmärkten tun: auf dem Gebiet landwirtschaftlicher und hauswirtschaftlicher Hilfstätigkeiten sowie in der Textil- und Nahrungsmittelindustrie. In der Politik der Arbeitskräftelenkung stellten Frauen viele Jahre die Manövriermasse zur kurzfristigen Abdeckung von Mangelsituationen dar, aber noch kaum gleichberechtigte und gleichgeachtete Arbeitskräfte.[253] Schien ihre berufliche Eigenständigkeit in der Öffentlichkeit zunächst noch legitimierungsbedürftig, so war sie gegen Ende der fünfziger Jahre doch weithin als Selbstverständlichkeit akzeptiert, so daß andere Akzente gesetzt werden konnten.[254] Bis dahin gaben die Kranführerin und Traktoristin eher symbolische Leitfiguren ab.

Abb. 22

»Sinnbildhaft standen sie damals für die befreite Frau, für ein Ideal von Gleichberechtigung, das sein Maß in der ökonomischen Unabhängigkeit der Frau hatte.«[255] (☛ vgl. Abb. 23)

Populäre Frauenzeitschriften und Illustrierte wie »Die Frau von heute«, »Für Dich« und die »Neue Berliner Illustrierte« sorgten dafür, daß das neue Frauenbild, das bei näherem Hinsehen auch viele konventionelle Elemente enthielt, mit einem der Reklame und Kinowelt entliehenen Formenreservoir angemessen verbreitet wurde. Die Erfolgsstory fand ihren Niederschlag neben Reportagen und

---

251 Ebd., S. 335-342 (Beschluß der 11. Tagung des Bundesvorstandes vom 3./4.10.1952 »Die Verbesserung der Gewerkschaftsarbeit unter den Frauen).
252 Ebd., S. 171, 251 f.
253 Schwartz, Emanzipation, S. 54.
254 Susanne Diemer, Patriarchalismus in der DDR, Opladen 1984, S. 58.
255 Ina Merkel, Leitbilder und Lebensweisen von Frauen in der DDR, in: Kaelble/Kocka/Zwahr (Hg.), Sozialgeschichte der DDR, S. 367.

6. Frauenarbeit und Frauenemanzipation

Photos in holprigen Reimen, wie in dem 1955 in der »Frau von heute« abgedruckten Gedicht. (☞ vgl. *Textrahmen*, S. 242)

Abb. 23: Propagierung eines neuen Frauenbildes in betont lockerer Form.

II. »Aufbau des Sozialismus« (1948–1953)

> **Der Weg der Frau**
>
> Wie schön ist das Leben im Arbeiterstaat
> für uns gleichberechtigte Frauen,
> an jedem Arbeitsplatz stehen wir,
> lernen – studieren und bauen.
>
> Wir haben doch schon viel geschafft
> auf Bauten, in Fabriken und Kontoren,
> täglich beweisen wir unsere Kraft
> als wären wir neu geboren.
>
> Du kannst uns an der Werkbank sehn,
> besuche die Trümmerfrauen,
> hier als Arzt, dort als Wachtmeister,
> in jedem Beruf stehn zielbewußte Frauen.
>
> Wir schaffen für der Zukunft Glück,
> uns danken strahlende Augen,
> wir kämpfen für unserer Kinder Glück
> und grüßen die Friedenstauben.
>
> Schlafe, mein Kind, und träume von morgen,
> auch Mutti steht auf Friedenswacht.
> Du sollst glücklich leben, ohne Sorgen,
> wir schützen unsere Errungenschaft.[256]

Pointiert hat Ina Merkel darauf hingewiesen, daß die massenhafte Integration von Frauen in den Arbeitsprozeß in mancher Hinsicht aber auch die Konflikte zwischen den Geschlechtern verschärfte. »Die Ideal- und Normbilder von der Frau als berufstätiger Mutter und dem Mann als Heros der Arbeit bestätigten bei aller politischen Neuartigkeit dennoch im Grunde die tradierten Formen der geschlechtsspezifischen Arbeitsteilung. Diese Bilder, die im Kontext der politischen Kultur funktionierten und darüber hinaus kaum noch einen sozialen Sinn machen, tendierten dazu, problematische Wirklichkeitserfahrungen zu negieren und die noch nicht auf ›sozialistische Weise‹ bewältigten Widersprüche zu verdecken.«[257] Die signifikante Unterrepräsentanz von Frauen in Positionen mit hohem sozialen Status und großer politischer oder wirtschaftlicher Entscheidungskompetenz läßt sich für die fünfziger Jahre noch leicht aus Startschwierigkeiten

---

256 Wiedergegeben bei Merkel, ... und Du, S. 91.
257 Ebd., S. 173.

und Nachholbedarf ableiten. Grundlegende Änderungen, wie sie dem sozialistischen Emanzipationsprogramm entsprochen hätten, blieben auf dieser Ebene aber auch in späteren Jahrzehnten aus. Zwar stieg der Anteil von studierenden Frauen an Universitäten und Fachhochschulen, aber eine reservierte Haltung gegenüber Karrieren in Führungspositionen blieb dennoch verbreitet.[258]

7. »Brechung des bürgerlichen Bildungsmonopols« – Arbeiter-und-Bauern-Fakultäten und Umbau des Schulsystems

Zu den ältesten Forderungen der Arbeiterbewegung gehörte der Wunsch nach Abbau der Klassenschranken im Bildungswesen. Wilhelm Liebknechts kämpferische Parole »Wissen ist Macht« von 1872 markierte in diesem Zusammenhang nur die spezifisch politische Ausformung eines verbreiteten Wunsches nach mehr Gerechtigkeit, der keineswegs mit klassenkämpferischen Überzeugungen verbunden sein mußte und daher auch im linksliberalen Spektrum der Parteien auf Zustimmung rechnen konnte. Die Reformpädagogik der Weimarer Republik befand sich hier in breiter Übereinstimmung mit der Programmatik von SPD und KPD. Die Katastrophe des Nationalsozialismus hatte radikalen Neuordnungsvorstellungen generell erheblichen Auftrieb gegeben, so daß auch dieses Programmelement in den Aufrufen nahezu aller neugegründeten Parteien auftauchte und einem verbreiteten Erneuerungswillen entsprach. Die schulpolitischen Vorstellungen der KPD gingen zwar, wie sich schnell zeigte, erheblich über »Gleichberechtigung« hinaus und zielten auf einen umfassenden Umbau der Gesellschaftsstruktur. Zunächst aber konnten Schulreformen, wie sie sich in der Einführung der Einheitsschule 1946 niederschlugen, durchaus auf hohe Akzeptanz rechnen. Die obligatorische achtklassige Einheitsschule bedeutete einen scharfen Bruch mit der deutschen Tradition des gegliederten und früh selektiv ausgerichteten Schulsystems. Dieser egalisierende Schritt entsprach aber auch sozialdemokratischen Vorstellungen und konnte sich auf reformpädagogische Überlegungen berufen. Die Förderung von Arbeiterkindern stand in den öffentlichen Begründungen dieser Schulreform noch keineswegs im Zentrum, auch wenn dieses Motiv de facto bereits eine wesentliche Rolle spielte. Der Gesetzestext von 1946 rückte vor allem die Abrechnung mit faschistischem Gedankengut in den Mittelpunkt.[259]

Ohne signifikanten sowjetischen Einfluß entstanden die Vorläufer einer bildungspolitischen Initiative, die das Selbstverständnis des künftigen Staates und auch des sowjetischen Vorbildes bereits im Namen zum Ausdruck brachten: die Arbeiter-und-Bauern-Fakultäten (ABF). Um hier Signale gegenüber dem anfangs

---

258 Vgl. dazu mit weiteren Literaturhinweisen Sabine Ross, Verhinderter Aufstieg? Frauen im lokalen Führungspositionen des DDR-Staatsapparats der achtziger Jahre, in: Hübner (Hg.), Eliten, S. 147-166.
259 Gesetz zur Demokratisierung der deutschen Schule für die Provinz Sachsen vom 22.5.1946, in: Kleßmann, Staatsgründung, S. 392 f. (Auszug). Vgl. Oskar Anweiler, Schulpolitik und Schulsystem in der DDR, Opladen 1988, S. 26 ff.

weitgehend restaurierten Universitätssystem zu setzen, wurden bereits 1945 erste Vorbereitungen zur Einrichtung von Vorbereitungskursen getroffen, die einen Universitätszugang ohne das bisherige Abitur erlauben sollten und damit vor allem für soziale Unterschichten gedacht waren. In ihrer Zielsetzung reichten sie – wie die Einheitsschule auch – in die reformpädagogischen und parteipolitischen Diskussionen der Weimarer Republik zurück. Sie weisen somit auf »autochthone Traditionsstränge der beiden deutschen Arbeiterparteien« hin.[260] Auch das Motiv der Wiedergutmachung für jüdische und kommunistische Schüler, denen vom Nationalsozialismus der Zugang zu weiterführenden Schulen versperrt worden war, spielte in der Gründungsphase eine wesentliche Rolle.

Unter verschiedenen Bezeichnungen richteten alle Landes- und Provinzialverwaltungen – ausgenommen Brandenburg – Vorbereitungskurse oder Vorstudienanstalten für das Studium an Hochschulen ein. Sachsen lag mit sieben Kursen an Universitäts- und künftigen Hochschulstandorten an der Spitze. Anfangs dauerten die Kurse hier sechs Monate, und die Teilnehmer arbeiteten noch bis zu 30 Stunden in der Woche in den Betrieben. Im zweiten, im Herbst begonnenen Lehrgang betrug der Anteil der Arbeiter und Arbeiterinnen rund 70 Prozent.[261] In Jena, mit seiner ausgeprägten reformpädagogischen Tradition, waren die Schüler der Vorstudienanstalt berechtigt, von Beginn an auch als Hörer an regulären Lehrveranstaltungen der Universität teilzunehmen. Überall gab es erheblich mehr Bewerber als Plätze, so daß Auswahlverfahren notwendig wurden, die ebenso wie die Werbung im wesentlichen in den Händen des FDGB lagen.[262] Daß es hier angesichts der Mischung sozialer, politischer und intellektueller Kriterien häufig Anlaß zu kritischen Kommentaren gab, kann nicht überraschen. Die politische Steuerung war jedoch noch keineswegs so eindeutig wie später bei den ABF. Die veröffentlichten Daten über die soziale Zusammensetzung sind daher teilweise geschönt. Nach offiziellen Angaben haben sich bis 1949 rund 14.550 junge Menschen um die Erlangung der Hochschulreife bemüht. 4.680 haben das Ziel erreicht. 68 Prozent davon stammten aus Arbeiter- und Bauernfamilien.[263] Insgesamt signalisierte bereits diese institutionelle Vorstufe der ABF, daß die SED frühzeitig und gezielt die soziale Zusammensetzung der Studentenschaft veränderte. Im Studienjahr 1949/50 waren knapp 20 Prozent der Studierenden ehemalige

---

260 Michael C. Schneider, Chancengleichheit oder Kaderauslese? Zu Intentionen, Traditionen und Wandel der Vorstudienanstalten und Arbeiter-und-Bauern-Fakultäten in der SBZ/DDRR zwischen 1945 und 1952, in: Zeitschrift für Pädagogik 42 (1995), S. 959-983, hier: S. 961.
261 Vgl. die eingehende Darstellung bei Ilko-Sascha Kowalczuk, Geist im Dienste der Macht. Hochschulpolitik in der SBZ/DDR 1945 bis 1961, Berlin 2003, hier: S. 146 f. Regionale Einzeluntersuchungen haben vorgelegt: Ingrid Miethe, »Die Universität dem Volke!« Der Beitrag der Vorstudienanstalt Greifswald zur sozialen Umschichtung an der Universität (1946–1949), in: DA 38 (2005), S. 1050-1056;. Siegfried Hoyer, »Arbeiter an der Universität.« Die Vorbereitungskurse zum Hochschulstudium in Sachsen 1946–1949, in: Neues Archiv für sächsische Geschichte 71 (2001); Karl-Adolf Zech, Klassenauftrag und Auslandsstudium. Vor fünfzig Jahren wurde die Arbeiter- und Bauernfakultät Halle II gegründet, in: DA 37 (2004), S. 854-863.
262 Geschäftsbericht des FDGB 1946, S. 188 f.
263 Kowalczuk, Geist, S. 149.

7. »Brechung des bürgerlichen Bildungsmonopols«

Vorstudienschüler.[264] Mit der »Verordnung über die Erhaltung und Entwicklung der deutschen Wissenschaft und Kultur« der DWK vom März 1949 begann die Institutionalisierung der Vorstudienanstalten als ABF sowie ihre Integration als eigenständige Fakultäten in die Universitäten.[265]

Die Aufnahmerichtlinien für die ABF vom Mai 1949 waren knapp und auffallend nüchtern gehalten. »Befähigte Bewerber aus Arbeiter- und Bauernkreisen auf das Hochschulstudium vorzubereiten«, hieß das Ziel. Die Zulassung war an »Kenntnisse der achtjährigen Grundschule« gebunden, also nicht zwingend an einen Abschluß. Die Aufnahme erfolgte nach bestandener Prüfung durch eine Universitätskommission, deren Vorsitz der Rektor oder der Dekan für Studienangelegenheiten hatte. Als Arbeiter wurden Bewerber definiert, »die in der Regel zwei Jahre als ungelernte, angelernte oder gelernte Arbeiter tätig sind«. Lapidar hieß es zudem: »Bei der Aufnahme werden Aktivisten bevorzugt.«[266] Die ABF arbeiteten nach einheitlichen, für die ganze SBZ beziehungsweise DDR gültigen Lehrplänen. Die Absolventen hatten nach einem sechssemestrigen Studium mit je 34 Semesterwochenstunden und einer erfolgreichen Prüfung das Recht, an der Fakultät zu studieren, für die sie vorbereitet worden waren. Der Unterricht war kostenlos. Jeder Hörer erhielt ein Stipendium, das nach »seiner sozialen Lage, seiner fachlichen Qualifikation und seiner Betätigung im Sinne des demokratischen Aufbaus« bemessen wurde. Das war in der Tat eine einseitige Bevorzugung von Arbeitern (und zu einem sehr kleinen Teil von Bauern). Sie war gewollt und wurde von Ulbricht auf der 1. Parteikonferenz der SED im Januar 1949 auch offen so begründet: »Nachdem jahrhundertelang die herrschende Klasse ihren Nachwuchs auf den Universitäten erzogen hat, entspricht es doch nur der ausgleichenden Gerechtigkeit, wenn die Jugendlichen aus den Reihen des werktätigen Volkes jetzt endlich zu den Universitäten und Hochschulen bevorzugt zugelassen werden.«[267] Ein besonderes Problem bildete der geringe Frauenanteil. Hatte er 1948/49 noch 19 Prozent betragen, so war er 1950 bereits auf 16 Prozent gesunken. Ulbricht forderte daher, ihn auf 40 Prozent der Studierenden an den ABF zu erhöhen. Trotz verstärkter Werbekampagnen wurde dieses Ziel jedoch nicht erreicht.[268]

---

264 Ebd., S. 150.
265 Text in: Baske/Engelberg (Hg.), Zwei Jahrzehnte, S. 105-112.
266 Richtlinien für die Arbeiter- und Bauernfakultäten vom 21.5.1949, in: Bildungspolitik in Deutschland 1945–1990, hg. von Oskar Anweiler, Bonn 1992, S. 100 f. Nach Anweisung des Staatssekretärs für Hochschulwesen über die Zulassung an den ABF vom 12.2.1952 galten als Arbeiter: a) Personen, deren Eltern seit dem 1.1.1942 als Arbeiter in der Industrie oder Landwirtschaft tätig waren oder vom FDGB als Aktivisten anerkannt waren; b) Personen, die nach Abschluß der Grundschule als Arbeiter in der Industrie oder Landwirtschaft tätig oder vom FDGB als Aktivisten anerkannt waren. Hans-Joachim Lammel (Hg.), Dokumente zur Geschichte der Arbeiter-und-Bauern-Fakultäten der Universitäten und Hochschulen der DDR, T. 2: 1949–1966. Berlin (O) 1988, S. 96. Dort zahlreiche weitere Arbeitsrichtlinien.
267 Zit. bei F. Standke, Der Anteil der Arbeiter-und-Bauern-Fakultäten an der Demokratisierung des Hochschulwesens in der DDR, in: Wissenschaftliche Zeitschrift der Karl-Marx-Universität Leipzig, Gesellschafts- und Sprachwiss. Reihe 16 (1967), S. 459-466, hier: S. 460.
268 Ebd., S. 466.

II. »Aufbau des Sozialismus« (1948–1953)

Mit der festen Etablierung der ABF gewann das Motiv der gezielten politischen Kaderrekrutierung gegenüber anderen Überlegungen endgültig die Oberhand. Die von führenden Funktionären der SED gezogene Parallele zur Parteischulung machte das deutlich. »Genauso, wie die Partei gut ausgewählte und geprüfte Genossinnen und Genossen auf ihre Parteischulen schickt,« erklärte Anton Ackermann im Mai 1949, »genauso müssen auch die Bewerber und Kandidaten für die Aufnahme an den Universitäten und Hochschulen durch die Partei mobilisiert, von ihr bestimmt und überprüft werden.«[269] Vor allem dem FDGB fiel eine wichtige Rolle bei der Werbung und Auswahl von Kandidaten zu. Ein Studium an der ABF sollte keine Privatsache, sondern eine Verpflichtung gegenüber der ganzen Gesellschaft sein. Insofern verstand der FDGB-Bundesvorstand delegierte Arbeiter als »direkte Mandatsträger der Arbeiterklasse« und die Delegierung durch die Betriebe als »Vertrauensbeweis, den nur die Besten sich verdienen.«[270] Die Absolventen der ABF wurden daher mit dem ersten Fünfjahrplan von 1950 in die langfristige Wirtschaftsplanung integriert und sollten zum wichtigen Rekrutierungspotential einer neuen sozialistischen Intelligenz werden. Zwar ließ sich das Ziel einer hundertprozentigen Rekrutierung aus Arbeiter- und Bauernkreisen nicht realisieren, aber die Arbeiter (wie weich die Definitionskriterien auch immer sein mochten) stellten eindeutig das bei weitem größte Kontingent. Insgesamt haben an den ABF in den Jahren von 1949 bis 1963 (dem Jahr ihrer Auflösung) etwa 35.000 Personen die Hochschulreife erlangt.[271] (☞ vgl. *Tab. 14*)

Dieser quantitativ nicht unerhebliche Erfolg sagt jedoch noch sehr wenig über die tatsächliche soziale und politische Bedeutung der ABF aus. Sicher war damit ein Schritt zur Erschließung von Bildungsreserven getan worden, der dem Staat zugleich einen Zuwachs an Loyalität brachte. Jedoch wurde das Bewerberfeld von vornherein durch politische Kriterien so eingeengt, daß Opportunitätsüberlegungen den ursprünglichen Emanzipationseffekt im Zweifelsfall überlagerten. Über das »Innenleben« der ABF ist bislang wenig bekannt, sieht man von amüsanten belletristischen Impressionen wie Hermann Kants »Aula« und stilisierten Erinnerungsberichten einmal ab.[272]

Mit dem systematischen Ausbau des Schulwesens verloren die ABF als gezielte frühe Aktion zur Aufbrechung der sozialen Barrieren im Bildungswesen an Bedeutung. Sie hatten ihre Schuldigkeit als »Kaderschmiede für fachlich befähigte und politisch aktive Wissenschaftler, Partei-, Staats- und Wirtschaftsfunktionäre«[273]

---

269 Zit. bei Schneider, Chancengleichheit, S. 976.
270 Ebd., S. 977.
271 Michael C. Schneider, Bildung für neue Eliten. Die Gründung der Arbeiter-und-Bauern-Fakultäten in der SBZ/DDR, Dresden 1998, S. 8.
272 Hermann Kant, Die Aula, München 1983 (23. Aufl.); Erich Hanke, Im Strom der Zeit, Berlin (O) 1976, S. 108-145. Zur ABF in Berlin existieren zwei zeitgenössische Publikationen: 10 Jahre ABF: Arbeiter-und-Bauern-Fakultät »Friedrich Engels«. Beiträge zu Problemen der pädagogischen, fachlichen und methodischen Arbeit, Berlin (O) 1959; Zur Geschichte der Arbeiter-und-Bauern-Fakultät der Humboldt-Universität zu Berlin (Beiträge zur Geschichte der Humboldt-Universität zu Berlin 2), Berlin (O) 1980.
273 So die Formulierung in: Zur Geschichte, S. 51.

7. »Brechung des bürgerlichen Bildungsmonopols«

Tab. 14: Zusammensetzung der ABF-Studenten im Wintersemester 1949/50 (einschließlich übernommener Vorstudienschüler)

ABF	Studenten gesamt	davon (%): Frauen	von den Studenten insgesamt (%)		
			Arbeiter	Bauern	Sonstige
Berlin	756	23,1	72,6	1,5	25,9
Rostock	283	19,1	67,1	12,7	20,2
Greifswald	269	24,5	70,6	14,9	14,5
Halle	900	11,9	75,9	9,0	15,1
Jena	532	16,5	77,3	8,6	14,1
Potsdam	253	13,8	86,6	7,9	5,5
Leipzig	619	18,9	84,8	5,5	9,7
Dresden	318	10,5	84,8	3,7	11,5
Freiberg	182	1,6	84,6	3,8	11,6
Chemnitz	132	12,9	87,1	4,5	8,4
Zwickau	102	4,9	78,4	7,8	13,8
Gesamt	**4.409**	**16,0**	**78,0**	**6,9**	**15,1**

[**Quelle:** Ilko-Sascha Kowalczuk, Geist im Dienste der Macht, Berlin 2003, S. 159.]

weitgehend getan. Das Problem einer möglichst proportionalen Repräsentation von Arbeitern (und Bauern) im weiterführenden Bildungswesen rückte ins Zentrum der allgemeinen Schul- und Ausbildungspolitik. Die fünfziger Jahre sind wie kein anderes Jahrzehnt von dieser schematischen Vorstellung einer nachholenden Gerechtigkeit geprägt. Vielfältige Förderungsmaßnahmen insbesondere durch Sonderstipendien sollten die Gesellschaft diesem Ziel näherbringen.[274] Rein quantitativ ist das in erheblichem Maße und mit großen Reibungsverlusten auch gelungen. Im Juni 1951 betrug der Gesamtanteil der Arbeiter- und Bauernkinder an der Studentenschaft nur 33,7 Prozent. Er stieg jedoch kontinuierlich und erreichte seinen Höhepunkt 1957 mit 57,1 Prozent. Erst in den sechziger Jahren sank er wieder deutlich unter die Fünfzigprozentmarke. Wenig überraschend ist dabei die ungleiche Verteilung auf Universitäten, Technische und andere Hochschulen. In der letzteren Gruppe lagen die Anteile jeweils deutlich über denen der Universitäten.[275] (☞ vgl. *Tab. 15*, S. 248)

---

274 So schuf der FDGB 1948 einen Sonderfonds »für bewährte studierende Gewerkschaftsmitglieder« (später: Studienfonds des FDGB). 1949/50 gewährte er rund 4.000 Studierenden Leistungszuschüsse. Mit der Neuregelung des Stipendienwesens vom 19.1.1950 mußten mindestens 75 Prozent der zur Verfügung stehenden öffentlichen Mittel für Studierende und Schüler aus Arbeiter- und Bauernkreisen verwendet werden. Aus der Arbeit des FDGB 1947–1949, S. 216.
275 Kowalczuk, Geist, S. 306 f.

II. »Aufbau des Sozialismus« (1948–1953)

Tab. 15: Arbeiter- und Bauernkinder unter den Studierenden		
	Gesamtzahl Studierende 1951/52	Gesamtzahl Studierende 1952/53
männlich	22.646	32.623
weiblich	7.317	10.853
Davon Arbeiter- und Bauernkinder		
an Universitäten	6.617 (37,5 %)	10.054 (42,9 %)
an Hochschulen	3.249 (64,2 %)	5.070 (50,6 %)
an ABF	6.008 (82,6 %)	7.809 (77,8 %)
Zusammen	15.874 (53,0 %)	22.933 (52,7 %)
[Quelle: SAPMO-BArch, DY 34/20 006; Übersicht vom 29.9.1953. Bundesvorstand FDGB, Abt. Statistik.]		

In der Praxis erwiesen sich die Schwierigkeiten jedoch als beträchtlich. Die Abbrecher- und Sitzenbleiberquote war hoch.[276] Statistische Daten wurden häufig geschönt, um den Schein zu wahren. Im Dezember 1958 stellte das Staatssekretariat für Hochschulwesen in einer internen Einschätzung fest, in den letzten Jahren seien »jeweils 35–40 Prozent der einmal an den Arbeiter-und-Bauern-Fakultäten zugelassenen Studierenden nicht bis zum Abitur geführt worden.«[277] Auch die politische Festigkeit ließ zu wünschen übrig. So übte Ulbricht scharfe Kritik an der unzureichenden ideologischen Arbeit der FDF – und diese Kritik galt für ABF und Universitäten gleichermaßen: »Arbeiter schicken wir auf die Hochschulen, Spießbürger kommen zurück.«[278] Von solchen ideologischen Ausfällen abgesehen waren die ABF jedoch für die SED ein Aushängeschild einer neu konzipierten Hochschulpolitik, die auch als Gegenbild zu Westdeutschland gedacht war. Eine agitatorisch geschickte Gegenüberstellung der »Misere der Werkstudenten« in der Bundesrepublik strich die tiefgreifenden Unterschiede zum Arbeiter- und Bauernstudium in der DDR heraus, das sich als Kontrastprogramm darstellte – nicht nur hinsichtlich der materiellen Ausstattung, sondern auch im Verhältnis der Studenten untereinander und zu den Dozenten.[279]

Ähnlich wie die ABF waren auch die Neulehrer ein Bestandteil des Gründungsmythos und »ein Schlüsselsymbol für die Selbstdarstellung der DDR«.[280] Im Zuge der radikalen Entnazifizierung im Bildungsbereich wurden sie nach einem Schnellkurs in großem Umfang in den Grund- und Oberschulen eingesetzt und rekrutierten sich zu einem Teil aus dem Arbeitermilieu. Über den sozialen

---

[276] Sonja Häder, Schülerkindheit in Ostberlin. Sozialisation unter den Bedingungen der Diktatur (1945 bis 1958), Köln 1998, S. 67; Kowalczuk, Geist, S. 162 f.
[277] Zit. ebd., S. 163.
[278] Zit. bei Ulrike Schuster, Mut zum eigenen Denken? DDR-Studenten und Freie Deutsche Jugend 1961–1965, Berlin 1999, S. 33.
[279] Kurt Müller, Die Misere der Werkstudenten und das Arbeiter- und Bauern-Studium, in: 10 Jahre ABF, S. 19-29.
[280] Petra Gruner, Die Neulehrer: Schlüsselsymbol der DDR-Gesellschaft, in: APZ B 38 (1999), S. 25-31, hier: S. 31.

7. »Brechung des bürgerlichen Bildungsmonopols«

Hintergrund der Neulehrer gibt es kaum genauere Angaben. Er war jedenfalls nicht so proletarisch, wie ihn sich Funktionäre wünschen mochten und wie kritische westliche Beobachter behaupteten. So hatten von 77 in Jena erhobenen Neulehrern 23,6 Prozent das Abitur, 52,6 Prozent mittlere Reife und nur 23,6 Prozent Volksschulbildung. Rückschlüsse auf einen höheren sozialen Status der Herkunftsfamilien sind insofern legitim.[281] Auch politisch unterschied sich das tatsächliche Bild vom gewünschten. Nach einer Statistik für Sachsen gab es am 1. Dezember 1945 5.756 Neulehrer. Insgesamt gehörten davon lediglich 3,7 Prozent der KPD und 7 Prozent der SPD an, 85 Prozent waren parteilos.[282] Bis Ende der vierziger Jahre sorgte die SED dann aber für gründliche Veränderungen. Sozialdemokratische und bürgerliche Schulverwaltungskräfte wurden systematisch ausgewechselt, und ab 1950 stiegen die Neulehrer in die Funktionselite des Schulwesens auf.[283]

Zu den bildungspolitischen Initiativen, mit denen man den Auftrag, einen »Arbeiterstaat« zu schaffen, ebenfalls einlösen wollte, gehörte die Einführung der am sowjetischen Modell ausgerichteten, obligatorischen zehnklassigen polytechnischen Schule. Ihr Start im Jahre 1952 hatte zwar zunächst eher experimentellen Charakter, und die verbindliche Realisierung dauerte bis 1959. Das Ziel, angesichts der durch Entnazifizierung und Abwanderung von bürgerlichen Fachkräften entstandenen Lücken schnell neues qualifiziertes Personal zu gewinnen, dominierte hier von Anfang an. Es war insbesondere auf Arbeiter und Bauern gerichtet, um den gewünschten Kaderschub zu forcieren. Gleichwohl trat hier – ebenso wie bei den Vorstudienanstalten und den ABF – ein Dilemma auf, das auch im »Arbeiterstaat« nicht kurzfristig zu lösen war: Die kulturellen Grenzen des Sozialmilieus mußten aufgebrochen werden, um Bildungsangebote wirksam werden zu lassen. Vollmundige Erfolgsbilanzen parteioffizieller Berichte können nicht darüber hinwegtäuschen, daß die Lösung dieses schwierigen Problems, das relativ unabhängig vom politischen System auch in westlichen Ländern bestand, mühsam war. Sonja Häder hat dazu eine der wenigen mikrohistorischen Untersuchungen vorgelegt. Sie verdeutlicht exemplarisch, daß Milieugrenzen in den fünfziger Jahren noch eine starke Barriere für den sozialen und politischen Erfolg der Bildungspolitik darstellten. Ein Interview aus dem Scheunenviertel in Ost-Berlin schildert eine sehr gute Schülerin, die eigentlich zur Oberschule gehen sollte. »Und die Lehrer drängelten, und sie sagte: ›Nein‹. Sie ging nach der achten Klasse ab. Obwohl ich das zwar bedauerte, erschien es mir irgendwie konsequent. Ich empfand das damals als bewußte Arbeiterklasse. Die wußten, wer sie waren. Und so wollten sie bleiben. Und die ganze Familie war mit stolz. Die haben ihre Arbeit gut gemacht, die hatten Würde [...] Andere Ambitionen hatten die nicht, obwohl sie bestimmt die Fähigkeiten gehabt hätten.«[284]

---

281 Brigitte Hohlfeld, Die Neulehrer in der SBZ/DDR 1945–1953, Weinheim 1992, S. 68 f.
282 Ebd., S. 71 f.
283 Ebd., S. 207, 228-231.
284 Häder, Schülerkindheit, S. 177 (Interview mit einer Lehrerin).

II. »Aufbau des Sozialismus« (1948–1953)

Besonders ausgeprägt erwies sich die milieubedingte Distanz gegenüber den Oberschulen. »Aufgrund des Nachwirkens einer eigenen proletarischen Subkultur«, hat Häder festgestellt, »der fehlenden familialen Bildungstraditionen und endlich wegen der zu erwartenden finanziellen Belastungen einer verlängerten Ausbildung lösten die versprochenen Aufstiegschancen nicht den erhofften Sturm auf die Oberschulen aus. Die interviewten Zeitzeugen aus dem proletarischen Berliner Scheunenviertel bestätigen diese Einschätzung.«[285] Hier wurden auch am ehesten die inneren Grenzen zwischen Arbeiterbewegung und Arbeiterschaft sichtbar. Aufstieg durch Bildung war eine alte Forderung und Hoffnung der sozialistischen Arbeiterbewegung. Sie stieß aber in Teilen der Arbeiterschaft immer wieder auf Ängste vor den Folgen einer Entfremdung gegenüber der eigenen Familie und Klasse und bremste daher den bildungspolitischen Erfolg. Zwar löste sich dieses Problem mit der Etablierung eines breit gefächerten Bildungssystems allmählich auf, aber zugleich entstand ein neues. Denn zum Gesamtkonzept der Bildung gehörte die ständige Weiterqualifizierung in einem hochentwickelten System von infrastrukturellen Absicherungs- und Förderungsmaßnahmen (insbesondere für berufstätige Frauen). Der soziale Aufstieg in höhere Positionen, die unter kapitalistischen Bedingungen schwer zu erreichen waren, brachte die Erfahrung von Verantwortung mit sich, die nicht nur als soziale Auszeichnung zu werten war, sondern auch erhebliche individuelle Belastungen zur Folge haben.

Lebensgeschichtliche Interviews bieten Beispiele solcher Überlastungen, die zu den unbeabsichtigten, aber schwer vermeidbaren psychischen Folgen schneller sozialer Aufstiegsprozesse gehören. »Da fast alle unsere Befragten irgendwann einmal eine Weiterqualifizierung, eine späte Facharbeiterausbildung, ein Abendstudium zum Techniker oder Ingenieur oder ähnliches durchgemacht hatten, sind unsere Interviews auch voll von den Anstrengungen, die diese Weiterbildungen verursachten, von der Mühsal erneuter Schule, von Schwierigkeiten in der Familie während dieser Zusatzausbildung, von den Problemen mit der Schulung in Marxismus-Leninismus, von den Anforderungen in Berufen, an die man früher nicht einmal gedacht hatte.«[286]

Die Frage nach der Akzeptanz und Attraktivität des »Arbeiterstaates« für seine primäre Klientel führt somit auch im Bildungsbereich zu widersprüchlichen Antworten. Zweifellos gelang der SED relativ schnell und dauerhaft ein viel höheres Maß sozialer Egalisierung, und zwar durch Privilegierung der Unterschichten ebenso wie durch zeitweilig konsequente Diskriminierung von Familien alter Eliten. Aber auch hier verschoben sich die generationsspezifischen Erfahrungs- und Verhaltensmuster, wie Annegret Schüle am Beispiel von Textilarbeiterinnen gezeigt hat.[287] Während die Aufbaugeneration mit ihren katastrophalen Kindheits-

---

285 Ebd., S. 65.
286 Alexander von Plato, Arbeiter-Selbstbilder in der DDR, in: Hübner/Tenfelde (Hg.), Arbeiter, S. 867-881, hier: S. 676.
287 Annegret Schüle, Mächtige Mütter und unwillige Töchter. Ein Generationsvergleich unter Arbeiterinnen eines Textilbetriebs in der DDR, in: Hübner/Tenfelde (Hg.), Arbeiter, S. 709-739, hier: S. 738 f.

7. »Brechung des bürgerlichen Bildungsmonopols«

erfahrungen einen relativ gesicherten Ort in der DDR-Gesellschaft fand, den sie dem Betrieb und dem Aufstieg im Betrieb verdankte, besaß die jüngere Generation von Frauen einen ganz anderen Erfahrungshintergrund. Sie war in sozialer Sicherheit groß geworden, hatte ein pragmatisches Verhältnis zu den Angeboten des Staates und einen kritischeren Blick für seine Mißstände. Sie betrachtete die Arbeit in der Spinnerei daher eher als Not- und Übergangslösung. Als Reaktion auf die pflichtbewußte, opferbereite Müttergeneration im Betrieb ließen sich bei den Jüngeren eher Formen von Aufstiegsverweigerung finden. Diese Befunde sind nicht ohne weiteres generalisierbar, sie verweisen aber auf eine charakteristische Gemengelage unterschiedlicher Faktoren, die sich in der Einstellung von Arbeitern finden lassen, wie Dankbarkeit, Überforderungsängsten und, vor allem bei der jüngeren Generation, Gleichgültigkeit.

Um Distanzen zu überwinden und die »Arbeiterklasse als Erzieher« zu mobilisieren, wurden die Beziehungen zwischen Schulen und Betrieben frühzeitig intensiviert. Erste Patenschaften entstanden schon Ende der vierziger Jahre. In diesem Rahmen sollten Vertreter der Betriebe schulische Veranstaltungen besuchen, umgekehrt sollten die Betriebe regelmäßige Betriebsbesichtigungen und Diskussionen mit den Werktätigen organisieren. Das alles blieb aber zunächst recht unverbindlich. Erst mit der generellen Einführung des polytechnischen Unterrichts und des »Unterrichtstages in der sozialistischen Produktion« wurde diese Beziehung fester. Sie blieb jedoch schwierig, weil sich das wechselseitige Interesse in engen Grenzen hielt.[288]

Die Kehrseite der Medaille bei der »Brechung des bürgerlichen Bildungsmonopols« offenbarte sich im Zuge der forcierten Stalinisierung in den frühen fünfziger Jahren immer schärfer: Diejenigen, die bisher angeblich über ein Monopol verfügt hatten, wurden immer offener diskriminiert. Dahinter stand eine schematische Denkfigur: Die soziale Schichtung der Bevölkerung sollte sich in der Zusammensetzung von Schülern und Studierenden möglichst widerspiegeln. Insofern war es nur konsequent, wenn die SED-Bürokratie ein sehr grob konstruiertes Quotensystem einführte, wonach vor allem die Arbeiter als stärkste Klasse entsprechend repräsentiert sein sollten. Die parteiinternen schulpolitischen Quellen sind voll von Appellen und statistischen Zusammenstellungen, die sich auf dieses Problem beziehen. Der Zugang zu weiterführenden Bildungseinrichtungen wurde rigide reglementiert, und das ideologische Kriterium der Herkunft aus der Arbeiterklasse – in geringerem Umfang auch aus der Bauernschaft, die bis 1959 noch überwiegend nicht kollektiviert war – rückte gegenüber Leistung und Begabung eindeutig in den Vordergrund. In besonders rücksichtslosen Formen betraf dies bildungsbürgerliche Gruppen, die noch nicht so völlig ausgeschaltet waren wie das Wirtschaftsbürgertum. Der massive Konflikt mit der protestantischen Kirche, insbesondere der »Jungen Gemeinde«, hatte hier seine wichtigste politische und soziale

---

288 Dazu Droit, Die Arbeiterklasse als Erzieher. Zum polytechnischen Unterricht Siegfried Baske, Das Experiment der polytechnischen Bildung und Erziehung in der »DDR«, in: Ludz (Hg.), Studien und Materialien, S. 187-207.

Wurzel. Auf der anderen Seite hatte die Partei- und Staatsführung zu dieser Zeit noch ein vitales Interesse daran, bürgerliche Fachleute, auf die man nicht verzichten konnte, für den Aufbau zu gewinnen und von der Flucht nach dem Westen abzuhalten. Ärzte, Ingenieure, aber auch Juristen und Verwaltungsfachleute waren daher primär die Adressaten von materiellen Sonderregelungen, die attraktive Einkommen versprachen. Die Verordnung von 1949 über die »Erhaltung und die Entwicklung der deutschen Wissenschaft und Kultur, die weitere Verbesserung der Lage der Intelligenz und die Steigerung ihrer Rolle in der Produktion und im öffentlichen Leben« nahm hier eine Schlüsselstellung ein.[289] Damit geriet das eher egalitär ausgerichtete Einkommensgefüge jedoch ins Wanken, zumal die offenkundige materielle Privilegierung bestimmter Gruppen aus der Intelligenz in der Arbeiterschaft erhebliche Verstimmungen hervorrief. Die dauernde Kritik der Parteispitze an »sektiererischen Einstellungen« ist ein deutlicher Beleg dafür. Die umworbene Intelligenz war aber nicht allein durch bessere Gehälter zu ködern, wenn man gleichzeitig den Zugang zu Oberschulen und Hochschulen nach sozialen Kriterien versperrte. Die SED stand daher mit ihrer auf vorrangige Förderung der Arbeiterkinder ausgerichteten Bildungspolitik schnell vor einem gravierenden und kaum lösbaren Dilemma. Es nahm in den folgenden Jahrzehnten eine andere Gestalt an, blieb aber als Strukturproblem eines »Arbeiterstaates« erhalten.

8. Schwieriger Elitenaustausch im Zuge der Vorbereitung der Planwirtschaft und der Errichtung der »Diktatur des Proletariats«

Ein Exposé der KPD konstatierte bereits im November 1945: »Es muß den Genossen klargemacht werden, daß wir wieder einmal unsere Zeit verpaßt haben, wenn es uns nicht gelingt, die entscheidenden Positionen zu besetzen.«[290] Dieses Ziel war nicht neu, auch wenn nach außen hin etwas anderes propagiert wurde. Es war jedoch angesichts der dünnen Personaldecke schwer zu realisieren. Darüber hinaus hatten die chaotischen ersten Nachkriegsjahre in allen Besatzungszonen eine Reihe von Hasardeuren, Glücksrittern und offenkundig ihren Aufgaben nicht gewachsenen Personen in Verwaltungsposten gespült, so daß für einen effizienten administrativen Aufbau insbesondere im Zeichen sich verschärfender politischer Spannungen eine gezieltere Personalpolitik dringlich erschien. Wirtschaftsplanung für kurze Zeitspannen war zunächst überall ein unverzichtbares Element, um das schlimmste Chaos nach dem Zusammenbruch zumindest einzudämmen. In der SBZ ergab sich darüber hinaus aber eine völlig neue Situation. Durch die frühe Einführung von Zentralverwaltungen und die Verstaatlichung der großen Indu-

---

289 Verordnung der DWK vom 31.3.1949, »Neues Deutschland« vom 2.4.1949. Vgl. dazu Kowalczuk, Geist, S. 350.
290 Zit. bei Christoph Boyer, »Die Kader entscheiden alles ...«. Kaderpolitik und Kaderentwicklung in der zentralen Staatsverwaltung der SBZ und frühen DDR (1945–1952), Dresden 1996, S. 12. Diese Arbeit ist grundlegend für die folgenden Ausführungen.

8. Schwieriger Elitenaustausch im Zuge der Vorbereitung der Planwirtschaft

striebetriebe, deren Verwaltung sich zunächst in der Hand der Länder befand, bestand nicht nur ein erheblicher Abstimmungsbedarf, sondern auch ein verstärkter ökonomischer Planungszwang. Hier sollte die am 4. Juni 1947 von der SMAD ins Leben gerufene »Deutsche Wirtschaftskommission« (DWK) zentrifugalen Tendenzen entgegensteuern und Grundlagen für eine zentrale Rahmenplanung legen. Nur so war auch eine bessere Koordination zwischen den Abteilungen der SMAD und ihren jeweiligen deutschen Pendants zu erreichen. Es entsprach daher sowohl der ökonomischen wie der politischen Logik, im Jahre 1947 angesichts der fehlgeschlagenen Versuche zur Stärkung gesamtdeutscher Institutionen die Kompetenzen der deutschen Zentralverwaltungen zu stärken (Planung, Koordinierung, Verordnungsbefugnis) und ihnen gleichzeitig mit der DWK eine gemeinsame Instanz überzuordnen. Ähnlich wie beim Wirtschaftsrat der Bizone ließ die Effizienz der DWK jedoch erheblich zu wünschen übrig. »Wohl haben wir feste Fundamente einer neuen demokratischen Ordnung gelegt«, stellte der II. Parteitag der SED im September 1947 fest, »und auch eine vernünftige Wirtschaftsplanung eingeleitet, aber mit dem Funktionieren hapert es noch.«[291]

Die im Frühjahr 1948 erweiterten Vollmachten der DWK sollten hier Abhilfe schaffen. Anders, als ihr Name vermuten ließ, bekam die DWK für die weitere politische Entwicklung eine Schlüsselrolle. Ein DDR-Historiker charakterisierte ex post die politische Funktion dieser Institution mit ungewöhnlicher Offenheit: »Der Klassencharakter der Deutschen Wirtschaftskommission trat offen zutage. In Auswertung der grundlegenden Leninschen Forderung beim Aufbau des Sowjetstaates wurde die wirksame Interessenvertretung der Werktätigen in der relativ kleinen Kommission auf neue Art gesichert. Als gleichberechtigte Mitglieder wirkten die Vorsitzenden der beiden damals größten Massenorganisationen der Arbeiter und Bauern, des FDGB und der VdgB [Vereinigung der gegenseitigen Bauernhilfe], mit. Die Einbeziehung der Vorsitzenden von FDGB und VdgB prägten den demokratischen Charakter der Wirtschaftskommission. Maßstäbe bürgerlich-parlamentarischer Staatsideologie mußten versagen.« Die DWK war nach dieser Interpretation ein wichtiges Instrument zur Vorbereitung der »Diktatur des Proletariats«.[292] Sieht man von derlei formationstheoretischen Überlegungen ab, war die DWK in der Tat einer der wichtigsten Schritte auf dem Weg zur Schaffung eines eigenen Staates mit bedeutsamen Konsequenzen für den Aufbau eines entsprechenden Apparats und sozialen Aufstiegsmöglichkeiten für Arbeiter.

Diese »Vorbereitung der Diktatur des Proletariats« beinhaltete folgende Aufgaben: die DWK-Vollversammlung als Quasi-Parlament durch Ländervertreter und Repräsentanten der Parteien und Massenorganisationen zu erweitern; die Mehrzahl der Zentralverwaltungen in den Apparat der DWK einzugliedern, insbesondere die früheren Zentralverwaltungen der Industrie in industrielle Hauptverwaltungen der DWK zu überführen sowie Vereinigungen Volkseigener Betrie-

---

291 Protokoll II. Parteitag, S. 342.
292 Wolfgang Weißleder, Die Gründung der Deutschen Wirtschaftskommission, in: Jb.WG 1977 IV, S. 45-62, hier: S. 56, 45.

II. »Aufbau des Sozialismus« (1948–1953)

be (VVB) zu bilden; Vorbereitungen für den Zweijahrplan 1949/50 zu treffen; das Kreditwesen, das Handelsnetz und die landwirtschaftlichen Maschinen-Ausleih-Stationen zu zentralisieren; den Binnen- und Außenhandel neu zu organisieren und die rechtsetzende Tätigkeit der DWK zu erweitern. In der Tat wurde damit die DWK, selbst wenn es auch in der neuen Form noch mit dem Funktionieren haperte, im Verständnis der SED zu einem »zentralen Instrument der Hegemonie der Arbeiterklasse.«[293]

Das Ziel war klar, aber der Weg dahin viel komplizierter, als sich Ulbricht vorstellte, wenn er vor dem Bundesvorstand des FDGB im Juli 1948 in einer Rede zum Zweijahrplan erklärte:

»Wenn die Gewerkschaften wollen, daß die Wirtschaft in den Dienst des Volkes gestellt wird – und das wollen die Gewerkschaften –, dann müssen aus den Reihen der Gewerkschafter überzeugte, klassenbewußte Arbeiter hervorgehen, die Spezialisten sind und die an die Spitze der leitenden Wirtschaftsorgane gehören. Ich sage: klassenbewußte Gewerkschafter gehören an die Spitze als Spezialisten, als Planer, als Leiter ganzer Industrien, als Fachleute der Landwirtschaft, als Leiter der Saatzuchtgüter usw. Das ist die Aufgabe, die wir zu lösen haben.« Darin spiegelten sich der gleiche ungebrochene Optimismus und das missionarische Bewußtsein, das Lenin 1917 offenbarte, als er die visionäre Alternative zur »bürgerlichen« Leitung von Staat und Wirtschaft formulierte. Sie war an eine utopische Voraussetzung gebunden, mit der Ulbricht seine Rede beendete: »Die bedeutendste Aufgabe aber ist die Umerziehung und Erziehung der Menschen.«[294] Zu fragen bleibt, inwieweit sich aus diesem Griff nach den Sternen bereits eine soziale Eigendynamik ergab im Hinblick auf die Rekrutierung des notwendigen Personals, das zumindest zu einem erheblichen Teil aus eben dieser »führenden Klasse« stammen mußte. Wieweit sind in dieser Übergangsphase zur Zentralisierung der wirtschaftlichen Planung und der politischen Macht Arbeiter in die neu geschaffenen Apparate aufgestiegen? Wie stark wurden sie auf diese Weise aus den Schlüsselpositionen von Partei und Gewerkschaft in den Betrieben abgezogen, so daß sich hier erneut Lücken auftaten, die sich auf die Durchsetzung von zentralen Entscheidungen vor Ort kontraproduktiv auswirkten? Welche flankierenden Qualifikationsmaßnahmen waren notwendig, um die »Leitungskader« mit komplizierten neuen Aufgaben hinreichend vertraut zu machen? Derartige grundlegende Fragen lassen sich bislang nur punktuell beantworten. Immerhin liefern aber sowohl die kritischen Hinweise in offiziellen Reden und Berichten wie fragmentarische statistische Daten genügend Anhaltspunkte, um die für eine Sozialgeschichte der ostdeutschen Arbeiter zentrale Frage des »Aufstiegs durch Kader« zumindest grob zu beantworten.

»Infolge der Nachkriegsschwierigkeiten hat sich ein Teil der Angestellten der Zentralverwaltungen Arbeitsmethoden angewöhnt, die die Durchführung des Plans als nicht möglich erscheinen lassen« – so lautete Ulbrichts Fazit Ende No-

---

293 Ebd., S. 61.
294 Walter Ulbricht, Über Gewerkschaften, Bd. II, S. 250.

8. Schwieriger Elitenaustausch im Zuge der Vorbereitung der Planwirtschaft

vember 1947 bei der Vorbereitung des Wirtschaftsplans für 1948.[295] Eine umfassende Reorganisation sollte nun mit einer effizienteren Kaderauslese, verbesserter Parteikontrolle und Sicherung gegenüber »feindlichen Elementen« verbunden werden. Die personalpolitische Abteilung des ZK rief dazu »Säuberungskommissionen« für die Zentralverwaltungen und die DWK ins Leben. Die enge Verbindung von gezielter Personalpolitik und Ausarbeitung des Zweijahrplans fand ihren unmittelbaren Niederschlag in der Konferenz der SED in Werder/Havel, an der neben der Parteispitze leitende Parteifunktionäre der öffentlichen Verwaltung teilnahmen.[296] Nach außen sollte die neue, mit den Massenorganisationen kooperierende Administration auch eine gesamtdeutsche Aufgabe erfüllen, nämlich den westdeutschen Arbeitern demonstrieren, »daß sie in einem einheitlichen demokratischen und souveränen Staat besser leben und arbeiten werden als in einem Protektorat der angloamerikanischen Monopolkapitalisten«, die mit der Vorbereitung eines Separatstaates beschäftigt seien.[297] Die Konferenz in Werder proklamierte nicht nur den »Angestellten neuen Typs«, der seine Tätigkeit als gesellschaftliche Aufgabe begriff, sondern sie forderte auch eine Stärkung »der Position der Arbeiterklasse in der Verwaltung.« Verbundenheit mit der werktätigen Bevölkerung war die Maxime. Als untragbar galten Leiter, die die Verbindung zur Arbeiterklasse verloren hatten, »sich nur noch als Chef fühlen und sogar bei unseren Genossen eine Einstellung schaffen, daß diese sich nur noch mit dem Genossen ›Chef‹ unterhalten und sich zu dessen Lakai herabwürdigen.«[298]

Christoph Boyer hat anhand der zugänglichen Daten belegt, daß die Kaderpolitik, gemessen an der Zielvorstellungen der Werderschen Konferenz, in kleinen und mühsamen Schritten verlief und daß der Prozeß des Elitenaustausches Anfang der fünfziger Jahre noch weit von seinem Abschluß entfernt war. Schwächen in der Schulung, unzureichende Förderung von Frauen für Führungspositionen, mangelndes Verantwortungsbewußtsein leitender Mitarbeiter mußte man immer wieder konstatieren. Mit der Verabschiedung des ersten Fünfjahrplans wurde das Problem noch dringlicher. Interessant ist hier jedoch, daß schließlich im Zuge des 1952 proklamierten »planmäßigen Aufbaus des Sozialismus« fachliche und politische Qualifikation wieder eher gleichrangig eingestuft wurden[299], während zuvor die politische Linientreue stärker im Vordergrund gestanden hatte.

Die Angaben zur sozialen Herkunft der Verwaltungskader sind nur sehr begrenzt aussagekräftig, da die Definition des Arbeiterbegriffs immer wieder manipuliert werden konnte.[300] Dennoch zeigen sie, daß der Elitenaustausch im Sinne der SED 1950 beträchtliche Fortschritte gemacht hatte. (☞ vgl. *Tab. 16* u. *17*, S. 256)

---

295 Zit. bei Boyer, Kader, S. 15.
296 Der Text des Beschlusses vom 23./24. Juli 1948 in: Helene Fiedler, SED und Staatsmacht. Zur staatspolitischen Konzeption und Tätigkeit der SED 1946–1948, Berlin (O) 1974, S. 282 ff.
297 Zit. bei Boyer, Kader, S. 19.
298 Ebd., S. 23.
299 Ebd., S. 34.
300 Vgl. oben, Einleitung (S. 9 ff.).

II. »Aufbau des Sozialismus« (1948–1953)

Tab. 16: Soziale Herkunft der Regierungsangestellten 1949 und 1950 (in Prozent)

	1.12.1949	31.12.1950
Arbeiter	41,0	46,3
Bauern	2,4	1,9
Angestellte	21,3	20,9
Beamte	16,5	14,1
Gewerbetreibende	14,9	11,5
Freie Berufe	3,9	4,6
Sonstige	–	0,7
Zusammen	**100,0**	**100,0**

[Quelle: Christoph Boyer, »Die Kader entscheiden alles ...«, Dresden 1996, S. 40.]

Deutlich verändert hatte sich auch das Durchschnittsalter.

Tab. 17: Altersstruktur der Regierungsangestellten (in Prozent)

	1.12.1949	31.12.1950
Bis 25	14,3	19,5
25–30	10,9	13,9
31–40	22,5	23,0
41–50	29,6	27,0
51–60	17,5	13,2
Über 60	5,2	3,4
Zusammen	**100,0**	**100,0**

[Quelle: Boyer, ebd., S. 41.]

Ein eindeutiges Bild für den Monat März 1950 ergibt die Parteizugehörigkeit der Regierungsangestellten vor 1945 beziehungsweise vor 1933. Ehemalige KPD-Mitglieder stellten 12,5 Prozent, Sozialdemokraten 6,2 Prozent, ehemalige NSDAP-Mitglieder 4,8 Prozent, während die große Masse (75 Prozent) keiner Partei und 1,5 Prozent bürgerlichen oder anderen Parteien angehört hatten. Zu diesem Zeitpunkt waren 56,7 Prozent der Regierungskader SED-Mitglieder. Der hohe Anteil von Parteilosen (40,9 Prozent) läßt darauf schließen, daß man auf »unpolitisches« Fachpersonal noch nicht verzichten konnte und wollte.[301]

---

301 Boyer, Kader, S. 42.

8. Schwieriger Elitenaustausch im Zuge der Vorbereitung der Planwirtschaft

Trotz eines steigenden Anteils ließ auch die gewünschte Rekrutierung von Frauen und Jugendlichen erheblich zu wünschen übrig, während der Arbeiteranteil sprunghaft wuchs.

	Arbeiter		Frauen		Jugendliche	
	31.12.50	31.12.51	31.12.50	31.12.51	31.12.50	31.12.51
HA-Leiter	49,5	60,0	9,7	6,1	–	–
Abt.-Leiter	41,5	53,9	7,4	8,0	–	–
Hauptref.	43,0	48,4	8,3	8,9	0,8	4,3

Tab. 18: Anteil von Arbeitern, Frauen und Jugendlichen auf den Leitungsebenen der Regierungsangestellten (in Prozent)

[Quelle: Boyer, ebd., S. 49.]

Die aggregierten Daten verdecken jedoch, daß nicht nur der Arbeiteranteil, sondern auch die ideologische Reinheit in einzelnen Verwaltungsapparaten bedenklich zu wünschen übrig ließ. In der Administration der Plankommission, dem Herzen der neuen Volkswirtschaft, saßen zu wenige Arbeiter und zu viele ehemalige Nationalsozialisten. Im Ministerium für Schwerindustrie gab es starke Verbindungen zu früheren Konzernen.[302] Auch die unterschiedlichsten Formen von »Westverbindungen« – von westlicher Gefangenschaft über einen Wohnsitz in Westberlin bis hin zur Westverwandtschaft – schufen einer stalinistischen Parteiführung Probleme. Da politische Säuberungen im Eigeninteresse aber nicht konsequent zu realisieren waren, mußte und wollte man damit zunächst leben. Vermutlich schlimmer war das Erzübel des besonders im Gewerkschafts- und Parteiapparat immer wieder und überall gegeißelten »Bürokratismus«. Die Abhilfevorschläge blieben die alten: Zuchtrute und Idealismus in Gestalt von »demokratischer Erziehungsarbeit« und »Hebung des ideologischen Niveaus«.[303]

Die von Ulbricht energisch geforderte »Verbesserung« der sozialen und politischen Zusammensetzung des Personals im Staatsapparat wurde bald erreicht. Mitte der fünfziger Jahre waren nach Angaben des Ministerrats 63 Prozent der Mitarbeiter im Staatsapparat der »sozialen Herkunft nach« Arbeiter und Bauer.[304] Inwieweit dieses vage Muster auch für das Personal auf der Länder- und später der Bezirksebene zutrifft, muß offen bleiben. Generell spricht aber viel dafür, daß überall in der Verwaltung eine immer rigidere politische »Säuberung« von früheren NSDAP-Mitgliedern stattfand, wodurch die Basis für eine verstärkte Rekrutierung neuer Kader geschaffen wurde, die auch dem gewünschten sozialen Profil des »Arbeiter-und-Bauernstaates« besser entsprachen.

302 Boyer, Kader, S. 44 f.
303 Zit. ebd., S. 52 f.
304 Christoph Boyer, Bürohelden? Arbeitshabitus und Verwaltungsstil der zentralen Planbürokratie in der formativen Phase der SBZ/DDR, in: Peter Hübner (Hg.), Eliten im Sozialismus. Beiträge zur Sozialgeschichte der DDR, Köln 1999, S. 255-271, hier: S. 258. Dieser Sammelband bietet zahlreiche wichtige Beiträge zum Problem der Rekrutierung neuer Eliten.

II. »Aufbau des Sozialismus« (1948–1953)

In der Wirtschaft verfuhr man dagegen deutlich milder. Auch hier läßt sich kein eindeutiges Gesamtbild zeichnen, aber der Trend ist trotz erheblicher Unterschiede in Branchen und Regionen erkennbar.[305] Zwar verunsicherten die meist noch von den Betriebsräten mitgetragenen frühen Entnazifizierungsaktionen und die Wirtschaftsstrafprozesse Anfang der fünfziger Jahre die Führungskräfte aus der alten technischen und kaufmännischen Intelligenz, aber mit dem Beginn des Fünfjahrplans und insbesondere seit der 2. Parteikonferenz 1952 kehrte ein Teil von ihr in die Wirtschaft zurück. Für manche Branchen und Großbetriebe (wie die Chemische Industrie oder das Mansfelder Kombinat) lassen sich hohe Anteile ehemaliger NSDAP-Mitglieder feststellen, so daß man durchaus von einer relativen Renazifizierung sprechen kann.[306] Eine Untersuchung der VVB Gießereien Leipzig für das Jahr 1954 gibt Größenordnungen wieder, die auch für andere Bereiche nicht untypisch sein dürften. Danach war die Quote der ehemaligen PG's bei den Werksleitern mit rund 15 Prozent am niedrigsten. Technische und kaufmännische Leiter wiesen einen Anteil von 21 beziehungsweise 23 Prozent auf, die Funktionsgruppe der Haupt- und Oberbuchhalter von ungefähr 38 Prozent.[307]

Die gegenüber den Anfangsjahren großzügigere Reintegration politisch belasteter Fachleute in führende Positionen der Wirtschaft läßt sich vor allem aus dem Zwang zu höherer ökonomischer Effizienz im Zuge umfassender Wirtschaftspläne erklären.[308] Parallel dazu dürfte sich der anfänglich sehr hohe Anteil von Arbeitern unter den Betriebsleitern, den Grotewohl auf dem II. Parteitag der SED 1947 mit 48 Prozent angab[309], verringert haben. Dafür spricht nicht zuletzt die 1953 von Grotewohl genannte Zahl von rund 160.000 Arbeitern, die bis 1953 aus den Betrieben in den Staatsapparat abgezogen worden seien.[310] Da es sich dabei aus seiner Sicht um die »aktivsten, die besten, die treuesten und klassenbewußtesten Teile der Arbeiterklasse« handelte, mochten sich zwar manche ideologischen Probleme im Staatsapparat verringern, in den Betrieben dagegen verursachte dieser massenhafte soziale Aufstieg eher neue Schwierigkeiten.

Unter anderen Vorzeichen galt das auch für den Parteiapparat der SED. Hier verringerte sich der Anteil der Industriearbeiter, die im Selbstverständnis den fortschrittlichsten Teil der Arbeiterklasse bildeten, von 1947 bis 1954 um 18,5 Prozent. Eine zeitgenössische Analyse von Carola Stern zur sozialen Struktur der

---

305 Eine betriebliche Fallstudie, die den Einfluß politischer und gesellschaftlicher Institutionen auf Entscheidungsspielräume von Unternehmensleitungen analysiert, hat Oliver Werner vorgelegt: Ein Betrieb in zwei Diktaturen. Von der Bleichert Transportanlagen GmbH zum VEB VTA Leipzig 1932 bis 1963, Stuttgart 2004.
306 So Wolfgang Meinicke, Entnazifizierung – durchschlagend und doch begrenzt, in: Siegfried Prokop (Hg.), Deutsche Zeitgeschichte neue befragt, Berlin 1990, S. 45.
307 Frank Schulz, Elitenwechsel in Industrieunternehmen im Wirtschaftsraum Leipzig von 1945 bis Anfang der fünfziger Jahre, in: Werner Bramke/Ulrich Heß (Hg.), Wirtschaft und Gesellschaft in Sachsen im 20. Jahrhundert, Leipzig 1998, S. 185-225, hier: S. 217 f., 224 f.
308 Schulz, ebd., S. 217.
309 Protokoll II. Parteitag, S. 120.
310 Otto Grotewohl, Die gegenwärtige Lage und der neue Kurs der Partei, in: Ders., Im Kampf um die einige Deutsche Demokratische Republik. Reden und Aufsätze Bd. III, Berlin (O) 1959, S. 431.

SED kam zu dem Ergebnis, »daß die Mitglieder des Parteiapparats in der überwiegenden Mehrheit aus Arbeiterkreisen stammen, zum Teil, soweit es sich um Jugendliche handelt, keine abgeschlossene Berufsausbildung besitzen und die meisten von ihnen zur Zeit des Parteieintritts Arbeiter waren, sich dann aber, soweit es sich um höhere Funktionäre handelt, ihre Position in langer parteibürokratischer Aufstiegskarriere erdient haben. Bei den Frauen überwiegen dabei die Ausgangs-Berufe der Stenotypistin und Verkäuferin. Bei den gewählten Mitgliedern des Zentralkomitees, den Bezirks- und Kreisleitungen sowie den Parteileitungen der Grundorganisationen ergibt sich ein etwas anderes Bild. Hier ist das Bestreben besonders deutlich, Aktivisten, Bestarbeiter, Helden der Arbeit usw. wählen zu lassen, um den Eindruck der Verbundenheit mit den werktätigen Massen zu erwecken.«[311]

Das 1945 formulierte Ziel, die entscheidenden Positionen zu besetzen, hat die SED zweifellos schnell erreicht. Breite soziale Aufstiegschancen waren damit nicht nur für linientreue Aktivisten in ihren Reihen verbunden. Aber die Hoffnung, mit einem Austausch der Eliten in Verwaltung und Wirtschaft auch einen neuen »unbürokratischen, effizienten und volksnahen Arbeitsstil« zu schaffen[312], mußte angesichts der ideologisch vorgegebenen Steuerungs- und Kontrollwut der selbsternannten Avantgarde der Arbeiterklasse illusorisch bleiben.

9. Der erste Fünfjahrplan und der Lebensstandard im »Arbeiterstaat«

Mit dem ersten Fünfjahrplan, der als Gesetz erst am 1. November 1951 in Kraft trat[313], reihte sich die DDR nicht nur in die sowjetisierten Planökonomien der osteuropäischen Volksdemokratien ein. Die SED versprach damit auch erstmalig das Herzstück der marxistisch-leninistischen Ideologie zu verwirklichen und die große Alternative zur kapitalistischen Gesellschaft der Bundesrepublik umzusetzen: die bewußte politische Steuerung und Befriedigung gesellschaftlicher Bedürfnisse statt Unterwerfung unter die irrationalen Zwänge einer Markt- und Wettbewerbsgesellschaft. Diese Vorstellung von Planung umschloß daher viel mehr als nur ökonomische Daten. Sie formulierte den Kern der künftigen gesamtgesellschaftlichen Entwicklung. Insofern war es konsequent, wenn der umfängliche Text dieses Plans – ebenso wie alle späteren Mehrjahrespläne – mit meist bombastischen politischen Ausführungen zur Weltlage und insbesondere zur Situation des geteilten Deutschlands begann und darüber hinaus eine Vielzahl von Einzelposten bis hin zum kulturellen Leben enthielt, die auf den ersten Blick wenig mit Wirtschaftsplanung zu tun hatten. Angesichts der nach dem Inferno des

---

311 Carola Stern, Die soziale Struktur der SED, in: SBZ-Archiv 5(1954), S. 146-148
312 Christoph Boyer, Bürohelden, in: Hübner (Hg.), Eliten, S. 255.
313 Gbl. DDR 1951, S. 973-991. Als Broschüre der »Schriftenreihe der Deutschen Demokratischen Republik« Nr. 8: Gesetz über den Fünfjahrplan, Berlin(O) 1951 (mit Auszügen der Volkskammerreden).

II. »Aufbau des Sozialismus« (1948–1953)

»Dritten Reiches« überall in Europa verbreiteten Sozialismus-Vorstellungen, die durchweg planwirtschaftliche Elemente enthielten, ist durchaus davon auszugehen, daß umfassende Aufbaupläne auf positive Resonanz stoßen konnten, solange der Praxistest ihre Untauglichkeit noch nicht bewiesen hatte.

Der Zweijahrplan für die Jahre 1949 und 1950 gehörte noch in die »Wiederherstellungsperiode« und erreichte seine wichtigsten Ziele hinsichtlich der strukturellen wirtschaftlichen Entwicklung und der Erhöhung des Lebensstandards im wesentlichen.[314] Die »Berliner Beschlüsse« des FDGB vom 3./4. März 1950 forcierten eine vorfristige Erfüllung dieses Plans und sollten zur Mobilisierung für höhere Ziele, wie sie der Fünfjahrplan anstrebte, beitragen.[315] Damit sollten zugleich die Grundlagen für die »sozialistische Industrialisierung« mit einer umfassenderen Form der Planung gelegt werden. Es gehört zum Phänomen des Stalinismus in seinem Ursprungsland – ebenso wie in den Sowjetsatelliten –, daß es ihm in begrenztem Umfang trotz des brutalen Terrors gelang, Enthusiasmus und Aufbauenergien freizusetzen, ohne die diese planwirtschaftlichen Experimente schon im Ansatz gescheitert wären. Schließlich ist die Geschichte des ersten Fünfjahrplans keineswegs nur eine Geschichte des partiellen Scheiterns, sondern auch der unablässigen, von echtem und aufgesetztem Engagement für eine bessere Welt getragenen Bemühungen, die gesteckten Ziele tatsächlich zu erreichen. Die ständigen Begleitkampagnen waren zwar von oben inszeniert, aber sie mußten schließlich von einem großen Heer von Funktionären, Aktivisten und auch einfachen Arbeitern getragen und umgesetzt werden. Sie waren ein Stück sozialer Realität im betrieblichen und außerbetrieblichen Alltag.

Das größte Problem der Langzeitpläne war ihre zunächst schematische Übernahme des sowjetischen Vorbildes. Dieses hatte, so glaubten viele, im Kampf gegen Hitler-Deutschland seine Bewährungsprobe bestanden und konnte daher so schlecht nicht sein. Das strukturelle Dilemma bestand in der DDR und auch in der Tschechoslowakei jedoch in der Übertragung des sowjetischen Modells auf industriell hochentwickelte Länder. Die »Tonnenideologie«, also die Orientierung an Mengen und Stückzahlen, und der in allen Ostblockländern aus politischen und militärischen Gründen verordnete vorrangige Aufbau von Schwerindustrien verzerrten vorhandene Wirtschaftsstrukturen und mußten schnell zu Disproportionen führen, die auch der einzelne Arbeiter im Betrieb und zu Hause aufgrund von Versorgungsproblemen zu spüren bekam. Der Plan gab den Rahmen ab für die industrielle Produktion, die Versorgung, die Einkommens- und Lebensverhältnisse. Auch der noch existierende, nicht unerhebliche private Sektor in der Industrie und der Landwirtschaft war von den Vorgaben abhängig, die im Fünfjahrplan fixiert wurden. Arbeitsplätze, Schwerpunkte der Produktion und Versorgung mit Konsumgütern bis hin zum Wohnungsbau und zum kultu-

---

314 Vgl. Jörg Roesler, Wiederherstellungsperiode und Wirtschaftspläne (1945–1949/50), in: Jb.WG 1977 I, S. 103-120; Hans Müller/Rolf Reißig, Wirtschaftswunder DDR, Berlin (O) 1968, S. 171 ff.

315 Die Berliner Beschlüsse des FDGB. Bericht über die Arbeitstagung des Bundesvorstandes vom 3. und 4. März 1950, hg. vom Bundesvorstand des FDGB, Berlin(O) 1950.

9. Der erste Fünfjahrplan und der Lebensstandard im »Arbeiterstaat«

rellen Leben wurden hier zumindest so weit festgelegt, daß jenseits aller Politik jedermann davon betroffen wurde.

Die Präambel des Gesetzes versprach »eine entscheidende Wende« und im Zuge der erhofften Produktionssteigerungen auch »den Weg für einen großzügigen Ausbau der kulturellen und sozialen Einrichtungen«, der zu einem »bisher nie gekannten Wohlstand« führen werde. Der Fünfjahrplan sollte zudem »den Menschen in Westdeutschland den Ausweg aus ihrer verhängnisvollen Lage« zeigen und ein Beispiel für die Entwicklung in ganz Deutschland geben. Dieses mit gesamtdeutscher Rabulistik verbundene Pathos gehört zum Erscheinungsbild aller Programmtexte der Zeit, aber es war keineswegs auf Grundsatzdokumente beschränkt, sondern fand sich in kleinerer Münze und zahllosen fast gleichlautenden Varianten in den Materialien zur täglichen Agitation, in gewerkschaftlichen Richtlinien und Lehrbüchern für Betriebsabendschulen wieder.[316] Am Ende der Planperiode sollte gegenüber dem Stand von 1950 eine Steigerung um 192,3 Prozent in der Industrieproduktion und damit eine Verdoppelung im Verhältnis zu 1936 erreicht werden. Als allgemeine Hauptaufgaben hob das Gesetz hervor: die Verdoppelung der Leistungen der Bauindustrie, um die umfangreichen Investitionen realisieren zu können; die ständige Steigerung des Außenhandels und der wissenschaftlich-technischen Zusammenarbeit insbesondere mit der Sowjetunion und den Volksdemokratien; die Erreichung und erhebliche Verbesserung des Vorkriegslebensstandards im Verbrauch von Nahrungsmitteln und wichtigen Industriewaren; einen bedeutenden Aufschwung des kulturellen Niveaus der gesamten Bevölkerung; die weitere Entwicklung des Gesundheitswesens durch den Neubau von Polikliniken, Ambulanzen und Landambulatorien. Dieser »friedliche, wirtschaftliche und kulturelle Aufbau der Republik« würde, so die selbstsichere Zielformulierung, »ohne ausländische Verschuldung, ohne Krisen und Arbeitslosigkeit durch die eigenen Kräfte des Volkes« in enger Zusammenarbeit mit den sozialistischen Verbündeten erfolgen und das Fundament für ein einheitliches Deutschland abgeben.[317] Für die einzelnen Branchen legte der Plan genaue Wachstumsgrößen fest, ebenso für die Steigerung der Arbeitsproduktivität, die im Durchschnitt aller Industriezweige 1955 um 60 Prozent gegenüber 1950 erhöht werden sollte.[318]

Mit diesem ersten Fünfjahrplan setzte die SED jene industriepolitische Strategie, die schon Ende der vierziger Jahre sichtbar geworden war, fort, nämlich den ostdeutschen Teilstaat soweit wie möglich von Lieferungen aus der Bundesrepublik unabhängig zu machen und ihn zugleich in den Rat für Gegenseitige Wirtschaftshilfe (RGW) einzupassen.[319] Die letztlich politisch und ideologisch be-

---

[316] Mit dem Fünfjahrplan bauen wir ein Deutschland in Frieden und Wohlstand! Lehrbuch für die Betriebsabendschulen, hg. vom Bundesvorstand des FDGB, Berlin (O) 1951 (mit dem Slogan »Lernt von Marx, Engels, Lenin und Stalin!« und ihrem Konterfei auf dem Titelblatt).
[317] Gesetz über den Fünfjahrplan, S. 216.
[318] Ebd., S. 239. Grundlegend zum Aufbau Jörg Roesler, Die Herausbildung der sozialistischen Planwirtschaft in der DDR, Berlin (O) 1978.
[319] Rainer Karlsch, Rekonstruktion und Strukturwandel von der sächsischen Industrie von 1945 bis Anfang der sechziger Jahre, in: Bramke/Heß (Hg.), Wirtschaft, S. 89-132, hier: S. 106.

dingte Präferenz für die Schwerindustrie, die etwa für die hochentwickelte leichtindustrielle Struktur Sachsens keineswegs vorteilhaft war, veränderte zwar das Wirtschaftsprofil insgesamt, doch waren die strukturellen Effekte angesichts einer niedrigen Investitionsquote von weniger als 10 Prozent keineswegs so einschneidend, wie die Produktionspropaganda suggerierte. Einen grundlegenden Wandel der Branchenstrukturen konnte es angesichts des niedrigen Investitionsvolumens nicht geben.[320] Gründe für die niedrige Investitionsrate waren unter anderem die weiter fortlaufenden Reparationen aus den SAG und die beginnenden Rüstungsausgaben. Die Industriepolitik zumindest der ersten beiden Fünfjahrpläne trug zu einem zahlenmäßigen Wachstum »der Arbeiterklasse« bei, aber das Nord-Süd-Gefälle insgesamt blieb ausgeprägt, weil die alten Industriestandorte wiederbelebt und nur punktuell durch große Neuansiedlungen wie das Eisenhüttenkombinat Ost (EKO) ergänzt wurden.[321] (☛ vgl. *Bilder Nr. 6, 7, 8* und *9* im Farbteil, S. 454 bis 457)

Der Start des ersten Fünfjahrplans war ebenso von dröhnendem Pathos wie von fehlenden fachlichen Voraussetzungen gekennzeichnet. »Für ein Leben von nie gekanntem Wohlstand!« lautete der Titel des Referats von Rudolf Kirchner, dem stellvertretenden FDGB-Bundesvorsitzenden, das als Broschüre verteilt wurde und sich mit der »Begründung des Plans der Gewerkschaften zur Entfaltung der Masseninitiative für die Erfüllung des Fünfjahrplans« befaßte.[322] Doch Fritz Selbmann, 1950/51 Minister für Schwerindustrie, bekannte zumindest aus der Rückschau mit entwaffnender Offenheit: »Meine Mitarbeiter waren keine Wirtschaftsplaner, und ich selber hatte neben einigen ganz nebelhaften Vorstellungen von Wirtschaftsplanung auch keine Ahnung.«[323]

Wichtiger als allgemeine politische und wirtschaftliche Zielsetzungen waren die Informationen und Vorgaben für die Betriebe. Sie zeigen viel plastischer, wie umfassend der Plan die Realität auf den unteren Ebenen normierte. Die Broschüre »Unser Betriebsplan« enthielt eine Gesamtübersicht der Aufgliederung eines Betriebsplanes und erläuterte den betrieblichen Gewerkschaftsfunktionären die Einzelangaben als Orientierung für ihre praktische Arbeit.[324] Schon die Gruppentitel zeigen, wie umfassend diese Planung angelegt war und wie sehr sie sich damit grundlegend von herkömmlichen reinen Wirtschaftsplänen unterschied. (☛ vgl. *Abb. 24*)

Die Vorstellung vom »lieben Plan« dürfte dagegen vor allem ein Produkt der Agitproplyrik gewesen sein. So lautete der erste Vers eines Kindergedichts von 1952:

---

320 Ebd., S. 107 f.
321 Vgl. Peter Hübner, Zu den Auswirkungen, in: Badstübner/Heitzer (Hg.), Die DDR in der Übergangsperiode, S. 196-222. Vgl. unten, Exkurs Stalinstadt (S. 519 ff.).
322 Tribüne Verlag, Berlin (O) 1951.
323 Zit. bei Jörg Roesler, Allgemeines und Besonderes bei der Herausbildung der sozialistischen Planwirtschaft der DDR (1945–1950), in: Jb. für Geschichte 12 (1974), S. 281-302, hier: S. 289 f.
324 Unser Betriebsplan. Lehrbuch für die Betriebsabendschulen der Gewerkschaften, hg. vom Bundesvorstand des FDGB, Berlin (O) 1951, 47 S.

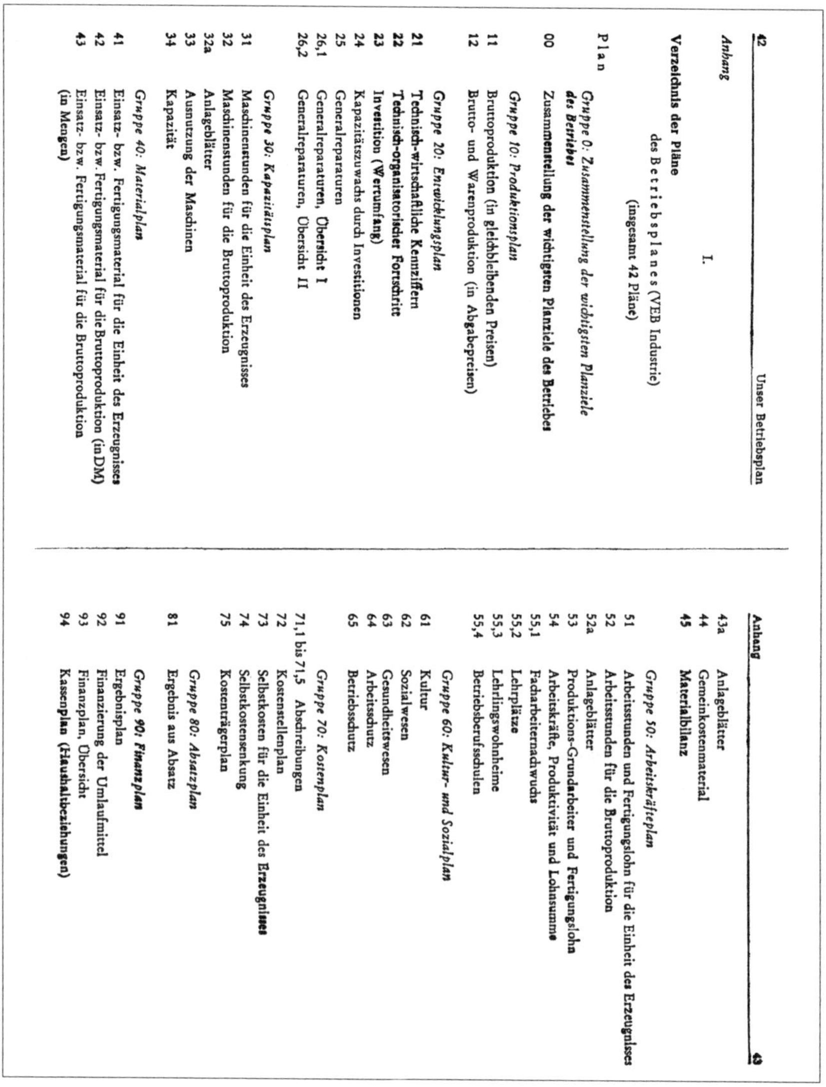

9. Der erste Fünfjahrplan und der Lebensstandard im »Arbeiterstaat«

Abb. 24: Beispiel für die Ausdifferenzierung eines Betriebsplans.

»Lieber Plan, lieber Plan,
was hast Du für uns getan?«
»Schuh' und Kleider euch gebracht,
schwarze Brötchen weiß gemacht,
das hab' ich getan.«[325]

---

325 Ilse Spittmann/Gisela Hellwig (Hg.), DDR-Lesebuch. Stalinisierung 1949–1955, Köln 1991, S. 68.

II. »Aufbau des Sozialismus« (1948–1953)

Die Einwirkung des Fünfjahrplans auf alle Lebensbereiche und die ständigen Bezugnahmen der Parteien und Massenorganisationen auf seine Ziele und Vorgaben machten ihn sehr viel nachdrücklicher als den rein ökonomischen Zweijahrplan zum »zweiten Parteiprogramm«[326] und zum Element des Alltagslebens für die Bevölkerung. Wie deren Reaktion auf die mit großen Kampagnen begleitete Verabschiedung des Gesetzes aussah, läßt sich nicht genauer erfassen. Eine Sammlung von Stimmen insbesondere aus der Arbeiterschaft durch das »Amt für Informationskontrolle« spiegelt vor allem linientreue Lippenbekenntnisse wider, wenngleich skeptische Vorbehalte nicht fehlten.[327] Massive Konflikte traten jedoch auf, als die allgemeinen Plandaten in den Betriebskollektivverträgen (BKV) auf der untersten Ebene umgesetzt wurden, das für die Belegschaften unmittelbar erfahrbar war.[328]

Daß hehre Ziele in der kruden Realität scheitern, ist kein Spezifikum sozialistischer Wirtschaftssysteme. Zudem muß man sich in Erinnerung rufen, daß planwirtschaftliche Elemente sich auch in fast allen Marktwirtschaften der Nachkriegszeit finden ließen. Planung war also keineswegs ein Tabu. Es war eher die besonders lautstarke Erfolgspropaganda, die in der DDR den Kontrast zu den »Mühen der Ebene« schwer erträglich und letztlich auch kontraproduktiv machte. Dennoch bleibt zu fragen, wie sich im Rahmen der Zielsetzungen des Fünfjahrplans der Lebensstandard der »führenden Klasse« verbesserte und so zumindest Ansätze einer neuen Loyalität schuf. Daten dazu sind schon damals in Ost und West auf der Basis offizieller Angaben zusammengestellt worden. Sie lassen Schwerpunkte und charakteristische Unterschiede zwischen DDR und Bundesrepublik erkennen, erfassen aber kaum regionale und betriebliche Differenzen oder gravierende Versorgungs- und Qualitätsmängel im Alltag.

Das Deutsche Institut für Wirtschaftsforschung in Westberlin veröffentlichte im September 1950 einen vergleichenden Preisspiegel. Er legte einen bestimmten Index zugrunde und kam zu dem Ergebnis, daß angesichts der Qualitätsverschlechterung bei rationierten Gebrauchsartikeln und Lebensmitteln ein DDR-Arbeiter etwa 260 Ostmark ausgeben müsse, um die gleiche Lebenshaltung zu erreichen, die einem westdeutschen Arbeiter bei einem Nettoeinkommen von 150 DM möglich sei.[329] Die Einzeldaten zeigen zwar gegenüber späteren Jahren noch ein erstaunliches Maß an Parallelen. Signifikante Unterschiede der Preisstruktur im lebensnotwendigen und im »elastischen Bedarf« sind aber deutlich erkennbar. Während in der Grundversorgung einige Posten zwischen Ost und West

---

326 So der Parteivorstand der SED 1948 zum Zweijahrplan, zit. bei Müller/Reißig, Wirtschaftswunder, S. 85.
327 Amt für Information, Inform-Mitteilung vom 25.9.1950: Stimmen der Bevölkerung zum Fünfjahrplan, BStU, MfS-AS 231/66, Bl. 365 ff. Die Mitteilung listet eine beliebig erscheinende Anzahl von überwiegend ostentativ positiven Einzelstimmen auf, ohne den Versuch einer abwägenden Gesamtbeurteilung zu machen.
328 Siehe unten, Abschnitt 10 (S. 270 ff.)
329 Gleitze, Wirtschaftsstruktur, S. 26. Vgl. auch Axel Mohr, Lebenshaltung und Preisgestaltung in der Sowjetzone. Ein Vergleich mit den Verhältnissen in der Bundesrepublik, in: SBZ-Archiv 4 (1953), S. 220 f.; Schwarzer, Lebensstandard, in: Jb.WG 1995 II, S. 119-145.

gleich oder zugunsten der DDR ausfallen, mußte der darüber hinausgehende Bedarf teuer bezahlt werden.

Tab. 19: Notwendiger Aufwand für die Beschaffung der im Mengenschema des westdeutschen Lebenshaltungskostenindex vorgesehenen Waren des lebensnotwendigen und des elastischen Bedarfs

	Aufwandsgruppen	Westdeutschland[1]) DM	Sowjetzone DM	vH[2])
a)	**Lebensnotwendiger Bedarf**			
1	Nahrungsmittel	68,10	54,20	80
2	Genußmittel	1,20	2,50	208
3	Miete	30,00	30,00	100
4	Heizung und Beleuchtung	8,00	7,20	90
5	Bekleidung	28,70	38,40	134
6	Reinigung und Körperpflege	3,70	4,80	130
7	Bildung und Unterhaltung	3,90	4,00	103
8	Hausrat	1,90	4,50	237
9	Verkehr	3,40	3,40	100
	Summe	**148,90**	**149,00**	**100**
b)	**Elastischer Bedarf**			
1	Nahrungsmittel	48,90	180,80	370
2	Genußmittel	16,60	39,20	236
3	Miete	–	–	–
4	Heizung und Beleuchtung	5,60	5,00	89
5	Bekleidung	40,00	168,76	422
6	Reinigung u. Körperpflege	14,40	24,30	169
7	Bildung und Unterhaltung	15,20	16,50	109
8	Hausrat	17,90	50,90	284
9	Verkehr	10,80	16,10	149
	Summe	**169,40**	**501,50**	**296**

*) Preissituation im September 1950 nach Berechnungen des DIW, Berlin.
[1]) Ohne das Gebiet der französischen Zone, für die ausreichende Preisunterlagen nicht vorliegen.
[2]) In vH des in Westdeutschland benötigten Geldaufwandes.
[**Quelle:** Bruno Gleitze, Die Wirtschaftsstruktur der Sowjetzone und ihre gegenwärtigen sozial- und wirtschaftsrechtlichen Tendenzen, Bonn 1951, S. 24.]

Mit den Preissenkungen von 1949 für Lebensmittel hatte bereits eine langsame Normalisierung begonnen. Der Fall der Preise setzte sich in den fünfziger Jahren fort, so daß damit für die Bevölkerung ohne Zweifel eine deutliche Verbesserung des Lebensstandards verbunden war. Als Indikator können die sinkenden Preise für die teuren Waren in den HO-Läden (Staatliche Handelsorganisation mit freiem Verkauf von bewirtschafteten Waren) gelten. (☛ vgl. *Tab. 20*, S. 266)

II. »Aufbau des Sozialismus« (1948–1953)

Tab. 20: Entwicklung der HO-Preise für Grundnahrungsmittel (Mark/kg)

	Butter	Margarine	Fleisch (Schweine-kamm)	Zucker	Weizenmehl	Milch
1948	130,00	110,00	82,50	33,00	20,00	
1949	100,00 / 60,00	70,00 / 36,00	67,50 / 40,00	24,00 / 12,00	20,00 / 6,00	
1950	48,00 / 24,00	18,00 / 14,00	30,00 / 15,00	12,00	4,80 / 1,60	2,50
1951	24,00	14,00	15,00	7,60 / 7,40	1,32	2,00
1952	20,00	12,00	11,20	3,00 / 2,80	1,32	2,00
1955–58	20,00	4,00	11,20	3,00	1,32	1,12

[**Quelle:** Marcel Boldorf, Sozialfürsorge in der SBZ/DDR 1945–1953, Stuttgart 1998, S. 85; aus unterschiedlichen Quellen zusammengestellt.]

Entscheidend blieb, wie sich die Einkommen entwickelten. Hier waren die Rentner besonders benachteiligt – wie im Westen auch. Als drastisches Beispiel mag der Brief des Rentners Gustav H. aus Plauen an Ministerpräsident Grotewohl vom November 1949 dienen.[330] Er gibt typische Argumente, Ressentiments und offiziöse Floskeln wieder, ist bemerkenswert offen formuliert und macht in der einfachen Zusammenstellung elementarer Zahlen deutlich, wo wirkliche Armut dominierte. »Die SED weiß genau, aus vorliegenden Klagen und Beschwerden der Rentner und Unterstützungsempfänger«, heißt es in dem Brief, »daß diese armen Leute mit den gezahlten Mindestsätzen in bitterer Not dahinsiechen und nicht einmal in der Lage sind, die zugeteilten Lebensmittel kaufen zu können.« Der Schreiber behauptete kühn, »daß ein Drittel des Volkes in Hülle und Fülle lebt, ein Drittel so notdürftig auskommt und das letzte Drittel leidet, entbehrt und siecht seelisch dahin […] Nach den Regierungserklärungen von Präsident Pieck und Ministerpräsident Grotewohl haben wir Volksgenossen *alle* ein Recht zum leben. Aber wie sieht dies in der Praxis aus? Man zweifelt ja an dem gesunden Menschenverstand. Hier entfremdet sich der Sozialismus in unserer demokratischen Ordnung.« Seine monatlichen Einnahmen aus Invaliden- und Sozialrente sowie Miete vom Untermieter beliefen sich auf 80,75 Mark, die Ausgaben verteilten sich so, daß zum Lebensunterhalt nicht mehr viel blieb: 33,80 Mark Miete, 6 Mark Feuerung, 6 Mark Licht und Gas, 3 Mark Zeitung, 10 Mark sonstige Anschaffungen, 10 Mark Taschengeld, 90 Pfennig Sterbeversicherung. Demnach blieben 11,05 Mark für den Lebensunterhalt.

Nach Angaben des Statistischen Jahrbuchs betrug der monatliche Durchschnittslohn aller Beschäftigten 1950 261 DM und stieg bis 1953 auf 336 DM. Er lag nur unwesentlich unter dem Durchschnittslohn von Produktionsarbeitern mit 262 Mark im Jahre 1950 und 338 Mark im Jahre 1953.[331] Überraschend ist dage-

---

330 SAPMO-BArch, DY 34/18/-/726 (Abschrift).
331 Statistisches Jahrbuch der DDR 1956, S. 226. Die Angaben wurden damals noch in DM ausgewiesen, auch wenn es sich um Mark der DDR handelte.

9. Der erste Fünfjahrplan und der Lebensstandard im »Arbeiterstaat«

gen die auffällige Differenzierung der Einkommensgruppen der Produktionsarbeiter in der verstaatlichten Industrie. Eine entsprechende Übersicht wurde daher auch vom FDGB-Bundesvorstand als »geheime Verschlußsache« behandelt.[332] Der Kommentar der Abteilung Löhne des Bundesvorstandes hob besonders hervor, daß die Masse der Arbeiter zu fast 75 Prozent in den Einkommensgruppen von 200 bis 350 Mark lag. In der Textilindustrie (am Beispiel von 9 Betrieben im Kreis Glauchau) hatten 70 Prozent der Arbeiter sogar nur zwischen 150 und 200 Mark. Dagegen lagen 62 Prozent der Arbeiter im Stahl- und Walzwerk Riesa in der Einkommensgruppe von 400 bis 800 Mark, im Braunkohlenbergbau rund die Hälfte der Arbeiter in den Gruppen zwischen 350 und 500 Mark.

Differenzierte und anschauliche Einblicke in die soziale Situation von Arbeitern bieten exemplarische Analysen des FDGB-Bundesvorstands vom Oktober 1953, als sich die Gesamtsituation bereits deutlich gebessert und die SED zusätzlich im Zeichen des »Neuen Kurses« konsumpolitische Konzessionen gemacht hatte. Fünf charakteristische Haushalte wurden ausgewählt und nach Einnahmen und Ausgaben vorgestellt.[333] Für alle Familien ergab sich ein ähnliches Bild: ein Leben, in dem das Nötigste gesichert war, das meiste Geld aber für Nahrungsmittel ausgegeben werden mußte, so daß für größere Anschaffungen und persönlichen Bedarf, aber auch für kulturelle Zwecke, wie ausdrücklich hervorgehoben wird, wenig oder nichts übrig blieb. Besonders betraf das »Neubürger« und Ausgebombte. In vieler Hinsicht glich damit die soziale Situation hier der von »kleinen Leuten« in der Bundesrepublik – bei allen grundsätzlichen Unterschieden. Als ständiger Schwachpunkt muß – anders als im Westen – die unzureichende technische und qualitative Versorgung durch den Handel berücksichtigt werden. Sie tauchte in den Statistiken nicht auf, war aber eine ewige Quelle der Unzufriedenheit und Kritik in allen Schichten der Bevölkerung. Die ideologisch gewollte Zurückdrängung des Zwischenhandels und auch des privaten Sektors in der produzierenden Wirtschaft waren die Hauptgründe für diese Misere.[334]

Wenn 1951 noch rund ein Drittel der in der Industrie beschäftigten 6,317 Millionen Arbeiter und Angestellten in Privatbetrieben arbeiteten und ihr Anteil an der Bruttoproduktion in Branchen wie der Nahrungs- und Genußmittel- sowie der Konfektions- und Lederindustrie 1949 noch bei 58 Prozent lag[335], so differen-

---

332 Übersicht über die Übersicht über die Zahl der Produktionsarbeiter nach Einkommensgruppen für die volkseigene Industrie einschl. SAG und Genossenschaften der DDR (Monatsdurchschnitt I. Quartal 1953). SAPMO-BArch, DY 34/22006, FDGB-Bundesvorstand vom 8.10.1953.
333 FDGB Bundesvorstand, Abt. Arbeiterversorgung, Analyse über die Lebensverhältnisse der Werktätigen in der DDR vom 9.10.1053, SAPMO-BArch, DY 34/22006.Vgl. auch Hubertus von Tobien, Die Lebensmittelversorgung der Sowjetzone, in: SBZ-Archiv 5 (1954), S. 258-261.
334 Vgl. zum Handel unten, Kap. IV 7 (S. 476 ff.).
335 Otto Stammer, Sozialstruktur und System der Werterhaltung der sowjetischen Besatzungszone Deutschlands, in: Schmollers Jahrbuch 76 (1956), S. 55-105, hier: S. 78; Jörg Roesler, Die Rolle der Planung und Leitung bei der Umgestaltung der privaten Industrie und des Handwerks in der Übergangsperiode, in: Jb.WG 1972 II, S. 213-227, hier: S. 215. Ein von der DWK erstelltes alphabetisches Gesamtverzeichnis aller staatlichen, privaten und genossenschaftlichen Industriebetriebe, gegliedert nach Ländern und Hauptbrachen, mit Ort und Kurzcharakteristik der Produktion wurde entsprechend SMAD-Befehl 1949 in vier Teilen veröffentlicht: Verzeichnis der Indu-

II. »Aufbau des Sozialismus« (1948–1953)

ziert dieser Sachverhalt das Bild nicht nur, sondern erschwert auch generalisierende Aussagen über den Lebensstandard und die Arbeitssituation. Daß sich unternehmerische Privatinitiative frei entfalten solle, stand nicht nur im Gründungsaufruf der KPD von 1945, sondern galt nach Abschluß der Verstaatlichungen zunächst auch für die mittelfristige Wirtschaftsentwicklung. Die DWK erließ am 18. Mai 1949 eine Anordnung, nach der die Länderregierungen verantwortlich waren »für die möglichst volle Ausnutzung der privaten Unternehmerinitiative im Interesse der Volkswirtschaft und der besseren Versorgung der Bevölkerung« und mahnte die Beachtung dieser Anweisung einige Monate später nochmals ausdrücklich an.[336] Auch in stark geschönten DDR-Darstellungen zur Bedeutung der privatkapitalistischen Industrie finden sich Hinweise darauf, daß Privatbetriebe gerade in der Anfangsphase eine wichtige Rolle bei der Qualifikation des Facharbeiternachwuchses und der ingenieurtechnischen Ausbildung spielten, auch wenn ihre Position politisch als »widersprüchlich« eingestuft wurde.[337] Für die Planperiode des ersten Fünfjahrplans galt »die Beibehaltung der kapitalistischen und kleinen Warenproduktion bei schneller Ausdehnung des volkseigenen Sektors.«[338] Allerdings sollte der in der offiziellen Lesart »ausbeuterische und anarchische Charakter« der kapitalistischen Produktion beschränkt werden. Dem diente die »Anordnung über die Regelung der Vertragsbeziehungen zwischen privaten Betrieben und volkseigenen sowie genossenschaftlichen Betrieben und anderen Organisationen« vom 18. Mai 1949.[339] Demzufolge hatten Privatbetriebe ihre Produktionsangebote bei staatlichen Vertragskontoren einzureichen, wo sie mit den staatlichen Kontrollziffern abgestimmt wurden. Auf dieser Basis erfolgte die Versorgung mit Material. Zwar wurden die Privatbetriebe in der Regel gegenüber den VEB vor allem durch Steuern, Preise und Kredite de facto benachteiligt.[340] Daraus ergab sich aber nicht in jedem Falle eine soziale Schlechterstellung der Belegschaft. Ein Bericht von 1951 stellte nach der Überprüfung einer Spezialfabrik für elektrische Apparate in Dresden im Hinblick auf Entlohnung, Urlaub und anderem fest, »daß die Lage der Arbeiter und der Intelligenz in der F. Rheostrat im Vergleich zu unserer Volkseigenen Industrie nicht schlechter ist.« Politisch dagegen bekam der Betrieb ungenügende Zensuren: »Die Belegschaft sieht zum überwiegenden Teil im Unternehmer nicht ihren Ausbeuter, sondern noch immer den guten Chef. Daraus wiederum rekrutiert [sic!] die äußerst mangelhafte Wachsamkeit.«[341] Ähnlich monierte der Geschäftsbericht des FDGB die »unzulängliche Führung des Klassenkampfes durch die Gewerkschaften«, die zur Folge habe, »daß sich sehr viele

---
striebetriebe der Sowjetischen Besatzungszone Deutschlands, Berlin 1949 (Deutscher Zentralverlag). Da jede zusammenfassende Bilanzierung fehlt, ist es nur zur Identifikation oder zu statistischen Zwecken verwendbar.
336 »Die Wirtschaft« 4 (1949), S. 558 f. (»Private Betriebe sollen sich frei entfalten«).
337 Wolfgang Mühlfriedel, Die Entwicklung der privatkapitalistischen Industrie im Prozeß der antifaschistisch-demokratischen Umgestaltung, in: Jb.WG 1984 III, S. 9-38, hier: S. 37 f.
338 Roesler, Rolle, S. 217.
339 Ebd., S. 217 f.
340 Ebd., S. 218 (umschrieben als Beseitigung des privaten Profits und der anarchischen Produktion).
341 FDGB-Bericht vom September 1951, SAPMO-BArch, DY 34/25/c/807.

9. Der erste Fünfjahrplan und der Lebensstandard im »Arbeiterstaat«

Kolleginnen und Kollegen dessen nicht bewußt waren, daß sie im privatkapitalistischen Betrieb ausgebeutet werden.«[342]

Eine solche Kritik an unerwünschter »Betriebsharmonie« und entsprechenden Problemen der Gewerkschaftsarbeit tauchten immer wieder in Kontroll- und Stimmungsberichten auf. Zwar ist bei derartigen Berichten stets zu berücksichtigen, daß sie von politisch zuverlässigen und überzeugten Genossen verfaßt wurden, die in den Privatbetrieben ein besonders scharfes Auge auf ideologische und soziale »Mißstände« warfen, so daß entsprechende Beispiele nicht ohne weiteres zu generalisieren sind. Andererseits wiederholen sich bestimmte Klagen so oft, daß man sie kaum als Randerscheinungen werten kann. Eine zusammenfassende Analyse der IG Textil, Bekleidung, Leder vom 1. Oktober 1951[343] stellte einerseits fest, daß sich Privatbetriebe häufig in einer schlechteren Position befänden, weil sie schlechter als die volkseigenen Betriebe mit Konsumgütern versorgt würden. Da überdies die Gewerkschaftsarbeit eher beiläufig und nebenbei erfolge, fühlten sich Belegschaften und Gewerkschaftsmitglieder oft als zweitklassig zurückgesetzt. Auch die ideologische Begründung für niedrigere Lohnsätze in Privatbetrieben gegenüber den VEB waren den Arbeitern schwer zu vermitteln und führte zu Spannungen. Verstöße gegen Arbeitsschutzbestimmungen und die Einziehung der gewerkschaftlichen Mitgliedsbeiträge durch das betriebliche Lohnbüro waren keine Ausnahmen. Auf der anderen Seite finden sich in den Berichten viele Beispiele für das oft kritisierte »Paktierertum«. Manche Privatbetriebe zahlten höhere Löhne und konnten qualifiziertes Personal aus den VEB abwerben. Eine ausgeprägte Betriebsgemeinschaftsideologie ließ sich in vielen sächsischen Textilbetrieben offenbar deshalb feststellen, weil es eine starke personelle Kontinuität gab. In fast allen der untersuchten Betriebe sei zu verzeichnen, »daß der größte Teil der Funktionäre zwanzig und mehr Jahre in den Betrieben beschäftigt sind und meistens ein sehr gutes Verhältnis zwischen diesen und dem Unternehmer besteht.« Damit korrespondiere eine »ungenügende Bindung zwischen BGL und Belegschaft«. Als kurioses und aus der Sicht der Kontrolleure besonders ärgerliches Beispiel wurde die Chemnitzer Firma Gläser angeführt. Hier sprächen die Kollegen ihren BGL-Vorsitzenden mit »Herr Steinbach« an. »Wenn sie zu ihm ins BGL-Zimmer kommen, klopfen sie ganz zaghaft an die Tür und bleiben dann schüchtern an der Tür stehen und wagen es nicht, auf einem Stuhl Platz zu nehmen. Hier fehlt nur noch, daß sie vor ihrem Eintritt fragen, ob sie eintreten dürfen.« Im gleichen Betrieb wurde der Skandal entdeckt, daß die Betriebsfunkanlage so eingerichtet war, daß der Unternehmer in seinem Privatbüro alle Versammlungen und Sitzungen, also auch die der BGL, abhören konnte.

Ein anderer Abschlußbericht aus der Textilindustrie »über die parteiliche und gewerkschaftliche Organisationsarbeit in den Privatbetrieben« resümierte als allgemeinen Eindruck, daß »in sämtlichen Betrieben die führende Rolle unserer

---

342 Aus der Arbeit des FDGB, S. 189.
343 Analyse über die Instrukteureinsätze in den Privatbetrieben vom 1.10.1951, SAPMO-BArch, DY 34/21272.

Partei nicht in Erscheinung (tritt). Da die Genossen in den einzelnen Abteilungen auch nicht agitieren und diskutieren, kommt es, daß die Kollegen auch nicht wissen, wer ein Genosse ist.«[344] Solche niederschmetternden Bilanzen wurden später seltener, aber der private Sektor blieb ein ideologisches Sorgenkind. Das war ein Motiv für die Schaffung der »Halbstaatlichen«, das heißt der Privatbetriebe mit staatlicher Beteiligung.[345]

Mit dem ersten Fünfjahrplan setzte die SED die schon seit Ende der vierziger Jahre erkennbare industriepolitische Strategie forciert fort, die DDR im Rahmen des RGW von westlichen Lieferungen möglichst unabhängig und als eigenständigen Staat lebensfähig zu machen. Das hatte unter den Bedingungen stalinistischer Vorgaben für einen schnellen Aufbau einer eigenen Schwerindustrie fatale Folgen. Einer ökonomisch sinnvollen Förderung der hoch spezialisierten verarbeitenden und Leichtindustrie, über die insbesondere Sachsen verfügte, wurde damit politisch der Boden entzogen.[346] Die einseitige Schwerpunktsetzung blockierte zwangsläufig eine Diversifizierung der Investitionen, die für eine nachhaltige Verbesserung mit Konsumgütern und somit die immer wieder angekündigte, durchgreifende Verbesserung des Lebensstandards unerläßlich gewesen wäre. Auch wenn man bei den Arbeitern als besonders Betroffenen des Wieder- und Neuaufbaus ein beträchtliches Maß an Bereitschaft zum Engagement unterstellen kann und die offiziöse Erfolgspropaganda keineswegs nur auf Phantastereien beruhte, wurde der Bogen jedoch insbesondere mit der 2. Parteikonferenz 1952 völlig überspannt. Konflikte waren damit vorprogrammiert. Der ständige Blick nach Westen, wo sich das »Wirtschaftswunder« in gleichem Tempo wie sein Mythos entfaltete, tat ein übriges, um die sozialen Spannungen zu erhöhen.

10. Reibungsflächen betrieblicher Sozialpolitik – Technische Arbeitsnormen, Betriebskollektivverträge und »Gesetz der Arbeit«

Die Konflikte, die in den frühen fünfziger Jahren mit besonderer Schärfe hervortraten und schließlich in den Aufstand vom 17. Juni 1953 mündeten, hatten bereits einen langen Vorlauf in der ersten Nachkriegsphase. Sie gehören in den Kontext einer weit verstandenen Sozialpolitik, die auf umfassende Gesellschaftspolitik zielt und insbesondere der betrieblichen Ebene eine zentrale Bedeutung zumißt. Die in immer neuen Anläufen versuchte Durchsetzung der Leistungsentlohnung und der daraus resultierende »verdeckte Lohnkampf in den volkseigenen Betrieben«[347] verweisen bereits für die Jahre der Besatzungszeit auf das sozialökonomische Schlüsselproblem, von dem die künftige politische Stabilität des neuen Staa-

---

344 Abschlußbericht über die parteiliche und gewerkschaftliche Organisationsarbeit in den Privatbetrieben vom 28.12.1951, SAPMO-BArch, DY 34/15/-/875.
345 Vgl. unten, Kap. IV 7 (S. 476 ff.).
346 Vgl. Karlsch, Rekonstruktion, in: Bramke/Heß (Hg.), Wirtschaft, S. 89-132, hier: S. 106.
347 Ewers, Einführung, in: DA 13 (1980), S. 612-633.

10. Technische Arbeitsnormen, Betriebskollektivverträge, Gesetz der Arbeit

tes abhing und das die gesamte innere Geschichte der DDR durchzieht: eine schnelle und nachhaltige Steigerung der Produktivität, ohne die alle hochfliegenden Zukunftsvisionen leer bleiben mußten. Die Intensität dieser Konflikte läßt sich an den zahllosen Hinweisen in öffentlichen Reden, Artikeln und andauernden Kampagnen ablesen, so daß das neu zugängliche Archivmaterial dem im wesentlichen bekannten Bild nur noch einige Nuancen hinzufügen kann. Es ging um ein Dilemma, vor dem alle Nachkriegsgesellschaften standen, das mit unterschiedlichen Strategien angegangen wurde, das aber in staatssozialistischen Systemen eine spezifische Brisanz entwickelte, weil die Versprechungen der neuen politischen Eliten nicht nur Programme blieben, sondern auch Erwartungen weckten, die sich nicht ohne weiteres ignorieren ließen.

Jeffrey Kopstein hat für die DDR diesen Sachverhalt, der im übrigen für die osteuropäischen Staaten ähnlich gilt, treffend in einen breiteren Interpretationsrahmen gestellt und die These von einem »geheimen Sozialkontrakt« entwickelt, der zum tragenden Fundament der langen Stabilität, aber langfristig auch zu einer Ursache des Untergangs des »Arbeiterstaats« wurde.[348] Der aus der Arbeiterbewegung stammende Egalitarismus im Lohnsystem hatte sich in den ersten Nachkriegsjahren nach der »Akkordschinderei« der Kriegswirtschaft ausgeprägt entfalten können. Da die stimulierende und disziplinierende Funktion eines kapitalistischen Arbeitsmarktes im Hinblick auf die Löhne entfiel und die Attraktivität des Warenangebots äußerst gering blieb, hatte die »führende Klasse« nur wenig Interesse an einer durchgreifenden Änderung und einer weitreichenden Ausdifferenzierung des Lohnsystems mit starken Elementen forcierter Leistungssteigerung. Die SED versuchte zwar immer wieder – und vor 1953 besonders nachdrücklich –, diesen fatalen Kreislauf von niedriger Produktivität und Desinteresse an höheren Normen zu durchbrechen. Spätestens nach dem Juni-Aufstand aber war das hohe politische Risiko offensichtlich, das mit einer forcierten Durchsetzung des ökonomisch Notwendigen verbunden war. Insofern wurde der politische Handlungsspielraum erheblich eingeschränkt. Das Ergebnis war eine Art von stiller Übereinkunft auf mittlerer Linie.

Der Egalitarismus der Nachkriegszeit wurde zwar nicht beibehalten, aber trotz Aktivisten-, Wettbewerbs- und Leistungslohnkampagnen auch nicht wirklich beseitigt, zumal er ja auf ideologische Grundvorstellungen der SED traf, die nicht beliebig zu relativieren waren. Was in den siebziger Jahren mit dem Primat der Sozialpolitik offenkundig geworden ist, galt somit bereits in anderer Form auch für die Gründerjahre der DDR. Im Jahre 1948 standen im Durchschnitt erst rund 30 Prozent der Produktionsarbeiter im Leistungslohn.[349] Da mit der Heraufsetzung der Normen eine Gefährdung der Effektivverdienste drohte, versuchten viele Belegschaften, eine konsequente Umsetzung von Leistungslöhnen zu unterlaufen. So mußte der FDGB rückblickend für 1949 feststellen, daß zwar Hunderttausen-

---

348 Jeffrey Kopstein, The Politics of Economic Decline in East Germany 1945–1989, London 1997, S. 39 f.
349 Ewers, Einführung, S. 623.

de von Arbeitsnormen überprüft worden seien, aber in der Regel nicht zu neuen, sondern zur Bestätigung der alten Normen geführt hätten. »Die sogenannten ›weichen‹ Normen bildeten also ein durchaus plausibles Mittel betrieblicher Lohnpolitik, um – überspitzt gesagt – Leistungslohnsysteme ›gegen die Arbeiter‹ und gleichzeitig Lohnerhöhungen ›gegen den Staat‹ durchzusetzen.«[350] Auch in den Arbeitsministerien der Länder hielt sich der Drang, die Beschlüsse der DWK zur Erhöhung der Arbeitsproduktivität durchzusetzen, angesichts der Brisanz dieser Materie in engen Grenzen. Ein interner Bericht über die Konferenz aller Arbeitsminister der SBZ am 23./24. September 1949 zog ein niederschmetterndes Fazit. Bis auf Sachsen hätten sich die Länder kaum mit dem Problem befaßt, es herrsche »nicht nur eine geradezu erschreckende Unkenntnis«, sondern die Ministerien hätten »bisher so gut wie nichts unternommen und anscheinend auch nichts unternehmen wollen, um diese Unkenntnis zu beseitigen.« Man habe den Eindruck bekommen können, so der Berichterstatter, es handele sich um Repräsentanten eines Ministeriums für Sozialfürsorge und altdeutsche Beamte statt um »Vertreter der Arbeitsministerien aus einer antifaschistisch-demokratischen Ordnung.«[351] Personelle Konsequenzen und intensivere Kontakte zwischen FDGB und Ministerien wurden daher empfohlen.

Den weichen Normen, die sich in einer Ausnahmesituation eingebürgert hatten, entgegenzuwirken, war das Hauptziel der Aktivistenbewegung. Zwar konnten die Ergebnisse dieser Arbeitsheroen nicht die Grundlage für neue tägliche Normen sein, aber durchaus einen Beitrag zur Schaffung »echter Normen« und zur Bewegung einer freiwilligen Normerhöhung bilden. Immerhin stieg der Anteil der Leistungslöhner an den Produktionsarbeitern der sozialistischen Industrie 1951 auf 60 Prozent.[352] Das Bild von den Auswirkungen der Leistungslohn- und Normenkampagnen im betrieblichen Alltag fällt jedoch sehr uneinheitlich aus. Teile der Belegschaft sperrten sich anfangs gegen die Einführung des Leistungslohnes, wurden aber zunehmendem Druck ausgesetzt, gegen den man sich schwer wehren konnte. So forderte das zu Stalins 70. Geburtstag für die ganze DDR inszenierte »Stalin-Aufgebot« freiwillig Mehrarbeit an, deren Verweigerung politisch gefährlich schien, weil sie in den Betriebsabteilungen durch »listenmäßige Einzeichnungen« festgehalten« wurde. Die Akzeptanz des Leistungslohns hing wesentlich von der Aussicht auf reale Einkommensverbesserungen ab. Wo dies der Fall war, arrangierten sich die Belegschaften in den wichtigsten Beschäftigtengruppen der Industrie zunehmend, zumal wenn die neuen Normen leicht erfüllbar oder zu überbieten waren.[353] Angesichts der quasi-staatlichen Rolle der Gewerkschaften als Erfüllungsgehilfen der SED ergaben sich jedoch verquere Interessen- und Konfliktkonstellationen auf der betrieblichen Ebene, so daß Rudi Kirchner im November 1950 von den »noch immer nicht überwundenen Tendenzen der Gleichmacherei« sprach und auf viele Versuche hinwies, »unter einem

---

350 Ebd., S. 632.
351 Bericht vom 27.9.1949, SAPMO-BArch, Nl 4182/1139, Bl. 281 f.
352 Jörg Roesler, Vom Akkordlohn zum Leistungslohn, in: ZfG 32 (1984), S. 778-795, hier: S. 793 f.
353 Hübner, Konsens, S. 46-57.

10. Technische Arbeitsnormen, Betriebskollektivverträge, Gesetz der Arbeit

›Sozialmantel‹ die Gleichmacherei verewigen zu wollen«.[354] Mit dem Verzicht auf zentrale Tarif- und Normenregelungen und der nachdrücklichen Förderung der Schwerpunktindustrien im Rahmen des Fünfjahrplans wurde die Normenproblematik vollends zu einem schwierigen und unübersichtlichen Terrain.[355]

Der nächste, viel schwierigere Schritt war die Schaffung technisch begründeter Normen (TAN), die erst den wirklichen Durchbruch bringen und das auch im Rahmen der Leistungslöhne immer noch sorgsam gehütete »Normenpolster« auflösen sollten.[356] Hier begann eine neue Etappe der verdeckten und zum Teil auch offenen Konfliktgeschichte zwischen Partei, FDGB und Belegschaften. Sie setzte sich fort mit dem Arbeitsgesetz von 1950 als erster, noch relativ knapp gehaltener Kodifizierung des Arbeits- und Sozialrechts und der Einführung der Betriebskollektivverträge (BKV), die traditionelle Flächentarifverträge ersetzten.

Die Ausarbeitung von TAN gehörte vorrangig zu den »Maßnahmen zur Erhöhung der Arbeitsproduktivität und zur Verbesserung der Lebenslage der Bevölkerung«, die der Parteivorstand der SED im Juli 1949 beschlossen hatte.[357] Da sich aber keine sichtbaren Fortschritte ergaben, wurde der Zentralausschuß für TAN 1950 aufgelöst und durch eine Grundsatzabteilung im Ministerium für Arbeit ersetzt. Deren Aufgabe war es, »theoretische Grundlagen für die Ausarbeitung technisch begründeter Arbeitsnormen unter Zugrundelegung der sowjetischen Erfahrungen und in Zusammenarbeit mit den entsprechenden Fakultäten und Hochschulen und der Vertreter der technischen Intelligenz sowie befähigter Aktivisten aufzustellen.«[358] Schwierigkeiten bestanden zunächst vor allem darin, Assoziationen an alte Methoden der Arbeitsnormung auszuschalten. »Immer wieder wurden die technisch begründeten Arbeitsnormen mit den alten Normen des Kapitalismus, des Refa-Systems, verwechselt«, mußte die FDGB-Spitze für breite Kreise der Gewerkschaften konstatieren.[359] Um die TAN umfassend einzuführen, hatten sich die Gewerkschaften daher um die »ideologischen Voraussetzungen« zu kümmern. Den Belegschaften den prinzipiellen Unterschied bei ähnlichen Methoden zu verdeutlichen, blieb ein verzweiflungsvolles Unternehmen, solange sich die in Aussicht gestellten Wohltaten des »Arbeiterstaates« nicht einstellten. Zwar sollten die neuen Vorgaben nicht wie früher festgelegt, sondern in kooperativen Formen erarbeitet werden, aber das Ziel war letztlich dasselbe, und die Methoden der Ermittlung des Leistungsgrades unterschieden sich bei Refa und TAN kaum.

Einen Ermittlungsbogen für Verlustzeiten veröffentlichte 1951 die Kölner Zeitschrift PZ-Archiv.[360] (☛ vgl. *Abb. 25, S. 274*)

---

354 Zit. ebd., S. 55.
355 Ebd., S. 56 f.
356 Roesler, Akkordlohn, S. 794 f.
357 Dokumente der SED, Bd. 2, S. 250-259. Hier auch die Prozentsätze, um die in den verschiedenen Branchen die gültigen Arbeitsnormen erhöht werden sollten.
358 Zit. bei Roesler, Akkordlohn, Anm. 158.
359 Aus der Arbeit des FDGB 1947–1949, S. 148. Refa heißt »Reichsausschuß für Arbeitsstudien«.
360 Die Akkordschere des TAN-Systems, in: PZ-Archiv 2(1951)2 (ohne Seitenzahlen). PZ war der Vorläufer des SBZ-Archivs.

II. »Aufbau des Sozialismus« (1948–1953)

Abb. 25: Das Formular läßt die Schwierigkeiten der Umsetzung der Technischen Arbeitsnormen (TAN) erkennen.

10. Technische Arbeitsnormen, Betriebskollektivverträge, Gesetz der Arbeit

Um so schwieriger gestaltete sich die Überzeugungsarbeit. »Die Wirtschaft« brachte eine ganze Serie von Artikeln zum Thema »Neue Methoden statt Rationalisierung und Refa«.[361] Bei den praktischen Versuchen in der Max-Hütte, einem der wichtigen Vorzeigebetriebe, verliefen die Fronten dann aber eher entlang alter Konfliktlinien. »Uns scheint es«, hieß es in einem detaillierten Erfahrungsbericht, »daß die Arbeitervertreter im Lohnausschuß das Bedeutsame dieses erstmaligen Versuchs sowohl für die Ermittlung technisch richtiger Arbeitsnormen als auch für die Steigerung der Arbeitsproduktivität in ihrem ganzen Ausmaß noch nicht erkannt haben, sonst würden sie die laufend stattfindenden Produktionsberatungen dazu verwenden, um mit den Arbeitern darüber zu sprechen. Bisher sind diese aufgestellten Arbeitsnormen noch nicht das Produkt gemeinsamer Überlegungen und gemeinsamer Beratungen.«[362] Die enormen Schwierigkeiten bei der betrieblichen Realisierung der TAN spiegeln auch ständig die gewerkschaftlichen Publikationen wider.[363] Roman Chwalek, 1950 bis 1953 Minister für Arbeit in der DDR, beklagte die »opportunistische Haltung« vieler Funktionäre, die eine Einstellung duldeten, bei der Einführung der TAN dürfe es keine Lohnminderung geben. Er kritisierte, daß unter der Hand in den Betrieben Regelungen getroffen würden, die gegen das Leistungsprinzip verstießen. Auch der Chefdirektor des Buntmetall-Walzwerks in Hettstedt und zweifache Nationalpreisträger hielt das Ausmaß der Übererfüllung der Normen besonders in einigen Betrieben der Metallurgie für skandalös und forderte vor allem »die Ausarbeitung der TAN nach gleichen Richtlinien und in allen Betrieben der DDR.«[364]

Die vielfältigen Formen, die TAN zu umgehen oder aufzuweichen, ähnelten denen in der Leistungslohnkampagne. Sie gingen auch in die Auseinandersetzungen um die Betriebskollektivverträge (BKV) ein, die ab 1951 den rechtlichen Rahmen für die Festlegung von TAN bildeten. Daß diese ihr Ziel, der notwendigen Produktivitätssteigerung eine »objektive« und klar meßbare Basis zu geben, nicht erreichten, wurde jedoch nicht nur an den massiven Konflikten – ihr Höhepunkt bildete der 17. Juni 1953 – sichtbar, sondern auch an der in den frühen fünfziger Jahren ins Groteske gesteigerten Übernahme sowjetischer Vorbilder in spezifischen Arbeitsmethoden. Zwar dürften viele von diesen auf ideologischen Übereifer linientreuer Aktivisten und Funktionäre zurückzuführen sein, als Strukturproblem steckte aber auch der Kompensationsmechanismus für den nicht existierenden kapitalistischen Markt und das Konkurrenzprinzip dahinter. Eine zeitgenössische westdeutsche Zusammenstellung registrierte Anfang 1953 bereits über 50 Methoden und Bewegungen in der Industrie und Landwirtschaft, die der Rationalisierung von Arbeitsabläufen dienten und zumeist aus der Sowjetunion übernom-

---

361 So der gleichnamige Beitrag von Fritz Selbmann, in: »Die Wirtschaft« 4 (1949)7.
362 Entwicklung der Arbeitsnormen in der Max-Hütte, in: »Die Wirtschaft« 4 (1949), S. 291 f.
363 Vgl. Geschäftsbericht FDGB 1950 bis 1954, S. 119 ff.
364 Zit. in MB Ostbüro, Februar 1953, S. 19 f.

men wurden.³⁶⁵ Viele davon wurden bald wieder aufgegeben, andere überwiegend landseigene Kreationen kamen später hinzu.³⁶⁶

Zu den wichtigen Maßnahmen mit dem Ziel, die Arbeitsintensität und das Engagement zu stimulieren, gehörten neben der breiten Palette sozialpolitischer Angebote und Appelle an das Traditionsbewußtsein besonders wichtiger Berufsgruppen wie der Bergleute, auch umfassende und immer weiter ausgestaltete Prämienregelungen. An besonders verdiente Bergleute wurden seit 1950 die Titel »Meisterhauer« oder »Verdienter Bergmann der Deutschen Demokratischen Republik« verliehen und der »Tag des deutschen Bergmannes« (der erste Sonntag im Juli) eingeführt.³⁶⁷ Konflikte um Prämienzahlungen tauchten später immer wieder auf. In den Anfangsjahren gab es besonders um die traditionellen Weihnachtsgratifikationen Streit. Am 9. Dezember 1950 erklärte der FDGB-Bundesvorstand, Weihnachtsgratifikationen widersprächen dem Leistungsprinzip und sollten nicht mehr gezahlt werden. Nach zahlreichen Protesten wurde diese überkommene Sonderprämie aber erst einmal beibehalten.³⁶⁸ Zwei Jahre später beschloß das Politbüro, zwar Sonderprämien zum Jahresende zu zahlen, lehnte jedoch »Weihnachtsgratifikationen« ab, weil sie aus kapitalistischer Tradition stammten, die Arbeiter besänftigen und über die Ausbeutung hinwegtäuschen sollten. »Für die Arbeiter der volkseigenen und ihnen gleichgestellten Betriebe, die zu Herren ihrer Betriebe geworden sind und mit vollem Erfolg daran arbeiten, sich aus eigener Kraft ein Leben in Wohlstand aufzubauen, ist der Begriff der ›Weihnachtsgratifikation‹ entwürdigend.«³⁶⁹ Mit diesem Etikettenwechsel war das Konfliktpotential jedoch in keiner Weise beseitigt. An ungerecht empfundenen Prämienzahlungen entzündeten sich immer wieder neue Proteste.³⁷⁰

Die wesentlichen Elemente der sukzessive errichteten Säulen der neuen Arbeits- und Sozialverfassung der DDR wurden 1950 im »Gesetz der Arbeit zur Förderung und Pflege der Arbeitskräfte, zur Steigerung der Arbeitsproduktivität und zur weiteren Verbesserung der materiellen und kulturellen Lage der Arbeiter und Angestellten« zusammengefaßt. Es bot erstmals einen rechtlichen Gesamtrahmen, in dem die wirtschaftlichen und sozialpolitischen Entwicklungen vonstatten gehen sollten. In 11 Abschnitten und 60 Paragraphen fixierte das Gesetz Rechte und Pflichten der Arbeiter und Angestellten: das Recht auf Arbeit, das Mitbestimmungsrecht, das generelle Ziel der Steigerung der Arbeitsproduktivität, die Förderung der Aktivisten- und Wettbewerbsbewegung, die planmäßige Verwendung der Arbeitskräfte, die Heranbildung von fachlichem Nachwuchs

---

365 Neuerermethoden und Rationalisierungsbewegung, in: SBZ-Archiv 4 (1953), S. 22 f.
366 Nur für die späte DDR wird dieses recht unübersichtliche Gelände – leider auch wenig übersichtlich – dargestellt bei Martin Hartmann, Die Neuererbewegung. Das betriebliche Vorschlagswesen in der DDR, Köln 1988.
367 Politbürobeschluß vom 8.8.1950, in: Dokumente der SED, Bd. 3, S. 191-194. Vgl. unten, Kap. VI 6 (S. 709 ff.). Zur Prämienordnung siehe unten, Kap. IV 1 (S. 379 ff.).
368 AdsD, Ostbüro 0258/0259 Box 698, Informationsbüro West, Sonderbeilage 9.10.1951.
369 Beschluß des Politbüros vom 2.12.1952, in: Dokumente der SED, Bd. 4, Berlin (O) 1953), S. 193 f.
370 Vgl. die Beispiele bei Hübner, Konsens, S. 202-204.

10. Technische Arbeitsnormen, Betriebskollektivverträge, Gesetz der Arbeit

und beruflich qualifizierten Frauen, Urlaubsregelungen, Kündigungsrecht und Arbeitsschutz sowie Maßnahmen zur weiteren Verbesserung der materiellen und kulturellen Lage.[371] Auch wenn das Recht auf Arbeit und Mitbestimmung an der Spitze standen, bildete die Steigerung der Arbeitsproduktivität den eigentlichen Kern des Gesetzes. Die Förderung der Aktivisten unter anderem durch Prämierung der ausgezeichneten Aktivisten, der Qualitätsbrigaden und der Siegerbetriebe im Wettbewerb mit 3,75 Millionen Mark (für 1950), aber auch die verstärkte Einbeziehung von Frauen in den Arbeitsprozeß waren wichtige Instrumente dafür. Wenn dieses Gesetz im Westen vor allem als Musterbeispiel für die »Ausbeutung des Arbeiters im staatskapitalistischen System« wahrgenommen wurde[372], so nahm dieses Urteil ausschließlich die lautstarken Versprechungen einer gesellschaftlichen Alternative zum Maßstab, übersah jedoch, daß die Änderung der stark egalitär eingeschliffenen gewohnten Arbeitsnormen sowie einer entsprechenden Arbeitshaltung dringend notwendig war.

Das »Amt für Information« initiierte im Vorfeld des Gesetzes eine »Befragung der Bevölkerung, der Arbeiter und Aktivisten über eine neue Gestaltung des Arbeitsrechts« und erfaßte später eine Reihe von Stimmen zum neuen Gesetz, so daß sich zumindest einige Eindrücke über die Resonanz sammeln lassen.[373] Auch wenn über die Methoden der Befragung keine Angaben vorliegen, sind die Berichte um ein typisches und differenziertes Bild bemüht, das sich deutlich von den gängigen Erfolgsmeldungen der gewerkschaftlichen Berichterstatter unterscheidet. Einige Passagen aus den für diese Zeit noch seltenen Berichten der Sicherheitsorgane mögen das verdeutlichen.

Besonders intensiv wurden die Arbeiter der Leunawerke ausgefragt. Bereits vor der Verabschiedung des Gesetzes erfaßte das Amt einige allgemeine Meinungsäußerungen aus großen Industriebetrieben Sachsen-Anhalts. Darin spielten unter anderem die Fehlleitung von Arbeitskräften, die Kompetenzen der Arbeitsämter, das Wohnungsproblem, die Werksküchenverpflegung und die Beschäftigung von Frauen eine wichtige Rolle.[374] Zum Arbeitsgesetz registrierte man dann eine Reihe von typischen negativen Äußerungen, insbesondere von Leuna-Arbeitern, und zwar hauptsächlich aus der mehrheitlich unorganisierten Belegschaft. Das Gesetz bringe im Kern nicht Neues, erlaube der Regierung jetzt aber, mit der »planmäßigen Lenkung« über die Arbeitskräfte frei zu disponieren. »Die Regierung hat damit den Arbeiter ganz im Sack«.[375] Große Unzufriedenheit verursachte die Urlaubsregelung. Zu den umstrittensten Problemen gehörte die Frauenarbeit. Hier mischten sich grundsätzliche Vorbehalte mit Forderungen nach besserer sozialer Absicherung für Frauen mit Familie. Unverhohlen war die

---

371 Gesetz vom 19.4.1950, in: Gbl. DDR 1950, S. 349-355.
372 So Otto Eugen Hasso Becker, Der perfekte Sklavenstaat: Die Ausbeutung des Arbeiters im staatskapitalistischen System der sowjetischen Besatzungszone, Köln 1951 (Rote Weißbücher 4). Die Ausbeutung der Arbeitnehmer, in: PZ-Archiv 2 (1951) H. 19, S. 9 f.
373 Amt für Information, Informationen vom 17.4., 9.5., 23.6.1950, BStU, MfS-AS 231/66.
374 Ebd. Bl. 594 ff.
375 Ebd.,Bl. 560.

II. »Aufbau des Sozialismus« (1948–1953)

Ablehnung neuer Ehrentitel für Aktivisten mit einer sonst auch in den Berichten des Ostbüros häufig zu findenden Argumentation: »Auszeichnungen und Bezeichnungen wie ›Held der Arbeit‹ brauchen im Arbeitsgesetz nicht verankert zu werden, denn für solche Auszeichnungen hat ›der deutsche Arbeiter‹ kein Verständnis. Er erblickt in der Arbeit nichts Heldenhaftes. Er will sein Geld verdienen und sich etwas kaufen können. Auch die Aktivisten sind Geldverdiener [...] Der ›deutsche Arbeiter‹ weiß, daß diese Auszeichnungen von der Sowjetunion entlehnt sind. Wir brauchen aber weder die bolschewistischen Arbeitsmethoden noch ihre Auszeichnungen, [um] unsere Wirtschaft wieder aufzubauen. Da sich aber unsere Regierung nicht belehren läßt und nicht fähig ist, mit einem deutschen Arbeiter mitzufühlen, hat es gar keinen Zweck, ein Wort darüber zu verlieren.« Der Stasi-Bericht kommentierte diese Stimmen lakonisch: »Es scheint notwendig zu sein, die Gewerkschaften auf diese Art der Argumentation antworten zu lassen.«[376] Drastisch klangen weitere Meinungsäußerungen aus den Leunawerken zur Steigerung der Arbeitsproduktivität, die als »russische Methoden« kritisiert wurde, die ein deutscher Arbeiter nicht brauche: »Gebt ihm was richtiges zu fressen, und er reißt die Welt um. Darum gehört so etwas nicht in das Gesetz hinein [...] Erst hieß es ›alles auf freiwilliger Basis‹ und nun wird es gesetzlich verankert. Das ist nicht nur paradox, das ist Arbeiterbetrug!«[377]

Handfester und breiter wurden die Auseinandersetzungen, als man ein Jahr später daran ging, die im Gesetz verbindlich vorgesehenen Kollektivverträge[378] in Gestalt der Betriebskollektivverträge (BKV) umzusetzen. Im Zuge der Fünfjahrplanung veränderte sich die Struktur der betrieblichen Pläne. Die Regierung legte fest, daß bis zum 31. Mai 1951 für die volkseigenen und ihnen gleichgestellten Betriebe Betriebskollektivverträge als umfassende ökonomische, soziale und kulturelle Regelungen abzuschließen seien. Das Muster eines Rahmenkollektivvertrages wurde im Gesetzblatt der DDR bekannt gemacht und damit der hohe Grad an Verbindlichkeit unterstrichen.[379] Vertragspartner der BKV waren die Betriebsleitungen und die Betriebsgewerkschaftsleitungen, die jedoch keine Entscheidungsfreiheit besaßen, sondern von den Vorgaben der staatlichen Verwaltung beziehungsweise der FDGB-Spitze abhingen. Der Inhalt bestand vor allem in wechselseitigen Verpflichtungen. Der BKV war so gesehen »nicht mehr Regler von Arbeits- und Lohnbedingungen, sondern ein Instrument der Planerfüllung«.[380] Da damit die alten Tarifverträge als Errungenschaft der organisierten Arbeiterbewe-

---

376 Ebd., Bl. 560 f.
377 Ebd., Bl. 507.
378 Vgl. die rechtlichen Einzelheiten nach der offiziellen Lesart: Rudolf Schneider, Über den Betriebsvertrag, in: »Neue Justiz« 5 (1951), S. 215-219.
379 Bekanntmachung vom 20.3.1951, in: Gbl. DDR 1951, S. 5-7.
380 Siegfried Mampel, Die arbeitsrechtliche Entwicklung in der sowjetischen Besatzungszone, in: Die Sozialpolitik in der sowjetischen Besatzungszone Deutschlands. Vortragsveranstaltung der Gesellschaft für Sozialen Fortschritt e. V. Bad Godesberg 1956, Berlin (W) 1957, S. 22-38, hier: S. 25. Die Detailvorgaben darüber, was ein BKV enthalten musste, finden sich in der Broschüre des FDGB »Der Betriebskollektivvertrag«, Tribüne-Verlag, Berlin (O) 1951.

10. Technische Arbeitsnormen, Betriebskollektivverträge, Gesetz der Arbeit

gung hinfällig waren, mußten große Vorbehalte ausgeräumt und »eine gründliche politische Überzeugungsarbeit geleistet« werden.[381] Das sächsische Stahlwerk Riesa fungierte als Beispielbetrieb, in dem nach wochenlangen Beratungen und Diskussionen am 21. Mai unter den Augen des FDGB-Bundesvorstandes und Gewerkschaftsleitungen aus 150 Betrieben der erste BKV »einstimmig angenommen« wurde. Etwa 5.000 BKV folgten im Lauf des Jahres 1951.[382] Die quantitativen Erfolgsbilanzen können aber nicht die massiven Auseinandersetzungen um die Einführung der BKV verdecken. Im Leunawerk bei Merseburg kam es sogar zu gewaltsamen Zusammenstößen, bei denen Volkspolizei und sowjetisches Militär einschritten. Der Westberliner »Telegraf« berichtete darüber: »Zu schweren Unruhen und Zusammenstößen von deutschen Arbeitern und Angestellten mit Volkspolizei und sowjetischem Militär ist es auf der letzten turnusmäßigen Betriebsversammlung in den Leunawerken bei Merseburg am 29. Mai 1951 gekommen. Als während dieser Betriebsversammlung [...] der FDGB-Vertreter über einen neuen Kollektivvertrag referierte, der eine Herabsetzung der Löhne vorsieht, wurden die Arbeiter unruhig. Die Unruhe steigerte sich, als der Vertreter der kommunistischen Betriebsgewerkschaftsleitung die Arbeiter als Saboteure beschimpfte. Daraufhin wurde von der Werkleitung ein Einsatzkommando einer Volkspolizeibereitschaft telefonisch herbeigerufen. Als die Arbeiter die Räumung des Werksgeländes von der Vopo forderten, gingen die Polizisten gegen die Arbeiter vor und machten von ihren Karabinern Gebrauch. Im Lauf der Auseinandersetzungen traf sowjetisches Militär ein, das die Arbeiter unter Schlägen und Kolbenstößen auseinandertrieb. Es gab eine Reihe von Verletzten unter den Arbeitern.«[383] Die Glaubwürdigkeit dieses Berichts ist zwar in den Einzelheiten zweifelhaft. Unstrittig kam es jedoch zu handgreiflichen Auseinandersetzungen. Die mildere Version lautete, daß Ulbricht seine Rede zum BKV abbrechen mußte und mit Schraubenschlüsseln und Bierflaschen beworfen wurde. Die »Frankfurter Allgemeine«, die den Vorgängen immerhin einen Leitartikel widmete, sah eine wichtige Ursache darin, »daß das System sein Hätschelkind, die Arbeiterschaft, gründlich verschnupft hat. Die neuen Betriebskollektivverträge bringen in der Tat bedeutende Verschlechterungen in den Löhnen und in der sozialen, vor allem der Krankenfürsorge [...] Nun ist es unter Arbeitern wenig gebräuchlich, seine Mißstimmung in subtile Gedankengänge oder geschliffene Apercus zu hüllen. Statt dessen wird mit der Faust auf den Tisch geschlagen, daß die Tintenfässer der Funktionäre scheppern. Das trägt zum härteren Ton in Mitteldeutschland bei.«[384]

Allein die überall in den veröffentlichten Quellen zu findende Hervorhebung des »Kampfes« um den Abschluß der BKV macht die politische und soziale Brisanz des Vorgangs deutlich. Die probate Erklärung für die Konflikte war immer zur Hand: »Dort, wo die politisch-ideologische Arbeit vernachlässigt wurde, wo

---

381 So die offiziöse Floskel bei Keller, Demokratie, S. 202.
382 Ebd., S. 202 f. Vgl. Geschäftsbericht FDGB 1950 bis 1954, S. 82 ff.
383 »Telegraf« vom 1.6.1951 (»Schwere Unruhen im Leuna-Werk«).
384 »Frankfurter Allgemeine« vom 14.9.1951 (»Voll zum Überlaufen«).

II. »Aufbau des Sozialismus« (1948–1953)

die gewählten Leitungen der Partei und der Gewerkschaften sowie die Staats- und Wirtschaftsorgane den Kontakt zur Arbeiterklasse verloren und bürokratisch administrierten und kommandierten, versuchte der Imperialismus ideologisch in die Reihen der Arbeiterklasse einzubrechen.«[385] Der zu einer gewissen Berühmtheit gelangte Artikel Rudolf Herrnstadts im »Neuen Deutschland« vom 14. Oktober 1951 »Kollege Zschau und Kollege Brumme« sollte daher eine parteiamtliche Diskussionsgrundlage für die notwendige ideologische Aufklärung und die Verbesserung der gewerkschaftlichen Arbeit bieten.[386] Dieser zwei großformatige Seiten umfassende, ebenso langatmige wie pathetische Artikel war das Hohe Lied auf den Kollektivvertrag und der flammende Appell eines überzeugten Partei-Intellektuellen, den Massen ihre »wirklichen Interessen« nahe zu bringen. Der Kontrast zwischen den begeisternden Eindrücken vom Wiederaufbau in Warschau und einem Betriebsbesuch in Leipzig (beim Betriebsleiter Brumme und Kreisvorstand der IG Metall Zschau) nahm Herrnstadt zum Ausgangspunkt für eine harsche Kritik an der mangelnden Aufklärungsarbeit von Gewerkschaft und Partei. »Jeder arbeitende Mensch ist zu überzeugen. Jeder Gedanke, auch der schwierigste, kann in einer menschlichen Sprache ausgedrückt werden. Und jeder Funktionär unserer Partei, auch ein hoher Staats- und Gewerkschaftsfunktionär, kann die Fähigkeit erwerben, arbeitende Menschen von seinen Gedanken zu überzeugen […] Das Deklamieren geprägter Formeln ist eine Form der Nichtachtung der Massen. Kann es Wunder nehmen, daß die Massen im Maße ihres Wachsens auch gegen diese Form der Nichtachtung immer unwilliger aufbegehren?« Der geradezu missionarische Glaube an die Initiative der Massen war bei Herrnstadt noch ungebrochen und mündete in das selbstkritische Fazit: »Wir haben in der Angelegenheit der Betriebskollektivverträge Fehler gemacht. Wir werden uns bemühen, in Zukunft besser zu arbeiten.«[387]

Doch der Glaube konnte keine Berge versetzen. Die Konfliktlinien verliefen kreuz und quer und meistens im Verborgenen, aber der Graben zwischen der FDGB-Hierarchie und den Belegschaften vertiefte sich. Verweigerung von Spenden oder Gewerkschaftsbeiträgen waren Formen der Renitenz.[388] Zwar wurde nach Überwindung der zähen Widerstände vieler Belegschaften durch endlose Diskussionen und in einzelnen Fällen auch durch Nachbesserungen der BKV schließlich notgedrungen akzeptiert. Jedoch, so Peter Hübners vorsichtiges Fazit, »in der betrieblichen Realität konstituierte sich damit offenbar eine Scheinwirklichkeit, bestimmt für den Umgang mit den übergeordneten Partei-, Gewerkschafts- und staatlichen Leitungen.«[389] Denn der BKV wurde als eine Art Ge-

---

385 Keller, Demokratie, S. 207.
386 Ebd., S. 210. Das Politbüro verabschiedete in diesem Zusammenhang am 27. November 1951 den Beschluß über die »Förderung der Arbeit der Gewerkschaften durch die Leitungen und Mitglieder der Sozialistischen Einheitspartei Deutschlands.«
387 Rudolf Herrnstadt, Kollege Zschau und Kollege Brumme, in: »Neues Deutschland« vom 14.10.1951.
388 Vgl. Hübner, Konsens, S. 185.
389 Ebd., S. 186.

schäftsgrundlage hingenommen, aber weder Belegschaften noch Betriebsleitungen hielten sich konsequent an die dort festgelegten Verpflichtungen. So entstanden »informelle Mechanismen der Konfliktregulierung, die das Regime im eigenen Interesse letztlich tolerieren mußte.«[390]

Nachdem der BKV als Kernelement der Wirtschaftsplanung und betrieblichen Sozialordnung im wesentlichen durchgesetzt war, auch wenn Konflikte um seine konkrete Ausgestaltung immer wieder auftauchten, hielt es das Politbüro für angebracht, mit der Ausarbeitung von Lohngruppenkatalogen für besonders wichtige Wirtschaftszweige zu beginnen.[391] Die »sorgfältige Differenzierung der Eingruppierung und Entlohnung der Arbeiter und Angestellten entsprechend ihrer Qualifikation und der Art ihrer Arbeit« bedeutete insofern den Abschluß des in den vierziger Jahren begonnenen und nie gewonnenen Kampfes der SED gegen die unerwünschten Formen von »Gleichmacherei«. Verbunden war damit zumindest in den frühen fünfziger Jahren eine sozial oft provozierende Privilegierung der technisch-wissenschaftlichen Intelligenz, ohne deren aktive Mitarbeit der schnelle Aufbau nicht gelingen konnte. Die ökonomisch ohne Frage notwendige Lohndifferenzierung blieb mithin ebenso wie die Normenfrage ein dorniges Problem, das auch in veränderten politischen Konstellationen immer wieder für Konfliktstoff sorgte.[392]

11. Kulturelle Massenarbeit im Betrieb – sowjetisches Modell und deutsche Traditionen

Den Betrieb zu einem Mittelpunkt kulturellen Lebens zu machen, war neu für deutsche Verhältnisse. Es entsprach der generellen Tendenz aller sowjetsozialistischen Staaten, die strikte Trennung von Arbeitsplatz und Privatsphäre zwar nicht aufzuheben, aber flexibler zu gestalten. »Kulturelle Massenarbeit« bedeutete daher für die SED ein Kernelement ihrer Erziehungsdiktatur. Die ausgeprägte Betriebsbezogenheit der DDR-Gesellschaft entwickelte sich nach dem sowjetischen Vorbild und wurde daher frühzeitig konsequent ausgestaltet. Schon die Gründung von Betriebsvolkshochschulen, aus denen später die Betriebsakademien hervorgingen, lassen sich in diesen Zusammenhang einordnen.[393] Zwar gab es auch in der paternalistischen Tradition kapitalistischer Unternehmen wie Krupp oder Zeiss ein umfassendes sozialpolitisches und auch kulturelles Angebot an die Belegschaft, das blieb aber die Ausnahme. Diese Betriebsbezogenheit gehörte zu den Konstruktionsprinzipien der neuen Gesellschaft und sollte die politische Hegemonie der Arbeiterklasse auch im Alltag dokumentieren. Was in der frühen Sowjetunion mit

---

390 Ebd., S. 187.
391 Weitere Maßnahmen zur Verbesserung der Lage der Arbeiter und der Intelligenz, Politbüro-Beschluß vom 20.4.1952, in: Dokumente der SED, Bd. 4, S. 37 f.
392 Vgl. Hübner, Konsens, Kap. 1.
393 Vgl. dazu Poldi Schwarze, Fördert die Arbeit der Betriebsvolkshochschulen, in: »Arbeit und Sozialfürsorge« 2 (1947), S. 296 f.; Betriebs-Volkshochschulen, in: »Neuer Weg« 3 (1948)3, S. 18 f.

riesigen Räumen und einer wenig entwickelten Infrastruktur funktional sein mochte, war jedoch in der DDR als hochentwickeltem Industrieland mit einer langen Tradition der Arbeiterbewegung zunächst ein künstliches Implantat. Insbesondere die in den Betrieb verlagerten kulturellen Initiativen und die betriebsnahen Kulturhäuser bildeten ein signifikantes Element der »Sowjetisierung«. Wie das sowjetische Modell in diesem Bereich umgesetzt wurde und wie die Arbeiter darauf reagierten, gehörte lange Zeit zu den kaum bearbeiteten Feldern einer traditionell stark politikgeschichtlich dominierten DDR-Historiographie.[394]

Daß es gleichwohl enge Bezüge zur deutschen Tradition gab, läßt sich zumindest als plausible Hypothese verfolgen. So hat Dietrich Mühlberg im Gegensatz zu anderen Autoren nachdrücklich die Verbindungsstränge der Arbeiterkultur in der DDR zur Arbeiterkulturbewegung der Weimarer Republik betont.[395] In der Tat lassen sich Elemente der weitverzweigten proletarischen Subkultur auf Schritt und Tritt in veränderten Formen wiederfinden. Verändert hatte sich aber vor allem die Funktion. Hier wird vielleicht der stärkste Bruch mit der Tradition der Arbeiterbewegung deutlich. Diese war durch Autonomie gekennzeichnet und fand gerade darin ein wesentliches Element ihrer Identität. Die neue betriebliche »Arbeiterkultur« war dagegen von vornherein eingebunden in ein übergeordnetes Herrschafts- und Wirtschaftskonzept, so sehr dieses auch programmatisch am hohen Ziel einer endgültigen Befreiung der Arbeiterklasse aus den Fesseln der Vergangenheit orientiert sein mochte.

Es wäre sicher eine verkürzte und schematisierte Interpretation, wollte man in der betrieblichen Kulturpolitik der SED nur die kompensatorische Funktion für ihren totalitären Herrschaftsanspruch sehen. Ulbricht selber ist ein Beispiel für die Intensität der emotionalen Bindung an bestimmte Werte der sozialistischen Arbeiterbewegung und ihrer Verflechtung mit der bürgerlichen Hochkultur. Dennoch durchzieht die gesamte massenkulturelle Arbeit insbesondere in ihren Anfängen wie ein basso continuo der ständig wiederholte Appell, den Arbeitern als den neuen Herren der Betriebe ein neues Bewußtsein zu vermitteln, das sich in einem veränderten Verhältnis zur Arbeit und schließlich in höherer Produktivität niederschlagen sollte. Die sysiphusartigen Anstrengungen, um dieses Ziel zu erreichen, und die ebenso hartnäckigen Weigerungen der Adressaten prägten auch diesen Teil der Geschichte des »Arbeiterstaates«. Das Mißtrauen gegenüber kleinbürgerlichen Träumen vom Glück und Verlangen nach Unterhaltung und Erholung ohne weitere Anstrengungen war nicht nur in Deutschland bei Führern der Arbeiterbewegung aus der linken Tradition verwurzelt und geeignet, die erzieherische Komponente im Konzept der sozialistischen Kulturarbeit zu stärken.[396]

Zu den frühesten, überwiegend von der sowjetischen Besatzungsmacht initiierten Initiativen gehörte die Schaffung von betriebsnahen Kulturhäusern. Die

---

394 Grundlegend dazu die Dissertation von Schuhmann, Kulturarbeit.
395 Siehe Einleitung, Anm. 36 (S. 20).
396 Vgl. Helke Stadtland, Kommunismus und Kultur. Überlegungen zur betrieblichen Kulturarbeit der staatssozialistischen Gewerkschaften Osteuropas und der DDR, in: Brenner/Heumos (Hg.), Sozialgeschichtliche Kommunismusforschung, S. 205-242, hier: S., 214 ff.

11. Kulturelle Massenarbeit im Betrieb – sowjetisches Modell, deutsche Traditionen

Geschichte dieser »Arbeiterpaläste« ist mittlerweile gut dokumentiert.[397] Wenig dagegen ist über ihre Rolle in der Lebenswelt von Arbeitern bekannt. »Die Geschichte der DDR-Kulturhäuser läßt sich unmöglich erzählen«, hat Simone Hain konstatiert[398], »ohne daß man sich der europäischen Anfänge im 19. Jahrhundert und des dichten Netzes von Volks- und Gewerkschaftshäusern während der Weimarer Republik erinnert. Die Idee ist so alt wie die organisierte Arbeiterbewegung und war eng mit dem Emanzipationsstreben dieser politischen Klasse [...] verbunden.« Das Volkshaus hatte seit dem ausgehenden 19. Jahrhundert einen festen Platz in der Arbeiterbewegung. Es erfüllte praktische Aufgaben einfacher Lebenshilfe und preisgünstiger Verpflegung, sollte aber auch für die Vermittlung von Bildungsimpulsen eine zentrale Rolle spielen. Die Architektur hatte diese herausgehobene Stellung zu dokumentieren. So entwarf eine Programmschrift des Deutschen Arbeiter-Abstinentenbundes von 1913 ein geradezu anrührendes Zukunftsbild: »Das Volkshaus der Zukunft muß das schönste Haus der Stadt oder des Ortes sein. Es muß schöner sein als die Kirche der Vergangenheit. Möge sich auch die Opferwilligkeit, es zu bauen und auszuschmücken, ähnlich groß erweisen wie bei den Gläubigen der Vergangenheit ihren Kirchen gegenüber. Das Volkshaus wird ja auch die Kirche der Zukunft sein. In seinem Äußeren sei es so prachtvoll, wie seine hohe Bestimmung es verlangt. Seine Säle seien ein Muster von Solidität und Eleganz! Jedes Bild, das eine Wand schmückt, sei ein schönes Kunstwerk!«[399]

Eine solche Emphase war eher ungewöhnlich, aber in der Gestaltung einiger Kulturhäuser erscheint die Analogie zum Kirchenbau vergangener Epochen nicht völlig abwegig. Sie verweist auf die quasi-religiöse Überhöhung des Baus und die visionären Perspektiven, die mit seiner Konzeption verbunden wurden. Bereits als Reaktion auf Forderungen aus der Revolution von 1918 entwickelten Künstler wie Lyonel Feininger und Architekten wie Hans Scharoun und Bruno Taut Skizzen zu ihrer Umsetzung.[400] Die Realisierung der »konkreten Utopie« fiel in der Regel nüchterner und funktionaler aus, aber nach 1945 ließ sich sowohl an die kühnen Entwürfe wie an die existierenden Gewerkschafts- und Volkshäuser anknüpfen. Schon die Nationalsozialisten hatten nach 1933 versucht, sich in diese Tradition einzureihen. Hermann Ley, der Führer der Deutschen Arbeitsfront, wollte ein flächendeckendes Netz von »Häusern der Arbeit« errichten, konnte sich damit aber nicht durchsetzen. Doch müßte man der Traditionslinie der etwa 1.000 »Kameradschaftshäuser«, die statt dessen auf betrieb-

---

[397] Simone Hain/Stephan Stroux, Die Salons der Sozialisten. Kulturhäuser in der DDR, Berlin 1996; Ulrich Hartung, Arbeiter- und Bauerntempel. DDR-Kulturhäuser der fünfziger Jahre – ein architekturhistorisches Kompendium, Berlin 1997; Ludger J. Sutthoff, Kulturhäuser – Zentren des politischen und kulturellen Lebens der DDR, in: Verfallen und vergessen oder aufgehoben und geschützt? Architektur und Städtebau der DDR – Geschichte, Bedeutung, Umfang, Erhaltung, Bonn 1995, S. 84-88 (Schriftenreihe des Deutschen Nationalkomitees für Denkmalschutz, Bd. 51).
[398] Hain/Stroux, Salons, S. 89.
[399] Zit. ebd., S. 94.
[400] Ebd., S. 97.

II. »Aufbau des Sozialismus« (1948–1953)

licher Basis eingerichtet wurden, einmal genauer nachgehen. Sie sollten dem Ziel des »sauberen Menschen im sauberen Betrieb« dienen und die Belegschaft in ihrem Selbstgefühl aufwerten.[401]

Kulturarbeit in der SBZ konnte somit nicht nur an vorhandene Einrichtungen anknüpfen, sondern in bestimmten Grenzen auch auf kollektive Erfahrungen und Erinnerungen an Traditionen der Weimarer Zeit zurückgreifen. Vor allem in der Überwindung der Sinnkrise der ersten Nachkriegsjahre spielte das Ziel einer kulturellen Erneuerung insbesondere bei den Intellektuellen eine Schlüsselrolle, die sich der Arbeiterbewegung verbunden fühlten. Bis 1948 erreichte die Volkskulturbewegung im Rahmen des proklamierten »deutschen Weges zum Sozialismus« eine unerwartete Breite. Hans Scharoun erläuterte seine Vorstellung über Volkshäuser gegenüber Otto Grotewohl mit dem Hinweis, es gehe um eine »organhafte Dezentralisation der Großstädte«. Es reiche nicht, »daß Volkshäuser in der Art der betrieblichen Organisation dem Abrollen von Kulturprogrammen dienen«, sondern sie sollten eine Basis für die Entfaltung von Selbsttätigkeit »auf den Gebieten der geistigen Erkenntnis und auf denen handwerklicher und künstlerischer Betätigung«[402] bilden. Solche Debatten wurden jedoch im Osten ebenso wie im Westen bald vom Kalten Krieg verdrängt. Es folgte die Adaption an sowjetische Kulturhaus- und Klubkonzeptionen. Der deutsche Traditionsstrang verschwand aber keineswegs völlig, und in den sechziger Jahren versuchte man sogar zeitweilig, unter dem Motto »Zurück zu den Volkshäusern« auch explizit wieder daran anzuknüpfen.[403]

Bevor mit dem »Bitterfelder Weg« 1959 eine neue Phase einsetzte, waren die auf sowjetische Initiative gebauten Kulturhäuser Teil der industriellen Schwerpunktbetriebe und der kollektivierten Musterbetriebe in der Landwirtschaft. »Sie waren dezentral den Produktionsstätten angegliedert und blieben als privilegiertes betriebliches Sonderterritorium häufig beneidetes Reservat für Betriebsangehörige.«[404] In den fünfziger Jahren konnte die DDR daran anknüpfen. Angesichts der materiellen Probleme der frühen Nachkriegszeit ist das Engagement aller Beteiligten beim Aufbau von Kulturhäusern bemerkenswert. Die imposanten Vorzeigeobjekte sollten freilich nicht über den oft desolaten Zustand anderer Häuser hinwegtäuschen. Längst nicht alles, was in der Statistik als Kulturhaus firmierte, hatte diesen Namen auch wirklich verdient.[405] (☞ vgl. *Bilder Nr. 10* und *11* im Farbteil, S. 458)

Nach den Richtlinien des FDGB von 1949 sollte das Kulturhaus »den werktätigen Menschen die vielfältigsten Möglichkeiten zur Entwicklung ihrer schöpferischen Fähigkeiten, zur Erweiterung und Festigung ihres beruflichen Könnens

---

401 Ebd., S. 108 f. Zu diesem Kontinuitätselement auch Schuhmann, Kulturarbeit, S. 36 f.
402 Zit. bei Hain/Stroux, Salons, S. 108 f.
403 Ebd., S. 111.
404 Ebd., S. 135.
405 Annette Schuhmann, Kulturhäuser der Gewerkschaften in Industriebetrieben der DDR der fünfziger Jahre, in: Brenner/Heumos (Hg.), Sozialgeschichtliche Kommunismusforschung, S. 277-303, hier: S. 297 f. mit zahlreichen Beispielen.

und zur Vertiefung ihres Wissens« bieten und damit das kulturelle Zentrum des Betriebes bilden. »Im Kulturhaus und aus ihm heraus soll sich das Kulturleben der Werksangehörigen entfalten. Und schließlich soll im Kulturhaus die neue Beziehung zwischen Werktätigen und seinem Werk entwickelt und gefördert werden.« Was ein Kulturhaus nicht sein sollte, legten die Richtlinien ebenfalls fest: »Ein Kulturhaus ist keine Gaststätte mit ›Vereinszimmern‹ und einem herkömmlichen Theater und Tanzsaal. Es ist unter keinen Umständen die Neuauflage einer Art von Schützenhaus oder Vereinszimmer alten Stils.«[406] Diese »Warnung« machte die Angst vor kleinbürgerlichen Vergnügungswünschen und den ideologischen Erziehungsimpuls, der die frühe kulturelle Massenarbeit dominierte, sehr deutlich.

Drei Schwerpunkte waren für die Baugestaltung maßgeblich: Anlagen für politische, wissenschaftliche und künstlerische Fortbildung, Sportanlagen und Räumlichkeiten für Zusammenkünfte aus verschiedenen Anlässen wie Mahlzeiten, Betriebsfeier usw. Ihre Rangfolge sollte sich nach dem Nutzeffekt für die Festigung der Betriebsgemeinschaft bemessen. Der engen Verbindung zwischen Kulturhaus und Betrieb galt daher besondere Aufmerksamkeit. Die Räumlichkeiten sollten hell sein (»Lernräume: Südost-Besonnung, Arbeitsräume: Nordlicht«) und den unterschiedlichen Bedürfnissen von Älteren und Jugendlichen entsprechen. Die FDJ war daher zur Beratung heranzuziehen. »Die Ausstattung soll einfach, schön und repräsentativ sein, jedoch muß eine falsche Repräsentation kleinbürgerlicher Herkunft vermieden werden«.[407]

Solche und andere allgemeinen Wünsche nach kultureller Förderung waren leicht konsensfähig. Problematischer blieb die inhaltliche Umsetzung der hohen Ziele in die Praxis, die noch von materieller Not und starker Zurückhaltung bei den Belegschaften bestimmt war. Gerade weil die Kulturhäuser von der SMAD forciert gefördert worden waren und auch zur Präsentation der vorbildlichen Errungenschaften der Sowjetunion in der Arbeitsorganisation und im Kulturleben dienten, waren die Vorbehalte, insbesondere bei selbstbewußten Industriearbeitern, beträchtlich.[408] Andererseits stießen die Bemühungen um ein neues Kulturverständnis und die Überbrückung der traditionellen Kluft zwischen Arbeitern und »Kulturschaffenden« auch auf nachdrückliche Zustimmung. Besonders in den vierziger Jahren konnten in traditionellen Hochburgen der Arbeiterkulturbewegung wie Leipzig Elemente dieser Tradition zunächst in erstaunlichem Umfang unter neuen Rahmenbedingungen revitalisiert werden.[409] Aber auch später gab es viele Beispiele erfolgreicher Kulturarbeit. Sie verlief jedoch häufig in anderen Bahnen, als es das überspannte Programm der Partei und der Gewerkschafts-

---

406 FDGB-Bundesvorstand, Abt. Kultur und Erziehung, Richtlinien für die Erstellung und Einrichtung von Kulturhäusern vom 1.6.1919, SAPMO-BArch, DY 34/11/c/779A.
407 Ebd.
408 Annelie Hartmann/Wolfgang Eggeling, Die Gesellschaft für Deutsch-Sowjetische Freundschaft, Berlin 1993, S. 94.
409 Schuhmann, Kulturarbeit, S. 42 ff.

II. »Aufbau des Sozialismus« (1948–1953)

führung vorsah. Ein zutreffendes und differenziertes Gesamtbild zu gewinnen, bleibt daher schwierig.

Im Hinblick auf die Zuständigkeiten und den Aufbau einer Infrastruktur war die Hierarchie eindeutig: Die Partei hatte das Sagen, der FDGB sollte die Vorgaben umsetzen. Die »führende Rolle der Partei« wurde in den Kulturabteilungen der Ländern, Provinzen, Bezirke und Kreise festgeschrieben und nach diesem zentralistischen Modell sollte auf allen Ebenen die gesamte Kulturarbeit kontrolliert werden. Erst mit dem SMAD-Befehl 234 und der Bitterfelder Konferenz von 1948 erhielt die Kulturarbeit auch für den FDGB einen höheren Stellenwert. Damit rückte zugleich deren gewünschte Rolle für die Produktionspropaganda und die ideologische Erziehungsarbeit stärker in den Vordergrund.[410] Doch gerade mit dieser Aufgabe lief die Kulturarbeit ins Leere, weil sie viel zu weit von den Produktionsabläufen entfernt war und, wo sie diese zu thematisieren versuchte, überwiegend Schiffbruch erlitt.

Aus den »Richtlinien für die Kulturarbeit des FDGB«, die das Zentralsekretariat der SED 1949 an die Gewerkschaftsspitze verschickte, gingen bereits sehr klar die aus Sicht der Partei gravierenden Mängel hervor.[411] Als Hauptkritik für das Versagen des FDGB benannte die SED: »Nichterkennen der Bedeutung der Kulturarbeit als einen entscheidenden Faktor für die neue Einstellung zur Arbeit, für die Steigerung der Arbeitsproduktivität, für die Erkenntnis der gesellschaftlichen Zusammenhänge und für die Festigung des Klassenbewußtsein.« Das war ebenso vernichtend wie nichtssagend. Die Konkretisierung der Kritik machte dann deutlich, wo die Schwachpunkte der Arbeit im einzelnen lagen. Sie ließen sich auf einen Nenner bringen, der auch für die folgenden Jahre Gültigkeit besaß: ungenügende Anleitung und Kontrolle der Kulturarbeit, schlechte Zusammenarbeit mit der Verwaltung für Volksbildung und den Kreiskulturämtern, mangelnde Koordination und »organisatorisches Durcheinander« und Abschieben der Aufgaben an die Gewerkschaft »Kunst und Schrifttum«. Besonders auffällig war jedoch folgender politischer Vorwurf, der in seinem Realitätsgehalt schwer abzuschätzen ist und schon zu dieser Zeit die Schablonen des Kalten Krieges massiv reproduzierte: »Übergewicht des Veranstaltungsdienstes, der keine klare Kulturpolitik treibt, sondern vielfach einen rosarot überzogenen KdF-Rummel bietet, wenn nicht sogar neofaschistische und antidemokratische Tendenzen (amerikanische ›Kultur‹) verbreitet werden.« Wie häufig wurde aber auch hier diese harsche Kritik mit deutlicher Selbstkritik der Partei verbunden, die nicht genug getan habe, um die Kulturfunktionäre zu schulen und zu entwickeln, den Formalismus des FDGB (im ängstlichen Festhalten an seiner Zuständigkeit) und den »Bürokratismus« in der Praxis zu beobachten und durch eine entsprechende Personalpolitik zu bekämpfen. »Der Mangel an geeigneten Funktionären ist ein sehr schweres Hemmnis für eine gute Kulturarbeit«, lautete das Fazit. Es folgte ein langer Katalog von grundsätzlichen und konkreten Einzelforderungen, die sich auf alle Zweige der

---

410 Ebd., S. 48.
411 SAPMO-BArch, DY 34/42/994/4602, S. 1 (30.8.1949).

11. Kulturelle Massenarbeit im Betrieb – sowjetisches Modell, deutsche Traditionen

organisatorischen und inhaltlichen Ausgestaltung der betrieblichen Kulturarbeit bezogen.

Die empfohlenen Methoden betrafen sowohl Kurse zur »gesellschaftlichen Erziehung« wie Kulturveranstaltungen im engeren Sinne. Diese sollten ein »einwandfreies Kulturniveau anstreben« und »jeden KdF-Rummel« scharf ablehnen. Nachdrücklich warnte der FDGB vor »amerikanischer Kulturpropaganda«, unter der nicht nur »sinnliche Boogy-Woogy-Musik«, sondern auch die »versteckte und offene antidemokratische Propaganda durch Conférenciers, Schlagersänger, Humoristen usw.« verstanden wurde. Die betrieblichen Kulturprogramme waren der Kulturabteilung des Bundesvorstandes zur Genehmigung vorzulegen, alle kulturellen Veranstaltungen von der jeweiligen betrieblichen Kulturkommission genau auf ihre ideologische Ausrichtung zu kontrollieren.[412]

In unterschiedlichen Variationen durchzog diese Melodie auch in den folgenden Jahren die kritischen und selbstkritischen Stellungnahmen, ohne daß sich im Grundsatz etwas verändert hätte. Seit Monaten stehe die Kulturarbeit der Gewerkschaften im Kreuzfeuer der Kritik, stellte Ernst Müller, zuständiges Mitglied im Bundesvorstand des FDGB, 1950 in der neu geschaffenen Zeitschrift »Arbeit und Kultur« fest.[413] Kulturarbeit werde als fünftes Rad am Wagen betrachtet und insbesondere in den Einzelgewerkschaften gebe es offenbar noch kaum ein Bewußtsein dafür, »daß wir unter Kulturarbeit viel mehr verstehen als tanzen, singen und musizieren. Kulturarbeit heißt Erziehungsarbeit. Mit Hilfe unserer Kulturarbeit wollen wir das Kraftbewußtsein und die Siegeszuversicht unserer Werktätigen anspornen, ihre Aktivität im Kampf um die nationale Einheit unseres Vaterlandes steigern, einen neuen Arbeitsenthusiasmus zur Erfüllung des Fünfjahrplanes hervorrufen, die allgemeine Bildung und das fachliche Wissen und Können der Arbeiter auf einen bisher unerreichten Stand heben.«[414] (☛ vgl. Abb. 26, S. 288)

Das umfängliche »Arbeitsprogramm des FDGB zur Entfaltung der kulturellen Massenarbeit« von 1950 war offenbar eine der Schlußfolgerungen aus der verbreiteten Kritik.[415] Hier wurden konkrete Leitlinien formuliert, an denen sich das Heer von Funktionären und Freiwilligen künftig abzuarbeiten hatte. Er begann mit einem langen Ulbricht-Zitat vom III. Parteitag und einer zerknirschten Selbstkritik über das »ernsthafte Zurückbleiben in der kulturellen Massenarbeit in den Betrieben und auf dem Lande«. Die Ursache liege in der Unterschätzung der Kulturarbeit durch die Gewerkschaften. Die konkreten Programmvorschläge bezogen sich neben Vortragsreihen zur Hebung der Allgemein- und Fachbildung vor allem auf die Vermittlung von Kunst, Theater und Musik unter der Parole »Die Kunst den Werktätigen« und auf die Stimulierung kultureller Selbstbetätigung in Zirkeln. Der FDGB forderte, »eine Vielzahl von Zirkeln zu bilden für

---

412 Ebd., S. 3-5.
413 Zur Charakterisierung dieser Zeitschrift, deren Probleme auch die Schwierigkeiten der betrieblichen Kulturarbeit spiegelten, vgl. Schuhmann, Kulturarbeit, S. 114 ff. Sie wechselte mehrfach den Titel: anfangs »Arbeit und Kultur«, dann »Kulturelle Massenarbeit«, ab 1954 »Kulturelles Leben«.
414 »Arbeit und Kultur« 1950/51 H. 3, S. 1.
415 Text in: »Arbeit und Kultur« 1950/51 H. 4, S. 18-32.

II. »Aufbau des Sozialismus« (1948–1953)

Abb. 26: Titelblatt eines Hefts der gewerkschaftlichen Kulturzeitschrift.

Fragen der Natur- und Gesellschaftswissenschaften, der Literatur und Musik, Theater, Architektur, Malerei Plastik, Photographie, Philatelie, Wandern, Rezitationen, Funk, Film, Basteln, Schachspiel und für erzieherische Fragen. Ebenso sind die Arbeiter- und Bauernkorrespondenten in den Betrieben und den MAS in Zirkeln zusammenzufassen.«[416] Analog zur Tonnenideologie des Fünfjahrplans lautete die quantitative Zielsetzung, 1.000 Zirkel im Jahre 1951 zu schaffen und bis Ende 1955 diese Zahl auf 10.000 zu erhöhen. Schließlich sollte »das gute Buch planmäßig an die Werktätigen herangeführt« werden durch Förderung der Betriebsbüchereien. Den »Laienkunstgruppen« wurde als Aufgabe gestellt, »den Kampf unseres Volkes zur Verteidigung des Friedens, die Herstellung der nationalen Einheit und die Steigerung des Wohlstandes zu unterstützen. Der Kampf um die Erfüllung des Fünfjahrplans muß in ihren Laienspielen, Liedern und Tänzen, in den Sketchen und Rezitationen seinen Ausdruck finden und so die Arbeiter und Angestellten für die Lösung dieser Aufgaben mobilisieren.«[417]

Es fällt schwer, solchen politisch und ideologisch überspannten Programmen mehr als einen propagandistischen Sinn abzugewinnen. Die zahlreichen Einzelberichte, wie verschroben sie in der Häufung vorgegebener politischer Formeln auch sind, zeigen jedoch, daß die schon 1946 begonnene betriebliche Kulturarbeit seit 1949 trotz aller Schwierigkeiten einen Umfang annahm, der sich nicht auf bloß papierne Planungen zurückführen läßt.[418]

Daß die betriebliche Kulturarbeit großes Gewicht haben sollte, fand seinen Niederschlag nicht zuletzt in der Art und Weise, wie sie finanziert wurde. Der Umgang mit den relativ großzügig zur Verfügung gestellten Geldern in den ersten Jahren zeigt allerdings die verbreitete Unsicherheit der Organisatoren, sich auf diesem traditionell eher unbekannten Feld zu bewegen. Nach der Satzung waren 15 Prozent der Einnahmen aus Gewerkschaftsbeiträgen für kulturelle Zwecke vorgesehen.[419] Da viele Orts- und Kreisvorstände des FDGB offenbar keine genauen Vorstellungen hatten, wie man das Geld genau einsetzen solle, wurde es gehortet. So lagen 1951 über 5 Millionen Mark, die aus den Beitragsanteilen von Kleinbetrieben stammten, auf den Konten – mit steigender Tendenz. Das wiederum provozierte die Kritik der übergeordneten Instanzen, die Orts- und Kreisvorstände hätten die Bedeutung der gewerkschaftlichen Kulturarbeit nicht genügend erkannt und arbeiteten ohne hinreichendes Verantwortungsbewußtsein.[420] Auch die interne Aufgliederung des Kuretats, für die es prozentuale Richtlinien gab, machte Schwierigkeiten. Manche BGL organisierten große Betriebsfeste und Ausflüge und verbrauchten damit sämtliche Mittel, was als »ein Ausdruck des Sozialdemokratismus« gerügt wurde[421], auch wenn diese Sünde vermutlich den Wünschen der Belegschaft keineswegs zuwiderlief. Ähnliche

---

416 Ebd., S. 23.
417 Ebd., S. 24 f.
418 Vgl. die bilanzierenden Zahlen in Kap. I, Tab. 10. (S. 128).
419 Richtlinien für die Verwendung der 15 Prozent vom Gewerkschaftsbeitrag für Kulturzwecke, Entwurf 1950, SAPMO-BArch, DY 34/11/c/779A. Zur Finanzierung im einzelnen Schuhmann, Kulturarbeit. S. 58 ff.
420 »Arbeit und Kultur« 1950/51 H. 8, S. 8 f.
421 Die Verwendung der Mittel der Betriebsgewerkschaftskassen für kulturelle Zwecke, in: »Kulturelle Massenarbeit«, 1952 November, S. 36.

II. »Aufbau des Sozialismus« (1948–1953)

Unsicherheiten tauchten nach der Schaffung des Direktorfonds auf.[422] Dieser sollte sich in zwei Fonds aufteilen. Einer diente zur »Verbesserung der Lebenslage der Arbeiter und Angestellten«, der andere der »Rationalisatoren- und Erfinderbewegung«. Untersuchungen der »Zentralen Kommission für Staatliche Kontrolle« (ZKSK) ergaben, daß in etlichen Betrieben die Richtlinien zur Aufteilung des Fonds unbekannt waren. Fonds I sollte zu 45 Prozent der Gewährung von Einzel- und Kollektivprämien, zu 45 Prozent kulturellen und sozialen Zwecken und zu 10 Prozent sozialen und kulturellen Baumaßnahmen dienen. Es gab somit insgesamt einen beträchtlichen finanziellen Spielraum für betriebliche Kulturarbeit, der durchaus dokumentierte, daß der »Arbeiterstaat« neue Ansprüche entwickelte, diese aber auch trotz einer keineswegs rosigen wirtschaftlichen Situation einzulösen versuchte. Kulturarbeit wurde zum festen Bestandteil der Betriebskollektivverträge (BKV). Wie detailliert dabei in großen Betrieben die Detailplanung aussah, mag ein Auszug aus dem als Muster propagierten BKV des Berliner Glühlampenwerks für 1955 illustrieren.[423] (☞ vgl. *Abb. 27*)

Was Arbeiter in ihrer Mehrheit wirklich dachten und wie sie sich zur betrieblichen Kulturarbeit verhielten, ist dem Quellenmaterial nur schwer genauer zu entnehmen.[424] Stasi-Berichte stehen für die Anfangsjahre noch kaum in nennenswertem Umfang zur Verfügung. Überdies war der Sicherheitsapparat in dieser Zeit noch so weit von professioneller Arbeit entfernt, daß seine Informationen wenig ergiebig sind. Auffällig ist andererseits, daß die Berichte des Ostbüros der SPD, die gerade in den frühen fünfziger Jahren noch dicht an der Basis liegen, über den Bereich der Kulturarbeit in den Betrieben äußerst wortkarg und völlig unergiebig bleiben. Vermutlich war das Interesse daran bei den Berichterstattern gering, die primär nach Unzufriedenheit und Resistenz gegenüber der SED-Herrschaft Ausschau hielten.

Einige Beispiele aus einzelnen Betrieben und Regionen können immerhin genauere Einblicke in Erfolge und Hindernisse der massenkulturellen Arbeit vermitteln. Die Kulturabteilung des Benzinwerks Böhlen in Sachsen, eines wichtigen Großbetriebs mit 5.821 Beschäftigen (1951), konnte bereits für das Jahr 1949 eine stattliche Erfolgsbilanz vorlegen.[425] Es bestanden: ein Betriebsorchester aus 29 Arbeitern und Angestellten und »einem Intelligenzler«, das zwei Mal wöchentlich übte; ein 25 Mann starkes Blasorchester, das insbesondere für Veranstaltungen im Freien und für propagandistische Marschmusik eingesetzt wurde; eine aus 8 Mitgliedern bestehende Kammermusikgruppe, die vor allem alte Meister und neuere russische Komponisten spielte; eine vierköpfige Akkordeongruppe, für die sich

---

422 VO vom 25.3.1952, in: »Kulturelle Massenarbeit« 1952 Dezember, S. 34 ff. (»Die Betriebs-Gewerkschaftsleitungen müssen die Verwendung des Direktorenfonds kontrollieren«)
423 Dazu die Broschüre: Nationalpreisträger Rudi Rubbel, Wie erarbeiteten die Werktätigen des volkseigenen Betriebes Berliner Glühlampenwerk den Muster-Betriebskollektivvertrag 1955, Berlin (Tribüne-Verlag; FDGB-Bundesvorstand) 1955, S. 39 f.
424 Vgl. dazu die Zwischenbilanz des FDGB von 1955, Kap. VI 1 (S. 654 ff.); Schuhmann, Kulturarbeit, S. 85 f.
425 Bericht der Kulturabteilung des Benzinwerkes Böhlen für das Jahr 1949, SAPMO-BArch, DY 34/11/g/281. Dazu auch Schuhmann, Kulturarbeit, S. 69 ff.

11. Kulturelle Massenarbeit im Betrieb – sowjetisches Modell, deutsche Traditionen

> 7. zur weiteren Verbesserung der Arbeit der bestehenden Zirkel im Betrieb folgende Mittel zur Verfügung zu stellen:
> für den Aquarien- und Terrarienzirkel .... 1 000 DM
> für den Fotozirkel .... 1 000 DM
> für den Briefmarkenzirkel .... 800 DM
> für den Zirkel „Gesellschaftstanz" .... 1 000 DM
> gleichzeitig die technisch-organisatorischen Voraussetzungen zu schaffen, um folgende Zirkel neu zu bilden:
> Zuschneide- und Nähzirkel, Kochen und Backen;
> Termin: 1. März 1955
> Malzirkel;
> Termin: 1. April 1955
> dafür .... 1 000 DM
> bereitzustellen;
> 8. zur weiteren Verbesserung der Arbeit unserer Volkskunstgruppen für die Anschaffung von Instrumenten, Kostümen, Noten sowie für Reparaturen folgende Mittel zur Verfügung zu stellen:
> dem Ensemble .... 15 000 DM
> dem Werkorchester .... 2 000 DM
> dem Streichquartett .... 800 DM
> dem Spielmannszug .... 1 000 DM
> der Schalmeienkapelle .... 1 600 DM
> dem Kabarett .... 800 DM
> der Laienspielgruppe .... 800 DM
> zur Sicherung der fachlichen Anleitung dieser Gruppen durch Verträge mit Künstlern und Ausbildung von Mitgliedern der Volkskunstgruppen an der Volksmusikschule bereitzustellen .... 2 700 DM
> weiterhin die Voraussetzungen zu schaffen, daß an die Volksmusikschule delegiert werden:
> 6 Kollegen für Akkordeonunterricht,
> 6 Kollegen für Zupfinstrumentenunterricht,
> 2 Kollegen für Trompetenunterricht;
> 9. a) zur Verbesserung der Arbeit der Bibliothek die Bücherbestände zu ergänzen und dafür zur Verfügung zu stellen:
> für schöngeistige Literatur .... 2 500 DM
> für gesellschaftswissenschaftliche Literatur .... 1 200 DM
> für Fachliteratur .... 1 000 DM
> für Kinder- und Jugendliteratur .... 700 DM
> für die Herstellung eines Buchkataloges der Betriebsbibliothek .... 1 500 DM
> für die Durchführung von Buchbesprechungen .... 300 DM
> für die Verbesserung des technischen Ablaufs der Arbeit in der Bibliothek .... 700 DM
> b) zur Anschaffung von technischer und technisch-ökonomischer Literatur für das Technische Kabinett .... 1 500 DM
> bereitzustellen;
> 10. für die Durchführung kultureller Veranstaltungen zur Verfügung zu stellen:
> a) für regelmäßige Filmvorführungen im Betrieb (monatlich vier, davon zwei für Schichtarbeiter), für kollektiven Theaterbesuch und für die Durchführung von monatlichen Kulturveranstaltungen .... 15 000 DM
> b) für die Teilnahme von Rentnern an betrieblichen Kulturveranstaltungen .... 2 000 DM
> c) für Betriebsfeste anläßlich des Abschlusses des BKV, 8. März, 1. Mai, 13. Oktober usw. .... 13 000 DM
> 11. für das frohe Jugendleben und -wandern, besondere Vorträge, Buchbesprechungen und Ausstellungen der Jugend sowie zur Verbesserung der Ausgestaltung des Jugendraumes insgesamt .... 15 300 DM
> zur Verfügung zu stellen;

Abb. 27: Auszug aus dem Musterbetriebsplan des Berliner Glühlampenwerks 1955, die betriebliche Kulturarbeit betreffend.

aber bereits 17 weitere Interessenten gemeldet hatten; ein Klampfenchor mit 18 Mitgliedern; eine Schalmeienkapelle mit 30 Teilnehmern; ein großer, aus 54 Frauen und 48 Männern bestehender Chor, dem es endlich auch gelang, die »bestehende Abneigung gegen zeitnahe Chorwerke zu überwinden«, geleitet von einer Lehrkraft der Leipziger Hochschule für Musik; eine von einem Mitglied der Leipziger Oper geleitete Tanzgruppe aus 18 Personen; eine sehr aktive achtzehnköpfige Schauspielgruppe; schließlich eine Volksmusik- und eine Mundharmonika-Gruppe sowie eine Lehrlings-Singgruppe, die ausschließlich FDJ- und Kampflieder

II. »Aufbau des Sozialismus« (1948–1953)

pflegte. »Selbst bei kritischster Einstellung«, stellte der Bericht resümierend fest, »ist bezüglich der Laiengruppen unbedingt festzustellen, daß fast alle Gruppen bereits eine gutes Niveau erreicht haben oder doch zumindest versprechende Ansätze [sic] zeigen.« Dieser Erfolgskatalog wurde durch Hinweise zur Werksbücherei, zur Betriebssportgemeinschaft (BSG) und zur umfangreichen Arbeit der Werbeabteilung, die von Filmvorführungen über die Erstellung von 4.558 Transparenten bis zur Ausgestaltung von Frühstücksstuben reichte, ergänzt.

Weniger positiv fiel der Bericht des Leiters der Kulturabteilung im Kreisvorstand des FDGB in Leipzig 1950 aus. Er sprach von einem »anarchischen Kulturleben« in den Betrieben und kritisierte wieder einmal besonders die Industriegewerkschaften, für die kulturelle Arbeit Nebensache sei. »Bei ihren Veranstaltungen spielte es keine Rolle, was für Lieder gesungen oder gespielt wurden. Die Hauptsache, es waren Volkskunstgruppen, die es zu Gehör brachten. Ein wahrer Veranstaltungsrummel entbrannte. Die Volkskunstgruppen wurden zu allen passenden und unpassenden Veranstaltungen herangezogen. Auf meine Vorhaltungen, daß diese Gruppen zum größten Teil noch gar nicht bühnenreif sind, wurde mir geantwortet: ›Die Hauptsache, sie spielen‹.«[426] Die veröffentlichte Bilanz für das Klubhaus »Freundschaft« in Leipzig fiel dagegen besser aus. Es war in einer repräsentativen Villa eines »enteigneten Monopolkapitalisten« untergebracht, verfügte über zwei Klubräume, einen Vortragssaal für 200 Personen, »eine vorbildliche Bibliothek mit einem herrlichen Lesezimmer«, Billard-, Tischtennis- und Schachzimmer, Maleratelier, Seminarräume, Nähstube, Photolabor, Bastelzimmer und eine Laienspielbühne. Hinzukamen Dachgarten, Tennisplatz und Bootsanlegestelle. Die etwa 40 Zirkel trafen sich wöchentlich. Es fehlten gesellschafts- und naturwissenschaftliche Gruppen. Das allgemeine Wochenprogramm sah so aus: Sonntag: Einzelne Zirkel am Vormittag, abends Unterhaltungs- und Tanzmusik durch betriebliche Orchester; Montag: Politische Schulung und einzelne kulturelle und sportliche Zirkel; Dienstag: Technische Vorträge und Zirkel; Mittwoch: Filmabende und Zirkel; Donnerstag: Zirkelarbeit; Freitag: Allgemeinbildende Vorträge und Zirkel; Sonnabend: Kulturveranstaltungen der einzelnen Werke. Das musikalische Programm charakterisierte der Klubdirektor so: »Die Betriebsorchester spielen jeden Sonntag zum Tanz auf. Es ist für den Klub selbstverständlich, daß die ganze amerikanische Tanzentartung streng abgelehnt wird. Trotzdem ist die Musik meistens nicht befriedigend. Noch sind die schlechten Beispiele unserer öffentlichen Tanzkapellen zu eindrucksvoll und die eigene, selbstkritische Erziehungsarbeit nicht nachhaltig genug.«[427]

Für Mecklenburg zeichnete der Landesvorstand ein trostloses Bild und sah den Grund dafür in der Abschaffung von hauptamtlichen Sekretären für die Schulungs- und Kulturarbeit bei den Kreissekretariaten des FDGB.[428] Seitdem sei nicht

---

426 Erfahrungsbericht des FDGB-Kreisvorstands Leipzig, Abt. Kultur (Anfang 1950), SAPMO-BArch, DY 34/11/c/779A.
427 »Arbeit und Kultur« 1950/51 H. 8, S. 30 ff.
428 Bericht vom 22.10.1949, SAPMO-BArch, DY 34/11/c/779A.

nur »ein gewisser Stillstand zu verzeichnen, sondern darüber hinaus ein Zerfall alles bisher Erreichten.« Das mochte übertrieben und zugleich ein willkommener Vorwand zur Entschuldigung mangelnder Erfolge sein, das Argument, es fehle geeignetes Personal, tauchte dennoch überall auf. Die IG Bekleidung wies demgegenüber eher auf ein strukturelles Problem hin, das in der Berichterstattung über die Großbetriebe häufig unterging: die begrenzten Möglichkeiten von Kleinbetrieben.[429] In der Textilindustrie waren 1949/50 von insgesamt rund 60.000 Betrieben circa 40.000 Kleinbetriebe. Nur vier hatten eine Belegschaftsstärke über 500. Zwar registrierte der Zentralvorstand sorgfältig alle Konzert- und Theaterbesuche, mußte aber konstatieren, daß lediglich in 56 Betrieben »Kunsttumgruppen« existierten. Gemeint waren damit 34 Tanz-, 23 Theater- und 10 Musikgruppen sowie 32 Volkschöre.

Der ständige Druck von oben und die Möglichkeiten zur Finanzierung betrieblicher Kulturarbeit aus dem Kulturfonds der DDR [430] ließ jedoch die Laienkunstgruppen in Groß- und Kleinbetrieben schnell anwachsen, ohne daß die bilanzierenden Gewerkschaftsberichte schon Wesentliches über Qualität und Funktionieren aussagten. Am besten schnitten hier naturgemäß die großen Betriebe mit entsprechenden Räumlichkeiten für Klub- und Kulturhäuser ab. Als ein Musterbeispiel galten unter anderem Hettstedt (Sachsen) und das gemeinsame Klubhaus einiger SAG-Betriebe im Westen Leipzigs. In Hettstedt, dem Ort, der durch die Beschlüsse des von 1948 ähnliche symbolische Bedeutung erlangte wie Bitterfeld, konnte das Klubhaus mit 77.700 Besuchern von Kulturveranstaltungen im ersten Quartal 1952 einen beachtlichen Erfolg melden. Dabei lagen an der Spitze 13 Filmvorführungen mit über 18.000 und 9 Theatervorstellungen mit über 7.000 Besuchern.[431]

Offenkundiger Beliebtheit erfreuten sich die 1950 vom FDGB beschlossenen »Theaterwochen der Gewerkschaften«, die insbesondere die Aufgabe hatten, »das klassische kulturelle Erbe« zu vermitteln.[432] Sie waren zunächst auf die Städte Halle, Dessau, Magdeburg, Weimar, Dresden, Leipzig, Chemnitz, Rostock, Berlin, Potsdam, Görlitz, Gera, Schwerin und Wismar beschränkt. Das festgelegte Programm umfaßte eine charakteristische Mischung aus deutschen Klassikern und russischen Werken: Goethes Egmont und Faust I, Schillers Don Carlos, Kabale und Liebe, Fiesco, Lessings Emilia Galotti, Wischnewskis Optimistische Tragödie, Pogodins Glockenspiel, Brechts Mutter Courage und Wolfs Armer Konrad, dazu die Opern Fidelio (Beethoven), Boris Godunow (Mussorgsky), Halka (Moniuszko). In den Betrieben wurden 5 bis 10 Tage vor dem Theaterbesuch Einfüh-

---

429 Bericht vom 14.3.1950, ebd.
430 Auszüge aus ca. 30 Anträgen an den Kulturfonds der DDR (Laienkunst), für die der FDGB zuständig war, vom 4.12.1951. SAPMO-BArch, DY 34/11/-/748. Die Anträge spiegeln ein buntes Bild unterschiedlichster Aktivitäten und Einsatzmöglichkeiten der verschiedenen Gruppen bei betrieblichen und außerbetrieblichen kulturellen und politischen Anlässen.
431 »Wie eine Klubleitung arbeiten muß«: in: »Kulturelle Massenarbeit« 1952 Juli, S. 17 f.
432 Vgl. Annette Schuhmann, »Auch in der Kunst: Das Beste für den Arbeiter.« Theaterwochen für Betriebsarbeiter in der DDR der fünfziger Jahre, in: Jb. für Forschungen zur Geschichte der Arbeiterbewegung 3, (2005), S. 80-93.

II. »Aufbau des Sozialismus« (1948–1953)

rungsvorträge gehalten. Der FDGB-Feriendienst bestellte Sonderzüge und hatte dafür zu sorgen, daß der Anteil der Angestellten und der technischen Intelligenz nicht mehr als 15 Prozent betrug. Über 90.000 Teilnehmer (ohne Berlin) wurden registriert. Die finanzielle Sicherung erfolgte durch einen erheblichen Zuschuß von 230.000 Mark aus dem Kulturfonds der DDR.[433] Grundsätzliche Schwierigkeiten tauchten jedoch immer wieder im Hinblick auf die dauerhafte Finanzierung, den Produktionsausfall durch Freistellung der Besucher, die »falsche« soziale Zusammensetzung und die Spielplangestaltung auf. Insofern war die Theaterkampagne kein voller Erfolg, aber doch ein wichtiger Faktor in einem zentral organisierten Kulturangebot.[434]

Problematischer als die Rezeption der Klassiker scheint die Aufnahme von mehr oder minder politischen Gegenwartsstücken, aber auch die Vermittlung moderner darstellender Kunst gewesen zu sein. Ein typisches Beispiel, das auch den FDGB-Bundesvorstand beschäftigte, war das von Karl Grünberg, einem aus der Weimarer Republik bereits bekannten proletarischen Schriftsteller, verfaßte Schauspiel mit dem programmatischen Titel »Golden fließt der Stahl«. Es wurde im März 1950 in Nordhausen aufgeführt und war für weitere Gastspiele vorgesehen. Dabei stand das Thema Sabotage im Volkseigenen Betrieb im Vordergrund. Wie die 1.600 Zuschauer in der hergerichteten Werkhalle des ABUS-Maschinenwerks in Nordhausen das Stück aufnahmen, ist nicht überliefert. Eine ausführliche Kritik der Gewerkschaftszeitung »Tribüne« fiel jedoch verheerend aus. Es sei zu einer Kriminalstory verkommen und die dargestellte Form der Sabotage gehöre in der DDR längst der Vergangenheit an. Das Fazit der »Tribüne«: »Das ehrliche Bemühen aller am untauglichen Objekt. Das Stück ist seinem ganzen Wesen nach ein Laienspiel, und wenn der Autor nicht den Ehrgeiz hätte, es auf einer ›richtigen‹ Bühne von richtigen Schauspielern gespielt zu sehen, dann könnte es in einer Überarbeitung, von geschickten Laienspielern dargestellt, die wenigstens echte Arbeiter wären, auch den vom Autor gewünschten Zweck erfüllen.«[435]

Ein wichtiges Medium der betrieblichen Kulturarbeit waren Filme. Auch hier erlitt der FDGB jedoch mit seinen erzieherischen Ambitionen überwiegend Schiffbruch, weil »fortschrittliche« Produktionen in der Konkurrenz zu Komödien-, Klamauk- und Operettenfilmen einen schweren Stand hatten.[436] Ein delikates Einzelbeispiel stellte ein Wilhelm-Pieck-Film dar, der 1950/51 in Berliner Kinos lief. Der Besuch dieses biederen Agitprop-Films über den Staatspräsidenten und früheren KPD-Vorsitzenden ließ offenkundig zu wünschen übrig, was den FDGB zu dem bemerkenswerten Vorschlag veranlaßte: »Der Schwerpunkt der Filmwerbung liegt bei den Berliner Betrieben. Um wirklich operativ zu arbeiten, ist es notwendig, daß sich die Kulturfunktionäre in den Eintrittskartenvertrieb mit einschalten. Dabei wird vorgeschlagen, daß der Betrieb einen geringen Pro-

---

433 Sekretariatsvorlage des FDGB-Bundesvorstandes vom 21.8.1951, SAPMO-BArch, DY 34/42/ 994/4602.
434 Schuhmann, Auch in der Kunst, S. 93.
435 »Tribüne« vom 28.3.1950.
436 Ausführlich zur Filmarbeit Schuhmann, Kulturarbeit, Kap. 4.4.

11. Kulturelle Massenarbeit im Betrieb – sowjetisches Modell, deutsche Traditionen

zentsatz der Karten an Aktivisten und qualifizierte Arbeiter frei zur Verteilung bringt und daß evtl. Kollektivveranstaltungen von den Betrieben organisiert werden. Es muß dann jedoch gewährleistet sein, daß alle Kollegen, die Eintrittskarten für den Film erwerben, auch tatsächlich hingehen. Voraussetzung dafür ist, daß in den Betrieben eine wesentlich bessere ideologische Arbeit durch die Kulturfunktionäre, die Vertreter der Parteien und die Vertreter der Massenorganisationen geleistet werden muß.«[437]

Über ein exemplarisches Problem ganz anderer Art berichtete im Juni 1952 die FDGB-Monatszeitschrift »Kulturelle Massenarbeit«. Zur künstlerischen Gestaltung großer Flächen in Betrieben und Verwaltungen hatte die Deutsche Akademie der Künste in Berlin 11 Künstler mit entsprechenden Entwürfen beauftragt. Einige davon wurden mit den Kumpels der Grube »Glückauf« in Knappenrode bei Hoyerswerda im Kulturhaus diskutiert und stießen auf scharfe Kritik. Die Arbeit von Prof. Arno Mohr, seit 1946 Professor an der Kunsthochschule Berlin-Weißensee, wurde dem Bericht zufolge allgemein abgelehnt, »weil sie auch nicht die geringste Spur einer realistischen Kunst trägt. Sein Entwurf sollte die Freizeitgestaltung der werktätigen Menschen anschaulich machen. Aber anstatt fröhliche Männer, Frauen und Jugendliche darzustellen, die sich ihrer in harter Arbeit errungenen Erfolge erfreuen und dies auch in ihren Gesichtszügen, ihrer Haltung zum Ausdruck bringen, hocken im Vordergrund unbeholfene Gestalten auf den Stühlen. Den Tischen fehlen sämtliche Beine. Im Vordergrund hockt ein Kind, das nichts mit sich anzufangen weiß. Man denkt unwillkürlich an Großstadtkinder, die lustlos auf den Hinterhöfen sitzen.«[438] Anderen Entwürfen erging es nicht besser. Das salomonische Fazit des Berichterstatters lautete: mehr Kontakt zwischen Künstlern und Werktätigen, dann würden sich die Probleme von Formalismus und Realismus lösen und eine »neue fortschrittliche demokratische Kultur für Gesamtdeutschland« gedeihen.

Das grundsätzliche Problem hinter diesem Fall, eine bereits in eng vorgegebenen Grenzen entstandene Auftragskunst, die dennoch nicht die Zustimmung derer fand, für die sie gedacht war, beschäftigte die Funktionäre von Partei und Gewerkschaft ebenso dauerhaft wie die Künstler. In der Phase der stalinistischen Formalismus-Debatten wurde das Problem stets zugunsten des gewünschten optimistischen »Realismus« entschieden und führte zu den bekannten pathetisch-hölzernen Produkten nach sowjetischem Vorbild. Hier hatte in bestimmten Grenzen der wahre Kunstgeschmack der »führenden Klasse« tatsächlich einmal das Sagen, und die Kunst hatte ihm zu dienen. (☞ vgl. *Bild Nr. 12* [Beispiel für die Stilisierung einer Plandiskussion auf einem Gemälde von 1950] im Farbteil, S. 459)

Da betriebliche Kulturarbeit ein Novum war und keine hohe Priorität genoß, lief sie generell schleppend an. Daß sie als »fünftes Rad am Wagen« behandelt wurde, kritisierten nicht zuletzt engagierte Schriftsteller wie Jan Koplowitz, der

---

437 Beschlußprotokoll vom 8.1.1952 (mit falscher Datierung 1951), SAPMO-BArch, DY 34/11/-/782.
438 »Kulturelle Massenarbeit« 1952 Juni, S. 46 f.

II. »Aufbau des Sozialismus« (1948–1953)

mehrere Monate in der Maxhütte in Unterwellenborn eine Gastrolle gab und darüber einen in vieler Hinsicht höchst instruktiven Bericht verfaßte.[439] Sein Credo war Marx' Satz »Die Theorie wird zur materiellen Gewalt, wenn sie die Massen ergreift«. Von der Betriebskulturarbeit erwartete er einen Schub in der Bewußtseinsbildung und der Höherentwicklung der Arbeitsproduktivität. Aber die eigenen Beobachtungen stimmten höchst skeptisch: »Gingen unsere Werksleitungen und die für die Betriebskulturarbeit verantwortlichen Gewerkschaftsfunktionäre von diesen Erkenntnissen aus, dann müßte man nicht jetzt, wenige Monate nach den Weltfestspielen, von – gelinde gesagt – müdem Stagnieren der Betriebskulturarbeit in den wichtigsten VEB's sprechen. Dabei bildet die Maxhütte keine Ausnahme. Einer der Hauptgründe für diese Zustände ist die spontane und planlose Entwicklung der Kräfte der Kulturarbeit, die den Betrieb lange Zeit nicht interessieren, bis plötzlich eine ›konkrete Aufgabe‹ ›gestellt‹ ist. Dann besinnt man sich der Kader der Kulturarbeit (das gilt nicht allein für die Maxhütte), und dann muß es hopp, hopp gehen. Schnelle Schulungskurse, die Werktätigen werden aus der Produktion genommen – wochenlang gedrillt wie Opernchoristen –, dabei wird den Kulturensembles auch eine gehörige Spritze von Primadonnenkult und Starallüren mitgegeben – und dann ist man stolz auf das aus dem Boden gestampfte Ensemble, um das Interesse sofort wieder absinken zu lassen, wenn die ›großen Aufgaben‹ erfüllt sind.«[440] Fehlende Kontinuität und Nachwuchspflege sowie Desinteresse der BGL bewiesen, »daß Kultur immer noch das fünfte Rad am Wagen ist oder der 7. Punkt auf der Tagesordnung, der dann immer auf die nächste Sitzung verschoben wird.«[441] Solche auch sonst immer wieder geäußerte Kritik verstärkte die Anstrengungen der FDGB-Spitze zur zentralistischen Anleitung durch genaue Anweisungen an die Einzelgewerkschaften und Betriebe.[442]

Zu den Charakteristika der kulturellen Massenarbeit in den Jahren des Hochstalinismus gehörten die vehementen und offenen Anstrengungen einer direkten Politisierung des innerbetrieblichen Lebens. Dem dienten vor allem die nach sowjetischem Vorbild eingerichteten »Roten Ecken«. Sie waren sehr viel stärker als die multifunktional verwendbaren Kulturhäuser auf unmittelbare und meist recht platte politische Agitationseffekte ausgerichtet. Ihr Motor war die noch nicht im Pragmatismus späterer Jahre untergegangene Hoffnung, auf diese Weise einen wirklichen Bewußtseinswandel und damit die Steigerung der Produktivität bewirken zu können.

»Rote Ecken« sollten ebenso wie Klubräume und Kulturhäuser ermöglichen, »den Drang unserer Werktätigen, besonders unserer Jugend, zur Erhöhung unseres Bildungsniveaus zu befriedigen und ihnen bei der Aneignung von Wissenschaft

---

439 Betriebskulturarbeit in der Maxhütte. Bericht von Jan Koplowitz, 16 S. (o. D; 1951), SAPMO-BArch, DY34/11/53a/1626.
440 Ebd., S. 2.
441 Ebd., S. 10.
442 Vgl. Richtlinien für die Wahlen der Klubkommissionen, Räte der Roten Ecken und Bibliotheksräte; Arbeitsanweisung für die Klubs, Kulturhäuser, Roten Ecken und Bibliotheken in den Betrieben; in: Beilage zu »Kulturelle Massenarbeit« 1953 Juni, S. 1-12

11. Kulturelle Massenarbeit im Betrieb – sowjetisches Modell, deutsche Traditionen

und Kultur zu helfen.« Sie sollten damit auch dazu beitragen,»daß unsere Werktätigen noch schneller und besser unsere Wirtschaftspläne erfüllen können, um damit schneller zu einem besseren Leben zu gelangen.«[443] Die »Roten Ecken« waren als Frühform betrieblicher Bildungsstätten mehr als bloße Ecken. Sie umfaßten einen oder mehrere Räume, sollten in großen Betrieben auch in den einzelnen Abteilungen errichtet werden und dienten der politischen Schulung, der allgemeinen fachlichen Weiterbildung und der betrieblichen Kulturarbeit im engeren Sinne. Sie zeigten wechselnde Tafelausstellungen, dienten den Zirkeln als Treffpunkt und hatten ähnlich wie die Traditionskabinette eine wichtige Funktion für Feierstunden und Traditionspflege. Verantwortlich war ein Mitglied der »Kommission für kulturelle Massenarbeit«. Die Arbeits- und Veranstaltungsprogramme sollten durch Betriebsfunk, Wandzeitungen, Betriebzeitungen und als Drucke bekannt gemacht werden. Die Finanzierung hatte aus dem Beitragsanteil der BGL und dem Direktorenfonds zu erfolgen. In ähnlicher Weise sollten die Klub- und Kulturhäuser als Zentren der betrieblichen Kulturarbeit organisiert und finanziert werden. Ihre Räume standen für Zirkel, Unterrichtszwecke, Bibliotheken, Kinder- und Sportarbeit, Theater, Kino, Tanz und Sport zur Verfügung.[444]

In dieser Phase läßt sich in den Inhalten betrieblicher Kulturarbeit eine agitatorische Ausrichtung am sowjetischen Vorbild verfolgen, wie sie in dieser Form weder vorher noch nach dem 17. Juni 1953 erkennbar ist. Der vom FDGB beschlossene »Monat der deutsch-sowjetischen Freundschaft« vom 7. November bis 5. Dezember 1952 zum 35. Jahrestag der bolschewistischen Revolution war mit einem Katalog von politischen, literarischen, filmischen und musikalischen Veranstaltungen zu Ehren des großen Bruders verbunden.[445] Der »Kampf gegen den Pazifismus« hielt auch in der Kulturarbeit massiv Einzug. Die Gefahren des Pazifismus hatten offenbar besonders im Lied eine Nische gefunden, so daß das Kulturorgan des FDGB mit erhobenem ideologischen Zeigefinger warnte: »Es gibt nicht wenig Arbeiterchöre, die mit Vorliebe solche Lieder singen wie ›Dort drunten in der Mühle …‹ und dann mit viel unechtem Gefühl vortragen ›… ich möchte am liebsten sterben …‹. Es leuchtet jedem ein, daß solche Lieder unserem Streben, lebensfrohe, starke und kämpferische Menschen zu erziehen, entgegenwirken.«[446] Das komplementäre Gegenstück zur Verherrlichung der Sowjetunion waren wilde Ausfälle von Antiamerikanismus, worin sich gerade im Kulturleben die stalinistische »Formalismus«-Kampagne widerspiegelt. Das Sekretariatsmitglied des FDGB-Bundesvorstandes, Kurt Helbig, verstieg sich in einem Diskussionsbeitrag zu der Feststellung: »Das Eindringen mancher Formen der amerikanischen Affenkultur in unsere Republik, wie sie sich hier und dort zeigt, gibt uns

---

443 Undatiertes Konzept des FDGB (1950/51) »Die Arbeit in den betrieblichen Kulturstätten«, SAPMO-BArch, DY34/42/994/4602.
444 Ebd.; FDGB-Lexikon (elektronische Version), Rote Ecke. Vgl. unten, Kap. VI 6 (S. 709 ff.) (mit Abbildung einer Urkunde).
445 »Macht die Freundschaft zur Sowjetunion zur Herzenssache aller Werktätigen«. Beschluß des FDGB-Bundesvorstandes, in: »Kulturelle Massenarbeit« 1952 November, S. 10 ff.
446 »Kulturelle Massenarbeit« 1952 Juni, S. 22.

II. »Aufbau des Sozialismus« (1948–1953)

Veranlassung, darauf hinzuweisen, daß gerade wir als Gewerkschaften verpflichtet sind, diese Versuche zu entlarven und die wirklichen Schätze unserer Kultur den Werktätigen nahezubringen. Deshalb müssen die besten Orchester, Theateraufführungen und Kulturveranstaltungen in unseren Betrieben stattfinden.«[447]

Zur breit definierten Kulturarbeit gehörte im Programm und in der Praxis der betriebliche Sport, der in den 1949 geschaffenen Betriebssportgemeinschaften (BSG) seine organisatorische Basis fand und im allgemeinen auf große Resonanz rechnen konnte.[448]

Die statistische Gesamtbilanz für das Jahr 1952 sagt zwar wenig über Realitäten, aber viel über den gewünschten Stellenwert der massenkulturellen Arbeit der Gewerkschaften aus. Es gab in den sozialistischen Betrieben der DDR über 400 Klub- und Kulturhäuser, über 5.000 Klub- und Kulturräume und 22.000 Rote Ecken. Allein die Gewerkschaften gaben über 30 Millionen Mark für diese Arbeit aus, und 60.000 Kulturorganisatoren kamen zum Einsatz.[449] Eine detaillierte, aber noch unvollständige Zusammenstellung des FDGB-Bundesvorstands vom September 1953, aufgegliedert nach Ministerien beziehungsweise Staatssekretariaten und Hauptverwaltungen, registrierte insgesamt für die DDR an kulturellen Einrichtungen in der zentralgeleiteten volkseigenen Wirtschaft[450]:

Kultur- und Klubhäuser	516
Kultur- und Klubräume	5.305
Volkskunstgruppen und -ensembles	11.748
Betriebsfilm- und Funkanlagen	1.924
Einrichtrungen außerschulischer Erwachsenenbildung (ohne Betriebsvolkshochschulen)	8.753
Betriebsbibliotheken	6.843
Plätze in Kindergärten, -wochenheimen, -horten	26.891
Plätze in Kindererholungsheimen und Normalkinderheimen	1.864
Jugendeinrichtungen	1.898
Plätze im Pionierzeltlager	37.014
Sporteinrichtungen im Betrieb	3.298

Einen Schub hatten diese Aktivitäten 1952 durch die offizielle Proklamation des »Aufbaus des Sozialismus« bekommen. Der FDGB konstatierte seit 1952 eine deutliche Verbesserung in der gewerkschaftlichen Kulturarbeit. Dem Versammlungsunwesen in den Kulturhäusern habe man ein Ende bereitet und begonnen,

---

447 »Kulturelle Massenarbeit« 1952 August, S. 9.
448 Ausführlicher dazu unten, Kap. VI 7 (S. 721 ff.).
449 »Kulturelle Massenarbeit« 1952 August, S. 15.
450 Übersicht vom 29. 9. 1953 (nach dem Stand vom 15. Mai 1953), SAPMO-BArch, DY 34/22006.

»diese zu den kulturellen Mittelpunkten der Betriebe zu machen.«[451] Das dürfte in dieser Form zu den üblichen Erfolgsbilanzen gehört haben. Vieles spielte sich zwar organisatorisch im Lauf der fünfziger Jahre ein. Gleichwohl blieb der politische und soziale Stellenwert dieses Zweiges gewerkschaftlicher Arbeit stets prekär. Der zweite große Anlauf am Ende des Jahrzehnts in Bitterfeld[452] war dafür ein Indikator. Trotz formaler Anknüpfung an Elemente der proletarischen Kulturbewegung der Weimarer Zeit erhielt die kulturelle Massenarbeit einen prinzipiell anderen Zuschnitt. Sie wurde als »Anleitung« praktiziert, kontrollierte und erstickte jede spontane Initiative von unten, sofern es diese denn gab, aus Sorge vor Abweichungen vom vorgegebenen ideologischen Pfad der Tugend. Es bleibt daher sehr schwer abzuschätzen, ob und wieweit diese in die Kompetenzen der Gewerkschaften fallende Kulturarbeit im Betrieb bei den Arbeitern nicht nur als verordnete Pflicht, sondern auch als Chance zur Freizeitgestaltung und Identifikation wahrgenommen und akzeptiert wurde. Mit Sicherheit waren solche Einstellungen in großer Breite zu finden, auch wenn die Kultur innerhalb der Gewerkschaftsarbeit ein Stiefkind blieb, weil sie nicht in die traditionelle Erwartungshaltung paßte und weil die unübersehbar politischen Motive am wenigsten Anklang fanden. Die Kritik an spontanen Aktivitäten und die Fixierung auf eine straffe Führung und die genaue Einbindung in politische Organisationsstrukturen erschwerten jedoch schon im Ansatz eine breite Verankerung der betrieblichen Kulturarbeit oder grenzten ihre Resonanz auf Teilbereiche ein. Auch die, gemessen an der Größe des Aufgabenbereichs, schlechte Bezahlung der Kulturfunktionäre dürfte eine beträchtliche Rolle für die Defizite gespielt haben.[453]

Das Resümee der FDGB-Zeitschrift »Kulturelle Massenarbeit« von 1953 aus einer kritischen Diskussion mit betrieblichen Kulturfunktionären war schlicht, aber vermutlich realistisch: Man solle »nicht anordnen, sondern anleiten« und die Aufgaben nicht überstürzen, forderten die Funktionäre von der Basis. Vor allem aber: »In der Kulturarbeit muß man mehr von den persönlichen Interessen des einzelnen Kollegen ausgehen, zum Beispiel ob er sich für Briefmarkensammeln, für Fotografieren usw. interessiert.«[454] Dieser Wandel des Profils, bei dem das politisch-erzieherische Moment deutlich zurücktrat, konnte sich erst in den sechziger Jahren durchsetzen. Gleichwohl war auch schon in den fünfziger Jahren das Interesse am Kleingarten oder am Betriebssport verbreitet und lief auf unspektakuläre Art parallel zu den erzieherischen Bemühungen der »kulturellen Massenarbeit«.

---

451 Bericht über die Entwicklung der betrieblichen Kulturhäuser und Klubs (o. D.; Ende 1953), SAP-MO-BArch, DY34/11/81a/1650.
452 Siehe unten, Kap. IV 5 (S. 432 ff.).
453 Dies wird in einem biographisch sehr aufschlußreichen Brief des Kulturfunktionärs in der Maxhütte Hans Beigang an den FDGB-Bundesvorstand vom 28.7.1953 gut deutlich. SAPMO-BArch, DY34/11/64a/1634. Zur Rekrutierung, Sozialstruktur und Ausbildung von Kulturfunktionären ausführlich Schuhmann, Kulturarbeit, Kap. III.
454 »Kulturelle Massenarbeit« 1953 August, S. 7 f.

12. Der Westen als Missionsfeld, Klassenfeind und Magnet

Mit dem Scheitern der Interzonenkonferenzen der Gewerkschaften, mit der Usurpation der sozialistischen Tradition durch die stalinisierte SED und mit der Gründung der DDR setzten sich zwei schon zuvor erkennbare Linien in neuer Konfiguration fort. In der propagandistischen Selbstdarstellung nach außen beanspruchte die DDR die Alleinvertretung der wahren Arbeiterinteressen. Zugleich verstärkte die SED ihre organisatorischen Bemühungen, die politischen Entwicklungen im Westen in ihrem Sinne zu beeinflussen und der wachsenden Attraktivität des westdeutschen Staates im eigenen Lande nach Kräften entgegenzuwirken. Beides läßt sich als komplementär verstehen und ergänzte den seit Ende der vierziger Jahre terroristische Formen annehmenden politischen Kurs der inneren Gleichschaltung. Diese Doppelbödigkeit von missionarisch motivierter propagandistischer und konspirativer »Westarbeit« blieb in den Grundzügen zumindest bis zum Mauerbau, in abgeschwächter Form aber auch noch darüber hinaus erhalten. Sie ist Teil der innerdeutschen Dimension des Kalten Krieges, gehört aber ebenso in die Geschichte der »verstaatlichten Arbeiterbewegung« im östlichen Teil Deutschlands, war sie doch mit einem erheblichen personellen und finanziellen Aufwand verbunden, dessen plausible Erklärung dem Historiker durchaus Schwierigkeiten bereitet.

Die alte Spaltung der Arbeiterbewegung in einen sozialdemokratischen und einen kommunistischen Zweig setzte sich – nach einer noch unklaren Übergangsphase – mit der doppelten Staatsgründung in neuer Form fort. Im Westen schrumpfte der kommunistische Teil immer stärker aufgrund innerer Auszehrung und fehlender Resonanz, lebte aber als furchterregendes Gespenst weiter. Im Osten wurde die Sozialdemokratie zwangsweise eliminiert, blieb aber als innerparteilicher und gewerkschaftlicher »Sozialdemokratismus« eine nie gebannte innere Gefährdung der SED. Die Staatspartei der DDR nutzte die Gewerkschaft als Herrschaftsinstrument. Die SPD in der Bundesrepublik blieb über anderthalb Jahrzehnte Oppositionspartei und fand in wesentlichen programmatischen Zielen Unterstützung durch die DGB-Gewerkschaften. Ihren Anspruch, der historisch legitimierte Träger der Neuordnung im freien Teil Deutschlands zu sein, formulierte sie mit doppelter Stoßrichtung: gegen die »bürgerliche Restauration« in der Bundesrepublik und gegen die kommunistische Bewegung, die in der DDR die Macht erhalten und die Freiheit vernichtet hatte. Zur späteren Hallstein-Doktrin auf diplomatischer Ebene paßte somit der Alleinvertretungsanspruch der westdeutschen Gewerkschaften und Sozialdemokraten für die deutsche Arbeiterbewegung sehr gut. Dem mußte die SED schon aus Selbsterhaltungsgründen massiv entgegenzutreten versuchen.

Mitte der fünfziger Jahre arbeiteten etwa 36 Organisationen und Gremien für die »gesamtdeutsche Arbeit in der Bundesrepublik«. Sie hatten alle ihre Apparate und bemühten sich, Kontakte herzustellen und Einfluß zu gewinnen. Das betraf sämtliche Parteien und Massenorganisationen, darüber hinaus aber auch Ministerien, Berufsverbände und Vereinigungen verschiedenster Art.⁴⁵⁵ Hier ist vor allem auf die Westarbeit der SED, des FDGB und der Stasi einzugehen. Auf einem Nebenschauplatz agierte die westdeutsche KPD, die zwar schon in ihren Anfängen ganz erheblich am finanziellen und ideologischen Tropf der SED hing, aber in Teilen nicht völlig konform war und immer wieder für Probleme mit der Zentrale sorgte.

Die Entstehung des zentralen Westapparats der KPD/SED in den ersten Nachkriegsjahren ist auf der Basis neuer Quellen relativ genau zu verfolgen. Sie gehört zu großen Teilen in die Geschichte der Munitionierung der Schützengräben am Beginn des Kalten Krieges und braucht hier nicht im Einzelnen dargestellt zu werden.⁴⁵⁶ Charakteristisch für die Struktur und die Ausrichtung der »Westarbeit« ist die Konzentration der ausschließlichen Entscheidungskompetenz beim Politbüro, das im Februar 1949 eine Westkommission erhielt.⁴⁵⁷ Sie hatte vier Leiter: Karl Schirdewan, der zugleich Stellvertreter des für Westfragen zuständigen Politbüro-Mitglieds Franz Dahlem war, Bruno Haid (zuständig für Information und bürgerliche Parteien), Bruno Fuhrmann (Instrukteurbereich) sowie Erich Glückauf (Agitation, Presse und Rundfunk). Fuhrmann wurde 1950 im Zusammenhang der sogenannten »Field-Affäre«⁴⁵⁸ aller Funktionen enthoben, Glückauf blieb bis in die sechziger Jahre hinein in der Westarbeit tätig und gehörte zeitweilig der Führung der illegalen KPD an. Hauptreferenten für die KPD war Adolf Pöffel, der bis 1961 dabei blieb und mit einem früheren Mitarbeiter aus dem französischen Exil, Walter Hähnel, eng zusammenarbeitete. Für die SPD war anfangs Hermann Zille, für Gewerkschaftsfragen seit November 1949 Willy Schulze zuständig.⁴⁵⁹ Obwohl die meisten dieser Funktionäre wenig bekannt sind und öffentlich kaum in Erscheinung traten, ist für den zentralen Westapparat offenbar charakteristisch, daß die Mehrzahl der Kader aus ehemaligen Westemigranten oder KZ-Häftlingen bestand. Vermutlich waren dafür Erfahrungen in der konspirativen Arbeit und genaue Kenntnisse im »Operationsgebiet« maßgeblich.⁴⁶⁰

Schon für die Anfänge dieses im Selbstverständnis der Partei wichtigen Gremiums kommt die minutiöse Untersuchung von Michael Kubina zu einem Ergebnis, das letztlich für die gesamte Westarbeit der SED gelten kann: »Die Protokolle der Westkommission der SED vermitteln den Eindruck generalstabsmäßiger Planung. Riesige Kampagnen wurden beschlossen, Apparate immer weiter ausgebaut, immer mehr Institutionen zur Arbeit herangezogen, Tarnorganisationen der unterschiedlichsten Art gegründet, zwielichtige oder politisch naive Fellow Traveller gewonnen, Schulungsmaßnahmen erweitert, Propagandamaterialien in großen Mengen für den Westen produziert. Wie bereits in den

---

455 Amos, Westpolitik, S. 206.
456 Vgl. die detaillierte Rekonstruktion durch Kubina, »Was in dem einen Teil«, in: Wilke (Hg.), Anatomie der Parteizentrale, S. 431-500.
457 Kubina, Anlage 9 und 19.
458 Vgl. dazu Klein, Einheit, S. 134 ff.
459 Kubina, »Was in dem einen Teil«, S. 485 ff.
460 Ebd., S. 493.

Jahren zuvor war auch die Reorganisation der Westarbeit im Jahre 1949 (Anfang 1951 erfolgte mit der Auflösung der Westkommission die nächste) Reaktion auf ausbleibende Erfolge.«[461] Dieses zweifellos zutreffende Gesamturteil muß jedoch differenziert werden, wenn man die Westarbeit des FDGB betrachtet, die für die Adressatengruppe der Arbeiter naturgemäß eine besondere Bedeutung hatte.

Bereits am 1. November 1949 wurde beim FDGB-Bundesvorstand das »Büro für deutsche Gewerkschaftseinheit« geschaffen. Die Industriegewerkschaften folgten mit Westabteilungen. Die Leitlinien gab die Westkommission des Politbüros vor. Zwar hatte es schon zuvor verdeckte und demonstrative öffentliche Aktionen von SED und KPD in Westdeutschland gegeben. Ein Beispiel war der Solidaritätsaufruf für den siebzigjährigen FDGB-Angestellten Paul Laßberg in Berlin vom September 1948, in dem mit historischen Rückgriffen auf die Geschichte der Arbeiterbewegung suggeriert wurde, neutral für das Koalitionsrecht aller arbeitenden Menschen zu kämpfen. (☞ vgl. *Abb. 28*)

Erst mit der Gründung des Büros beim FDGB-Bundesvorstand nahm aber die Westarbeit organisierte Formen mit Massencharakter an. Seine Leiter waren Hans Slawsky (1950), Franz Dietrich (bis 1953), Paul Geisler (1954/55) und Josef Steidl (1955–1963).[462]

1953 schätzte man die Zahl der Mitarbeiter des Büros auf 200. In der zweiten Hälfte des Jahres 1951 wurden rund 225.000 Postsendungen, Briefe und Päckchen versandt, von April bis Dezember 1951 gelangten nach eigenen Angaben des FDGB über 3 Millionen Klebezettel, Flugblätter, Zeitschriften und Broschüren in die Bundesrepublik.[463] Das Büro mit seinen verschiedenen Sektionen kontrollierte die gesamte Westarbeit des FDGB und der Einzelgewerkschaften. Um die Politik des DGB und der Industrieverbände in der Bundesrepublik zu beeinflussen, agierten Instrukteure auf allen Ebenen. Angesichts der dezidierten Ablehnung der Führungsgremien des DGB setzten die Instrukteure vor allem auf die Betriebe in der Hoffnung, hier am ehesten die Basis von der Führung isolieren zu können. Damit setzte sich eine alte Strategie aus Weimarer Zeiten fort. Auch der fatale Sozialfaschismus-Vorwurf lebte auf diese Weise in neuer Form wieder auf. Die SED verband ihren Appell zur »Einheit der Arbeiterklasse« in gleicher Lautstärke wie die KPD mit der Aufforderung zum Sturz des »Kolonialregimes« in Bonn, aber auch mit heftiger Polemik gegen die »rechte Führung« von SPD und Gewerkschaften. »Mit allen deutschen Gewerkschaftsmitgliedern«, erklärte Ulbricht im Juni 1951 vor dem ZK, »erheben wir gegen die rechten sozialdemokratischen Gewerkschaftsführer die Beschuldigung der bewußten Preisgabe der Arbeiterinteressen, der Unterstützung des Wiederaufbaus des deutschen Imperialis-

---

461 Ebd., S. 488.
462 Josef Kaiser, »Der politische Gewinn steht in keinem Verhältnis zum Aufwand«. Zur Westarbeit des FDGB im Kalten Krieg, in: JHK 1996, S. 113 ff.
463 Ebd., S. 115 f.

Aufruf des Laßberg-Komitees
Freiheit für Laßberg – Koalitionsfreiheit für alle!

Werktätige! Am 25. August d. J. verurteilte ein amerikanisches Militärgericht in Berlin den 70jährigen Angestellten des Freien Deutschen Gewerkschaftsbundes, Paul Laßberg, zu fünf Monaten Gefängnis, weil er im amerikanischen Sektor Beiträge für den FDGB kassiert haben soll.

Die sofortige Freilassung Laßbergs ist keine Frage der Gnade, sondern eine Frage des Rechts, der unveräußerlichen Freiheit der Persönlichkeit im Sinne der Habeas-Corpus-Akte; denn das Urteil des amerikanischen Militärgerichts richtet sich nicht nur gegen den Gewerkschafter Laßberg, nicht nur gegen den FDGB: es richtet sich gegen jegliches Vereinigungsrecht der Arbeiterschaft, gegen jeden einzelnen Werktätigen.

Der Kampf der Werktätigen um das Koalitionsrecht in Deutschland datiert nicht erst vom 8. Mai 1945 oder vom 2. Mai 1933, als Hitler die Gewerkschaften zerschlug, die Arbeiterfunktionäre verhaftete und die Groschen der deutschen Arbeiter beschlagnahmte. Die deutsche Arbeiterschaft führt den Kampf um ihr Recht, das zur Wahrnehmung ihrer wirtschaftlichen Interessen zu vereinigen, seit hundert Jahren. Und immer stand gegen sie die Macht der Unternehmer, welche die Armee, die Polizei und die Justiz beherrschten und rücksichtslos einsetzten.

Als sich in der zweiten Hälfte des vorigen Jahrhunderts mehr und mehr Arbeitergruppen das Vereinigungsrecht erkämpft hatten, galt dieses Recht nur auf dem Papier. In Wirklichkeit wurde die Anwendung dieses verbrieften Rechts bestraft.

Der Kohlenarbeiterstreik in Berlin-Moabit im Jahre 1907 wurde mit hohen Zuchthausstrafen erstickt. Im Mansfelder Bergarbeiterstreik — 1911 — wurde gegen die um ihr Vereinigungsrecht kämpfenden Arbeiter Artillerie eingesetzt. Im Anschluß an den Bauarbeiterstreik in Dresden-Löbtau — 1900 — gab es Zuchthausurteile von 10 und 12 Jahren.

Bis 1907 mußte jedes Mitglied einer Gewerkschaft polizeilich registriert, mußte jede Zusammenkunft polizeilich genehmigt werden.

Die kaiserliche Regierung brachte bis 1913 die drei sogenannten „Zuchthausvorlagen" ein, die für streikende Arbeiter Zuchthausstrafen mit Lattenarrest vorsahen.

Erst der November 1918 brachte der deutschen Arbeiterschaft das später im Artikel 159 der Weimarer Verfassung verankerte Koalitionsrecht.

Aber schon vor Einbruch des Dritten Reiches, in den letzten Jahren der Weimarer Republik, war wiederum die polizeiliche Einschränkung dieses Rechts. Am 2. Mai 1933 — einen Tag nach jener Schändung des 1. Mai — war es mit dem Vereinigungsrecht der deutschen Arbeiterschaft zu Ende.

Zwölf Jahre später, am 10. Juni 1945, gestattete der Marschall der Sowjetunion Schukow die Bildung von Gewerkschaften in der sowjetischen Besatzungszone.

Am 14. Juni des gleichen Jahres genehmigte Generaloberst Bersarin, der Militärkommandant von Berlin, auf Grund des Befehls Marschall Schukows die Bildung freier Gewerkschaften in Berlin.

Am 11. Juli 1945 bestätigte die Interalliierte Militärkommandantur der Stadt Berlin durch die Unterschriften des Generalmajors Parks für die Vereinigten Staaten, des Generalmajors Lyne für Großbritannien und des Generalobersten Gorbatow für die Sowjetunion die Genehmigung des Generalobersten Bersarin.

Damit war der Freie Deutsche Gewerkschaftsbund in Berlin von den Vereinigten Staaten, von Großbritannien und von der Sowjetunion gemeinsam anerkannt.

In den folgenden Jahren jedoch, 1946/47 und vor allem in diesem Jahr, mußte in wachsendem Maße eine gewerkschaftsfeindliche Politik der Militärregierung der Vereinigten Staaten festgestellt werden. Diese Politik — in Anlehnung an die arbeiterfeindliche Taft-Hartley-Gesetzgebung in den USA — ließ immer stärker als Ziel die Zerstörung der gewerkschaftlichen Einrichtungen erkennen, die von den Alliierten zur Demokratisierung Deutschlands geschaffen worden waren.

Letzten Ausdruck findet diese Politik in der ungesetzlichen, unter Bruch alliierter Abkommen durchgeführten Unterdrückung des Freien Deutschen Gewerkschaftsbundes im amerikanischen Sektor Berlin und in der Verurteilung gewerkschaftstreuer Berliner Arbeiter.

Diese Politik bezweckt die Wiederherstellung der Zustände, die während der Sozialistengesetzgebung Bismarcks und im Dritten Reich geherrscht haben und bedeutet, daß die deutsche Arbeiterschaft um die Früchte des Kampfes gebracht werden soll, den sie seit hundert Jahren führt und mit unzähligen Toten, Gefängnis- und Zuchthausjahren bezahlt hat.

Aus diesem Grunde haben sich die Unterzeichneten zu einem „Laßberg-Komitee für Koalitionsrecht" zusammengeschlossen mit dem Ziel, alle arbeitenden Menschen — Arbeiter, Angestellte und Geistesschaffende — zu mobilisieren, sie zum Kampf aufzurufen um ihr primitivstes Recht, das Recht der Koalitionsfreiheit.

Das Komitee will ihnen die geistigen Waffen für diesen Kampf geben.

Freiheit für Karl Laßberg!   Koalitionsfreiheit für die Werktätigen!

Professor Jürgen Kuczynski
Humboldt-Universität Berlin

Hermann Schlimme
Freier Deutscher Gewerkschaftsbund

Carl-Eduard von Schnitzler
Berliner Rundfunk

Arthur Willer
Vorsitzender des Betriebsrates der Spinnstoffabrik Zehlendorf

Fritz Giesemann
Dürener Metallwerke, Borsigwalde

Käthe Dahlem
Demokratischer Frauenbund Berlin

Alfred Hamsch
AEG-Turbine, Moabit

Abb. 28: Geheuchelte Solidarität und Forderung nach Koalitionsfreiheit, die es in der SBZ nicht mehr gab.

mus und der Preisgabe der nationalen Interessen des deutschen Volkes zugunsten der Profit- und Weltherrschaftsinteressen des amerikanischen Imperialismus.«[464] Andererseits wurde um so intensiver versucht, auf der betrieblichen Ebene mit positiven Angeboten Proselyten zu machen. Diese irritierende Mixtur aus platter Propaganda und gezielter persönlicher Kontaktherstellung bildete das breite Feld für die Versuche, in Westdeutschland Einfluß zu gewinnen. Derartige Aktivitäten blieben im Westen keineswegs verborgen. So beschrieb ein gut informierter und illustrativer westdeutscher Bericht das Muster der Kontaktaufnahme und der Beeinflussung später so:

»In der Regel wird der FDGB-Funktionär von einem Kommunisten, der in der Gewerkschaft eine Funktion bekleidet, mit einem westdeutschen Betriebsrat oder betrieblichen Vertrauensmann der Gewerkschaft bekannt gemacht. Er kommt mit ihm ins Gespräch, sie diskutieren zunächst kameradschaftlich und ganz unverbindlich über Probleme der Gewerkschaftsarbeit, über die Verhältnisse im Betrieb, über die Stimmung unter den Arbeitern, ihre Sorgen und Anliegen und anderes mehr. Zum Schluß wird eine neue Zusammenkunft in der Wohnung des westdeutschen Gesprächspartners oder in einer Gaststätte vereinbart, wo sich der Kollege aus dem Osten als ein freigebiger Gastfreund gibt. Die Gespräche werden vertraulicher, sie berühren interne Gewerkschaftsfragen, kommen auf eine eventuelle Unzufriedenheit in der betreffenden Gewerkschaftsorganisation und behandeln vielleicht Lohn- und Tariffragen. Der Mann aus dem Osten bewegte sich bisher streng nach den Richtlinien, die er von seinen Auftraggebern erhalten hat. Diese sehen in einem bestimmten Stadium einen bestimmten Moment vor, den Moment des ›Eingreifens‹ Äußert der westdeutsche Gesprächspartner seinen Unwillen über Maßnahmen im Betrieb oder die Haltung seiner Gewerkschaft, so versucht der Partner aus dem Osten, seinen Oppositionsgeist zu nähren und zur Empörung zu steigern. Er spricht von Klassengegensätzen und von Ausbeutung [...] Hat er seinen Partner ›überzeugt‹, so bietet sich der FDGB-Funktionär sofort an, bei der Ausarbeitung eines Antrages an den Betriebsrat oder den Vorstand einer Gewerkschaft zu helfen oder ein Flugblatt zu entwerfen. Er macht sich dabei den Umstand zunutze, daß Betriebsarbeiter für solche Arbeiten wenig Zeit haben, und übernimmt vielleicht ›uneigennützig‹ die ganze Angelegenheit selbst. Bei der nächsten Zusammenkunft wird der Entwurf des FDGB-Instrukteurs diskutiert, vielleicht in Anwesenheit anderer Kollegen des DGB, die der erste Gesprächspartner mitgebracht hat. Die Arbeiter sollen frei diskutieren, sollen ihre Meinung unverblümt sagen; sie sollen den Eindruck gewinnen, es sei ihr eigener Antrag und ihre eigenen Gedanken.«[465]

---

464 Walter Ulbricht. Die rechtssozialdemokratischen Gewerkschaftsführer auf der Seite der deutschen Konzernherren. Aus der Rede auf der 6. Tagung des ZK der SED 13. Juni 1951, in: Ders., Über Gewerkschaften Bd. II, S. 412-418, hier: S. 415
465 Harry Friedberg, Die Westarbeit des FDGB, in: SBZ-Archiv 10 (1959), S. 49-53, hier: S. 50.

12. Der Westen als Missionsfeld, Klassenfeind und Magnet

Dieses Muster, das sich jetzt aus den internen Quellen des Apparats bestätigen läßt, blieb in den Grundzügen in den fünfziger Jahren gleich. Es sagt nichts über Erfolge und Mißerfolge aus, vermittelt aber einen plastischen Eindruck von den hartnäckigen Versuchen, mit der Westarbeit die eigenen Errungenschaften ins rechte Licht zu rücken und das westliche Magnetfeld zu stören. Diese Versuche waren grosso modo ein Mißerfolg, in bestimmten Phasen und kritischen Situationen läßt sich aber nicht jede Resonanz leugnen.

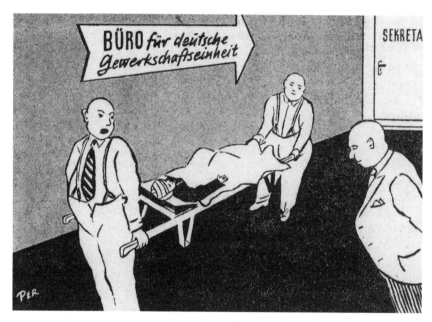

„Das ist bloß der Kollege, den der Bundesvorstand auf Propaganda nach Westdeutschland geschickt hat. Der Dussel hat aber drüben von unseren Kollektivverträgen erzählt."

Abb. 29: Karikatur der »Kleinen Tribüne« zur Erfolglosigkeit der »Westarbeit« des FDGB.

Zudem blieb es nicht bei solchen Formen der Kontaktvermittlung. Angebote des FDGB-Feriendienstes und insbesondere Interventionen bei westdeutschen Streiks sollten handfeste Unterstützung bieten.

Besonders intensiv waren anfangs die Bemühungen, eine große Zahl von Ferienplätzen für westdeutsche Kinder, aber auch für Arbeiter und Angestellte, aus denen sich potentielle Vertrauensleute rekrutieren ließen, bereitzustellen. Nach den Richtlinien des FDGB von 1950 sollten die FDGB-eigenen Ferienheime zu 60 Prozent mit Gästen aus der Bundesrepublik und zu 40 Prozent mit »politisch bewußten Kollegen aus der DDR« belegt werden. Es kam sogar vor, daß trotz starker Nachfrage FDGB-Mitglieder zugunsten »westdeutscher Gäste« verzichten

II. »Aufbau des Sozialismus« (1948–1953)

mußten.[466] In den ersten zehn Monaten des Jahres 1952 wurden beispielsweise 4.093 Urlauber aus dem Westen betreut. Von ihnen gehörten 1.299 der KPD und 72 der SPD an, der Rest war parteilos. 112 von ihnen wurden als Anlaufstellen gewonnen, 109 stellten Quartiere zur Verfügung, zu 825 nahmen Instrukteure Verbindung auf, 1.345 wurden mit Material beliefert. 1.702 jedoch waren »für die Arbeit nicht zu verwenden.« Das Fazit der FDGB-Analyse für 1952 war ernüchternd: »Der politische Gewinn der Urlauber-Aktion steht in keinem Verhältnis zu dem betriebenen Aufwand.«[467] Erfolgreicher waren die Aktionen der Arbeitsgemeinschaft »Frohe Ferien für alle Kinder.« Die Nebenorganisationen der KPD investierten erhebliche finanzielle und personelle Mittel in diese Ferienkampagne. Zwischen 20.000 und 35.000 Kinder aus der Bundesrepublik sollen jeweils in den Jahren 1954 bis 1956 Ferien in der DDR verbracht haben. Der Verfassungsschutz machte hier eine Schwachstelle im Gefüge der Bundesrepublik aus und konstatierte: »Dem kann nur erfolgreich begegnet werden, wenn im Bundesgebiet größere finanzielle Mittel für den Erholungsaufenthalt von Kindern bereitgestellt werden und durch Presse und Rundfunk genügend bekannt gemacht wird, welche Möglichkeiten für minderbemittelte Eltern bestehen, ihren Kindern eine Ferienerholung mit geringen Kosten zuteil werden zu lassen.«[468] Zumindest in diesem Bereich mag somit die Werbeaktion der SED indirekt zum Ausbau sozialpolitischer Maßnahmen im Westen beigetragen haben.

Ein beliebtes Terrain der »Westarbeit« waren Solidaritätsaktionen für westdeutsche Streiks. Zu den ersten größeren Gelegenheiten gehörte der große vierwöchige Metallarbeiterstreik in Hessen im August/September 1951. Dieser löste angeblich unter der sächsischen Metallarbeiterschaft lebhafte Sympathiekundgebungen und Protestresolutionen einzelner Betriebe gegen die »rechte Gewerkschaftsführung« und eine Vielzahl von Selbstverpflichtungen zur finanziellen Unterstützung der Streikenden aus.[469] Zwar dürften die vielen Einzelbeispiele stimmen, ein zutreffendes Gesamturteil über die Stimmungslage ergibt sich daraus jedoch kaum, zumal die Gewerkschaftsleitung sich um politische Steuerung kümmerte und die allgemeinpolitischen Parolen in den Resolutionen dominierten. Doch betonte der Bericht des FDGB offenbar überrascht, daß 25 der größten und wichtigsten Metallbetriebe Entschließungen zum Streik formulierten, »noch bevor die Betriebe Anleitung durch die Gebiets- bzw. Ortsvorstände der IG Metall erhielten«.

Parallel zu den gesamtdeutschen Aktivitäten der SED in den frühen fünfziger Jahren startete auch der FDGB politische Propaganda-Kampagnen mit gewerk-

---

466 Kaiser, Der politische Gewinn, S. 117.
467 Zit. ebd., S. 118.
468 Zit. bei Till Kössler, Abschied von der Revolution. Kommunisten und Gesellschaft in Westdeutschland 1945–1968, Düsseldorf 2005, S. 379.
469 FDGB-Bericht, Landesvorstand Sachsen, über die Sympathie- und Solidaritätsaktionen der sächsischen Metallarbeiter für die streikenden Metallarbeiter in Hessen vom 7.9.1951, SAPMO-BArch, DY 34/3248. Daten und Analysen zur Streikentwicklung in der Bundesrepublik mit Fallstudien zu den wichtigsten Streiks bieten: Joachim Bergmann/Otto Jacobi/Walther Müller-Jentsch, Gewerkschaften in der Bundesrepublik, Bd. 1, Frankfurt 1976, S. 257-333.

12. Der Westen als Missionsfeld, Klassenfeind und Magnet

schaftlichen Akzenten. Der Bundesvorstand forderte im Juni 1951 »Deutsche Gewerkschafter an einen gemeinsamen Tisch« und initiierte damit eine Parallelaktion zu Grotewohls Kampagne »Deutsche an einen Tisch« im Vorfeld der westdeutschen Wiederaufrüstung.[470] Herbert Warnke antwortete Gewerkschaftsfunktionären der Schachtanlage »Carolinenglück« im Ruhrgebiet, und die FDGB-Publikationen widmeten dem Kapitel »Kampf um ein einheitliches, demokratisches, friedliebendes und unabhängiges Deutschland« stets einen prominenten Platz.[471] Eine minutiöse Dokumentation des FDGB listete von Oktober 1949 bis Juli 1959 insgesamt 153 veröffentlichte Erklärungen, Briefe, Reden von FDGB-Funktionären, Aufrufe und Telegramme auf, die den »Kampf des FDGB um die Aktionseinheit der deutschen Arbeiterklasse« zum Inhalt hatten.[472] Die KPD bildete dabei eine wichtige Stütze. Da sie jedoch in ihrer Gewerkschaftsarbeit ebenso wie in ihrer allgemeinen Politik im wesentlichen den Vorgaben aus Ostberlin folgte[473], da sie alle Schwenks der politischen Linie der SED nachvollziehen mußte, jedes eigenständige Profil, das sie während der ersten Nachkriegsjahre in ihren Hochburgen noch besessen hatte, verlor und auf den wachsenden Glaubwürdigkeitsverlust mit grober Polemik antwortete, fand diese »gesamtdeutsche Arbeit« im allgemeinen wenig Resonanz. Gleichwohl war die Partei in einigen Industrieregionen, insbesondere im Ruhrgebiet, zunächst noch stark verankert.[474] Aber nicht nur die Politik der SED, die konsequent auf der Durchsetzung ihrer Direktiven insistierte und jeder Eigenständigkeit der KPD den Boden entzog, beschleunigte deren Verfall, sondern auch die Kriminalisierung der kommunistischen Bewegung durch die Bundes- und Landesregierungen noch vor dem offiziellen KPD-Verbot hatte weitreichende Folgen. Kommunisten wurden aus der kommunalen Öffentlichkeit konsequent verdrängt. Wie Till Kössler gezeigt hat, vertieften die Repressionen den Graben zwischen den kommunistischen Organisationen und ihrer sozialen Basis. Sie stabilisierten aber zugleich »das kommunistische Kernmilieu, das angesichts der Anfeindungen mehr denn je an den Traditionen der Weimarer KPD festhielt.«[475] Diese Ambivalenz führte einerseits zum Verfall einer Massenbasis, erlaubte der SED jedoch, sich weiterhin auf verläßliche Kader zu stützen.

Vor allem auf der betrieblichen Ebene machte sich die SED daher durchaus noch Hoffnungen auf größeren Einfluß. Der vielfach praktizierte Delegationsaustausch schien am ehesten gewisse bescheidene Erfolge zu versprechen.[476] Nach

---

470 Geschäftsbericht FDGB 1950–1954, S. 27 ff. Lemke, Einheit, S. 142 ff.
471 Vgl. Deutsche Gewerkschafter an einen gemeinsamen Tisch, o.O, o. J., 15 S.
472 Der Kampf des FDGB um die Aktionseinheit, hg. vom Bundesvorstand des FDGB, Berlin (O) 1959, 80 S.
473 Kaiser, Gewinn, S. 113 f.
474 Die Mischung aus politischer Unterdrückung und Selbstmarginalisierung in der Entwicklung der KPD arbeitet überzeugend heraus: Patrick Major, The Death of the KPD. Communism and Anti-Communism in West Germany 1945–1956, Oxford 1997.
475 Kössler, Abschied, S. 442 f.
476 Vgl. Geschäftsbericht FDGB 1950–1954, S. 40 ff. Vgl. unten, Kap. IV 8 (S. 490 ff.) und VI 10 (S. 758 ff.).

II. »Aufbau des Sozialismus« (1948–1953)

Angaben aus Unternehmerkreisen reisten zwischen 1951 und Juni 1959 allein 32.855 Gewerkschaftsgruppen mit 245.877 Teilnehmern in die DDR.[477] Selbst wenn solche Zahlen mit Vorsicht zu werten sind und umgekehrt für FDGB-Delegationen in die Bundesrepublik keine Gesamtzahlen vorliegen, war der deutsch-deutsche Verkehr auf diesem Feld mehr als eine Marginalie. Auch über Reisen von FDGB-Chören und anderen Gruppen berichtete die Zeitschrift »Kulturelles Leben« mehrfach ausführlich.

Nicht zuletzt bot das keineswegs völlig einheitliche Verhalten der Einzelgewerkschaften in der Bundesrepublik manche Ansatzpunkte, um die primär politisch motivierten Kampagnen von SED und FDGB nicht gänzlich ins Leere laufen zu lassen.[478] Nur so ist erklärbar, daß die Bemühungen, im Westen trotz permanenter Fehlschläge doch noch einen gewissen Einfluß zu gewinnen, ihren geradezu missionarischen Charakter beibehielten.

Abb. 30: Offizieller Austausch von Chorgruppen war in den fünfziger Jahren noch möglich.

Doch währte diese Illusion nur kurze Zeit. Vor allem die politisch links stehende IG Metall als bevorzugter Adressat kommunistischer Annäherungsversuche schwenkte auf die DGB-Linie ein, als die KPD 1951 auf ihrem »Münchner Parteitag«, der tatsächlich in Weimar stattfand, die berüchtigte These 37 verabschiedete. In der Tradition der RGO-Politik der letzten Weimarer Jahre wurde damit eine Frontalattacke auf die »rechten Gewerkschaftsführer« geritten. Die sich anschließenden innergewerkschaftlichen Auseinandersetzungen führten zu einer weiteren Marginalisierung von KPD-Funktionsträgern in den DGB-Gewerkschaften. Wer sich von der These 37 nicht distanzierte und nicht die geforderte Treueerklärung unterschrieb, wurde wegen gewerkschaftsschädigenden Verhaltens ausgeschlossen. Insgesamt betraf das bis 1955 654 Funktionäre, davon allein 349 aus der IG Metall.[479]

Zur Westarbeit im weiteren Sinne lassen sich auch die agitatorischen Bemühungen rechnen, den über viele Kanäle aus der Bundesrepublik in die DDR gelangenden Informationen über die wirtschaftliche und politische Situation in beiden Teilen Deutschlands gezielt etwas entgegenzusetzen. Ein aufschlußreiches Beispiel ist ein Heft aus dem »Schulungs- und Informationsmaterial« des FDGB von 1950

---

477 Kössler, Abschied, S. 376.
478 Dazu Klaus Schönhoven, Kalter Krieg und Gewerkschaften. Zur Gewerkschaftspolitik von KPD und SPD nach 1945, in: Ders./Staritz (Hg.), Sozialismus, S. 261–280.
479 Die Industriegewerkschaft Metall in der frühen Bundesrepublik 1950–1056, bearbeitet von Walter Dörrich/Klaus Schönhoven (Quellen zur Geschichte der deutschen Gewerkschaftsbewegung im 20. Jahrhundert Bd. 10) Köln 1991, S. XLI bis XLIII. Vgl. auch Manfred Wilke, Die »Westarbeit« des FDGB. Die DDR-Gewerkschaft und die innerdeutschen Beziehungen (1945–1990), in: Ders. Der SED-Staat. Geschichte und Nachwirkungen, Köln 2006, S. 209-234.

12. Der Westen als Missionsfeld, Klassenfeind und Magnet

»Betriebsarbeiter fragen – wir antworten.«[480] Demzufolge verbargen sich unter »dem Flitterkleid der Westmark« eine ständig wachsende Arbeitslosigkeit und Verschuldung, Ausverkauf der deutschen Industrie und Vorbereitung eines neuen Krieges. Die Mark der Deutschen Notenbank dagegen »trägt ein schlichtes und einfaches Arbeitskleid. Sie schleppt überall den nicht gerade parfümhaften Geruch des Schweißes unserer arbeitenden Menschen mit sich.« Passend zusammengestellte Haushaltsrechnungen sollten zeigen, wie die Verelendung in der BRD fortschritt. Die Legitimation der Oder-Neiße-Linie als Friedensgrenze wurde eingehend mit ausgewählten Zitaten aus internationalen diplomatischen Dokumenten belegt. Daß die »Friedensgrenze« aber insbesondere in den Grenzregionen Brandenburgs eine Quelle der Unzufriedenheit bildete, registrierte dagegen eine geheimpolizeiliche Stimmungsanalyse: »Im großen gesehen, denkt die Bevölkerung jedoch nicht daran, die Oder-Neiße-Grenze zu einer Frage des Krieges zu machen. Sie ist jedoch vielfach der Meinung, daß auf dem Wege von Verhandlungen eine Änderung der Meinung geschaffen werden könnte. Aus Umsiedlerkreisen hört man immer wieder: ›Auf allen Vieren würde ich rüberkrauchen‹ oder ›Bei der jetzigen Freundschaft mit Polen müßte es doch möglich sein, [daß die] Deutschen unter polnischer Regierung wieder in ihre Heimat zurück können‹.«[481]

Bei der Abwehr »westlicher Hetze« standen der Westberliner RIAS und der NWDR an erster Stelle im Visier, weil sie in großen Teilen der DDR empfangen werden konnten und ihr Informationsprogramm stark auf diese Hörerschaft zugeschnitten war. Für die Betriebe im Umfeld Berlins war dieses Problem zusammen mit den unerwünschten Besuchen im Westteil der Stadt besonders dringlich. Der FDGB-Bundesvorstand verabschiedete deshalb eigens einen entsprechenden Beschluß. Er sollte für angemessene Aufklärungsarbeit in den Betrieben sorgen in Form von Sichtagitation mit Losungen und Karikaturen, Wandzeitungen, Betriebsfunksendungen, persönlichen Stellungnahmen und Selbstverpflichtungen. Im Hennigsdorfer Stahlwerk »Wilhelm Florin« gelang das zumindest äußerlich recht eindrucksvoll. Der republikflüchtige, aber zurückgekehrte Schmelzer S. erwies sich als besonders aktiver Aufklärer und gab zusammen mit vier Kollegen aus Anlaß des 1. Mai die folgende Verpflichtung ab: »Die 5 Schmelzer der Schicht I an dem Jugendofen III verpflichten sich, aus Anlaß des 1. Mai ab sofort nicht mehr den RIAS abzuhören bzw. den Einkauf in Westberlin sofort zu unterlassen.« Zuwiderhandlung sollte den Ausschluß aus der Brigade, im Wiederholungsfall sogar aus der Abteilung zur Folge haben.[482]

---

480 Berlin (O) 1950 (Schulungs- und Informationsmaterial Nr. 60) 12 S.
481 Amt für Information, Inform-Mitteilung vom 5.10.1950, BStU, MfS-AS 231/66, Bl. 278.
482 Bericht der BGL vom April 1953 mit der für sich sprechenden Überschrift: »Bericht über die Schaffung des Beispiels, Kampf gegen Abhören des RIAS-Hetzsenders und des Nordwestdeutschen Rundfunks sowie gegen den Einkauf in den Westsektoren Berlins, desgleichen gegen den Besuch von westlichen Filmveranstaltungen und auch gegen das Lesen von Schundliteratur, die besonders aus den Westsektoren Berlins in die Deutsche Demokratische Republik eingeschleust werden.« SAPMO-BArch, DY 34/11/81a/1650, hier: S. 4.

II. »Aufbau des Sozialismus« (1948–1953)

Derlei kuriose Rituale bestätigten das Schlüsselproblem eines »Arbeiterstaates«, der nur unter den Bedingungen der kommunikativen Abschottung vom Westen existieren konnte, mit diesem aber zugleich durch viele Bindungen verflochten war. In der Terminologie knüpfte er an traditionelle Forderungen der Arbeiterbewegung an. Doch deren Boden, der ohne politische Autonomie nicht denkbar war, hatte er längst verlassen. Über diesen Zusammenhang bestand zwar in der westdeutschen Öffentlichkeit kaum Dissens, innerhalb der westdeutschen Arbeiterbewegung wurde das aber nur selten explizit erörtert. Willy Brandts Beitrag »Mitteldeutschland ohne Gewerkschaftsbewegung« gehörte zu den wenigen Ausnahmen.[483]

Eher pittoresken Charakter trug ein Detail zur frühen deutsch-deutschen Arbeitskräfteanwerbung. In den Schiefergruben Südthüringens wurden bis zur Grenzschließung 1952 und auch danach im Zeichen des »Neuen Kurses« über viele Jahre bayrische Facharbeiter beschäftigt. Insgesamt gab es hier bis zum Mauerbau etwa 220 Berufspendler außerhalb Berlins. Von 117 fränkischen Facharbeitern, die »seit Januar 1955 allmorgendlich aus ihren Dörfern des fränkischen Waldes den oft beschwerlichen Weg bis zu 18 km zurücklegen«, wußte 1955 das »Neue Deutschland« zu berichten, wurden 14 als »Aktivisten des Fünfjahrplans« ausgezeichnet![484] Regionale Wirtschaftsinteressen, deutschlandpolitische Aspekte bei der SED und Hoffnungen auf Informationen beim MfS (Anwerbung von IM) gingen in diesem singulären Fall eine kuriose Mischung ein.

Da der »Eiserne Vorhang« bis 1961 in Deutschland noch löchrig war, sorgten Flüchtlinge aus der DDR, darunter eine erhebliche Anzahl von Mitgliedern der »Partei der Arbeiterklasse« für einen ständigen Informationsfluß beim Klassenfeind. Jährlich enthielten die Flüchtlingsgruppen Tausende von Parteimitgliedern. So befanden sich beispielsweise unter den rund 120.000 Flüchtlingen der ersten vier Monaten des Jahres 1953 immerhin 2.138 Mitglieder und Kandidaten der SED.[485] Diese Art von erfahrungsgesättigter, wenn auch diffuser und nicht genauer nachzuverfolgender Information bedeutete für die Westarbeit der SED ein permanentes Ärgernis, dem mit lautstarker Propaganda nur schwer beizukommen war.

---

[483] Willy Brandt, Mitteldeutschland ohne Gewerkschaftsbewegung, in: Gewerkschaftliche Monatshefte 3 (1952), S. 385-392.

[484] Peter E. Fäßler, »Diversanten« oder »Aktivisten«? Westarbeiter in der DDR (1949–1961), in: VfZ 49 (2001), S. 613-642; Ders., Westarbeiter im Dienste der Staatssicherheit, in: DA 37 (2004), S. 1022-1029.

[485] Malycha, SED, S. 469.

III. Kapitel

Die Klasse lehrt die Führung das Fürchten – Unruhen, Aufstand und Proteste der Arbeiter 1953

Wie ist es mit dem Streik der Arbeiter in einem Staat, der ihr Staat ist, und in dem sie die Herren sind? Und wie stehen die Arbeiter überhaupt zu ihrer Regierung, ihrer Arbeiterregierung? (Stefan Heym 1953)

»Der Arbeiter muß bluten in seinem Arbeiterstaat. Die Intelligenz kann prassen und die hohen Gehälter verjubeln, um eines Tages nach Empfang ihrer Prämie nach dem Westen abzuhauen.« »Durch das Fehlen der zentralen Argumentation blieb die Partei in dieser Frage in der Defensive und der Gegner konnte verstärkt seine schändliche Arbeit führen.«[1]

1. Der umstrittene Charakter des Aufstandes vom 17. Juni

Im »ersten Arbeiter-und-Bauern-Staat auf deutschem Boden« existierte keine eigenständige Untersuchung über eines der wichtigsten Ereignisse seiner Geschichte: die von Arbeitern begonnene Erhebung gegen die SED-Diktatur im Jahr 1953. Im offiziellen Geschichtsbild war und blieb der Aufstand bis zum Ende der DDR ein von außen gesteuerter faschistischer oder konterrevolutionärer Putsch. Selten klafften die Darstellungen und Wertungen eines historischen Schlüsseldatums der deutschen Nachkriegsgeschichte in beiden deutschen Staaten so drastisch auseinander wie in diesem Fall. Dort, wo er stattgefunden hatte, wurde der Aufstand bis zur Unkenntlichkeit verzerrt und aus der Erinnerung nach Kräften verdrängt, während er im Westen zum nationalen Feiertag avancierte. Er bildete einen festen Bestandteil nationaler Geschichtspolitik, verblaßte aber allmählich immer mehr im öffentlichen Bewußtsein und verkam zu einem Ritual, das kritischen Zeitgenossen zunehmend peinlich anmutete. Das mag die Erinnerung in der Bevölkerung der DDR ebenso beeinflußt haben wie die stereotype Abwehr eines politisch höchst unbequemen Datums in der SED-gelenkten Historiographie und Geschichtspropaganda. Völlig verdrängen ließ sich die wahre Bedeutung des Aufstandes jedoch nicht. Die alljährlich im Juni sich wiederholenden Präventivmaßnahmen insbesondere der nervösen Stasi sind ein indirekter Beleg dafür. Erich Mielkes bange, wenn auch rhetorisch gemeinte Frage am 31. August 1989 in einer Dienstkonferenz seines Ministeriums war nicht minder dekuvrierend: »Ist es so, daß morgen der 17. Juni ausbricht?«[2]

Die einschlägige Passage im Hochschullehrbuch zur Geschichte der DDR von 1981 steht exemplarisch für die offizielle Version und ist mit leichten Variationen in allen DDR-Darstellungen zu finden: »Am 17. Juni kam es in Berlin und ande-

---

[1] Stefan Heym, Forschungsreise ins Herz der deutschen Arbeiterklasse. Nach Berichten 47 sowjetischer Arbeiter, hg. vom Bundesvorstand des FDGB, Abt. Kulturelle Massenarbeit, Berlin (O) 1953., S. 60. Bericht eines SED-Sekretärs aus Frankfurt/Oder über ein Gespräch von fünf Arbeitern über den Fünfjahrplan am 12.6.1953. BLHA, Rep. 730/746. Ich danke Hans-Hermann Hertle für diesen Hinweis.

[2] Ich liebe euch doch alle! Befehle und Lageberichte des MfS Januar–November 1989, hg. von Armin Mitter und Stefan Wolle, Berlin 1990, S. 125.

III. Die Klasse lehrt die Führung des Fürchten – Aufstände der Arbeiter 1953

ren Städten zu Arbeitsniederlegungen und Straßendemonstrationen. Die feindlichen Untergrundgruppen traten in Aktion. In den Tagen zuvor waren zahlreiche Agenten eingeschleust worden, auch bewaffnete, die von Westberlin aus operativ angeleitet wurden. Sie forderten die Beseitigung der Regierung, drangen in Dienststellen und Büros der SED ein, besudelten Symbole des sozialistischen Staates sowie der Arbeiterbewegung, verschleppten den Stellvertretenden Ministerpräsidenten Otto Nuschke nach Westberlin, mißhandelten und ermordeten klassenbewußte Arbeiter, Funktionäre, Mitarbeiter des Staatsapparates. Es kam zu Brandstiftungen, Plünderungen und zum Sturm von Gefängnissen. [...] Doch schon ihr erstes Ziel, den ›Generalstreik‹ als Ausgangspunkt weiterführender Aktionen gegen die Arbeiter-und-Bauern-Regierung, erreichten die konterrevolutionären Kräfte nicht. Die Mehrheit der Streikenden – es waren etwa 5 Prozent aller Beschäftigten, die zeitweilig die Arbeit niedergelegt hatten – distanzierte sich in dem Moment von den Putschisten, als sie sahen, daß es weder um Normen noch um Preise, sondern um die Regierung Grotewohl und die Existenz der DDR ging.«[3] Diese platte und wegen ihres Reduktionismus für marxistische Historiker besonders peinliche Verschwörungsthese blieb die verbindliche Sprachregelung, an deren Kern nicht gerüttelt werden durfte. Alle Topoi des gewünschten Geschichtsbildes sind in dieser Version zu finden: die Anstiftung von außen, die Fixierung auf Berlin, die gewaltsamen Ausschreitungen gegen Träger und Symbole des »Arbeiterstaates«, die prozentual geringe Beteiligung der Beschäftigten an den Ereignissen.

In der Bundesrepublik hat der Aufstand bereits unmittelbar nach seiner Niederschlagung eine große Zahl von Publikationen hervorgerufen, die nicht nur ein völlig anderes, sondern im wesentlichen auch realitätsgerechtes Bild gezeichnet haben. Es ist nach der Öffnung der DDR-Archive in seinen wesentlichen Zügen durch viele neue Untersuchungen bestätigt und differenziert worden. Dabei spielen sowohl lokale und regionale Untersuchungsfelder als auch breitere Zusammenhänge der internationalen Situation des Jahres 1953 eine wichtige Rolle.[4]

Schaut man auf die Gesamtentwicklung der Publizistik und der Historiographie, so läßt sich eine Art Wellenbewegung konstatieren. Zunächst dominierte das Bild vom »Volksaufstand«. Es untermauerte gewissermaßen die offizielle Bonner Politik der Wiedervereinigung, indem es in einer historischen Momentaufnahme den festen Willen aller Deutschen zur nationalen Einheit dokumentieren sollte. Das schloß freilich nicht aus, daß bereits in der ersten Bundestagsdebatte nach dem Aufstand erbittert über den Charakter des Aufstandes und seine Bedeutung für die aktuelle Deutschlandpolitik gestritten wurde.

---

3 Geschichte der Deutschen Demokratischen Republik, von einem Autorenkollektiv unter Leitung von Rolf Badstübner, Berlin (O) 1981, S. 158.

4 Sehr ausführlich, wenngleich mit reichlich oberlehrerhaftem Gestus, wird die westdeutsche Rezeption des Aufstandes dargestellt und beurteilt bei Bernd Eisenfeld/Ilko-Sascha Kowalczuk/Erhart Neubert, Die verdrängte Revolution. Der Platz des 17. Juni in der deutschen Geschichte, Bremen 2004.

1. Der umstrittene Charakter des Aufstandes vom 17. Juni

Mit wachsender zeitlicher Entfernung vom Ereignis und mit der außen- und deutschlandpolitischen Umorientierung der SPD rückte die Deutungskomponente, in der die Arbeiter als Träger des Aufstandes im Mittelpunkt standen, in den Hintergrund. Die nationale Substanz des zum »Tag der nationalen Einheit« deklarierten Feiertags wurde aber ebenfalls dünner. Bereits Ende der fünfziger Jahre, vor allem aber nach dem Mauerbau, der einer großen Desillusionierung der Bonner Deutschlandpolitik gleichkam, gab es daher heftige öffentliche Diskussionen, wie man diesen Tag angemessen begehen solle. Denn das Ziel der Wiedervereinigung rückte in den harten Realitäten des Kalten Krieges und später in der Euphorie der Entspannungspolitik in immer weitere Ferne. Jedoch machte sich in der Geschichtswissenschaft und in der Öffentlichkeit ein verstärktes Interesse an einer kritischen Sozialgeschichte der Arbeiterbewegung und der Arbeiterschaft bemerkbar, und damit fanden die Initiatoren des 17. JuniAufstandes wieder größere Aufmerksamkeit, ließen aber zugleich das nationale Element weiter verblassen. Der 17. Juni wurde zum »Arbeiteraufstand«.[5] Nach der Vereinigung von 1990 lag dagegen wiederum die stärkere Betonung der nationalen Komponente nahe, die 1953 ohne Zweifel noch völlig selbstverständlich gewesen war. Zugleich motivierte die Erfahrung der geglückten Herbstrevolution von 1989 einige Historiker aus dem Umfeld der Dissidentenszene dazu, im Aufstand vom 17. Juni eine »gescheiterte Revolution« zu sehen.[6] Die grundlegend veränderte politische Konstellation blieb somit nicht ohne Einfluß auf das historiographische Bild vom Aufstand von 1953. Die mit der Öffnung der DDR-Archive neu erschlossenen Quellen belegten zudem, daß die soziale Basis der Erhebung offenkundig deutlich breiter war als angenommen und daher den Begriff des »Volksaufstandes« rechtfertigte. Fünfzig Jahre nach dem Ereignis scheint sich ein gewisser Konsens über diesen Sprachgebrauch abzuzeichnen, der sich jetzt jedoch – anders als in den fünfziger Jahren – auf eine breite empirische Forschung berufen kann.[7]

Die zutreffende Charakterisierung historischer Umbruchsituationen und Revolutionen ist in der Historiographie meist umstritten. Das gilt für 1848 nicht

---

5 Repräsentativ dafür ist der immer noch wichtige und empirisch gehaltvolle Sammelband von Ilse Spittmann/Karl Wilhelm Fricke (Hg.) 17. Juni 1953. Arbeiteraufstand in der DDR, Köln 1982.
6 Armin Mitter/Stefan Wolle, Untergang auf Raten. Unbekannte Kapitel der DDR-Geschichte, München 1993, Kap. I.
7 Vor allem zum 50. Jahrestag ist eine Flut neuer Publikationen erschienen. Nur einige der wichtigsten werden im Folgenden zitiert. Reiche Literaturhinweise und Quellendokumentationen einschließlich audiovisueller Quellen und Zeitzeugenberichte bringt die Website der Bundeszentrale für politische Bildung, des Deutschlandradios und des ZZF: www.17juni53.de.
Zusammenfassende Literaturberichte bieten: Torsten Diedrich, Zwischen Arbeitererhebung und gescheiterter Revolution, in: JHK 1994, S. 288-305. Als Entgegnung darauf Ilko-Sascha Kowalczuk, Die Ereignisse von 1953 in der DDR, in: JHK 1996, S. 181-186. Ferner als ausführliche Diskussion aller Aspekte, Kontroversen und offenen Fragen: Ders., 17. Juni 1953 – Arbeiteraufstand, Volksaufstand, Revolution. Aufstandsgeschichte, Forschungskontroversen und Erinnerungskultur, in: IWK 39 (2003), S. 1-36. Ders., Die gescheiterte Revolution – 17. Juni 1953 – Forschungsstand, Forschungskontroversen und Forschungsperspektiven, in: AfS 44 (2004), S. 606-664. K. unterscheidet generell vier verschiedene Interpretationsansätze: der Aufstand als faschistischer Putsch, als Arbeiteraufstand, als Volksaufstand und (als gescheiterte) Revolution. Gerhard Wettig,

minder als für 1918. Die Frage, ob der 17. Juni ein Arbeiter- oder ein Volksaufstand war, hat sich als plakative Alternative mittlerweile erledigt. Der Interpretationsstreit könnte daher beendet sein. Denn daß sich potentiell alle Schichten der Bevölkerung beteiligten, auch wenn ihr Protest angesichts der schnellen sowjetischen Intervention nicht mehr richtig zum Zuge kam, läßt sich ebenso wenig bestreiten wie die »führende Rolle« der Arbeiterschaft, die den Stein ins Rollen brachte. Zudem sind die erheblichen regionalen Unterschiede in der Intensität der Konflikte zu berücksichtigen, die von Arbeiter- oder Bauernprotesten bis zu Ansätzen einer revolutionären Veränderung von Machtstrukturen reichten und insofern unterschiedliche Kategorisierungen rechtfertigen.[8] Arbeiterproteste gaben aber nicht nur die Initialzündung für einen die ganze DDR umfassenden Aufstand ab. Arbeiter waren auch das Rückgrat und der Hauptträger der Bewegung. Dies läßt sich jenseits des Streits um die »richtige« Charakterisierung unzweifelhaft festhalten. Nicht nur die quantitativen Daten der Beteiligung an Arbeitsniederlegungen und Demonstrationen, sondern auch die soziale Zusammensetzung der Verhafteten und Verurteilten sprechen hier eine völlig eindeutige Sprache.[9] Eine solche Feststellung stellt den viel breiteren Charakter des Aufstandes und die nahezu alle Gruppen und Schichten kennzeichnende Ablehnung des SED-Regimes keineswegs in Frage, rückt aber die in der öffentlichen politischen Diskussion bisweilen verzerrten Proportionen wieder zurecht und insistiert auf einer genauen sozialgeschichtlichen Analyse. Man mag daher als salomonischen Kompromiß im Deutungsstreit die Formulierung »ein im Kern von Arbeitern getragener Volksaufstand mit revolutionären Zügen« akzeptieren.[10]

Der 17. Juni im Lichte der neuesten Literatur, in: DA 36 (2003), S. 881-893. Jan C. Behrends, Der 17. Juni der Berliner Republik – Konjunkturen, Neuerscheinungen, Desiderate, in: H-Soz-u-Kult 14.6.2004 (2004-2-172). Knapp zur sich wandelnden Interpretationsgeschichte meine Miszelle in: Mitteilungen des WZB 2003, S. 26-29. Als jüngste Sammelpublikation, in der alle relevanten Aspekte auftauchen und in der Gerhard A. Ritter eine überzeugende historische Einordnung des 17. Juni bietet, ist hinzuweisen auf Roger Engelmann/Ilko-Sascha Kowalczuk, Volkserhebung gegen den SED-Staat. Eine Bestandsaufnahme zum 17. Juni 1953, Göttingen 2005. Wichtig, weil mit vergleichender Perspektive: Henrik Bispinck/Jürgen Danyel/Hans-Hermann Hertle/Hermann Wentker (Hg.), Aufstände im Ostblock. Zur Krisengeschichte des realen Sozialismus, Berlin 2004. Die m.E. beste neuere Gesamtdarstellung liegt vor mit Ilko-Sascha Kowalczuk, 17.6.1953: Volksaufstand in der DDR. Ursachen – Abläufe – Folgen, Bremen 2003.

8   So einleuchtend Kowalczuk, 17. Juni, IWK 39 (2003), S. 25, allerdings im Widerspruch zu seiner generellen Revolutionsthese.
9   Siehe unten, Abschnitt 6 (S. 357 ff.). Vgl. die Zusammenstellung der Arbeitsniederlegungen und Demonstrationen nach Bezirken bei Volker Koop, 17. Juni 1953. Legende und Wirklichkeit, Berlin 2003, S. 349 ff. und die Liste der Verhafteten bei Gerhard Beier, Wir wollen freie Menschen sein. Der 17. Juni 1953: Bauleute gingen voran, Frankfurt/M. 1993 S. 19; Kowalczuk, 17.6. 1953, S. 250. Demnach waren 88 Prozent aller 1953/54 Verurteilten Arbeiter. Generell vgl. Klaus Ewers/Thorsten Quest, Die Kämpfe der Arbeiterschaft in den volkseigenen Betrieben während und nach dem 17. Juni, in: Spittmann/Fricke (Hg.), 17. Juni, S. 23-55, hier: S. 35.
10 So Hermann Wentker, Arbeiteraufstand, Revolution? Die Erhebungen von 1953 und 1989/90 in der DDR: ein Vergleich, in: DA 34 (2001), S. 385-397, hier: S. 397. Mein eigenes Urteil von 1982 ist davon nicht meilenweit entfernt: ein von den auslösenden und tragenden Kräften her eindeutiger Arbeiteraufstand, der aber in Ansätzen bereits einen möglichen Umschlag in einen politischen Volksaufstand erkennen ließ. Kleßmann, Doppelte Staatsgründung, S. 277.

1. Der umstrittene Charakter des Aufstandes vom 17. Juni

Zwei Aspekte sind für die neuere Historiographie besonders hervorzuheben:
1. die Intensivierung regionaler und betrieblicher Studien und
2. erste Ansätze, die internationale Situation stärker zu berücksichtigen und den Aufstand in der DDR diachronisch in eine Sequenz von Krisenkonstellationen und Umbrüchen in den sozialistischen Diktaturen Ostmitteleuropas zu stellen.

1. Der 17. Juni suggeriert mit der Fixierung auf einen einzelnen Tag eine falsche Vorstellung. Zwar bildete dieser verregnete Tag den Höhepunkt der DDR-weiten Unruhen, Demonstrationen, Streiks, Protestmärsche und gewaltsamen Konflikte. Aber der Aufstand hatte nicht nur eine längere Vorgeschichte, sondern der Protest setzte sich auch noch weit über diesen Tag hinaus fort, bis mindestens in den Juli hinein. Das ist durch zahlreiche neuere Arbeiten eingehend belegt worden, war aber zumindest für die Betriebe ansatzweise auch bereits aus einer einschlägigen westdeutschen Publikation bekannt.[11] Bestätigt hat sich auch die These, daß die Schwerpunkte des Aufstandes in den Zentren der alten mitteldeutschen Arbeiterbewegung lagen.[12] Neu entdeckt worden ist dagegen, in welchem Umfang die ländliche Bevölkerung in die Protestaktionen involviert war. Sie konnte ihre Auflehnung nicht in ähnlicher Weise wie die Arbeiterschaft kollektiv artikulieren und erregte deshalb möglicherweise weniger öffentliche Aufmerksamkeit. Die Quellen des MfS und der Volkspolizei lassen jedoch genauer erkennen, wie groß die Erbitterung in der Landbevölkerung war und in welchen Formen sich der angestaute Unmut Luft machte. Hier sind regionale Einzeluntersuchungen von besonderem Wert. So zeigt etwa eine Dokumentation von Quellen aus den drei Bezirken des 1952 aufgelösten Landes Brandenburg[13], daß sich der ländliche Protest zwar regional sehr unterschiedlich manifestierte, Austritte aus den LPG aber überall zu verzeichnen waren. Vereinzelt demonstrierten Bauern auch zusammen mit Arbeitern. Im Bezirk Cottbus waren es sogar eher bäuerliche Forderungen nach Freilassung verhafteter Großbauern, die den Aufstand auslösten.[14]

Derartige regionale und lokale Analysen und Quellensammlungen bieten aber auch für das Konfliktverhalten der Arbeiterschaft ein differenziertes Bild. Insbesondere für das industriell hochentwickelte Land Sachsen (bzw. die Bezirke dieses ehemaligen Landes) hat Heidi Roth in ihrer umfangreichen Darstellung gezeigt, daß in den industriellen Ballungsgebieten die Wucht des Aufstandes noch größer war als in Berlin und sich gerade die relativ privilegierten Teile der Arbeiterschaft besonders aktiv beteiligten. Neue Quellen haben auch belegt, daß sich Partei- und Gewerkschaftsvertreter keineswegs einheitlich verhielten und häufig an Streiks und Demonstrationen teilnahmen. Schließlich hat Roth nachdrücklich betont, daß soziale und politische Forderungen von Anfang an eine Einheit bilde-

---

11 So der Beitrag von Ewers/Quest, Kämpfe, in: Spittmann/ Fricke, 17. Juni.
12 Vgl. Hans-Peter Löhn, »Spitzbart, Bauch und Brille – sind nicht des Volkes Wille!« Der Volksaufstand in Halle, Bremen 1998; Heidi Roth, Der 17. Juni 1953 in Sachsen, Köln 1999.
13 Burghard Ciesla (Hg.), »Freiheit wollen wir!« Der 17. Juni 1953 in Brandenburg, Berlin 2003.
14 Vgl. Koop, 17. Juni, S. 213; Ciesla (Hg.), Freiheit, S. 36.

III. Die Klasse lehrt die Führung des Fürchten – Aufstände der Arbeiter 1953

ten.[15] Ob dieser Befund generell und flächendeckend gilt, muß offen bleiben. In jedem Falle aber schlugen soziale Forderungen in kürzester Zeit auch in politische um, weil den Beteiligten klar war, daß nur einschneidende Änderungen des politischen Systems auch die Chance für die Realisierung ihrer Wünsche boten.

Auffällig ist für die deutsche Historiographie, daß bislang der naheliegende Versuch, die historische Protestforschung explizit auch für den Aufstand in der DDR zu nutzen, noch kaum unternommen wurde. Implizit läßt sich dagegen in der verstärkten Berücksichtigung der lokal- und mikrohistorischen Untersuchungsebenen ihr Einfluß vermuten. Als erster und bislang einziger hat Thomas Lindenberger[16] Möglichkeiten und Richtungen angedeutet, den 17. Juni aus dieser Sicht zu deuten und einzuordnen. Dabei geht es zum einen um die Analyse der Zusammensetzung der Menschenmengen nach sozialen Gruppen, Geschlecht, Generationen, regionaler Herkunft und ihrer Bedeutung im jeweiligen lokalen Kontext. Zum andern sind die Objekte kollektiver Sachbeschädigung zu betrachten: die Einrichtungen, die gestürmt oder beschädigt wurden. Derartige kollektive Aktionen stärkten den Zusammenhalt der Akteure, markierten gemeinsame Grenzüberschreitungen und schufen unwiderrufbare Tatsachen, die als sichtbare Symbole für eine gefundene Gemeinsamkeit stehen und auch im Gedächtnis blieben. Schließlich ist die Interaktion zwischen Protestierenden und Staatsmacht im lokalen Umfeld genauer zu untersuchen, weil sie einiges über den unterschiedlichen Grad der Gewaltanwendung in den vielen Einzelfällen aussagen kann. Ein altes Muster des sozialen Protests läßt sich dabei durchaus erkennen: der spontane Wille, in einer Situation des Aufruhrs jene, die Gemeinschaftsnormen verletzen, zu bestrafen. Das eigentliche Ziel eines solchen Ansatzes ist es, die Massen als Akteure aufzuwerten, deren Handeln eigenen Kriterien folgt und nicht bloß von äußeren Zufällen abhängig ist.

2. In der neueren Historiographie zeigt sich ein deutlicher Trend, den 17. Juni aus der isolierten Betrachtung im Rahmen der DDR-Geschichte zu lösen, um ihn in den breiteren Kontext der ersten Krise des sowjetkommunistischen Systems nach Stalins Tod und der Debatten um die sowjetische Deutschlandpolitik zu stellen. Für die Durchsetzung eines »Neuen Kurses« gegen eine anfänglich widerstrebende SED-Führung war der berüchtigte sowjetische Innenminister und Geheimdienstchef L. Berija von ausschlaggebender Bedeutung. Um seine Rolle ranken sich nach wie vor Gerüchte und Forschungskontroversen. Für die Genese und Einordnung des Aufstandes vom 17. Juni und die Erschütterung der Stellung Ulbrichts war bereits die zeitgenössische Diskussion um diesen zwielichtigen Politiker aus dem engsten Umfeld Stalins von großer Relevanz.

Neben dem Juni-Aufstand in der DDR haben vergleichbare Fälle aus dieser Zeit wie die Unruhen in Pilsen und anderen Orten der Tschechoslowakei Anfang Juni 1953 sowie deren internationale Rezeption verstärkt Aufmerksamkeit gefunden.

---

15 Roth, Sachsen, S. 589, 595 f., 608 f.
16 Thomas Lindenberger, »Gerechte Gewalt?« Der 17. Juni 1953 – ein weißer Fleck in der historischen Protestforschung, in: Bispinck u. a. (Hg.), Aufstände, S. 113-128.

1. Der umstrittene Charakter des Aufstandes vom 17. Juni

Lange Zeit ist kaum beachtet worden, daß das Prager Regime sich im Frühjahr 1953 in einer vergleichbaren, äußerst kritischen Situation befand. Zwar bekam die Polizei eine antikommunistische Demonstration von mehreren hundert Teilnehmern in einer Stadt in Mittelmähren am 10. April anläßlich der Entfernung und Zerstörung eines Denkmals von Masaryk – dem ersten Präsidenten der Tschechoslowakei – ebenso wie vereinzelte Streiks schnell unter Kontrolle. Diese Unruhen waren jedoch ein Zeichen dafür, daß bei einem wichtigen anstehenden Vorhaben Widerstände zu erwarten waren: der geplanten Währungsreform, die das durch den forcierten Aufbau der Schwerindustrie gewachsene große Defizit im Staatshaushalt beseitigen sollte. Der am 30. Mai begonnene Währungsumtausch lief faktisch auf einen Raubzug vor allem an Bankguthaben hinaus. Dagegen formierte sich massiver Protest in mehreren Demonstrationen. Die größte fand am 1. Juni in Pilsen statt. Für kurze Zeit war die Stadt, einschließlich des Rathauses und des Stadtfunks, in der Hand der Protestierenden. Insgesamt wurden 130 Streiks registriert. Einheiten von Polizei, Miliz und Armee gelang es jedoch schnell, wieder Herr der Lage zu werden. Eine große Zahl von Verhaftungen sowie eine Welle von Gerichtsverfahren und außergerichtlichen Verfolgungen erstickten die Unruhen, die in ihrer Spontaneität und ihrem Ausmaß die Parteiführung dennoch überraschten. Die Politik der »harten Hand« wurde fortgeführt, und erst unter dem Eindruck des Aufstandes in der DDR hat das Politische Sekretariat des ZK sie in seinen »Augustthesen« im Sinne einer stärkeren Berücksichtigung der Konsumgüterproduktion und einer Verbesserung der Lage der Arbeiter vorsichtig und halbherzig revidiert.[17] Die Konstellation in der DDR weist also durchaus gewisse Parallelen mit dem vom wirtschaftlichen Entwicklungsniveau her am ehesten vergleichbaren Nachbarland auf.

Die massive Stalinisierung und Militarisierung der DDR seit 1952 gehören ebenso wie die politischen Erschütterungen nach dem Tod des Diktators unstrittig zu den wichtigen langfristigen und strukturellen Voraussetzungen, um den Juni-Aufstand zu erklären. Die sich abzeichnende Liquidierung des Mittelstandes, die Verschärfung des Kampfes gegen die Kirchen, insbesondere das Kesseltreiben gegen die »Junge Gemeinde« und die beginnende Kollektivierung auf dem Lande schufen ein innenpolitisches Klima, das sich durchaus als »kalter Bürgerkrieg« kennzeichnen läßt.[18] Mindestens ebenso bedeutsam wie die harte politische Unterdrückung und ökonomische Überanstrengung unter Stalin war, daß nach Stalins Tod in unterschiedlicher Intensität die Zügel wieder etwas gelockert wurden. Diese Lockerung trat in der DDR jedoch erst mit der auf sowjetischen Druck verspätet und widerwillig erfolgten Verkündung des »Neuen Kurses« am 10. Juni 1953 ein. In einigen anderen Ländern des Ostblocks war sie schon früher spürbar geworden. Ob der Aufstand unterblieben wäre, hätte die SED nicht an der politisch desaströsen, wenn auch rein ökonomisch durchaus gebotenen Normerhöhung bis

---

17 Vgl. Jiri Pernes, Die politische und wirtschaftliche Krise in der Tschechoslowakei 1953 und Versuche ihrer Überwindung, in: Christoph Kleßmann/ Bernd Stöver (Hg.), 1953 – Krisenjahr des Kalten Krieges in Europa, Köln 1999, S. 93-113.
18 Der Begriff wird in anderem Zusammenhang von Patrick Major, The Death of KPD, verwandt.

319

zum Marsch der Bauarbeiter der Stalinallee am 16. Juni festgehalten, muß spekulativ bleiben. Auch in späteren Krisensituationen im Ostblock zeigte sich immer wieder die hohe politische Brisanz aller Norm- und Preisveränderungen – so 1956 in Posen und im Dezember 1970 in Danzig und Stettin. Da Mechanismen der Konfliktregulierung in realsozialistischen Diktaturen fehlten, konnten alle vergleichsweise harmlos erscheinenden sozialen Auseinandersetzungen sehr schnell in politische umschlagen. Die SED hat daraus ihre Lehren gezogen und künftige Normerhöhungen nie mehr in alter Manier »administrativ« durchgesetzt.

Ein diachroner Vergleich aller wichtigen Krisenkonstellationen im Sowjetimperium ist faszinierend, aber nicht unproblematisch. Denn die Betrachtung der Sequenz unterschiedlicher Konflikte und Aufstände suggeriert ex post leicht ein teleologisch gefärbtes und somit unhistorisches Niedergangsparadigma. Zwar läßt eine genaue Untersuchung der sowjetischen Reaktionen erkennen, daß es eine Art Lernprozeß gab und daß sich die sowjetische Führung schon vor dem Debakel des 17. Juni und des ungarischen Aufstandes 1956 um größeren Spielraum der Satelliten, um mehr Konsultation und möglichst nichtmilitärische Lösungen von Konflikten bemühte. Sobald die »Machtfrage« jedoch gestellt wurde, griff sie aus Selbsterhaltungsgründen auf alte, das heißt militärische Methoden zurück.[19]

Zum internationalen Kontext des 17. Juni gehört ganz wesentlich die amerikanische Politik. Schon die tschechischen Unruhen hatten amerikanische Politiker aufmerken lassen. Zwar hütete sich Washington wie in allen späteren Krisen auch, direkt einzugreifen. Aber die psychologische Kriegführung im Rahmen der »liberation policy« erhielt dadurch Auftrieb. Eine der größten Flugblattaktionen des halboffiziellen amerikanischen »National Committee for a Free Europe« am 13. Juli 1953 bezog sich auf die Währungsreform in der Tschechoslowakei. Mit 6.512 Ballons wurden rund 12 Millionen Flugschriften abgeworfen, deren Tenor der Hinweis auf den Bankrott der Regierung und die Aufforderung zum Kampf war.[20] In der Parteiinterpretation des 17. Juni und durch die offiziöse Historiographie nahm die Vorbereitung des »Tages X« durch die Amerikaner und den Westen insgesamt eine Schlüsselrolle ein. Die vorsichtige Haltung des unter amerikanischer Aufsicht stehenden RIAS in Berlin zeigt jedoch, ebenso wie neue Untersuchungen zur Haltung der Eisenhower-Administration, daß die Sorge vor einem Krieg mit der Sowjetunion für die amerikanische Haltung bestimmend war. Es ist der SED daher auch nie gelungen, überzeugende Beweise für die angebliche Vorbereitung und Steuerung des Aufstandes durch die USA ausfindig zu machen. Das schließt freilich in keiner Weise aus, daß die »Befreiungspolitik« ihren Beitrag zur mehr oder minder nachhaltigen Propaganda lieferte und ihre Anhänger selbstverständlich auch während des Aufstandes nicht untätig waren. »Durchgängig waren alle privaten, parteigebundenen und amtlichen antikommunistischen

---

19 Hermann Wentker, Entsatellisierung oder Machtverfall? Das sowjetische Imperium und die innerstaatlichen Konflikte im Ostblock 1953 bis 1981, in: Bispinck u. a. (Hg.), Aufstände, S. 231-255, hier S. 232, 249 f.
20 Bernd Stöver, Das Umbruchsjahr 1953 – ein Resümee, in: Kleßmann/Stöver (Hg.),1953, S. 206 f.

Organisationen in irgendeiner Weise in den Aufstand involviert; initiiert hatten sie ihn aber nicht«, hat Bernd Stöver auf der Basis einer umfangreichen Untersuchung mit Blick auf amerikanische und deutsche Aktivitäten festgestellt.[21] Dieses Urteil bedeutet zugleich einen Beitrag zur überfälligen Historisierung nicht nur des 17. Juni, sondern auch der späteren Aufstände in Ostmitteleuropa in der Phase des Kalten Krieges. Keiner läßt sich, wie es die kommunistische Propaganda und Historiographie versuchte, als Produkt imperialistischer Wühltätigkeit und konterrevolutionärer Verschwörung erklären, sondern alle waren primär genuine und spontane Reaktionen auf ein oktroyiertes Gesellschaftssystem und akute Krisensituationen. Aber sie fanden auch im Einflußbereich westlicher Destabilisierungspolitik gegenüber stalinistischen und poststalinistischen Diktaturen statt. Daß diese »liberation policy« in sich nicht konsequent war und Hoffnungen weckte, die dann nicht erfüllt wurden, gehörte zu ihrer Konstruktion und blieb nicht ohne zynische oder auch tragische Komponenten, wie sich vor allem 1956 beim Ungarn-Aufstand zeigte.

2. Äußere und innere Voraussetzungen: ökonomische und politische Krisenentwicklungen nach der 2. Parteikonferenz 1952 und nach Stalins Tod

Was eine Krise ist, läßt sich schwer exakt bestimmen, da zeitgenössische Wahrnehmungen und spätere Analysen erheblich auseinanderklaffen können. Der Kommunismus war nicht nur im bolschewistischen Rußland, sondern überall, wo er Fuß faßte oder wohin er von der Sowjetunion exportiert wurde, mit dem Anspruch angetreten, die periodischen Wirtschaftskrisen des kapitalistischen Systems ein für alle Mal zu beseitigen und so überhaupt erst die Voraussetzungen für die Befreiung der ausgebeuteten Arbeiter und Bauern von den irrationalen Zwängen des Marktes zu schaffen. Aus der Rückschau stellt sich jedoch die Geschichte des Sowjetkommunismus im Ursprungsland ebenso wie in den Satellitenstaaten auch als eine permanente Krisengeschichte dar. Gerade solche auf offener Bühne stattfindenden Ereignisse wie Aufstände und Massendemonstrationen machten strukturelle Schwächen und Konstruktionsfehler sichtbar. Hier bietet sich als Exempel vor allem das erste große Krisenjahr im Kalten Krieg 1953 an, als das welthistorische Datum von Stalins Tod am 5. März mit dem ersten großen Massenaufstand in der DDR zusammenfiel.

Für die DDR bildete die 2. Parteikonferenz der SED im Sommer 1952 den im Vergleich zu den ostmitteleuropäischen Staaten verspäteten Ausgangspunkt einer verschärften Stalinisierung, in der die strukturelle Vorgeschichte des Aufstandes im engeren Sinne ihre stärkste Wurzel hat. Parteikonferenzen waren nach dem Parteistatut der SED von 1950 Veranstaltungen zwischen den regulären Parteitagen, zur Beschlußfassung über »dringende Fragen der Politik und Strategie der

---

21 Ebd., S. 213.

III. Die Klasse lehrt die Führung des Fürchten – Aufstände der Arbeiter 1953

Partei«.[22] Warum im Sommer 1952 eine solche Konferenz einberufen wurde, erschließt sich primär aus der deutschlandpolitischen Konstellation des Frühjahrs 1952. Nach der Ablehnung der Stalin-Noten zeichnete sich die Unaufhaltsamkeit der bundesrepublikanischen Westintegration ab, und die SED glaubte, darauf unmittelbar reagieren zu müssen. Obwohl man von einer lautstarken gesamtdeutschen Propaganda nicht abließ, erreichte die Abschottung vom Westen jedoch einen ersten Höhepunkt: Die Grenze wurde durch ein gestaffeltes System von Sperrzonen und schärferen Überwachungsmaßnahmen gesichert.[23]

Komplementär zu dieser äußeren Abgrenzung lieferte die Kernparole der Parteikonferenz vom »Aufbau des Sozialismus« als grundlegender Aufgabe der DDR die sozialistische Legitimation für einen ostdeutschen Separatstaat.[24] Diese Programmatik war im Hinblick auf den Zeitpunkt ein evidenter Beleg für den voluntaristischen Charakter stalinistischer Politik. Denn nichts sprach dafür, daß es die Voraussetzungen für einen solchen Akt tatsächlich gegeben hat, wie die Entschließung behauptete. In der sowjetischen Führung existierten anfänglich offenbar auch Vorbehalte. Nach der Verschärfung der deutschlandpolitischen Spannungen bot sich für Ulbricht jedoch die Chance, Moskau für seine seit langem verfolgte Linie zu gewinnen.[25] Neu war dabei weniger ihr Inhalt als das forcierte Tempo. Zwar gab es auf einigen Politikfeldern wie der Kollektivierung der Landwirtschaft einen deutlichen Bruch, überwiegend aber stellte die von der 2. Parteikonferenz verkündete politische Orientierung eine nachholende, kumulative Radikalisierung eines politischen Konzepts dar, das die volksdemokratische Umgestaltung der ostmitteleuropäischen Länder zum Vorbild hatte und dort bereits viel konsequenter umgesetzt worden war als in der DDR. Insofern ist es auch relativ müßig, nach dem genauen Zeitpunkt zu suchen, an dem erst kurz vor dem Beginn der Konferenz dieser programmatische Beschluß intern gefaßt wurde.[26]

Die Wirkung dieser forcierten »Volksdemokratisierung« verbunden mit einer schärferen Abgrenzung nach Westen mußte jedoch in einem geteilten Land mit noch dichten Kommunikationsmöglichkeiten und der Möglichkeit zu fliehen besonders einschneidend ausfallen. Eine auf Dauer vom Westen getrennte, separate DDR war damals für den Normalbürger schwer vorstellbar. Wachsende Versor-

---

22 Statut der SED von 1950, in: Dokumente zur Geschichte der SED, Band 2 (1945–1971), Berlin (O) 1986, S. 150-167, hier: S. 161.
23 Polizeiverordnung über die Einführung einer besonderen Ordnung an der Demarkationslinie vom 27.5.1952, Auszug in: Ernst Deuerlein (Hg.), DDR 1945–1970. Geschichte und Bestandsaufnahme. dtv-dokumente, 4. A. München 1972, S. 124 f.
24 Textauszug bei Weber, Dokumente, S. 188 f.
25 Zu Ulbrichts frühen Überlegungen vgl. Jochen Laufer, Die Verfassungsgebung in der SBZ 1946–1949. »Errichten wir die Diktatur des Proletariats, dann werden alle Dinge klar und einfach«, in: APZ B 32-33 (1998), S. 29-41.
26 Vgl. dazu Günter Benser, Eine Überraschung. Vor 50 Jahren: Die II. Parteikonferenz der SED. Neues Deutschland 6./7. Juli 2002. Wenn die Konferenz nicht, wie Benser meint, von Anfang an darauf angelegt war, erhebt sich allerdings die Frage, warum sie dann überhaupt stattfinden mußte. Zu den Interna vgl. Wilfriede Otto, Eine edle Idee im Notstand. Zur Zweiten Parteikonferenz der SED im Juli 1951 (mit zwei Dokumenten), in: Jb. für Forschungen zur Geschichte der Arbeiterbewegung 2 (2002), S. 4-22.

gungsschwierigkeiten und massive Einschränkungen der Reisefreiheit machten für jeden unmittelbar spürbar, welche Folgen eine solche Politik hatte. Nicht zufällig spielten daher im »Neuen Kurs« und in den Parolen der Aufständischen 1953 gesamtdeutsche Forderungen eine gewichtige Rolle. Gerade darin wird die widersprüchliche Bedeutung der 2. Parteikonferenz für die gesamte DDR-Entwicklung erkennbar. Mit der Radikalisierung der Politik und der generellen Tempobeschleunigung im gesellschaftlichen Umgestaltungsprozeß führt sie in die unmittelbare Vorgeschichte des Aufstandes. Im Kern wurden hier jene programmatischen Eckdaten eines Sozialismusmodells à la Ulbricht formuliert, die auch nach der Verkündung des »Neuen Kurses« verbindlich blieben. An der »richtigen Generallinie« hielt die SED daher schon in der ZK-Erklärung vom 26. Juli 1953, nachdem diverse »Fehler« detailliert kritisiert worden waren, fest.[27] Sie zementierte damit die tiefe Diskrepanz zwischen volksdemokratischer Separatentwicklung und der verbalen Beschwörung der nationalen Einheit. (☛ vgl. *Bild Nr. 13* im Farbteil, S. 460)

Die Konsequenzen des beschleunigten sozialistischen Aufbaus betreffen die gesamte Gesellschaft, insbesondere den Mittelstand, dem als Relikt einer untergehenden Epoche wirtschaftliche und steuerpolitische Daumenschrauben angelegt wurden. Indirekt wurde aber auch die gesamte Arbeiterschaft massiv betroffen. Die forcierte Förderung der Schwerindustrie hatte bereits mit dem ersten Fünfjahrplan begonnen. Ihre Brisanz wuchs durch die von Moskau im Zuge der verhärteten internationalen Situation betriebene Militarisierung des gesamten Ostblocks. Die Vernachlässigung der Konsumgüter- zugunsten der Schwerindustrie, die drückenden Reparations- und Besatzungskosten, der beschleunigte Aufbau der Kasernierten Volkspolizei (KVP) als Form der verdeckten und offenen Wiederaufrüstung verschoben die Gewichte im Staatshaushalt dramatisch.[28] Schon im November 1952 mußte Ulbricht eingestehen, daß man von den Zielen des Fünfjahrplans weit entfernt war und daß die Wirtschaft in einer Krise steckte. »In den neun Monaten des Jahres 1952 wurden von 140 Positionen, die außerordentliche volkswirtschaftliche Bedeutung haben, 88 Positionen nicht erfüllt.«[29] Die ohnehin permanent schwierige Versorgungslage wurde dadurch noch schwieriger. Alle sozialen Schichten bekamen sie unmittelbar und immer stärker zu spüren. Hinzu kam der politische Terror, der propagandistisch als unvermeidliche Abwehr feindlicher Diversion im Zeichen der »Verschärfung des Klassenkampfes« gerechtfertigt wurde. Bereits die zeitgenössischen westlichen Berichte ergeben ein deprimierendes Bild von der Wirtschaft und der Stimmungslage in der Bevölkerung. Die vielfältigen Archivquellen erlauben es, dieses Bild noch detaillierter nachzuzeichnen.[30]

---

27 Entschließung der 15. Tagung des ZK der SED vom 26. Juli 1953, Auszug bei Weber, Dokumente, S. 200 f.
28 Die Militarisierung ist eingehend von Torsten Diedrich, Waffen gegen das Volk. Der 17. Juni 1953 in der DDR, München 2003, S. 13-30 analysiert worden.
29 Zit. nach Kowalczuk, 17. 6. 1953, S. 65.
30 Vgl. Diedrich, Waffen, S. 30-47.

III. Die Klasse lehrt die Führung des Fürchten – Aufstände der Arbeiter 1953

Anfang Mai legte Berija dem sowjetischen Politbüro einen Bericht über die Entwicklung in der DDR vor, der ungeschminkt die Krisensituation offenlegte.[31] Offenbar gab es jedoch in der sowjetischen Führungsspitze unterschiedliche Positionen. Berijas exponierte Kritik ging jedenfalls so weit, daß ihm später seine Äußerungen zum Fallstrick wurden. Daß er die DDR tatsächlich aufgeben oder gar für ein neutrales Gesamtdeutschland »verkaufen« wollte, ist zu bezweifeln, obwohl verschiedene Quellenstücke solche Spekulationen immer wieder genährt haben.[32] Seine scharfe Kritik an der orthodoxen Politik der SED mit ihren fatalen wirtschaftlichen und politischen Folgen mußte jedoch nach seinem Sturz im Juli 1953 dazu herhalten, um ihn auszuschalten und ihm genau diesen Vorwurf des Verrats am Sozialismus in der DDR zu machen. Im Dezember 1953 wurde er nach altstalinistischer Manier erschossen.

Als schneidende Kritik – im unterkühlten Jargon kommunistischer Bürokraten geäußert – läßt sich die aus Berijas Bericht entstandene Anweisung der sowjetischen Führung von Ende Mai 1953 verstehen: »Über die Maßnahmen zur Gesundung der politischen Lage in der Deutschen Demokratischen Republik«.[33] Die kritische Bestandsaufnahme am Anfang des Dokuments, die als Ausgangspunkt für die verordnete Therapie anzusehen ist, gibt einen ebenso knappen wie treffenden Eindruck von den insgesamt verheerenden Folgen der »fehlerhaften politischen Linie« der 2. Parteikonferenz:

> »Unter den breiten Massen der Bevölkerung, darunter auch unter den Arbeitern, Bauern und der Intelligenz, ist eine ernste Unzufriedenheit zu verzeichnen in bezug auf die politischen und wirtschaftlichen Maßnahmen, die in der DDR durchgeführt werden. Das kommt am deutlichsten in der massenhaften Flucht der Einwohner der DDR nach Westdeutschland zum Ausdruck. So sind vom Januar 1951 bis April 1953 447 000 Personen nach Westdeutschland geflüchtet, darunter über 120 000 lediglich während der vier Monate des Jahres 1953.[34] Einen bedeutenden Teil der Geflüchteten machen werktätige Elemente

---

31 Vladislav Zubok, »Unverfroren und grob in der Deutschlandfrage ...« Berija, der Nachfolgestreit nach Stalins Tode und die Moskauer DDR-Debatte im April–Mai 1953, in: Kleßmann/ Stöver (Hg.), 1953, S. 29-48.
32 Die uferlose Debatte um Berija und die sowjetische Deutschlandpolitik wird knapp zusammengefaßt bei Beate Ihme-Tuchel, Die DDR (Kontroversen um die Geschichte), Darmstadt 2002, S. 27 ff.; Gerhard Wettig, Berija und das Problem der deutschen Einheit im Frühjahr 1953, in: DA 36 (2003), S. 599-614. Ein kurioser Reflex auf die Spekulationen um Berija ist die Publikation des zeitweiligen Kulturministers der DDR, Hans Bentzien: Was geschah am 17. Juni? Berlin 2003. Er vertritt die abenteuerliche These, Berija habe den Putsch unter Ausnutzung der Unzufriedenheit in der DDR-Bevölkerung angezettelt, um den Aufbau des Sozialismus in der DDR zu stoppen und die DDR anschließend dem Westen zu überlassen.
33 Textauszug in: Hoffmann/Schmidt/Skyba, Die DDR vor dem Mauerbau, S. 152-158, das Zitat: S. 153. Vollständiger Text zusammen mit internen Dokumenten der SED in: BzG 32 (1990). S. 648-672.
34 Höhere und vermutlich richtige Zahlen gibt Koop, 17. Juni, S. 61: Nach Angaben der Zentralstelle für die Unterbringung der Flüchtlinge aus der SBZ (in Bonn) meldeten sich in den ersten vier Monaten 147.000 Flüchtlinge bei den Notaufnahmelagern in Westberlin.

aus. Unter den 1953 geflüchteten befinden sich: Arbeiter – etwa 18 000, mittlere und Kleinbauern, Handwerker und Rentner – etwa 9 000, Angestellte und Angehörige der werktätigen Intelligenz – 17 000, Hausfrauen über 24 000. Von den Einheiten der Kasernierten Volkspolizei sind nach Westdeutschland 8 000 Mann geflüchtet. Es fällt auf, daß sich unter den innerhalb der vier Monate 1953 nach Westdeutschland Geflüchteten 2 718 Mitglieder und Kandidaten der SED und 2 610 Mitglieder der FDJ befinden.«

Ob die genannten Zahlen genau stimmen, ist in diesem Kontext unwichtig. Ihre Aussagekraft war evident. Insbesondere der hohe Anteil von Arbeitern und SED-Mitgliedern mußte aus sowjetischer Sicht alarmierend sein. Die Fluchtbewegung wurde somit als gravierender Indikator für eine Lage gewertet, die »eine ernste Gefahr für die politische Beständigkeit« der DDR bildete.

Diese Kritik, die letztlich auch eine katastrophale Mißerfolgsbilanz der sowjetischen Deutschlandpolitik implizierte, wurde erst möglich, nachdem mit Stalins Tod am 5. März 1953 der lähmende Bann gebrochen war, bittere Realitäten überhaupt zur Kenntnis zu nehmen. Der Tod des »weisen Führers der Völker« – so eine der quasi-religiösen Verherrlichungsformeln im internationalen kommunistischen Stalinkult – brachte die latenten Krisen des sowjetischen Imperiums an den Tag. Ein Massenaufstand wie der vom 17. Juni oder auch die vorangegangenen Demonstrationen in der Tschechoslowakei wären unter den Bedingungen des Hochstalinismus zu Lebzeiten des Diktators schwer vorstellbar gewesen. Krisen und Revolutionen brechen selten auf dem Höhepunkt der Unterdrückung aus, sondern eher in einer Konstellation, in der die Zügel ein wenig gelockert werden.[35] Das geschah bald nach Stalins Tod insbesondere was die sowjetische Deutschlandpolitik betraf. Die kommunistischen Regime produzierten mit ihren ideologischen Ansprüchen ständig Erwartungen, die sie nicht einlösen konnten, und schufen sich damit massive Legitimationsprobleme. In welch ungeheurer Weise die Ressourcen zur militärischen und wirtschaftlichen Absicherung der Sowjetunion und ihrer Satelliten überbeansprucht wurden, um sie gegen eine aufgebauschte Bedrohung durch den »westlichen Imperialismus« und den immer wieder aufs neue konstruierten »Klassenfeind« im Inneren zu schützen, wurde indirekt deutlich, als die neue sowjetische Führung sich um Entspannung an zwei Fronten bemühte: der internationalen gegenüber dem Westen und der blockinternen gegenüber den Satelliten. Gerade die äußerst kritische Lage in der DDR, dem exponierten Außenposten des Imperiums, wurde zur Initialzündung einer Kursänderung. Als Folge der nüchternen kritischen Bestandsaufnahme setzte der Kreml gegenüber der widerstrebenden SED-Führung eine drastische Kursänderung in den Methoden des 1952 verkündeten »Aufbaus des Sozialismus« durch. Das war vermutlich der wichtigste Auslöser für den Juni-Aufstand in der DDR.[36]

---

35 Vgl. Hartmut Elsenhans/Martin Jänicke (Hg.), Innere Systemkrisen der Gegenwart. Ein Studienbuch zur Zeitgeschichte, Reinbek bei Hamburg 1975, S. 152 f.
36 Vladislav Zubok, »Unverfroren und grob«, in: Kleßmann/ Stöver (Hg.),1953, S. 29.

III. Die Klasse lehrt die Führung des Fürchten – Aufstände der Arbeiter 1953

Auch wenn sich die aus vielen Quellen gespeiste tiefe Unzufriedenheit unter den Arbeitern und der Gesamtbevölkerung der DDR flächendeckend erst im Juni 1953 abrupt Luft machte, so produzierten die kontinuierliche Verschlechterung der wirtschaftlichen und sozialen Lage und die immer schärfere politische Repression bereits Ende 1952, aber dann verstärkt in den ersten Monaten des Jahres 1953, eine Fülle von Konflikten, Protesten und Arbeitsverweigerungen. Sie lassen sich zumindest als Symptome eines Gärprozesses verstehen, ohne den der Aufstand nicht zu verstehen ist. Daß die Arbeiterschaft hier eine herausgehobene Rolle spielte, lag nahe. Denn sie verfügte einerseits über eine in Restbeständen durchaus noch lebendige Tradition, die sich gegen die Oktroyierung des sowjetischen Modells sperrte. Sie war andererseits ideologisch als »führende Klasse« privilegiert und dank der kollektiven Arbeitsorganisation eher als andere Schichten in der Lage, ihrem Unwillen auch dann kollektiv Ausdruck zu verleihen, wenn das Risiko hoch war. Insofern stieß die SED hier an gewisse Grenzen ihrer politischen Dispositionsfreiheit und hütete sich auch, jede Arbeitsniederlegung sofort gewaltsam zu unterdrücken.[37] Gehörten die teils massiven Auseinandersetzungen um die Einführung der Betriebskollektivverträge (BKV) in vielen Branchen zum gängigen Erscheinungsbild der frühen fünfziger Jahre[38] und lassen sich die gewaltsamen Zusammenstöße der Saalfelder Kumpel mit der Polizei im August 1951 noch aus den Sonderbedingungen der Wismut-Arbeiter erklären[39], so zeigen die harten Konflikte im Dezember 1952 in Magdeburger Betrieben bereits deutliche Ähnlichkeiten mit den Unruhen des 17. Juni.

Mitte Dezember 1952 kam es in mehreren Großbetrieben zu Arbeitsniederlegungen und Solidarisierungsaktionen. Der äußere Anlaß war die Abschaffung der Weihnachtsgratifikation, die bis dahin rund 20 Prozent eines Monatslohns, durchschnittlich 35 Mark, ausgemacht hatte.[40] Dieses »Überbleibsel der kapitalistischen Gesellschaft« sollte durch eine Jahresendprämie ersetzt werden, die an die Erfüllung des Jahresplans gebunden war. Etwa 80 Prozent der Belegschaft erhielten die neue Prämie. Sowohl gegen die geringe Summe als auch gegen die Ausgrenzung vieler Arbeiter, die ohne eigenes Verschulden den Plan nicht hatten erfüllen können, richteten sich seit dem 12. Dezember die Diskussionen und Proteste in zahl-

---

37 Vgl. Christoph Kleßmann, »Führende Klasse«, Sozialpolitik und Egalisierung in der DDR, in: Dierk Hoffmann u. a. (Hg.), Vor dem Mauerbau. Politik und Gesellschaft in der DDR der fünfziger Jahre, München 2003, S. 77-85.
38 Siehe oben, Kap. II 10 (S. 270 ff.).
39 Vgl. dazu Andrew Port, When workers rumbled: the Wismut upheaval of August 1951 in East Germany, in: Social History 22 (1997), S. 145-173. Ders.: Deklassierte Elemente. Wie Arbeiter in Thüringen schon 1951 den Aufstand probten, in: »Frankfurter Allgemeine« vom 17. Juni 2002, S. 11. Heidi Roth/Torsten Diedrich, Wir sind Kumpel – uns kann keiner. Der 17. Juni 1953 in der SAG Wismut, in: Rainer Karlsch/Harm Schröter (Hg.), »Strahlende Vergangenheit«. Studien zur Geschichte des Uranbergbaus der Wismut, St. Katharinen 1996, S. 228-259, hier: S. 236 f.
40 Das Folgende nach Wilfried Lübeck, Der 17. Juni in Magdeburg, in: Hermann Rupieper (Hg.), »... und das Wichtigste ist doch die Einheit.« Der 17. Juni 1953 in den Bezirken Halle und Magdeburg, Münster 2003, S. 106-139, hier: S. 106 ff. Auch in einer frühen westdeutschen Publikation wurden die Unruhen in Magdeburg bereits erwähnt: Gerhard Stoedtner, Der Arbeiter (hg. vom Bundesministerium für gesamtdeutsche Fragen), Bonn 1956, S. 50 f.

2. Ökonomische und politische Krisenentwicklungen nach Stalins Tod

reichen Magdeburger Großbetrieben, die zu dieser Zeit noch SAG waren. Es waren traditionsreiche Betriebe mit neuen Namen, so das Schwermaschinenbauwerk »Ernst Thälmann«, das Armaturenwerk »Karl Marx« sowie die Schwermaschinenbaubetriebe »Karl-Liebknecht« und »Georgij Dimitroff«. Auch die Staatswerft Magdeburg-Rothensee spielte eine wichtige Rolle. Bis zum 16. Dezember kam es in verschiedenen Betrieben und Abteilungen zu etlichen Arbeitsniederlegungen. Als Solidaritätsbeweis gegen die als ungerecht empfundene Regelung wurden in einigen Fällen auch die Prämien zusammengelegt und unter allen Arbeiter verteilt. Es gelang den SED-Funktionären nur mühsam, den aufgestauten Unmut, der aus der gravierenden Verschlechterung der Lebens- und Arbeitsverhältnisse insgesamt resultierte, zu besänftigen.

Eingehende nachträgliche Analysen der SED-Spitzengremien machen besonders deutlich, wie unzureichend die Gründe der Protestaktionen erfaßt wurden. Statt dessen mußte der Verweis auf den Einfluß westlicher Provokateure und das Versagen der Genossen in der Bezirksleitung und in den Grundorganisationen herhalten. Symptomatisch – und im Kern zutreffend – war jedoch der Hinweis auf die gerade in Magdeburg noch starken sozialdemokratischen und gewerkschaftlichen Traditionen unter älteren Facharbeitern. Eine Kaderanalyse der Bezirksleitung bestätigte das in bemerkenswertem Kauderwelsch: »Die Herkunft und Vergangenheit des Menschenmaterials selbst ist Schuld für das schlechte politische Niveau der Grundorganisationen.«[41] Was der Erste Sekretär der Bezirksleitung Alois Pisnik nach der Niederschlagung des Aufstandes vom 17. Juni in erstaunlicher Offenheit vor seinen Genossen aussprach, traf somit ohne Zweifel bereits auf die Situation im Dezember 1952 und in den Monaten danach zu, als die harte politische Linie ungebrochen fortgeführt wurde: »Wir hatten uns der Illusion hingegeben, daß wir den größten Teil der Arbeiter hinter uns haben. Das haben wir in Magdeburg nicht und das hat mich auch erschreckt, als ich aus Berlin zurück kam […] Wir hatten keine feste Linie, weder bei uns, noch bei der Polizei oder beim Rat des Bezirkes.«[42]

Magdeburg ist nur ein herausgehobenes Beispiel für frühe und besonders heftige Konflikte, die sich im Dezember 1952 in einer regelrechten Streikwelle gegen die Weihnachtsgeld- und Prämienregelung richteten, so auch in Weißenfels, Glauchau, Schkopau, Plauen, Cottbus und Berlin.[43] Im Frühjahr 1953 setzten sie sich verstärkt fort, bekamen aber erst nach der offiziellen Bekanntmachung der bis zum 30. Juni (dem Geburtstag Ulbrichts) umzusetzenden zehnprozentigen Normerhöhung am 28. Mai 1953 ihre besondere Brisanz. Es gab kleine Streiks, man hörte Losungen wie »Akkord ist Mord, Normerhöhung ist das Gleiche«, verbale Angriffe auf Gewerkschaftsfunktionäre als »Arbeiterverräter« und sah Wandparolen mit dem Wort »Streik«. Bislang sind Zahl und Umfang dieser Protestak-

---

41 Zit. bei Lübeck, 17. Juni, in: Rupieper (Hg.), »… und das Wichtigste«, S. 107.
42 Zit. ebd., S. 111.
43 Kowalczuk, 17. 6. 1953, S. 66.

III. Die Klasse lehrt die Führung des Fürchten – Aufstände der Arbeiter 1953

tionen und Streiks im Vorfeld des Aufstandes nirgendwo genau erfaßt worden.[44] Sie müssen vor allem als Zeichen einer wachsenden Unruhe verstanden werden, ohne daß sich daraus bereits die unaufhaltsame Explosion am 17. Juni ableiten läßt. Erst mit dem völligen Versagen des Krisenmanagements nach der Verkündung des »Neuen Kurses« erreichte die bereits gärende Unzufriedenheit unter der Arbeiterschaft ihren Höhepunkt und schlug in eine offene Auflehnung gegen das SED-Regime um, die über soziale Anlässe hinausging.

Am 9. Juni beschloß das Politbüro jenes berühmte Kommuniqué, das als Lunte am Pulverfaß wirkte. Es wurde bereits seit dem 10. Juni über den Rundfunk verbreitet und am 11. Juni im »Neuen Deutschland« veröffentlicht. Der Ministerrat übernahm den Text und beschloß am gleichen Tag zusätzlich sozialpolitische Erläuterungen.[45] Der Inhalt des Kommuniqués bedeutete die vollständige Revision des mit der 2. Parteikonferenz verordneten beschleunigten sozialistischen Aufbaus. Der Effekt war eine erhebliche Verunsicherung der Funktionäre, weil die SED-Führung keinerlei Argumentationshilfe anbot, wie dieser abrupte Kurswechsel den Beschäftigten zu erklären sei. Die SED-Organisationseinheiten erhielten sogar die Weisung, alle Losungen mit dem Wort »Sozialismus« zu entfernen.[46] Das Politbüro gestand Fehler ein und versprach, im Zuge der Korrektur des bisherigen Kurses den Primat der Schwerindustrie zu revidieren, die Versorgung der Bevölkerung zu verbessern, Erleichterungen im Verkehr mit Westdeutschland zuzulassen, Maßnahmen gegen den Mittelstand auszusetzen, Rückkehrangebote an geflüchtete Bauern zu machen und beschlagnahmtes Eigentum von »Republikflüchtigen« zurückzugeben, Relegationen von Oberschülern und Studenten zu überprüfen, Gerichtsurteile sowie die Entlassung von Gefangenen zu revidieren und das Verhältnis zu den Kirchen zu normalisieren.

Heinz Brandt, damals Sekretär der SED-Bezirksleitung in Berlin, charakterisierte später die Wirkung dieses Kommuniqués aus der Kenntnis eines Insiders treffend so: »Ein solcher Vorgang war in der Geschichte der kommunistischen Parteien ohne Beispiel. Parteifunktionäre, Mitglieder und die gesamte Öffentlichkeit wurden über Nacht vor vollendete Tatsachen, vor eine völlig neue Politik gestellt. Nicht nur die manipulierten Massen, die einfachen Parteimitglieder waren ahnungslos. Selbst die Parteileitungen lasen an diesem denkwürdigen Tage überrascht und fassungslos ihr Zentralorgan. Die dürren Worte des Kommuniqués trafen die Funktionäre wie ein Schock: Es wurden schwerwiegende Fehler eingestanden und die Korrektur der gesamten Mittelstands- und Kirchenpolitik verkündet.«[47]

---

44 Etliche Beispiele werden erwähnt bei Diedrich, Waffen, S. 47 f. Ilko-Sascha Kowalczuk/Armin Mitter, »Die Arbeiter sind zwar geschlagen worden, aber sie sind nicht besiegt!« Die Arbeiterschaft während der Krise 1952/53, in: Dies./Stefan Wolle (Hg.), Der Tag X – 17. Juni 1953. Berlin 1995, S. 31-74, hier: S. 44 ff. Koop, 17. Juni, S. 48 f.; Stadtland, Herrschaft, S. 485 f.; Ciesla (Hg.), Freiheit, S. 12.
45 Die wichtigsten Passagen bei Kowalczuk, 17.6.1953, S. 89 ff.
46 Diedrich, Waffen, S. 51.
47 Heinz Brandt, Ein Traum, der nicht entführbar ist. Mein Weg zwischen Ost und West, Berlin (W) 1977, S. 216 f.

Brandt machte zugleich auf den Leitartikel »Über den Patriotismus unseres Volkes« in der gleichen Nummer des »Neuen Deutschland« aufmerksam. Er stand in groteskem Widerspruch zum Kommuniqué und vermittelte den Eindruck, als rissen sich die Arbeiter um die Erhöhung ihrer Normen. Genau hier lag das eigentliche Problem des »Neuen Kurses«: Die Arbeiter waren die großen Verlierer, weil von der Rücknahme der Normerhöhung nicht die Rede war. Diese entsprach jedoch den Erwartungen. Statt dessen erschien noch am 16. Juni ausgerechnet in der Gewerkschaftszeitung »Tribüne« ein Artikel, der bekräftigte: »Die Beschlüsse über die Erhöhung der Normen sind in vollem Umfang richtig.«[48] Zwar beschloß das Politbüro Nachmittag des gleichen Tages die Rücknahme und versuchte, sie durch Lautsprecherwagen in Berlin bekannt zu machen, doch gedruckt erschien diese Meldung erst am nächsten Tag im SED-Zentralorgan. Die Bauarbeiter der Stalinallee hatten längst den Stein ins Rollen gebracht, der nun nicht mehr aufzuhalten war, weil es bereits um mehr als die Norm ging.

3. Der Streik der Bauarbeiter in der Stalinallee und der Beginn des Aufstandes in Berlin

Die spontanen Arbeitsniederlegungen auf mehreren Baustellen der Stalinallee und der Ablauf des Protestmarsches der Bauarbeiter am 16. Juni, vor allem aber die Berichterstattung darüber im RIAS und anderen westdeutschen Rundfunkanstalten sind als Initialzündung für den landesweiten Aufstand vielfach detailliert geschildert worden.[49] In den Details gibt es zwar in den verschiedenartigen Berichten der Volkspolizei, des MfS und der Zeitzeugen Differenzen, die sich auch in der Literatur spiegeln, aber die Grundzüge des Konfliktverlaufs sind eindeutig zu rekonstruieren. Für eine Gesamtinterpretation der Auslöser des Aufstandes ist auch darauf hinzuweisen, daß neben den spektakulären Aktionen der Bauarbeiter auf der »sozialistischen Großbaustelle« auch die kleinen Ansammlungen und Demonstrationen in verschiedenen Teilen der DDR vor den Gefängnissen in den Tagen vor dem Aufstand eine Rolle spielten. Nach der Verkündung des »Neuen Kurses« erwarteten nämlich die Angehörigen politischer Häftlinge deren schnelle Freilassung. Häufige Verzögerungen stachelten aber den Unmut unter der Bevölkerung auf. Daraus erklärt sich auch, daß die Entlassung politischer Gefangener und der Sturm auf die Gefängnisse während des Aufstandes sowohl zu den verbreiteten Forderungen als auch zu den gewaltsamen Erscheinungen gehörten.[50] So führte die Volkspolizei beispielsweise die ruhige Lage im Bezirk Suhl auf die »schnellen, unbürokratischen Entlassungen« zurück.[51]

---

48 »Tribüne« vom 16.6.1953, Auszug in: Deuerlein (Hg.), DDR, S. 133.
49 Neben der einschlägigen Literatur vor allem mit ausführlichen Zeitzeugeninterviews Gerhard Beier, Wir wollen freie Menschen sein.
50 Dazu detailliert Tobias Wunschik, Die Befreiung der Gefangenen im Juni 1953, in: Roger Engelmann/Ilko-Sascha Kowalczuk (Hg.), Volkserhebung gegen den SED-Staat. Eine Bestandsaufnahme zum 17. Juni 1953, Göttingen 2005, S. 175-204.
51 Ebd., S. 180.

III. Die Klasse lehrt die Führung des Fürchten – Aufstände der Arbeiter 1953

Dennoch waren der demonstrative Marsch der Berliner Bauarbeiter in Verbindung mit der Berichterstattung des RIAS über die Streikenden und ihre Forderungen der eigentliche Funke am Pulverfaß.[52] Die Bauarbeiter der als Prachtstraße geplanten Stalinallee bekamen vergleichsweise hohe Löhne und hatten gute Arbeitsbedingungen. Von Lohnkürzungen durch Normerhöhung fühlten sie sich besonders betroffen. Zudem waren Bauarbeiter als selbstbewußte, schwer kontrollierbare, besonders mobile und häufig auch alkoholisierte und aufmüpfige Gruppe bekannt. Mehrere kleinere Streiks hatte es bereits in den Tagen vor dem 17. Juni gegeben. Am 12. Juni ging eine erste größere Streikaktion vom Block 40 der Stalinallee aus, wo 1.200 Arbeiter für einige Stunden die Arbeit niederlegten und Normsenkungen forderten. Am Montag, dem 15. Juni verschärfte sich die Situation, als sich mehrere Baustellen dieser Aktion anschlossen und eine Rücknahme der zehnprozentigen Normerhöhung bis zum 16. Juni sowie den Empfang einer Delegation durch Ministerpräsident Grotewohl forderten. Auch die legendäre, als Betriebsausflug längst geplante Dampferfahrt der Baustelle Krankenhaus Friedrichshain gehörte in diesen Zusammenhang. Die Volkspolizei machte daraus später eine gezielte Streikvorbereitung durch westliche Agenten, während das MfS keine Verbindungen nach Westberlin feststellen konnte.[53] Der Wortlaut des Briefes der Baustellen-Belegschaft an Grotewohl hatte einen moderaten, fast devoten Ton, so daß bei einer entsprechenden Reaktion der Gegenseite möglicherweise noch eine Beruhigung der Lage denkbar gewesen wäre. Der Text war vom BGL-Vorsitzenden Max Fettling und dem Brigadier Karl Foth, die man später für den Brief verhaftete und verurteilte, formuliert worden und verriet im Tonfall die Absicht, mäßigend auf die aufgeheizte Stimmung unter den Arbeitern einzuwirken. Bis auf den Schlußsatz, der ultimativen Charakter trug, stand der Text im Grunde der Tradition von Arbeiterpetitionen an den Monarchen nahe.

»Wir Kollegen der Großbaustelle des Krankenhauses Friedrichshain vom VEB Industriebau wenden uns an Sie, Herr Ministerpräsident, mit der Bitte, von unseren Sorgen Kenntnis zu nahmen. Unsere Belegschaft ist der Meinung, daß die 10 Prozent Normerhöhung für uns eine große Härte ist. Wir fordern, daß von dieser Normerhöhung auf unserer Baustelle Abstand genommen wird. Wir haben aus dem Ministerratsbeschluß zu Kenntnis genommen, daß alle republikflüchtigen Großbauern und Gewerbetreibenden ihr Eigentum zurückerhalten werden, so daß wir Werktätigen demzufolge unsere Normen, wie sie vorher bestanden, beibehalten wollen. In Anbetracht der erregten Stimmung der gesamten Belegschaft fordern wir, zu diesen schwerwiegenden Punkten unverzüglich Stellung zu nehmen und erwarten Ihre Stellungnahme bis spätestens morgen Mittag.«[54]

---

52 Zur Schlüsselrolle des RIAS vgl. Hans-Hermann Hertle, Volksaufstand und Herbstrevolution: Die Rolle der West-Medien 1953 und 1989 im Vergleich, in: Bispinck u. a., Aufstände, S. 163-192.
53 Koop, 17. Juni, S. 106 ff.
54 Zit. bei Hubertus Knabe, 17. Juni 1953. Ein deutscher Aufstand, München 2003, S. 105.

3. Der Streik der Bauarbeiter in der Stalinallee und der Beginn des Aufstands in Berlin

Dieser von einer Delegation im Büro Grotewohls abgegebene Brief fand keine Antwort. Da jedes Krisenmanagement seitens der Partei und des FDGB versagte und keine Infragestellung der Normerhöhung erfolgte, eskalierte der Konflikt am folgenden Tag, dem 16. Juni, schnell. Zwei aus unterschiedlichen Richtungen kommende Demonstrationszüge von Bauarbeitern vereinigten sich vormittags am Alexanderplatz und zogen in Richtung Innenstadt mit dem Ziel Haus der Ministerien, um ihre Forderung nach Rücknahme der erhöhten Norm vorzubringen. Bereits während dieses Marsches tauchten weitere Forderungen nach einer Senkung der HO-Preise, freien Wahlen, Auflösung der KVP und Rücktritt der Regierung auf. Vereinzelt wurde auch der Ruf nach Generalstreik laut. Das Gebäude der Gewerkschaften in der Wallstraße war verschlossen, so daß die Arbeiter weiterzogen. Vor dem Haus der Ministerien in der Leipziger Straße, wo der Zug gegen Mittag ankam, ließen sich die Spitzengenossen nicht sehen. Die schließlich vor die Menge tretenden Minister Heinrich Rau, Fritz Selbmann und auch der damals noch linientreue Professor Robert Havemann wurden ausgepfiffen.[55]

Am Nachmittag wandte sich eine Abordnung an den RIAS in Westberlin mit der Bitte, die Forderungen und den Aufruf zum Generalstreik zu verbreiten. Letzteres geschah ein Mal und eher beiläufig, danach aber auf ausdrückliche Anweisung der amerikanischen Leitung des Senders nicht mehr. Die vier Punkte der Resolution wurden jedoch fortan in den RIAS-Nachrichten mehrfach wiederholt. Sie lauteten: Auszahlung der Löhne nach den alten Normen; sofortige Senkung der Lebenshaltungskosten; freie und geheime Wahlen; keine Maßregelungen der Streikenden und ihrer Sprecher.[56]

Auf diese Weise verbreitete sich die Nachricht über die Berliner Ereignisse wie ein Lauffeuer in der DDR. Zwar tauchte das Wort Generalstreik in den Meldungen nicht mehr auf, und die inzwischen beschlossene Rücknahme der Normerhöhung wurde von Funktionären mit Lautsprecherwagen in den Straßen Berlins verbreitet, aber sie erreichte nun nicht mehr den gewünschten beruhigenden Effekt. Eine Ansprache des Westberliner DGB-Vorsitzenden Ernst Scharnowski, die am frühen Morgen des 17. Juni drei Mal gesendet wurde, richtete an die DDR-Bevölkerung den Appell, »ihre Straußberger Plätze« aufzusuchen. Damit sprach er einen Generalstreik zumindest indirekt an. Denn zuvor hatte der RIAS die Nachricht verbreitet, die Ostberliner wollten sich morgens um 7 Uhr zu einer Demonstration am Straußberger Platz versammeln.[57] Noch am Abend des 16. Juni kam es in Berlin zu Ausschreitungen. Sie sind auch als eine Form von »jugendlicher Randale« zu interpretieren und hatten vordergründig wenig mit den Bauarbeiteraktionen zu tun. Aber sie entsprangen der gleichen tiefsitzenden Unzufriedenheit gegen die Sowjetisierung, Militarisierung und ideologische Bevormundung. Vereinzelt entluden sie sich schon radikaler als bei den Bauarbeitern zum Beispiel in Aktionen gegen die Herrschaftssymbole des Regimes (Einwerfen

---

55 Diedrich, Waffen, S. 57 f.; Kowalczuk, 17.6.1953, S. 116.
56 Zit. bei Diedrich, Waffen, S. 59. Zur ungeplanten einmaligen Erwähnung der Forderung nach Generalstreik Hans-Hermann Hertle, Volksaufstand, in: Bispinck u.a, Aufstände, S. 169.
57 Ebd.

von Fensterscheiben, Abreißen von Fahnen und Parolen, Umwerfen von Regierungsfahrzeugen).[58]

Zur gleichen Zeit tagte in außerordentlicher Sitzung das Berliner SED-Parteiaktiv. Auf die Ereignisse des Tages ging man jedoch hier kaum ein. Das machte auf gespenstische Weise deutlich, wie blind die SED-Führung der sich anbahnenden Krise gegenüberstand und wie falsch sie die allgemeine Stimmungslage einschätzte. Zwar war die schnelle Eskalation der Konflikte noch nicht erkennbar, und die SED-Spitze mußte vor allem ihren Funktionären den irritierenden »Neuen Kurs« erläutern. Aber eine Diskussion über die Streiks der Bauarbeiter hätte nahe gelegen. Auch bei Volkspolizei und MfS-Führung dominierte jedoch offenbar die Fehleinschätzung, mit der Rücknahme der Normerhöhung sei die Ursache der Unruhen in Berlin beseitigt und man könne den Protest »totlaufen lassen«.[59] Um so größer war die Überraschung am folgenden Tag. Die sowjetische Führung war allerdings alarmiert und traf noch in der Nacht zum 17. erste Vorbereitungen zur Intervention.

Der Verlauf des Aufstandes am 17. Juni in Berlin war keineswegs typisch für die anderen Städte. Aufgrund der exponierten Lage der geteilten Stadt und wegen des Verhaltens der Regierungsspitze war er hier besonders heftig und an den Rändern auch sehr gewaltsam auf beiden Seiten. (☞ vgl. *Abb. 31*, Doppelseite 334/335) Die Volkspolizeiberichte illustrieren, wie die Polizei von den massenhaften Demonstrationszügen und der Dichte der Kommunikation überall in Ostberlin überrascht wurde und die Lage nicht mehr unter Kontrolle bekam. Gewaltsame Zusammenstöße mit den Sicherheitskräften und den ersten sowjetischen Panzerspähwagen gegen 11 Uhr heizen die Erbitterung der Demonstranten an. Zerstörungen, Schlägereien mit der Polizei, Steinwürfe, Brandstiftungen – unter anderem beim Columbus-Haus am Potsdamer Platz –, gestürmte und verwüstete Dienstgebäude, HO-Verkaufsstellen sowie Zoll-Kontrollstellen bestimmten neben riesigen Massenversammlungen auf den öffentlichen Plätzen die Szenerie. Mit dem massiven Eingreifen sowjetischer Panzer seit dem späten Vormittag und der Ausrufung des Ausnahmezustandes um 13 Uhr brach der Aufstand in Berlin zusammen, auch wenn sich die gewaltsamen Auseinandersetzungen noch bis in den Abend fortsetzten und in den Betrieben gestreikt wurde.[60] Am Abend und in der Nacht wurden allein in Ostberlin über 2.500 Männer und Frauen verhaftet, in den folgenden Tagen kamen Tausende dazu.[61]

---

58 Torsten Diedrich/Hans-Hermann Hertle (Hg.), Alarmstufe »Hornisse«. Die geheimen Chef-Berichte der Volkspolizei über den 17. Juni 1953, Berlin 2003, S. 18 und 418 ff.
59 Ebd., S. 19.
60 Diedrich/Hertle (Hg.), Alarmstufe, S. 23, 73 ff.; Diedrich, Waffen, S. 64 ff. Einige Quellen zu den Betrieben bei Jürgen Hofmann/Annette Neumann (Hg.), Die Klasse in Aufruhr. Der 17. Juni in Berliner Betrieben, Berlin 2003. Eine detaillierte Zusammenstellung der Streikenden in 66 Berliner Betrieben außerhalb der Bauindustrie am 17. und 18. Juni bietet Beier, Wir wollen freie Menschen sein, S. 116 ff. Ausführliche Schilderung des Ablaufs und der Gewalttätigkeiten auch bei Kowalczuk, 17.6.1953, S. 123 ff.
61 Die Zahlenangaben ebd., S. 136.

4. Regionale und betriebliche Schwerpunkte des Aufstandes und Formen des Protests

Daß die Zentren der Aufstandsbewegung neben Berlin unzweifelhaft in den industriellen Ballungsgebieten Sachsens, Thüringens und Sachsen-Anhalts lagen, wo sich auch die früheren Hochburgen der sozialdemokratischen und kommunistischen Arbeiterbewegung befanden, sagt einiges über den Charakter des 17. Juni und die herausragende Rolle der Industriearbeiter aus, wenngleich sich hier auch kein »gesetzmäßiger« Zusammenhang konstatieren läßt. Denn in einigen der 15 Bezirke (einschließlich Ostberlins), die über große und traditionsreiche Industriegebiete verfügten, blieb es auffallend ruhig, so daß es geraten scheint, nach den jeweils spezifischen Bedingungen für die Intensität oder Schwäche der Proteste zu fragen. Insgesamt ist ein deutliches Süd-Nord-Gefälle erkennbar, das mit der Dichte und Größe der Industrieanlagen korrespondiert. Berlin fällt insofern aus diesem groben Muster heraus, als es zum einen zu den hochindustrialisierten Regionen zählte, zum anderen geprägt wurde durch die politisch exponierte Lage als geteilte Hauptstadt und Brennpunkt des Kalten Krieges. Generell waren Arbeiter aus Großbetrieben der Grund- und Schwerindustrie sowie aus Chemiefabriken überdurchschnittlich stark an Streiks und Demonstrationen beteiligt. Ein Grund dürfte im hohen Anteil von SAG-Betrieben zu suchen sein. Diese verfügten häufig über qualifizierte Stammbelegschaften, ihre Arbeiter hatten gewisse Privilegien und besaßen ein ausgeprägtes Selbstbewußtsein. Hingegen wurde im Erz- und Kalibergbau sowie im sächsischen Steinkohlebergbau kaum gestreikt. Auch hier dürfte sich die Proteststimmung durch Präventionsmaßnahmen und sozialpolitische Gratifikationen abgeschwächt haben.[62]

Mittlerweile lassen sich die Vorgänge in allen Bezirken zumindest in ihren Konturen nachzeichnen. An dieser Stelle sollen nur die wichtigsten Zentren, besonders markante Fälle und überraschende Kontrastbeispiele behandelt werden. Daß sich die Streiks der Arbeiter mit Demonstrationen der übrigen Bevölkerung überlappten und beides häufig kaum auseinanderzuhalten ist, gehört zum Erscheinungsbild des 17. Juni. Zwar konzentrierten sich die Unruhen und Streiks auf die Groß- und Mittelstädte, griffen aber, wie die neueren Untersuchungen gezeigt haben, häufig auch darüber hinaus. Insgesamt wurden über 700 der damals 5.585 Städte und Gemeinden der DDR erfaßt. In über tausend Betrieben und Genossenschaften kam es zu Streiks. In der gesamten DDR und Ostberlin mag die Zahl der in irgendeiner Form aktiv an Protesten, Demonstrationen und Arbeitsniederlegungen Beteiligten aus der Bevölkerung bei einer Million gelegen haben.[63]

Solche Zahlenangaben bleiben zwangsläufig ungenau. Sie reichen aber aus, um den nachträglich von der SED und ihren Historikern vorgebrachten Argumenten, nur ein kleiner Teil der Arbeiterschaft und der Bevölkerung sei am »kon-

---

62 Stadtland, Herrschaft, S. 490 f. Vgl. auch Heidi Roth, Die SAG-Betriebe und der 17. Juni 1953, in: DA 26 (1993), S. 531-536; Dies., Sachsen, S. 595, 599.
63 Kowalczuk, 17. 6. 1953, S. 103 f.

III. Die Klasse lehrt die Führung des Fürchten – Aufstände der Arbeiter 1953

Abb. 31: In Blaumann und Lederschurz marschieren Hennigsdorfer Stahlarbeiter durch den Wedding,

4. Regionale und betriebliche Schwerpunkte des Aufstandes und Formen des Protests

von der Westberliner Polizei flankiert.

III. Die Klasse lehrt die Führung des Fürchten – Aufstände der Arbeiter 1953

terrevolutionären Putsch« beteiligt gewesen, jede Überzeugungskraft zu nehmen. Denn zum einen ist die kurze Dauer der eigentlichen offenen Erhebung zu berücksichtigen. Die schnelle militärische Intervention der Roten Armee verhinderte die weitere Entfaltung des Aufstands, dessen Potential fraglos größer war, als das, was sich manifestieren konnte. Zum anderen läßt sich die Situation in den Betrieben und Regionen, in denen es ruhig blieb, nicht ohne weiteres als Ablehnung der Aktionen und Forderungen oder als Unterstützung von »Ruhe und Ordnung« interpretieren. Denn sowohl im Vorfeld wie in den Wochen nach dem Aufstand gab es überall Zeichen eines »stummen Protests«.[64] Ob und in welchen Formen sich die aufgestaute Unzufriedenheit äußern konnte, hing häufig vom Zusammentreffen verschiedener Faktoren ab. Deshalb lassen sich »ruhige« Bezirke auch nicht einfach als eine Art »Fehlanzeige« in der Aufstandsgeschichte verbuchen. Vielmehr waren es besondere Sicherheitsbedingungen, privilegiertere Arbeitsverhältnisse wie bei der Wismut AG oder den Hochöfnern im Eisenhüttenkombinat Ost (EKO) oder auch ein frühzeitig erfolgreiches Krisenmanagement sowie effektive Präventivmaßnahmen durch Partei und MfS wie in Karl-Marx-Stadt, die für relative Ruhe sorgten. Doch Erfolgsmeldungen für das Regime und seine »klassenbewußten Arbeiter« lassen sich daraus keineswegs umstandslos ableiten, so häufig das in offiziösen Berichten auch geschah.[65] Die Bevölkerung hatte das Risiko jeder Form von Auflehnung und abweichendem Verhalten in den Jahren der Ausbildung einer stalinistischen Diktatur in der DDR immer wieder erfahren müssen, so daß die Bereitschaft zum Handeln angesichts der erkennbaren Schwäche des Regimes jetzt um so beachtlicher war.

Die enorme Vielfalt und Breite der Aufstandsbewegung vom 16. bis 19. Juni – und in den Betrieben häufig auch noch lange darüber hinaus – machen es nahezu unmöglich, ein zusammenfassendes Gesamtbild zu geben, in dem die regionalen und betrieblichen Unterschiede des Verlaufs hinreichend zur Geltung kommen und zugleich die charakteristischen Gemeinsamkeiten in den Artikulationsformen und Forderungen genau erkennbar und erklärbar werden. Die Konzentration auf die Vorgänge in Berlin hat die neuere Historiographie längst überwunden. Für fast alle Bezirke und auch viele Kreise, Städte und Betriebe existieren inzwischen Untersuchungen.[66] Im folgenden soll lediglich ein grober bilanzierender Überblick über alle Bezirke gegeben werden, der durch knappe exemplarische Skizzen ergänzt wird. Die Rolle der Arbeiterschaft und der Betriebe steht dabei ganz im Vordergrund.

Um bei einem solchen Vorhaben sowohl der bloßen Aneinanderreihung als auch der Zufälligkeit von Informationen über spektakuläre Ereignissen zu entge-

---

64 Koop, 17. Juni, S. 21.
65 Zum Beispiel »Neues Deutschland« vom 28.6.1953. Dort das Telegramm von Pieck an die Bevölkerung sowie Hinweise auf zahlreiche Grußtelegramme und Loyalitätskundgebungen von Werktätigen aus verschiedenen Städten. Vgl. unten, Anm. 104 (S. 347).
66 Vgl. dazu Kowalczuk, 17.6.1953; Koop, 17. Juni; Ulrich Mählert (Hg.), Der 17. Juni 1953. Ein Aufstand für Einheit, Recht und Freiheit, Bonn 2003. Erinnerungsberichte von Zeitzeugen zum Aufstand und zu den Repressionen nach seiner Niederschlagung sind gesammelt worden von Peter Lange/Sabine Roß (Hg.), 17. Juni 1953 – Zeitzeugen berichten. Protokoll eines Aufstands, Münster 2004.

4. Regionale und betriebliche Schwerpunkte des Aufstandes und Formen des Protests

hen, bieten sich die systematisch angelegten Chef-Berichte der Volkspolizei als Einstieg an.[67] Bereits am 21. Juni erging an alle Bezirkschefs der Volkspolizei der Befehl zur »Auswertung der Ereignisse seit dem 16. Juni 1953«. In den 15 Punkten der Richtlinien zur Berichterstattung sollte unter anderem darüber informiert werden, wann, wo und wie die »Provokationen« im Bezirk begannen und welche Schwerpunkte sich herausbildeten. Diese relativ schematisierte Anweisung erlaubt, auch wenn sie nicht überall genau befolgt wurde, einen Einblick in den Gesamtverlauf des Aufstandes. Dabei ist jedoch zu berücksichtigen, daß die Berichterstattung wesentlich von der örtlichen Personalstärke der Volkspolizei abhing. Das hatte eine erheblich geringere Berichtsdichte auf dem flachen Land zur Folge. Die ländlichen Unruhen sind daher, so darf man mit Grund vermuten, nur unzureichend durch volkspolizeiliche oder Stasi-Berichte erfaßt. Sprachlich verwenden die Berichte bereits durchgängig die politisch gewünschten Etikettierungen (Provokateure, Provokationen, faschistische Pogrome, Banditen, Faschisten), dennoch bieten sie ein differenziertes, wenn auch quellenkritisch zu relativierendes Bild von den Abläufen, der Beteiligung von Betriebsbelegschaften und vom Ausmaß gewaltsamer Ausschreitungen.

Die Bezirke Leipzig und Halle standen neben Berlin an der Spitze. Für Leipzig vermerkt der entsprechende Bericht, daß eine Baustelle in Schkeuditz den Ausgangspunkt bildete und die Provokateure von hier aus in die Betriebe zogen. Das gleiche Bild ergab sich für die Stadt Leipzig, wo ein Demonstrationszug von Bauarbeitern sich gegen 10 Uhr in die Innenstadt bewegte. Als weitere Schwerpunkte neben der Messestadt werden die Stadt Delitzsch, ferner der Ort Düben (Kreis Eilenburg) und die Stadt Schmölln genannt, wo Demonstranten auf dem Marktplatz »pfeifend und grölend eine drohende Haltung einnahmen und auch provokatorische Losungen und Sprechchöre zum Ausdruck brachten.« Die Zahl der Beteiligten an Demonstrationen im Bezirk wird mit rund 30.000 Personen angegeben, davon allein für die Stadt Leipzig ungefähr 25.000.[68]

Für den Bezirk Halle bietet der Polizeibericht ein relativ diffuses Bild. Zusammenfassende Angaben über die Beteiligung an Streiks und Demonstrationen fehlen. Die Schwerpunkte lagen in Bitterfeld, der Stadt Halle, Merseburg, Roßlau und Eisleben. Ausgangspunkt der Streiks und Demonstrationen waren die Film- und Farbenfabriken Wolfen (Bitterfeld), die Waggonfabrik Ammendorf (Halle), die Buna- und Leuna-Werke (Merseburg) und das Mansfeld-Kombinat. Zu den Charakteristika gehörten die häufige Bildung von Streikleitungen, in Bitterfeld und Halle auch Ansätze einer zentralen Streikleitung, eine Massenversammlung auf dem Markt in Halle noch um 18 Uhr (nach Verhängung des Ausnahmezustandes!) mit rund 25.000 Teilnehmern sowie die nachdrücklichen Forderungen und zum Teil gelungenen Versuche, politische Gefangene freizulassen. Hervorgehoben wurden die »außerordentliche Passivität der Parteiorganisationen« und die völlige Fehleinschätzung der wirklichen Stimmungslage unter den Massen. »Der

---

67 Diedrich/Hertle (Hg.), Alarmstufe.
68 Ebd., S. 300-306. Der Bericht für Leipzig ist im Vergleich zu anderen auffallend schmal.

III. Die Klasse lehrt die Führung des Fürchten – Aufstände der Arbeiter 1953

Gegner konnte die der Partei in ihren Tiefen unbekannte Unzufriedenheit der Massen und die Auslegung der neuen Politik der Partei durch Teile der Werktätigen als Schwäche der Partei zu seinen Gunsten verwenden, um in intensiver Hetze und gleichzeitiger konspirativer Arbeit den Tag X vorzubereiten und auf die Tagesordnung zu setzen.«[69] Halle gehörte zu den Zentren der Auseinandersetzungen, es war eines der wenigen Beispiele mit einem überregionalen Streikkomitee. Zudem forderte der Aufstand hier, unter anderem wegen des Angriffs der Demonstranten auf das Zuchthaus »Roter Ochse«, mit 11 Toten mehr Opfer als in anderen Städten.[70]

Die Heftigkeit der Erhebung im traditionsreichen »roten Herzen« Mitteldeutschlands mußte für die SED-Spitze besonders irritierend sein. Fred Oelßner, Mitglied des Politbüros, machte das nachträglich in einer auf bemerkenswerte Weise selbstgerechten und ratlosen internen Stellungnahme vom 23. Juni deutlich:

> »Wir sind hier in einem Bezirk, in dem die Arbeiterklasse eine große revolutionäre Tradition hinter sich hat. Ich kann mich erinnern, da nannte man Halle das blutrote Herz Deutschlands. Jetzt war Halle eines der entscheidenden Zentren des geplanten Putsches. Aber es ist dieselbe Arbeiterklasse, die wir hier haben. Das sind die Kinder und Enkel derer, die früher gekämpft haben und unsere Partei ist dieselbe, die damals da war. [...] Diese großen revolutionären Traditionen, auf die die Arbeiter stolz sind, in Leuna, Geiseltal und Mansfeld, das sind unsere Traditionen, die Traditionen Ernst Thälmanns. Wir haben sie nicht genügend beachtet. Es ist an der Zeit, daß wir uns darauf besinnen, daß wir wieder diesen engen Kontakt mit den Arbeitern bekommen, daß wir mit ihnen so reden, daß sie in Versammlungen Entschließungen annehmen aus innerster Überzeugung, als Ausdruck der Tatsache, daß die Arbeiter erkannt haben, was sich abgespielt hat und als erster Schritt der Arbeiter, als Annäherung an unsere Partei.«[71]

Im Bezirk Dresden lagen die Schwerpunkte der Aktivitäten in Görlitz, Dresden und Niesky. Das besonders interessante Beispiel Görlitz wird in dem vor allem auf polizeiliche Reaktionen fixierten Bericht kaum deutlich.[72] In den Schlußfolgerungen des Volkspolizeichefs fand sich immerhin das folgende holprig formulierte Eingeständnis: »Es muß in Zukunft beachtet werden, daß unseren Genossen

---

69 Ebd., S. 256-297, die Zitate: S. 273, 281 f. Die beste umfassende Darstellung bei Löhn, »Spitzbart, Bauch und Brille – sind nicht des Volkes Wille!« Zu den Vorgängen in Bitterfeld detailliert der Sammelband von Stefanie Wahl/Paul Werner Wagner (Hg.), Der Bitterfelder Aufstand. Der 17. Juni 1953 und die Deutschlandpolitik, Leipzig 2003.
70 Koop, 17. Juni, S. 193 ff.; Löhn, Spitzbart, S. 57 ff. Im Totenbuch werden acht Opfer biographisch vorgestellt, hinzukommt die dubiose, im Oktober 1953 als »Rädelsführerin« hingerichtete Erna Dorn, deren tatsächliche Rolle in Halle bis heute ungeklärt ist, die aber für die SED-Propaganda als angebliche »KZ-Kommandeuse« eine große Bedeutung hatte. Ahrberg u. a., Die Toten, S. 69-94.
71 Zit. bei Angelika Klein, Die Arbeiterrevolte im Bezirk Halle, hg. vom Brandenburger Verein für politische Bildung »Rosa Luxemburg« e. V., Potsdam 1993, S. 6.
72 Diedrich/Hertle (Hg.), Alarmstufe, S. 126-153. Vgl. dazu unten S. 345 f.

4. Regionale und betriebliche Schwerpunkte des Aufstandes und Formen des Protests

klargemacht wird, daß in verschiedenen Situationen immer ein Teil der Werktätigen bzw. der Arbeiterklasse auch im gegnerischen Lager stehen kann, gegen die sich ein aktives Einschreiten erforderlich macht.«[73]

Für den Bezirk Erfurt gibt der entsprechende Bericht 31.400 Streikende und 10.600 Demonstranten an.[74] Klare Schwerpunkte waren hier die Industriebetriebe VEB Rheinmetall in Sömmerda, der VEB Mähdrescherwerk Weimar sowie mehrere Erfurter Betriebe. Die Vorgänge im Bezirk Gera waren von den Zeiss-Werken in Jena dominiert. In Jena gab es eine Demonstration mit über 20.000 Personen, »wo wir völlig überrumpelt wurden«, wie der Bericht feststellt. »Kern dieser ganzen Sache war Zeiss.«[75] In der Tat verlief hier die Aufstandsbewegung besonders heftig.[76] Schon am Vorabend hatte es im VEB Carl Zeiss Jena eine Resolution mit Forderungen nach sozialen Verbesserungen und innerbetrieblicher Demokratie gegeben. Der 17. Juni begann mit Streiks in mehreren Abteilungen des Werkes. Daraus entwickelten sich ein Demonstrationszug in die Innenstadt und mehrere spontane Kundgebungen. Daran waren nahezu alle Betriebe, aber auch große Teile der Bevölkerung beteiligt, so daß gegen Mittag zwischen 20.000 und 30.000 Menschen auf dem Holzmarkt versammelt waren. Charakteristisch für den Verlauf in Jena waren auch die gewaltsamen Randerscheinungen der Demonstration: Prügel für Funktionäre, Erstürmung und teilweise Verwüstung der Gebäude von SED-Kreisleitung und FDJ, des Amtsgerichts mit dem Untersuchungsgefängnis, vor allem aber der Kreisdienststelle des MfS. Dramatische Szenen ereigneten sich am Nachmittag, als sowjetische Panzer in die Innenstadt vorrückten, auf Sitzblockaden von Frauen stießen, sich vorsichtig zurückzogen und in die Luft schossen. Ab 17 Uhr wurde der Ausnahmezustand verkündet, vor Großbetrieben und wichtigen Gebäuden blieben zur Einschüchterung für mehrere Tage Panzer stehen.

Zahlreiche Verhaftungen und eine der ersten Exekutionen – am 18. Juni wurde der 26-jährige Autoschlosser Alfred Diemer von einem sowjetischen Standgericht erschossen – gehörten ebenso zum Jenaer Erscheinungsbild wie Versammlungen und Streikdrohungen in den darauf folgenden Wochen mit der Forderung, die Verhafteten freizulassen.

Zu den Zentren der Aufstandsbewegung gehörte zweifellos Magdeburg. Obwohl die Sicherheitsorgane durch die Dezemberunruhen hätten sensibilisiert sein können, bestimmten schlechte Information und Kopflosigkeit die Situation. Davon ist der Volkspolizeibericht ebenso geprägt wie von dem Akzent, den er auf die gewaltsamen Auseinandersetzungen in der Innenstadt legt.[77] Über die Berliner Ereignisse am 16. Juni war der Chef der Volkspolizei nicht informiert, der Erste Sekretär der Bezirksleitung der SED hielt sich am 17. Juni in Berlin auf und von

---

73 Ebd., S. 153.
74 Ebd., S. 154-202, hier: S. 162.
75 Ebd., S. 225-255, hier: S. 235.
76 Genauer dazu Kowalczuk, 17.6.1953, S. 226 ff. Mit vielen sprechenden Photos und Zeitzeugenerinnerungen Heinz Voigt, Die Zeiss-Arbeiter proben den Aufstand, in: Mählert (Hg.), 17. Juni, S. 109-131.
77 Diedrich/Hertle (Hg.), Alarmstufe, S. 312-332.

III. Die Klasse lehrt die Führung des Fürchten – Aufstände der Arbeiter 1953

den übrigen Mitgliedern war niemand erreichbar. Hinweise auf berechtigte tiefere Ursachen, aber auch auf das Gewicht alter Traditionen in einem Zentrum der früheren sozialdemokratischen Arbeiterbewegung fehlen in dem Bericht. Der irritierte und selbstkritische Ton über die Fehleinschätzung der Situation dominiert. Auf den Gedanken, »daß der Feind mit Hilfe und Kräften aus den Reihen der Arbeiterklasse – ja sogar teilweise mit Hilfe von Parteimitgliedern – eine solche massive Massendemonstration sich erlauben würde, ist man nicht gekommen.« Und ganz im alten stalinistischen Politjargon folgte das selbstkritische Urteil: »Dies zeugt von der Sorglosigkeit gegenüber neuen Mitteln und Methoden des Gegners in der Periode des verschärften Klassenkampfes.«[78]

Ausgangspunkt in Magdeburg waren die Betriebe des Schwermaschinenbaus, die die Namen von Karl Marx und Ernst Thälmann trugen. Aus diesen und verschiedenen weiteren Großbetrieben formierte sich ein schnell auf etwa 15.000 Teilnehmer anwachsender Demonstrationszug, der in die Innenstadt zum Gebäude der Bezirksbehörde der Volkspolizei und Strafvollzugsanstalt wanderte. Sprechchöre forderten »Arbeiter legt die Arbeit nieder – nieder mit der Regierung«. Mehrere Haftanstalten wurden gestürmt und Häftlinge befreit. An etlichen Stellen des Stadtgebiets und zu unterschiedlichen Zeiten war offenbar der Einsatz sowjetischen Militärs am Mittag und Nachmittag des 17. Juni entscheidend, um die aufgebrachten Massen zu zerstreuen und die gewaltsamen Auseinandersetzungen zu beenden, bei denen unter anderem zwei Volkspolizisten und ein MfS-Angehöriger erschossen wurden. Auf Seiten der Aufständischen wird die Zahl der Toten am Aufstandstag mit drei angegeben.[79]

Im Bezirk Potsdam gärte es bereits in der Nacht vom 16. zum 17. Juni. Eine Veranstaltung der Bauunion wurde zum Ausgangspunkt der Arbeitsniederlegung von etwa 1.100 Belegschaftsmitgliedern. Beachtliche Gesamtzahlen führt der Bericht über die Teilnahme am 17. Juni auf: insgesamt rund 50.000 Personen, die sich an Arbeitsniederlegungen und etwa 45.000, die sich an Demonstrationen beteiligten. Hauptsächliche Losungen und Forderungen waren: Durchführung freier Wahlen, Abschaffung der Normen, 40prozentige HO-Preissenkung, Abschaffung der Zonen- und Sektorengrenzen, Anpassung der KVP-Gehälter an die eines Lohnempfängers, Sturz der Regierung, Panzer raus aus Berlin. Nach Verhängung des Ausnahmezustandes kehrten keineswegs sofort wieder Ruhe und Ordnung ein. Die Arbeit in den Betrieben wurde meist erst wieder am 19. Juni aufgenommen.[80] Stark unter dem Eindruck der Nähe zu Berlin standen die Ereignisse im Bezirk Frankfurt/Oder.[81]

---

78 Ebd., S. 313.
79 Edda Ahrberg/Hans-Hermann Hertle/Tobias Hollitzer (Hg.), Die Toten des Volksaufstandes vom 17. Juni 1953, Münster 2004, S. 149 ff. Detaillierte Einzelbeiträge zu Halle und Magdeburg bei Rupieper (Hg.), »... und das Wichtigste«.
80 Diedrich/Hertle (Hg.), Alarmstufe., S. 345-369.
81 Ebd., S. 203-224.

4. Regionale und betriebliche Schwerpunkte des Aufstandes und Formen des Protests

Eher peripher waren die Unruhen in den nördlichen Bezirken Rostock und Schwerin, mit Ausnahme einiger Arbeitsniederlegungen in den großen Werften.[82] Das Gleiche galt für Neubrandenburg. Daß dies vor allem auf den »koordinierten Einsatz« aller Sicherheitsorgane zurückzuführen war, ist möglich.[83] In Ansätzen zeigte sich aber auch in dieser wenig industrialisierten Region ein ähnliches Erscheinungsbild wie anderswo.

Auffallend ruhig blieb es im kleinsten Bezirk der DDR, in Suhl[84], und überraschenderweise auch im bevölkerungsreichsten und für die Geschichte der Arbeiterbewegung traditionsreichen Bezirk Karl-Marx-Stadt. Zwar kam es in acht Betrieben zu kurzfristigen Arbeitsniederlegungen und in zwei Betrieben zu längerdauernden Streiks, aber im Vergleich zur Größe und Bedeutung dieses Bezirks war das wenig. Der Polizeibericht hebt vor allem die »gute Arbeit« der Instrukteure der Partei hervor, »die es in Betrieben, wo es zu Arbeitsniederlegungen und Streiks kam, verstanden, die Arbeiter von der Richtigkeit des neuen Kurses der Partei und Regierung zu überzeugen und selbige zur Arbeitsaufnahme zu bewegen. Dabei ist die vorbeugende Tätigkeit derartiger Instrukteure in fast allen größeren Betrieben des Bezirks besonders zu erwähnen.«[85] Daß diese präventiven Aktivitäten von Partei und MfS hier besonders erfolgreich waren, dürfte nicht zuletzt mit der starken Konzentration von Sicherheitskräften in einer Region zusammenhängen, die an die Wismut AG grenzte und daher für die Besatzungsmacht besonders wichtig war.

Im Städtchen Jessen (Bezirk Cottbus) spielten – eher untypisch – Bauern eine initiierende Rolle. Etwa 200 von ihnen versammelten sich am frühen Morgen des 17. Juni auf dem Marktplatz und forderten die Freilassung der verhafteten »Großbauern«. Dazu kamen die Streiks von Bauarbeitern, die auch einige Bergbau-Betriebe umfaßten.[86]

Das aus den Volkspolizeiberichten erkennbare Gesamtbild belegt, daß sich der Aufstand auf einige wirtschaftlich besonders wichtige Regionen konzentrierte, es verdeutlicht aber ebenfalls, daß es überall gärte und daß es stark von der jeweiligen Konstellation und sicher auch von einigen Zufällen abhing, ob es zu Streiks und zum offenen Ausbruch von Unruhen kam. Industrialisierungsgrad und Betriebsstruktur alleine reichen daher nicht aus zu Erklärung der gravierenden Unterschiede im Verlauf.

Die Formen der Protestaktionen wiesen eine breite Palette auf. Ein häufiges Verlaufsmuster waren betriebsinterne Diskussionen während der Frühschicht,

---

82 Ebd., S. 370-395. Zu den Besonderheiten auf der Neptun-Werft in Rostock vgl. Peter Alheit u. a., Gebrochene Modernisierung – Der langsame Wandel proletarischer Milieus, Bremen 1999, S. 551 ff. Vgl. auch Koop, 17. Juni, S. 73-86.
83 Diedrich/Hertle (Hg.), Alarmstufe. S. 333-344, hier: S. 344.
84 Ebd., S. 401-410. Nicht ganz untypisch mag hier das im Bericht erwähnte Kuriosum sein, daß am 19. Juni in Meiningen ein Drehorgelmann verhaftet wurde, der »Hetzlieder gegen die Partei und Regierung« gesungen hatte und zuvor auch in Berlin, Jena und Weimar tätig gewesen war. S. 402.
85 Ebd., S. 287-297, hier: S. 295.
86 Ebd., S. 100; Ciesla (Hg.), Wir wollen Freiheit, S. 36. Genauere Daten zu den Streiks gibt Andreas Peter, Der Juni-Aufstand im Bezirk Cottbus, in: DA 27 (1994), S. 585-594.

III. Die Klasse lehrt die Führung des Fürchten – Aufstände der Arbeiter 1953

ausgelöst von Informationen insbesondere des RIAS und NWDR über die Berliner Vorgänge am Vortag. Derartige westliche Meldungen allein hätten jedoch schwerlich Aktionen zur Folge gehabt, wenn die Unzufriedenheit längst streikreife Ausmaße angenommen hätte. Nur so erklärt sich die flächendeckende Streikbereitschaft und Streikhäufigkeit innerhalb kürzester Zeit.[87] Die Solidarisierung mit den Berliner Bauarbeitern hat als Motiv sehr häufig eine zentrale Rolle gespielt. Daraus entwickelten sich vielfach, aber keineswegs überall, Demonstrationszüge in die Stadtmitte, die schnell anwuchsen. Im Demonstrationsverlauf lassen sich oft Ähnlichkeiten mit dem Zug der Bauarbeiter der Stalinallee zum Haus der Ministerien erkennen.

Deutliche Traditionsbezüge werden in der meist spontanen Bildung von Streikleitungen sichtbar, von deren Aktivität vielfach der weitere Ablauf und auch die Formulierung der Forderungskataloge abhingen. Spezifisch sozialdemokratische Traditionslinien lassen sich dabei kaum aus den nachträglichen Vorwürfen des »Sozialdemokratismus« ableiten. Der kritische Hinweis, diffuse sozialdemokratische Unterströmungen in der Arbeiterschaft nicht mit artikulierten sozialdemokratischen Konzepten gleichzusetzen, ist sicher angebracht.[88] Dennoch wurde in vielen Forderungen der Streikenden ein Grundverständnis von Demokratie deutlich, das dem der SED und der kommunistischen Tradition diametral zuwiderlief.[89]

Schwierig ist es, über die personelle Zusammensetzung der Streikleitungen halbwegs repräsentative Aussagen zu machen. Altersmäßig dominierten die 25- bis 40jährigen. Häufig vertreten waren aber ebenfalls ältere Facharbeiter, die Erfahrungen aus der Arbeiterbewegung besaßen.[90] In einigen Streikführungen gab es auch ehemalige Berufssoldaten in relativ hoher Zahl. Daß sie oft über Führungsqualitäten verfügten, dürfte für ihre Mitarbeit in den Streikgremien wichtiger gewesen sein als ihre von der SED beschworene »faschistische Vergangenheit«.[91] Auch das Mitgliedsbuch der SED oder eine Funktion im FDGB bildeten keine seltene Ausnahmen unter den Streikführern. Daran zeigt sich, wie ambivalent im konkreten Falle Verhaltensweisen innerhalb der Stützen des Regimes sein konnten. Die Ablehnung von SED- und FDGB-Funktionären bei den Streikenden und Demonstrierenden dominierte jedoch. Der Bundesvorstand des FDGB gab eine Woche nach dem Aufstand die folgende interessante Einschätzung, die halbwegs zutreffend erscheint:

»In der größten Anzahl der Betriebe, in denen Arbeitsniederlegungen und Demonstrationen stattfanden, hat die Belegschaft das Vertrauen zur Gewerkschaft

---

87 So treffend Ewers/Quest, Kämpfe, in: Spittmann/Fricke (Hg.), 17. Juni, S. 24 f.
88 So Tobias Dürr zu Schmölln, in: Walter/Dürr/Schmidtke, SPD, S. 458 f. Zur generellen Erörterung sozialdemokratischer Einflüsse im Umfeld des Aufstandes vgl. Brunner, Sozialdemokraten im FDGB, S. 396-410. Bouvier, Ausgeschaltet, S. 292 ff.
89 Das betont auffallend deutlich Wolfgang Hillger, Zur sozialdemokratischen Tradition im 17. Juni, in: Das unverstandene Menetekel – der 17. Juni 1953. Materialien einer Tagung, hg. vom Brandenburger Verein für politische Bildung »Rosa Luxemburg« e. V., Potsdam 1993, S. 5-11.
90 Stadtland, Herrschaft, S. 493. 26 f.
91 Baring, S. 52 f.; Stadtland, Herrschaft, S. 494 ff.; Roth, Sachsen, S. 600.

4. Regionale und betriebliche Schwerpunkte des Aufstandes und Formen des Protests

und zu den Funktionären der Gewerkschaft verloren. Das zeigt sich im Übergehen der Betriebsgewerkschaftsleitungen und Wahl von Streikkomitees und Delegationen ohne die BGL. Das zeigt sich weiterhin durch Mißtrauensanträge gegen die BGL'en und Austritte aus der Gewerkschaft. Der größte Teil der BGL'en hat die Arbeitsniederlegungen und Demonstrationen nicht unterstützt. Es gibt aber auch Fälle, wo Gewerkschaftsfunktionäre die Streikleitungen mit gebildet haben und mit ihnen gehalten haben.«[92]

Überbetriebliche Streikleitungen und -komitees waren zwar die Ausnahme, aber es gab sie außer in Halle und Bitterfeld auch in Dresden, Leipzig und Görlitz.[93] Daß Streiks oder Streikbeschlüsse zu Verhandlungen mit der Werksleitung und zu akzeptablen Zugeständnissen führten und daß sich erst aus betrieblichen Diskussionen und Streikbeschlüssen überbetriebliche Aktivitäten und Demonstrationsmärsche entwickelten[94], läßt sich mehrfach belegen, aber kaum generalisieren. Für die Tage und Wochen nach dem 17. Juni sind jedoch verdeckte Proteste und Verhandlungen vieler Belegschaften mit ihren Werksleitungen von einiger Bedeutung.[95]

Wenig eindeutig ist, welche Prioritäten die Aufständischen in ihren Forderungskatalogen setzten. Die angesichts der drohenden Normerhöhung naheliegenden sozialen Forderungen standen zwar häufig, aber durchaus nicht überall an der Spitze. Je größer die Märsche wurden und je stärker sich Demonstrationszüge von Arbeitern mit Teilnehmern anderer sozialer Schichten vermischten, desto eher wurde die Programmatik durch allgemeinpolitische Forderungen erweitert. Dennoch wäre es zu einfache Schematisierung, soziale und politische Postulate voneinander trennen und sozial eindeutig zuordnen zu wollen. Zwar spielten die Normsenkungen generell eine Schlüsselrolle, aber sie standen so gut wie nie allein, sondern wurden verbunden mit Forderungen nach Rücktritt oder Sturz der Regierung, freien Wahlen und Senkung der überteuerten HO-Preise.

Versucht man sich klar zu machen, wie in einer völlig unübersichtlichen, spontanen Protestbewegung Transparente, Versammlungsparolen, ja selbst schriftlich formulierte Forderungslisten zustande kommen, wird die Problematik einer schlüssigen Interpretation evident. Weder läßt sich, wie Egon Bahr meint[96], die Reihenfolge des Forderungskatalogs der Berliner Bauarbeiter überall in den streikenden Betrieben der DDR wiederfinden, auch wenn es viele derartige Beispiele gab, noch dominierten soziale vor politischen Forderungen oder umgekehrt. Die Mischung zeigt eine erhebliche Streuung. Der Gesamtverlauf, die Breite der Betei-

---

92 Zit. bei Stadtland, Herrschaft, S. 495. Eine Sammlung von Quellen zur Haltung des FDGB bietet Manfred Wilke. Die Streikbrecherzentrale. Der FDGB und der 17. Juni 1953, Münster 2004.
93 Roth, Sachsen, S. 598.
94 So Ewers/Quest, Kämpfe, in: Spittmann/Fricke (Hg.), 17. Juni, S. 29 f. Insgesamt charakterisiert diesen wichtigen Aufsatz, der immer noch zu den aufschlußreichsten Analysen gehört, allzu stark der nachvollziehbare, aber durch die erweiterte Quellenbasis nicht voll abzudeckende Wunsch, systematische Zusammenhänge zu generalisieren.
95 Siehe unten, Abschnitt 5 (S. 348 ff.).
96 Egon Bahr, Zu meiner Zeit, München 1996, S. 80.

III. Die Klasse lehrt die Führung des Fürchten – Aufstände der Arbeiter 1953

ligung und die Heftigkeit der Unruhen beweisen jedoch eindeutig, daß es längst nicht mehr nur um die Normerhöhung ging, auch wenn sie für die Arbeiterschaft besonders provozierend erscheinen mußte, sondern mindestens um eine tiefgreifende Veränderung des politischen Systems und das Verschwinden seiner Führungsfiguren, ja sogar um dessen Abschaffung über freie Wahlen und Wiedervereinigung. Zweifellos war das gesamtdeutsche Element stark ausgeprägt. Wie es konkret zu gewichten ist, läßt sich dagegen kaum rekonstruieren. Denn bei aller elementaren Orientierung einer erdrückenden Bevölkerungsmehrheit am Westen, mußte eine solche Ausrichtung nicht ohne weiteres den grundsätzlichen Verzicht auf bestimmte Strukturreformen bedeuten, die von der SED als spezifisch sozialistische Errungenschaften gefeiert wurden. Spätere Umfragen unter geflüchteten Arbeitern stellen hier zumindest allzu eindeutige Aussagen in Frage.[97] Ob Adenauer der große Hoffnungsträger in der DDR-Bevölkerung war, läßt sich empirisch ebenso wenig belegen wie die gegenteilige Ansicht aus dem Umfeld der SPD. Schwer zu gewichten, aber nicht zu unterschätzen, sind Einflüsse aus dem Westen im Vorfeld des Aufstandes, insbesondere die Arbeit des Ostbüros der SPD. Dennoch war die durchaus vorsichtig formulierte stolze Einschätzung des SPD-Vorstandes nicht nur selbstgefällige Legitimation der Ostbüro-Aktionen: »Wir dürfen hier erklären, daß die Millionen von Flugblättern und Hunderttausende von Zeitungen und anderem Aufklärungsmaterial nicht unwirksam gewesen sind und ihren Niederschlag gefunden haben in den Kampfparolen, die in den Tagen des Aufstandes in den Betrieben und Städten der Zone von demonstrierenden Arbeitern erhoben worden sind.«[98]

Der Verzicht auf vorschnelle Generalisierungen und verallgemeinerungsfähige Verlaufsmuster bedeutet nicht Beliebigkeit in der Charakterisierung des Aufstandes und seiner Ausdrucksformen. Die Grundzüge des Ablaufs und die Hauptforderungen waren durchaus ähnlich. Das belegen regimenahe Quellen ebenso wie lokale und betriebliche Einzeluntersuchungen. Angesichts des spontanen und eben deshalb häufig auch recht diffusen Charakters der Erhebung mit einem zumeist disziplinierten Kern von Streiks und Demonstrationen sowie teilweise sehr gewalttätigen Randerscheinungen, die stark vom jeweiligen Verhalten der Sicherheitsorgane abhängig waren, muß das Gesamtbild bis zu einem gewissen Grad widersprüchlich bleiben. Doch tut der Hinweis, daß nicht alles auf einen Nenner zu bringen sei, weder der Zielsetzung der Aufstandsbewegung noch dem historiographischen Urteil über dieses Schlüsselereignis der DDR-Geschichte Abbruch. Die Grundstruktur der Proteste entwickelte sich aus der seit Jahren angestauten, tiefen sozialen und politischen Frustration, die sich massiv Luft machte – doch je nach lokalen oder betrieblichen Gegebenheiten in graduell unterschiedlicher Intensität.

---

97 Siehe unten, Kap. IV 3 (S. 413 ff.). (Umfragen 1956/ 57).
98 AdsD, Ostbüro, Bericht vom 6.7.1953 über Sonderaktionen in der sowjetischen Besatzungszone für Juni 1953, S. 4.

4. Regionale und betriebliche Schwerpunkte des Aufstandes und Formen des Protests

Die differenzierten Befunde lassen sich am Beispiel Sachsens vielleicht am besten erfassen, weil mit der gründlichen Untersuchung von Heidi Roth die vielfältigen regionalen Verästelungen des Aufstandes innerhalb eines industriell hochentwickelten Gebietes besonders gut erkennbar werden, so daß sich einige Erscheinungsformen und Zusammenhänge exemplarisch auch auf andere Regionen übertragen lassen.

In Sachsen zeigt sich, daß der Aufstand in den industriellen Ballungsgebieten teilweise eine größere Wucht und einen höheren Organisationsgrad erreichte als in Ostberlin.[99] Überdies ist trotz der unzweifelhaften Signalwirkung, die von den Berliner Bauarbeitern ausging, zu unterstreichen, daß die Unruhen regional zum Teil sehr eigenständige Voraussetzungen hatten und auch im Ablauf keinem direkten Vorbild folgten. Dazu gehörte die ganz unterschiedliche Reaktion der jeweiligen Partei- und Gewerkschaftsfunktionäre, aber auch der örtlichen sowjetischen Kommandeure. Zeitpunkt und Auslöser für Streiks und Aufmärsche differierten. Neben zeitgleichen Aktionen mit den Berliner Bauarbeitern gab es zahlreiche Beispiele für einen Beginn der Proteste erst mit der Nachmittagsschicht, nach der Ausrufung des Ausnahmezustandes oder gar erst am 18. Juni. Wo es schnell gelang, die Protestbewegung aus dem öffentlichen Raum zu vertreiben, war das noch kein Hindernis für die Fortsetzung in den Betrieben. Neben den großen SAG-Betrieben und den VEB der Maschinenbauindustrie spielten Bauarbeiter fast überall eine Schlüsselrolle. Sie waren traditionell mobiler, schwerer zu überwachen und in der Belegschaftsstruktur zumeist jünger, während die Belegschaften der großen VEB und SAG-Betriebe meist relativ privilegiert in der Versorgung und im Verdienst waren. Daß sich gerade Schwerpunktbetriebe stark an der Aufstandsbewegung beteiligten, brachte die SED in besondere Erklärungsnöte. Offenkundig spielten hier Qualifikation, Selbstbewußtsein und Erfahrungen aus der alten Arbeiterbewegung eine wichtige Rolle. Nicht zufällig wurden daher in den späteren »Säuberungen« ehemalige Sozialdemokraten besonders häufig aus der SED ausgeschlossen. Viele Genossen kamen aber auch einem Ausschluß im Zusammenhang mit dem Aufstand zuvor und verließen die SED. 45 Prozent aller Parteiaustritte in diesem Zusammenhang entfielen auf Sachsen. In Leipzig schloß sich lediglich ein Viertel der Parteimitglieder in den bestreikten Betrieben nicht den Aktionen an. Dafür dürften unterschiedliche Motive maßgebend gewesen sein, und ein solch hoher Prozentsatz wird für andere Regionen kaum generell gelten.

Für den Gesamtverlauf konstitutiv konnte der Einfluß von Streikleitungen sein. Sie bemühten sich durchweg, Gewalt und Ausschreitungen zu verhindern. Auf die Eigendynamik von Massendemonstrationen hatten sie jedoch meistens keinen Einfluß mehr. Es gab viele Gewaltaktionen gegen Funktionäre und Einrichtungen der SED, der Volkspolizei und des MfS. Jedoch sind keine Zerstörungen und direkten Sabotageakte in den Betrieben bekannt.[100] Überbetriebliche Streikleitungen und -komitees wie in Görlitz und ansatzweise in Bitterfeld, die im

---

99 Das Folgende nach Roth, Sachsen, S. 587-624.
100 Koop, 17. Juni, S. 338 f.

III. Die Klasse lehrt die Führung des Fürchten – Aufstände der Arbeiter 1953

lokalen Rahmen kurzzeitig neue Machtstrukturen aufbauten, blieben die Ausnahme. Die sächsischen Beispiele belegen besonders gut, daß das Altersspektrum in den Streikleitungen sehr breit war, daß weder nur jüngere noch nur ältere Arbeiter das Heft in der Hand hatten, sondern eine starke generationelle Durchmischung charakteristisch war. Das widerlegt in Einzelfällen weder die These von der hohen Bedeutung der HJ-Generation noch die vom großen Gewicht der Arbeiterveteranen, setzt aber jeder Generalisierung deutliche Grenzen.

Zu den Charakteristika des Aufstandes insgesamt gehört die relative Anonymität von »führenden Köpfen«. Daß es kaum allgemein bekannte aufständische Führer gab und auch in der Historiographie erst spät Namen genannt wurden, hängt mit der Kürze und Spontaneität der Erhebung zusammen. Es blieb gar keine Zeit, überregionale Bekanntheit zu erlangen. Insofern sind die Namen von Streikführern nicht über den lokalen Radius hinausgelangt. Daß auch hier die Arbeiter in der sozialen Zusammensetzung dominieren, kann nicht überraschen. Die Streikleitungen zeigen jedoch, anders als zu vermuten wäre, eine »eindrucksvolle soziale Mischung«.[101] Angestellte und die technische Intelligenz waren vielfach durchaus repräsentativ vertreten. Herausragende Beispiele für örtlich bedeutende Anführer waren etwa Wilhelm Grothaus in Dresden, ein anerkanntes Opfer des Faschismus, oder »der alte Latt« in Görlitz, ein stadtbekannter Sozialdemokrat, der 1946 in die SED eingetreten war. Insgesamt ist die Liste der Namen von »Rädelsführern« und Todesopfern lang. Letztere sind jetzt insbesondere mit dem »Totenbuch« des Aufstandes der Anonymität entrissen.[102]

Wie gewalttätig oder friedlich die Ereignisse abliefen, hing von vielen Faktoren ab, nicht zuletzt von der Reaktion der bewaffneten Einheiten. Die drei Bezirke Sachsens liefern aufschlußreiche Hinweise für diesen Zusammenhang. Wo die Sicherheitsorgane frühzeitig von der Schußwaffe Gebrauch machten wie in Leipzig oder sowjetische Panzer auffuhren, waren Krawalle als wütende Reaktion häufiger als dort, wo die Polizei moderater vorging. Die frühe Präsenz sowjetischer Soldaten wie in Dresden verhinderte teilweise den Sturm auf öffentliche Gebäude. Da es keinen zentralen Schießbefehl für die Polizei gab, hatten die Bezirks- und Kreisleitungen der SED relativ großen Handlungsspielraum. Daß es etwa in Görlitz nicht zu blutigen Auseinandersetzungen kam, dürfte auch darauf zurückzuführen sein, daß der Erste Kreissekretär der SED mit den Streikenden diskutierte und einen Schußwaffeneinsatz ablehnte. Sehr unterschiedlich fiel auch die Reaktion der sowjetischen Militärkommandanten aus. Warum es von sowjetischer Seite keine einheitliche Uhrzeit für die Verhängung des Ausnahmezustandes gab, läßt sich bisher nicht klären. Es spricht zumindest dafür, daß sich die sowjetische Führung über die angemessene Reaktion im Unklaren war und ein differenziertes Vorgehen ermöglichen wollte. Für die erheblichen Unterschiede in der Dauer des Ausnahmezustandes dürfte das Gleiche gelten. Diese an den Bezirken

---

101 Manfred Hagen, DDR – Juni '53. Die erste Volkserhebung im Stalinismus, Stuttgart 1992, S. 162.
102 Vgl. das illustrierte und nach Bezirken gegliederte Buch über die Toten des Aufstandes von Ahrberg/Hertle/Hollitzer.

4. Regionale und betriebliche Schwerpunkte des Aufstandes und Formen des Protests

und Kreisen Sachsens ablesbare Unterschiedlichkeit des Konfliktverlaufs läßt sich durchaus als generelles Merkmal des Aufstandes in der gesamten DDR festhalten und unterstreicht seine Spontaneität und Vielfalt der Erscheinungsformen, über die in der Historiographie Konsens besteht.

Zu einem umfassenden Gesamtbild des Aufstandes gehört auch die Bilanzierung der ruhig oder ostentativ loyal zur SED gebliebenen Betriebe und Belegschaften. Auf diese hat die SED-Historiographie naturgemäß ihr besonderes Augenmerk gerichtet, um den angeblich geringen Anteil der Aufständischen an der Arbeiterschaft insgesamt zu belegen. Entsprechende Angaben sind daher mit großer Zurückhaltung zu verwenden. Dennoch ist unzweifelhaft, daß es im flächendeckenden Netz der Protest- und Aufstandsaktionen große Lücken gab. Die Gründe dafür sind unterschiedlich. Auf die effektive Krisenprävention im Bezirk Karl-Marx-Stadt wurde schon hingewiesen. Besonders galt das für die »Uranprovinz« der Wismut. Das Territorium war militärisches Sperrgebiet und unterlag einer scharfen Kontrolle. Allein diese Abriegelung verhinderte den Mechanismus, der sonst häufig zu beobachten war, daß Protestaktionen von außen überspringen konnten. Ferner schränkte die besondere Struktur der Wismut mit auseinandergezogenen Betriebsteilen eine schnelle Kommunikation ein. Die regionalen SED- und Staatsorgane waren hier auch frühzeitig über die Berliner Ereignisse informiert worden und reagierten mit Sicherheitsvorkehrungen. Schließlich war der Solidaritätsgedanke wenig ausgeprägt. Es gab unter der inhomogenen Arbeiterschaft nur schwache betriebliche und gewerkschaftliche Traditionen. Wohl aber trug die relative soziale Privilegierung der Wismut-Belegschaft dazu bei, die sonst verbreitete Unzufriedenheit zu dämpfen. Insgesamt bot also dieses quasi exterritoriale Gebiet kaum Voraussetzungen für manifeste Proteste.[103]

Eine gewisse Berühmtheit haben die »roten Hochöfner« in Stalinstadt erlangt, die sich dem Protestzug streikender Bauarbeiter im EKO nicht anschlossen.[104] »Die meisten Hüttenwerker identifizierten sich mit dem Betrieb, dem viele von ihnen den ersten festen Arbeitsplatz, einen richtigen Beruf, eine Wohnung verdanken, dessen Bestand und Ausbau für sie also von existenzieller Bedeutung ist«, hat Jochen Czerny in seiner Untersuchung zu Stalinstadt im Juni 1953 bilanziert.[105] Das EKO war aber zugleich ein Beispiel für eine Neugründung mit einer bunt zusammengewürfelten Belegschaft, darunter viele »Umsiedler«, so daß sich

---

103 Heidi Roth/Torsten Diedrich, Wir sind Kumpel – uns kann keiner. Der 17. Juni 1953 in der SAG Wismut, in: Rainer Karlsch/Harm Schröter (Hg.), »Strahlende Vergangenheit«. Studien zur Geschichte des Uranbergbaus der Wismut, St. Katharinen 1996, S. 228-259, hier: S. 255-259.
104 Dazu Dagmar Semmelmann, Der 17. Juni in der Erinnerung ehemaliger Betriebsangehöriger des Eisenhüttenkombinats Ost in Stalinstadt/Eisenhüttenstadt, in: Das unverstandene Menetekel. Materialien einer Tagung, hg. vom Brandenburger Verein für politische Bildung »Rosa Luxemburg« e. V., Potsdam 1993. Zusätzliche Einzelheiten bringt Günter Fromm, Der 17. Juni in Stalinstadt und Fürstenberg/Oder im Spiegel der Gerichtsakten, in: IWK 39 (2003), S. 37-50. Die Erinnerung thematisiert Lutz Niethammer, Die Geheimnisse des roten Hochöfners, in: Ders./Alexander von Plato/Dorothee Wierling, Die volkseigene Erfahrung. Eine Archäologie des Lebens in der Industrieprovinz der DDR, Berlin 1991, S. 382-408.
105 Jochen Czerny, Stalinstadt im Juni '53, in: BzG 40 (1998), S. 3-15, hier: S. 11.

ein Traditionsbewußtsein erst allmählich ausbilden konnte. Im Vorfeld des Aufstandes und am 17. Juni selbst gab es gleichwohl massive Auseinandersetzungen und Protestaktionen. Zu nennen ist vor allem eine gemeinsame Demonstration im benachbarten Fürstenberg. Von den 95 verhafteten Demonstranten auf dem Fürstenberger Marktplatz waren jedoch fast alle Bau- und Transportarbeiter, in der Mehrzahl in jugendlichem Alter.[106]

Auch im Braunkohlebergbau blieb es auffallend ruhig. Espenhain, Böhlen, die Reviere von Regis und Deuzen werden ausdrücklich genannt.[107] Im Braunkohlenwerk Borna forderten die Kumpels sogar, wie das MfS berichtete, zum »Tag des Bergmanns« am 4. Juli 1953 zusätzliche Belohnung, da sie sich an den Unruhen nicht beteiligt hätten.[108] Tendenziell scheinen außerdem die Privatbetriebe, in denen die Arbeiter anders als in den VEB oder den SAG nicht direkt der SED beziehungsweise der Besatzungsmacht gegenüberstanden, überwiegend ruhig geblieben zu sein.[109]

Eine annähernd genaue Gewichtung zwischen am Aufstand beteiligten und »ruhig« gebliebenen Betrieben ist unmöglich, weil es dazu bislang keine zusammenfassenden Daten gibt. Da der Aufstand sich wegen der militärischen Intervention nicht wirklich entfalten konnte, sind andererseits Hinweise auf Abwehraktionen und »Treue«-Resolutionen aus den Betrieben wenig aussagekräftig. Wie nachdrücklich die SED ihre eigene Interpretation Lügen strafte, nur ein kleiner Teil habe sich von Provokateuren verführen lassen, läßt sich nicht zuletzt an der Fortsetzung der Auseinandersetzungen in den Betrieben, aber auch am Ausmaß der Repressionen und der vorbeugenden Aktivitäten für die Zukunft erkennen.

5. Das Dilemma der Funktionäre: Fortdauer der Konflikte in den Betrieben nach der Niederschlagung des Aufstandes

Nachdem der offene politische Flächenbrand dank der schnellen Hilfe »der Freunde« erstickt worden war, trat keineswegs die gewünschte Ruhe ein. Dieser lange Zeit kaum beachtete Aspekt des Aufstandes ist für seine Interpretation und Einordnung von besonderem Gewicht. Hätte es noch eines Beweises für die Unsinnigkeit der Putsch-These bedurft, dann lieferten ihn jetzt die zahllosen, heftigen und oft lang dauernden Auseinandersetzungen in den Betrieben. Hier forderten

---

106 Ebd., S 12.
107 Werner Horn, Die Errichtung der Grundlagen des Sozialismus in der Industrie der DDR (1951–1955), Berlin (O) 1963, S. 210. Die dort auch zitierten ostentativen Ergebenheitsadressen von Belegschaften sind allerdings wenig aussagekräftig, da sie unter den gegebenen Bedingungen leicht von der SED zu organisieren waren, ebd., S. 211-213.
108 Stimmung und Situation in Bergbaugebieten zum »Tag des Bergmanns« am 4.7. und 5.7.1953, BStU, MfS Allg. S 9/57 Bd. 3b, Bl. 214.
109 So Heidi Roth, Die SAG-Betriebe und der 17. Juni 1953, in: DA 26 (1993), S. 531-536, hier: S. 532. Die verbreitete Indifferenz der Beschäftigten kleinerer Betriebe betont auch Olaf Freier für Bitterfeld: Spontanes Aufbegehren, Machtverlust und Besatzergewalt – der 17. Juni 1953 in Bitterfeld, in: Rupieper (Hg.), »... und das Wichtigste«, S. 186-216, hier: S. 209.

5. Das Dilemma der Funktionäre nach der Niederschlagung des Aufstandes

Arbeiter nicht nur konkrete soziale und auch politische Veränderungen, sondern sie wandten sich zudem gegen das ihnen angehängte Etikett, von faschistischen Abenteurern verführt worden zu sein. Überdies schufen die Verhaftungen von »Rädelsführern« vielfach ohnmächtige Erbitterung, gegen die sich Belegschaften mit Solidarisierungsaktionen zu wehren versuchten. Die SED und ihre Hilfstruppen standen vor dem Dilemma, den Arbeitern die Hintergründe eines »faschistischen Putschversuches« erklären und dabei Roß und Reiter nennen zu müssen, aber auch den »Neuen Kurs« zu erläutern, dessen abrupte Verkündung den Aufstand wesentlich ausgelöst hatte. Die spontane Erhebung hatte bewiesen, wie brüchig der Herrschaftsanspruch der selbsternannten Avantgarde war. Die Tage und Wochen nach dem 17. Juni bedeuteten für sie daher eine große Herausforderung.

Zum einen bemühte sich der Ministerrat mit seinem Beschluß, ausgefallene Arbeitszeit zu bezahlen, sofern keine aktive Beteiligung an Streiks und Demonstrationen vorlag, um Entspannung der Atmosphäre.[110] Zum andern wurde ein Heer von Spitzenfunktionären in die Betriebe geschickt, um mit den Belegschaften zu diskutieren, weitere Arbeitsniederlegungen zu verhindern und nach »Provokateuren und Rädelsführern« zu fahnden. Erst wenn die anhaltende Renitenz aufgebrochen war, konnten die alten Ziele mit leicht veränderten Methoden wieder ins Visier genommen werden. Denn die »Generallinie« blieb richtig, wie das ZK am 26. Juli 1953 feststellte.[111] Bis Mitte Juli hielten jedoch die Auseinandersetzungen in der SED-Spitze über die künftige Politik noch an. In dieser Zeit waren in begrenztem Umfang kontroverse öffentliche Diskussionen in der SED und in den Massenorganisationen möglich. So fanden sich durchaus selbstkritische Äußerungen in der Entschließung des 14. ZK-Plenums vom 21. Juni. Zwar wurde hier die »Tag X«-Version festgeschrieben, aber ebenso fand sich folgender Satz in diesem Text: »Wenn Massen von Arbeitern die Partei nicht verstehen, ist die Partei schuld, nicht die Arbeiter!«[112] Dieses Versagen der Partei stand auch auf der Tagesordnung vieler Belegschaftsversammlungen, in denen oft drastisch mit den zahllosen Mißständen abgerechnet wurde. In den Brennpunkt solcher Auseinandersetzungen gerieten, so hat Klaus Ewers betont, die Funktionäre vor Ort. In der Spannung zwischen Regimeforderungen und dem Widerstand dagegen an der Basis brachen sie zeitweilig »aus der einseitigen Loyalität ›nach oben‹ hin aus. Sie schlugen sich auf die Seite der kritisierenden und fordernden Basis bzw. einer ›mittleren‹, kompromißlerischen Linie«, die den Arbeiterinteressen entgegenkam.[113]

Umfang, Erscheinungsformen und Ausgang der vielfältigen Konflikte in den Betrieben, aber auch in Einzelgewerkschaften wie der IG Bau und IG Metall nach

---

110 Nach einer Information vom Presseamt des Ministerpräsidenten wurde eine differenzierte Regelung beschlossen: Generell wurde versäumte Arbeitszeit nicht bezahlt. Wer schuldlos seine Arbeit nicht durchführen oder seinen Arbeitsplatz nicht erreichen konnte, sollte 90 Prozent des Zeitlohns bzw. Grundgehalts erhalten. Nur wer »ordnungsgemäß an der Bewachung des Betriebes« teilgenommen hatte, erhielt die volle Bezahlung. »Tribüne« vom 27.6.1953.
111 Textauszüge bei Weber (Hg.), Dokumente, S. 200 f.
112 Dokumente der SED Bd. IV, S. 436 ff.
113 Klaus Ewers, Juni-Schock und Neuer Kurs. Einige systematisierte Überlegungen zur Politik des »Neuen Kurses« in der DDR 1953, in: Deutsche Studien 23 (1985), S. 410-418, hier: S. 416.

III. Die Klasse lehrt die Führung des Fürchten – Aufstände der Arbeiter 1953

dem Ende des offenen Aufstandes sind bislang im Vergleich zum Aufstandsverlauf relativ wenig untersucht worden. Sie lassen sich noch schwerer bilanzieren als die Aktionen am 17. Juni selbst. Die Hinweise über die Auftritte hoher Funktionäre in zahlreichen Belegschaftsversammlungen in den veröffentlichten zeitgenössischen Quellen belegen jedoch bereits hinreichend, daß diese Konflikte keine Randerscheinungen waren. Neue Quellen, insbesondere die Lageberichte der Volkspolizei, haben dieses Bild bestätigt und beträchtlich erweitert.[114] Welches Ausmaß die Versammlungswelle nahm, mag das Beispiel des Elektrochemischen Kombinats Bitterfeld (EKB) illustrieren. Zwischen dem 24. Juni und dem 8. Juli fanden 54 Versammlungen mit 171 Abteilungen statt. Die durchschnittliche Teilnehmerquote von nur 31,2 Prozent war zwar ein Indiz für die Distanz der Belegschaftsmitglieder zu diesen von oben organisierten Spektakeln. Andererseits bot sich hier eine Möglichkeit, Forderungen und Wünsche vorzutragen. Nach einem zusammenfassenden Parteibericht wurden 979 Anliegen vorgebracht, von denen 779 innerhalb des EKB geregelt werden konnten. An der Spitze standen Lohn- und Gehaltsfragen, gefolgt von Problemen sozialer und kultureller Betreuung, des Arbeitsschutzes, der Erschwernisvergütung und der Arbeitsorganisation. Unter den Punkten, die nicht innerhalb des Werkes geregelt wurden, dürften sich vor allem die Freilassung von Verhafteten, aber auch Normfragen befunden haben. Die Betriebsleitungen bemühten sich, viele Forderungen durch Rückgriffe auf eigene materielle Reserven zu befriedigen.[115]

Ein anderes nicht untypisches Beispiel war der VEB »7. Oktober« (Niles-Werke), den Ulbricht am 23. Juni besuchte und dabei versicherte, man wolle keine »Massenrepressalien durchführen«. Diese Zusicherung mag dazu beigetragen haben, nach dem Verbleib von Verhafteten zu fragen. Ein Gewerkschaftsvertreter erklärte daher auf der Versammlung: »Ich spreche im Namen der Gewerkschaftsgruppe 9. Nach den Ereignissen vom 17. Juni sind aus dem Schwertransport drei Kollegen spurlos verschwunden. Wir bitten die BGL, uns zu erklären, was die Kollegen ausgefressen haben.«[116] Im Leuna-Werk erlebte Ulbricht einen Tag später dasselbe. Solche Forderungen kamen aus vielen Betrieben, bisweilen waren sie mit Unterschriftenlisten oder Geldsammlungen verbunden.[117] Über eine Belegschaftsversammlung im Buna-Werk Schkopau/Merseburg, an der etwa 600 Belegschaftsmitglieder teilnahmen, hieß es in einem Lagebericht der Volkspolizei vom 26. Juni: »In der Diskussion, die nach dem Referat des Gen. Fred Oelßner stattfand, hielten mehrere Belegschaftsmitglieder hetzerische Reden gegen die DDR und gegen die Volkspolizei, die von den übrigen Teilnehmern größtenteils beifällig aufgenommen wurden. Des weiteren wurde der Gen. Fred Oelßner, als

---

114 Arbeiterproteste 1953 im Spiegel der Lageberichte der Volkspolizei. Recherche im Bestand DO 1/ 11.0 des Bundesarchivs. Zusammengestellt von Mathias Harz/Hans-Hermann Hertle/Hilde Kroll, 2 Teile, Potsdam ZZF 2003 (im folgenden zitiert: Harz/Hertle/Kroll).
115 Olaf Freier, Propaganda, Verfolgung, Disziplinierung. Die Folgen des Aufstandes im Kreis Bitterfeld, in: Wahl/Wagner(Hg.), Bitterfelder Aufstand, S. 105-117, hier: S. 112.
116 Zit. bei Ewers/Quest, Kämpfe, in: Spittmann/Fricke (Hg.), 17. Juni, S. 44.
117 Ebd.

5. Das Dilemma der Funktionäre nach der Niederschlagung des Aufstandes

er das Schlußwort hielt, mehrmals durch provokatorische Zwischenrufe und Lachen unterbrochen. Die vom Parteisekretär des Werkes zur Verlesung gebrachte Resolution, sich von den Brandstiftern zu distanzieren, wurde mit großer Mehrheit nicht angenommen. MfS und Bezirksleitung der SED wurden verständigt.« Im Karl-Marx-Werk, Magdeburg, wurde einen Tag später die Stimmung als »sehr zurückhaltend« bezeichnet. »Angeblich ist die Belegschaft über die vorgenommenen Verhaftungen sehr beunruhigt. Die Aufklärung der Werktätigen seitens der Partei und der BGL ist sehr mangelhaft.«[118]

Viele Solidarisierungs- und Protestaktionen bis zur Androhung und Umsetzung neuer Streiks lassen sich noch im Juli feststellen. Das mochte mit dem durchaus differenzierten Vorgehen der Machthaber zusammenhängen. Angesichts der Breite des Aufstandes hätten Massenrepressalien gerade gegenüber Arbeitern negative Auswirkungen auf die Wirtschaft und den »Neuen Kurs« gehabt, der sich ja nicht zuletzt im Hinblick auf die politische Repression vom früheren Vorgehen absetzen sollte und daher auch zur Überprüfung von Urteilen gegen politische Häftlinge geführt hatte. Erich Mielke, damals Staatssekretär im MfS, befahl daher am 19. Juni, nur solche Streikleitungen sollten sofort und ohne vorherige Prüfung verhaftet werden, die Forderungen wie »Nieder mit der Regierung« oder »Nieder mit der SED« vertreten hätten. Soweit sie dagegen nur ökonomische Forderungen aufgestellt hätten, sollten sie erst »nach Überprüfung der einzelnen Mitglieder« festgenommen werden.[119] In einer Direktive des Justizministers Max Fechner für die Bezirksgerichte vom 21. Juni wurde zudem gefordert, bei der Strafzumessung genau zu unterscheiden zwischen »Agenten, Provokateuren, Rädelsführern auf der einen Seite und den verführten Werktätigen der DDR auf der anderen Seite.«[120] Bis Ende Juni 1953 kam die Mehrzahl der Verhafteten wieder frei. Auch der spektakuläre Artikel Max Fechners vom 30. Juni 1953 im »Neuen Deutschland«, in dem er auf das in der Verfassung der DDR verankerte Streikrecht hinwies[121], mag dazu beigetragen haben, Forderungen nach Freilassung von Streikführern bei den Belegschaften Nachdruck zu verleihen.[122] Jedenfalls hatten die Funktionäre große Mühen, die verordnete »Entlarvung der Provokateure« in Gang zu setzen, weil viele Belegschaften die Distanzierung von den Streikleitungen verweigerten. »Wir haben Wochen dazu gebraucht«, schrieb der Parteisekretär der Niles-Werke rückblickend, »um im Betrieb eine Diskussion da-

---

118 Beide Zitate bei Harz/Hertle/Kroll, Juni/Juli, S. 6. An Oelßners Auftritt erinnert auch der Zeitzeugenbericht einer früheren Chemiefacharbeiterin in: Lange/Roß (Hg.), 17. Juni, S. 395 f.
119 Zit. bei Kowalczuk, 17.6.1953, S. 248.
120 Zit. ebd.
121 »Neues Deutschland« vom 30.6.1953. Der Artikel wurde zum Vorwand für die Verhaftung und Verurteilung Fechners. Detailliert zur Biographie und zum »Fall Fechner« Rudi Bechert, Lieber Genosse Max. Aufstieg und Fall des ersten Justizministers der DDR, Berlin 2003, insbesondere S. 222-238. Zu Fechners Verhaftung und Rehabilitation siehe unten, S. 360.
122 Mehrere Beispiele dazu (meist ohne genaues Datum) bei Ewers/Quest, Kämpfe, in: Spittmann/Fricke (Hg.), 17. Juni, S. 44 f.

III. Die Klasse lehrt die Führung des Fürchten – Aufstände der Arbeiter 1953

rüber zu entfachen«. Und für die Leuna-Werke stellte das »Neue Deutschland« später fest: »Erst Monate später begann man hier aufzuräumen.«[123] In den betrieblichen Diskussionen spielte auch der FDGB eine bedeutsame Rolle. Obwohl das Verhalten seiner Funktionäre am 17. Juni nicht einheitlich gewesen war, richtete sich der Unmut vieler Belegschaften gegen sein Versagen als Interessenvertretung. Mangelnde Selbstkritik wurde ihm vorgeworfen, und Forderungen nach stärkerer Trennung von Partei und Gewerkschaft wurden laut. »In fast allen Betrieben in den Bezirken«, resümierte der FDGB-Bundesvorstand am 21. Juni, »wird in den Diskussionen der Arbeiter stark darüber gesprochen, warum gibt der FDGB-Bundesvorstand nicht die Punkte bekannt, die er ausgearbeitet und als Forderung an die Regierung gestellt hat und warum hört man nichts davon, inwieweit diesen Punkten Rechnung getragen wird.«[124] Mißtrauenserklärungen auf allen Organisationsebenen, Austrittserklärungen und Beitragsverweigerungen waren häufig die Folgen von Unmut und Enttäuschung. Gerade die mittlere Funktionärsebene fühlte sich dabei nicht ganz zu Unrecht in einer Position zwischen allen Stühlen. Ihr Versagen wurde aus unterschiedlichen Richtungen sowohl von oben wie von unten kritisiert.[125]

Ein charakteristisches Beispiel war der Bericht der Erfurter Zeitung »Das Volk« vom 7. Juli 1953 »Was sollen Gewerkschaftsleitungen jetzt tun?« Angesichts einer langen Liste alltäglicher ungelöster Probleme (wie unzureichende Umkleideräume, Pausenregelung, minderwertige Arbeitskleidung, Verkehrsverbindungen usw.) wurden die BGL immer wieder kritisiert, daß sie sich darum nicht genügend kümmerten und sich »von vornherein als Anhängsel ihrer Werksleitungen und nicht als Interessenvertreter ihrer Belegschaften fühlten. In nicht wenigen Betrieben sind die Mitglieder der Betriebsgewerkschaftsleitungen den Arbeitern kaum bekannt.«[126] Das war das Muster einer jahrelangen, stereotypen Kritik von oben, die immer wieder neue Nahrung fand, weil die Konstruktion der Gewerkschaft als »Transmissionsriemen« ihren Handlungsspielraum zwangsläufig massiv einengte.

Im Juli 1953 scheinen die Protest- und Solidarisierungsaktionen stellenweise an Intensität zugenommen zu haben. Die SED hatte zwar wieder Tritt gefaßt, und die Sicherheitsorgane sowie die Justiz gingen gezielt gegen die »Rädelsführer« vor, soweit sie verhaftet werden konnten, nachdem diejenigen, denen nichts nachzuweisen war, wieder auf freien Fuß gesetzt worden waren. Die große Mehrzahl der Belegschaften paßte sich notgedrungen an, zumal in betrieblichen Sofortprogrammen einige der sozialpolitischen Forderungen erfüllt worden waren.[127] Die Auseinandersetzungen um die Ziele und Folgen des Aufstandes waren aber noch keineswegs beendet. Ein Vertrauensmann des Ostbüros der SPD berichtete am 13. Juli von »Streikstimmung« in mehreren Dresdner Schwerpunktbetrieben, wobei höhe-

---

123 Beide Zitate ebd., S. 45.
124 Zit. bei Stadtland, Herrschaft, S. 499.
125 Ebd., S. 500 f.
126 Auszug in: SBZ-Archiv 4 (1953), S. 224.
127 Vgl. Ewers/Quest, Kämpfe, in: Spittmann/Fricke (Hg.), 17. Juni, S. 48 f.

5. Das Dilemma der Funktionäre nach der Niederschlagung des Aufstandes

re Löhne, Entlassung der Verhafteten und Rücktritt der Regierung in den Diskussionen die Hauptrolle gespielt haben sollen. Ein ganztätiger Streik im VEB EKM Turbine für die Freilassung von Verhafteten konnte demnach zumindest einen Teilerfolg erzielen.[128] Noch den gesamten Juli über finden sich in den Volkspolizeiberichten aus allen Regionen und zahllosen Einzelbetrieben Hinweise auf vielfältige Formen von Verweigerung, »negative Diskussionen«, Pfeifkonzerte gegen Parteifunktionäre, Warnstreiks und Streikandrohungen, äußerst mangelhaften Besuch offizieller Belegschaftsversammlungen, Kritik an der Schönfärberei der Presseberichterstattung, Solidaritätsaktionen für Verhaftete, Beitragsboykott gegenüber dem FDGB oder der »Deutsch-Sowjetischen Freundschaft« (DSF). Auch eine – für kritische Situationen charakteristische – verstärkte Verbreitung von Gerüchten über neue Streiks und Unruhen wurde aus allen Bezirken gemeldet. Erst im August und September nehmen die Berichte über Protestaktionen deutlich ab.[129] Viele Konflikte waren zwar auch in anderen Perioden »normal«, und kurze Arbeitsniederlegungen wegen Lohn- und Prämienauseinandersetzungen fielen in den fünfziger und sechziger Jahren keineswegs aus dem Rahmen. Die Häufung demonstrativer Aktionen im Juli 1953 läßt sich aber klar als Ausdruck für die immer noch beträchtliche Unruhe in den Betrieben nach dem gewaltsamen Ende des Aufstands verstehen. Wieweit in einer solchen spannungsgeladenen Situation auch die Flugblätter des Ostbüros des DGB mit Aufrufen der »Kleinen Tribüne« zum Beitragsstreik und zur Langsamarbeit eine Rolle spielten, läßt sich nicht entscheiden. Immerhin beobachte das MfS das Ostbüro des DGB in der 1954 angelaufenen »Aktion Bollwerk« mit besonderer Aufmerksamkeit.[130] (☞ vgl. *Abb. 32*, S. 354)

Zu den spektakulären Widerstandsaktionen gehörten die Streiks in Jena und in den Buna-Werken. Es mochte mit der spezifischen Tradition einer geschichtsbewußten Stammbelegschaft der Zeiss-Werke und ihrer Stiftung zusammenhängen, daß es hier im Juli immer wieder rumorte und sich die lange aufgestaute Erbitterung über die Entrechtung und erzwungene Entsolidarisierung durch eine »Arbeiterregierung« schließlich auch Luft machte. Bei der Gewerkschaftsaktivtagung am 9. Juli, auf der mit »Rädelsführern« des Aufstandes abgerechnet werden sollte, fand eher das Gegenteil statt. »Während der ganzen Tagung«, vermerkte das offizielle Protokoll, »wurden vorzugsweise politische Forderungen diskutiert: Freilassung der Verhafteten aus dem Anlaß des 17. Juni, grobe Angriffe gegen die Regierung, Verächtlichmachung führender Mitglieder der Regierung, z. B. des Gen. Walter Ulbricht [...] Interessant war die Feststellung, daß bei jedem Angriff auf die Regierung ein Großteil der Kollegen geradezu begeistert Beifall klatschte.«[131]

Auf mehreren vorangegangenen Versammlungen wurden bereits am 7. Juli zum Teil umfangreiche Kataloge detaillierter sozialer und auch genuin politischer Forderungen formuliert.[132] Dazu zählten neben freien Wahlen die sofortige Ent-

---

129 AdsD, Ostbüro 0434, Berichte Box 1677, Bericht Dresden vom 7. Juli 1953.
130 Harz/Hertle/Kroll, Juni/Juli bis Dezember 1953.
130 Siehe unten, Abschnitt 7 (S. 364 ff.).
131 Zit. bei Voigt, Zeiss-Arbeiter, in: Mählert (Hg.), 17. Juni, S. 128.
132 Kowalczuk, 17.6.1953, S. 232.

III. Die Klasse lehrt die Führung des Fürchten – Aufstände der Arbeiter 1953

Bitte lesen und weitergeben!

DIE KLEINE Tribüne

Nr. 7 / 3. Jhrg. | Juli 1953 | FDGB

Jetzt:
Beitragsstreik und Langsamarbeit!

Der neue (Kon-) Kurs

Wer dreimal lügt, dem glaubt man nicht!

Durch das Eingreifen der Sowjetarmee ist mit der arbeiterfeindlichen Regierung zugleich auch der FDGB als Staatsgewerkschaft in letzter Sekunde gerettet worden, aber: als Ruine!

Alles, was wir hier in der „Kleinen Tribüne" seit Jahren vorausgesagt oder festgestellt haben, ist haargenau eingetroffen: Der FDGB ist ein Werkzeug der Ausbeutung d den Arbeitern verhaßt. Er steht er jeder t eindeutig auf der Seite der Unter.cker und teilt deren Schicksal. Der Juniaufstand hat das nun auch endgültig den Sowjets, der SED und dem Bundesvorstand klargemacht. Was jetzt als „neuer Kurs" des FDGB bezeichnet wird, ist ein letzter, verzweif ter Versuch, die an der Herrschaft befindliche Bürokratengarnitur und die Funktion der Staatsgewerkschaft als Hilfspartei der SED und als Regierungsamt für Arbeitsansporung grundsätzlich zu retten, und zwar durch zeitweiliges Nachgeben und eine „weiche Taktik".

Wir fallen nicht darauf rein!

Das ist ja nicht das erste Mal. Erinnern wir uns an das Jahr 1951, an die Einführung der Betriebskollektivverträge. Damals zwang der Widerstand der Arbeiter den FDGB zu s ner wichtigsten Kursänderung seit seinen Mißerfolgen und Rückziehern in der Frage der Nacharbeit die Feiertage und der Weihnachtsgratifikationen. Mit dem Erscheinen des berühmten „Zschau-und-Brumme"-Artikels wurde Ende 1951 eine angebliche „neue Ära" des FDGB eingeleitet. Die Schlagworte von damals sind die gleichen wie heute:
Das Gesicht den Betrieben zu!
Schluß mit dem Kommandieren!
Die Tagesinteressen der Arbeiter vertreten!
Kein Nurwirtschaftertum!
Sorge um den Menschen!

Entmachtung der Bürokraten!
Überzeugen statt befehlen!
Innergewerkschaftliche Demokratie!
Raus mit der BGL aus dem Schlepptau der Betriebsleitung!

Was ist daraus geworden?

Nachdem die „Tribüne" eine Zeitlang solche Parolen fleißig druckte und die von der SED ernannten Bundesvorstandsmitglieder solche großen Töne schwangen, kehrte der FDGB treu und bieder in sein nurwirtschaftliches Fahrwasser zurück. Für die ihm im Mai 1952 abgetrotzten Milderungen der Arbeitsgesetzgebung rächte er sich an den Arbeitern durch Drehen der Normenschraube. Und Anfang 1953 pfiff der SED-Pressedienst die „Tribüne" ganz offiziell zurück, die versehentlich noch immer die BGL „aus dem Fahrwasser der Betriebsleitung heraushalten" wollte. Das war fortan wieder ein „politischer Fehler", und es war aus mit der „Zschau-und-Brumme"-Romantik.

Die Rattenfänger

Die Herren vom Bundesvorstand schätzen die Intelligenz der deutschen Arbeiter so gering ein wie ihre eigene. Sie reden sich ernstlich ein, diesmal würden ihnen die Arbeiter ihre Kursänderung wirklich glauben, und klammern sich an diese vergebliche Hoffnung. Nicht nur die Tatsache aber, daß der FDGB nun schon mehrfach der Lüge überführt worden ist, führt zum Ende des „neuen Kurses" in einem neuen „Konkurs", sondern mehr noch die einfache Überlegung, daß die gegenwärtige Filzpantoffelpolitik des FDGB auch aus wirtschaftlichen Gründen nicht von Dauer sein kann. In allen staatskapitalistischen Systemen herrscht die Notwendigkeit zur Vergrößerung der staatlichen Profits auf Kosten der Produzenten, also der Arbeiter. Man kann die Methoden zeitweilig mildern, aber der Zwang zur Ausbeutung

Für Freilassung aller Verhafteten!

Abb. 32: Harsche Kritik der »Kleinen Tribüne« am »Neuen Kurs« der SED.

lassung von Inhaftierten des 17. Juni, Wegfall der Zonengrenzen, »Freigabe der Ostgebiete«, Rückgabe der Eigenheime der Firma C. Zeiss und eine »neue Schulreform«. Die völlig heterogenen Forderungen, die in einem MfS-Bericht genau

5. Das Dilemma der Funktionäre nach der Niederschlagung des Aufstandes

aufgelistet werden, machten in ihrer bunten Mischung einen reichlich unüberlegten und gerade deshalb kaum sorgfältig geplanten Eindruck.[133] Über den am 11. Juli begonnenen Sitzstreik mit 1.500 Teilnehmern in drei Abteilungen hielt der Bericht fest: »Die Streikenden verhalten sich ruhig. Diskussionen finden nicht statt. Sie sitzen entweder an ihrem Arbeitsplatz oder lehnen sich aus den Fenstern. Der Staatsanwalt befindet sich zur Zeit im Werk und spricht zu den Streikenden. [...] Die Organisatoren des Streiks sind zum Teil bekannt.« Am Nachmittag wurden bereits 2.000 Streikende registriert.[134] Ausgangspunkt war, wie die Volkspolizei berichtete, die Forderung nach Freilassung »des Provokateurs Norkus«, der am 17. Juni eine Schlüsselrolle gespielt hatte und verhaftet worden war. Als die Forderung nicht erfüllt wurde, kam es zu dem angekündigten Streik, an dem sich nach Schätzungen der Polizei sogar 3.000 bis 3.500 Arbeiter beteiligten.[135] Auch wenn keiner der wichtigen Forderungen nachgegeben wurde, zeigen doch die Formen der Auseinandersetzung zwischen Belegschaft und Betriebsleitung beziehungsweise Staatsmacht fast einen Monat nach dem Aufstand, wie wenig die Lage im gewünschten Sinne wieder »normalisiert« war, wobei die offizielle Sprachregelung von »faschistischen Provokateuren« immer wieder Empörung hervorrief.

Noch mehr galt das für den wenige Tage später, am 15. Juli, entstandenen Streik in den Buna-Werken in Merseburg. Er erreichte größere Ausmaße als am 17. Juni und umfaßte 4.000 Streikende in 10 Abteilungen. Nach Angaben der Volkspolizei wurden folgende vier Forderungen gestellt: 1. Der Betriebsschutz soll im Betrieb keine Waffen tragen; 2. Beseitigung der Wachtürme im Betrieb; 3. Bezahlung der Streiktage vom 17. Juni bis zum letzten Tag des Streiks; 4. Freilassung der Verhafteten vom Aufstandstag.[136] Eine Betriebsversammlung mit Minister Selbmann, an der ungefähr 500 Personen teilnahmen, charakterisierte ein MfS-Bericht folgendermaßen: »Der Minister sprach über die augenblickliche Lage und forderte die Arbeiter auf, an die Arbeit zu gehen. Seine Rede fand am Anfang großen Anklang und wurde mehrmals durch Beifall unterbrochen. Nach Einsetzen der Diskussion wurde vonseiten der Partei ein Diskussionsredner als Provokateur hingestellt. Dadurch schwenkte die Versammlung um und nahm Stellung gegen die Versammlungsleitung. Auf Grund der jetzt aufgetretenen Diskussionsredner, die provokatorische Reden führten, wurde die Diskussion abgebrochen und Minister Selbmann das Wort erteilt, wobei 80 Prozent der Anwesenden den Saal verließen.«[137] Der häufig bezeugte Zorn der Arbeiter über Beschimpfungen als Provokateure oder Faschisten war auch hier der Stein des Anstoßes und ein Element der Eskalation. Selbstkritisch konstatierte das MfS in Buna, man habe nach dem 17. Juni geglaubt, »daß alles wieder seinen gewohnten Gange geht und sah nicht, daß der Klassengegner zu neuen Schlägen ausholt.« Die Zahl und

---

133 Information Nr. 1011a vom 11.7.1953, BStU, MfS Allg. S. 9/57, Bd. 9a, Bl. 304 f.
134 Ebd., Bl. 310 f.
135 Harz/Hertle/Kroll, Teil II, S. 24, 27.
136 Ebd., S. 31 f.
137 Information Nr. 1021 vom 23.7.1953, ebd., Bl. 95. Ein Bericht von Selbmann mit ähnlichem Tenor ist wiedergegeben bei Hoffmann/Schmidt/Skyba, DDR, S. 178 ff.

III. Die Klasse lehrt die Führung des Fürchten – Aufstände der Arbeiter 1953

Qualität der inoffiziellen Mitarbeiter wurde demnach als völlig unzureichend beurteilt. Von den 18 Verhafteten während der Streiktage vom 15. bis 18. Juli wurden 7 der Justiz übergeben und 11 nach einer Verpflichtungserklärung, für das MfS zu arbeiten, wieder entlassen.[138]

Aktionen dieses Ausmaßes gab es in der Folgezeit nicht mehr. Jedoch finden sich in den Meldungen der Volkspolizei immer wieder Hinweise auf kurze Arbeitsniederlegungen, Verweigerung der FDGB-Mitgliedsbeiträge, Austritt aus der Gewerkschaft, Solidaritätssammlungen für Verhaftete, Gerüchte über eine Wiederholung des 17. Juni.[139]

Im September konstatierte das MfS generell eine »passive Haltung« der Belegschaften in gesellschaftspolitischer Hinsicht: Versammlungen wurden schlecht besucht, die Übernahme von Funktionen lehnten die meisten Arbeiter ab.[140] Neben der unzureichenden Agitationsarbeit der BGL und der Betriebsparteiorganisationen (BPO) führte man diese Passivität auf den Einfluß des RIAS und auch auf die amerikanische Paketaktion zurück, die Ende Juli in Westberlin angelaufen war. In der ersten Phase vom 27. Juli bis 15. August wurden etwa 2,7 Millionen, in der zweiten vom 27. bis 31. August etwa 1,3 Millionen Lebensmittelpakete im Wert von 5 DM zur Verteilung bereitgestellt. Nur mühsam gelang es der Polizei, diese für die SED kompromittierende Hilfsaktion durch eine zeitweilige Fahrkartensperre einzudämmen.[141] Das MfS bewertete die »Ami-Paketaktion« zugleich als ein Einfallstor für Diversion, weil die Abholer registriert und »laufend mit Hetzschriften beschickt« würden.[142] Mit einer wütenden Kampagne versuchte die Presse gegenzusteuern. So titelte das FDJ-Organ »Junge Welt«: »Paket-Bettler von Arbeitern gebührend empfangen. Randalierende Texasjünger wurden in Leipzig durch Arbeiterfäuste zur Ordnung gerufen.«[143] Solche Ausfälle gehörten zur großmäuligen Partei-Rhetorik, die wenig über die tatsächliche Stimmung aussagte. Zu dieser Zeit hatten jedoch bereits die zahlreichen Entlassungen begonnen, und die strafrechtlichen Repressionen zeigten ihre Wirkung, so daß sich Widerstand kaum noch offen artikulieren konnte.

---

138 Information Nr. 1021 d vom 23.7.1953, BStU, MfS Allg. S. 9/57, Bd. 9a, Bl. 123 ff.
139 Harz/Hertle/Kroll, Teil 2.
140 Analyse über die Entwicklung der Lage vom 15.9. bis 30.9.53, BStU, MfS-AS 9/57 Bd. 4, Bl. 136 f.
141 MB Ostbüro August 1953, S. 33; MB Juli 1953, S. 24. Vgl. zur Paketaktion Stöver, Befreiung, S. 488 ff.
142 Dienstanweisung Mielkes vom 30.9.1953 betr.: Ami-Paketaktion, BStU, MfS/Zentralarchiv, Allg. S 100/61 Bd. 4, Bl. 431 ff. Vgl. auch den Polizeibericht für den Bezirk Cottbus vom 26.10.1953, der hervorhob, daß sich wegen »ungenügender Aufklärung« sogar »sehr viele fortschrittliche Arbeiter« Pakete aus Berlin abgeholt hätten. Ciesla, Freiheit, S. 202 f.
143 »Junge Welt« vom 5.8.1953.

6. Repression und Krisenprävention – Verurteilungen, »Säuberung« der Apparate und Schaffung der Betriebskampfgruppen

Die Hexenjagd auf die »Rädelsführer« begann gleich nach der Niederschlagung des Aufstandes. Anfangs produzierte der Schock jedoch vor allem beim FDGB in bemerkenswertem Umfang auch ein Nachdenken über die eigene Rolle. Im Bundesvorstand und in einigen Branchengewerkschaften schien man sich zeitweilig auf die ureigenen Aufgaben der Gewerkschaften als Interessenvertretung zu besinnen, forderte Sofortprogramme und stärkere Distanz zu den Werksleitungen, aber auch zur Partei. Insofern trugen solche Debatten kurzzeitig einen anderen Charakter als die üblichen rituellen Floskeln parteifrommer Zerknirschung, wenn etwas schief gelaufen war. Zwar wurde nicht am Dogma der führenden Rolle der Partei gekratzt, aber die FDGB-Spitze diskutierte offen die Defizite und forderte in einer Vorlage vom 3. Juli 1953 an das Politbüro: »Es darf keine direkten Eingriffe von Parteiorganen in Angelegenheiten der Gewerkschaften geben, die die Entfaltung der Arbeiterdemokratie in den Gewerkschaften hindern.«[144]

Mit wachsendem zeitlichen Abstand zum Aufstand setzten sich jedoch die linientreuen Kräfte schnell wieder durch. Die 14. Bundesvorstandssitzung des FDGB vom 13. bis 15. August schwenkte voll auf die Position des mittlerweile wieder fest im Sattel sitzenden Ulbricht über, akzeptierte vorbehaltlos die offizielle Sprachregelung und ging rücksichtslos gegen Abweichler in den eigenen Reihen vor. Ulbricht fuhr auf dieser Sitzung schweres Geschütz auf. Etliche Gewerkschaftsorganisationen seien der Meinung, »daß die Regierung keine Arbeiter- und Bauernregierung ist, sondern irgendeine undefinierbare Regierung, zu der die Gewerkschaften in Opposition stehen«.[145] Diese Attacke galt vor allem dem Zentralvorstand der IG Metall. Ihre Leitung wurde komplett neu besetzt. Dem Zentralvorstand unter Leitung von Hans Schmidt warf Warnke fraktionelle Gruppenbildung und kapitulantenhaftes Verhalten in den Tagen des Aufstands vor. »Schmidt und alle, die ihm halfen,« konstatierte der entsprechende Untersuchungsbericht des Bundesvorstandes, »stellen sich damit direkt in die Reihen der Provokateure, die am 17. Juni Arbeiterfunktionäre niederschlugen, zu Gewaltakten aufriefen, Gewerkschaftshäuser plünderten und alles taten, um unsere Erfolge in der DDR zu vernichten.«[146]

Ähnlich erging es dem Zentralvorstand der IG Bau/Holz und ihrem Vorsitzenden Franz Jahn. Drohend rief Ulbricht ihnen zu: »Wir werden Euch schon noch lernen, wie man Gewerkschaftsarbeit durchführt! Das geht so nicht weiter. Das ist

---

144 Zit. bei Wolfgang Eckelmann/Hans-Hermann Hertle/Rainer Weinert, FDGB intern. Innenansichten einer Massenorganisation der SED, Berlin 1990, S. 32.
145 Zit. nach Jänicke, Dritter Weg, S. 47. Ulbrichts Rede wurde veröffentlicht im »Neuen Deutschland« vom 26.8.1953. Dort findet sich auch die Angabe, daß der Anteil der SED-Mitglieder in den FDGB-Leitungen 1952 noch 23 Prozent betrug, nach dem 17. Juni aber auf 19 Prozent zurückging.
146 Zit. bei Eckelmann/Hertle/Weinert, FDGB intern, S. 35.

III. Die Klasse lehrt die Führung des Fürchten – Aufstände der Arbeiter 1953

unmöglich.«[147] Auch die Leitungen der IG Energie und der Gewerkschaft Post und Fernmeldewesen wurden wegen »opportunistischen und kapitulantenhaften Zurückweichens« gemaßregelt. Insgesamt wurden 71,4 Prozent der FDGB-Kader bei den Gewerkschaftswahlen 1953 ausgewechselt. Daß 1955 auf dem IV. Bundeskongreß des FDGB 80 von 101 Mitgliedern des Bundesvorstandes ausschieden, war ebenfalls eine späte Nachwirkung des Juni-Aufstandes.[148]

Auch auf der Ebene der Betriebsparteiorganisationen (BPO) gab es – häufig unter dem diffusen Vorwurf des »Sozialdemokratismus« – umfassende »Säuberungen« und personelle Veränderungen. Angesichts der hohen innerbetrieblichen Solidarität und der zu vermutenden oppositionellen Einstellungen war hier aus der Sicht der Parteiführung ein entschiedenes »Durchgreifen« unerläßlich. Genaue Gesamtzahlen dazu existieren bisher nicht. Exemplarische Beispiele wie das wichtige Leuna-Werk »Walter Ulbricht« erhellen aber das Ausmaß der Eingriffe. Symptomatisch war der dürftige Besuch einer Belegschaftsversammlung am 24. Juni, bei der Ulbricht zugegen war und zu der von insgesamt 28.000 Werksangehörigen nur 1.300 erschienen. Das war nicht einmal die Hälfte der Parteimitglieder. Ulbricht selber gab die Anweisung zur »Säuberung« der Parteiorganisation. Die Umsetzung gestaltete sich jedoch als schwieriger Prozeß. Noch Anfang 1954 mußte die Kreisdelegiertenkonferenz feststellen: »Es geht in den Leuna-Werken darum, mit dem Sozialdemokratismus aufzuräumen.«[149] Bitterfeld und Halle ließen sich neben vielen anderen als weitere Beispiele für die exzessive »Säuberung« der Partei in den Großbetrieben anführen.[150]

Das Räderwerk des riesigen internen Parteikontrollapparats der SED wurde in Bewegung gesetzt, um die Voraussetzungen des Aufstandes schonungslos »aufzudecken« und daraus die richtigen Schlüsse zu ziehen. Diese Säuberungsaktion war Teil der innerparteilichen Auseinandersetzung mit der »parteifeindlichen Fraktion« um Zaisser und Herrnstadt, aber sie reichte viel weiter und sollte die »Einheit und Reinheit der Partei« auf allen Ebenen sicherstellen. Denn daß es diese bislang nicht gegeben hatte, machten die peniblen Untersuchungen der Kontrollorgane überdeutlich. Läßt man die Feindprojektionen und sprachlichen Verbiegungen in den Analysen der Parteikontrollkommissionen beiseite, dann wurde in ihnen auf eine für die Partei dramatische Weise erkennbar, in welchem Ausmaß die Mißstände bei der Güterversorgung und in den Betrieben sowie die Wut der Bevölkerung auf das Funktionärsregime und auf die Justiz für den Aufstand verantwortlich waren. Parteimitglieder hatten dabei bis in Streikleitungen hinein eine keineswegs periphere Rolle gespielt.[151]

---

147 Zit. ebd., S. 36.
148 Die Zahlen nach Jänicke, Dritter Weg, S. 47 f.
149 Jänicke, Dritter Weg, S. 49 f. Jänicke führt etliche Beispiele insbesondere aus der Chemie-Industrie an, wo die Situation ähnlich war (Anm. 160), und verweist auch auf den generell hohen Anteil von Altkommunisten, die von den Säuberungen betroffen waren.
150 Freier, Propaganda, in: Wahl/Wagner (Hg.), Bitterfeld, S. 116; A. Klein, Arbeiterrevolte, S. 40 ff.
151 Thomas Klein, »Für die Einheit und Reinheit der Partei«. Die innerparteilichen Kontrollorgane der SED in der Ära Ulbricht, Köln 2002, S. 248.

6. Verurteilungen, »Säuberung« der Apparate, Schaffung der Betriebskampfgruppen

Wenig verwunderlich war, daß die Kontrolleure auf die Einflüsse der »Untergrundbewegung des Ostbüros« der SPD fixiert waren, ging es doch hier vor allem darum, diesen Stachel im Fleisch der eigenen Partei endlich zu beseitigen. Thomas Kleins minutiöse Rekonstruktion der Untersuchungen der Parteikontrollkommissionen auf allen Bezirksebenen vermittelt ein präzises Bild davon. Dabei waren Bezirke wie Magdeburg die Spitze eines Eisbergs. »Es ist alles zerfressen vom Sozialdemokratismus«, stellte der Bericht einer Instrukteursbrigade im Oktober 1953 fest. »Man kann sagen, das 2/3 der PO [Parteiorganisation; C. K.] aus der früheren SPD kommen und sie haben sich von den alten Traditionen noch nicht losgerissen.«[152] Ein späterer Bericht bemühte sogar wieder die alte Sozialfaschismusthese: »Genosse Stalin lehrt, daß es unmöglich ist, dem Kapitalismus den Garaus zu machen, ohne dem Sozialdemokratismus in den Reihen der Arbeiterbewegung den Garaus gemacht zu haben. [...] Es gibt keinen Unterschied zwischen den faschistischen Agentenzentralen und dem Ostbüro der SPD.«[153]

Zweifellos wäre es falsch, aus solchen verbalen Eskapaden unmittelbar auf die Intensität innerparteilichen sozialdemokratischen Widerstands zurückzuschließen. Denn das Mißverhältnis zwischen punktueller Opposition und dem Ausmaß der repressiven Energie in den Parteisäuberungen war zu offensichtlich. Insofern entsprachen die »Säuberungen« nicht nur einer bizarren Selbstlegitimation der Parteiführung, sondern auch dem entschlossenen Willen, die Partei auf allen Ebenen auf die Prävention jeglicher künftigen Gefährdung ihres Herrschaftsmonopols auszurichten.[154]

Den Funktionären auf Betriebsebene wurde eingebleut, den »Neuen Kurs« offensiv zu vertreten. Das implizierte zwar Kritik an der Rolle von Partei und Gewerkschaften vor dessen Verkündung, aber zugleich die dezidierte Absage an Vorstellungen von gewerkschaftlicher Neutralität, wie sie beim Fußvolk populär waren. Die Funktionärszeitschrift »Gewerkschaftsaktiv« glättete die eigentliche Crux des »Neuen Kurses« für die Arbeiter auf bemerkenswerte Weise: »Halten wir uns vor Augen: Bereits am 11. Juni kündigte unsere Regierung an, daß sie das Steuer herumreißen wird, und schon bei der ersten Demonstration der Berliner Bauarbeiter am Nachmittag des 16. Juni wurde die Forderung auf Zurücknahme der Normenverordnung vom 28. Mai dieses Jahres erfüllt. Damit wären die Ursachen der Unzufriedenheit beseitigt gewesen.« Daß dem nicht so war, galt als Beleg für den imperialistischen Versuch, am Tag X die antifaschistisch-demokratische Ordnung aus den Angeln zu heben.[155]

Neben den Gewerkschaften stand vor allem das MfS im Schußfeld der Kritik aus der Parteispitze. Der Beschluß des Politbüros vom 23. September 1953 glich einer Bankrotterklärung der Arbeit der Staatssicherheit für die Zeit vor, während

---

152 Zit. ebd., S. 236.
153 Zit. ebd., S. 245.
154 Ebd., S. 267.
155 »Kühn, zielbewußt und ohne zu schwanken – vorwärts auf dem neuen Wege« In: »Das Gewerkschaftsaktiv« 1953 H. 13 (Juli), S. 1 ff. Eine polemische Auseinandersetzung mit den Vorgängen in Buna und Neutralitätsvorstellung ebd. H. 15 (August), S. 1 ff.

III. Die Klasse lehrt die Führung des Fürchten – Aufstände der Arbeiter 1953

und nach dem Aufstand. Zwar ist bei diesem Text in erster Linie zu berücksichtigen, daß er in den Konflikt in der Machtelite gehört und sich nach Ulbrichts Sieg gegen den abgesetzten Minister für Staatssicherheit, Wilhelm Zaisser, richtete, der nun als einer der Hauptsündenböcke dienen mußte. Dieser Konflikt, der für Rudolf Herrnstadt und Zaisser zum politisch tödlichen Vorwurf der Fraktionsbildung und ihrem Ausschluß aus der Partei führte, war wochenlang unentschieden geblieben. Zaisser hatte dabei scharfe Kritik an Ulbricht geübt und gefordert, ihn vom Parteiapparat fernzuhalten.»Der Apparat in der Hand W. U. ist eine Katastrophe für den neuen Kurs«, hielt Grotewohl in einer Sitzungsmitschrift des Politbüros vom 8. Juli über Zaissers Ausführungen fest.[156] Aber die Kritik der siegreichen Gruppe des Politbüros um Ulbricht machte neben den zahlreichen organisatorischen Unzulänglichkeiten des MfS zugleich überdeutlich, wie absurd die offizielle Charakterisierung des Aufstandes war.»Trotzdem schon drei Monate seit den Ereignisses des 17. Juni vergangen sind«, hieß es in dem Beschluß, »haben die Staatssicherheitsorgane auch bis jetzt nicht die Organisatoren der Provokationen entlarvt. Sie decken nur wenige faschistische Untergrundzentren auf, obwohl sie auf die Konzentration von sozialdemokratischen und faschistischen Elementen in Leipzig, Halle, Magdeburg und anderen Bezirken hingewiesen wurden.«[157] Die Rückstufung des Ministeriums auf den Status eines Staatssekretariats innerhalb des Ministeriums des Innern und die Beauftragung der Genossen Stoph und Wollweber mit der Anleitung der nachgeordneten Dienststellen gehörten zu den institutionellen und personellen Konsequenzen aus dem sicherheitspolitischen Desaster. Der kontinuierliche Ausbau des Staatssicherheits- und Volkspolizeiapparats zählte ebenfalls dazu.[158]

Spektakulär und symptomatisch für die wenig veränderte stalinistische justizielle Praxis trotz der Verkündung eines »Neuen Kurses« war die Verhaftung von Justizminister Max Fechner am 15. Juli 1953. Er hatte in einem Interview im »Neuen Deutschland« formal völlig korrekt auf das verfassungsmäßig garantierte Streikrecht hingewiesen und festgestellt, daß nur bestraft werden dürfe, wer sich eines Verbrechens schuldig gemacht habe.»Die Angehörigen von Streikleitungen werden für ihre Tätigkeit als Mitglieder der Streikleitung nicht bestraft.«[159] Der ursprünglich aus der SPD stammende Fechner wurde wegen »staatsfeindlicher Tätigkeit« aus der SED ausgeschlossen und 1954 in einem Geheimprozeß zu acht Jahren Zuchthaus verurteilt. Im Zuge der Entstalinisierung wurde er am 24. April 1956 nach einem Gnadenerlaß des Staatspräsidenten aus dem Zuchthaus Brandenburg-Görden entlassen, 1958 erlangte er seine Parteimitgliedschaft zurück. Er

---

156 Zit. bei Hoffmann/Schmidt/Skyba (Hg.), DDR, S. 175.
157 Der vollständige Text ist abgedruckt bei Karl Wilhelm Fricke/Roger Engelmann, »Konzentrierte Schläge«. Staatssicherheitsaktionen und politische Prozesse in der DDR 1953–1956, Berlin 1998, S. 249 ff.
158 Genaue Daten dazu bei Jens Giesecke, Die hauptamtlichen Mitarbeiter der Staatssicherheit, Personalstruktur und Lebenswelt 1950–1989/90, Berlin 2000, S. 170 ff.; Roger Engelmann, Das Juni-Trauma als Ausgangspunkt sicherheitspolizeilicher Expansion? Zur Entwicklung der Repressionsapparate nach dem 17. Juni 1953, in: Engelmann/Kowalczuk (Hg.), Volkserhebung, S. 235-250.
159 »Neues Deutschland« vom 30.6. und (mit einer berichtigenden Ergänzung) vom 2.7.1953.

6. Verurteilungen, »Säuberung« der Apparate, Schaffung der Betriebskampfgruppen

war wieder »Genosse Max« und konnte 1966 zusammen mit Ulbricht im Fernsehen auftreten.[160]

Wie im Aufstandsverlauf gab es auch im Hinblick auf die in mehreren Wellen verlaufene Strafverfolgung durchaus regionale und betriebliche Unterschiede. Am Beispiel Bitterfelds ist gezeigt worden, daß die Kriterien für die Verfolgung von Aufständischen keineswegs klar erkennbar waren. Für das gleiche Delikt, für das Beteiligte verhaftet und verurteilt wurden, blieben andere unbehelligt. Offenbar kam es der SED primär darauf an, die Macht des Staates an einigen Akteuren zu demonstrieren und so einen Abschreckungseffekt zu erreichen. Auch das perfide Disziplinierungsinstrument, Streikteilnehmer als inoffizielle Mitarbeiter der Stasi zu »werben«, gehörte in diesen Zusammenhang.[161]

Die Gesamtbilanz der politischen Justiz gegenüber einer spontanen Erhebung, die die SED nur in Kategorien von Agenten, Faschisten, Provokateuren und Verführten einzuordnen vermochte, war hart und trug zur nachhaltigen Stärkung des Risikobewußtseins bei der Arbeiterschaft in späteren Krisenkonstellationen bei. Insgesamt war das Ergebnis dennoch, verglichen mit der exzessiven Praxis vor dem Aufstand und der Zeit ab Mitte 1954, relativ maßvoll.[162] Zugleich war es, was die soziale Zusammensetzung der Verurteilten betraf, für die SED im Grunde niederschmetternd, kam doch die übergroße Mehrheit aus der Arbeiterschaft. Auch Versuche, diesen Befund durch Verweise auf eine mögliche frühere NSDAP-Mitgliedschaft zu mildern, waren wenig glaubwürdig. Ebenso war der Anteil von Westberlinern und Westdeutschen minimal. Nach offiziellen Angaben des sowjetischen Hohen Kommissars waren mit Stand vom 5. Oktober 1953 insgesamt 7.663 Personen wegen Verdachts der Beteiligung an den Unruhen festgenommen worden, davon wurden 4.393 wieder freigelassen. In 26,9 Prozent der Fälle, in denen man Anklage erhob, wurden die Verfahren eingestellt oder die Angeklagten freigesprochen. Von den 1.240 schließlich vom Obersten Gericht der DDR Verurteilten waren 1.090 Arbeiter (das waren 87,9 Prozent), 70 Unternehmer, 46 Bauern, 15 Großbauern, 90 Sonstige. 59 waren Mitglieder der SED und 197 der FDJ.[163] Im zweiten Quartal 1954 gab es eine zweite Welle von Strafverfahren. Sie waren mit Rücksicht auf die Berliner Außenministerkonferenz zunächst verschoben worden. Die letzten Verfahren im Zusammenhang mit dem Aufstand fanden im Januar 1955 statt.[164] Nach heutigen Schätzungen lag die Gesamtzahl aller Festnahmen zwischen 13.000 und 15.000, die der Verurteilungen zwischen 2.300 und 2.500, davon 1.800 durch deutsche und 500 bis 700 durch sowjetische Gerichte.[165]

Völlig gesicherte Zahlen über die Todesopfer des Aufstandes gibt es bislang nicht. Die offiziellen Angaben der DDR waren zu niedrig, die in den fünfziger

---

160 Beckert, Lieber Genosse Max, S. 284-316.
161 Freier, Propaganda, in: Wahl/Wagner, Bitterfelder Aufstand, S. 108 f.
162 Werkentin, Strafjustiz, S. 166.
163 Ebd., S. 158 ff. mit weiteren Daten. Eine andere Statistik des Innenministeriums mit ähnlicher Tendenz gibt Beier, Wir wollen freie Menschen sein, S. 19, wieder.
164 Werkentin, Strafjustiz, S. 163.
165 Kowalczuk, Gescheiterte Revolution, S. 609 f.

III. Die Klasse lehrt die Führung des Fürchten – Aufstände der Arbeiter 1953

und sechziger Jahren im Westen veröffentlichten Zahlen lagen erheblich zu hoch. Die bislang umfassendste Recherche, die dem oben genannten »Totenbuch« zugrunde lieg, gibt 55 quellenmäßig belegte Todesopfer an, darunter fünf Angehörige der Sicherheitsorgane.[166]

Wie parteitreue Schriftsteller mit dem Thema »17. Juni« umgingen, ist hier nicht näher darzustellen. Wieweit sich dabei Opportunismus mit überzeugter stalinistischer Gesinnung vermischten, wäre jeweils genauer zu untersuchen. Ein extremes Beispiel für offenes Einverständnis und moralisches Versagen war ohne Zweifel Stefan Heyms »Forschungsreise in das Herz der deutschen Arbeiterklasse« – eine Auftragsarbeit für den FDGB über die propagandistische Vermarktung des Besuchs einer sowjetischen Delegation aus handverlesenen Aktivisten, Stalin-Preisträgern und hohen Funktionären. Sie war eine besonders blamable Facette in der mißglückten politisch-intellektuellen Aufarbeitung des Aufstands-Schocks.[167] In der Tendenz lag diese immerhin 70-seitige Broschüre auf der gleichen Linie wie der berüchtigte Kommentar des Sekretärs des Schriftstellers Kuba (Kurt Barthel), der sich ostentativ für die streikenden Arbeiter schämte und meinte, sie müßten künftig viel arbeiten und sehr klug handeln, ehe »diese Schmach« vergessen werde.[168] Heym führte nicht nur generell die Vorbildrolle der sowjetischen Arbeiter in der Arbeitsorganisation auf penetrante Weise vor, auch der 17. Juni hatte offen und verdeckt einen hohen Stellenwert in den stilisierten Gesprächen. Sein Fazit: »Die deutschen Arbeiter – das hat auch der Besuch der sowjetischen Delegation bewiesen – haben in der Zeit seit dem 17. Juni sehr hart nachgedacht; und auch die, die an diesem Tage falsch handelten, haben sich in der Mehrheit auf ihre eigene Klasse und ihre eigenen Klasseninteressen besonnen. Noch gibt es viel Unsicherheit in den Herzen [...], aber man ist auf dem Wege, sich seiner sicher zu werden und die Fragen zu lösen.«[169]

Zur langfristigen Krisenprävention gehörte die Schaffung von Betriebskampfgruppen. Vorläufer hatte es zwar bereits seit Abschluß der ersten Betriebskollektivverträge (BKV) 1951 gegeben, aber erst der Juni-Aufstand wurde zum Auslöser für den flächendeckenden Ausbau der »Kampfgruppen der Arbeiterklasse« in Betrieben, Staatsgütern, Maschinen-Traktoren-Stationen, staatlichen Verwaltungen und Institutionen. Ihre Organisationsgeschichte zwischen parteilicher und staatlicher Zuständigkeit, wobei auch die Einbeziehung in die »Heimatverteidigung« eine wachsende Rolle spielte, ist verwickelt und kann hier nicht genauer behandelt werden.[170] Diese Parteimiliz sollte vor allem Parteimitglieder und -kandida-

---

166 Ahrberg u. a., Die Toten, S. 5. Dort auch S. 2 f. die verschiedenen früheren Zahlenangaben.
167 Siehe oben, Anm. 1 (S. 313).
168 Zit. im Vorspann von Spittmann/Fricke (Hg.), 17. Juni.
169 Heym, Forschungsreise, S. 8 f.
170 Einen präzisen Überblick dazu gibt Armin Wagner, Die Kampfgruppen der Arbeiterklasse (1953–1990), in: Torsten Diedrich/Hans Ehlert/Rüdiger Wenzke (Hg.), Im Dienste der Partei. Handbuch der bewaffneten Organe der DDR, Berlin 1998, S. 281-337. Etwas reißerisch, aber mit ausführlichem Dokumentenanhang Volker Koop, Armee oder Freizeitclub? Die Kampfgruppen der Arbeiterklasse in der DDR, Bonn 1997. Eine präzise Kurzinformation gibt Peter Hübner im entsprechenden Artikel im FDGB-Lexikon (elektronische Version).

6. Verurteilungen, »Säuberung« der Apparate, Schaffung der Betriebskampfgruppen

ten sowie »fortschrittliche, klassenbewußte parteilose Arbeiter und Angestellte« umfassen und in ihrer Mannschaftsstärke 12 bis 15 Prozent der Gesamtbelegschaft eines Betriebes nicht übersteigen. Für langjährige Zugehörigkeit wurden seit 1966 Medaillen in Bronze, Silber oder Gold verliehen.[171] Daß diese Gruppen zur präventiven Bekämpfung aller »Saboteure und Provokateure« im Betrieb geschaffen wurden, sagt jedoch noch wenig über ihre tatsächliche Bedeutung aus. Über ihre Stellung in den Betrieben und ihre Wahrnehmung durch die Belegschaften ist bislang wenig bekannt. Bei Demonstrationen und Umzügen zum 1. Mai spielten sie jedoch, anfangs noch in ziviler Kleidung oder in Monteursanzügen mit roter Armbinde, später in einheitlicher Kluft mit Schirmmütze, blauem Overall und roter Armbinde, optisch eine wichtige Rolle.

Schwierigkeiten traten insbesondere dann auf, wenn sie zusammen mit der Kasernierten Volkspolizei und später der NVA in die Landesverteidigung und somit in eine militärische Ausbildung einbezogen wurden.[172] Agitatorisch war der Wunsch der Partei wichtig, die Kampfgruppen in die Tradition des Roten Frontkämpferbundes der Weimarer Republik zu stellen und sie auf den Mythos eines geeinten und kampfentschlossenen Proletariats zu verpflichten.[173] So beschwor 1983 eine Schrift zum 30jährigen Bestehen der Kampfgruppen die revolutionären Kämpfe der zwanziger Jahre: »Die Kampfgruppen bewahren und pflegen das Vermächtnis der Wehr- und Schutzorganisationen der Arbeiterklasse wie der Roten Ruhrarmee, des Hamburger Aufstandes, der revolutionären Kämpfe der Arbeiter im mitteldeutschen Industriegebiet. Sie sind der würdige Erbe des Thälmannschen Frontkämpferbundes.«[174]

Demonstrativ wurde ihr politisches Abschreckungspotential unter anderm im Herbst 1956 gegen unruhige Studenten eingesetzt. Eine wichtige aktive Rolle spielten sie dann vor allem während des Mauerbaus 1961. Sie wurden immer mehr zu einem Element der allgemeinen inneren Militarisierung der DDR und entfernten sich damit von der ursprünglichen engeren Zielsetzung, die man ihnen nach dem 17. Juni zugedacht hatte. Das 1959 eingeführte verbindliche Gelöbnis, das sich im Kern wenig vom Eid in der NVA unterschied, brachte diese Entwicklung zum Ausdruck: »Ich bin bereit, als Kämpfer der Arbeiterklasse die Weisungen der Partei zu erfüllen, die Deutsche Demokratische Republik, ihre sozialistischen Errungenschaften jederzeit mit der Waffe in der Hand zu schützen und mein Leben für sie einzusetzen. Das gelobe ich!«[175]

---

171 Wagner, Kampfgruppen, S. 285, 287, 301.
172 Hasso Graf, Neue Aufgaben der SED-Kampfgruppen, in: SBZ-Archiv 6 (1955), S. 337 ff. MfS Informationsdienst vom 1.9.1955: Bericht über die Kampfgruppen, BStU, Allg. S. 43/58 Bd. 3, Bl. 416.
173 Dazu ist eine Dissertation in Göttingen von Tilmann Siebeneichner in Vorbereitung: Proletarischer Mythos und »real existierender Sozialismus«. Die Kampfgruppen der Arbeiterklasse in der DDR.
174 Zit. bei Koop, Armee, S. 32.
175 Zit. ebd., S. 92. Text des Eides der NVA in Torsten Diedrich/Hans Ehlert/Rüdiger Wenzke (Hg.) Im Dienste der Partei. Handbuch der bewaffneten Organe der DDR Berlin 1998, S. 443.

III. Die Klasse lehrt die Führung des Fürchten – Aufstände der Arbeiter 1953

Neben die Repression nach dem Ende des Aufstandes traten die Sofortmaßnahmen einer im weitesten Sinne sozialpolitischen Krisenprävention. Ein Hilfsprogramm des Ostblocks und die Kürzung von Investitionen zugunsten des Konsums erlaubten relativ rasch, die akute Versorgungskrise zu beheben. Dazu kamen Lohnerhöhungen für die unteren Lohngruppen I bis IV, die Anhebung der Mindestrenten, Veränderungen im Steuersystem, demonstrative Preissenkungen und ein ausführlicher Katalog von explizit auf die Arbeiter ausgerichteten Versorgungsmaßnahmen in der Verordnung vom Dezember 1953 »Über die weitere Verbesserung der Arbeits- und Lebensbedingungen der Arbeiter und der Rechte der Gewerkschaften.«[176] Der »Neue Kurs« als politische Neuorientierung sollte damit seine für jedermann spürbare materielle Unterfütterung erhalten. (☞ vgl. Abb. 33)

Sozialpolitik für die Arbeiter, auch wenn sie in den fünfziger Jahren kaum noch so genannt wurde, erhielt als Folge des Aufstands-Schocks einen neuen Stellenwert. Sie läßt sich geradezu als Strukturdeterminante der SED-Politik gegenüber der »führenden Klasse« verstehen und hat die innere Entwicklung der DDR bis zu ihrem Untergang entscheidend geprägt. Das betraf eine stark nivellierende Lohnpolitik, den massiven Ausbau betrieblicher Sozialeinrichtungen, die faktische Garantie eines bestimmten Arbeitsplatzes, die zur Verkrustung des Arbeitsmarkts führte, in der Ära Honecker dann die völlig ausufernde Subventionierungspraxis für Mieten, Lebensmittel und Verkehr.[177] Die Obsession, eine »Konterrevolution« könne sich wiederholen, hat das Politbüromitglied Günter Mittag in seinem Erinnerungsbuch treffend mit dem nüchternen Hinweis bestätigt, daß »jeder Antrag auf eine ökonomisch vernünftige Preisbildung mit dem ›unkalkulierbaren Risiko‹ des Ausbruchs einer Konterrevolution abgelehnt« wurde.[178]

7. Der Aufstand als doppelte traumatische Erfahrung in der DDR und sein Echo in der westdeutschen Arbeiterbewegung

Der überraschende Ausbruch des Juni-Aufstandes, seine Breite und Intensität bedeuteten für die SED und ihre Trabanten eine traumatische Erfahrung. Gerade die wüste Parteipolemik und die nie aufgegebenen penetranten Versuche, ihn in einer faschistischen Umdeutung in das stalinistische Weltbild einzupassen, spiegelten diesen Schock, war doch in einem »Arbeiterstaat« für ein solches Aufbegehren der »führenden Klasse« eigentlich kein Platz. Aber nicht nur für die Partei und die Sicherheitsorgane, sondern auch für die Arbeiterschaft blieb das Datum des 17. Juni ein traumatisches und künftige Verhaltensweisen prägendes Erlebnis. Allerdings sind seine psychosozialen Auswirkungen auf »die Arbeiterschaft« insge-

---

176 Verordnung vom 10.12.1953, GBl. DDR 1953, S. 1219 ff. Vgl. zu dieser VO unten, Kap. IV 1 (S. 379 ff.). Hinweise zu den versorgungs- und sozialpolitischen Maßnahmen bei Dierk Hoffmann/Michael Schwartz, in: Geschichte der Sozialpolitik Bd. 8, S. 10 ff.
177 Vgl. Ritter, 17. Juni, in: Engelmann/Kowalczuk (Hg.), Volkserhebung, S. 39 f.
178 Günter Mittag, Um jeden Preis. Im Spannungsfeld zweier Systeme, Berlin 1991, S. 68.

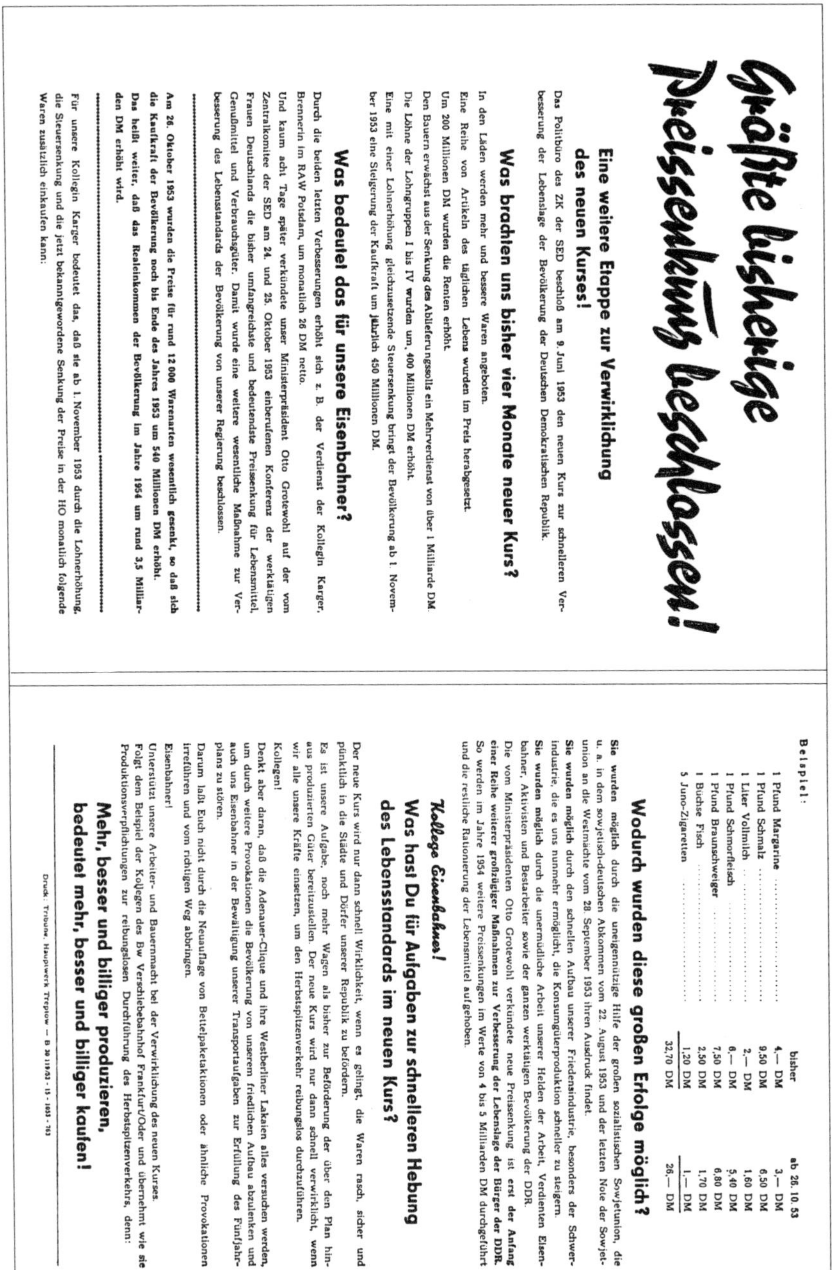

7. Der Aufstand als doppelte traumatische Erfahrung in der DDR

Abb. 33: Propagierung der Vorteile für jedermann aus dem »Neuen Kurs«; Informationsblatt der Eisenbahnergewerkschaft.

III. Die Klasse lehrt die Führung des Fürchten – Aufstände der Arbeiter 1953

samt viel schwerer zu erfassen als in der SED, weil sie naturgemäß viel komplexer ausfielen und bestenfalls indirekt Niederschlag in den Akten finden konnten. Arbeiter hatten sich mit der massenhaften Erhebung für kurze Zeit aus ihrer Objektrolle befreit und waren sogleich erneut mit massiver Gewalt konfrontiert worden. Die Langzeitwirkung dieser Gewalterfahrung dürfte für die gesamte Bevölkerung kaum zu überschätzen sein. Die Familien der Todesopfer waren besonders betroffen. Ein normales Begräbnis wurde den meisten verweigert. Die Angehörigen waren ebenso wie die der verurteilten »Rädelsführer« Bespitzelung und sozialer Benachteiligung ausgesetzt.[179]

Viele derjenigen, denen wegen Beteiligung an »Provokationen« die Verhaftung drohte, entzogen sich, soweit das noch möglich war, ihren Verfolgern durch Flucht in den Westen. Das mag miterklären, warum sich die Zahl der geflüchteten Arbeiter in der zweiten Hälfte des Jahres 1953 relativ weniger reduzierte als bei den übrigen Bevölkerungsgruppen und im Jahr 1954 sogar gegenüber 1953 leicht zunahm.[180] Für die Masse der Sympathisanten konnte Flucht aber nur im Extremfall die Lösung sein. Der Druck zur Anpassung wuchs, und die meisten dürften ihm nachgegeben haben. Über individuelle Hilfe für die Familien der Getöteten und Verhafteten und Gesten der Solidarität nach der Haftentlassung wissen wir kaum etwas. Ein zutreffendes Gesamtbild von der Stimmungslage in der Arbeiterschaft nach dem Ende des Aufstandes zu gewinnen, ist schwierig. Die oben geschilderten Auseinandersetzungen in den Betrieben nach dem Eingreifen sowjetischer Panzer, die Versuche, sich mit Verhafteten zu solidarisieren und abstruse Unterstellungen faschistischer Provokation abzuwehren, liefern immerhin einige Hinweise auf verbreitete Stimmungslagen und resistentes Verhalten. Aber offene Meinungsäußerungen waren angesichts der Hexenjagd auf »Rädelsführer« höchst gefährlich. Vor diesem Hintergrund erhalten dann die von der Hauptverwaltung der Deutschen Grenzpolizei bis ins Jahr 1954 fast täglich zusammengestellten »negativen Erscheinungen« aus vielen Teilen der DDR neben den Stasimeldungen ein besonderes Gewicht.[181] Dennoch blieben solche Hinweise auf die relativ wenigen manifesten Fälle beschränkt. In den Meldungen der Sicherheitsorgane, die ja Erfolgsmeldungen brauchten, war überwiegend beschönigend von guter Stimmung die Rede. Nicht zuletzt die in der »Aktion Bollwerk« erkennbare Unsicherheit des MfS gegenüber der Möglichkeit neuer Unruhen belegt aber, wie wenig sich die Herrschenden ihrer Sache insgesamt sicher waren. Der verstärkte Kampf gegen den »Sozialdemokratismus« als Ideologie galt ihnen generell als eine wichtige Lehre des 17. Juni. Solche floskelhaften Mahnungen reichten aber nicht. Das MfS arbeitete daher in den folgenden Jahren jeweils im Juni mit der »Aktion Bollwerk« auf allen Ebenen genaue Maßnahme- und Einsatzpläne aus, die jede unkontrollierte Aktivität im Keim ersticken sollten. So wurden ehemalige Sozialdemokraten besonders beobachtet, Angehörige geflüchteter Streikteilnehmer un-

---

179 Ahrberg u. a., S. 1; Löhn, Spitzbart, Bauch und Brille, S. 182 ff.
180 Henrik Bispinck, Flucht- und Ausreisebewegungen als Krisenphänomene, in: Bispinck u. a., S. 154 f.
181 Einige Beispiele bringt Koop, Der 17. Juni, S. 322 ff.

7. Der Aufstand als doppelte traumatische Erfahrung in der DDR

ter Postüberwachung gestellt, und die Erinnerung an die ominöse Dampferfahrt der Berliner Bauarbeiter vom 13. Juni führte dazu, daß Fahrten auf Ausflugsdampfern verhindert oder verschärft überwacht wurden.[182] »Besondere Beachtung ist auch den Massenorganisationen und solchen gesellschaftlichen Organisationen wie Hundezüchtern, Kleingartenhilfe, Wandergruppen usw. sowohl in der Stadt als auch auf dem Lande zu schenken«, verordnete Mielke, damit nicht »durch getarnte Versammlungen am 17.6. diese zur Tribüne für Provokateure gemacht werden können.«[183] Gerade solche abstrusen Anweisungen bestätigten, wie tief der Schock saß.

Ohne Frage war die Niederschlagung des Aufstands auch ein schwerer Schlag gegen die konspirativ arbeitenden Gegner des Regimes, insbesondere die Informanten des Ostbüros. Die meist vom Territorium der Bundesrepublik gestarteten Ballonaktionen zur Verteilung von Flugblättern gingen jedoch unvermindert weiter. Ihre tatsächliche Wirkung ist kaum erfaßbar. Das gehörte schon zur Tragik des organisierten linken Widerstandes während der Nazi-Diktatur. Aber Parolen und Flugblätter waren Signale dafür, daß sich die gewünschte Ruhe sich noch nicht eingestellt hatte. Sie wurden daher auch vom MfS sorgfältig registriert. Die Einschleusung von Flugblättern war schwer zu verhindern. Für mehrere Bezirke registrierte das MfS 1955 eine Gesamtzahl von rund einer Million Flugblättern, die vorwiegend zwischen dem 14. und 17. Juni mit Ballons oder durch Verkehrsmittel in die DDR und nach Ostberlin eingeschleust wurden.[184] Ein gedrucktes Flugblatt, das die Existenz einer sozialdemokratischen Gruppe im Stahlwerk Hennigsdorf, einem der Zentren des Aufstandes, suggerierte, brachte die zu Recht vermutete Angst der Führung vor ihrer aufmüpfigen Basis in optisch eindrucksvoller Form zum Ausdruck. (☞ vgl. *Abb. 34*, S. 368)

Widerständige Aktivitäten größeren Umfangs waren angesichts der verschärften Überwachung kaum mehr zu erwarten. Generell läßt sich daher konstatieren, daß nach dem 17. Juni Konflikte und Streiks durchweg nur noch im lokalen und betrieblichen Rahmen stattfanden und nie mehr Massencharakter annahmen.[185] Dennoch blieb der Aufstand in der Erinnerung präsent. Bereits 1955 registrierte der Informationsdienst des MfS in einem Stimmungsbericht: »In zunehmendem Maße spielt der 17. Juni in den Diskussionen eine Rolle«.[186] In einer eigens kreierten »Aktion Bumerang« wurden die entsprechenden Abteilungen und Mitarbeiter des MfS »zu höchster Einsatzbereitschaft und Disziplin« verpflichtet. Insbe-

---

182 Eisenfeld/Kowalczuk/Neubert, Verdrängte Revolution, S. 179-185. Generell dazu: Roger Engelmann, Das Juni-Trauma als Ausgangspunkt sicherheitspolizeilicher Expansion? Zur Entwicklung der Repressionsapparat nach dem 17. Juni 1953, in: Engelmann/Kowalczuk (Hg.), Volkserhebung, S. 235-250.
183 Information des Staatssekretariats für Staatssicherheit vom 12.6.1954, BStU, MfS/Zentralarchiv Allg. S 57/54, Bl. 136 f.
184 Ebd., Bl. 274.
185 Vgl. Mary Fulbrook, Popular Discontent and Political Activism in the GDR, in: Contemporary European History 2 (1993), S. 265-282. Vgl. unten, Kap. VI 9 (S. 743 ff.).
186 Information vom 25.3.1955, BStU, MfS Zentralarchiv Allg. S 43/58 Bd. 2, Bl. 187ff; Information vom 21.6.1955, ebd. Bd. 3, Bl. 74 ff.

III. Die Klasse lehrt die Führung des Fürchten – Aufstände der Arbeiter 1953

Abb. 34: Flugblatt des Ostbüros vom September 1954.
Im Archiv des Ostbüros sind keine näheren Hinweise dazu vorhanden. Eine sozialdemokratische Gruppe dürfte kaum bestanden haben, weil das viel zu gefährlich war. Insofern läßt sich dieses Flugblatt in der Zusammenstellung von aktueller Information und Fotodokumentation vom 17. Juni eher als eine Art Schreckschuß an die Adresse der Überwacher verstehen, daß 1954 noch keineswegs die gewünschte »Normalität« herrschte.

7. Der Aufstand als doppelte traumatische Erfahrung in der DDR

sondern sollten die westlichen »Feindzentralen« über geplante Aktionen zur Vorbereitung oder Durchführung eines »Tages X« ausgekundschaftet und der Schutz der DDR gesichert werden. Im Zentrum der Aufmerksamkeit standen dabei die Ostbüros des DGB, der SPD und generell der »Trotzkismus«.[187] Nicht nur in dieser kuriosen Zusammenstellung von Feinden, sondern auch in der nach wie vor ungebrochenen fixen Vorstellung von außen kommender Provokationen spiegelte sich die anhaltende Verunsicherung des Machtapparats durch den Aufstand. Bemerkenswert war jedoch das im Auswertungsbericht ausdrücklich betonte Eingeständnis, »daß auch die von seiten der staatlichen Organe und Organisationen getroffenen Sicherungsmaßnahmen gegen die evtl. Wiederholung eines neuen 17.6., wie z. B. Sicherheitskontrollen in den Betrieben, die verstärkte Aktivierung der Kampfgruppen usw. nicht dazu beigetragen haben, im Gedächtnis unserer Bevölkerung den Gedanken an den 17.6. abzuschwächen.«[188] Der »Tag X« verschwand also nicht so schnell wie gewünscht aus den Köpfen. 1955 meldete die SED-Bezirksleitung Potsdam: »Die Diskussionen innerhalb der Bevölkerung über den 17. Juni haben zugenommen, tragen aber noch keinen provokatorischen Charakter.« 1960 tauchte das Gerücht auf, die Stahlarbeiter von Hennigsdorf hätten am 6. Juni einen offenen Brief an Grotewohl gerichtet, Ulbricht solle noch vor dem 17. Juni abgelöst werden, sonst wäre ein neuer 17. Juni nicht mehr fern.[189] Im Bezirk Cottbus hielt ein einzelner Eisenbahner das MfS in Atem.

Seit den sechziger Jahren ließen solche Aktivitäten jedoch deutlich nach. Wieweit auch die Erinnerung allmählich verschwand, ist kaum genauer festzustellen und hing stark vom Grad der individuellen Betroffenheit und der Generationszugehörigkeit ab.[190]

Eine solche Einschätzung gilt für den Westen noch viel stärker. Zwar ist eine generelle Etikettierung als »verdrängte Revolution« problematisch, aber das Interesse der Öffentlichkeit am 17. Juni und seinen Auswirkungen nahm doch kontinuierlich ab. Die allgemeine Geschichte der öffentlichen Rezeption des Aufstandes in der Bundesrepublik ist bereits gut aufgearbeitet worden. Vergleichsweise wenig ist jedoch über sein Echo in der westdeutschen Arbeiterbewegung bekannt, so-

Abb. 35: Das Trauma des MfS vom »Tag X«: Foto eines Eisenbahnwaggons im Spätsommer 1958 im Bezirk Cottbus.

fern es über Stellungnahmen der Gewerkschaftsspitzen und der Führungsgremien der SPD hinausreicht. Edgar Wolfrum hat in seiner konzisen Analyse eindrucks-

---

187 Einsatzplan Aktion »Bumerang« vom 14.6.1955, BStU, MfS Allg. S 180/56, Bl. 48 f.
188 Abschlußbericht vom 21.6.1955 über die Aktion »Bumerang«. Ebd., Bl. 267 ff., hier: Bl. 273.
189 Die beiden Dokumente bei Ciesla (Hg.), Freiheit, S. 216 f.
190 Zu den widersprüchlichen Bewertungen in der Literatur vgl. Eisenfeld/Kowalczuk/Neubert, Verdrängte Revolution, S. 218 f.

III. Die Klasse lehrt die Führung des Fürchten – Aufstände der Arbeiter 1953

voll belegt, wie nachhaltig der 17. Juni zunächst in der Öffentlichkeit als gesamtdeutsches Fanal verstanden wurde, das zum verstärkten politischen Handeln auffordern sollte. Doch diese Impulse hielten nicht lange an, so daß die längerfristige Rezeptionsgeschichte auch zu einer Geschichte der schleichenden Gewöhnung an die Teilung und der resignativen Ritualisierung des »Tages der nationalen Einheit« wurde.[191]

Die absurde These von westlicher Provokation und konterrevolutionärem Putsch fand außerhalb der KPD und ihrer Sympathisanten bei niemandem Beachtung und hat auch später nie eine relevante Rolle gespielt. Der Bezug des Aufstandes zur Deutschland- und Außenpolitik hatte jedoch bereits in der ersten Bundestagssitzung nach dem 17. Juni zu einem heftigen polemischen Schlagabtausch zwischen den großen Parteien und zur politischen Instrumentalisierung des Aufstandes für die jeweilige politische Linie geführt. Adenauer nahm den Aufstand zum Anlaß, um die Richtigkeit seiner Deutschland- und Europapolitik zu unterstreichen und provozierte damit emotional erregte Repliken der SPD-Abgeordneten Herbert Wehner und Willy Brandt. Wehner betonte die zentrale Rolle der Arbeiterklasse im Kampf gegen das kommunistische System. Brandt stieß in das gleiche Horn und wurde von tumultartigen Szenen unterbrochen. Auch er unterstrich den proletarischen Charakter des Aufstandes, erweiterte diese Charakterisierung aber zugleich um eine explizit linke nationale Komponente. Für die SPD und die Gewerkschaften war klar, daß die Arbeiter den Stein ins Rollen gebracht und damit der ganzen Nation einen großen politischen Dienst erwiesen hatten. Willy Brandt hob in seiner Rede nachdrücklich die enge Verbindung sozialer und nationaler Ziele hervor. »Diese Arbeiter haben sich nicht nur als Mitkämpfer, sondern als Vorkämpfer an der Spitze des Ringens um Einheit in Freiheit bewährt. Sie haben, wie in allen großen revolutionären Krisen, den Kampf um ihre unmittelbaren wirtschaftlichen und sozialen Forderungen mit den Interessen der gesamten Nation verknüpft und den Kampf um die Einheit, um unser zentrales nationales Anliegen, auf eine höhere Ebene gehoben.« Damit wurde der demokratische Sozialismus der SPD als nationales Projekt verstanden und mit der Forderung verbunden, eine aktive Wiedervereinigungspolitik zu betreiben. Helle Empörung rief die pointierte Zuspitzung dieser Interpretation hervor, als Brandt darauf verwies, nirgendwo sei die Forderung nach Anschluß an die Bonner Adenauer-Republik und die Reprivatisierung der Großindustrie laut geworden. Die ostdeutschen Arbeiter wollten, so Brandt, »demokratisieren, nicht restaurieren.«[192]

Die Verbindung von Arbeiterbewegung und Nation, ein altes und für die Sozialdemokratie durch den Vorwurf nationaler Unzuverlässigkeit hochgradig belastetes Thema, wurde 1953 in zahllosen Artikeln und Interviews beschworen. So betonte Ernst Reuter auf der Berliner Trauerfeier für die Opfer des Aufstandes, die

---

191 Vgl. auch Christoph Kleßmann, Der 17. Juni 1953 im Geschichtsbild Deutschlands gestern und heute, in: Informationen für den Geschichts- und Gemeinschaftskundelehrer H. 67, 2004, S. 13-23.
192 Zit. bei Wolfrum, Geschichtspolitik, S. 86 f.

7. Der Aufstand als doppelte traumatische Erfahrung in der DDR

Arbeiter seien an der Spitze der Nation marschiert. Auch in den zeitnahen Aktionen des DGB rückte der 17. Juni vor allem in die Traditionslinie der sozialistischen Arbeiterbewegung. In vielen Varianten wurde das Grundmuster der sozialdemokratischen und gewerkschaftlichen Deutung des Aufstandes sichtbar: eine Art sozialdemokratische Doppelrevolution gegen den kommunistischen Totalitarismus und gegen den restaurativen kleindeutschen Staat.[193] Die »geschichtsbildende Kraft der deutschen Arbeiterschaft«[194] sollte im Bundestagswahlkampf 1953 für die SPD eine wichtige Rolle spielen. Jedoch gelang das kaum. Dem Wahlvolk schien Adenauers Antwort auf die sowjetische Bedrohung mehrheitlich offenkundig plausibler als dieser Appell an die nationale Verantwortung. Daher dürfte auch die Popularität des »Liedes vom 17. Juni«, das der »Neue Vorwärts« 1954 kreierte, sehr begrenzt geblieben sein: Der Refrain war an die Westdeutschen gerichtet:

»Vergeßt nicht, warum sie es machten,
ihr in München, Hamburg und Mainz.
Daß die Toten des Juni euch achten:
Macht aus Deutschland wieder eins!
Macht aus Deutschland wieder eins!«[195]

Das holzschnittartige öffentliche Bild vom »heroischen Arbeiteraufstand« – so das Jahrbuch der SPD 1953/54 – wurde maßgeblich vom Ostbüro der SPD mitgeprägt. Die allzu starke Betonung des sozialdemokratischen Einflusses war allerdings auch zweischneidig. Denn aus SED-Sicht bestätigte sie die These von der Außensteuerung eines Putsches.

Der DGB engagierte sich ebenfalls nachdrücklich für die Erinnerung an den Aufstand und die Aufständischen. Er verteilte in den Betrieben Flugblätter und rief zu einer Spende für den »Solidaritätsfonds 17. Juni 1953« auf. »Es sind immer und überall die Arbeiter«, hieß es in einem Flugblatt, »die der Freiheit eine Gasse bahnen und die Lebensinteressen ihres Volkes verteidigen müssen. Andere Volksschichten bringen hierzu weder den Mut noch die Kraft auf.«[196] Die regionalen Schwerpunkte und Formen des Aufstands mit Massenstreiks und Demonstrationen als traditionellen Kampfmitteln der Arbeiterbewegung belegten aus dieser Sicht den im Kern sozialdemokratischen Charakter der Erhebung und ließen sich als Bestätigung der sozialdemokratischen Wiedervereinigungspolitik verstehen. In den »Gewerkschaftlichen Monatsheften« interpretierte der Kieler Historiker Michael Freund schon im Juli 1953 den 17. Juni als »Revolution über Deutschland« und ein in der Geschichte Europas nach 1945 singuläres Ereignis: »Ein Regime stürzte zusammen: das Volk beherrschte die Straße und die Arbeiter stürmten in einer spontanen Aktion die Gebäude der Parteien und die Gefängnisse.« Der Schwerpunkt dieser konsensfähigen Sicht lag auf dem Volksaufstand und der

---
193 Ebd., S. 92.
194 So eine Pressemitteilung der SPD vom 14.6.1954, zit. ebd.
195 Die Zitate ebd. S. 90 f., das Lied nach »Neuer Vorwärts« vom 17.6.1954.
196 Zit. ebd., S. 88.

III. Die Klasse lehrt die Führung des Fürchten – Aufstände der Arbeiter 1953

politischen Frage, wie die Panzer, gegen die jede Erhebung sinnlos sei, wegzubringen seien.[197]
Es sollte aber nicht bei Erklärungen und Mahnungen bleiben. Am 20. Juni 1953 rief der DGB-Vorstand die Arbeitnehmer in der Bundesrepublik auf, als Zeichen der Solidarität mit den Aufständischen und als Zeichen des Protests gegen die Willkürherrschaft in der DDR am 23. Juni für fünf Minuten die Arbeit ruhen zu lassen.[198] Wieweit sie befolgt wurde und ob es in späteren Jahren zumindest punktuell ähnliche symbolische Gesten gab, ist unbekannt. Auch praktische Hilfe wurde organisiert. Die IG Metall spendete am 22. Juni 1953 50.000 DM für die »Opfer des Sowjetterrors«.[199] Eine Solidaritätsaktion der Branchengewerkschaften und des DGB erbrachte innerhalb von vier Wochen über eine Viertelmillion DM. Das mochte angesichts von über 6 Millionen gewerkschaftlich organisierten Beschäftigten nicht beeindruckend viel sein, war aber eine wichtige soziale und nationale Geste der Solidarität. Bestimmt war die Unterstützung vor allem für akut Gefährdete, die nach Westberlin geflüchtet waren, für Opfer, die in Westberliner Krankenhäusern lagen, insbesondere aber für Familienangehörige geflüchteter oder verhafteter Demonstranten.[200] Ob und wie konkrete Hilfsmaßnahmen weitergeführt wurden, ist bislang nicht erforscht. Wenn es sie gab, konnten sie in jedem Falle angesichts der Gefährdung nur über geheime Kanäle realisiert werden.

In der internationalen Gewerkschaftsbewegung fanden die Ereignisse wenigstens im Jahr 1953 eine gewisse Resonanz. Im Juli verabschiedete der Kongreß des Internationalen Bundes Freier Gewerkschaften (IBFG) im Anschluß an den Bericht eines jungen Arbeiters aus Halle eine Resolution, die den Aufstand als »Fanal der Entschlossenheit aller Arbeiter, sich niemals der Tyrannei zu beugen« charakterisierte. Die beiden größten amerikanischen Gewerkschaftsverbände richteten darüber hinaus ein Telegramm an Präsident Eisenhower, in dem sie unverzüglich eine Initiative zur Unterstützung der ostdeutschen Arbeiter in ihrem Kampf gegen den sowjetischen Totalitarismus forderten.[201]

Einige dieser und ähnlicher Argumentationsfiguren wiederholen sich auch in den folgenden Jahren in öffentlichen Stellungnahmen von SPD und Gewerkschaften, und die Erinnerung an den Aufstand war zunächst noch leicht wachzuhalten. 1954 organisierte der DGB eine Reihe von Kundgebungen in Städten entlang der Zonengrenze. Führende Gewerkschafter sprachen in Lübeck, Eschwege, Helmstedt und Hof.[202] Ein Jahr später veröffentlichte der DGB eine Proklamation, die erneut die Solidarität mit den Arbeitern und Angestellten der sowjetisch besetzten

---

197 Michael Freund, Revolution über Deutschland, in: Gewerkschaftliche Monatshefte 4 (1953), S. 385-387.
198 Wilke, Streikbrecherzentrale, S. 8.
199 Pressenachrichten der IG Metall II, 142 (Bibliothek der Friedrich-Ebert-Stiftung, Bonn).
200 Eine Liste der Spenden und Unterstützungszahlungen bei Beier, Wir wollen freie Menschen sein, S. 199 f.
201 »Die Neue Zeitung«, Berlin, vom 7.7.1953.
202 Informations- und Nachrichtendienste. Bundespressestelle des DGB 1954, S. 139 f.

7. Der Aufstand als doppelte traumatische Erfahrung in der DDR

Zone betonte und selbstbewußt feststellte: »Niemand hat in der Bundesrepublik für die Wiedervereinigung mehr getan als die organisierte Arbeiterschaft.« Im gleichen Jahr richtete auch der Generalsekretär des Internationalen Bundes Freier Gewerkschaften eine Botschaft an die »Arbeiter hinter dem Eisernen Vorhang«, in der er den 17. Juni als Mahnung an die ganze Welt im Kampf um Freiheit und Demokratie verstanden wissen wollte.[203] 1956 erinnerte der DGB-Vorsitzende Walter Freitag in der »Welt der Arbeit« an den Aufstand, betonte die Ablehnung aller Kontakte zum FDGB und schloß mit der Parole der Aufständischen, die immer noch gelte: »Ulbricht muß abtreten – wir fordern freie Wahlen!«[204] 1958 verzichtete der DGB auf eigene Veranstaltungen, forderte aber alle Gewerkschaftsmitglieder auf, sich an den Kundgebungen des »Kuratoriums Unteilbares Deutschland« zu beteiligen, zu dessen nachdrücklichen Förderern der DGB von Anfang an gehörte.[205]

Insgesamt vermitteln die punktuellen Hinweise in den Jahrbüchern und Pressediensten der Gewerkschaften und der SPD jedoch den wenig überraschenden Eindruck, daß aus der Woge der ehrlichen Empörung von 1953 allmählich ein dünnes Rinnsal von Gedenkartikeln und -feiern wurde. Anfang der sechziger Jahre überlagerten der Protest gegen den Mauerbau, später die Diskussion um eine neue Ostpolitik die Erinnerung an das Jahr 1953. Der Artikel, den der Chef des Ostbüros, Stephan Thomas, im Juni 1963 im SPD-Pressedienst unter dem Titel »Konsequenzen, die noch zu ziehen sind« veröffentlichte[206], war im Grunde nur noch ein verzweifelter Kommentar zur deutschlandpolitischen Lage, weil eine Wiedervereinigung, die für die Aufständischen ein selbstverständliches Ziel gewesen war, in immer weitere Ferne rückte. Der langsame Wandel in der Sicht auf den Aufstand wurde unübersehbar, die Ratlosigkeit, wie mit diesem historischen Ereignis und dem Feiertag umzugehen sei, parteiübergreifend. Schließlich machte die Regierung Vorschläge zur Abschaffung des Feiertags, dessen angemessene Gestaltung ihr zunehmend politisches Kopfzerbrechen bereitete. 1968 gab es dazu eine eingehende Diskussion im Bundvorstand des DGB.[207] Sie offenbarte das Dilemma der Gewerkschaften, die zwar die Aushöhlung der ursprünglichen Zielsetzung des Feiertags kritisierten, aber einen sozialen Besitzstand nicht mehr ohne weiteres aufgeben wollten. Vor allem weigerte sich der DGB, politisch für eine solche Entscheidung mitverantwortlich gemacht zu werden, weil sie vom Parlament gefällt werden müsse.

---

203 Ebd. 1955, S. 197 f., 202 ff.
204 Ebd. 1956, S. 182 ff.
205 Ebd. 1958, S. 166 f. Vgl. Leo Krenz, Das Kuratorium Unteilbares Deutschland. Aufbau, Programmatik, Wirkung, Opladen 1980, S. 125.
206 Stephan Thomas, Konsequenzen, die noch zu ziehen sind. Zum 10. Jahrestag des Juniaufstandes. SPD-Sozialdemokratischer Pressedienst vom 18.6.1963. S. 3 f.
207 Der Deutsche Gewerkschaftsbund 1964–1969, bearb. von Wolther von Kieseritzky, Bonn 2006, S. 635ff (Quellen zur Geschichte der deutschen Gewerkschaftsbewegung im 20. Jahrhundert Bd. 13). Die Grundlage der Diskussion bildete ein Schreiben des Bundeskanzlers zur Umgestaltung des Tags der deutschen Einheit in einen normalen Arbeitstag.

III. Die Klasse lehrt die Führung des Fürchten – Aufstände der Arbeiter 1953

In den Gewerkschaften und in der SPD vollzog sich eine ähnliche Entwicklung wie in der Gesellschaft insgesamt. Daß die westdeutsche Arbeiterbewegung die Erinnerung an einen von Arbeitern ausgelösten Aufstand in der DDR nachdrücklicher als andere wachhalten wollte, war nicht zu erkennen. Sie veränderte seit den späten fünfziger Jahren tiefgreifend ihren organisatorischen und programmatischen Charakter, war eingebunden in die Wandlungen der bundesrepublikanischen politischen Kultur und der Deutschlandpolitik. Sie folgte insofern deren politischen Prioritäten und auch Wahrnehmungsdefiziten in der Erinnerung. Dieser Befund kann erklärt und zugleich kritisiert werden, sollte aber nicht nachträglich an historisch ungebrachten Maßstäben gemessen werden.[208] Denn auch die Rezeption des Aufstandes in der Bundesrepublik war ein Stück Teilungsgeschichte.

---

208 Das ist generell die Tendenz des voluminösen Buches von Eisenfeld/Kowalczuk/Neubert.

IV. Kapitel

Vom »Neuen Kurs« zum Mauerbau –
Mobilisierungsstrategien und Arbeiterverhalten unter
den Bedingungen der offenen Grenze (1953–1961)

»*Wir schlagen der Arbeiterklasse und der ganzen werktätigen Bevölkerung der Deutschen Demokratischen Republik vor, durch gemeinsame größere Anstrengungen in den nächsten drei Jahren die ökonomische Hauptaufgabe bis 1961 zu lösen*« (W. Ulbricht).[1]

Zu den Folgen des Juni-Aufstandes und des Neuen Kurses gehörten einschneidende personelle Veränderungen im Partei- und FDGB-Apparat. Die Traditionslinie einer Interessenvertretung, wie sie von den Arbeitern überwiegend erwartet wurde, hatte in der existenzgefährdenden Krisensituation der spontanen Erhebung noch einmal eine größere Kontinuität und Stärke offenbart, als die Partei- und Gewerkschaftsführung glauben mochten. Um so dringlicher erschien nun die endgültige Durchsetzung des »Transmissionsriemen«-Konzepts, das den FDGB zur reinen Staatsgewerkschaft und zum Motor der Produktionspropaganda machte. Von der »Säuberung« des Apparats und seiner weiteren institutionellen Festigung abgesehen bedeutete das vor allem, den Betriebskollektivvertrag (BKV) zum Herzstück gewerkschaftlicher Alltagsarbeit zu machen. Er bedeutete weitaus mehr als eine Umsetzung des Wirtschaftsplans auf die betriebliche Ebene. Er regelte die Vorgaben für das gesamte wirtschaftliche, soziale und kulturelle Leben im Betrieb und war damit auch ständiger Gegenstand und Zielscheibe von Auseinandersetzungen und Kritik. Nach der traumatischen Erfahrung des Aufstandes waren neue Formen von Arrangement und Konflikt gefragt. Die Hoffnung auf eine schnelle Wiedervereinigung war ebenso dahin wie die einer substantiellen Systemkorrektur – trotz pathetischer Ankündigungen im Zeichen des »Neuen Kurses«. Andererseits waren die schlimmsten Auswüchse politischen Terrors ebenso wie die voluntaristische Tempobeschleunigung beim »Aufbau des Sozialismus« gemildert worden, weil auch die politische Führung die Risiken ihres alten Kurses drastisch erfahren hatte. Insofern gab es jetzt auf beiden Seiten, der Arbeiterschaft und der »Avantgarde«, zumindest veränderte Verhaltensweisen. An den Diskussionen und Konflikten um die Realisierung der BKV läßt sich das deutlich ablesen, obwohl sich äußerlich der ritualisierte Dialog zwischen der Partei, ihren Massenorganisationen und »der Klasse« scheinbar ungebrochen fortsetzte.

Einer Veränderung in anderer Hinsicht ist jedoch auch in dieser Periode nach dem Aufstand und vor dem Mauerbau nachzugehen, und zwar inwieweit mit der bürokratischen Verfestigung der Strukturen im »Arbeiterstaat« der Aufbauelan, der anfänglich partiell durchaus noch vorhanden war, zugunsten einer Gewöhnung an das Unvermeidliche schwand und in »mißmutige Loyalität« mündete. Insbesondere für sozialgeschichtliche Fragen nach dem Innenleben der Gewerkschaften und ihrem alltäglichen Verhältnis zur den Belegschaften erscheint eine solche Perspektive wichtig. Mit dem aus alltagsgeschichtlichen Untersuchungen stammenden Begriff des »Eigen-Sinns« läßt sich dieser komplexe und äußerlich wenig spektakuläre Sachverhalt im Kern umschreiben. Widerstand und frontale

---

1 Protokoll der Verhandlungen des V. Parteitages der Sozialistischen Einheitspartei Deutschlands, 10. bis 16. Juli 1958 in der Werner-Seelenbinder-Halle zu Berlin, Bd. 1, Berlin (O) 1959, S. 70.

IV. Vom »Neuen Kurs« zum Mauerbau (1953–1961)

Opposition zu versuchen, verbot sich unter den gegebenen politischen Bedingungen für die Mehrheit schon lange. Völlige Anpassung an die Vorgaben war aber nicht einfach die Alternative. Ob es neben der offiziellen Geschichte des FDGB auch eine Art »Kryptogeschichte« dieser Massenorganisation gab[2] und wo sie am ehesten in Erscheinung trat, ist zumindest eine Frage, der es sich auch in dieser Phase nachzugehen lohnt. Selbst wenn die etablierte Apparatstruktur der Gewerkschaften nicht mehr zur Diskussion stehen konnte, waren FDGB und Industrieverbände doch immer wieder mit Herausforderungen konfrontiert, die sich aus den Erwartungen an eine Interessenorganisation ergeben. Die ständigen Auseinandersetzungen um Normen und Arbeitsbedingungen verlagerten sich, wie die Geschichte der Brigaden zeigt, unter Umständen in andere Konfigurationen, wenn die BGL sich zu eindeutig auf die Seite der Betriebsleitung oder der Partei schlug, wie es diese wiederum erwarteten.

In der Entstalinisierungskrise von 1956, die zeitweilig das gesamte kommunistische System erschütterte, gerieten die etablierten Apparate auch in der DDR unter Druck und versuchten, mit präventiven Strategien zu reagieren. Obwohl sich nicht einmal in Ansätzen Forderungen nach einer Arbeiterselbstverwaltung wie in Polen oder Ungarn zeigten, ließ sich ein Unruhepotential schwer einschätzen. Die »von oben« initiierten Arbeiterkomitees stellten eine Antwort auf die Unwägbarkeiten der politischen Situation dar und bescherten den Gewerkschaften zugleich eine ernstzunehmende Konkurrenz. Mit der Bewältigung der Entstalinisierung in Ulbrichts Sinne sowie dem neuen Aufbruch zu alten Ufern auf dem V. Parteitag der SED 1958 und der Bitterfelder Konferenz ein Jahr später wurden nicht nur die Betriebsbelegschaften, sondern auch der FDGB als Institution mit einem neuen Versuch konfrontiert, die erstarrten Strukturen zu dynamisieren und in Schwung zu bringen. Daß dieser Aufbruch im Fiasko endete, hatte wenig mit der Vision einer neuen Arbeiterkultur und sozialistischer Brigaden als alternativer Lebensform zu tun, wie sie Ulbrichts »Zehn Gebote der sozialistischen Moral« offenbarten, aber viel mit der offenen Grenze und der gegenüber den frühen fünfziger Jahren rasant gestiegenen Attraktivität der Bundesrepublik. Die hartnäckigen Bemühungen, mit »Westarbeit« dieses Magnetfeld zu durchkreuzen, die von missionarischem Eifer und vom Zwang zu einer Art Selbstverteidigung gegen unliebsame Einflüsse getragen waren, scheiterten genauso wie der verstiegene Versuch, die Bundesrepublik einzuholen und zu überholen.

Die Periode zwischen Juni-Aufstand und Mauerbau zeigt daher in dieser Perspektive ein durchaus eigenständiges Profil, das sich von den ersten Aufbaujahren ebenso wie von den nüchterneren Modernisierungsbemühungen nach der vollständigen Schließung der Grenze deutlich abhebt.

In diese Zeit fallen auch einige der herausgehobenen Architektur- und Sozialexperimente, die sich mit Namen wie Stalinstadt und »Schwarze Pumpe« in Hoyerswerda verbinden. Die »erste sozialistische Stadt auf deutschem Boden« soll als

---

2 Vgl. Peter Hübner, Der FDGB im politischen System der DDR und in der Erfahrung der Arbeitnehmer, in: Potsdamer Bulletin für Zeithistorische Studien Nr. 16, 1999, S. 29-42.

Exkurs in knappen Umrissen dargestellt werden, um einen Eindruck von den Lebensbedingungen in betriebszentrierten Arbeiterstädten zu geben.

1. Arrangement, Renitenz und innerbetriebliche Konflikte im Zeichen des verlangsamten sozialistischen Aufbaus

Im Juni 1954, ein Jahr nach dem Aufstand und der Proklamation einer veränderten politischen Linie, fanden in den volkseigenen und privaten Bau- und Holzbetrieben Ostberlins Kurzversammlungen statt zum Thema »Ein Jahr Neuer Kurs«. Ein FDGB-Bericht darüber kam zu dem Schluß, »daß diese Versammlungen in den Frühstücks- und Mittagspausen nicht zu dem erwarteten Ergebnis geführt haben, da die Diskussion infolge der Kürze der Zeit beschränkt wurde.«[3] Auf einigen Baustellen habe sich die Situation weiter verschärft. Es gebe große Unzufriedenheit unter den Bauarbeitern wegen mangelhafter Arbeitsorganisation. Ein aus Westberlin stammender Brigadier habe sogar sinngemäß erklärt »Die Hunde haben aus dem 17. Juni nichts gelernt«, ohne dafür »vor allen Arbeitern als Provokateur entlarvt« worden zu sein. Nach Pfingsten erschienen nur etwa 50 Prozent der Belegschaft auf einer Großbaustelle. Der Versuch des Betriebsleiters, den nicht zur Arbeit Erschienenen auch den zweiten Feiertag nicht zu bezahlen, scheiterte am stellvertretenden Vorsitzenden des Bezirksvorstandes der IG Bau/Holz. Der Berichterstatter vermutete Aktivitäten des Klassengegners dahinter und fürchtete: »Es wird noch zahlreiche Erscheinungen der Verschärfung des Klassenkampfes geben.«

Dieser im üblichen Jargon und an einem spannungsgeladenen Ort verfaßte Bericht war durchaus symptomatisch für die Stimmungslage und ihre Wahrnehmung durch linientreue Funktionäre. Mit dem Ende des Aufstandes war keineswegs Ruhe eingekehrt. Die Monatsberichte des Ostbüros der SPD vermitteln den Eindruck, als drohten ständig neue Krisensituationen. Auch wenn diese Einschätzungen relativiert werden müssen – die Stimmung blieb offenkundig angespannt und Vorsicht im Umgang mit den Arbeitern empfahl sich. Nach Angaben des Ostbüros haben es die Machthaber seit dem Aufstand bis Ende 1954 in keinem Betrieb gewagt, die Arbeitsnormen heraufzusetzen.[4] Es ist fraglich, ob diese generelle Behauptung stimmt, aber sie charakterisierte durchaus die Lage in den Betrieben und die Wahrnehmung oppositioneller Berichterstatter. Zwar war 1953 mit dem »Neuen Kurs« der Stil der Einführung neuer Arbeitsnormen geändert worden, nicht aber das Ziel. Über eine Ausweitung der Selbstverpflichtungen und eine erneute Intensivierung der Aktivistenbewegung hoffte die SED weiterzukommen. Schon im August und September 1953 begannen die Appelle zur Normerhöhung. Dazu gehörte auch der »Tag des sowjetischen Neuerers«. Im Uranbergbau erhöhten sechs Brigaden ihr Schichtsoll um 125 bis 227 Prozent. Für die SAG und die

---

3 Die Lage auf den Baustellen im demokratischen Sektor von Groß-Berlin, Bericht vom 12.6.1954, SAPMO-BArch, DY 34/15/242/1832. Die folgenden Zitate ebd.
4 MB Ostbüro Dezember 1954, S. 91.

großen VEB ließ man sich noch etwas besonderes einfallen. 45 sowjetische Propagandisten wurden eigens für diese Werbearbeit abgestellt. Darunter befanden sich sieben Deputierte des Obersten Sowjet der UdSSR und 13 Stalin-Preisträger. Doch der Erfolg ließ zu wünschen übrig, weil, wie ein Ostbüro-Bericht vermerkt, »in allen Betrieben die meisten Arbeiter offen ihre Meinung sagten und den sowjetischen Propagandisten heftig widersprachen«.[5] Die Weberin Frida Hockauf als neue weibliche Leitfigur der Aktivistenbewegung sollte dem kränkelnden Wettbewerb wieder auf die Beine helfen. Das »Neue Deutschland« kommentierte ihre Selbstverpflichtung als besonders bedeutungsvoll, weil damit »ein Einschläfern des Wettbewerbs unmöglich gemacht und der Kampf im Wettbewerb um die Erreichung stets besserer Ergebnisse mit jedem Monat neu belebt« werde.[6] Gerade diese gewünschte individuelle Selbstverpflichtung stieß jedoch auf vielfältigen Widerstand bei den Belegschaften.[7]

Vor allem die miserable Versorgungslage setzte dem Enthusiasmus Grenzen. Symptomatisch dafür war, daß ab 1. Oktober 1953 Kartoffeln auf Bezugsschein ausgegeben wurden.[8] Einen neuen Impuls sollte die als Vorgriff auf künftige Leistungen gedachte »Verordnung über die weitere Verbesserung der Arbeits- und Lebensbedingungen der Arbeiter und der Rechte der Gewerkschaften«[9] bringen, die am 10. Dezember 1953 in einer öffentlichen Ministerratssitzung, zu der über 300 SED- und KPD-Funktionäre geladen worden waren, bekannt gegeben wurde.[10] Ein breiter Katalog von sozialpolitischen Versprechungen und Absicherungen wurde hier zusammengestellt, um dem »Neuen Kurs« neuen Schwung zu geben und das Jahr 1954 zum »Jahr der großen Initiative« zu machen. An erster Stelle rangierten die »termingerechte Erfüllung der Kollektivverträge« und die Kontrolle der darin enthaltenen Verpflichtungen der Betriebsleitungen und der Arbeiter. Alle Ministerien und die Gewerkschaften wurden angehalten, dazu ihren Beitrag zu leisten und insbesondere für genaue Einhaltung des Arbeitsschutzes zu sorgen. Die Arbeitslöhne in den Lohngruppen V bis VIII in den Volkswirtschaftszweigen, in denen 1952 keine Erhöhung stattgefunden hatte, sollten angehoben werden. Zur Verbesserung der Rentenversorgung sah die Verordnung eine Zusatzrente »in den wichtigsten volkseigenen Betrieben der Republik« vor. Mit besonderem Nachdruck wurde die Förderung des Wohnungsbaus einschließlich des Baus von privaten Eigenheimen und der Hilfe für Arbeiterwohnungsbaugenossenschaften gefordert. Zur Stimulierung des Wettbewerbs wurden der Orden »Banner der Arbeit« und ein Abzeichen »für ausgezeichnete Leistungen« gestiftet. Systematisch war schließlich die betriebliche Kulturarbeit in allen Zweigen auszubauen. Zur »Erhöhung der Qualifikation und Heranbildung von Wirtschaftsfunktionären aus den Reihen der Arbeiterschaft« sollten noch im Jahre 1954 an

---

5 MB Ostbüro August 1953, S. 29 f.
6 »Neues Deutschland« vom 10.11.1953, S. 1.
7 MB Ostbüro Dezember 1953, S. 31.
8 MB Ostbüro September 1953, S. 31.
9 Gbl. DDR 1953, S. 1219.
10 Vgl. MB Ostbüro Dezember 1953, S. 32-38.

1. Arrangement, Renitenz und innerbetriebliche Konflikte

den Akademien und Hochschulen eigene Industrieinstitute geschaffen werden, deren Hörer sich primär aus Betriebs- und Abteilungsleitern, die aus den Reihen der Arbeiter in diese Funktion aufgestiegen waren, sowie Aktivisten, Erfindern und Rationalisatoren aus der Arbeiterschaft rekrutieren sollten.

Die Durchführung dieses umfassenden und detaillierten Programms hatten das Ministerium für Arbeit und die Gewerkschaftsleitungen zu kontrollieren. Damit wurde erneut unterstrichen, in welchem Umfang ein Funktionswechsel der Gewerkschaften im »Arbeiterstaat« stattgefunden hatte, aber auch, wie stark Sozialpolitik als umfassende Gesellschaftspolitik von der Erhöhung der volkswirtschaftlichen Produktivität abhing. Die Vorgaben waren überwiegend nicht neu und einige – wie die Schaffung von Industrieinstituten – kamen über die Papierversion nicht hinaus. Nach dem Desaster des Juni-Aufstandes mußte die Partei- und Staatsführung jedoch versuchen, mit neuen Mobilisierungsstrategien dem auch im »Neuen Kurs« beibehaltenen Ziel einen schnellen sozialistischen Aufbaus näherzukommen.

Die Verbesserung der Versorgungslage gelang im Laufe des Jahres 1954 so weit, daß Ministerpräsident Grotewohl am 4. September eine deutliche Preissenkung für Lebensmittel und Konsumgüter ankündigen konnte.[11] Politisch traten 1954 die außen- und deutschlandpolitischen Themen stärker in den Vordergrund. Die Beschlüsse zum Ausbau der Kasernierten Volkspolizei in »Nationale Streitkräfte« und die westdeutschen Diskussionen um die Wiederbewaffnung riefen auch in den Betrieben offenbar erhebliche Unruhe hervor, die Diskussionen verliefen aber keineswegs entsprechend den Vorgaben der Funktionäre. Auch wenn die Monatsberichte des Ostbüros diese Tendenz überziehen, fanden die politischen Argumente der westdeutschen Opposition in der Arbeiterschaft der DDR ohne Zweifel beträchtliche Resonanz, weil nicht nur die Wiedervereinigung noch stärker gefährdet schien, sondern die absehbar wachsende Militarisierung der DDR auch unmittelbare Rückwirkungen auf den eigenen Lebensstandard haben mußte. Unter diesem Blickwinkel war das Fazit eines Ostbüro-Berichts am Jahresende 1954 nicht ohne innere Stimmigkeit: »Wie stark sich die sozialdemokratische Argumentation in der Frage der deutschen Wiedervereinigung in der Sowjetzone durchgesetzt hat, zeigte sich deutlich im Dezember, als sich in vielen Versammlungen die Arbeiter offen gegen die Remilitarisierung in der Sowjetzone und in Westdeutschland aussprachen.«[12] Komplementär zu einer solchen Stimmungslage paßte die Kritik, die an der unzureichenden Arbeit der Gewerkschaften vom »großen Bruder« geübt wurde.

Im Oktober 1954 besuchte eine sowjetische Arbeiterdelegation 15 Betriebe in der DDR, darunter drei Bergwerke, sechs Metallurgie- und Maschinenbau-, drei Chemie- und zwei Textilbetriebe. Es war die dritte offizielle Delegationsreise, die offenkundig die Aufgabe hatte, »die fortgeschrittensten Erfahrungen der Neuerer der SU den deutschen Kollegen« zu übermitteln. Die Aktennotiz über das Treffen

---

11 SBZ-Archiv 5 (1954), S. 258 ff.
12 MB Ostbüro Dezember 1954, S. 91.

des FDGB-Bundesvorstandes mit dieser Gruppe »erfahrener und ausgezeichneter Produktionsarbeiter, Techniker und Ingenieure« unter Leitung des Genossen Rshanow, Abteilungsleiter im Zentralrat der sowjetischen Gewerkschaft und vormals fünf Jahre Gebietssekretär der Partei in Sibirien, ist ebenso aufschlußreich für das Grundmuster von Sowjetisierung im Betrieb wie niederschmetternd für dessen gewünschte Umsetzung.[13] Zwar lobten die sowjetischen Genossen die wesentliche Verbesserung der Lage in den Betrieben gegenüber dem Besuch im Jahre 1953, aber sie listeten eine lange Reihe von gravierenden Mängeln in der Organisation und der politischen Arbeit in den Betrieben auf:

- die Gesellschaft für deutsch-sowjetische Freundschaft arbeite zu oberflächlich;
- in den Betrieben gebe es kaum Anstrengungen, die russische Sprache zu erlernen;
- in den Betriebsbibliotheken seien zwar viele russische Bücher vorhanden, es fänden dazu aber keine Leserkonferenzen und Buchbesprechungen statt;
- die politische Aktivität der Arbeiter sei gewachsen, aber die BGL würden ihrer Rolle nicht gerecht und verlören an Autorität;
- eine gefährliche Praxis habe sich durch die Arbeit des »Dreier-Kopfes« herausgebildet (Parteisekretär, Meister, Gewerkschaftsvorsitzender), der oft ohne Diskussion mit den Arbeitern in ihrem Namen spreche;
- die Organisation der Produktionsberatungen sei vor allem deshalb unzureichend, weil keine konkreten Beschlüsse gefaßt und keine genauen Arbeitspläne vorgelegt würden;
- generell vernachlässigten die Parteikader die Gewerkschaften und sollten daher zur Arbeit in die Gewerkschaften geschickt werden;
- es gebe erhebliche Defizite im Arbeitsschutz und in der Reduktion des hohen Krankenstandes;
- »die Wandzeitungsarbeit in den Betrieben ist schnellstens zu verbessern; vor allem muß sie lebendig die Arbeit, die Erfolge in der Produktion, das kulturelle Leben usw. im Betrieb widerspiegeln. Die Wandzeitungen sind periodisch auszuwechseln«;
- besondere Mängel weise der sozialistische Wettbewerb auf, dessen Ziel es sei, »daß die einzelnen Arbeiter miteinander wetteifern, sich dazu herausfordern, sich gegenseitig ihre Ziele dabei nennen usw.«; die Arbeiter und Brigaden schlüsselten zumeist die Produktionsaufträge nicht individuell auf.[14]

Die Generalkritik lief darauf hinaus, daß die übergeordneten Leitungen der Gewerkschaften zu oberflächlich arbeiteten. Die salomonische Lösung sah so aus: »a) die Arbeit der Gewerkschaftsleitungen unten in Ordnung bringen; b) die konkrete politische Arbeit und Hilfe von oben entwickeln. Der Bundesvorstand kann das natürlich nicht allein und braucht die Hilfe der Zentralvorstände der Indu-

---

13 Aktennotiz über die Beratung mit dem Leiter der Arbeiter-Delegation aus der SU, Genossen Rshanow, am 26.10.1954 (einschl. Auszügen aus dem Bericht Rshanows), SAPMO-BArch, Nl 4182/1145, Bl. 39-54.
14 Zitate ebd., Bl. 48 f.

1. Arrangement, Renitenz und innerbetriebliche Konflikte

striegewerkschaften.«[15] Die Beobachtungen der vierten sowjetischen Arbeiterdelegation im Mai 1955 fielen zwar nicht mehr ganz so kritisch aus, verwiesen aber ebenfalls auf gravierende Schwachpunkte wie fehlende Aufschlüsselungen des Plans, unzureichende Nutzung innerer Reserven bei der Normenfestlegung, hohe Ausschußproduktion, mangelnden Arbeitsschutz und unzureichende Organisation des Wettbewerbs.[16]

Wesentliche Elemente dieser Kritik finden sich in teils erheblich schärferen Formen auch in den zahllosen öffentlichen Verlautbarungen der Partei- und Gewerkschaftsspitzen mit geradezu stereotyper Regelmäßigkeit. Zwar hatten die sowjetischen Mahnungen ein besonderes politisches Gewicht, aber Abhilfe zu schaffen, blieb vor allem Aufgabe der mittleren und unteren Chargen der Gewerkschaftsbürokratie. Sie sollten nicht nur effizient die Anweisungen von oben umsetzen, sondern waren auch unmittelbar mit den Erwartungen und Frustrationen der Belegschaften konfrontiert, gerieten also besonders leicht in die Rolle des Prügelknaben für Versäumnisse aller Art. Um eine größere Rentabilität und somit eine höhere Produktivität zu erreichen, war nach wie vor eine andere Einstellung zur Arbeit und zum »Volkseigentum« vonnöten. Herbert Warnke forderte daher als eine Folgerung aus der Kritik der sowjetischen Arbeiterdelegation eine strikte Orientierung am »strengen Sparsamkeitsregime«. Dieses wurde im sowjetischen Lehrbuch »Politische Ökonomie« auf ebenso einfache wie luzide Weise definiert als »Methode sozialistischen Wirtschaftens, deren Ziel es ist, die höchst möglichen Resultate mit den geringsten Aufwendungen zu erreichen.«

Doch daran haperte es. »Es muß eindeutig gesagt werden,« stellte Warnke fest, »daß das Haupthindernis für die Beseitigung der Vergeudung an Volkseigentum, der Verschwendung an Arbeitszeit, an Material und Hilfsstoffen die geradezu unverantwortliche Einstellung vieler Wirtschafts- und Gewerkschaftsfunktionäre zu den Fragen der Arbeitsorganisation in den Betrieben ist.«[17]

Entscheidende Verbesserungen bezogen sich auf die Schaffung »eines wirklich rhythmischen Produktionsablaufes«, auf regelmäßigen Materialfluß und die Überwindung von Stillstandszeiten und die »Einhaltung einer strengen Plandisziplin.« Die BGL hatten zu kontrollieren, »daß die Betriebsleitungen und mittleren technischen Kader auf diesem Gebiet ihre Aufgaben erfüllen. Dabei ist die gewerkschaftliche Aufgabe, die Initiative der Arbeiter und Angestellten gerade zur Verbesserung der Arbeitsorganisation weit mehr als bisher zu fördern, alle bürokratischen Hemmnisse aus dem Wege zu räumen.«[18] Die Steigerung der Arbeitsproduktivität blieb das A und O, und auf der flächendeckenden Einführung der technisch begründeten Normen ruhte nach wie vor die Hoffnung auf bessere Zeiten. Auch die

---

15 Ebd., Bl. 42.
16 Protokoll der außerordentlichen gemeinsamen Sitzung des Präsidiums des Bundesvorstandes des FDGB mit der 4. Sowjetischen Arbeiterdelegation am 18. Mai 1955, ebd., Bl. 55-62.
17 18. Tagung des Bundesvorstandes des FDGB 25. bis 27. November 1954. Referat des Kollegen Herbert Warnke und Beschlüsse der Tagung, hg. vom Bundesvorstand des FDGB, Berlin (O) (1954) 70 S., hier: S. 7.
18 Ebd.

gesamte Kulturarbeit hatte sich diesem Ziel unterzuordnen. Diese uneinlösbaren Forderungen und Erwartungen an die Gewerkschaften faßte Warnke begeistert in ein für diese Zeit typisches, grotesk überhöhtes Idealbild mit einem Zitat aus einem Artikel Stefan Heyms in der »Berliner Zeitung«:

»Die Gewerkschaft ist die Massenorganisation der Arbeiter im Betrieb; sie erfaßt alle oder so gut wie alle. Die Gewerkschaft ist der Arbeitsplatz, und ob er sauber ist und ob genug Licht da ist und Luft; die Gewerkschaft ist die Wohnung des Arbeiters, und ob er sich darin wohlfühlt; sie ist der Klub des Arbeiters und sein Kulturhaus; sie ist der Verbesserungsvorschlag und dessen Durchführung; sie ist das Ferienheim und die Speisehalle im Werk und die Poliklinik und die Bibliothek; sie ist der Arzt, der zur Frau des Arbeiters ins Haus kommt, und der Kindergarten, in dem sich sein Kind aufhält; sie ist die Einkaufsmöglichkeit für die Arbeiterin und der Autobus vom und zum Werk; sie ist die Norm und der Leistungslohn und die Prämie und viel anderes Entscheidendes noch – vorausgesetzt, daß sie richtig funktioniert und die Aufgaben erfüllt, die ihr gestellt sind.«[19] Wie Letzteres gelingen konnte, dafür hatte auch der damals gläubige Schriftsteller keine Rezepte. Ein wichtiges Instrument war für Warnke aber die bessere Einbeziehung des Gewerkschaftsaktivs in die praktische Arbeit des Betriebs, das auf Grund der größeren Nähe zu den Mitgliedern zur »nie versiegenden Quelle für neue Gewerkschaftskader« werden sollte.[20]

Die Probe aufs Exempel mußten letztlich die Betriebskollektive sein. Diese waren jedoch Jahr für Jahr wieder eine Quelle von Konflikten, die freilich nach den Erfahrungen des 17. Juni unterhalb der Schwelle offener Konfrontation verliefen. Gleichwohl provozierten Auseinandersetzungen um Normen und Prämien bis in die sechziger Jahre hinein immer wieder kurze Arbeitsniederlegungen.[21]

Der Muster-Betriebskollektivvertrag für alle Wirtschaftszweige im Jahr 1955 wurde im Berliner Glühlampenwerk ausgearbeitet. Nationalpreisträger Rudi Rubbel, Mitbegründer der Rationalisatoren- und Neuererbewegung und 1960 im Zusammenhang mit den Forderungen nach größeren Rechten für die Brigaden zeitweilig in Ungnade gefallen[22], begründete in der Öffentlichkeit eingehend, wie so etwas aussehen sollte, wo die Schwerpunkte zu liegen hatten und versah die trivialen, weil mehr oder minder gleichbleibenden Inhalte mit dem notwendigen politisch-patriotischen Beiwerk.[23] Er betonte besonders die »Demokratie in Aktion«, nämlich die Einbeziehung der gesamten Belegschaft. »Auch der letzte Betriebsangehörige erhielt Gelegenheit, zum alten Betriebskollektivvertrag Stellung zu nehmen und seine Vorschläge zum neuen Betriebskollektivvertrag zu machen, verbunden mit einer persönlichen Produktionsverpflichtung.«[24] Wie sehr dieses Pro-

19 Zit. ebd., S. 20 f. (»Berliner Zeitung« vom 14.11.1954).
20 Ebd., S. 30.
21 Siehe unten, Kap. VI 9 (S. 743 ff.).
22 Siehe unten, Abschnitt 6 (S. 448 ff.).
23 Materialien zum Abschluß der Betriebskollektivverträge und Betriebsvereinbarungen für das Jahr 1955, hg. vom Bundesvorstand des FDGB, Berlin(O) 1956.
24 Ebd., S. 8.

zedere mit allgemeinpolitischen Themen verbunden war, zeigt der Hinweis, daß in den Gruppen auch Zustimmungserklärungen zur Moskauer Deklaration und Protestresolutionen gegen den KPD-Prozeß gefaßt wurden. Eine große Rolle spielten in der Direktive alle jene Punkte, die in der Kritik der sowjetischen Genossen im Vordergrund gestanden hatten.[25] Der Mustervertrag galt erstmals für die gesamte DDR, während früher die Branchengewerkschaften ihre eigenen Mustervereinbarungen vorgelegt hatten. Rudi Rubbel warnte jedoch, es dürfe »kein automatisches Abklatschen [sic!] dieses Vertrages durch andere Betriebe« erfolgen, dieser solle lediglich Richtschnur sein. Nur noch zwei Arten von Verpflichtungen waren vorgesehen: konkrete, termingebundene und somit kontrollierbare Verpflichtungen zur Steigerung und Verbesserung der Produktion sowie zur Verbesserung der materiellen, sozialen und kulturellen Lage der Beschäftigten.[26]

Für das Jahr 1956, das zugleich den Beginn des zweiten Fünfjahrplans markierte, der dann allerdings aufgrund der politischen Turbulenzen erst mit erheblicher Verspätung startete, wurde in analoger Weise das Stickstoffwerk Piesteritz ausgewählt, das sich anders als sein Vorgänger durch besonders hohe Planerfüllung ausgezeichnet hatte.[27]

Die bis in kleine Details festgelegten Vorgaben des BKV spiegelten selten die innerbetriebliche Realität wider, die aufgrund ständiger Schwierigkeiten in der Materialversorgung meist ziemlich krude aussah und daher auch permanent Unzufriedenheit hervorrief. Dennoch wird man dieses Herzstück des Arbeiterlebens im Betrieb, das weit über die Regelung von Produktionsabläufen und -zielen hinausreichte, in bestimmten Grenzen durchaus als ein Element der sozialen Integration und der Schaffung von Loyalität gegenüber dem »Arbeiterstaat« verstehen müssen. Dabei kristallisierten sich in der Praxis jene spezifischen Momente von »Eigen-Sinn« und »Aushandlungsgesellschaft« heraus, die kaum im plakativen zeitgenössischen westlichen Bild der totalitären Diktatur und in der nachdrücklichen Betonung des heftigen Widerstands durch die Ostbüro-Berichte zu finden sind. Das Problem bestand für die linientreuen Funktionäre an der Spitze in der offenkundig notwendigen ständigen Mobilisierung, ohne die der Status quo kaum zu überwinden war. So mußte der Bundesvorstand in seinem Beschluß zu den BKV für 1956 feststellen: »Seit dem 4. FDGB-Kongreß [Mai 1955; C. K.] sind keine wesentlichen Fortschritte in der Verbesserung der Arbeit mit dem BKV zu verzeichnen. Im Leben vieler Arbeiter der volkseigenen Betriebe spielt der BKV keine Rolle mehr. Zahlreiche Gewerkschafts- und Wirtschaftsleitungen sind in Bezug auf die Erfüllung der BKV in Selbstzufriedenheit und Schönfärberei verfallen [...] Durch bürokratische und routinehafte Arbeit ist aber der Zustand eingetreten, daß viele Arbeiter an der Ausarbeitung und Kontrolle der Durchfüh-

---

25 Direktive zum Abschluß der Betriebskollektivverträge für das Jahr 1955, ebd., S. 74.
26 Ebd., S. 13.
27 Text in: Gerhard Haas/Alfred Leutwein, Die rechtliche und soziale Lage der Arbeitnehmer in der Sowjetischen Besatzungszone (Bonner Berichte, hg. vom Bundesministerium für Gesamtdeutsche Fragen), Bonn 1959, Anlagenteil, S. 73 ff.

IV. Vom »Neuen Kurs« zum Mauerbau (1953-1961)

rung der BKV nicht mitwirken. Nicht wenige BKV wurden ohne die Arbeiter nur von der Gewerkschaftsleitung und Werkleitung ausgearbeitet.«[28]

Die SED bemühte sich angesichts solcher für sie unerquicklichen Zustände, verstärkt zuverlässige Genossen in die BGL zu bekommen und die Wahlen »nicht dem Selbstlauf (zu) überlassen.«[29] Die Versuche, SED-Mitglieder bei der Kandidatenaufstellung für die BGL-Wahlen durchzuboxen, scheiterten jedoch in vielen Fällen an der Ablehnung der Belegschaften, die ihre eigenen Kandidaten aufstellten und wählten, so daß die Resultate für ungültig erklärt wurden, um der Partei unliebsame Vertreter auszuschalten. Die Ergebnisse der BGL-Wahlen von 1955 insgesamt konnten zwar durch solche Formen von Unbotmäßigkeit nicht grundsätzlich verändert werden, aber die FDGB-Spitze zog daraus die Konsequenz, auf dem – ohnehin um ein Dreivierteljahr verspätet einberufenen – FDGB-Kongreß im Mai 1955 eine Änderung der Satzung und der Wahlordnung vorzunehmen, die verhindern sollte, daß sich solche Vorgänge wiederholen.[30]

Mit der Ausgestaltung des Direktorfonds für die Betriebe der volkseigenen Wirtschaft hoffte die Regierung, zwei Ziele des BKV besser zu erreichen: die Verbesserung der kulturellen und sozialen Einrichtungen des Betriebes und die Förderung des Erfindungs- und Vorschlagswesens. Für beide Bereiche gab es jeweils einen eigenen Fonds, dessen Höhe mit 1 beziehungsweise 2 Prozent der Brutto-Lohn- und -Gehaltssumme des Betriebes festgelegt wurde.[31] Damit erhielten die Betriebsleiter einen nicht unerheblichen Spielraum für den Ausbau betrieblicher Sozialpolitik, die Förderung von Jugendlichen, die Verteilung von Prämien und die Förderung von Innovationen.

Das A und O blieben Normerhöhungen in dem vom BKV festgelegten Rahmen. In größerem Umfang technische Arbeitsnormen (TAN) zu realisieren, scheiterte häufig an den unzureichenden technologischen Voraussetzungen.[32] Zudem gehörte es zu den unbedingt zu befolgenden Lehren des 17. Juni, Normerhöhungen keinesfalls »administrativ« durchzusetzen, was angesichts der ständigen Forderungen offenbar dennoch häufig versucht wurde. So stellte ausgerechnet Otto Lehmann, der als Mitglied des FDGB-Bundesvorstandes am 16. Juni 1953 mit seinem provozierenden Artikel in der »Tribüne« die Lunte ans Pulverfaß gelegt hatte[33], in der »Arbeit« fest: »Trotz der eindeutigen Hinweise von Partei und Gewerkschaften gibt es jedoch auf dem Gebiet der Normenarbeit in vielen Betrieben nach wie vor große Unklarheiten und Verstöße gegen die Interessen der Arbeiter. Arbeitsnormen werden einfach administrativ erhöht, ohne Arbeitsstudien zu ma-

---

28 Zit. in: MB Ostbüro Dezember 1955, S. 39.
29 »Neues Deutschland« vom 6.2.1955, zit. im MB Ostbüro Februar 1955, S. 7.
30 Ebd., S. 8; Carola Stern, Arbeiterschaft und SED. Das Fiasko der Gewerkschaftswahlen in den »volkeigenen Betrieben«, in: SBZ-Archiv 6 (1955), S. 114 ff.; Protokoll der Verhandlungen des 4. FDGB-Kongresses vom 15. bis 20. Juni 1955 in der Werner-Seelenbinder-Halle zu Berlin, Berlin (O) 1955, S. 373.
31 Verordnung vom 18.3.1954, Gbl. DDR 1954 I, S. 305 ff.
32 Siegfried Mampel, Wende in der Lohnpolitik? Die neuen Richtlinien der SED und ihre Konsequenzen, in: SBZ-Archiv 8 (1957), S. 370-373.
33 Vgl. oben, Kap. III (S. 311 ff.).

chen, ohne mit den Arbeitern zu sprechen, ohne die Arbeitsorganisation und Technologie zu verbessern [...] Beispiele zeugen davon, daß bei uns vielerorts geradezu REFA-Methoden praktiziert werden. Hinter all diesen Erscheinungen verbirgt sich eine äußerst schädliche Ideologie. Sie läuft darauf hinaus, die Rentabilität auf Kosten der Arbeiter zu erhöhen.«[34] Diese selbstgefällige Kritik dürfte auch der politisch prekären Situation im Herbst 1956 geschuldet sein. Denn mindestens ebenso häufig waren die Klagen darüber, daß man dem hinhaltenden Widerstand von Belegschaften gegen Normerhöhungen allzu nachgiebig begegnet sei.

Es spricht einiges dafür, daß die Branchengewerkschaften und die unteren Organisationseinheiten des FDGB sich am ehesten gegen Normerhöhungen und damit verbundene Lohnkürzungen wehrten oder dem Widerstand der Belegschaften nachgaben. So kam es 1954 zu heftigen Auseinandersetzungen mit dem Arbeitsminister um die strittige Entlohnung von Ausfallzeiten, die nach Ansicht der Arbeiter mit dem Durchschnittslohn bezahlt werden sollten. Auch in den Konfliktkommissionen und bei manchen Arbeitsgerichten bestand die Neigung, zugunsten der Arbeiter zu entscheiden. Die Vertreter des Arbeitsministeriums in den Bezirksräten berichteten im November 1954 nach Berlin von enormen Schwierigkeiten in den Betrieben, weil die Betriebsleitungen den Belegschaftsforderungen immer wieder nachgäben und auch die Gruppenorganisatoren des FDGB in den Betrieben nicht mehr zuverlässig die Linie der SED und der Regierung verträten.[35] Die in immer neuen Anläufen betriebene differenzierte Berechnung von Arbeitsnormen in Zeiteinheiten[36] barg, wie die ständigen Berichte über Unzufriedenheit und Ablehnung belegen, offenkundig ein erhebliches Konfliktpotential in sich, mit dem Betriebsleitungen, Parteisekretäre und FDGB vorsichtig umgehen mußten. So konstatierte das MfS im August 1956 anhand von zahlreichen Beispielen aus allen Teilen der DDR: »Wie aus dem vorliegenden Material ersichtlich ist, sind die Mehrzahl der Diskussionen über Arbeitsnormen auf ungenügende Aufklärung und Unklarheiten über die Neufestsetzung von Arbeitsnormen zurückzuführen. In einigen Betrieben kam es aus diesem Grunde wieder zu ablehnendem Verhalten bei der Erarbeitung neuer Normen, sowie zur Zurückhaltung in der Angabe der genauen Arbeitsleistung.«[37] Daß kaum mangelnde Aufklärung, sondern eher naheliegende materielle Interessen für spontane Aktionen maßgeblich waren, zeigt ein besonders phantasievoll ausgestaltetes Beispiel. Demnach hatte im Sägewerk Wernigerode/Magdeburg Werk 3 die Normerfüllung für Leichtbauplatten bei 150 bis 173 Prozent gelegen. Nach der Neufestlegung wurden nur noch 120 Prozent erreicht. »Diese Anregung kam aus den Werken 1 und 2, da diese bei gleicher Arbeit weniger verdienten als die Arbeiter im Werk 3. Von einigen Arbeitern des Werkes 3 wurde der letzte, nach alter Norm

---

34 Otto Lehmann, Über Fragen der Arbeitsproduktivität und des Arbeitslohnes, in: »Die Arbeit« 1956, S. 665 zit. in: SBZ-Archiv 8 (1957), S. 370 f.
35 MB Ostbüro November 1954, S. 66 f.
36 Detailliert mit Beispielen vorgestellt anhand veröffentlichter Quellen bei Alfred Leutwein, Durch Zeitnormative zu höheren Arbeitsnormen, in: SBZ-Archiv 6 (1955), S. 165 f.
37 Informationsbericht vom 22.8.1956, BStU, MfS-AS 82/59 Bd. 1b, Bl. 49.

IV. Vom »Neuen Kurs« zum Mauerbau (1953–1961)

fertiggestellte Block Leichtbauplatten ›zu Grabe getragen‹, wobei ein Arbeiter als Pastor auftrat und diesen Block verabschiedete.«[38]

Den geradezu verzweiflungsvollen Kampf um die Durchsetzung höherer Normen oder zumindest die Reduktion der Ausschußproduktion enthüllte ein Artikel in der Zeitschrift »Die Wirtschaft« mit dem Titel »Ausschuß und Rentabilität«. Darin wurde ein Beispiel aus dem größten Schwermaschinenbaubetrieb der DDR, dem VEB Ernst Thälmann Magdeburg, mit 12.000 Beschäftigten angeführt, dem zufolge die Meister weder bei Ausschußproduktion in angemessenem Umfang die Löhne kürzten noch verhinderten, daß Arbeiter derartige Lohnkürzungen durch überhöhte Mehrarbeitszeiten wieder ausglichen. »Dem Kollegen bleibt es nämlich selbst überlassen, welche Zeit er für die Mehrarbeit einsetzt. Da die tatsächliche verbrauchte Zeit nicht kontrolliert wird, sichern sich viele auf diese Weise trotz Ausschußarbeit eine volle Lohntüte. Damit ist die Erziehungsmaßnahme des Abzugs bei Ausschuß weitgehend hinfällig geworden. Soweit wir feststellen konnten, werden die recht großzügigen ›über den Daumen gepeilten‹ Zeiten von den Meistern fast durchweg ohne Beanstandungen auf dem Lohnschein abgezeichnet, obwohl sie genau wissen, daß die Zeiten zu 90 Prozent der Fälle zu hoch sind. Unverständlich verhalten sich dabei die Kollegen Arbeitsnormer, sie resignieren und ›lassen die Karre laufen‹.«[39]

Ein anderes Beispiel aus dem Karl-Liebknecht-Werk in Magdeburg veranschaulicht gerade in seiner scheinbaren Nebensächlichkeit – es ging hier nicht um Arbeitsnormen, sondern um den Energieverbrauch –, wie typische Konfliktmuster aussahen und wie schnell Spannungen eskalieren konnten:

»Mitte Oktober (1955) erschienen Prüfer mit Meßgeräten, um an jeder Werkbank den Energieverbrauch für die einzelnen Arbeitsgänge festzuhalten. Als die Energieprüfer ihre Meßschränke aufstellten und mit der Arbeit beginnen wollten, rotteten sich die Arbeiter der Kurbelwellenstraße in bedrohlicher Weise zusammen und aus ihrer Mitte ertönten Zurufe: ›Hört mit euren Kontrollen auf. Wir wissen schon, was die wieder wollen. Jetzt sollen die Löhne schon wieder gesenkt werden. Jetzt ist es genug. Hört auf, oder wir treten das Ding zusammen. Das ist ja schlimmer als das alte Refa-System.‹ Zunächst war es den Normenprüfern nicht möglich, ihre Arbeit fortzusetzen. Es wurden zunächst einmal Parteifunktionäre und technische Kräfte in die Kurbelwellenstraße beordert, die nunmehr die Aufgabe hatten, den Arbeitern die Hintergründe der ganzen Aktion auseinanderzusetzen. Nur zögernd und mit äußerstem Mißtrauen fand man sich danach bereit, unter Ausschaltung des Prüfschranks die Maschinen wieder anlaufen zu lassen.«[40]

---

38 Ebd., Bl. 51.
39 »Die Wirtschaft« vom 14.7.1955, zit. nach MB Ostbüro Juli 1955, S. 102.
40 MB Ostbüro September 1956, S. 18.

1. Arrangement, Renitenz und innerbetriebliche Konflikte

Das Lohngefüge bot somit ständig Anlaß zu Auseinandersetzungen, da sich die Vorstellungen der SED in der Praxis eben keineswegs im gewünschten Umfang realisieren ließen und zu einer von den Betroffenen als ungerecht empfundenen Unübersichtlichkeit und Ungleichheit führten. Eine MfS-Information faßte Anfang 1957 offenbar weit verbreitete kritische Stimmen zum Lohngefüge treffend so zusammen: »Meistens wurden diese Stellungnahmen von größeren Personengruppen abgegeben, die darin ihre Unzufriedenheit zum Ausdruck bringen und zum Teil mit Republikflucht, Arbeitsplatzwechsel und Arbeitsniederlegung und anderen Maßnahmen drohen, aus denen sich Provokationen entwickeln können. Das vorliegende Material läßt erkennen, daß der Anlaß für diese Stellungnahmen einerseits die niedrigen Löhne der unteren Lohngruppen, andererseits aber auch unterschiedliche Lohnzahlungen bei Arbeitern mit gleichen Tätigkeitsmerkmalen sind.«[41] Das Ministerium für Arbeit und Berufsausbildung konstatierte 1957 »überspitzte Differenzierungen der Tarife«, die zu »lohnpolitischen Manipulationen geführt« hätten.[42] Diese interne Bilanz war ungemein ernüchternd und dürfte in dieser Form nie an die Öffentlichkeit gelangt sein, auch wenn es sich um ein generell bekanntes Problem handelte. Nach dem Stand vom 31. Dezember 1954 hatten demnach unter den rund 5 Millionen in der sozialistischen Wirtschaft Beschäftigten etwa 357.000 Beschäftigte einen Verdienst von unter 200 Mark monatlich.[43] Zwar habe sich diese Situation seit der Abschaffung der Ortsklassen C und D im Jahr 1956 verbessert, aber in den Zahlen waren Heimarbeiter, Lehrlinge, Halbtagsarbeiter und nicht ständig Beschäftigte nicht enthalten. Lohnfestsetzungen waren daher ein besonders sensibles und konfliktträchtiges Thema.

Mindestens ebenso häufig waren Auseinandersetzungen um die Verteilung von Prämien. Seit es sie gab, waren sie eine Quelle von Unmutsäußerungen und auch Arbeitsniederlegungen. In der kritischen Berichterstattung des MfS taucht geradezu stereotyp der Hinweis auf falsches, weil »administratives« Vorgehen auf. Solche formelhaften Erklärungen dienten ohne Zweifel der internen Absicherung der Berichterstatter mit Hilfe eines gängigen Sprachgebrauchs, aber sie zeigen auch die Unfähigkeit, solche Konflikte anders als mit Appellen von oben in den Griff zu bekommen. Da sich im Lohngefüge im Laufe der fünfziger Jahre erhebliche Verzerrungen ergeben hatten, Korrekturen aber kurzfristig nicht durchsetzbar waren, zumal es deutliche Differenzen zwischen SED und FDGB gab, erhielten Prämien ein größeres Gewicht als »lohnpolitische Aushilfe«.[44]

Die Neufassung der Prämienordnung im Jahr 1957 sorgte aber auch für neue Unruhe, weil das leitende Personal nun stärker auf Kosten der Belegschaft berücksichtigt werden konnte.[45] Damit wurde zumindest aus der Sicht großer Teile

---

41 Information vom 16.1.1957, BStU, ZAIG 19, Bl. 1.
42 Undatiertes Papier der Grundsatzabteilung für Löhne und Arbeitsnormen für das Jahr 1957, BArch DQ-2, 2584, S. 4. (Ich danke P. Hübner für den Hinweis auf diese Quelle).
43 Ebd., S. 7.
44 Vgl. Hübner, Konsens, S. 60-64.
45 Verordnung über den Betriebsprämienfonds sowie über den Kultur- und Sozialfonds in den volkseigenen und ihnen gleichgestellten Betrieben vom 15.5.1957, in: Gbl. DDR 1957 I, S. 289-292.

der Belegschaften genau die soziale Asymmetrie festgeschrieben, gegen die sich bisher immer wieder Proteste gerichtet hatten.[46] Unruhe verursachte, wie Stasi-Informationen zeigen, weniger die Verordnung an sich als vielmehr ihre Umsetzung zwischen Leitungspersonal und Arbeitern.

Eine bilanzierende Information des MfS stellte im Mai 1958 fest: »Nachdem die im Jahre 1957 von der Regierung beschlossenen Maßnahmen zur Änderung des Prämiensystems allgemeine Zustimmung fanden, ist jedoch seit Anfang dieses Jahres in steigendem Umfange festzustellen, daß unter den Arbeitern fast aller Industriezweige neue Mißstimmungen über die Auszahlung von Prämien um sich greifen.« Als Anlaß solcher Mißstimmungen, die zu allerhand sorgfältig registrierten »Provokationen« führten, konstatierte der Bericht immer wieder das Ungleichgewicht der Zahlungen zwischen Teil I der Prämienordnung – vom Meister an aufwärts – und Teil II, der für die Arbeiter galt.[47] Knapp ein Jahr später lautete das Fazit ähnlich: »Aus den Diskussionen zur Prämienverteilung ist übereinstimmend ersichtlich, daß sich die Arbeiter nicht gegen eine Differenzierung der Prämien aussprechen, sondern nur zunehmend gegen die großen Unterschiede in der Höhe der Prämien für Produktionsarbeiter und der mittleren und leitenden Angestellten Stellung nehmen und darüber ihr Mißfallen ausdrücken.« Dann folgte ein ebenfalls häufig referiertes, seit den Anfängen der Arbeiterbewegung verwandtes Argument, das die Stimmung, aber auch das Selbstbewußtsein der Arbeiterschaft charakterisiert: »In diesem Zusammenhang wird von den Produktionsarbeitern die Meinung vertreten, daß sie doch die Werte schaffen und durch den Einsatz ihrer Arbeitskraft die Pläne erfüllen, weshalb sie auch Anspruch auf richtige Würdigung ihrer Leistungen und dementsprechend auf höhere Prämien hätten.«[48] Die Haltung der Arbeiter wurde also nicht nur von Egalitarismus, sondern ebenso von der Erwartung nach angemessener Bezahlung bestimmt.

Weniger brisant als bei Normen, Löhnen und Prämien tauchen die in der Regel im BKV fixierten Selbstverpflichtungen von Einzelnen, Gruppen oder ganzen Belegschaften als Konfliktgegenstand in den Quellen auf, obwohl alle Themen miteinander zusammenhingen. Daraus läßt sich schließen, daß dieser Weg, zu höheren Normen zu gelangen, meist nur von mäßigem Erfolg gekrönt war. Das stimulierte aber immer neue Kampagnen und Arbeitsmethoden, die zum Teil aus der Sowjetunion oder gelegentlich auch aus den Volksdemokratien übernommen wurden. Dabei fehlte es nicht an pittoresken Zügen. So zielte die im Frühjahr 1955 verkündete »10-Minuten-Bewegung« darauf ab, daß die Arbeiter schon 10 Minuten früher am Arbeitsplatz sein und die Arbeit vorbereiten sollten, damit Zeitverluste vermieden wurden. Die »100-DM-Bewegung« richtete sich auf das Dauerthema Materialeinsparung und verschwand ebenfalls schnell wieder von

---

46 MB Ostbüro Mai 1957, S. 74 ff.
47 Information vom 14.5.1958, BStU, ZAIG Z 162, Bl. 1.
48 Bericht vom 12.3.1959, BStU, ZAIG Z 220, Bl. 1. Ähnlich in der Argumentation der Bericht vom 29.9.1959 und ein weiterer ohne Datum aus dem gleichen Jahre, ebd. Bl. 41-48 mit zahlreichen Einzelbeispielen aus Betrieben.

1. Arrangement, Renitenz und innerbetriebliche Konflikte

der Bildfläche.[49] Eine dauerhafte Form des »Sparsamkeitsregimes« waren die im Frühjahr 1955 ins Leben gerufenen »Ökonomischen Betriebskonferenzen«. Auf einer derartigen, am 17. März in Ostberlin veranstalteten Konferenz von 37 Schwerpunktbetrieben verpflichteten sich zwei dieser Betriebe als Vorreiter in einem Schreiben an das ZK der SED, auf Staatszuschüsse ganz zu verzichten und bestimmte Gewinnsummen an den Staatshaushalt abzuführen. Die anderen sollten damit im Rahmen des betrieblichen Wettbewerbs zu gleichen Verpflichtungen aufgefordert werden: »Zur breiten Beteiligung der Massen an diesem Kampf werden wir den sozialistischen Wettbewerb durch Aufforderung von Mann zu Mann, von Brigade zu Brigade, von Abteilung zu Abteilung auf der Grundlage konkreter Produktionsverpflichtungen organisieren, täglich für die Veröffentlichung der Wettbewerbsergebnisse an Wettbewerbstafeln sorgen, die Hilfe der Fortgeschrittenen für die Zurückgebliebenen organisieren [...].«[50] Diese Kampagne »Weg von den Staatszuschüssen« stieß ebenso wie alle anderen auf hartnäckige Renitenz bei den Belegschaften, wie zahlreiche Einzelberichte belegen, weil sie alle im Endeffekt auf eine Erhöhung der Arbeitsnormen hinausliefen, ohne daß angesichts der chronischen Versorgungslücken und Materialengpässe glaubwürdige und greifbare »Gegenleistungen« in Aussicht standen. Die schlechte Stimmung fand dann gelegentlich in Wandparolen ihren Ausdruck wie im Buntmetall-Walzwerk Hettstedt: »Schwarzes Brot und dünnes Bier, Walter Ulbricht wir danken dir!«[51] Mit größerem Nachdruck und systematischer wurden Mitte der fünfziger Jahre verschiedene Methoden zur rationelleren Arbeitsgestaltung propagiert worden. Dazu gehörte insbesondere die Kowaljow-Methode der präziseren Arbeitsnormung, die 1950 im Zuge der Aktivisten-Kampagne bereits propagiert, aber zeitweilig wieder in Vergessenheit geraten war.[52]

1955 gab es unter dem Druck der notwendigen Rationalisierung auch erstmals Entlassungen und Umbesetzungen in größerem Ausmaß. Entlassungen wegen Materialmangels und als gezielter Rationalisierungsversuch kamen hier häufig zusammen. MfS-Informationen zeigen aber ebenso wie Ostbüro-Berichte, wie brisant dieses Problem in einem »Arbeiterstaat« war. Zusätzlich verschärfend wirkte die gleichzeitige intensive Werbung für die Kasernierte Volkspolizei und die im Aufbau befindlichen Streitkräfte. Denn die Bevölkerung sah hier schnell einen Zusammenhang, der in dieser Form kaum existierte: Durch Entlassungen würde das Rekrutierungspotential geschaffen. Hinweise auf Entlassungen dienten aber auch als Druckmittel zur Erhöhung der Arbeitsnorm.[53]

Folgt man den Angaben eines Ostbüro-Berichts, so hat es im Januar 1955 eine regelrechte Entlassungswelle gegeben, ohne daß diese mit einer gleichzeitigen

---

49 MB Ostbüro Mai 1955, S. 14.
50 MB Ostbüro März 1955, S. 83 f.
51 MB Ostbüro Mai 1955, S. 8 f.
52 Vgl. dazu Bust-Bartels, Herrschaft, S. 74 f. Siehe oben, Kap. II 9 (S. 259 ff.).
53 Bericht des Informationsdienstes vom 12.1.1955, BStU, Allg. S. 43/58 Bd. 1, Bl. 393 f. MB Ostbüro Januar 1955, S. 54. Den wirtschaftliche Kontext der geplanten Entlassungen insbesondere in der Schwerindustrie stellt Hoffmann, Aufbau und Krise, S. 444 ff., dar.

IV. Vom »Neuen Kurs« zum Mauerbau (1953–1961)

breiten Aufklärung seitens der Betriebsleitungen oder der Gewerkschafts- und Parteiorganisationen verbunden gewesen wäre. Gerade dieses Vorgehen schuf um so mehr Erbitterung. Die eisenverarbeitende Industrie, die Chemie und die Eisenbahn waren demnach besonders betroffen. In Rostock und Wismar wurden im Januar etwa 2000 Werftarbeiter entlassen, im Benzinwerk Böhlen erhielten im gleichen Monat 700 Arbeiter und Angestellte die Kündigung. Bei der Eisenbahn waren 7.500 Arbeiter aus den RAW (Reichsausbesserungswerken) zur Entlassung vorgesehen, in Berlin wurden vorrangig Westberliner verschiedener Betriebe entlassen.[54] Genaue Zahlen und Gründe für die Entlassungen lassen sich bislang aus anderen Quellen in diesem Umfang nicht bestätigen. Realitäten und Gerüchte vermischten sich in solchen Fällen ohnehin häufig. Daß im Januar 1955 etliche Entlassungen von Arbeitern bekannt wurden, bestätigt ein MfS-Bericht. So sollte im VEB Fernmeldewesen in Berlin-Oberschönweide die Beschäftigtenzahl von 8.000 auf 6.100 reduziert werden, im Kabelwerk Berlin-Köpenick sollten 110, im Kabelwerk Berlin-Oberschönweide 200 Beschäftigte entlassen werden. Auch die Berliner Bauindustrie war betroffen.[55] Im Frühjahr 1957 tauchte das Problem der »Umbesetzung von Arbeitskräften aus den Werften« erneut auf. Ein Stasi-Bericht konstatierte nüchtern: »Die Neptunwerft Rostock und die Warnow-Werft Warnemünde beschäftigen einige tausend Werftarbeiter zu viel. Diese Tatsache ist den Werftangehörigen beider Werften allgemein bekannt.«[56] Offenbar war also wenig geschehen. Die Gerüchte, entlassene Arbeiter sollten in die Landwirtschaft geschickt werden, die dringend Arbeitskräfte benötigte, schossen um so mehr ins Kraut, die Fluchtzahlen stiegen an, und die Unzufriedenheit unter den Belegschaften wuchs. Als symptomatisches Beispiel resümierte das MfS Diskussionen auf der Mathias-Thesen-Werft in Wismar: »Es ist an der Zeit, daß die Besatzungsmacht uns verläßt, denn wir stehen vor dem Untergang. Es beginnen Massenentlassungen und wir warten nur erst, bis diese im Gange sind. Wir verdienen hier gutes Geld und sollen anschließend für weniger Geld auf das Land gehen und zwar zu einer LPG oder anderen Stelle. Dieses werden wir uns schwer überlegen. Dann gehen wir zu einer besonderen LPG und diese ist die LPG ›Adenauer‹«.[57]

In exemplarischer Schärfe trat das Problem im Uranbergbau der Wismut auf. Hier mußten im Zuge der wachsenden Mechanisierung und der Stillegung unrentabler Schachtanlagen seit Mitte der fünfziger Jahre Belegschaften reduziert werden, so daß Pläne zur Umsetzung innerhalb des Unternehmens, vor allem aber zur Vermittlung der freigesetzten Arbeitskräfte in andere Betriebe der Schwer- und Grundstoffindustrie in der gesamten DDR ventiliert wurden. Diese Umsetzungen erweisen sich jedoch als dornige Aufgabe. Immerhin ging das Ministerium für Arbeit und Berufsausbildung von insgesamt 170.000 Entlassungen für das Jahr 1957 aus. Niedrigere Bezahlung in anderen Industriezweigen und Probleme der Wohn-

---

54 MB Ostbüro Januar 1955, S. 53.
55 Bericht des Informationsdienstes vom 12.1.1955, BStU, Allg. S. 43/58 Bd. 1, Bl. 393 ff.
56 Information vom 6.3.1957 betr. Umsetzung von Arbeitskräften aus den Werften, BStU, Z 35/8711, Bl. 1 ff.
57 Ebd., Bl. 3.

raumversorgung waren gravierende Hindernisse. Auch die ursprünglich anders motivierte Aktion »Industriearbeiter aufs Land« bot hier kaum Auswege. Nicht nur scheute das zuständige Ministerium Landwirtschaft und Forsten zusätzliche Koordinationsaufgaben, sondern die Bergarbeiter waren auch nur in geringem Umfang bereit, sich in die Landwirtschaft vermitteln zu lassen. Mit dem Kohle- und Energieprogramm, das der Ministerrat im März 1957 beschloß, entspannte sich die Situation deutlich, auch wenn das Problem noch keineswegs gelöst war.[58]

So schwer Einzelstimmen wie die zitierten zu gewichten sind und so unklar das Gesamtbild bleibt, so sehr dürften Probleme der Rationalisierung in Verbindung mit anderen Faktoren die allgemeine Mißstimmung verstärkt haben. Diese wurde aber in der Regel weniger von den großen politischen Ereignissen geprägt als von der konkreten Versorgungsmisere. Das MfS bilanzierte am 25. Februar 1955 zwar euphemistisch: »Von der Bevölkerung wird immer mehr die Kraft der Arbeiterklasse erkannt, indem man fordert, daß alle Arbeiter in Westdeutschland alles Trennende beiseite schieben sollen im Hinblick auf die große Gefahr, die die Pariser Verträge in sich bergen.«[59] Einen Monat später dagegen hieß es ebenso lakonisch wie aufschlußreich: »Weiterhin wird in den Betrieben wenig über politische Tagesfragen gesprochen. Meist beschäftigen sich damit nur fortschrittliche Kräfte, demzufolge sind die Stellungnahmen in der Mehrzahl positiv.«[60] Im Mittelpunkt stand vielmehr die Versorgungslage. »Dabei bilden die Verknappung der wichtigsten HO-Lebensmittel, besonders aber von Zucker und Fettigkeiten, Qualitätsminderung des Bieres und die veränderte Herstellung des Brotes und der nicht Voll-Belieferung der A-Lebensmittelkarten mit Butter, den Hauptdiskussionsstoff.«[61] Gerüchte wurden kolportiert, man schaffe Reserven für einen bevorstehenden Krieg und mit der DDR gehe es zu Ende. Zahlreiche Beispiele aus unterschiedlichen Regionen und Betrieben belegten aber vor allem eine Krisenstimmung unter einem besonders gefährlichen Stichwort. »In zunehmendem Maße«, stellte der MfS-Bericht fest, »spielt der 17. Juni in den Diskussionen eine Rolle. Einmal wird von feindlichen Elementen auf einen neuen 17. Juni verwiesen oder es heißt: ›Die haben wohl den 17. Juni 1953 vergessen‹ und ›der zweite 17. Juni wird schlimmer als der erste‹. Zum anderen wird der 17. Juni auch von Arbeitern erwähnt, die nicht feindlich eingestellt sind, sondern aus ihren Worten spricht eine gewisse Befürchtung, daß es nochmals zu einem 17. Juni kommen könnte.«[62] Nach dem für die SED fatalen Datum konstatierte das MfS dagegen »verhältnismäßig wenig Unterhaltungen über den 17. Juni.« Statt dessen sei dieser in den »überwiegend positiven Stellungnahmen« richtig eingeschätzt und es seien an diesem Tag gute Produktionsergebnisse erzielt worden.[63]

58 Vgl. Roesler, Arbeitskräftegewinnung, in: Geschichte der Sozialpolitik Bd. 8, S. 292 ff.
59 Bericht des Informationsdienstes vom 25.2.1955, BStU, Allg. S 43/58 Bd. 1, Bl. 23.
60 Bericht vom 25.3.1955, ebd. Bd. 2, Bl. 187.
61 Ebd.
62 Ebd., Bl. 188.
63 Bericht vom 21.6.1955, ebd. Bd. 3, Bl. 74.

IV. Vom »Neuen Kurs« zum Mauerbau (1953–1961)

Zwar tauchen Hinweise auf den 17. Juni als Diskussionsgegenstand unter Arbeitern auch später immer wieder auf, jedoch nicht mehr in dieser Häufigkeit. Sie waren aus der Sicht der Herrschenden eine Markierung im Krisenindikator, aus der Sicht der Arbeiter lassen sie sich aber auch als Teilelement einer Strategie verstehen, die vor allem der Abwehr neuer (oder alter) Ansprüche der SED diente und der alltäglichen Renitenz sozusagen eine historisch-politische Perspektive gab. Neben den regelmäßigen Auseinandersetzungen um Prämienzahlungen und Lohngruppen, die sich durch alle Phasen der DDR-Geschichte ziehen, wirkten die akuten Versorgungsengpässe eher punktuell alarmierend. Sie fielen regional und vor allem nach Stadt und Land sehr unterschiedlich aus, waren andererseits auf einem bestimmten Niveau nahezu ein Dauerzustand, so daß politisch in erster Linie die schweren Versorgungskrisen von Interesse sind. Die Staatssicherheit registrierte sie im allgemeinen genau, während die Ostbüro-Berichte hier nur wenige Nuancen erkennen lassen. Im Herbst 1955 war eine solche Situation in der Grundversorgung eingetreten. »Die Gespräche der Arbeiter, Hausfrauen usw.«, hob ein Stasi-Bericht im September 1955 hervor, »drehen sich ausschließlich um die Kartoffelversorgung. Wie schon des öfteren berichtet, werden die Diskussionen darüber auch von fortschrittlichen, der DDR positiv gegenüberstehenden Personen geführt, denn in den Diskussionen kommt zum größten Teil keine Hetze gegen unseren Staat und unsere Errungenschaften zum Ausdruck. Es wird vielmehr immer wieder herausgestellt, daß unsere Regierung sicher nichts von den Versorgungsschwierigkeiten wüßte, sonst hätte sie schon längst Abhilfe geschaffen.«[64] Obwohl dieses Argumentationsmuster aus dem »Dritten Reich« gut bekannt ist (»wenn das der Führer wüßte«), läßt sich angesichts der weit verbreiteten Ablehnung des SED-Regimes bezweifeln, ob es wirklich eine Einstellung widerspiegelte oder nicht eher dazu diente, die untergeordneten Instanzen, die von der Parteispitze meist die ideologische Prügel bezogen, unter Druck zu setzen. Ulbricht jedenfalls zog auf der 25. ZK-Tagung der SED im Oktober 1955 ein anderes, realistischeres Fazit: »Ungeachtet aller bedeutenden positiven Tatsachen können wir nicht an dem Umstand vorbeigehen, daß [...] ein Teil der Arbeiter ein falsches Verhältnis zur Arbeit und damit zu unserem Staat an den Tag legt. Diese Menschen wollen für sich persönlich das Ziel verwirklichen, trotz niedriger Arbeitsproduktivität und schlechter Leistungen viel Geld zu verdienen und gut zu leben. Typische Erscheinungen eines solchen Verhaltens sind: Arbeitsbummelei, Vortäuschung von Krankheit, achtloses Umgehen mit volkeigenen Maschinen, Geräten und Werkzeugen, ja sogar Vergeudung von Volkseigentum.«[65] Diese Diagnose war ebenso realistisch und »normal« wie schwierig im Hinblick auf die Therapie.

Angesichts der verbreiteten und immer wieder erstaunlich offen geäußerten Ablehnung des Regimes hatten die Partei- und Gewerkschaftsfunktionäre keinen

---

64 Bericht vom 27.9.1955, ebd. Bd. 5, Bl. 291.
65 Zit. im MB Ostbüro Oktober 1955, S. 14. Der vollständige Text der Aussprache auf dem ZK-Plenum gelangte in den Westen und wurde vom Gesamtdeutschen Ministerium als Faksimile reproduziert: Aus dem Wortprotokoll der 25. Tagung des Zentralkomitees der SED vom 24.–27. Oktober 1955, (Berlin 1955).

1. Arrangement, Renitenz und innerbetriebliche Konflikte

leichten Stand. Viele versuchten, sich nach keiner Seite zu exponieren. Aus einem Großbetrieb bei Halle wurde berichtet: »Im Parteiapparat herrscht zur Zeit eine ausgesprochene Lethargie. Aktuelle Probleme werden zur Zeit überhaupt nicht diskutiert. Jeder versucht, derartige Themen zu umgehen. Die SED, vor allem deren Funktionäre, sind wie vor den Kopf gestoßen. Vor allem hat die Regelung der Österreichfrage und die dadurch bedingte Preisgabe der kommunistischen Partei durch die Sowjets sehr schockierend gewirkt.«[66] Über die etwa 2.000 Parteimitglieder im Kombinat Bitterfeld hieß es, ein großer Teil sei nicht aus Überzeugung Mitglied, sondern weil sie sonst ihre Arbeitsplätze gefährdeten. »Sie versuchen, so wenig als möglich in den Vordergrund gerückt zu werden und legen das so bekämpfte ›Versöhnlertum‹ an den Tag. So stellte der Kreissekretär fest, daß von einem LKW Flugblätter in Werksnähe abgeworfen wurden und Parteimitglieder zusahen, ohne sich die Wagennummer zu merken, jedenfalls gaben sie das vor.«[67] Im Karl-Liebknecht-Werk in Magdeburg wurde der Betriebsparteisekretär in heftige politische Diskussionen verwickelt über konkrete Vorstellungen zur Wiedervereinigung, über die Errungenschaften der DDR im Vergleich zu Westdeutschland und über die Rolle des FDGB mit anonymen Zwischenrufen nach freien Wahlen.[68] Einem FDGB-Vertreter im Kabelwerk Oberspree, der die Änderungen im Gewerkschaftsstatut erläutern sollte, ging es ähnlich.[69]

Wegen der politischen Überzeugung, daß »die Generallinie richtig« sei und auch auf Grund der ökonomisch zwingenden Einsicht, daß ohne Erhöhung der Produktivität der weitere sozialistische Aufbau stecken bleiben müsse, war die SED de facto vom »Neuen Kurs« schon gegen Ende des Jahres 1954 schrittweise abgerückt, ohne ihn allerdings öffentlich zu widerrufen. Gleichwohl wagte es die Führung nicht mehr, mit ähnlichem Druck ihre Ziele in die Praxis umzusetzen wie in den frühen fünfziger Jahren. Daraus mag sich zu einem Teil erklären, daß sich bereits vor dem internationalen Krisenjahr des Kommunismus 1956 in der Arbeiterschaft der DDR eine frappierende Offenheit im Umgang mit den Funktionären zeigte. Sicher war der Schock von 1953 nicht vergessen und die Gefährlichkeit jeder Kritik, die politisch interpretiert werden konnte, offenkundig. Dennoch zeigen die zahlreichen Berichte aus den Betrieben insbesondere 1955, daß die »führende Klasse« zumal unter den Bedingungen der noch offenen Grenze sich keineswegs duckte, sondern wirksame Strategien und Mechanismen entwickelte, um ihren spezifischen Interessen Nachdruck zu verleihen, die Vertreter der Partei und des FDGB in delikate Diskussionen zu verwickeln und bestimmte politische und wirtschaftliche Ziele erfolgreich zu torpedieren. Daraus sollte nicht der Eindruck einer durchgehenden Ablehnung und Opposition abgeleitet werden, wie ihn die Ostbüro-Berichte überwiegend suggerieren. Schließlich wurde der riesige Apparat des sozialistischen Herrschaftssystems von Millionen mehr oder weniger willig

---

66 MB Ostbüro Juni 1955, S. 26. Der Hinweis auf die Österreichfrage bezog sich auf den Staatsvertrag von 1955.
67 Ebd., S. 29.
68 MB Ostbüro August 1955, S. 18 f.
69 Ebd., S. 22.

mitgetragen und am Laufen gehalten. Gerade die Arbeiterschaft zeigte aber bereits in dieser Phase komplexe Formen von Arrangement und Widerständigkeit, von Loyalität und Renitenz, so daß sich einfache Charakterisierungen verbieten. Das Konzept des Eigen-Sinns fängt davon vieles ein.

Neben den zahlreichen Hinweisen auf politische und soziale Konflikte in den Betrieben, die sich vor allem und mit schöner Regelmäßigkeit an konkreten Fragen der Normen und Löhne entzündeten und häufig zu kurzen Arbeitsniederlegungen führten[70], sind diese sich überlappenden und in sich widersprüchlichen Haltungen und Einstellungen an einem auf den ersten Blick überraschenden Themenfeld wie der Einführung der 45-Stunden-Woche zu verfolgen, die keineswegs auf sofortige Zustimmung stieß.[71]

Einen methodisch nicht leicht zu erschließenden, aber insgesamt höchst aufschlußreichen Einblick in Stimmungslagen, Verhaltensweisen und Urteile von Arbeitern über »ihren Staat« und seine Sozialpolitik bietet neben den Quellen der Funktionsträger des Regimes empirisches Material, das 1956 in der Bundesrepublik unter geflüchteten Arbeitern erhoben wurde. Der 1959 veröffentlichten Untersuchung »Industriearbeiterschaft in der Sowjetzone« von infratest lagen 83 Tiefeninterviews zugrunde, die nach den wichtigsten Industriegruppen und Betriebsgrößen sowie nach Region, Alter und Geschlecht differenziert wurden. Ergänzend wurden 300 Arbeiter der volkseigenen Industrie nach standardisierten demoskopischen Methoden befragt, um Interessen im Alltag und Konturen der Freizeitsituation zu erfassen und auch Vergleichsmaterial zu der Intensivbefragung zu haben. Schließlich sollte ein den Tiefeninterviews angegliederter »psychologischer Wort-Assoziations-Test« als methodisches Instrument genutzt werden, um den Grad der Verzerrung zu ermitteln, der sich aus der Befragungssituation bei Flüchtlingen ergab.[72] »Ist es dem kommunistischen Regime Mitteldeutschlands gelungen«, lautete die Leitfrage, »in der Arbeiterschaft Resonanz zu finden, sich gar ihrer zu bemächtigen – oder haben sich die Kräfte des inneren Widerstandes unter den mitteldeutschen Arbeitern bis heute als stärker erwiesen?« Zwar sind in den Urteilen der Bearbeiter politische Klischees des Kalten Krieges Mitte der fünfziger Jahre unübersehbar[73], aber die eingehende methodische Reflexion der Schwierigkeiten einer solchen Erhebung und der Grenzen ihrer Aussagekraft läßt das Material doch höchst ergiebig und aufschlußreich erscheinen. Nur einige Ergebnisse sollen hier wiedergegeben werden.

---

70 Vgl. dazu ausführlich Hübner, Konsens, S. 57 ff., 92 ff. und unten Kap. VI 9 (S. 743 ff.).
71 Siehe unten, Abschnitt 4 (S. 420 ff.).
72 Arbeiterschaft in der volkseigenen Industrie der SBZ, Teil I: Analyse, infratest München 1956 (hekt.). Die veränderte gedruckte Fassung: Viggo Graf Blücher, Industriearbeiterschaft in der Sowjetzone, Stuttgart 1959. Zitiert wird hier die ungedruckte Fassung, weil sie unmittelbar die Ergebnisse wiedergibt. Die Seitenzahlen im Text beziehen sich darauf.
73 Zum Beispiel im Vorwort: »Wir fanden einen Grad der ›geistigen Verproletarisierung‹, der den Kenner der Mentalität des deutschen Arbeiters wahrscheinlich überraschen wird.«

1. In der Analyse der Fluchtgründe ist bemerkenswert, daß nur bei einem vergleichsweise kleinen Teil im engeren Sinne politische Motive bestimmend waren, während jeweils 29 Prozent der Befragten den Wunsch nach wirtschaftlicher Verbesserung und familiäre Verhältnisse angaben. Insofern war der Begriff Flucht nur bei einem Viertel zutreffend (S. 9). Insbesondere bei den Jugendlichen überwogen die außerpolitischen Gründe so eindeutig, daß bei neun Zehnteln von »Übersiedlung« und nicht von »Flucht« gesprochen werden konnte (S. 48).
2. Die ideologische Grundposition der in den Tiefeninterviews Befragten wurde zu 35 Prozent als »ganz oder überwiegend marxistisch eingestellt« charakterisiert, zu 26 Prozent als »teilweise, aber nicht überwiegend marxistische Haltungen« und zu 35 Prozent als »von marxistischer Ideologie frei, unreflektierte westliche bis bewußt antikommunistische Haltungen«. Vier Prozent waren nicht auswertbare Fälle. Hinsichtlich der Eigentumsverhältnisse sprachen sich für das Volkseigentum entsprechend SED-Vorstellungen 17 Prozent aus, für Verstaatlichung mit Zugeständnissen an das Privateigentum 25 Prozent, für eine dualistische Wirtschaftsordnung mit sozialisiertem Grundstoff- und einem privaten Sektor 29 Prozent, für Marktwirtschaft mit staatlichem Sektor 14 Prozent, die übrigen wurden als extrem liberalistisch oder nicht auswertbar eingestuft (S. 12 f.).
3. Bei Fragen nach zwischenmenschlichen Beziehungen und Betriebsklima antwortete ein Dreher aus dem Magdeburger Karl-Liebknecht-Werk mit dem Satz, der sich auf die große Mehrheit der Befragten übertragen ließ: »Was meine Brigade war – die Leute waren in Ordnung«. Die Solidarität in kleinen Gruppen war ein hoher Wert. »Die Brigade ist offenbar das am stärksten meinungsbildende Element in der Industriearbeiterschaft der Zone«(S. 18).
4. Der FDGB wurde zwar mehrheitlich als Interessenvertretung abgelehnt, aber vor allem als Träger sozialer und gesundheitlicher Betreuung eingestuft. Auch Ferien- und Freizeitaktivitäten rangierten in der persönlichen Bedeutung relativ hoch, während der Kulturarbeit nur geringe Bedeutung zugemessen wurde (S. 32).
5. Aus westlicher Sicht dürften die Antworten auf die Frage nach dem Verhältnis zur SED, gemessen an der dominierenden Berichterstattung (etwa beim Ostbüro, aber auch im SBZ-Archiv), überraschend ausgefallen sein. Im Querschnitt aller Befragten hatten 22 Prozent eine positive Meinung von der SED, 25 Prozent »Achtung vor der Partei, keine Schwierigkeiten, keine Spaltung im Betrieb«, eher gleichgültig waren 8 Prozent, insgesamt 45 Prozent entfielen auf tendenziell oder dezidiert ablehnende Haltungen (S. 36).
6. Die »Errungenschaften« der DDR konzentrierten sich bei den Befragten in auffälliger Weise auf das breite Feld der betrieblichen Sozialpolitik. An der Spitze rangierten dabei Kindergärten und -horte. Es folgten Erholungsheime, Kurheime und Sanatorien für Arbeiter, die Leistungen der Krankenversicherung und der Feriendienst. Eine deutliche Mehrheit wollte zumindest einen Teil dieser Errungenschaften bei einer Wiedervereinigung übernommen wissen (S. 38 f.).

Jürgen Rühle, Redakteur beim SBZ-Archiv und sachkundiger Beobachter der Entwicklungen in der DDR, interpretierte 1957 die Ergebnisse der Untersuchung insgesamt zutreffend so: »Der überwiegende Teil der Industriearbeiterschaft steht in der einen oder anderen Weise im Widerspruch zum Regime. Trotzdem darf man nicht übersehen, daß diese zwölf Jahre nicht spurlos an den Menschen vorübergegangen sind. Sie sind zwar nicht zur kommunistischen Avantgarde geworden, wie es die SED angestrebt hat, sie haben aber eine Entwicklung durchgemacht, die sie dem westlichen Teil unseres Volkes in vielen wesentlichen Punkten entfremdet hat. Es ist eine unverkennbare Opposition vorhanden, mit der man rechnen kann. Aber diese Opposition hat sich nach eigenen Gesetzen entwickelt und ist keinesfalls, wie man in der Bundesrepublik gerne annimmt, einfach ein Ableger westlicher Denkart und Weltanschauung [...] Diese Erkenntnis muß verarbeitet werden, wenn man aus den zwei Teilen Deutschlands einst wieder ein Ganzes machen will.«[74] Gerade weil es sich hier um »republikflüchtige« Arbeiter handelte, für die die ostentative Ablehnung des Regimes politisch opportun erschien, ist die schwer auf einen einfachen Nenner zu bringende widersprüchliche Mischung der Einstellungen besonders aufschlußreich. In mancher Hinsicht galt das auch für die Krisenkonstellation nach dem XX. Parteitag der KPdSU.

2. Arbeiter in der Entstalinisierungskrise 1956/57 – Reaktionen auf die Vorgänge in Polen und Ungarn und das Experiment der »Arbeiterkomitees«

Das zweite große Krisenjahr des internationalen Kommunismus nach Stalins Tod ist für die Arbeitergeschichte in der DDR wenig spektakulär, wenn man Vergleiche mit anderen Volksdemokratien oder auch mit der Unruhe unter den ostdeutschen Intellektuellen zieht. Die Erklärung liegt vor allem in den Nachwirkungen des gescheiterten Juni-Aufstandes von 1953. Die Entstalinisierung auf dem XX. Parteitag der KPdSU, die Revolte der Arbeiter in Posen, der »Frühling im Oktober« in Warschau und die blutig niedergeschlagene Revolution in Ungarn fanden ein sehr unterschiedliches, aber insgesamt merkwürdig diffuses Echo. Dabei sind jedoch auch die ausgebliebenen Effekte interessante Indikatoren für einen unübersehbaren Entpolitisierungstrend.

Der XX. Parteitag fand in den Betrieben offenbar zunächst nur eine geringe Resonanz. Der erste Bericht des MfS über die »Stimmung zur Veröffentlichung des Genossen Walter Ulbricht über den XX. Parteitag« registrierte »in allen Bevölkerungsschichten starke Diskussionen«, die sich ausnahmslos auf Stalins Rolle bezogen. Vor allem Genossen schienen verunsichert und zeigten in ihren Diskussionen zahlreiche »Unklarheiten«, die den Tenor trugen: »Es ist zwecklos zu studieren,

---

74 Jürgen Rühle, Die Arbeiter im Spannungsfeld. Zu einer Untersuchung über die Einstellung der Arbeiterschaft in der mitteldeutschen Schwerpunktindustrie, in: SBZ-Archiv 8 (1957), S. 262-265

was heute richtig ist, ist morgen falsch«.[75] In den Berichten des Ostbüros wird betont, daß die langen Reden des XX. Parteitags nur wenig Interesse gefunden hätten und erst allmählich die Aufmerksamkeit für die Moskauer Kritik an Stalin geweckt worden sei. Häufig wurden Funktionäre durch ironische Fragen in die Enge getrieben, indem man ihnen Sprüche über Stalin aus vorangegangenen Jahren vorhielt. In einigen Betrieben in Dresden wurden Stalin-Bilder entfernt, von den Sekretären der Kreisleitung jedoch wieder aufgehängt. Weit verbreitet war die Meinung, nun müsse Ulbricht verschwinden. Insgesamt aber schienen eher die »alten Themen« im Mittelpunkt der schärfer werdenden Debatten zu stehen: Produktionsverpflichtungen, Versorgungslage, Privilegierung der Intelligenz, Arbeitsschutz.[76] In Berlin nahmen die politischen Diskussionen offenbar deutlichere Formen an: »Die Arbeiterschaft in den Betrieben nutzt die nach der sog. Entstalinisierung entstandene Situation aus, um das SED-Regime unter Druck zu setzen [...] Die Arbeiter nehmen kein Blatt mehr vor den Mund. Vor allem wird immer wieder unterstrichen, man verstehe nicht, daß jetzt, nach der Verdammung Stalins, das an den Deutschen begangene Unrecht nicht schnellstens wieder gut gemacht werde. In diesem Zusammenhang wird die Frage nach der Entlassung der politischen Häftlinge angeschnitten. Besonders kritisch verhalten sich die Arbeiter im Rahmen dieser Diskussionen gegenüber Ulbricht, Grotewohl, [der Justizministerin; C. K.] Benjamin und [dem Generalstaatsanwalt; C. K.] Melsheimer [...] Es ist allgemein zu bemerken, daß die Diskussion in den Betrieben seit dem XX. Parteitag in Moskau erregter und bedeutend freier geworden ist.«[77]

Ob sich diese Einschätzung generalisieren läßt, ist fraglich, denn im Vergleich zur Intelligenz verhielt sich die Arbeiterschaft in der DDR zumindest in politisch-ideologischen Fragen zurückhaltender. Das zeigte sich auch gegenüber den Entwicklungen in Polen. Den Posener Aufstand, der – von seiner lokalen Begrenzung abgesehen – hinsichtlich der Motive und Abläufe verblüffende Parallelen zum 17. Juni in der DDR zeigt[78], kommentierte das »Neue Deutschland« nach bewährter Manier und zeigte damit, wie oberflächlich die Entstalinisierung als reine Debatte um »Personenkult« bisher verlaufen war: »Das neueste Verbrechen der Imperialisten, die Provokation von Poznan, hat 38 Menschen das Leben gekostet, 270 wurden verletzt. Getroffen werden sollten aber nicht allein jene tapferen polnischen Soldaten, die sich den Provokateuren und ihren Helfern entgegenstellten und fielen, getrübt werden sollte die friedlich gewordene Atmosphäre der internationalen Beziehungen, gestoppt werden sollte der Aufbau des Sozialismus.«[79] Nach Berichten des MfS fand diese offiziöse Version in den erfaßten Stellungnahmen zu

---

75 Bericht vom 7.3.1956, BStU, MfS-AS 79/59 Bd. 1a, Bl. 96.
76 MB Ostbüro März 1956, S. 60-63; April 1956, S. 68 f.
77 MB Ostbüro Mai 1956, S. 24.
78 Vgl. dazu den Aufsatz von Pawel Machcewicz, Der Umbruch 1956 in Polen, in: Jan Foitzik (Hg.), Entstalinisierungskrise in Ostmitteleuropa 1953–1956, Paderborn 2001, S. 139-164, hier: S. 149-153.
79 »Wachsamkeit«, in: »Neues Deutschland« vom 30.6.1956, Auszüge in: SBZ-Archiv 7 (1956), S. 207.

den Posener Ereignissen viel Zustimmung. Auch Parallelen zum »Putschversuch« vom 17. Juni gehörten dazu. In allen Bezirken ließen sich aber ebenfalls Stimmen registrieren, die meinten, »daß es bei uns auch noch mal so kommt, wenn die Versorgung nicht besser wird.«[80] Es gab zwar Beispiele von »Sympathie und Solidarität mit den kämpfenden polnischen Arbeitern«[81], aber ganz offenkundig blieben sie Ausnahmen, andernfalls hätte sich eine Häufung demonstrativer Aktionen in den Quellen stärker niedergeschlagen.

Im Herbst 1956 änderte sich das. Streikmeldungen nahmen im Oktober deutlich zu. Die kurzen Protestaktionen passen aber eher in das bekannte Muster der allgemeinen Unzufriedenheit und der Konflikte über Normen und Prämien. Ein Zusammenhang mit den Ereignissen in Polen wird erst nach dem 8. ZK-Plenum in Warschau erkennbar, vor dem Gomulka seine berühmte Rede hielt, die eine völlige Kehrwendung in der Beurteilung des Posener Aufstands vornahm und den »Frühling im Oktober« einleitete. »Bisher«, stellte ein MfS-Bericht vom 24. Oktober fest, »haben die Diskussionen über die gegenwärtige Lage in Polen und deren Auswirkungen noch keinen allzu großen Umfang angenommen. Der Inhalt der bekanntgewordenen Argumente spiegelt meistens die westliche Propaganda wider [...] Vereinzelt gibt es in diesem Zusammenhang Spekulationen, daß es in der DDR bestimmt anders kommt, weil auch in der DDR viele Arbeiter unzufrieden sind.«[82] Am 25. Oktober erschien die Lage aber schon dramatischer: »Die Diskussionen über die Ereignisse in Polen nehmen einen immer größeren Umfang ein und sind meist negativ. Positive Meinungen gibt es nur vereinzelt [...] Die meisten negativen Diskussionen beinhalten, daß Polen richtig handelt, denn der Lebensstandard in Polen sei sehr niedrig. Vereinzelt gibt es sogar Stimmen, daß es richtig ist, wenn Polen sich nicht mehr von der Sowjet-Union kommandieren läßt. Verschiedentlich gibt es Tendenzen, ähnliches in der DDR zu verlangen.« Und zwei Tage später resümierte das MfS: »Die Stimmung der Bevölkerung hat sich nicht verändert. Den größten Raum nehmen weiterhin RIAS-Argumente ein. Es mehren sich Äußerungen, daß es bei uns auch allmählich Zeit würde, daß Walter Ulbricht abgelöst wird.«[83]

Solche politischen Äußerungen waren möglicherweise die Spitze eines Eisbergs einer diffusen Unzufriedenheit mit den Zuständen in den Betrieben und bei der allgemeinen Versorgungslage, die sich entgegen allen Ankündigungen nicht deutlich verbessert hatte. Sie traten aber nur punktuell auf und verdichteten sich nicht zu größeren offenen Aktionen, die dem Regime gefährlich werden konnten. Zudem ging die SED nach der Niederschlagung des Ungarn-Aufstandes in die Offensive und versuchte, in zahllosen Betriebsversammlungen die Stimmung in ihrem Sinne zu beeinflussen oder Kritiker abzuschrecken. Massenhaft finden sich in den Quellen Hinweise auf »Hetzparolen«, Flugblätter und Broschüren des Ostbüros,

---

80 Information vom 3.7.1956, BStU MfS-AS 81/59, Bl. 17-20.
81 MB Ostbüro Juli 1956, S. 57 f. (Bericht aus dem Karl-Liebknecht-Werk Magdeburg).
82 Zit. bei Stefan Wolle, Das MfS und die Arbeiterproteste im Herbst 1956 in der DDR, in: APZ B 5 (1991), S. 42-51, hier: S. 48. Insgesamt scheint mir Wolle die Proteste jedoch zu überschätzen.
83 Beide Zitate ebd., S. 49.

2. Arbeiter in der Entstalinisierungskrise 1956/57

verweigerte Diskussionen, Forderungen nach Wiederzulassung der SPD, vor allem aber auf schärfer gewordene Aktionen gegen Arbeitsnormen und Modalitäten der Prämienverteilung. Das MfS stellte in einem Bericht vom 7. November 1956 im bürokratischen Stasi-Jargon fest, »daß sich in dieser Zeit eine Anzahl Schwerpunkte feindlicher Tätigkeit in der Industrie herausgebildet haben und auf das Bestehen von Untergrundgruppen in den Betrieben hinweisen.« Zusammenfassend wurden als »Erscheinungen feindlicher Tätigkeit in Industrie- und Verkehrsbetrieben« für den Monat Oktober festgehalten: »1. Arbeitsniederlegungen und deren Androhung zu Norm, Lohn- und anderen betrieblichen Fragen. 2. Verbreitung selbstgefertigter Hetzschriften mit politischen Forderungen und antisowjetischem Inhalt. 3. Anbringen von Hetzlosungen gegen die Regierung und Funktionäre der DDR, sowie antisowjetischen und faschistischen Inhalts.«[84] Eine detaillierte Auflistung der »Schwerpunkte« in den 14 (mit Wismut 15) Bezirken läßt keine klare Gewichtung für die rund 130 registrierten Vorfälle nach den drei genannten Erscheinungsformen erkennen. Sie zeigt aber, daß allgemeine politische, oft gegen Ulbricht gerichtete Losungen sich häufig mit Hinweisen auf Polen und Ungarn verbanden, wie etwa in der Brikettfabrik des Kombinats »Otto Grotewohl« in Böhlen: »Freiheit für Ungarn – Nieder mit dem Spitzbart!«[85]

Es ist – wie in der Widerstandsgeschichte generell – kaum möglich, die Bedeutung solcher Parolen genauer zu bestimmen. Die Vielzahl der vom Ostbüro ebenso wie von der Stasi registrierten Erscheinungsformen von Protest, Resistenz und Opposition läßt jedoch den Schluß zu, daß auch in der DDR eine krisenhafte Situation bestand, die in ihrem Entwicklungspotential für beide Seiten schwer einzuschätzen war. Befürchtete oder erhoffte Parallelen zum 17. Juni lagen gewissermaßen in der Luft. So hieß es in einem Bericht über die Baustellen Ostberlins: »Die Bauarbeiter sind nach wie vor in Hochspannung. Die Erregung, die sich bei den Ereignissen in Ungarn durch offene Proteste gegen den militärischen Eingriff der UdSSR zeigte, ist noch lange nicht abgeklungen. Auf den Baustellen sprechen die Arbeiter ganz offen über ihre Meinungen zu Ungarn. Sie sparen auch nicht mit Beschimpfungen gegen SED-Funktionäre, die sich eine Weile unsichtbar gemacht hatten und jetzt versuchen, die Arbeiter zu Stellungnahmen zu zwingen. Die Arbeiter sind aber keineswegs eingeschüchtert, sie kommen sogar mit offenen Drohungen.«[86]

Immer wieder tauchten unter den Arbeitern aber auch warnende Stimmen auf, Versuche einer gewaltsamen Änderung würden nur zur blutigen Niederlage führen.[87] Insofern gab es kaum Akte offener Empörung. Ein für die Formen des »Eigen-Sinns« aufschlußreiches Beispiel war die in einer Funktionärsversammlung diskutierte Resolution, die in allen Objekten der Wismut AG in Belegschaftsversammlungen angenommen werden sollte. Sie forderte die »Bestrafung der Hort-

---

84 Information vom 7.11.1956, BStU, MfS-AS 84/59, Bl. 283 f.
85 Ebd., Bl. 284-302. Wandparolen dieser Art tauchen selten direkt in den MfS-Berichten auf. Regelmäßig werden sie vom Ostbüro angeführt. Hier: MB Ostbüro November 1956, S. 25.
86 MB Ostbüro Dezember 1956, S. 41.
87 Zum Beispiel MB Ostbüro Oktober 1956, S. 27 ff.

hy-Agenten und Faschisten in Ungarn«. Ein FDGB-Funktionär warnte jedoch realistisch vor einer solchen Provokation und schlug die Formulierung vor »Die Belegschaft fordert, die Schuldigen am Unglück Ungarns zu bestrafen«, weil man in Worte kleiden müsse, was die Belegschaft wolle. Er erntete damit großen Beifall. Die ursprüngliche Resolution wurde fast einstimmig abgelehnt, ohne daß die anwesenden Vertreter der SED-Kreisleitung dagegen etwas unternehmen konnten.[88]

Die Krisen des Sowjetsystems in Polen und Ungarn tauchen zwar in den Berichten über ihre Resonanz in den DDR-Betrieben häufig gemeinsam auf, aber Ungarn fand im November aufgrund der Dramatik der blutigen Intervention und der intensiveren westlichen Berichterstattung verständlicherweise ein größeres Echo und löste mehr Empörung aus.[89] Als ein aufschlußreiches Beispiel für die Formen ohnmächtigen Protests läßt sich das Reifenwerk in Riesa anführen. Dort gab der Betriebsfunk in der Frühstückspause die offiziöse Meldung wieder, in Ungarn herrsche wieder völlige Ruhe und die Konterrevolution sei niedergeschlagen. »In diesem Moment«, heißt es in einem Bericht eines Vertrauensmanns des Ostbüros, »setzte in Anbetracht dieser schamlosen Lügen ein lautes Gejohle der gesamten Belegschaft ein, es bildeten sich erregte Diskussionsgruppen und in erregter Stimmung wurde aus der Masse heraus die sofortige Abschaltung des Rundfunks und die Beendigung dieser Lügen und der Beleidigungen der Arbeiterschaft gefordert. Die Haltung der Arbeiterschaft im Reifenwerk sah für Momente außerordentlich bedrohlich aus und es hätte nur eines zündenden Funkens bedurft, um die Erregung in Tätlichkeiten und Aktionen umschlagen zu lassen.«[90]

Anders als beim 17. Juni waren die Machthaber aber besser vorbereitet auf eventuelle offene Konflikte. Sie reagierten zunächst elastischer, bis die Lage wieder in ihrem Sinne stabilisiert schien. Im Dezember 1956 berichtete das Ostbüro, der Staatssicherheitsdienst habe eine Verhaftungswelle durchgeführt, und für die Betriebskampfgruppen sei eine Ausbildung im Häuser- und Straßenkampf angeordnet worden.[91] Kampfgruppenmitglieder hatten zuvor bisweilen wenig Einsatzbereitschaft gezeigt und sich zumindest im betrieblichen Bereich nicht immer als zuverlässig erwiesen.[92] Gegenüber den protestierenden Studenten an der Humboldt-Universität hatten die Arbeitermilizen dagegen Anfang November demonstrative Präsenz gezeigt.[93] Die SED setzte sich darüber hinaus Ende 1956 auch polemisch mit den gefährlichen Stalinismus-Debatten in Polen auseinander, um die eigene Welt wieder in Ordnung zu bringen. Die »Junge Welt« fragte in ihrer orthodoxen Kritik an der polnischen Studentenzeitschrift »Po Prostu«: »Kann man die Begriffe Revolution und Konterrevolution so durcheinander werfen, da

---

88 MB Ostbüro November 1956, S. 24.
89 Berichte für Halle und Leipzig, MB Ostbüro November 1956, S. 31.
90 MB Ostbüro Oktober 1956, S. 28.
91 MB Ostbüro Dezember 1956, S. 1.
92 MB Ostbüro November 1956, S. 28.
93 Vgl. Armin Wagner, Die Kampfgruppen der Arbeiterklasse (1953–1990), in: Torsten Diedrich/ Hans Ehlert/Rüdiger Wenzke (Hg), Im Dienste der Partei. Handbuch der bewaffneten Organe der DDR, Berlin 1998, S. 281-337, hier: S. 291.

doch gerade das tragische Beispiel Ungarns jedem Sozialisten zeigen muß, was Konterrevolution ist und mit welchen Absichten sie sich mit der Losung von der Revolution tarnt? [...] Es gibt – trotz der Fehler der Vergangenheit – nur ein sozialistisches System, das in seinen Grundzügen in allen Ländern gleich ist und dazu in jedem Land eigene Züge aufweist.«[94]

Mochte eine derart ideologische Rabulistik den einfachen Arbeiter im Betrieb auch wenig kümmern, so läßt sich auf einer anderen Ebene die Wirkung des XX. Parteitags sowie der polnischen und ungarischen Krise auf die DDR greifbarer verfolgen. Diskussionen um eine wirksame Ausgestaltung von Mitbestimmungsrechten erhielten offenbar Auftrieb und blieben innerhalb des FDGB nicht ohne Folgen.

Schon im August 1956 legte der FDGB-Bundesvorstand ein Programm zur »Erweiterung der Rechte und Aufgaben der Betriebsgewerkschaftsorganisationen« vor, das den BGL eine größere Eigenverantwortlichkeit zubilligte.[95] Herbert Warnke verkündete lautstark, die Gewerkschaften hätten die Pflicht, die Interessen der Werktätigen zu verteidigen und Fehler und Übertreibungen der Wirtschaftsorgane zu korrigieren. Die Funktionäre müßten tief im Arbeiterleben verwurzelt bleiben. »Alle Gewerkschaftsleitungen, besonders die in den Betrieben und Gebieten, müssen sich endlich auf die eigentlichen gewerkschaftlichen Aufgaben konzentrieren und endlich aufhören, alle möglichen Aufträge entgegenzunehmen und sozusagen ›Mädchen für alles‹ zu spielen. Die Durchführung aller dieser möglichen und unmöglichen Aufträge [...] muß aufhören.«[96] Das ging zunächst nicht wesentlich über die übliche Kritik an der bürokratischen Arbeit der Gewerkschaften hinaus. Durch die dramatischen Ereignisse im Herbst in Osteuropa gewannen aber nicht nur die Diskussionen unter den Arbeitern über effektivere Mitbestimmungsrechte an Brisanz, sondern darüber hinaus fühlte sich die SED zur Flucht nach vorn getrieben, um weiterreichende Forderungen kanalisieren zu können.

FDGB- und Parteiinteressen deckten sich hier offenkundig nicht, so daß die Krise auch innerhalb des Machtapparats eine verquere und im einzelnen schwer durchschaubare Lage schuf. Im Frühjahr 1956 hatte das MfS dem FDGB in einer Gesamtanalyse schlechte Zensuren ausgestellt.[97] Das »staatspolitische und das Klassenbewußtsein« hätten mit dem Wachstum der Organisation, die 5,2 Millionen Mitglieder umfaßte, nicht Schritt gehalten, da verschiedentlich Formulierungen auftauchten wie »Was habe ich vom FDGB« oder »Der FDGB ist keine Gewerkschaft mehr«. Der Klassengegner im Westen nutze diese Lage aus. Die leitenden Organe des FDGB und der Einzelgewerkschaften leisteten schlechte Arbeit und leiteten die unteren Organe zu wenig an, was sich unter anderem in Beitragsrückständen oder Austritten niederschlage. Ungenügende Qualifikation, »moralische Schwächen«, geringe Motivation und vor allem immer wieder unzureichender Kontakt zum Arbeiter an der Werkbank gehörten zu den Hauptvorwür-

---

94 »Junge Welt« vom 8.12.1956. Zit. in: MB Ostbüro Dezember 1956, S. 9.
95 MB Ostbüro August 1956, S. 53.
96 Zit. ebd., S. 59.
97 BStU, MfS-AS 79/59 Bd. 1a, Bl. 189 ff. (Die Lage im FDGB).

fen, die mit zahlreichen Einzelbeispielen belegt wurden. Diese Faktoren gehörten seit Jahren zum Standardrepertoire der Gewerkschaftskritik. Als neues interessantes Detail erwähnte der Bericht, daß die Mitarbeiter des Bundesvorstandes und der Zentralvorstände mit ihrer Wohnungssituation und ihrem Gehalt unzufrieden seien. Die Trennung von der nicht in Berlin wohnenden Familie und die Schwierigkeiten, eine Wohnung zugewiesen zu bekommen, wirkten sich demnach gravierend auf die Arbeitsmotivation aus. Aber auch das von den Ostbüros des DGB und der SPD eingeschleuste »Hetzmaterial« wurde sorgfältig registriert. Allein im Februar 1956 stellte das MfS 1.622 Briefsendungen des DGB und 3.060 der SPD mit entsprechenden Materialien sicher. Darüber hinaus wurden 111.230 mit Ballons eingeschleuste Schriften des Ostbüros der SPD konfisziert.[98] (☛ vgl. *Abb. 36* u. *37*, Doppelseite 406/407)

In dieser insgesamt desolaten Situation riefen die Ereignisse in Polen und Ungarn offenbar intensivere Diskussionen um stärkere Mitbestimmungsrechte hervor. »Seit einigen Wochen war zu beobachten,« heißt es in dem gut informierten Bericht eines Vertrauensmanns des SPD-Ostbüros, der engen Kontakt zum Leiter der Unterabteilung Arbeitsrecht im ZK hatte, »daß in einigen Großbetrieben der Zone die BGLs, von den Arbeitern unter Druck gesetzt, vom Bundesvorstand des FDGB eine wesentliche Erweiterung über das Mitbestimmungsrecht bei der Produktionsplanung verlangten.« Eine Aussprache im ZK der SED sei auf diesen Druck von unten zurückzuführen.[99] Der FDGB-Bundesvorstand konnte sich nach diesem Bericht nicht retten vor Zuschriften von BGL und einzelnen Arbeitern, die Arbeiterräte oder ähnliche Gremien forderten. Wie verbreitet derartige Forderungen waren, läßt sich nicht erfassen. Der ohne Zweifel in den Betrieben vorhandene Druck und die Beobachtung der Arbeiterselbstverwaltung in Polen veranlaßten jedoch die SED-Führung zu einer Initiative, die auf diese Stimmung reagieren sollte.

Anfang Dezember wurde eine »Arbeiterkonferenz« mit rund 900 mehr oder minder handverlesenen Personen aus den Betrieben sowie dem Partei- und Staatsapparat nach Kleinmachnow (bei Berlin) einberufen. Sie schlug vor, die »Arbeiterkomitees« als Ausdruck der Entwicklung der sozialistischen Demokratie einzurichten und regte dazu eine breite Diskussion in den Betrieben anregte.[100] Ulbricht hielt selber das Hauptreferat, um die politische Relevanz dieses neuen Vorstoßes zu unterstreichen. Die »Arbeiterkomitees« sollten als ständige Gremien zunächst in einigen ausgewählten Beispielbetrieben installiert werden und helfen, Vorschläge

---

98 Ebd., Bl. 211.
99 Bericht vom 19.11.1956 (Die Lage in den Sowjetzonenbetrieben), AdsD, Ostbüro 0257 Box 695, S. 1.
100 »Neues Deutschland« vom 9.12.1956. Entstehung und Entwicklung der Arbeiterkomitees sind bereits 1981 genauer untersucht worden: Dietrich Staritz, Die »Arbeiterkomitees« der Jahre 1956/58. Fallstudie zur Partizipations-Problematik in der DDR, in: Der X. Parteitag der SED. 35 Jahre SED-Politik, Köln 1981, S. 63-74. Auf erweiterter Quellenbasis beruht Thomas Reichel, Konfliktprävention. Die Episode der »Arbeiterkomitees« 1956/58, in: Hübner/Tenfelde (Hg.), Arbeiter, S. 439-452. Ferner Wolfgang Eckelmann/Hans-Hermann Hertle/Rainer Weinert, FDGB intern, Berlin 1990, S. 43-53.

der ökonomischen Konferenzen oder der Arbeiter im Rahmen des Wirtschaftsplans durchzusetzen. Sie sollten auf keinen Fall gewerkschaftliche Funktionen übernehmen und auch nicht als »Betriebsrat« oder Arbeiterrat« fungieren. Beide Bezeichnungen, die als Vorschläge in der Diskussion waren, wurden abgelehnt, weil eine »Autonomie der Betriebe [...] bei uns außerhalb jeder Diskussion« stehe, wie Ulbricht klarstellte.[101] Warnke hatte den Begriff »Betriebsrat« ausdrücklich mit der Begründung vorgeschlagen, so die Agitation gegenüber dem DGB in Westdeutschland offensiver führen zu können.[102] Auf Beschluß des FDGB-Bundesvorstandes wurden 20 Beispielbetriebe ausgewählt, wo in enger Zusammenarbeit von BGL und SED-Apparat die Wahlen für das neue Gremium vorbereitet werden sollten.[103] Nach den Wahlen im Februar/März 1957 verschwanden die Komitees wieder sang- und klanglos aus den öffentlichen Diskussionen, bis sie auf der ZK-Tagung im Oktober 1957 – wiederum von Ulbricht – offiziell begraben wurden.[104]

Die praktische Bedeutung dieses Experiments war somit gleich Null. Interessant bleibt es jedoch im Kontext der Krise des Herbstes 1956 und im Hinblick auf die Auseinandersetzungen zwischen SED und Gewerkschaften, die nicht an die Öffentlichkeit drangen, sich jetzt aber genauer erschließen lassen. Daß die Arbeiterkomitees, auch wenn jede Anlehnung an polnische, ungarische oder jugoslawische Vorbilder peinlich vermieden wurde, als Reaktion auf eben diese verstanden werden müssen, ist unübersehbar. Insofern gehörten sie in der Tat in eine Strategie der Krisenprävention durch rechtzeitige Kanalisation von Forderungen, die sich in Ansätzen in der Arbeiterschaft artikulierten und zudem vom »Klassenfeind« verstärkt wurden. Sobald sich die politische Lage nach der Niederschlagung des Ungarn-Aufstandes im Sinne des Regimes wieder stabilisiert hatte, konnte man auf das Experiment verzichten. Unklar bleibt die Reaktion der Arbeiter. Zumindest fallen die internen Informationen überraschend unterschiedlich aus. Während die zuständige ZK-Abteilung Anfang Februar feststellte, daß »von einer echten Bewegung für die Bildung von Arbeiterkomitees in den Betrieben wenig zu spüren« sei[105], kam das MfS in zwei Berichten zu dem Urteil, »daß nach vorliegenden Materialien der größte Teil der Arbeiter [...] die Bildung von Arbeiterkomitees begrüßen.«[106] Allerdings wurde auch hier auf die zahlreichen kritischen Stimmen verwiesen, hierdurch würde nur noch eine weitere unproduktive Kommission geschaffen. So erklärten Arbeiter im Mercedes-Werk in Zella-Mehlis/Suhl: »Da kommen noch ein paar Aufpasser dazu, und es ist dann bald so, daß auf einen Arbeiter zwei Aufpasser kommen.«[107] Alarmiert zeigte sich das MfS aber

---

101 »Neues Deutschland« vom 9.12.1956.
102 Eckelmann /Hertle/Weinert., FDGB intern, S. 47 f.
103 Reichel, Konfliktprävention, S. 446 f. Dort die Namen der ausgewählten Betriebe. Kriterien für die Auswahl lassen sich daraus nicht erkennen.
104 Ebd., S. 450. Vgl. Siegfried Mampel, Das Ende der Arbeiterkomitees, in: SBZ-Archiv 9 (1958), S. 102-105.
105 Zit. bei Reichel, Konfliktprävention, S. 447.
106 Information vom 8.2.1957, BStU, MfS Allg. S. 48/54, Bl. 8. Ebenso im ersten Bericht vom 14.1.1957, ebd., Bl. 1.
107 Ebd., Bl. 4.

Tage, die die Welt erschütterten

Von der kommunistischen SED entweder völlig totgeschwiegen oder durch Falschmeldungen entstellt, hat sich in einigen der osteuropäischen Satellitenstaaten der UdSSR eine grundsätzliche Wandlung vollzogen. Polen und Ungarn haben sich erfolgreich angeschickt, die sowjetische Bevormundung und Einmischung zurückzuweisen und eigene Wege zu gehen. Der politische Abwehrkampf dieser Völker gegen den Sowjetismus und die Bolschewisierung hat mit großen Siegen geendet. Die weltweite Krise des Kommunismus ist auf einem neuen Höhepunkt angelangt.

Polen machte den Anfang

Nirgends wurden die Anzeichen der beginnenden Entstalinisierung so schnell und geschickt ausgenutzt wie in der sogenannten Volksrepublik Polen. Ohne Rücksicht darauf, wieweit Moskau seine These von den „verschiedenen Wegen zum Sozialismus" wirklich ernst nahm, setzten die nationalen Kommunisten Polens bereits im März dieses Jahres die Haftentlassung G o m u l k a s durch.
G o m u l k a war jener frühere Generalsekretär der polnischen Kommunisten, der im Zusammenhang mit dem Ausbruch Titos aus dem Ostblock versucht hatte, die sowjetische Vorherrschaft in Polen zu brechen und das Land unabhängig von Moskau zu machen.
Noch waren jedoch die moskauhörigen Kommunisten in Polen so stark, daß sie seine Rückkehr ins politische Leben verhindern konnten. Wie rapide indes ihr Einfluß abnahm, bewies der Posener Arbeiteraufstand vom 28. Juni. Die Posener erhoben sich unter den Losungen:
● **Freiheit für Polen! – Raus mit den Sowjets!**
● **Mehr Brot, mehr Lohn für die Arbeiter!**

Gewiß konnte dieser Aufstand unter Gewaltanwendung niedergeschlagen werden, aber bis tief in die Reihen der polnischen Partei hinein wurde die Berechtigung des Posener Aufstands anerkannt und seine Forderungen unterstützt. Die moskauhörigen Kommunisten in ZK und Regierung verloren immer weiteren Einfluß. Sie wurden daran gehindert, eine geplante blutige Rache an den Posenern auszuführen, und mußten G o m u l k a auch offiziell rehabilitieren. Zur gleichen Stunde mehrten sich Meldungen über antisowjetische Demonstrationen im Land, spitzte sich die Lage mehr und mehr zu.
In dieser Situation entschlossen sich die Sowjets zum Eingreifen.
Sowjetmarschall R o k o s s o w s k i, den S t a l i n den Polen als Verteidigungsminister aufgezwungen hatte, versuchte gegen die Befreiungsbewegung zu putschen und setzte die Armee auf Warschau in Marsch. Sowjettruppen aus der Zone und aus der UdSSR und Kriegsschiffe wurden nach Polen entsandt.
Die neuen Männer in Warschau jedoch blieben hart. Ihre Antwort bestand darin, den Sowjetmarschall R o k o s s o w s k i mit Schimpf und Schande aus dem Politbüro der polnischen Partei zu jagen. Militärisch wurde er dadurch lahmgelegt, daß ein Nationalpole zu seinem ersten Stellvertreter gemacht wurde, dessen Ziel es ist, die polnische Armee zu einem Instrument der polnischen Unabhängigkeit zu machen.
Gestürzt wurde weiter der „polnische U l b r i c h t", der bisherige erste Sekretär O c h a b. An seine Stelle trat G o m u l k a, der Mann, der Polen unabhängig von Moskau machen will.
In einem letzten verzweifelten Versuch, zu retten, was nicht zu retten war, drang C h r u s c h t s c h o w in die polnische ZK-Sitzung ein. Er war überraschend nach Warschau gekommen.
Mit einer Instinktlosigkeit ohnegleichen verletzte er erneut den Nationalstolz der Polen, als er versuchte, das neue ZK zu kommandieren und sich weigerte, G o m u l k a auch nur die Hand zu reichen. Dieses Auftreten bestärkte die Polen nur noch auf ihrem Standpunkt zu beharren; sie ließen C h r u s c h t s c h o w unverrichteterdinge abfahren. Wutschnaubend kehrte er nach Moskau zurück.
G o m u l k a legte in einer grundsätzlichen Rede vor dem polnischen ZK die Ziele seiner neuen Politik dar. Die SED spricht in ihrer Berichterstattung nur davon, daß G o m u l k a seine Freundschaft zur Sowjetunion beteuert habe. Dies ist indes nur die Halbwahrheit oder sogar eine Halblüge:
● „**Freundschaft mit Moskau setzt absolute Selbständigkeit voraus**",
das war der Grundtenor G o m u l k a s Rede. Über das Regime, das der Stalinismus und Sowjetismus in Polen aufgebaut hatte, meinte der neue Generalsekretär:
● „**Dieses System verletzte die Grundsätze des demokratischen Rechts und zerbrach Persönlichkeiten . . .**"
● „**Lügen, Verleumdungen und sogar Provokationen wurden zu Waffen der an der Macht Befindlichen . . .**"
● „**Mit diesem System sind wir ein für allemal fertig!**"

Gleichsam als Bestätigung weigerte sich G o m u l k a, einer Einladung der Sowjetführer zu neuen Verhandlungen in Moskau Folge zu leisten. Er wird nicht eher nach Moskau fahren, bis d e r l e t z t e s o w j e t i s c h e S o l d a t, d e r a m 2 0. O k t o b e r g e g e n d a s n e u e P o l e n i n M a r s c h g e s e t z t w o r d e n w a r, i n s e i n e K a s e r n e z u r ü c k g e k e h r t i s t. Dies ist die kühne Sprache von Freien, die sich keine Befehle mehr aus Moskau geben lassen. Polen steht an der Schwelle einer neuen Entwicklung; und der Sowjetkommunismus hat eine entscheidende Schlacht verloren.

Ungarn griff zu den Waffen

Auch in Ungarn regte sich mächtig der Freiheitswille des Volkes. Indes waren die stalinistischen Positionen im Lande noch stärker als in Polen. Als das Volk immer stärker demokratische Freiheiten und Unabhängigkeit von Moskau verlangte, versuchte die stalinistische Herrschaftsclique, einen infamen Betrug in die Wege zu leiten, indem sie den Stalinisten R a k o s i mit lautem Theaterdonner stürzte, um an seine Stelle den Stalinisten G e r ö zu setzen. Das war am 18. Juli.
Das Volk ließ sich aber nicht täuschen. Unter dem Druck der Massen mußte N a g y, der wie G o m u l k a Vertreter eines besseren Kurses war, am 14. September rehabilitiert werden. Gleich ihm wurden

Abb. 36/37: Flugblatt des Ostbüros vom Herbst 1956, das an die berühmte Reportage von John Reed

2. Arbeiter in der Entstalinisierungskrise 1956/57

auch die toten Opfer des Stalinismus wieder rehabilitiert. Trotzdem weigerten sich die Stalinisten beharrlich, einem neuen Kurs zuzustimmen.
Die polnischen Ereignisse waren der Funke im Pulverfaß. Am 24. Oktober formierten sich in Ungarns Hauptstadt Budapest

● **Studenten,** ● **Arbeiter,** ● **Bauern und** ● **Soldaten**

zu einer machtvollen Massendemonstration, die Freiheit für Ungarn und Abzug der Sowjets verlangte. Stalinist G e r ö provozierte die Massen durch eine ebenso freche wie dumme Rundfunkrede, in der er nach stalinistischer Manier ein Bekenntnis zu Moskau ablegte. Das war der Beginn des Kampfes. Ungarns Volk begann, um die Herstellung seiner Rechte alle Kräfte zu mobilisieren, die sich in einer langen Zeit der Unterdrückung aufgespeichert hatten. Die Arbeiter eröffneten den Sturm auf die Zwingburgen des Stalinismus in Budapest.

In dieser Lage versuchte das ungarische ZK noch einmal, mit einer List durchzukommen. Die Stalinisten beriefen zwar den als national und lauter bekannten N a g y zum Ministerpräsidenten, gleichzeitig riefen sie aber Sowjettruppen herbei, um das Volk niederzuschießen. Damit verwandelten die Stalinisten einen zunächst waffenlosen Aufstand in einen blutigen Bürgerkrieg.

Im ganzen Land flammten Kämpfe gegen die Sowjets auf, die mit Panzern, Düsenjägern und Infanterie gegen das Volk anrannten. Zahlreiche Einheiten der ungarischen „Volksarmee" wurden in dieser Stunde der Bewährung zu wirklichen Soldaten des Volkes: Seite an Seite mit den Arbeitern und Bauern kämpften sie gegen die fremden Zwingherren. In den Straßen Budapests, wo tagelang erbittert gerungen wurde, brannten zahlreiche abgeschossene Sowjetpanzer aus. In ganzen Provinzen des Landes übernahmen die Aufständischen die Regierungsgewalt.

Stalinist G E R Ö, einer der Hauptschuldigen am Aufstand, wurde am 25. Oktober gestürzt, mit ihm zahlreiche andere Sowjetkommunisten. Die Regierung N a g y bildete sich um und nahm auch Vertreter anderer Parteien auf. Unter dem Eindruck des Volksaufstandes erklärte sich diese Regierung mit den meisten Forderungen der Aufständischen einverstanden und erhob sie auch

Forderung nach Abzug der Sowjets

Auf dieser Basis kam es zum Waffenstillstand. Am 30. Oktober erklärte sich Moskau bereit, seine Truppen aus der Hauptstadt abzuziehen. Der restlose Abzug ist auch nach sowjetischer Ansicht nicht mehr zu vermeiden.

Arbeiter — Bauern — ...

In Ungarn hat sich übereinstimmend gezeigt, daß Arbeiter, Bauern, Studenten und Intellektuelle in gemeinsamer Aktion eine ungeheure politische Kraft sich mit rein politischen Kampfmethoden — wie in Polen — oder auch offen — wie Ungarn — durchsetzen, wenn die Stunde dazu reif ist.

Die Zielsetzung der breiten Massen in allen Ostblockländern ist dabei gleich: sie wollen die Sowjetdiktatur fremder und eigener Agenten beseitigen, sie wollen Demokratie. Demokratie bedeutet aber nicht Rückkehr zu den alten kapitalistischen Verhältnissen, sondern soll nach den großen Ideen die demokratischen Sozialismus verwirklicht werden. Dieses leuchtende Ziel war es, das die Massen zum Kampf entflammte.

Und in der Zone?

In Pankow haben in diesen Tagen die Stalinisten Ulbricht und Grotewohl erklärt, sie dächten nicht im Traume daran, etwas an den gegenwärtigen Zuständen zu ändern. Diese Erklärung kann man ihnen aufs Wort glauben. Weder in Polen noch in Ungarn haben die Stalinisten etwas geändert, sondern sie wurden vom Willen und über ihren Sturz eine Änderung erzwungen. Freche Reden Ulbrichts und Grotewohls, haben diesen Prozeß nicht aufgehalten. Stalinist Gerö weiß ein Liedlein davon zu singen.

Deutschlands eigener Weg zur Freiheit

Aufgabe der Arbeiter, Bauern und Soldaten Mitteldeutschlands ist es heute, aus der gegebenen taktischen Situation mit eigenen Mitteln am Sturz des Ulbricht-Regimes zu arbeiten. Die Situation in der Zone ist anders als die in Ungarn oder Polen.

Politische Methoden müssen deshalb im Vordergrunde des Kampfes stehen. Die Arbeiter und Bauern haben auf den Barrikaden des 17. Juni 1953 ihre große Kraft bewiesen. Sie haben gezeigt, daß Ulbrichts Kartenhaus ohne Sowjetpanzer nicht 12 Stunden lang stehenbleibt. Aus dem Bewußtsein dieser Stärke und Überlegenheit heraus muß jetzt r u h i g und d i s z i p l i n i e r t gehandelt werden:

● **Die Funktionäre in den Betrieben werden isoliert;**
● **Versammlungen und Veranstaltungen beantworten wir mit dem Boykott des Schweigens;**
● **jeder Bauer weigert sich, in eine Kolchose (LPG) einzutreten;**
● **wer kann, tritt aus der SED und den Massenorganisationen aus;**
● **im Betrieb kämpfen wir mit gewerkschaftlichen Mitteln gegen Normerhöhung, Lohnraub und Antreiberei.**

Polen und Ungarn haben den Pankower Stalinisten einen schweren Schlag versetzt. Sie haben die realen Erfolgsaussichten unseres Kampfes erneut demonstriert und uns gezeigt, daß wir mit politischen Waffen siegen können. Der Zone hilft dabei die Solidarität von 50 Millionen Deutschen, die in Freiheit leben und auf die Wiedervereinigung hinwirken. An der Spitze dieser mächtigen Bewegung steht als Motor im Ringen um Einheit in Freiheit die Sozialdemokratische Partei Deutschlands!

Die sowjetische Besatzungsmacht muß früher oder später erkennen, daß sie ihre imperialistische Position in Deutschland nicht länger halten kann.

Freiheit SPD

Herausgegeben vom Ostbüro der SPD, Bonn. Zuschriften unter Verwendung eines Decknamens und einer Kennziffer erbeten an Horst Seibert, Berlin-Wilmersdorf, Mansfelder Straße 16, II Trp.

»11 Tage, die die Welt erschütterten« von 1919 anknüpft.

IV. Vom »Neuen Kurs« zum Mauerbau (1953–1961)

vor allem, weil »die Feindzentralen und die Feindsender versuchen, weiterhin durch die Verbreitung von Hetzschriften und Hetzsendungen auf die Bildung von Arbeiterkomitees in der DDR Einfluß zu nehmen und die Arbeiter gegen die Regierung und die SED aufzuhetzen.« Ein Bericht nahm dabei ausführlich Bezug auf die vom Ostbüro versandte Schrift »SED-Opposition – Brief Nr. 42« mit der Überschrift »›Alle Macht den Räten!‹ Die Arbeiterkomitees müssen zu einer Waffe gegen Ulbricht werden«.[108]

Die Befürchtung, durch konspirative »Hetzschriften« von links in Bedrängnis zu geraten, entsprang nicht nur dem notorischen Verschwörungswahn von Sicherheitsorganen, sondern spiegelte die trotz Ungarn anhaltende politische Gärung, waren doch die Auseinandersetzungen mit »revisionistischen« Positionen unter Intellektuellen, in den Gewerkschaften und in der Partei Anfang 1957 noch keineswegs beendet und die Etablierung von Arbeiterräten in Polen in vollem Gange. Auch der interne Konflikt im Parteiapparat zwischen Ulbricht und Schirdewan hatte sich noch nicht entschieden.[109]

Die Diskussionen um die »Arbeiterkomitees« legten aber noch eine andere Konfliktlinie offen, die früher (und später) meist verdeckt blieb, jetzt aber mit verblüffender Deutlichkeit zu Tage trat: die Spannung und das »institutionelle Mißtrauen«[110] zwischen der SED und den Gewerkschaften. Diese waren von Anfang an Gegner der neuen Komitees, weil sie nicht zu Unrecht eine schwer kalkulierbare Konkurrenz befürchten mußten. Diese Zurückhaltung und Gegnerschaft wurde nicht nur vom MfS registriert, sondern ließ sich zwischen den Zeilen auch aus öffentlichen Stellungnahmen herauslesen.[111] In ungewöhnlich drastischer Form nahm das Sekretariat der IG Nahrung und Genuß in einem Brief an das Politbüro gegen die geplanten »Arbeiterkomitees« Stellung und fand dabei offenkundig die insgeheime Sympathie einiger anderer Einzelgewerkschaften. In einer elaborierten Argumentation mit vielen Lenin-Zitaten wandte sich der Brief gegen die Unterschätzung der Massenorganisation der Arbeiterklasse und sah in der Schaffung von Arbeiterkomitees den Versuch, die Gewerkschaften von der aktiven Mitarbeit am Aufbau von Staat und Wirtschaft zu entbinden. Dies bedeute letztlich »ein Zurückweichen vor der verleumderischen Behauptung der erbittersten [sic] Feinde der Arbeiterklasse, daß die Gewerkschaften in den sozialistischen Ländern keine echten Gewerkschaften seien, sondern Staatsgewerkschaften.« Die Vorsitzende dieser Gewerkschaft, die Genossin Lotte Welm, ging als Verfasserin des Briefes noch einen Schritt weiter und übte harte Genossenschelte: »Es erscheint mir notwendig, das Politbüro unserer Partei nachdrücklich darauf hinzuweisen, daß es nicht länger angeht, Fragen, die so tief ins Arbeiterleben eingreifen, ohne

---

108 Bericht vom 5.4.1957, Ebd., Bl. 14. Der Bericht gibt detailliert den Inhalt des Briefes sowie eines Flugblatts der KgU und einiger Sendungen des RIAS wieder.
109 Vgl. dazu Martin Jänicke, Der dritte Weg. Die antistalinistische Opposition gegen Ulbricht seit 1953, Köln 1964, S. 88-93; Karl Schirdewan, Aufstand gegen Ulbricht, Berlin 1994, S. 114 f., 124 ff., 139 ff.
110 Eckelmann/Hertle/Weinert, FDGB intern, S. 52.
111 Vgl. Staritz, Arbeiterkomitees, S. 69 f.

2. Arbeiter in der Entstalinisierungskrise 1956/57

die Meinung der leitenden Gewerkschaftsgremien zu respektieren, zur Veröffentlichung zu bringen.«[112]

Es ist nicht bekannt, ob diese ungewöhnliche Attacke unmittelbare Konsequenzen hatte. Die Vorsitzende der IG Nahrung und Genuß amtierte weiter als Vorsitzende bis 1984 und blieb auch Mitglied des FDGB-Bundesvorstandes.[113] Das aus dem Rahmen des Üblichen fallende Schreiben läßt sich jedenfalls als Indiz dafür werten, daß nicht nur die Gewerkschaften im Herbst 1956 – ähnlich wie in Polen, wo sie zeitweilig fast ausgeschaltet waren[114] – unter erheblichem Legitimationsdruck standen, sondern daß sich auch im Umgang zwischen Parteispitze und Gewerkschaften atmosphärisch zeitweilig einiges geändert hatte.

Das Thema »Demokratisierung« und bessere Interessenvertretung durch den FDGB blieb nach der Totgeburt der »Arbeiterkomitees« auf der politischen und innerbetrieblichen Tagesordnung der folgenden Jahre und verband sich dabei fast unvermeidlich mit der ewigen Sorge der Gralshüter der reinen Lehre vor neuen Erscheinungsformen von »Revisionismus«. Ob es in den beiden Jahren nach der großen Krise von 1956 deutliche Symptome eines verstärkten »Revisionismus« in den Gewerkschaften gab oder ob lediglich die Führungskader besonders sensibilisiert waren, ist schwer zu entscheiden. Jedenfalls registrierten die SED- und die FDGB-Führung insbesondere in den Industriegewerkschaften nicht nur mangelnde ideologische Arbeit, sondern sträfliche Gleichgültigkeit gegenüber politischen »Provokationen«. So hatte ein Mitglied der AGL der Filmfabrik in Bitterfeld erklärt: »Die wirklichen Terroristen in Ungarn sind die Kommunisten«, ohne daß die Gewerkschaftsleitung einschritt.[115] In einem Dresdner Betrieb vertrat ein BGL-Mitglied einen »dritten Weg« und forderte das Streikrecht für die Gewerkschaften, wurde aber trotzdem in die BGL gewählt. Im Zentralvorstand der IG Chemie standen die leitenden Funktionäre in den chemischen Großbetrieben nach Einschätzung der Partei »Gewehr bei Fuß«.[116] Die Chemischen Werke Buna waren offenbar ein politisch besonders unsicheres Gelände. So berichtete ein Vertrauensmann des Ostbüros im März 1958 von etlichen Aktionen »gegen das verhaßte System, gegen die Ungerechtigkeit im Prämienwesen und vor allem gegen die verlogene Argumentation um das Paßgesetz und die Westkontakte«: Transparente wurden heruntergerissen, Marx- und Engels-Bilder beschmiert, einem Ulbricht-Porträt ein papierner Spitzbart angeklebt, der AGL-Vorsitzende mit einem Eimer schmutzigen Wassers

---

112 Stellungnahme zum Beschluß der 29. Tagung des ZK der SED über die Grundlagen für den Meinungsaustausch über die Rechte der Arbeiter in den Betrieben vom 27.11.1956, SAPMO-BArch, DY 30/IV2/611/1, Bl. 101-110. Vgl. Eckelmann/Hertle/Weinert., FDGB intern, S. 48 f.
113 Bernd-Rainer Barth (Hg.), Wer war Wer in der DDR. Ein biographisches Handbuch. Stark erw. und aktualisierte Ausg., Frankfurt/M. 1995, S. 783.
114 Vgl. Christoph Kleßmann, Betriebsräte, Gewerkschaften und Arbeiterselbstverwaltung in Polen (1944–1958), in: Jbb. für Geschichte Osteuropas 29 (1981), S. 185-214.
115 Auszug aus einem Zwischenbericht einer ZK-Brigade über die Arbeit der Gewerkschaften in den Chemischen Großbetrieben im Bezirk Halle vom 29.4.1947, SAPMO-BArch, DY 30/IV2/5/195, Bl. 95.
116 Material der Abteilung Gewerkschaften, Sozial- und Gesundheitswesen für das 35. Plenum vom 1.2.1958, SAPMO-BArch, DY 30/IV2/611/1, Bl. 248 ff.

begossen. Sogar Brandstiftung im Parteizimmer der SED wurde versucht. Der Berichterstatter wertete die Stimmung als »zum Zerreißen gespannt«.[117] Das mochte übertrieben sein, aber unzweifelhaft hatte die SED die Lage noch nicht völlig unter Kontrolle und das Verhalten der Gewerkschaften ließ zu wünschen übrig. Direktiven des Bundesvorstandes des FDGB wurden ignoriert, Forderungen nach besserer Interessenvertretung lauter artikuliert. Zu heftigen Auseinandersetzungen führte die Ankündigung Herbert Warnkes – mit der er einer Forderung Ulbrichts nach Reduktion der Zahl der Einzelgewerkschaften folgte – die IG Druck und Papier solle aufgelöst und mit einer anderen IG verschmolzen werden. Deren Bundesvorstandssekretär protestierte, besitze diese Gewerkschaft doch die älteste Tradition in der deutschen Gewerkschaftsbewegung. Die Umorganisation sei ein Affront gegen die Gewerkschaftsmitglieder. Warnke warf man vor, er habe keine Verbindung zur Arbeiterschaft mehr.[118] Immer wieder wurde das problematische Verhältnis der Gewerkschaften zur Führungsrolle der Partei diskutiert. Hier wirkte offenbar noch die Entstalinisierungskrise mit den Diskussionen um eine unabhängigere Rolle der Gewerkschaften nach.

Eine exemplarische »Vorführung« erlebte in dieser Auseinandersetzung um Reste des Revisionismus der Sekretär der BPO des VEB Bauunion in Rostock im »Neuen Deutschland« mit einem Leitartikel »Genosse Urban und die Gewerkschaft«.[119] Man warf ihm vor, die wichtigsten Leninschen Prinzipien hinsichtlich der Führung der Massenorganisation sträflich mißachtet zu haben. Partei- und Gewerkschaftsmitglieder wurden aufgefordert, sich im Parteiorgan generell zu diesem Problem zu äußern. Fritz Rettmann, der Leiter der Gewerkschaftsabteilung im ZK der SED, setzte noch eins drauf. In Rostock war das sinnige Argument vorgebracht worden, norddeutsche Menschen seien keine »redefreudigen Leute«, um das Schweigen von SED-Genossen gegenüber »rückständigen Auffassungen« in Gewerkschaftsversammlungen zu erklären. »Man stelle sich aber vor, wohin es in der Endkonsequenz führt, wenn eine Leitung ihren Mitgliedern gestattet, sich mit der Theorie vom ›schweigsamen norddeutschen Menschen‹ aus Auseinandersetzungen herauszuhalten.«[120] Was im Bezirk Rostock besonders auffällig war, zeigte sich als generelles Problem im Kampf sowohl gegen vorhandenen als auch potentiellen »Revisionismus«: Auf der untersten Ebene der Gewerkschaftsgruppenfunktionäre gab es oft nur extrem wenige SED-Mitglieder, so daß sich viele Vertrauensleute »zum Sprachrohr rückständiger Auffassungen« machten, und manche Parteileitungen duldeten, daß sich Genossen in den Gewerkschaften zur politischen Arbeit »passiv verhalten«.[121]

---

117 Bericht vom 11.3.1958, AdsD, Ostbüro 0257/Box 694.
118 MB Ostbüro Januar 1958, S. 3 f. Eine eingehende Kritik an revisionistischen Erscheinungen in den Gewerkschaften übte Warnke in der »Tribüne« vom 20.5.1958 (Ideologische Probleme der Gewerkschaften nach dem 35. ZK-Plenum), Auszug in: SBZ-Archiv 9 (1958), S. 174 f.
119 »Neues Deutschland« vom 5.1.1958.
120 »Neues Deutschland« vom 30.1.1958.
121 Werner Heilmann, Die Stärke der Gewerkschaften liegt in ihrer Führung durch die Partei, in: »Neuer Weg« 1958 H. 3, S. 231-235, hier: S. 234.

2. Arbeiter in der Entstalinisierungskrise 1956/57

Die seit 1956 intensivierten Debatten um die Rolle der Gewerkschaften spiegelten fraglos das Kernproblem, mit dem der FDGB als Staatsgewerkschaft seit den späten vierziger Jahren immer wieder konfrontiert wurde: die offiziell zwar behauptete, de facto aber nahezu eliminierte Mitbestimmung einer Massenorganisation, die im Erwartungshorizont der Arbeiter primär Interessenvertretung leisten und nicht Produktionspropaganda machen sollte. Solche Erwartungen tauchten zwar in allen Phasen der SBZ/DDR-Geschichte immer wieder auf und verwiesen auf die soziale Relevanz des ältesten Strangs der Arbeiterbewegungstradition, auf die sich die SED unter anderen Vorzeichen berief. Aber es lag nahe, daß in Krisensituationen derartige Forderungen »der Basis« besonders virulent wurden. Insofern sind nach dem Aufstand von 1953 die osteuropäischen Entwicklungen in der DDR auf doppelte Weise wirksam geworden. Die SED sah darin ein politisches Menetekel, das ihre Herrschaft bedrohte. Teile der Arbeiterschaft bis hinein in die Gewerkschaftsorganisationen ahmten zwar ihre Kollegen in Polen und Ungarn nach den eigenen bitteren Erfahrungen am 17. Juni nicht nach, gaben aber doch deutlicher als in »normalen« Jahren ihre Mißstimmung über fehlende Partizipationsmöglichkeiten von Arbeitern im »Arbeiterstaat« zu erkennen. Eben darauf versuchte die SED zunächst mit den »Arbeiterkomitees« zu reagieren. Darüber hinaus gestand sie verbal den Gewerkschaften einen größeren Spielraum zu[122], der allerdings, sobald er eingefordert wurde, sofort an die Grenzen des Monopolanspruchs der »führenden Partei« stieß.

Eine späte Folge dieser Konstellation war die Reaktivierung eines Mitbestimmungsorgans, das schon in den frühen fünfziger Jahren etabliert worden, aber in der betrieblichen Praxis schnell wieder ins Stocken geraten war: die »Ständigen Produktionsberatungen.«[123] Sie standen in innerem Zusammenhang mit der Auflösung der »Arbeiterkomitees« 1958 und wurden offiziell im März 1959 vom FDGB-Bundesvorstand ins Leben gerufen. Dieses Instrument, in dem die Gewerkschaften die Schlüsselrolle spielten, versprach den Arbeitern Mitbestimmung im Produktionsprozeß. Zeitlich schloß die Schaffung der Produktionsberatungen an das Ende der Betriebsräte 1948 an. Es war ein weiterer Versuch, das beginnende Planungssystem durch veränderte Verhaltens- und Orientierungsmuster der Arbeiter zu flankieren. Was als partizipatives Element in der neuen Ordnung verkauft wurde, hatte faktisch vor allem die Funktion, die Belegschaften mit den Planaufgaben vertraut zu machen und sie zur Mängelbeseitigung im Produktionsprozeß zu aktivieren.[124] Tatsächlich war ihre Bedeutung in dieser frühen Phase gering und das Desinteresse bei Arbeitern ebenso wie bei Wirtschafts-, Gewerkschafts- und Parteifunktionären groß, so daß erst unter neuen Rahmenbedingungen nach dem

---

122 Vgl. die zeitgenössische Interpretation von Gerhard Haas, Kursänderung der Sowjetzonengewerkschaft, in: SBZ-Archiv 7 (1956), S. 290-293.
123 Zu den 1950 gegründeten Produktionsberatungen: Die Produktionsberatungen. Entscheidende Hilfe für die Planerfüllung, in: »Die Wirtschaft« 3 (1948), S. 542. Ferner die vom Institut für Arbeitsökonomik und Arbeitsschutzforschung Dresden herausgegebene Schrift: Wie organisieren wir Produktionsberatungen? Berlin (O) (Tribüne-Verlag) 1956.
124 Eine gute Analyse dazu bietet Klinger, Auf dem Wege, S. 389 ff.

IV. Vom »Neuen Kurs« zum Mauerbau (1953-1961)

Mauerbau ein neuer Anlauf erfolgte, den Produktionsberatungen ein größeres Gewicht zu verleihen.[125]

Ihre weitere Geschichte illustriert im Wechsel von Auflösung und Wiederherstellung das unlösbare Dilemma einer wirksamen Beteiligung der Arbeiter am betrieblichen Entscheidungsprozeß. Im Zuge der Wirtschaftsreform der sechziger Jahre wurden sie aufgelöst und durch Produktionskomitees ersetzt, die sogar Eingang in die Verfassung von 1968 fanden. Diese verschwanden jedoch 1971 nach Ulbrichts Sturz wieder zugunsten der alten »Ständigen Produktionsberatungen«, die keinen Verfassungsrang mehr besaßen, sondern 1974 aus der geänderten Verfassung gestrichen wurden.[126]

Der neue Start 1959 war von dröhnendem Pathos im Zeichen der beginnenden Vorbereitung des Siebenjahrplans begleitet, der bekanntlich den Weg zu den Pforten des Paradieses erheblich verkürzen sollte.[127] Die »Ständigen Produktionsberatungen« sollten die »Wende in der Gewerkschaftsarbeit« bringen und galten als »wichtiger Schritt zur Entwicklung der sozialistischen Demokratie«. Drei wichtige volkswirtschaftliche Aufgaben sollten sie lösen helfen: den Plan termin- und sortimentsgerecht zu erfüllen, eine »umfassende Diskussion und Teilnahme aller Arbeiter und der übrigen Werktätigen« zur Vorbereitung des Siebenjahrplans zu organisieren und die »sozialistische Rekonstruktion« jedes Betriebes zu verwirklichen, die vor allem die Neuerer-, Rationalisatoren- und Erfinderbewegung auf Massenbasis zu realisieren hatte.[128] Konkreter wurde Erich Apel, der Chef der Staatlichen Plankommission: Er sah eine vordringliche Aufgabe der neuen Organe darin, »mit der sich über lange Zeit hinschleppenden Bearbeitung der Vorschläge der Arbeiter endgültig Schluß zu machen.

Sie sollten sich auch für eine dem Vorschlag entsprechende Prämierung einsetzen und dafür sorgen, daß hier endlich ein neuer Wind weht, und zwar kein sanftes Lüftchen, sondern tüchtiger Sturm.«[129]

Der Sturm blieb vorerst ein frommer Wunsch, und gemessen an den hochgesteckten Zielen dümpelten die wiederbelebten Produktionsberatungen bis zu ihrem vorläufigen Ende 1963 eher vor sich hin. Sie waren eines von vielen weitgehend fiktiven Mitbestimmungsorganen, die bei den Arbeitern schwerlich Begeisterung und Masseninitiative auslösen konnten. Attraktiver, weil unmittelbar erfahrbar und individuell relevant, erschienen dagegen die immer breiter gefächerten sozialpolitischen Aktivitäten des FDGB.

---

125 Siehe unten, Kap. V 6 (S. 585 ff.).
126 DDR-Handbuch, hg. vom Bundesministerium für innerdeutsche Beziehungen, Köln 1979, S. 1046 f.
127 Vgl. unten, Abschnitt 4 (S. 420 ff.) und Kap. V 4 (S. 564 ff.).
128 Joachim Hoffmann, Erste Erfahrungen der Ständigen Produktionsberatungen, Berlin (O) 1959, S. 9 f.
129 Zit. ebd., S. 26.

3. Der FDGB als sozialpolitische »Implementationsbürokratie« und ständiger Sündenbock

Daß der FDGB trotz seiner eklatanten Unbeliebtheit bei den Belegschaften nicht nur Herrschaftsinstrument der SED, sondern auch eine recht und schlecht akzeptierte Interessenvertretung war, resultierte vor allem aus seiner sozialpolitischen Rolle. Zwar verschwand der Begriff Sozialpolitik in den fünfziger Jahren zeitweilig fast aus dem öffentlichen Sprachgebrauch, aber nicht die Sache. Der Logik des ideologischen Selbstverständnisses entsprach es durchaus, wenn es im »Arbeiterstaat« nicht mehr eine stark von sozialfürsorgerischen und paternalistischen Vorstellungen einer vergangenen Epoche geprägte staatliche und betriebliche Sozialpolitik geben sollte, weil sich die »führende Klasse« schlecht selber sozial alimentieren konnte. Es blieb jedoch schwierig, diese Denkfigur auch in der administrativen und politischen Praxis konsequent durchzuhalten. Daher zeigen die begrifflichen Bezeichnungen im Gewerkschafts- und Parteiapparat zwar deutliche Akzentverschiebungen, offenbaren aber auch das Dilemma einer der Ideologie angemessenen Kategorisierung. So gab es beim FDGB-Bundesvorstand bis 1949 eine Hauptabteilung Sozialpolitik, die danach bis 1952 in der Abteilung Arbeit und Sozialpolitik aufging, dann bis 1969 »Abteilung Arbeiterversorgung« hieß und seit 1969 im Zuge der Aufwertung der Sozialpolitik wieder so hieß wie zu Beginn. In der Volkskammer wurde 1957 der Ausschuß für Arbeit und Sozialpolitik erneuert, und im ZK-Apparat gab es ebenfalls seit 1957 eine Abteilung Gewerkschaften/Sozialpolitik, die aus dem Sektor Arbeit und Gewerkschaft der Abteilung Wirtschaftspolitik hervorgegangen war.[130]

In der Praxis entsprach das Aufgabenfeld des FDGB dem umfassenden Verständnis von Sozialpolitik als Gesellschaftspolitik mit einer ausgeprägten Betriebsorientierung. Dieses riesige und immer weiter ausufernde Aufgabenfeld machte den FDGB als bedeutendste Massenorganisation neben dem Apparat der Planwirtschaft damit zwangsläufig zur wichtigsten und größten »Implementationsbürokratie«[131] mit den ständig beklagten Erscheinungen von Schwerfälligkeit und »Bürokratismus«, aber auch mit erheblichen politischen Integrationseffekten für das Gesamtsystem. »Die Gewerkschaften«, so die treffende Charakterisierung durch Hartmut Zimmermann, »unterscheiden sich gerade dadurch vom Staatsapparat, daß sie über keine unmittelbare staatliche Repressionsgewalt verfügen. Sie sind vielmehr auf ideologische Überzeugungsarbeit und ein differenziertes System sozialer Zwänge, Vergünstigungen und Anreize verwiesen. FDGB und Staatsapparat sind demnach zwei gleichsam nebeneinander laufende Organisationsstränge, die den gleichen Zweck, aber mit unterschiedlichen Mitteln verfolgen.«[132]

---

130 Vgl. Peter Hübner, Betriebe als Träger, in: Geschichte der Sozialpolitik Bd. 8, S. 729 f.
131 So Hans Günter Hockerts, Grundlinien und soziale Folgen der Sozialpolitik in der DDR, in: Kaelble/Kocka/Zwahr (Hg.), Sozialgeschichte, S. 523.
132 Hartmut Zimmermann, Der FDGB als Massenorganisation und seine Aufgaben bei der Erfüllung der betrieblichen Wirtschaftspläne, in: Peter Christian Ludz (Hg.), Studien und Materialien zur Soziologie der DDR, 2. Aufl., Opladen 1971, S. 115-144, hier: S. 123 f.

IV. Vom »Neuen Kurs« zum Mauerbau (1953–1961)

Zu den Kernbereichen seiner Arbeit gehörten neben der umfassenden sozialen und gesundheitlichen Sicherung und der Kulturarbeit (einschließlich Betriebssport) auch Kinder- und Jugendbetreuung, Erholung und Feriendienst sowie teilweise die Wohnungsversorgung. Im Betrieb oblag die Umsetzung dieses Aufgabenfeldes der BGL und – in größeren Betrieben – der Abteilungsgewerkschaftsleitung (AGL). Zwar besaßen die Betriebsleiter generell die Verantwortung, aber ihre Entscheidungen waren an die gewerkschaftliche Zustimmung gebunden. Der betriebliche Spielraum blieb jedoch angesichts der strikten planwirtschaftlichen Zentralisierung, in die auch die Sozialpolitik eingebunden war, gering. Sofern es gewerkschaftliche Entscheidungskompetenzen gab, liefen die Fäden bei einer kleinen Gruppe von Spitzenfunktionären des FDGB zusammen. Neben dem Vorsitzenden Warnke waren das vor allem Rudolf Kirchner, seit 1950 Mitglied des Bundesvorstandes und Kandidat des ZK der SED, Helmut Lehmann, seit 1954 Vorsitzender des Zentralvorstandes der Sozialversicherung, sowie Otto Lehmann, seit 1950 Mitglied und seit 1952 Sekretär des Bundesvorstandes.[133] Der politisch gewichtigste Bereich war die Sozialversicherung, deren Verwaltung offiziell mit der Verordnung vom 6. September 1956 vollständig in die Hände des FDGB überging, de facto aber schon seit 1954 dort lag.[134] Ferner gehörten die medizinische Versorgung im Betrieb sowie der zunehmend an Attraktivität gewinnende Feriendienst zu den sozialpolitisch herausgehobenen Aufgaben der Gewerkschaften.[135]

Die Sozialversicherungsanstalten (SVA) standen in der Praxis bereits während der Besatzungszeit unter starkem Einfluß der FDGB-Landesvorstände. Da Sozialpolitik traditionell ein bevorzugtes Feld der Sozialdemokratie gewesen war und die SED zunächst noch kaum über ausreichendes neues Fachpersonal verfügen konnte, ließ die Arbeit aus Sicht der SED-Führung erheblich zu wünschen übrig. Symptomatisch dafür ist ein Bericht von 1950 über Mecklenburg, in dem die politischen Zustände beklagt und die geringe Vertretung »wirklich guter proletarischer Elemente« in den Verwaltungen der Sozialversicherung beklagt wurde. Alle ideologischen Übel hatten sich hier offenbar eingenistet. »Die SVA Mecklenburg ist – wie alle übrigen SVA – ein Musterbeispiel dafür, daß ungenügende politische Arbeit und schlechte Parteiverbundenheit zum Praktizismus, Sozialdemokratismus und Opportunismus führen und letzten Endes die Grundlagen für Parteifeindschaft und Agententätigkeit bilden.« Der FDGB-Bundesvorstand sollte Abhilfe schaffen und seine Landesvorstände anweisen, sich stärker mit den Fragen der Sozialversicherung zu beschäftigen und eine gründliche Kontrolle über die Tätigkeit seiner Funktionäre in der Sozialversicherung auszuüben.[136] Die Lösung

---

[133] Hübner, Betriebe als Träger, in: Geschichte der Sozialpolitik Bd. 8, S. 737 f.
[134] Siegfried Mampel, Neuordnung der Sozialversicherung, in: SBZ-Archiv 8 (1957), S. 58 ff.
[135] Einen Überblick über das gesamte Feld des Sozialrechts bietet Ulrich Lohmann, Die Entwicklung des Sozialrechts in der DDR, Opladen 1996. Als ältere Darstellung eines westdeutschen Experten immer noch sehr brauchbar Peter Mitzscherling, Soziale Sicherung in der DDR. Ziele, Methoden und Erfolge mitteldeutscher Sozialpolitik, Berlin (W) 1968.
[136] Bericht über die Sozialversicherungsanstalt (SVA) Mecklenburg vom 3.10.1950 (Gen. W. Ulbricht z. Inform.) SAPMO-BArch, NL 4182/1159, Bl. 266-271.

3. Der FDGB als sozialpolitische »Implementationsbürokratie« und Sündenbock

dieses in der Sozialversicherung – mit einem hohen Anteil bürgerlicher und ehemals sozialdemokratischer Fachleute – besonders einschneidenden Problems ließ sich nicht schnell bewerkstelligen. Die Geschichte der Sozialpolitik der fünfziger Jahre ist daher durchzogen von Klagen, die diese Melodie variierten.

Zum 1. Mai 1951 hatte der FDGB bereits die Kontrolle über die »einheitliche zentralgelenkte Sozialversicherung« erhalten.[137] Wie dominant die Gewerkschaften sein sollten, zeigt die Zusammensetzung des Leitungsorgans, des »Rats der Sozialversicherung«. Neben dem vom FDGB bestellten Vorsitzenden gehörten ihm je ein Beauftragter der Branchengewerkschaften an, ferner der ebenfalls vom FDGB benannte Direktor der Sozialversicherung, sein Stellvertreter, ein Beauftragter der Vereinigung der gegenseitigen Bauernhilfe und der Vorsitzende der Zentralen Beschwerdekommission. Analog wurden in den Ländern, Kreisen und den VEB Sozialversicherungsräte und in den übrigen Betrieben Kommissionen für Sozialversicherung gebildet, die sich aus dem Kreis der Bevollmächtigten zusammensetzten.[138] Damit waren die Grundlagen für die Entwicklung des FDGB als Implementationsbürokratie gelegt. Mitte der fünfziger Jahre waren rund 200.000 ehrenamtliche Funktionäre im Bereich der Sozialversicherung tätig. Damit entstand vor allem in den Betrieben »ein Betreuungsnetz, welches das Sozialversicherungsverhältnis enger als je zuvor mit dem Lebenszusammenhang der Beschäftigten verknüpfte.«[139] Die große Zahl der schon 1947 geschaffenen »Bevollmächtigten der Sozialversicherung« in den Betrieben hatte eine Doppelfunktion: Einerseits sollten sie die Betriebsangehörigen in allen Fragen der Sozialversicherung beraten, andererseits sollten sie kontrollieren, ob jemand zu Unrecht krankfeierte und ob ärztliche Anweisungen befolgt wurden.[140] Die BGL und in größeren Betrieben die AGL konnten sich zunehmend auf ein Heer von ehrenamtlich tätigen FDGB-Mitgliedern stützen, die sich über die besonders wichtigen Bevollmächtigten der Sozialversicherung hinaus als gewerkschaftliche Vertrauensleute, Obleute für Arbeitsschutz, Kultur, Sportorganisatoren und Mitglieder von Frauen- und Jugendkommissionen um betriebliche Sozialpolitik in ihrer ganzen Breite zu kümmern hatten, so daß die Belegschaftsmitglieder Probleme direkt an die betreffenden Funktionäre herantragen konnten.[141]

Dieses dichte sozialpolitische Organisationsnetz, das für jeden Belegschaftsangehörigen auf der betrieblichen Ebene erfahrbar und nutzbar war, stand ständig unter der nie aufgelösten Spannung zwischen gewünschter und notwendiger Produktivitätssteigerung, für die auch sozialpolitische Anreize geboten werden sollten, sowie einer Form sozialer Fürsorge, die sich deutlich vom kapitalistischen Wirtschaftssystem abzuheben hatte. Das später in der Ära Honecker zum Programm erhobene Prinzip der »Einheit von Wirtschafts- und Sozialpolitik« war somit schon in den Anfängen der DDR angelegt. »Wirtschafts- und Sozialpolitik

---

137 Verordnung über die Sozialversicherung vom 26.4.1951, in: Gbl. DDR 1951, S. 325.
138 Vgl. Lohmann, Entwicklung, S. 20.
139 Hockerts, Grundlinien, in: Kaelble/Kocka/Zwahr (Hg.), Sozialgeschichte, S. 523.
140 Ebd., S. 524.
141 Hübner, Betriebe als Träger, in: Geschichte der Sozialpolitik Bd. 8, S. 737 f.

IV. Vom »Neuen Kurs« zum Mauerbau (1953–1961)

bilden eine Einheit, die in Wechselwirkung stehen« [sic!], hieß es in einem vermutlich von Rudolf Kirchner verfaßten Positionspapier von 1950. Sozialpolitik sei daher nicht als Ressortpolitik zu betrachten und ihre Aufgaben lägen »nicht nur in der sozialen Fürsorge an sich, sondern vielmehr in der sozialen Gesetzgebung durch die Erfüllung unserer Wirtschaftspläne als die Voraussetzung zur Lösung unserer sozialen Probleme.«[142] Die verstärkte Wahrnehmung sozialer Interessen sollte somit auch als Mobilisierungsstrategie für bessere Produktionsergebnisse und insbesondere für die im Zeichen des Fünfjahrplans notwendige umfassendere Rekrutierung von Frauen fungieren. So ersetzte der III. FDGB-Kongreß 1950 in seinem Beschluß »Im Kampf für Frieden und Einheit, durch den Fünfjahrplan zum Wohlstand« den Begriff Sozialpolitik durch das Motto »Mehr Sorge um den werktätigen Menschen«.[143]

Am breiten Ausbau betrieblicher Sozialeinrichtungen läßt sich ablesen, daß solche Zielsetzungen nicht nur politische Deklamationen waren, so unterschiedlich das Bild in den unterschiedlichen Branchen und Betrieben auch ausfällt. Bereits im »Jahr der großen Initiative« 1954 konnte der FDGB mit einigen eindrucksvollen Beispielen besonders für die Schwerpunktbetriebe aufwarten. So standen den 6.500 Beschäftigten des Schwerpunktbetriebes Farbenfabrik Wolfen (Bitterfeld) 1.850 Ferienplätze in FDGB-Ferienheimen zur Verfügung. Für Kranke und Erholungsbedürftige wurden 500 Kuren vermittelt. Die BGL organisierte sechs Wochenendfahrten und Betriebsausflüge. 77 Prozent der Belegschaft nahmen am Werksküchenessen teil bei einem Preis von 50 Pfennigen pro Portion. Jeder Essensteilnehmer wurde dabei mit 90 Mark jährlich subventioniert. Zur Verbesserung der Speisesäle investierte der Betrieb 48.000 Mark. Die intensiven Bemühungen um Gewinnung von Frauen als Arbeitskräften spiegeln sich in Kinderkrippen- und Wäschereiangeboten. So wurde zum Beispiel eine Waschanstalt für Privatwäsche eröffnet, die Frauen gerne nutzten, »weil ihre Wäsche hier schonend behandelt wird und für wenig Geld schrankfertig abgeholt werden kann. Auch eine Kinderkrippe mit 70 Plätzen wurde zusätzlich zu der bereits bestehenden gebaut. Insgesamt wurde in diesem Betrieb für den Bau der Kinderkrippe 315 000 DM ausgegeben.«[144] Zwar lassen sich solche Beispiele nicht ohne weiteres verallgemeinern, aber eine ähnliche Verteilung der Mittel läßt sich auch für andere Industriezweige feststellen.

In allen Bereichen wurden die Mittel im Staatshaushalt für das Betriebsgesundheitswesen sowie für Maßnahmen zur Steigerung der Arbeitsproduktivität und für den Arbeitsschutz erheblich erhöht. (☛ vgl. *Tab. 21*)

Auch für die Privatbetriebe zeigen die Instrukteursberichte trotz erschwerter Rahmenbedingungen im allgemeinen eine positive Bilanz beim Zustand der betrieblichen Sozialeinrichtungen, so unterschiedlich die wirkliche Lage im einzelnen auch ausfallen mochte.[145]

---

142 Zit. ebd,, S. 740.
143 Ebd., S. 741.
144 Rudi Rubbel, Das Jahr der großen Initiative, Typoskript von 1954, zit. in: Ebd., S. 760.
145 Ebd., S. 769 ff.

3. Der FDGB als sozialpolitische »Implementationsbürokratie« und Sündenbock

Tab. 21: Ausgaben im Staatshaushalt für das Betriebsgesundheitswesen, Maßnahmen zur Steigerung der Arbeitsproduktivität und für den Arbeitsschutz 1952 bis 1955 (in 1000 Mark)

Ausgabenbereich	1952	1953	1954	1955
Betriebsgesundheitswesen	52.451.2	61.831.0	81.796.3	82.421.7
Prämien, Ehrungen, Preise	8.287.0	11.453.0	19.694.5	20.859.6
Erholungsfürsorge	13.500.0	10.788.2	9.898.5	17.797.2
Umschulung	5.556.8	504.4	–	–
Arbeitsschutz	11.210.1	19.205.6	16.374.6	18.833.8

[**Quelle:** Statististisches Jahrbuch der DDR 1955, S. 82.]

Angesichts des hohen Krankenstandes, der sich auch mit dem »Neuen Kurs« nicht entscheidend verbesserte[146], erhielten gesundheitspolitische Maßnahmen wachsende Bedeutung. Die medizinische Versorgung in betrieblichen Ambulatorien und Polikliniken war dabei ein wichtiger Bestandteil. Den tatsächlichen Zustand der medizinischen Versorgung zu erfassen, ist schwierig. Die quantitativen Daten belegen aber eine erhebliche Ausweitung der Ausgaben und der entsprechenden Einrichtungen. Pro Kopf der Bevölkerung verdoppelten sich die Ausgaben für den Gesundheitsschutz von 1951 bis 1958. Die Anzahl der Betriebspolikliniken stieg von 78 im Jahre 1955 auf 84 im Jahre 1958, die der Betriebsambulatorien von 157 auf 169.[147]

Insbesondere der bereits in den ersten Nachkriegsjahren aufgebaute Feriendienst des FDGB expandierte schnell.[148] Dabei flossen Überlegungen, durch gesundheitspolitische Prävention die Arbeitskraft der Werktätigen zu sichern, mit genuin sozialistischen Vorstellungen zusammen, Erholungsurlaub nicht länger als Privileg der Oberschicht zu behandeln, sondern auch Arbeitern attraktive Angebote zu machen. Schon die SMAD hatte Anweisung gegeben, aus den durch die Bodenreform »freigewordenen« Schlössern und Gutshäusern das Netz von Erholungsheimen und Sanatorien zu erweitern. Der FDGB sollte bei den Länderregierungen aus einer Liste der erfaßten Objekte die geeigneten auswählen und ihre Übernahme fordern.[149] Die Übereignung stieß jedoch auf viele Probleme, da die Objekte häufig schon anderweitig vergeben oder auch die Errichtung von Ferienquartieren ungeeignet schienen. Die Verwaltungsstellen bei den Ländern zeigten sich wenig kooperativ, es fehlte an Einrichtungsgegenständen, die Versorgung mit Lebensmitteln war schwierig.[150] Nach Überwindung solcher typischen Anfangs-

---

146 Vgl. Alfred Leutwein, Entwicklung des Krankenstandes im Jahre 1954, in: SBZ-Archiv 5 (1954), S. 346 f.
147 Rechenschaftsbericht des Bundesvorstandes an den 5. FDGB-Kongreß 1955–1959, Berlin (O) 1959, S. 68.
148 Vgl. im einzelnen Kap. VI 5 (S. 695 ff.).
149 Hausmitteilung des FDGB-Bundesvorstandes vom 16.4.1948, SAPMO-BArch, DY 34/5/3/1479.
150 Schreiben des FDGB-Bundesvorstandes an das ZK der SED vom 15.4.1948, SAPMO-BArch, NL 4182/1163, Bl. 1-5.

probleme stieg die Zahl der vom FDGB organisierten Urlaubsaufenthalte in eigenen Häusern oder angemieteten Quartieren jedoch kontinuierlich an. Nach offiziellen Angaben des FDGB betrug die Zahl der »bereitgestellten Erholungsreisen« zwischen 1955 und 1958 jeweils über 1,1 Millionen, davon zwischen 20.000 und 25.000 für Kinder. Der Anteil der Arbeiter lag im Durchschnitt leicht über 60 Prozent, derjenige der Angestellten über 30 Prozent.[151] Abgesehen von der propagandistisch stets pointiert hervorgehobenen gesamtdeutschen Komponente – DDR-Angebote an westdeutsche Arbeiter, die sich keine Ferienaufenthalte leisten könnten –, sollte der Feriendienst den sozialen Charakter des neuen Staates dokumentieren.

Ein wenig bekannter und in der praktischen Bedeutung schwer präzise erfaßbarer Arbeitsbereich der Gewerkschaften, der ihre Rolle als Implementationsbürokratie weiter förderte, war die »Arbeiterkontrolle«. Sie baute auf den bereits 1945 eingeführten Volkskontrollen auf und trat mit der Verordnung vom 10. Dezember 1953 über die »weitere Verbesserung der Arbeits- und Lebensbedingungen der Arbeiter und der Rechte der Gewerkschaften« in ein neues Stadium.[152] Das Aufgabenfeld dieser von den Gewerkschaften organisierten »Arbeiterkontrolle« war zunächst auf den Handel und den Wohnungsbau begrenzt. Sie wurde damit aber in einem besonders heiklen Terrain eingesetzt, gehörten doch die schlechte Warenversorgung und das völlig unzureichende Wohnungsangebot für die Arbeiterschaft ebenso wie für die Gesamtbevölkerung zu den ständigen Beschwerden, mit denen sich die Partei, die staatlichen Behörden und die Gewerkschaften konfrontiert sahen. Die Arbeiterkontrolle sollte der »unbeirrbaren, unbestechlichen Interessenvertretung der Werktätigen« dienen, den im Handel und Bauwesen Beschäftigten bei der Verbesserung ihrer Arbeit und der Aufdeckung und Überwindung von Fehlern helfen, »Bürokratismus, Gleichgültigkeit, Schlamperei und Schematismus« aufdecken und sich auf diese Weise als eine »harte, unversöhnliche und schlagkräftige Abwehr gegen Saboteure, Spekulanten und Schädlinge unserer demokratischen Ordnung« erweisen.[153] Im Vorzeigekombinat »Otto Grotewohl«, Böhlen, stieg beispielsweise die Zahl der Arbeiterkontrolleure im Handel von 8 (1952) auf 32 (1956). Unter Anleitung der BGL fanden im Jahre 1955 492 Kontrollen statt, die mit entsprechenden Formularen durchgeführt und in einer Kartei über die Verkaufsstellen im Betrieb sowie im städtischen und ländlichen Umfeld festgehalten wurden.[154]

Ein weiteres Element der gewünschten »Durchherrschung« der Betriebe, aus der sich unliebsame Erscheinungen der Bürokratisierung ergaben, war die Präsenz anderer Massenorganisationen. Zumindest in großen Betrieben besaßen sie alle auch ihre eigenen Betriebsgruppen. Dazu zählten die »Deutsch-Sowjetische Freundschaft« (DSF), der Kulturbund, die FDJ, der »Demokratische Frauenbund

---

151 Rechenschaftsbericht des Bundesvorstandes an den 5. FDGB-Kongreß, S. 82 f.
152 Vgl. Erhard Sonntag, Über die Arbeiterkontrolle der Gewerkschaften im Handel und im Wohnungsbau, Berlin (O) 1957, S. 10 f. (Der Text der VO in: Gbl. DDR 1953, S. 1219-1226).
153 Ebd., S. 13.
154 Ebd., S. 21 f.

3. Der FDGB als sozialpolitische »Implementationsbürokratie« und Sündenbock

Deutschlands« und der »Deutsche Turn- und Sportbund« (DTSB). Der jeweilige betriebliche Anteil ihres Mitgliederbestandes läßt sich nicht insgesamt erfassen, und ihre Rolle dürfte in den einzelnen Betrieben sehr unterschiedlich ausgefallen sein. Ihre haupt- und ehrenamtlichen Funktionäre gehören jedoch zum soziologischen Erscheinungsbild eines Betriebstyps, der sich als »zentraler sozialer Bezugspunkt für jeden einzelnen« darstellte und in dem alle Massenorganisationen – ebenso wie die »führende Partei« – die Aufgabe hatten, Initiativen zugleich anzuregen und zu kanalisieren.¹⁵⁵ Insofern greift die dominierende zeitgenössische westdeutsche Sicht auf die hauptamtlichen Funktionäre im Betrieb als »Klasse der Ausbeuter«¹⁵⁶ viel zu kurz, auch wenn diese mit einer herkömmlichen Interessenvertretung der Arbeiterschaft nicht mehr viel zu tun hatten. »Was gibt Dir Deine Gewerkschaft?« – in dieser hundertseitigen Broschüre, die mehrfach aufgelegt und aktualisiert wurde, dokumentierte Erhard Sonntag, einer der Experten für Sozialpolitik beim FDGB, in griffiger Form das breite Spektrum von Leistungen. Diese materielle Interessenvertretung trug fraglos zur Akzeptanz der Gewerkschaften bei, so wenig sie als »richtige« Gewerkschaft geschätzt wurde. Dem strukturellen Dilemma eines leninistischen »Transmissionsriemens« konnte die hauptamtliche Funktionärsschicht des FDGB zu keiner Zeit entgehen: Sie war für die SED ständiger Sündenbock, weil sie die ihr zugedachte politische Funktion nicht zufriedenstellend erfüllte. Diese Funktion kollidierte immer wieder mit den Erwartungen der Mitglieder, die zwar die sozialpolitischen Wohltaten immer selbstverständlicher in Anspruch nahmen, darüber hinaus aber auf konsequente Durchsetzung besserer Löhne und Prämien hofften, was angesichts niedriger Produktivität ökonomisch und politisch jedoch kaum zu realisieren war.

Abb. 38

---

155 Zimmermann, FDGB, in: Ludz (Hg.), Studien, S. 137, 116.
156 Vgl. Otto Stolz, Die Klasse der Ausbeuter in der Sowjetzone, in: SBZ-Archiv 6 (1955), S. 86 f. (mit interessanten Angaben zu den Monatsgehältern der verschiedenen Funktionäre in einem Braunkohlenwerk in der Niederlausitz).

4. »Aktion ›Normalisierung‹« und Griff nach den Sternen: der V. Parteitag 1958

Das Jahr 1958 gilt gemeinhin nicht als Zäsur in der inneren oder äußeren Entwicklung der DDR. Im Zusammenhang der beiden schweren Krisen – der Entstalinisierungsfolgen von 1956 und des Mauerbaus von 1961 – erhält es jedoch eine herausgehobene Bedeutung. Den parteiinternen Machtkampf konnte Ulbricht gegen die »fraktionelle Gruppe« um Karl Schirdewan, Kaderchef der SED, und Ernst Wollweber, Minister für Staatssicherheit, im Mai für sich entscheiden.[157] Schirdewan wurde aus dem ZK ausgeschlossen, erhielt eine »strenge Rüge« und wurde in die Staatliche Archivverwaltung Potsdam abgeschoben. Damit waren die letzten Nachwirkungen der politischen Erschütterungen in der SED beseitigt, die Chruschtschows Enthüllungen über Stalin ausgelöst hatten. Ulbrichts Stellung war nun gefestigter denn je. Der Weg schien frei für die forcierte Fortsetzung der »Generallinie« in einem Tempo, das den schnellen ökonomischen Ruin der DDR verursacht hätte, wäre nicht mit der Schließung der Grenze 1961 die Notbremse gezogen worden. Insofern stellt sich das Jahr 1958 mit der inneren Stabilisierung und dem Aufbruch zu neuen Ufern auf dem V. Parteitag zugleich als – anfangs noch nicht absehbarer – Beginn einer neuen schweren Krise dar.

Am 28. Mai 1958 beschloß die Volkskammer das Gesetz zu Abschaffung der Lebensmittelkarten und vollzog damit einen längst überfälligen Schritt, um auch in der DDR das »Ende der Nachkriegszeit« zu signalisieren.[158] Was sich äußerlich eher trivial ausnahm, war jedoch Teil eines umfassenden sozialen Programms. Vor allem aber mußte dieser Schritt unter den Bedingungen der Bewirtschaftung und einer mißtrauischen Bevölkerungsstimmung mit geheimdienstlichen Mitteln flankiert werden. Die Verkürzung der wöchentlichen Arbeitszeit in der Industrie auf 45 Stunden war schon 1957 für zahlreiche Branchen realisiert worden[159], sollte nun aber zusammen mit der Abschaffung des häßlichsten Relikts einer Notgesellschaft, der Lebensmittelkarten, als Gesamtkomplex verstanden werden und zeigen, »mit welcher großen Fürsorge, wie gründlich und zielstrebig unsere Regierung diese bedeutungsvollen ökonomischen und politischen Aufgaben gelöst hat«.[160] Die technische Durchführung oblag dem MfS. Das allein belegt, wie kompliziert die Logistik für die abrupt umzusetzende »Aktion »Normalisierung‹« war. Intensive Diskussionen um die Abschaffung der Lebensmittelkarten hatte es bereits im Herbst 1956 unter der Bevölkerung gegeben. Die schon für 1957 angekündigte Aufhebung der Rationierung war jedoch auf erhebliche Skepsis gestoßen. Das MfS berichtete schon 1956 von großer Unruhe über die zu erwartenden

---

157 Information des Politbüros über die Schirdewan-Gruppe vom Mai 1958, Auszug in: Weber (Hg.), DDR. Dokumente, S. 235 f. Zum Hintergrund vgl. Schirdewan, Aufstand, S. 184-218.
158 Gbl. DDR 1958 I, S. 413 ff.
159 Hübner, Konsens, S. 100 f.
160 BStU, ZA, DSt 100216, Erläuterungen des Presseamts beim Ministerpräsidenten, gedruckter Anhang zum Befehl 168/58 des Ministers für Staatssicherheit vom 27.5.1958 betr. Aktion »Normalisierung«, S. 5.

4. »Aktion ›Normalisierung‹« und Griff nach den Sternen: der V. Parteitag 1958

Preissprünge insbesondere unter den Rentnern, aber auch unter Berufstätigen.[161] Die innenpolitischen Turbulenzen verzögerten jedoch das Vorhaben. Wirklichkeit wurde zunächst nur die Arbeitszeitverkürzung. Das Gesetz vom 19. Januar 1957 verkürzte die geltende Arbeitszeit von 48 Stunden wöchentlich in der volkseigenen Industrie und in den Verkehrsbetrieben schrittweise auf 45 Stunden (wie bisher in sechs Tagen).[162] Nach der Wiedereinführung des Acht-Stunden-Tages durch den Alliierten Kontrollrat 1946 war dies ein wichtiger Markstein in der Geschichte der Arbeitszeitregelung. Der Zeitpunkt der Einführung legt den Zusammenhang mit den Erschütterungen in Polen und Ungarn nahe. Darüber hinaus aber ist die Arbeitszeitdebatte in der Bundesrepublik bedeutsam, die in der DDR von der Arbeiterschaft ebenso wie von der Führung stets genau verfolgt wurde. Hier hatten die Metallarbeiter bereits im Juli 1956 die 45-Stunden-Woche durchsetzen können.[163] Grundsätzlich stieß zwar die Arbeitszeitverkürzung auf ein positives Echo bei den Belegschaften, aber die Form ihrer Durchsetzung ist zugleich ein Beispiel für die diffizilen Formen des Interessenausgleichs. Denn wirtschaftlich war sie ein Risiko, erfüllte aber dennoch nicht die Erwartungen der Arbeiter, die auf eine Fünf-Tage-Woche aus waren. Rein ökonomisch wäre die Arbeitszeitverkürzung ohne Lohnausgleich sinnvoll gewesen. Dies wurde kurzzeitig von der SED versucht[164] und von Betriebsbelegschaften befürchtet. In etlichen Betrieben gab es Proteste gegen diese Form einer verkappten Normerhöhung, weil nun in 45 Stunden dasselbe erreicht werden solle wie zuvor in 48 Stunden.[165] Die Partei machte zwar einen Rückzieher, aber ein Blick auf die betrieblichen Realitäten zeigt, daß es sich bei der Arbeitszeitverkürzung um ein Problem handelte, in dem viele typische Faktoren der sozialistischen Planwirtschaft und der Verhaltensweisen von Belegschaften zusammenflossen, was eine rationale Lösung erheblich erschwerte.

Im Laufe der Jahre hatte sich ein laxer Umgang mit der Arbeitszeit eingebürgert, der sich in der Vorverlegung des Arbeitsendes, in einem übermäßig hohen Krankenstand und in frisierten Fehlzeiten manifestierte. Ausfallzeiten durch Produktionsstockungen und ausbleibende Zulieferungen versuchte man oft durch ein hohes Maß an besser bezahlten Überstunden zu kompensieren. Diese Mixtur aus Überstunden und Ausfallzeiten ermunterte Arbeiter geradezu, ihre Arbeitszeit selbst zu bestimmen.[166] Hinzu kamen die verschiedenen Sondereinsätze und die aus politischen Gründen gewollten »gesellschaftlichen Verpflichtungen«, die häufig während der Arbeitszeit stattfanden. Als zugespitztes, aber keineswegs untypi-

---

161 BStU, MfS-AS 83/59 Bd. 1b, Bl. 223 ff. Information vom 29.10.1956. Vgl. SBZ-Archiv 7 (1956), S. 313 ff. (»Die Decke ist zu kurz. Perspektiven der Lebensmittelversorgung in der Sowjetzone bei Aufhebung des Kartensystems«).
162 Gbl. DDR 1957 I, S. 73 f. Eine Darstellung des Problems bei Siegfried Mampel, Problematische Arbeitszeitverkürzung, in: SBZ-Archiv 8 (1957), S. 210-213; Hübner, Konsens, Kap. 2.
163 Hübner, Konsens, S. 92 ff.
164 Ebd., S. 102 f.
165 MB Ostbüro Februar 1957, S. 31 f. (Karl-Liebknecht-Werk, Magdeburg, Eisenhüttenkombinat Stalinstadt). Juni 1957, S. 28 (Leuna-Werk). August 1957, S. 46 (Max-Hütte Unterwellenborn).
166 Hübner, Konsens, S. 96.

sches Beispiel hat Peter Hübner die Baustelle des Kombinats »Schwarze Pumpe«, also einen der industriellen Investitionsschwerpunkte, angeführt. Allein im August 1957 entfielen auf die rund 11.000 beschäftigten Arbeiter 9.565 Fehlstunden, 9.466 Stunden gingen durch Wartezeiten verloren, 59.516 durch Krankheit, 4.500 Stunden wurden für »gesellschaftliche Arbeit« in Anspruch genommen. Gleichzeitig wurden 32.000 Überstunden geleistet, die dann häufig auch noch den Trend verstärkten, die nachdrücklich geforderte Einhaltung der Arbeitsschutzbestimmungen zu unterlaufen.[167] Zwei unterschiedliche Interessenlinien trafen somit aufeinander und machten Arbeitszeitregelungen in der Praxis zu einem sensiblen Politikfeld: »Die Betriebsleitungen sahen ihr Hauptziel darin, die Planauflagen möglichst im Rahmen der 45-Stunden-Woche zu erfüllen. Die Arbeiter versuchten indessen vielfach, Arbeitszeitregulierungen in Richtung auf eine Fünf-Tage-Arbeitswoche durchzusetzen. Beiderseitiges Interesse war es, Produktionsrückgänge zu vermeiden, weil dann Lohn- und Prämieneinbußen unvermeidlich waren. Da sich jedoch viele Betriebe nicht in der Lage sahen, die reduzierten Arbeitsstunden auszugleichen, blieb ihnen lediglich eine – verkappte – Zurücknahme der Arbeitszeitverkürzung.«[168]

Die dichten Informationen des MfS über Meinungen und Auseinandersetzungen zur 45-Stunden-Woche in den ersten Wochen und Monaten des Jahres 1957 bieten ein zwar insgesamt buntes Bild divergierender Wünsche und Aktionen, belegen aber in den Grundlinien doch, wie weit verbreitet die Präferenz für eine Fünf-Tage-Woche war. Als Alternativen wurden auch eine Verlängerung des Urlaubs, ein freier Sonnabend in jeder zweiten Woche oder ein freier Mittwoch Nachmittag (so in Leipzig) diskutiert. Regelmäßig und ausführlich gingen die Informationsberichte auf westliche Radiosendungen ein, die sich mit dem Thema befaßten. Eine Fülle von »Provokationen« registrierte das MfS: von unerlaubten Unterschriftensammlungen, Resolutionen, verunstalteten Bekanntmachungen am Schwarzen Brett, versteckten Streikdrohungen bis hin zu einer Aktion der Arbeiter des Mercedes-Werkes Zella-Mehlis (Bezirk Suhl), wo jeder zweite Samstag arbeitsfrei war und nun im Zuge der 45-Stunden-Woche abgeschafft werden sollte. Arbeiter protestierten dagegen während des Karnevalsumzugs mit einem schwarzen Sarg, der die Aufschrift trug »Hier ruht der freie Sonnabend«. Diese Ungehörigkeit stach dem Stasi-Berichterstatter offenbar so ins Auge, daß er zwei Mal davon berichtete.

Es wäre sicher zu einfach, wollte man die verbreitete Ablehnung dieser Form der Arbeitszeitverkürzung auf westliche Informationen zurückführen. Gleichwohl tauchen viele der Argumente in den verschiedenen Berichten auf, wie sie sich in RIAS-Sendungen fanden. Aus der morgendlichen Radio-Sendung »Werktag der Zone« vom 12. Dezember 1956, als die 45-Stunden-Woche noch in der Experimentierphase war, zitierte ein MfS-Bericht einen ausführlichen und in seiner Überzeugungskraft sicher »gesamtdeutschen« Passus: »Man kann ohne Übertreibung behaupten, daß die große Mehrheit aller Werktätigen der Sowjetzone

167 Ebd., S. 111 f.
168 Ebd., S. 104.

4. »Aktion ›Normalisierung‹« und Griff nach den Sternen: der V. Parteitag 1958

durch den Wegfall einer An- und Abfahrt am Sonnabend insgesamt soviel Bruttoarbeitszeit, zu welcher der Arbeitsweg ja schließlich zählt, ersparen würde, daß die etwas längere Schicht mehr als wettgemacht würde, 9 Stunden täglich, von Montag bis Freitag, statt wie bisher jetzt 8½, das sind die 45 Stunden. Natürlich sind 8 Stunden besser und deshalb fordern die westdeutschen Gewerkschaften ja auch die 40-Stunden-Woche als anzustrebendes Ziel [...] Es heißt doch aber, daß die Arbeitszeitverkürzung zusammen mit den Werktätigen betrieblich beraten und ausgearbeitet werden solle. Dann kann man aber keiner Belegschaft den Mund verbieten, die nachdrücklich die 5-Tage-Woche fordert, die es für Hunderttausend westdeutscher Arbeiter, Schätzungen sprechen schon von Millionen, bereits heute gibt.«[169] Ob es Hunderttausende oder Millionen waren, bleibt in diesem Kontext relativ gleichgültig. Der Blick nach Westen, der in der SED-Propaganda stets eine Schlüsselrolle spielte, entwickelte, wie die ausführliche ständige Berichterstattung des MfS über die »Feindpropaganda« zeigt[170], für den »Arbeiterstaat« eine auch in der Arbeitswelt schwer zu kontrollierende Brisanz.

Die Stimmungslage verbesserte sich bis zum Herbst 1957 offenbar kaum. Das MfS registrierte »starke Diskussionen über die Lage der Arbeiterklasse und Versorgungsfragen«, die auch bei Parteimitgliedern Ratlosigkeit und Zweifel hervorriefen. Adenauers Wahlsieg und die Berichte von Westreisen machten den Funktionären zu schaffen. Preise und Löhne beschäftigten gerade die »führende Klasse«, wobei alte soziale Ressentiments immer wieder zum Vorschein kamen. Das zeigen etwa zwei Stimmen, die das MfS als nicht untypisch einschätzte. Ein alter Arbeiter aus dem Braunkohlekraftwerk Bitterfeld erklärte: »Wer hat nun etwas vom Sozialismus? Ich, der seit Jahren im wesentlichen dasselbe verdient, oder der Gemüsehändler [...] aus Bitterfeld, der jetzt mehrere Autos gekauft hat?« Und aus dem Bezirk Dresden wurde das Argument von SED-Genossen aus einer Mitgliederversammlung referiert: »Die Politik der Partei und Regierung ist zwar richtig; die Hauptlast trägt jedoch die Arbeiterklasse. Alle anderen Schichten der Bevölkerung leben besser. Man muß sich davor hüten, daß es nicht zu einem 1953 kommt.«[171]

Vor diesem Hintergrund erhält das Gesetz von 1958 zur Abschaffung der Lebensmittelkarten ein herausragendes politisches und soziales Gewicht. Denn es umfaßte im Kern erheblich mehr als nur das Ende der Rationierung. Neben der Beseitigung von Lebensmittelkarten wurden vorgesehen: die Schaffung eines einheitlichen Preisniveaus für Lebensmittel anstelle der Doppelung von Karten- und HO-Preisen, eine Senkung der Preise für bestimmte Waren und Dienstleistungen, Lohnerhöhungen und Lohnzuschläge für niedrige Einkommen bis 800 DM brutto, Kinder- und Ehegattenzuschläge sowie Mütterbeihilfen, schließlich eine Veränderung der Preise für die Erfassung und den Aufkauf landwirtschaftlicher Produkte. Auch die Gehälter für Meister in allen Bereichen der sozialistischen Wirt-

---

169 Information vom 4.1.1957, BStU, ZAIG Z 2, Bl. 4 f. Weitere Berichte von Januar bis April 1957 ebd., Bl. 6-43.
170 Entsprechende Abschnitte sind fester Bestandteil der mehrfach pro Woche zusammengestellten »Informationen« des MfS dieser Jahre.
171 Informationsbericht vom 12.10.1957, BStU, MfS-AS 91/59 Bd. 1a, Bl. 201 f.

schaft wurden wegen »ihrer großen Verantwortung« erhöht.[172] Aus Sicht der Staatssicherheit bedeutete dieses Maßnahmenpaket »eine Verbesserung des Lebensstandards, wie sie in diesem Umfange bisher in keinem sozialistischen Land durchgeführt werden konnte.« Damit werde der »feindlichen Hetze und Propaganda« zugleich der Boden entzogen, eben deshalb sei jedoch mit massiven Störungen zu rechnen.[173]

Insgesamt profitierten vor allem Arbeiter und Angestellte der unteren Einkommensgruppen und Rentner deutlich von den Maßnahmen, aber auch Meister und Lehrlinge, während der Mittelstand (Bauern, Handwerker, Gewerbetreibende, privatkapitalistische Betriebe) durch eine Erhöhung der Einkommenssteuer, die Abschaffung von Steuervergünstigungen und Senkung der landwirtschaftlichen Aufkaufpreise beträchtliche Nachteile zu erwarten hatten. Das MfS hatte für die reibungslose Durchführung der Aktion insgesamt zu sorgen. Das umfaßte die Geheimhaltung des zu instruierenden Personenkreises, eine verstärkte Kontrolle der Sektorengrenze, um die Verschiebung von Lebensmitteln zu verhindern, die flächendeckende Verteilung der notwendigen gedruckten Unterlagen, die Aufnahme der Warenbestände, schließlich die ausreichende Bereitstellung der Waren, die Auszahlung der Lohnzuschläge nach dem 29. Mai sowie die Auszahlung der staatlichen Kindergelder und erhöhten Renten. Um die Aktion auch gegen eventuelle »innere Feinde« abzuschirmen, mobilisierte Mielke den gesamten Stasiapparat: »Personen, die bereits wegen Hetze oder Verleumdung operativ bearbeitet werden oder negativ in Erscheinung treten, sind operativ besonders zu sichern und einzukreisen. Besteht durch diese eine reale Gefahr für die Sicherung im Bezirk, Kreis oder Objekt oder treten Rädelsführer für die Organisierung von Streiks oder Demonstrationen auf, sind sie konspirativ festzunehmen. Leichtfertige Festnahmen sind unbedingt zu unterlassen, da sie die politische Wirkung der Aktion negativ beeinflussen können.«[174] Diese Passage des Befehls unterstreicht die präventive Krisenwahrnehmung bei der Realisierung eines Gesetzes, das mit der Aufhebung der Rationierung »eine gewisse politische Belastung« – so die Erklärung der Regierung vom 28. Mai[175] – beseitigen sollte.

Tatsächlich gab es offenbar wenig Anlaß zu solchen Befürchtungen. Zwar rief die Gesamtaktion wenig Begeisterung hervor, aber Unruhen blieben, folgt man den vorliegenden Informationen, selten. So charakterisierte ein Bericht an das Ostbüro aus Leipzig die Stimmungslage folgendermaßen: »Die Aufhebung der Lebensmittelkarten hat unter der Bevölkerung keineswegs Freude ausgelöst. In den Betrieben wie in der Stadt wurden nach Bekanntmachung der neuen Maßnahmen überall erregte Diskussionen geführt. Besonders Frauen sprachen sehr

---

172 Gbl. DDR 1958, T. I, S. 413 ff.
173 Befehl Mielkes 168/58 vom 27.5.1958 betr. Aktion »Normalisierung«, BStU, ZA, DSt 100216, S. 1 f. Vgl. auch die detaillierten Preislisten im Monatsbericht des Ostbüros für Mai 1958, S. 37-45. Vgl. unten, Kap. VI 2 (S. 664 ff.).
174 Befehl Mielkes, ebd., S. 6-13.
175 Erklärung des Ministerpräsidenten Grotewohl vom 28. Mai 1958, in: »Neues Deutschland« vom 28.5.1958.

4. »Aktion ›Normalisierung‹« und Griff nach den Sternen: der V. Parteitag 1958

offen darüber, daß sie die Neuregelung als eine Verschlechterung betrachteten. Sie wiesen auch auf die Lücken in der Versorgung hin. Die Arbeiter beachteten besonders die Aufforderung der Machthaber zur Erhöhung der Arbeitsnormen. Im Zusammenhang mit diesen Diskussionen wurden allein im Kirow-Werk 6 Personen wegen ›Aufwiegelung‹ verhaftet.«[176]

Wie so oft ist auch hier das Mischungsverhältnis von Zuckerbrot und Peitsche kaum genauer zu erfassen. Angesichts der verbesserten Wirtschaftsdaten überwog aber bei der SED-Führung ohne Zweifel der Optimismus, jetzt einen neuen Aufbruch riskieren zu können. Der V. Parteitag vom 10. bis 16. Juli 1958 wurde dafür zum spektakulären Fanal.[177]

Die dort formulierte »ökonomische Hauptaufgabe« lautete in einer populären Kurzformel: »Einholen und Überholen Westdeutschlands« – erst viel später kreierte Ulbricht die akrobatische Variante vom »Überholen ohne einzuholen«[178], die bereits den Realitäten angepaßt war. Der genaue Text in der Rede Ulbrichts und in der Entschließung des Parteitages lautete jedoch anders, ohne daß der feine Unterschied beim Fußvolk wirklich registriert wurde: Die Volkswirtschaft der DDR sollte innerhalb weniger Jahre so entwickelt werden, »daß die Überlegenheit der sozialistischen Gesellschaftsordnung gegenüber der kapitalistischen Herrschaft umfassend bewiesen wird. Deshalb muß erreicht werden, daß der Pro-Kopf-Verbrauch der werktätigen Bevölkerung an allen wichtigen Lebensmitteln und Konsumgütern höher liegt als der Pro-Kopf-Verbrauch der Gesamtbevölkerung in Westdeutschland.«[179] Die Werktätigen wurden hier mit der Gesamtbevölkerung der Bundesrepublik in Beziehung gesetzt. Aber selbst das reduzierte Ziel sollte sich als fatale Hybris erweisen. Das gesellschaftliche Umfeld insgesamt wurde auf dem V. Parteitag von Ulbricht neu vermessen. Die von ihm proklamierten »Zehn Gebote der sozialistischen Moral« gaben die Richtung an, in die der gesellschaftliche Aufbruch in die sozialistische Gesellschaft gehen sollte.[180] Dieses säkularisierte Plagiat der biblischen Zehn Gebote war ganz und gar von dem Leitbild des neuen Menschen geprägt, der vor allem ein anderes Verhältnis zur Arbeit besitzt. »Die sozialistische Arbeitsmoral ist das Herzstück der gesamten moralischen Beziehungen in der sozialistischen Gesellschaft« – so begann daher der den Geboten folgende Passus von Ulbrichts Rede.

Es war jedoch weniger dieser Griff nach den Sternen, mit dem Ulbricht Unruhe hervorrief, als seine scharfen Ausführungen zu den Arbeitsnormen, seine Andeutungen über weitere Veränderungen der Eigentumsordnung, die als Liquidierung des privaten Sektors verstanden werden konnten, sowie Hinweise auf neue

---

176 MB Ostbüro Juni 1958, S. 36. Weitere Beispiele werden dort aus Halle und Dresden angeführt.
177 Vgl. Protokoll V. Parteitag; Vgl. die zeitgenössische Analyse und Kommentierung durch Carola Stern: Der V. Parteitag der SED. Die »DDR« soll Schaufenster des Ostblocks werden, in: SBZ-Archiv 9 (1958), S. 241-246.
178 Vgl. dazu André Steiner, Von Plan zu Plan. Weine Wirtschaftsgeschichte der DDR,, München 2004, S. 142 ff.
179 Auszug aus der Entschließung des V. Parteitages bei Weber (Hg.), DDR. Dokumente, S. 237 f.
180 Protokoll V. Parteitag, Bd. 1, S. 160 f.

IV. Vom »Neuen Kurs« zum Mauerbau (1953–1961)

»Säuberungen« im Partei- und Staatsapparat. Chruschtschows Auftritt auf dem Parteitag verstärkte Befürchtungen vor einem verschärften Kurs der Sowjetisierung.[181] Die weitere Einschränkung der Privatwirtschaft in der Industrie und die nun ins Auge gefaßte forcierte Kollektivierung der Landwirtschaft sollten die »Vollendung der sozialistischen Produktionsverhältnisse« bringen. Daß sie die DDR in kurzer Zeit an den Rand des ökonomischen Ruins führten, war in der Euphorie des Aufbruchs noch nicht erkennbar.

Abb. 39: Die pathetische Gestaltung der Tribüne soll die Aufbruchstimmung des 5. Parteitags 1958 widerspiegeln.

Zu einem wichtigen Instrument, um die Arbeitsproduktivität zu erhöhen, wurde die nun verstärkt propagierte Seifert-Methode.[182] Sie war bereits in den frühen fünfziger Jahren von dem Schweißerbrigadier Erich Seifert zur Senkung der Zeitverluste und somit zur Erhöhung der Produktivität entwickelt worden und sollte nun im Rahmen des Wettbewerbs zu Ehren des V. Parteitages als Massenbewegung etabliert werden.[183] Im Kern zielte diese schwer zu operationalisierende

---

181 So die Gesamteinschätzung des Ostbüros, AdsD, Bericht über Sonderaktionen in der sowjetischen Besatzungszone für Juli 1958 vom 12.9.1958, S. 1 f.
182 Hinweise zur Biographie Erich Seiferts in: Geschichte des Freien Deutschen Gewerkschaftsbundes, Berlin (O) 1982, S. 450.
183 So Jörg Roesler, Die Entwicklung der wechselseitigen Beziehungen zwischen Wettbewerbsbewegung und staatlicher Leitung und Planung in der Industrie 1956 bis 1962, in: Jb.WG 1976 I, S. 33-53, hier: S. 36.

4. »Aktion ›Normalisierung‹« und Griff nach den Sternen: der V. Parteitag 1958

Methode wieder auf das alte Postulat der Schaffung eines neuen Bewußtseins und einer neuen Arbeitsmoral, wie eine Vorlage an das Politbüro verdeutlichte: »Die Seifert-Methode dient der Förderung der bewußten Initiative und Mitarbeit der Arbeiter für hohe Wirtschaftlichkeit in der Produktion entsprechend der Losung: ›Plane mit – arbeite mit – regiere mit!‹ Sie erfordert ein hohes Maß kollektiver Zusammenarbeit zwischen Arbeiter, Meister, Technologen, Konstrukteur und Normenbearbeiter. Durch die Seifert-Methode sollen die Arbeiter auch materiell daran interessiert werden, Ordnung in der Produktion zu schaffen, die Arbeitsorganisation, Technologie usw. zu verbessern, durch eine höhere Arbeitsdisziplin und Arbeitsmoral den Arbeitstag besser auszunutzen mit dem Ziel, neue Produktionsreserven aufzudecken und den Produktionsprozeß zu verändern.«[184] Gegen die Seifert-Methode gab es in den Betrieben offenbar erhebliche Widerstand, da sie im Endeffekt auf eine Normerhöhung hinauslief.[185]

Ulbricht selber war wie schon in den frühen fünfziger Jahren der eigentliche Motor für die gewünschte Tempobeschleunigung der sozialistischen Entwicklung. Er sorgte dafür, daß es nicht bei Appellen blieb. Den Gewerkschaften, die sich auch nach dem V. Parteitag wieder harsche Kritik einhandelten, weil es ihnen vielfach schwerfiel zu verstehen, »daß der Aufbau des Sozialismus dem Wesen nach Klassenkampf ist«[186], sollte künftig eine entscheidende Rolle als Erziehungsinstrument zufallen. Konkretisiert wurde diese Rolle in der Reorganisation der Konfliktkommissionen, die jetzt ausschließlich ein Instrument der Gewerkschaften werden und als »Ehrengerichte des sozialistischen Bewußtseins«[187] fungieren sollten. Sie wurden 1961 im Gesetzbuch der Arbeit (GBA) verankert und konnten in den reformfreudigen sechziger Jahren eine nicht unerhebliche Wirkung entfalten.[188]

Den ökonomischen und gesamtgesellschaftlichen Rahmen für den Eintritt der DDR »in die Periode des Sieges des Sozialismus« bildete der Siebenjahrplan. Die Präambel des Gesetzes vom 1. Oktober 1959 stellte einen unmittelbaren Zusammenhang zum V. Parteitag her, so daß der Eindruck entstand, dieser habe den Siebenjahrplan bereits in seinen grundlegenden Zielen bis 1965 beschlossen.[189] Tatsächlich aber vollzog die SED damit die Anpassung an den veränderten und auch für einige andere Länder des Ostblocks verbindlichen sowjetischen Planrhythmus, dem Chruschtschows Vorstellung eines großen Entwicklungssprungs zugrunde lag. Der Plan sollte »die materiell-technische Basis für den Sieg des Sozialismus« schaf-

---

184 Vorlage der Abteilung Gewerkschaften, Sozial- und Gesundheitswesen des ZK an das Politbüro vom 24.10.1958, SAPMO-BArch, DY 30/IV/2/611/52, Bl. 130. Vgl. die Erläuterungen im »Neuen Deutschland« vom 19.4.1958 (»Über Arbeitsproduktivität und Normen«).
185 Beispiele aus dem VEB Funkwerk in Berlin-Oberschöneweide und aus Cottbus gibt der MB Ostbüro September 1958, S. 16 f.
186 Ausarbeitung der Abteilung Gewerkschaften, Sozial- und Gesundheitswesen des ZK vom 18.12.1958, SAPMO-BArch, DY 30/IV2/611/2, Bl. 75. (»Probleme der Gewerkschaftsarbeit bei der Auswertung des V. Parteitages«).
187 Information des IWE vom 19.2.1959, AdsD, Ostbüro 0257, Box 694 Bl. 257.
188 Vgl. unten, Kap. V 3 (S. 557 ff.).
189 Gbl. DDR 1959 II, S. 704 ff. Zur wirtschaftlichen Analyse des Plans: Bruno Gleitze, Die Industrie der Sowjetzone unter dem gescheiterten Siebenjahrplan, Berlin 1964.

fen und sah gewaltige Steigerungsraten der Volkswirtschaft bis 1965 vor. Garniert mit den gleichen pathetischen Zielsetzungen wie die Beschlüsse des V. Parteitages, sollte er die Überlegenheit der sozialistischen Gesellschaftsordnung beweisen.

Das veröffentlichte und interne Echo auf den Siebenjahrplan fällt in den Quellen im Vergleich zu den ersten beiden Fünfjahrplänen auffallend schwach aus. Das mag damit zusammenhängen, daß sich andere Kampagnen wie der Bitterfelder Weg und die Propagierung sozialistischer Brigaden in den Vordergrund schoben und der Wechsel vom ohnehin verspäteten zweiten Fünfjahrplan auf den neuen Perspektivplan viele Reibungsverluste mit sich brachte. Die Muster der Produktionspropaganda und die Versprechungen an die Arbeiterschaft stammten aus dem altbekannten Arsenal.[190] Der V. FDGB-Kongreß im Oktober 1959 machte sich die politischen Zielsetzungen des neuen Plans voll zu eigen, bekräftigte die Absicht, die Einkommen für Arbeiter und Angestellte um 60 bis 65 Prozent zu erhöhen durch Lohnerhöhungen, Korrekturen am Lohnsteuersystem und Preissenkungen, allerdings unter der Voraussetzung einer entsprechenden Steigerung der Produktivität. Auch an neuen Wettbewerbsinitiativen fehlte es nicht. Nach dem sowjetischen Vorbild von Walentina Gaganowa gab die Weberin Irmgard Richter aus dem Textilkombinat Zittau ihre gut bezahlte Arbeit auf, um einer schlechten Brigade zu helfen. Die neue Bewegung stieß jedoch, wie die Initiatorin selber berichtete, in der Belegschaft auf feindselige Ablehnung. Irmgard Richter und die neue Brigade seien bestochen worden, argwöhnten die Kollegen. Meister Mathäus, der Kritik geäußert hatte, wurde Opfer einer systematischen Diskussionskampagne, weil er die »Wolfsweisheiten von gestern«, das heißt ein egoistisches Interesse statt kollektiver Orientierung an der gemeinsamen Sache, noch nicht überwunden habe, wie Herbert Warnke feststellte. Im VEB Agfa Wolfen avancierte Veronika Kämmer zum »Held der Arbeit«, indem sie die Seifert-Methode mit der Kowaljow-Methode kombinierte, alle Verlust- und Wartezeiten auszuschalten versuchte und so zu einer erheblichen Steigerung der Produktion von Magnettonbändern beitrug. Der FDGB-

Abb. 40: Plakat-Propaganda zum 7-Jahr-Plan 1959.

---

190 Das Folgende nach dem Artikel von Else Hansen, Zum 5. FDGB-Kongreß. Die politischen und wirtschaftlichen Aufgaben des FDGB im Siebenjahrplan, in: SBZ-Archiv 10 (1959), S. 339-343.

4. »Aktion ›Normalisierung‹« und Griff nach den Sternen: der V. Parteitag 1958

Kongreß verlangte auch neue technische begründete Arbeitsnormen (TAN), die freilich angesichts früherer schmerzlicher Erfahrungen nicht »administrativ«, sondern gemeinsam mit den Arbeitern ausgearbeitet und eingeführt werden sollten.

Zu den spektakulären Initiativen im Zeichen des Siebenjahrplans gehörte das schon 1958 von Ulbricht in Leuna verkündete Chemieprogramm.

Abb. 41: Das Chemieprogramm bildete den Kern der angestrebten schnellen Modernisierung.

Am 3. und 4. November 1958 tagte zu diesem Zweck die Partei- und Staatsführung mit rund 1.200 Delegierten aus der Chemieindustrie, dem Maschinenbau, dem Bauwesen, der Metallurgie, dem Verkehrswesen sowie wissenschaftlichen und gesellschaftlichen Institutionen in Leuna unter dem einladenden Titel »Chemie gibt Brot, Wohlstand und Schönheit.« Das Programm sollte die Produktion der chemischen Industrie bis 1965 verdoppeln und diese damit auf den zweiten Platz (nach dem Maschinenbau) in der industriellen Bruttoproduktion rücken. Durch den Bau eines neuen Werkteils südlich des Stammwerks sollten die Leuna-Werke neben Schwedt/Oder zum zweiten Standort der Erdöl verarbeitenden Industrie werden, der für die Zukunft eine herausragende Bedeutung attestiert wurde.[191] Zwar baute man auch die traditionelle Kohlechemie neben der Petrochemie weiter aus, aber das neue Chemieprogramm erhielt seinen herausgehobenen Charakter im Kontext des Siebenjahrplans, der Proklamation der »Zehn Gebote der sozialistischen Moral« auf dem V. Parteitag und der programmatischen Ausrufung der »sozialistischen Brigaden« im Elektrochemischen Kombinat Bitterfeld, nicht zuletzt im Hinblick auf die Konkurrenz mit Westdeutschland. Neben einem allgemeinen Wachstums- und Modernisierungsschub sollte die Kunststoffproduktion endlich auch die Konsumwünsche der Bevölkerung besser befriedigen. Ulbrichts Hauptreferat entwarf daher eine detaillierte Vision der künftigen Entwicklungschancen des gesamten Gesellschaftssystems. »Vom Kühlschrank bis zum Regenmantel« sollten neue Werkstoffe eingesetzt werden. Die Versorgung mit Massenbedarfsgütern hatte zugleich die Überlegenheit der sozialistischen Ordnung zu belegen. Anders als die Tradition der IG Farben und der westdeutschen Konzerne, denen Ulbricht einen großen Teil seiner Ausführungen widmete, sollte die Chemieindustrie damit eine neue nationale, friedenssichernde Aufgabe erhalten.[192] Die Fortschrittseuphorie trieb sogar bemerkenswerte musikalische Blüten. (☞ vgl. *Abb. 42*)

Die andere Schiene der sozialistischen Tempobeschleunigung war der »Bitterfelder Weg«, der nicht zufällig in einem der wichtigsten Betriebe der Zukunftsindustrie, dem Elektrochemischen Kombinat in Bitterfeld, inszeniert worden war, zu einer neuen sozialistischen Kultur führen und die Gesellschaft dem Ziel des »neuen Menschen« näherbringen sollte.

---

191 »Chemie gibt Brot, Wohlstand und Schönheit«. Protokoll der Chemiekonferenz des ZK der SED und der Staatlichen Plankommission in Leuna am 3./4. November 1958, hg. vom ZK der SED, Berlin (O) 1959. Dazu Gerd Neumann, Das Chemieprogramm der DDR, in: Jb. WG 1972 II, S. 241-272; Friederike Sattler, Unternehmensstrategien und Politik. Zur Entwicklung der mitteldeutschen Chemieindustrie im 20. Jahrhundert, in: Hermann-Josef Rupieper/Friederike Sattler/Georg Wagner-Kyora (Hg.), Die mitteldeutsche Chemieindustrie und ihre Arbeiter im 20. Jahrhundert, Halle (Saale) 2005, S. 119-175, hier: S. 150 f. Zu Leuna: Albrecht Wiesener, Taktieren und Aushandeln. Erziehen und Ausgrenzen, in: ebd., S. 237-258, hier: 237 f.
192 Chemie gibt Brot, Protokoll, S. 6-64.

4. »Aktion ›Normalisierung‹« und Griff nach den Sternen: der V. Parteitag 1958

Abb. 42: Ein musikalischer Marsch von 1959 in die sozialistische Zukunft.

5. Der »Bitterfelder Weg« von 1959 – Programm und Realität einer neuen Arbeiterkultur

Bitterfeld ist in der DDR-Geschichte zum gefeierten und ironisierten Symbol für eine groß angelegte Kampagne geworden. Die Generalprobe dazu fand bereits 1955 mit dem »Nachterstedter Brief« statt, war jedoch überwiegend ein Fehlschlag.[193] Die Gewerkschaftszeitung »Tribüne« veröffentlichte im Januar 1955 einen offenen Brief der Belegschaft des VEB Braunkohlewerks Nachterstedt, der sich als Prototyp einer literaturpolitischen Kampagne verstehen läßt und sowjetischen Vorbildern folgte. Darin forderten die Arbeiter im Vorfeld des für das Frühjahr geplanten vierten Schriftstellerkongresses – er fand dann erst im Januar 1956 statt – von den Schriftstellern eine Literatur, die auf die gewachsenen kulturellen Bedürfnisse der Arbeiterschaft reagiere und deutlichere Bezüge zum Produktionsalltag zeige. »Schreiben Sie mehr Romane und Reportagen mit dieser Thematik, kommen Sie in unsere volkseigenen Betriebe, dort finden Sie reichlich Stoff zur künstlerischen Gestaltung«, hieß es in dem Brief. Der »neue Mensch« sollte im Mittelpunkt stehen. »Gestalten Sie den werktätigen Menschen so, wie er ist, von Fleisch und Blut, wie er arbeitet, liebt und kämpft. Zeigen Sie den Enthusiasmus, die Leidenschaft und das große Verantwortungsbewußtsein, das die Arbeiter im Kampf um das Neue beseelt.«[194] Tatsächlich waren der Brief und die anschließende, vier Monate dauernde Literaturdiskussion in den Leserbriefspalten und Kommentaren im Kern eine vom Bundesvorstand des FDGB initiierte und gelenkte Aktion, die zwar primär der »Disziplinierung« der Literaten dienen sollte, in der aber auch die eklatanten Schwächen der kulturellen Massenarbeit angesprochen wurden. Insofern läßt sich die Nachterstedter Kampagne auch als »Öffentlichkeitsarbeit des FDGB in eigener Sache« verstehen[195], mit dem Ziel, in den eigenen Reihen mobilisierend zu wirken. Da das Ziel nicht erreicht wurde, läßt sich die im April 1959 vom Mitteldeutschen Verlag im Elektrochemischen Kombinat Bitterfeld organisierte Autorenkonferenz als erneuter Anlauf verstehen, die von Ulbricht auf dem V. Parteitag verkündete Kulturrevolution in einem besonders wichtigen Bereich umzusetzen. Allerdings wurden jetzt mit der unmittelbaren Aufforderung an die Arbeiter, sich künstlerisch zu betätigen, die Akzente anders gesetzt.

Nach Angaben des späteren Kulturministers Hans Bentzien hatte Otto Gotsche, ein früherer Arbeiterschriftsteller aus dem Mansfelder Revier und nun Sekretär Walter Ulbrichts, den Vorschlag gemacht, das vom Mitteldeutschen Verlag organisierte Autorentreffen zu einer allgemeinen Kulturkonferenz des ZK aufzuwerten. Alfred Kurella, Leiter der Kulturkommission beim Politbüro, nahm die

---

193 Vgl. Annette Schuhmann, Der »Nachterstedter Brief« (1955). Zur Vorgeschichte und Durchführung einer kulturpolitischen Kampagne des FDGB, in: Weimarer Beiträge 48 (2002), S. 434-456; Dies., Kulturarbeit, S. 193 ff.; Jean Mortier, La »lettre de Nachterstedt 1955«, coup d'envoi du »Bitterfelder Weg«?, in: Allemagne d'aujourd'hui Nr. 129, 1994, S. 126-141.
194 Zitate bei Schuhmann, Brief, S. 434 f.
195 Ebd., S. 453.

5. Der »Bitterfelder Weg« – Programm und Realität einer neuen Arbeiterkultur

Sache auf Ulbrichts Wunsch in die Hand und präsentierte auch gleich die passende Losung, die von dem in der Wismut AG arbeitenden Schriftsteller Werner Bräunig stammte: »Greif zur Feder, Kumpel!« Kurella ergänzte sie um den zweiten und demonstrativ politischen Satz »Die sozialistische Nationalkultur braucht Dich!«[196] Diese Art der Inszenierung und Verdoppelung des Slogans machte schon deutlich, daß Ulbricht mit der Bitterfelder Aktion konkretisieren wollte, was der V. Parteitag 1958 formuliert hatte: Die Arbeiterklasse solle »die Höhen der Kultur stürmen und von ihnen Besitz ergreifen.«[197] Dahinter stand die Vorstellung, die noch bestehende Kluft zwischen (Hoch)Kultur und alltäglichem Leben, zwischen Intelligenz und Arbeiterschaft zu schließen und durch eine breite kulturpolitische Bewegung den Aufbruch in die Utopie einer neuen Gesellschaft und eines »neuen Menschen« zu forcieren.

Wieweit diese Konferenz als tiefe kulturpolitische Zäsur zu bewerten ist, wird durchaus kontrovers beurteilt. Denn das Bitterfelder Programm läßt sich auch als konsequente Fortsetzung und Erweiterung einer Literaturpolitik verstehen, die die Schriftsteller in die Betriebe bringen wollte. Jan Koplowitz begann damit schon 1947 in der Maxhütte in Unterwellenborn und veröffentlichte seine Reportagen und Gedichte erstmals gesammelt 1954 unter dem programmatischen Titel »Unser Kumpel Max der Riese«.[198] Selbst die Initiierung einer Bewegung schreibender Arbeiter war nicht neu. Denn schon vor der Konferenz hatte es etwa 9.500 Volkskorrespondenten gegeben, und etwa 300 »schreibende Arbeiter« wurden zu dem Bitterfelder Ereignis eingeladen.[199] Dennoch verband sich mit dem Namen Bitterfeld eine spektakuläre Kampagne, die in den Kontext einer erneuten Mobilisierungsstrategie für die sozialistische Utopie nach dem V. Parteitag gehört.

Im Ansatz war der Bitterfelder Weg Teil eines kulturgeschichtlichen Phänomens, das als »Literatur von unten« in der sozialistischen Arbeiterbewegung eine lange Tradition besaß[200] und an die man in der DDR – in engen Grenzen auch in der Bundesrepublik – partiell anknüpfte.[201] Arbeitswelt und Literatur einander näher zu bringen und die strikte Trennung beider Sphären in der bürgerlichen Gesellschaft aufzubrechen, war in der Arbeiterbewegung stets ein Thema gewe-

---

196 Hans Bentzien, Meine Sekretäre und ich, Berlin 1995, S. 157 f. Vgl. Günther Rüther, »Greif zur Feder, Kumpel«. Schriftsteller, Literatur und Politik in der DDR 1949–1990, Düsseldorf 1991.
197 Protokoll des V. Parteitages 1958 Bd. 1, S. 182.
198 Jan Koplowitz, Unser Kumpel Max der Riese. Aus der Werkstatt des Schriftstellers, Berlin (O) 1954, Tribüne-Verlag.
199 Vgl. Mark Derbacher, Fiktion, Konsens und Wirklichkeit: Dokumentarliteratur der Arbeitswelt in der BRD und der DDR, Frankfurt/M. 1995, S. 93-95; Rüther, Greif zur Feder, S. 86-94.
200 Vgl. Dietrich Mühlberg, Literatur »von unten« – Arbeiterkultur und schreibende Arbeiter, in: Reiz und Phänomen: Die Literatur der schreibenden Arbeiter. Ein Diskurs im Spannungsfeld der Erfahrungen von Vision und deutsch-deutscher Realität, Berlin 1996, S. 7-21; Rüdiger Bernhardt, »Greif zur Feder, Kumpel!« – Die Bewegung schreibender Arbeiter, in: ebd., S. 25-40.
201 Einen Ansatz zur vergleichenden Diskussion machten die »Deutschen Studien« 8 (1963), S. 161-185, mit zwei Aufsätzen über »Arbeitswelt und Arbeiterdichtung. Versuche in beiden Teilen Deutschlands«: Julian Lehnecke zum Bitterfelder Weg und Fritz Hüser zur neuen Arbeiterdichtung in Westdeutschland.

sen. Die Literatur, insbesondere die Lyrik, der alten sozialistischen Arbeiterbewegung war zum Teil vor deren Organisation entstanden und entwickelte sich dann als ein Medium ihrer Selbstverständigung. Dabei zielte die proletarische Kunsteroberung »nicht auf die Revolutionierung der Kunst, sondern auf die Revolutionierung der ungerechten Welt, also auf die Eroberung der Menschenrechte.«[202] In der DDR erhielt das Thema völlig neue Akzente durch die behauptete Einlösung der Ziele der Arbeiterbewegung und durch die Orientierung am sowjetischen Vorbild. Der Spannung zwischen Ulbrichts gesellschaftlichen Mobilisierungswünschen und dem durchaus vorhandenen »Eigen-Sinn« schreibender Arbeiter-Zirkel nachzugehen, ist ein ebenso lohnendes wie schwieriges Unterfangen. Denn was die Partei und der FDGB als ihr Erfüllungsgehilfe in Anlehnung an sowjetische Erfahrungen wünschten und was sich in den Zirkeln schreibender, malender, tanzender und musizierender Arbeiter abspielte, die ansatzweise schon vor 1959 existierten, deckte sich keineswegs so stark, wie der im Westen, aber auch unter DDR-Schriftstellern oft zu Recht verbreitete Spott über den »Bitteren Feldweg« nahelegte.[203]

Das Bitterfelder Programm beinhaltete somit zweierlei: Die Schriftsteller sollten sich durch den zeitweiligen Aufenthalt in den Betrieben unmittelbar mit der Arbeitswelt vertraut machen und entsprechende Stoffe realistisch gestalten. Viele folgten diesem Appell, wenngleich nicht immer zum Wohlwollen der SED-Funktionäre. Vor allem aber sollte die Kulturbewegung die Arbeiter nicht nur an das humanistische Erbe der bürgerlichen Kultur heranführen, sondern sie auch zu eigenständigen schriftstellerischen Aktivitäten anregen.[204] Die Devise »Plane mit – arbeite mit – regiere mit!« erhielt damit ihre mobilisierende Funktion auch in der Kultur. Denn »ohne die Erstürmung der Höhen der Kultur kann die Arbeiterklasse ihre großen Aufgaben, den Sozialismus zum Sieg zu führen, nur schwer erfüllen«, betonte Ulbricht in seinem Schlußwort auf der Bitterfelder Konferenz.[205] Alfred Kurella zog in seinem Referat »Vom neuen Lebensstil« enge Parallelen zur gerade angelaufenen Vorbereitung für einen Siebenjahrplan. Die Kunst habe nicht nur ihren Beitrag zum sozialistischen Alltag zu leisten, sondern man müsse sich nun auch Gedanken machen, »wie wir nicht nur auf sieben, sondern auf siebenmal sieben Jahre planen und jetzt schon bestimmte Voraussetzungen dafür schaffen können, daß die Künste bei der Entwicklung einer sozialistischen Kultur ein Höchstmaß an schöpferischer Leistung erreichen. Die Erfahrungen auf anderen, der Ideologie zugehörigen Gebieten haben uns gezeigt, daß wir in größeren Zeiträumen rechnen müssen, als es in der Wirtschaft nötig und üblich ist.«[206] Die kurzzeitige Euphorie eines forcierten großen Sprungs der wirtschaftlichen und ge-

---

202 Heinz Ludwig Arnold (Hg.), Arbeiterlyrik 1842–1932, Berlin 2003, Nachwort S. 209.
203 Bentzien, Meine Sekretäre, S. 159.
204 Martin H. Ludwig, Arbeiterliteratur in Deutschland, Stuttgart 1976, S. 125 f.
205 Greif zur Feder Kumpel. Protokoll der Autorenkonferenz des Mitteldeutschen Verlages Halle (Saale) am 24. April 1959 im Kulturpalast des Elektrochemischen Kombinats Bitterfeld, Halle 1959, S. 100 f.
206 Ebd., S. 9.

5. Der »Bitterfelder Weg« – Programm und Realität einer neuen Arbeiterkultur

sellschaftlichen Entwicklung durch den Siebenjahrplan bildet somit ein wichtiges Element für das Verständnis des Hintergrundes der Kampagne. Künstlerische Leistungen waren für Ulbricht ein »integrierender Bestandteil des ganzen Planes, der zum Sieg des Sozialismus führt.«[207]

Bitterfeld bot die nicht zufällig gewählte Plattform. Der dort 1954 eingeweihte Kulturpalast stand wie kein zweiter Ort für den architektonisch aufwendigen Versuch, Arbeitern ein geeignetes Forum für den Zugang zur Kunst und auch für eigene kulturelle Aktivitäten zu bieten.[208] (☞ vgl. *Bild Nr. 14* im Farbteil, S. 461).

Die Kulturkonferenz in Berlin vom April 1960 war ein weiterer Schritt auf dem Weg zur Realisierung eines utopischen Kulturbildes, in dem die Arbeitsteilung zwischen geistiger und körperlicher Arbeit, die Unterschiede zwischen Stadt und Land sowie zwischen Berufs- und Laienkunst verschwinden sollten.[209] Ein gewisser Funktionswandel der Kulturhäuser zeichnete sich hier bereits ab. Statt die Freizeitbedürfnisse von Arbeitern nachdrücklicher zu berücksichtigen, sollten Arbeiter selber den Kulturbetrieb insgesamt stärker gestalten und tragen. Wie weit dabei ein bildungsbürgerlicher Kulturbegriff im Vordergrund stand, zeigt eine Gemeinschaftspublikation von FDGB, FDJ und Ministerium für Kultur von 1962, in der für den musikalischen Bereich das klassische Repertoire beschworen wurde: »Die Bildung und das Auftreten von Arbeitersinfonieorchestern beweist, daß viele Werktätige auch vor schwierigen künstlerischen Aufgaben bestehen können. Ihre Bedeutung liegt vor allem darin, zum Erlernen der Streich- und Blasinstrumente zu ermutigen und die Bildung zahlreicher kleinerer Instrumentalgruppen anzuregen, die sich mit ihren Möglichkeiten ein eigenes kammermusikalisches Repertoire erarbeiten.«[210] Läßt man diesen relativ peripheren und eher untypischen musikalischen Zweig, insbesondere die komponierenden Arbeiter, beiseite[211], dürfte die eigentliche Bedeutung der Bitterfelder Bewegung im Bereich von Literatur und Theater liegen. Daneben sind die bislang wenig untersuchten Bereiche Film und Tanz zumindest erwähnenswert.[212]

---

207 Ebd., S. 103.
208 Vgl. die Hinweise von Günter Agde anläßlich der kulturhistorischen Ausstellung »Kultur Palast Bitterfeld 50 Jahre!« 2004, in: Das Blättchen 7 (2004) H. 23, S. 24 ff. und 7 (2004) H. 24, S. 18 ff.
209 Horst Groschopp, Der singende Arbeiter im Klub der Werktätigen. Zur Geschichte der DDR-Kulturhäuser, in: MKF 33, 1993, S. 86-131, hier: S. 102 ff.; Kulturkonferenz 1960. Protokoll der vom Zentralkomitee der SED, dem Ministerium für Kultur und dem Deutschen Kulturbund vom 27. bis 29. April 1960 im VEB Elektrokohle, Berlin, abgehaltenen Konferenz, Berlin (O) 1960. Die ausführliche 50-seitige Entschließung der Konferenz »Grundsätze sozialistischer Kulturarbeit im Siebenjahrplan«, die ausgehend von Bitterfeld alle Bereiche des Kulturlebens in hölzernem Funktionärsjargon ansprach und sich dabei ständig vom Westen abgrenzte, findet sich im SAPMO-BArch, DY 34/11/433/6766 (Büro Warnke). Ihr letzter Satz waren Worte Ulbrichts: »Die Arbeit mit dem Menschen, die Erziehung der Menschen ist zur Hauptfrage geworden.«
210 Zit. bei Groschopp, Der singende Arbeiter, S. 105.
211 Dazu Harald Budde, Die Bewegung komponierender Werktätiger. Ein Beispiel für das Scheitern des »Bitterfelder Weges«, in: DA 16 (1983), S. 1097-1101.
212 Beide Bereiche sind wenig aufgearbeitet. Einige Beispiele von Filmzirkeln im Kraftwerk Zschornewitz, dem größten der DDR, mit viel privaten Impressionen und wenig heldenhaft Stilisiertem sind in den Film von Chris Wright und Stefan Kolbe eingebaut: Technik des Glücks, Hochschule für Film und Fernsehen Babelsberg 2003 (DVD). Ich danke Annette Schuhmann für diesen Hin-

IV. Vom »Neuen Kurs« zum Mauerbau (1953-1961)

Das Urteil, die von Ulbricht gewollte Kulturrevolution habe nicht stattgefunden[213], ist zwar sicher richtig, dennoch greift die westliche Wahrnehmung der literarischen Versuche im Gefolge von Bitterfeld als »Experimente des Ungeistes«[214] viel zu kurz. Natürlich gab es zahllose Beispiele parteifrommer Lyrik und Prosa. Aber nur darauf den Blick zu fixieren, versperrt einen breiteren Zugang. Die interessante Frage bleibt, wieweit sich jenseits rigider ästhetischer Kriterien in einer »von oben« mit politischen und ökonomischen Zielen inszenierten Bewegung Ansätze von individueller und kollektiver Kreativität finden lassen, die nicht vollständig vom Organisationsfetischismus und vom penetranten Gestus der »Anleitung« durch die Funktionäre erstickt wurden. Solche Beispiele standen naturgemäß nicht im Vordergrund der Kampagne.

Wie ein Kumpel »vorbildlich« zur Feder griff und mit welchen Hindernissen er dabei zu kämpfen hatte, zeigten exemplarisch die beiden Diskussionsbeiträge der Schriftstellerin Regina Hastedt und des Bergmanns Sepp Zach vom VEB Steinkohlenwerk »Karl Liebknecht«, der Zeche, in der bereits Adolf Hennecke seine legendäre Norm geschafft hatte. Ohne Zweifel waren beide für diese Aufgabe bestens präpariert, und die Spontaneität war stilisiert. Dennoch hob sich diese Diskussion deutlich von den vorgestanzten Sprachfloskeln ab, die sonst überwiegend die offiziellen Äußerungen und schriftlichen Materialien beherrschten. Beide machten durchaus realistisch deutlich, welche persönlichen Distanzen und schriftstellerischen Probleme es bei dem Versuch gab, vom Arbeiter zum Künstler und vom Künstler zum Arbeiter zu werden.[215] Die Schriftstellerin Regina Hastedt hatte 1959 ihr Brigadetagebuch veröffentlicht, das den Titel trug »Die Tage mit Sepp Zach«. Der Klappentext unterstrich, warum dieses Buch zum literarischen und politischen Vorbild werden sollte: »Sepp Zach – mehrfacher Aktivist und Held der Arbeit – und seine Kumpel aus dem ›Karl-Liebknecht-Schacht‹ hatten eine Menge zu erzählen. Und das wurde nun aufgeschrieben. Lebendig und anschaulich beschreibt die Autorin Leben und Arbeit unserer Bergarbeiter. Das Buch ist unter anderem dadurch so wertvoll, weil es die Entwicklung, den revolutionären Kampf und schließlich die sozialistische Bewußtseinsbildung der Kumpel zeigt.«[216] Daß Sepp Zach seine großen Taten in dem gleichen Schacht vollbracht hatte wie Adolf

---

weis. Eine aufschlußreiche Materialsammlung zur gleichnamigen Ausstellung im Tanzarchiv in Leipzig 1996 ist dort für die frühen fünfziger Jahre zusammengestellt worden: Zwischen Idealismus und Ideologie. Tanz in der DDR 1949 bis 1956, Leipzig 1996 (vervielfältigt).
213 So Heinrich Mohr, Literatur als Kritik und Utopie der Gesellschaft, in: DA 10(1977), Sonderheft »Kultur und Gesellschaft in der DDR«, S. 57-70, hier: S. 61.
214 So Herbert A. W. Kasten, Experimente des Ungeistes. Schriftsteller und »schreibende Arbeiter« aus der Retorte des SED-Politbüros, in: SBZ-Archiv 11(1960), S. 147-152.
215 Auszüge der Diskussionsbeiträge und des Schlußworts Ulbrichts, das für die »richtige« politische Einordnung sorgte, sind abgedruckt bei Dierk Hoffmann/Karl-Heinz Schmidt/Peter Skyba (Hg.), Die DDR vor dem Mauerbau, München 1993, S. 333-341. Vgl. auch den keineswegs unkritischen Aufsatz von Therese Hörnigk, Entwicklungslinien der sozialistischen Kulturrevolution am Ende der Übergangsperiode, in: Badstübner/ Heitzer (Hg.), Die DDR in der Übergangsperiode, S. 269-292, hier: S. 287.
216 Zit. bei Rüther, Greif zur Feder, S. 98.

5. Der »Bitterfelder Weg« – Programm und Realität einer neuen Arbeiterkultur

Hennecke 1948, unterstrich den funktionellen Zusammenhang der alten und der neuen Bewegung.

Die Flut von affirmativer Literatur, die im Anschluß an die erste Bitterfelder Tagung entstand, ist zu Recht schnell wieder in Vergessenheit geraten. Das lag nicht zuletzt daran, daß Partei und FDGB sich immer wieder nachdrücklich um Organisation und Anleitung einer Bewegung kümmerten, die sich von ihrem Ansatz her ohne solche Interventionen hätte entfalten müssen. Allgemeine und spezielle Handbücher und eine eigene Zeitschrift waren wichtige Instrumente für die Steuerungswünsche der Machelite. Vor allem aber wurde im Oktober 1961 eine »Zentrale Arbeitsgemeinschaft der schreibenden Arbeiter« gegründet, in der neben Repräsentanten aller Bezirke unter anderen der Bundesvorstand des FDGB, das Ministerium für Kultur, der Deutsche Schriftstellerverband und das Zentralhaus für Volkskunst vertreten waren.[217]

Im mehrfach aufgelegten und erweiterten »Handbuch für den Kulturfunktionär« des FDGB-Verlags »Tribüne« forderte Herbert Warnke dazu auf, das »Lied des Sozialismus« zu singen und »das Stück vom Vertrauensmann« zu schreiben, und Wolfgang Beyreuther, Sekretär des FDGB-Bundesvorstands, skizzierte die Aufgaben der Gewerkschaften bei der Entwicklung der Bewegung »schreibender Arbeiter«.[218] Eine regelrechte Professionalisierung strebte zu einer Zeit, als der anfängliche Elan schon gebrochen oder kanalisiert war, das »Handbuch für schreibende Arbeiter« von 1969 an, in dem vor allem literarische Gattungen, unterschiedliche Textsorten und Stilformen eingehend vorgestellt, aber auch konkrete Hinweise zum Vertrags- und Urheberrecht gegeben wurden.[219] Vermutlich wichtiger und näher an der Praxis war die 1960 ins Leben gerufene Zeitschrift »Ich schreibe. Zeitschrift für die Zirkel schreibender Arbeiter und Genossenschaftsbauern«. Sie erschien bis 1989.[220] Sie sollte »den schreibenden Arbeitern und Bauern zur Hand gehen« und bot neben den obligatorischen ideologischen Anleitungen in Gestalt von Referaten führender Funktionäre (wie Otto Gotsche und Wolfgang Beyreuther) konkrete Hilfestellungen zur Handhabung von Grammatik und Satzzeichen (»Unsere Sprachecke«). Sie war aber auch ein Forum für die Veröffentlichung laufender kleinerer Arbeiten. Bereits 1960 ging daraus die gleichnamige Anthologie von Erzählungen, Skizzen, Roman-Ausschnitten, Gedichten und Auszügen aus Brigadetagebüchern hervor. Zwei weite-

---

217 »Ich schreibe« 1961 H.1, S. 1. Symptomatisch erscheint folgender Passus: »Ohne Zweifel – die Bewegung der schreibenden Arbeiter wächst, sie wächst stürmisch. Warum sollte sie nicht noch besser wachsen? Bestimmt wächst sie unterschiedlich, hier besser, dort weniger gut. Warum sollte sie nicht mit einer gewissen Gleichmäßigkeit (das heißt nicht Uniformierung) wachsen? Viele Fragen – eine Antwort: Organisation!«
218 Handbuch für den Kulturfunktionär, Berlin (O) 1961, 2. neu bearb. Aufl., Berlin (O) 1965, 685 S.
219 Handbuch für schreibende Arbeiter, hg. von Ursula Steinhaußen, Dieter Faulseit, Jürgen Bonk, Berlin (O) 1969.
220 Vgl. Simone Barck, »Ankunft im Realsozialismus« anno 1970. Anmerkungen zu sozialen Irritationen und kulturellen Diffusionen am Beispiel der Bewegung schreibender Arbeiter in der DDR, in: Potsdamer Bulletin Nr. 28/29, 2003, S. 60-72, hier: S. 68 f.

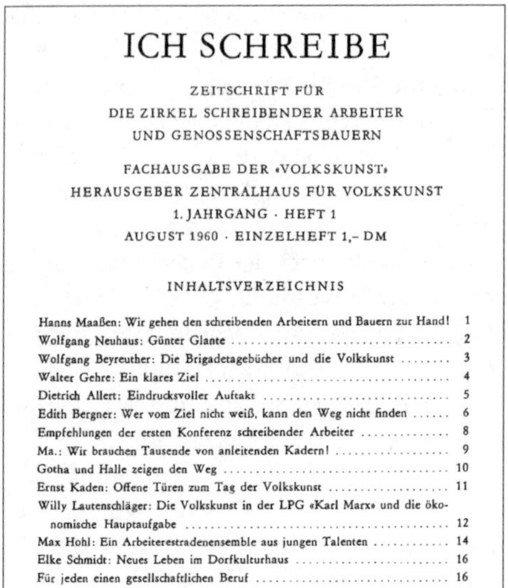

IV. Vom »Neuen Kurs« zum Mauerbau (1953–1961)

ICH SCHREIBE

ZEITSCHRIFT FÜR
DIE ZIRKEL SCHREIBENDER ARBEITER
UND GENOSSENSCHAFTSBAUERN

FACHAUSGABE DER »VOLKSKUNST«
HERAUSGEBER ZENTRALHAUS FÜR VOLKSKUNST
1. JAHRGANG · HEFT 1
AUGUST 1960 · EINZELHEFT 1,– DM

INHALTSVERZEICHNIS

Hanns Maaßen: Wir gehen den schreibenden Arbeitern und Bauern zur Hand! 1
Wolfgang Neuhaus: Günter Glante 2
Wolfgang Beyreuther: Die Brigadetagebücher und die Volkskunst 3
Walter Gehre: Ein klares Ziel 4
Dietrich Allert: Eindrucksvoller Auftakt 5
Edith Bergner: Wer vom Ziel nicht weiß, kann den Weg nicht finden 6
Empfehlungen der ersten Konferenz schreibender Arbeiter 8
Ma.: Wir brauchen Tausende von anleitenden Kadern! 9
Gotha und Halle zeigen den Weg 10
Ernst Kaden: Offene Türen zum Tag der Volkskunst 11
Willy Lautenschläger: Die Volkskunst in der LPG »Karl Marx« und die ökonomische Hauptaufgabe 12
Max Hohl: Ein Arbeiterestradenensemble aus jungen Talenten 14
Elke Schmidt: Neues Leben im Dorfkulturhaus 16
Für jeden einen gesellschaftlichen Beruf 16
Horst Neubert: Die Kumpel und die Kultur 17
Ursula Hambsch: Wir brauchen Schreibende – ein ganzes Heer 17
Walter Derksen: Zirkelarbeit – Voraussetzung für Erfolge 18
Lesen und Lernen: Schreibt vom Guten! (Peter Anders) 18
Werner Barth: Die Arbeit ist mein bester Lehrmeister 19
Günter Peer: Ein Tusch – für den Schweinepilz! 20
Unser Lehrbrief (1): Die Kurzgeschichte (Heinz Rusch) 21
Aus dem literarischen Schaffen: Und es wird Tag! (Andreas Leichsenring) .. 22
Aus den Bezirksarbeitsgemeinschaften: Hans Marchwitza ist uns Vorbild 24
Kurz berichtet 24

Titelbild (Fotomontage Hoffmann): Wir schreiben das Lied unseres neuen, unseres besseren Morgen! Das bewies überzeugend die erste Konferenz schreibender Arbeiter anläßlich der 2. Arbeiterfestspiele in Karl-Marx-Stadt, an der mehr als 300 schreibende Arbeiter und Bauern aus allen Bezirken unserer Republik teilnahmen.

Fotos: Straube (1), Werkfoto (1), Privatfoto (2), Zentralbild (3), Rösener (1)
Johne (1), Volksstimme (2)

Redaktion: Hanns Maaßen, Chefredakteur; Andreas Leichsenring
Anschrift: Leipzig C 1, Dittrichring 4 · Ruf: 75 36
Verlag und Anzeigenannahme: VEB Friedrich Hofmeister Musikverlag, Leipzig C 1,
Karlstraße 10 · Ruf 273 11 · Klischeeherstellung: Rebner & Co., Leipzig
Herstellung: C. G. Röder, Leipzig
Veröffentlicht unter der Lizenznummer 5333 des Amtes für Literatur und Verlagswesen
der Deutschen Demokratischen Republik
Gesamtherstellung: VEB Offizin Andersen Nexö in Leipzig

Abb. 43

re folgten.[221] Weniger zentral geleitet waren die »Deubener Blätter«, die seit 1961 erschienen. Sie entsprangen einem erfolgreichen, von einer sonst nicht weiter bekannten Schriftstellerin Edith Bergner geleiteten Zirkel im Braunkohle-Werk in Deuben (Bezirk Halle) und lassen sich auch aus einer kritischen Rückschau als »eindrucksvolles Zeugnis für eine Entwicklung von trivialer Reimerei zu poetischer Verdichtung« verstehen.[222]

Kritik an der Bitterfelder Bewegung kam von verschiedenen Seiten und meldete sich frühzeitig zu Worte. »Was ist in den zwei Jahren herausgekommen seit Bitterfeld?« fragte Otto Gotsche in seinem Schlußwort auf der Konferenz schreibender Arbeiter in Magdeburg 1961. Seine Antwort war ernüchternd, zumal sie von einem der beteiligten führenden Genossen kam: »Im Verhältnis zur Kraftanstrengung und zum Aufwand sind die Ergebnisse bescheiden […] Wir haben an keiner Front des Aufbaus des Sozialismus so unproduktiv gearbeitet wie auf dem Gebiet der Kultur. Das ist nicht in Ordnung. Und die Zirkel schreibender Arbeiter können nicht bis 1970 auf dem Standpunkt stehen, sie seien nur Lernende.« Die Ausstrahlung der Zirkel auf die Kulturseiten der Betriebszeitungen sei gering, so daß diese oft noch der »Gartenlaube« glichen.[223] Zu vermuten ist, daß diesem harschen Urteil die parteioffiziellen Wünsche an den

---

221 »Ich schreibe« 1960 H. 1 (Chefredakteur Hanns Maaßen »Wir gehen den schreibenden Arbeitern und Bauern zur Hand!«). Vgl. ferner die Sammelpublikationen: Ich schreibe ... Arbeiter greifen zur Feder, Gemeinschaftsarbeit 1960, Verlag Tribüne und Mitteldeutscher Verlag Halle/Saale. Die zweite und dritte gleichnamige Anthologie erschienen 1961 und 1962. Dabeisein, Mitgestalten, hg. von Richard Christ, Günter Erxleben, Peter Krüger, Berlin (O) (Tribüne Verlag) 1960.
222 So Bernhardt, Greif zur Feder, S. 35.
223 »Ich schreibe« 1961 H. 11, S. 1; 1961 H. 10, S. 2.

438

5. Der »Bitterfelder Weg« – Programm und Realität einer neuen Arbeiterkultur

Bitterfelder Weg als Maßstab zugrunde lagen. Geradezu symptomatisch war die ähnlich gerichtete Kritik der FDGB-Zeitschrift »Kulturelles Leben«, die über die Magdeburger Konferenz berichtete. Der hoch gelobte Zirkel der Leuna-Werke »Walter Ulbricht« habe dort »einige falsche Auffassungen« vertreten. Denn der Sprecher des Zirkels bekannte sich zu dem »vielleicht hier und da nicht gern gehörten Standpunkt: Auf die Agitation kommt es uns in erste Linie gar nicht an. Es kommt uns in erster Linie darauf an, daß wir selber wachsen und reifen.« Die Zeitschrift setzte dagegen, dieser Standpunkt führe in eine Einbahnstraße des »Literaturmachens« und zum anderen könne man es sich einfach nicht leisten, »auf die direkte, aktuelle politische Dichtung mit agitatorischer Absicht zu verzichten; auch in den Zirkeln schreibender Arbeiter nicht, die wachsen und reifen wollen.«[224]

»Hier ist eine verheißungsvolle Bewegung – wozu sie in das Korsett von Postulaten zwängen?« fragte dagegen Brigitte Reimann, die mehrere Jahre im Kombinat »Schwarze Pumpe« in Hoyerswerda arbeitete, dort ihre viel beachtete und mit dem Literaturpreis des FDGB ausgezeichnete Erzählung »Ankunft im Alltag« schrieb und sich im Zirkel des Kombinats engagierte. Die Schilderung ihrer Erfahrungen[225] vermittelt einen realistischen Eindruck und zeigt, wo die handwerklichen und politischen Schwächen der Bewegung vor allem zu suchen waren. Neben Talent sei harte Arbeit und Distanz zum Verordneten unerläßlich. »Die Literatur kostet ganz gewöhnlichen Schweiß (immer vorausgesetzt, daß das unabdingbare Talent da ist). Ich glaube auch nicht, daß einem das Herzblut aus dem Kugelschreiber fließt, wenn er einen Leitartikel in Reime preßt. Es gab unter jenen, die Gedichte schrieben, selten einen, der jemals etwas Persönliches ausgedrückt hätte, etwas wirklich Empfundenes: In ihren Gedichten war der Frühling verdorrt und die Liebe verpönt. Schuld an dieser Verbildung sind auch die Zeitungen, die uns jahrelang Meterware an konfektionierten Versen, vom Leser geduldig oder ärgerlich überblättert, lieferten.«[226] Die geforderte Thematisierung von Konflikten im Betrieb wurde von den schreibenden Arbeitern meistens verweigert. Dafür gab es unterschiedliche Gründe, einer war jedoch, darauf wies Reimann ausdrücklich hin, daß solche Kritik Mut erforderte und allzu leicht den politisch gefährlichen Vorwurf der »falschen Orientierung« provozierte.

So ist denn auch wenig verwunderlich, daß die Beispiele ästhetisch mißratener Politlyrik keine Einzelfälle blieben, was wiederum von westlichen Beobachtern genüßlich zitiert wurde. Ein in der »Tribüne des schreibenden Arbeiters« abgedrucktes Gedicht mag hier als Illustration der lyrischen Verarbeitung sozialistischer Phrasen dienen.

---

224 »Kulturelles Leben« 1961 H. 9, S. 20 (Renate Drenkow: Schreibende Arbeiter berieten über ihre Probleme).
225 Dazu gehörten auch Ressentiment und Neid gegenüber der angeblichen Privilegierung der Preisträgerin, die sich etwa in dem im Werk kursierenden Spruch niederschlugen »Ankunft im Alltag – Abfahrt im Skoda.« Brigitte Reimann auf dem »Bitterfelder Weg« – ihre Zeit in Schwarze Pumpe, http://golm.rz.uni-potsdam.de/Germanistik/Reimann/Hoyerswerde/Pumpe/reimann, S. 5.
226 Brigitte Reimann, Kühnheit, Fleiß und Qualität, in: »Ich schreibe« 1964 H. 4, S. 1-3.

IV. Vom »Neuen Kurs« zum Mauerbau (1953–1961)

> **Nacht vor dem Hochofen**
>
> Feuerzungen
> lecken an der Finsternis.
> Flammenschwerter
> zerfetzen das nächtliche Schwarz.
> Flammenvergoldetes Gesicht
> des Hochöfners. –
> Antlitz der neuen Zeit.
> Das Erz,
> das der Kumpel gebrochen,
> verwandelt sich hier in
> Friedensstahl.
> Pflugschar, das die Scholle bricht,
> daß Brot fürs Volk gedeihe,
> die Feder, die Geschichte schreibt,
> das Gewehr, das dem Frieden dient,
> alles ist Stahl.[227]

Weniger pathetisch und eher »handfest« kamen Produkte aus späteren Jahren daher wie die erste Strophe des Liedes der Rostocker Bauarbeiter[228]:

> **Ja, das ist unser Tempo**
>
> Wir kommen mit Kran und Bagger daher;
> Wir sind vom Bau, he, seht mal her!
> Die neue Magistrale,
> am Reißbrett grad erdacht,
> hat schon die ersten Mieter,
> das wäre doch gelacht!
> Ja, das ist unser Tempo in Rostock an der See,
> wir bauen Rostock schöner,
> wir bauen Rostock schöner auf, viel schöner auf als je ...

Bei aller Kritik am sozialistischen »Kitsch und Schund« wurde die Bewegung schreibender Arbeiter im Westen aber auch als Herausforderung wahrgenom-

---

227 Autor: Rudi Benzin, »Tribüne« vom 16. Januar 1960 (Beilage); wiedergegeben im SBZ-Archiv 11 (1960), S. 151.
228 Mit anderen Beispielen abgedruckt in der offiziellen Zeitschrift für die kulturelle Massenarbeit »Kulturelles Leben« 1970 H. 9, S. 20 (»Der Zukunft unsere Feder. Lyrik schreibender Arbeiter«).

5. Der »Bitterfelder Weg« – Programm und Realität einer neuen Arbeiterkultur

men. »Wir müssen uns darüber klar sein«, konstatierte der aus der DDR geflüchtete Schriftsteller und Journalist Herbert A. W. Kasten, »daß uns aus der Sowjetzone eine neue Literatur als Waffe entgegengerichtet wird, der wir nichts Gleichartiges entgegenzusetzen haben. Mit dem Massenvertrieb von Groschenliteratur, niveaulosen Fernseh-Unterhaltungsprogrammen und wegwerfenden Handbewegungen kann man einen ideologischen Kampf nicht gewinnen.«[229]

Das Spektrum der Zirkelaktivitäten war insgesamt deutlich breiter und vielfältiger, als die zeitgenössische und spätere Kritik sowohl aus der Bundesrepublik als auch von professioneller Seite aus der DDR nahelegt. Daher ist ein angemessenes Urteil schwierig. Die seit den sechziger Jahren relativ stabile Gesamtzahl von etwa 300 Zirkeln mit rund 2.500 Schreibenden gibt eine vage Vorstellung vom Umfang. Für 1971 wird eine Zahl von 250 Zirkeln mit durchschnittlich zehn Mitgliedern genannt, mit sinkender Tendenz. Alarmierend im Sinne der Initiatoren war vor allem die drastische Abnahme des Arbeiteranteils, der nach einer Analyse des Ministeriums für Kultur von 50 auf 10 Prozent schrumpfte. Von einer Massenbewegung konnte somit kaum die Rede sein und die Differenzierungsprozesse der Zirkel nahmen zu.[230] Die Literatur, die dort entstand, war jedoch nur ein Teil der Wirksamkeit der Bewegung. Die Erschließung von Zugängen zur kulturellen Tradition, die Anregung von Lektüre, ein neues Verhältnis bildungsferner Schichten zum Buch, die intensivere Einbeziehung der Arbeitswelt in den Themenkatalog der Belletristik und eine keineswegs nur marginale Verbindung zwischen Betrieben und renommierten Schriftstellern wie etwa Brigitte Reimann, Franz Fühmann, Christa Wolf, Volker Braun und vielen anderen – solche Gesichtspunkte gehören neben den ideologischen Entgleisungen ebenfalls zu einem differenzierten Fazit der Bewegung. Sie läßt sich somit keineswegs auf die in Bitterfeld proklamierten Forderungen und Erwartungen reduzieren.[231]

Ob dieses Urteil auch für ein Kernelement des Bitterfelder Weges, das Brigadetagebuch, gilt, ist dagegen zweifelhaft. Es war zwar eine naheliegende, an das sowjetische Vorbild angelehnte Form, um betriebliche Probleme im Medium sprachlicher Verarbeitung einzufangen. Angesichts der politischen Wünsche der Partei und der Risiken einer offenen Darstellung von Konflikten war jedoch die ideologische Schematisierung in solchen Tagebüchern bereits vorgezeichnet. Da sie essentieller Bestandteil der pädagogischen Bemühungen um den »neuen Menschen« sein sollten, der im Mittelpunkt der 1959 mit großem Propagandaaufwand kreierten »Brigaden der sozialistischen Arbeit« stand, kollidierte jede literarisch-realistische Ambition mit der ideologischen Erwartung. »Aufgabe des Brigadetagebuchs ist es,« konstatierte das »Handbuch schreibender Arbeiter«, »das vielfältige Leben einer Brigade, persönliche Probleme und darüber hinaus Probleme des Betriebes widerzuspiegeln, Hemmnisse aufzuspüren, Widersprüche im Leben des einzelnen

---

229 Herbert A. W. Kasten, Experimente des Ungeistes, in: SBZ-Archiv 11 (1960), S. 152.
230 Die Zahlenangaben bei Barck, Ankunft, S. 66 f.
231 So urteilt nachdrücklich insbesondere Rüdiger Bernhardt, Greif zur Feder, S. 38 f. Der Autor war zu DDR-Zeiten als Zirkelleiter im VEB Leunawerke W. Ulbricht der Bewegung eng verbunden. Die Zahlen ebd., S. 28.

sowie des Kollektivs lösen zu helfen und somit unmittelbar etwas zu verändern. Aufgabe des Brigadetagebuchs ist es, offen und parteilich über wesentliche Vorkommnisse und Probleme zu berichten, bei allen Widersprüchen stets den Ursachen nachzuspüren, um Schwierigkeiten zu beseitigen. – Im Mittelpunkt aller Auseinandersetzungen steht der Mensch.«[232] Es sollte ökonomisches Denken ebenso fördern wie zur Auseinandersetzung mit der Kunst anregen, es sollte kollektiv geführt werden, aber nicht als Zwang empfunden werden, sondern Spaß machen. Solche vielfältigen Funktionen zu erfüllen, bedeutete die Quadratur des Kreises. Trotz einer großen Zahl von Brigadetagebüchern sind daher nur wenige als halbwegs gelungene Beispiele veröffentlicht worden.

Ein vom hochgelobten Deubener Zirkel schreibender Arbeiter angeführtes Beispiel dürfte nicht untypisch für die Praxis der Umsetzung gewesen sein. Eine Brigade, die bereits den Titel »Sozialistische Brigade« erhalten hatte und als vorbildlich herumgereicht wurde, zeigte bald Ermüdungserscheinungen, verschwieg aber ihre internen Probleme nach der Devise »Alles sauber machen, wenn die Partei kommt!«[233] Die veröffentlichten Beispiele von Tagebuchauszügen charakterisiert daher häufig der erhobene moralische Zeigefinger von Lehr- und Erbauungsschriften. Vielfach protokollierte man Produktionsabläufe oder das Verhalten von Brigademitgliedern. Diese Tagebücher sollten auch als »Nachwuchsreservoir für die Zirkel schreibender Arbeiter« dienen.[234] Ein genauer Überblick über die zumindest in den letzten beiden Jahrzehnten der DDR massenhaft, wenn auch nicht immer im Sinne ihrer Väter produzierten Brigadetagebücher existiert bislang nicht.[235] Als sozialhistorische Quelle sind sie gelegentlich wertvoll, auch wenn die standardisierte Berichterstattung über den Arbeitsalltag und Wettbewerbsergebnisse dominiert.[236] Als Beispiele von Arbeiterliteratur sind sie dagegen völlig unbedeutend geblieben. (☞ vgl. *Abb. 44*)

Der andere Impuls der Bitterfelder Konferenz, insbesondere der zweiten von 1964, zielte unmittelbar auf die Schriftsteller und Künstler. Sie sollten durch engeren Kontakt mit den Betrieben und Belegschaften dafür sorgen, daß die Arbeitswelt und ihre Konflikte in der Literatur einen stärkeren Niederschlag fanden und auch auf diese Weise die herkömmliche Kluft zwischen Intellektuellen und Arbeitern überwunden würde. Nicht alles, was dabei herauskam, hat seinen Weg in die Literaturgeschichte gefunden. Ohne Zweifel aber sind aus solchen Anstößen interessante und literarisch anspruchsvolle Werke entstanden.[237] Daß viele Literaten in die Be-

---

232 Handbuch für schreibende Arbeiter, S. 49.
233 »Deubener Blätter«. Arbeitsmaterialien des Zirkels schreibender Arbeiter Braunkohlenwerk »Erich Weinert« Deuben, Halle/S. 1961, S. 61 ff. (Brief an den Deutschen Schriftstellerverband vom 21.12.1960).
234 Handbuch für den Kulturfunktionär, Berlin (O) 1961, S. 136.
235 Einen guten Einblick in die Gesamtentwicklung bietet Jörg Roesler, Das Brigadetagebuch – betriebliches Rapportbuch, Chronik des Brigadelebens oder Erziehungsfibel? In: Evemarie Badstübner (Hg.), Befremdlich anders. Leben in der DDR, Berlin 2000, S. 151-166.
236 Albrecht Wiesener, »Neue Menschen« in der DDR-Industrieprovinz. Arbeiterkultur und Arbeitsbeziehungen in Leuna 1955-1965, Magisterarbeit FU, Berlin 2000, S. 78.
237 Vgl. Manfred Jäger, Kultur und Politik in der DDR: 1945-1990, Köln 1994, S. 102 f.

5. Der »Bitterfelder Weg« – Programm und Realität einer neuen Arbeiterkultur

triebe gingen und ihre Erfahrungen in Romanen und Erzählungen umsetzten, die sich von den Agit-Prop-Produkten der fünfziger Jahre deutlich unterschieden (darunter Franz Fühmann, Hermann Kant, Erwin Strittmatter, Christa Wolf, Brigitte Reimann), sich dabei aber auch gegen unverblümte Formen der Indienstnahme zur Wehr setzten, ist hier nicht genauer zu erörtern.[238] Christa Wolfs »Geteilter Himmel« oder Fühmanns »Kabelkran und Blauer Peter«, eine literarische Reportage aus der Warnow-Werft, gehören zu den herausragendsten Beispielen dieser Literatur der zweiten Phase des Bitterfelder Weges, der im übrigen als verbindliche Orientierung nach dem VIII. Parteitag 1971 stillschweigend verschwand.[239]

Die programmatisch nach Brigitte Reimanns Roman benannte »Ankunftsliteratur« signalisierte ein neues, loyal-gesellschaftskritisch gefärbtes Verhältnis vieler Schriftsteller zum Staat, der nicht mehr zur Disposition stand, in dem man angekommen schien und der auch von kritischen Künstlern mitgestaltet werden sollte. Allen Aufforderungen der Partei, soziale

---

Kurt Zill / Helmut Preissler
DIE PRÄMIE
Geschichte aus einem Brigadetagebuch

Der Arbeitsschutzobmann Horst Belling war am Vorabend des 1. Mai in angetrunkenem Zustand zur Nachtschicht gekommen. Horst ist ein guter Arbeiter. Er hat den Rationalisatorenpaß und ist einer der besten Arbeitsschutzobmänner der Anlage. Vielleicht haben ihn die Kollegen gerade deshalb so hart rangenommen.

„Wir werden den Kollegen Arbeitsschutzobmann beschützen müssen!" haben sie gesagt, und sie haben Horst Belling nicht an seinen Arbeitsplatz herangelassen, sondern ihm ein paar Stunden Schlaf „verschrieben". Als er dann vier Stunden später erneuert seine Arbeit wieder begann, mußte er sich einiges anhören.

Er hat nichts entgegnet. Er hat nach keiner Entschuldigung gesucht. Alle Anzüglichkeiten hat er als verdient eingesteckt. Zur nächsten Nachtschicht, am 1. Mai abends, kam er pünktlich wie immer und nüchtern wie ein Stockfisch.

Jeder macht mal einen Fehler, und jeder hat mal eine schwache Stunde. Auch ein guter Arbeiter. Der Vorfall war nicht typisch für die Arbeitsmoral des Kollegen Belling, und nichts wäre davon in unserem Tagebuch vermerkt worden, wenn heute nicht die Sache mit der Prämie dazugekommen wäre. Dadurch wird der Vorfall erwähnenswert. Wir haben heute unsere Wettbewerbsprämie für den Monat Mai verteilt. Kritisch wurde die fachliche und gesellschaftliche Arbeit jedes Kollektivmitgliedes beurteilt. Keiner nahm ein Blatt vor den Mund. Jeder bekam aufgetischt, was er sich eingebrockt hatte. Und bei jedem Brocken bröckelte von dem Prämienanteil etwas ab.

Beim Arbeitsschutzobmann Horst Belling war der eine Brocken vom 30. April abzuziehen. Aber an allen übrigen Tagen des Monats hatte er gut gearbeitet und seine Pflicht als Arbeitsschutzobmann getan. Seine Prämie wäre also nur ein wenig kleiner als gewöhnlich geworden, und man hätte sich über ihre Höhe unterhalten müssen.

Doch zu dieser Unterhaltung kam es nicht. Es geschah etwas Ungewohntes und für das ganze Kollektiv Überraschendes: Ehe die Diskussion über den Anteil Bellings begann, erklärte er: „Ich möchte darum bitten, mich in diesem Monat von der Prämie auszuschließen. Was mir an dem bewußten Tage passiert ist, darf einem anständigen Arbeiter nicht passieren!"

Das Kollektiv hat über diesen Antrag nicht lange diskutiert. Wir haben seiner Bitte entsprochen. Horst Belling hat für den Monat Mai keine Prämie bekommen. Das war für seine Brieftasche ein Verlust; aber für sein Ansehen war es ein riesiger Gewinn. Das Kollektiv wußte dieses Beispiel einer konsequenten Selbstkritik zu schätzen. Es wird in der Brigade Schule machen.

Abb. 44

---

238 Vgl. Sabine Brandt, Der Betrieb im Spiegel der DDR-Literatur, in: DA 3 (1970), Sonderheft: Industriebetrieb und Gesellschaft in der DDR, S. 87-97; Liliane Crips, Darstellung von sozialen Konflikten in der Romanliteratur der DDR, in: ebd., S. 157-176; Gottfried Pareigis, Kritische Analyse der Realitätsdarstellung in ausgewählten Werken des »Bitterfelder Weges«, Kronberg/Ts. 1974; Mohr, Literatur als Kritik und Utopie, S. 57-70; Hörnigk, Entwicklungslinien, S. 277 f. Dieser Beitrag versucht aus der Rückschau eine historische Einordnung und läßt eine vorsichtig-kritische, differenzierte Bewertung erkennen.
239 Vgl. Jäger, Kultur und Politik, S. 103. Zu Fühmann liegt eine sehr ansprechende Dokumentation vor: Barbara Heinze (Hg.), Franz Fühmann. Eine Biographie in Bildern, Dokumenten und Briefen, Rostock 1998. Dort S. 108 f. das Verlagsgutachten zu »Kabelkran und Blauer Peter«.

IV. Vom »Neuen Kurs« zum Mauerbau (1953–1961)

Konflikte realistisch darzustellen, zum Trotz blieb das jedoch ein hohes Risiko. Die große Ernüchterung kam daher 1965 mit dem berüchtigten »Kahlschlagplenum« der SED.[240]

Läßt sich schon bei der »Bewegung schreibender Arbeiter« ein schnelles Verschwimmen der sozialen Grenzen konstatieren, so dürfte das vermutlich noch stärker für den Zweig des Theaters gelten, der ebenfalls im Rahmen der Bitterfelder Kampagne eine beträchtliche Rolle spielte, aber kaum die gleiche propagandistische oder auch kritische Resonanz fand. Bis auf eher impressionistische Beispiele ist das »Arbeitertheater« zudem noch nicht eingehender untersucht worden. Immerhin zeigen die seit 1959 etablierten Arbeiterfestspiele, daß diese Form volkskünstlerischer Betätigung vermutlich ein breiteres Echo fand als Ulbrichts utopischer Wunsch, aus Arbeitern Schriftsteller zu machen. Ob auch die Kunstausstellungen, die in diesem Rahmen stattfanden, zu den wichtigsten kulturpolitischen Ereignissen gehörten und die mit dem Kunstpreis des FDGB ausgezeichneten Werke als Ausdruck der »gemeinsam anerkannten Ergebnisse der sozialistischen Zusammenarbeit zwischen Künstlern und Werktätigen«[241] zu werten sind, bleibt zweifelhaft.

Die Arbeiterfestspiele wurden auf Beschluß des FDGB seit 1959 jährlich und seit 1972 alle zwei Jahre organisiert. Aufführungen von Arbeitertheatern – 1964 gab es etwa 136 in der DDR – gehörten zu ihren festen Programmpunkten und boten Belegschaften ein über den eigenen Betrieb oder die Region hinausreichendes Forum.[242] Entsprechend einem Beschluß des FDGB-Bundesvorstandes sollten die Arbeiterfestspiele »beispielhaft zeigen, wie durch eine reiche, vielgestaltige Kulturtätigkeit das sozialistische Leben immer schöner und reicher wird und die Entwicklung des sozialistischen Bewußtseins der Arbeiterklasse und aller Werktätigen unterstützt wird.«[243] Diese selbstgewiß formulierte Aufgabenstellung wurde auch als vorbildlich für eine »demokratische Kulturentwicklung in Westdeutschland« verstanden. So sollen zu den – nach offiziellen Angaben – 1,295 Millionen Besuchern der Dritten Arbeiterfestspiele in Magdeburg von 1961 auch etwa 2.000 Gäs-

---

240 Siehe unten, Kap. V 5 (S. 568 ff.).
241 So Joachim Uhlitzsch, Bildende Kunst auf dem Bitterfelder Weg. Beiträge zur Kunsterziehung, Berlin(O) 1966, S. 5. Vgl. dagegen den höchst informativen und gängige Klischees Lügen strafenden Katalog der großen Kunstausstellung: Kunst in der DDR. Eine Retrospektive der Nationalgalerie, hg. von Eugen Blume und Roland März, Berlin 2003. Literaturhinweise zur Bildenden Kunst im Rahmen des Bitterfelder Programms dort S. 317 f. Es ist freilich kaum zufällig, daß dieser Zweig im Katalog kaum eine Rolle spielt. Vgl. dagegen Eckhart Gillen, Das Kunstkombinat DDR. Zäsuren einer gescheiterten Kunstpolitik, Köln 2005, S. 79-95.
Eine Liste der FDGB-Literatur- und der Kunstpreisträger von 1955 bis 1961 ist zusammengestellt im Handbuch für den Kulturfunktionär, S. 455 ff. für 1963 mit kurzen Begründungen im Protokoll des 6. FDGB-Kongresses, S. 833 ff.
242 Wartenberg im Rampenlicht. Bitterfelder Wege übers Land. Materialien einer Ausstellung. Autoren: Thomas Friedrich, Monika Hansch, Angelika Reichmuth. Hg. vom Verein »Biographische Forschungen und Sozialgeschichte e. V.«, Berlin 1997, S. 21. Diese Arbeit gehört zu den bislang wenigen differenzierten und kritischen Beiträgen zum Thema.
243 Handbuch für den Kulturfunktionär, S. 328 (Beschluß des Präsidiums des Bundesvorstandes des FDGB vom 29. Juli 1960).

5. Der »Bitterfelder Weg« – Programm und Realität einer neuen Arbeiterkultur

te aus der Bundesrepublik mit eigenen Kulturgruppen gehört haben. Wo diese Gäste im Jahr des Mauerbaus politisch einzuordnen waren, ist unschwer zu erraten. Dazu paßte, daß die Kulturfunktionäre des FDGB ihre politische Erfolgsbilanz von Magdeburg mit grober Polemik gegen den DGB und das Programm der Ruhrfestspiele in Recklinghausen verbanden. Diese galten als Beleg dafür, daß sich die Organisatoren »völlig mit den in Westdeutschland herrschenden Militaristen und Monopolisten ausgesöhnt« hätten, und als Beweis, »daß die DGB-Richter-Gruppe und ihre imperialistischen Hintermänner nicht gewillt sind, die Werktätigen mit der realistischen Kunst vertraut zu machen.«[244] Die Ruhrfestspiele hielten – so der Vorwurf – nicht nur quantitativ im Hinblick auf die Zahl der Theateraufführungen keinen Vergleich mit den Arbeiterfestspielen aus, sie verabschiedeten sich auch von gesellschaftskritischer Dramatik, gerieten »immer stärker ins bürgerliche Fahrwasser« und entsprächen »niemals dem Kulturwillen der Millionen westdeutscher Gewerkschafter«.[245]

Selbst wenn darin – aus anderen Gründen – ein Körnchen Wahrheit liegen mochte, war doch die Recklinghäuser Variante des Brückenschlags zwischen Arbeitswelt und Kunst weit entfernt von dem, was die Kampagne zum Bitterfelder Weg praktizierte. Quantitativ konnten die Arbeiterfestspiele auf beachtliche Zahlen an Veranstaltungen und Besuchern verweisen. Dabei ist deren Schwankungsbreite auffällig, die sich ohne genauere Vorarbeiten nicht leicht erklären läßt. (☞ vgl. *Tab. 22*, S. 446)

Die Tabelle zeigt, daß unabhängig von der individuellen Resonanz dieser Typus von Veranstaltung ein beachtlicher Mosaikstein im Gesamtbild der organisierten und gelenkten Arbeiterkultur in der DDR war. Daß er bislang in der Historiographie kaum beachtet wurde, spricht nicht dagegen. Auch die übliche pathetische Aufgabenstellung sagt wenig über Möglichkeiten aus, sich in bestimmten Grenzen künstlerisch unabhängig zu engagieren. Ob und wieweit das gelang, bedürfte freilich noch einer genaueren Untersuchung.[246] Die Programme unter Beteiligung ausländischer Gastensembles charakterisierte eine Mischung aus Agitprop, Präsentationen von Arbeiterzirkeln, Kabaretts, Kunstausstellungen, Oper, Tanz, Unterhaltungsmusik und Film, aber auch Theateraufführungen und klassischer Musik, an denen alle großen Bühnen und Orchester der DDR beteiligt waren. (☞ vgl. *Abb. 45*, S. 447)

Das »Neue Deutschland« präsentierte kontinuierlich generelle Erfolgsbilanzen aller Arbeiterfestspiele und sah in der breiten Beteiligung und Mobilisierung einen

---

244 »Die 3. Arbeiterfestspiele – das Beispiel für eine demokratische Kulturentwicklung in Westdeutschland« und »Die Ruhrfestspiele – Ausdruck der Gleichschaltungsbestrebungen der Richter-Gruppe im DGB«, in: »Kulturelles Leben« 1961 H. 8, S. 20 und 23.
245 Ruhrfestspiele des DGB immer stärker im bürgerlichen Fahrwasser, in: »Kulturelles Leben« 1960 H. 6, S. 8 ff.
246 Eine Gesamtübersicht der Programme der Arbeiterfestspiele und der dort verliehenen Kunstpreise und Medaillen wurde von Jutta Prang in Zusammenarbeit mit dem FDGB und der Gewerkschaftshochschule »Fritz Heckert« Bernau als Manuskriptdruck 1976 veröffentlicht: Die Arbeiterfestspiele der Deutschen Demokratischen Republik. Dokumentation zu ausgewählten Veranstaltungen von den 1. bis zu den 15. Arbeiterfestspielen.

IV. Vom »Neuen Kurs« zum Mauerbau (1953–1961)

Tab. 22: Übersicht über die Arbeiterfestspiele

		Veranstaltungen	Mitwirkende Volkskünstler	Berufskünstler	Besucher
1. A.	13.–21.6.1959 · Bezirk Halle	287	6.400	4.900	625.000
2. A.	4.–12.6.1960 · Bezirk Karl-Marx-Stadt	1.200	25.000	5.000	1.200.000
3. A.	10.–18.6.1961 · Bezirk Magdeburg	1.431	20.000	5.000	1.295.000
4. A.	9.–11.6.1962 · Bezirk Erfurt	250	5.000	3.000	850.000
5. A.	21.–23.6.1963 · Bezirk Cottbus	250	4.800	850	415.000
6. A.	19.–21.6.1964 · Bezirk Gera	400	7.250	1.750	850.000
7. A.	18.–20.6.1965 · Bezirk Frankfurt/Oder	200	5.100	900	620.000
8. A.	17.–19.6.1966 · Bezirk Potsdam	300	4.900	1.100	503.000
9. A.	16.–18.6.1967 · Bezirk Dresden	344	7.500	1.100	1.100.000
10. A.	14.–16.6.1968 · Bezirk Halle	350	6.000	1.000	1.400.000
11. A.	13.–15.6.1969 · Bezirk Karl-Marx-Stadt	300	8.500	1.500	1.839.000
12. A.	12.–14.6.1970 · Bezirk Rostock	447	10.000	1.500	867.000
13. A.	4.– 6.6.1971 · Bezirk Leipzig	303	14.175	1.056	1.250.000
14. A.	16.–18.6.1972 · Bezirk Schwerin	340	15.000	850	1.100.000
15. A.	21.–23.6.1974 · Bezirk Erfurt	840	15.000	3.000	1.650.000
16. A.	25.–27.6.1976 · Bezirk Dresden	900	12.000	6.000	2.800.000

[**Quelle:** Kulturpolitisches Wörterbuch, Berlin (O) 1978, S. 34.]

untrüglichen Beleg »für das wachsende Interesse der Werktätigen an eigener künstlerischer Tätigkeit, für die Pflege und Förderung der Volkskunst.«[247] Die »Sieger der Geschichte«, die ihre Festspiele gestalten, wurden auch in der Kulturzeitschrift des FDGB gebührend gefeiert.[248] Solche stark schablonenhaften Kommentare und Reportagen erinnerten stets an den »großen politischen Zusammenhang.« Dieser fehlte auch nicht in dem ansonsten durchaus plastischen Bericht von Sepp Zach, dem gefeierten Pionier der ersten »schreibenden Arbeiter«, über die Vorbereitung der 4. Arbeiterfestspiele im Steinkohlenwerk Oelsnitz 1962. Die Aufzählung der Beteiligten spiegelt zumindest ein Stück betrieblicher und lokaler Folklore im Klubhaus »Hans Marchwitza«, die über die bloße Steuerung von oben hinausreichte: »Unter Mitarbeit vieler Kumpel, Kulturgruppenleiter und aller Fachkräfte des Klubhauses wurde eine Konzeption für das oben erwähnte Programm [der Arbeiterfestspiele; C. K.] erarbeitete. Im Programm wirken mit: Das Blasorchester des Steinkohlenwerkes, das Jugendtanzorchester ›Reni‹. Das Streichorchester u.

247 So Wolfgang Beyreuther, Präsidiumsmitglied des FDGB-Bundesvorstandes, in seinem Kommentar zu den 9. Arbeiterfestspielen in Dresden, in: »Neues Deutschland« vom 17. Juni 1967. Weitere Kommentare und Berichte im »Neuen Deutschland« vom 8.6.1968, 30.3.1970, 26.3.1971, 4. und 6. 6.1971.
248 Wolfgang Beyreuther, Die Sieger der Geschichte gestalten ihre Festspiele, in: »Kulturelles Leben« 1968 H. 6/7, S. 20 ff.

5. Der »Bitterfelder Weg« – Programm und Realität einer neuen Arbeiterkultur

Abb. 45: Tanzspiel »Glückauf« aus dem Festprogramm der IG Bergbau 1959.

Mandolinenorchester, das Kinderblasorchester, der Kinderballettzirkel, der Gesellschaftstanzzirkel, Junge Talente, Kollegen vom Arbeitertheater, die Frauensinggruppe, die Chöre des Steinkohlenwerkes, der Schlagerchor, die Böhm-Akrobaten u. a.« Ob die breite Beteiligung auch dem Motto »Uns gehört die Zukunft« und dem behaupteten künstlerischen Beitrag der Kumpel zur »herrlichen Perspektive der Menschheit und zum Kampf gegen Imperialismus-Militarismus« galt, darf jedoch bezweifelt werden. Nicht ohne eine Portion Ironie läßt sich zudem der Hinweis lesen, daß die »im Monat März geplante Leistungsschau aller Kulturgruppen und Zirkel« verlegt werden mußte, weil das Klubhaus für die Musterung der Wehrpflichtigen benötigt wurde.[249]

Seit 1970 wurden die zentralen Arbeiterfestspiele ergänzt durch Betriebsfestspiele, die im Lauf der siebziger Jahre eine Größenordnung von mehreren Tausend mit insgesamt über 7 Millionen Teilnehmern erreichten. Sie wurden von den betrieblichen Gewerkschaftsorganisationen initiiert und vorbereitet und sollten in enger Verbindung zur Bitterfelder Bewegung und zur Formierung der »sozialistischen Brigaden« stehen.[250] Auch hier muß offen bleiben, wie beliebt sie angesichts ihrer politisch-ideologischen Einbindung tatsächlich waren und wieviel Spielraum sie für eingeständige kulturelle Aktivitäten an der Basis tatsächlich boten.

---

249 Undatierter 5-seitiger Bericht, SAPMO-BArch, DY 34/11/433/6766.
250 Vgl. Jürgen Prang, Betriebsfestspiele, Berlin (O) 1977. Danach gab es 1970 340 Betriebsfestspiele mit 1,029 Millionen Teilnehmern und 1976 schon 2.903 mit 7,813 Millionen Teilnehmern (S. 68).

6. »Brigaden der sozialistischen Arbeit« als Lebensform?

Nach dem Ende der DDR haben die Brigaden als kollektive Arbeitsform mit ausgeprägten lebensweltlichen Bezügen in der Erinnerung vieler Menschen in Ostdeutschland durchweg gute Zensuren erhalten.[251] Dabei deckten sich diese freilich keineswegs mit den Zielen, die für die SED bei der Einführung der höheren Stufe eines spezifisch »sozialistischen« Arbeitskollektivs maßgeblich waren. Wenn auch in der Rückschau ein hohes Maß an Nostalgie mitschwingen mochte, so ist doch bemerkenswert, daß auch die zeitgenössischen Urteile aus den fünfziger und sechziger Jahren zumeist auffallend positiv ausfielen, zumindest wenn die genuin politischen Komponenten beiseite gelassen wurden. Schließlich haben die Brigaden in der Historiographie besondere Aufmerksamkeit gefunden, weil sie ein höchst ergiebiges Feld für die Analyse der Grauzonen und Grenzen der Diktatur bilden.[252]

Die 1959 geschaffenen »Brigaden der sozialistischen Arbeit« sollten nach dem Willen ihrer Erfinder in Anlehnung an das sowjetische Vorbild die ursprünglichen ökonomischen Aufgaben besser und intensiver weiterführen, also für funktionierenden Wettbewerb, Kosteneinsparung und Planerfüllung sorgen. Ihre Ziele aber reichten viel weiter. Der V. Parteitag hatte 1958 einen kühnen Aufbruch zu neuen Ufern verkündet und zu seinem Gelingen einmal mehr und mit besonderem Nachdruck die Schaffung des »neuen Menschen« auf die Agenda gesetzt. Vor diesem Hintergrund sollten die Brigaden zum Kern und Gestaltungsprinzip einer über die krude Sphäre der Produktion hinausreichenden Lebensform werden. Daß dieses utopische Programm insbesondere bei der noch formbaren Jugend ansetzte und mit Nachdruck die erzieherische Komponente betonte, war daher nur konsequent. Ob gerade bei dieser Klientel die Chancen solcher Bemühungen dauerhaft größer waren als bei älteren Generationen von Arbeitern, war jedoch angesichts sich verändernder individueller Wünsche und Einstellungen fraglich. In der Geschichte der Brigaden, sowohl in ihrer alten wie in ihrer neuen Form, überlappen sich daher häufig die Ziele der Partei mit anders gelagerten Interessen und Wünsche der Belegschaften auf vielfältige Weise.[253] [**Kapitel-Fortsetzung S. 465**]

---

251 Vgl. dazu den auf Interviews fußenden Aufsatz von Patty Lee Parmalee, Brigadeerfahrungen und ostdeutsche Identitäten, in: BzG 38 (1996) H. 4, S. 70-86. Vgl. unten, Kap. VI 7 (S. 721 ff.) und FDGB-Lexikon (elektronische Version).
252 Vgl. oben, Kap. II 5 (S. 227 ff.). Zu den in einen anderen Zusammenhang gehörenden Hausfrauenbrigaden vgl. Kap. V 8 (S. 602 ff.).
253 Zur Entstehung und Entwicklung der sozialistischen Brigaden bis zum Ende der DDR ausführlich demnächst die Dissertation von Thomas Reichel. Sie wird hier zitiert als MS. Eine Zwischenbilanz des Verfassers »Jugoslawische Verhältnisse?« – Die »Brigaden der sozialistischen Arbeit« und die »Syndikalismus«-Affäre (1959–1962), in: Lindenberger (Hg.), Herrschaft und Eigen-Sinn, S. 45-73. Neben den bereits in Kap. II 5 (S. 227 ff.) genannten Aufsätzen von Roesler und der grundlegenden Untersuchung von Hübner, Konsens, ist noch zu verweisen auf: Fred Klinger, Die »Brigaden der sozialistischen Arbeit« im Kontext der »Syndikalismus«-Kritik, in: Der X. Parteitag der SED. 35 Jahre SED-Politik, Köln 1981, S. 75-86; Peter Hübner, Syndikalistische Versündigungen? Versuche unabhängiger Interessenvertretung für die Industriearbeiterschaft der DDR um 1960, in: JHK 1995, S. 101-117; Roesler, Gewerkschaften und Brigadebewegung, in: BzG 38

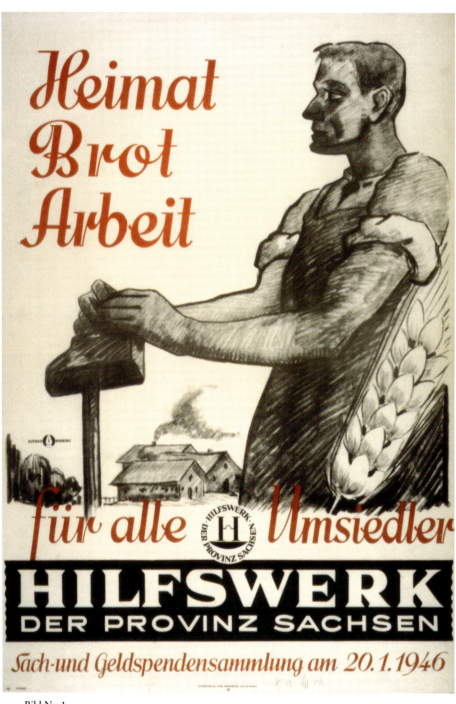

Bild Nr. 1

Bild Nr. 2

Bild Nr. 3

Arbeiter im »Arbeiterstaat« DDR (1945 bis 1971)

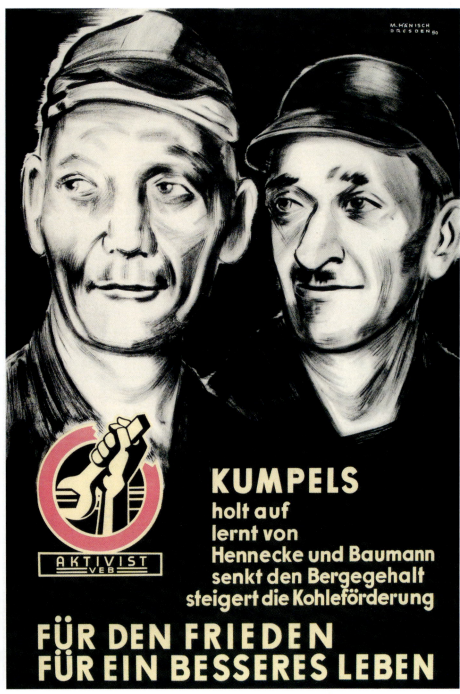

Bild Nr. 4

Farbabbildungen

Bild Nr. 5

Arbeiter im »Arbeiterstaat« DDR (1945 bis 1971)

Bild Nr. 6

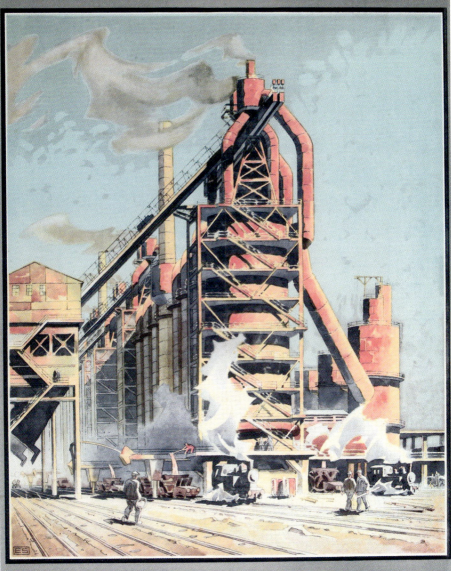

Bild Nr. 7

Bild Nr. 8

Bild Nr. 9

Arbeiter im »Arbeiterstaat« DDR (1945 bis 1971)

Bild Nr. 10: Kulturhaus der Maxhütte »Johannes R. Becher« in Unterwellenborn (Blick vom Park).

Bild Nr. 11: Kulturhaus der Maxhütte (hier mit Blick vom Treppenhaus zum Musiksalon).

Bild Nr. 12: Beispiel für die Stilisierung einer Plandiskussion auf einem Gemälde von 1950.

Arbeiter im »Arbeiterstaat« DDR (1945 bis 1971)

Bild Nr. 13

Bild Nr. 14: Der Kulturpalast des Elektrochemischen Kombinates Bitterfeld, in dem 1959 der »Bitterfelder Weg« proklamiert wurde.

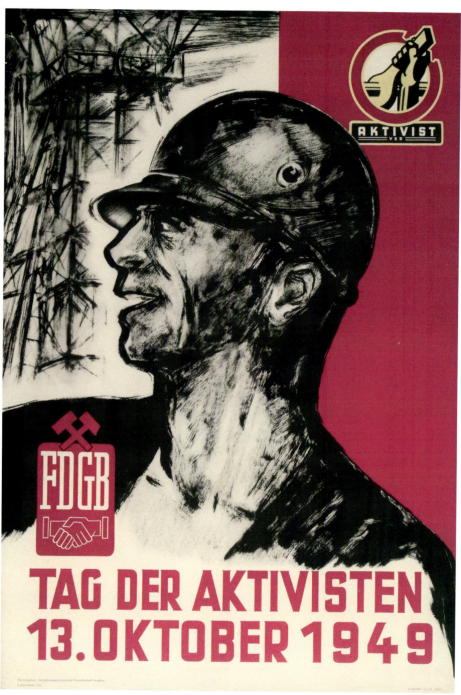

Bild Nr. 15

Farbabbildungen

Bild Nr. 16

Arbeiter im »Arbeiterstaat« DDR (1945 bis 1971)

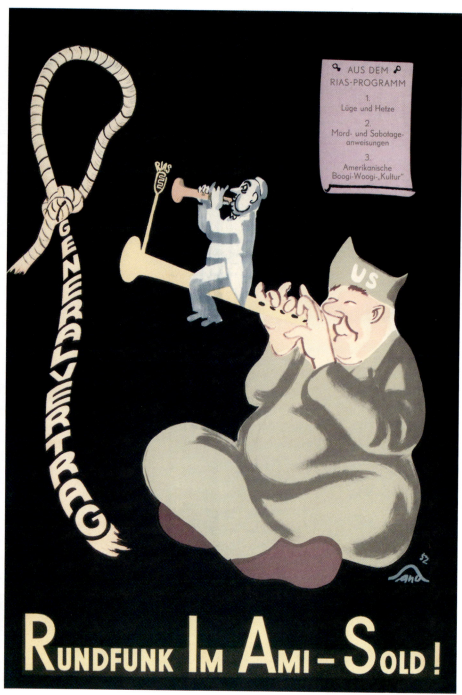

Bild Nr. 17

6. »Brigaden der sozialistischen Arbeit« als Lebensform?

Eine Analyse des FDGB zur Akzeptanz der gewerkschaftlichen Kulturarbeit von 1955 hatte Resultate zu Tage gefördert, mit denen man im Bundesvorstand keinesfalls zufrieden sein konnte.[254] Trotz des positiven Gesamttenors wurden hier einige Schwachpunkte benannt:
- vor allem unterhaltsame und gesellige Veranstaltungen der Kulturhäuser fanden Zulauf;
- die Jugendarbeit auf kulturellem Gebiet wurde vernachlässigt, aber Tanzveranstaltungen fanden reges Interesse;
- bei der betrieblichen Zirkelarbeit erfreuten sich vor allem Photo-, Schach-, Näh- und Kochzirkel, nicht aber Zirkel zur fachlichen Weiterqualifizierung des Zuspruchs;
- der Besuch westdeutscher Gruppen war ungenügend;
- Berlin lag im Niveau der Veranstaltungen und der Teilnehmerzahl weit hinter dem Rest der Republik zurück, Kinobesuche in Westberlin waren beliebt;
- die Ausstattung und Aktivität der Kulturhäuser auf dem Lande war völlig unbefriedigend.

Zwar wurden organisatorische Vorschläge gemacht, um die Lage zu verbessern, aber angesichts der hohen Erwartungen mußten die Ergebnisse unzureichend bleiben. Dem relativen Desinteresse der Arbeiter gegenüber allzu hoch gespannten Programmen entsprach die Ignoranz der großen Mehrheit der Kulturfunktionäre gegenüber den »Mysterien des wirklichen Arbeiterlebens.«[255]

Für die politische Einbindung der Kulturarbeit bot sich nun mit der Proklamation der sozialistischen Brigaden ein neuer Ansatzpunkt, weil Wettbewerb und Prämierung mit kulturellem Engagement verflochten wurde. Der 10. Jahrestag der DDR-Gründung bildete einen willkommenen Anlaß zum Start der Kampagne. Theoretisch sollte die neue, höhere Form der Brigaden eine Bewegung »von unten« sein, tatsächlich wurde sie jedoch nach sorgfältiger Vorbereitung von oben, und zwar von der FDGB-Spitze, organisiert, und erst danach trat auch die Partei in der Kampagne nachdrücklich in Erscheinung. Den Hintergrund für diese durchaus ungewöhnliche Rollenverteilung bildete die harsche Kritik der SED am Revisionismus, am Mangel an Initiative, an »Handwerkelei und Bürokratismus« der Gewerkschaftsführung.[256] Mit dem Entwurf des FDGB-Vorsitzenden Warnke für die »Organisierung einer Bewegung für die Entwicklung von Brigaden der sozialistischen Arbeit« sollte über die Produktivitätssteigerung hinaus – zumindest als Nebeneffekt – auch das ramponierte Ansehen des FDGB wieder

---

(1996) H. 3, S. 3-26 (mit Ungenauigkeiten und Datierungsfehlern). Eine vorzügliche Fallstudie hat Rüdiger Soldt veröffentlicht: Zum Beispiel Schwarze Pumpe: Arbeiterbrigaden in der DDR, in: GG 24 (1998), S. 88-109.
254 Analyse über die Lage der Arbeiter auf dem Gebiet der kulturellen Massenarbeit, SAPMO-BArch, DY 34/36/12/2771, Anhang zum Schreiben vom 8.8.1955. Vgl. dazu ausführlich Schuhmann, Kulturarbeit, S. 85 ff.
255 So Horst Groschopp, zit. bei Schuhmann, Kulturarbeit, S. 86.
256 So ein Papier der ZK-Abteilung Gewerkschaften, Sozial- und Gesundheitswesen vom 14.4.1958, zit. bei Reichel, Jugoslawische Verhältnisse, in: Lindenberger (Hg.), Herrschaft und Eigen-Sinn, S. 46.

aufgebessert werden. Minutiös wurde festgelegt, wer wann was zu tun hatte, um die Bewegung in Schwung zu bringen. Natürlich lief die neue Initiative nicht an der Parteispitze vorbei, aber in Warnkes Entwurf stand der bemerkenswerte Satz: »Das Zentralkomitee soll gebeten werden, erst dann zur Bewegung offiziell Stellung zu nehmen, wenn diese einen bestimmten Höhepunkt erreicht hat.«[257] Das geschah tatsächlich. Offenbar hatte Warnke erfolgreich gegen einen Versuch Ulbrichts interveniert, die neue Brigadebewegung von Anfang an zur Sache von Partei und Staat zu machen.[258] Ähnlich wie 1950 wurden die staatlichen Betriebsleitungen von diesem Vorstoß überrascht, aber akzeptierten ihn zunächst. Die weitere Entwicklung der Brigaden schuf dann aber eine Konstellation, in der sich die Interessenlagen aller Beteiligten in unterschiedliche Richtungen verschoben.

Den öffentlichen Start machte die nach dem sowjetischen Hauer Nikolai Mamai benannte Jugendbrigade vom Elektrochemischen Kombinat Bitterfeld.[259] Am 7. Januar gab sie auf der ersten Seite der Gewerkschaftszeitung »Tribüne« der gesamten Arbeiterklasse der Republik zu Kenntnis, wozu sie sich verpflichtet hatte: »Wir wollen auf sozialistische Weise arbeiten, lernen und leben.«[260]

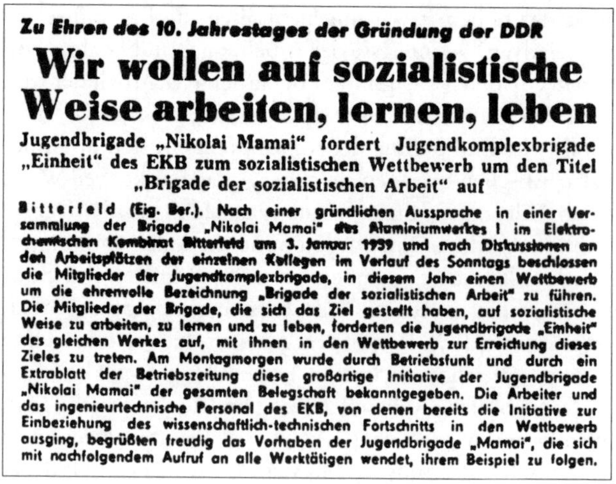

Zu Ehren des 10. Jahrestages der Gründung der DDR

Wir wollen auf sozialistische Weise arbeiten, lernen, leben

Jugendbrigade „Nikolai Mamai" fordert Jugendkomplexbrigade „Einheit" des EKB zum sozialistischen Wettbewerb um den Titel „Brigade der sozialistischen Arbeit" auf

Bitterfeld (Eig. Ber.). Nach einer gründlichen Aussprache in einer Versammlung der Brigade „Nikolai Mamai" des Aluminiumwerkes I im Elektrochemischen Kombinat Bitterfeld um 3. Januar 1959 und nach Diskussionen an den Arbeitsplätzen der einzelnen Kollegen im Verlauf des Sonntags beschlossen die Mitglieder der Jugendkomplexbrigade, in diesem Jahr einen Wettbewerb um die ehrenvolle Bezeichnung „Brigade der sozialistischen Arbeit" zu führen. Die Mitglieder der Brigade, die sich das Ziel gestellt haben, auf sozialistische Weise zu arbeiten, zu lernen und zu leben, forderten die Jugendbrigade „Einheit" des gleichen Werkes auf, mit ihnen in den Wettbewerb zur Erreichung dieses Zieles zu treten. Am Montagmorgen wurde durch Betriebsfunk und durch ein Extrablatt der Betriebszeitung diese großartige Initiative der Jugendbrigade „Nikolai Mamai" der gesamten Belegschaft bekanntgegeben. Die Arbeiter und das ingenieurtechnische Personal des EKB, von denen bereits die Initiative zur Einbeziehung des wissenschaftlich-technischen Fortschritts in den Wettbewerb ausging, begrüßten freudig das Vorhaben der Jugendbrigade „Mamai", die sich mit nachfolgendem Aufruf an alle Werktätigen wendet, ihrem Beispiel zu folgen.

Abb. 46

In gewollt lockerem Ton beschrieb das Blatt drei Tage später, wohin die Reise gehen sollte und wie die drei Postulate praktisch umzusetzen seien:

> »Da sitzen in Bitterfeld an zwanzig junge Menschen beieinander, um sich etwas Neues und Großes auszudenken. Etwas, mit dem sie ihrer Republik noch bes-

---

[257] Zit. bei Roesler, Gewerkschaften und Brigadebewegung, in: BzG 38 (1996)3, S. 16.
[258] Ebd., S. 17.
[259] Mamai hatte sich vorgenommen, die tägliche Schichtnorm 1958 um 1,5 t zu überbieten. SBZ-Archiv 9 (1958), S. 72.
[260] »Tribüne« vom 7.1.1959.

ser dienen können als bisher und was gehört werden wird in dieser Republik. Tja – das ist schwer, denn es geht doch um etwas, zu dem man sich erst vortasten muß, um Neuland, um Formen des gemeinschaftlichen Arbeitens und Lernens und des gemeinschaftlichen Lebens [...] Es geht um die konkrete Realisierung der so sinnfälligen Losung: Einer für alle und alle für einen, wobei – und das ist das Wichtigste – alle auf allen Gebieten des menschlichen Lebens nach vorn entwickelt werden sollen, dem Ideal des sozialistischen Menschen entgegen [...] Das meiste Kopfzerbrechen macht die dritte Forderung, die ›sozialistisch zu leben‹. Ein großes Wort, aber alle spüren: Sein Anfang kann nur in den vielen kleinen Dingen des Alltags liegen. ›Steht eigentlich einer von uns auf in der Eisenbahn, wenn ein altes Mütterchen keinen Sitzplatz hat?‹ fragt Rudi Scharf. Ja, das gehört dazu, Erziehung zur Achtung vor dem Alter. Dann das Verhältnis zu den Frauen. Alle sind dafür, daß ihre Frauen (viele sind, bei einem Durchschnittsalter von 25 Jahren, verheiratet) in den Betrieb kommen und einmal die Arbeit ihrer Männer kennenlernen. Alle sind für gelegentliche Zusammenkünfte mit ihren Frauen in froher Runde. Es wird am Einfallsreichtum, am Feingefühl und auch am Mut der Besten unter ihnen liegen, wie sich solche Ansätze zu weiteren fruchtbaren Ergebnissen entwickeln.«[261]

Abb. 47: Brigade Nicolai Mamai aus dem Aluminiumwerk II des Elektrochemischen Kombinats Bitterfeld 1959.

261 »Tribüne« vom 10.1.1959 (»Ihr Ziel: sozialistisches Kollektiv«). Auszug in: SBZ-Archiv 20 (1959), S. 78 f. Eine ausführlichere Darstellung mit Zitaten aus der DDR-Presse ebd., S. 226-229.

IV. Vom »Neuen Kurs« zum Mauerbau (1953–1961)

Die Apparate von FDGB und SED sorgten dafür, daß die Kampagne binnen weniger Wochen wie gewünscht anlief und sich vor allem Jugendbrigaden dem Aufruf anschlossen. Diesen galt ihre besondere Aufmerksamkeit. Auch die bereits zuvor initiierten Brigadetagebücher wurden jetzt mit Nachdruck propagiert. Sie enthielten anfangs durchaus auch kritische Passagen zur jeweiligen Betriebssituation, entwickelten sich aber, als solche realistischen Einträge zu riskant wurden, schnell zur Erziehungsfibel und später auch zum »Bilderbuch« über unpolitisches Brigadeleben.[262] Die Gesamtzahl der gemeldeten Teilnehmer am Wettbewerb um den begehrten Titel »Brigade der sozialistischen Arbeit« stieg in kurzer Zeit sprunghaft an, wie die folgenden Daten zeigen[263]:

Stichtag	Brigaden	Mitglieder
15.06.1959	16.307	192.001
15.12.1959	59.364	706.657
15.06.1960	120.598	1.503.850
15.12.1960	130.074	1.669.208

Partei und FDGB waren anfangs euphorisch, schienen sie doch nun über ein Instrument zu verfügen, mit dem sie, wie Ulbricht formulierte, »im wahrsten Sinne des Wortes den Sieg des Sozialismus organisieren« zu können glaubten.[264] Dementsprechend wurde gefeiert. Ende September 1959 organisierte der FDGB das erste Treffen der besten Jugendbrigaden des Bezirks Halle. Für den Sommer 1960 wurde die Auszeichnung der ersten sozialistischen Lehrlingskollektive und sozialistischen Jugendbrigaden als zentrale Veranstaltung geplant, und zwar als Kreuzfahrt auf der Ostsee mit etwa 160 Mitgliedern auf dem FDGB-Urlauberschiff »Völkerfreundschaft« unter der Losung »Wir arbeiten, lernen und leben für den Sieg des Sozialismus.«[265] In einer vorläufigen Ordnung wurde die Auszeichnung von 100 nun nicht mehr auf die Jugend begrenzten Brigaden zum 10. Jahrestag der DDR beschlossen. Neben den ökonomischen Verpflichtungen hatten die Brigademitglieder nachzuweisen, daß sie durch Erweiterung ihrer fachlichen und kulturellen Kenntnisse, durch gegenseitige Hilfe, hohe Arbeitsmoral »und weitere Verpflichtungen auf der Grundlage der 10 Gebote der sozialistischen Ethik und Moral begannen, ihr Leben sozialistisch zu gestalten.«[266] Die Gewerkschaften hatten das Vorschlagsrecht, als Prämie erhielt jedes Brigademitglied zunächst bis zu 500 Mark.[267] Das entsprach annähernd dem Monatsverdienst eines Produktionsarbeiters.

---

262 Vgl. Roesler, Das Brigadetagebuch, in: Badstübner (Hg.), Befremdlich anders, S. 151-166. Vgl. zu den Brigadetagebüchern als propagierter literarischer Form oben, Abschnitt 5 (S. 432 ff.).
263 Reichel, MS I, S. 21.
264 Referat auf der 6. ZK-Tagung der SED am 18./19.9.1959, zit. in: ebd., S. 24.
265 Reichel MS I, S. 26 f.
266 Gbl. DDR 1959 I, S. 664 (Vorläufige Ordnung über die Verleihung des Ehrentitels »Brigade der sozialistischen Arbeit« im Jahre 1959).
267 Reichel MS I, S. 28.

6. »Brigaden der sozialistischen Arbeit« als Lebensform?

Trotz der Initiierung von oben bewies das schnelle Wachstum der Brigaden ohne Zweifel auch ein hohes Maß an Bereitschaft zum Engagement in der Hoffnung, die bekannten Schwierigkeiten im betrieblichen Produktionsablauf (Materialprobleme, Mängel in der Arbeitsorganisation, Überstunden nach Warte- und Stillstandszeiten) besser in den Griff zu bekommen.[268] Denn diese wurden primär als Problem der Betriebsleitung, weniger des Planungssystems an sich wahrgenommen. Eine höhere Arbeitseffizienz versprach daher auch eine gerechtere Verteilung der Verdienste. Zwar fehlte es in der Parteipresse keineswegs an Hinweisen auf verhaltene Resonanz gegenüber den Brigaden oder unzureichende Präsenz der Parteimitglieder.[269] Ebenso gab es auch generelle Ablehnung und innerbetriebliche Kritik an den »Normbrechern« und »Arbeiterverrätern« aus den Vorzeigebrigaden.[270] Aber das schnelle Wachstum läßt sich ohne ein erhebliches Maß an überzeugtem Engagement neben der Aussicht auf Prämien kaum erklären.[271] Die weiter gesteckten politischen Ziele dürften dagegen eher unvermeidliche Pflichtübung geblieben sein. Ein in seiner Mischung aus praktischen Forderungen und probaten politischen Parolen typisches Beispiel stammt aus Schkopau.

Die starke Fixierung auf die Jugend bildete anfangs ein Problem, so daß mehrfach die Kritik älterer Arbeiter referiert wurde, man werde wohl »nicht mehr gebraucht«.[272] Doch auch diese Sorge verschwand mit der Expansion.

Waren die früheren Brigaden lediglich eine kollektive Arbeitsform, ähnlich den im Kapitalismus üblichen Kolonnen, so sollten die neuen das Privatleben stärker einbeziehen. Das geschah durchaus, wenn auch nicht immer so, wie es sich die Initiatoren vorgestellt hatten. Vor allem in der Endphase der DDR fungierten Brigaden immer mehr als soziale Netzwerke und Ersatzverei-

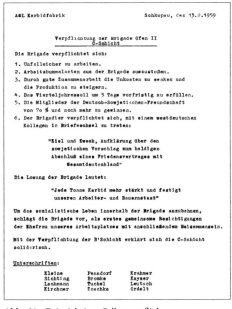

Abb. 48: Beispiel einer Selbstverpflichtung.

---

268 Das betont (etwas zu nachdrücklich) Roesler, Probleme des Brigadealltags, in: APZ B 38 (1997), S. 9.
269 MB Ostbüro November 1959, S. 9 ff. mit mehreren Pressestimmen. MB Ostbüro Oktober 1960, S. 13 f. Einzelbericht eines Informanten vom 18.1.1960, AdsD, Ostbüro 0062 Box II 280.
270 Reichel, Jugoslawische Verhältnisse, in: Lindenberger (Hg.), Herrschaft und Eigen-Sinn, S. 57, 61.
271 Vgl. auch das Fazit von Jeanette Madarász, Die Realität der Wirtschaftsreform in der DDR. Betriebsalltag in den sechziger Jahren, in: DA 36 (2003), S. 966-980, hier: S. 979.
272 Reichel MS I, S. 10.

IV. Vom »Neuen Kurs« zum Mauerbau (1953–1961)

ne, die zu einem guten Teil mit Brigadefesten, Ausflügen, Kegelabenden usw. Freizeitinteressen bedienten. Die Vorzeigebrigaden blieben stets die Ausnahme. In den Anfangsjahren gab es vielfach offiziöse Kritik an »Überspitzungen« hinsichtlich des Postulats »sozialistisch leben.« So warnten Funktionäre davor, die Bewegung dadurch einzuengen, daß »keine Frauen in diese Brigaden aufgenommen werden, daß man den Brigademitgliedern verbietet, in die Kirche zu gehen [...], daß man Arbeiter nicht aufnimmt, weil sie trinken«. Niemand solle durch »unerfüllbare Forderungen« abgestoßen werden, zum Beispiel »die Freizeit der Brigademitglieder zu planen, Vorschriften, nur im Kollektiv ins Theater oder zu anderen kulturellen Veranstaltungen zu gehen oder das Verbot, als Junggeselle auch mal mit einer anderen Frau auszugehen.«[273] Im Brandenburger Stahlwerk fragten Arbeiter, ob sie sich als Mitglieder einer sozialistischen Brigade sozialistisch trauen lassen und ihre Kinder an der Jugendweihe teilnehmen müßten. Insgesamt scheint dieser das Privatleben betreffende Teil jedoch nur eine sehr geringe Bedeutung entwickelt zu haben, weil er sich am ehesten ignorieren ließ. Viel brisanter waren dagegen die innerbetrieblichen Konsequenzen.

Denn die sozialistischen Brigaden entwickelten, ähnlich wie ihre Vorläufer, eine Eigendynamik, die zwar in der Logik ihrer Konstruktion lag, aber keineswegs den Steuerungsinteressen der Partei, der Gewerkschaft oder der Betriebsleitungen entsprach. In einer von der SED und ihren Massenorganisationen gelenkten Gesellschaft stießen sie in ein Vakuum, das die Gewerkschaften durch ihren erzwungenen Verzicht auf wirkliche Interessenvertretung geschaffen hatten. Schon in den fünfziger Jahren hatten sich die Brigadiere vielfach eine starke Stellung auf Kosten der Meister in der betrieblichen Hierarchie geschaffen, wenn es um Normen und Löhne ging. Dieser Teil einer »Aushandelungsgesellschaft« wurde in der Regel unspektakulär praktiziert und von Gewerkschaften und Betriebsleitungen zur Konfliktvermeidung mehr oder weniger stillschweigend geduldet.[274] Mit dem höheren Anspruch der sozialistischen Brigaden verbanden sich nun auch weiter reichende Forderungen, die ironischerweise zunächst von führenden Partei- und Gewerkschaftsvertretern formuliert worden waren, sich aber schnell zu jenen Geistern entwickelten, die der Zauberlehrling nicht mehr loswurde. Zwar befürchtete man beim FDGB nicht zu Unrecht auch »viele leere Versprechungen, leere Anschlüsse an diese Bewegung«[275], aber gefährlicher waren offenbar die schnell sichtbar gewordenen Verselbständigungstendenzen. Viele Brigaden agierten an Gewerkschafts- und Parteileitungen ihrer Betriebe vorbei und verhielten sich so, als seien sie Tarifparteien.[276]

Mit der Schaffung von Brigaderäten und Brigadekassen und der Ausarbeitung von Statuten zeichneten sich eigene Organisationsstrukturen ab. Quantitativ

---

273 Zit. bei Reichel, Jugoslawische Verhältnisse, in: Lindenberger (Hg.), Herrschaft und Eigen-Sinn, S. 60 (aus einem Papier der Abt. Parteiorgane des ZK der SED von Mitte 1959).
274 Vgl. oben, Kap. II 5 (S. 227 ff.).
275 So Otto Lehmann vom Bundesvorstand des FDGB, zit. bei Hübner, Syndikalistische Versündigungen, in: JHK 1995, S. 104.
276 Ebd., S. 105 f.

6. »Brigaden der sozialistischen Arbeit« als Lebensform?

blieben solche Beispiele eng begrenzt, aber in der Wahrnehmung der Partei waren sie alarmierend.[277] Möglich wurde diese relative Verselbständigung, weil die Brigaden zunächst Rückendeckung von hohen Funktionären erhielten.

Im März 1960 plädierte Erich Apel, Mitglied des ZK und Leiter der Wirtschaftskommission beim Politbüro, dafür, den fortgeschrittenen sozialistischen Brigaden mehr Rechte zu geben. Dazu zählte er die Normfestlegung, bestimmte disziplinarische Befugnisse, aber auch in einer vorsichtigen Andeutung mögliche Veränderungen in der sozialistischen Leitung.[278] Rudi Rubbel, prominentes Mitglied des FDGB-Bundesvorstandes, griff diesen Ball auf und veröffentlichte in der »Tribüne« einen programmatischen Artikel unter dem Titel »Den Brigaden größere Rechte.« Noch weiter ging Roland Schmutzler, ein Mitarbeiter des Instituts für Arbeitsrecht der Leipziger Universität. Ähnliche Gedankengänge gab es in der Potsdamer Bezirksleitung der SED und im Stahl- und Walzwerk Gröditz (Bezirk Dresden). Hier stimmten nicht nur die SED-Delegierten, sondern auch die Werksleitung einem Katalog zu, der auf eine erhebliche Erweiterung der Eigenverantwortlichkeit und der Kompetenzen der Brigaden hinauslief.[279] Substantielle Demokratisierungsforderungen zogen also offenkundig schon weitere Kreise, auch wenn es sich insgesamt um wenige Beispiele handelte.

Im Kern bezogen sich diese Forderungen auf Einbeziehung der Brigaden in zentrale betriebliche Entscheidungsprozesse und damit auf eine Form von Partizipation und Mitbestimmung, wie es sie in verschiedenen Varianten der »Arbeiterselbstverwaltung« bereits in Polen und Jugoslawien gab. Beide Artikel, auf die sich regionale Initiativen berufen konnten, waren im Grunde eine Konsequenz des pathetisch überhöhten Stils, mit dem die sozialistischen Brigaden als Instrumente zur baldigen Verwirklichung des Sozialismus präsentiert wurden. Aber sie rührten an ein leninistisches Tabu und lösten daher, kaum überraschend, eine scharfe Attacke des Parteichefs aus.

Heftig kritisierte Ulbricht Ende Mai 1960 in einem langen Redebeitrag die Beispiele dafür, dass man lieber Statuten ausarbeitete anstatt »lebendiger erzieherischer Arbeit« nachzugehen und erklärte: »Andere Genossen sind auf die Idee gekommen, diese Brigaden müßten jetzt besondere Rechte erhalten, und sie wollten einen Teil der Rechte des Werkleiters auf die Brigaden übertragen. Das soll wohl eine Art jugoslawischer ›Selbstverwaltung‹ werden? Als mir Genossen das Material gaben, habe ich auf den Rand geschrieben: ›Syndikalismus – unvereinbar mit der Linie der Partei …‹ Es ist also nicht richtig, wenn hier von einem Redner gesagt wurde, daß man als Ausweg sogenannte Räte der Brigaden der sozialistischen Arbeit schafft. Das ist nicht der Ausweg. Der richtige Weg ist die Produktionsbe-

---

277 ZK-Abteilung Gewerkschaften und Sozialpolitik, Vorlagen vom 9.5.1960 »Zu Fragen der Ständigen Produktionsberatungen« und vom 18.5.1960 »Zu einigen Fragen der sozialistischen Gemeinschaftsarbeit«. SAPMO-BArch, DY 30/IV2/611/52, Bl. 209 ff., 223 ff.
278 »Was heißt sozialistisch arbeiten und leben?«, in: »Neues Deutschland« vom 3.3.1960, S. 5.
279 Klinger, Brigaden, in: Der X. Parteitag der SED, S. 81. Dazu gehörten u. a.: Entscheidung über die Delegierung zum Hoch- und Fachschulstudium, Entscheidung über die Modalitäten der Bezahlung bei Ausschußproduktion und – besonders provozierend – die Abschaffung der Stempelkarte.

ratung. Wir machen keine neuen ›Strukturveränderungen‹. Es geht hierbei nicht um kleine taktische Fragen, sondern um prinzipielle Fehler.«[280]

Damit war die unkontrollierte Eigendynamik zumindest parteiintern erst einmal gestoppt, und die Gewerkschaften bekamen das Heft wieder stärker in die Hand. Der Hinweis auf die Produktionsberatungen zeigte die Absicht, Verselbständigungstendenzen aufzufangen und wieder in etablierte Strukturen einzubinden. Dieses Verfahren hatte die FDGB-Spitze bereits 1956 beim Experiment der Arberkomitees vorgeschlagen.[281] Apel übte Selbstkritik und Rubbel wurde strafversetzt.[282] 1964 konnte er trotzdem Werksdirektor des VEB Berliner Glühlampenwerk werden, eines bedeutenden Großbetriebs mit über 4.800 Mitarbeitern.[283] Dennoch verschwanden damit die »Entstellungen« in den Betrieben keineswegs sogleich.[284] Noch im Juni 1961 meldete das MfS »negative Erscheinungen« im Bezirk Dresden in Gestalt der Wahl von Brigadeleitern und der Einrichtung von Brigadekassen.[285] Auch in den 1959 geschaffenen Betriebsakademien, die als Fortentwicklung der bisherigen betrieblichen Bildungseinrichtungen die Weiterqualifikation forcieren sollten, tauchten Verselbständigungstendenzen auf, die als »syndikalistische Erscheinungen« kritisiert wurden.[286] Sicher trugen manche Aktivitäten und Forderungen sozialistischer Brigaden sozialutopischen Charakter, und auch anarchische Züge mochten dabei nicht ganz fehlen. Aber sie waren ebenso Produkte eines Prozesses, in dem Arbeiter ihre Interessen über die von oben verordnete Brigadestruktur und an den hauptamtlichen Funktionären vorbei gegenüber den Betriebsleitungen zu artikulieren und durchzusetzen versuchten.[287]

Mit der Wirtschaftsreform verschoben sich die Gewichte erneut: Die Planer und Leiter rückten in den Vordergrund, die gezähmten sozialistischen Brigaden verloren an Bedeutung, vor allem der nichtökonomische Teil des Konzepts der sozialistischen Brigaden trat zurück.[288]

Im Gesamtbild zeigt sich, wie sich Anleitung von oben, Bereitschaft zum Engagement, Eigeninteresse, Apathie und eigen-sinnige Umformung von Vorgaben mischten und das Potential zu mehr Engagement der Belegschaften schnell an Grenzen stieß, deren Überschreitung die Partei nicht zulassen wollte und konnte. Die »Diktatur der Grenzen«[289] gab es daher auch im Herzstück der Arbeitsgesell-

---

280 »Diskussionsrede« Ulbrichts auf der V. Bezirksdelegiertenkonferenz der SED in Leipzig, in: »Neues Deutschland« vom 10.6.1960.
281 Hübner, Konsens, S. 231.
282 Reichel, Jugoslawische Verhältnisse, in: Lindenberger (Hg.), Herrschaft und Eigen-Sinn, S. 53.
283 Madarász, Realität, in: DA 36 (2003), S. 976.
284 Hübner, Syndikalistische Versündigungen, in: JHK 1995, S. 114.
285 BStU, ZAIG 377, Bl. 22 f. Information vom 3.6.1961.
286 ZK-Abteilung Gewerkschaften und Sozialpolitik, Information vom 24.1.1961, SAPMO-BArch, DY 30/IV2/611/11 Bl. 137 ff. Arbeitsrichtlinien für die Betriebsakademien von 1959, ebd. DY 30/IV2/611/55, Bl. 20 ff. Demnach gab es zu diesem Zeitpunkt 964 Betriebsakademien, die auf 1.400 ausgebaut werden sollten.
287 Hübner, Syndikalistische Versündigungen, in: JHK 1995, S. 112.
288 Reichel MS IV, S. 37.
289 Thomas Lindenberger, Die Diktatur der Grenzen, in: Ders., (Hg.), Herrschaft und Eigen-Sinn, S. 13-20.

6. »Brigaden der sozialistischen Arbeit« als Lebensform?

schaft, im Betrieb. Die Gewerkschaften mußten sich dem fügen und fügten sich willig, weil auch ihre Position tangiert war. Dieses unscharfe Bild wird bestätigt, wenn man sich die betrieblichen Fallstudien näher ansieht und nach dem Ausmaß »jugoslawischer Verhältnisse« vor Ort fragt. Sicher sind der Generalisierung hier enge Grenzen gesetzt, aber die Beispiele widerlegen auch in diesem Bereich zumindest die Vorstellung einer »durchherrschten« Gesellschaft. So zeigt die Geschichte der beiden Musterbrigaden »Nikolai Mamai« und »Patrice Lumumba« (im EKO in Stalinstadt/Eisenhüttenstadt), wie leicht der Absturz aus den Höhen des idealen Vorbildes in den trivialen Alltag möglich war.[290]

Den besten Einblick in charakteristische Strukturen der informellen Interessenvertretung und des mikropolitischen Belegschaftshandelns bietet eine Fallstudie zur »Schwarzen Pumpe« in Hoyerswerda.[291] Das Gas- und Energiekombinat, mit 16.000 Beschäftigten eines der wichtigsten neu geschaffenen Unternehmen der DDR mit einem gewaltigen Industrialisierungsschub für die Niederlausitz, spielte bei der Inszenierung der Brigadebewegung eine bedeutende Rolle, weil sich die »Jugendbrigade Gruner« als zweite dem Aufruf der nach Nikolai Mamai benannten anschloß. Von insgesamt 566 Brigaden auf der Baustelle und in der Produktion erklärten sich 300 zur Teilnahme bereit. 1960 sollen 85 Prozent der Gesamtbelegschaft in Brigaden organisiert gewesen sein. Aus der detaillierten Rekonstruktion werden die vielfältigen Funktionen deutlich, die den Brigaden (sowohl in der alten wie in der neuen Form) zufielen.

Sie waren
- Beschwerdeforum für alltägliche Probleme im Betrieb wie schlechte Materialversorgung, unzureichende Reparaturen und Prämienkonflikte;
- Instrument zur Aushandlung »akzeptabler« Normen und Löhne, das heißt der Blockade oder Veränderung von oben verordneter höherer Normen, wobei die Drohung mit Arbeitsplatzwechsel angesichts knapper Arbeitskräfte meist wirksam war;
- Ansatzpunkte für die erfolgreiche Verweigerung des »Produktionsaufgebots« vom September 1961 und die Durchlöcherung der gesetzlich vorgeschriebenen Sechs-Tage-Woche;
- Ersatzvereine für Funktionen, die früher andere Organisationen ausgefüllt hatten; dabei konnten sich auch aus verordneter Geselligkeit als einem Element der sozialistischen Brigaden private Gemeinschaften und soziale Netzwerke entwickeln.

Die Brigaden waren halböffentlich und halbprivat und insofern durchaus ein Stück »Biertischsozialismus«. Ideologischen Diskussionen entzog man sich nach Kräften, Brigadeabende, Lesungen und gemeinsame Theaterabende dagegen waren eine willkommene Abwechslung. Zwar gab es immer Vorzeigebrigaden, die bereit waren, Aufrufe und Resolutionen zu unterschreiben. Aber das dominierende Muster der Brigaden in beiderlei Formen war die Mischung aus Meckern, Mitma-

---

290 Ausführlich dazu Reichel, MS III.
291 Soldt, Zum Beispiel Schwarze Pumpe, in: GG 24 (1998), S. 88-109.

chen und Verweigern, aus passiver Loyalität und informeller Resistenz im Arbeitsalltag. Darin und in der Schwierigkeit, diese aufzubrechen, vermutet Soldt wohl zu Recht eine der Ursachen für die wirtschaftspolitische Immobilität der DDR.[292]

Die Syndikalismus-Affäre bedeutete zwar nicht das Ende des Wachstums der sozialistischen Brigaden, aber sie löste erhebliche Verunsicherung aus. Der in gewissem Umfang ohne Zweifel vorhandene spontane Elan war gebrochen. Im Rahmen des Produktionsaufgebots gab es wenig erfolgreiche Versuche, die Brigaden für eine schnelle Produktivitätssteigerung einzusetzen.[293] Nach dessen Ende erfolgten Veränderungen vor allem in zweierlei Hinsicht: Die Brigaden wurden über die Produktionsarbeiter hinaus tendenziell zu »Komplexbrigaden« ausgeweitet, die zur Lösung komplexer Aufgaben Angehörige verschiedener Berufsgruppen umfaßten. Das zunächst mit großem Pathos geschaffene Subsystem sollte jetzt seinen Beitrag zur »Ökonomisierung« der Politik insgesamt leisten. »Kollektive der sozialistischen Arbeit« und »Komplexbrigaden« waren auf größere Bereiche ausgerichtet und sollten damit besser den technologischen Prozessen angepaßt werden.

Noch deutlicher wurde dieser technokratische Aspekt in der Förderung der »sozialistischen Arbeits- und Forschungsgemeinschaften«, in denen Ingenieure, Ökonomen und Techniker dominierten und Produktionsarbeiter deutlich unterrepräsentiert waren.[294] Sie waren zwar schon seit 1959 Teil der neuen Bewegung, hatten aber zunächst eher ein Schattendasein mit stark fluktuierenden Größenordnungen geführt. Sie sollten in der Regel für eine begrenzte Zeit bestimmte Forschungs- und Entwicklungsaufgaben lösen. Die Verbindung von Wissenschaft und Praxis, von Arbeiterklasse und Intelligenz und die allmähliche Annäherung von körperlicher und geistiger Arbeit galt dabei als spezifisches Merkmal.[295] Ein praktisches Beispiel aus einer einschlägigen DDR-Monographie illustriert, worum es zumindest im Idealfall gehen sollte: »Im VEB Buntmetallwerk Hettstedt mußte eine sozialistische Arbeitsgemeinschaft viele Vorurteile beim Kampf um das Weltniveau überwinden. 11 m pro Sekunde betrug die Kapazität der Drahtziehmaschine. Die allgemeine Ansicht im Werk war: Es geht nicht weiter. Das Weltniveau lag aber bei 22 m pro Sekunde. Eine Arbeitsgemeinschaft, bestehend aus 8 Arbeitern und 3 Vertretern der Intelligenz, löste in einem Vierteljahr das Problem. Das Weltniveau war erreicht.«[296]

Auch wenn nirgendwo die »lebensweltliche« Komponente der Brigaden und sozialistischen Kollektive widerrufen wurde, rückte im Zuge des »Neuen ökonomischen Systems« (NÖS) das ökonomische Moment deutlich in den Vordergrund. »Sozialistisch arbeiten, lernen und leben,« bekräftigte Rolf Berger, der starke Mann der Wirtschaftsreform im FDGB-Bundesvorstand im Herbst 1964, »das heißt heute vor allem, perspektivisch zu denken, den Plan Neue Technik gewissenhaft zu erfüllen, die Gemeinschaftsarbeit zwischen Forschung und Produktion

---

292 Ebd., S. 107 f.
293 Reichel MS IV, S. 19.
294 Ebd., S. 28, 34 f.
295 Falk, Kleine Geschichte, S. 173 f.
296 Ebd., S. 175.

6. »Brigaden der sozialistischen Arbeit« als Lebensform?

ständig zu entwickeln, die Qualität der Erzeugnisse auf das Weltniveau zu bringen und auf dem Wege der sozialistischen Rationalisierung die Kosten zu senken.«[297] Gesellschaftliche und private Bedürfnisse sollten so zur Deckung gebracht werden und dadurch auch den »Prozeß der Persönlichkeitsentwicklung richtig lenken.«

Die Stagnation der Brigadebewegung in ihrer ursprünglichen Zielsetzung konnte auch nicht dadurch kompensiert werden, daß Ulbricht versuchte, ihrer kulturellen Komponente im Rahmen seines kurzlebigen Konzepts der »sozialistischen Menschengemeinschaft« neue Impulse zu verleihen. Daß die »Schrittmacher der Produktion auch zu Schrittmachern bei der Aneignung von Bildung und Kultur sowie bei der Gestaltung einer kulturvollen Lebensweise« werden sollten[298], gehörte zu den verbalen Ritualen und hatte wenig praktische Relevanz.

Angesichts der Vielfalt ihrer Erscheinungsformen ist es schwer, ein zutreffendes Bild von der gesellschaftlichen Realität der sozialistischen Brigaden zu gewinnen. Bemerkenswert ist auch die im osteuropäischen Vergleich hohe Beteiligung in der DDR am »Titelkampf« um die begehrte Auszeichnung. Zwar lag 1961 die Sowjetunion mit 30,3 Prozent der Beschäftigten an der Spitze, aber die DDR folgte mit 26,6 Prozent deutlich vor anderen Volksdemokratien.[299] Die prinzipiell positiven Einstellungen der Arbeiter zu den Brigaden als Arbeitsform aus den fünfziger Jahren blieben erhalten und verstärkten sich noch in der Honecker-Ära. Eindeutig aber läßt sich resümieren, daß die mit großem Aufwand initiierte Bewegung wenig mit Partizipation zu tun hatte. Eine wissenschaftliche Untersuchung von 1970 für vier Brigaden aus vier Berliner Großbetrieben machte das unmißverständlich deutlich. Zwar ist sie nicht repräsentativ für alle Brigaden, aber sie gibt relevante Hinweise auf die Perzeption der Belegschaften. »Die demokratische Initiative und Schöpferkraft der Brigademitglieder,« hieß es dort im gedrechselten Berichtsjargon, »wird gegenwärtig noch zu ausschließlich auf die Lösung operativer Einzelprobleme, insbesondere auf die Überwindung von Schwierigkeiten bei der Durchführung des Produktionsprozesses gelenkt. Es kommt darauf an, die Brigaden aktiver in die Perspektivplanung des Betriebes einzubeziehen.« Stattdessen ging es, wenn überhaupt Aufträge erteilt wurden, »typischerweise um die Ausgestaltung von Wandzeitungen, die Ausarbeitung bzw. Auswertung von Kultur- und Bildungsplänen, das Organisieren von Kultur- und Sportveranstaltungen oder das Führen des Brigadetagebuchs.« In fast allen Brigaden bestand demnach »ein Widerspruch zwischen der Bereitschaft der Brigademitglieder, Aufgaben zu übernehmen und den ihnen von den Leitern dazu tatsächlich eingeräumten Möglichkeiten.«[300] Diese Bilanz paßte zu den Prinzipien des NÖS, spiegelte aber zugleich die Unmöglichkeit wider, in einem zentralistischen Herrschaftssystem »demokratische« Elemente wirksam werden zu lassen.

---

297 Zit. Reichel MS IV, S. 37.
298 So der Beschluß des Staatsrats über die Aufgaben der Kultur bei der Entwicklung der sozialistischen Menschengemeinschaft vom 30.11.1967. Vgl. unten, Kap. V 11 (S. 634 ff.).
299 Roesler, Herausbildung, S. 269.
300 Zit. bei Reichel, MS IV, S. 67, 69 f.

Die schärferen Maßstäbe für die Rentabilität und die größeren Handlungsspielräume der Betriebsleitungen gegenüber der Zentrale führten Mitte der sechziger Jahre neben beträchtlichen Lohnzuwächsen besonders in den bevorzugten Branchen dazu, daß ein großer Teil der Arbeiter die erhöhten Normen nicht mehr schaffte. In den fünfziger Jahren hatten die Arbeitsnormer häufig gegenüber den Forderungen der Brigaden nachgegeben. Nun hatte sich die Situation fast umgekehrt: Die Brigaden konnten nach der Syndikalismus-Kritik diese Funktion, die sie nach dem Aufstand von 1953 de facto erhalten hatten, nicht mehr oder nur noch in engen Grenzen ausüben. Das dürfte mit für den stetigen Rückgang der Anzahl der sozialistischen Brigaden in den ersten Jahren des NÖS verantwortlich gewesen sein.[301] Diese Konstellation änderte sich mit dem Scheitern des NÖS und dem Beginn der Ära Honecker.

Seit den siebziger Jahren gab es eine regelrechte Mitgliederexplosion. Formal fußte die Bewegung auf den 1959 formulierten Zielen, de facto aber wurde sie ideologisch ausgedünnt.

In den letzten Jahren der DDR erhielten nahezu alle Brigaden den Titel, wenn sie sich darum bewarben.[302] Als Instrumente zur Schaffung des »neuen Menschen« funktionierten sie kaum, wohl aber als allseits akzeptiertes Instrument zur Verringerung des innerbetrieblichen Konfliktpotentials und als wichtiges Kommunikationszentrum für die Belegschaften.[303]

7. Halbstaatliche Betriebe, privates Handwerk und genossenschaftliche »Landarbeiter«

In der Euphorie des »Aufbruchs« von 1958 beschleunigte die SED auch eine Entwicklung, die zwar längst in der Logik des Systems und in Ulbrichts Grundüberzeugung angelegt war, die aber nach den Krisen von 1953 und 1956 nur behutsam vorangetrieben wurde: die Einschränkung und Beseitigung privater Eigentumsformen in der Wirtschaft.[304] Der Beschäftigtenanteil der Privatbetriebe in der Industrie war zwischen 1950 und 1955 von 24 Prozent auf 17 Prozent zurückgegangen. Aber sie erbrachten 1955 immer noch 15 Prozent der industriellen Bruttoproduktion.[305] Überdies spielten sie, wie Tabelle 23 zeigt, in politisch sensiblen Bereichen wie der Nahrungsmittelbrache und der Leichtindustrie eine wichtige Rolle. Der Anteil an Arbeitsplätzen, den die Klein- und Mittelbetriebe zur Verfügung stellten, lag 1955 noch bei rund 40 Prozent der Gesamtwirtschaft. Be-

---

301 Roesler, Brigadealltag, in: APZ B 38 (1997), S. 11.
302 Roesler, Produktionsbrigaden, in: Kaelble/Kocka/Zwahr (Hg.), Sozialgeschichte, S. 145.
303 Ebd., S. 164. Vgl. unten Kap. VI 7 (S. 721 ff.).
304 Eine eingehende Analyse der SED-Politik hat Frank Ebbinghaus vorgelegt: Ausnutzung und Verdrängung. Steuerungsprobleme der SED-Mittelstandspolitik 1955–1972, Berlin 2003. Ferner Gabriele Valerius, Private Erwerbsarbeit und Beschäftigung in Kleinbetrieben der DDR, in: Brussig u. a. (Hg.), Kleinbetriebe, S. 293-321.
305 André Steiner, Von Plan zu Plan. Eine Wirtschaftsgeschichte der DDR, München 2004, S. 90.

7. Halbstaatliche Betriebe, privates Handwerk und genossenschaftliche »Landarbeiter«

stimmend war der private Sektor im Handwerk und in der Landwirtschaft. Im Handel lag er bei einem Drittel, in der Bauindustrie bei einem Viertel aller Arbeitsplätze in der jeweiligen Branche.[306]

Gegenüber den rücksichtslosen Sozialisierungsversuchen vor 1953 unterschied sich die neue Strategie im Zeichen des »Neuen Kurses« erheblich. Der Mittelstand sollte jetzt durch Anreize vom Sozialismus überzeugt werden. Nach der frühen Verstaatlichung der »Kommandohöhen« der Wirtschaft boten die Produktionsgenossenschaften des Handwerks (PGH) und die Einführung der Halbstaatlichen Betriebe seit 1956 Ansatzpunkte, um die langfristige Strategie mit politisch verträglicheren Mitteln zu erreichen.

Tab. 23: Entwicklung der Privatbetriebe

Industriebetriebe	Betriebe Stand: 31. Dezember								
	1950	1955	1957	1960	1963	1965	1968	1970	1971
Grundstoffindustrie	2.473	1.981	1.450	779	550	497	453	395	373
Metallverarbeitende Industrie (darunter Maschinen- u. Fahrzeugbau)	3.447	2.512	2.339	1.292	951	839	694	634	606
Leichtindustrie (einschließlich Textilindustrie)	9.248	7.162	6.544	3.733	2.808	2.487	2.094	1.822	1.686
Nahrungs- und Genußmittelindustrie	2.375	2.127	1.344	672	510	442	397	333	311
Industrie insgesamt	**17.543**	**13.782**	**11.677**	**6.476**	**4.819**	**4.265**	**3.638**	**3.184**	**2.976**

[Quelle: Hannsjörg F. Buck, Formen, Instrumente und Methoden zur Verdrängung, Einbeziehung und Liquidierung der Privatwirtschaft in der SBZ/DDR, in: Materialien der Enquete-Kommission »Aufarbeitung von Geschichte und Folgen der SED-Diktatur in Deutschland«, Bd. II 2, Baden-Baden 1995, S. 1120.]

Vor allem über das Instrument der Betriebsvereinbarungen, für die der FDGB-Bundesvorstand Richtlinien und Muster vorgab, sollte die Kontrolle und die indirekte Einbindung der Privatbetriebe in das betriebliche Organisationssystem der VEB gesichert werden. Dazu gehörten Freundschaftsverträge mit volkseigenen Betrieben, Arbeitsschutz, aber auch die Forderung nach Schaffung des Kultur- und Sozialfonds (KSF) in Höhe von 2,5 Prozent der Jahreslohn- und Gehaltssumme des Betriebes. Die BGL hatte einen genauen Haushaltsplan für die Verwendung des KSF aufzustellen.[307] Was von solchen programmatischen Posten des FDGB tatsächlich realisiert wurde und wo die größten Defizite lagen, läßt sich kaum generell bilanzieren. Die Geschäftsberichte des FDGB und die organisierten Diskussionsbeiträge der Kongresse bieten hinreichend Indizien sowohl für Erfolge wie für erhebliche Mängel. Privatbetrieben wurde anfangs auch erlaubt, in Gewerkschaftszeitungen für ihre Produkte zu werben.

---

306 Udo Ludwig, Wandel der Arbeitsplatzstruktur in der ehemaligen DDR bis zur Vereinigung, in: Wirtschaftsstruktur und Arbeitsplätze, in: Hans Georg Merk (Hg.), Wirtschaftsstruktur und Arbeitsplätze im Wandel der Zeit, Stuttgart 1994, S. 93-126, hier: S. 97.
307 Geschäftsbericht des FDGB 1950-1954, S. 214-218. Beispiele für Sozialpolitik in Privatbetrieben in den fünfziger Jahren bei Hübner, Betriebe als Träger, in: Geschichte der Sozialpolitik, Bd. 8, S. 769 ff.

IV. Vom »Neuen Kurs« zum Mauerbau (1953–1961)

Abb. 49: In den fünfziger Jahren konnten Privatbetriebe noch Werbung betreiben: Anzeigen in der Funktionärszeitschrift »Das Gewerkschaftsaktiv«.

7. Halbstaatliche Betriebe, privates Handwerk und genossenschaftliche »Landarbeiter«

Insgesamt zeigt der Umgang mit den Privatbetrieben ein Auf und Ab zwischen ideologischen Zielen und wirtschaftlichen Folgen, die korrigiert werden mußten, bis erneut auf die Generallinie der Vollsozialisierung eingeschwenkt wurde.[308] Wie Tabelle 24 und die Graphik (☞ vgl. *Abb. 50*, S. 480) belegen, ging der Anteil des privaten Sektors und der dort Beschäftigten kontinuierlich zurück, während die Halbstaatlichen Betriebe in den sechziger Jahren eine kurze Blüte erfuhren, bis schließlich mit dem Machtwechsel von Ulbricht zu Honecker ein erneuter Kurswechsel mit langfristig einschneidenden negativen Folgen eintrat.

Tab. 24: Erwerbstätige in der DDR nach Eigentümergruppen der Betriebe

Jahr	Erwerbstätige insgesamt[1]	Davon tätig in:			
		Staatsbetrieben	Genossenschaften	Halbstaatlichen Betrieben	Privaten Betrieben[2]
		1.000 Personen			
1952	7.814,3	3.972,0	270,6	–	3.571,7
1960	8.046,4	5.031,2	1.523,9	354,5	1.136,8
1962	8.077,5	5.085,0	1.606,5	438,3	947,7
1969	8.203,2	5.448,6	1.529,4	443,9	781,3
1972	8.266,4	6.338,8	1.318,5	7,4	601,5
1989	8.885,8	7.100,2	1.312,9	1,5	471,2
		Anteil in %			
1952	100	50,8	3,5	–	45,7
1960	100	62,5	18,9	3,8	14,8
1962	100	63,0	19,9	5,4	11,7
1969	100	66,4	18,6	5,4	9,5
1972	100	76,7	16,0	0,1	7,3
1989	100	79,9	14,8	0,0	5,3

[1] Ohne Erwerbstätige im sog. »X-Bereich« und Personen im Mütterjahr.
[2] Einschließlich Kommissionshandel.
[**Quelle:** Udo Ludwig, Wandel der Arbeitsplatzstruktur in der ehemaligen DDR bis zur Vereinigung, in: Wirtschaftsstruktur und Arbeitsplätze, in: Hans Georg Merk (Hg.), Wirtschaftsstruktur und Arbeitsplätze im Wandel der Zeit, Stuttgart 1994, S. 98 f.]

Angesichts periodisch wiederkehrender Versorgungskrisen war die politisch gewollte »Austrocknung« der privatwirtschaftlichen Reste von großer Bedeutung und tangierte die Arbeiterschaft insgesamt. Darüber hinaus vermittelt die Sicht auf den Teil der Arbeiterschaft, der ganz im Schatten der klassischen Industriebelegschaften in Großbetrieben stand, interessante Einblicke in die besonderen Schwierigkeiten der SED und des FDGB, ihre Programm- und Organisations-

---

[308] Eine Broschüre zum 20. Jahrestag der SED-Gründung sang das Hohe Lied auf Privat- und Handwerksbetriebe und deutete die Entwicklungsperspektive an, ohne sie beim Namen zu nennen. Rolf Deubner/Hermann Förster, Gewerkschaftsarbeit in Privat- und Handwerksbetrieben, Berlin (O) 1966.

IV. Vom »Neuen Kurs« zum Mauerbau (1953–1961)

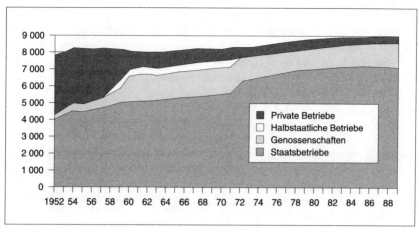

Abb. 50: Erwerbstätige in der DDR nach Eigentümergruppen der Betriebe (1.000 Personen).
[Quelle: Udo Ludwig, Wandel der Arbeitsplatzstruktur in der ehemaligen DDR bis zur Vereinigung, in: Wirtschaftsstruktur und Arbeitsplätze, in: Hans Georg Merk (Hg.), Wirtschaftsstruktur und Arbeitsplätze im Wandel der Zeit, Stuttgart 1994, S. 100.]

konzepte flächendeckend umzusetzen. Die offizielle Begründung des V. Parteitages für die zügige Einschränkung des privaten Sektors in Industrie und Landwirtschaft zielte auf die angebliche Systemwidrigkeit im Rahmen der zentralen Planung. Das Nebeneinander von volkseigener und privater Verfügungsgewalt mache eine gleichmäßige Planung unmöglich und gefährde die Volkswirtschaft insgesamt, hatte Ulbricht schon auf der 3. Parteikonferenz 1956 angedeutet.[309] Das mochte von den Prämissen der Zentralplanung her einleuchten. Der relativ große private Sektor der Volkswirtschaft war zumindest bis 1956 eine Besonderheit der DDR gegenüber den osteuropäischen Volksdemokratien[310] und läßt sich mit dem Schock des Juni-Aufstandes und der Deutschlandpolitik der SED erklären. Die restriktive Politik gegenüber Privatbetrieben, die hohe Leistungen bringen sollten, aber steuerlich immer enger in die Zange genommen wurden, zeigt jedoch, daß das DDR-Modell der Mehr-Sektoren-Wirtschaft nur als Übergang gedacht war. Insofern entsprach der neue Vorstoß einem sich ohnehin deutlich abzeichnenden Trend der schrittweisen, aber konsequenten Verdrängung des Mittelstandes. Der Übergangscharakter kam besonders in der neuen Form Halbstaatlicher Betriebe zum Ausdruck. In der Verordnung über die Bildung Halbstaatlicher Betriebe vom 26. März 1959 wurden sie daher bereits offen als »Übergangsform zum sozialistischen Betrieb« bezeichnet.[311] Rechtlich waren die »Halbstaatlichen«, das heißt Betriebe mit staatlicher Beteiligung, Kommanditgesellschaften

309 Referat am 24.3.1956, Walter Ulbricht, Zur Geschichte der deutschen Arbeiterbewegung, Bd. 5, S. 707.
310 Vgl. Anders Aslund, Private Enterprises in Eastern Europe. The non-agricultural private sector in Poland and the GDR 1945–1983, London 1985.
311 Gbl. DDR 1959 I, S. 253 ff.

7. Halbstaatliche Betriebe, privates Handwerk und genossenschaftliche »Landarbeiter«

(als Zusammenschluß von mindestens zwei Gesellschaftern, in der Regel mit gemeinsamer Kapitaleinlage) mit persönlich haftenden Gesellschaftern (Komplementäre). Ein ehemaliger Privatunternehmer diente dem Unternehmen in der neuen Form dann zumeist als Geschäftsführer.

Äußerlich war die Geburtsstunde der »Halbstaatlichen« ein von der CDU organisiertes Treffen von acht Privatunternehmern und leitenden Staats- und Gewerkschaftsfunktionären in Berlin im Februar 1956.[312] Gerald Götting, der Generalsekretär der CDU, verwies in seiner Eröffnung auf neue Möglichkeiten, die kleinen und mittleren Betrieben durch staatliche Beteiligung geboten werden sollten. Die neue Betriebsform präsentierte er zudem propagandistisch als gesamtdeutsches Signal: »Wir geben zugleich damit auch den kleinen und mittleren Industriellen in Westdeutschland davon Kunde, daß der Weg zum Sozialismus durchaus nicht ihren oftmals verzerrten Vorstellungen entspricht, sondern [...] Entfaltungsmöglichkeiten bietet, die ihnen unter den Bedingungen des Kampfes der großen Monopole um die wirtschaftliche Macht und dem daraus entstehenden Konkurrenzkampf versagt sind.«[313] Nach einigen Vorformen erschien aber erst im März 1959 die »Verordnung über die Bildung Halbstaatlicher Betriebe«, die das Ende der bisherigen Privatbetriebe außerhalb des Handwerks einläutete. Die Präambel konstatierte »die Einschränkung und Beseitigung der Ausbeutung des Menschen durch den Menschen. Es entwickelte sich ein neues Verhältnis der Unternehmer zum Betrieb. Als Leiter der Halbstaatlichen Betriebe entwickeln sie sich zu schaffenden Werktätigen und erhalten so an der Seite der Arbeiterklasse und der Werktätigen eine sichere soziale Grundlage.« Die staatliche Beteiligung erfolgte auf Antrag und schloß somit die Fortexistenz privater Betriebe noch keineswegs aus. Erst 1972 sorgte Honecker für ihre schnelle Verstaatlichung[314] – wiederum mit Ausnahme von Handwerksbetrieben, die sowohl in genossenschaftlicher wie privater Form weiterexistierten.

Die Vorteile der staatlichen Beteiligung sollten darin liegen, daß die Betriebe gesicherte Planaufgaben erhielten, während sie zuvor stets als Schlußlicht etwa im Hinblick auf Materialfreigabe und Kreditgewährung rangiert hatten. Sie wurden jetzt in die sogenannte »vereinfachte Planung« einbezogen, die sich im wesentlichen auf Arbeitskräftebilanzen, Investitionen, Materialkennziffern, Produktionsmengen und Sortimentsbilanzen beschränkte. Sie sollten damit größere Flexibilität als die in die Zentralplanung einbezogenen VEB erhalten.[315] Trotz des Drucks von Seiten der SED war das neue Modell daher keineswegs von vornherein unattraktiv.[316] Die Zahl der Halbstaatlichen Unternehmen nahm schnell zu, so daß

---

312 Eingehend dazu Wolfgang Gudenschwager, Die Rolle der Ost-CDU bei der Gründung, Entwicklung und Liquidation der staatsbeteiligten Betriebe in der DDR 1956 bis 1972, in: Richter/Rißmann (Hg.), Die Ost-CDU, S. 159-181.
313 »Neue Zeit« vom 22.2.1956, zit. bei Heinz Hoffmann, Die Betriebe mit staatlicher Beteiligung im planwirtschaftlichen System der DDR 1956–1972, Stuttgart 1999, S. 53.
314 Vgl. Hoffmann, Betriebe, Kap. 5.
315 Hoffmann, Betriebe, S. 68.
316 Gudenschwager, Rolle der Ost-CDU, in: Richter/Rissmann (Hg.), Die Ost-CDU, S. 172.

diese bereits im Jahr 1959 mit 256.400 Beschäftigten mehr Arbeitsplätze aufwiesen als die privaten. 1969 erreichten sie mit 373.300 Beschäftigten ihren Höhepunkt.[317] Parallel dazu wuchs der genossenschaftliche Sektor im Handwerk auf Kosten des privaten deutlich, ohne ihn jedoch ganz zu verdrängen, wie oben das Schaubild über die Gesamtentwicklung bis zum Ende der DDR zeigt.

Die Arbeitskräftestruktur belegt, daß der weitaus größte Teil der Betriebe mit staatlicher Beteiligung sich aus mittleren und Kleinbetrieben zusammensetzte. Von insgesamt 5.277 industriellen Halbstaatlichen Betrieben Ende 1962 hatten 3.118 bis 50 Beschäftigte, 2.142 zwischen 51 und 500 Beschäftigte, und nur bei 17 lag die Zahl darüber.[318]

Das in den frühen fünfziger Jahren von der SED immer wieder kritisch erörterte Thema der unzureichenden politischen Arbeit in den Privatbetrieben blieb damit in veränderter Form auf der Tagesordnung. Symptomatisch für die Probleme in der Praxis ist ein zusammenfassender Bericht der Org.-Instrukteurs-Abteilung des FDGB-Bundesvorstandes von 1954, der massiv die Vernachlässigung der Privatbetriebe in der Gewerkschaftsarbeit kritisierte.[319] Politische Fragen würden rein ökonomischen Gesichtspunkten untergeordnet, bemängelte der Bericht und verwies damit auf das leidige Dauerproblem der unzureichenden Bewußtseinsbildung. Die IG Bau/Holz wurde bevorzugtes Ziel der Kritik: »Offensichtlich ist in den Köpfen einiger führender Funktionäre des ZV [Zentralvorstandes; C. K.] einiges nicht klar. Das ist das Haupthemmnis zur Entfaltung der politischen Massenarbeit in den Privatbetrieben.«[320] Andere Branchengewerkschaften waren jedoch in den Augen der FDGB-Spitze kaum besser. Den Kern der Kritik bildeten die unzureichenden Anstrengungen für die Durchsetzung umfassender und nicht nur auf die nächstliegenden sozialen Belegschaftsinteressen bezogener Betriebsvereinbarungen. »Von den ZV bis in die Betriebe«, lautete das Fazit, »wird der Abschluß der Vereinbarungen nicht verbunden mit einer breiten ideologischen Arbeit. Die politische Anleitung ist nur allgemein und orientiert sich nicht auf [sic!] die prinzipielle Klärung solcher Fragen wie z. B. die Existenz einer einheitlichen Arbeiterklasse und die gemeinsamen Interessen der Arbeiterklasse in der DDR sowie in Westdeutschland, die Erhöhung des Klassen- und Staatsbewußtseins der Arbeiter in den privatkap. Betrieben, damit Untertanengeist und Klassenharmonie zerschlagen wird.«[321]

Solche Charakterisierungen entsprachen zwar dem gängigen Berichterstattungsjargon, sie legten aber trotz aller Floskelhaftigkeit den Finger in eine Wunde, die überzeugten Funktionären im Hinblick auf den privaten Sektor besonders

---

317 Ludwig, Wandel, in: Merk (Hg.), Wirtschaftsstruktur, S. 101.
318 Hoffmann, Betriebe, S. 87; Statistisches Jahrbuch der DDR 1964, S. 116.
319 Bericht vom 26.3.1954 betr.: Durchführung des Beschlusses des Sekretariats des Bundesvorstandes vom 3.3.54. über die Verbesserung der Gewerkschaftsarbeit in den Privatbetrieben, insbesondere beim Abschluß der Betriebs- und Arbeitsschutzvereinbarungen, SAPMO-BArch, DY 34/15/242/1832.
320 Ebd., S. 3.
321 Ebd., S. 7.

7. Halbstaatliche Betriebe, privates Handwerk und genossenschaftliche »Landarbeiter«

lange zu schaffen machte und ein wichtiges Motiv für das neue Modell der staatlichen Beteiligung gewesen sein dürfte. Die unzureichende politische Arbeit der BGL und der Kreisleitungen der SED in den privaten und Halbstaatlichen Betrieben blieb trotz teilweise guter wirtschaftlicher Erfolge ein Grund zur Klage. Das ZK der SED kritisierte 1962, bei der Gewinnung von Kandidaten für die SED und der Bildung von Betriebsparteiorganisationen (BPO) gebe es kaum Fortschritte. In den 6.033 Halbstaatlichen Betrieben existierten demnach nur 1.423 BPO (Stand: 30.6.1962), von den 374.424 Beschäftigten waren nur 13.139 (3,5 Prozent) Parteimitglieder und 716 Kandidaten. In den verbliebenen 5.507 Privatbetrieben sah die Bilanz noch unerfreulicher aus: Hier gab es nur 382 BPO, und von den 142.183 Beschäftigten waren nur 2.717 (1,9 Prozent) Parteimitglieder und 79 Kandidaten.[322] Die Kooperation zwischen den VEB und den privaten sowie Halbstaatlichen Betrieben ließ zu wünschen übrig, weil es die verbreitete Einstellung gab: »Keinen Mann und keinen Groschen für den Komplementär oder den privaten Unternehmer.«[323] Die offizielle Klassenkampfpropaganda war hier offensichtlich doch nicht ohne Wirkung geblieben, so daß sich die Partei- und Gewerkschaftsführung mit einer neuen Form von »Sektierertum« auseinanderzusetzen hatte.[324]

Die Quellen, die über die Lage und das Verhalten der Arbeiter in den privaten und Halbstaatlichen Betrieben Auskunft geben, sind dünn und oft wenig aussagekräftig.[325] Die Protokolle der FDGB-Kongresse von 1959 und 1963 lassen immerhin einige Probleme und Konflikte ansatzweise erkennen. Neben stilisierten Berichten über lernwillige Betriebsleiter, die sich nach eingehender Diskussion mit der Belegschaft dem Sozialismus nicht verschließen wollten und die staatliche Beteiligung beantragten[326], machen andere Stellungnahmen die spezifischen Schwierigkeiten gewerkschaftlicher Arbeit in Handwerks- und Kleinbetrieben auf dem Lande deutlich. So schilderte Rudi Liske, der Vorsitzende der Dorfgewerkschaftsleitung (DGL) Sohland/Spree im Bezirk Dresden, die rund 450 Mitglieder (einschließlich 217 Rentnern und Hausfrauen) in 45 Klein- und Handwerksbetrieben betreute, anschaulich die ausschließlich ehrenamtliche Gewerkschaftsarbeit in seinem Bereich:

---

322 Information über die Entwicklung der halbstaatlichen und privatkapitalistischen Industrie im 1. Halbjahr 1962, SAPMO-Barch, DY 30/IV2/5/194, Bl. 165. Vergleichszahlen aus dieser Zeit liegen mir nicht vor, für 1973 zeigt die soziologische Studie zur Sozialstruktur der Arbeiterklasse für Produktionsarbeiter in der sozialistischen Industrie einen Prozentsatz von ca. 20 Prozent Parteimitgliedern, was zumindest auf eine prinzipiell andere Größenordnung verweist. »Über die soziale Struktur der Arbeiterklasse«, Teil III, S. 292. Vgl. dazu Kap. VI (S. 647 ff.), Anm. 10 (S. 651).
323 Information (wie vorige Anmerkung), Bl. 162.
324 Rechenschaftsbericht des Bundesvorstandes an den 6. FDGB-Kongreß 1959–1963, Berlin (O) 1963, S. 45.
325 Wenig bietet dazu auch die ungedruckte Dissertation von Heidi Roth, Die Gruppe der Arbeiterklasse in den Industriebetrieben mit staatlicher Beteiligung, Diss. Leipzig 1974.
326 So der Diskussionsbeitrag des BGL-Vorsitzenden eines Privatbetriebes Gerhard Simon, in: Protokoll des 5. FDGB-Kongresses 1959, Berlin(O) 1959, S. 435 f.

»Die DGL haben nicht nur einen Betriebsvertrag, sondern 45 betriebliche Abkommen bzw. Betriebsvereinbarungen abzuschließen. Den DGL steht auch kein Fahrzeug zur Verfügung, wie dies in anderen größeren Betrieben der Fall ist. Die DGL können auch nicht ihre Mitgliedsbücher usw. einsammeln durch einen Aushang am ›Schwarzen Brett‹ oder gar durch Durchsage im Betriebsfunk, sondern sie müssen sich ihr eigenes Fahrrad zur Hand nehmen und die 45 Betriebe aufsuchen, was wohl weitaus größere Schwierigkeiten bereitet als in einem geschlossenen Betriebe. Die Kollegen in den Handwerksbetrieben fragen überhaupt mit Recht, warum in den Handwerksbetrieben keine Lohnerhöhungen auf Grund der neuen Tarife erfolgt sind. Sie betrachten sich, trotz ihres unermüdlichen Einsatzes zur Steigerung der Produktion und der Durchführung der Reparaturen zur Werterhaltung, als Menschen zweiter Klasse.«[327]

Ähnliche Klagen über Benachteiligungen und mangelndes Engagement der Gewerkschaften in den privaten und Halbstaatlichen Betrieben finden sich auffallend häufig und reichen über die rituelle Kritik der Spitzengremien an der unzureichenden Arbeit der mittleren und unteren Gewerkschaftsebene deutlich hinaus. So schilderte Dieter Siegert, der BGL-Vorsitzende eines Halbstaatlichen Betriebs in Leipzig mit 28 Beschäftigten, eingehend die vielfältigen Aktivitäten der BGL zur Verbesserung der Betriebsverpflegung, der sanitären Anlagen, zur Intensivierung der Freizeitaktivitäten und zur Etablierung des Wettbewerbs im Betrieb. Er beklagte jedoch zugleich, »daß sich Werktätige aus Betrieben mit staatlicher Beteiligung und aus Privatbetrieben von der Gewerkschaft vernachlässigt und zurückgesetzt fühlen und sich vor allem darüber beschweren, daß ihre Interessen von den Gewerkschaftsleitungen nur ungenügend wahrgenommen werden.«[328] Als symptomatisches Detail führte er an, daß das Informationsblatt für private und Halbstaatliche Betriebe eingestellt wurde. Der BGL-Vorsitzende eines Halbstaatlichen Betriebes in Karl-Marx-Stadt verwies auf die schlechte Stimmung, die aus der ungerechtfertigten Verteilung von Südfrüchten an Staatsbetriebe sowie der Benachteiligung der Halbstaatlichen resultierte. Daß diese keine Schichtprämien erhielten, stoße ebenfalls auf Unverständnis.[329] Dezidierte Kritik fand auch die unterschiedliche Ausstattung sozialer, insbesondere sanitärer Einrichtungen für männliche und weibliche Belegschaftsmitglieder.[330] Für einen Jenaer Betrieb gab ein Mitglied der BGL die Stimmung der Belegschaft wieder: »Um unsere Probleme kümmert man sich sowieso nicht, denn wir sind nur ein kleiner Betrieb, dazu noch Halbstaatlich.«[331]

Solche quasi-offizielle Kritik auf einem Gewerkschaftskongreß läßt sich als Ventil für verbreitete Unzufriedenheit, aber auch als gewünschte Frontstellung ge-

---

327 Ebd., S. 619.
328 Protokoll des 6. FDGB-Kongresses vom 19. bis 23. November 1963 in der Dynamo-Sporthalle zu Berlin, Berlin (O) 1964, S. 187.
329 Ebd., S. 604 f.
330 Ebd., S. 696 (BGL-Vorsitzende aus einer Möbelfabrik in Schönebeck/Elbe).
331 Ebd., S. 440 f.

7. Halbstaatliche Betriebe, privates Handwerk und genossenschaftliche »Landarbeiter«

gen das »Sektierertum« in den großen Staatsbetrieben verstehen, deren selbstbewußte Belegschaften ihre eigenen Interessen in den Vordergrund rückten und von »Bündnispolitik« wenig wissen wollten, zumal die Zukunft der »führenden Klasse« bei ihnen liegen sollte. Etwas anders sah dagegen die Situation im Handwerk aus.

Die Grenzen zwischen privaten Industrie- und Handwerksbetrieben waren fließend. Die vom Staat verordnete Trennung war willkürlich: Handwerksbetriebe mit mehr als 10 Beschäftigten wurden als Industriebetriebe geführt.[332] Angesichts der gesellschaftlichen Bedeutung von Reparaturen und Dienstleistungen wurde jedoch das Handwerk vorsichtiger behandelt als die Privatindustrie, auch wenn für beide die grundsätzliche Weichenstellung für eine mittelfristige Überführung in sozialistische Eigentumsformen galt. So schrumpfte die Zahl der Handwerksbetriebe und der dort Beschäftigten bereits in der ersten Hälfte der fünfziger Jahre deutlich zugunsten der PGH, aber ein wesentlicher Rest blieb erhalten. Die Pflege einer berufsständischen Tradition war zudem ausgeprägt, und selbst bei Handwerkern, die SED-Mitglieder waren, gab es deutliche Vorbehalte gegen den »Aufbau des Sozialismus«.[333] Wo der Druck zu groß wurde, stieg ähnlich wie bei den Privatunternehmern die Zahl der »Republikflüchtigen« stark an, wie sich insbesondere nach der Erhöhung des Kollektivierungstempos im Gefolge des V. Parteitages zeigte.[334]

Tab. 25: Unternehmen und Erwerbstätige im Handwerk der DDR

Jahr	Unternehmen			Erwerbstätige			Erwerbstätige je Unternehmen		
	Insgesamt	Darunter		Insgesamt	Darunter (in)		Insgesamt	Darunter (in)	
		PGH[1)]	Private Unternehmen		PGH[1)]	Privaten Unternehmen		PGH[1)]	Privaten Unternehmen
	Anzahl			1.000			Anzahl		
1950 ...	303.821	–	303.821	858,3	–	858,3	2,8	–	2,8
1955 ...	248.315	103	248.212	855,2	3,4	851,8	3,4	32,8	3,4
1960 ...	177.121	3.878	173.243	656,0	175,6	480,4	3,7	45,3	2,8
1970 ...	120.936	4.458	116.478	652,3	282,2	370,1	5,4	63,3	3,2
1972 ...	108.507	2.779	105.728	490,1	151,6	338,5	4,5	54,6	3,2
1978 ...	87.985	2.767	85.218	427,8	167,0	260,8	4,9	60,4	3,1
1988 ...	84.953	2.719	82.234	457,2	177,0	280,3	5,4	65,1	3,5

[1)] Produktionsgenossenschaften des Handwerks. – Einschl. Produktivgenossenschaften.
[**Quelle:** Udo Ludwig, Wandel der Arbeitsplatzstruktur in der ehemaligen DDR bis zur Vereinigung, in: Wirtschaftsstruktur und Arbeitsplätze, in: Hans Georg Merk (Hg.), Wirtschaftsstruktur und Arbeitsplätze im Wandel der Zeit, Stuttgart 1994, S. 104]

---

332 Ebbinghaus, Ausnutzung, S. 35.
333 Ebd., S. 92, 81.
334 Ebd., S. 97, 119.

IV. Vom »Neuen Kurs« zum Mauerbau (1953–1961)

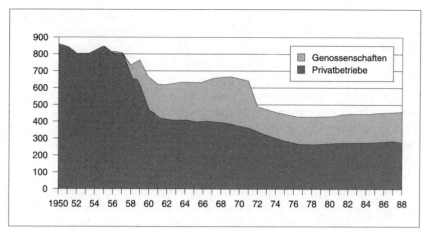

Abb. 51: Erwerbstätige im Handwerk der DDR nach Betriebsformen (1.000 Personen).
[**Quelle:** Udo Ludwig, Wandel der Arbeitsplatzstruktur in der ehemaligen DDR bis zur Vereinigung, in: Hans Georg Merk (Hg.), Wirtschaftsstruktur und Arbeitsplätze im Wandel der Zeit, Stuttgart 1994, S. 105.]

Der Schrumpfungsprozeß der Handwerksbetriebe setzte sich bis in die achtziger Jahre fort. Angesichts der Versorgungslücken im Reparatur- und Dienstleistungssektor fand jedoch 1976 eine Kurskorrektur in der Handwerkspolitik durch Steuererleichterungen und Fördermaßnahmen statt, die den Rückgang bei den Beschäftigten stoppte.[335]

Schwer zu bestimmen bleibt die soziale Verortung der Landarbeiter und Bauern in den 1960 flächendeckend umgesetzten, wenn auch in der Rechtsform differenzierten Landwirtschaftlichen Produktionsgenossenschaften (LPG). Noch mehr gilt das für die staatlichen Volkseigenen Güter (VEG) und die Maschinen-Traktoren-Stationen (MTS), über die dazu kaum Daten vorliegen.[336] Die Lage der Landarbeiter vor der Kollektivierung wurde im Rahmen einer Erhebung des FDGB als ziemlich desolat eingestuft, auch wenn die Versorgung mit Lebensmitteln im wesentlichen gesichert war. Vor allem die Wohnsituation blieb teilweise katastrophal, aber auch das kulturelle Angebot war dürftig. Ein FDGB-Berichterstatter stellte 1955 fest, daß noch die ehemaligen Schnitterkasernen bewohnt seien, wo Familien unter äußerst schlechten sozialen Bedingungen lebten. Das kulturelle Leben spiele sich überwiegend in Dorfgasthäusern ab und neue Kulturzentren der Maschinen- und Traktoren-Stationen blieben oft wegen schlechter Programmgestaltung ungenutzt.[337] Angesichts der relativen Vernachlässigung der Landwirtschaft dürften solche trostlosen Bilanzen durchaus realistisch gewesen sein, selbst wenn sie nur Ausschnitte wiedergaben.

---

335 Ludwig, Wandel, in: Merk (Hg.), Wirtschaftsstruktur, S. 106.
336 Einige Hinweise dazu bei Christel Nehrig, Das Leitungspersonal der Volkseigenen Güter 1945–1970, in: Hübner (Hg.), Eliten, S. 309-324.
337 »Wie ist das Lebensmilieu der Landarbeiter?« Material Warnke zu VII [siehe unten Kap. VI, Anm. 6 (S. 650)].

7. Halbstaatliche Betriebe, privates Handwerk und genossenschaftliche »Landarbeiter«

Die Ende der fünfziger Jahre in hohem Tempo erzwungene Kollektivierung der überwiegend privaten Landwirtschaft gehörte substantiell zum großen Aufbruch der »Vollendung der sozialistischen Produktionsverhältnisse«, den der V. Parteitag verkündet hatte. Sie zeitigte fatale Folgen, die zu einer wichtigen Ursache des Mauerbaus wurden. Gegenüber den politischen Begleitumständen und Konsequenzen ist jedoch ein anderer Aspekt oft allzu sehr in den Hintergrund gerückt: Wie sah die soziale Differenzierung innerhalb der LPG aus und wo war der Platz der »Bauern auf neue Art«[338] in der Sozialstruktur? Waren und verstanden sie sich überwiegend als Staatsangestellte, diskriminierte Bauern oder Landarbeiter mit einer vergleichsweise gut gesicherten Lebensperspektive? Eine so zugespitzte Frage läßt sich kaum beantworten, sie kann aber auf die fließenden Grenzen im traditionellen sozialen Schichtungsschema hinweisen und zumindest andeuten, wo es Berührungspunkte zwischen einer verstaatlichten Arbeiterbewegung und einer genossenschaftlich und de facto staatlich gesteuerten Landwirtschaft gab. Zudem war das neue Modell nach der Überwindung des Schocks, den die Zwangskollektivierung verursacht hatte, keineswegs durchweg unpopulär, bot es doch viele soziale Vorteile und kulturelle Entwicklungsmöglichkeiten, die das hergebrachte ländliche Milieu kaum bieten konnte. Insofern war es nicht nur Propaganda, wenn ausgerechnet das Staatssekretariat für westdeutsche Fragen diesen Kontrast hervorhob und dem fiktiven westdeutschen Leser die LPG als moderne sozialistische Form der Landwirtschaft anpries.

Ein früher Versuch, die Verbindung zwischen der »führenden Klasse« und der bäuerlichen Bevölkerung enger zu gestalten, war der Beschluß der SED vom 23. April 1953 zur »Entsendung von Arbeitern auf das Land zur unmittelbaren Hilfe bei der sozialistischen Umgestaltung des Dorfes.«[339] Über die schon praktizierten Patenschaften von VEB und LPG hinaus sollten nun »erprobte Parteimitglieder und parteilose Industriearbeiter zur ständigen Arbeit auf das Land« geschickt werden. Andere sollten für ein Jahr oder mehrere Jahre auf dem Lande bleiben. Diese 1954 so benannte Aktion »Industriearbeiter aufs Land« verlor zwar nach dem Aufstand vom 17. Juni im Zeichen des »Neuen Kurses« und nach dem Stopp der forcierten Kollektivierung etwas von ihrer Funktion als ostentative politische Erziehungsmaßnahme, aber sie spielte bis zur Vollkollektivierung und in veränderter Form auch später noch eine propagandistisch wichtige Rolle.[340]

Den arbeitsmarktpolitischen Hintergrund bildeten der Mangel an Arbeitskräften in der Landwirtschaft, der schleppende Aufbau von LPG, die personelle Überbesetzung in der Industrie und die Notwendigkeit von »Umsetzungen«. So ging die SED-Führung bei der Vorbereitung des Volkswirtschaftsplans von 67.800 Ent-

---

338 So der Titel der vom Staatssekretariat für westdeutsche Fragen herausgegebenen Broschüre: Bauer auf neue Art. Die moderne sozialistische Landwirtschaft in der DDR, 3. Aufl., Berlin(O) 1970.
339 Dokumente der SED, Bd. 4, S. 356-360.
340 Eine eingehende Darstellung und Analyse dazu bietet die Dissertation von Gregory R. Witkowski von 2003. Die wichtigsten Ergebnisse sind zusammengefaßt in seinem Aufsatz: On the Campaign Trail: State Planning and »Eigen-Sinn« in a Communist Campaign to Transform the East German Countryside, in: Central European History 37 (2004), S. 400-422.

lassungen in der Industrie für das zweite Quartal 1955 aus. Zudem sollten Empfänger von Sozialfürsorge verstärkt in der Landwirtschaft eingesetzt werden.[341] Für die Durchführung der Aktion »Industriearbeiter aufs Land« waren die Verwaltungen auf zentraler und lokaler Ebene zuständig, einen bedeutsamen Part für die Mobilisierung hatten aber FDGB und FDJ zu übernehmen. Zwischen den Ministerien gab es jedoch erhebliche Reibereien, so daß im Sommer 1955 zur besseren Koordination eine zentrale Kommission geschaffen wurde, in der nahezu alle Ministerien vertreten waren. Rund 20.700 »Industriekader« wurden nach Angaben des ZK im August 1955 auf dem Lande eingesetzt. Die mit Abstand größte Gruppe unter ihnen wurde als Landarbeiter eingestuft, wie eine entsprechende soziale Aufschlüsselung zeigt. Allein dieser Sachverhalt spiegelte eines der zentralen Hindernisse für den Erfolg der Kampagne wider: Industriearbeiter befanden sich durchweg in höheren Lohngruppen als Landarbeiter und mußten die Veränderung als sozialen Abstieg empfinden. Zudem bildete die Unterbringung einen ständigen Anlaß für Beschwerden. Trotz Vergünstigungen wie einer einmaligen Entschädigung, der Zahlung von Trennungsgeld und Umzugskosten war der Wechsel von der Stadt aufs Land in der Regel wenig attraktiv. Manche Bezirke ignorierten die Aktion daher weitgehend, in anderen kehrten Industriearbeiter der Landwirtschaft schon nach wenigen Monaten wieder den Rücken.[342]

An massiven Konflikten auf beiden Seiten mangelte es daher nicht. Der RIAS teilte – sicherlich überspitzt – die für diese Form der Landverschickung vorgesehenen Kader in drei Kategorien ein: Genossen, die in der Industrie keine guten Leistungen brachten, FDJ-Mitglieder mit großer Begeisterung und KVP-Angehörige, deren Dienstzeit zuende war. Er forderte dazu auf, die Dorfgemeinschaft enger zusammenzuschließen und zu den Funktionären auf Distanz zu gehen.[343] Gänzlich falsch war jedoch dieser Hinweis auf die Probleme, die sich bei der Umsetzung der Aktion ergeben hatten, keineswegs. Die Zeitung »Land und Forst« berichtete 1954 sogar von Schlägereien.[344] Eine Eingabenanalyse des ZK für das letzte Quartal 1957 konstatierte: »Weiterhin zeigt sich die mangelhafte Arbeit örtlicher staatlicher Organe bei der Werbung von Industriearbeitern vor allem im Jahre 1954 und Anfang 1957. Zum Teil trennen sich die Genossenschaften selbst von solchen negativen Kräften, weil sie ihnen weder fachlich noch politisch etwas geben, sondern nur Unruhe und Arbeitsbummelei unter die Genossenschaftsbauern tragen [...] Ein anderer Teil verläßt von selbst wieder den genossenschaftlichen Sektor, weil sie nicht, wie sie sich es vorgestellt haben, ohne viel zu arbeiten, gut leben können.«[345] Weniger ideologisch formuliert fanden viele Arbeiter, was kaum verwunderlich war, die Lebensbedingungen auf dem Lande zu primitiv und waren von den Versprechungen enttäuscht.[346]

---

341 Hoffmann, Aufbau und Krise, S. 516 f.
342 Bauerkämper, Ländliche Gesellschaft, S. 385 f.
343 So der Informationsdienst des MfS vom 25.2.1955. BStU, MfS-AS 87/59, Bl. 103 f.
344 Zit. in SBZ-Archiv 5 (19559, S. 278).
345 SAPMO-BArch, DY 30/IV2/5/252, Bl. 337.
346 Witkowski, Campaign, S. 415 f.

7. Halbstaatliche Betriebe, privates Handwerk und genossenschaftliche »Landarbeiter«

Angesichts der unübersehbaren Schwierigkeiten wurde die Aktion »Industriearbeiter aufs Land« seit dem Sommer 1957 nicht mehr in der alten Form weitergeführt.[347] Dennoch sollten Arbeiter weiterhin den Genossenschaftsbauern helfen. Der Kampagnencharakter verschwand, die »Mühen der Ebene« wurden dadurch aber kaum geringer. Insgesamt sollen (mit dem notwendigen sozialstatistischen Vorbehalt) bis zum Ende der Aktion 1963 über 100.000 »Arbeiter« beteiligt gewesen sein. Nach Abschluß der Kollektivierung hatten sie vor allem die Aufgabe, den Weg in die neue genossenschaftliche Form zu ebnen, Widerstände zu verringern und mit dafür zu sorgen, daß aus den auf dem Papier stehenden LPGn auch Realität wurde.[348]

Das von der SED proklamierte Ziel, die Lebensverhältnisse zwischen Stadt und Land anzunähern und die unterschiedlichen Bewußtseinslagen einzuebnen, blieb noch lange Zeit in weiter Ferne, auch wenn die LPG allmählich eine größere Akzeptanz fand. Das immer wieder beschworene Bündnis von Arbeiterklasse und Genossenschaftsbauern zu konkretisieren, war ein heikles Unterfangen, zumal der ungebrochene Glaube an die führende Rolle der Arbeiterklasse den Maßstab abgab. »Die Arbeiterklasse hat seit mehr als einundeinhalb Jahrzehnten in volkseigenen Betrieben unter Führung der Partei reiche politische und praktische Erfahrungen gesammelt,« hieß es in der Broschüre eines BGL-Vorsitzenden von 1963 über die Erfahrungen mit der LPG »Vereinte Kraft« im Dorf Holleben bei Halle, »die Masse der Bauern hingegen beschreitet erst seit rund 40 Monaten den Weg der genossenschaftlichen Arbeit; die Arbeiterklasse hat sich bereits vor weit mehr als 100 Jahren formiert, die Klasse der Genossenschaftsbauern jedoch erst vor etwa drei Jahren.«[349] Hinter diesem Urteil stand noch die marxistische Vorstellung eines linearen Fortschritts, der irgendwann die gewünschte Annäherung und Homogenisierung der beiden »Grundklassen« bringen würde. Das war und blieb illusionär.

Wenig Genaues wissen wir über den Alltag und die Wahrnehmung der Arbeit in der LPG durch ehemalige Bauern, Landarbeiter und neue »Staatsangestellte«. Eine exemplarische Untersuchung zum Dorf Merxleben in Thüringen erlaubt immerhin einige aufschlußreiche Einblicke in Alltagsdimensionen, die sich in den Erfolgsbilanzen der SED nur selten finden.[350] Zwar brach mit der Kollektivierung die Hoftradition ab, aber Restbestände bäuerlicher Mentalität und Kultur verschwanden damit keineswegs. Die LPG offerierte vielfältige Identifikationsangebote, aber auch Differenzierungsmöglichkeiten nach »feinen Unterschieden« im sozialen Status. Eine Staatsanwältin für Jugendfragen stellte 1966 nüchtern fest, die alten Gewohnheiten hielten sich noch »weit, weit länger als ihre ökono-

---

347 Hoffmann, Aufbau und Krise, S. 520.
348 Witkowski, Campaign, S. 418 f.
349 Erich Gall, Arbeiter helfen Genossenschaftsbauern, Berlin (O)1963, S. 4. Gall war BGL-Vorsitzender des VEB »Maschinenfabrik Halle« und skizzierte die Erfahrungen und künftigen Aufgaben aus der zehnjährigen Zusammenarbeit der Maschinenfabrik mit der LPG.
350 Barbara Schier, Alltagsleben im »sozialistischen Dorf«. Merxleben und seine LPG im Spannungsfeld der SED-Agrarpolitik 1945–1990, Münster 2001.

mische und soziale Basis.«[351] Dabei ließen sich manche äußeren Formen ländlicher und industrieller Arbeitsorganisation durchaus vergleichen. Die alte Dorfgemeinschaft gab es in der Regel nicht mehr. Man ging zur LPG und tat dort seine Arbeit nach den Anordnungen des Brigadiers – wie in der Fabrik. »Die täglichen Routinen begannen mit den immer gleichen Grußformeln jeden Morgen am Tor der LPG gegenüber dem Pförtner und endeten auch so. Man machte Überstunden, wenn es notwendig war, man bewarb sich wie ein Industriearbeiter um Urlaub und erbat gelegentlich Freistellungen von der Arbeit, wenn dringende andere Arbeiten zu Hause erledigt werden mußten – alles war ›geregelt‹.«[352]

Die enge Verbundenheit mit der Arbeiterklasse und ihrem Führungsanspruch blieb dennoch Wunschdenken. Das Beispiel Merxleben läßt sich nicht ohne weiteres generalisieren, aber es dürfte auch nicht ganz untypisch sein: »In einem ›sozialistischen Dorf‹, in dem die Genossenschaftsbauern sich über die Angehörigen der verbündeten Arbeiterklasse als die Bewohner der ›Warmwasserviertel‹ oder der ›Faultierfarmen‹ mokierten, [...] in dem man auf Schritt und Tritt privatbäuerlichen Aktivitäten begegnete und der Stolz darauf identitätsstiftende Kraft hatte, in einem solchen Dorf waren die Werthaltungen nicht die prognostizierten, sie waren nicht denjenigen der Industriearbeiter angenähert worden.«[353]

Die von der SED mit der Kollektivierung erzwungene sozialstrukturelle Nivellierung hatte zwar tiefgreifende Wirkungen, konnte aber traditionelle soziale und kulturelle Unterschiede zwischen früheren Bauern und Landarbeitern keineswegs auslöschen. Vor allem blieben gravierende Differenzen der schon in sich keineswegs einheitlichen »Klasse der Genossenschaftsbauern« zu den Industriearbeitern erhalten. Aus der Illusion der Verschmelzung von Arbeitern und Bauern zu »Werktätigen« zogen daher schon in den achtziger Jahren SED-Funktionäre die Konsequenz, dörflichen und bäuerlichen Traditionen wieder ein größeres und positives Eigengewicht zuzugestehen.[354]

8. Die Attraktivität des Westens, die Republikflucht und die »Westarbeit« bis zum Mauerbau

Der »Arbeiterstaat« hatte nie die Chance, sich aus dem Magnetfeld seines »bürgerlichen« Gegenübers jenseits der Grenze zu lösen. Die SED und ihre Trabanten waren gezwungen, sich ständig und intensiver als gewollt mit dem Thema »Westen« auseinanderzusetzen. Es hatte viele Facetten. Sie reichten von der Eindämmung der »Republikflucht« über die unmittelbare Abwehr »feindlicher Einflüsse« und sozialstaatliche Versuche, die Verlockungen des westlichen Konsumniveaus zu kompensieren, bis zur aktiven politischen »Westarbeit« durch Infiltration, Kampagnen, Delegationsbesuche und Streikunterstützung. In der Summe liefen

---

351 Zit. bei Bauerkämper, Ländliche Gesellschaft, S. 489.
352 Schier, Alltagsleben, S. 276.
353 Ebd., S. 293.
354 Bauerkämper, Ländliche Gesellschaft, S. 486, 501, 509 f.

8. Attraktivität des Westens, Republikflucht und »Westarbeit« bis zum Mauerbau

all diese Aktivitäten auf das verzweifelte Bemühen hinaus, mit einer Konstellation fertig zu werden, die sich nicht aus der Welt schaffen ließ und eine permanente Bedrohung bildete. Sie betraf alle Schichten und Gruppen der Bevölkerung, wenngleich in unterschiedlichem Maße. Die »führende Klasse« für die eigene Sache zu gewinnen und zugleich vor unliebsamen Einflüssen zu schützen, blieb jedoch ein besonders diffiziles Unterfangen, weil hier der ideologische Legitimationsdruck größer war als anderswo. Um so aufgesetzter fiel die Präsentation der DDR als des wirklichen Sozialstaats aus – vor der eigenen Klientel nicht weniger als vor der Arbeiterschaft in der Bundesrepublik.

Die »Republikflucht« mit ihren einschneidenden ökonomischen, sozialen und mentalen Folgen gehörte bis zum Mauerbau zu den gravierendsten Problemen der DDR. Aus den internen Quellen des Regimes wird deutlich, wie intensiv sich die SED damit befaßte und nach Lösungen suchte, ohne ihre »Generallinie« verlassen zu müssen. Denn alle politischen Ziele und ökonomischen Planungen wurden von dieser »Abstimmung mit den Füßen« ständig durchkreuzt. Ein detaillierter Bericht einer Brigade der ZK-Abteilung für Sicherheitsfragen vom 24. Mai 1961, also kurz vor »Toresschluß«, faßte zum Beispiel differenziert die vielfältigen Ursachen und Faktoren der Abwanderung nach Westen zusammen.[355] Demnach spielten in allen Fällen Verbindungen zu Verwandten und Bekannten im Westen sowie Westbesuche eine Rolle. »Bei vielen republikflüchtig gewordenen Personen wirkten sich begünstigend Zweifel, Unklarheiten über die Perspektive der Entwicklung in Deutschland, verbunden mit einem Unglauben an die Richtigkeit der Politik der Partei und Regierung, auf das Verlassen der Republik aus. Nicht zuletzt spielte dabei die verstärkte ideologisch-politische Diversion, die mittelbare und unmittelbare Einflußnahme des Gegners eine wichtige Rolle.« Bemerkenswert erscheint der ausdrückliche Hinweis auf Mängel und Unzulänglichkeiten in der Produktion als Fluchtgrund. Genannt werden insbesondere Schwierigkeiten im Produktionsablauf, Mängel in der Planung, Wartezeiten, ständige Veränderungen in der Konstruktion und Technologie, Umsetzung von Arbeitskräften, »artfremder Einsatz von Facharbeitern«, aber auch »herzloses, bürokratisches Verhalten, Nichtbeachtung persönlicher Schwierigkeiten«. (☞ vgl. *Tab. 26*, S. 492)

Nach der offiziellen westdeutschen Statistik, die erst seit September 1949 geführt wurde, flüchteten bis Mitte August 1961 insgesamt 2,691 Millionen Menschen. Nach Angaben des Gesamtdeutschen Ministeriums mußte man dieser Zahl jedoch etwa eine weitere Million Personen hinzurechnen, die ohne Registrierung im Notaufnahmeverfahren seit 1945 die SBZ und DDR verlassen hatten.[356] Die Zahlen und die Problematik des Notaufnahmeverfahrens, das anfangs sehr restriktiv gehandhabt wurde, weil wirtschaftliche Gründe allein keinen Rechtsanspruch auf eine Aufenthaltserlaubnis in der Bundesrepublik begründeten, sind hier nicht

---

355 Auszug in: Hoffmann/Schmidt/Skyba (Hg.), Die DDR vor dem Mauerbau, S. 384-389.
356 Der Bau der Mauer durch Berlin. Die Flucht aus der Sowjetzone und die Sperrmaßnahmen des kommunistischen Regimes vom 13. August 1961 in Berlin, hg. vom Bundesministerium für gesamtdeutsche Fragen, Bonn 1961, S. 15.

IV. Vom »Neuen Kurs« zum Mauerbau (1953–1961)

Tab. 26: Übersiedler aus der DDR in die Bundesrepublik Deutschland bis Juni 1990

	Jahr	Übersiedler[1]				Insgesamt
		Ohne Genehmigung (Flüchtlinge)		Mit Genehmigung (Legale Ausreiser)		
		Anzahl	%	Anzahl	%	
	1949	129.245	100	–	–	129.245
	1950	197.788	100	–	–	197.788
	1951	165.648	100	–	–	165.648
	1952	182.393	100	–	–	182.393
	1953	331.390	100	–	–	331.390
	1954	184.198	100	–	–	184.198
	1955	252.870	100	–	–	252.870
	1956	279.189	100	–	–	279.189
	1957	261.622	100	–	–	261.622
	1958	204.092	100	–	–	204.092
	1959	143.917	100	–	–	143.917
	1960	199.188	100	–	–	199.188
bis 12.8.	1961	155.402	100	–	–	155.402
ab 13.8.	1961	51.624	100	–	–	51.624
	1962	16.741	78,4	4.624	21,6	21.365
	1963	12.967	30,4	29.665	69,6	42.632
	1964	11.864	28,3	30.012	71,7	41.876
	1965	11.886	40,2	17.666	59,8	29.552
	1966	8.456	35,0	15.675	65,0	24.131
	1967	6.385	32,6	13.188	67,4	19.573
	1968	4.902	30,6	11.134	69,4	16.036
	1969	5.273	31,1	11.702	68,9	16.975
	1970	5.047	28,8	12.472	71,2	17.519
	1971	5.843	33,6	11.565	66,4	17.408
	1972	5.537	32,3	11.627	67,7	17.164
	1973	6.522	42,9	8.667	57,1	15.189
	1974	5.324	40,2	7.928	59,8	13.252
	1975	6.011	36,9	10.274	63,1	16.285
	1976	5.110	33,7	10.058	66,3	15.168
	1977	4.037	33,4	8.041	66,6	12.078
	1978	3.846	31,7	8.271	68,3	12.117
	1979	3.512	28,1	9.003	71,9	12.515
	1980	3.988	31,2	8.775	68,8	12.763
	1981	4.340	28,1	11.093	71,9	15.433
	1982	4.095	31,0	9.113	69,0	13.208
	1983	3.614	31,9	7.729	68,1	11.343
	1984	5.992	14,6	34.982	85,4	40.974
	1985	6.160	24,7	18.752	75,3	24.912
	1986	6.196	23,7	19.982	76,3	26.178
	1987	7.499	39,6	11.459	60,4	18.958
	1988	11.893	29,9	27.939	70,1	39.832
	1989	241.907	70,4	101.947	29,6	343.854
bis 30.6.	1990	–	–	–	–	238.384

[1] Im Notaufnahmeverfahren registrierte Flüchtlinge und genehmigte Ausreiser. Quelle: Bundesausgleichsamt.
[**Quelle:** Hartmut Wendt, Die deutsch-deutschen Wanderungen – Bilanz einer 40jährigen Geschichte von Flucht und Ausreise, in: DA 24 (1991), S. 390.]

im einzelnen zu erörtern.[357] Zwei Faktoren sind jedoch signifikant: Die Flüchtlingszahlen waren eine Art Krisenbarometer für die DDR (mit absoluten Höhepunkten in der ersten Hälfte 1953, im Oktober 1955 unter dem Eindruck der Genfer Außenministerkonferenz und im Juli 1961 vor dem Mauerbau[358], und die soziale Zusammensetzung zeigte zu allen Zeiten ein Übergewicht von Arbeitern unter den Flüchtlingen, so ungenau die Kategorisierung im einzelnen auch sein mag. Die meisten von ihnen waren Jugendliche unter 25. Im Jahr 1952 waren 48 Prozent und 1960 sogar 53 Prozent der Flüchtlinge und Übersiedler jünger als 25 Jahre.[359] Eine Aufschlüsselung der ZK-Abteilung Staat und Recht für die ersten drei Quartale von 1956 und 1957 wies aus, daß von 236.229 (bzw. 228.658) Flüchtlingen 77.037 (bzw. 97.012) Arbeiter und Spezialarbeiter waren, 33.661 (bzw. 30.251) wurden als Angestellte, 31.329 (bzw. 21.766) als Hausfrauen, 28.548 (bzw. 28.556) als »Personen ohne Beschäftigung« aufgeführt.[360] Die »führende Klasse«, die dem Staat ihre Legitimation geben sollte, war somit in allen Jahren auch in den Flüchtlingszahlen führend. Daß zudem SED-Mitglieder den höchsten Anteil unter allen geflüchteten Mitgliedern von Parteien stellten, konnte die SED-Führung ebenfalls nicht hoffnungsvoll stimmen.[361] Seltsamerweise hat weder das Arbeitsministerium noch die Staatliche Plankommission eine eigene umfassende statistische Erhebung über den Verlust von Arbeitskräften durch »Republikflucht« durchgeführt. Das blieb insbesondere der Hauptverwaltung der Deutschen Volkspolizei überlassen. So wurden immer wieder nur punktuelle Maßnahmen geplant und umgesetzt.[362]

Der in den Augen der Parteispitze skandalös hohe Anteil von Arbeitern entmythologisierte den »Arbeiterstaat«, forderte genaue Motivanalysen heraus und legte es nahe, zur Erklärung vor allem Hilfskonstruktionen wie »feindliche Abwerbung«

---

357 Grundlegend dazu Helge Heidemeyer, Flucht und Zuwanderung aus der SBZ/DDR 1945/1949–1961. Die Flüchtlingspolitik der Bundesrepublik Deutschland bis zum Bau der Berliner Mauer, Düsseldorf 1994; Siegfried Bethlehem, Heimatvertreibung, DDR-Flucht, Gastarbeiterzuwanderung, Stuttgart 1982, S. 87 ff. Eine frühe Übersicht bietet Johannes Kurt Klein, Ursachen und Motive der Abwanderung aus der Sowjetzone Deutschlands, in: APZ B 24 (1955), S. 361-381. Bemerkenswert kritisch und differenziert gegenüber der zeitgenössischen öffentlichen Diskussion: Dietrich Storbeck, Flucht oder Wanderung? Eine Rückschau auf Motive, Folgen und Beurteilung der Bevölkerungsabwanderung aus Mitteldeutschland seit dem Kriege, in: Soziale Welt 14 (1963), S. 153-171. Zur begrifflich-juristischen Problematik: Volker Ackermann, Der »echte« Flüchtling: deutsche Vertriebene und Flüchtlinge aus der DDR 1945–1961, Osnabrück 1995.
358 Grafik im Anhang von: Der Bau der Mauer.
359 Eine genaue Zusammenstellung der Zahlen bei Hartmut Wendt, Die deutsch-deutschen Wanderungen – Bilanz einer 40jährigen Geschichte von Flucht und Ausreise, in: DA 24 (1991), S. 386-395, hier: S. 389. Leider ist die soziale Zusammensetzung nirgendwo genauer und kontinuierlich dokumentiert.
360 Undatierte Übersicht, in: Hoffmann,/Schmidt/Skyba (Hg.), Die DDR vor dem Mauerbau, S. 306.
361 Exemplarisch sei hier die Analyse des MfS über die Republikflucht in den Monaten April bis Juni 1956 angeführt, wonach 960, 812 und 916 SED-Mitglieder flüchteten, dagegen nur 147, 116 und 178 CDU-Mitglieder. Die große Mehrheit allerdings stellten die Parteilosen mit 27.168, 24.494 und 27.848. BStU, MfS-AS 82/59 Bd. 1a, Analyse der Abteilung Information vom 9.8.1956, Bl. 109.
362 Hoffmann, Aufbau und Krise, S. 476.

heranzuziehen. Eine frühe Analyse von 14.121 in die Bundesrepublik geflüchteten Antragstellern im Notaufnahmeverfahren im Februar 1953 ergab indes ein Bild, in dem »familiäre Gründe« mit 2.558 eindeutig an der Spitze standen, gefolgt von 1.730, die sich der drohenden Verpflichtung zur Volkspolizei entziehen wollten, 940, die sich wegen Äußerungen gegen das SED-Regime bedroht fühlten, 810 Fällen von gewerblichen Enteignungen oder Verfahren und 767 Fällen von Enteignungen in der Landwirtschaft.[363] Für den Gesamtverlauf ist charakteristisch, daß wirtschaftliche Fluchtgründe die politischen überwogen. Der quantitativ größte Teil der Menschen verließ die DDR wegen der schlechten Lebensbedingungen, der unsicheren Zukunftsaussichten für Kinder oder besserer Versorgungsansprüche in der Bundesrepublik etwa für Vertriebene.[364] Unter den Arbeitern spielte später offenbar zunehmend die dauernde Frustration über schlechte Arbeitsorganisation eine Rolle. So gab der stellvertretende Vorsitzende der Staatlichen Plankommission in einem Memorandum vom 25. September 1956 zu, daß es zwar gezielte Abwerbungen gebe, daß diese aber außerordentlich begünstigt würden durch die Mängel in der Produktion. »In vielen Fällen gehen Arbeiter nur deswegen weg, weil sie ›geordnet arbeiten möchten‹.«[365] Ein solcher im Kern zutreffender Befund war besonders brisant, tangierte er doch die Legitimation des Gesamtsystems in drastischer Weise.

Auch gesamtdeutsche Momente spielten eine Rolle. Bei der Deutschen Reichsbahn, dem größten VEB der DDR, registrierte das MfS 1955 ständig steigende Fluchtzahlen: von 160 im Januar auf 365 im Mai und 522 im September. »Eine wesentliche Ursache der Republikflucht ist die Unzufriedenheit über den Verdienst und die Lebenslage«, stellte der Bericht der Informationsabteilung fest. »Deshalb gelingt es den bereits republikflüchtig gewordenen Personen und der feindlichen Propaganda, immer mehr Eisenbahner zum Absetzen zu verleiten.«[366] Neben Vergleichen mit besseren Löhnen und höheren Renten/Pensionen bei der Bundesbahn spielte die Einschränkung der Freifahrtscheine eine wesentliche Rolle für die Unzufriedenheit. Das von den Eisenbahnern vorgebrachte Argument, diese Maßnahme trage nicht zur Wiedervereinigung bei – die ja offizielles Ziel der SED-Politik war –, ließ sich schwer entkräften. Das MfS forderte daher auch die Erarbeitung einheitlicher Richtlinien zu dieser politisch sensiblen Materie, »damit die Dienststellen Unterlagen haben, mit welchen Argumenten die Freifahrtscheine abgelehnt werden können. Weiterhin muß festgelegt werden, welche Personen aus welchen Gründen noch nach Westdeutschland fahren können.«[367] Die Einschrän-

---

363 MB Ostbüro Februar 1953, S. 28. Die in 46 Kategorien aufgefächerten Zahlen (ohne Angehörige) lassen sich naturgemäß nicht immer klar abgrenzen und sind im Detail schwierig zu interpretieren, zumal politische Gründe am ehesten die gewünschte Aufnahme sicherten, sie zeigen aber nicht nur die Vielfalt unterschiedlicher Motive, sondern auch die große Rolle persönlicher, d. h. familiärer Verbindungen.
364 Heidemeyer, Flucht, S. 57.
365 Zit. bei Alf Lüdtke, Bei der Ehre packen. Männer und »ihre« Arbeit in Ost- und Westdeutschland: Ein Gesellschaftsbild, in: »Frankfurter Allgemeine« vom 20.5.2000 (Beilage), S. III.
366 BStU, MfS Allg. S 2/64, Bericht vom 9.11.1955, Bl. 80 f.
367 Ebd., Bl. 93.

kung der gesamtdeutschen Verbindungen, die mit dem Paßgesetz vom Dezember 1957 eine neue Stufe erreichte, löste nicht nur bei denen, die berufsmäßig viel reisten, sondern auch unter den Betriebsbelegschaften erheblichen Unruhen aus.[368] Die »deutsche Frage« behielt für die Arbeiterschaft eine beträchtliche Relevanz, zumal die staatliche Propaganda die – ihr genehmen – Westverbindungen zu pflegen versuchte und sich damit massive Glaubwürdigkeitsprobleme gegenüber der eigenen Bevölkerung einhandelte.

Die Hauptlast des Kampfes gegen die »Republikflucht« trug der Justiz- und Polizeiapparat. Bei allen Räten der Städte, Kreise und Bezirke gab es innerhalb der Abteilungen für »innere Angelegenheiten« eigene Sachbearbeiter zur »Bekämpfung der Republikflucht«. Sie hatten regelmäßig über Umfang und Motive der Fluchtbewegung zu berichten und sollten Verwandte, Betriebsangehörige, Haus- und Straßenobleute veranlassen, zu den Flüchtlingen Verbindung aufzunehmen, um sie zur Rückkehr zu bewegen. Geeignete Beispiele aus der nicht geringen Zahl von Übersiedlern und Rückkehrern aus der Bundesrepublik sowie vereinzelte »Abwerbungen« aus Westdeutschland dienten dazu, die Überzeugungsarbeit zu verstärken, daß es »drüben« keineswegs besser sei, und so prophylaktisch gegen Flucht und Abwerbung aus der DDR vorzugehen.[369]

Auch wenn interne Analysen ein durchaus zutreffendes Bild von der Vielschichtigkeit der Fluchtbewegung vermitteln, stand der Hinweis auf die negativen Einflüsse des Westens stets im Mittelpunkt. Sie betrafen die Massenmedien ebenso wie die »Hetzschriften«, deren Verbreitung sorgfältig beobachtet wurde. Ein eingehender Bericht des MfS von 1955 über die »Tätigkeit der Feindsender« vermittelt Einblicke in die Schwierigkeiten, den westlichen Medieneinfluß auszuschalten oder auch, ihm wirksame DDR-Sendungen entgegenzusetzen. Die Hauptursache für den in allen Bevölkerungsschichten verbreiteten Empfang von Westsendern sah das MfS in der Programmgestaltung der DDR-Sender, »die hauptsächlich in den Abendstunden Sprechsendungen, Opern, Sinfonie-Konzerte usw. bringen und nur im beschränkten Maße ein leichtes Unterhaltungsprogramm. Auch bringt man zum Ausdruck, daß die leichte Musik meist nach 22.00 Uhr gebracht wird, wo die Werktätigen schlafen gehen.« Daneben wurde die verbreitete Meinung angeführt, »daß man sich allseitig orientieren muß.« Überdies trug der teilweise schlechte Empfang der DDR-Sender ebenfalls mit dazu bei, daß häufig Westsender gehört wurden.[370] In allen Bezirken waren westliche Rundfunksender gut zu empfangen. Der für die DDR besonders »gefährliche« RIAS war allerdings nach Angaben des MfS in den Bezirken Leipzig, Schwerin, Cottbus, Rostock, Erfurt, Magdeburg und

---

368 Siehe unten, Anm. 408 (S. 507).
369 Vgl. Otto Stolz, Arbeitskräftemangel in der Sowjetzone. »Abwerbung« in der Bundesrepublik als Ausweg?, in: SBZ-Archiv 8 (1957), S. 344-347; Andrea Schulz, Migration und Politik im geteilten Deutschland, Opladen 2001. Zu den Westübersiedlern eine umfassende Studie von Bernd Stöver in Vorbereitung. Ein frühes Beispiel konkreter sozialer Propaganda ist die vom Ausschuß für Deutsche Einheit der DDR herausgegebene 215-seitige Broschüre »250 Fragen, 250 Antworten über die Deutsche Demokratische Republik«, Berlin(O) 1954.
370 Bericht über die Tätigkeit der Feindsender (o. D.;1955), BStU, MfS Allg. S. 43/58 Bd. 6, Bl. 2.

IV. Vom »Neuen Kurs« zum Mauerbau (1953–1961)

Dresden gestört und konnte dort nur mit UKW-Antenne empfangen werden. Diese technischen Gründe stellten zumindest die auch in der MfS-Argumentation häufig zu findenden direkten Verbindungen zwischen Westsendungen und politischen Ansichten von DDR-Bürgern in Frage. Den tatsächlichen Einfluß der Westsender charakterisierte der Bericht so: »Die Westsender sprechen die einzelnen Bevölkerungsschichten direkt an und deshalb finden sie so großes Interesse. Dies kommt z. B. bei den Arbeitern über Norm- und Lohnfragen zum Ausdruck [sic]. Im Kombinat Gölzan/Halle z. B. wird in verstärktem Maße über die Fragen der Normen und Löhne diskutiert, was auch auf den Einfluß der Westsender zurückzuführen ist. Dabei vertreten die Arbeiter den Standpunkt, daß die Gewerkschaft die Arbeiter nicht richtig vertritt, da sonst die Bezahlung besser wäre. Zum andern wird auch in starkem Maße die Meinung vertreten, daß man beide Teil hören müsse, um sich richtig orientieren zu können.«[371] Als Schlußfolgerungen aus den Beobachtungen sollte das Programm so umgestaltet werden, daß zumindest auf einem DDR-Sender von 19.00 bis 22.00 Uhr leichte Unterhaltung gebracht werde; Empfangsstörungen bei DDR-Sendern sollten behoben, Störsender gegen westliche Stationen aufgebaut werden; Rundfunkmechaniker, die Geräte für den Westempfang umbauten, waren operativ zu bearbeiten und Besitzer von Fernsehgeräten, die Gemeinschaftsempfänge westlicher Sender durchführten, »in Beobachtungsvorgängen zu erfassen.«[372] Diese Momentaufnahme belegt indirekt, daß sich Hörergewohnheiten und -interessen schwer auf einfache Nenner bringen lassen und Arbeiter hier kaum signifikant von den Mustern anderer »Werktätiger« abwichen.[373]

Die Effektivität der Sendungen des RIAS war jedoch keineswegs unumstritten. So stellte 1957 eine im amerikanischen Auftrag erstellte Ausarbeitung des geflüchteten Pressereferenten der DSF (Deutsch-Sowjetischen Freundschaft) fest, der RIAS habe sich in seinem Programmkonzept auf »die breite Masse der Hörer in der Zone konzentriert«.[374] Mit den politischen Sendungen könne man diesen Kreis jedoch kaum erreichen. »Lieschen Müller hört einen Kommentar von Egon Bahr ebensowenig wie einen Karl-Eduard von Schnitzler im Deutschlandsender […] Man wird Lieschen Müller durch die Gesamtsumme aller, auch der Unterhaltungs-, Sendungen zu einer immer aufgeschlossenen Haltung gegenüber dem Westen führen können. Zum aktiven bewußten Handeln gegen das Regime bringt man Lieschen Müller nicht.« Angesichts dieser auf Veränderung und Handlungsbereitschaft ausgerichteten Meßlatte plädierte der Autor vor allem dafür, den Kreis der kritisch eingestellten Funktionäre stärker zu berücksichtigen, der insbesondere nach dem XX. Parteitag wichtiger geworden sei. Nur die latent unzufriedenen und zum Teil schon oppositionellen Funktionäre seien in der Lage, das Regime zu verändern. Der RIAS solle daher gegebenenfalls in Zusammenarbeit mit dem Ostbüro diese Gruppe besonders ansprechen und informie-

---

371 Ebd., Bl. 5.
372 Ebd., Bl. 10.
373 Vgl. auch unten Kap. VI 5 (S. 695 ff.).
374 AdsD, Ostbüro 0257 Box 695, Schreiben vom 25.4.1957 betr. »Ausarbeitung über die Einschätzung der westlichen Propaganda gegenüber der sowjetzonalen Bevölkerung«.

ren, beispielsweise durch Nachdrucke der »Einheit« mit veränderten Inhalten. In der Tat produzierte das Ostbüro solche faksimilierten Ausgaben neben der von 1953 bis 1957 erschienenen illegalen Zeitschrift »SED-Opposition«[375], was dem Verfasser offenbar nicht bekannt war. Die Einschätzungen eines aus dem Propaganda-Apparat der DDR kommenden Beobachters machen deutlich, wie schwierig es war, die verschiedenen Adressatengruppen angemessen mit effektiven Westsendungen anzusprechen. (☞ vgl. auch *Abb. 53*, S. 498)

> **SED-Opposition** DDR, Dezember 1956
> **Brief Nr. 35**
>
> ### Der entartete Arbeiter- und Bauernstaat!
>
> **Genossinnen und Genossen!**
>
> Seit dem XX. Parteitag der KPdSU bemüht man sich in der Sowjetunion und in den Volksdemokratien um die „breitere Entfaltung der Demokratie". Bisher hatte man uns gelehrt, daß in der Sowjetunion die „höchste Form der Demokratie" herrsche. In allen Volksdemokratien und in der DDR wurde dieser „höchsten Form" obligatorisch nachgeeifert. Inzwischen dürfte der Arbeiterklasse durch die Praxis klargeworden sein, daß es sich in Wirklichkeit um eine solch „hohe Demokratie" handelt, daß die Arbeiterklasse ausgeschlossen ist. Diese „Demokratie" wurde von den Verfälschern des Marxismus so hoch gehängt, daß das werktätige Volk an sie nicht mehr herankommt. Alle Maßnahmen dieser „Demokratie" gelten nur dem Interesse einer machthungrigen Minderheit. Die Mehrheit des Volkes ist nur noch dazu da, für die Existenz dieser kleinen, bürokratischen Führerschicht und für die Erhaltung ihres Machtapparates zu sorgen. Die Lehre von Marx und Engels wurde von diesen „Führern" bis zur Unkenntlichkeit entstellt. In Wirklichkeit hat die kapitalistische Ausbeutung nur ihren Namen gewechselt; sie ist im Namen des Sozialismus zur staatskapitalistischen Ausbeutung gesteigert worden.
>
> Die größte Schändung des Jahrhunderts ist die Verhüllung dieses Systems mit der der Arbeiterklasse heiligsten Begriff des Sozialismus. Im Beschluß der 28. Tagung des ZK der SED „Die nächsten ideologischen Aufgaben der Partei", heißt es im Abschnitt „Kampf gegen den Dogmatismus" die Partei könne es nicht hinnehmen,
>
> „wenn unter der Flagge »der Freiheit der Kritik« und des wissenschaftlichen Meinungsstreites die Grundideen des Marxismus-Leninismus preisgegeben werden."
> („ND" vom 31. 7. 1956, S. 3)
>
> Diese Grundideen des Marxismus-Leninismus haben in Wirklichkeit Ulbricht und seine Clique längst verraten und preisgegeben. Statt wahrhafter Demokratie, d. h. Durchführung des Willens der Massen und Gewährung ihrer Mitarbeit, schläft in der DDR das öffentliche demokratische Leben immer mehr ein. Die Massen spüren es täglich, daß ihr Wollen nicht beachtet wird.
>
> Gerade die Ereignisse in Polen und Ungarn haben das erneut deutlich bewiesen. Genosse Gomulka und die polnischen Kommunisten gehen ehrlich daran, sich und das polnische Volk von der „höchsten Form der Demokratie" vom dem „einzigen Weg zum Sozialismus", vom Stalinismus zu befreien und die Grundlagen eines echten humanistischen Sozialismus zu schaffen, der den Marxismus-Leninismus nicht preisgibt, sondern ihn von den stalinistischen Auswüchsen reinigt. In Ungarn stand das ganze Volk gegen den Stalinismus auf.
>
> Ulbricht aber und seine Clique beschimpfen die polnischen Genossen, die sich mit dem Volke gegen die Verbrechen der Vergangenheit verbunden haben. Ulbricht und seine Clique verleumden die Mitglieder und Sympathisierenden des Petöfi-Klubs in Ungarn – solche verdienten Genossen wie Julius Hay und Georg Lukacs –, weil sie sich und Ungarn in Theorie und Praxis vom Dogma des Stalinismus befreien und die Ideale des Sozialismus wieder aufrichten wollten.

Abb. 52: Illegale Druckschrift des Ostbüros, die sich vor allem an Funktionäre wandte und eine innerparteiliche Opposition in der SED suggerierte.

Das dürfte auch für die in großen Mengen verbreiteten und sorgfältig registrierten »Hetzschriften« gelten, die überwiegend aus der Bundesrepublik kamen. Die Arbeiterschaft war allerdings insofern ein bevorzugter Adressat, als die bei weitem höchste Zahl solcher Schriften vom Ostbüro der SPD stammte, das be-

---

375 Vgl. Buschfort, Ostbüro, S. 128.

IV. Vom »Neuen Kurs« zum Mauerbau (1953–1961)

Abb. 53: Satirische Monatszeitschrift, die im Umfeld des Westberliner »Telegraf« produziert und von verschiedenen Organisationen (darunter das Ostbüro) verteilt wurde.

sondern Wert auf Informationen über betriebliche Vorgänge und Arbeiterverhalten legte. Ein Beispiel vom Dezember 1955 mag Umfang und Herkunft der Schriften illustrieren:

Übersicht über die bekanntgewordene Feindtätigkeit in der Zeit vom 6. bis 20. Dezember 1955	
Hetzschriftenverbreitung	
SPD-Ostbüro	81.904
NTS	33.360
ZOPE	31.688
KgU	10.089
»Der Tag«	3.084
Unbek. Herkunft	24.876
»Freie Junge Welt«	148
FDP-Ostbüro	2.024
CDU-Ostbüro	1.300
»Tarantel«	2.388
DGB-Ostbüro	2.400
Selbstgef. Flugblätter	140
Zusammen:	**193.401**

Die Verbreitung hatte sich für diesen Zeitraum gegenüber der letzten Periode im November, wo sie besonders hoch lag, von einem Tagesdurchschnitt von 27.000 auf 13.000 verringert. Als Schwerpunkte wurden dabei die Bezirke Potsdam und Schwerin hervorgehoben.[376]

Besonders intensiv beobachtete das MfS daher das Ostbüro der SPD. Aus den zahlreichen Beispielen sei nur eine Analyse von 1955 exemplarisch vorgestellt, an der sich die Akzente der inhaltlichen Berichterstattung erkennen lassen.[377] Die historische Entwicklung der SED werde, so die Ausarbeitung, in den Schriften völlig falsch dargestellt, um die Partei zu spalten und ehemalige SPD-Mitglieder aufzu-

---

[376] BStU, MfS Allg. S. 43/58 Bd. 6, Bl. 12, Information vom 22.12.1955. Die Kürzeln verweisen auf den »Völkischen Arbeitsbund« (NTS), den Zentralverband der Nachkriegsemigranten aus der UdSSR (ZOPE), die »Kampfgruppe gegen Unmenschlichkeit« (KgU). Vgl. Stöver, Befreiung, Kap. V 5. Einige Hinweise zur Verbreitung von Tarnschriften bei Klaus Körner, Tarnung und Schmuggel im Kleinformat. Aus der Geschichte des innerdeutschen Broschürenkrieges (1950 bis 1960), in: Simone Barck u. a. (Hg.), Zwischen »Mosaik« und »Einheit«. Zeitschriften in der DDR, Berlin 1999, S. 244-251.

[377] Analyse über die Tätigkeit und den Einfluß der SPD und des SPD-Ostbüros in der DDR vom 19.11.1955, BStU, ebd., Bl. 152-167. Weitere z. T. umfangreiche Ausarbeitungen in: ebd., Bd. 5, Bl. 15-33 (»Analyse über die durch das Ostbüro der SPD und anderer Feindzentralen, sowie durch parteifeindliche Elemente betriebenen Zersetzung der Partei« vom 27.10.1955). Weitere Hinweise auf umfangreiche Materialien der MfS-Hochschule in Potsdam-Eiche bei Stöver, Befreiung, S. 262 ff.

hetzen. Insgesamt werde der Eindruck erweckt, es gebe in der DDR eine breite und ständig wachsende Widerstandsbewegung. Vor allem die Gewerkschaften würden als bevorzugte Adressaten genannt, um jede Aktionseinheit auf kommunistischer Basis zu torpedieren und die gesamtdeutschen Arbeiterkonferenzen als ein Unternehmen unbelehrbarer KP-Anhänger zu denunzieren. Mit verschiedenen Parolen versuche die SPD, passive Resistenz zu provozieren. Daneben glaubte das MfS, Hinweise auf locker organisierte Untergrundgruppen in direkter Verbindung mit dem Ostbüro zu haben, die Aufträge zu Sabotage und Unruhestiftung unter den Belegschaften erhielten und die SED zersetzen sollten, indem sie bei den Parteiwahlen ehemalige Sozialdemokraten in die Leitungen zu lancieren versuchten. Als Schwerpunkte solcher Aktivitäten wurden die Industriebezirke genannt, in denen die SPD vor 1933 und nach 1945 die Mehrheit hatte und die Vereinigung mit der KPD auf starke Ablehnung stieß. »Die Parole des SPD-Ostbüros, ›von der Parteiarbeit zurückziehen – keine politischen Auseinandersetzungen führen – sektiererische Gruppen bilden‹, wird von alten SPD-Mitgliedern wie auch von aus der SED ausgeschlossenen Personen in allen Bezirken verwirklicht.«[378] Lesekreise, verschiedene Genossenschaften, der Verband der Kleingärtner und Kleintierzüchter, Skatclubs, Gesangsvereine und Sportgemeinschaften dienten zur Tarnung für verdeckte politische Aktivitäten ehemaliger Sozialdemokraten.

Das hier gezeichnete Szenario entsprach teilweise den Berichten des Ostbüros und gab ziemlich genau ein Resistenz-Muster wieder, das die SPD aus der Zeit des »Dritten Reiches« übernommen hatte und in der DDR viele Jahre, wenn auch mit deutlich abnehmender Tendenz, weiterzuführen versuchte. Die Wirksamkeit solcher Widerstandsformen blieb sehr begrenzt und die Risiken waren extrem hoch.[379] Zahlreiche andere MfS-Berichte wiederholten stereotyp Verweise auf ehemalige Sozialdemokraten als Gefahrenpotential, relativierten aber auch die konkrete Bedrohung.[380] Diese sah man vielmehr im »Sozialdemokratismus«, der ebenso verbreitet wie schwer zu bekämpfen war und daher ein Dauerproblem für die SED blieb.[381]

Der »Sozialdemokratismus« bekam eine neue Aktualität durch das 1959 verabschiedete Godesberger Programm der SPD, gegen das die SED eine intensive Kampagne führte. Die Gründe dafür sah das Ostbüro wohl nicht zu Unrecht in dem verstärkten Bemühen, »das Vorhandensein einer sozialdemokratischen Alternative, die Möglichkeit eines demokratischen dritten Weges jenseits von kapitalistischem und kommunistischem Machtmißbrauch, zu leugnen.« Darüber hinaus ließ sich die Heftigkeit der Kampagne aber auch »auf das Fortbestehen und die Zunahme revisionistischer Strömungen unter den Kadern und das von der Zonenbevölkerung immer wieder deutlich zum Ausdruck gebrachte ungeschwächte Verlangen nach demokratischen Freiheiten zurückführen.«[382] Folgt man den Infor-

---

378 Ebd., Bl. 158.
379 Vgl. oben, Kap. II 2 (S. 175 ff.).
380 Zum Beispiel Einzelbericht von 1955, BStU, MfS Allg. S. 43/58, Bl. 15 f.
381 Vgl. oben, Kap. II 2 (S. 175 ff.).
382 AdsD, Ostbüro, Bericht über Sonderaktionen November 1959, S. 1 f.

8. Attraktivität des Westens, Republikflucht und »Westarbeit« bis zum Mauerbau

manten des Ostbüros, so war das Echo auf das Godesberger Programm in der DDR außergewöhnlich stark. Dies würde die Intensität der SED-Kampagne über das »normale« Maß von polemischer Westarbeit hinaus plausibel machen. Zwei aufschlußreiche Beispiele dazu. Aus dem Bezirk Dresden wurde berichtet: »Es zeigt sich immer wieder, daß die Arbeiterschaft das System in der Zone grundsätzlich ablehnt, aber in ihrer Mehrheit auch nicht einfach die gegenwärtigen Verhältnisse in der Bundesrepublik als die einzige oder beste Alternative betrachtet. Gewiß ist man überwiegend der Meinung, die materiellen Lebensbedingungen in Westdeutschland seien wesentlich besser als in der Zone. Das bekommen die SED-Agitatoren und Redner auch oft von Arbeitern und Angestellten in den Betrieben zu hören. Doch wird vieles an den sozialen und politischen Verhältnissen in der Bundesrepublik ebenfalls kritisiert. Diskutiert wird unter anderem über Unzulänglichkeiten in der Sozialversicherung, über ungenügende Ausbildungsmöglichkeiten für den Mann aus dem Volk. Es fehlt nach der Meinung vieler Menschen an sozialer Sicherheit, an einer ausreichenden Sicherung gegen Wirtschaftskrisen.« Die in Godesberg betonte Verbindung von Sozialismus und Demokratie fand nach Meinung des Berichterstatters breite Zustimmung in der Arbeiterschaft der DDR.

Ähnlich urteilte ein Bericht aus dem Bezirk Magdeburg: »Es war seit langer Zeit kaum ein so großes Interesse für ein politisches Dokument festzustellen, wie für das Godesberger Grundsatzprogramm der SPD. Die Hetze der SED gegen dieses Programm hat dieses Interesse sehr gesteigert und vielfach hört man Äußerungen, man möchte dieses Programm, seinen wirklichen Inhalt kennenlernen, es müsse doch die SED schwer getroffen haben, wenn sie so wütend darüber sei.«[383] Als schließlich Herbert Wehner durchaus in der Konsequenz der Godesberger Reform in seiner berühmten Rede vom 30. Juni 1960 im Bundestag auch außenpolitisch den Schwenk zur Bejahung der Westintegration vollzog, war das aus Sicht der SED ein »schwarzer Tag für die SPD.«[384]

Ein »gefundenes Fressen« stellten für die propagandistische Untermauerung der Westarbeit politische Affären wie der »Fall Agartz« dar. Victor Agartz, Leiter des Wirtschaftswissenschaftlichen Instituts des DGB und prominenter Repräsentant des linken antikapitalistischen Flügels[385], hatte Gelder von der SED erhalten und war zusammen mit seinen Mitarbeitern Theo Pirker und Walter Horn im Rahmen eines Ermittlungsverfahrens beurlaubt worden. Da die Ostkontakte noch nicht im Detail bekannt waren, konnte zunächst der Eindruck entstehen, hier würden politisch unbequeme Kritiker mundtot gemacht. Die populäre »Wochenpost« widmete dem Fall unter dem Titel »Der Rebell« einen ausführlichen Artikel, in dem Zitate aus der sehr kritischen Rede Agartz' auf dem DGB-Kon-

---

383 MB Ostbüro Januar 1960, S. 18 f.
384 Offener Brief des Zentralkomitees. An die Mitglieder, Funktionäre und Freunde der SPD, in: »Neues Deutschland« vom 16.7.1960, S. 1 f.
385 Zur gewerkschaftlichen Auseinandersetzung vgl. Der Deutsche Gewerkschaftsbund 1956–1963, bearbeitet von Jens Hildebrandt. Quellen zur Geschichte der deutschen Gewerkschaftsbewegung im 20. Jahrhundert. Bd. 12, Bonn 2005, S. 222, 424. Ferner Hans-Peter Schwarz, Die Ära Adenauer 1949–1957 (Geschichte der Bundesrepublik Deutschland Bd. 3) Stuttgart 1981, S. 234-236.

greß von 1954 zu dem eindeutigen politischen Fazit gebündelt wurden: »Im letzten Jahr ist die Zahl der Streiks der westdeutschen Arbeiter ohnehin schon angestiegen. Weitere noch größere Kämpfe der Werktätigen stehen bevor. Weil Dr. Agartz den Arbeitern gerade in dieser Situation klaren Wein einschenkte, versucht man, ihn mundtot zu machen. Wenn nicht alles trügt, hat sich Bonn mit der Maßregelung von Dr. Agartz selbst einen Bärendienst erwiesen. Denn alles, was in der SPD und im DGB ehrlich ist – und das ist sehr viel – erkennt jetzt, wohin die Reise der westdeutschen Machthaber gehen soll.«[386]

Solche Fehleinschätzungen, die sich angesichts unübersehbar restaurativer Tendenzen in der Bundesrepublik mit Warnungen im linken Flügel der Gewerkschaften und der SPD inhaltlich partiell deckten, lassen sich als Gründe für die illusionären Hoffnungen der SED und des FDGB anführen, über die »Westarbeit« doch noch einen gesellschaftspolitischen Wandel in der Bundesrepublik erreichen zu können. Die östliche Variante der »Magnettheorie« war noch keineswegs aus dem Verkehr gezogen. Ulbricht bemühte sich 1958 im Politbüro, seine Genossen von der Dringlichkeit eines »großen Konzepts« der Gewinnung der westdeutschen Arbeiter für den sozialistischen Aufbau zu überzeugen.[387] Das Politbüro diskutierte Anfang 1959 einen »genau festzulegenden Plan«, dessen Ziel es war, »bei den Arbeitern in Westdeutschland eine Atmosphäre zu schaffen, in der das Verlangen reift, das Leben in der Existenzunsicherheit Westdeutschlands aufzugeben und in die DDR überzusiedeln.«[388] Solche Äußerungen, die ja nicht unter irgendwelcher propagandistischer Außenwirkung standen, lassen sich eigentlich nur als Formen von Autosuggestion oder Wahrnehmungsblockaden verstehen, aber für die Motivation der Westarbeit spielten derartige Überzeugungen und Illusionen ohne Zweifel eine zentrale Rolle.

Bereits im Bundestagswahlkampf 1957 hatte die SED einen Großeinsatz von »bewährten Funktionären der Arbeiterbewegung«, aus dem Parteiapparat, den Massenorganisationen und Verwaltungen geplant, über den genaue Zahlen vorliegen. Demnach befanden sich 2.997 Personen aus allen Bezirken der DDR (außer Ostberlin) in der Bundesrepublik im Einsatz, davon 932 aus dem FDGB, 835 aus der SED, 850 aus anderen Massenorganisationen. Hinzu kamen 292 Betriebsdelegationen. Für die speziell auf die SPD gemünzten Aktivitäten gab das Arbeitsbüro der Westkommission der SED folgende Daten an: 334 Delegationen, Herstellung von 1.177 »Verbindungen« und Durchführung von 154 Beratungen, 58.446 Teilnehmer nahmen an insgesamt 3.685 »sonstigen Beratungen und Konferenzen« teil. 60 Klebezettel in einer Gesamtauflage von 406.000 und 233 Flugschriftentitel mit einer Gesamtstückzahl von 3,622 Millionen wurden verteilt.[389] Die Aussagekraft ist dennoch gering, da die Zahlen in derartigen Berichten in der Regel als Erfolgsbilanzen gelesen werden müssen, die unter hohem Erwartungsdruck standen,

---

386 »Wochenpost« 1955 Nr. 43, S. 2.
387 Vgl. Lemke, Einheit, S. 422.
388 Zit. ebd., S. 423.
389 Die Zahlen bei Lemke, Einheit, S. 88. Für Ostberlin wurden in dem entsprechenden Bericht keine Zahlen ausgewiesen, die Gesamtzahlen lagen somit erheblich höher.

8. Attraktivität des Westens, Republikflucht und »Westarbeit« bis zum Mauerbau

nach dem Prinzip der »Tonnenideologie« auf Quantität ausgelegt waren und wenig über Realitäten aussagen. Immerhin vermitteln sie einen Eindruck von den hartnäckigen Versuchen, im Westen Fuß zu fassen – und das in einer politischen Situation, in der Adenauer mit dem genialen Werbeslogan »Keine Experimente« dem Höhepunkt seiner Macht zustrebte. Zumindest zu erwähnen sind in diesem Zusammenhang auch die in der DDR angesiedelten Radiostationen »Soldatensender 935« und der »Deutsche Freiheitssender 904«. Sie waren für den Westen gedacht, wurden aber überwiegend im Osten gehört – wegen der flotten Musik.[390]

Generell litt die organisierte »Westarbeit« der SED und des FDGB unter dem Widerspruch, daß man den potentiellen Partner zugleich zum ideologischen Gegner stempelte. Das alte KPD-Prinzip, für das Ziel der Aktionseinheit die Basis der einfachen SPD- und Gewerkschaftsmitglieder gegen die vermeintlich reaktionäre Führung auszuspielen, galt nach wie vor.[391] Es war jedoch unter den Bedingungen des Kalten Krieges und der unübersehbaren engen Abhängigkeit der SED von der sowjetischen Vormacht kaum erfolgreich umzusetzen. Zudem erschwerten Unvereinbarkeitsbeschlüsse des DGB und der SPD intensivere Kontakte.[392]

Angesichts der Verschärfung des innerdeutschen Kalten Krieges bleibt es schwierig zu erklären, warum die »Westarbeit« der SED und der Massenorganisationen, insbesondere des FDGB, allen Niederlagen zum Trotz mit erheblichem finanziellen und personellen Aufwand bis zum Mauerbau und auch noch darüber hinaus weitergeführt wurde. Missionarischer Eifer aus Überzeugung und propagandistische Alibiwünsche in der Deutschlandpolitik flossen in der »Westpolitik« offenbar zusammen, so daß eine rationale Strategie, die Zielsetzung, Mitteleinsatz und Erfolg gegeneinander abwägt, nur schwer erkennbar wird. Jeder Arbeiter wurde aber dauernd am Arbeitsplatz und in der Öffentlichkeit mit dieser Politik konfrontiert, zu nationalen Bekenntnissen aufgefordert und zu Solidaritätsadressen und Streikunterstützungen für westdeutsche Kollegen gedrängt. Insofern war auch diese Form der Präsenz des Westens ein Stück Alltag in der DDR.

Schon der III. Parteitag der SED von 1950 hatte als praktische Aufgaben der SED gefordert, für enge Verbindungen zwischen den Werktätigen der DDR und Westdeutschlands zu sorgen und so den Kampf für den Frieden und die Einheit Deutschlands zu organisieren.[393] Diese Worthülsen durchzogen gebetsmühlenartig nicht nur zahllose öffentliche Erklärungen, Briefe und politische Initiativen, sondern fanden auch in den Präambeln der Wirtschaftspläne ihren Niederschlag. Am 18. Januar 1955, also im Vorfeld der Verabschiedung der Pariser Verträge, richtete das ZK der SED einen offenen Brief »an den Parteivorstand und alle Mitglieder der Sozialdemokratischen Partei Deutschlands, an den Bundesvorstand

---

390 Vgl. Jürgen Wilke, Radio im Geheimauftrag. Der Deutsche Freiheitssender 904 und der Deutsche Soldatensender 935 als Instrumente des Kalten Krieges, in: Klaus Arnold/Christoph Classen (Hg.), Zwischen Pop und Propaganda. Radio in der DDR, Berlin 2004, S. 249-266.
391 Vgl. Hans Schimanski, Westarbeit im Zeichen des Klassenkampfes, in: SBZ-Archiv 14 (1963), S. 343-346; Friedberg, Westarbeit, in: SBZ-Archiv 10 (1959), S. 49-53.
392 Vgl. oben Kap. II 12 (S. 300 ff.).
393 Protokoll III. Parteitag, S. 49 f.

des Deutschen Gewerkschaftsbundes und alle Mitglieder der Gewerkschaften, an die Mitglieder der katholischen Arbeiterbewegung«.[394] Daß man hier sogar die christliche Gewerkschaftsbewegung, die sonst ignoriert wurde, einbezog, war vielleicht das einzig Bemerkenswerte an diesem Appell, der dazu dienen sollte, daß »das deutsche Gespräch der Arbeiter und Gewerkschafter zur gemeinsamen Aktion der deutschen Arbeiterklasse gegen die Wiedererrichtung des deutschen Militarismus führt«. Da das Arsenal an Vorschlägen zu gemeinsamen Aktionen, Gesprächen, Volksabstimmungen und sogar zur Vorbereitung gesamtdeutscher freier Wahlen seit Jahren bekannt und verbraucht war, hatten derartige periodisch wiederkehrende Initiativen kaum mehr erkennbaren propagandistischen Wert, auch wenn sie mit viel Aufwand im eigenen Lande als Beweis der Verständigungsbereitschaft präsentiert wurden. Das traf auch auf den »Deutschlandplan des Volkes. Offener Brief des ZK an die Arbeiterschaft Westdeutschlands« vom 17. April 1960 zu, der deutsche Arbeiter in Ost und West zu Brüdern erklärte und »fünf Gemeinsamkeiten der Arbeiter in ganz Deutschland« ins Feld führte: die Aktionsgemeinschaft der Arbeiterklasse als Lebensfrage des Volkes, die Erhaltung des Friedens, die Verständigung zwischen beiden deutschen Staaten als nationale Pflicht, die Erkämpfung von Wohlstand und sozialer Sicherheit für alle arbeitenden Menschen und die internationale Völkerfreundschaft.[395] Mit unterschiedlichen Akzenten waren westdeutsche Oppositionsbewegungen in den fünfziger und sechziger Jahren ständig Ziel der Kontakt- und Infiltrationsbemühungen der SED. Es wäre falsch, ihre Wirkung in den Kampagnen gegen die Wiederaufrüstung, gegen die Atombewaffnung oder später in der Studentenbewegung einfach zu leugnen. Aber »die Partei der DDR« in der Bundesrepublik war und blieb stets klein und in ihrer Zusammensetzung diffus. Von einer »unterwanderten Republik« konnte zu keinem Zeitpunkt die Rede sein.[396]

Die rituellen Beschwörungen der SED, deren Unglaubwürdigkeit durch die politische Praxis auf Schritt und Tritt zu belegen war, bildeten den Überbau für die verdeckte und offene »Westarbeit« auf betrieblicher Ebene und innerhalb der unteren Organisationen des DGB und der Einzelgewerkschaften.[397] Die Arbeiterschaft im Westen anzusprechen, war prinzipiell die Domäne der SED und der von ihr gesteuerten Gewerkschaften. Die Ost-CDU hatte allenfalls gelegentlich katholische Arbeitervereine und »christlich-kleinbürgerliche Kreise« zu beobachten und darüber zu informieren.[398] Konkrete Einzelaktionen, aus denen die KPD besonders im Ruhrgebiet bis zu ihrem Verbot Kapital zu schlagen versuchte, dürf-

---

394 Dokumente der SED, Bd. 5, Berlin (O) 1956, S. 212-218, hier: S. 212.
395 Dokumente der SED, Bd. 8, Berlin (O) 1962, S. 103-125, hier: S. 118 f.
396 Neben den schon erwähnten Arbeiten von Amos und Staadt ist dieses Thema frühzeitig bei Ernst Nolte, Deutschland und der Kalte Krieg, München 1974 erörtert worden (darin Kap. VII. 8: Die »Partei der DDR« in der Bundesrepublik). Das materialreiche Buch von Hubertus Knabe suggeriert zumindest mit seinem Titel ein falsches Gesamturteil: Die unterwanderte Republik. Stasi im Westen, Berlin 1999.
397 Vgl. oben Kap. II 12 (S. 300 ff.).
398 Rißmann, »Die Differenzierung fördern ...«, in: Richter/Rißmann (Hg.) Die Ost-CDU, S. 183-200, hier S. 189 f.

8. Attraktivität des Westens, Republikflucht und »Westarbeit« bis zum Mauerbau

ten gleichwohl propagandistisch nicht ganz ohne Wirkung geblieben sein. So malte die »Tägliche Rundschau« ein märchenhaftes Bild von den Perspektiven des als Muster verstandenen »Freundschaftsvertrags« des Eisenhüttenkombinats in Stalinstadt mit Arbeitern der August-Thyssen-Hütte in Duisburg:

> »Die Kumpel des Eisenhüttenkombinats ›J. W. Stalin‹ wollen ihren westdeutschen Kollegen besonders bei Lohn- und Streikkämpfen beistehen und mit ihnen einen ständigen Gedankenaustausch pflegen. Die Arbeiter der August-Thyssen-Hütte werden noch in diesem Jahr mehrere Delegationen nach Stalinstadt entsenden. Die Werktätigen des Eisenhüttenkombinats ›J. W. Stalin‹ garantieren jungen Arbeitern der August-Thyssen-Hütte, die sich nicht in die Uniformen der Adenauer-Armee pressen lassen wollen, einen Arbeitsplatz in der ersten sozialistischen Stadt Deutschlands. Darüber hinaus werden westdeutschen Jugendlichen Lehrstellen und Plätze an Fachschulen in der DDR zur Verfügung gestellt. Ferner sieht der Freundschaftsvertrag einen Erfahrungsaustausch der Redaktionen der Betriebszeitungen sowie einen kostenlosen Ferienaufenthalt für Arbeiter der August-Thyssen-Hütte mit ihren Angehörigen in den Heimen des Eisenhüttenkombinats an der Oder-Neiße-Friedensgrenze vor. Bereits jetzt verleben Kinder von Arbeitern aus beiden Betrieben gemeinsam frohe Ferientage im Kinderlager in Bad Saarow.«[399]

Die Aktion »Frohe Ferien für alle Kinder« wurde stets von volkseigenen Betrieben betreut. 1957 eröffnete der Minister für Volksbildung Fritz Lange die Ferienaktion im VEB Schwermaschinenbau »Heinrich Rau« und teilte mit, die Regierung der DDR habe 35 Millionen Mark bereitgestellt, um »10 000 Kindern aus Westdeutschland und Westberlin unbeschwerte Ferientage zu ermöglichen.«[400] Ebenfalls waren die VEB meist die Träger des vom FDGB organisierten Delegationsaustauschs. Allein 1956 kamen nach Angaben des FDGB-Bundesvorstandes etwa 150.000 Arbeiter und Angestellte auf diesem Wege in die DDR. »Die Chancen der SED«, stellte ein westdeutscher Beobachter fest, »liegen in der weitgehenden Unkenntnis des westdeutschen Durchschnittsbürgers über die sozialen, betrieblichen und arbeitsrechtlichen Verhältnisse in der Sowjetzone. Die ›Betreuung‹ in der Zone selbst, das zeigen alle Berichte, ist so lückenlos, daß nur in Ausnahmefällen ein Blick hinter die Fassade möglich ist.«[401]

Realitätsblindheit und Missionsdrang mischten sich in allen Aktivitäten zur »Westarbeit«. Ein Hauptmotiv war für die SED ohne Zweifel die Hoffnung, die Westintegration und Wiederaufrüstung, insbesondere die Atombewaffnung der Bundeswehr, stören oder gar verhindern zu können, indem sie sich steuernd in die breite westdeutsche Oppositionsbewegung einmischte. Da diese quantitativ am

---
399 Zit. in MB Ostbüro August 1954, S. 21.
400 Stolz, Arbeitskräftemangel, in: SBZ-Archiv 8 (1957), S. 344 ff. Vgl. die Hinweise auf die neuen Richtlinien für 1958 des gleichen Autors: Betriebsferienlager des FDGB, in: SBZ-Archiv 9 (1958), S. 23 f.
401 SBZ-Archiv 8 (1957), S. 346.

stärksten von der SPD und den Gewerkschaften getragen wurde, avancierten beide fast automatisch zu den bevorzugten Adressaten der DDR-Propaganda. Die SED täuschte dabei ein Ausmaß von Übereinstimmung vor, das die westdeutschen Partei- und Gewerkschaftsführungen erheblich beunruhigen mußte, wurde ihnen die programmatische Nähe zum DDR-Sozialismus doch allzu oft und nicht nur in Wahlkampfzeiten polemisch vorgehalten. Am Beispiel der Kampagne gegen die Pariser Verträge registrierte das Ostbüro nicht ohne Sorge die wachsende Intensität dieser »Täuschungstaktik«. Denn es sei nicht zu verkennen, »daß durch diese SED-Kampagne viele Menschen in der Sowjetzone über die tatsächliche Haltung der SPD und die Aktionen der westdeutschen Arbeiterschaft irritiert wurden. Die Ablehnung des SED-Regimes ist so grundsätzlich, daß alles, was von der SED gelobt wird, mit größtem Mißtrauen betrachtet oder als verwerflich angesehen wird [...] Die Distanzierung der SPD und des DGB von den Kommunisten und insbesondere vom SED-Regime blieb großen Teilen der Bevölkerung der Sowjetzone unbekannt, nur dort, wo Aufklärungsmaterial des Ostbüros zur Verbreitung gelangte, konnte mehr Verständnis für die sozialdemokratische Politik gegenüber den Pariser Verträgen erzielt werden.«[402] Angesichts der massiven Störungen der Westsender war demnach eine genaue Information nur schwer möglich. Die vom Berichterstatter zitierten Einzelinformationen aus verschiedenen Regionen und Betrieben belegen eine breite und unterschiedliche Meinungsbildung unter der DDR-Arbeiterschaft zu einer außenpolitischen Weichenstellung, die auch für sie erhebliche, aber eben nicht klar absehbare Auswirkungen haben mußte. Aus einer Vielzahl von Berichten aus unterschiedlichen Bezirken der DDR ergibt sich zwar ein uneinheitliches Bild, doch scheint gerade unter der Arbeiterschaft die Ablehnung der Pariser Verträge und die Unterstützung der SPD-Politik stark verbreitet gewesen zu sein. Das paßte durchaus zu den ebenfalls häufig referierten Klagen über mangelnde Aktivität und verbreitetes Desinteresse in der Bundesrepublik an den Zuständen in der DDR.[403]

Die hohen Erwartungen, die SED und FDGB an die »Westarbeit« knüpften, spiegeln sich in den organisatorischen und finanziellen Anstrengungen. Speziellen Schulungsmaßnahmen diente die Schule für westdeutsche Gewerkschafter in Hermsdorf/Kreis Königswusterhausen sowie die FDGB-Schule in Falkensee bei Berlin, in der Funktionäre auf ihren späteren Einsatz in der Bundesrepublik vorbereitet wurden. Für 1959 gab es eine zeitgenössische Schätzung von 130 bis 150 Millionen Mark und etwa 3.000 bis 4.000 Personen (einschließlich technischer Hilfskräfte), die im Rahmen der Infiltrationsarbeit beschäftigt waren.[404] Nach Angaben des MfS von 1961 waren 81 politische und technische Mitarbeiter bei der zentralen FDGB-Abteilung für nationale Gewerkschaftseinheit eingesetzt, davon zwölf ständig »politisch operativ« in Westdeutschland.[405]

---

402 MB Ostbüro Januar 1955, S. 16 f.
403 MB Ostbüro Februar 1955, S. 18-26.
404 Friedberg, Die Westarbeit, in: SBZ-Archiv 10 (1959), S. 49-53, hier: S. 52.
405 Bericht vom 14.2.1961 »Mängel und Schwächen in der gesamtdeutschen Arbeit des FDGB«. BStU, ZAIG 377, Bl. 2.

8. Attraktivität des Westens, Republikflucht und »Westarbeit« bis zum Mauerbau

Was sich in der öffentlichen Wahrnehmung als zielstrebige und breit angelegte Propaganda-Aktion darstellte, fand intern aber häufig nicht nur eine unwillige Resonanz, sondern auch deutliche Kritik, weil am Erfolg gezweifelt wurde. Auf der 25. ZK-Tagung der SED 1955 kritisierte der Erste Sekretär des Bezirks Magdeburg, Alois Pisnik, deutlich die schablonenhaften Argumente in der Darstellung der Lage in Westdeutschland und forderte mehr Realitätsbezug: »Ich denke, es muß hier unter allen Umständen eine Änderung eintreten, weil es manchmal so war, daß gelacht wurde über die Argumente, die von unserer Seite gebracht worden sind, weil man dabei an den Tatsachen vorübergegangen ist. Und der Ton war immer ungefähr so, wenn auch nicht mehr so stark wie früher: ›Drüben geht es abwärts, es herrschen Not, Elend und Krise!‹ Das ist falsch, in einer solchen Art zu argumentieren, wo doch ziemlich viele und breite Verbindungskanäle mit Westdeutschland vorhanden sind.«[406] Mit einer anderen Stoßrichtung konstatierte ein Stasi-Bericht vom September 1957, »daß von einer ganzen Anzahl von Genossen die Kraft der westdeutschen Arbeiterklasse unterschätzt wird, ein starker Pessimismus vorhanden ist, die rechte SPD-Führung mit der Masse der SPD-Mitglieder gleichgesetzt bzw. nicht verstanden wird, warum die KPD zur Stimmabgabe für die SPD aufgerufen hat.« In der gesamtdeutschen Arbeit gebe es unter den Genossen verbreitet unklare Haltungen und Desinteresse. So zeigte sich in einigen Betrieben Leipzigs, »daß Genossen den Parteiauftrag nach Westdeutschland zu gehen und im Wahlkampf zu helfen, mit allerhand Ausflüchten ablehnten.«[407] Die Brisanz der gesamtdeutschen Verbindungen wurde vor allem sichtbar, als mit einer Änderung des Paßgesetzes am 11. Dezember 1957 der Reiseverkehr nach Westen empfindlich eingeschränkt wurde.[408] Es gab mehrere Protestaktionen und Streiks gegen die neue Regelung.[409] Ein exemplarisches Beispiel auch für innergewerkschaftliche Debatten über diese Frage bot eine Kreisvorstandssitzung des FDGB, von der es in einem internen Bericht an das Ostbüro hieß: »Zum [Tagesordnungs]Punkt ›Gesamtdeutsche Arbeit‹ sollte die Zersetzungstätigkeit im DGB besprochen werden. In der Diskussion gingen die Teilnehmer kaum auf die Frage ein. Vielmehr wurde fünf Stunden lang heftig über das neue Paßgesetz und die Verweigerung von Genehmigungen für private Reisen nach Westdeutschland diskutiert. Die Ausgaben für Agitationsreisen zur Zersetzung des DGB bezeichneten die meisten Vorstandsmitglieder als zwecklos hinausgeworfenes Geld, man solle lieber jeden reisen lassen, wie er möchte. Ein SED-Funktionär erklärte, so lange seine Eltern im Westen wohnten, werde er sie auch besuchen […] Es war eine ausgesprochen heiße Diskussion auf der Kreisvorstandssitzung. Sie zeigte, daß die

---

406 Zit. aus der unveröffentlichten Rede in MB Ostbüro Dezember 1955, S. 13.
407 Informationsbericht vom 13.9.1957, BStU, MfS-AS 91/59 Bd. 1a, Bl. 244 f.
408 Gbl. DDR 1957 I, S. 650. Danach erhielt § 3 des Paßgesetzes von 1954 die Fassung: »Wer ohne erforderliche Genehmigung das Gebiet der Deutschen Demokratischen Republik verläßt oder betritt oder wer ihm vorgeschriebene Reiseziele, Reisewege oder Reisefristen oder sonstige Beschränkungen der Reise oder des Aufenthaltes hierbei nicht einhält, wird mit Gefängnis bis zu drei Jahren oder mit Geldstrafe bestraft.«
409 Ostbüro MB Januar 1958, S. 32-34.

Mehrzahl der Funktionäre die ›westdeutsche Arbeit‹ des FDGB und das Verbot der privaten Westdeutschlandfahrten entschieden ablehnen.«[410]

Mochten solche Berichte überspitzt und nicht ohne weiteres generalisierbar sein, weil die Informanten des Ostbüros ihr Augenmerk naturgemäß primär auf Konflikte und widerständiges Verhalten richteten und die gesamtdeutsche Perspektive unter westlichem Vorzeichen vertraten, so wird andererseits aus den Informationen des MfS unter entgegengesetztem Blickwinkel ebenfalls deutlich, mit welchen Schwierigkeiten die Akteure der »Westarbeit« zu kämpfen hatten. Ein in nur wenigen Exemplaren erstellter zusammenfassender Bericht der »Zentralen Auswertungs- und Informationsgruppe« (ZAIG) vom 14. Februar 1961 deckte nüchtern die erheblichen organisatorischen Schwachstellen der gesamtdeutschen Arbeit des FDGB auf. Da er anders als manche eher impressionistisch wirkenden Einzelinformation der Stasi auf vielen und zuverlässigen Quellen basierte, wie eingangs betont wird, sollen die Hauptelemente der Kritik hier wiedergegeben werden.[411]

Auch wenn man das Eigeninteresse des MfS berücksichtigt, alle Fäden nach Westen in der Hand zu behalten, war das Gesamturteil im Kern niederschmetternd. Die Liste der »schon jahrelang gemachten Fehler, die trotz zahlreicher Hinweise des MfS nicht beseitigt wurden«, war lang:
- mangelhafte Kenntnis der Lage im jeweiligen Aufgabenbereich
- fehlende Sorgfalt bei der Auswahl der Kader und Vertrauensseligkeit gegenüber Personen aus Westdeutschland
- Unterschätzung der feindlichen Tätigkeit
- Überhäufung der zentralen Verbindungsleute in Westdeutschland mit Aufgaben
- Vernachlässigung der Anleitung der unteren Gewerkschaftsgremien.

Die Abteilung für nationale Gewerkschaftseinheit beim FDGB-Bundesvorstand sei noch nicht in der Lage, »real einzuschätzen, auf welche Kräfte in Westdeutschland sie sich zur Auslösung bestimmter Aktionen stützen kann. In den Büros für nationale Gewerkschaftseinheit bei einigen Zentralvorständen der IG und Gewerkschaften ist die Situation ähnlich.« Die Überprüfung der vorgesehenen Mitarbeit sei unzureichend. »Dem MfS wird entweder keine oder nur eine verspätete Mitteilung gegeben und damit eine vorbeugende Überprüfung und Sicherung unmöglich gemacht oder bedeutend erschwert.« Besonders drastisch fiel das Urteil über die Westschule des FDGB in Falkensee aus: »Faktisch kann jeder Westdeutsche, der sich fortschrittlich gebärdet und einen entsprechenden Wunsch äußert, an einem Lehrgang teilnehmen.« Ein »gewisses Durcheinander« herrsche auch bei der Einladung von Westdeutschen. »Oft werden Personen von verschiedenen Gewerkschaften, anderen Gremien, Bezirken usw. eingeladen, so daß sie sich zu Dauerreisenden entwickeln, mit vielen Stellen Verbindungen haben und insgesamt zu wenig politischen Nutzen bringen.« Schließlich kümmerten sich die

---

410 Ostbüro MB Februar 1958, S. 30 f.
411 BStU, MfS ZAIG 377, Bl. 1-24.

entsprechenden Gremien des FDGB nicht mit der nötigen Sorgfalt um die Auswertung der Berichte, und deren Inhalt habe »oft keinerlei Wert.« Daß die Hinweise des MfS bei den verantwortlichen FDGB-Funktionären großenteils nicht beachtet wurden, mußte besondere Erbitterung hervorrufen. Es zeigt aber auch, daß Vorstellungen von einer konsequent und effektiv koordinierten Westarbeit durch die Stasi zu dieser Zeit offenbar an den Realitäten vorbei gingen.

Mit dem Mauerbau änderten sich die Rahmenbedingungen jeder Form von Westarbeit einschneidend. Die Westkommission beim Politbüro der SED zog im Januar eine gerade in der euphemistischen Umschreibung sehr ernüchternde Bilanz: »Nach dem 13. August sind in der praktischen Durchführung der Westarbeit, infolge der unvermeidlichen Erschwernisse, Tendenzen der Stagnation aufgetreten, die noch nicht restlos überwunden werden können.«[412]

Zu dieser Bilanz von Stagnation lassen sich auch die mit hohem propagandistischen und organisatorischen Aufwand betriebenen Leipziger »Gesamtdeutschen Arbeiterkonferenzen« zählen, die nach dem Mauerbau noch bis 1971 im Rahmen der Leipziger Messe als »Deutsche Arbeiterkonferenzen« weitergeführt wurden. Im offiziösen »Handbuch der DDR« von 1964 findet sich dazu nur der dürre Passus: »Der FDGB empfängt jährlich 25 000 westdeutsche Arbeiter in Studien- und Arbeiterdelegationen, die sich mit den Verhältnissen in der DDR vertraut machen. Er unterstützt die Deutschen Arbeiterkonferenzen, die vom Ständigen Ausschuß jährlich zweimal in Leipzig einberufen und auf denen die Probleme und Aufgaben der deutschen Arbeiterklasse im Kampf für die Lösung der deutschen Frage und für den sozialen Fortschritt diskutiert werden.«[413] In einschlägigen Gesamtdarstellungen und Handbüchern zur DDR-Geschichte sucht man Hinweise auf dieses Forum »für Verständigung der deutschen Arbeiter« vergebens. Etwa 30 Mal tagten diese Konferenzen im Haus Auensee in Leipzig, sie hatten einen Ständigen Ausschuß, der in seinem Organ »Weg und Ziel« die Referate und Diskussionen veröffentlichte.[414] An öder Langeweile sind sie schwer zu übertreffen. Daher ist es wenig überraschend, daß dieser Teil der Westarbeit der SED nahezu vergessen ist. Die parteikonforme Historiographie mochte daran später auch nicht erinnern, weil der anfangs ostentative gesamtdeutsche Bezug nicht mehr in die verordnete Entwicklungsperspektive der Geschichte der »führenden Klasse« paßte. Dennoch gehören diese Arbeiterkonferenzen in den für die DDR konstitutiven Zusammenhang von forcierter West-Abschottung und propagandistischer Aufrechterhaltung eines gesamtnationalen Anspruchs. (☞ vgl. *Abb. 54*, S. 510)

---

412 Zit. bei Jochen Staadt, Die geheime Westpolitik der SED 1960–1970. Von der gesamtdeutschen Orientierung der sozialistischen Nation, Berlin 1993, S. 35.
413 Handbuch der Deutschen Demokratischen Republik, S. 129.
414 Die Referate des Gründungstreffens wurden vom FDGB veröffentlicht: Erste Gesamtdeutsche Arbeiterkonferenz in Leipzig am 10. September 1954, hg. vom Bundesvorstand des FDGB, Berlin (O) 1954. »Weg und Ziel«, Organ des Ständigen Ausschusses der Gesamtdeutschen Arbeiterkonferenzen, erschien in Berlin von 1954 bis 1971.

IV. Vom »Neuen Kurs« zum Mauerbau (1953–1961)

Abb. 54: Gesamtdeutsche Arbeiterkonferenz 1959; so langweilig, wie das Plakat aussieht, verliefen auch die Konferenzen.

Eine genauere Untersuchung der Konferenzen gibt es bisher nicht. Vermutlich lohnt sie auch nicht. Die veröffentlichten Referate und Diskussionsbeiträge lassen

8. Attraktivität des Westens, Republikflucht und »Westarbeit« bis zum Mauerbau

die Formen und Inhalte dieser Art von »Westarbeit« hinreichend erkennen. Die Regie führten prominente Genossen der SED. Von westdeutscher Seite waren in der Regel nur fellow travellers und einfache Mitglieder aus regionalen und lokalen Organisationseinheiten der Industriegewerkschaften und der SPD sowie Funktionäre der verbotenen KPD, der SEW (Berlin) und zum Schluß der DKP gekommen. Was sie im Laufe der 15 Jahre, in denen das Leipziger Spektakel bestand, verhandelten, liest sich auf weite Strecken wie eine Zusammenstellung polemischer Kommentare der SED-Presse zu außen- und innenpolitischen Themen der Bundesrepublik, aber mit Sprecherrollen, die auf Ost und West verteilt waren. Auf der Gründungskonferenz 1954 wurde »der Arbeiterschaft der Bundesrepublik« ein Aktionsprogramm der gewerkschaftlichen Arbeit vorgeschlagen, das folgende sechs Punkte umfaßte, die jeweils auf Westdeutschland gerichtet waren und sich implizit auf die DDR als Maßstab bezogen: Für Frieden und Völkerverständigung; Für höheren Lebensstandard aller Arbeiter, Angestellten und Beamten; Für Vollbeschäftigung; Schutz der Arbeitskraft vor unbotmäßiger Ausbeutung, Sicherung des Acht-Stunden-Tages und Verkürzung der Arbeitszeit bei vollem Lohnausgleich; Soziale Sicherheit und Verbesserung der sozialen Leistungen; Sicherung des Mitbestimmungsrechtes, ungehinderte gewerkschaftliche Betätigung.[415]

Nach Angaben eines Gewährsmanns des Ostbüros von 1957 stellten SED-Funktionäre im Januar die Einladungsliste für die Frühjahrsmesse zusammen. Die BGL großer Betriebe hatte die Betreuung der Gäste zu übernehmen. Dazu gehörten Fahrtkosten, freie Unterkunft und Verpflegung sowie ein Tagegeld von 5 Mark, das gegebenenfalls auch Ehefrauen und Kinder erhielten. In Diskussionen am Vorabend der eigentlichen Konferenz wurden darüber hinaus diejenigen ausgesucht, die an ihr teilnehmen sollten. Im Falle der Gruppe, die dem Kombinat »Otto Grotewohl« in Böhlen zugewiesen war, betraf das etwa 50 von insgesamt 168 westdeutschen Gästen. Diese doppelte politische Selektion verhinderte dennoch keineswegs deutliche Kritik der westdeutschen Gäste an den Lebensverhältnissen in der DDR, so daß im Endeffekt der gewünschte Werbungserfolg trotz sorgfältiger Lenkung keineswegs immer eintrat.[416] SPD- und Gewerkschaftsführungen waren zwar über den Propaganda-Charakter dieser Treffen ziemlich genau im Bilde, konnten aber die Teilnahme westdeutscher Besucher nur begrenzt steuern, zumal nach dem Mauerbau die Leipziger Messe als einziger verbliebener legaler Treffpunkt den Rahmen abgab.

Einer der beiden Vorsitzenden des Ständigen Ausschusses war Harry Roth. Er war 1951 in die SPD und IG Metall eingetreten und 1954 von SED-Agenten angeworben worden. Er stieg zum Verbindungsmann des Westbüros des ZK auf, brach dann aber nach eigenen Angaben im Zusammenhang des Ungarn-Aufstan-

---

415 Erste Gesamtdeutsche Arbeiterkonferenz, S. 43 ff.
416 AdsD, Ostbüro 0257 Box 695, Bericht vom 25.3.1957 betr. Ulbrichts »Arbeiterkonferenz in Leipzig«. Einen kurzen Hinweis auf die 1. Konferenz 1954 brachte der Monatsbericht des Ostbüros September 1954, S. 26 f. Ein Gewerkschaftsjournalist veröffentlichte 1960 seine im Tenor ähnlichen »Leipziger Eindrücke« in der Funktionärszeitschrift des DGB »Die Quelle« 1960, S. 152 f.

des mit der SED, nahm Kontakte zum westdeutschen Verfassungsschutz auf und informierte nach seiner Flucht eingehend über die Westarbeit des FDGB.[417]

Neben den allgemeinen Arbeiterkonferenzen gab es noch jeweils für einige Jahre und ohne erkennbare Bedeutung Arbeiterinnenkonferenzen und Arbeiterjugend-Kongresse mit gesamtdeutschen Ambitionen. Über summarische Zahlenangaben hinaus liegen dazu kaum Informationen vor. Die durchsichtigen propagandistischen Intentionen, das Muster ihres Ablaufs und die Struktur ihrer Teilnehmer dürften sich kaum von denen des größeren Vorbilds unterschieden haben.

Die nachfolgenden *tabellarischen Aufstellungen* entstammen der Publikation »Der FDGB – Erfüllungsgehilfe der SED« (S. 79 f.).

	Deutsche Arbeiterkonferenzen		
	Bezeichnung	Termin	Teilnehmer*)
I.	Gesamtdeutsche Arbeiterkonferenz	10. Sept. 1954	
II.	Gesamtdeutsche Arbeiterkonferenz	5. März 1955	1 200 (BRD: 1 000)
III.	Gesamtdeutsche Arbeiterkonferenz Gesamtdeutsche Konferenz der Gewerkschaftsfunktionäre	9. Sept. 1955 3. März 1956	4 200 (BRD: 3 700) 1 500
IV.	Gesamtdeutsche Arbeiterkonferenz	6. Sept. 1956	
V.	Gesamtdeutsche Konferenz der Betriebs- und Gewerkschaftsfunktionäre	9. März 1957	1 300 (BRD: 1 150)
VI.	Gesamtdeutsche Arbeiterkonferenz	7. Sept. 1957	1 300 (BRD: 800)
VII.	Gesamtdeutsche Arbeiterkonferenz	8. März 1958	1 250 (BRD: 750)
VIII.	Gesamtdeutsche Arbeiterkonferenz	13. Sept. 1958	1 250 (BRD: 800)
IX.	Gesamtdeutsche Arbeiterkonferenz	7. März 1959	(BRD: 1 100)
X.	Gesamtdeutsche Arbeiterkonferenz	5. Sept. 1959	1 600 (BRD: 1 250)
XI.	Gesamtdeutsche Arbeiterkonferenz	5. März 1960	2 100 (BRD: 1 800)
XII.	Gesamtdeutsche Arbeiterkonferenz	10. Sept. 1960	(BRD: 5 200)
XIII.	Gesamtdeutsche Arbeiterkonferenz	11. März 1961	1 700 (BRD: 1 000)
XIV.	Deutsche Arbeiterkonferenz (Tagungsort: Ost-Berlin)	29. Dez. 1961	755 (BRD: 620)
XV.	Deutsche Arbeiterkonferenz	10. März 1962	1 300 (BRD: 1 200)
XVI.	Deutsche Arbeiterkonferenz	8. Sept. 1962	(BRD: 1 162)
XVII.	Deutsche Arbeiterkonferenz	9. März 1963	(BRD: über 1 000)
XVIII.	Deutsche Arbeiterkonferenz	7. Sept. 1963	(BRD: über 1 000)
XIX.	Deutsche Arbeiterkonferenz	7. März 1964	(BRD: 800)

Veranstaltungsort: Leipzig · Veranstalter: »Ständiger Ausschuß der Deutschen Arbeiterkonferenzen« · Sitz des Präsidiums: Ost-Berlin · Sekretär des Präsidiums: **Bodo Schulz (SED)** · *) nach Angaben der Veranstalter.

---

417 Manfred Wilke/Hans-Hermann Hertle, Das Genossenkartell. Die SED und die IG Druck und Papier/IG Medien. Dokumente, Frankfurt/M. 1992, S. 96 ff.

8. Attraktivität des Westens, Republikflucht und »Westarbeit« bis zum Mauerbau

Arbeiterjugend-Kongresse

	Bezeichnung	Termin	Ort
1.	Kongreß der Arbeiterjugend Deutschlands	5.– 6. April 1958 (Ostern)	Erfurt
2.	Kongreß der Arbeiterjugend Deutschlands	20.–29. März 1959 (Ostern)	Erfurt
3.	Kongreß der Arbeiterjugend beider deutscher Staaten	15.–18. April 1960	Erfurt
4.	Kongreß der Arbeiterjugend beider deutscher Staaten	21.–22. Mai 1961 (Pfingsten)	Rostock
5.	Kongreß der Arbeiterjugend beider deutscher Staaten	10.–11. Juni 1963 (Pfingsten)	Leipzig
6.	Deutscher Arbeiterjugend-Kongreß	15.–16. Juni 1963	Eisenhüttenstadt

Vorbereitung und Leitung der Veranstaltungen: »Ständiges Komitee der Arbeiterjugend beider deutscher Staaten« · Vorsitzender: **Rudolf Frost** (SED/FDJ/FDGB) · Sekretär: **Siegfried Heyn** (SED/FDJ/FDGB).

Arbeiterinnen-Konferenzen

	Bezeichnung	Termin	Teilnehmer*)
1.	Gesamtdeutsche Arbeiterinnenkonferenz	10.–11. Juli 1959	400
2.	Gesamtdeutsche Arbeiterinnenkonferenz	17.–19. Juni 1960	300 (BRD: 200)
3.	Gesamtdeutsche Arbeiterinnenkonferenz	28.–29. Juli 1961	270
4.	Deutsche Arbeiterinnenkonferenz	22.–23. Sept. 1962	400 (BRD: 200)

Veranstaltungsort: Magdeburg · *) Nach Angaben der Veranstalter.

Da es unter den westdeutschen Gewerkschaften keine einheitliche Position in der Frage der Kontakte zum FDGB gab und sich die Strategien dazu im Laufe der fünfziger und sechziger Jahre auch veränderten, konnten sich SED und FDGB immerhin gewisse Erfolge ihrer verschiedenen Formen von »Westarbeit« erhoffen.

Wolfgang Schroeder hat für die Adenauer-Ära vier unterschiedliche Orientierungen in den westdeutschen Gewerkschaften ausgemacht.[418] Der »demokratische Antikommunismus« läßt sich demnach als die hegemoniale Position bezeichnen. Er trug dazu bei, die Arbeiterschaft in der Bundesrepublik gegen die kommunistische Ideologie zu immunisieren und das Bewußtsein einer einheitlichen Nation aufrechtzuerhalten. Demgegenüber setzten die Vertreter einer »linken nationalen Initiativpolitik« auf Veränderungen durch Kontakte und Verhandlungen. Die dritte Gruppe der Pragmatiker stand diesen nahe, war aber nur zu begrenzten und nichtoffiziellen Gesprächen mit dem FDGB bereit. Schließlich ließen sich die meisten »offensiven Verfechter von Kontakten mit der DDR« dem Umfeld der KPD zuordnen. Auf nahezu allen Ebenen und in allen Einzelgewerkschaften trotz erheblicher Differenzen sind in den fünfziger Jahren diese Optionen nebeneinander anzutreffen.

---

418 Wolfgang Schroeder, Facetten der deutschlandpolitischen Diskussion des DGB in der Adenauer-Ära, in: Schönhoven/Staritz (Hg.), Sozialismus, S. 281-300, hier: S. 298 f. Vgl. oben, Kap. II 12 (S. 300 ff.).

IV. Vom »Neuen Kurs« zum Mauerbau (1953–1961)

Insbesondere der DGB-Spitze war durchaus bewußt, daß sich eine aktive Wiedervereinigungspolitik mit Unvereinbarkeitsbeschlüssen wie auf dem Frankfurter DGB-Kongreß 1954 allein kaum bewerkstelligen ließ. Das Motto zum 1. Mai 1957 »Wiedervereinigung ohne Gewalt – aber bald« und ein 47-Punkte-Manifest zur Neuordnung eines wiedervereinigten Deutschland sollten neue Impulse auslösen. Die politischen Positionen in den Einzelgewerkschaften differierten jedoch und insbesondere die IG Druck und Papier plädierte für Kontakte zum FDGB.[419] Der DGB befürwortete keineswegs ein »Anschluß«-Modell, sondern plädierte für eine Neuordnung entsprechend dem Programm der Gewerkschaften, so auch eine gemeinwirtschaftliche Ordnung für die Schlüsselindustrien). Angesichts der Intensität östlicher Westarbeit forderten Kritiker wie der Gewerkschaftsredakteur Otto Stolz jedoch weiterreichende innerorganisatorische und öffentliche Konsequenzen. »Im besten Fall«, klagte Stolz 1959, »beschäftigen sich zwei bis drei Sekretäre im DGB-Bundesvorstand u. a. auch mit gesamtdeutschen Fragen. Ein Büro, das die Infiltrationsarbeit des FDGB beobachten und notfalls Gegenmaßnahmen veranlassen sollte, ist, ungeachtet der sich ständig steigernden Anstrengungen der Gegenseite, durch personelle Einschränkungen arbeitsunfähig gemacht worden. Es gibt keine Information der Mitglieder und Funktionäre der Gewerkschaften über die Methoden der kommunistischen Zersetzungsarbeit. Lediglich der Landesbezirk Niedersachsen des DGB bemüht sich in seiner Veröffentlichung ›Feinde der Demokratie‹, diesen Themenkreis zu behandeln. Von den Gewerkschaften wird in ihrer Presse dieser ganze Komplex praktisch ignoriert [...] Eine rühmliche Ausnahme, auch was die Information über die Sowjetunion angeht, machen nur die Veröffentlichungen der IG Metall.«[420] Wie berechtigt diese Kritik tatsächlich war, ist ohne eine genauere Untersuchung schwer abzuschätzen. Sie machte jedoch deutlich, daß die gesamtdeutsche Arbeit im Westen eher die Spitzen der Gewerkschaften interessierte und daß es schwierig war, im »Wirtschaftswunderland« eine breite Basis für sie zu gewinnen. In der DDR konnte die SED von einem vitalen Interesse der Arbeiter am Westen ausgehen, das jedoch eher auf individuelle Reisemöglichkeiten als auf den Export marxistisch-leninistischer Sozialismuskonzepte gerichtet war.

Ein Einfallstor, von dem sich die SED für ihren Einfluß im Westen besonders viel erhoffte, waren Streiks.[421] Mit dem pathetischen Gestus der demonstrativen Solidarität mit den Klassenbrüdern im Westen waren die übergeordneten politi-

---

419 Die Diskussion im DGB und die Erklärung zur Wiedervereinigung wird dokumentiert in: Der Deutsche Gewerkschaftsbund 1956–1963, bearbeitet von Jens Hildebrandt (Quellen zur Geschichte der deutschen Gewerkschaftsbewegung im 20. Jahrhundert Bd. 12), Dokument 8 und 9. Die interne Diskussion 1959 über Kontakte mit dem FDGB ebd., Dokument 51 und 75, Text der Entschließung 93. Für die IG Metall als größte und bedeutendste Einzelgewerkschaft vgl. in derselben Reihe Bd. 9, Dokument 10.
420 Zit. bei Schroeder, Facetten, in: Schönhoven/Staritz (Hg.), Sozialismus, S. 287 f. Im gleichen Jahr erschien die Broschüre: Der DGB und die Wiedervereinigung Deutschlands, hg. vom Bundesvorstand des DGB, Berlin (W). 1959. Dort wird eine Reihe von Dokumenten zur Auseinandersetzung mit der kommunistischen Gewerkschaftsarbeit wiedergegeben.
421 Vgl. Lemke, Einheit, S. 100 f. Vgl. oben Kap. II 12 (S. 300 ff.).

schen Ziele des Kampfes gegen die Westintegration und Wiederbewaffnung stets eng verbunden. Das schränkte ihre Wirkung von vornherein ein. Ein noch größeres Dilemma bestand jedoch darin, daß Streiks im eigenen Lande verboten waren, so daß die Glaubwürdigkeit der moralischen und materiellen Hilfe nachhaltig beschädigt wurde. SED und FDGB mußten daher vorsichtig vorgehen, wenn sie die Belegschaften zu Geldsammlungen und Geschenksendungen aufforderten und Delegationen in die Streikgebiete schickten. Der Bumerang-Effekt bei der eigenen Klientel war im Zweifelsfalle größer als die positive Wirkung in der Bundesrepublik. Denn angesichts eines deutlich höheren Lebensstandards und des garantierten Koalitionsrechts im Westen stießen als freiwillig deklarierte Hilfeleistungen auf Zurückhaltung und Widerstand. Diese Form der »Westarbeit« ist daher in erster Linie als Teil des politischen Ost-West-Konflikts in Deutschland zu verstehen, in dem sich die DDR als der bessere Repräsentant von Arbeiterinteressen anbot. DDR-Juristen inszenierten eine ausführliche fachliche Diskussion über die »Abwürgung des Streikrechts in Westdeutschland« und setzten sich dabei eingehend mit Problemen der verfassungs- und arbeitsrechtlichen Interpretation von Streiks in der Bundesrepublik auseinander.[422] Auch das diente der politischen Polemik im Gewande fachwissenschaftlicher Erörterungen. Die Arbeiter in der DDR bekamen vor allem die Propagandakampagnen und die organisierten Hilfsmaßnahmen zu spüren. Das Grundmuster blieb seit den frühen fünfziger Jahren gleich. Einen Höhepunkt erreichte die verordnete Streikhilfe im Januar 1955 im Vorfeld der Verabschiedung der Pariser Verträge. Einen halbwegs genauen Gesamteindruck zu bekommen, ist schwierig. Wie unterschiedlich die Organisation im betrieblichen Rahmen ablief, versuchte ein anschaulicher zusammenfassender Bericht des Ostbüros wiederzugeben:

»Vom FDGB wurden in der Sowjetzone im Januar erneut Geldsammlungen für eine angebliche Unterstützung der Streikenden in Westdeutschland durchgeführt. In manchen Betrieben ordneten die BGL die Einbehaltung von drei Prozent des Lohnes an. In anderen Betrieben ließen die BPO und BGL die Belegschaften jeweils einen Stundenlohn ›spenden‹. Außerdem forderten sie zu ›Hochleistungsschichten‹ auf, um die ›Macht der DDR‹ zu stärken und dadurch Streiks in Westdeutschland und Westberlin zu unterstützen. Ein Teil der eingenommenen Gelder wurde für die Versendung von Paketen mit Lebensmitteln verwendet, die an Vertrauensleute der KPD zur Verteilung an Streikende geschickt wurden. Im Verlauf des Monats Januar wurden einige zehntausend solcher Pakete verschickt. Von der KPD wurden auch Listen an den FDGB mit Adressen westdeutscher Arbeiter geschickt. Der FDGB gab diese Adressen an die BGL weiter, die in den Betrieben die Belegschaften aufforderten, Pakete an diese Adressen zu finanzieren. Für jedes Paket waren 50,- DM (HO-Preise) aufzubringen. Von jedem Arbeiter wurden dafür im Durchschnitt 5,- Mark verlangt.

---

422 Vgl. die vierteilige Artikelfolge »Die Abwürgung des Streikrechts in Westdeutschland« in der Zeitschrift »Neue Justiz« 9 (1955), S. 405-407, 436-440, 489-492, 534-535.

IV. Vom »Neuen Kurs« zum Mauerbau (1953–1961)

In anderen Betrieben mußte drei Stunden ohne Lohn gearbeitet werden, und die Betriebsleitung stellte die eingesparte Lohnsumme für die ›Streikhilfe‹ zur Verfügung. Zum Teil wurden auch Pakete aus Westdeutschland, die das SED-Regime in großer Zahl beschlagnahmen ließ, für diese ›Spendenaktion‹ umgepackt.«[423]

Mit solchen Spendenaktionen ließ sich zwar an solidarische Traditionen der »Roten Arbeiterhilfe« der Weimarer Republik anknüpfen, der SED ging es aber in erster Linie darum, wie das Politbüro-Mitglied Albert Norden 1959 anläßlich einer Paketaktion für das Ruhrgebiet feststellte, »eine ganz neue politische Einstellung bei zehntausenden Familien gegenüber der DDR« hervorzurufen und sie von der »Güte und der Überlegenheit unserer Sache« zu überzeugen.[424] Um diesen kühnen Anspruch im Detail belegen zu können, verstieg sich der Erste Sekretär des FDGB-Bundesvorstandes im Rahmen der allgemeinen Aufbruch-Euphorie nach dem V. Parteitag sogar zu dem Vorschlag, einen Wettbewerb zwischen dem FDGB und dem DGB über die sozialen Errungenschaften beider Staaten einzugehen.[425] Ziel der Aktion sollte es sein, eine Erhebung einzuleiten, »die nach genau festgelegten Gesichtspunkten die Entwicklung des Lebensstandards von je 200 Arbeiterfamilien mit vergleichbaren Berufen und vergleichbaren Familiengrößen in der DDR und in Westdeutschland untersucht.« Die Untersuchung sollte sich auf Nahrungsmittel und Verbrauchsgüter, Ausgaben für Miete, Fahrtkosten, soziale Sicherung sowie die Deckung kultureller Bedürfnisse und den Urlaub erstrecken. Die politische Konstellation garantierte, daß der Test auf diese agitatorisch nicht ungeschickten Angebote nicht gemacht werden mußte. Gerade deshalb befürchtete ein westdeutscher Kenner der »Westarbeit«, daß trotz aller Fragwürdigkeit einige der sozialen Errungenschaften der DDR »für manche Arbeiter in der Bundesrepublik verlockend sind. Alle bisherigen Erfahrungen zeigen uns, daß der Hauptgrund dafür, warum manche Arbeiter den Propheten aus dem Osten ins Netz gegangen sind, in der geschickten Propaganda über diese auf den ersten Blick bestechenden sozialen Maßnahmen zu suchen sind.«[426] Die polemische Demontage der westdeutschen Sozialpolitik auf Feldern wie der Lohnfortzahlung im Krankheitsfall, der Krankenkassenreform und sogar des Miet- und Wohnrechts blieb ein wichtiger Punkt auf der Agenda der verbalen Auseinandersetzung um das »bessere System« sowie bei dem Versuch, die fehlende demokratische Legitimation der DDR zu kompensieren.[427]

---

423 MB Ostbüro Januar 1955, S. 27 f.
424 Zit. bei Lemke, Einheit, S. 101.
425 Vorschläge für einen Wettbewerb zwischen FDGB und DGB, in: »Neues Deutschland« vom 14.9.1958. Vgl. Friedberg, Westarbeit, in: SBZ-Archiv 10 (1959), S. 51 f.
426 Ebd., S. 52.
427 Vgl. als Beispiele unterschiedlicher Reichweite den Artikel »Sozialpolitik und ›freie Wahlen‹ in der Westzone«, in: »Arbeit und Sozialfürsorge« 16 (1961), S .393, sowie die Artikelserie »Zur Entwicklung des Wohnmietrechts in Westdeutschland« in: »Neue Justiz« 10 (1956), S. 53-56, 85-87, 150-153, ferner den besonders kämpferischen Artikel des Dozenten an der Humboldt-Universität Horst Kellner »Das antinationale und antisoziale Miet- und Wohnrecht in Westdeutschland«, in: »Neue Justiz« 14 (1960), S. 727-731.

8. Attraktivität des Westens, Republikflucht und »Westarbeit« bis zum Mauerbau

Das Geflecht von direkten und indirekten Einflüssen der Bundesrepublik in der DDR, einer offen aggressiven und auch verdeckten Westarbeit der SED und des FDGB sowie verbreiteten westdeutschen Sorgen vor »kommunistischer Wühlarbeit« und entsprechenden Abwehrmaßnahmen – es war für beide Seiten prekär und weckte Erinnerungen an die erbitterten Auseinandersetzungen der Weimarer Zeit, jetzt allerdings mit einer auf zwei Staaten verschobenen Rollenverteilung. Zum rasanten Niedergang der KPD in ihren ehemaligen Hochburgen wie dem Ruhrgebiet trugen neben einer erfolgreichen Aufbau- und Sozialpolitik auch die deprimierenden politischen und insgesamt desolaten Lebensverhältnisse im »Arbeiterstaat« bei.[428] Um so heftiger bemühte sich die SED, diese in besserem Lichte erscheinen zu lassen und nachdrücklich den Finger in die vielen Wunden sozialer Ungerechtigkeiten in der Bundesrepublik zu legen. Was in den frühen und mittleren fünfziger Jahren, als das Lebensniveau noch nicht so deutlich wie später auseinanderklaffte, gewisse Erfolge versprechen mochte, wurde gegen Ende des Jahrzehnts zu einem hoffnungslosen Wettlauf. Die »Einflüsse des Klassenfeindes und der imperialistischen Räubermoral«[429] nahmen eher zu als ab. Die völlig verfehlte Zielsetzung des »Einholens und Überholens« mit verheerenden wirtschaftlichen Folgen tat ein Übriges, um das westdeutsche Magnetfeld aufrechtzuerhalten und weiter zu verstärken. So lief schließlich alles darauf hinaus, mit dem brutalen Akt, die innerdeutsche Grenze durch den Bau der Mauer in Berlin völlig zu schließen, eine radikale Konstellationsveränderung durchzusetzen, um dem sozialistischen Experiment im zweiten Anlauf ohne diese westlichen Einflüsse doch noch zum Erfolg zu verhelfen.

---

428 Vgl. zur Rolle der KPD die gründlichen und anregenden sozialgeschichtlichen Untersuchungen von Patrick Major, The death of KPD, und Till Kössler, Kaderpartei oder Milieupartei? Die KPD in Westdeutschland 1945 bis 1960, in: JHK 2004, S. 131-155. Vgl. oben, Kap. II 12 (S. 300 ff.).
429 So Egon Rentzsch, Sekretär des FDGB-Bundesvorstandes, in dem Artikel »Über die Rolle und Bedeutung der sozialistischen Moral«, in: »Die Arbeit« 10 (1956), S. 465-472, hier: S. 470.

Exkurs

Stalinstadt – »die erste sozialistische Stadt in Deutschland«

Ihren Namen erhielt sie erst nach dem Tod des Diktators. Offenbar als persönliche Reverenz an den »weisen Führer der Völker« machte Ulbricht einen entsprechenden Vorschlag, obwohl das Politbüro noch im Februar 1953 die Namensgebung »Karl-Marx-Stadt« beschlossen hatte. In einer pompösen Feier am 7. Mai (am Vorabend des »Tages der Befreiung«) wurde der »Wohnstadt bei Fürstenberg« der Name Stalins verliehen. Aus Chemnitz wurde nun »Karl-Marx-Stadt«.[1] Gegründet in der Phase der dynamischen Aufbaueuphorie sollte die »erste sozialistische Stadt in Deutschland« ein Vorzeigeobjekt des Arbeiterstaats werden und ohne den Ballast bürgerlicher Tradition den Sprung in ein neues Zeitalter realisieren. »Der weise Stalin«, erklärt Ulbricht in seiner programmatischen Rede, »der große Baumeister des Sozialismus, lehrte uns, daß wir besondere Aufmerksamkeit auf die Entwicklung der Städte in den Industriegebieten richten sollen, damit ihre Städte zu wirklichen Zentren des politischen und wirtschaftlichen Lebens werden [...] Nur unter der Voraussetzung des Bestehens der Volksmacht ist es möglich, solche sozialistischen Städte zu bauen, wie das die erste sozialistische Stadt des Eisenhüttenkombinats ist. Städte des arbeitenden Volkes, Städte, wo es keine Elendsviertel, in denen es keine kapitalistischen Ausbeuter gibt, Städte, in denen kein Platz ist für kapitalistische Schieber, Städte, wo es keine bürgerlichen kapitalistischen Verdummungseinrichtungen gibt [...] Stalinstadt wird die erste Stadt der Deutschen Demokratischen Republik sein, in der es keinerlei kapitalistische Betriebe gibt, auch keine kapitalistischen Händler.«[2] (☛ vgl. *Abb. 55*, S. 522)

Der hier formulierte Anspruch erschöpfte sich nicht im gängigen leeren Pathos, sondern wurde wie nirgendwo sonst in der DDR umzusetzen versucht. Dabei war Stalinstadt keineswegs singulär, sondern hatte ähnlich konzipierte Äquivalente im polnischen Nowa Huta, im ungarischen Sztálinváros oder bulgarischen Dimitrowgrad.[3] Magnitogorsk in der Sowjetunion war ein älteres Vorbild. Zudem sollte die Stadt, deren ökonomischer Kern das Eisenhüttenkombinat Ost (EKO) bildete, die enge Kooperation mit der sowjetischen Vormacht und dem polnischen Nachbarn demonstrieren, gebündelt in plakativen Parolen wie »Deutscher Friedensstahl aus sowjetischem Erz und polnischer Kohle an der Oder-Neiße-Friedensgrenze.« Die Utopie vom »Arbeiterstaat« fand in Stalinstadt am ehesten ihre greifbare Realisierung im Kleinformat. Die ausgeprägt politische Symbolik im Stadtbild, in den Ritualen und Gemeinschaftsformen war das sichtbarste Zeichen dafür. Eine enorme Dynamik des Aufbaus und der Zwang zur Improvi-

---

1 Gottfried Korff, Mentalität und Monumentalität im politischen Wandel. Zur öffentlichen Namengebung in Wolfsburg und Eisenhüttenstadt, in: Rosmarie Beier (Hg.), aufbau west aufbau ost. Die Planstädte Wolfsburg und Eisenhüttenstadt in der Nachkriegszeit, Ostfildern-Ruit 1997, S. 230 f.
2 Zit. bei Jörn Schütrumpf, »Young Town on an Old River«. Selbstverständnis und Selbstdarstellung von Stalinstadt, in: ebd., S. 255.
3 Rosmarie Beier, Einführung, ebd., S. 19. Vgl. Ingrid Apolinarski/Christoph Bernhardt, Entwicklungslogiken sozialistischer Planstädte am Beispiel von Eisenhüttenstadt und Nowa Huta, in: Holger Barth (Hg.), Grammatik sozialistischer Architekturen. Lesarten historischer Städtebauforschung zur DDR, Berlin 2002, S. 51-65.

Exkurs: Stalinstadt – »die erste sozialistische Stadt in Deutschland«

Abb. 55: Stalinstadt – der Tag der Namenverleihung, 7. Mai 1953. Walter Ulbricht enthüllt den neuen Namen der »Wohnstadt des EKO«. Neben ihm der Leiter der sowjetischen Delegation, Jefanow, daneben der sowjetische Botschafter Iljitschow.

Exkurs: Stalinstadt – »die erste sozialistische Stadt in Deutschland«

sation bei einer Bevölkerung, deren Durchschnittsalter so niedrig wie nirgends sonst lag, prägten die ersten Jahre. An hymnischen Erfolgsbilanzen und peinlichen Lobliedern fehlte es daher nicht. »Stalinstadt ist Beginn, auf dem Boden unserer Republik gediehen wie die Frucht auf dem vom Unkraut befreiten Felde [...] Stadt der Jugend – das Durchschnittsalter beträgt 26 Jahre – Stadt der Kinder – sie ist am kinderreichsten in der DDR, Stadt der tanzfrohen Schenkel und zupackenden Hände einer Generation, vor der das Gerümpel von Stammtischen und Kaffekränzchen und wurmstichiger Prominenz zerbröckelt und zerstäubt. Ein böses Märchen nur noch, daß Eltern einst Rädchen, Marschierstiefel, Nullen hinter den Ziffern des Profits gewesen sind« – mit diesen bombastischen Metaphern charakterisierte 1958 der zeitweilig in Stalinstadt lebende Schriftsteller Karl Mundstock in seiner Einleitung zu einer bilanzierenden Broschüre das dortige Neue Leben und die Neuen Menschen.[4]

Zwar folgte die Schaffung des EKO dem stalinistischen Dogma des Aufbaus nationaler Schwerindustrien, gleichwohl steckte dahinter auch ein plausibles wirtschaftliches Motiv, das aus der Teilung Deutschlands resultierte. Denn wegen der Abschnürung von der schwerindustriellen Basis im Ruhrgebiet wurde Ersatz unerläßlich, sollten die hohen Ziele des ersten Fünfjahrplans nicht schon bald zu Makulatur werden. Insofern ging das EKO, nachdem man sich unter verschiedenen Varianten für diesen Standort entschieden hatte, als »Hauptobjekt des Fünfjahrplans« in die Geschichte der DDR ein.[5]

Die Entwicklung des EKO und der mit ihr aufs engste verbundenen Stadt, ihr besonderes Profil und das Leben ihrer Bewohner bieten daher unter vielen Aspekten ein aufschlußreiches Beispiel wirtschafts-, sozial- und kulturhistorischer Charakteristika und Probleme der DDR als »Arbeiterstaat«.[6] Einige sollen hier knapp skizziert werden.

---

4 Karl Mundstock in: Heinz Colditz/Martin Lücke, Stalinstadt. Neues Leben – Neue Menschen, Berlin(O) 1958, S. 11. Vgl. auch den Kulturspiegel Stalinstadt und Kreis Fürstenberg sowie das vom Kreiskomitee »10 Jahre Stalinstadt« herausgegebene Material zum 10-jährigen Bestehen des Kombinats und der Stadt: Stalinstadt. Die erste sozialistische Stadt Deutschlands, 1960.
5 Klassenkampf – Tradition – Sozialismus, Berlin (O) 1974, S. 599.
6 Zur Geschichte des EKO und der Stadt, die 1961 in »Eisenhüttenstadt« umbenannt wurde, gibt es bereits eine reichhaltige Literatur, auf die sich dieser Exkurs vor allem stützt. Einen Gesamtüberblick mit Auswahlbibliographie bietet Andreas Ludwig, Eisenhüttenstadt. Wandel einer industriellen Gründungsstadt in fünfzig Jahren, Potsdam 2000 (Brandenburgische Landeszentrale für Politische Bildung). Mit reichem Bildmaterial und in vergleichender Perspektive besonders informativ ist das Begleitbuch zur gleichnamigen Berliner Ausstellung: Rosmarie Beier (Hg.), aufbau west aufbau ost. Ferner Jenny Richter/Heike Förster/Ulrich Lakemann, Stalinstadt – Eisenhüttenstadt. Von der Utopie zur Gegenwart. Wandel industrieller, regionaler und sozialer Strukturen in Eisenhüttenstadt, Marburg 1997. Arbeitsgruppe Stadtgeschichte (Hg.), Eisenhüttenstadt. »Erste sozialistische Stadt Deutschlands«, Berlin 1999. Valérie Lozac'h (Hg.), Eisenhüttenstadt. Comparativ 9(1999) H. 3. Einen kompakten Überblick bietet der Aufsatz von Jochen Cerny, Stalinstadt – Erste sozialistische Stadt Deutschlands, in: BzG 38 (1996), S. 31-43. Vom gleichen Verfasser die materialreiche, z. T. auf Archivmaterial beruhende, wenn auch in vielen Urteilen den vorgegebenen Schablonen folgende Arbeit: Die Herausbildung sozialistischer Kollektive und Arbeiterpersönlichkeiten beim Aufbau des Eisenhüttenkombinats Ost (EKO) 1950–1952, in: Jb. für Geschichte 17 (1977), S. 419-463.

Exkurs: Stalinstadt – »die erste sozialistische Stadt in Deutschland«

1. »Wo einst nur Sand und Kiefern waren ...« – Aufbau und Aufbaumythos

Die Industrialisierung der kleinen Stadt Fürstenberg an der Oder hatte im 19. Jahrhundert begonnen. Weitreichende rüstungswirtschaftliche Planungen während des Zweiten Weltkrieges konnten zwar nicht mehr voll realisiert werden, hatten der Region aber doch einen erheblichen Entwicklungsschub gebracht. Die Degussa-Werke und die Rheinmetall-Borsig AG siedelten sich während des Zweiten Weltkrieges in Fürstenberg an und produzierten auf dem Gelände des späteren EKO Rüstungsgüter. Die rüstungswirtschaftliche Industrialisierung wurde im wesentlichen mit Kriegsgefangenen betrieben, und im Stalag III B lebten zeitweilig bis zu 44.000 Kriegsgefangene aus verschiedenen europäischen Ländern und den USA.[7] Die Rüstungsbetriebe wurden nach 1945 demontiert, die Erinnerung an die Kriegsgefangenen wurde weitgehend getilgt oder umfunktioniert in einem »Ehrenmal für die Gefallenen« der Roten Armee. Die Verschleierung dieser Vergangenheit in der DDR resultierte zum einen aus dem Tabu der Demontage, zum andern aus dem Wunsch zu dokumentieren, daß erst der Sozialismus mit dem EKO den wirtschaftlichen Aufbau einer Region möglich gemacht habe, in der »einst nur einsam Kiefern standen.« Dieser erstmals von Hans Marchwitza in seiner Kantate »Eisenhüttenkombinat Ost« 1952 formulierte Naturtopos bestimmte seitdem die offiziöse Propaganda und die Historiographie.[8]

Wirtschaftlich entstanden das EKO und seine Wohnstadt tatsächlich auf der »grünen Wiese«. (☞ vgl. *Abb. 56*)

Die Herrichtung der Baustelle begann im August 1950, die Arbeit am Fundament des ersten Hochofens im Dezember, und der Wohnungsbau startete im Februar 1951, zunächst mit billigen, kleinräumigen Typenbauten.[9] Auf der 2. Parteikonferenz 1952 erklärte Ulbricht im Zuge der Verkündung des »Aufbaus des Sozialismus« den Neubau »der Stadt des Hüttenwerks Ost« zum »ersten vollständigen Bau einer sozialistischen Stadt.«[10] Im Dezember 1952 beschloß die SED, die EKO-Wohnstadt aus der Fürstenberger Verwaltung herauszulösen und selbständig zu machen, um so das Aufbautempo zu erhöhen. Angesichts des schärfer werdenden Kalten Krieges und der massiv spürbaren ökonomischen Spaltung Deutschlands brauchte die DDR zur Belieferung ihrer Maschinenindustrie ein Eisenhüttenkombinat, so unzureichend auch die technischen und qualifikatorischen Voraussetzungen für einen Aufbau aus eigener Kraft waren.[11] Bis August 1954 wurden sechs Hochöfen fertiggestellt. Die ursprünglich geplanten weiteren zwei fielen den Einsparungen im Zuge des »Neuen Kurses« nach dem Aufstand vom 17. Juni 1953

---

7   Jörn Schütrumpf, »Wo einst nur Sand und Kiefern waren ...«. Vergangenheitsbewältigung im Eisenhüttenkombinat Ost, in: Beier (Hg.), aufbau, S. 141-147.
8   Ebd., S. 147.
9   Cerny, Stalinstadt, S. 32 f.
10 Protokoll 2. Parteikonferenz, S. 80.
11 Das Folgende nach Roesler, »Eisen für den Frieden«. Das Eisenhüttenkombinat Ost in der Wirtschaft der DDR, in: Beier (Hg.), aufbau, S. 149-157.

1. »Wo einst nur Sand und Kiefern waren ...« – Aufbau und Aufbaumythos

Abb. 56: Frauen bei Rodungsarbeiten für das EKO, da zu wenig männliche Arbeitskräfte zur Verfügung standen.

zum Opfer. Die Roheisenproduktion konnte bis 1960 auf 1,2 Millionen Tonnen gesteigert werden und stellte damit 60 Prozent der gesamten Roheisenproduktion der DDR. Das ließ die katastrophalen Anfänge vergessen, als gravierende Pannen das Bild bestimmten, weil das Aufbautempo überstürzt und die Erfahrungen unzureichend waren, so daß in den Jahren 1951 und 1952 der Stand der Planerfüllung jeweils unter 60 Prozent lag und Ulbricht persönlich sich massiv einschaltete, um Abhilfe zu schaffen.[12]

Eine signifikante Rolle spielte die Aktivistenbewegung bei den Bauarbeiten. Die politisch gewünschte Kooperation mit dem Nachbarn Polen erhielt dabei besonderes Gewicht. Am 2. April 1951 demonstrierten polnische »Bestarbeiter«

12 »Neues Deutschland« vom 15.2.1952 (Regierung beschloß Maßnahmen zur Verbesserung der Arbeit im Hüttenkombinat Ost). Einen ausführlichen Bericht über die technischen und politischen Pannen lieferte das MfS am 12.12.1951. BStU, MfS-AS 161/58, Bl. 3 ff. Dort auch das 15-seitige Protokoll der außerordentlichen Sitzung der Parteileitung mit Ulbricht am 18. Januar 1952, ebd., Bl. 115 ff.

Exkurs: Stalinstadt – »die erste sozialistische Stadt in Deutschland«

das »Dreiersystem« auf einer Baustelle der EKO-Wohnstadt. Andrzej Wajda hat diesem Aspekt des Stalinismus in seinem legendären Film »Der Mann aus Marmor« ein Denkmal gesetzt. Durch genaue Vorbereitung und durchdachte Organisation der Arbeitsvorgänge hatten sie beim Aufbau Warschaus ungeahnte Schichtrekorde aufgestellt und ein sprichwörtliches »Warschauer Tempo« kreiert. Dieses System auch bei der Fürstenberger Bau-Union durchzusetzen, gelang jedoch zunächst nicht. Manche Maurer verweigerten die Aneignung dieser Arbeitsmethode, einige erklärten, sie wollten nicht »wie die Russen« arbeiten. Im Sommer und Herbst 1951 aber wurde die Wettbewerbsbewegung (als eine andere Form des Akkords) bei der Mehrzahl der Arbeiter auf dem Baugelände durchgesetzt. Wie skeptisch auch immer man offiziellen Angaben gegenüber sein sollte, weil sie allzu oft die krude Realität hinter den quantitativen Erfolgsbilanzen verdecken – eine spezifische Dynamik der Wettbewerbskampagnen im EKO ist nicht zu leugnen. Gerade ihre in quantitativen Etikettierungen ins Groteske gesteigerten Dimensionen belegen den besonderen Anspruch, der sich mit dem neuen Betrieb und seiner Stadt verband. Zu nennen sind hier der »Tausender-Wettbewerb« der im Zweier-, Dreier- und Fünfersystem nach polnischem Vorbild arbeitenden Maurer; die Tausender-Bewegung der Diesellokfahrer, die Tausendfünfhunderter-Bewegung im Dampflokbetrieb und die Hunderttausender-Bewegung der PKW-Fahrer. Was auch immer sich dahinter in der Realität verbergen mochte – alle die »Bewegungen« sollten dem sparsamen und verantwortungsvollen Umgang mit den knappen Ressourcen, Materialien und Maschinen dienen.[13] Aber eine wirklich massenhafte Anwendung scheiterte immer wieder an der Macht der Gewohnheit und elementaren Vermeidungsstrategien der Arbeiter. Nicht zuletzt setzte der Aufstand vom 17. Juni 1953 überzogenen Kampagnen teilweise ein Ende.

Der Aufstand hatte in Stalinstadt ein spezifisches Profil. Die oft überlieferte Geschichte der »roten Hochöfner«, die entschlossen an ihrem Arbeitsplatz blieben und demonstrierende Bauarbeiter abwehrten, war nur die eine Seite der Medaille. Sie spiegelt das besondere Verhältnis und das Verantwortungsbewußtsein dieser exponierten und relativ privilegierten Arbeitergruppe gegenüber »ihrem Werk« wider. Unter den zahlreichen Bauarbeitern fanden dagegen die Vorgänge in Berlin ein nachhaltiges Echo, und die Demonstrationszüge streikender Arbeiter nahmen hier einen ähnlichen Verlauf wie in anderen Industriezentren. Durch das Eingreifen der Roten Armee wurden zwar »Ruhe und Ordnung« schnell wiederhergestellt. Das Protestpotential war jedoch kaum schwächer. Auch die Verfolgung der angeblichen »Rädelsführer« fiel ähnlich hart wie anderswo aus.[14]

---

13 Cerny, Herausbildung, S. 447-450. Zur Geschichte der vielfältigen Formen der Aktivisten- und Wettbewerbsbewegung insgesamt, merkwürdigerweise ohne Hinweise auf das EKO: Falk, Kleine Geschichte, S. 81 ff. (allerdings völlig unkritisch und als reine Erfolgsstory verfaßt).

14 Zum 17. Juni in Stalinstadt vgl. vor allem: Ludwig, Eisenhüttenstadt, S. 63 ff.; Richter/Förster/Lakemann, Stalinstadt, S. 49 ff.; Arbeitsgruppe Stadtgeschichte (Hg.), Eisenhüttenstadt, S. 138 ff. Am ausführlichsten und unter Auswertung zahlreicher Interviews Dagmar Semmelmann, siehe oben Kap. III 4 (S. 333 ff.).

1. »Wo einst nur Sand und Kiefern waren ...« – Aufbau und Aufbaumythos

Daß gerade die Montage- und Bauarbeiter eine Problemgruppe bildeten, hatte vor allem mit ihrer sozialen Lage zu tun, die sich auch nach dem Ende der oft chaotischen Aufbauphase und nach dem Juni-Aufstand nicht überall änderte. Symptomatisch dafür war eine mehrtägige Arbeitsniederlegung vom 8. bis 10. Juni 1956 bei den Montagearbeitern des Heizkraftwerks. Unklare Lohnabrechnungen und miserable Wohnverhältnisse boten den Anlaß. Ein parteiloser Brigadier brachte nach einem Bericht des MfS die drastisch formulierten Beschwerden vor: »Unsere Unterkunft in Stalinstadt ist schlechter als ein früheres Gefängnislager, wir müssen auf Schilf schlafen und haben nicht einmal Wasser, damit wir uns waschen können. Die Unterkunft ist dreckig und verwahrlost und dafür verlangt man auch noch 1,50 DM pro Tag. Wir bekommen schon lange nicht mehr die Arbeitsvorgaben und die darauf fallenden Stunden, sondern der Betrieb rechnet hinterher ab und gibt dann 10 % Zuschlag.«[15]

Die veränderte wirtschaftspolitische Linie im »Neuen Kurs« verschob die bisher eindeutige Priorität für die Schwerindustrie und hatte spürbare Auswirkungen auch auf das EKO. Aus der eine bessere Zukunft verheißenden Parole »Aus Stahl wird Brot« wurde nun das stärker auf den Konsum ausgerichtete Sofortprogramm »Brot statt Stahl«. Aber die neue politische Linie hatte entgegengesetzte Auswirkungen für Stadt und Werk. Die ursprünglich bis 1955 vorgesehene Ergänzung des Hochofenbetriebes durch ein Siemens-Martin-Stahlwerk und ein Walzwerk mußte entfallen. Die Investitionsmittel für 1954 wurden im Vergleich zum Vorjahr um ein Drittel gekürzt und eine Einstellungssperre verhängt. Der Auf- und Ausbau der Stadt dagegen wurde forciert, um die Diskrepanz zwischen vollmundigem Anspruch und trister Realität zu verringern. So setzte erst nach dem Aufstand vom 17. Juni verstärkt eine Entwicklung ein, die aus den verschiedenen Wohnkomplexen allmählich ein organisches Ganzes werden ließ. Dazu gehörte auch der aus Kostengründen vorgenommene Verzicht auf ursprünglich geplante Monumentalbauten zur öffentlichen politischen Machtdemonstration wie das große Werkstor mit Stalindenkmal, das Zentrale Kulturhaus und das Theater auf dem Zentralen Platz.[16] Auf einer Sitzung der Stadtverordnetenversammlung am 7. Juli 1953 hatte der Oberbürgermeister in einer ernüchternden Bilanz den deprimierenden Eindruck der Stadt kritisiert: »Die Stalinstadt ist weiter nichts als eine Ansammlung von Häusern, es fehlt aber alles das, was zu einer Stadt gehört.«[17] Für die 20.000 Bewohner der Stadt und der Barackenlager gebe es nur eine Gaststätte, es fehlten Kultur- und Erholungsstätten und aus dem Ministerium für Aufbau erhalte man nur Versprechungen. Eine nachhaltige Verbesserung der Lebensbedingungen gehörte somit zu den Lehren aus dem Aufstand.

Erst 1963 wurde auf dem EKO-Gelände ein Kaltwalzwerk errichtet, das 1968 seine Produktion aufnahm. Zu diesem Zeitpunkt hatten sich jedoch die wirtschaftspolitischen Gewichte bereits verschoben: Die Erdölverarbeitung und die

---

15 Information Nr. 25/56 vom 19.6.1956, BStU, MfS-AS 80/59 Bd. 1b, Bl. 54.
16 Richter/Förster/Lakemann, Stalinstadt, S. 57 f.
17 Zit. bei Ludwig, Eisenhüttenstadt, S. 66.

chemische Industrie beraubten die Stahlindustrie in der DDR und damit das EKO mit der seit 1961 in »Eisenhüttenstadt« umbenannten Neugründung an der Oder ihrer Pionierrolle. In der ersten Hälfte der sechziger Jahre sank sogar die Zahl der Arbeitskräfte, weil die Lohn- und Arbeitsbedingungen an Attraktivität verloren. Um so intensiver bemühte sich das EKO, den ohnehin schon hohen Standard im betrieblichen Kultur- und Sozialbereich weiter auszubauen.[18] Das rief aber offenbar auch innerparteiliche Kritiker auf den Plan, denen der Sonderstatus der sozialistischen Vorzeigstadt ein Dorn im Auge war. 1963 kritisierte die SED-Bezirksleitung »einige leitende Funktionäre« in Eisenhüttenstadt wegen »Erscheinungen des Lokalismus und der Überheblichkeit«. Offenbar habe die besondere Fürsorge die »gefährliche Ideologie« erzeugt, hier sei »das Mekka des sozialistischen Lagers.«[19] Davon konnte in den sechziger Jahren aber kaum noch die Rede sein, und der Tribut an die Normalisierung der Stadtentwicklung war unaufhaltsam. Zwar gaben neue Industrieansiedlungen und der Ausbau des tertiären Sektors der Stadt in der Phase des NÖS wieder einen Schub, aber mit der Dynamik der fünfziger Jahre war er nicht mehr vergleichbar. Nach der Aufbau- kam die »Anschaffezeit«, erinnerte sich ein Interviewpartner.[20] Mit dem Ende der teils chaotischen, teils aber auch stimulierenden Aufbaujahre wurde Eisenhüttenstadt nun tendenziell zur »gutbürgerlichen Arbeiterstadt«.[21]

2. Arbeitskräfte und Sozialstruktur

Die Mythen vom Aufbau haben vieles verdeckt. Weder dominierte allein die Goldgräberatmosphäre noch das gewünschte kontinuierliche Wachstum der Arbeiterklasse unter der weisen Führung einer kampferprobten Partei, die eine erfolgreiche Integration heterogener Gruppen mit unreifem politischen Bewußtsein betrieb. Viele Entwicklungen insbesondere in der Anfangszeit verliefen spontan, und der Prozeß, aus einem bunten Konglomerat von Menschen aus unterschiedlichen Regionen und Traditionen eine funktionierende Belegschaft des EKO und eine selbstbewußte Einwohnerschaft der ersten sozialistischen Stadt entstehen zu lassen, war schwierig, konfliktreich und keineswegs geradlinig. Dennoch hat sich im Gesamtergebnis bei den Arbeitern und der Stadtbevölkerung deutlicher als anderswo eine emotionale Verbundenheit herausgebildet, die ihre Wurzeln in der sozialen und ökonomischen Sondersituation des EKO und der von ihm geprägten Stadt hatte.[22]

---

18 Ebd., S. 61 f.
19 Zit. bei Cerny, Stalinstadt, S. 42.
20 Cerny, Stalinstadt, S. 43.
21 So die Autoren pointiert im Anschluß an ein Interview mit dem örtlichen Pfarrer, Richter/Förster/ Lakemann, Stalinstadt, S. 198, 201.
22 Ebd., S. 201.

2. Arbeitskräfte und Sozialstruktur

Als der zuständige Minister für Industrie, Fritz Selbmann, am 18. August 1950 mit einem symbolischen »ersten Axthieb« den Beginn der Bauarbeiten auf dem EKO-Gelände signalisierte und bereits im Herbst des folgenden Jahres der erste Hochofen angeblasen wurde, fehlten für ein so ehrgeiziges Großprojekt noch viele technische und personelle Voraussetzungen. Es gab nur wenige erfahrene Ingenieure, Meister und Schmelzer. Sie wurden überwiegend aus dem bis dahin einzigen Hochofenbetrieb der DDR, der Maxhütte Unterwellenborn, abgeworben. Die meisten Arbeiter hatten noch nie etwas mit Hochöfen zu tun gehabt. Aus der Landwirtschaft stammende Arbeitskräfte mußten zudem noch an den Rhythmus industrieller Arbeit gewöhnt werden. Sowjetische Ingenieure als Berater spielten anfangs eine wichtige Rolle, konnten Lücken aber nicht längerfristig schließen. So brachten gerade die Anfangsjahre enorme Probleme mit sich.[23]

Das EKO rekrutierte seine Belegschaft zunächst hauptsächlich aus Bauarbeitern der Region. Sie wuchs von rund 1000 Arbeitern und Angestellten im Jahr 1951 bis 1953 auf rund 6.600. Hinzukam die große Zahl der Arbeiter auf dem Baugelände. Die Gesamtzahl aller Beschäftigten wuchs bis zum Juni 1952 auf 13.000 an.[24] Einen sehr hohen Prozentsatz stellten junge Menschen unter 25 Jahren. Bei den Älteren überwogen Arbeiter aus kleinen Betrieben der Industrie, des Handwerks und der Landwirtschaft, darunter viele »Umsiedler«. Gerade für diese Gruppe war die 1950 erfolgte demonstrative Anerkennung der Oder-Neiße als deutsch-polnische »Friedensgrenze« eine schwer zu akzeptierende politische Herausforderung. Angesichts des rasant wachsenden Arbeitskräftebedarfs fehlten auch die »Goldgräber« nicht, die schon ein DDR-Autor treffend so charakterisierte: »Leute, die auf der Suche nach raschem, hohem Verdienst wie zu anderen Großbaustellen so für kürzere oder längere Zeit auch nach Fürstenberg gingen. Unter den vielen Hunderten, die 1951 auf das Baugelände strömten, befanden sich Menschen, die Krieg und Nachkriegsnot aus jedem sozialen Gefüge herausgerissen hatten. Es kam vor, daß Arbeitsscheue, Schieber, Menschen, die straffällig geworden, aber nicht inhaftiert worden waren, auf das Baugelände geschickt wurden. Unter den Tausenden gab es ehemalige Berufssoldaten, Beamte, ehemalige aktive Mitglieder der NSDAP und andere Leute, die aus ihrer alten Position während der antifaschistisch-demokratischen Umwälzung entfernt worden waren. Für die Lösung der im Fünfjahrplan fixierten Aufgaben wurde jeder gebraucht, der arbeiten konnte.«[25] Daß aus dieser Zusammensetzung vielerlei soziale und politische Konflikte entstanden, die von der SED allzu simpel auf Hetzer, Saboteure und Einflüsse des westlichen Klassenfeindes zurückgeführt wurden, ist wenig überraschend.[26] Stoff für Aufbauliteratur besonderer Art gab es reichlich.

---

23 Cerny, Herausbildung, S. 421-425.
24 Ebd., S. 429 ff.
25 Ebd., S. 431.
26 Folgt man den Berichten des Ostbüros der SPD, dann war allerdings das EKO auch ein lohnendes Ziel der illegalen Information. Die durch Ballons abgeworfenen Flugblätter gingen so regelmäßig und genau im EKO nieder, daß man bereits vermutete, sie würden von Arbeitern ins Werk geschmuggelt. AdsD, Ostbüro 0257 Box 695, Bericht vom 11.1.1957.

Exkurs: Stalinstadt – »die erste sozialistische Stadt in Deutschland«

Karl Mundstocks »Helle Nächte« (1953) und Hans Marchwitzas »Roheisen« (1955) gehörten zu den bekanntesten.[27] Eine zahlenmäßig kleine, aber politisch nicht unwichtige Gruppe waren die »rückkehrenden Republikflüchtlinge«, die gezielt auch im EKO eingestellt wurden. Im Juli 1965 waren in der Kaderabteilung des EKO 70 Rückkehrer und 56 Zugezogene aus Westdeutschland registriert. Diese Gruppe sollte zwar erzieherisch kontrolliert werden, war aber vor allem als Element der Propaganda gegen den »goldenen Westen« und für die Errungenschaften des eigenen Systems von Belang. Das konnte allerdings nicht verhindern, daß sich aus dem Westen gekommene Arbeiter gelegentlich beschwerten, sie würden »als Lumpen, Strolche und Vagabunden angesehen, die nur deshalb hier sind, weil sie entweder nicht arbeiten wollten oder drüben etwas verbrochen haben.«[28]

Hohe Löhne und besondere Vergünstigungen waren ein starker Magnet, um Arbeitskräfte anzuziehen. Auf dem Baugelände galt – anders als sonst in der Region – Ortsklasse A. Ferner erhielten die Arbeiter die Lebensmittelzusatzkarte B, Werksküchenessen nach SMAD-Befehl 259 (Bergmannsverpflegung über Tage), und Arbeitskleidung. Ferner wurden sie bevorzugt mit bestimmten Mangelwaren beliefert. Die Aussicht auf eine gute Wohnung in der entstehenden Wohnstadt war zumindest später ein weiterer Anreiz.[29]

Überproportional hoch war der Anteil an Frauen im Arbeitskräftepotential des EKO (und seiner Baustellen) und später der Stadt.[30] Den Weg von unqualifizierten Arbeitskräften in Haus- und Landwirtschaft bis zu Facharbeitern legten viele Mädchen und Frauen schnell zurück.[31] 1952 arbeiteten auf dem Baugelände 2.300 Frauen, davon 1.900 im Baubetrieb der Bau-Union Fürstenberg. Schwere körperliche Tätigkeiten gehörten auch zu ihrem Alltag. Anfangs arbeiteten Frauen sogar an Hochöfen. Ihr Vordringen in traditionell reine Männerdomänen verlief nicht reibungslos, so daß der 1952 im EKO gebildete Frauenausschuß viel zu tun hatte, um die proklamierte Gleichberechtigung durchzusetzen und verbreitete Vorurteile der Männer abzubauen. Das dominierende Leitbild war die voll erwerbstätige Frau. Forderungen nach besserer Vereinbarkeit von Berufsarbeit und Kinderbetreuung erhielten besondere Dringlichkeit. Betriebliche Kinderbetreuungseinrichtungen und berufliche Qualifikationsangebote wurden daher in der »ersten sozialistischen Stadt Deutschlands« deutlich breiter und besser ausgebaut als in anderen Städten der DDR. Die konsequente Ausschöpfung des weiblichen Arbeitskräftepotentials begann hier sehr früh. Frauenarbeit war anfangs vor allem von der Not der Nachkriegszeit motiviert, die für viele auch schwere Arbeit zur Si-

---

27 Auf literarische und künstlerische Verarbeitungen geht ausführlicher ein Ludwig, Eisenhüttenstadt, S. 54-63. Vgl. auch Rainer Rother, Aus eigener Kraft. Aufbaupathos in Filmen über Wolfsburg und Stalinstadt, in: Beier (Hg.), aufbau, S. 273-279.
28 Die Zahlen bei Jajesniak-Quast, Proletarische Internationalität, in: Müller/Poutrus (Hg.), Ankunft, S. 280. Das Zitat aus einer Beratung von 1961 S. 282.
29 Cerny, Herausbildung, S. 435.
30 Dazu Jenny Richter, »Wer möchte schon wirklich nur zu Hause sitzen?« Frauen in Stalinstadt/Eisenhüttenstadt zwischen Produktion und Haushalt, in: Beier (Hg.), aufbau, S. 219-224.
31 Cerny, Herausbildung, S. 455.

cherung der elementaren Lebensgrundlagen unausweichlich machte. Das änderte sich Ende der fünfziger Jahre zwar zeitweilig, weil die Höhe der Löhne den Erhalt der Familie auch mit einfachem Verdienst möglich machte. Dennoch wurde angesichts des permanenten Arbeitskräftemangels die Voll- oder Teilzeitbeschäftigung von Frauen zu einer selbstverständlichen Größe in der Familienpolitik der DDR und auch im individuellen Lebensentwurf.

3. Symbole und Rituale

»In politischen Symbolen werden Systemwerte internalisiert – das geschieht vermittels Externalisierung – in Form von Ritualen, Gebräuchen und Gewohnheiten.«[32] Wenn der Anspruch, die erste sozialistische Stadt in Deutschland zu sein, dauerhaft sichtbar sein sollte, mußte er in einer neuen oder noch intensiver präsentierten Symbolwelt als in anderen industriellen Schwerpunkten dokumentiert und den Bewohnern von Stalinstadt emotional vermittelt werden. Bereits der Gründungsmythos von der Entstehung in einer Region, »wo einst Kiefern standen«, bot dazu einen Ansatzpunkt. Die Baugeschichte der Stadt gab den Rahmen für die hochgesteckten Ziele der großen gesellschaftlichen Alternative ab. Sie spiegelt aber auch die vom schnöden Geldmangel immer wieder erzwungenen Veränderungen. Viele Jahre dominierten Barackenlager das Umfeld der neuen Stadt und des EKO. Die Parteileitung organisierte eine »Kampagne gegen das Trinken von Alkohol während der Schicht, gegen Arbeitsbummelei und rowdyhaftes Verhalten« und bemühte sich, durch besser Versorgungseinrichtungen und intensivere »Kulturarbeit« dem unerwünschten Treiben entgegenzuwirken. Im August 1954 existierten in der Barackenstadt 34 Wohn- und Unterkunftsbaracken für 241 Beschäftigte des EKO und 791 Beschäftigte anderer Betriebe. Die Ende 1952 errichtete Gaststätte »Friedensstahl« war einer der wenigen Freizeiteinrichtungen. Erst 1965 wurde die Barackenstadt als Wohnstadt für Bau- und Montagearbeiter aufgegeben.[33]

Mit der Veränderung der Prioritäten und dem forcierten Ausbau der Stadt verbesserten sich allmählich die Lebensbedingungen. Die Produktionsgenossenschaft des Handwerks – 1953 als eine der ersten in der DDR gegründet – sollte für bessere Dienstleistungen sorgen.[34] Die ersten Wohnkomplexe der frühen fünfziger Jahre entsprachen mit ihrer geschlossenen Blockbebauung, den Grünräumen, großzügigen Wohnhöfen der Ästhetik der »Nationalen Bautradition« und der oft als »Zuckerbäckerstil« etikettierten aufwendigen Architektur der »Sechzehn Grundsätze des Städtebaus«, denen auch die weitaus pompöser konzipierte Berliner Stalinallee folgte. Ähnlichkeiten gab es auch zum Karl-Marx-Hof in Wien. Seit

---

32 Gottfried Korff, Koordinatensysteme. Zur politischen Symbolik von Orten und Ordnungen in zwei neuen Städten, in: Beier (Hg.), aufbau, S. 261-271, hier: S. 270.
33 Richter/Förster/Lakemann, Stalinstadt, S. 37 f. Arbeitsgruppe Stadtgeschichte (Hg.), Eisenhüttenstadt, S. 92 ff. Dort auch einige Interviews mit Bewohnern der ersten Jahre, S. 101 ff.
34 Cerny, Stalinstadt, S. 41.

Exkurs: Stalinstadt – »die erste sozialistische Stadt in Deutschland«

1955 fiel die Architektur der Wohnhäuser aber bereits wieder merklich einfacher aus.[35] Die Bauten der siebziger Jahre unterschieden sich dann kaum noch vom einfallslosen, normierten Plattenbau der übrigen DDR. Beim Entwurf der Stadt griff man jedoch keineswegs nur auf sowjetische Vorbilder zurück, sondern auch auf Erfahrungen der zwanziger Jahre. Insofern war Stalinstadt nicht nur »die erste sozialistische Stadt« in der DDR, sondern aus heutiger bauhistorischer Perspektive auch ein Stadtdenkmal, »in dem sich auf komplexe und vermittelte Weise Entwicklungsstränge der deutschen wie auch der internationalen Städtebau- und Architekturgeschichte der ersten Hälfte des 20. Jahrhunderts verflechten.«[36]

Hohen Symbolwert hatte die Gestaltung des Stadtzentrums, die dem Architekten Kurt W. Leucht übertragen wurde, aufgrund der Sparzwänge aber nicht mehr in der ursprünglichen Form realisiert wurde.[37] Das erst 1958 bezogene »Haus der Partei und Massenorganisationen« am zentralen Platz entsprach mit Clubräumen, Fest- und Ausstellungshallen dem Vorbild der Kulturhäuser, diente jedoch, da ein Rathaus nicht gebaut wurde, zugleich als Sitz der Stadtverwaltung. Die Funktion des Mehrzweckkulturhauses übernahm das 1955 eingeweihte »Friedrich-Wolf-Theater«, ein im klassizistischen Stil errichteter repräsentativer Bau an der Lenin-Allee. Die HO-Großgaststätte »Aktivist« mit Restaurant, Tanzcafé und Bierlokal, zu Stalins Geburtstag im Dezember 1953 eingeweiht, war bis zu seiner Schließung 1991 eines der wichtigsten Kommunikationszentren in der Stadt. Das vergleichsweise aufwendig gestaltete, 1956 eröffnete Ledigenwohnheim mit moderner Technik und attraktiver Zimmerausstattung bildete ebenfalls einen starken Kontrast zu den Barackenlagern und symbolisierte den Übergang zu einer Stadt mit Zukunft, die man vorzeigen konnte.[38] 1955 wurde eine umfassende Bepflanzungsaktion begonnen unter dem Slogan »1 000 Bäume für Stalinstadt.«

Parallel zur äußeren Ausgestaltung der Stadt lief der gezielte Ausbau der sozialen und kulturellen Infrastruktur. Er sollte nicht nur den hohen Anspruch der »ersten sozialistischen Stadt« dokumentieren, sondern auch die beginnende Fluktuation eindämmen und dem EKO die Bildung von Stammbelegschaften erleichtern. 1960 war Stalinstadt im Sozial- und Gesundheitswesen deutlich besser ausgestattet als alle anderen Regionen der DDR. Die Versorgung mit Kinderkrippen, Kindergärten und Hortplätzen erreichte stellenweise das Dreifache des DDR-Durchschnitts. Aufgrund der besseren finanziellen Möglichkeiten engagierte sich vor allem das EKO in diesem Bereich, daneben in der Schaffung einer Betriebspoliklinik und diverser Freizeiteinrichtungen.[39] Einen kompakten Eindruck davon liefert eine minutiöse Zahlenaufstellung des EKO von 1958:

---

35 Thomas Topfstedt, Städtebau in der DDR 1955–1971, Leipzig 1988, S. 26 f.
36 Thomas Topfstedt in: Ingeborg Flagge (Hg.), Geschichte des Wohnens, Bd. 5: 1945 bis heute: Aufbau, Neubau, Umbau, Stuttgart 1999, S. 478.
37 Ludwig, Eisenhüttenstadt, S. 52 ff.
38 Ludwig, Eisenhüttenstadt, S. 68 f. Arbeitsgruppe Stadtgeschichte (Hg.), Eisenhüttenstadt, S. 201. 194 ff. Korff, Koordinatensysteme, in: Beier (Hg.), aufbau, S. 261 ff.
39 Richter/Förster/Lakemann, Stalinstadt, S. 62 f.

3. Symbole und Rituale

	Kultur-, Sozial- und Gesundheitswesen des Eisenhüttenkombinats »J. W. Stalin«[40]
1	Volkskunstensemble und verschiedene Laienzirkel
1	Haus der Gewerkschaft mit Bühne, Klubräumen (Bestuhlung 780 Plätze)
24	Klubräume mit 2.000 Plätzen
1	Betriebsfunkanlage mit 360 Lautsprechern
1	Betriebszeitung, Auflage 5.000 Stck.
1	Betriebsfilmanlage (Theaterapparativ) stationär
1	Betriebsfilmanlage, transportabel
12	Sport- und Jugendeinrichtungen
3	Sportplätze
2	Turn- und Übungshallen
7	Werkküchen (für 5.500 Personen)
23	Speiseräume für 2.000 Personen
10	HO- und *Konsum*-Verkaufsstellen
1	Betriebspoliklinik mit 9 Fachabteilungen
6	Sanitätsstellen
1	Erholungsheim an der Ostsee
1	Werkbücherei mit 10.000 Bänden
1	technische Bücherei mit 5.000 Bänden
1	Näh- und Flickstube
5	Jugendzimmer

Durchschnittsalter im Eisenhüttenkombinat: 26 Jahre; Durchschnittsalter im kapitalist. Betrieb: 43 Jahre (Ruhrgebiet).

Durchschnittseinkommen	
Produktionsarbeiter	490 DM
Technisches Personal	995 DM
Wirtschafts- u. Verwaltungspersonal	507 DM
Hilfspersonal (Reinig., Heizer)	314 DM
Betreuungspersonal (Küche)	341 DM
Lehrlinge	100 DM
Gesamtes EKS (ohne Lehrlinge) Ø	513 DM

Unabhängig von der kaum im Detail faßbaren Realität spiegeln diese Zahlen auf eindrucksvolle Weise und nahezu idealtypisch den generellen Befund der Betriebszentriertheit der DDR-Gesellschaft wider.

---

40 Als Faksimile wiedergegeben ebd., S. 63. Angaben in DM waren damals noch üblich.

Exkurs: Stalinstadt – »die erste sozialistische Stadt in Deutschland«

Das kulturelle Leben der Stadt spielte sich seit 1955 großenteils im Friedrich-Wolf-Theater mit einem breiten künstlerischen Veranstaltungsprogramm ab. Im EKO entstand im Zuge des »Bitterfelder Weges« auch ein Arbeitermusiktheater, dessen Mitglieder unter Leitung professioneller Regisseure und Dirigenten, die vom Werk eingestellt wurden, probten. Der in Stalinstadt tätige Lyriker Helmut Preißler wurde hier 1961 für den Literaturpreis des FDGB vorgeschlagen. Da traditionelle Vereine als reaktionär oder kleinbürgerlich galten, wurden alteingesessene Vereine in Fürstenberg in »Betriebssportgemeinschaften« (BSG) eingegliedert, deren Träger die Betriebe waren. Daß diese Zwangsumwandlung zu kuriosen Etikettierungen führen konnte, zeigte der »Männergesangverein ›Germania‹ 1885«, der sich als »BSG-Motor, Sektion Chor« auf der Bühne wiederfand.[41] Im Rahmen der »Volkskunstbewegung« entstanden zahlreiche Gruppen (u. a. für Chor, Volkstanz, Agit-Prop, Instrumentalmusik, bildnerisches Volksschaffen), von deren Mitgliedern man praktische politisch-kulturelle Arbeit erwartete, die aber nicht dauerhaft vom Erfolg gekrönt war. Auch die betriebliche Kulturarbeit in Chören, Zirkeln, Orchestern und Schalmeienzügen litt unter meist kurzer Lebensdauer der Gruppen und Zirkel. Das Gemeinschaftserlebnis war aber oft wichtiger als die Orientierung an der von der Partei gewünschten Hochkultur. Daß in der 1953 gegründeten Ortsgruppe des »Kulturbundes« 1962 die Fachgruppe der Philatelisten die meisten Mitglieder hatte, war dafür symptomatisch. Das reiche Bildungs- und Kulturangebot stieß nicht auf die gewünschte breite Resonanz. Es dominierten in der Bevölkerung »doch deutlich jene ›kleinbürgerlichen‹ Aktivitäten und Interessen, deren oftmals unpolitisches Erscheinungsbild dem von staatlicher Seite vertretenen Bild der ›Kulturarbeit‹ widersprachen.«[42]

Zu den Höhepunkten des städtischen Lebens gehörte das 1954 erstmals begangene Hüttenfest in Erinnerung an das Anblasen des ersten Hochofens. Es sollte die gesamte Bevölkerung erreichen und bot mit Sportwettkämpfen, Kindertheater, Bauernmarkt, Film- und Tanzvorführungen und einem abschließenden Fackelzug und Feuerwerk vielerlei Attraktionen.[43] Seit 1960 wurde es erstmals eine ganze Woche gefeiert, bis ab 1970 an seine Stelle die Betriebsfestspiele traten. »Es verband Werks- und Lokalstolz, verschmolz die Interessen des Kombinats mit denen der Stadt; es festigte die Organisationsformen und Leitbilder sozialistischer Arbeit und war zudem Arena politischer Propaganda.«[44] Neben gehobener Lyrik aus der Tradition der Massenchorbewegung der zwanziger Jahre wurde für dieses Spektakel ein eigener Hüttenfestwalzer komponiert, dessen biedere Reime Frohsinn und Politik zu verbinden suchten:

---

41 Brigitte Vogel, Kulturelles Leben zwischen Stadt und Werk, in: Beier (Hg.), aufbau, S. 333-343, hier: S. 334.
42 Brigitte Vogel, Kulturelles Leben in Stalinstadt zwischen Politisierung und »Eigen-Sinn«, in: Lozac›h (Hg.), S. 21-32, hier: S. 30.
43 Vogel, in: Beier (Hg.), aufbau, S. 341.
44 Korff, ebd., S. 263.

3. Symbole und Rituale

> »Wir feiern heut in Stalinstadt
> voll Stolz das Hüttenfest,
> und wer von uns noch Ärger hat,
> ihn schleunigst fallen läßt.
> …
> Noch nie war hier im Oderland
> Der Frohsinn so zuhaus.
> Erst als das Kombinat entstand,
> war's mit den Sorgen aus.
> …
> Und Morgen wird mit neuer Kraft
> Im Werk und in der Stadt
> Die Arbeit wieder so geschafft,
> daß jeder Freude hat.«

Beim Hüttenfest von 1960 kam auf der Freilichtbühne, die überwiegend in mehr oder weniger freiwilliger Arbeit im Rahmen des »Nationalen Aufbauwerks« geschaffen worden war, das Festspiel »Blast das Feuer an« zur Aufführung. Es basierte auf dem Roman von Hans Marchwitza »Roheisen« und stellte eine von den Schriftstellern Werner Bauer und Helmut Preißler konzipierte Folge von Chören, Liedern und Textpassagen dar. Rund 2.000 Sänger, Tänzer und Musiker waren daran beteiligt, zumeist Laien. Wieweit bei diesem durchaus populären Massenspiel auch die politische Erziehungsabsicht der Initiatoren Anklang fand, ist fraglich. Der politpädagogische Zeigefinger war jedenfalls in der Vorlage der örtlichen Parteileitung nicht zu übersehen: »Die Hüttenspiele sind eine neue Form des künstlerischen Massenschaffens. Ohne eine durchgehende Handlung werden sie die 10 Jahre schwerer und erfolgreicher Aufbauarbeit der ersten sozialistischen Stadt und des Werkes so deutlich machen, daß jeder begeistert wird von der großen Kraft und Stärke der Volksmassen unter Führung der Partei der Arbeiterklasse […] Vier typische Figuren werden durch das gesamte Spiel hin laufen: Es sind diese: Eine Genossin, ein ehemaliger Landarbeiter, ein sogenannter Goldgräber, der nur seine persönlichen Vorteile beim Bau des Kombinats sieht, und ein Angehöriger der alten bürgerlichen Intelligenz. Diese vier Personen werden sich im Verlauf der Handlung zu den heute typischen Werktätigen wandeln, nämlich in eine qualifizierte Facharbeiterin mit hoher Arbeitsmoral, in den aus der Arbeiterklasse hervorgegangenen Angehörigen der Intelligenz, in den Angehörigen der Intelligenz, der treu an der Seite der Arbeiterklasse den Sozialismus aufbaut und in den Genossenschaftsbauern, der durch die Arbeiterklasse auf das Land delegiert wurde.«[45]

---

45 Zit. bei Ludwig, Eisenhüttenstadt, S. 73.

Exkurs: Stalinstadt – »die erste sozialistische Stadt in Deutschland«

Abb. 57:
Titelblatt des Programmhefts zum 10-jährigen Bestehen des Werkes.

Vom politischen Zuschnitt ähnlich war die 1961 aufgeführte »Stalinstädter Oper« von Jean Kurt Forest. Sie rückte typische Figuren der Aufbauzeit ins Zentrum (der böse Wirt, die Spionin, der rauhe Bauarbeiter mit gutem Kern, der zweifelnde Held), fand damit aber bei den Arbeitern kein großes Echo, weil man mit den Schwierigkeiten des Anfangs nichts mehr zu tun haben wollte.[46]

Zu den Besonderheiten von Stalinstadt gehörte der Versuch, quasi-religiöse Ritual- und Festangebote unter der Bevölkerung zu verankern. Diese Bemühungen waren nicht ohne Erfolg, dennoch lassen sich hier auch die Grenzen der Durchsetzbarkeit des Neuen und die Resistenz alter Traditionen beobachten. Den stärksten Impuls zur Erziehung eines »neuen Menschen« bildete seit Mitte der fünfziger Jahre die Inszenierung der Jugendweihe und der – letztlich gescheiterte – Versuch, auch Namengebungen, Hochzeiten und Beerdigungen als sozialistische Feierrituale verbindlich zu begründen. Die Ausschaltung der christlichen Kirchen war von Anfang an gewünscht und fand im äußeren Bild der »Stadt ohne Türme« ihren Niederschlag. Die Kirchen mußten anfangs ihre Gottesdienste in Baracken abhalten. Aber selbst Provisorien sollte es möglichst nicht dauerhaft geben. 1954 wurde die katholische Kirchenbaracke »durch Unbekannte« zerstört. Erst 1978 gelang es dank hartnäckiger Bemühungen, für die evangelischen Christen einen festen Kirchenbau zu errichten. Der massive, wenn auch in den Formen wechselnde Konflikt zwischen Partei und Kirchen spiegelte exemplarisch den Zu-

---

46 Andreas Ludwig, Menschenbilder: Der sozialistische Mensch, in: Beier (Hg.), aufbau, S. 323-331, hier: S. 326.

3. Symbole und Rituale

sammenstoß zwischen zwei Weltanschauungen, der hier anders als sonst in der DDR kompromißlos ausgefochten werden und den Sieg »des Neuen« dokumentieren sollte. Daher war er auch eng mit dem Versuch verquickt, anstelle überkommener Traditionen neue Rituale zu etablieren.[47]

Seit 1957 führte die SED »sozialistische Feierlichkeiten« ein, die institutionell und inhaltlich kirchliche Riten ersetzen und die Kirchen aus dem kultischen Bereich verdrängen sollte. Den seit 1954 begonnenen Kampf um Konfirmation statt Jugendweihe verlor die evangelische Kirche Ende der fünfziger Jahre, in Stalinstadt siegte die SED schon 1955. Die Propaganda für den Kirchenaustritt zeitigte hier schnellere Erfolge. Es kam vor, daß Arbeitskollektive anläßlich der Verleihung des Titels »Sozialistische Brigade« geschlossen austraten. Ulbrichts auf dem V. Parteitag der SED verkündete »Zehn Gebote der sozialistischen Moral und Ethik« fanden scheinbar eine Form der Umsetzung in einem Dokument, das in kirchlichen Kreisen zunächst große Empörung auslöste: den »Grundsätzen und Erfahrungen bei der Gestaltung sozialistischer Feierlichkeiten um Geburt, Eheschließung und Tod in Stalinstadt« von 1958.[48] Der Text war nicht mehr als ein Arbeitspapier, verfaßt vom »Stellvertreter des Beauftragten für Personenstandswesen«, der für die Durchführung sozialistischer Feiern zuständig war. Da neben der Jugendweihe auch die anderen, zentral noch nicht geregelten Feiern in Stalinstadt bereits deutlich größere Fortschritte gemacht hatten als in anderen Teilen der DDR, gab es Anfragen aus anderen Bezirken zu den praktischen Erfahrungen. Diese Bedürfnisse zu befriedigen, war das Ziel des Textes. »Die Arbeiterklasse der Deutschen Demokratischen Republik und ihre führende Partei«, hieß es darin, »beginnen von der dialektisch-materialistischen Weltanschauung her und mit Hilfe der sozialistischen Staatsmacht die Geburt, die Eheschließung und den Tod feierlich als Ereignisse des Lebens der werdenden sozialistischen Gesellschaft zu würdigen. Inhalt dieser Feierlichkeiten der Werktätigen ist der sozialistische Humanismus, der atheistisch ist und kein höheres Wesen als die für Frieden, Demokratie und Sozialismus arbeitende und kämpfende Menschheit anerkennt.«[49]

Der Modellcharakter Stalinstadts als »Gegenkirche« bei der Gestaltung von Feierlichkeiten mochte ursprünglich intendiert sein, zum Zuge kam er jedoch nicht, weil das Echo im Westen die SED zum vorsichtigen Rückzug gegenüber »Überspitzungen« veranlaßte und zudem intern bekannt wurde, daß der Autor homosexuell war, was als schlimmer Verstoß gegen Ulbrichts »Zehn Gebote der sozialistischen Moral« galt und zum sofortigen Parteiausschluß und Verlust des Ar-

---

47 Ausführlich hat sich damit auf der Basis neuen Quellenmaterials die Examensarbeit von Michael Tillmann befaßt: Das Verhältnis von Staat – Kirche am Fallbeispiel Stalinstadt in den fünfziger Jahren, Potsdam 1995. Eine aufschlußreiche Materialsammlung bieten dazu auch die Erinnerungen des ersten evangelischen Pfarrers Heinz Bräuer, Die ersten Jahrzehnte der evangelischen Friedenskirchengemeinde Eisenhüttenstadt, Privatdruck Eisenhüttenstadt 1990.
48 Erstmals im Westen veröffentlicht in der Göttinger Studentenzeitschrift »prisma« 1959 Nr. 4. Dieses Heft wurde in Göttingen delikaterweise verboten wegen eines als »Gotteslästerung« eingestuften Textes von Reinhard Döhl »Missa Profana.« (Ein Exemplar befindet sich in meinem Besitz).
49 Auszüge des Textes in: Christoph Kleßmann/Georg Wagner (Hg.), Das gespaltene Land, München 1993, S. 453 ff.

beitsplatzes führte. Der aggressiv atheistische Text der »Grundsätze« verschwand in der Versenkung.[50] Das Vorpreschen Stalinstadts auf diesem Terrain war dennoch symptomatisch und paßte nahtlos in den vorgegebenen Rahmen der sozialistischen Musterstadt.

4. Erfahrungen und Erinnerungen

Es ist nicht einfach, sich aus dem Gemisch von pathetischen Aufbaumythen und Westreportagen über die Goldgräberstadt oder den Wilden Westen in der Mark Brandenburg ein halbwegs zutreffendes Bild vom Vorzeigeobjekt Stalinstadt und dem Grad der Akzeptanz oder Ablehnung bei Arbeitern und der Stadtbevölkerung zu machen. Als Quellen liegen neben den offiziösen Partei-, Gewerkschafts- und Stasi-Berichten zeitgenössische Reportagen oder literarische (meist politisch veredelte) Zeugnisse sowie Interviews aus der Zeit nach dem Ende der DDR vor.[51] Weder die hymnischen Verklärungen der wilden Aufbauzeit, in der »rangeklotzt« wurde, noch die hämischen Fehlerbilanzen im Westen geben allein wieder, was die besondere Atmosphäre und das neue Milieu im EKO und in Stalinstadt ausgemacht haben. Die bunt zusammengewürfelte Gruppe von Menschen, die aus unterschiedlichen Motiven nach Stalinstadt kamen, entwickelte höchst unterschiedliche Einstellungen und Verhaltensweisen. Zudem veränderte sich das soziale und wirtschaftliche Umfeld hier schneller als in traditionellen Zentren der Industrie und der Arbeiterbewegung. Wer von Anfang an dabei war und einen schnellen sozialen Aufstieg erfuhr oder auch scheiterte, hatte eine andere Beziehung zum Werk und zur Stadt als diejenigen, die später bereits relativ normale Arbeits- und Lebensbedingungen vorfanden. Herkunft, Alter und individuelle Vorerfahrungen, Familienverhältnisse, politische und religiöse Überzeugungen bestimmten jeweils das Tempo und den Grad der Akzeptanz oder Ablehnung mit. Sowohl in zeitgenössischen Berichten wie in späteren Erinnerungen findet sich daher eine breite Palette sehr unterschiedlicher Urteile.

»Es gibt keinen Dünkel, keinen Snobismus«, schrieb die Wochenzeitung »Sonntag« 1955 in einer trotz aller Lobgesänge nicht unkritischen Reportage über die »Stadt ohne Vergangenheit«. »Den meisten jungen Ingenieuren fehlt am Arbeitsort der steife, weiße Kragen. Das Bewußtsein, gemeinsam Neues zu bauen, ist wohl nirgends ausgeprägter als in Stalinstadt. Die Erinnerung an den ersten

---

50 Die komplizierten Einzelheiten und Hintergründe (einschließlich der von der SED als untragbar empfundenen Homosexualität des Verfassers des Textes) sind genau von Tillmann in seiner Examensarbeit und in einem späteren Vortrag mit weiteren Details dargestellt worden.
51 Einige Interviews, die ein breites Spektrum divergierender Urteile dokumentieren, finden sich in Auszügen im Sammelband der Arbeitsgruppe Stadtgeschichte (Hg.), Eisenhüttenstadt, S. 101-114. Dagmar Semmelmann ihre Interviews in Auszügen dokumentiert: Heimat Stalinstadt/Eisenhüttenstadt. Zeitzeugen erinnern sich, in: Beier (Hg.), aufbau, S. 299-307. Eine auf Interviews basierende Typisierung für den gesamten Zeitraum bis in die 90er Jahre versuchen Richter/Förster/Lakemann, Stalinstadt, S. 180-196.

Spatenstich, das Anblasen des ersten Ofens, der Einzug der Mieter sind aus den Hirnen nicht fortzuwischen.« Und in einer deutlichen Wendung gegen verniedlichende Berichterstattung durch die »rosarote Brille«: »Das Neue ist interessant und der Erwähnung wert ob seiner Widersprüche und Gegensätze, ob seiner Zweifel und Schwierigkeiten.«[52]

Die Eindrücke der Westberliner Zeitung »Der Tag« vom 22. Januar 1954 über »eine verwahrloste Stadt« kann man in ihrem wüsten Ton getrost unter Polemik des Kalten Krieges verbuchen.[53] Viel interessanter ist dagegen eine Reportage der Illustrierten »Quick« von 1955, die sich um eine differenzierte Sicht bemühte, aber vor allem das schockierend Fremdartige betonte und damit sicherlich den charakteristischen westlichen Eindruck wiedergab. »Blick in eine fremde Welt. Ich fahre durch ungewohnte Straßen, die eher an Charkow als an eine deutsche Stadt erinnern. Es ist drei Uhr nachmittags – aber ich sehe kaum einen Menschen. Erst im Stadtzentrum begegne ich jemandem: Frauen in Schwesterntracht mit vielen Kindern. Eine von ihnen gibt mir die Erklärung für das menschenleere Stadtbild: ›Um diese Zeit sind alle im Werk. Nur wir sind da, wir betreuen tagsüber die Kinder.‹ Ist das noch Deutschland? Schichtwechsel – auf einmal sind die Straßen belebt von vielen Menschen. Sie sprechen viele Dialekte, berlinerisch, sächsisch, ostpreußisch. Dennoch – ich habe das beklemmende Gefühl, hier in einem fremden Land zu sein: massige Häuserblocks im sowjetischen Stil, die eher Regierungsgebäuden oder Versicherungspalästen als Wohnstätten gleichen. Sie sind hell und großräumig, aber wie eintönig! 500 Häuser, genormt, eines wie das andere, keine Straße mit ›eigenem Gesicht‹. Und die Menschen, die stolz in ihnen wohnen? Beginnt hier die große Umwandlung der Einzelwesen in ›Kollektiv-Glieder‹, etwas, wogegen sich die westliche Freiheits-Idee wehrt, wovon der Osten aber das Heil erwartet?«[54]

Kollegialität und Gemeinschaftserlebnis waren im Kontrast zu dieser Sicht bestimmende Erfahrungen, die sich aus vielen Interviews ablesen lassen. Auch Stolz auf das unter schwierigen Bedingungen Geschaffene. Ein typisches Beispiel ist der aus Mecklenburg stammende Hochofenarbeiter, im Krieg bei der Waffen-SS, nach der Entlassung aus der französischen Kriegsgefangenschaft zunächst Bierfahrer, Holzfäller und Bauarbeiter, der den hohen Zusammenhalt betont: »Also, keiner hat über'n anderen gemeckert oder so. Wir sind denn auch nach der Arbeit oft zusammengewesen mit'm Meister oder Ingenieur, haben uns zusammengesetzt, haben 'n Bier getrunken ... Also man ist mit allem, war hier ist, sozusagen richtig großgeworden ... ja, und 'n bißchen bin ich dadurch auch noch mitge-

---

52 »Sonntag« vom 31.7.1955, S. 11.
53 Stalinstädter Impressionen. Wild-West in der Mark Brandenburg – Eine verwahrloste Stadt. »Der Tag« vom 22.1.1954, abgedruckt bei Ludwig, Eisenhüttenstadt, S. 115.
54 Stalinstadt an der Oder – Deutschlands jüngste Stadt. Ein Bildbericht von Hilmar Pabel, »Quick« Nr. 12 vom 19.3.1955, auszugsweise abgedruckt in: Arbeitsgruppe Stadtgeschichte (Hg.), Eisenhüttenstadt, S. 159 ff.

Exkurs: Stalinstadt – »die erste sozialistische Stadt in Deutschland«

wachsen ... Na, wieso stolz? Ja klar, ich bin darauf stolz, daß wir doch was geschaffen haben.«[55]

Das Fazit aus den Interviews von Dagmar Semmelmann läßt ein Muster für die erste Generation der »Pioniere« erkennen. Vermutlich stand die Chance auf einen sicheren Arbeitsplatz, gute Verdienstmöglichkeiten, bessere Versorgung und eine Wohnung im Vordergrund. Daneben aber »auch die Faszination, die vom Baugeschehen, dem Entstehen von etwas völlig Neuem ausging, in das man seine Energien einfließen lassen konnte.« Dagegen waren explizit politische Motive, an einem sozialistischen Experiment mitwirken zu wollen, selten. »Auch von den Arbeitsämtern wurden eher Arbeiter denn ›Klassenkämpfer‹ gesucht. Das sozialistische Experiment setzte erst später ein und wurde dieser ihrer Entstehung nach eher zufälligen und vielgestaltigen, lebendigen Menschenzusammenballung übergestülpt.«[56] Andere Interviews bestätigen ebenfalls, daß ein hoher Grad von Identifikation mit der Stadt stark von der Identifikation mit dem EKO determiniert wurde. Dazu sind primär Angehörige der älteren Generation zu rechnen. »Sie sind spätestens bis Ende der 50er/Anfang der 60er Jahre in die Stadt und ins Werk gekommen. Sie hatten noch persönlichen Anteil am Wachsen des Werkes sowie vieler Einrichtungen der Stadt und verbanden ihren Zuzug noch mit einer ›sozialistischen Perspektive‹ nach dem Krieg. Dennoch kann auch diese Identifikation mit dem Werk und der Stadt nicht mit einer Identifikation der zugrundeliegenden ideologischen Prämissen gleichgesetzt werden. Eher betrifft es wohl den Stolz auf die geleistete Arbeit, auf die geschaffenen Werte im Werk und in der Stadt. Aus diesem Grund wird die Entwicklung nach 1989 von dieser Gruppe auch besonders kritisch gesehen.«[57]

---

55 Zit. bei Cerny, Stalinstadt, S. 37.
56 Dagmar Semmelmann, Heimat Stalinstadt/Eisenhüttenstadt. Zeitzeugen erinnern sich, in: Beier (Hg.), aufbau, S. 299-307, hier: S. 301.
57 Richter/Förster/Lakemann, Stalinstadt, S. 184 f.

V. Kapitel

Der »Arbeiterstaat« im Zeichen von Stabilisierung und Modernisierung nach dem Mauerbau (1961–1971)

»Gründlich denken, ehrlich arbeiten, wirtschaftlich rechnen, wissenschaftlich forschen, froh und kulturell leben!« (Losung des Büromaschinenwerks Sömmerda vom Oktober 1962 zur Vorbereitung des VI. Parteitages der SED).[1]

Die parteieigene Etikettierung der Phase des »entwickelten gesellschaftlichen System des Sozialismus«[2] seit Mitte der sechziger Jahre kennzeichnete die Orientierung der SED an durchgreifenden Veränderungen des Gesamtsystems. Dabei lassen sich drei deutliche Schwerpunkte erkennen: Parteiprogramm und Parteistruktur, ökonomisches Plansystem und Bildungswesen. Am Ende des Jahrzehnts zeigte sich eine vorsichtige Tendenzverschiebung vom »asketischen Sozialismus« der Aufbauphase zu einer deutlicheren Berücksichtigung traditioneller Sozialpolitik, gewerkschaftlicher und betrieblicher Interessenvertretung, Konsumorientierung und Bedürfnisbefriedigung. Der Wandel in der Wirtschaft brachte aber auch neue Unsicherheiten mit sich, etwa durch den Wegfall von Arbeitsplätzen, so daß auch von dieser Seite her sozialpolitisches Handeln gefragt war.[3] Der alte Zielkonflikt zwischen Investitionen und Konsum wurde aber auch im Zeichen relativer ökonomischer Prosperität und größerer Verteilungsspielräume keineswegs ausgeräumt.

Zwar lehnte die SED den Modernisierungsbegriff ab, da die Entwicklung des Sozialismus organisch gedacht wurde. Aber auch die ominösen »Gesetzmäßigkeiten« konnten zumindest gefördert werden, indem Hindernisse aus dem Weg geräumt und unerwünschte Blockaden gelöst wurden. Der wichtigste Einschnitt war die gewaltsame Schließung der Grenze, die nun eine von unmittelbaren westlichen Einflüssen ungestörte Entwicklung versprach. In dieser Konstellation gab es einen neuen Anlauf, um eingeschliffene Verhaltensweisen aufzubrechen und endlich dem Dauerproblem einer zu niedrigen Produktivität erfolgreich zu Leibe zu rücken. Modernisierung bedeutete demnach auch Tempobeschleunigung, Orientierung am westlichen Produktions- und Lebensstandard bei gleichzeitiger entschiedener Ablehnung aller Konvergenzthesen und Betonung des einzig wahren, »humanistischen Kerns« der sozialistischen Gesellschaftsordnung. Als den entscheidenden Grundgedanken des ökonomischen Systems des Sozialismus, der zweiten Phase der Wirtschaftsreform, benannte Ulbricht 1967 die organische Verbindung von zentraler staatlicher Planung mit »eigenverantwortlicher Planungs- und Leitungstätigkeit der sozialistischen Warenproduzenten« und der »eigenverantwortlichen Regelung des gesellschaftlichen Lebens« durch die örtlichen

---

Dieses Kapitel fußt in Teilen auf meinem Beitrag für Band 9 der Geschichte der Sozialpolitik in Deutschland seit 1945.

1 Zit. bei Peter Hübner, Gesellschaftliche Strukturen, in: Geschichte der Sozialpolitik in Deutschland seit 1945, Bd. 9, Baden-Baden 2006, hier: S. 89.
2 Protokoll der Verhandlungen des VII. Parteitages der Sozialistischen Einheitspartei Deutschlands, 17. bis 22. April 1967 in der Werner-Seelenbinder-Halle zu Berlin, Bd. 1, Berlin (O) 1967, S. 25.
3 Vgl. Manfred G. Schmidt, Sozialpolitik der DDR, Wiesbaden 2004, S. 20 f.

Institutionen.⁴ Dieser starke Akzent auf der Eigenverantwortlichkeit bedeutete einen unverkennbaren Bruch mit der Zentralverwaltungswirtschaft, wie sie in den fünfziger Jahren etabliert worden war.

Wichtige Modernisierungsimpulse stammten aus Konzepten des Tauwetters von 1956/57, die damals dem Verdikt des »Revisionismus« verfallen waren. Gegenüber einem Griff nach den Sternen, wie ihn das neue Parteiprogramm der KPdSU mit dem schon für das Jahr 1980 prognostizierten Eintritt in das kommunistische Zeitalter formulierte⁵, blieb allerdings die SED insofern nüchterner, als sie sich nicht auf ein Datum festlegte und auch ihr bisheriges Ziel vom »Einholen und Überholen Westdeutschlands« modifizierte. Ulbricht übernahm schließlich die akrobatische Formel vom »Überholen ohne einzuholen«⁶, die es erlauben sollte, in wichtigen Wirtschaftssektoren gewissermaßen technologisch eine Etappe zu überspringen und damit die Gesamtentwicklung zu forcieren. Das gesamte Jahrzehnt war besonders nachhaltig von der Person Ulbrichts geprägt. Sein »Sonderweg« im Block bezog sich nicht nur auf den engagierten Einsatz für wirtschaftliche Reformen, sondern auf die gesamte Gesellschaft. Er wollte das System effektiver machen, ohne jedoch die politische und ideologische Basis der SED-Diktatur substantiell zu verändern.⁷

Mit dem verstärkten Umbau der Parteistruktur auf das Produktionsprinzip anstelle des Wohngebietsprinzips sollte Fachkompetenz auch in der Partei größeres Gewicht erhalten. Die umfassende Schaffung neuer Kombinate bildete ein wichtiges Motiv dieser parteiorganisatorischen Umstrukturierung. Aber auch im Selbstbild sollte die DDR ein neues Etikett erhalten. 1967 erklärte der Parteichef die DDR zur »sozialistischen Menschengemeinschaft« und den Sozialismus zu einer relativ selbständigen und lang dauernden Entwicklungsphase.⁸ Damit nahm er eine eigenwillige Veränderung an der bisher gültigen Vorstellung der gesellschaftlichen Entwicklung vor. In diesem neuen harmonistischen Gesellschaftskonzept drückte sich der »Anspruch der Partei aus, die Reformperiode ernst zu nehmen, ihren Problemen Rechnung zu tragen, ihrer Lösung eine ange-

---

4 Referat auf dem VII. SED-Parteitag, in: »Neues Deutschland« vom 18.4.1967. Auszüge in: SBZ-Archiv 18 (1967), S. 163 ff.
5 Vgl. Boris Meissner, Das Parteiprogramm der KPdSU 1903 bis 1961, Köln 1962, S. 188: »Als Ergebnis des zweiten Jahrzehnts (1971–1980) wird die materiell-technische Basis des Kommunismus errichtet, die für die gesamte Bevölkerung einen Überfluß an materiellen und kulturellen Gütern sichert.«
6 Diese Formel eines sowjetischen Kybernetikers tauchte zum ersten Mal 1968 auf und wurde von Ulbricht übernommen. Sie zielte auf eine künftige Technologie, die es im Westen noch nicht gab und die somit einen Sprung in der Entwicklung über das bisherige westliche Niveau hinaus signalisieren sollte. Steiner, Plan, S. 142 f. Als Maxime der Wissenschaftspolitik der SED verwies Ulbricht darauf in seiner Rede vor der Kammer der Technik 1970, in: »Neues Deutschland« vom 24.2.1970, S. 1 f.
7 Dazu ausführlich auf der Basis umfangreichen neuen Quellenmaterials Monika Kaiser, Machtwechsel von Ulbricht zu Honecker. Funktionsmechanismen der SED-Diktatur in Konfliktsituationen 1962 bis 1972, Berlin 1997.
8 Protokoll VII. Parteitag, Bd. 1, S. 29. Vgl. unten, Abschnitt 11 (S. 634 ff.).

messene, nämlich lange Zeitspanne einzuräumen«.⁹ Mit dieser Interpretation Sigrid Meuschels ist der für das Jahrzehnt charakteristische Impuls, das Regime durch umfassende Modernisierung zu stabilisieren und zu legitimieren, treffend gekennzeichnet.

Die »Vollendung der sozialistischen Produktionsverhältnisse« und die vollständige Schließung der Grenze durch den Bau der Mauer in Berlin schufen eine Konstellation, die der SED neue Möglichkeiten bot, ihre Ziele konsequenter umzusetzen, die Kontrolle über die Bevölkerung auszubauen und auch größere Risiken einzugehen. Jedoch ergab sich dadurch in der Bevölkerung eine neue Mischung aus Bereitschaft zum Arrangement und eigensinnigen Verhaltensweisen. Wer den Staat nicht mehr verlassen konnte, entwickelte unter Umständen andere Einstellungen als derjenige, dem noch die Flucht über die Grenze als Alternative blieb. Die relative Stabilisierung und die Hoffnung auf eine Verbesserung der Lebensverhältnisse konnten größeres Engagement hervorrufen. Damit verband sich aber vielfach auch eine selbstbewußte Einforderung der versprochenen Wohltaten, statt asketischen Konsumverzichts für eine sozialistische Utopie in der Zukunft zu üben. Die von der SED selbst proklamierte »Ankunft im Sozialismus« hatte somit herrschaftstechnisch durchaus zwei Seiten, und erst ihr komplexes Mischungsverhältnis gibt den sechziger Jahren ihr besonderes Profil.

1. Demographische und sozialstrukturelle Entwicklungslinien

Die demographischen und sozialstrukturellen Daten der sechziger Jahre zeigen zwar kaum abrupte Einschnitte, aber bessere Voraussetzungen zur Steuerung der Entwicklung. Die Probleme der ungünstigen Altersstruktur waren bis 1961 durch die Fluchtbewegung drastisch verschärft worden. Etwa die Hälfte der Flüchtlinge und Abwanderer waren Jugendliche unter 25 Jahren. Aber auch unter den Älteren dominierten die Jahrgänge im arbeitsfähigen Alter. Der kriegsbedingte Überhang an alten Menschen wurde auf diese Weise noch erheblich größer. Westdeutschland wies ähnliche, aus den Kriegsfolgen resultierende Verzerrungen in der Bevölkerungspyramide auf. Sie wurden jedoch durch ein starkes Bevölkerungswachstum wenigstens teilweise kompensiert. Waren im Hinblick auf sozialpolitische Kriegsfolgenbewältigung die Aufgaben in beiden Staaten zunächst prinzipiell ähnlich, so hatte der Zufluß von jüngeren Vertriebenen und vor allem von jungen und voll arbeitsfähigen DDR-Flüchtlingen nach anfänglicher Belastung mittelfristig zu einer enormen Verbesserung des Arbeitskräftepotentials in der Bundesrepublik geführt. Nach Berufsgruppen differenziert dominierten die DDR-Flüchtlinge aus Industrie und Handwerk deutlich vor allen anderen.¹⁰ Mit der Rentenreform von 1957 waren zumindest die unerträglichsten Folgen der Altersarmut bei der noch wach-

---

9 Sigrid Meuschel, Legitimation und Parteiherrschaft. Zum Paradox von Stabilität und Revolution in der DDR 1945 – 1989, Frankfurt/M. 1992, S. 209.
10 Bethlehem, Heimatvertreibung, S. 37; Heidemeyer, Flucht, S. 51.

V. Der »Arbeiterstaat« nach dem Mauerbau (1961–1971)

senden Zahl von Rentnern und Kriegshinterbliebenen aufgefangen worden.[11] Im Vergleich dazu wurde die Sozialpolitik der DDR mit einer trotz Geburtenüberschuß kontinuierlich sinkenden Bevölkerungszahl konfrontiert.[12] Aktive Bevölkerungspolitik mußte für die SED daher im Sinne einer langfristigen Reduzierung der Belastungen auch bedeuten, pronatalistische Anreize zu bieten. Dem diente ein Großteil der infrastrukturellen Maßnahmen, welche die Vereinbarkeit von Berufstätigkeit und Familiengründung sichern sollten. Realistisch wurden solche Vorhaben andererseits nur, wenn die Wirtschaft genügend Produktivitätszuwachs garantierte. Die sechziger Jahre sind in besonderem Maße von der Erkenntnis dieses Zusammenhangs und dem Bemühen geprägt, diesen Circulus vitiosus zu durchbrechen. Daß sich in allen öffentlichen Äußerungen der Partei- und Staatsfunktionäre die Appelle zur Erhöhung der Produktivität gebetsmühlenartig wiederholten, war unter dem Aspekt ökonomischer Rationalität und gesamtgesellschaftlichen Fortschritts also durchaus begründet.

Der Bevölkerungsrückgang setzte sich in den sechziger Jahren zunächst zwar noch fort, der Trend aber wurde gestoppt und umgekehrt. Nach Angaben des Statistischen Jahrbuchs der DDR betrug die Bevölkerungszahl 1960 17,188 Millionen, sie fiel bis 1965 auf 17,040 Millionen (wobei der größte Teil auf Flüchtlinge vor dem Mauerbau entfällt) und stieg bis 1970 leicht auf 17,068 Millionen an (jeweils Jahresende).[13] Nach der Volks- und Berufszählung vom 1. Januar 1971 befanden sich 57,9 Prozent der Bevölkerung im arbeitsfähigen Alter, 22,6 Prozent im Kindes- und 19,5 Prozent im Rentenalter.[14] Eine Untersuchung aus der DDR von 1974 stellte im Anschluß an die Daten dieser Zählung fest, daß es nahezu keine ungenutzten Arbeitskräftereserven in der DDR mehr gebe. In den sechziger Jahren hatte sich der Frauenanteil unter den Beschäftigten nochmals erheblich erhöht, so daß die DDR hier einen der höchsten Prozentsätze der Welt hatte. Der Beschäftigungsgrad von Frauen im arbeitsfähigen Alter betrug 1964 (einschließlich Lernende) 74 Prozent und stieg bis 1971 auf 83,6 Prozent (ohne Lernende: 67,3 bzw. 73,5 Prozent).[15] Die politisch forcierte Gewinnung weiblicher Arbeitskräfte schlug sich in diesen Daten deutlich nieder und wurde auch in der Ära Honecker konsequent fortgesetzt. Der Anteil von Frauen an den Berufstätigen der DDR insgesamt stieg von 45 Prozent (1960) auf 48,3 Prozent (1970).[16]

In 45 Kreisen der DDR zeigte sich allerdings (nach der Volkszählung von 1971) ein signifikant niedrigerer Beschäftigungsgrad von Frauen: in 23 Kreisen der Bezirke Rostock, Schwerin, Neubrandenburg und im Landkreis Gransee, in 18 Kreisen der Bezirke Magdeburg, Halle, Erfurt und in vier Kreisen, die an Berlin

---

11 Vgl. Geschichte der Sozialpolitik in Deutschland seit 1945, Bd. 3.
12 Dieter Voigt /Werner Voß/Sabine Meck, Sozialstruktur der DDR. Eine Einführung, Darmstadt 1987, S. 42 ff.
13 Statistisches Jahrbuch der DDR 1985, S. 1.
14 Arno Donda, Die Bevölkerung der DDR im Spiegel der Statistik, in: Jb.WG 1974 I, S. 33-45, hier: S. 36. Die Angaben Dondas basieren auf Unterlagen der Staatlichen Zentralverwaltung für Statistik beim Ministerrat der DDR.
15 Ebd.
16 Statistisches Jahrbuch der DDR 1985, S. 17.

grenzten. Dieser Befund wurde auf ein unzureichendes Arbeitsplatzangebot oder ungünstige Verkehrsverbindungen am Wohnort zurückgeführt. Insgesamt gab es 1971 nach offiziellen Daten 810.000 Frauen im Alter zwischen 18 und 60 Jahren, die weder berufstätig waren noch sich in der Ausbildung befanden. Darunter waren 420.000 Frauen im Alter zwischen 18 und 50 Jahren mit einem oder zwei Kindern und 44.000 Frauen im Alter zwischen 18 und 40 Jahren ohne Kinder.[17]

In der Klassen- und Schichtenstruktur zeigen die sechziger Jahre nur geringfügige Verschiebungen bei der »Arbeiterklasse«, deutlichere bei Genossenschaftsbauern und Intelligenzangehörigen.

Tab. 27: Klassen- und Schichtenstruktur der Berufstätigen der DDR (in Prozent)

Klasse/Schicht	1952	1961	1964	1970
Arbeiterklasse (Arbeiter und Angestellte)	73,0	77,5	76,6	77,2
Genossenschaftsbauern	0,5	12,2	10,9	8,6
Intelligenz	3,8	4,8	6,6	8,0
Genossenschaftshandwerker	–	1,0	1,8	3,1
Private Gewerbetreibende und Handwerker, Bauern einschl. mithelfende Familienangehörige	22,7	4,4	4,0	3,1

[Quelle: Katharina Belwe, Sozialstruktur und gesellschaftlicher Wandel in der DDR, in: Deutschland-Handbuch, hg. von Werner Weidenfeld/Hartmut Zimmermann, Bonn 1989, S. 125-143, hier: S. 131.]

Augenfällig sind die Veränderungen in der Beschäftigten- und Qualifikationsstruktur, wobei die Auswirkungen der intensivierten Qualifikationspolitik zum Teil erst in den siebziger Jahren sichtbar werden.

Tab. 28: Qualifikationsstruktur der Berufstätigen der DDR (in Prozent)

Jahr	An- und Ungelernte[1]	Facharbeiter	Meister	Fachschulabschluß	Hochschulabschluß
1960	59,6			4,9	1,9
1965	47,9			7,6	3,0
1970	43,8	41,8	3,2	7,1	4,1
1975	32,9	49,5	3,5	8,6	4,3

[1] Ohne abgeschlossene oder mit Teilberufsausbildung
[Quelle: Belwe, Sozialstruktur, ebd., S. 134.]

Die Daten sind im Hinblick auf die »Arbeiterklasse« sozialgeschichtlich aus den bekannten politischen Gründen unbrauchbar, weil Arbeiter und Angestellte zusammengerechnet wurden und die Zugehörigkeit hochgradig ideologisch bedingt war. Der beträchtliche Anstieg der Intelligenzangehörigen spiegelt aber eine

---

17 Donda, Bevölkerung, in: Jb.WG 1974 I, S. 36 f. (mit erweiterter Aufschlüsselung nach Alter und Zahl der Kinder).

für die sechziger Jahre signifikante Modifizierung in der Bildungs- und Qualifikationspolitik wider. Während bis 1961 die Privilegierung von Arbeiter- und Bauernkindern die grundlegende bildungspolitische Orientierung abgab, setzte mit den wirtschaftlichen und gesellschaftlichen Modernisierungsbemühungen eine deutliche Differenzierung ein, die sich insbesondere in der Zulassungspraxis zum Studium niederschlug. Demzufolge sank der Anteil von Arbeiter- und Bauernkindern unter den Studierenden, während sich der Anteil von Kindern aus der Intelligenzschicht bis Anfang der siebziger Jahre kontinuierlich erhöhte.[18] Auch der deutliche Anstieg des Qualifikationsniveaus insgesamt und insbesondere bei den weiblichen Berufstätigen fügt sich ein in das Gesamtbild des gewünschten und forcierten »umfassenden Aufbaus des Sozialismus«, den das Parteiprogramm der SED von 1963 proklamiert hatte.

Tab. 29: Qualifikation der weiblichen Berufstätigen in der sozialistischen Wirtschaft der DDR (in Prozent)				
Jahr	Anteil der weiblichen Berufstätigen an den			
	Hochschulabsolventen	Fachschulabsolventen	Meistern	Facharbeitern
1961	23,6	31,8	–	–
1965	25,3	34,5	–	–
1970	27,0	36,6	–	–
1975	31,1	43,3	9,5	45,8
[**Quelle:** Belwe, Sozialstruktur, ebd., S. 132.]				

Die Arbeitsplatzstruktur der DDR war in allen Phasen stark von politisch induzierten Veränderungen der Wirtschaftsstruktur bestimmt. In den sechziger Jahren setzte sich als charakteristischer Trend das kontinuierliche Wachstum der Arbeitsplätze in Großbetrieben bei sinkender Zahl der Betriebe beschleunigt fort. Das galt auch für die kollektivierte Landwirtschaft. Der Vorrang der Schwerindustrie, der die fünfziger Jahre kennzeichnete, verschwand zugunsten einer verstärkten Förderung der Investitionsgüterindustrie (insbesondere Chemische und Elektroindustrie und Maschinenbau). Parallel zum weiteren Rückgang des privaten Sektors erreichten die Halbstaatlichen Betriebe 1969 ihren höchsten Stand, bevor sie 1972 zusammen mit den noch existierenden industriellen Privatbetrieben verstaatlicht wurden, so daß die Arbeitsplatzlandschaft in den siebziger Jahren (vom restlichen privaten Handwerk abgesehen) fast ausschließlich von Großbetrieben geprägt wurde.[19]

---

18 Vgl. Katharina Belwe, Sozialstruktur und gesellschaftlicher Wandel in der DDR, in: Deutschland-Handbuch. Eine doppelte Bilanz 1949–1989, hg. von Werner Weidenfeld und Hartmut Zimmermann, Bonn 1989, S. 125-143, hier: S. 130 f.
19 Dazu Ludwig, Wandel, in: Merk (Hg.), Wirtschaftsstruktur, S. 126; Oskar Schwarzer, Sozialistische Zentralplanwirtschaft in der SBZ/DDR. Ergebnisse eines ordnungspolitischen Experiments (1945–1989). Stuttgart 1999, S. 191 f. Vgl. oben, Kap. IV 7 (S. 476 ff.).

Der innere Widerspruch zwischen der Betonung von Eigenverantwortlichkeit und konsequenter Leistungsorientierung einerseits und dem strikten Festhalten an der politischen Kontrolle von oben und der Sorge vor »Überspitzungen« und eigendynamischen Entwicklungen andererseits, die schon die »Syndikalismus«-Affäre 1959 offengelegt hatte, blieb unter den veränderten Rahmenbedingungen erhalten. Im Machtkonflikt zwischen Ulbricht als Motor der Modernisierung und seinen parteiinternen Gegnern spitzte sich der Widerspruch sogar erneut zu.

2. Der Mauerbau vom 13. August 1961; das »Produktionsaufgebot« als kurzfristiges Krisenmanagement

Daß der politische Kampfbegriff »antifaschistischer Schutzwall« zwar viel über Ideologie und Selbstverständnis der SED-Führung aussagt, aber nichts über die wirklichen Motive zur Schließung des letzten noch offenen Stücks der innerdeutschen Grenze, ist heute unstrittig. Die internen Quellen aus dem Herrschaftsapparat bestätigen, was zeitgenössische westliche Beobachter ohnehin konstatiert haben: Dieser monströse Akt, der wie kein anderer zur Diskreditierung des DDR-Sozialismus beigetragen hat, war der verzweifelte und erst gegen manche Widerstände im Warschauer Pakt[20] durchgesetzte Versuch, den ökonomischen und politischen Kollaps zu verhindern. Die Hauptursache war auch aus Ulbrichts Sicht der erhebliche Rückstand der DDR in der Arbeitsproduktivität und im Lebensniveau mit fatalen Folgen für die innere Stabilität von Staat und Gesellschaft. »Der Konjunkturaufschwung in Westdeutschland, der für jeden Einwohner der DDR sichtbar ist«, schrieb Ulbricht an den sowjetischen Parteichef Chruschtschow, »ist der Hauptgrund dafür, daß im Verlaufe von zehn Jahren ungefähr zwei Millionen Menschen die DDR verließen. Diese Bedingungen zwangen und zwingen uns ständig, für die individuelle Konsumtion mehr bereitzustellen, als unsere eigene Volkswirtschaft in der Lage ist zu geben, um wenigstens allmählich den Abstand im Lebensniveau zwischen der Deutschen Demokratische Republik und Westdeutschland zu vermindern. Das alles wurde immer auf Kosten der Erneuerung unseres Produktionsapparates getan. Doch ewig kann sich dieser Zustand nicht so fortsetzen.«[21]

Diese prinzipiell richtige Diagnose ergänzte er jedoch eher beiläufig und verklausuliert durch Hinweise auf die Faktoren, die vor allem »hausgemacht« waren und im forcierten Tempo der sozialistischen Umgestaltung der Landwirtschaft und der Privatindustrie begründet lagen. Nachdem die innen- und außenwirtschaftlichen Probleme der Entstalinisierungskrise von 1956 im Sinne der SED-Führung gelöst waren und die ökonomischen Daten ebenso wie die sinkenden

---

20 Vgl. Honoré M. Catudal, Kennedy in der Mauer-Krise. Eine Fallstudie zur Entscheidungsfindung in den USA, Berlin 1981, S. 52 ff.; Hans-Hermann Hertle/Konrad H. Jarausch/Christoph Kleßmann (Hg.), Mauerbau und Mauerfall, Berlin 2002.
21 André Steiner, Politische Vorstellungen und ökonomische Probleme im Vorfeld der Errichtung der Berliner Mauer. Briefe Walter Ulbrichts an Nikita Chruschtschow, in: Mehringer (Hg.), Von der SBZ, S. 233-268, hier: S. 253.

V. Der »Arbeiterstaat« nach dem Mauerbau (1961–1971)

Flüchtlingszahlen wieder mehr Stabilität versprachen, hoffte die SED, mit einer großen planerischen Kraftanstrengung das Entwicklungstempo der Volkswirtschaft so steigern zu können, daß der sozialistische Aufbau in kurzer Zeit vollendet und der Wettkampf mit Westdeutschland gewonnen werden könne. Die auf dem V. Parteitag der SED im Juli 1958 proklamierte »ökonomische Hauptaufgabe« und der ein Jahr später beschlossene Siebenjahrplan bildeten die Eckpunkte dieser euphorischen politischen Zielsetzung.[22] Ihre Konsequenzen führten neben dem von Chruschtschow initiierten Berlin-Ultimatum in die unmittelbare Vorgeschichte der schweren inneren Krise der DDR am Vorabend des Mauerbaus.

Die Fluchtbewegung nach Westen, die sich 1959 mit 143.917 Flüchtlingen gegenüber 1956 nahezu halbiert hatte, war im Zuge der überstürzt durchgeführten Vollkollektivierung der Landwirtschaft wieder sprunghaft angestiegen.[23] Sie rief akute Engpässe in der Lebensmittelversorgung, aber auch in der Belieferung mit industriellen Verbrauchsgütern hervor und heizte damit vor dem Hintergrund der kritischen Entwicklung in Berlin und der Kündigung des innerdeutschen Handelsabkommens durch die Bundesregierung im November 1960[24] die Abwanderung noch mehr an. Zwar erfüllte die Sowjetunion größtenteils die Bitten der SED-Führung um Kredite und Warenlieferungen, aber der Siebenjahrplan war damit nicht einzuhalten. Anfang Mai 1961 wurden deshalb die Planziele gesenkt.[25] Die peinliche Parole vom »Einholen und Überholen« verschwand stillschweigend aus der Öffentlichkeit zugunsten eines »Wettbewerbs«. Ulbricht bilanzierte eher kleinlaut: »Im Wettkampf mit dem kapitalistischen Westdeutschland sind wir ein wesentliches Stück vorwärtsgekommen.«[26]

Die Versorgungslage hatte sich in den ersten Monaten des Jahres 1961 kontinuierlich verschlechtert. Solche Situationen waren auch früher periodisch immer wieder aufgetreten. Jetzt drohte sich die Unzufriedenheit aber zu einer handfesten Krise auszuwachsen, die sich nicht nur auf Versorgungsmängel beschränkte. Eine interne Information der SED-Abteilung »Gewerkschaften und Sozialpolitik« von Ende Mai 1961 (auf der Basis punktueller Aussprachen) kam zu dem holprig formulierten Fazit: »Das Reagieren der Werktätigen in den Betrieben auf die vorhandenen Schwierigkeiten ist gegenwärtig sehr vielfältig. Es schwindet der Geist des Optimismus und der Siegeszuversicht. Immer mehr verbreitet sich Pessimismus und eine gewisse Gleichgültigkeit. Es gibt auch impulsive und erregte Äußerungen, die ein Ausdruck von Unzufriedenheit mit den vorhandenen Schwierigkeiten und Erscheinungen sind.«[27] Informationen des Ostbüros aus Magdeburg verwiesen auf Parallelen zur Stimmung vor dem 17. Juni 1953, und ein Stimmungs-

---

22 Vgl. Protokoll V. Parteitag, Bd. 2, S. 1357 ff. Text des Gesetzes über den Siebenjahrplan in: Gbl. DDR 1959 I, S. 705 ff.
23 Vgl. Der Bau der Mauer, S. 15 ff. Vgl. oben, Kap. IV 8 (S. 490 ff.).
24 Steiner, Politische Vorstellungen, in: Mehringer (Hg.), Von der SBZ, S. 239. Die Kündigung wurde zwar im letzten Moment wieder rückgängig gemacht, mußte aber zunächst von den Wirtschaftsplanern der DDR einkalkuliert werden.
25 Ebd., S. 240.
26 Rede auf der 12. Tagung des ZK der SED, in: »Neues Deutschland« vom 21.3.1961.
27 SED-Hausmitteilung vom 29.5.1961, SAPMO-BArch, DY 30/IV2/611/11, Bl. 191.

2. Mauerbau vom 13. August 1961: »Produktionsaufgebot« als Krisenmanagement

bericht aus Halle resümierte: »Auf jeden Fall hat die kritische Entwicklung in der gesamten Wirtschaft und die Verschlechterung der Versorgung mindestens ebenso wie die Angst um die Abschnürung des Fluchtweges dazu beigetragen, daß die Spannung zwischen der Bevölkerung und den Unterdrückern einen gefährlichen Grad erreicht hat und weitgehend eine explosive Stimmung herrscht.«[28]

Völlig ungeschminkt sprach Ulbricht selber in einer Politbüro-Sitzung vom 6. Juni 1961 die katastrophale Situation in der Landwirtschaft an. »Die allgemeinen Ziffern«, erklärte er, »daß unsere Produktion um so und so viel wächst, die nützen uns nichts mehr, die glaubt sowieso niemand. Das hat gar keinen Sinn, damit zu kommen, weil in der Praxis die Sache anders aussieht [...] Die Ziffern in bezug auf Nichterfüllung des Planes in der Landwirtschaft sind schlimm, vielleicht steht in der Presse etwas anderes, das ist möglich, aber die Ziffern, die ich habe, die sind echt.« Er erklärte offen, Lösungen werde es nicht geben, »wenn nicht die Partei- und Staatsarbeit in dieser ganzen Richtung grundlegend auf allen Gebieten geändert wird.«[29]

Vermutlich waren die Abriegelung der Grenze und der nachfolgende Bau der Mauer der Anfang vom Ende der DDR. Denn die Gründe, die zu ihrer Errichtung führten, blieben in den folgenden Jahrzehnten bestehen, worauf Honecker – aus seiner Sicht zu Recht – noch im Januar 1989 hinwies.[30] Insofern gab es zu keiner Zeit die Möglichkeit, sie ohne Gefährdung wieder abzuschaffen. Für die innere Entwicklung des zweiten deutschen Staates bildete das Datum 13. August 1961 eine so einschneidende Zäsur, daß die Formulierung vom »heimlichen Gründungstag der DDR«[31] durchaus zutreffend erscheint.

Das dramatische Kapitel der plötzlichen und trotz aller Vorahnungen überraschenden, völligen Abschnürung des östlichen vom westlichen Teil Berlins ist oft und eingehend untersucht und dargestellt worden.[32] Schwieriger ist es, sich ein genaues Bild von den Reaktionen der Bevölkerung zu machen. Ohne Zweifel dominierten bei den Bewohnern Berlins und des Umlandes Wut und Empörung. Zahlreiche westliche Berichte und interne Meldungen legen davon Zeugnis ab, während die offiziellen Bilanzen vor allem die angeblich verbreitete Zustimmung hervorheben.[33] Patrick Major kommt in seiner minutiösen Untersuchung zu dem Ergebnis, daß es zwar keine massiven Reaktionen gab, daß es aber der SED »trotz erheblicher propagandistischer Bemühungen zu keinem Zeitpunkt [gelang], die Herrschaft über die Gedanken und Emotionen der Menschen zu gewinnen.«[34]

---

28 MB Ostbüro Juni 1961, S. 11 f.; MB Ostbüro Juli 1961, S. 27.
29 Zit. nach: Hoffmann/Schmidt/Skyba (Hg.), Die DDR vor dem Mauerbau, S. 389 f.
30 Werner Weidenfeld/Karl-Rudolf Korte (Hg.), Handbuch zur deutschen Einheit 1949 – 1989 – 1999, Bonn 1999, S. 553.
31 Dietrich Staritz, Geschichte der DDR. Erw. Neuausg., Frankfurt/M. 1996, S. 196.
32 Vgl. Jürgen Rühle/Gunter Holzweißig (Hg.), 13. August 1961. Die Mauer von Berlin, Köln 1981; Armin Mitter/Stefan Wolle, Untergang auf Raten. Unbekannte Kapitel der DDR-Geschichte, München 1993, S. 350-366. Hertle/Jarausch/Kleßmann (Hg.), Mauerbau und Mauerfall
33 Den besten Einblick bietet der Aufsatz von Patrick Major: Vor und nach dem 13. August 1961: Reaktionen der DDR-Bevölkerung auf den Bau der Berliner Mauer, in: AfS 39 (1999), S. 325-354.
34 Ebd., S. 351.

V. Der »Arbeiterstaat« nach dem Mauerbau (1961–1971)

Sechs Jahre nach dem Mauerbau stellte eine von der SED-Bezirksleitung Berlin veranlaßte »Bewußtseinsanalyse« fest, daß die »negativen Meinungen zum Schutzwall [...] merklich zurückgegangen« seien. Aber: »Das ist zu einem geringen Teil auf die Überzeugung von der Notwendigkeit, zum größeren Teil jedoch auf die Gewöhnung zurückzuführen.«[35]

Auch wenn sich die Lage schwer mit der von 1953 vergleichen ließ, lag die Zahl der über 6.000 Festnahmen wegen »Hetze« oder »Staatsverleumdung« im Zusammenhang mit dem Mauerbau sehr hoch. Zu betrieblichen Protestaktionen kam es jedoch nur in Ausnahmefällen.[36] Zur Erklärung läßt sich generell auf die noch nicht in Vergessenheit geratene Erfahrung mit der Niederschlagung des Juni-Aufstandes und auf die starke Präsenz der Sicherheitskräfte und Betriebskampfgruppen verweisen. Drakonische Repressionen gegen aufmüpfige Arbeiter trugen ferner dazu bei, Aktionen den Boden zu entziehen. So wurden nach einer Information des Ostbüros etwa 30 Arbeiter aus dem Walzwerk Hennigsdorf, die in einem Sitzstreik gegen die Mauer protestierten, von der Polizei auf Lastwagen geladen und fanden sich in einem Arbeitslager wieder.[37] Zu den unmittelbaren Folgen gehörten auch die nach dem 13. August durchgeführten Zwangsumsiedlungen aus dem gesamten Grenzgebiet, die unter der Parole »Aktion ›Festigung‹« lief. Sie betraf insgesamt 3.273 Personen, von denen 3.165 auch umgesiedelt wurden. Facharbeiter stellten davon nach Kindern (33 Prozent) und Hausfrauen(18,2 Prozent) mit 9,4 Prozent immerhin den größten Anteil. Die Aktion verlief nach MfS-Berichten in der Regel ohne große Konflikte, auch wenn es vielfach passiven Widerstand gab.[38] Massiv betroffen waren auch die etwa 60.000 »Grenzgänger« aus Ostberlin, die in Westberlin gearbeitet hatten und nun über Nacht ihren Arbeitsplatz verloren. Angesichts des Arbeitskräftemangels bildete ihre Integration in den Arbeitsprozeß zwar kein großes Problem. Wenn die SED damit Hoffnungen verband, die ehemaligen Grenzgänger würden auch etwas vom kapitalistischen Arbeitsgeist an die neuen Arbeitsplätze mitbringen, wurde sie jedoch enttäuscht. Die alten Belegschaften erwarteten von den »Neuen« einen Start von unten und keine Sonderstellung aufgrund besonderer Qualifikation. Und was das besondere Arbeitsethos betraf, so bekamen sie, wie ein Gewerkschaftsfunktionär aus Berlin-Treptow zu berichten wußte, zu hören: »Wir machen hier keine kapitalistische Arbeit, sondern vielmehr sozialistische (also langsam).«[39]

---

35 Ebd., S. 353.
36 Ebd., S. 345, 342. Vgl. Auch Mitter/Wolle, Untergang, S. 359 f.
37 AdsD, Ostbüro 0257, Bericht vom 12.10.1962 (die Datierung ist offenkundig falsch und muß 1961 lauten).
38 Bericht der Hauptverwaltung Deutsche Volkspolizei vom 4. 10.1961, BStU, MfS Allg. S 75/65 Bd. 3, Bl. 21-27. Abschlußbericht über den Verlauf der Aktion zur Festigung der Staatsgrenze nach Westdeutschland vom 6.10.1961, ebd. Bd. 4, Bl. 123-139.
39 Corey Ross, East Germans and the Berlin Wall: Popular Opinion and Social Change before and after the Border Closure of August 1961, in: Journal of Contemporary History 39 (2004), S. 25-44, hier: S. 35 f. Zu den Grenzgängern ist eine Dissertation von Frank Roggenbuch, Potsdam/Berlin, in Vorbereitung.

2. Mauerbau vom 13. August 1961: »Produktionsaufgebot« als Krisenmanagement

Mit dem ungeliebten sozialistischen Staat hatte sich das Volk nun auf neue Weise, nämlich ohne Alternative zur Flucht, auseinanderzusetzen und zu arrangieren. Aber auch die Herrschenden mußten sich um einen neuen »modus vivendi« bemühen. Diese Konstellation prägte die sechziger Jahre. In einem zweiten Anlauf hofften viele DDR-Bürger nach dem Abebben des Schocks zumindest auf erträglichere Lebens- und Arbeitsbedingungen. Insofern gab es nicht nur bei den Arbeitern durchaus eine verbreitete, wenn auch oft »mißmutige Loyalität«[40] als Grundstimmung. Wie weit diese positiv zu nutzen war, hing wesentlich vom kurzfristigen Krisenmanagement und vom langfristigen Reformwillen der SED ab. Propaganda und repressive Maßnahmen reichten nicht zur Beruhigung der explosiven Situation, deren Dynamik schwer kalkulierbar war. Vor allem war zur Behebung der noch verschärften Versorgungskrise eine schnelle Soforthilfe nötig.

Wenn der Siebenjahrplan als größenwahnsinniger Versuch gewertet werden kann, die Existenz der DDR bei offener Grenze langfristig durch eine tollkühne Kraftanstrengung zu sichern, dann mußte die Parteiführung im Frühsommer 1961 bereits das Scheitern eingestehen. Bruno Leuschner als Chef der Staatlichen Plankommission wurde abgelöst und durch Karl Mewis ersetzt.[41] Daß die Ursachen der ökonomischen Dauermisere der DDR aber tiefer lagen als in der ohne Zweifel schwierigen wirtschaftlichen Ausgangslage und der permanenten Flucht von Arbeitskräften, bestätigte sich auch nach dem Bau der Mauer. Daraus resultierte ein wichtiger Impuls zu tiefer greifenden Reformen. Im Frühjahr 1962 setzte die SED Arbeitsgruppen ein, die in Vorbereitung des VI. Parteitages Überlegungen zur Reform des gesamten Planungs- und Leitungssystem anstellen sollten.[42]

Zuvor jedoch hoffte man unter den neuen Bedingungen noch auf ein effizientes Krisenmanagement. Es mußte sich unter anderem auf Verbesserung der aktuellen Versorgung und eine möglichst schnelle Schließung der Lücke zwischen Arbeitsproduktivität und Lohnanstieg beziehen. Angesichts einer großen Mißernte 1961 traten die langfristigen Folgen der Kollektivierung noch stärker in Erscheinung als bereits zuvor. Der gravierende Einbruch in der Lebensmittelversorgung rief beträchtliche Unruhe in der Bevölkerung hervor.[43] Der FDGB schickte daher Tausende von »Arbeitskontrolleuren« in die Betriebe, um Reserven in der Produktion von Konsumgütern aufzuspüren.[44] Wieweit diese Aktion Erfolg hatte, ist

---

40 Alf Lüdtke, »Helden der Arbeit« – Mühen beim Arbeiten. Zur mißmutigen Loyalität von Industriearbeitern in der DDR, in: Kaelble/Kocka/Zwahr (Hg.), Sozialgeschichte, hier: S. 188.
41 Jörg Roesler, Zwischen Plan und Markt. Die Wirtschaftsreform zwischen 1963 und 1970 in der DDR, Berlin 1990, S. 21.
42 Ebd., S. 23.
43 Hübner, Konsens, S. 163.
44 Winkler (Hg.), Geschichte der Sozialpolitik, S. 304. Die Zahl der in den Betrieben gewählten gewerkschaftlichen Arbeitskontrolleure wuchs von 15.000 (1953) auf 32.500 (1959) bis 71.750 (1970). SAPMO- BArch DY 34,14289 (FDGB Bundesvorstand, Abt. Sozialpolitik). Fakten und Zahlen über die Entwicklung der gewerkschaftlich geleiteten Arbeiterkontrolle vom 16.3.1988. Ich danke Peter Hübner für diesen Hinweis. Zur Organisation und zu den Kompetenzen vgl. Handbuch für den Arbeitskontrolleur, hg. vom Bundesvorstand des FDGB, Abteilung Sozialpolitik, Berlin (O) 1975.

nicht genau erkennbar. Grundsätzlicher rückte dagegen die SED dem Kernproblem der Volkswirtschaft mit einer neuen Initiative zu Leibe, die eine weitere Etappe in der langen Geschichte der Wettbewerbe darstellt: dem Produktionsaufgebot. Daß es gerade in eine Phase der akuten Versorgungskrise fiel, machte das permanente Dilemma sichtbar: Ohne höhere Produktivität war keine wirkliche Verbesserung der Versorgung möglich, bei schlechter Versorgungslage aber zeigten die Arbeiter kaum sonderlichen Enthusiasmus, ihre Produktionsergebnisse zu steigern und kolportierten eher den Slogan »Wie die Verpflegung – so die Bewegung«.[45]

Den Ausgangspunkt der neuen Initiative bildete ein Aufruf im VEB Elektrokohle in Berlin vom 6. September 1961 unter der Parole »In der gleichen Zeit für das gleiche Geld mehr produzieren«. Er wurde am folgenden Tag in den Zeitungen veröffentlicht und umfaßte vor allem fünf Punkte[46]:

- Jede Minute des Arbeitstages sollte voll ausgenutzt werden (Verbesserungen in Hinblick auf Schichtwechsel, Stillstands- und Wartezeiten in der Arbeitsorganisation, Abbau des überhöhten Krankenstandes, Verlegung der zahlreichen Sitzungen aus der Arbeitszeit in die Freizeit);
- Freiwillige Senkung der Normzeiten, solange noch keine technischen Arbeitsnormen (TAN) realisiert waren;
- Teilnahme aller Arbeiter an der 1960 initiierten Bewegung »Meine Hand für mein Produkt« zur Verringerung der Ausschußproduktion und verbindliche Teilnahme an Qualifizierungslehrgängen;
- Verstärkte Orientierung in allen Produktionsbereichen an der »Störfreimachung«, also der Unabhängigkeit von westdeutschen Lieferungen;
- Schaffung von technisch begründeten Material- und Energieverbrauchsnormen unter der Parole »Mit jeder Minute, mit jedem Gramm Material und mit jedem Pfennig sparsam umgehen«.

Für jede Berufsgruppe sollte es spezifisch zugeschnittene Produktionsaufgebote geben, einschließlich Ärzten, Apothekern, Theater- und Kulturschaffenden usw. Appelle an die Arbeiterehre, an Patriotismus und Klassenbewußtsein wurden verbunden mit der Beschwörung des Kampfes um die Stärkung der DDR und den Abschluß eines Friedensvertrages. (☞ vgl. *Abb. 58*)

Die neue Kampagne zur Erhöhung der Normen, um endlich die Arbeitsproduktivität zu steigern, stieß auf erhebliche Widerstände unter den Belegschaften. Die SED-gelenkte Presse berichtete darüber in ungewöhnlicher Offenheit und Breite.[47] Die Monatsberichte des Ostbüros der SPD aus dieser Zeit stellten zahlreiche einschlägige Artikel aus Partei- und Gewerkschaftszeitungen zusammen, sie berichten von Verhaftungen und »Schlägertrupps«, die den Widerstand auf ihre Weise überwinden sollten, vor allem aber von den großen Schwierigkeiten, die »falsch verstandene Solidarität« und das »Nur-Gewerkschaftertum« der Gewerkschaftsfunktionäre in den Betrieben aufzubrechen.[48] Herbert Warnke ver-

---

45 Hübner, Konsens, S. 164.
46 Helmut Lange, Von Stachanow zum Produktionsaufgebot, in: SBZ-Archiv 13 (1962), S. 182 ff.
47 Ebd., S. 185 f.
48 MB Ostbüro September 1961, S. 21 ff.; Mai 1962, S. 19 ff.; September 1962, S. 1-11.

2. Mauerbau vom 13. August 1961: »Produktionsaufgebot« als Krisenmanagement

Abb. 58: Musterbrigade im »Produktionsaufgebot« 1961/62 in Form einer Lehrfibel.

stieg sich sogar zu dem Satz: »Das Produktionsaufgebot durchzusetzen, ist Klassenkampf, erfordert Auseinandersetzungen mit allen unklaren Auffassungen.« Diese wurden nicht zuletzt auf Einflüsse des DGB zurückgeführt.[49] Besonders

---

49 Rede auf der Sondertagung des FDGB-Bundesvorstandes am 11. September 1961, in: »Tribüne« vom 12.9.1961, Beilage, zit. in: MB Ostbüro September 1961, S. 25.

V. Der »Arbeiterstaat« nach dem Mauerbau (1961–1971)

drastisch waren die Konflikte offenbar 1962 in den SED-Grundorganisationen, gewerkschaftlichen Funktionärssitzungen und Belegschaftsversammlungen wichtiger Großbetrieben wie den Leuna-Werken und dem Schwermaschinenbaubetrieb »Ernst-Thälmann-Werk« in Magdeburg.

Der Widerstand unter den Arbeitern fiel deshalb so heftig aus, weil sich abzuzeichnen schien, daß es sich bei dem Produktionsaufgebot nicht nur um eine zeitlich begrenzte Maßnahme in einer akuten Krisensituation handelte, sondern um eine langfristige Normerhöhung und Produktionssteigerung.[50] Daß beides zwingend notwendig war, konnte ökonomisch kaum bestritten werden. Denn bei einem großen Teil der Arbeiter gingen, wie die SED-Funktionärszeitschrift »Neuer Weg« feststellte, täglich 30 bis 40 Minuten verloren durch Nichteinhaltung der Pausen und vorzeitiges Verlassen des Arbeitsplatzes.[51] Mit pathetischen Appellen an sozialistische Arbeitsmoral und »Ehrlichkeit in der Arbeit gegenüber unserem Arbeiter-und-Bauern-Staat«[52] war das Problem aber nicht zu lösen. Denn angesichts schlechter Versorgung und immer wieder stockender Produktionsabläufe hatten Arbeiter ein vitales Interesse an Reserven und »Zeitpolstern« in den Arbeitsnormen, um diese wenigstens leicht erreichen zu können. Die Gewerkschaftszeitschrift »Arbeit« kritisierte massiv die verbreitete »Lohnsicherheits-Ideologie«. Bei Normveränderungen wurden Zeitzuschläge gewährt, um den einmal erzielten Durchschnittslohn zu sichern.[53] Die »Einheit« stellte eine Übersicht der Arbeitsnormen in den wichtigsten Zweigen der zentralverwalteten Industrie zusammen, die eine durchweg beträchtliche Übererfüllung der Normen belegte, und folgerte daraus: »Dieser Überblick läßt erkennen, daß die in unseren Betrieben angewandten Arbeitsnormen zum größten Teil überholt und nicht technisch begründet sind.« Solche Normen seien nicht nur technisch überholt, sondern auch moralisch nicht vertretbar und müßten verändert werden.[54] Eine Verordnung zur »Verbesserung der Arbeitsnormung durch die Arbeit mit Bestzeiten und Zeitnormativen« sollte der Misere abhelfen. »Um diese Bestzeit zu ermitteln«, kommentierte das »Neue Deutschland«, »muß der Leistungsvergleich auf der Basis der tatsächlich gebrauchten Zeit, nicht aber der bisherigen Vorgabe- bzw. Normzeit durchgeführt werden.«[55]

Das Produktionsaufgebot war schließlich insofern ein Erfolg für die Initiatoren, als 1962 eine Absenkung der Löhne bei den Produktionsarbeitern erreicht wurde[56], auch wenn die höher gesteckten Ziele verfehlt wurden. Die deutlich verschlechterte Stimmung besonders im Bergbau ließ aber unkalkulierbare Risiken auftauchen. Auf der Bezirksdelegiertenkonferenz der SED Cottbus im Dezember 1962 verkün-

---

50 Hübner, Konsens, S. 82.
51 »Neuer Weg« 17 (1962)18, zit. in: MB Ostbüro September 1962, S. 5.
52 So Ulbricht in einem Offenen Brief an den Bundesvorstand des FDGB, in: »Tribüne« vom 10. März 1962, S. 1.
53 »Die Arbeit« 16 (1962) H. 10, zit. in: MB Ostbüro Oktober 1962, S. 26.
54 Friedrich Macher, Neue Technik – neue Normen, in: Einheit 17(1962), S. 35 f.
55 »Neues Deutschland« vom 30.10.1962.
56 Hübner, Konsens, S. 81.

dete Ulbricht daher das Ende dieses Experiments. Zwar sei das Produktionsaufgebot absolut richtig gewesen, aber es könne nicht schematisch weitergeführt werden. »Dieses Schema kann man so nicht aufrecht erhalten, sondern muß sich bewußt sein, daß die Erhöhung der Arbeitsmoral durch Überzeugung der Arbeitskollegen erreicht wird, aber vor allem durch die materielle Interessiertheit.«[57]

Damit war das Stichwort gefallen, das die umfassende Reformdebatte des »Neuen Ökonomischen Systems der Planung und Leitung der Volkswirtschaft« (NÖS) prägte und anfänglich tatsächlich einen Ausweg aus dem strukturellen Dilemma versprach. Dem diente darüber hinaus auch die Modernisierung der Arbeitsverfassung und des Arbeitsrechts, die bereits vor dem Mauerbau in Angriff genommen worden war.[58] Die Auseinandersetzungen darüber verliefen ebenfalls äußerst konfliktreich.

3. Das Gesetzbuch der Arbeit und die »sozialistische Moral«

Am 15. November 1960 veröffentlichte die DDR-Presse einen Entwurf für ein neues Gesetzbuch der Arbeit (GBA).[59] Der FDGB erhielt den Auftrag, darüber eine breite »Aussprache« zu eröffnen. Otto Lehmann, Mitglied im Bundesvorstand, formulierte in einem Referat dazu die Richtlinien. Da die bisherige sozialistische Erziehungsarbeit der Gewerkschaftsleitungen noch nicht wirkungsvoll genug sei, komme es darauf an, diese nachdrücklicher zu betreiben. Ziel sei es, »alle Reserven für die Steigerung der Arbeitsproduktivität und zur Erfüllung unserer Volkswirtschaftspläne zu mobilisieren und zu erreichen, daß jeder Arbeiter sein bestes für den Sieg des Sozialismus gibt.« Für dieses Ziel sei das Arbeitsgesetzbuch ein »Lehrbuch«.[60] Die Reaktionen der Zöglinge fielen jedoch heftig aus. »Wohl kaum ein SED-Dokument«, stellte ein Monatsbericht des Ostbüros fest, »wurde dort so aufmerksam und kritisch studiert und so heftig abgelehnt wie dieser Entwurf. Während sich die Belegschaften für viele Propagandadokumente überhaupt nicht interessierten und andere meist nur bei Herausforderungen mit oppositionellen Stellungnahmen beantworteten, gingen sie in diesem Fall sofort in die Offensive.«[61]

Ein wesentliches Ziel des neuen Gesetzes sollte die Eindämmung der hohen Arbeitskräftefluktuation sein. Künftige Arbeitsverträge konnten daher das Recht auf Arbeitsplatzwechsel massiv einschränken. Ferner sah der Entwurf vor, daß Arbeiter und Angestellte bis zu sechs Monaten in einen anderen Betrieb oder Ort versetzt werden konnten. Hinzu kamen verschärfte Bestimmungen über die Anwen-

---

57 Zit. ebd., S. 82.
58 Ausführlich dazu Hübner, Arbeitsverfassung, in: Geschichte der Sozialpolitik, Bd. 9, S. 151-186.
59 Text in: »Neues Deutschland« vom 15.11.1960. Auszüge in: SBZ-Archiv 11 (1960), S. 374 ff.
60 Referat auf der 6. Tagung des Bundesvorstandes des FDGB vom 16./17.11.1960, in: »Tribüne« vom 17.11.1960, Beilage, S. 5.
61 MB Ostbüro November/Dezember1960, S. 33. Kritische Äußerungen in erheblichem Umfang stellte auch ein MfS-Bericht vom 15.12.1960 über die Bevölkerungsreaktionen zum Entwurf des AGB fest. BStU, ZAIG Z 281, Bl. 1-7.

dung und Kontrolle der Normen. Unter den Frauen nahm der Umstand, daß die Gewährung eines Haushaltstages eingeschränkt wurde, einen breiten Raum in den Diskussionen ein. Daß die Zahlung von Sonn- und Feiertagszuschlägen begrenzt wurde, stieß ebenfalls auf Kritik. Darüber hinaus konstatierte ein MfS-Bericht einen bemerkenswerten Befund: »Am häufigsten wird bei den negativen oder feindlichen Diskussionen das ›Fehlen des Streikrechts‹ zum Ausgangspunkt entsprechender Verleumdungen genommen.«[62] Schließlich sah der Entwurf vor, Arbeiter und Angestellte für Qualitätsmängel an den Erzeugnissen und nicht sofort gemeldeten Betriebsstörungen haftbar zu machen und mit Lohnabzügen zu bestrafen.

Allein schon die vielen Vorbehalte und kritischen Hinweise in offiziellen Reden und Stellungnahmen auf falsche und »rückständige Auffassungen« belegen indirekt, daß wesentliche Bestimmungen des GBA auf breite Ablehnung stießen. Dies war kaum verwunderlich, da im Sinne der übergeordneten Zielsetzung, die Arbeitsproduktivität zu erhöhen und den Arbeitsprozeß effektiver zu gestalten, Veränderungen zu erwarten waren, die der einzelne im Geldbeutel zu spüren bekam. Gemessen an den ökonomischen Möglichkeiten konnten daher viele Forderungen nach Veränderung des Entwurfs kaum berücksichtigt werden. Nach offiziellen gewerkschaftlichen Angaben gab es in der von oben angestoßenen Diskussion um den Entwurf 23.000 Änderungsvorschläge. Wie diese enorme Zahl zustande kam, ist nicht genau nachzuvollziehen. Auf jeden Fall dürfte sie sich summarisch auf alle Äußerungen (kritische und zustimmende) beziehen. Sie sagt zumindest einiges über die Resonanz und die Befürchtungen aus, die mit dem neuen Gesetz verbunden waren. Zudem hatte es seit dem ersten Rahmengesetz von 1950 mehrfach Entwürfe verschiedener Gremien gegeben, deren Vorschläge von 50 bis 500 Paragraphen reichten. Ulbricht hatte die Notwendigkeit eines neuen Gesetzes auf dem V. Parteitag 1958 betont und selber den Vorsitz in der entsprechenden Kommission übernommen.[63]

In den wesentlichen Festlegungen blieb das am 12. April 1961 verabschiedete Gesetz ohne Veränderungen. Funktionäre bekamen nun häufig in den Betrieben zu hören, warum die Versammlungen dazu überhaupt stattgefunden hätten, wenn man sich über die Einwände und Forderungen von Arbeitern und Angestellten doch einfach hinwegsetze.[64] Eine zusätzliche Verordnung regelte die Übernahme des GBA für die Privatbetriebe.[65]

---

62 Ebd., Bl. 6.
63 Rudolf Walter, Das neue Arbeitsgesetzbuch, in: SBZ-Archiv 12 (1961), S. 137-141, hier: S. 137 f. In seiner Zwischenbilanz in der »Tribüne« vom 3. Februar 1961 nannte Herbert Warnke 4 Millionen Werktätige, die in 180.000 Gewerkschaftsversammlungen an den Beratungen teilgenommen hätten. Eine eingehende offiziöse Interpretation des Entwurfs legte Heinz Paul, kommissarischer Direktor des Instituts für Arbeitsrecht an der Universität Jena, vor: Das neue Arbeitsgesetzbuch – ein Lehrbuch der Arbeitermacht, in: Neue Justiz 14 (1960), S. 813-817. Besonders betont wurde darin der Kontrast zu Westdeutschland, wo ebenfalls an einem Arbeitsgesetzbuch gearbeitet werde, das aber nur die Ausbeutung verschärfen werde.
64 MB Ostbüro April 1961, S. 15.
65 VO vom 29.6.1961, in: Gbl. DDR 1961 II, S. 316 f.

3. Das Gesetzbuch der Arbeit und die »sozialistische Moral«

Besonders auffällig ist die enorme Diskrepanz zwischen den allgemeinen Feststellungen in der Präambel, die den gesellschaftlichen Entwicklungsstand der DDR ex cathedra charakterisierten, und den detaillierten Regelungen, die den neuartigen Charakter eines sozialistischen Arbeitsrechts materiell umsetzten und damit jede ursprüngliche Schutzfunktion für die Betroffenen zugunsten einer höheren Harmonie aufhoben. »Die sozialistischen Arbeitsverhältnisse«, hieß es dort, »sind jetzt soweit entwickelt, daß erstmals in Deutschland ein umfassendes Gesetzbuch der Arbeit (GBA) möglich und notwendig ist, indem sich die grundlegenden Veränderungen im Charakter der Arbeit und die Errungenschaften der Arbeiterklasse widerspiegeln [...] Es hilft, die sozialistische Arbeitsdisziplin und Arbeitsmoral weiterzuentwickeln und fördert die Erziehung und Selbsterziehung der Werktätigen zu neuen, sozialistischen Menschen.«[66] Als eine Art roter Faden läßt sich die »Pflicht zur Arbeit« erkennen, mit der das schon in der Verfassung von 1949 verbürgte Recht auf Arbeit ergänzt wurde (§ 2).

Die im ersten Kapitel formulierten »Grundsätze des sozialistischen Arbeitsrechts« skizzierten dementsprechend ein Herzstück der gewünschten, aber nicht einmal ansatzweise realisierten sozialistischen Gesellschaft mit einer neuen Arbeitsmoral jenseits des Kapitalismus. Die auf besonders harsche Kritik gestoßenen Vorschriften über mögliche Zwangsversetzungen und Arbeitseinweisungen waren gegenüber dem Entwurf jetzt abgeschwächt worden durch den Zusatz »nur im Einverständnis mit den Werktätigen«. De facto konnte ein fehlendes Einverständnis aber als mangelndes Bewußtsein ausgelegt werden, so daß der politisch-moralische Zwang bestehen blieb.[67] Ein wesentlicher Bestandteil des neuen Gesetzes war die Fixierung der kaum eingeschränkten Weisungsbefugnis des Betriebsleiters. Er und seine leitenden Mitarbeiter galten als »Beauftragte der Arbeiter-und-Bauernmacht« (§ 8,1) und hatten damit auch quasi-staatliche Befugnisse.

Ein in Intention und Wirkung ambivalentes Teilelement des neuen GBA war die veränderte Aufgabenbestimmung der Konfliktkommissionen. Ihr Wirkungsbereich wurde deutlich erweitert. Ursprünglich umfaßte er Streitigkeiten im Arbeitsleben, jetzt sollte auch das Privatleben insofern einbezogen werden, als die »Erziehung zum sozialistischen Menschen« stärker in den Vordergrund rückte. Da der inhaltliche Maßstab dafür vor allem ein gegenüber kapitalistischen Verhältnissen verändertes neues gesellschaftliches Bewußtsein war, rückte die ökonomische Hauptaufgabe der Produktionssteigerung nun auch in einem scheinbar peripheren Bereich der rechtlichen Gestaltung des Arbeitslebens in den Mittelpunkt. Hier zeigt sich somit die innere Konsequenz beim Versuch der SED, eine Modernisierung der Gesamtgesellschaft vor allem dort abzustützen, wo das alltägliche betriebliche Leben und Verhalten der »führenden Klasse« in besonderem Maße betroffen war.

Ursprünglich waren die 1953 eingeführten Konfliktkommissionen eine von der Sowjetunion übernommene Einrichtung, die bei den Belegschaften durchaus

---

66 Gbl. DDR 1961 I, S. 27-49, hier: S. 28.
67 Walter, Arbeitsgesetzbuch, in: SBZ-Archiv 12 (1961), S. 137.

V. Der »Arbeiterstaat« nach dem Mauerbau (1961-1971)

auf positive Resonanz stieß, weil Arbeitskonflikte auf diese Weise unmittelbar am Ort ihrer Entstehung und mit Kenntnis der gesamten betrieblichen Umstände geklärt werden konnten.[68] Das sowjetische Vorbild war jedoch nur zu einem Teil übernommen worden. Die dort existierenden Kameradschaftsgerichte, die primär eine politische Erziehungsaufgabe besaßen, fanden erst im Zuge der Diskussion des ZK der SED von 1959 über die stärkere Propagierung der »sozialistischen Moral« Berücksichtigung und gingen im GBA in die erweiterte Aufgabenbestimmung der Konfliktkommissionen ein. Insofern war es in diesem Teil ein nachgeholtes Element der Sowjetisierung, auch wenn die formale Trennung in zwei Institutionen nicht überwunden wurde. Die Reihenfolge der Zuständigkeiten der Konfliktkommissionen im Paragraphen 143 machte die weiterreichende Zielsetzung deutlich: 1. Verstöße gegen die sozialistische Moral; 2. Einsprüche gegen Disziplinarmaßnahmen; 3. Streitfälle im Arbeitsrechtsverhältnis; 4. Streitfälle in der Sozialversicherung; 5. Geringfügige Verletzung von strafrechtlichen Bestimmungen.

Aus einer betrieblichen Schlichtungsinstanz wurde damit eine Art Betriebsgericht, das aus sechs Mitgliedern bestand, die auf Vorschlag des FDGB (BGL) gewählt wurden und dank dieses Vorschlagsrechts auch stark politisiert werden konnten.[69] Für Wohngebiete und große Landwirtschaftliche Produktionsgenossenschaften gab es analog Schiedskommissionen.[70] (☞ vgl. Abb. 59)

Zusammen mit der in Paragraph 1 vorgenommenen Bestimmung der Funktion des Arbeitsrechts, das »ökonomische Grundgesetz des Sozialismus« zu verwirklichen und der Steigerung der Arbeitsproduktivität zu dienen, wurden mit der Neugestaltung der Konfliktkommissionen die noch existierenden Restbestände formaler Unabhängigkeit der Arbeitsgerichte beseitigt. Denn die wesentlichen Entscheidungen waren nun in die vom FDGB gelenkten Kommissionen verlagert. In der Praxis konnten sich dennoch erhebliche Abweichungen vom gewünschten Fortschritt zeigen. Nach Angaben des Generalstaatsanwalts der DDR, Josef Streit, waren 1968 in über 21.000 Konfliktkommissionen etwa 180.000 Mitglieder tätig und hatten rund 65.000 Übergaben und Anträge zu bearbeiten. 92,5 Prozent aller Arbeitsrechtsstrafsachen wurden von ihnen endgültig entschieden.[71] Die Arbeitsgerichte verloren zwar nicht ihre Aufgaben, aber die – überwiegend auf Lohnangelegenheiten bezogenen – beantragten und abgeschlossenen Verfahren vor Gericht nahmen kontinuierlich ab. Diese rückläufige Tendenz war somit eine unmittelbare Folge der wachsenden Aktivität der Konfliktkommissionen.[72]

---

68 Rudolf Walter, Hüter der sozialistischen Moral. Konfliktkommissionen im Arbeitsleben der Zone, in: SBZ-Archiv 14 (1963), S. 34-37.
69 Ebd. Zu den Modalitäten der Arbeit der Konfliktkommissionen Hübner, Arbeitsverfassung, in: Geschichte der Sozialpolitik, Bd. 9, S. 156 f.
70 Erlaß zur Wahl und Tätigkeit der Konflikt- und Schiedskommissionen vom 4.10.1968, in: Gbl. DDR 1968 I, S. 287-298. Ein Beispiel für eine Verhandlung einer Schiedskommission ist wiedergegeben bei Erika Runge, Reise nach Rostock, Frankfurt/M. 1971, S. 15 ff.
71 »Sozialistisches Recht ist lebendige Praxis«. Titelblatt der Tribünenbeilage »Die Konfliktkommission« Nr. 40 vom 2.10.1969.
72 Ausführliches Zahlenmaterial bei Hübner, Arbeitsverfassung, in: Geschichte der Sozialpolitik, Bd. 9, S. 183.

3. Das Gesetzbuch der Arbeit und die »sozialistische Moral«

DIE KONFLIKT-KOMMISSION

TRIBUNE – Beilage Nr. 1 – 5. Januar 1967

● **Helmut hatte offen und ehrlich die Kündigungsgründe auf den Tisch gelegt**
● **Gibt das Veranlassung, beleidigt zu sein?**
● **Hoffen wir, daß Meister F. seinen Irrtum bald einsehen wird**

Heute in unserer Beilage:

Seite 2:
Unser Porträt

Seite 3:
Wenn die Konfliktkommission einen Streit über die Abschlußbeurteilung lösen muß

Seite 4:
Nunmehr Klarheit im Gesetz

Kritik oder Beleidigung?

Vor der Konfliktkommission stehen sie sich gegenüber: Der erfahrene, langjährige Meister, der seine Leitungsarbeit ernst nimmt und die besten Absichten hat – und der junge Facharbeiter, der fleißig ist und den man im Kollegenkreis achtet und schätzt. Was, so fragt man sich, haben diese beiden Kollegen vor der Konfliktkommission zu suchen? Um es gleich zu Beginn zu sagen: Sie stehen hier am falschen Platz.

Helmut G., der Jüngere, soll seinen Meister Johannes F. beleidigt haben. So jedenfalls sah es der Meister, der den Antrag an die Konfliktkommission stellte. War es eine Beleidigung? Die Konfliktkommission hatte darüber zu entscheiden.

Im September vergangenen Jahres legte Helmut, Facharbeiter im Werk für Fernsehelektronik in Berlin-Oberschöneweide, seinem Bereichsleiter die Kündigung auf den Tisch: „Seit Einsetzung des Kollegen F. als Meister in der Werkstatt EQT hat sich das bis dahin gute Betriebsklima ins Gegenteil gewandelt. Da sich trotz wiederholter Aussprachen an diesem Zustand nichts geändert hat, habe ich mich entschlossen, den Betrieb zu verlassen." Helmut hatte offen und ehrlich die Gründe für seine Kündigung auf den Tisch gelegt. Der Meister war empört, er fühlte sich in seiner Ehre, in seiner Tätigkeit als Leiter angegriffen. Meister F.: „Ich möchte vom Kollegen G. hören, warum ich das Betriebsklima verschlechtert haben soll?"

Wer war schuld?

Zwischen ihm und Helmut hätten zwar mehrere Aussprachen stattgefunden, aber keine ernsthaften Auseinandersetzungen, die Anlaß zur Kündigung gewesen wären. Daraufhin Helmut: „Der Meister wirft mir vor, daß ich Arbeiten fehlerhaft ausgeführt hätte. Das gebe ich auch in einem Falle zu. Der Meister gibt mir dafür die Schuld. Aber die Ursache dafür waren seine eigenen, unklaren Anweisun-

gen..." Der Meister sei unduldsam gewesen, nachtragend, habe die Fehler oft nur bei den Kollegen gesucht. Beide, der junge Facharbeiter und der 60jährige Meister, schenkten sich in der Konfliktkommissionsberatung nichts. Aber heißt denn, Fehler des anderen beim Namen nennen, ihn zu beleidigen?

Richtig entschieden

Die Gerichte der DDR haben wiederholt darauf hingewiesen, daß herabsetzende Äußerungen über Kollegen, deren Unrichtigkeit bekannt ist, oder Behauptungen von Tatsachen, die zu einer Mißachtung der Kollegen führen können, nicht geduldet zu werden brauchen. In diesen Fällen wird die Konfliktkommission den Kollegen erziehen müssen, die Ehre und die Würde anderer zu achten. Kann man aber von Beleidigung sprechen, wenn ein Kollege, der sich zu Unrecht behandelt fühlt, die wahren Ursachen seiner Unzufriedenheit zum Ausdruck bringt?

Die Konfliktkommission des AGL-Bereichs 19 im Werk für Fernsehelektronik erkannte richtig, daß es hier nicht um eine Beleidigung, sondern um eine Kritik an der Leitungstätigkeit ging. Mit viel Gefühl für die Empfindungen des Meisters, mit Unvoreingenommenheit und mit Sachlichkeit schätzte sie den Sachverhalt ein. Sie erkannte, daß die von Helmut im Kündigungsschreiben vorgetragene Kritik nicht mit beleidigender Absicht ausgesprochen worden war.

Fortsetzung auf Seite 2

Helmut hatte es satt – er wollte den Betrieb verlassen. • Zeichnung: Panso

Abb. 59: Die Beilage zur offiziellen Gewerkschaftszeitung bot praktische Hinweise und begrenzte Kritikmöglichkeiten zur Arbeit der Konfliktkommissionen.

V. Der »Arbeiterstaat« nach dem Mauerbau (1961–1971)

Generell läßt sich nach Einführung der Konfliktkommissionen mit erweiterter Kompetenz eine deutliche Verschiebung in den behandelten Streitfällen erkennen. Die Zeitschrift »Sozialistische Demokratie« bilanzierte für 1963: »Im Jahre 1963 wurden die Konfliktkommissionen in 17 348 Verstößen gegen die Arbeitsmoral, 26 460 Arbeitsrechts-Streitigkeiten, 17 398 geringfügigen Straftaten und 4 559 kleineren zivilrechtlichen Streitigkeiten tätig [...] Dabei soll nicht übersehen werden, daß sich noch nicht alle Konfliktkommissionen auf der Höhe ihrer Aufgaben befinden.«[73] Das erzieherische Element hatte in den Entscheidungen der Konfliktkommissionen eine Schlüsselrolle zu spielen. Das betonten nicht nur die offiziellen Erfolgsmeldungen hoher DDR-Repräsentanten. Zwar läßt sich über die quantitativen Bilanzen hinaus nur schwer ein genauer Einblick in die Vor- und Nachteile dieser »gesellschaftlichen Gerichte« gewinnen, und eine Unabhängigkeit war durch die engen personellen Verflechtungen mit FDGB und SED nie gegeben. Die unter anderem im »Neuen Deutschland« veröffentlichten Beispiele aus der Praxis bieten dennoch Anschauungsmaterial zu Inhalten und Formen dieser Art betrieblicher Konfliktregelung. Sie konnte für die betroffenen Sünder auch besonders belastend sein, da sie vor der betrieblichen Öffentlichkeit stattzufinden hatte. Zur Illustration seien hier zwei Beispiele aus der Serie »Die Konfliktkommission tagt« in der Kolumne »Sozialistische Demokratie des Alltags« angeführt.

Der allseits geschätzte Maschinenarbeiter Werner Neumann (Pseudonym) kommt nicht zur Nachtschicht und wird von zwei Brigademitgliedern bei der Gartenarbeit angetroffen. Der am nächsten Tag beigebrachte Krankenschein soll vom Meister überprüft werden, der Delinquent gesteht jedoch. Er muß sich vor der Konfliktkommission verantworten. »Der Beschluß ist salomonisch. Werner Neumann soll in der Betriebszeitung einen Artikel über sein eigenes Verhalten schreiben. Übrigens, er hat den Artikel nicht geschrieben, und die Konfliktkommission hat nach nochmaliger Zusammenkunft auch nicht darauf bestanden. Die Bummelei war dem Werner so peinlich, daß es keiner weiteren Erziehung bedurfte. Er ›spart‹ keine Nachtschicht mehr ein.«

Zwei Kabelarbeiter haben nach der Nachtschicht etwa 20 Glas Bier getrunken »und sich, so gerüstet, in einen unverschlossen parkenden PKW gesetzt«. Der anschließende Unfall gehört eigentlich vor das Stadtbezirksgericht. »Doch beide sind gute Arbeiter [...] Das Urteil der Brigade veranlaßte die Volkspolizei, die Angelegenheit der Konfliktkommission zu übergeben. Jetzt sind die beiden zerknirscht: die Blamage! Außerdem ist natürlich Schadensersatz fällig. Die Konfliktkommission besteht darauf, daß der Eigentümer des Wagens sein Geld erhält. Inzwischen haben die beiden längst keine Schulden mehr. Aber so schnell vergessen sie nicht, daß sie ihren guten Ruf im Betrieb erst wieder neu erwerben mußten. Und auch der tiefe Griff in die sonst wohlgefüllte Lohntüte hat sie zum Nachdenken veranlaßt.«[74]

---

73 »Sozialistische Demokratie« vom 3.7.1964, zit. in: MB Ostbüro Juli 1964, S. 21.
74 »Neues Deutschland« vom 23.1.1969.

3. Das Gesetzbuch der Arbeit und die »sozialistische Moral«

Es ging nicht immer so friedlich und pädagogisch wertvoll zu wie in diesen beiden Fällen. Dennoch lassen sich die Konfliktkommissionen in bestimmten Grenzen als sinnvolle Instrumente zur Entlastung der Gerichte und zur Entkriminalisierung von Straftaten verstehen. Sie fügten sich damit in einen Trend zur Modernisierung des Strafrechts ein, der auch in der Bundesrepublik in dieser Zeit intensiv debattiert wurde, auch wenn es kein unmittelbares Pendant zu den Konfliktkommissionen gab.[75]

Das GBA wurde 1966 von der Volkskammer novelliert und unter anderem durch die Einführung »Gesellschaftlicher Räte« noch stärker den Erfordernissen der neuen Wirtschaftspolitik angepaßt.[76] Am 4. Oktober 1968 beschloß der Staatsrat zudem einen Erlaß über die Wahl und Tätigkeit der Konfliktkommissionen, der die engere Bindung an die betrieblichen Gewerkschaftsleitungen sicherstellte.[77]

Was für die »Neue Justiz« ein »Lehrbuch der Arbeitermacht« war fand im Westen ein vernichtendes Echo. »Verrat am Sozialismus« überschrieb die »Welt der Arbeit« ihren Bericht. »Getarnte Knechtschaft« lautete der Titel einer ausführlichen Analyse von Otto Kunze, Justitiar beim Bundesvorstand des DGB, in der »Frankfurter Allgemeinen«. »Ketten im ›Arbeiter- und Bauernparadies‹. Das ostzonale Arbeitsgesetz ist ein unmenschliches Dokument des Kommunismus« titelte die Züricher »Tat«.[78] Die Einschätzungen trafen zumindest insofern zu, als das GBA primär ein Disziplinierungsinstrument war, Schutzrechte für Arbeiter dagegen klein geschrieben wurden. Das lautstarke Pathos der Partei- und Gewerkschaftsführung vom in der Geschichte der deutschen Arbeiterbewegung beispiellosen Gesetzeswerk[79] fügte sich aber nahtlos in den Rahmen ein, den zwei Jahre später das neue und erste umfassende Parteiprogramm der SED vorgab.

---

75 Vergleichende Aspekte werden diskutiert von Herbert Güttler, Betriebsjustiz und gesellschaftliche Gerichtsbarkeit in Deutschland, in: Deutsche Studien 5 (1967), S. 137-150. In der DDR hatte es im Vorfeld der Entstehung des GBA Diskussionen dazu unter den Juristen gegeben. Vgl. Ernst Leim, Probleme der »Betriebsjustiz«, in: Neue Justiz 11(1957), S. 38-40; Kurt Görner, Betriebsjustiz – ja oder nein?, in: ebd., S. 111 f.
76 Gbl. DDR 1966 I, S. 111-124. Vgl. den Hinweis »Änderungen im Arbeitsgesetzbuch« in: SBZ-Archiv 18 (1967), S. 2 f. Zu den »Gesellschaftlichen Räten« siehe unten, Abschnitt 6 (S. 585 ff.).
77 Gbl. DDR 1968 I, S. 287-298. Vgl. Walter Hantsche, Zur Wahl der Konfliktkommissionen und zu ihrer Anleitung durch die Gewerkschaftsleitungen, in: »Die Arbeit« 24 (1970) H. 5, S. 65-68.
78 »Welt der Arbeit« vom 12.1.1962; »Frankfurter Allgemeine« vom 16.6.1962; »Die Tat« vom 13.3.1962.
79 So Herbert Warnke in seinem Kommentar zum Entwurf, in: »Neues Deutschland« vom 15.11.1960.

4. Utopische Höhenflüge im neuen Parteiprogramm der SED von 1963

Die Auseinandersetzungen mit Stalin auf dem XXII. Parteitag der KPdSU 1961 haben international bei weitem nicht mehr die Aufmerksamkeit gefunden wie die erste Abrechnung mit dem Diktator 1956. Gleichwohl verschwand erst jetzt der Name Stalins überall in der Sowjetunion – mit Ausnahme von Tiflis und Gori – und in den Volksdemokratien aus Straßenschildern, Gebäude- und Städtenamen. In mancher Hinsicht war dieser Versuch einer »Vergangenheitsbewältigung« sogar weiterreichend als der erste.[80] Bedeutsamer als die erneute Stalinismuskritik war mittelfristig jedoch – auch hinsichtlich der paradoxen Wirkungen – die Verabschiedung eines neuen Parteiprogramms der sowjetischen KPdSU, und zwar in doppelter Hinsicht. Zum einen skizzierte es den – noch aus der Sputnik-Euphorie gespeisten – utopischen Entwurf eines schnellen Weges zu den ersten Stufen einer kommunistischen Gesellschaft. Der blanke Voluntarismus in der Formulierung von Zukunftszielen atmete insofern noch Stalins Geist. Zum anderen gab das KPdSU-Programm den Anstoß für parallele Programmdebatten in Ostmitteleuropa und in der DDR. Ein wichtiger Impuls für umfassende ökonomische Reformdiskussionen in der DDR war daher politischer Natur und konnte auf den »großen Bruder« verweisen. Gleichwohl gab es vielerlei Besonderheiten und Abweichungen vom sowjetischen Vorbild. Die Reformansätze in der DDR weisen daher ein unscharfes Profil auf, weil sich sowjetische Einflüsse und eigenständige deutsche Politikentwürfe eng vermischten.

Das KPdSU-Programm entwarf ein Szenario, in dem ein dank der »Wissenschaftlich-Technischen Revolution« (WTR) rasant gesteigertes Entwicklungstempo bereits 1980 die Pforten zum kommunistischen Paradies aufgestoßen würde. »Der Aufbau der kommunistischen Gesellschaft«, hieß es im zweiten Teil des Programms, »ist zur unmittelbaren praktischen Aufgabe des Sowjetvolkes geworden.« Und als Prognose bis 1980 wurde die Errichtung der Basis des Kommunismus formuliert: »Die Sowjetgesellschaft wird unmittelbar darangehen, das Prinzip der Verteilung nach den Bedürfnissen zu verwirklichen, es wird sich der allmähliche Übergang zum einheitlichen Volkseigentum vollziehen. Somit wird in der UdSSR die kommunistische Gesellschaft im wesentlichen aufgebaut sein. Vollendet wird der Aufbau der kommunistischen Gesellschaft in der nachfolgenden Periode.«[81]

Alle wichtigen Orientierungen des sowjetischen Dokuments finden sich im SED-Programm wieder, das der VI. Parteitag 1963 beschloß. (☞ vgl. *Abb. 60*)

Ebenso wie die KPdSU verabschiedete die SED auch ein neues Parteistatut, dessen Hauptziel die Durchsetzung des Produktionsprinzips als vorherrschender Organisationsstruktur war.[82] Die Verbindung von Produktionsprinzip (d. h. der

---

80 Vgl. Jänicke, Der Dritte Weg, S. 172 f.
81 Meissner, Parteiprogramm, S. 186, 188.
82 Statut der Sozialistischen Einheitspartei Deutschlands, in: »Neues Deutschland« vom 26. Januar 1963, S. 3 f. Vgl. Hans Schimanski, Parteiaufbau nach dem Produktionsprinzip, in: SBZ-Archiv 14 (1963), S. 119-122.

4. Utopische Höhenflüge im neuen Parteiprogramm der SED von 1963

Abb. 60: Plakat zum reformorientierten VI. Parteitag der SED – im Bild verbinden sich proletarischer Habitus und allgemeine Propagandaziele.

Ansiedlung der Grundorganisationen der Partei im Betrieb) und Territorialprinzip (d. h. der Organisation nach Wohngebieten) hatte mehrfach gewechselt. Der doppelte Aufbau blieb aber stets erhalten. Nun sollte jedoch die Dominanz der betrieblichen Verankerung der Parteistruktur dafür sorgen, daß eine stärker fachlich quali-

V. Der »Arbeiterstaat« nach dem Mauerbau (1961–1971)

fizierte Parteiorganisation dort wirksam wurde, wo die Sachentscheidungen zu fallen hatten. Damit sollte der hauptamtliche Parteiapparat an der Spitze von Einzelentscheidungen entlastet werden und sich auf Grundfragen beschränken.[83] Tendenziell bedeutete das eine gewisse Dezentralisierung des Parteiapparats. Daraus sollte sich, wie die nun zugänglichen Archivalien zeigen, bereits frühzeitig ein brisanter Konflikt innerhalb der Machtelite entwickeln.[84] Diesen für Ulbrichts Modernisierungswillen charakteristischen parteiorganisatorischen Aspekt hat Peter Christian Ludz bereits 1968 diagnostiziert: »In der strategischen Führungsgruppe der SED hatte sich mehr und mehr die Erkenntnis durchgesetzt, daß in einem hochindustrialisierten und hochspezialisierten, arbeitsteiligen Wirtschafts- und Gesellschaftssystem nicht mehr alle Führungsqualitäten in den Mitgliedern des höchsten politischen Entscheidungsgremiums vereinigt sein können; daß vielmehr Expertenwissen und Herrschaftswissen auseinanderklaffen; daß demgemäß auch der dieses Auseinanderklaffen leugnende innerparteiliche Führungsstil seine nach wie vor postulierte Einheitlichkeit mehr und mehr verlieren mußte; daß endlich die überkommene, auf Kontinuität angelegte hierarchische ›Linie‹ der Parteiorganisation und der damit verbundene Typ der parteibürokratisch bestimmten Autorität den Bedingungen einer dynamischen Industriegesellschaft angepaßt werden mußten.«[85] Ludz' Diagnose und seine Folgerungen sind nach dem Ende der DDR heftig kritisiert worden, im Kern ist dieser Befund jedoch nach wie vor richtig, auch wenn die daraus abgeleiteten Prognosen falsch waren. Für die Basis der »führenden Klasse« hatte diese zumindest in Teilen der »Avantgarde« relevante Erkenntnis politische und soziale Folgen, die dem letzten Jahrzehnt der Ära Ulbricht ein neues Profil gaben und veränderte Formen von Arrangement und Konflikt hervorriefen.

Im Zentrum der öffentlichen Erörterungen stand jedoch nicht das Statut, sondern das neue Parteiprogramm, das als erstes umfassendes Programm die knappen »Grundsätze und Ziele« der SED von 1946 ersetzte.[86] Zusammen mit dem Ziel des erweiterten sozialistischen Aufbaus beschwor es die große Zukunftsutopie. Bombastisch konstatierte das Parteiprogramm einleitend den Beginn eines »neuen Zeitalters in der Geschichte des deutschen Volkes«, in das die DDR bereits eingetreten sei. »Es ist das Zeitalter des Friedens und der sozialen Sicherheit, der Menschenwürde und Brüderlichkeit, der Freiheit und Gerechtigkeit, der Menschlichkeit und Lebensfreude. Die jahrhundertealte Ausbeutung des Menschen durch den Menschen wird beseitigt. Das Volk, das alle Werte schafft, gestaltet sein Schicksal, das Geschick der Nation. In der neuen Gesellschaft gilt der Grundsatz: Alles mit dem Volk, alles durch das Volk, alles für das Volk.«[87] Im Prozeß der »Ab-

---

83 Kaiser, Machtwechsel, S. 41 f.
84 Ebd., S. 47 ff.
85 Peter Christian Ludz, Parteielite im Wandel. Funktionsaufbau, Sozialstruktur und Ideologie der SED-Führung. Eine empirisch-systematische Untersuchung, 3. Aufl., Köln 1970, S. 77.
86 Der Text des neuen Parteiprogramms in: »Neues Deutschland« vom 25. Januar 1963. Sonderbeilage. Im folgenden wird der Text zitiert nach: Das Programm der SED. Eingeleitet und kommentiert von Stefan Thomas, Köln 1963.
87 Ebd., S. 28.

4. Utopische Höhenflüge im neuen Parteiprogramm der SED von 1963

lösung der alten kapitalistischen Gesellschaft durch den Sozialismus«, der nun im Weltmaßstab auf der Tagesordnung stehe, definierte sich die SED nicht mehr nur als Partei der Arbeiterklasse, sondern »des ganzen werktätigen Volkes«. »Sozialismus, was ist das?« lautete die rhetorische Frage, die mit einer sechsfachen Antwort aus den gängigen Versatzstücken der Ideologie versehen wurde. An prominenter Stelle stand der den Gesamttenor des Programms besonders charakterisierende Passus: »Sozialismus, das ist: der Kampf um eine hohe Arbeitsproduktivität, die Erreichung und Mitbestimmung des Weltniveaus in der Produktion. Dies erfordert die Anwendung der fortgeschrittenen Wissenschaft und Technik, die Meisterung der modernsten Produktionsverfahren und die qualifizierte Leitung und Organisation der Volkswirtschaft. Das ist die Grundbedingung für die ständige und planmäßige Verbesserung der Lebensbedingungen des Volkes.«[88]

Im zweiten Teil formulierte das Programm einen umfassenden Katalog konkreter Aufgaben. An der Spitze stand erneut die »ständige Entwicklung und Vervollkommnung der Produktion auf der Grundlage der fortgeschrittensten Wissenschaft und Technik und der Steigerung der Arbeitsproduktivität mit dem Ziel der immer besseren Befriedigung der materiellen und geistigen Bedürfnisse der Werktätigen und der allseitigen Entwicklung der Menschen der sozialistischen Gesellschaft.«[89] Der längste Passus umfaßte detaillierte Hinweise zu den Methoden der Entwicklung der verschiedenen Zweige der Industrie und der Landwirtschaft, zur Beteiligung der sozialen Schichten und der Massenorganisationen im Zeichen der »Meisterung der Wissenschaftlich-Technischen Revolution«. Besonderes Gewicht besaß in diesem Teil der Abschnitt über »die Weiterentwicklung der Leitung der Volkswirtschaft und der Planung«. Einige Elemente der Wirtschaftsreform (NÖS), wie die wirtschaftliche Rechnungsführung, der Abbau staatlicher Subventionen, ein neues Preisbildungssystem und die Verbindung materieller und moralischer Anreize zur Arbeit, tauchten bereits hier auf, wenngleich die ausführlichere Darstellung und Begründung der geplanten Wirtschaftsreform von Ulbricht auf dem Parteitag vorgetragen wurde[90] und noch nicht in den Text des Programms konkret eingegangen war. Das neue Parteiprogramm schloß, wie es begonnen hatte, mit einem pathetischen Ausblick auf die sozialistische Zukunft als Perspektive für die ganze deutsche Nation.

Das über 100 Seiten starke Grundsatzdokument umfaßte allgemein-programmatische Aussagen und ebenso minutiöse Einzelhinweise zu sämtlichen Bereichen von Politik, Wirtschaft, Gesellschaft und Kultur. Es galt – wie alle kommunistischen Parteiprogramme – als ständige Referenzgröße für alle politischen und gesellschaftlichen Aktivitäten. Das über weite Strecken in seiner Realitätsferne besonders peinliche Pathos sollte daher nicht dazu verführen, in diesem Programm nur eine verstiegene Utopie von allenfalls propagandistischer Bedeutung zu sehen. Vielmehr wurden hier Rahmenbedingungen künftiger Entwicklung formuliert,

---
88 Ebd., S. 30 f.
89 Ebd., S. 59.
90 Protokoll VI. Parteitag, Bd. 1, S. 98 ff.

an denen sich alle Akteure zu orientieren hatten. Die Feststellung, daß die Realität oft weit von den kühnen Zielen entfernt blieb, ist trivial und gilt prinzipiell auch für Grundsatzpapiere anderer Provenienz. Der spezifische Stellenwert gerade dieses neuen umfangreichen Parteiprogramms lag im hohen Grad seiner Verbindlichkeit. Die Parteidisziplin war zu diesem Zeitpunkt auf allen Ebenen der Organisation so weit internalisiert, daß Direktiven der Führung immer besonderes Gewicht und handlungsleitende Funktionen besaßen. In seinem ideologischen Zukunfts- und gesellschaftlichen Modernisierungspathos glich der SED-Text dem des sowjetischen Vorbildes. In den Grundlinien der politischen Konkretisierung trug er dagegen deutlich pragmatischere und vorsichtigere Züge. Nach dem kläglich gescheiterten Siebenjahrplan hütete sich die SED trotz aller Visionen, ein konkretes Datum für den Anbruch eines kommunistischen Zeitalters zu nennen.

Motor des umfassenden Modernisierungsversuchs, wie er sich fundamental im Programmtext spiegelt, war vor allem Ulbricht selber.[91] Schon 1960 hatte er durch die Übernahme des Vorsitzes im neu geschaffenen Staatsrat (anstelle des Staatspräsidentenamts) seine politische Position erheblich ausbauen können. Die damit verbundene Leitung des ebenfalls 1960 geschaffenen Nationalen Verteidigungsrats stattete ihn zusammen mit der Leitung der Partei mit diktatorischer Machtfülle aus. Auch wenn neue Analysen herausgefunden haben, daß bereits Mitte der sechziger Jahre in der Machtelite eine folgenreiche Fraktionierung begann, ist Ulbrichts Rolle als treibende Kraft der verschiedenen Reforminitiativen unbestreitbar.

Über das Echo des neuen Programms unter den Arbeitern ist wenig bekannt. Die ständige Überfütterung mit pathetischen Appellen und Visionen dürfte dazu beigetragen haben, daß sich das Interesse an ideologischen Allgemeinplätzen in engen Grenzen hielt. Relevanter mußte dagegen die angekündigte Wirtschaftsreform sein. Denn sie betraf – ähnlich wie zuvor das Gesetzbuch der Arbeit (GBA) – vitale Interessen »der Klasse« und des Einzelnen, wurde davon doch der individuelle Lebensstandard unter Umständen unmittelbar berührt.

5. Das »Neue Ökonomische System« (NÖS) und die Arbeiter

Grundsätzliche Erörterungen zu einer tiefgreifenden Wirtschaftsreform waren in der SED-Führung bereits vor dem Mauerbau angestellt worden. Bei offener Grenze hielten es jedoch führende Wirtschaftsexperten wie Bruno Leuschner für besser, »keine Experimente« zu riskieren.[92] Insofern bildete die Schließung der Grenze eine wichtige Voraussetzung für Reformen. Eine andere Vorbedingung lag in der sowjetischen Bereitschaft, der DDR größeren Spielraum zu gewähren, um Experimente, selbst wenn sie in Moskau auf wenig Begeisterung stießen, zu initi-

---

91 Vgl. dazu Kaiser, Machtwechsel.
92 André Steiner, Die DDR-Wirtschaftsreform der sechziger Jahre. Konflikt zwischen Effizienz- und Machtkalkül, Berlin 1999, S. 49.

ieren.[93] Zunächst war an einen neuen Perspektivplan bis 1970 gedacht worden, der auch die Grundlage der gesellschaftspolitischen Vorstellungen im neuen, in Vorbereitung befindlichen Parteiprogramm bilden sollte. Daher berief die SED-Führung im August 1962 die stattliche Zahl von 26 aus Wissenschaftlern und Praktikern zusammengesetzte Arbeitsgruppen ein, die sich mit Themenfeldern wie Lebensstandard und langfristigen Entwicklungstrends eingehend befassen sollten. Darüber hinaus bearbeitete eine interne Planungsgruppe des Ministerrats Grundsätze eines verbesserten Planungssystems.[94]

Der im September 1962 in der »Prawda« erschienene Artikel des sowjetischen Ökonomen Evsej Liberman »Plan, Gewinn, Prämie« bildete für die Reformdebatte im Ostblock die Basis. In ihm tauchten viele Vorschläge auf, die sich später im »Neuen Ökonomischen System der Planung und Leitung der Volkswirtschaft« (NÖS) wiederfanden. Wichtig für die DDR-Reformer war vor allem die auf diese Weise dokumentierte Möglichkeit zur ideologischen Absicherung der eigenen Vorstellungen. Ulbricht zitierte daher auch mehrfach einen Kernsatz Libermans, der auf die (gewünschte) Interessenidentität Arbeiterschaft und Gesellschaft zielte: »Was für die Gesellschaft nutzbringend ist, muß auch jedem Betrieb nützlich sein, und umgekehrt, was nicht vorteilhaft für die Gesellschaft ist, muß äußerst unvorteilhaft für die Belegschaft eines Betriebes sein.«[95] Eine weitreichende Autonomisierung der Betriebe bildete einen Kernpunkt des Libermanschen Konzepts. Das rief nach Chruschtschows Sturz jedoch auch Mißtrauen bei seinem Nachfolger Breschnew hervor. Vor allem aber wünschte dieser keine unkalkulierbaren Alleingänge der DDR, zumal hier die Voraussetzungen für eine derartige Reform im Grunde viel besser waren als im eigenen Land. Denn, so hat Claus Krömke, der wesentlich an der Ausarbeitung des NÖS beteiligte persönliche Referent Günter Mittags, im Rückblick betont, »die Betriebe in der Sowjetunion hatten eine Nummer, nur wenige hatten einen Namen; sie waren wirklich reine Produktionsstätten. Der Betrieb in der DDR war zwar Volkseigentum, er hatte aber in der Regel eine Tradition. Er hatte einen Namen, er war irgendwie auch soziologisch als Soziales Kollektiv vorhanden, mit seinem Facharbeiterstamm, mit seinen Ingenieuren, die da waren.«[96]

Zu dieser Einschätzung paßt der interessante und zeitgenössisch kaum offen diskutierte Zusammenhang der NÖS-Überlegungen mit Reformideen der DDR-Wirtschaftswissenschaftler Fritz Behrens und Arne Benary von 1957, die damals dem harschen Verdikt des Revisionismus verfallen waren und widerrufen mußten. Viele Elemente ihrer Kritik am überzentralisierten bürokratischen Planungssystem und ihrer Änderungsvorschläge tauchten nun erneut und jetzt mit höchster Billigung auf.[97]

93 Ebd., S. 55.
94 Ebd., S. 48-51.
95 Zit. ebd., S. 52.
96 Theo Pirker u. a., Der Plan als Befehl und Fiktion. Wirtschaftsführung in der DDR. Gespräche und Analysen, Opladen 1995, S. 36.
97 Steiner, DDR-Wirtschafsreform, S. 53 f. Vgl. Max Gustav Lange, Revisionistische Auffassungen in der SED, in: Gewerkschaftliche Monatshefte 8 (1957), S. 340-345.

V. Der »Arbeiterstaat« nach dem Mauerbau (1961-1971)

Eine Arbeitsgruppe des Politbüros unter Leitung von Willy Stoph erhielt am 11. Dezember 1962 den Auftrag, eine Vorlage auszuarbeiten, die dann als »Grundsätze eines ökonomischen Systems der Planung und Leitung der Industrie« am 20. Dezember vom Politbüro verabschiedet wurden. Die widerstrebende Staatliche Plankommission machte sie sich zu eigen, nachdem ihr Vorsitzender Karl Mewis durch Erich Apel ersetzt worden war, und Ulbricht verkündete sie auf dem VI. Parteitag im Januar 1963.[98] Das Hauptziel des neuen Konzepts war ein »Perspektivplan« mit einer raschen Steigerung der Arbeitsproduktivität bis 1970 um 65 Prozent (gegenüber 1963).[99] Dazu sollte das Planungssystem gründlich reformiert werden. Die überarbeitete Richtlinie des Ministerrats vom 11. Juli 1963 formulierte dazu: »Das NÖS stellt zugleich höhere Anforderungen an die gesellschaftliche Kontrolle und ihre Organisation. Durch Anwendung eines in sich geschlossenen Systems ökonomischer Hebel, insbesondere durch die konsequente Ausnutzung des Gewinns und der persönlichen materiellen Interessiertheit, wirken die Wertkategorien direkt in Richtung der Erfordernisse der ökonomischen Gesetze des Sozialismus. Gleichzeitig damit erhöhen sich die Rechte und Pflichten der Leiter der Betriebe und VVB (Vereinigung Volkseigener Betriebe). Ihre Verantwortung als Leiter von Arbeitskollektiven und für die ökonomisch beste Nutzung der ihnen übertragenen materiellen und finanziellen Fonds wächst.«[100]

In dem abgestuften hierarchischen System von Verantwortlichkeiten stand der Ministerrat an der Spitze. Sein zentrales Organ »für die Ausarbeitung der Perspektivpläne, für die Gesamtbilanzierung sowie für die Zusammenfassung der Jahrespläne auf der Grundlage der Planvorschläge der leitenden Organe der Wirtschaftszweige« war die Staatliche Plankommission. Entsprechend ihren Vorgaben hatte der Volkswirtschaftsrat mit verschiedenen Industrieabteilungen den Jahresplan für die Industrie auszuarbeiten.

Die vielleicht wichtigste Neuerung lag in der Stellung der VVB. Sie wurden als »das ökonomische Führungsorgan ihres Industriezweiges« definiert. »Die VVB tragen«, hieß es in der Richtlinie, »gemäß den in den zentralen staatlichen Plänen festgelegten volkswirtschaftlichen Zielsetzungen die volle Verantwortung für den gesamten Reproduktionsprozeß der ihnen zugeordneten Betriebe«. Für die VEB wurde eine »wesentliche Erhöhung der Verantwortung der Werksdirektoren« festgelegt. Leitungen und Belegschaften sollten »an der Übernahme optimaler Planungsaufgaben materiell interessiert werden«.

Was in der äußeren Form nur als marginale Änderung der Planbürokratie erscheinen mochte, war im Kern eine zwar unzureichende, aber dennoch einschneidende Reform des bisher ganz auf die Zentrale ausgerichteten Planungs- und Leitungssystems. Wirtschaftliche Rechnungsführung mit Gewinn als zentraler Größe, das ominöse, in sich geschlossene »System ökonomischer Hebel« als richtige Balance zwischen den gesellschaftlichen Erfordernissen und den materiellen In-

---

98 Steiner, DDR-Wirtschaftsreform, S. 59; Roesler, Zwischen Plan und Markt, S. 25 f.
99 Karl C. Thalheim, Die Wirtschaft der Sowjetzone in Krise und Umbau, Berlin (W) 1964, S. 143.
100 Text der Richtlinie in: ebd., S. 157 ff. Die folgenden Zitate stammen aus diesem Textnachweis.

teressen der Menschen und schließlich das Prinzip der »materiellen Interessiertheit« durch neue Prämien- und Entlohnungsformen sollten die Wirtschaft der DDR in einer großen Kraftanstrengung dem immer wieder vergeblich anvisierten Ziel näherbringen, die Arbeitsproduktivität nachhaltig zu erhöhen, die Kluft zum westdeutschen Standard endlich zu schließen und damit den politischen Anspruch auf Überlegenheit des eigenen Systems einzulösen. Daß es dazu nicht kam und nicht kommen konnte, hatte viele Ursachen. Sie sind hier nicht im einzelnen zu erörtern, zumal die relativen Erfolge zunächst zur Stabilisierung des politischen Systems wesentlich beitrugen. Erst der Zugang zu den Archivmaterialien hat überdies offengelegt, daß die parteiinternen Auseinandersetzungen über Ziele, Erfolge und Mißerfolge des NÖS ein wichtiger Faktor parteiinterner Friktionen und der schließlichen Ablösung Ulbrichts waren.[101]

Zu den systemimmanenten Schwächen des Konzepts gehörte die unzureichende Preisreform.[102] Zwar wurden die Industriepreise realistischer kalkuliert und ansatzweise der Nachfrage angepaßt, grundsätzlich aber blieb das Preissystem statisch und von oben reguliert. Da es keinen Markt gab und geben konnte, blieb die Informationsfunktion der Preise sehr begrenzt. Der Gewinn als wichtiges Erfolgskriterium förderte zudem die vorrangige Produktion von gewinnversprechenden Produkten und führte zu teilweise erheblichen Disproportionen. Für Struktur- und Verteilungsentscheidungen fehlte es an angemessenen Kriterien, so daß die Verbesserung der wirtschaftlichen Effizienz begrenzt blieb. Die Ausrichtung auf Planerfüllung und die Orientierung an Jahresplänen erschwerte innovative, nur längerfristig wirksame und mit Risiken verbundene Investitionsentscheidungen.[103]

Dennoch ist eine effektivere Nutzung der Ressourcen gegenüber den Zeiten der »Tonnenideologie« nicht zu übersehen. Auch die Professionalisierung des Leitungspersonals auf allen Ebenen gehörte dazu und hat zeitgenössische Vermutungen einer »institutionalisierten Gegenelite« befördert.[104] Der Primat der Politik wurde jedoch nicht in Frage gestellt. André Steiner hat festgestellt, »daß es weder die Parteispitze noch die zentralen Wirtschaftsinstanzen vermochten, die Produktivitätsorientierung des Lohnes konsequent durchzusetzen, weil sie sich dem Dilemma entziehen wollten, als Vertreter des ›Arbeiter-und-Bauern-Staates‹ gegenüber den Beschäftigten als ›Gesamtunternehmer‹ auftreten zu müssen. Hier lagen denn auch die Gründe für die Inkonsequenz des Reformkonzepts wie seiner Umsetzung. Die Reform sollte wirtschaftliche Dynamik und Effizienz gewährleisten, aber nicht um ihrer selbst willen, sondern um die Macht der SED zu sichern.«[105]

---

101 Vgl. Kaiser, Machtwechsel.
102 Vgl. dazu André Steiner, Preisgestaltung, in: Geschichte der Sozialpolitik, Bd. 9, S. 289-325.
103 Steiner, DDR-Wirtschaftsreform, S. 552 ff.
104 Ludz, Parteielite, S. 31.
105 Steiner, DDR-Wirtschaftsreform, S. 556. Vgl. die Diskussion des NÖS als »aufgeklärte Planwirtschaft« bei Jörg Roesler, Das NÖS als Wirtschaftskonzept. Sichten, Tatsachen, Interpretationen, in: DA 31 (1998), S. 383-398. Dagegen André Steiner, DDR-Wirtschaftsreform als »aufgeklärte Planwirtschaft«? Anmerkungen zu Jörg Roesler, in: ebd. S. 796-800.

V. Der »Arbeiterstaat« nach dem Mauerbau (1961-1971)

Zwar konnten die »ökonomischen Hebel« des NÖS nicht so schnell wirksam werden, daß bereits nach dem Start der Reform der gewünschte Effekt spürbar wurde. Überdies existierte anfangs noch ein irritierendes Durcheinander verschiedener Planungsansätze. Der VI. Parteitag hatte anstelle des abgebrochenen ersten Siebenjahrplanes einen neuen »Perspektivplan« für den Zeitraum von 1964 bis 1970 angekündigt. Die Vorbereitungen dazu liefen jedoch noch, als 1965 die Sowjetunion ihre Wirtschaftspläne erneut auf einen Fünfjahresrhythmus umstellte und sich die SED dem im Dezember 1965 anpaßte. Formal sollte zwar der neue Perspektivplan bis 1970 die ursprüngliche Siebenjahrplanung ersetzen, de facto aber waren die Jahre 1963 bis 1966 ohne ausgearbeitete Langzeitplanung geblieben.[106] Zudem ergaben sich insofern erhebliche Übergangsschwierigkeiten, als der alte und der neue Wirtschaftsmechanismus anfänglich noch nebeneinander bestanden. Das führte zu teilweise sich widersprechenden Anforderungen und zur Verunsicherung bei den Wirtschaftsfunktionären.[107] Gleichwohl stellten sich gegenüber der massiven Krisensituation vor und nach dem Mauerbau unübersehbare Stabilisierungserfolge ein, die noch keineswegs ursächlich auf die Reform zurückgingen, dann aber von ihr verstärkt wurden.

Der Trend fallender Wachstumsraten war gestoppt. Das produzierte Nationaleinkommen stieg 1963 um drei Prozent, danach bis zum Ende des Jahrzehnts pro Jahr um rund fünf Prozent.[108] Analog machte die industrielle Bruttoproduktion seit 1964 einen erheblichen Sprung um jeweils sechs bis sieben Prozent in allen folgenden Jahren. Zwar sagen diese hochaggregierten Daten über Zuwachsraten noch wenig über die tatsächliche Verbesserung des Lebensstandards aus. So spiegelte sich die krisenhafte Versorgungslage der Jahre 1960 bis 1962 in keiner Weise in den Zahlen kontinuierlich steigender Einkommen. Dennoch zeichnete sich Mitte der sechziger Jahre eine generelle Verbesserung der Gesamtsituation ab. (☞ vgl. *Tab. 30*)

Die Tabelle belegt über die kontinuierliche Erhöhung des Lohns hinaus die vom NÖS beabsichtigte Verschiebung der Bestandteile der Gesamteinkommen durch den Anstieg der Prämien und der verschiedenen sozialpolitischen Zuwendungen. Diese Verschiebung lief in der Arbeiterschaft allerdings, wie zu erwarten war, nicht ohne erhebliche Unruhe ab, die ein Beitrag des Büros für Industrie und Bauwesen beim Politbüro in der Zeitschrift »Neuer Weg« offen ansprach: »Es gibt zur Zeit in einigen Betrieben heiße Diskussionen in allen Betriebsabteilungen über die Anwendung der materiellen Hebel, besonders der Prämien.«[109] Da Prämien jetzt nicht mehr ein sich mehr oder minder automatisch ergebender Zusatzverdienst waren, den man schon als »eine Art Gewohnheitsrecht« verstand, sondern

---

106 Hans-Georg Kiera, Partei und Staat im Planungssystem der DDR. Die Planung in der Ära Ulbricht, Düsseldorf 1975, S. 138 f.
107 Roesler, Zwischen Plan und Markt, S. 156.
108 Ebd., S. 36.
109 Joseph Steidl, Mitglied des Büros für Industrie und Bauwesen beim Politbüro des ZK der SED: Rolle und Aufgaben der Gewerkschaften im sozialistischen Wettbewerb. in: »Neuer Weg« 19 (1964), S. 744-750, hier: S. 749.

5. Das »Neue Ökonomische System« (NÖS) und die Arbeiter

Tab. 30: Durchschnittliches monatliches Arbeitseinkommen der vollbeschäftigten Arbeiter und Angestellten nach Bestandteilen in der staatlichen Industrie 1960 bis 1971 (in Mark)

	1960	1961	1962	1963	1964	1965	1966	1967	1968	1969	1970	1971
A	527	547	560	566	582	598	611	625	644	662	689	705
B	9	9	8	8	8	8	8	7	7	6	6	10
C	21	22	23	25	28	35	34	31	41	48	54	62
D	557	578	591	599	618	641	653	663	692	717	749	776
E	14	14	12	15	15	15	16	17	18	20	21	22
F	571	592	603	613	633	656	669	680	710	736	770	798

A = Lohn · B = Sonderzahlungen · C = Prämien · D = Lohn / Sonderzuschläge / Prämien
E = Übrige Einkommen (soziale Zuwendungen, Kinder- und Ehegattenzuschläge, Krankengeldzuschüsse)
F = Arbeitseinkommen gesamt
[Quelle: André Steiner, Die DDR-Wirtschaftsreform der sechziger Jahre, Berlin 1999, S. 573.]

an hervorragende Kollektiv- oder Einzelleistungen gebunden wurden, beschwerten sich Arbeiter häufig darüber, »daß in ihren Betrieben plötzlich die Art und Weise der Prämierung verändert wurde, ohne daß die verantwortlichen Funktionäre den Arbeitern die neue Betriebsprämienordnung erläutert hatten.«[110] Daß betriebliches Leistungsdenken und Gewinnorientierung oder auch ihr Fehlen für jeden Arbeiter spürbar sein sollte, machte Ulbricht, nachdem die Reform angelaufen war, nochmals auf dem VII. Parteitag deutlich: »Es ist in der Wirtschaft wie im persönlichen Leben: Man kann nicht von der Hand in den Mund leben und die Sorgen für die Zukunft anderen überlassen. Eine überhöhte Inanspruchnahme des Lohnfonds ohne entsprechende Leistungen ist in Zukunft aus den Prämienmitteln zu finanzieren. Diese Ordnung sollte auch innerhalb der Betriebe gelten. Die Arbeiter werden sich dann mit denjenigen auseinandersetzen, die Geld verbrauchen, das sie nicht erarbeitet haben, also auf Kosten anderer leben. Da der Prämienfonds unmittelbar vom Gewinn abhängt, ist er eine wirksame Hilfe zur Entwicklung des kostenbezogenen Denkens. Besonders durch die Jahresendprämie wird der Zusammenhang zwischen der persönlichen Leistung und dem Ergebnis der Arbeit des gesamten Kollektivs deutlich.«[111]

Widerspruch und Kritik gab es offenbar auch bei den Gehaltsempfängern, vom Meister bis zum Generaldirektor, weil deren Gehälter von der Leistungskennziffer »Geplanter Betriebsgewinn« und somit vom Grad der Planerfüllung abhängig gemacht werden sollten. Diese zunächst probeweise eingeführte Regelung wurde von den betroffenen Direktoren unter anderem mit dem Hinweis kritisiert, daß sie nur begrenzt für die Entwicklung im jeweiligen Industriezweig oder Betrieb verantwortlich seien und daß die Gefahr von Gehaltsminderungen größer als die Aussicht auf Steigerungen sei. Im Zusammenhang mit der Einführung leistungsabhängiger Gehälter verwies das theoretische Organ der SED »Ein-

---
110 Ebd.
111 Protokoll VII. Parteitag, Bd. 1, S. 235.

heit« auf »Diskussionen über einen ›risikoverbundenen materiellen Anreiz‹ und sogar Versuche, die Anwendung leistungsabhängiger Gehälter als den arbeitsrechtlichen Bestimmungen widersprechend hinzustellen.« Eine solche Auffassung galt als grobe Verkennung des NÖS: »Mit dem gleichen Recht, mit der Leiter für gute Leistungen eine gute Entlohnung erwarten darf, kann die Gesellschaft für schlechte Leistungen das Gehalt mindern.«[112]

Ein deutlicher Erfolg der Wirtschaftsreform war im letzten Drittel des Jahrzehnts trotz aller Schwierigkeiten ihrer Durchsetzung durchaus erkennbar. Er ließ sich insbesondere am Zuwachs der Produktion und am Anstieg der Produktivität sowie an der teilweisen Mobilisierung der Reserven ablesen.[113] Die Neuregelung der Prämien als »ökonomischer Hebel« funktionierte trotz anfänglicher Vorbehalte immerhin so weit, daß sich der Anteil der Jahresendprämie am betrieblichen Prämienfonds von 1965 bis 1970 mehr als verdreifachte und Ende 1969 etwa 1,7 Millionen Beschäftigte die Jahresendprämie erhielten.[114]

Die innere Differenzierung des Prämienfonds läßt sich am besten an einem Beispiel illustrieren. Für die Warnow-Werft in Rostock sah die Aufteilung des Prämienfonds folgendermaßen aus (jeweils in Tausend Mark):

Tab. 31: Gliederung der Prämien nach der Betriebsprämienordnung des VEB Warnow-Werft für das Jahr 1966 (in Tausend Mark)	
Art der Prämie	Summe in Tausend Mark
Wettbewerbsprämien	1.410
Prämien für Einsparungen im Haushaltsbuch	200
Leistungsabhängige Prämien für Führungs- und Leitungskräfte (für Mai bis Dezember 1966)	160
Zentrale Prämien für die Lösung besonderer Aufgaben der neuen Technik Schwerpunktaufgaben, einschließlich der Prämien für zehnjährige Betriebszugehörigkeit	313
Prämien für besondere Leistungen der Forschungs- und Entwicklungsstellen	22
Jahresendprämie insgesamt:	**2.537**
[Quelle: Peter Hübner, Betriebe als Träger, in: Geschichte der Sozialpolitik, Bd. 9, S. 742.]	

Ein wesentliches Ziel der Gesamtreform wurde nicht erreicht: Der Rückstand gegenüber Westdeutschland blieb, die Produktionskosten lagen in der DDR nach wie vor erheblich höher als im Westen und die Modernisierung der überalterten Anlagen durch Eigeninitiative voranzutreiben, gelang kaum.[115] Da der internationale Wettbewerb, wie die 3. ZK-Tagung feststellte, schärfer wurde, stand auch die

---

112 Manfred Pampel/Hans Braun, Zur Anwendung leistungsabhängiger Gehälter, in: Einheit 19 (1964) H. 8, S. 27-35, hier: S. 32.
113 Steiner, DDR-Wirtschaftsreform, S. 183.
114 Jörg Roesler, Arbeitskräftegewinnung, in: Geschichte der Sozialpolitik, Bd. 9, S. 247.
115 Aus dem Bericht des ZK der SED an den VII. Parteitag, in: »Neues Deutschland« vom 17.4.1967, S. 3-14.

5. Das »Neue Ökonomische System« (NÖS) und die Arbeiter

DDR-Außenwirtschaft unter verstärktem Rationalisierungsdruck.[116] Um internationale Wettbewerbsfähigkeit herzustellen, mußte die geplante Preisreform daher besonderes Gewicht besitzen. Arbeiter und Angestellte fürchteten als Konsequenz einen Rückgang der bisherigen Einkommen.[117] Durch Leistungssteigerungen und entsprechende Prämien konnten solche Einbußen jedoch aufgefangen werden. Das lag in der Intention der Reform. Die nicht zuletzt aus politischen Gründen nur halbherzig und inkonsequent betriebene Preisreform verhinderte andererseits, daß das NÖS die reelle Chance bekam, sich zu einem Erfolg zu entwickeln. Hinzu kamen andere Faktoren. Der anfänglich zu konstatierende Schwung bei der Umsetzung der Reformkonzepte ließ im Laufe der zweiten Hälfte der sechziger Jahre deutlich nach und wich eher Skepsis bei Wirtschaftsmanagern und Arbeitern.[118] Aber nicht nur der Abschied von alten Gewohnheiten war schwierig. Die geforderte Eigenständigkeit und Eigenverantwortlichkeit war offenbar auch riskant. Das berüchtigte 11. ZK-Plenum von 1965, ursprünglich als Wirtschaftsplenum gedacht, mußte mit seiner Generalattacke gegen kritische Künstler geradezu wie ein Fanal wirken, sich künftig zurückzuhalten und auf Direktiven von oben zu warten. Inwieweit hinter diesem Vorstoß Honeckers auf dem 11. ZK-Plenum ein politischer Konflikt mit Ulbricht um das NÖS stand, wird kontrovers beurteilt.[119] Ohne Zweifel aber stieß Ulbrichts konsequenter Einsatz für eine umfassende Wirtschaftsreform auf große Vorbehalte in Teilen der Machtelite.

Unter diesen Auspizien dienten die unübersehbaren Disproportionen, zu denen die Bevorzugung der Wachstumsbranchen in der zweiten Hälfte der sechziger Jahre führte, als Anlaß, um wieder stärker auf die alten, bürokratischen Pfade der Tugend zurückzukehren. Bereits der VII. Parteitag hatte gewisse Rezentralisierungstendenzen erkennen lassen. Das jetzt ÖSS (Ökonomisches System des Sozialismus) genannte Reformkonzept wurde durch Beschluß des Staatsrats vom 22. April 1968[120] durch eine Schwerpunktplanung für volkswirtschaftlich besonders wichtige Zweige ergänzt und verändert. Auf diese Weise trat an die Stelle indirekter Steuerung durch »ökonomische Hebel« paradoxerweise wieder stärker die direkte Planung.[121] Damit waren weitere Disproportionen vorprogrammiert. Die Festlegung eines Vorrangs für bestimmte Branchen bedeutete zugleich die indirekte Zurückstufung anderer. Die 1967 forcierte Kombinatsbildung gehört ebenfalls in den Zusammenhang der gewünschten gezielten Förderung und zentralen Leitung besonders wichtiger Wirtschaftsbereiche.[122]

---

116 Ebd. Vgl. Steiner, DDR-Wirtschaftsreform, S. 166 ff.
117 MB Ostbüro November 1967, S. 1.
118 Roesler, Zwischen Plan und Markt, S. 156 f.
119 Kaiser, Machtwechsel, S. 191 f., 216 ff.; Günter Agde (Hg.), Kahlschlag. Das 11. Plenum des ZK der SED 1965. Studien und Dokumente, Berlin 2000, S. 59 f.
120 Gbl. DDR 1968 I, S. 223 ff.
121 Gernot Gutmann/Werner Klein, Herausbildungs- und Entwicklungsphasen der Planungs-, Lenkungs- und Kontrollmechanismen im Wirtschaftssystem, in: Materialien der Enquete-Kommission »Aufarbeitung von Geschichte und Folgen der SED-Diktatur in Deutschland« Bd. II,3, Baden-Baden 1995, S. 1617 f.
122 Roesler, Zwischen Plan und Markt, S. 42, 60, 66 f.

V. Der »Arbeiterstaat« nach dem Mauerbau (1961–1971)

Der beschleunigten Kombinatsförderung lag zum einen eine für die sechziger Jahre besonders charakteristische technokratische Faszination durch Größe und Konzentration zugrunde, die teilweise vom Westen abgeschaut war.[123] Zum anderen setzte man hohe Erwartungen in eine damit verbundene Produktivitätssteigerung. So gab es in den Jahren 1968/69 einen regelrechten Gründungsboom, und 1971 existierten bereits 120 Kombinate, die 60 Prozent der Warenproduktion in der zentralgeleiteten Industrie herstellten. Die Zahl der kleineren Industriebetriebe mit bis zu 1.000 Beschäftigten sank von 1968 bis 1971 von 12.253 auf 10.632. Im Jahre 1971 arbeiteten bereits 65,1 Prozent der in der Industrie Beschäftigten in Betrieben mit Belegschaften über 1.000.[124]

Die durch Begünstigung wichtiger Branchen spätestens 1970 sichtbar gewordenen Verzerrungen, die zu einer krisenhaften wirtschaftlichen Lage führten, bildeten schließlich den Anlaß, um die Wirtschaftsreform insgesamt abzubrechen.[125] Auch wenn ihre inneren Widersprüche und Entwicklungschancen unterschiedlich beurteilt werden, scheinen die politischen Ursachen für den Abbruch unstrittig. Im Vergleich zur Ausgangslage hatte sich die DDR dennoch deutlich stabilisiert. Insofern hatte die Wirtschaftsreform für den Flügel in der Parteispitze, dem sie zu weit ging, »ihre politische Schuldigkeit getan, auch wenn sie ökonomisch unvollendet blieb.«[126]

Schwierig ist es, sich ein zutreffendes Bild von der Haltung der Arbeiterschaft zum NÖS als Kern der Modernisierung des Gesamtsystems zu machen. Direkte Äußerungen dazu sind kaum überliefert. Das könnte mit der Komplexität des Reformvorhabens zusammenhängen, das in seiner Reichweite nicht leicht durchschaubar war, aber auch mit der zögerlichen Umsetzung, so daß zumindest die vollen Auswirkungen noch nicht unmittelbar spürbar waren. Kaum zu belegen ist die These, die Reform sei im wesentlichen am (indirekten und direkten) Widerstand der Arbeiter gescheitert.[127] Die bis zu Arbeitsniederlegungen reichenden Signale von Unmut und Renitenz resultierten auch in den sechziger Jahren ganz überwiegend aus den bekannten Gründen wie Mängeln der Arbeitsorganisation oder Prämienkonflikten.[128]

Es gab verständlicherweise verbreitete Unzufriedenheit insbesondere dort, wo neue Normen nicht mehr ohne weiteres erreichbar waren. Aber mit der generellen Verbesserung des Lebensstandards nahm zumindest zeitweilig die Zustimmung der Industriearbeiter zum NÖS zu, auch wenn die in Informationen der Partei betonte größere Bereitschaft zur Kooperation und Verbesserung der Arbeitsmoral stets unter dem Vorbehalt einer zunehmenden Formalisierung und inhaltlichen Entleerung der Berichterstattung zu sehen ist. Ein gefestigter sozialer und politi-

---

123 Steiner, DDR-Wirtschaftsreform, S. 466. Vgl. Jörg Roesler, Kombinate in der Geschichte der DDR, in: Jb. für Geschichte 31 (1984), S. 221-271.
124 Steiner, DDR-Wirtschaftsreform, S. 463 f.
125 Kaiser, Machtwechsel, S. 408 f.
126 Roesler, Zwischen Plan und Markt, S. 158.
127 So Kopstein, Shipping away, in: World Politics 48 (1996), S. 391-423.
128 Reichel MS, Exkurs, S. 14.

5. Das »Neue Ökonomische System« (NÖS) und die Arbeiter

scher Konsens gegenüber der Partei und ihren Massenorganisationen läßt sich daraus kaum ableiten.[129] So hat Christoph Boyer zu Recht auch auf den mentalen Konservativismus und die Modernisierungsresistenz der Arbeiterschaft gerade in den entwickelten staatssozialistischen Ländern hingewiesen, die jede einschneidende Reform, welche den etablierten Egalitarismus in Frage stellte, mindestens erheblich behinderten. Das hing zweifellos auch mit der permanenten Erfahrung der Ineffizienz des ökonomischen Systems, mit der sich Arbeiter irgendwie zu arrangieren und so ihre Interessen zu wahren verstanden. Aber diese Mentalität paßte auch zum »eingefleischten Trade-Unionismus der Arbeiterschaft – einem nüchternen Realismus, der großartige Verheißungen seit jeher in Mark und Pfennig bzw. Krone und Heller umzurechnen gewohnt war.«[130] Allerdings scheint Vorsicht gegenüber pauschalen Aussagen angebracht, weil hier durchaus zwischen Gewinnern und Verlierern der Modernisierung zu differenzieren ist.

Sinnvoller als nach direkten Stellungnahmen zum NÖS dürfte es sein, nach Einstellungen der Arbeiter zu Grundproblemen zu fragen, die im Zusammenhang des NÖS schärfer als zuvor auftauchten oder diskutiert wurden. Das betraf natürlich das Dauerthema Produktivitätssteigerung und Normen, aber auch die hohe Fluktuation, die Arbeitszeit, insbesondere im Zusammenhang mit der Einführung der Fünf-Tagewoche, und die lautstark angekündigte »sozialistische Rationalisierung«. Die in den sechziger Jahren in der DDR aufgewertete empirische Sozialforschung hat dazu vielfältiges Material bereit gestellt, das gute Einblicke in das Innenleben der Betriebe und die tatsächlichen Einstellungen der »führenden Klasse« bietet.

Das »Produktionsaufgebot« hatte kurzzeitig wie ein Lohnstopp gewirkt, wurde aber schnell wieder beendet, um mit dem NÖS einen größer dimensionierten Anlauf zum gleichen Ziel zu nehmen. Zwar blieben offene Proteste aus, aber mit subtilen Methoden verstanden es die Arbeiter durchaus, ihren Interessen Geltung zu verschaffen. Verpflichtungen wurden vorwiegend von Brigaden, also im Schutz des anonymen Kollektivs, und nicht vom einzelnen abgegeben. Die mittleren und unteren Gewerkschaftsfunktionäre resignierten häufig vor Manipulationen bei der Normenfestsetzung und Verzögerung oder Verweigerung der Beitragszahlungen für den FDGB.[131] Für die Lohnentwicklung ist in den Jahren 1964 bis 1966 eine beträchtliche Flexibilisierung feststellbar, die jedoch in den folgenden Jahren wieder durch nivellierende Tendenzen konterkariert wurde. Die Disproportionen der Entwicklung in den einzelnen Industriebranchen schufen offenbar in der benachteiligten Leichtindustrie so viel soziale Unzufriedenheit, daß sozialpolitische Korrekturen angebracht schienen. Die Anhebung der Mindestlöhne, gezielte Fördermaßnahmen für kinderreiche Familien und die Forcierung der Qualifizierung von Ungelernten führten direkt und indirekt erneut zu einer gewissen Nivellierung, die

---

129 Vgl. Corey Ross, Constructing socialism at the grass-roots. The transformation of East Germany, 1945–65, Basingstoke 2000, S. 186-188 mit mehreren Berichtsbeispielen.
130 Boyer, Arbeiter, in: Bohemia 42 (2001)2, S. 209-219, hier: S. 219.
131 Hübner, Konsens, S. 81.

nicht den ursprünglichen Intentionen der Wirtschaftsreformer entsprach.[132] Deutlicher als in den fünfziger Jahren, den »entscheidenden Lehrjahren der Herrschenden ebenso wie der Beherrschten«, bildete sich in den Sechzigern, so Peter Hübner, eine »eigenartige, sehr fragile Balance politischer und sozialer Teilinteressen« heraus. Die von der SED geplante und mit ökonomischen Argumenten gut begründete »Roßkur für das industrielle Lohnsystem«[133] war zwar nicht ohne Erfolg, stieß dennoch schnell an enge Grenzen. Im Effekt kamen Kompromisse heraus, die weder den Durchbruch der Modernisierung brachten noch die hochgesteckten Erwartungen der Arbeiterschaft erfüllten, doch gleichwohl einen deutlichen Stabilisierungseffekt hervorriefen.

In den Meinungsumfragen des beim ZK eingerichteten Instituts wurden keine direkten Fragen zum NÖS gestellt, aber Aspekte der »Wissenschaftlich-Technischen Revolution«, der Qualifizierung und der Arbeitsorganisation angesprochen, so daß sich indirekte Rückschlüsse auf die Einstellung zum NÖS ergeben. Aus einer großen Umfrage in 42 Betrieben aus der gesamten DDR läßt sich ablesen, daß 80 Prozent der Befragten sich Vorteile von der Automatisierung der Produktion versprachen. Ein noch größerer Teil war sich bewußt, daß damit eine höhere Qualifikation verbunden sein werde. Die meisten legten Wert darauf, daß bei notwendigen Umsetzungen in andere Betriebe der bisherige Beruf und die Fähigkeiten der Betroffenen berücksichtigt würden.[134] Die intensive öffentliche Propagierung der WTR erzeugte ohne Zweifel einen erheblichen Erwartungsdruck. Wenn dieser dann enttäuscht wurde, waren die Folgen für die Legitimation der Reform und des Gesamtsystems um so einschneidender.

Ob sich auch der Rückgang der Arbeitskonflikte in einen Zusammenhang mit der relativen Akzeptanz des NÖS durch die Arbeiterschaft bringen läßt, ist kaum zu entscheiden. Sehr aussagekräftig wäre dieser Indikator jedoch nicht, weil Anlässe und Motive von Arbeitsniederlegungen oft sehr zufällig waren und wenig mit der ökonomischen oder politischen »Großwetterlage« zu tun hatten.[135] Zu den häufigsten Anlässen gehörte die Prämienverteilung. Da es auch im Zeichen des NÖS des öfteren zu einer gegen das Gerechtigkeitsempfinden der Produktionsarbeiter verstoßenden Verteilung an leitende Kader kam, gab es hier handfeste Kritik. Stichproben im Juli 1965 zeigten, daß die meisten der überprüften Betriebe gegen die Richtlinien zur Verwendung des Prämienfonds verstießen, wobei offenbar ein hoher Anteil der Mittel zur »Quartalsprämierung der leitenden und mittleren Kader« verwandt wurde, ohne daß diese eindeutig an deren Leistungen gebunden worden war.[136]

Es gab jedoch auch überzeugende Beispiele erfolgreicher Umsetzung der wichtigsten Ziele des NÖS. In den beiden für das Experiment »Schrittmacherbetriebe« ausgewählten Großbetrieben, dem Uhrenkombinat Ruhla und dem Woh-

132 Ebd., S. 85. Vgl. unten, Abschnitt 7 (S. 593 ff.).
133 Ebd., S. 78.
134 Reichel MS, Exkurs, S. 3 f.
135 Vgl. die Hinweise auf Streiks in Kap. VI 9 (S.743 ff.).
136 Zit. bei Reichel MS, Exkurs, S. 10.

5. Das »Neue Ökonomische System« (NÖS) und die Arbeiter

nungsbaukombinat Rostock, konnte innerhalb eines Jahres eine Produktivitätssteigerung um 30 Prozent erreicht werden, von der auch die Beschäftigten mit einer durchschnittlich zehnprozentigen Lohnsteigerung profitierten. Dieser Erfolg gelang offenbar durch bessere Planung und Arbeitsorganisation, durch höhere Qualifikation und Stimulierung des Interesses der Belegschaft am Umgang mit neuen Techniken. Der Leiter des Staatlichen Amtes für Arbeit und Löhne führte den offenkundigen Erfolg primär darauf zurück, »daß Arbeitsstudium und persönliche materielle Interessiertheit in den Leitungsprozeß einbezogen waren und die Werktätigen und ihre Gewerkschaften aktiv an diesem Prozeß mitwirkten.«[137]

Es bleibt letztlich schwer zu entscheiden, wie stark die Ängste der Beschäftigten vor den Folgen konsequenter Rationalisierung oder aber die Unfähigkeit der Funktionäre[138] zum schnellen Scheitern des NÖS beigetragen haben, zumal dieses bereits verwässert wurde und in den Machtkampf in der Parteispitze geriet, bevor sich seine Wirkungen überhaupt voll entfalten konnten. Zumindest ist jedoch davon auszugehen, daß jede Anhebung der Normen bei den Arbeitern auf Widerstand treffen mußte, solange damit zumindest perspektivisch nicht spürbare individuelle Verbesserungen verbunden waren.

Die sechziger Jahre sind daher auch eine Zeit der Fortsetzung alter Praktiken, verstärkt durch nachdrückliche Forderungen der Arbeiterschaft nach Arbeitszeitverkürzung und der Einführung der Fünf-Tage-Arbeitswoche. Die bereits in früheren Entwicklungsphasen immer wieder kritisierte und nie überwundene »Macht der Gewohnheit« bei der Festlegung der Arbeitsnormen blieb ein Schlüsselproblem. Der eingeschliffene Egalitarismus und die Angst der Betriebsleiter und Gewerkschaftsfunktionäre auf der mittleren und unteren Ebene vor harten Konflikten mit »ihrer Basis« begünstigte Aushandlungsprozesse und schwächte die Durchsetzung ökonomisch notwendiger Entscheidungen. Symptomatisch dafür mag ein kritischer Artikel der FDGB-Zeitschrift »Die Arbeit« von 1967 sein, der das Verhalten von Werksleitungen und Gewerkschaftsfunktionären aufs Korn nahm: »Falsch ist die alte Praxis, für die Dauer der Einarbeitungszeit (nach Festlegung neuer Arbeitnormen) den bisherigen Durchschnittslohn zu zahlen, sie regt nicht zum schnellen Aneignen hoher Arbeitsfertigkeiten an und verstößt gegen das Leistungsprinzip, da der alte Durchschnittslohn in keiner Beziehung zur neuen tatsächlichen Arbeitsleistung steht [...] Gegen diese eindeutige Regelung (im Gesetzbuch der Arbeit: Einführung neuer Normen und Kennziffern durch den Leiter) wird in der Praxis noch vielfach verstoßen, und zwar [...] durch das ›Aushandeln‹ der Normen und anderer Leistungskennziffern mit anschließender Unterschriftsleistung der Arbeiter. Das ist ein Verstoß gegen das Prinzip der Einzelleitung. Mit einer solchen Normenschaukel kann man nie zu wissenschaftlich-begründeten Arbeitsnormen kommen.«[139]

---

137 Zit. Ebd., S. 17.
138 So sehr zugespitzt Reichel, ebd., S. 29.
139 Arbeitsstudium, Arbeitsgestaltung und Arbeitsnormung erfordern bewußte Mitarbeit, in: »Die Arbeit« 21(1967) H. 5, zit. in MB Ostbüro Mai 1967, S. 10 f.

V. Der »Arbeiterstaat« nach dem Mauerbau (1961–1971)

Auf Hintergründe dieses für die Führung prekären Verhaltens verweisen die Ergebnisse streng vertraulicher Erhebungen des Instituts für Meinungsforschung beim ZK der SED in 10 Berliner Betrieben im Januar 1967. Sie deckten sich in der Tendenz mit einer Umfrage in Betrieben aus der gesamten DDR von 1965.[140] Zwar fiel die Antwort auf die allgemeine Frage nach dem Grad der sozialen Sicherheit im Vergleich zur Bundesrepublik mit großem Abstand zugunsten der DDR aus. Bei der ebenfalls sehr allgemein formulierten Frage nach der Einschätzung der individuellen wirtschaftlichen Verhältnisse ähnelten jedoch die Ergebnisse einer vergleichbaren Erhebung von EMNID 1966 in Westdeutschland: 33,3 Prozent (bzw. 36,0 Prozent im Westen) der befragten Arbeiter beurteilten sie als gut, 48,0 Prozent (bzw. 43,0 Prozent) als »teils, teils« und 12,7 Prozent (bzw. 11,0 Prozent) als »nicht so gut«. Mit den Arbeitsbedingungen war dagegen eine Mehrheit nicht zufrieden. Charakteristisch fielen die Antworten auf die Frage nach notwendigen Verbesserungen aus. Deutlich an der Spitze rangierte die Forderung nach Verbesserung der Arbeitsorganisation und Sicherung eines kontinuierlichen Produktionsablaufs sowie einer besseren Materialbereitstellung, erst danach kam die »Verbesserung des materiellen Anreizes«. Gegenüber der Umfrage von 1965 hatte sich hier fast nichts verändert.

In anderer Weise zeigten sich die Schwierigkeiten der Umsetzung des NÖS an der Basis in der mäßigen Resonanz auf den programmatischen Artikel von Gerhard Kast, dem Prototyp des neuen technokratischen Arbeitshelden, im »Neuen Deutschland«, der erörterte, warum ein Betrieb nicht mehr mit Verlust arbeiten dürfe.[141] Obwohl dieser Artikel Grundlage einer breiten Diskussion sein sollte, kannte eine relative Mehrheit von 48,6 Prozent der befragten Arbeiter ihn nicht.[142]

In mancher Hinsicht noch aufschlußreicher sind die von der »Arbeitsgruppe Sozialpolitik« in Ulbrichts »Strategischem Arbeitskreis« im Februar 1967 vorgelegten Ergebnisse, auch wenn sie nicht statistischen Erhebungen entstammten.[143] Aus Gesprächen mit Arbeitern und Angestellten, insbesondere der niederen Einkommensgruppen, mit Funktionären betrieblicher, staatlicher und gesellschaftlicher Organe sowie aus Materialien der FDGB-Spitze versuchte die Arbeitsgruppe eine Antwort auf folgenden Fragenkomplex zu gewinnen: »Wie beurteilen die Arbeiter die Entwicklung ihres Lebensstandards, die Entwicklung der Arbeits- und Lebensbedingungen im Betrieb und worin sehen sie schwerpunktmäßig zu lösende Probleme?« Da hier der Druck, sich »positiv« zu äußern, im Vergleich zu den anonymen Erhebungen in den Berliner Betrieben größer gewesen sein dürfte, haben die über die gängigen Erfolgsmeldungen hinausgehenden kritischen Bilanzen und Erwartungen besonderes Gewicht. Mißstände bei der Arbeitsorganisation,

---

140 Als Faksimile wiedergegeben bei Niemann, Meinungsforschung, Anhang, S. 1-20.
141 Vgl. dazu unten, Abschnitt 10 (S. 624 ff.).
142 Niemann, Meinungsforschung, S. 10. Demnach gaben 6 Prozent an, aus dem Artikel seien entsprechende Schlußfolgerungen gezogen worden, 13,3 Prozent erklärten, über den Artikel sei gesprochen worden und 27,4 Prozent hatten davon gehört (3 Prozent ohne Angabe).
143 Bericht vom 7.2.1967, SAPMO- BArch, DY 5033 (streng vertraulich). Vgl. Geschichte der Sozialpolitik Bd. 9, CD-ROM, Dokument 87.

5. Das »Neue Ökonomische System« (NÖS) und die Arbeiter

Nichtbeachtung von Verbesserungsvorschlägen, ungerechte Prämienverteilung, materielle Sorgen bei längerer Krankheit, unzureichende Hilfen für kinderreiche Familien waren die häufigsten Klagen. Darüber hinaus registrierte die Arbeitsgruppe weit verbreitete Illusionen im Hinblick auf die Erwartungen an den VII. Parteitag. »Überall haben wir folgende Argumente angetroffen,« konstatierte der Bericht: »Der Parteitag beschließt eine große Rentenerhöhung und die Herabsetzung des Rentenalters bei Männern auf 63 Jahre und bei Frauen auf 58 Jahre. Diese Illusionen sind sehr ernst zu nehmen. Selbst bewußte Arbeiter und Angestellte, darunter auch Genossen unserer Partei, erwarten diese Rentenmaßnahmen durch den Parteitag.«[144]

Die in allen Erhebungen vorgebrachten Mängel im betrieblichen Produktionsablauf gehörten auch zu den wichtigsten Gründen für ein Problem, mit dem sich Partei und Gewerkschaft schärfer als zuvor konfrontiert sahen und das von der zeitgenössischen Soziologie der DDR eingehend untersucht wurde: die Fluktuation.[145] Die amtliche Definition der Staatlichen Zentralverwaltung für Statistik lautete: »Abgang von Arbeitskräften aus dem Betrieb, der aus persönlichen oder disziplinarischen Gründen (Entlassungen) erfolgt und volkswirtschaftlich oder betrieblich nicht notwendig wäre.«[146] Diese einseitig pejorative Definition wurde zwar keineswegs von den Wissenschaftlern einfach übernommen, aber sie führte doch dazu, daß der in der Verfassung garantierte Arbeitsplatzwechsel in der offiziellen Meinung als »unehrenhaft« galt, so daß sich bei Befragungen die Probanden in einer Abwehrhaltung befanden. Rechtfertigungsversuche und Verweigerungen waren daher bei empirischen Erhebungen entsprechend zu berücksichtigen.[147] Kaum strittig konnte das Ziel sein, dem auch die meisten Untersuchungen über die Ursachen der Fluktuation dienten: »Die Notwendigkeit, Stammbelegschaften zu bilden, ist nicht aus der speziellen Arbeitskräftelage der DDR zu erklären. Sie ist eine unabdingbare, mit der wissenschaftlich-technischen Revolution verbundene Voraussetzung für die anspruchsvollere ökonomische und soziale Funktionstüchtigkeit des Betriebes.«[148]

Angesichts der Komplexität des Ursachenbündels müssen angemessene Erklärungen der Fluktuation differenziert ausfallen. Nahezu alle Untersuchungen zeigten, daß schlechte Arbeitsorganisation, unzureichende technische Ausstattung, harte äußere Arbeitsbedingungen und eine als ungenügend empfundene soziale Versorgung einer der häufigsten Fluktuationsgründe war. Auch das Wohnungs-

---

144 Ebd., zu 1.
145 Vgl. Dieter Voigt, Die Fluktuation von Arbeitskräften als Forschungsgegenstand in der DDR, in: DA 3 (1970), S. 1207-1214. Eine umfassende Gesamtanalyse auf der Basis der Literatur hat Katharina Belwe vorgelegt: Die Fluktuation Werktätiger als Ausdruck sozialer Konflikte in der DDR, Gesamtdeutsches Institut Bonn 1982 (als MS vervielfältigt).
146 Zit. bei Voigt, Fluktuation, S. 1210.
147 Peter Armelin, Bericht über eine betriebssoziologische Fluktuationsuntersuchung, in: Kurt Braunreuther u. a. (Hg.), Soziologische Aspekte der Arbeitskräftebewegung, Berlin (O) 1967, S. 111-161, hier: S. 118.
148 Josef Kunze, Betriebsklima. Eine soziologische Studie zum System der sozialen Beziehungen im sozialistischen Industriebetrieb, Berlin (O) 1969, S. 110.

V. Der »Arbeiterstaat« nach dem Mauerbau (1961–1971)

problem spielte eine wichtige Rolle. Besonders hoch war die Unzufriedenheit bei einer der bestbezahlten Berufsgruppen, den Montagearbeitern, weil die Materialbeschaffung auf den Großbaustellen völlig ungenügend war. Die Kluft zwischen dem Selbstbild und den Erwartungen qualifizierter Facharbeiter einerseits und der erlebten Realität auf den Baustellen andererseits war extrem.[149] Neben solchen, eher materiellen Faktoren spielten aber auch ideelle eine erhebliche Rolle. Dem Betriebsklima räumten die Befragten ein hohes Gewicht für die Fluktuation ein. Dazu gehörte Unzufriedenheit mit Vorgesetzten und ihrem Leitungsstil, mit Arbeitskollegen, mit unzureichender Interessenvertretung und »sozialistischer Demokratie« im Betrieb.[150]

Offenkundig wurden bei Reformversuchen Erkenntnisse der westlichen Arbeits- und Gruppenpsychologie angewandt, denen zufolge sich Leistungen steigern ließen, wenn zuvor mit Arbeitern darüber diskutiert wurde und diese nicht den Eindruck hatten, bloßes Objekt im Arbeitsprozeß zu sein. Persönliche Verantwortung sollte zu einem wichtigen Kriterium aktiver Mitarbeit werden. Die seit den fünfziger Jahren eingeführten Produktionsberatungen zielten im Ansatz bereits darauf ab.[151] De facto war aber mit der Anwendung dieser naheliegenden Überlegung in den Produktionsberatungen stets eine Selbstverpflichtung zu höheren Leistungen verbunden, ohne daß dieses meist gezielt vorbereitete Ritual wirklich Ergebnis eines kontroversen Diskussionsprozesses oder gar einer Abstimmung war. (☞ vgl. *Abb. 61*)

Da der Beschluß des FDGB-Bundesvorstandes vom Januar 1960 »Über die Verbesserung der Arbeit der Gewerkschaftsleitungen mit den Ständigen Produktionsberatungen« nicht den gewünschten Effekt gezeigt hatte, sollte im Zeichen der wirtschaftlichen Modernisierung nun ein neuer Anlauf in Gestalt der Produktionskomitees gemacht werden, ohne daß die Produktionsberatungen aufgelöst wurden. Das 1963 in 160 Großbetrieben eingeführte neue Organ sollte koordinierend und kontrollierend Aufgaben der Produktionsberatungen für den Gesamtbetrieb übernehmen, in den Abteilungen blieben diese bestehen.[152] Arbeitsbedingungen, Lohn- und Arbeitsschutzfragen sollten weiterhin Sache der Gewerkschaften bleiben. Auf der Ebene der VVB entsprachen den Produktionskomitees ab 1966 die im novellierten Gesetzbuch der Arbeit (GBA) geschaffenen »Gesellschaftlichen Räte«. Diese sollten als Beiräte bei den VVB den Generaldirektor unterstützen und kontrollieren.[153] Anders als die Produktionsberatungen

---

149 Vgl. Dieter Voigt, Montagearbeiter in der DDR. Eine empirische Untersuchung über Industrie-Bauarbeiter in den volkseigenen Großbetrieben, Darmstadt 1973.
150 Belwe, Fluktuation, S. 77, 92 f.
151 Vgl. oben, Kap. II (S. 155 ff.).
152 »Grundsätze über die Aufgaben und Arbeitsweise der Produktionskomitees in volkseigenen Großbetrieben«, Beschluß des Politbüros vom 29.10.1963, in Dokumente der SED, Bd. 9, S. 720-725. Vgl. Dieter Schulz, Zur Entwicklung der Ständigen Produktionsberatungen in sozialistischen Industriebetrieben der DDR von 1957/58 bis 1965, in: ZfG 28 (1980), S. 842-850; Gill, Gewerkschaftsbund, S. 220 f., 247 f.; Steiner, DDR-Wirtschaftsreform, S. 318 ff. Vgl. oben Kap. IV (S. 375 ff.), Anm. 123 (S. 411).
153 Vgl. Änderungen im Arbeitsgesetzbuch, in: SBZ-Archiv 18 (1967), S. 2.

5. Das »Neue Ökonomische System« (NÖS) und die Arbeiter

Abb. 61: So sollte die kleinste Einheit einer Produktionsberatung als basisnahe Mitbestimmung aussehen (Foto von 1962).

waren die neuen Gremien also nicht mehr gewerkschaftliche Organe, sondern der FDGB war darin nur einer von vielen. Nach Ulbrichts Vorstellungen sollten in den Komitees »die besten, erfahrensten Aktivisten und Ingenieure und leitenden Kader« vertreten sein und vor allem kontrollieren, »daß die ökonomischen Hauptfragen wirklich mit den Werktätigen beraten werden. Auf diese Weise wird die sozialistische Einzelleitung durch den Direktor mit der kollektiven Weisheit der Werktätigen des Betriebes verbunden.«[154]

Diese salomonische Lösung eines Strukturproblems konnte nicht gelingen, weil der technokratische Anstrich und die dominierende Rolle der Parteivertreter kaum Spielräume für die immer wieder formelhaft beschworene »sozialistische

---

[154] Walter Ulbricht antwortet auf Arbeiterfragen, in: »Die Arbeit« 17 (1963) H. 11, Auszug in: SBZ-Archiv 24 (1963), S. 365.

V. Der »Arbeiterstaat« nach dem Mauerbau (1961–1971)

Demokratie« und wirksame Interessenvertretung der Beschäftigten ließen. Symptomatisch war daher das Ergebnis einer Meinungsumfrage von 1968 in einigen Betrieben von Karl-Marx-Stadt. Danach unterbreiteten 51,6 Prozent der Beschäftigten und sogar 58,4 Prozent der Arbeiter »weder Kritiken noch Abänderungsvorschläge«, wenn sie mit betrieblichen Angelegenheiten nicht einverstanden waren, »weil sich ihrer Meinung nach doch nichts ändere.«[155]

Im institutionellen Wirrwarr mußten sich die diversen Beratungsorgane zwangsläufig ins Gehege kommen. Im Dezember 1964, nachdem erste Erfahrungen mit dem Probelauf der Produktionskomitees vorlagen, formulierte überdies der FDGB-Bundesvorstand eine neue Aufgabenbestimmung für die Ständigen Produktionsberatungen, die sich jetzt primär mit der Durchsetzung des wissenschaftlich-technischen Fortschritts und weniger mit konkreten Problemen wie Produktionsstockungen befassen sollten. Damit war den neuen Produktionskomitees ein klar abgrenzbares Aufgabenfeld genommen. Sie bewährten sich jedoch nicht und wurden Anfang der siebziger Jahre wieder aufgelöst.[156] Ob echte Partizipationsangebote im Kontext einer Wirtschaftsreform, die den Betrieben mehr Eigenständigkeit geben und die zentralistische Kontrolle lockern wollte, mehr Engagement und damit auch mehr Effizienz hätten bringen können[157], muß spekulativ bleiben. Die Erfahrungen mit den Mitbestimmungsregelungen in der Bundesrepublik sollten hier zumindest skeptisch stimmen, da die Prioritäten auch in einem anderen politischen System von den Belegschaften zumeist anders gesetzt wurden als von den Gewerkschaften.[158] In der DDR ließen jedoch der uneingeschränkte Führungsanspruch der SED und die Funktionsbestimmung der Staatsgewerkschaft als ihr verlängerter Arm eine solche Möglichkeit gar nicht zu. An diesem Primat der Politik rüttelte auch das NÖS in keiner Weise. Die Arbeiter bekamen die Auswirkungen der Reform zunächst vor allem in steigenden Überstunden zu spüren.[159] Selbst wenn damit langfristig eine durchgreifende Verbesserung der wirtschaftlichen Lage möglich geworden wäre, war diese Perspektive für den einzelnen wenig konkret, da der Vorrang der Investition vor der Konsumtion in der Ära Ulbricht noch nicht zur Disposition stand. Alle mit neuen Parolen und in neuen Formen ablaufenden Appelle zur besseren Planerfüllung und Produktivitätssteigerung fügten sich damit in eine nun schon lange Erfahrungsgeschichte ein, in der derartige Aufforderungen zunehmend ignoriert wurden. Denn niedrige Normen erlaubten immer noch am besten durchzukommen, sich zu arrangieren und so die individuellen sozialen Interessen, wenn auch auf einem niedrigen Niveau, zu befriedigen. Wenn Modernisie-

---

155 Zit. bei Steiner, DDR-Wirtschaftsreform, S. 323.
156 Schulz, Zur Entwicklung, in: ZfG 28 (1980), S. 849.
157 So der Tenor des Aufsatzes von Renate Hürtgen: Die »vergessene« Demokratisierung. Die Rolle des FDGB in den DDR-Betrieben der sechziger Jahre, in: DA 33 (2000), S. 50-59.
158 Das soziale Klima. Ein Bericht über Umfragen in Deutschland 1948–1952, hg vom. Institut für Demoskopie. Allensbach o. J. (ca. 1952), S. 34.
159 Steiner, DDR-Wirtschaftsreform, S. 337. Demnach stieg die Zahl der Überstunden pro Produktionsarbeiter in der zentralgeleiteteten staatlichen Industrie von 37 im Jahre 1965 auf 55 im Jahre 1969 und 73 im Jahre 1971.

rung auch verbesserte Möglichkeiten der Partizipation der Belegschaften beinhaltete, existierten sie in der Tat in diesem Jahrzehnt nicht oder allenfalls formal. Genau das gehörte aber zum technokratischen Konzept des NÖS.

Die betriebssoziologischen Aspekte der Modernisierung des Wirtschaftssystems fanden im veränderten wissenschaftlichen Klima der sechziger Jahre beträchtliche Aufmerksamkeit und konnten in bemerkenswerter Offenheit diskutiert werden. Ihre Ergebnisse deckten sich weitestgehend mit den internen Meinungsbefragungen, die nach wie vor strikt unter Verschluß gehalten wurden. Daraus einschneidende Konsequenzen zu ziehen, hätte jedoch bedeutet, tragende Maximen des Gesamtsystems in Frage zu stellen. Die Wirtschaftsreform war, wie die Texte der verschiedenen Richtlinien, Entwürfe und Berichte durchweg zeigen, von einem ungeheuren Fortschrittsoptimismus, vom Glauben an die Wissenschaft und die wissenschaftlichen Steuerungsmöglichkeiten gesellschaftlicher Prozesse geprägt. Der FDGB-Chef Herbert Warnke verstieg sich gar zur einer bemerkenswerten Definition von »wissenschaftlich begründeter Leitungstätigkeit« für die Gewerkschaftsvorstände: Sie bedeute, »sich enger mit den Menschen, mit der ganzen Arbeiterklasse zu verbinden und ihre schöpferische Initiative voll zu entwickeln.«[160] Das Signal für die »Meisterung der Wissenschaftlich-Technischen Revolution« hatte das neue Programm der KPdSU von 1961 gegeben, dem die SED 1963 in wesentlichen Zügen folgte. Das NÖS setzte – möglicherweise zum letzten Mal in der Geschichte der DDR – durchaus Reformenergien frei, die jenseits der verordneten Wettbewerbs- und Selbstverpflichtungseuphorie darauf abzielten, das Kernübel der niedrigen Produktivität bei der Wurzel zu packen. Daß die Arbeiterschaft nach den gemachten Erfahrungen, aber auch angesichts bequemer Gewohnheiten darauf mit Begeisterung reagieren würde, konnte niemand erwarten. Aber es spricht auch nichts dafür, daß sie den notwendigen Reformprozeß wirklich zu blockieren versuchte. Dieser blieb jedoch – primär aus politischen Gründen – auf halber Strecke stecken. Die DDR wurde wirtschaftlich im Vergleich zur vorangegangenen Periode erheblich stabilisiert, aber gemessen an der ursprünglichen Zielen des NÖS und am nicht nur von den Arbeitern immer wieder herangezogenen Vergleichsmodell Bundesrepublik nur in geringem Umfang modernisiert.

6. Das Dilemma der Staatsgewerkschaft – Produktionspropaganda, Interessenvertretung und »Arbeiter-und-Bauern-Inspektionen« (ABI)

Die doppelte Funktionsbestimmung des FDGB als der größten Massenorganisation im politischen System der DDR hat seine Geschichte bis zum Ende bestimmt: Als verlängerter Arm der SED sollte er vor allem für die Steigerung der Produktion sorgen, als Gewerkschaft erwarteten die Mitglieder von ihm primär eine soziale Interessenvertretung. Dieser Widerspruch war erst auflösbar, wenn

---

160 Referat auf dem 6. FDGB-Kongreß am 19.11.1963, in: Protokoll 6. FDGB-Kongreß, S. 66.

V. Der »Arbeiterstaat« nach dem Mauerbau (1961–1971)

der von der Partei propagierte »neue Mensch« mit dem richtigen Klassenbewußtsein das allgemeine Interesse zu seinem persönlichen machte. Der neue Anlauf des NÖS zur schnellen Erhöhung der Produktivität unter den Bedingungen der Abschottung vom Westen verlangte vom FDGB intensiven Einsatz, schien ihm aber auch bessere Möglichkeiten zu begrenzt eigenständiger Entfaltung zu bieten. In veränderter Form trat damit im neuen Jahrzehnt der alte Widerspruch in Erscheinung. Die neue Satzung des FDGB von 1963 nahm inhaltlich auf, was Ulbricht auf dem VI. Parteitag der SED als Aufgabe der Gewerkschaften definiert hatte: »Die schöpferische Aktivität der Werktätigen allseitig zu fördern, sie für die Vollendung des Aufbaus des Sozialismus zu begeistern und die Erzielung der höchsten Arbeitsproduktivität zu organisieren, das ist wirkliche Interessenvertretung.«[161] Das war ein frommer Wunsch, und die Arbeiter sahen es in der Regel anders. Allerdings lag ein partiell verändertes Rollenverhalten der Gewerkschaften in der Logik des NÖS. Interesse als ökonomische und soziale Kategorie wurde im NÖS stark gewichtet. Aber daran anzuknüpfen, war für den FDGB nicht ungefährlich und führte leicht in ein Dilemma. Denn mit der größeren Eigenverantwortung der Betriebe gegenüber der zentralen Planbürokratie konnte sich auch ein größeres Gewicht der Belegschaften und ihrer Interessenvertretung ergeben. Dabei mußte der FDGB aber mit mehr Selbstbewußtsein seiner Klientel rechnen, hatte diese doch nach der Schließung der Grenze keine Alternative mehr zum Arrangement mit den gegebenen Verhältnissen. Arbeiter forderten verstärkt eine aktive Rolle der Gewerkschaften ein, vielleicht zum letzten Mal, bevor sie unter Honecker wieder eher auf die Funktion einer sozialpolitischen »Implementationsbürokratie« reduziert wurden.

Ein bilanzierender MfS-Bericht zu den Gewerkschaftswahlen des Jahres 1961 übte massive Kritik an der unzureichenden politischen Massenarbeit, am Zurückweichen von Funktionären vor den komplizierter werdenden Aufgaben, an mangelnder »Wachsamkeit gegenüber klassenfremden Elementen« und »mehr oder weniger offenen Diskussionen auf den Wahlversammlungen, in denen der FDGB als ›Staatsgewerkschaft‹ bezeichnet und reformistische Ansichten der SPD über das Nur-Gewerkschaftlertum [sic!] und die politische Neutralität der Gewerkschaften vertreten wurden.«[162] Im Sommer 1962 informierte ein Bericht des Ostbüros der SPD über neue heftige Auseinandersetzungen. »Unter dem Druck von unten, der von den Betriebsbelegschaften ausgeht und sich besonders im Widerstand gegen die Arbeitsnormenerhöhungen und Lohnkürzungen, gegen Mehrmaschinenbedienung und Mehrschichtensystem sowie gegen weitere Ziele des ›Produktionsaufgebots‹ zeigt, hat sich auch bei mittleren und höheren Funktionären wieder die Tendenz verstärkt, echte gewerkschaftliche Funktionen auszuüben und Organe des FDGB in Kampfstellung gegen die genannten Maßnahmen des Partei- und Staatsapparates zu bringen.«[163] Auch wenn dieses Urteil wie so oft überzogen sein

---

161 Protokoll VI. Parteitag, Bd. 1, S. 169.
162 Bericht über einige bei den Gewerkschaftswahlen 1961 aufgetretene Probleme vom 17.10.1961, BStU, ZAIG 488, Bl. 1-8.
163 MB Ostbüro Juli/August 1962, S. 17.

6. Das Dilemma der Staatsgewerkschaft

mochte, wurde das Problem offenbar ernst genommen. Die FDGB-Zeitschrift »Die Arbeit« kritisierte falsche Auffassungen bei Mitgliedern, Funktionären und Leitungen des FDGB und schärfte ihren Lesern ein: »Es ist deshalb an der Zeit, daß in unseren Gewerkschaften die Leninsche Lehre von der Rolle der Gewerkschaften im System der Arbeiter- und Bauernmacht umfassend bekannt gemacht wird.«[164] Es gebe keinen Gegensatz zwischen Staat und Gewerkschaften, und Neutralitätsvorstellungen seien konterrevolutionär. Stasi-Berichte belegen, daß es sich hier offenkundig nicht um periphere Erscheinungen handelte. Im Bauwesen wurde den Funktionären das »Zurückweichen vor der Auseinandersetzung über politische Fragen« vorgehalten und kritisiert, daß mittlere Kader »keine politische Initiative entwickelten und den Standpunkt des ›Nur-Fachmanns‹ beziehen.«[165]

Scheinbar genau in die gegenteilige Richtung zielte die harsche Kritik des Politbüros an der Arbeit des FDGB. Der dem ZK-Plenum im Oktober 1963 vorgelegte Bericht warf dem FDGB vor, er habe sich nicht genügend um die Sorgen der Arbeiter gekümmert, so daß Fritz Rösel, Sekretär des Bundesvorstandes, öffentliche Reue zeigte: Der FDGB habe sich zu sehr um die Steigerung der Arbeitsproduktivität gekümmert, die Kritik sei daher berechtigt, »daß wir die Arbeits- und Lebensbedingungen der Werktätigen nicht mit Sorgfalt verbessern helfen«.[166]

Diese Quadratur des Kreises konnte auch unter den Bedingungen des NÖS nicht gelingen. Im Gegenteil, der Konflikt zwischen Interessenvertretung und Produktionspropaganda schien eher noch schärfer zu werden. Nach außen bemühte sich die Gewerkschaftsspitze zumindest darum, ihre Rolle als Wahrer der Interessen der Arbeiter zu betonen und eine stärkere Unabhängigkeit zu zeigen. So unterstrich eine Publikation der Gewerkschaftshochschule von 1968, man müsse sich entschieden zur Wehr setzen, »wenn Wirtschaftsfunktionäre infolge der Einführung des Prinzips der Eigenwirtschaftung rigoros Maßnahmen zur Verbesserung der Arbeits- und Lebensbedingungen streichen wollen [...] Die Gewerkschaftsleitungen dürfen auch nicht zulassen, daß soziale Leistungen abgebaut und daß bei der Produktion von Konsumgütern gesetzwidrige Preiserhöhungen vorgenommen werden, um die Rentabilität zu sichern oder zu verbessern.«[167]

Hier wurde ein Problem angesprochen, das für die Debatten über die Umsetzung des NÖS von zentraler Bedeutung war und das in dieser Deutlichkeit später in der Ära Honecker nicht mehr erörtert wurde: die einschneidenden sozialen Folgen einer ökonomisch zwingenden, politisch aber »gefährlichen« Wirtschaftsreform, wie sie im NÖS versucht wurde. Die massive Aufwertung der Sozialpolitik in der zweiten Hälfte des Jahrzehnts gehörte insofern unabdingbar in das Modernisierungsprogramm hinein. Der FDGB war jetzt in besonderer Weise gefragt. Er

---

164 »Die Arbeit« 16 (1962)8, S. 7 f.
165 BStU, ZAIG Z 532, Bl. 12 (Bericht über einige Mängel und Schwächen im Bauwesen vom 5.1.1962).
166 Zit. in: SBZ-Archiv 14 (1963), S. 342; Aus den Diskussionsreden auf dem 4. Plenum des ZK der SED: Fritz Rösel: Sorge um den Menschen, in: »Neues Deutschland« vom 5.11.1963, S. 4.
167 Ökonomisches System und Interessenvertretung. Autorenkollektiv (ohne Namen), Bd. 2. Berlin(Ost) 1968, S. 355.

V. Der »Arbeiterstaat« nach dem Mauerbau (1961-1971)

schaltete sich in die vielfältigen Diskussionen der verschiedensten alten und neuen Gremien ein, die nun mit parteiamtlichem Auftrag über die weitere sozialökonomische Entwicklung der DDR im Zeichen der Reform nachzudenken und Strategien zur Bewältigung der Probleme zu entwickeln hatten. Das Dilemma trat deutlich zutage und die Gewerkschaften gerieten jetzt offenbar in einen wirklichen Loyalitätskonflikt. Sie mußten zur Sicherung der Stabilität der DDR und ihrer eigenen Organisation ein Interesse an höherer Effektivität und Rationalisierung haben, sie waren aber gleichzeitig mit den Forderungen ihrer Basis konfrontiert, die in der »sozialistischen Rationalisierung« überwiegend eine Bedrohung sah, die das Interesse am NÖS zunehmend verlor, als seine sozialen Folgen erkennbar wurden, und von ihrer Gewerkschaft verlangten, die immer wieder beschworene »Sorge um den Menschen« ernst zu nehmen. Gleichwohl forderte die Parteiloyalität Einsatz für die Durchführung der Reform und die Kontrolle ihrer Fortschritte vor Ort.

Die im Mai 1963 eingerichtete »Arbeiter-und-Bauern-Inspektion« (ABI) dienten diesem Ziel.[168] Die ABI trat an die Stelle der aufgelösten »Zentralen Kommission für Staatliche Kontrolle« (ZKSK) und folgte ebenso wie ihre Vorgängerin dem sowjetischen Vorbild, insofern damit ein gemeinsames Organ aus Vertretern der Regierung und der Partei beziehungsweise den Massenorganisationen geschaffen wurde. Früher hatte es Konflikte zwischen der ZKSK und den »Arbeiterkontrolleuren« des FDGB gegeben, weil sich dieser gegen eine vollständige Unterstellung unter ein staatliches Gremium widersetzte. Die unzureichende Abstimmung führte daher auch zur Kritik daran, »daß sich die Kontrolleure gegenseitig die Klinken in die Hand geben und der Eindruck erweckt wird, als hätten wir zu viele Kontrolleure.«[169] Das neue Gremium sollte dem abhelfen. (☞ vgl. *Abb. 62*)

Der ABI wurden umfassende Aufgaben übertragen und weitreichende Kompetenzen eingeräumt, so daß sie zumindest auf dem Papier als einer der größten Kontrollapparate erschien. An der Spitze stand das Komitee der ABI, geleitet vom ZK-Mitglied Heinz Matthes, einem 35-jährigen Ingenieur und zuvor Sekretär für Wirtschaftspolitik in der SED-Bezirksleitung Dresden. Dem Komitee auf zentraler Ebene gehörten an: die Leiter der Zweig- und Bezirksinspektionen, der Leiter der Staatlichen Zentralverwaltung für Statistik, Vertreter des FDGB, der FDJ, des Nationalrats der Nationalen Front und des DFD sowie Vertreter der Presse, Arbeiter, Genossenschaftsbauern und Intelligenzler aus führenden Zweigen der Volkswirtschaft. Entsprechend dem Produktionsprinzip gliederten sich die ABI in zwei Inspektionen für die einzelnen Industrie- und die anderen Wirtschaftszweige. Daneben gab es aber auch Inspektionen auf Bezirks- und Kreisebene sowie Kommissionen in Betrieben und Einrichtungen. In Städten, Gemeinden und Wohngebieten wurden Volkskontrollausschüsse gebildet, die den Kreisinspektionen der ABI

---

168 Vgl. Hans Schimanski, Kontrolle wird verschärft. Zur Gründung der Arbeiter-und-Bauern-Inspektion, in: SBZ-Archiv 14 (1963), S. 194-197. Text des Beschlusses des Ministerrats vom 13. Mai 1963 in: Gbl. DDR 1963 II, S. 261 ff.
169 Zur Entwicklung des Systems der staatlichen und gesellschaftlichen Kontrolle, in: »Demokratischer Aufbau« 16 (1962) 3, zit. nach Schimanski, Kontrolle, in: SBZ-Archiv 14 (1963), S. 195. Zur ZKSK siehe oben, Kap. II (S. 155 ff.).

6. Das Dilemma der Staatsgewerkschaft

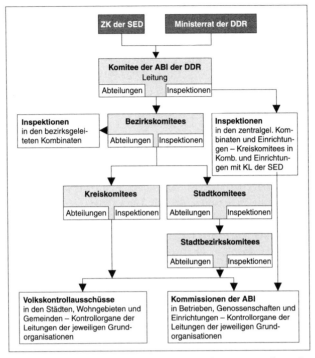

Abb. 62: Organisationsstruktur der Arbeiter-und-Bauern-Inspektion der DDR.

unterstanden.[170] »Mit der Arbeiter-und-Bauern-Inspektion«, heißt es im Gesetzestext, »wird das demokratischste Kontrollsystem, das je in Deutschland existierte, geschaffen. Sie ist ein Instrument des Volkes, das in seinem Interesse und unter seiner unmittelbaren und aktiven Mitwirkung die Durchführung der von der Partei der Arbeiterklasse und der Arbeiter-und-Bauern-Macht gestellten Aufgaben nach dem Grundsatz: ›Alles mit dem Volk, alles durch das Volk, alles für das Volk‹, zuverlässig garantiert.« Die Hauptaufgaben sollten die »vorrangige Entwicklung der führenden Zweige der Volkswirtschaft« und die rasche Steigerung der Arbeitsproduktivität sowie die Anpassung der gesamten Wirtschaft an die Modernisierungsziele der Wissenschaftlich-Technischen Revolution sein. Nachdrücklich hervorgehoben wurden darüber hinaus aber nahezu alle Übel dieser Welt, die im Arbeitsleben auftraten und die es zu beseitigen galt: »Die Arbeiter-und-Bauern-Inspektion führt den Kampf gegen alle Erscheinungen der Verletzung der Staatsdisziplin, deckt Schlamperei, Mißwirtschaft, Verschwendung und ihre Ursachen auf und trägt zu Ihrer Überwindung bei. Sie darf bürokratische Behandlung, Verschleppung und Ausweichen vor der Verantwortung bei der Lösung der gestellten Aufga-

---

170 Vgl. SBZ-Archiv 24 (1963), S. 194 ff. (»Kontrolle wird verschärft. Zur Gründung der Arbeiter-und-Bauern-Inspektion«).

V. Der »Arbeiterstaat« nach dem Mauerbau (1961–1971)

ben nicht dulden. Gegen herzloses Verhalten zu den Menschen, lokale Engstirnigkeit, Schönfärberei, Falschmeldungen, Mißbrauch der Dienststellung, Spekulation, Vergeudung und Veruntreuung von Volkseigentum ist unnachsichtig vorzugehen. Erscheinungen dieser Art sind in geeigneter Form mit Unterstützung der demokratischen Öffentlichkeit ohne Ansehen der Person aufzudecken.«[171]

Die ABI entwickelten sich schnell zu einem riesigen Apparat von haupt- und ehrenamtlichen Mitarbeitern. Im Herbst 1963 arbeiteten bereits 37 Inspektionen in den Industriezweigen (VVB) sowie in allen 14 Bezirken und in 204 von 214 Kreisen, daneben eine hohe Zahl von Betriebskommissionen und Volkskontrollausschüssen.[172] Den Stellenwert der ABI im Herrschaftssystem hat Peter Christian Ludz in seiner Strukturanalyse der Parteielite dahingehend charakterisiert, daß hier das vielleicht stärkste Glied im zentralistischen Überwachungssystem zu finden ist, »mit dem die Parteispitze die seit 1963 freigesetzte Dynamik von Wirtschaft und Gesellschaft wieder in den Griff zu bekommen sucht [...] Die Bezirks- und Zweiginspektionen der ABI haben vor allem Informationen an die örtlichen Räte weiterzugeben. Insofern kann die Einrichtung der ABI und der Produktionskomitees als Abwehr- und Schutzmaßnahme der strategischen Führungsgruppe bezeichnet werden.«[173]

Lokale Beispiele zeigen, daß die ABI sich tatsächlich in erheblichem Ausmaß zu einem gefürchteten Kontrolleur entwickelte.[174]

Das Dilemma des FDGB, der in der ABI eine wichtige, aber keine Schlüsselrolle spielte, änderte sich in den Jahren der forcierten Modernisierung kaum. Der Druck »von unten« gegen die gewerkschaftlich mit getragene »sozialistische Rationalisierung« nahm zwar zeitweilig heftigere Formen an, blieb aber innerhalb des etablierten Systems leicht kanalisierbar. Beim Versuch einer Erklärung des Gesamtbildes spricht einiges dafür, daß die These Peter Hübners von zwei inneren Entwicklungslinien in der Geschichte des FDGB[175] auch noch für die sechziger Jahren gilt. Demnach gab es gegenüber der politischen Rolle als Transmissionsriemen vor allem in der Spitze und im hauptamtlichen Apparat der Industrieverbände sowie unter den ehrenamtlichen Funktionären noch eine zumindest verdeckte Orientierung an sozialdemokratischen Traditionslinien gewerkschaftlicher Interessenvertretung. Diese Spannung brach aber nicht auf, zumal sich auch die Partei hütete, ihren Modernisierungskurs mit rigiden Mitteln durchzudrücken. Der FDGB-Apparat wuchs unter den Bedingungen der politischen Stabilisierung – al-

---

171 Gbl. DDR 1963 II, S. 263.
172 Ludz, Parteielite, S. 133.
173 Ebd., S. 135.
174 Vgl. als Beispiel die Darstellung von Patrice G. Poutrus, Die Erfindung des Goldbroilers. Über den Zusammenhang zwischen Herrschaftssicherung und Konsumentwicklung in der DDR, Köln 2002, S. 129 ff. (»Der Normalbetrieb als Problemfall: Die große Kontrolle«). Vgl. auch den Artikel des FDGB-Funktionärs Robert Hedler, Arbeiterkontrolle hilft Arbeits- und Lebensbedingungen verbessern, in: »Die Arbeit« 13 (1964), S. 36 f. Daraus wird das kaum noch durchschaubare Kompetenzgewirr von ABI, Volkskontrollausschüssen, Arbeiterkontrolleuren und BGL erkennbar.
175 Peter Hübner, Der FDGB im politischen System der DDR und in der Erfahrung der Arbeitnehmer, in: Potsdamer Bulletin für Zeithistorische Studien Nr. 16, 1999, S. 29-42.

ler Kritik am »Bürokratismus« zum Trotz – weiter und die Gewerkschaft rief allein durch ihre schiere Größe einen begrenzten sozialen Integrationseffekt in »der Arbeiterklasse« hervor.

Von den im zweiten Quartal 1962 erfaßten 5.977.794 in Betrieben und Einrichtungen Beschäftigten waren 93,6 Prozent gewerkschaftlich organisiert. Abgesehen von den nicht berichterstattungspflichtigen Parteigremien, Ministerien und IG Wismut, deren Gesamtzahl an Gewerkschaftsmitgliedern auf 135.000 geschätzt wurde, gab es damit nur noch 383.800 Beschäftigte, die nicht Mitglied einer Gewerkschaft waren.[176] Wenn auf dem VI. FDGB-Kongreß von 1963 eine offizielle Zahl von 1,6 Millionen ehrenamtlichen Funktionären genannt wurde[177], so läßt das keineswegs auf ein aktives innerorganisatorisches Leben und hohe Partizipationsangebote schließen, aber der Betrieb als »zentraler sozialer Brennpunkt«[178] hätte ohne diese hohen Zahlen kaum funktionieren können. Insofern fiel den Gewerkschaften trotz ihres schlechten Images als Interessenvertreter doch eine wichtige Rolle im betrieblichen Alltag zu, wie nicht zuletzt die seit den sechziger Jahren durchgeführten empirischen Erhebungen im Auftrag des ZK der SED belegen.[179]

Abb. 63: Der 6. FDGB-Kongreß 1963 betonte angesichts der befürchteten sozialen Konsequenzen der Wirtschaftsreform die Interessenvertretung der Gewerkschaften.

176 Ergebnisse der statistischen Berichterstattung der Betriebsgewerkschaftsorganisationen über das II. Quartal 1962. (Vertrauliche) Information Nr. 3 vom 30. August 1962, SAPMO-BArch, DY 30/IV 2/5/324, Bl. 72-76.
177 Zimmermann, Der FDGB als Massenorganisation, in: Ludz (Hg.), Studien und Materialien, S. 115-144, hier: S. 124.
178 Ebd., S. 137.
179 Niemann, Meinungsforschung, S. 127-148.

V. Der »Arbeiterstaat« nach dem Mauerbau (1961–1971)

Der VI. FDGB-Kongreß im November 1963 erweiterte den Bundesvorstand von 199 auf 233 Mitglieder, davon waren 148 neu in diesem Gremium, darunter eine Anzahl arbeitender Frauen, Aktivisten und Neuerer. Das sollte Modernisierung signalisieren. Das politisch wichtige Sekretariat wurde dagegen von neun auf sechs Mitglieder verringert, die überwiegend auch vorher darin vertreten und allesamt SED-Mitglieder waren: Rolf Berger, Hans Jendretzky, Wolfgang Beyreuther, Rudolf Kirchner, Horst Heintze und Fritz Müller.[180] Insgesamt war und blieb das gewerkschaftliche Leben aber weit entfernt vom parteiamtlich gewünschten Bild. Der Kongreß setzte sich deutlich mit den offenbar nicht zu unterdrückenden Forderungen nach größerer Eigenständigkeit und mehr Distanz zur Partei auseinander. Der »offene Brief« eines Arbeiters, der den Eintritt in die Gewerkschaft mit der Begründung verweigerte »Ihr schwimmt mir zu sehr im Fahrwasser der Partei«, diente unter anderem als Aufhänger der Debatte.[181] Das Lösungsschema der Führungsspitze war stets das gleiche. »Wenn heute«, so der FDGB-Vorsitzende Herbert Warnke in seiner Rede auf dem Kongreß, »noch einige Arbeiter sagen: ›Mein Geld muß stimmen‹, ohne nach ihrer eigenen Leistung zu fragen, so zeigt das, daß die betreffenden Gewerkschaftsleitungen ihrer Überzeugungsarbeit noch nicht gerecht werden.«[182] Diese schwierige und immer wieder angemahnte ideologische Aufgabe sollte sich verstärkt auf sozialistische Jugendbrigaden richten. Dabei ging es nicht nur um ökonomische Ergebnisse, vielmehr verband Warnke damit die Hoffnung auf »höchste Einsatzbereitschaft für den sozialistischen Aufbau«[183] und die Entwicklung jener »sozialistischen Persönlichkeiten«, die allein das Dilemma zwischen Interessenvertretung und Produktionspropaganda lösen konnten, aber nie in ausreichender Zahl vorhanden waren. Das wurde evident, sobald man versuchte, mit der ökonomisch zwingenden »sozialistischen Rationalisierung« ernst zu machen.

Bei der Vorbereitung der Gewerkschaftswahlen, die der SED immer auch als Indikator für allgemeinere Probleme galten, spielte 1967/68 die Frage weiterhin eine wichtige Rolle »Was heißt Interessenvertretung unter den Bedingungen der Gestaltung des entwickelten gesellschaftlichen Systems des Sozialismus?« Dazu gab es eine organisierte Diskussion im »Neuen Deutschland«.[184] Zwar vermeldete die »Abteilung Parteiorgane« des ZK dem Politbüro vielerlei Erfolge[185], das Lob

---

180 Vgl. Heinz Zöger, Der 6. FDGB-Kongreß, in: SBZ-Archiv 14 (1963), S. 353-355, hier: S. 353; Protokoll 6. FDGB-Kongreß, S. 854.
181 Vgl. Heinz Zöger, Proteste gegen die Staatsgewerkschaft, in: SBZ-Archiv 14 (1963), S. 325-329.
182 Protokoll 6. FDGB-Kongreß, S. 34.
183 Herbert Warnke auf der Festveranstaltung zum 20. Jubiläum des FDGB am 15. Juni 1965 in Berlin, in: »Tribüne« vom 16. Juni 1965, Beilage S. 6.
184 Vgl. »Neues Deutschland« vom 26.11.1967: Interessenvertretung – was heißt das heute?
185 Information der Abt. Parteiorgane des ZK vom 10.1.1968 über den bisherigen Verlauf der Gewerkschaftswahlen 1967/68, SAPMO-BArch, Nl. 4182/1144 (Nachlaß Ulbricht), Bl. 122-131. Der auch in diesem Beispiel für Berichte »nach oben« typische Duktus der Erfolgmeldung: »Die Gewerkschaftswahlen in den Betrieben machten sichtbar, daß durch eine bessere politisch-ideologische Arbeit das sozialistische Denken und Handeln und die Liebe zum sozialistischen Vaterland vertieft wurde.« (Bl. 124).

blieb jedoch sehr allgemein gehalten, und die »politisch-ideologische Arbeit« vieler Gewerkschaftsleitungen entsprach vielfach noch nicht »den neuen Anforderungen.« Die Hoffnungen richteten sich vor allem auf die sozialistischen Brigaden. Doch auch da gab es ebenso wie bei der unzureichenden Beachtung der Produktionskomitees deutliche Mängel. Bei den Wahlen in Klein- und Mittelbetrieben wurde gar mitunter ein schlimmes Sakrileg begangen: es wurden »aus falsch verstandener Demokratie mehr Kandidaten auf gestellt als gewählt werden sollten.« Der VII. FDGB-Kongreß 1968 war frei von solchen Pannen. Die ritualisierte Mischung aus schulterklopfender Selbstbestätigung, selbstkritischen Eingeständnissen und pathetischer Beschwörung der künftigen Ziele bestimmte die Beschlüsse und das Leitreferat des FDGB-Vorsitzenden Warnke über die »Aufgaben der Gewerkschaften bei der Gestaltung des entwickelten gesellschaftlichen Systems des Sozialismus.« Die nahtlose Einbeziehung gewerkschaftlicher Arbeit in das wirtschaftliche und gesellschaftliche Reformprogramm der SED dominierte. Zu Warnkes Hinweis auf das Kongreß-Motto »Sozialistisch denken, ständig lernen, rationell arbeiten, kulturvoll leben!« vermerkte das Protokoll lebhaften Beifall.[186]

Am schärfsten trat das Dilemma zwischen politischer Funktion der Gewerkschaften und gegenläufigen Erwartungen der Belegschaften beim Thema »Rationalisierung« auf, das im Zuge des NÖS einen neuen Stellenwert erhalten sollte.

7. Risiken »sozialistischer Rationalisierung« und einer »ökonomisierten Sozialpolitik«

Im Kontext der zentralen Ziele der Modernisierung des gesamten Wirtschafts- und Gesellschaftssystems ist auch die seit Mitte der sechziger Jahre begonnene neue Debatte um eine »sozialistische Sozialpolitik« zu sehen. Sie zeigte bei genauerem Hinsehen einen Januskopf. Einerseits erlaubten die günstigeren Wirtschaftsdaten deutliche Verbesserungen im Lebensstandard der Bevölkerung in Gestalt höherer Renten, der Einführung der Fünf-Tage-Arbeitswoche, der Erhöhung des Kindergeldes usw. Andererseits sollten sozialpolitische Angebote stärker an Produktionssteigerungen gebunden werden und dadurch einen Leistungsanreiz ausüben. Insofern waren soziale Versprechungen an intensivere Arbeit gekoppelt und bürdeten gerade der Arbeiterschaft mehr als bisher auf. Die wachsende Ablehnung des NÖS unter den Arbeitern und die ständig intensivierten Versuche des FDGB, seine Klientel zu größeren Anstrengungen zu animieren, spiegelten diese Lage wider.

Die SED-Führung und vor allem Ulbricht selber bemühten sich, die sozialpolitische Diskussion in den Zusammenhang der Modernisierung zu stellen und dabei auch Tabus zu brechen. Sozialpolitik sollte zum wichtigen Teil einer von Kosten-Nutzen-Rechnungen bestimmten Planwirtschaft und insofern »ökonomisiert«

---

186 Protokoll des 7. FDGB-Kongresses vom 6. bis 10. Mai 1968 in der Werner-Seelenbinder-Halle, Berlin (O) 1968, S. 60.

V. Der »Arbeiterstaat« nach dem Mauerbau (1961–1971)

werden.[187] Die seit Mitte der sechziger Jahre ins Leben gerufenen zahlreichen Expertenkommissionen führten Diskussionen von frappierender Offenheit, entwickelten langfristige Strategien und gaben Handlungsempfehlungen, die nie an die Öffentlichkeit drangen. Offiziell war ihr Ziel die Vorbereitung des VII. Parteitages, der zum ersten Mal seit 1946 wieder Sozialpolitik nachdrücklich thematisierte.[188] Dem Egalitarismus sagten die Planer indirekt den Kampf an, indem sie für eine differenzierte Ausgestaltung des Lebensstandards plädierten.

Eine umfassende Definition von Sozialpolitik formulierte 1965 Gerhard Tietze vom neu geschaffenen Institut für Sozialpolitik an der Gewerkschaftshochschule »Fritz Heckert« und distanzierte sich damit von der inzwischen überholten Position, in sozialistischen Ländern sei Sozialpolitik obsolet, da es keine Ausbeutung und keine antagonistischen Klassenwidersprüche mehr gebe:

> »Die Sozialpolitik des Arbeiter-und-Bauern-Staates ist Politik der Sorge um den Menschen. Sie ist im Zusammenhang der Durchsetzung der ökonomischen Gesetze des Sozialismus und im Sinne des Programms der Partei der Arbeiterklasse auf folgende Faktoren gerichtet:
> auf die Erhaltung und Festigung der Gesundheit und Schaffenskraft der Werktätigen, insbesondere durch eine vorbildliche Arbeitskultur, auf die vorbildliche Versorgung mit Waren und Dienstleistungen sowie auf eine hohe Wohnkultur, auf die sinnvolle Nutzung der wachsenden Freizeit und Erholung, auf die Verwirklichung der sozialen Grundrechte und die volle soziale Sicherheit aller Bürger sowie auf die ständige Hebung der sozialen Lage aller Bevölkerungsgruppen. Sie setzt sich zum Ziel, durch die stete Verbesserung der sozialen Aspekte der Arbeits- und Lebensbedingungen zur vollen Entfaltung des sozialistischen Menschen beizutragen. Sie stützt sich auf die marxistische Theorie der erweiterten Reproduktion und auf die soziologische Wertung der Arbeits- und Lebensbedingungen, um die sozialen Strömungen und Widersprüche in den einzelnen Gruppierungen der Bevölkerung zu erkennen und im Interesse der sozialistischen Gesellschaft zu beeinflussen.«[189]

Zwar war dies eine nahezu flächendeckende Definition von Gesellschaftspolitik, aber die besondere Pflege des Arbeitskräftepotentials und die Hoffnung auf die Steuerbarkeit sozialer Konflikte durch wissenschaftliche Analysen gaben ihr ein besonderes Profil.

In den verschiedenen Entwürfen und Diskussionspapieren der Experten wurde deutlich angesprochen, daß die Sozialpolitik künftig langfristige demographi-

---

187 Das Stichwort brachte Werner Jarowinsky in einer Beratung Ulbrichts mit der Arbeitsgruppe Sozialpolitik am 27.1.1967 in die Debatte: Auch die Sozialpolitik müsse in die Kosten-Nutzen-Rechnung einbezogen werden. Peter Hübner, Gesellschaftliche Strukturen und sozialpolitische Handlungsfelder, in: Geschichte der Sozialpolitik, Bd. 9, S. 116.
188 Vgl. Ulbrichts Ausführungen zu den sozialpolitischen Verbesserungen, in: Protokoll VII. Parteitag Bd. 1, S. 236-245.
189 Zit. bei Hübner, Gesellschaftliche Strukturen, in: Geschichte der Sozialpolitik, Bd. 9, S. 100.

7. Risiken »sozialistischer Rationalisierung« und einer »ökonomisierten Sozialpolitik«

sche Entwicklungstrends zu berücksichtigen habe und stärker als bisher an Leistungen gebunden sei und diese zugleich stimulieren müsse. In einem Diskussionspapier der Arbeitsgruppe 6 »Sozialpolitik« des von Ulbricht einberufenen und ihm direkt unterstellten »Strategischen Arbeitskreises« vom Januar 1967 finden sich kritische Formulierungen, die gegenüber der bisherigen Entwicklung einen durchgreifenden Veränderungstrend erkennen lassen. Demnach wurde in der DDR »bisher keine einheitliche sozialpolitische Konzeption ausgearbeitet. Die Sozialpolitik war vielfach reduziert auf einzelne Teilgebiete. Eine dynamische Entwicklung war nicht geplant. Das vorherrschende Prinzip, das auch tief im Bewußtsein der Menschen wirkt, ist, daß alle sozialen Leistungen vorwiegend vom Staat zentral geregelt und gewährt werden. Die Mitwirkung und Verantwortung der örtlichen Organe und der Betriebe ist noch sehr eingeschränkt. Auch die Verantwortung der einzelnen Werktätigen für sozialpolitische Leistungen ist wenig entwickelt.«[190] Aus diesem zutreffenden kritischen Befund wurde die Forderung abgeleitet, künftig größere Verantwortung auf allen Ebenen, insbesondere auch im Betrieb, sicherzustellen. »Die Sozialpolitik muß sinnvoll in die Wirtschaftspolitik eingeordnet werden und die wirtschaftliche Entwicklung fördern.« Das bedeutete konkret, daß die Sozialpolitik künftig eine wichtige Aufgabe darin zu sehen habe, die Folgen der Produktionsveränderungen und der »sozialistischen Rationalisierung«, das heißt auch des verstärkten Wechsels von Arbeitsplätzen, sozial aufzufangen.

Damit stand ein breites Feld von sozialpolitischen Gestaltungsmöglichkeiten zur Diskussion. Die intensive Erörterung sozialpolitischer Fragen auf dem VII. Parteitag 1967 und die anschließend eingeführten sozialpolitischen Verbesserungen haben verdeckt, daß in diesen internen Diskussionen der Führungsspitze mit Fachleuten in erstaunlicher Nüchternheit die Probleme vergangener und künftiger Sozialpolitik in der DDR angesprochen wurden. Insofern kann man in ihnen einen Versuch zur langfristigen Stabilisierung der DDR sehen, auch wenn gerade die weiterreichenden Vorschläge nicht realisiert wurden.

Die wichtigsten Neuerungen, die das Jahr 1967 brachte, waren die lange geforderte Einführung der durchgängigen Fünf-Tage-Arbeitswoche, eine deutliche Verbesserung der Situation kinderreicher Familien (Kindergeld, Wohnraum, Sozialversicherung), die Einführung eines Mindesturlaubs von 15 Werktagen, die Erhöhung der Mindestbruttolöhne für vollbeschäftigte Arbeiter und Angestellte und schließlich – angesichts der strukturellen Misere der Sozialversicherung und der desolaten Lage der Rentner besonders wichtig – die Erhöhung der Mindestrenten und die Einführung einer Freiwilligen Versicherung für eine Zusatzrente.[191] Ulbricht kündigte dies alles auf dem Parteitag in der üblichen Form (»wir schlagen der Regierung vor«) an. In seinen Ausführungen auf dem Parteitag ging er auf einige grundsätzliche sozialpolitische Aspekte von Sozialpolitik ein, ohne

---

190 SAPMO-BArch, DY 30/J IV 2/202/449 (Büro Ulbricht) Bl. 5 (Bericht vom 13.1.1967).
191 Winkler, Geschichte der Sozialpolitik, S. 313 f. Umfassend zu allen Aspekten: Geschichte der Sozialpolitik, Bd. 9.

V. Der »Arbeiterstaat« nach dem Mauerbau (1961–1971)

freilich eine differenzierte Definition von Sozialpolitik zu bieten, wie sie sich etwa in den Überlegungen des »Instituts Sozialpolitik der Gewerkschaften« niederschlugen.[192] Sozialpolitik war für ihn »Ausdruck der gesellschaftlichen Sorge um den Menschen. Sie hat die Aufgabe, solche Arbeits- und Lebensbedingungen zu schaffen, die der Entwicklung aller Bürger und der Erhaltung und Förderung der Arbeitskraft dienen.« Diese umfassende Bestimmung war im Grunde so weit gefaßt, daß sie alles abdeckte, aber niemandem wehtat. In allgemeiner Form sprach Ulbricht aber auch den Zusammenhang mit dem NÖS an und kritisierte die überbürokratische Arbeit der Sozialversicherung. »Damit unsere Sozialpolitik den Erfordernissen der entwickelten sozialistischen Gesellschaft entspricht, ist sie in die weitere Entwicklung des neuen ökonomischen Systems einzubeziehen.«[193]

Bei der Bevölkerung insgesamt und den Arbeitern insbesondere gab es hoch gespannte Erwartungen an die politisch wieder zu Ehren gekommene Sozialpolitik. Für die Arbeiter dürfte vor allem die Änderung der Arbeitszeit ein großes Gewicht besessen haben.

Die verbreitete Forderung nach der Fünf-Tage-Woche wurde sowohl offen geäußert als auch in internen Erhebungen erfragt. Sie war nach Überzeugung der ökonomischen und politischen Spitzenfunktionäre nicht oder noch nicht erfüllbar, solange die Produktivität nicht beträchtlich anstieg. Das Beispiel zeigt jedoch eindrucksvoll, wie stark der Druck gerade von Seiten der »führenden Klasse« sein konnte und wieweit in der Praxis bereits realisiert wurde, was im Politbüro oder im Bundesvorstand des FDGB erst noch beschlossen werden mußte. Nachdem im Dezember 1965 zunächst im zweiwöchigen Rhythmus die Fünf-Tage-Arbeitswoche eingeführt worden war[194], mußte der FDGB-Bundesvorstand feststellen, daß damit vielfach nur noch nachträglich ein bereits bestehender Zustand sanktioniert wurde. Herbert Warnke erklärte im Februar 1966, man sei im FDGB »außerordentlich erschrocken über den Wust von Ungesetzlichkeiten, der sich herausgebildet hat [...] Das führte dann so weit, daß die neuen Arbeitszeitregelungen von einem Teil der Werktätigen nicht als neue Errungenschaft, sondern sogar als eine Verschlechterung empfunden wurden, weil schon seit langem jede Woche fünf Tage gearbeitet wurde usw., usw. Daß so etwas vorgekommen ist, das wußten wir, daß es ein derartiges Ausmaß angenommen hatte, darüber waren wir, wie gesagt, erschrocken und [...] Betriebe, ganze Industriebereiche, die seit Jahren den Plan schlecht erfüllen, hatten gleichzeitig Fünf-Tage-Woche jede Woche. Mit diesen Dingen muß man Schluß machen.«[195]

Die formelle Einführung der Fünf-Tage-Arbeitswoche hatte somit eine Vorgeschichte, die gar nicht nach den Direktiven der Partei verlief und sich auch nicht ohne weiteres mit den wirtschaftlichen Gegebenheiten vereinbaren ließ. Im Grunde war schon die Begrenzung der Arbeitszeit auf 45 Stunden im Januar 1957

---

192 Hübner, Gesellschaftliche Strukturen, in: ebd., S. 96 ff.
193 Protokoll VII. Parteitag, Bd. 1, S. 240.
194 VO vom 22.12.1965, in: Gbl. DDR 1965 II, S. 879 ff.
195 Zit. bei Hübner, Konsens, S. 128.

7. Risiken »sozialistischer Rationalisierung« und einer »ökonomisierten Sozialpolitik«

ein Risiko gewesen[196], weil dafür die Voraussetzung einer entsprechenden Produktivität fehlte. In den sechziger Jahren wiederholte sich diese Konstellation, die vom Druck von unten und vom Blick nach Westen geprägt war, wo schon die 40-Stunden-Woche bei vollem Lohnausgleich eingeführt war. Die stufenweise Verkürzung der Wochenarbeitszeit spiegelte das Dilemma. Am 3. Mai 1967 führte dennoch eine Verordnung in der DDR die Fünf-Tage-Arbeitswoche generell ein.[197] Damit verringerte sich zugleich die Wochenarbeitszeit für alle von 45 auf 43¾ Stunden im Ein- und Zweischichtenbetrieb, von 44 auf 42 Stunden im Dreischichtenbetrieb. Ulbricht dämpfte jedoch auf dem VII. Parteitag im April 1967 weiter reichende Erwartungen, als er erklärte, »daß eine Verkürzung der Arbeitszeit beim gegenwärtigen Niveau unserer Arbeitsproduktivität und dem Fehlen von Arbeitskräften nicht vertretbar ist […] Die Einführung der durchgängigen Fünf-Tage-Arbeitswoche setzt Übereinstimmung voraus, daß die tägliche Arbeitszeit um etwa ein halbe Stunde verlängert wird und daß sie nicht etwa infolge von Wochenfeiertagen zur Vier-Tage-Arbeitswoche führen darf.«[198] Als Kompensation diente daher die Streichung bisheriger Feiertage am 8. Mai, dem »Tag der Befreiung«, am Ostermontag, Himmelfahrts-, Fronleichnam/Reformationstag und am Buß- und Bettag.

Daß die Einführung der Fünf-Tage-Woche durchweg breite Zustimmung fand, war nicht überraschend. Bei der Umstellung gab es anfänglich einige Schwierigkeiten, die primär technischer Natur waren. Sie betrafen insbesondere die Schichtarbeit und die Abstimmung des verlängerten Arbeitstages mit den Fahrplänen der öffentlichen Verkehrsmittel. Aber der positive Gesamteffekt war unübersehbar. Der FDGB-Bundesvorstand registrierte für September und Oktober 1967 bereits eine Verringerung der Ausfallzeiten und einen deutlichen Zuwachs der Industrieproduktion im Vergleich zum Vorjahr trotz verkürzter Arbeitszeit. Er verwies auch auf »erste Schritte und Ergebnisse einer verbesserten Kultur- und Bildungsarbeit«, weil nun viele Gewerkschaftsgruppen ihre Versammlungen in den Kultur- und Klubhäusern am Samstag durchführten. Gleichwohl blieben in etlichen Branchen die lukrativen Überstunden sowie der »blaue Montag« und der verkürzte Freitag auf einigen Großbaustellen »ein ernsthaftes Problem.«[199] Dem Eigensinn der Bau- und Montagearbeiter war offensichtlich besonders schwer beizukommen.

Standen nach außen hin die neuen sozialpolitischen Leistungen ganz im Vordergrund, so wird aus den internen Beratungen deutlich, daß die geforderte »Ökonomisierung der Sozialpolitik« in letzter Konsequenz den Umfang der staatlichen

---

196 Siehe oben, Kap. IV 4 (S. 420 ff.).
197 Verordnung über die durchgängige Fünf-Tage-Arbeitswoche und die Verkürzung der wöchentlichen Arbeitszeit bei gleichzeitiger Neuregelung der Arbeitszeit in einigen Wochen mit Feiertagen, in: Gbl. DDR 1967 II, S. 237-241.
198 Protokoll VII. Parteitag, Bd. 1, S. 236 f.
199 Abschlußbericht des FDGB-Bundesvorstands vom 17.11.1967 über die Vorbereitung und Durchführung der durchgängigen 5-Tage-Arbeitswoche, SAPMO-BArch, DY 34/5031 (18 S.). Der im Baugewerbe besonders verbreitete »blaue Montag« wurde hier natürlich nicht so bezeichnet, sondern umschrieben.

V. Der »Arbeiterstaat« nach dem Mauerbau (1961–1971)

Finanzierung des Sozialsystems auf den Prüfstand stellen mußte. Dabei erfuhr nicht nur der FDGB als Träger der Sozialversicherung harsche Kritik, sondern auch das heikle Problem der überdimensionierten Stützung von Mieten und Nahrungsmitteln wurde angesprochen.[200] Die Grundnahrungsmittel sollten – so Ulbricht in der Diskussion mit der Arbeitsgruppe Sozialpolitik – bis 1970 nicht teurer werden, aber man müsse beginnen, »Preise für hochveredelte Nahrungsmittel entsprechend der [sic!] dabei auftretenden Kosten zu gestalten und beweglichere Preise nach Angebot und Nachfrage z. B. bei Obst und Gemüse einführen.« Werner Jarowinsky, ZK-Mitglied und verantwortlich für Handel und Versorgung, ging sogar noch weiter: »Wir brauchen auch eine größere Eigenbeteiligung bei den Mieten. Hier dürfen wir keinen Entscheidungen ausweichen. Auch bei den Altbauten können die Mieten nicht gehalten werden; die Altbauten verfallen überall mehr.«[201] Letztlich schreckte die Parteiführung hier aber doch wieder vor einschneidenden Maßnahmen zurück. Anders als die Fachleute der Arbeitsgruppe sahen die Politbüromitglieder stärker die politischen Risiken. Sie wollten ein vorsichtiges Abtasten der Ökonomisierungsmöglichkeiten, aber nicht mehr. Die Experten wurden daher belehrt, ihre kritischen und weitreichenden Vorschläge seien »theoretisch richtig«, aber kaum praktikabel.[202] Im Grunde paßten ja schon die auf dem Parteitag beschlossenen Verbesserungen wie die Fünf-Tage-Woche, die Erhöhung des Kindergeldes und der Löhne oder die Verbesserung der Sozialversicherungsleistungen kaum in ein Konzept konsequenter »Ökonomisierung«. Da die Expertendiskussionen hinter verschlossenen Türen stattfanden, trat dieses Strukturproblem jedoch in seiner Brisanz kaum zu Tage.

Anders verlief die Entwicklung bei der im Zuge des NÖS proklamierte »sozialistischen Rationalisierung.« Sie wurde insbesondere für die Betriebsbelegschaften bald unmittelbar spürbar und löste erhebliche Unruhe aus. Um in der Öffentlichkeit dafür zu werben und den Multiplikatoren klar zu machen, worum es sich handelte, berief das ZK im Juni 1966 eine Konferenz ein, an der ein großes Aufgebot von 1.500 Partei-, Staats- und Wirtschaftsfunktionäre, Ökonomen, Wissenschaftler, Ingenieure und Neuerer teilnahm. Zusätzlich gab es eine Ausstellung, die von 16.000 Werktätigen besucht worden sein soll. Als sozialistische Rationalisierung wurden hier alle Maßnahmen verstanden, »die die sozialistische Gesellschaft in Betrieben und Einrichtungen, Zweigen und der ganzen Volkswirtschaft sowie in allen anderen Bereichen des gesellschaftlichen Lebens durchführt, um mit den vorhandenen Arbeitskräften und ihren sich entwickelnden Fähigkeiten, den Produktionsausrüstungen und Rohstoffen, ausgehend von der volkswirtschaftlichen Aufgabenstellung des Planes, den Reproduktionsprozeß als Ganzes intensiver zu gestalten und dadurch den ökonomischen Nutzeffekt zu erhöhen.«[203] Diese Definition deckte nahezu alles ab, ohne den Kern des künftigen

---

200 Niederschrift über den Zwischenbericht der Arbeitsgruppe 6, o. D. (1967). SAPMO-BArch, DY-34/5033, S. 1-17.
201 Ebd., S. 15, 10.
202 Hübner, Gesellschaftliche Strukturen, in: Geschichte der Sozialpolitik, Bd. 9, S. 111.
203 Sozialistische Rationalisierung und Standardisierung. Tafelwerk, Berlin(O) 1967, S. 7 f.

7. Risiken »sozialistischer Rationalisierung« und einer »ökonomisierten Sozialpolitik«

Übels zu benennen. Sie ging aber noch weiter. Denn die »komplexe sozialistische Rationalisierung« sollte auch die Verbesserung der Arbeits- und Lebensbedingungen der Werktätigen, ihre Qualifizierung und die Einbeziehung in den sozialistischen Wettbewerb beinhalten und wurde deshalb in erster Linie als »kluge Arbeit mit den Menschen« verstanden.[204]

Schon in einem Kommuniqué vom Oktober 1966 wies der FDGB-Bundesvorstand auf Diskussionen in gewerkschaftlichen Mitgliederversammlungen hin, in denen man kritisierte, »daß in den Rationalisierungskonzeptionen unzureichend darauf orientiert wird, mit der Lösung technisch-ökonomischer Probleme gleichzeitig die Arbeits- und Lebensbedingungen zu verbessern.«[205] Das Dauerthema der schlechten Arbeitsorganisation und stockenden Materiallieferungen hatte nichts von seiner Aktualität verloren, mit wechselseitigen Schuldzuweisungen zwischen Betriebsleitungen und Belegschaften war ihm aber kaum beizukommen, solange die Wirtschaftsreform nicht konsequent umgesetzt wurde. In ebenso sarkastischer wir realistischer Offenheit beschrieb ein Arbeiter eines staatlichen Tiefbaubetriebes in Schwedt/Oder, »daß bei einigen Kollegen die schöpferische Initiative erst nach dem offiziellen Feierabend, bei Schwarzarbeiten und Sondereinsätzen beginnt. Wenn einige größere Geldscheine bei Maurer-, Abrißarbeiten usw. nach Feierabend winken, dann treten bei manchen Kollegen auch solche Hobbys wie Angeln, Skatspielen, Schrebergarten und ähnliches in den Hintergrund. Ich bin der Meinung, daß die Kollegen auch während der normalen Arbeitszeit durch eine gute Arbeitsorganisation ihr Geld verdienen könnten. Aber das liegt nicht an den Kollegen, sondern an mangelnder Leitungstätigkeit.«[206]

Generell war der Unterschied zwischen sozialistischer und kapitalistischer Rationalisierung offensichtlich schwer zu vermitteln. Die »Einheit« sah daher hierin auch eine der wichtigsten Aufgaben ideologischer Arbeit.[207] Daß solche Kritik drastisch ausfallen konnte, belegte ein interner Bericht aus einem staatlichen Baukombinat in Ost-Berlin, der feststellte: »Wie gereizt die Bauarbeiter reagieren, zeigte sich kürzlich auch bei dem Thema ›sozialistische Rationalisierung‹. Sie hielten den Funktionären entgegen: Sprecht doch nicht immer von sozialistischer Rationalisierung – als ob es einen Unterschied zwischen sozialistischer und kapitalistischer Rationalisierung gäbe. Es gibt doch auch kein sozialistisches oder kapitalistisches Auto, keine kapitalistische oder sozialistische Maschine. Der Kapitalismus ist gezwungen zu rationalisieren, um konkurrenzfähig zu bleiben und wir sind gezwungen zu rationalisieren, um auf dem Weltmarkt zu bestehen. Ein Unterschied besteht allerdings darin, daß die einen es mit ihrem Kapitalismus besorgen, wir aber mit unseren Knochen.«[208]

---

204 Ebd., S. 13.
205 »Tribüne« vom 5.10.1966.
206 »Tribüne« vom 15.10.1966 (Diskussionsrubrik »Meine, deine, unsere Freizeit«).
207 Siegfried Wikerski, Ideologische Probleme der komplexen sozialistischen Rationalisierung in der DDR, in: Einheit 21 (1966), S. 1350-1355.
208 MB Ostbüro Oktober 1966, S. 4.

V. Der »Arbeiterstaat« nach dem Mauerbau (1961–1971)

Wenn die SED angesichts solcher verbreiteter Einstellungen ihre umfassende Reformstrategie realisieren wollte, waren somit nicht nur erhebliche Überzeugungsarbeit insbesondere der Gewerkschaften nötig, sondern auch eine durchgreifende Verbesserung des gesamten Produktionsablaufs sowie eine Sozialpolitik, der die schwierige Balance von ökonomischer Stimulierung und sozialer Absicherung gegenüber Rationalisierungsfolgen gelang. Eines der Vorzeigeobjekte war in diesem Zusammenhang das Uhrenkombinat Ruhla. Die FDGB-Spitze sah hierin das Ergebnis einer intensiven gewerkschaftlichen »politisch-ideologischen Überzeugungs- und Aufklärungsarbeit der Werktätigen«. Dabei bildete der sozialistische Wettbewerb das Hauptinstrument der Beteiligung der gesamten Belegschaft an der »komplexen sozialistischen Rationalisierung.«[209]

Um diese spröde Materie den Adressaten näherzubringen, ließ sich der Bundesvorstand immerhin einiges einfallen. Das bislang vor allem für die historisch-politische Bildung eingesetzte Instrument der »Dia-Tonbild-Schau« wurde nun auch hier eingesetzt. Unter dem sinnigen Titel »Kollege Ratio und die technische Revolution« entwickelten einige Autoren im Auftrags des FDGB eine Schau, die eine Mischung aus Zeichentrickfilm, moderner Grafik, Reportagephoto, Photomontage für die Bildseite und Elementen von Hörspiel-, Reportage- und Funkdokumentation für die Tongestaltung darstellte. Die gewerkschaftliche Kulturzeitschrift »Kulturelles Leben« bemühte sich um dramaturgische Veranschaulichung: »Eine Rahmenhandlung mit zwei führenden Figuren, Kollege Ratio und Kollege Zweifling, verband nicht nur die wichtigsten Themenkomplexe der komplexen sozialistischen Rationalisierung, sondern gab den Autoren auch die Möglichkeit, in die einzelnen Wirtschaftszweige hineinzuleuchten. Ein mitreisender Kommentator erhielt die Aufgabe, die Probleme in den aufgesuchten Betrieben der verschiedensten Eigentumsformen für die Gesamtwirtschaft unserer Republik zu verallgemeinern.«[210]

Sozialpolitik erhielt unter den Bedingungen verschärfter Rationalisierungsbemühungen eine viel wichtigere kompensatorische Funktion als zuvor, zugleich sollten ihre Auswüchse beschnitten werden. Aber diese euphemistisch als »Einheit des Kampfes um Steigerung der Arbeitsproduktivität und Verbesserung der Arbeits- und Lebensbedingungen« charakterisierte Aufgabe fiel in der Praxis sehr unterschiedlich aus, gerade weil der Spielraum der einzelnen Betriebe und der VVB erweitert worden war. So beklagte der Zentralvorstand der IG Metall 1965, daß die Investitionsmittel im Industriezweig Gießereien »oftmals einseitig für die Steigerung der Produktion verwendet wurden, ohne gleichzeitig Maßnahmen durchzuführen, welche die körperlich schwere Arbeit erleichtern und die sozialen Einrichtungen verbessern.« Er führte drastische Beispiele für die Arbeitsbedingungen der Gießereiarbeiter an, die schwere Formkästen, Formsand und Kerne manuell zu heben und zu transportieren hatten, so daß eine betriebsärztliche Stel-

---

209 »Die Erfahrungen der Gewerkschaftsarbeit im Uhrenkombinat Ruhla«, in: »Tribüne« vom 12. 12. 1967 (Dokumente). Vgl. oben, Abschnitt 5 (S. 568 ff.).
210 Gerhard Kuhn, Die »Dia-Tonbild-Schau« im Experiment und Ergebnis, in: »Kulturelles Leben« 1968 H. 6/7, S. 38 f.

7. Risiken »sozialistischer Rationalisierung« und einer »ökonomisierten Sozialpolitik«

lungnahme von »unmenschlichen, geradezu viehischen Belastungen« sprach und der Krankenstand deutlich anstieg.[211] Die Verbesserung der Arbeits- und Lebensbedingungen sollte der so oft beschworenen »Sorge um den Menschen« konkrete Gestalt geben und damit wiederum Anreize zur Steigerung der Arbeitsproduktivität auslösen. Die Arbeitsgruppe Sozialpolitik in Ulbrichts Strategischem Arbeitskreis fächerte in ihren bis 1980 reichenden prognostischen Erörterungen die dabei auftauchenden Probleme im Detail auf und sprach nicht zuletzt die dringende Notwendigkeit einer durchgreifenden Preisreform an. Wie der signifikanten und unter ideologischen Aspekten völlig inakzeptablen Einkommensdifferenzierung zwischen den Klassen und Schichten, die sich ohne korrigierende Eingriffe nach 1970 noch vergrößern würde, beizukommen war, blieb offen. Gleiches galt für das Problem einer Verbesserung des äußerst niedrigen Rentenniveaus, das mit der steigenden Zahl von Rentnern immer mehr an Brisanz gewann. 1965 betrug die durchschnittliche Altersrente der Arbeiter und Angestellten rund 156 Mark, das entsprach etwa 33 Prozent des durchschnittlichen Nettoarbeitseinkommens.[212] Was öffentlich kaum angesprochen wurde, fand in den internen Papieren dieser Zeit häufig eine bemerkenswert ungeschminkte Darstellung. »Die Problematik bei der Einkommenspolitik unseres Staates besteht darin«, hieß es in einer streng vertraulichen Präsidiumsvorlage von Fritz Rösel (Abteilung Sozialpolitik) für den FDGB-Bundesvorstand von 1966, »daß die Arbeiterklasse zwar die größten Leistungen beim Aufbau des Sozialismus vollbringt, aber nur den geringsten Anteil pro Kopf an den erreichten Ergebnissen hat.«[213] Die Ideologie des »Arbeiterstaates« konnte kaum ernüchternder in Frage gestellt werden.

Vor dem Hintergrund solcher teils gewollter, teils ungewollter prekärer Modernisierungseffekte wird plausibel, daß gegen Ende der Ära Ulbricht »zusehends unduldsamere Rufe nach der Hebung des Lebensstandards« laut wurden und eine wirtschaftspolitische Kurskorrektur zur Stabilisierung der SED-Herrschaft aktuell wurde.[214]

---

211 Bericht der IG Metall über den Stand der Verbesserung der Arbeits- und Lebensbedingungen, insbesondere des Erfüllungsstandes der Investitionen für die Sozialeinrichtungen im Industriezweig der VVB Gießereien vom 20.10.1965, SAPMO-BArch, DY 34/ 8502. Ich danke Peter Hübner für diesen Hinweis.
212 Zwischenbericht der Arbeitsgruppe Sozialpolitik (o. D.; 1966/67), SAPMO-BArch, DY 34/5033 (30 S.).
213 Stellungnahme zum Entwurf der Konzeption zur Entwicklung des Lebensstandards bis 1970 vom 17.10.1966, SAPMO-BArch, DY 34/6767 (18 S. mit 2 Anlagen). Die dort angeführten Daten werden zwar als nicht ganz exakt charakterisiert, sie geben aber die Größenordnung der Einkommensdifferenzierung gut wieder: demnach hatten Arbeiter und Angestellte ein durchschnittliches Monatseinkommen von 550 M, LPG-Mitglieder von 526 M, Handwerker von 1.300 M., freischaffende Intelligenz ca. 3.400 M und Rentner von 170 M.
214 Christoph Boyer/Peter Skyba, Sozial- und Konsumpolitik als Stabilisierungsstrategie. Zur Genese der »Einheit von Wirtschafts- und Sozialpolitik« in der DDR, in: DA 32 (1999), S. 577-590, hier: S. 583.

8. Qualifikationsoffensiven, Arbeitskräfterekrutierung und mentale Barrieren gegen die Gleichberechtigung der Frauen im gesellschaftlichen Alltag

Einer 1970 vom »Staatssekretariat für westdeutsche Fragen« herausgegebenen Broschüre »Das schöne Geschlecht und die Gleichberechtigung in der DDR« wurde als Motto ein Zitat August Bebels vorangestellt: »Die Frau der neuen Gesellschaft ist sozial und ökonomisch vollkommen unabhängig, sie ist keinem Schein von Herrschaft und Ausbeutung mehr unterworfen, sie steht dem Mann als Freie, Gleiche gegenüber und ist Herrin ihrer Geschicke.« Bebels Vision sei in der DDR Wirklichkeit geworden, lautete die vollmundige Behauptung, deren Adressat die Bundesrepublik sein sollte.[215] Daß dies trotz aller Bemühungen und Erfolge eher ein schöner Wunsch als gesellschaftliche Realität war, zeigen die gerade in den sechziger Jahren intensivierten internen und öffentlichen Debatten. Als ein exemplarisches Beispiel läßt sich der Rechenschaftsbericht des Zentralen Frauenausschusses der Firma Bergmann-Borsig zum zehnjährigen Bestehen der Frauenausschüsse (1962) anführen. Er kritisierte massiv die fehlende Repräsentation von Frauen in der Führungsetage sowie die verschwindend geringe Berücksichtigung bei der Aktivistenauszeichnung und bilanzierte bitter: »Aber warum sieht man nicht die Leistungen unserer Arbeiterinnen an der Stanze im Generatorenbau oder in der Fräserei, die im Schichtsystem fleißig, pflichtbewußt arbeiten, Wartezeiten vermeiden, Qualitätsarbeit leisten, nicht bummeln, im Produktionsaufgebot ihren Mann stehen und Haushalt und Kinder versorgen? Doch nur, weil sich einige Kollegen nicht freimachen wollen von der althergebrachten Auffassung, in der Frau nur den ›Kochtopfaspiranten und Latschwärmer‹ zu sehen. Und noch nicht das Neue, die große Wandlung der Frau unseres sozialistischen Staates begriffen haben.«[216]

Neben dem grundsätzlichen Emanzipationsaspekt rückte nun aber noch deutlicher das Problem der Arbeitskräfte in den Vordergrund, das auch schon in den fünfziger Jahren eine Rolle gespielt hatte. Für einen Erfolg der wirtschaftlichen und gesellschaftlichen Modernisierung war angesichts der dramatischen demographischen Entwicklung in der DDR die verstärkte Gewinnung und Qualifizierung von Frauen als Arbeitskräften zwingend.[217] Da anders als in der Bundesrepublik die Anwerbung ausländischer Arbeitskräfte in großem Maßstab aus wirtschaftlichen und politischen Gründen nicht ernsthaft erwogen wurde[218], mußte der weiteren Erschließung des weiblichen Arbeitskräftepotentials eine Schlüsselfunktion zukommen. Das implizierte gezielte Maßnahmen zur Verbesserung der Infrastruktur, um den Frauen die Vereinbarkeit von Familie und Berufsarbeit zu erleichtern. Nötig waren aber auch verstärkte Bemühungen, mentale Barrieren in

---

215 Zit. bei Renate Wiggershaus, Geschichte der Frauen und der Frauenbewegung, Wuppertal 1979, S. 155.
216 Wiedergegeben bei Lüdtke/Becker (Hg.), Akten, S. 219 ff.
217 Vgl. oben, Abschnitt 1 (S. 545 ff.).
218 Vgl. unten Abschnitt 9 (S. 614 ff.) und Geschichte der Sozialpolitik, Bd. 9, Kap. III 13.

8. Qualifikationsoffensiven, Arbeitskräfterekrutierung und mentale Barrieren

der Gesellschaft und einem immer noch patriarchalisch strukturierten Herrschaftsapparat abzubauen. Beide Aspekte bestimmten das im Dezember 1961 vom Politbüro verabschiedete Kommuniqué »Die Frau – der Frieden und der Sozialismus«, das für die sechziger Jahre die offizielle Grundlage aller Debatten und Maßnahmen bildete.[219]

Das Kommuniqué beschränkte sich auf wenige allgemeine Grundsätze und wurde wenig konkret. Wichtiger für die Umsetzung war insofern der Beschluß des Ministerrats vom 19. April 1962, der präzise Aufgaben für die künftige Frauenpolitik formulierte.[220] Im Vergleich zu dem farblosen Text ist aber vor allem die dreimonatige Kampagne zum Kommuniqué von Interesse, weil sie Einblicke in die mentalen Probleme bietet.[221] Obwohl die Erfolge deutlich betont wurden, kritisierte das Politbüro die Unterschätzung der Rolle der Frau in der sozialistischen Gesellschaft. »Es ist eine Tatsache, daß ein völlig ungenügender Prozentsatz der Frauen und Mädchen mittlere und leitende Funktionen ausübt, obwohl 68,4 Prozent aller arbeitsfähigen Frauen im Alter von 16 bis 60 Jahren berufstätig sind. Es muß auch darauf hingewiesen werden, daß die Zahl der jungen Frauen und Mädchen, die für technische Berufe ausgebildet werden, zurückgeht.« Hier sollte Abhilfe geschaffen werden. Ferner betonte das Kommuniqué die Gleichberechtigung als »unabdingbares Prinzip des Marxismus-Leninismus und eine Angelegenheit der ganzen Gesellschaft. Deswegen kann die Verwirklichung dieser Aufgabe nicht den Frauen und Mädchen selbst überlassen werden. Alle Leitungen der Partei in den Betrieben der Industrie und der Landwirtschaft, im Staatsapparat, in den kulturellen Institutionen, Gewerkschaften und anderen Massenorganisationen sind verpflichtet, die Beschlüsse der Partei und der Regierung zur Förderung und Entwicklung der Frauen zielstrebiger zu verwirklichen und ihre Durchführung ständig zu kontrollieren.«[222]

Damit war das alte Problem der ungenügenden Repräsentanz mit neuem Nachdruck auf die Tagesordnung gesetzt worden. Alle staatlichen und gesellschaftlichen Institutionen hatten in Zukunft genau festzulegen, wie sie eine Erhöhung des Frauenanteils in mittleren und leitenden Funktionen erreichen wollten. Der Ministerratsbeschluß schrieb daher detailliert vor, was vorrangig zu geschehen habe und wer verantwortlich sei. Das betraf

---

219 Text des Kommuniqués in: Dokumente der SED, Bd. 8, Berlin (O) 1962, S. 504-509. Eine Zusammenstellung aller einschlägigen Gesetze und Verordnungen stammt von 1988: Förderung der Frau in der Deutschen Demokratischen Republik. Gesetzesdokumentation, zusammengestellt und bearbeitet von Ursula Adomeit, Berlin (O) 1988.
220 Text in: Willi Armbrust (Bearb.), Alles für die Entwicklung und Förderung der Frauen. (Erfahrungen aus der Arbeit der staatlichen Organe bei der Verwirklichung des Kommuniqués des Politbüros des ZK der SED: Die Frau – der Frieden und der Sozialismus), Berlin (O) 1964, S. 98-115.
221 Sehr aufschlußreich dazu Susanne Kreutzer, »Sozialismus braucht gebildete Frauen«. Die Kampagne um das Kommuniqué »Die Frau – der Frieden und der Sozialismus« in der DDR 1961/62, in: ZfG 47 (1999), S. 23-37.
222 Dokumente der SED, Bd. 8, S. 506.

V. Der »Arbeiterstaat« nach dem Mauerbau (1961-1971)

- die Erhöhung des Frauenanteils in mittleren und leitenden Staatsfunktionen,
- die Qualifizierung und Förderung von Frauen für naturwissenschaftliche und technische Berufe,
- konkrete infrastrukturelle Maßnahmen zur Erleichterung des Lebens berufstätiger Frauen.[223]

Im einzelnen bedeutete der Beschluß eine Festlegung, wie und in welchen Etappen Frauen in leitende Funktionen eingesetzt werden sollten; die Schaffung einer weiblichen Kaderreserve von mindestens 25 Prozent bis Ende des Jahres 1962; eine systematische Erhöhung der Delegierung zu Schulungen und Lehrgängen; einen ausdrücklichen Appell an die zentralen und örtlichen Institutionen des Staatsapparates, besondere Anstrengung zur Beschäftigung von Frauen in leitenden Funktionen zu machen. Großes Gewicht legte der Beschluß auf verstärkte Werbung für die Erlernung technischer Berufe und die Qualifizierung in der Elektrotechnik, der Chemieindustrie, der Bauwirtschaft und der Landwirtschaft. Die Betriebe sollten das Fern- und Abendstudium in ihre Frauenförderungspläne aufnehmen, in den Bezirksstädten sollten in den technischen Fachrichtungen spezielle Frauenklassen eingerichtet werden. Die infrastrukturellen Verbesserungen betrafen insbesondere Arbeiterinnen in Schwerpunktbetrieben, deren Betriebsverkaufsstellen ihr Sortiment und ihr Verteilernetz zu verbessern hatten. Analoge Verbesserungen sollte es auf dem Lande geben. Das Netz von betrieblichen und kommunalen Kinderkrippen und Kindergärten sowie Einrichtungen der Vorschulerziehung sollte erweitert werden und somit den Müttern die Berufstätigkeit erleichtern.

Zwar fehlte in diesen und anderen Texten der alte Klassenkampfjargon nicht, aber im Gesamtduktus rückten nachdrücklicher die Probleme einer modernen Gesellschaft ins Zentrum. Fachliche Qualifikation und Weiterbildung avancierten in den sechziger Jahren deshalb zum wichtigsten Thema in der DDR neben dem NÖS. Neben der generellen Verbesserung der Qualifikationsstruktur, insbesondere dadurch, daß der Anteil an Ungelernten reduziert wurde, standen spezielle Bildungs- und Weiterbildungsangebote für Frauen auf allen Stufen des Bildungswesens auf der Tagesordnung. Die Ausgaben für das Bildungswesen im Staatshaushalt (ohne Investitionen) stiegen von 3,61 Milliarden Mark (1960) auf 5,80 Milliarden Mark (1970). Das war, gemessen am Nationaleinkommen (1960: 71,05 Milliarden Mark, 1970: 108,32 Milliarden Mark), keine rasante Steigerung, jedoch ist zusätzlich der ständig gewachsene Beitrag der Betriebe für Bildungsausgaben zu berücksichtigen. Er betrug 1970 etwa 2 Milliarden Mark.[224]

Während der Ausbau der Volkshochschulen primär der ergänzenden Qualifikation und der Förderung der Allgemeinbildung galt, erhielten die Betriebsakademien eine wichtige Funktion für die fachliche Weiterqualifikation von Arbeiterinnen und Arbeitern. 1953 waren die Betriebsvolkshochschulen durch Technische

---

223 Text in: Alles für die Entwicklung, S. 98-115.
224 Harry Maier/Jürgen Wahse, Probleme der Entwicklung des Bildungsniveaus und der Qualifikationsstruktur der Werktätigen in der DDR, in: Jb.WG 1974 I, S. 123-144, hier: S. 134.

8. Qualifikationsoffensiven, Arbeitskräfterekrutierung und mentale Barrieren

Betriebsschulen in den VEB ersetzt worden. Sie sollten ungelernten Arbeitern ein den verschiedenen Lohngruppen angepaßtes technisches Wissen vermitteln. Diese Lohngruppenqualifizierung wurde 1959 durch eine systematische Stufenqualifizierung in den Betriebsakademien ersetzt. Für jedes Qualifikationsniveau vom Ungelernten bis zum Hochschulkader boten sie auf die verschiedenen Wirtschaftszweige ausgerichtete Rahmen-Curricula an, die eine Vergleichbarkeit der Anforderungen sicherstellen sollte. Örtliche Kleinbetriebe unterhielten gemeinsame Bildungseinrichtungen.[225] Die generellen Qualifizierungsangebote und die spezifischen für Frauen erhielten damit einen neuen Rahmen.

In diesen Zusammenhang der intensivierten Frauenförderung gehört auch die nach dem V. Parteitag von 1958 als Massenbewegung forcierte Entwicklung der Hausfrauenbrigaden.[226] Ihre primäre Funktion war die Gewinnung von nicht berufstätigen Frauen für den außerhäuslichen Arbeitsprozeß. Von einer Massenbewegung konnte zwar kaum die Rede sein, wenn man auf die Zahl von 4.031 Brigaden mit rund 30.000 Mitgliedern im Jahre 1960 schaut.[227] Etwa zwei Drittel wurden in der Landwirtschaft eingesetzt. Damit konnte man an Traditionen ländlicher Saisonarbeit anknüpfen. In der Industrie war die Beschäftigung schwieriger, weil sie zumeist außerhalb des Arbeitskräfteplans erfolgte, vielfach die Bestimmungen des Unfallschutzes und der Sozialversicherung mißachtet wurden und die Arbeit sich »nicht selten auf primitivste Formen von Gelegenheitsarbeit« beschränkte.[228] Die Bereitschaft zu ständiger Berufstätigkeit, und sei es zu Teilzeitarbeit, ist aber möglicherweise durchaus gefördert worden. Dafür spricht nicht zuletzt die Tatsache, daß diese Brigaden in den sechziger Jahren allmählich schrumpften und sich schließlich auflösten. Denn dank verstärkter Bildungswerbung und breiterer Qualifikationsangebote stieg die Zahl voll oder in Teilzeit arbeitender Frauen in diesem Jahrzehnt ständig an und machte die Hausfrauenbrigaden zunehmend überflüssig.

Große Anstrengungen galten der schwierigen Aufgabe, einen Bewußtseinswandel in der Gesellschaft und in den Betrieben zu erreichen. Die Justizministerin Hilde Benjamin hatte 1958 polemisch die auf diesem Feld besonders hartnäckigen Rückstände im Bewußtsein kritisiert: »Männer, die ein durchaus fortschrittliches Verhältnis zu ihrer Arbeit haben, die am sozialistischen Wettbewerb teilnehmen und gute Mitglieder sozialistischer Arbeitskollektive sind, führen sich in ihren vier Wänden häufig noch als die Haustyrannen auf, zu denen die Ausbeutergesellschaft den Mann entwickelt hat.«[229] Das Problem erwies sich auch in der neuen Gesellschaft offenkundig als kompliziert, waren doch deren durch und

---

225 Handbuch der deutschen Bildungsgeschichte, Bd. VI, Zweiter Teilband, hg. von Christoph Führ und Carl-Ludwig Furck, München 1998, S. 322-324.
226 Hans-Jürgen Arendt, Zur Entwicklung der Hausfrauenbrigaden in der DDR 1958 bis 1961/62. Eine besondere Form der Einbeziehung nichtberufstätiger Frauen in die Lösung volkswirtschaftlicher Aufgaben beim Aufbau des Sozialismus, in: Jb.WG 1979 I, S. 53-70.
227 Ebd., S. 63.
228 Ebd., S. 62.
229 Vortrag am 1. Februar 1958 »Wer bestimmt in der Familie?«, in: Geschichte der Sozialpolitik, Bd. 8, Dokument Nr. 8/180, CD-ROM.

V. Der »Arbeiterstaat« nach dem Mauerbau (1961–1971)

durch autoritäre Strukturen kaum geeignet, gründliche Abhilfe zu schaffen. »Die Gleichberechtigung der Frau täglich im Leben durchsetzen« lautete die Parole des VI. FDGB-Kongresses, der die unbefriedigende Berücksichtigung des Politbüro-Kommuniqués beklagte und die Gewerkschaftsleitungen zu systematischen Anstrengungen »durch eine breite und geduldige ideologische Arbeit mit allen Kolleginnen und Kollegen« ermahnte.[230] Die 1967 erschienene »Kleine Enzyklopädie. Die Frau« konstatierte offen den Widerspruch zwischen Möglichkeiten und Realitäten und benannte die zahlreichen Vorbehalte, die gegenüber technischen Berufen und leitenden Positionen von Frauen existierten. Stattdessen gab es eine Konzentration von Frauen in bestimmten Industriezweigen (insbesondere Textil- und Lebensmittelindustrie) und in den unteren Lohngruppen II bis IV, auch wenn hier seit 1963 Veränderungen erkennbar wurden.[231]

Tab. 32: Anteil der weiblichen Produktionsarbeiter an Produktionsarbeitern insgesamt in einigen Bereichen der zentral geleiteten volkseigenen Industrie 1962

Wirtschaftsbereich	Prozent
Sozialistische Industrie insgesamt	33,0
Volkseigene zentral geleitete Industrie insgesamt	31,0
Chemie	30,2
Schwermaschinenbau	10,7
Allgemeiner Maschinenbau	23,9
Elektronik	41,1
Textil, Bekleidung, Leder	71,0
Holz, Papier, Polygraphie	39,5
Lebensmittelindustrie	71,9

[**Quelle:** Kleine Enzyklopädie. Die Frau, Leipzig 1967, S. 807.]

Dieses prekäre Verteilungsmuster glich in vieler Hinsicht dem der gerade auf diesem Gebiet als besonders rückständig kritisierten Bundesrepublik. Ein weiterer Ausbau der Kinderbetreuungsstätten bildete demzufolge eine der wichtigsten Voraussetzungen für die weitestgehende Einbeziehung der Frauen in den Arbeitsprozeß. Im Gegensatz zu überzogenen Erwartungen und auch stereotypen westdeutschen Wahrnehmungen wurde dabei keineswegs vollständig übersehen, »daß auch die besten Einrichtungen nur eine Ergänzung der Erziehung der Kinder in der Familie und ihrer häuslichen Geborgenheit sein können.«[232] (☛ vgl. *Abb. 64*)

In der Kampagne zum Kommuniqué des Politbüros wurden die Barrieren deutlich angesprochen und kritisiert, die einer wirklichen Gleichberechtigung der

---

230 Protokoll 6. FDGB-Kongreß (Entschließungen), S. 797 f.
231 Kleine Enzyklopädie. Die Frau, 6., neubearb. Aufl., Leipzig 1967, S. 805-825.
232 Ebd., S. 825.

8. Qualifikationsoffensiven, Arbeitskräfterekrutierung und mentale Barrieren

Frau auch in einer sozialistischen Gesellschaft offenkundig im Wege standen.²³³ Das waren Anfang der sechziger Jahre zunächst noch in starkem Maße fehlende infrastrukturelle Hilfen für berufstätige Frauen, insbesondere solche, die sich weiterqualifizieren wollten. »Das Einkaufen, die Wäsche und der Kindergarten sind drei Dinge, die noch viele der berufstätigen Frauen vor dem Wort ›Qualifizierung‹ zurückschrecken lassen«, stellte die Gewerkschaftszeitung »Tribüne« fest.²³⁴ Nach einem Bericht der Arbeitsgruppe Frauen beim ZK der SED betrugen 1962 die Wartezeiten bei Wäschereien noch acht bis zehn Wochen. In der Pressekampagne für das Kommuniqué wurden aber auch »egoistische« und »rückschrittliche« Ehemänner vorgeführt, die sich gegen eine Erwerbsarbeit und Qualifizierung der Frauen stellten und Haushaltsarbeit verweigerten.

Abb. 64: Nur für wenige Jahre existierte eine eigene Zeitschrift »für die Interessen der werktätigen Frau«; Titelblatt des Hefts Januar 1960.

Noch deutlicher tauchte in der Debatte auf, daß es verbreitete »direkte Widerstände von einigen Wirtschaftsfunktionären, Meistern und auch männlichen Facharbeitern gegen die Förderung und den Einsatz von Frauen« in mittleren und leitenden Funktionen gab und daß einer verbesserten Qualifikation häufig kein Einsatz auf entsprechenden Berufspositionen folgte.²³⁵ Schließlich fehlten am Ende der Debatte aber auch nicht beschwichtigende Töne, die den Männern entgegenkommen sollten. So rügte Paula Acker, Mitglied der Agitationskommission des ZK der SED, man könne den Eindruck haben, als heiße das Kommuniqué »Die Frau, der Kindergarten und der böse Mann« und plädierte dafür, daß Männer und Frauen die Probleme gemeinsam lösten.²³⁶ Das betraf in besonderem Maße die Kinderbetreuung.

Die Geschichte der Kinder »zwischen Krippe und Familie« läßt sich nicht auf einen einfachen Nenner bringen.²³⁷ Im Zuge des ökonomisch motivierten Ausbaus der Kinderbetreuung spielte nicht zuletzt das Erziehungsprogramm, das Vorbildfunktionen auch für die familiäre Erziehung übernehmen sollte, eine wichtige Rolle. Andererseits gab es Verschiebungen, die aus dem Verhalten von arbeitenden Frauen, insbesondere Arbeiterinnen, resultierten. So ging Anfang der

---

233 Kreutzer, Sozialismus, S. 24.
234 »Tribüne« vom 22. März 1962, zit. bei Kreutzer, Sozialismus, S. 27.
235 Ebd., S. 29.
236 Zit. ebd., S. 31.
237 Ausführlich und differenziert dazu Wierling, Geboren im Jahr Eins, S. 388-416.

V. Der »Arbeiterstaat« nach dem Mauerbau (1961–1971)

siebziger Jahre die Belegung von Wochenkrippen, deren Plätze ursprünglich für Schichtarbeiterinnen reserviert wurden, immer stärker zurück, da Frauen mit kleinen Kindern kaum noch zu Schichtarbeit bereit waren. Hinzu kamen relativ häufige Fehlzeiten bei Krankheit der Kinder, was wiederum die Skepsis der Betriebsleitungen verstärkt haben dürfte. Die notwendigen Kompromisse zwischen Berufsarbeit und Kinderwunsch waren für Arbeiterfamilien oft besonders schwierig. Was Dorothee Wierling für die Geschichte der Kleinkinderversorgung der siebziger Jahre festgestellt hat, dürfte sich bereits in den Sechzigern abgezeichnet haben. Das Bild deckt sich nicht einfach mit den apologetischen oder kritischen Einschätzungen vor oder nach dem Ende der DDR. »Weder war die Versorgung so flächendeckend, wie es im nachhinein den Anschein hat, noch war der Wunsch der Frauen nach ununterbrochener Berufstätigkeit so stark, daß sie unter allen Umständen daran festhielten.«[238] Der Prozentsatz von Krippenplätzen für Kinder unter drei Jahren stieg von 8 Prozent (1950) auf 23 Prozent (1970) – das waren 5.278 Krippen und Heime mit insgesamt 183.000 Plätzen – und erreichte erst 1989 rund 60 Prozent. Der schnelle Ausbau in den sechziger Jahren diente in erster Linie dem Ziel der Gleichberechtigung und der Berufstätigkeit von Frauen, aber auch einem stärkeren Einfluß auf die Erziehung. Die Professionalisierung des Personals und die gezielte Förderung von Funktionsbauten gehörten dazu.[239] Das Mißtrauen gegenüber Krippen blieb aber durchaus verbreitet. So äußerten 1968 junge Facharbeiterinnen und Lehrlinge, die nach ihren Lebensplänen befragt wurden, zu 64 Prozent die Absicht, ihre Berufstätigkeit vorübergehend zu unterbrechen, um sich der Betreuung ihrer Kleinkinder zu widmen.[240] Immerhin wurden solche Wünsche vom Arbeitsrecht gedeckt, das die Sicherheit des Arbeitsplatzes garantierte.

Es war kaum zu erwarten, daß Partei und Gewerkschaft in ihren Leitbildern dem damaligen Zeitgeist wesentlich voraus waren. Insofern läßt sich leicht feststellen, daß die offiziösen Texte gängige Vorstellungen von geschlechtsspezifischer Arbeitsteilung, der gesellschaftlichen Rolle der Frau und den Verhaltensweisen des »starken Geschlechts« in vielen Punkten oft reproduzierten. Vor allem hieß Gleichberechtigung, wie Vertreterinnen der Frauenbewegung kritisch vermerken, »Frauen an das männliche Erwerbsverhalten heranzuführen. Die männliche Berufsbiographie liefert den normativen Maßstab für Frauenförderkonzepte.«[241] Das Bild war jedoch nicht einheitlich. Das Familiengesetzbuch von 1965 setzte zwar die Berufstätigkeit der verheirateten Frau und Mutter mehr oder minder als selbstverständlich voraus. Der erste Kommentar des Justizministeriums dazu erkannte aber ausdrücklich auch die alleinige Betreuung der Kinder und die Arbeit

---

238 Ebd., S. 411.
239 Karl Zwiener, Geschichte der Krippenerziehung in der DDR, in: Was für Kinder. Aufwachsen in Deutschland. Ein Handbuch, Redaktion: Donata Elschenbroich, Lising Pagenstecher, München 1993, S. 300-303.
240 Gisela Helwig, Frauenförderung und Familienpolitik in der DDR, in: DA 8 (1975) Sonderheft, S. 46-57, hier: S. 52.
241 Diemer, Patriarchalismus, S. 116.

8. Qualifikationsoffensiven, Arbeitskräfterekrutierung und mentale Barrieren

im Haushalt »als vollen Beitrag zum Familienaufwand« an.[242] Die Familienpolitik behielt weiterhin einen primär auf die Frauen bezogenen Akzent, der Appell für eine veränderte Rolle von Männern in der Familie und bei der Hausarbeit und Kindererziehung blieb eher ein verbale Pflichtübung.[243] Wieweit nach dem forcierten Prozeß der Einbeziehung der Frauen ins Erwerbsleben in der Ära Ulbricht seit den siebziger Jahren das Pendel eher wieder in die andere Richtung schwang und die »neue Mütterlichkeit« angesichts der fatalen demographischen Entwicklung in den Vordergrund rückte, während sich gleichzeitig alternative Lebensformen immer mehr durchsetzten und unverheiratete, alleinerziehende Frauen selbstverständlicher wurden[244], bedürfte einer genaueren Untersuchung.

Ein Ausweg aus dem Dilemma der politisch gewünschten und auch überwiegend von den Frauen akzeptierten Vereinbarkeit von Berufsarbeit und Familie lag in einem Angebot, das eigentlich als Einstiegshilfe in die volle Berufsarbeit gedacht war, aber nun zunehmend umfunktioniert wurde: Teilzeitarbeit. Dieses »Kuckucksei«[245] wurde schnell zum heimlichen Modell von Erwerbstätigkeit von Ehefrauen und konfrontierte die Partei- und Staatsführung mit einem schwer zu steuernden Problem. Die Geschichte dieses Modells sagt daher viel über Wünsche und Kompromisse aus. Zwischen 1967 und 1970 nahm die Zahl der verkürzt arbeitenden Frauen in Arbeiter- und Angestelltenhaushalten um mehr als vier Prozent zu.[246] 1958 arbeiteten etwa 9 Prozent aller lohnabhängig beschäftigten Frauen verkürzt, 1970 waren es schon über 30 Prozent.[247]

Die in der späten Ulbricht-Ära wieder zu Ehren gekommene empirische Sozialforschung hat sich bereits intensiv mit den Motiven und Hindernissen beschäftigt, die Frauen veranlaßten, eine Berufsarbeit aufzunehmen, sich weiterzuqualifizieren oder auch auf Teilzeitarbeit umzusteigen. Nach dem Verhältnis von materiellen und ideell-moralischen Motiven wurde dabei eingehend gefragt. Einer der Ausgangspunkte war der im Vergleich zu Männern überproportional hohe Krankenstand von Frauen. Besonders dramatische Resultate förderte eine Untersuchung in einem der größten Ostberliner Textilbetriebe zu Tage. Aber auch in Magdeburg und Leipzig war der Krankenstand übermäßig hoch. Bei den Produktionsarbeiterinnen in dem untersuchten Berliner Textilbetrieb lag er bei 12,6 Prozent, bei den übrigen weiblichen Beschäftigten nur bei 5,7 Prozent. Mangelnde Mechanisierung und schwere körperliche Arbeit waren dafür mitverantwortlich. Die »Flucht in die Krankheit« bildete bisweilen den einzigen Ausweg für

---

242 Zit. bei Helwig, Frauenförderung, S. 46.
243 Ebd., S. 47.
244 So Diemer, Patriarchalismus, S. 405 f.; Merkel, Leitbilder, in: Kaelble/Kocka/Zwahr (Hg.), Sozialgeschichte, S. 373 f.
245 Christine von Oertzen/Almut Rietzschel, Das »Kuckucksei« Teilzeitarbeit. Die Politik der Gewerkschaften im deutsch-deutschen Vergleich, in: Gunilla-Friederike Budde (Hg.), Frauen arbeiten. Weibliche Erwerbstätigkeit in Ost- und Westdeutschland nach 1945, Göttingen 1997, S. 212-251.
246 Helwig, Frauenförderung, S. 48.
247 Almut Rietzschel, Teilzeitarbeit in der Industrie: ein »Störfaktor« auf dem Weg zur »Verwirklichung« der Gleichberechtigung?, in: Hübner/Tenfelde (Hg.), Arbeiter, S. 169-184, hier: S. 170.

V. Der »Arbeiterstaat« nach dem Mauerbau (1961-1971)

Mütter kleiner Kinder, um sich vorübergehend intensiver familiären Aufgaben widmen zu können.[248]

Über das Verhältnis zur Berufstätigkeit und die Motive für die Arbeitsaufnahme stellte 1965 die Soziologische Abteilung der Martin-Luther-Universität Halle-Wittenberg eine Untersuchung unter Produktionsarbeiterinnen und -arbeitern im Alter bis zu 35 Jahren in einigen Betrieben der VVB Elektrochemie an.[249] Daß materielle Motive dabei deutlich im Vordergrund standen, ist wenig überraschend. Aber die sozialen Aspekte spielten ebenfalls eine wichtige Rolle.

Tab. 33: Einstellung der Männer zur beruflichen Weiterbildung ihrer Ehefrauen beziehungsweise Freundinnen (Prozent)[a]

Antwort	Männer				Frauen		
	Ehefrau berufs-tätig	Ehefrau nicht be-rufstätig	ledig	gesamt	ver-heiratet	ledig	gesamt
ja	36,4	31,7	73,6	52,6	27,8	60,6	42,2
ja, auch wenn sich für ihn daraus eine zusätzliche Belastung ergibt	9,1	21,0	11,3	12,1	16,6	4,6	11,4
kommt auf die Umstände an	27,3	21,0	9,4	18,1	22,2	11,6	17,5
nein	24,9	26,3	3,8	15,5	20,4	13,9	17,5
weiß es nicht	2,3	–	1,9	1,7	13,0	9,3	11,4

[a] Die Frauen wurden gefragt, ob ihr Ehemann, Verlobter oder Freund wünscht, daß sie sich beruflich weiterbilden. Diese Frage wurde von 95 Prozent der verheirateten und von 70 Prozent der unverheirateten Frauen beantwortet. Auf die Frage an die Männer, ob sie wünschen, daß ihre Ehefrau, Verlobte oder Freundin sich beruflich weiterbildet, antworteten 98 Prozent der verheirateten, deren Ehefrau berufstätig ist, 68 Prozent der verheirateten, deren Ehefrauen nicht berufstätig sind, und 93 vH der unverheirateten Männer.
[Quelle: SBZ-Archiv 18 (1967), S. 25.]

Im Hinblick auf die Teilzeitarbeit war die Situation komplizierter. Erste Ansätze in den fünfziger Jahren fielen sehr restriktiv aus, weil Partei und Gewerkschaft nicht von ihren Vorstellungen der voll berufstätigen Frau abrücken und Teilzeitarbeit allenfalls als Notlösung akzeptieren wollten. Mit dem Arbeitsgesetzbuch von 1961 avancierte die Halbtagsarbeit aber zum Schlüssel für die Durchsetzung eines Rechts auf Arbeit für Hausfrauen, die aus familiären Gründen nicht voll arbeiten konnten. Als wissenschaftliche Berechnungen noch auf das Sparpotential hinwiesen, weil weniger Kosten für Kinderbetreuungsstätten anfallen würden, warb die Frauenabteilung des FDGB sogar offensiv für die Teilzeitarbeit. Die Begeisterung kühlte aber schnell weder ab, als sich herausstellte, daß sich nicht nur die ursprünglich angesprochene Zielgruppe, sondern auch immer mehr vollbeschäftigte Frauen für dieses Modell entschieden. Denn wenn sich Frauen freiwillig auf eine »niedere Entwicklungsstufe« begaben, stellte das die langfristigen

---

248 Rudolf Walter, Untersuchungen über Frauenarbeit. Hoher Krankenstand der weiblichen Arbeitskräfte und seine Ursachen, in: SBZ-Archiv 15 (1964), S. 295 f.
249 Darüber informierte ausführlich die Zeitschrift »Wirtschaftswissenschaft« 14 (1966) H. 7, abgedruckt in: SBZ-Archiv 18 (1967), S. 24-27.

Grundlagen der Frauenpolitik und das volkswirtschaftliche Interesse an mehr Arbeitskräften in Frage.[250]

Eine 1969/70 durchgeführte Erhebung unter 962 Teilzeitarbeiterinnen aus 10 VEB der Elektrotechnik und Leichtindustrie ergab, daß drei Hauptmotive im Vordergrund standen: Probleme der Vereinbarkeit von Beruf und Familie, die politisch-ideologische Einstellung der interviewten Frauen und ihrer Ehemänner zur Berufstätigkeit sowie die gesundheitliche Labilität vieler Frauen. Festgehalten wurde aber auch, daß 60 Prozent der befragten Betriebsleiter der Meinung waren, Teilzeitarbeit führe zu Störungen im Produktionsablauf.[251]

Auch die Umfrage des ZK-Instituts für Meinungsforschung förderte 1970 zu Tage, daß sich zwar 80 Prozent der befragten Männer und Frauen für eine Berufstätigkeit von Ehefrauen aussprachen, aber nur ein Fünftel für Vollzeitarbeit.[252]

Unter solchen Auspizien entschlossen sich SED und FDGB zu einer Art »Eindämmungspolitik«. Anträge auf Teilzeitarbeit wurden häufiger, insbesondere in Industriebetrieben, abgelehnt, wenn keine hinreichenden »objektiven Gründe« vorzuliegen schienen und »Bequemlichkeit« als Motiv vermutet wurde. Wie die Ergebnisse aber ausfielen, hing stark von den betrieblichen und personellen Gegebenheiten ab und war häufig Gegenstand informeller Aushandlungsprozesses. Auch hier zeigte sich erneut das spezifische Dilemma der Gewerkschaftsvertreter, die sich bei allzu eindeutiger Orientierung an rein ökonomischen Argumenten leicht den fatalen Vorwurf der »Herzlosigkeit« und damit neue Schwierigkeiten einhandeln konnten.[253] Andererseits gab es Grenzen der Belastbarkeit der Betriebe und Fälle, wo Teilzeitarbeit wirklich zu einem Störfaktor wurde. Das zeigte im Extrem beispielhaft ein Betrieb für Meßgeräte im Bezirk Karl-Marx-Stadt, der etwa 1.000 Frauen beschäftigte, 35 Prozent davon in Teilzeit. Als die Betriebsleitung bei ihnen etwa 40 unterschiedliche Anfangs- und 55 verschiedene Endzeiten bei der Arbeit feststellte, zog sie die Notbremse. Sie kündigte an, wer die Eingrenzung auf 15 mögliche Arbeitszeiten nicht akzeptieren wolle, können nicht mehr weiterbeschäftigt werden.[254]

Insgesamt ergibt sich ein sehr differenziertes Bild sowohl von der Praxis als auch von den Motiven der Teilzeitarbeiterinnen. Angesichts des offiziellen Leitbildes der voll berufstätigen Frau konnte Teilzeitarbeit ein Akt von »Eigen-Sinn« und Verweigerung sein, zumal die Kritiker schnell mit dem Vorwurf von »Überheblichkeit« oder »kleinbürgerlicher Denkweise« bei der Hand waren. Für viele war die verkürzte Arbeit aber auch nur eine wirkliche Notlösung oder eine Konzession, um dem von anderer Seite zu hörenden Etikett der »Rabenmutter« zu begegnen.[255]

---

250 Oertzen/Rietzschel, Kuckucksei, in: Budde (Hg.), Frauen S. 230-237.
251 Helwig, Frauenförderung, S. 49 f. (mit einer differenzierten Tabelle der erhobenen Indikatoren für die Motive der Teilzeitbeschäftigten).
252 Oertzen/Rietzschel, Kuckucksei, in: Budde (Hg.), Frauen, S. 240.
253 Ebd., S. 242 f.
254 Rietzschel, Teilzeitarbeit, in: Hübner/Tenfelde (Hg.), Arbeiter, S. 177.
255 Vgl. die differenzierte Erörterung ebd., S. 180 ff.

V. Der »Arbeiterstaat« nach dem Mauerbau (1961–1971)

Ein ganz anderes Problem, das Arbeiterinnen und Arbeiter gleichermaßen betraf, tauchte in veränderter Form in den sechziger Jahren im Bildungswesen verschärft auf: der Grundsatzkonflikt zwischen politisch gewollter egalitärer Zielsetzung und notwendiger Differenzierung nach Begabung und Leistung. Nach dem Ende der Arbeiter-und-Bauern-Fakultäten als besonderem Förderungsinstrument stellte sich die Frage, ob und wie »die Arbeiterklasse« beim Zugang zur Erweiterten Oberschule (EOS) und zur Universität zu privilegieren sei. Die zu keiner Zeit klar definierte Kategorie Arbeiterklasse erlaubte flexible Interpretationen, so daß zumindest der gesamte hauptamtliche Herrschaftsapparat einbezogen werden konnte.[256] Gleichwohl führte dieses alte Strukturproblem marxistisch-leninistischer Bildungspolitik zu Irritationen und Diskussionen, für die es keine passablen Lösungen gab. Anders als in den fünfziger Jahren, wo Konzepte einer »positiven Diskriminierung« früher benachteiligter Schichten offensiv vertreten wurden, trat nun der Widerspruch zwischen der proklamierten modernen sozialistischen Leistungsgesellschaft und ihren eingebauten ideologischen Bremsen besonders deutlich zutage. Letztlich blieb der hohe Modernisierungsanspruch in einem Kompromiß zwischen Bindung an die Vergangenheit und Öffnung für eine erfolgversprechende Zukunft stecken. Die »Grundsätze für die Weiterentwicklung der Berufsausbildung als Bestandteil des einheitlichen sozialistischen Bildungssystems«, von der Volkskammer am 11. Juni 1968 verabschiedet[257], gingen von neuen technischen Anforderungen im Berufsleben aus und stellten sich auf die Veränderung herkömmlicher Ausbildungsberufe und die Herausbildung von Grundberufen ein. Damit sollten das Ausbildungsniveau und die Disponibilität der Facharbeiter erhöht werden. Zugleich aber galt der »Verbesserung der klassenmäßigen Erziehung der Lehrlinge« ein eigener Abschnitt in dem wortreichen Dokument. Spezielle Frauenförderprogramme bildeten hier lediglich eine schmale Komponente der übergreifenden Programmatik.

Es ist insbesondere aus feministischer Sicht häufig kritisiert worden, daß es in der Frauen- und Familienpolitik der SED stets um verschiedene Sonderregelungen zur Förderung der berufstätigen Frau ging, das Übel damit aber nicht an der Wurzel gepackt wurde, sondern die patriarchalischen Strukturen der DDR-Gesellschaft erfolgreich verschleiert worden seien.[258] Gleichwohl ist nicht zu übersehen, daß mit den konkreten Maßnahmen, die dem Kommuniqué folgten, ein »Take-Off der Frauenförderung«[259] eingeleitet wurde, der in diesem Jahrzehnt zu wesentlichen sozialstrukturellen Veränderungen führte. Die Einführung von Teilzeitarbeit, die verschiedenen Qualifizierungsangebote wie »Teilfacharbeiterausbildung«, Teilstudium an Fach- und Hochschulen, das Frauensonderstudium für Ingenieu-

---

256 Siehe oben, Einleitung (S. 9 ff.).
257 Gbl. DDR 1968 I, S. 262-271. Vgl. Oskar Anweiler, Bildungspolitik, in: Geschichte der Sozialpolitik, Bd. 9, S. 582-592.
258 Kreutzer, Sozialismus, S. 24. Vgl. zum Gesamtzusammenhang auch Budde (Hg.), Frauen arbeiten.
259 Gunilla-Friederike Budde, Paradefrauen. Akademikerinnen in Ost- und Westdeutschland, in: ebd., S. 183-211, hier: S. 191.

8. Qualifikationsoffensiven, Arbeitskräfterekrutierung und mentale Barrieren

rinnen sind einige der markanten Bereiche.[260] Der gezielte und schnelle Ausbau infrastruktureller Dienstleitungen und Stützungsmaßnahmen gehörte zu den wichtigen Voraussetzungen, um sicherzustellen, daß die Angebote auch realisiert werden konnten. Vom hehren Ziel einer vollständigen Gleichberechtigung war man zwar noch weit entfernt, aber immerhin wurden wesentliche äußerliche Rahmenbedingungen dafür geschaffen. Zudem gab es in den sechziger Jahren in den Medien eine intensive Debatte, die nicht lediglich das offizielle Frauenleitbild reproduzierte, sondern zentrale Probleme der Geschlechterpolarisierung aufgriff.[261] Das ökonomische Motiv war ohne Zweifel zentral, aber im »Zwang zur Arbeit«[262] ging die Frauenpolitik der SED nicht auf. Berufstätigkeit wurde zunehmend trotz aller Schwierigkeiten zu einem fast selbstverständlichen Element des Lebens und reichte in seiner individuellen Bedeutung erheblich über das Motiv des Geldverdienens hinaus.

Aus der Rückschau nach dem tiefen Umbruch von 1989/90, der besonders für viele in der Industrie arbeitende Frauen »Abwicklung« und Arbeitslosigkeit mit sich brachte, ist die kaum zu überschätzende Bedeutung der Arbeit für das Selbstwertgefühl und die soziale Kommunikation noch deutlicher geworden. Illustrative Berichte wie die von 13 Arbeiterinnen und Angestellten der ORWO-Werke in Wolfen (Bitterfeld) geben davon einen plastischen Eindruck.[263] Zwei Passagen aus dem autobiographischen Bericht einer 1952 geborenen Chemiefacharbeiterin können das belegen. Sie sind deutlich nostalgisch gefärbt, was angesichts der Schließung der Fabrik Anfang der neunziger unschwer nachvollziehbar ist, erschöpfen sich aber ebenso wie die übrigen Lebensbilder keineswegs in der Nostalgie.

»Es gab das Frauensonderstudium. Man hatte einen richtigen Abschluß. Während der Arbeitszeit gab es in der Woche freie Tage zum Studieren. Manchmal waren es auch 14 Tage hintereinander. Das wurde alles vom Betrieb bezahlt. Gerade von Muttis wurde das viel in Anspruch genommen. Wegen der Kinder arbeiteten die in Tagschicht und konnten so noch ein Studium machen. Bei dem Gros der Kollegen war das nicht so beliebt. Wir mußten für die einspringen, das war eine Belastung. Ja, das war so der Nachteil vom Sozialismus, muß ich sagen. Die Muttis gehörten noch zur Brigade, aber blieben zu Hause. Die Arbeit hat dann eine bestimmte Altersklasse gemacht. Die 30- bis 50jährigen waren regelmäßig da, die konnten immer arbeiten, und die Jungen blieben zu Hause wegen der Kinder. Es gab ja vom Staat viele Vergünstigungen für junge Muttis, und die wurden auch in Anspruch genommen. Und für die, die es betroffen hat, war es nicht schlecht. Aber die, die weiter gearbeitet haben, muß-

---

260 Kreutzer, Sozialismus, S. 35 f.
261 Diemer, Patriarchalismus, S. 71.
262 So die Überschrift eines für westdeutsche Wahrnehmung charakteristischen Artikels im SBZ-Archiv. Rudolf Walter: Zwang zur Arbeit. Über die Gleichberechtigung der Frau in Mitteldeutschland. in: SBZ-Archiv 11 (1960), S. 354-357.
263 Angelika Behnk/Ruth Westerwelle, Die Frauen von ORWO. 13 Lebensbilder, Leipzig 1995.

ten, wenn drei oder vier schwanger waren, die Arbeit mitmachen. Es war keine Belastung, aber es war nicht so beliebt. Aus heutiger Sicht war es überhaupt keine Belastung. Denn was wir heute machen, steht in keinem Vergleich zu dem, was wir damals gemacht haben. Wir haben auch gearbeitet, aber viel, viel lockerer, ohne diesen ständigen Druck irgendwie.«
»Und dann hatten wir noch das, was wir frohes Brigadeleben nannten, mit Gartenfesten, Grillfesten. Wir konnten das immer als Schicht machen. Entweder konnte ein Teil arbeiten gehen, oder manchmal hat eine ganze Schicht unsere Arbeit übernommen. Der Zusammenhalt war schön. Das war eine Gemeinschaft, nicht nur arbeitsmäßig. Das war im Prinzip unsere Familie. Bei normalen Geburtstagen hatte man gar keine Zeit, den mit der Verwandtschaft zu feiern, das lief dann im Betrieb. Es wurden auch Probleme ausgetauscht, was in der Ehe war, was so passierte. Wir haben uns gut verstanden.«

Eine 1944 geborene, seit 1967 als Mechanikerin bei ORWO arbeitende Frau betonte, obwohl sie sich dann doch nicht ganz sicher war, ihre grundsätzliche Zufriedenheit und gab damit ein Muster wieder, das sich ohne Zweifel für viele in der DDR generalisieren läßt.

»Früher waren wir zufrieden, nach dem Motto: Uns kann ja nichts passieren. Ich kann mich jedenfalls nicht erinnern, daß mal jemand entlassen wurde. Wir haben es nicht anders gekannt. Gebummelt haben wir früher nicht, das machen wir auch heute nicht. Ach doch, zufrieden war ich schon. Und politisch war ich nie, deshalb bin ich auch oft genug angeeckt. Ich war in keiner Partei. Ich hab aber gerne gesagt, soweit ich's konnte, was ich gedacht hab, ja. Ich bin nun mal in der DDR geboren und hab hier gelebt. Ich hatte nie irgendwelche West-Verwandtschaft, das andere hab ich nur durch's Fernsehen gekannt. Ich würde sagen, ich war eigentlich zufrieden, doch. Weil ich nichts anderes kannte.«[264]

9. Ausländische Arbeiter in der DDR – proletarischer Internationalismus oder pragmatischer Arbeitseinsatz?

Internationalismus und Völkerfreundschaft gehörten im Selbstverständnis der SED zu den prägenden Merkmalen der DDR. Aber was blieb davon im gesellschaftlichen und betrieblichen Alltag jenseits pathetischer Bekenntnisse? Der Umgang mit ausländischen Arbeitern kann darauf zumindest eine Teilantwort liefern. Anders als in der Bundesrepublik, wo die ersten »Gastarbeiter« in den fünfziger Jahren angeworben wurden, tauchte dieses Problem, das in der Entwicklung der internationalen Arbeiterbewegung bereits eine lange Geschichte

---

264 Die drei zitierten Passagen ebd., S. 141, 143, 126.

9. Ausländische Arbeiter in der DDR – Internationalismus oder Arbeitseinsatz?

hatte[265], in der DDR erst Mitte der sechziger Jahre auf. Denn auch der Mauerbau hatte den Arbeitskräftemangel nicht völlig beheben können, zumal der weiteren Erschließung der weiblichen Arbeitskraftreserven Grenzen gesetzt waren. In größerem Umfang bekam aber die DDR erst in den siebziger und achtziger Jahren mit der Anwerbung von Vietnamesen, Afrikanern und Kubanern ihr »Gastarbeiterproblem«.

Daß die SED hier zunächst sehr zurückhaltend vorging, hatte vor allem drei Gründe. Zum einen war die Beschäftigung ausländischer Arbeiter durch die Ausbeutungspolitik der Nazizeit belastet und erforderte für ein antifaschistisches Regime daher besondere Sensibilität. Zum andern wollte sich der Staat, der sich als Alternative zur Bundesrepublik verstand, auch auf diesem Feld demonstrativ von den oft unwürdigen westdeutschen Verhältnissen im Umgang mit »Gastarbeitern« absetzen. Schließlich hätte ein Einsatz von Ausländern in größerem Maßstab finanzielle Probleme und infrastrukturelle Folgekosten mit sich gebracht, die nicht einfach zu bewältigen waren. Viele Probleme, die in voller Schärfe erst später sichtbar wurden, lassen sich aber bereits in der Anfangsphase der Ausländerbeschäftigung erkennen.

Erste Planungen zum Einsatz ausländischer Vertragsarbeiter stammten noch aus der Zeit vor dem Mauerbau. Karl Mewis, der Vorsitzende der Staatlichen Plankommission, verwies auf die voraussichtliche Deckungslücke von rund 70.000 Arbeitskräften für das Jahr 1962. In einer vom Politbüro bestätigten Vorlage vom 28. Juli 1961 wurden Bulgarien, Polen und Ungarn als mögliche Entsendungsländer genannt, die ursprünglich auch erwähnte Sowjetunion tauchte dort nicht mehr auf. Sowjetische Facharbeiter, Ingenieure und Techniker sollten jedoch zusätzlich gewonnen werden. Nach dieser Vorlage war der Einsatz von 15.000 Bulgaren, 10.000 Polen und 5.000 Ungarn in der DDR vorgesehen. Die Aufteilung der Arbeitskräfte auf die einzelnen Branchen gibt einen Hinweis auf die zu dieser Zeit besonders »notleidenden« Zweige der DDR-Volkswirtschaft: Maschinenbau 7.000, Braunkohlentagebau, Chemie und Bauwirtschaft jeweils 4.000, Textilindustrie 3.000, Metallurgie sowie Betriebs- und Regelungstechnik jeweils 2.000, Untertagebergbau, Energiewirtschaft, Leichtindustrie und Fischverarbeitung jeweils 1.000. Die Beschäftigung sollte auf einen Zeitraum von drei bis fünf Jahren begrenzt werden.[266]

Diese Pläne blieben jedoch Papier, da die Vorstellungen der DDR bei den Partnern auf große Zurückhaltung oder Ablehnung stießen, so daß das Politbüro im Februar 1962 seinen regulären Beschluß »über den Einsatz von Arbeitskräften aus dem Ausland« vom 9. Oktober 1961 wieder aufhob und das gesamte Vorhaben erst einmal abbrach.[267] Der Neuansatz war deutlich bescheidener und konzentrier-

---

265 Vgl. Klaus J. Bade (Hg.), Deutsche im Ausland – Fremde in Deutschland. Migration in Geschichte und Gegenwart, München 1992; Ulrich Herbert, Geschichte der Ausländerbeschäftigung in Deutschland 1880 bis 1980, Berlin 1986.
266 Hoffmann, Aufbau und Krise, S. 530 f. Vgl. auch Jörg Roesler, Beschäftigung, soziale Sicherung und soziale Integration von Ausländern, in: Geschichte der Sozialpolitik, Bd. 9, S. 645 ff.
267 Hoffmann, ebd., S. 535.

V. Der »Arbeiterstaat« nach dem Mauerbau (1961-1971)

te sich auf leichter auszuhandelnde Qualifikations- und Pendlerabkommen auf regionaler Ebene. Erleichtert wurden solche Vereinbarungen durch die wachsende Zahl polnischer Jugendlicher im arbeitsfähigen Alter, für die es gerade in den wenig industrialisierten Gebieten entlang der Oder zu wenig Arbeitsplatzangebote gab, so daß der polnische Staat am Angebot der DDR Interesse haben mußte, auch wenn dieser Export von Arbeitskräften als nationale Schmach angesehen wurde. Da angesichts der historischen Tradition der Saisonarbeiter aber jede Assoziation an frühere Perioden in Polen unbedingt vermieden werden sollte, wurde vereinbart, die Öffentlichkeit nicht über die vertraglichen Regelungen zu informieren.[268]

Der erste Schritt war das zeitlich auf zunächst zwei Jahre befristete »Hirschfelder Abkommen« vom März 1963 »über die Unterstützung bei der Qualifizierung von 500 polnischen Werktätigen im Braunkohlenbergbau der DDR«.[269] Die Betonung des Ausbildungselements sollte die Akzeptanz erleichtern. Die polnischen Arbeiter wurden nach den Tarifbestimmungen der DDR bezahlt, erhielten aber nicht die sozialen Zusatzleistungen. Dieses Abkommen kam noch vor dem NÖS zustande. Eine den Prinzipien der Wirtschaftsreform entsprechende Regelung hätte eigentlich darauf hinauslaufen müssen, die Betriebe stärker einzuschalten und auch die Möglichkeit einer längerfristigen Beschäftigung ins Auge zu fassen. Solche Perspektiven wurden zwar in einer deutsch-polnischen Wirtschaftskommission erörtert, von polnischer Seite aber abgelehnt, vermutlich aus politischen Prestigegründen. Als Ersatz kam dann schließlich im März 1966 eine Vereinbarung über die Beschäftigung von Pendlern in den Grenzbezirken zustande.[270] Sie wurde von den Vorsitzenden des Staatlichen Amtes für Arbeit und Löhne der DDR und des entsprechenden polnischen Komitees unterzeichnet, mußte aber den beiden Regierungschefs zur Bestätigung vorgelegt werden. Das Abkommen regelte alle wichtigen praktischen Fragen (Arbeitsverträge, Einreise mit Personalausweis, Zahlung des Nettolohns zu 30 Prozent in Mark und zu 70 Prozent in Zloty, Geldumtausch und Zollmodalitäten, Sozialversicherung, Qualifizierung, Nutzung der kulturellen, sportlichen und sozialen innerbetrieblichen Einrichtungen) und verzichtete auf alle programmatischen Aussagen und Absichtserklärungen. Der sensible Punkt der Beschäftigungsdauer wurde durch einen Kompromiß geregelt. Das Abkommen galt auf unbestimmte Zeit, konnte aber von jeder Seite sechs Monate vor Jahresende gekündigt werden. Auch dieses Abkommen wurde geheimgehalten. In kleinem Umfang waren bereits zuvor lokale und regionale Vereinbarungen über die Beschäftigung polnischer Arbeitskräfte im Chemiefaserwerk Guben und im Kondensatorenwerk Görlitz geschlossen worden.[271]

---

268 Rita Röhr, Polnische Arbeitskräfte in der DDR 1960-1970, in: Hübner/Tenfelde (Hg.), Arbeiter, S. 185-204, hier: S. 190. Die Autorin hat zu dieser Thematik ihre Dissertation verfaßt: Hoffnung – Hilfe – Heuchelei. Geschichte des Einsatzes polnischer Arbeitskräfte in Betrieben des DDR-Grenzbezirks Frankfurt/Oder 1966-1991, Berlin 2001.
269 Roesler, Beschäftigung, in: Geschichte der Sozialpolitik, Bd. 9, S. 647.
270 Text der Pendler-Vereinbarung vom 17.3.1966 im Anhang von Röhr, Hoffnung, S. 218 ff.
271 Röhr, Polnische Arbeitskräfte, in: Hübner/Tenfelde (Hg.), Arbeiter, S. 191.

9. Ausländische Arbeiter in der DDR – Internationalismus oder Arbeitseinsatz?

Beide Modelle, die berufliche Qualifizierung in der DDR und die Anwerbung von Pendlern, bestimmten die erste Phase der Ausländerbeschäftigung. Die Pendlervereinbarung blieb ein für beide Seiten günstiger Sonderfall und läßt sich überwiegend auf der Habenseite der Bilanz verbuchen. Gravierendere Probleme traten erst nach dem Abkommen von 1967 mit Ungarn »über die zeitweilige Beschäftigung junger ungarischer Werktätiger in sozialistischen Betrieben der DDR zum Erwerb praktischer Berufserfahrungen« auf. Denn hier handelte es sich um Arbeitsmigration mit all ihren klassischen Folgeproblemen. Ein wichtiges Motiv für das Abkommen war auf ungarischer Seite die Einführung einer Wirtschaftsreform, die Entlassungen in Ungarn wahrscheinlich machte. Offiziell wurde das Abkommen als wechselseitiger Jungfacharbeiteraustausch mit einer Laufzeit von zwei bis drei Jahren deklariert, um dem Eindruck des reinen Arbeitskräfteexports entgegenzuwirken. Die DDR hat jedoch ihren Teil praktisch nicht eingelöst. Die Grundsätze des Abkommens glichen denen des Pendlerabkommens mit Polen: Gleichberechtigung bei den Löhnen und der sozialen Absicherung, aber Abstriche bei den sozialpolitischen Leistungen. Nicht nur quantitativ, sondern auch im Hinblick auf die Unterbringung stellten die ungarischen Arbeiter eine andere und neue Dimension im Vergleich zu den polnischen Pendlern im Grenzgebiet dar.[272] Während die polnischen Pendler bis 1970 nicht mehr als 2.200 zählten, sollten in den ersten drei Jahren 13.635 ungarische Arbeiter in die DDR kommen. Tatsächlich reisten nur 11.967 an, 60 Prozent von ihnen verfügten bereits über einen Facharbeiterbrief. Das Abkommen wurde mehrfach verlängert und bis 1979 sind insgesamt rund 38.000 ungarische Arbeiter in der DDR (für jeweils drei Jahre) beschäftigt gewesen. Eingesetzt wurden sie überwiegend im Fahrzeug- und Maschinenbau, in der Elektrotechnik und der Leichtindustrie.[273]

Erst am 25. Mai 1971 unterzeichnete die DDR auch mit Polen einen ähnlichen Vertrag wie mit Ungarn. Die Einlösung bereitete jedoch charakteristische Schwierigkeiten. Die DDR-Seite schlug für 1971 den Einsatz von 9.000 polnischen Arbeitern vor, für das folgende Jahr sogar 10.000. Polnischerseits konnten aber für 1971 nur 5.700 Arbeitkräfte angeworben werden. Nur 3.900 reisten tatsächlich an.[274] Doch selbst damit übernahm sich die DDR, weil es Schwierigkeiten bei der Unterbringung in den verschiedenen Industrieorten gab. Als Ausweichlösung wurden etwa 1.000 polnische Arbeiter in Berlin untergebracht. Einschließlich der Grenzpendler lag die Zahl der polnischen Arbeitskräfte in der DDR seit 1971 im Rahmen der beiden Abkommen jährlich zwischen 6.000 und 10.000.[275]

---

272 Roesler, Beschäftigung, in: Geschichte der Sozialpolitik, Bd. 9, S. 651.
273 Sandra Gruner-Domic, Zur Geschichte der Arbeitskräftemigration in die DDR. Die bilateralen Verträge zur Beschäftigung ausländischer Arbeiter (1961–1989), in: IWK 32 (1996), S. 205-230, hier: S. 208 f.
274 Röhr, Hoffnung, S. 112. Die Zahlen decken sich nicht genau mit denen bei Gruner-Domic, sie stammen aus unterschiedlichen Archivalien.
275 Gruner-Domic, Geschichte, in: IWK 32 (1996), S. 211.

V. Der »Arbeiterstaat« nach dem Mauerbau (1961–1971)

Anders als bei den Pendlern handelte es sich nach dem Abkommen vom Mai 1971 nun um mehrheitlich bereits ausgebildete Vertragsarbeiter, die für zwei bis drei Jahre vorwiegend in solchen Betrieben der DDR einzusetzen waren, die für den Export nach Polen produzierten oder über eine Produktionsstruktur verfügten, wie sie für neue Betriebe in Polen geplant war. Sie mußten in der DDR untergebracht werden, erhielten ihren Lohn zu 100 Prozent in Mark und konnten ihn anders als die Pendler voll nach Polen transferieren. Zusatzvereinbarungen legten fest, daß Polen in Gruppen von mindestens 50 einzusetzen waren und daß ab 150 polnischen Bewohnern von Gemeinschaftsunterkünften ein polnischer Gruppenbetreuer vorzusehen war, der von der DDR bezahlt wurde. Der polnische Staat sollte für polnische Dolmetscher in den Betrieben mit polnischen Werktätigen sorgen. Auch die Mitgliedschaft im FDGB war neben der in einer polnischen Gewerkschaft nicht nur möglich, sondern gewünscht. Polnische Mitglieder bildeten in diesem Rahmen eigene Gewerkschaftsgruppen. Sie konnten das soziale und kulturelle Angebot des FDGB in Anspruch nehmen.[276] Diese Festlegungen machten insgesamt einen vernünftigen und ausländerfreundlichen Eindruck. Wieweit sie jedoch umgesetzt werden konnten, hing stark von den örtlichen Gegebenheiten, insbesondere von der Art der Unterbringung, ab. Zwar lassen sich hier kaum generalisierende Feststellungen treffen, aber angesichts der notorischen wohnungspolitischen Probleme der DDR bildete die Bereitstellung angemessener Unterkünfte ein gravierendes Problem, das auch andere Aspekte der sozialen Integration unmittelbar tangierte. Laut Vertrag sollten die polnischen Arbeitskräfte in festen Unterkünften, also nicht in Baracken, untergebracht werden. Das ließ sich aber bisweilen nur realisieren, wenn die Betriebe auf räumlich entfernter liegende Wohnmöglichkeiten zurückgriffen. Dies wiederum verlängerte die Fahrwege, förderte aber auch die soziale Isolation und erschwerte die Nutzung betrieblicher Sport- und Kultureinrichtungen.[277]

Die in den sechziger Jahren insgesamt geringe Größenordnung beim Einsatz polnischer wie ungarischer Arbeiter und Arbeiterinnen, der spezifische Zuschnitt des Arbeitseinsatzes und die strikte staatliche Steuerung einschließlich der zeitlichen Begrenzung verdeckten zunächst die Akzeptanzprobleme der Bevölkerung sowie Schwierigkeiten bei der sozialen Integration in den Betrieben und in der Gesellschaft insgesamt, wie sie später massiv auftraten. Dennoch lassen sich angesichts nationaler Vorbehalte und Sprachbarrieren charakteristische Schwierigkeiten und Konflikte, aber auch Chancen dieser staatssozialistischen Variante von »Gastarbeiterbeschäftigung« bereits in diesen Jahren beobachten. Analysen für ausgewählte Betriebsbeispiele, aber auch die interne Berichterstattung der staatlichen Stellen und des MfS geben darüber interessante Aufschlüsse.

Über die im »Qualifizierungseinsatz befindlichen polnischen Arbeiter« im Bereich der VVB Braunkohle Cottbus – es handelte sich um 466 in verschiedenen Betrieben arbeitende Polen – stellte das MfS eine Reihe von »Hemmnissen und

---

276 Röhr, Hoffnung, S. 103-110.
277 Ebd., S. 111.

9. Ausländische Arbeiter in der DDR – Internationalismus oder Arbeitseinsatz?

Mißständen« zusammen.[278] Danach gewährleisteten »die politische Zusammensetzung und der ideologische Zustand der polnischen Arbeiter kaum eine wirksame massenpolitische Arbeit, um spezielle Fragen der Arbeitsmoral und -disziplin usw. zu klären.« Es gab »Arbeitsbummelei«, Vortäuschen von Krankheiten, wiederholte Fehlschichten, Überziehen der Pausen und des Urlaubs. Für die Bemühungen der Werksleitungen um theoretische Ausbildung zeigten die Arbeiter wenig Verständnis. In Aussprachen betonten sie statt dessen, sie seien in die DDR gekommen, um möglichst viel Geld zu verdienen und sich eine solide materielle Grundlage zu schaffen. Zusätzliche Forderungen bezogen sich auf
- die Zahlung gleicher Löhne und Prämien für alle Polen,
- die Bewilligung von Deputatkohle, Trennungsgeld und Wochenendurlaub über die vertraglichen Regelungen hinaus,
- die Ausgabe von zusätzlichem Branntwein oder ersatzweise Schokolade und Zigaretten.

Es fehlte aber offensichtlich auch nicht an politischen Wünschen, die das MfS besonders alarmierten. Dazu gehörte die Möglichkeit, westliche Zeitschriften zu erhalten und westliche Fernsehsendungen empfangen zu können. Die auf polnischer Seite zuständigen Genossen zeigten nach Einschätzung des MfS wenig Interesse oder waren nicht in der Lage, »für Disziplin und Ordnung im Kollektiv der polnischen Bürger« zu sorgen. Bemängelt wurden der sorglose Umgang mit der Einrichtung in den Wohnlagern sowie Warenschmuggel. Die offiziell von polnischer und deutscher Seite organisierten Freizeitangebote fanden wenig Resonanz. Dagegen wurde »der überwiegende Teil der Freizeit in Gaststätten, teilweise mit moralisch nicht einwandfreien weiblichen Personen, verbracht.« Eine Reihe von »Vorkommnissen« und schweren Schlägereien führten zu Ermittlungsverfahren. »Charakteristisch für die aufgetretenen Schlägereien zwischen polnischen und deutschen Arbeitern ist, daß bisher keine Kumpel der Braunkohlenbetriebe in diese Konflikte verwickelt waren. Vorkommnisse dieser Art ereigneten sich ausschließlich unter Beteiligung von Arbeitern der Bauindustrie und der Ausrüstungsbetriebe. Ursachen dieser Auseinandersetzungen waren besonders übermäßiger Alkoholgenuß oder die Aufnahme von Beziehungen zu weiblichen Personen.«

Das hier vom MfS gezeichnete Bild unterschied sich in seinen Konturen, selbst wenn es stark dramatisiert war, kaum substantiell von Reportagen der Volkspolizei über jugendliches »Rowdytum«[279] und hätte prinzipiell auch von der preußischen Polizei im Ruhrgebiet vor 1914 stammen können. Es bediente sicherlich gewisse traditionelle antipolnische Stereotype, zeigte aber auch, wie schwierig unabhängig vom politischen System Ausländerbeschäftigung in der Praxis des Arbeitslebens umzusetzen war.

---

278 Information vom 20.4.1964, BStU, Z 862, Bl. 6-11.
279 Vgl. Thomas Lindenberger, Volkspolizei. Herrschaftspraxis und öffentliche Ordnung im SED-Staat 1952–1968, Köln 2003, Kap. 9 (Volkspolizei und »Rowdytum«).

V. Der »Arbeiterstaat« nach dem Mauerbau (1961-1971)

Dieser Befund läßt sich anhand späterer Berichte weiter erhärten, als die zunächst nur punktuell registrierten »negativen Erscheinungen« angesichts einer erheblich gewachsenen Zahl ausländischer Arbeiter deutlich anstiegen. Die Ungarn schnitten dabei, folgt man den Informationen des MfS, keineswegs besser ab als die Polen.[280] Die Schwerpunkte beim Einsatz ausländischer Arbeitskräfte lagen in den Industriebezirken Dresden, Karl-Marx-Stadt, Halle und Leipzig. Ob tatsächlich auch zunehmend politische Aspekte bei den registrierten »Vorkommnissen« eine Rolle spielten, mag dahingestellt bleiben. Eher typisch für die Situation einer wenig integrierten und stark isolierten Ausländergruppe in einem nach außen abgeschotteten Staat wie der DDR waren die sozialen Konflikte, die neben den »zunehmenden Verletzungen sozialistischer Rechtsnormen« vom MfS registriert wurden. Das Sündenregister war lang: Verbreitung feindlicher Ideologien, Einschleusung von westlichem Hetzmaterial, »Hetze im Zusammenhang mit den CSSR-Ereignissen«, ungesetzliches Verlassen der DDR, Arbeitsniederlegungen aus verschiedenen sozialen und politischen Gründen, Arbeitsbummelei, häufige Fehlschichten, wachsende allgemeine Kriminalität und »Verletzungen der Normen des sozialistischen Gemeinschaftslebens«, zu denen Alkoholexzesse, sexuelle Ausschreitungen, »Unsauberkeit im persönlichen Aussehen«, ruhestörender Lärm und Belästigung von DDR-Bürgern gerechnet wurden. Besonders betroffen waren die großen Gemeinschaftsunterkünfte in den Industriebezirken. Das MfS führte als ein markantes Beispiel das Neubaugebiet »Hans Beimler« in Karl-Marx-Stadt an, wo ein Wohnblock ausschließlich mit etwa 900 ungarischen Facharbeitern belegt war. »In diesem Wohnblock wurde eine Funkstreife der VP bei der Durchführung polizeilicher Aufgaben beschimpft und mit leeren Getränkeflaschen beworfen. Im Zusammenhang mit der Belästigung einer Frau durch ungarische Arbeitskräfte wurden ein hilfeleistender Volkspolizist sowie die Besatzung von zwei Funkstreifenwagen zusammengeschlagen.« Die Folgen waren unter anderem erregte Auseinandersetzungen mit der Bevölkerung und Unterschriftensammlungen von DDR-Bürgern, die den Auszug der ungarischen Arbeiter forderten.

In der Erörterung der Gründe wies das MfS sicher zu Recht an erster Stelle auf die soziale Situation der meist jugendlichen und unverheirateten ausländischen Arbeiter hin, die schlechte Sprachkenntnisse besaßen und sich in der neuen Umgebung noch nicht zurecht fanden. Diese Situation wurde aber zugleich politisch interpretiert: als ein Einfallstor für die »politisch-ideologische Diversion des Klassengegners« in den ständig empfangenen westlichen Rundfunk- und Fernsehsendungen. Zwei Dinge erfuhren in diesem Zusammenhang vom MfS besondere Kritik: Zum einen behinderten die ungarische Botschaft und das Arbeitsministerium Versuche, dem Abhören von »NATO-Sendern« entgegenzuwirken, weil das in Ungarn nicht verboten sei; zum anderen bemängelte das MfS, daß eine Dienststelle fehle, die zentral alle Fragen der Ausländerbeschäftigung koordiniere und einheit-

---

280 Das Folgende nach der – ebenso wie der vorangegangene Bericht – nur an die Parteispitze gerichteten »Information über einige negative Erscheinungen unter ausländischen Arbeitskräften in der DDR« vom 14.8.1969, BStU, MfS ZAIG 1722, Bl. 1-8.

liche Richtlinien entwickle. Vorgeschlagen wurde dafür das »Staatliche Amt für Arbeit und Löhne«. Dieses Amt war zwar von großer Bedeutung für die Rekrutierung und den Einsatz ausländischer Arbeitskräfte, eine umfassende Koordinierungsaufgabe hat es jedoch auch in späteren Jahren nicht übernommen.

Daß die Stasi nicht grundsätzlich übertrieb, wenn es um die fehlende Akzeptanz ausländischer Arbeiter bei der Bevölkerung ging, bestätigte auch der Ministerrat, der Anfang 1970 in einer Zwischenbilanz im gewundenen Jargon eines offiziellen Beschlusses konstatierte: »So traten Komplikationen im gesellschaftlichen Leben [...] auf, wo zentrale Gemeinschaftsunterkünfte in Neubaugebieten geschaffen wurden und durch das Fehlen gesellschaftlicher Leitungen in diesen Gebieten die erforderliche politisch-ideologische Vorbereitung unserer Bevölkerung auf diesen Einsatz unterblieb.«[281]

Eine alarmierende Situation entstand im Dezember 1970 mit den blutigen und politisch folgenreichen Aufständen polnischer Werftarbeiter an der Ostseeküste. Zunächst waren die MfS-Berichte bemerkenswert nüchtern mit einem ratlosen Unterton. »Insgesamt werden die Ausschreitungen verurteilt«, stellte ein Bericht vom 21. Dezember im Hinblick auf die in der DDR arbeitenden polnischen Facharbeiter fest, »bestimmte Protestaktionen und Streiks werden jedoch teilweise als gerechtfertigt angesehen.«[282] Mehrfach betonten polnische Arbeiter in diesem Zusammenhang die Annehmlichkeiten eines Aufenthalts in der DDR im Hinblick auf Lohn und Versorgung mit preiswerten Grundnahrungsmitteln. Für die Diskussionen war jedoch insgesamt typisch, daß sie sehr vorsichtig geführt wurden. »Einige polnische Gastarbeiter äußerten, nicht durch negative Diskussionen auffallen zu wollen, da sie u. U. ihren Arbeitsplatz in der DDR verlieren könnten.«

Wenig markant waren die Aussagen über die Reaktionen der DDR-Bevölkerung auf die Unruhen in Polen. Das MfS registrierte, ein großer Teil habe sich unmittelbar nach dem 16. Dezember, als die ersten offiziellen Informationen herausgegeben wurden, durch die Westsender informiert, weil Zweifel an der Aktualität und Objektivität der DDR-Meldungen geäußert wurden.[283] Zwar bekräftigte die Gesamteinschätzung des MfS die kritische Haltung der Mehrheit der Bevölkerung und die Hoffnung, daß die polnische Führung die Lage unter Kontrolle bringen und »alle Angriffe auf die sozialistischen Errungenschaften zurückschlagen« werde. Doch stellte man offenbar häufig Vergleiche mit der Situation in der DDR an. Dabei wurde nicht nur die bessere Politik der SED hervorgehoben, es tauchten auch kritische Argumente auf. Ausdrücklich als »Einzelstimmen« charakterisierte Hinweise bezogen sich auf Spekulationen und Diskussionen über mögliche Streiks und Demonstrationen in der DDR, auf Sympathie mit den Ar-

---

281 Zit. bei Gruner-Domic, Geschichte, in: IWK 32 (1996), S. 209 (»Beschluß über den Bericht der bisherigen Erfahrungen und Ergebnisse aus dem Einsatz ungarischer und polnischer Werktätiger« vom 7.1.1970).
282 »Information über die Reaktion von in der DDR tätigen polnischen Arbeitskräften zur Lage in der Volksrepublik Polen« vom 21.12.1970, BStU, MfS ZAIG 1879, Bl. 1-7.
283 »Information über die Reaktion der Bevölkerung der DDR zu den Ereignissen in der VR Polen« vom 23.12.1970, BStU, MfS ZAIG 1879, Bl. 1-11.

V. Der »Arbeiterstaat« nach dem Mauerbau (1961–1971)

beitern in Polen, die sich »nicht alles gefallen ließen«, auf antisowjetische Äußerungen und das Bedauern, daß solche Ereignisse in der DDR nicht zustande kämen und »der Deutsche auch endlich einmal aufwachen« müsse.[284] Insgesamt scheint sich nach solchen punktuellen Stimmungsberichten das Bild nicht signifikant von dem unterschieden zu haben, das sich für das Krisenjahr 1956 rekonstruieren läßt: das Interesse an den Vorgängen im Nachbarland blieb unter Arbeitern eher gering und von skeptischer Distanz geprägt.[285]

Diese Haltung dürfte nicht untypisch für die innerbetrieblichen Beziehungen zwischen deutschen und ausländischen Arbeitern in dieser Phase gewesen sein. Zwar bestätigen interne Berichte auch hier Spannungen und Akzeptanzprobleme, aber das war nur die eine Seite der Medaille. Die andere zeigte zumindest bei den Pendlerinnen aus Polen im Halbleiterwerk Frankfurt/Oder und im Textilfaserkombinat Guben eine bemerkenswerte Zufriedenheit. Der Anteil der polnischen Pendlerinnen an den Produktionsarbeiterinnen in diesen Betrieben war erheblich, in Guben stieg er 1970 auf 40 Prozent. Eine solch hohe Quote war völlig ungewöhnlich. Aber gerade in diesen Fällen läßt sich die Ausländerbeschäftigung durchaus als eine relative Erfolgsgeschichte verstehen. Die polnischen Arbeiterinnen schätzten den guten Verdienst und die zunehmend verbesserte soziale Absicherung, für die DDR ergaben sich erhebliche Vorteile, weil zusätzliche Investitionen für Wohnungen und Kinderbetreuung entfielen.[286]

Bei den Pendlern traten in der Regel nicht diejenigen typischen Konflikte auf, die für die ungarischen und später vor allem für die nichteuropäischen Ausländer registriert wurden. Eine Aufnahme in den FDGB war nicht vorgesehen. In beiden Werken wurde jedoch eine eigene polnische Gewerkschaftsgruppe ins Leben gerufen. Ihre Mitglieder gehörten der polnischen Metallgewerkschaft an – der größten in der benachbarten Wojewodschaft. Der Vorsitzende der Gruppe war zugleich Mitglied in der BGL des Betriebes, um dort die spezifischen Interessen der Polen vertreten zu können. Bestimmte soziale Leistungen (wie z. B. Unterbringung von Kindern, Nutzung von Kulturräumen) auch für die polnischen Arbeiterinnen durchzusetzen oder um zusätzliche Vergünstigungen wie betriebsärztliche Versorgung zu erweitern, war in der Praxis nicht immer einfach.[287] Ohne Anspruch auf Generalisierbarkeit hat Rita Röhr in ihrer detaillierten Untersuchung für diese Gruppe in Frankfurt/Oder und Guben bilanziert: »Ungeachtet der besonderen Probleme der polnischen Beschäftigten zielte das betriebliche Vorgehen auf eine weitestgehende Angleichung ihres beruflichen Status an den ihrer deutschen Kollegen. Die bestehenden betrieblichen Sozialbeziehungen sollten durch ihren Ein-

---

284 Zur sozialpolitischen Bedeutung der Unruhen in Polen für die SED demnächst ausführlich Peter Hübner, Sozialismus als soziale Frage. DDR und Polen im Vergleich. Erscheint voraussichtlich 2008.
285 Vgl. oben Kap. IV 2 (S. 398 ff.).
286 Dagmara Jajesniak-Quast, »Proletarische Internationalität« ohne Gleichheit. Ausländische Arbeitskräfte in ausgewählten sozialistischen Großbetrieben, in: Christian Th. Müller/Patrice G. Poutrus (Hg.), Ankunft – Alltag – Ausreise. Migration und interkulturelle Begegnung in der DDR-Gesellschaft, Köln 2005, S. 267-294. Ferner Röhr, Polnische Arbeitskräfte, in: Hübner/Tenfelde (Hg.), Arbeiter, S. 195 f.
287 Röhr, Polnische Arbeitskräfte, in: Hübner/Tenfelde (Hg.), Arbeiter, S. 198 f.

9. Ausländische Arbeiter in der DDR – Internationalismus oder Arbeitseinsatz?

satz erweitert reproduziert, nicht aber verändert werden. Von einer ›Unterschichtung‹ durch die polnischen Arbeitskräfte kann daher keine Rede sein. Nicht nur der Einsatz in generell gemischten Brigaden, die Ausbildungsprogramme und die entsprechende Eingruppierung in den Tarif, auch die Einbeziehung der Beschäftigten in die betrieblichen Sozialleistungen sprechen dagegen.«[288]

Das Gesamtbild ist also trotz verbreiteter nationaler Stereotype und Vorurteile[289] keineswegs nur düster und auch noch nicht von den Erscheinungen dominiert, die in späteren Jahren die soziale Lage außereuropäischer »Gastarbeiter« prägten. Gleichwohl bleibt es diffuser, als die offiziösen Erfolgsbilanzen suggerieren.[290] Werteten die ersten Überlegungen zur Ausländerbeschäftigung von 1961 mögliche Abkommen noch als Ausdruck des »lebendigen sozialistischen Internationalismus«[291], so verflüchtigte sich ein derartiges Pathos in der nüchternen Prosa der überdies noch geheimgehaltenen Abkommen. Aber die anfänglich aus verschiedenen Quellen gespeisten nationalen sowie grundsätzlichen Vorbehalte wichen allmählich überall der Einsicht, daß auch »die Migration von Arbeitskräften zwischen den sozialistischen Ländern von gegenseitigem Nutzen« sein könne.[292] Die Erfahrungen bei den ersten Versuchen in den sechziger Jahren hätten für den künftigen Einsatz ausländischer Arbeiter in größerem Stil wertvoll sein können. Die weitere Entwicklung bot jedoch wenig Anhaltspunkte dafür, daß ein solcher Lernprozeß stattfand.

Unzufriedenheit mit den bisherigen Formen und Methoden des Einsatzes polnischer Arbeitskräfte gab es offenbar vor allem auf polnischer Seite. Unter dem neuen polnischen Parteichef Gierek erhöhte sich zudem der eigene Bedarf an Facharbeitern. Wie das MfS zuverlässig erfahren haben wollte, waren (nicht näher bezeichnete) »staatliche Organe der VR Polen« zu einer sehr kritischen Gesamteinschätzung gelangt, weil sich »die an den Einsatz polnischer Arbeitskräfte in der Volkswirtschaft der DDR geknüpften ökonomischen Erwartungen nicht erfüllt« und sich die bisherigen Methoden nicht bewährt hätten. Empfohlen wurden insbesondere der verstärkte kurzfristige Einsatz zum Zweck der Berufs- und Facharbeiterausbildung, der Einsatz in größeren Gruppen von 100 bis 300 Personen in Schlüsselbetrieben, neue Formen der Zusammenarbeit bei der Bereitstellung von

---

288 Ebd., S. 201.
289 Röhr, Hoffnung, S. 137 f. (Hinweise auf Ergebnisse aus Befragungen der Verfasserin Mitte der 90er Jahre). Vor allem zu den siebziger Jahren: Jonathan R. Zatlin, »Polnische Wirtschaft« – »deutsche Ordnung«? Zum Umgang mit Polen in der DDR, in: Müller/Poutrus (Hg.), Ankunft, S. 295-315.
290 Ein Beispiel dafür ist die Skizze von Eva-Maria Elsner (aus der Forschungsgruppe »Migration und Ausländerpolitik im Imperialismus« an der Universität Rostock): Zur Situation ausländischer Arbeitskräfte in der DDR, in: Probleme der Migration und Ausländerpolitik in europäischen Ländern von den 30er Jahren bis zur Gegenwart, Rostock 1986, S. 90-93. (Fremdarbeiterpolitik des Imperialismus, H. 17).
291 Zit. bei Gruner-Domic, Zur Geschichte, in: IWK 32 (1996), S. 228 (Beschluß über die Gesamtkonzeption für Verhandlungen mit der UdSSR und der Volksrepublik Bulgarien über den Einsatz von Werktätigen aus diesen Ländern vom 30.11.1961).
292 »Rechenschaftsbericht über den Beschäftigtengrad und die Berufsausbildung der Arbeitskräfte in den RGW-Mitgliedsländern« vom Dezember 1970, zit. bei Roesler, Beschäftigung, in: Geschichte der Sozialpolitik, Bd. 9, S. 655.

V. Der »Arbeiterstaat« nach dem Mauerbau (1961-1971)

Arbeitskräften, um über ökonomische Interessen hinaus auch das Verhältnis zwischen polnischen Arbeitern und DDR-Bürgern zu verbessern. Eine dauerhafte Lösung könne nur gelingen, wenn die Leitung des Einsatzes polnischer Arbeitskräfte in polnische Hände gelegt werde.[293] Wie auch immer solche Hinweise zu gewichten sind, sie verdeutlichten die Kooperationsprobleme sozialistischer »Bruderstaaten« in einem für die Ökonomie und das Selbstverständnis wichtigen Bereich. Mit der Einführung des visafreien Verkehrs zwischen der DDR und Polen erhielt auch diese Seite der deutsch-polnischen Beziehungen einen völlig neuen Akzent und eine unerwartete Brisanz.[294]

Die Widersprüchlichkeit der Ausländerbeschäftigung, die schon bei den osteuropäischen Vertragsarbeitern sichtbar wurde, verschärfte sich im Zuge der Anwerbung von »Gastarbeitern« aus den sozialistischen Ländern Asiens und Afrikas in den siebziger und achtziger Jahren. Ihre Beschäftigung galt als entwicklungspolitischer Beitrag, weil Ausbildungsmaßnahmen eine wichtige Rolle spielen sollten. Diese traten jedoch immer mehr in den Hintergrund. Über die materielle Versorgung hinaus wurde auf persönliche und familiäre Bedürfnisse dieser Arbeiter kaum Rücksicht genommen. Die strikte Separation von der deutschen Bevölkerung durch Unterbringung in eigenen Wohnheimen, die häufige Beschäftigung in niedrigen Lohngruppen, die fehlende Information über Ausländer bei den Einheimischen und die handfeste Konkurrenz um begehrte Mangelgüter schufen eine prekäre Situation. Spannungen und Vorurteile wuchsen, und von der offiziell beanspruchten »Solidarität durch Ausbildung« blieb wenig übrig.[295]

10. Veränderte Arbeiterleitbilder und Trends der kulturellen Betriebsarbeit

Die betriebliche Kulturarbeit der fünfziger Jahre war geprägt von Vorstellungen, die sowohl zur Tradition der deutschen Arbeiterbewegung als auch zu den Maximen des sowjetischen Vorbildes paßten. Die Orientierung an den »Höhen der Kultur« und der Affront gegen »seichte Unterhaltung« bestimmten auch noch den Weg von Bitterfeld, welcher der ständig schwächelnden gewerkschaftlichen Kulturarbeit neue Impulse geben sollte.[296] »Kulturfragen erscheinen immer noch un-

---

293 Information über die Haltung staatlicher Organe der VR Polen zu grundsätzlichen Fragen des Einsatzes polnischer Arbeitskräfte in der Volkswirtschaft der DDR vom 13.6.1973, BStU, MfS ZAIG 2191, Bl. 1-6.
294 Vgl. Czeslaw Osekowski, Der paß- und visafreie Personenverkehr zwischen der DDR und Polen in den siebziger Jahren, in: Basil Kerski u. a. (Hg.), Zwangsverordnete Freundschaft? Die Beziehungen zwischen der DDR und Polen 1949-1990, Osnabrück 2003, S. 123-133.
295 Vgl. dazu Dennis Kuck, »Für den sozialistischen Aufbau ihrer Heimat«? Ausländischer Vertragsarbeiter in der DDR, in: Jan C. Behrends u. a. (Hg.), Fremde und Fremd-Sein in der DDR, Berlin 2003, S. 271-281.
296 Zum hier nicht näher behandelten Arbeiterbild in der bildenden Kunst vgl. Simone Barck/Dietrich Mühlberg, Arbeiter-Bilder und Klasseninszenierung in der DDR, in: Hübner/Kleßmann/Tenfeld (Hg.), Arbeiter, S. 163-189.

10. Veränderte Arbeiterleitbilder und Trends der kulturellen Betriebsarbeit

ter ›ferner liefen‹, wenn sie überhaupt erwähnt werden«, diese Kritik hatte 1956 der neu in die Leitung der Kulturabteilung des FDGB-Bundesvorstandes gekommene Egon Rentzsch an die zentralen und Bezirksinstanzen der Gewerkschaften gerichtet.[297] Was sich Jentzsch wünschte, konkretisierte ein Vorschlag, den er ein Jahr später den Kraftfahrern des Bundesvorstandes machte: »Ein Charakteristikum der an der Macht befindlichen Arbeiterklasse soll der ›lesende Arbeiter‹ sein, von dem bereits der Kandidat des Politbüros des ZK der SED, Genosse Alfred Kurella, [...] mit großer Eindringlichkeit gesprochen hat. Mein Ratschlag an euch geht dahin, daß ihr mit Hilfe unserer Bibliothek im Hause dafür sorgt und womöglich kollektiv beschließt, daß jeder Kraftfahrer, ganz gleich, ob er im Bereitschaftseinsatz, für Kurierfahrten oder für personengebundene Fahrzeuge tätig ist, ständig ein Buch bei sich hat und jede freie Minute, sofern er nicht gerade etwas anderes vorhat, ausnutzt, um einen sowjetischen Roman, eines der vielen unserer sozialistischen Gegenwartsbücher oder einen Klassiker wie Heine, Goethe oder Schiller zu lesen.«[298] Mit ähnlichem Elan entwarf ein Mitglied der Kreisleitung der SED in Leuna 1962 das Bild vom allseitig gebildeten Kulturfunktionär: »Es muß z. B. so werden, daß man in der Kantine am Tisch zusammensitzt und einer den anderen fragt, sag' mal, welchen Roman liest Du denn jetzt gerade, und dieser sagt, gar keinen – dann muß er dabei rot werden.«[299] Das Erröten dürfte sich in Grenzen gehalten haben, aber am Ziel der »allseitig gebildeten sozialistischen Persönlichkeit«, die sich an Werten und Inhalten des klassischen bürgerlichen Erbes zu orientieren hatte, wurde nicht gerüttelt. Damit hoffte die Parteiführung, den qualitativen Sprung zur »gebildeten Nation« realisieren zu können.[300] Kritiker wie der Schriftsteller Franz Fühmann wiesen dagegen schon früh darauf hin, daß dieses Erziehungsprojekt gescheitert sei, weil die Präsenz von Künstlern in den Betrieben nicht zur tieferen Einsicht in die Mentalität der Arbeitenden geführt habe und die Arbeiter nach wie vor reserviert auf kulturelle Initiativen reagierten, die sich am traditionellen Kunstverständnis orientierten.[301]

Weder die Arbeiter noch das Volk insgesamt erwiesen sich gegenüber den hehren Parolen als folgsam. Der »Bitterfelder Weg« blieb eine Kampagne und entwickelte sich nicht zur gewünschten großen Masseninitiative. In seiner zweiten Phase, die vor allem vom Gang der professionellen Schriftsteller in die Betriebe bestimmt war, zeigte er zudem gesellschaftskritische Tendenzen, deren Eigendynamik die Parteispitze massiv in Unruhe versetzte. Heiner Müllers umstrittenes, verbotenes und umgearbeitetes Theaterstück »Der Lohndrücker« lieferte bereits 1958 ein Gegenmodell zum harmonisierenden Schema des Betriebsromans, für

---

297 Egon Rentzsch, Macht die sozialistische Kultur zur Sache aller Werktätigen, in: »Kulturelles Leben« 1956 H. 5, S. 1.
298 Rentzsch an die Gewerkschaftsgruppe der Kraftfahrer am 2.9.1958, zit. bei Schuhmann, Kulturarbeit, S. 91.
299 Protokoll der KL-Sitzung vom 22.12.1962, zit. bei Wiesener, »Neue Menschen«, S. 74.
300 Vgl. den Abschnitt im Handbuch der Deutschen Demokratischen Republik, S. 653-712: »Der Aufbau des einheitlichen sozialistischen Bildungssystems und der Aufschwung der sozialistischen Nationalkultur – Grundlagen für die Entwicklung zur gebildeten Nation«.
301 Wiesener, »Neue Menschen«, S. 74 f.

V. Der »Arbeiterstaat« nach dem Mauerbau (1961–1971)

das exemplarisch Eduard Claudius' »Menschen an unserer Seite« von 1951 stand. Das Bild der Arbeiter wurde sperriger. Verhaltensweisen wurden aus Interessenlagen abgeleitet, innerbetriebliche Konflikte als Ausdruck gesamtgesellschaftlicher Widersprüche thematisiert. Bei Heiner Müller blieb wenig von den alten Schablonen, und die unbequeme Realität wurde drastisch abgebildet. Statt Vertrauen zur Partei entwickeln die Arbeiter bei Müller eher Ressentiments gegen die Leitung, wenn deren Entscheidungen ihren Wünschen widersprechen. »Ähnlich wie der bürgerliche tritt den Arbeitern auch der neue Staat als fremde Macht gegenüber, auf dessen Politik sie kaum Einfluß haben […] Die politische Dimension der Krisen im Produktionsprozeß wird damit zumindest angedeutet.«[302] Realistische Kritik hatte die SED zwar theoretisch durchaus gewünscht, zuletzt im Kontext der zweiten Bitterfelder Konferenz 1964, die literarischen und filmischen Umsetzungen waren jedoch schnell ihrer Kontrolle entglitten. Symptomatisch waren die zunächst organisierte Störung und das folgende Verbot des um so berühmter gewordenen DEFA-Films von Frank Beyer »Spur der Steine« nach der Romanvorlage von Erik Neutsch. Der vierschrötige Brigadier Balla (gespielt von Manfred Krug) stand hier für einen Typus von Arbeiter, der zwar gute Arbeit leistet, aber kaum gesellschaftliches Interesse zeigt. Daß er im Film den Repräsentanten der Staatsmacht in Gestalt eines mäkelnden Volkspolizisten kurzerhand in einen Ententeich beförderte, ging schon reichlich weit, daß die Katharsis des Parteieintritts ausblieb, ging zu weit. Das »Kahlschlagplenum« vom Dezember 1965 richtete sich daher als ideologischer Paukenschlag gegen solche unliebsamen Trends und verursachte zunächst ein kulturpolitisches Desaster, das kaum zur propagierten Modernisierung paßte.[303]

Mit der Devise einer Perspektive der Planer und Leiter sollte »die kritisch entgleiste Literatur des Bitterfelder Weges wieder auf die rechte Bahn gebracht werden.«[304] Große Literatur war kaum das Ergebnis dieses neuen Genres von »NÖS-, WTR- und Optimierungsliteratur.«[305] Nicht mehr die Probleme der Arbeiter standen im Mittelpunkt, sondern die der politischen und wirtschaftlichen Führungsschicht. Ein Beispiel war der Roman »Die Söhne der Wölfe« (1965) von Fritz Selbmann, der viele Jahre Minister für Industrie und Mitglied der Staatlichen Plankommission gewesen war. Hier ging es um das alte und neue Problem der »weichen Pläne« und der Verschleierung von Kapazitätsreserven. Noch eindeutiger demonstrierte Benito Wogatzki, einer der beliebtesten Fernsehspielautoren der DDR, in seinem Fernsehstück »Zeit ist Glück« wie das optimale Zusammenspiel von markt- und planwirtschaftlichen Prinzipien aussehen sollte. Die Hauptperson, Meister Falk, »realisiert nicht den Führungsanspruch der Arbeiterklasse, sondern ist das als Arbeiter verkleidete Musterbeispiel eines Planers und

---

302 Peter Zimmermann, Industrieliteratur der DDR. Vom Helden der Arbeit zum Planer und Leiter, Stuttgart 1984, S. 159.
303 Zum Kahlschlagplenum Agde (Hg.), Kahlschlag.
304 Zimmermann, Industrieliteratur, S. 191.
305 Ebd., S. 211.

Leiters, der die desorientierten Proletarier im Interesse von Betriebsgewinn und Plan zu Höchstleitungen anspornt.«[306]

Mit der auf dem VI. Parteitag 1963 ins Visier genommenen Strategie zur Gestaltung der »entwickelten sozialistischen Gesellschaft«[307] wandelten sich aber ansatzweise auch die in der offiziellen Propaganda tradierten Arbeiterbilder. Der »Held seiner Klasse« blieb zwar auch im neuen Zeitalter Ernst Thälmann, mit dessen filmischer Apotheose alle in der DDR aufgewachsenen Generationen politisch sozialisiert wurden, aber in die Praxis des beruflichen Lebens der Arbeiter rückte zumindest zusätzlich kurzzeitig ein neues Leitbild vor, das den veränderten Zeitgeist repräsentierte. Einer der Vorzeigerepräsentanten war Gerhard Kast. Sein Erscheinungsbild war von Anzug und Schlips bestimmt, nicht mehr vom proletarischen Äußeren mit offenem Hemd und Ballonmütze. Die muskulösen »Helden der Arbeit« aus der pathetischen Aufbauphase sollten jetzt einer neuen Perspektive Platz machen, in der mehr der Kopf gefragt war. Die Skizze einer politischen Musterbiographie in der offiziösen Geschichte des FDGB macht das deutlich.[308] (☞ vgl. *Abb. 65*, S. 628)

Kast hatte am 2. Dezember 1966 im »Neuen Deutschland« einen programmatischen Artikel »Unser Betrieb darf nicht mehr auf Kosten anderer leben« veröffentlicht, der allen Grundorganisationen der Partei zur Beratung empfohlen wurde. Unter den neuen Bedingungen des NÖS das Weltniveau in Qualität und Kosten der Produktion zu erreichen, war das vorrangige Ziel. Dazu präsentierte Kast vor allem Vorschläge, die auf bessere Information durch die Werkleitungen und bessere Einbeziehung der Belegschaften in Diskussionsprozesse zielten. Auf beiden Seiten sollte so die persönliche Verantwortung gestärkt werden. »Soll der Arbeiter mehr tun als nur einfache, auf den eigenen Arbeitsplatz beschränkte Verbesserungsvorschläge einreichen, soll er an den komplizierten Fragen der Rationalisierung, des Kampfes um niedrige Kosten und um das Weltniveau teilnehmen, muß er von der Leitung z. B. auch konkret mit dem Weltstand, den sich aus der Industriepreisreform ergebenden neuen Preisen und der Rationalisierungskonzeption vertraut gemacht werden. Von allgemeinen Appellen, die kosten zu senken, entsteht noch keine Initiative.« Der Rekurs auf deutsche Wertarbeit fehlte ebenso wenig wie der unvermeidliche Hinweis auf den Frieden: »Wir wollen mit der Wertarbeit der deutschen Facharbeiter und Ingenieure Weltruf erlangen. Wir wollen mit dem Ergebnis unserer friedlichen Arbeit unseren Staat allseitig stärken, weil das gegenwärtig unserer wichtigster Beitrag zur Sicherung des Friedens ist. Darin sehen wir das Gebot der Stunde. Und deshalb beunruhigt es uns, daß es gerade in diesen Fragen im Betrieb nicht im erforderlichen Tempo vorangeht.«[309]

---

306 Ebd., S. 211-220, das Zitat S. 218.
307 Vgl. Heinz Heitzer, DDR. Geschichtlicher Überblick, 4., durchgesehene u. erg. Aufl., Berlin (O) 1987, S. 159.
308 Geschichte des FDGB, 3. Aufl., Berlin (O) 1985, S. 561.
309 »Neues Deutschland« vom 2.12.1966.

V. Der »Arbeiterstaat« nach dem Mauerbau (1961–1971)

Der Sieg über die roten Zahlen

Notizen über Gerhard Kast

Im Köpenicker Funkwerk sitzt die dritte Schicht schon längst hinterm Fließband. Gerhard Kast sortiert noch im Zimmer des Parteisekretärs Tageserlebnisse, überdenkt morgige Anforderungen. Wieder ist ein Tag vorbei. Ob er auch „gelaufen" ist? Da gab es in Gruppenversammlungen heiße Diskussionen um einen neuen Gerätetyp, wurden Für und Wider neuer technologischer Lösungen erwogen, müssen komplizierte Produktionsbedingungen mit besserem Arbeiten und Leben in Einklang gebracht werden ... Ein Tag für andere, der wieder für die schriftlichen Arbeiten keine Zeit ließ. 4 000 Funkwerker halten ihn in Bewegung.

„Schreibtischarbeiter" – das wollte der jetzige Mittvierziger eigentlich nie werden. Und er ist es bis heute nicht. Viel lieber diskutiert er an der „Basis". Da war Gerhard Kast jahrzehntelang zu Hause, hat Menschen in Bewegung gesetzt, indem er ihren Gedanken bestimmte Richtungen gab.

Angefangen hatte alles 1951 im Funkwerk. Knapp 17jährig, baute der gelernte Schreibmaschinen-Mechaniker mit an den ersten Großsendern unserer Republik. Einzelfertigung. Viel Arbeit, wenig Gewinn. Aber die Sender waren politisch und ökonomisch wichtig. Einsatz und Zuverlässigkeit des jungen Kast fielen auf. Willst du nicht Meister machen? Meister, hm, verdient man da auch ...? Nun ja, es gibt bessere Jobs, aber die Genossen, unser Werk... Also gut, ich mache Meister! Für lange Diskussionen war keine Zeit, das Werk brauchte fähige Leute.

Meister Kast sah, was viele ebenso in schlechte Stimmung brachte: Sie arbeiteten und schufteten, aber der Betrieb kam nicht aus den roten Zahlen. Tun wir denn weniger als andere? Bestimmt nicht. Also schauten sie sich um, erforschten Ursachen für Unproduktivität und schlechten Produktionsrhythmus. Einheitliche Produktionslinien fehlten.

Die Funkwerker kamen zu der Erkenntnis: Unser Betrieb darf nicht länger auf Kosten anderer leben. Eine Losung war gefunden, die 1966 den Anstoß gab für große Wettbewerbsinitiativen in allen Bereichen der Volkswirtschaft. Und Gerhard Kast machte nach seinem Diskussionsbeitrag während des VII. Parteitages der SED republikweit die Runde als „Meister Kast". Das Betriebsergebnis des Funkwerkes verbesserte sich von Jahr zu Jahr. Die Warenproduktion wuchs in den siebziger Jahren um mehr als das Doppelte – nicht zuletzt dank der Initiative des Gerhard Kast

Inzwischen absolvierte er ein Hochschulstudium, qualifizierte sich für seine verantwortungsvolle Parteifunktion. Anspruch und Leistung müssen bei ihm immer übereinstimmen. Sonst läuft nichts.

Eine Maxime, die auch im Privaten gilt, sobald alle Kasts in dem nur fünf Minuten vom Werk entfernten gemütlichen Heim zusammen sind. Wenn dann der Opa mit dem Enkel ... Auch hier sind die Stunden für andere da. „Es hat sich gelohnt, damals den Mund aufzumachen. Und es lohnt sich immer, wenn wir heute etwas besser machen wollen als gestern", sagt Gerhard Kast, der Meister und Parteisekretär.

Abb. 65: Auszug aus der offiziellen FDGB-Geschichte über den kurzlebigen neuen Helden Gerhard Kast.

10. Veränderte Arbeiterleitbilder und Trends der kulturellen Betriebsarbeit

Die Resonanz blieb jedoch schwach, der Artikel ging offenbar im Strudel der dauernden Kampagnen unter und war vielen Belegschaften unbekannt. Dem neuen Helden ging es kaum besser, er verschwand schnell wieder in der Anonymität.[310] Daß von seinem kurzen Gastspiel auf der sozialistischen Heldenbühne nachhaltige Impulse ausgegangen sind, ist nicht erkennbar.

Die technokratische Neuorientierung des Arbeiterleitbildes war jedoch keine Einbahnstraße. Denn mit der achtbändigen »Geschichte der deutschen Arbeiterbewegung«, deren Ausarbeitung Ulbricht persönlich mit besonderer Energie vorangetrieben und durch zahllose Interventionen geprägt hat, wurde zunächst einmal ein Werk kanonisiert, das klassische kommunistische Herrschaftslegitimation durch selektive Geschichtsinterpretation betrieb und den Helden vergangener Epochen ein überdimensionales Denkmal setzte.[311] Die Legitimation der DDR stand im Zentrum. In einem Protokoll von 1962, das die mit der Ausarbeitung befaßten Arbeitsgruppe führte, waren die programmatischen Aufforderungen zu lesen: »Stärker anhand der letzten 120 Jahre nachweisen, daß die DDR und die SED die Sieger der Geschichte sind. (Perspektive zeigen) Immer von den objektiven Gesetzmäßigkeiten ausgehen. Den subjektiven Auffassungen der Bevölkerung entgegentreten. Nachweisen, daß das kapitalistische System als Ganzes untergangsreif ist.«[312] Der 1966 erschienene »Achtbänder« hatte riesige Auflagenzahlen, und er war von Anfang an auch auf populäre Breitenwirkung angelegt, nicht zuletzt dank der eingesetzten Stilredakteure, die das Ganze hatten genießbar machen sollen. Tausende neuer Propagandisten für die Leitung von Geschichtszirkeln wurden mobilisiert, Vortragszyklen und Ausstellungen organisiert und als Höhepunkt eine 15-teilige Fernsehsendung »Kämpfer und Sieger« zu den 15 Kapiteln des Werkes gedreht und gesendet. Wieweit dieses Mammutprojekt aber über die Parteimitglieder hinaus bei Arbeitern und Betrieben Resonanz fand, darüber läßt sich nur spekulieren.[313]

Das alte und das neue Zeitalter sollten jedoch offenkundig organisch miteinander verbunden werden und eins auf dem anderen aufbauen. Die Jugend als die »Hausherren von morgen« wuchs unter anderen Rahmenbedingungen auf. In diesem Sinne erklärte Ulbricht 1963 im Politbüro, die Entwicklung der Jugend vollziehe sich im Kampf um die Meisterung von Wissenschaft und Technik. »Das ist ihr Heldentum, das sie zu erfüllen hat. Das alte antifaschistische Heldentum ist zur Genüge bekannt. Jetzt wächst die Jugend im Kampf um die Meisterung von Wissenschaft und Technik – das ist das Neue.«[314] Eine solche Relativierung der Vorbildrolle historischer Heroen war immerhin ungewöhnlich, auch wenn sie

---

310 In der Umfrage des Instituts für Meinungsforschung des ZK der SED in 10 Berliner Betrieben vom 6.2.1967 hatten 48,6 Prozent der Befragten geantwortet, den Artikel nicht zu kennen, nur 6 Prozent gaben an, er sei mit entsprechenden Schlußfolgerungen diskutiert worden. Niemann, Meinungsforschung, Anhang, S. 10. Über die Biographie Kasts gibt es keine näheren Informationen.
311 Dazu ausführlich Lokatis, Rote Faden.
312 Besprechung der Arbeitsgruppe vom 2.10.1962. Für diesen Hinweis danke ich Siegfried Lokatis.
313 Lokatis, Roter Faden, S. 320-325.
314 Zit. bei Schuster, Mut zum eigenen Denken?, S. 57.

keine Früchte trug. Wahrscheinlich hat die knappe Zeit bis zum erzwungenen Rücktritt des »starken Mannes« in der SED nicht ausgereicht, um diese engere Verflechtung von Vergangenheitsbildern mit Zukunftsvisionen zustande zu bringen und effektiv zu vermitteln. Mit dem Abbruch der Wirtschaftsreform rückte zumindest das traditionelle Geschichtsbild wieder stärker ins Zentrum.

Die Planung betrieblicher Kulturarbeit setzte sich zunächst in alter Form fort, sollte aber vor allem durch die sozialistische Brigadebewegung neue Akzente erhalten. Die Klubleitung des VEB Entwicklungsbau Pirna (bei Dresden) lieferte ein besonders bemerkenswertes Beispiel für Planungseuphorie und ideologisches Übersoll an der Basis. Als »Methode der kulturpolitischen Erziehungsarbeit«, mit der sich die ihr entgegenstehenden Hürden überwinden ließen, wurde die »Organisierung der Kulturarbeit auf der Grundlage von konkreten Jahreskulturplänen« vorgeschlagen. Davon versprach man sich vieles, vor allem aber eine neue Intensität der innerbetrieblichen Diskussion über kulturpolitische Fragen. Neu war oder sollte sein, daß »die Aneignung eines hohen kulturellen Niveaus jedes Belegschaftsmitgliedes jetzt planvoll erfolgt, daß dadurch das festgelegte Ziel sicherer erreicht wird.«[315] Exemplarischen Charakter erhielt vor allem die Kulturarbeit des ökonomisch und politisch besonders wichtigen sächsischen Stahlwerks Riesa, die dem FDGB als Grundlage für eine Broschüre mit Handlungsanweisungen diente.[316] Immerhin stellte man dort zumindest rhetorisch die von Skeptikern und Ungläubigen vorgebrachte Frage »Kann man denn die Kulturarbeit überhaupt planen?« und verwies auf Kritik aus Gewerkschaftsgruppen, die einen Kulturplan für überflüssig hielten.[317]

In welchem Umfang Jahreskulturpläne flächendeckend entwickelt wurden, läßt sich ebenso wenig generell feststellen wie die Reichweite ihrer tatsächlichen Umsetzung. Das Riesaer Beispiel für den Jahresplan 1965 illustriert jedoch – auch wenn es in linientreuer Drapierung daherkam –, daß die Praxis weniger gestelzt ausfiel. Sie umfaßte eine basisnahe Mischung aus Kegelabend, Verkehrsteilnehmerschulung, Buchbesprechung mit einer Schriftstellerin, Gewerkschaftsversammlung, gemeinsame Aktivitäten mit der Patenklasse, Fest- und Bildungsveranstaltungen.[318] In dieser Mischung wurden bereits die neuen Trends einer weniger politisch aufgeladenen und näher an den Wünschen der Adressaten orientierten betrieblichen Kulturarbeit erkennbar. Die Propagierung der »wissenschaftlich-technischen Revolution« (WTR) veränderte in den sechziger Jahren die Rahmenbedingungen bisheriger Kulturarbeit. Es zeichnete sich eine Entwicklung ab, die erst in den Siebzigern massiv zu Tage trat: »die tendenzielle Entpolitisierung und Privatisierung der betrieblichen Kulturaktivitäten.«[319] Gewollt war jedoch zunächst das Gegenteil. Denn die Propagierung der WTR und der Wirtschaftsreform war ein

---

315 Schreiben des Klubleiters des VEB Entwicklungsbau Pirna vom 14.1.1961, SAPMO-BArch, DY 34/11/433/6766.
316 Eberhard Gieseler, Sozialistische Brigaden und ihr Kulturhaus, Berlin (O) 1966.
317 Ebd., S. 16 f.
318 Ebd., Anhang.
319 Schuhmann, Kulturarbeit, S. 99.

10. Veränderte Arbeiterleitbilder und Trends der kulturellen Betriebsarbeit

genuin politisches Projekt. Sie fiel interessanterweise der Kulturabteilung des FDGB-Bundesvorstands zu, nicht der Abteilung Agitation und Propaganda. Das verwies auf den (gewünschten) inneren Zusammenhang von WTR und Kulturrevolution.[320] »Neue Probleme der Entwicklung des geistig kulturellen Lebens, wie sie mit der technischen Revolution verbunden sind«, lautete der Titel eines in Eisenhüttenstadt 1965 organisierten Forums unter dem Dach der Arbeiterfestspiele. Rund 70 Mitglieder vorbildlicher sozialistischer Brigaden aus kleineren und mittleren Betrieben sollten über diese Probleme diskutieren. In den Diskussionen zeigte sich, daß die neuen Probleme großenteils noch die alten waren. Im Produktionsablauf gab es nach wie vor mangelnde Arbeitsdisziplin, nachlässigen Umgang mit Maschinen, »großzügige« Einstellungen zur vorgeschriebenen Arbeitszeit und auch zum Arbeitsschutz. Noch aufschlußreicher aber fiel die Bilanz zur betrieblichen Kulturarbeit aus. Die hehren kulturrevolutionären Vorstellungen traten unübersehbar zurück gegenüber pragmatischen Konzessionen an die »wirklichen« Interessen der Arbeiter. Der bunte Abend und die Dampferfahrt erwiesen sich gegenüber laienkünstlerischer Betätigung und gesellschaftlicher Tätigkeit als deutlich attraktiver. Gerade davon gingen aber nachhaltige integrative und legitimatorische Wirkungen aus. »Die Zufriedenheit der Betriebsbelegschaften wurde weniger dadurch gestiftet, daß man sie zu ›Neuen Menschen‹ formte, sondern dadurch, daß Kulturarbeit zumindest partiell nach ihren Bedürfnissen definiert wurde.«[321]

Jedoch waren Prämien für die sozialistischen Brigaden weiterhin an die Erfüllung kultureller Verpflichtungen gebunden. Das hatte erhebliche Rückwirkungen auf die betriebliche Kulturarbeit. Ohne kulturelles Engagement schwanden die Chancen auf eine Prämie. Dieses bildete – zumindest programmatisch – einen wichtigen Teil der neuen Brigaden als Lebensform. In der Praxis entstand nun vor allem die Frage, wie großzügig die Grenzen solcher kulturellen Selbstverpflichtungen erweitert werden konnten. Das idealtypische Beispiel, das ein Vertrauensmann des Ernst-Thälmann-Werkes präsentierte, war in dieser Hinsicht wohl eher die Ausnahme. »Über die Bemühungen unserer Brigade, tagtäglich zu lernen und sich am kulturellen Leben zu beteiligen«, schrieb er in der Zeitschrift »Kulturelles Leben«, »gibt es einiges zu berichten. So führen drei Kollegen im Kollektiv das Brigadetagebuch. Ein Kollege betätigt sich als schreibender Arbeiter und verfaßte ein Brigadelied, welches vom Kollegen Dachwitz vertont wurde. Ein Brigadeabend wurde durchgeführt, der nächste wird vorbereitet. Für die Angehörigen organisierten wir eine Betriebsbesichtigung. Anläßlich einer größeren Hochzeit brachten wir ein musikalisches Ständchen – natürlich ohne Gelage.«[322] Häufiger dürften dagegen die Fälle gewesen sein, in denen Kontakte zur Patenklasse der nächstgelegenen Schule, Opernbesuche, Tanzturniere, gemeinsame Kegelabende und andere Freizeitaktivitäten mit in die Bilanz eingingen, so daß der FDGB-

---

320 Ebd., S. 100.
321 Schuhmann, Kulturarbeit, S. 102.
322 »Kulturelles Leben« 1960 H. 9, S. 2 (zitiert bei Schuhmann, Kulturarbeit, S. 97 Anm.).

Bundesvorstand 1962 bereits eine »Verflachung der kulturellen Verpflichtungen« unter den Augen der Gewerkschaftsfunktionäre monierte.[323]

Erleichtert wurde dieser schon früh einsetzende schleichende und zunächst noch heftig kritisierte Wandel durch die Umgestaltung des Kultur- und Sozialfonds (KSF). Wenn man den Betrieben im Rahmen des NÖS größere Eigenständigkeit zugestand, war mehr Dispositionsfreiheit bei der Verteilung des KSF nur konsequent. Den Betrieben sollte eine größere Verantwortung bei der sozialen und kulturellen Betreuung ihrer Belegschaften übertragen werden. Damit waren Konflikte zwischen Betriebsleitungen und Gewerkschaften, die bislang allein für die Kulturarbeit zuständig waren, vorprogrammiert. Die Mittel für den KSF sollten stärker an die Produktivität gebunden werden und für produktionswirksame Investitionen eingesetzt werden, so daß die Kultur häufig zugunsten der Förderung betrieblicher Sozialeinrichtungen schrumpfte. Vor allem kleinere Betriebe konnten naturgemäß auf diesem Feld nicht mit den großen konkurrieren. Die Abteilung Arbeiterversorgung/Arbeiterkontrolle im Bundesvorstand des FDGB erörterte 1967 eingehend, wie der KSF »sinnvoll in das neue ökonomische System der Planung und Leitung einzuordnen« sei. Eine Erhebung in 105 VEB hatte gravierende Unterschiede im Pro-Kopf-Aufkommen des KSF in Branchen und Betrieben zu Tage gefördert. Sie hatte aber auch gezeigt, daß betriebliche Erfahrungswerte die Grundlage für die Verteilung bildeten und die leistungsabhängige Gestaltung und damit der materielle Anreiz für die Planerfüllung wenig ausgeprägt waren.[324] Neben geringeren Subventionen für die Kulturhäuser wurde die Kulturarbeit insgesamt von den Betrieben im Zeichen des NÖS deutlich zurückgefahren. Auch die Zahlungen des FDGB waren rückläufig. Generell sank der Anteil der Kulturausgaben am Gesamtvolumen der Leistungen des FDGB kontinuierlich: von 31,9 Prozent im Jahre 1950 schrumpfte er bis 1968 auf 13,6 Prozent. Komplementär dazu entwickelten sich die Unterstützungsleistungen für die Gewerkschaftsmitglieder ziemlich genau umgekehrt.[325]

Der Stellenwert der Kulturhäuser unterlag einem ähnlichen schleichenden Veränderungsprozeß wie die kulturelle Massenarbeit insgesamt. Bevor das »Kahlschlagplenum« die Zügel wieder plötzlich anzog, gab es eine kontroverse Debatte über die Rolle der Kulturhäuser, bei der die alte Volkshausidee wieder zu Ehren kam. 1962 beriefen der Kulturminister Hans Bentzien und sein Stellvertreter Günter Witt eigens eine Tagung von Kulturhausleitern nach Berlin ein, die unter dem Motto stand »Die Kulturhäuser zu Volkshäusern entwickeln.« Bentzien scheute sich offenbar nicht, Tabus zu brechen, die als sozialdemokratisch geltenden Volkshäuser zu loben und sogar noch die städtischen Gesellschafts- und ländlichen Schützenhäuser als Traditionselemente mit zu vereinnahmen. Er plädierte dafür, die Funktion der Kulturhäuser zu überdenken, sie zu öffnen, weniger für die

---

323 Zit. bei Schuhmann, Kulturarbeit, S. 98.
324 Mehrere Entwürfe und Diskussionsprotokolle zu diesem Komplex in SAPMO-BArch, DY 34, 9650. Unterlagen dazu verdanke ich Peter Hübner. Vgl. das Beispiel für die Aufteilung des KSF der VVB Braunkohle Leipzig unten Kap. VI 7 (S. 721 ff.).
325 Schuhmann, Kulturarbeit, S. 108 f.

10. Veränderte Arbeiterleitbilder und Trends der kulturellen Betriebsarbeit

Propaganda von Neuerermethoden in der Wirtschaft verantwortlich zu machen und die realen Bedürfnisse der Bevölkerung stärker zu berücksichtigen. Dazu gehörten auch die Zulassung von Tanzmusik und der Betrieb von Gaststätten. Das war ein ziemlich offener Affront gegen Kurellas Position zum »Bitterfelder Weg«. Das 11. Plenum stoppte solche Trends zunächst abrupt. Langfristig aber konnte und wollte man den unvermeidlichen Trend nicht aufhalten, und in der Ära Honecker rückte auch offiziell die »Freizeitgestaltung« an die Stelle der tradierten Kulturarbeit. Horst Groschopp, ein guter Kenner der Materie, hat die weitere Entwicklung so charakterisiert: »Das Fortschreiben der Klubstruktur bei Öffnung der Kulturhäuser (und besonders der Jugendklubs) für Tanz, Unterhaltung und Alkoholkonsum führte dann seit den späten siebziger Jahren zur eigenartigen Konstruktion dessen, was in der DDR eine Diskothek hieß.« Und bezogen auf die verschiedenen Traditionsstränge: »Zum Ende der DDR waren die Kulturhäuser weitgehend das, was jeweils aus ihren Vorgängern und Leitbildern übernommen und daraus gemacht wurde: etwas Volksheim, etwas Gemeinschaftshaus, etwas Volkshaus, etwas Kameradschaftshaus oder auch etwas Kulturhaus, durchaus nicht überall gleich in Selbstverständnis und Praxis – aber überall mit dem Unterfangen, ein Programm kultureller Bildung und sozialen Engagements zu verwirklichen.«[326]

Der einschneidende Wandel der Kulturhäuser vollzog sich somit relativ lautlos und entgegen den Zielsetzungen der offiziellen Kulturpolitik. Das widersprüchliche Bild war daher gleichermaßen geprägt vom Weiterlaufen alter Formen und parallelen Konzessionen an reale Wünsche. Das »Handbuch für den Kulturfunktionär« von 1965 zeigt noch die ungebrochene Orientierung am (bildungs)bürgerlichen Kulturbegriff und den unerschütterlichen Glauben an die Organisierbarkeit einer effektiven Kulturarbeit im Betrieb durch die dafür zuständigen Gewerkschaften.[327] Der tatsächliche Wandel wurde aber bereits in den sechziger Jahren mehr oder weniger unwillig auch von der FDGB-Spitze geduldet und in die bisherige Arbeit integriert. Die Abkehr vom ideologisch hoch aufgeladenen Konzept der »kulturellen Massenarbeit« der fünfziger Jahre entsprang weniger der Reformbereitschaft der zuständigen Spitzenfunktionäre als der Resistenz der Adressaten, also vornehmlich der Industriearbeiter. Dennoch blieb die betriebskulturelle Infrastruktur weiter bestehen, so daß sich, wie Annette Schuhmann gezeigt hat, ein durchaus widersprüchliches Gesamtbild ergibt.

Die Meinungsforscher des ZK mußten in einer empirischen Untersuchung in 20 strukturbestimmenden Großbetrieben über den »Stand des geistig-kulturellen Lebens« konstatieren, daß sich die Wünsche der Belegschaften wandelten. Zwar hatten die Betriebsarbeiter selbst innerhalb der Brigaden wenig Einfluß auf die Gestaltung der Kultur- und Bildungspläne, aber daß der Betrieb beziehungsweise die Gewerkschaften für ein attraktives Kulturangebot sorgten, fand durchaus Anklang. Die »geselligen Veranstaltungen« wie Brigadefeiern und Exkursionen er-

---

326 Groschopp, Der singende Arbeiter, in: MKF 33, 1993, S. 109 ff., die Zitate S. 111 und 115.
327 Handbuch für den Kulturfunktionär. Dort sind zahlreiche Grundsatzdokumente zur gewerkschaftlichen Kulturarbeit wiedergegeben, ferner Hinweise zur Finanzierung, zur Verleihung der Preise des FDGB und zu den Preisträgern seit 1955.

freuten sich dabei besonderer Beliebtheit.[328] Das löste nach wie vor Irritationen bei den Spitzenfunktionären aus, der alte erzieherische Impetus bröckelte jedoch unaufhaltsam und versandete in der Endphase der DDR im Pragmatismus. Der Prozeß der allmählichen Ersetzung des Begriffs und Konzepts der »kulturellen Massenarbeit« durch das einer »sinnvollen Freizeitgestaltung« begann in den sechziger Jahren und setzte sich kontinuierlich fort. Betriebliche Kulturarbeit wurde damit entschieden trivialer, rückte aber zugleich näher an die Adressaten heran und fand entsprechende Zustimmung.

11. Ulbrichts Fiktion einer »sozialistischen Menschengemeinschaft« in der geteilten Nation und die krisenhafte Realität der »arbeiterlichen Gesellschaft«

Was Ulbricht motiviert hat und worauf er im einzelnen zurückgriff, als er sein Konzept einer »sozialistischen Menschengemeinschaft« auf dem VII. Parteitag 1967 verkündete[329] und dies später auch noch mit einer veränderten Formationsdiskussion verband, ist bisher nicht genauer geklärt.[330] Weniger die Idee einer »sozialistischen Menschengemeinschaft« als die Behauptung, der Sozialismus könne eine länger dauernde, »relativ selbständige sozialökonomische Formation« auf dem Weg in die kommunistische Gesellschaft sein[331], verstieß gegen die sowjetkommunistische Orthodoxie. Schließlich hatte gerade das neue Parteiprogramm für die Sowjetunion etwas anderes festgelegt. Diese neue Zwischenphase mußte mit Inhalt gefüllt werden, solange die kommunistische Utopie noch auf sich warten ließ. »Die sozialistische Menschengemeinschaft, die wir Schritt um Schritt verwirklichen«, behauptete Ulbricht, »geht weit über das alte humanistische Ideal hinaus. Sie bedeutet nicht nur Hilfsbereitschaft, Güte, Brüderlichkeit, Liebe zu den Mitmenschen. Sie umfaßt sowohl die Entwicklung der einzelnen zu sozialistischen Persönlichkeiten als auch der vielen zur sozialistischen Gemeinschaft im Prozeß der gemeinsamen Arbeit, des Lernens, der Teilnahme an der Planung und Leitung der gesellschaftlichen Entwicklung, besonders auch in der Arbeit der Nationalen Front und an einem vielfältigen, inhaltsreichen und kulturvollen Leben.« In den »Brigaden der sozialistischen Arbeit« und in den Hausgemeinschaften sah er bereits wichtige Bestandteile für die Verwirklichung des Konzepts. »In

---

328 Vertrauliche Verschlußsache vom 18.5.1971: Zu Problemen der Entwicklung des geistig-kulturellen Lebens in Industriegebieten, detailliert dazu Schuhmann, Kulturarbeit, 289 ff. Vgl. dazu auch Simone Barck, »Ankunft im Real-Sozialismus«, in: Potsdamer Bulletin für zeithistorische Studien Nr. 28/29, 2003, S. 60-72.
329 Protokoll VII. Parteitag, Bd. I, S. 25 ff., 101, 107.
330 »Erfinder« des Begriffs war nach Monika Kaiser Karl Reißig, Mitarbeiter im Institut für Gesellschaftswissenschaften beim ZK der SED. Kaiser, Machtwechsel, S. 12.
331 Walter Ulbricht, Die Bedeutung des Werkes »Das Kapital« von Karl Marx für die Schaffung des entwickelten gesellschaftlichen Systems des Sozialismus in der DDR und den Kampf gegen das staatsmonopolistische Herrschaftssystem in Westdeutschland, in: Ders., Zum ökonomischen System des Sozialismus in der DDR, Bd. 2, Berlin (O) 1968, S. 530 f.

11. Ulbrichts Fiktion einer »sozialistischen Menschengemeinschaft«

der Welt hat sich herumgesprochen, daß das ›deutsche Wunder‹, das sich in unserer Republik ereignet hat, nicht einfach ein ›Wirtschaftswunder‹ ist, sondern vor allem in der großen Wandlung der Menschen besteht.«[332]

Dem Konzept einer sozialistischen Menschengemeinschaft war kein langes Leben beschieden, und es verschwand mit seinem Schöpfer von der politischen Bühne.[333] Die Resonanz in den Debatten der zentral gelenkten Öffentlichkeit blieb zudem äußerst mäßig – anders als etwa bei den »10 Geboten der sozialistischen Moral« von 1958, die sogar Eingang ins Parteiprogramm 1963 fanden. Dennoch ist der Hinweis auf Ulbrichts ideologische Initiativen insofern von Interesse, als hier ein Element auftaucht, das in charakteristischer Weise Realitätssinn (vorläufiger Verzicht auf die »große« Zukunft) und gesellschaftliche Identifikationsangebote (für eine mit der Bundesrepublik konkurrierende DDR in einem schwierigen Modernisierungsprozeß) verbinden sollte. Sigrid Meuschel hat das Konzept daher als Versuch interpretiert, gegenüber den Alternativen technokratischer Rationalität, an der sich besonders die Große Koalition in Bonn orientierte, und einer demokratisch-sozialistischen Option nach Prager Vorbild einen eigenständigen Weg anzudeuten.[334] Das Modell sollte in Ulbrichts Worten »die historische Alternative zum unmenschlichen, persönlichkeitszerstörenden, staatsmonopolistischen Gesellschaftsregime« bilden.[335] Gerade angesichts der konsequenten Verfolgung aller Anhänger eines irgendwie gearteten »dritten Weges« und angesichts der für die DDR besonders peinlichen Komplizenschaft bei der gewaltsamen Intervention in Prag sollte diese neue Gemeinschaftsutopie im Rahmen einer längerfristig existierenden sozialistischen Formation die Basis für emotionale Identifikation und Heimatliebe bieten. Auf diese Weise wurde die technokratische Attitüde der Reformvorhaben der sechziger Jahre verbunden mit einem betont emotionalen Element, das ebenfalls der Stabilisierung des Staates dienen sollte. In einer neuen Akzentuierung läßt sich das kurzlebige Konzept durchaus in die viel längere Geschichte der ideologischen Auseinandersetzung mit der ungelösten »nationalen Frage« einordnen, die der SED auch nach dem Mauerbau viel größere Probleme bereitete, als sie zugeben konnte.

Die 1962 von der Nationalen Front – der zu nationalen Propagandazwecken geschaffenen Dachorganisation aller Parteien und Massenvereinigungen – verabschiedete Grundsatzerklärung »Die geschichtliche Aufgabe der Deutschen Demokratischen Republik und die Zukunft Deutschlands«[336] gehört in diesen Kontext. Sie deckte sich im wesentlichen mit den entsprechenden Passagen des späteren Parteiprogramms von 1963. Mit anderer Zielrichtung und auf eine breitere

---

332 Walter Ulbricht, Unser guter Weg zur sozialistischen Menschengemeinschaft, in: Das System der sozialistischen Gesellschafts- und Staatsordnung in der Deutschen Demokratischen Republik. Dokumente, Berlin (O) 1969, S. 245.
333 Kaiser, Machtwechsel, S. 447.
334 Meuschel, Legitimation und Parteiherrschaft, S. 210 f.
335 Hans Rodenberg, Fragen der Entwicklung der sozialistischen Menschengemeinschaft, in: Der Staatsrat der Deutschen Demokratischen Republik 1960–1970. Dokumentation, Berlin (O) 1970, S. 673.
336 Text in: Das Programm der SED, S. 134-160.

V. Der »Arbeiterstaat« nach dem Mauerbau (1961–1971)

Adressatengruppe gemünzt blieb das »Nationale Dokument« gültig, bis die SED am Anfang des neuen Jahrzehnts die Reste gesamtnationaler Bezüge zugunsten der gekünstelten Theorie einer neuen »sozialistischen Nation« aufgab.

Die plakative Gegenüberstellung von Gut und Böse in der wortreichen Antwort auf die rhetorische Frage »Wohin geht die in zwei Staaten gespaltene deutsche Nation?« hätte kaum gröber ausfallen können als in diesem Programmtext. Insofern läßt sich bezweifeln, ob von ihm irgendwelche nennenswerten Wirkungen auf die politischen Einstellungen der nicht parteigebundenen Bevölkerung in der DDR ausgingen. Die ideologischen Versatzstücke, überwiegend aus einer ebenso vollmundigen wie einseitig verzerrten Interpretation der jüngsten Geschichte hergeleitet, waren zur Genüge bekannt. Sie wurden hier allenfalls gebündelt und ausführlicher präsentiert als in jeweils aktuellen Resolutionen und öffentlichen Erklärungen der SED und der Massenorganisationen. Zwei zentrale Postulate zum nationalen Problem standen im Mittelpunkt:
1. die »klassenbewußten deutschen Arbeiter«, die alle großen historischen Prüfungen bestanden hätten, seien die wahren nationalen Interessenvertreter;
2. die DDR, in dieser Tradition stehend, habe »das geschichtliche Recht auf Führung des deutschen Volkes erworben«. Sie sei »als einziger deutscher Friedensstaat der rechtmäßige deutsche Staat.« Diese Rolle wurde ihm zugewiesen »auf Grund der geschichtlichen Gesetzmäßigkeit und der Tatsache, daß in ihm jene Kräfte an der Macht sind, die von der Geschichte zur Führung des deutschen Volkes berufen wurden und deren Politik mit den Interessen der Nation übereinstimmt.«[337]

Sinn und Zweck des Nationalen Dokuments war es, Stolz und Selbstbewußtsein aller DDR-Bürger zu wecken und einzustimmen auf den angeblich einzigen Weg zur Wiedervereinigung der Nation, der nur von der sozialistischen DDR vorgegeben werden konnte. Die nationalistische Komponente dieser Demagogie war penetrant: Selbstbestimmung gab es nur im Osten, der Weststaat war das Produkt von USA-Imperialismus und westdeutschem Finanzkapital. Den politischen Fluchtpunkt des Dokuments bildete daher neben der wortreichen Betonung der historischen Legitimation und nationalen Alleinvertretung die Zwischenlösung einer deutschen Konföderation beider Staaten (mit Westberlin als drittem Partner) als Ausdruck friedlicher Koexistenz. Diese Konföderation versprach ein Stück »Normalisierung« in den deutsch-deutschen Beziehungen, bis der Sozialismus in ganz Deutschland realisiert sei: »Die Weltgeschichte macht um Westdeutschland keinen Bogen.«[338]

Dem Nationalen Dokument und der Propagierung einer »sozialistischen Menschengemeinschaft« eine reale Bedeutung für das Leben der Arbeiter in der Konstellation der sechziger Jahre abzugewinnen, fällt schwer. Glaubwürdigkeit ließ sich nach dem Mauerbau und angesichts akuter Krisensymptome kaum durch ideologische Floskeln und nationales Pathos herstellen. Legitimationsbeschaffung

---

337 Ebd., S. 143, 146.
338 Ebd., S. 157. Zur Diskussion der Föderation vgl. Lemke, Einheit oder Sozialismus.

11. Ulbrichts Fiktion einer »sozialistischen Menschengemeinschaft«

war jedoch zur inneren Stabilisierung und langfristigen Modernisierung des Teilstaats unverzichtbar. Die Organisationsabteilung der SED führte den Mitgliederanstieg in den Gewerkschaften im zweiten Quartal 1962 neben dem »Produktionsaufgebot« reichlich kühn sogar auch auf die Diskussion über das »Nationale Dokument« zurück.[339] War dieser innere Zusammenhang in beiden Fällen extrem unwahrscheinlich, so ist eine gewisse Wirksamkeit der Denkfigur der »Gemeinschaft« gegenüber dem sonst ausschließlich in der marxistisch-leninistischen Ideologie sanktionierten Begriff der Gesellschaft nicht von vornherein von der Hand zu weisen. Solche Ansätze deckten sich mit einem typisch deutschen Element, der langen Traditionslinie des Obrigkeitsstaats und der Betonung der (vertrauten und überschaubaren) Gemeinschaft gegenüber der (anonymen und eher abstrakten) Gesellschaft.[340]

Die Umdeutung der nationalen Frage zu einer sozialen und Klassenfrage[341] und das Ritual der Beschwörung der DDR als Modellstaat für ganz Deutschland blieben ungebrochen erhalten, wurden aber durch häufige Wiederholung kaum glaubwürdiger. »Eine Einheit der deutschen Nation unter Führung der Imperialisten ist nicht möglich«, erklärte Ulbricht auf dem VII. Parteitag 1967 und fuhr pathetisch fort: »Aber nach der Einheit unter der Führung der Arbeiterklasse [...] streben wir mit heißen Herzen.«[342] Für Ulbricht als Person war das möglicherweise noch nicht einmal gelogen, aber für die Öffentlichkeit noch weniger glaubwürdig als früher. Die nach wie vor betriebene Westarbeit der SED hatte es daher in der Phase der strikten Abschottung nach dem Mauerbau noch schwerer, ihre Adressaten überhaupt zu erreichen. Der Aufwand blieb dennoch enorm.

1963 hatte Hans Jendretzky, der erste FDGB-Vorsitzende nach 1945, die Zuständigkeit für gewerkschaftliche Westarbeit erhalten. Er war 1953 als angeblicher Sympathisant der »Zaisser-Herrnstadt-Fraktion« gemaßregelt, aber 1956 rehabilitiert worden. Beim Bundesvorstand war 1962 ein »Institut für Gewerkschaftspolitik in Westdeutschland« geschaffen worden, dessen Leiter, Dr. Wolfgang Nesler, zusammen mit Fritz Rösel sich um einen Umbau der gesamten Westarbeit bemühte. So wurden in allen Bezirken und Kreisen 1963 Kommissionen »für Arbeiterfragen in Westdeutschland« ins Leben gerufen.[343] Der Versuch, auch auf Betriebsebene entsprechende Kommissionen zu bilden, wurde dagegen schnell wieder fallen gelassen, weil sich – so eine Broschüre des DGB, der die Entwicklung sorgsam beobachtete – die Arbeiter in den Betrieben scharenweise in diese Kommissionen drängten, um so zu besseren Kontakten mit Kollegen in der Bundesrepublik zu

---

339 Information Nr. 3: Ergebnisse der statistischen Berichterstattung der Betriebsgewerkschaftsorganisationen über das II. Quartal 1962 vom 30. August 1962. SAPMO-BArch, DY 30/IV 2/5/324, Bl. 76.
340 Vgl. Jürgen Kocka, Ein deutscher Sonderweg. Überlegungen zur Sozialgeschichte der DDR, in: APZ B 40 (1994), S. 34-45.
341 So Ulbricht auf der 17. Deutschen Arbeiterkonferenz in Leipzig im März 1963, in: »Neues Deutschland« vom 13.3.1963 (»Offenes Wort an alle sozialdemokratischen und christlichen Arbeiter und Gewerkschaftsmitglieder«).
342 Protokoll VII. Parteitag, Bd. 1, S. 71.
343 Der FDGB – Erfüllungsgehilfe, S. 70 ff.

kommen und weil dem Apparat die Steuerung zu entgleiten drohte. Nach der gleichen Quelle wurden die hauptamtlich in der Westarbeit tätigen Gewerkschafter auf 3.000 und die auf allen Organisationsebenen ehrenamtlich beziehungsweise zusätzlich in die Westarbeit involvierten Gewerkschafter sogar auf 16.000 bis 20.000 geschätzt. Diese Zahlen dürften erheblich übertrieben sein[344], aber die Methoden der Einflußnahme blieben annähernd die gleichen wie vor dem Mauerbau. Sie betrafen neben massenhaftem Materialversand die Leipziger »Arbeiterkonferenzen«, auf denen Kontakte geknüpft wurden, »Patenschaften« von DDR-Bezirken für Regierungsbezirke in der Bundesrepublik, »Studiendelegationen« oder die Entsendung von Funktionären mit Grußbotschaften, die dann prompt verhaftet oder zurückgeschickt und in der DDR als politische Märtyrer gefeiert wurden. Beim Materialversand wandte der FDGB formal zum Teil ähnliche Methoden der Tarnung, wie sie das Ostbüro in seinen Tarnschriften aus den fünfziger Jahren praktiziert hatte, indem es Deckblätter westdeutscher Zeitschriften übernahm.

Die immer wieder geforderte Aktionseinheit der Arbeiterklasse gestaltete sich unter den Bedingungen der Zweistaatlichkeit zwar komplizierter, wurde aber unverdrossen weiter erhoben. Auf der Leipziger Arbeiterkonferenz von 1963 bemühte sich der Vorsitzende der Exil-KPD, Max Reimann, sogar, Erich Ollenhauer gegen den »Renegaten Wehner« auszuspielen.[345]

Die Formen der Westarbeit durch Infiltration wurden nach dem Mauerbau durch die restriktive Permit-Erteilung des Allied Travel Board in Westberlin beträchtlich erschwert.[346] Sie wurden im Laufe der sechziger Jahre zunehmend durch erste Versuche abgelöst, direkte Kontakte zu den westdeutschen Gewerkschaften, insbesondere zur IG Druck und Papier und zur IG Metall, aufzubauen. Aber erst im Zuge der neuen Ost- und Deutschlandpolitik gab es 1970 auf höchster Ebene Sondierungsgespräche und schließlich einen Kurswechsel in den Beziehungen des DGB zum FDGB.[347]

Nahm die Aufmerksamkeit der westlichen Öffentlichkeit und noch mehr der westdeutschen Arbeiter gegenüber der DDR in den sechziger Jahren stetig ab, so war das Interesse der »führenden Klasse« in der DDR an den konkreten Lebensverhältnissen in Westdeutschland keineswegs deutlich geringer geworden. Die SED-Propaganda tat indirekt das Ihre dazu, indem sie mit drastischen Beispielen über ehemals aus der DDR geflüchtete Übersiedler berichtete, die ein düsteres Bild von den sozialen Zuständen in der Bundesrepublik zeichneten.[348] Die Umfrage des

---

344 Nach Staadt, Westpolitik, S. 38 gab es gemäß einer internen Information an Albert Norden vom 6.2.1962 insgesamt außerhalb des SED-Apparats 537 hauptamtliche Funktionäre der Massenorganisationen, Parteien und Institutionen, davon 135 des FDGB. Die Zahlen der DGB-Broschüre spiegeln offenbar vor allem eine dramatisierte Wahrnehmung beim DGB.
345 Vgl. Schimanski, Westarbeit, in: SBZ-Archiv 14 (1963), S. 343-346.
346 SBZ-Archiv 16 (1965), S. 330.
347 Vgl. den Brief des DGB-Vorsitzenden an Herbert Warnke vom 3.2.1970, in: Gewerkschaftliche Monatshefte 21(1970), S. 174 f.; Wilke/Hertle, Genossenkartell, S. 10 ff., 127 ff.; Wilke, Westarbeit des FDGB, S. 224 ff.
348 Ein Beispiel ist die flott geschriebene Reportage: »... und wie es weitergeht« der »Wochenpost« 1961 Nr. 1. Eine größere Studie zu den West-Ost-Übersiedlern bereitet Bernd Stöver, Potsdam, vor.

11. Ulbrichts Fiktion einer »sozialistischen Menschengemeinschaft«

Abb. 66: Titelbild einer vom DGB-Bundesvorstand herausgegebenen Broschüre und Umfunktionierung in einer Tarnschrift des FDGB für die Westarbeit.

ZK-Instituts für Meinungsforschung in 10 Berliner Betrieben vom Februar 1967 zielte zwar in erster Linie auf die Erfassung von Einstellungen zu den innerbetrieblichen Arbeitsbedingungen, ging aber auch auf einige deutschlandpolitische Fragen ein. Im Hinblick auf die Berliner Passierscheinverhandlungen, die von der SED nicht mehr zu den alten Bedingungen fortgeführt wurden, war eine große Mehrheit der Befragten der Ansicht, es sei richtig, diese Verhandlungen auf der Grundlage der Gleichberechtigung zu führen. Einige machten aber den bemerkenswerten und riskanten Zusatz, es müsse auch Passierscheine für DDR-Bürger nach Westberlin geben. Bei der Frage nach einem möglichen positiven Einfluß sozialdemokratischer Minister der »Regierung Kiesinger-Strauß« auf die Bonner Politik hielten sich bejahende und verneinende Antworten annähernd die Waage. Generell waren 60,1 Prozent der Meinung, in der Deutschlandpolitik werde sich in nächster Zeit nichts ändern und 74,8 Prozent erklärten, der sozialistischen Gesellschaftsordnung werde die Zukunft gehören.[349] Solche Antworten sagen wenig aus, weil sie trotz anonymer Erhebung offenkundig eine Mischung aus Interesse, Skepsis und Reproduktion erwarteter, aber letztlich unverbindlicher Antworten (z. B. hinsichtlich der sozialistischen Gesellschaftsordnung) darstellten. Auch andere Erhebungen zeigten widersprüchliche Ergebnisse.[350]

---

349 Niemann, Meinungsforschung, S. 16-20.
350 Vgl. unten, Kap. VI 10 (S. 758 ff.).

V. Der »Arbeiterstaat« nach dem Mauerbau (1961–1971)

Die Abteilung Parteiorgane beim ZK konstatierte im Zusammenhang der Gewerkschaftswahlen 1967/68 besonders in kleinen und mittleren Betrieben verbreitete Unklarheiten in »Grundfragen«. Die Gefährlichkeit des westdeutschen Imperialismus werde übertrieben, bekamen die Funktionäre zu hören, und der Gedanke der kleinen Schritte und der Schaffung menschlicher Erleichterungen war zu ihrem Ärger »noch verbreitet.«[351]

Die in den sechziger Jahren zugelassenen empirischen Erhebungen zeigten, daß es in der Bevölkerung angesichts der »Ausweglosigkeit« nach dem Mauerbau Ansatzpunkte für eine wachsende formale Identifikation mit der DDR gab[352], auch wenn soziale Spannungen in der Gesellschaft weiterhin beträchtlich waren und das geforderte neue Bewußtsein den politischen Umständen weit hinterher hinkte.

Die »sozialistische Menschengemeinschaft« sollte im Rahmen der relativierten Vision des Übergangs zur kommunistischen Gesellschaftsordnung und mit Blick auf die technokratische Wirtschaftsreform nicht nur eine kompensatorische Funktion haben, sondern auch einen konkreten Beitrag zur Schaffung des »neuen Menschen« liefern. Die Kultur erhielt damit eine herausragende Bedeutung. Der Staatsrat beschloß zu diesem Zweck ein wortreiches Dokument über die »Aufgaben der Kultur bei der Entwicklung der sozialistischen Menschengemeinschaft«.[353] Sozialistische Kulturpolitik hatte demnach zum Ziel, »bei der Gestaltung des entwickelten gesellschaftlichen Systems des Sozialismus alle Lebensbereiche mit sozialistischer Weltanschauung und Kultur so zu durchdringen, daß die reichen geistigen, sittlichen und emotionalen Werte der sozialistischen Menschengemeinschaft zur Formung sozialistischer Persönlichkeiten fruchtbar werden.« Das blieb kaum mehr als eine Floskel ebenso wie die Aufforderung, »den Bitterfelder Weg als Programm der Vereinigung von Kunst und Leben, von Künstler und Volk in unserer Deutschen Demokratischen Republik unter neuen Bedingungen und zu höheren Zielen weiterzugehen.« In dem nicht für die Öffentlichkeit bestimmten Maßnahmeplan des Ministerrats vom 22. Februar 1968 erhielten dann aber alle Ministerien, die zentralen staatlichen Einrichtungen und die Räte der Städte, Gemeinden, Kreise und Bezirke die Anweisung, »kontrollfähige Schlußfolgerungen« für ihren jeweiligen Verantwortungsbereich zu ziehen und die allgemeinen Maximen in konkrete Kooperationsvorhaben und Kulturprojekte umzusetzen.[354] Im Mittelpunkt sollten dabei die Durchführung des Karl-Marx-Jahres und des Maxim-Gorki-Jahres 1968 sowie die Vorbereitung des 20. Jahrestages der DDR-Gründung 1969 stehen.

---

351 Abt. Parteiorgane des ZK, Information über den bisherigen Verlauf der Gewerkschaftswahlen 1967/1968 vom 10.1.1968, SAPMO-BArch, Nl. 4182/1144, Bl. 122 ff.
352 Niemann, Meinungsforschung, S. 31 f.
353 Text in: »Kulturelles Leben« 1968 H. 2, S. 3-6. Auch in: Elimar Schubbe (Hg.), Dokumente zur Kunst-, Literatur- und Kulturpolitik der SED (1946–1970), Stuttgart-Degerloch 1972, S. 1310 ff. (Beschluß des Staatsrats vom 30.11.1967).
354 Beschluß des Ministerrats vom 22.2.1968, Mitteilungen des Ministerrats der DDR Nr. 4/1968, BStU, MfS Rechtsstelle 743 (vertrauliche Dienstsache).

11. Ulbrichts Fiktion einer »sozialistischen Menschengemeinschaft«

Ob diese Appelle und Direktiven in der Praxis der Betriebe und Einrichtungen eine Wirkung hatten und der ohnehin stets lahmenden »kulturellen Massenarbeit« neue Impulse geben konnten, ist schwer einschätzbar. Einige Artikel in der FDGB-Zeitschrift »Kulturelles Leben« deuten eher darauf hin, daß sich alte typische Konflikte fortsetzten beziehungsweise wiederholten und daß sich die organische Weiterführung des schon stillschweigend zu Grabe getragenen Bitterfelder Weges genauso schwierig gestaltete wie die Erstürmung der Höhen der Kultur. So trafen die Bilder professioneller Künstler, gerade wenn sie Themen aus dem Arbeitsleben zum Gegenstand hatten, häufig auf harsche Ablehnung der zur Diskussion aufgeforderten Arbeiter, die in der Regel naturalistische Realitätsdarstellungen erwarteten.[355]

Die angestrengten Bemühungen um eigenständige Etikettierungen der DDR-Gesellschaft zur Legitimation des SED-Staates hatten aber schließlich wohl vor allem deshalb wenig Effekt, weil sich gegen Ende des Jahrzehnts die Versorgungslage wieder krisenhaft zuspitzte und die nach wie vor tiefen Risse in der proklamierten neuen Gemeinschaft deutlicher zu Tage treten ließen. Im Dezember 1970 wirkten zudem noch die Unruhen im Nachbarland Polen alarmierend.

Schon im Zusammenhang der Diskussionen des »Perspektivplans« bis 1970 tauchten warnende Hinweise auf die unzureichende »strukturelle Entwicklung des Warenangebots« auf.[356] Sie bezogen sich insbesondere auf industrielle Konsumgüter und die Obst- und Gemüseversorgung. Dies mochten noch Elemente eines vernünftigen internen Diskussionsprozesses im Stadium der Ausarbeitung der Detailplanungen sein. Auch einzelne massive Bekundungen von Unzufriedenheit und Kritik bei den Arbeitern lassen sich noch als keineswegs unübliche Form des Konfliktaustrags verstehen. So erklärten einige Bauarbeiter nach einem FDGB-Bericht über die Großbaustelle Kraftwerk Boxberg in Berlin, sie würden streiken, wenn es das Streikrecht gäbe, »um die verantwortlichen Funktionäre, auch der übergeordneten Leitungen, über die unzulängliche Vorbereitung der Baumaßnahmen, der Leitungstätigkeit und der Arbeit mit den Menschen aufmerksam zu machen, damit volkswirtschaftlicher Verlust vermieden (würde), die Arbeit rollt, sie anständig verdienen und auch eine Jahresendprämie erhalten werden.«[357] Nach dem harten Winter 1969/70 verursachte ein Produktionseinbruch aber zusätzlich zu den bereits spürbaren Folgen der disproportionalen Entwicklung deutliche Versorgungsschwierigkeiten. Der Leitartikel »Bewährungsprobe« im »Neuen Deutschland« vom 18. Juni 1970 verwies daher auf die Notwendigkeit, entweder verstärkte Anstrengungen zu unternehmen oder aber, wie es Gün-

---

355 Ein Beispiel ist der zum Beschluß des Staatsrats verfaßte Artikel des Direktors der Dresdner Gemäldegalerie »Neue Meister« Joachim Uhlitzsch »Mensch und Kunst im Prozeß geistiger Umwandlung«, in: »Kulturelles Leben« 1968 H. 2, S. 12 ff.
356 Informationen des Ministeriums für Handel und Versorgung an Genossen Walter Ulbricht über Probleme der Versorgung der Bevölkerung vom 20.10.1966 (streng vertraulich), SAPMO-BArch DY 34/6785.
357 Bericht über die Aussprache mit Bauarbeitern auf der Großbaustelle Kraftwerk Boxberg vom 23.5.1968. Ebd.

ter Mittag vor dem 13. ZK-Plenum am 9./10. Juni formuliert hatte, »für einige Jahre auf eine weitere Verbesserung der Arbeits- und Lebensbedingungen zu verzichten.«[358]

Dieser Artikel läßt sich auch als Reaktion auf die persönlichen Monatsberichte verstehen, die Ulbricht von den Ersten Bezirkssekretären der SED im Laufe des Jahres 1970 erhielt und in denen auf die wachsende Unzufriedenheit in der Bevölkerung hingewiesen wurde.[359] Mittag sah sich deshalb bereits im Juni auf der 13. ZK-Tagung der SED erheblicher Kritik an den Planzielen ausgesetzt. Auch wenn er gewisse Mängel konzedierte, beharrte er auf den Planzielen und warf seinen Kritikern vor, es fehle ihnen an der »notwendigen offensiven Kampfposition.« Im September mußte Mittag jedoch unter dem Druck des Politbüros nachgeben und einige Planvorgaben nach unten korrigieren.[360] Hinzu kam der politische Druck aus Moskau, der zwar primär politisch motiviert war, aber auch Ulbrichts Vorstellung vom »Überholen ohne einzuholen« und die Wünsche nach erhöhten sowjetischen Rohstofflieferungen betraf. »Die Sache mit dem Überholen ohne einzuholen [...] ist falsch«, ließ Breschnew wissen.[361]

Konkrete Folgerungen zog vor allem der Ministerrat, indem er am 12. November eine »Direktive zur Verbesserung der Arbeiterversorgung im Jahre 1971« verabschiedete.[362] In der detaillierten Auflistung verschiedenster Maßnahmen wie der verbesserten Versorgung mit warmen Hauptmahlzeiten, der Verbesserung des Angebots von Waren des täglichen Bedarfs und »hausarbeitserleichternder Halbfertigerzeugnisse«, der Erhöhung der hauswirtschaftlichen Dienstleistungen, der Festlegung genauer Verantwortlichkeiten und Kontrollen auf den Verwaltungsebenen erinnert der Text dieser Direktive fast an den grundlegenden Befehl 234 der sowjetischen Militäradministration in Deutschland (SMAD) von 1947, der auch auf eine akute Krisensituation reagierte. Ein ausführlicher Bericht des MfS vom 1. Dezember 1970 läßt erkennen, daß sich im Verlauf des Jahres die Stimmung drastisch verschlechtert hatte.[363] Aus den Bezirken wurde gemeldet, »daß teilweise in Geschäften und in Unterhaltungen offen und z. T. aggressiv über die bestehenden Mängel in der Bereitstellung von Waren diskutiert wird.« Dabei tauchten auch Hinweise auf den 17. Juni 1953 und auf verstärkte Gerüchtebildung (Rationierung, neue Preisregelungen, Geldabwertung) auf. Neben allgemeinen Nahrungsmitteln und Verbrauchsgütern traten bei der Versorgung mit Arbeits- und Berufskleidung »ernste Schwierigkeiten« auf. Allein im Bezirk Potsdam fehlten 10.000 Schutzhelme, 20.000 Wattejacken, 10.000 Paar Filzstiefel, führte

---

358 »Neues Deutschland« vom 18.6.1970, S. 1; Die Durchführung des Volkswirtschaftsplans im Jahr 1970. Aus dem Referat des Genossen Günter Mittag, in: »Neues Deutschland« vom 11.6.1970, S. 3-6.
359 Roesler, Zwischen Plan und Markt, S. 154.
360 Ebd., S. 155.
361 Steiner, DDR-Wirtschaftsreform, S. 525.
362 Mitteilungen des Ministerrates der DDR Nr. 32 vom 25.11.1970 (vertrauliche Dienstsache 46/70).
363 Informationen über einige Probleme der Versorgung der Bevölkerung (Stand 1.12.70). BStU, Z 1871, Bl. 1-15.

11. Ulbrichts Fiktion einer »sozialistischen Menschengemeinschaft«

das MfS an. Völlig unzureichend war die Versorgung mit Braunkohlenbriketts. Die Hauptkritik der Bevölkerung bezog sich grundsätzlich auf:
- »Zweifel an der ökonomischen Entwicklung in der DDR (›einerseits Produktionserfolge – andererseits ein mangelhaftes Warenangebot‹)
- Vergleiche mit der Entwicklung in der BRD zu Gunsten der ökonomischen ›Erfolge‹ Westdeutschlands (›trotz Kapitalisten eine kontinuierliche, qualitätsmäßige Versorgung‹)
- Verärgerung darüber, weil zu viele hochwertige Waren exportiert würden und der Bevölkerung der DDR dadurch verloren gingen (›für die DDR-Bevölkerung verbliebe nur die qualitätsgeminderte Ware‹)
- Kritik am Ansteigen der ›Unter-dem-Ladentisch-Verkäufe‹ (›in der DDR bekomme man gute Ware nur durch entsprechende Beziehungen‹)«.

Insbesondere bei den Beschäftigten im Handel, aber auch bei Funktionären der unteren und mittleren Ebene fehlte es in dieser Situation nicht an grundsätzlicher Kritik. »Das ›neue ökonomische System‹ sei in der DDR bisher ohne wesentliches Ergebnis geblieben«, so referierte das MfS diese Kritik, »vieles hätte sich im Gegenteil danach noch verschlechtert. In der DDR würden die gleichen Fehler in der Planung und Leitung die Volkswirtschaft der DDR behindern wie vor Beginn der ›Wirtschaftsreform‹ Anfang 1960. In diesem Zusammenhang wird häufig leitenden Wirtschaftsfunktionären der DDR Unfähigkeit und Schlendrian vorgeworfen.«

Abgesehen von Äußerungen aus der Bevölkerung, deren Gewicht in derartigen Berichten immer schwer genau zu bestimmen ist, war die Gesamtbilanz von Pannen, strukturellen und akuten Fehlgriffen in der Wirtschaft verheerend. Selbst wenn die DDR von einer akuten Krise noch entfernt war, fielen die Wahrnehmungen der Situation bei der Bevölkerung und bei den Funktionären doch so aus, daß zumindest verstärkte Bemühungen um Krisenprävention nötig erschienen. Vor allem die Unruhen in Polen im Dezember 1970, die zum Sturz Wladyslaw Gomulkas führten, trugen wesentlich zu solchen Anstrengungen bei. Für die weitere Entwicklung der Wirtschafts- und Sozialpolitik sollte das einschneidende, aber auch widersprüchliche Konsequenzen haben. Das Jahr 1970 läßt sich daher als »Wendepunkt vom Aufbau- und Fortschrittsmythos zum Sicherheitsmythos« interpretieren, in dem die Orientierung an westlichen Konsummustern eine wachsende Rolle spielte.[364] Ein Stasi-Bericht vom 22. Dezember résumierte in drei Sätzen eine Einschätzung von Bevölkerungsmeinungen zur Situation in Polen und in der DDR, die sich als verblüffend zutreffend erwies: »Es wird angenommen, daß auch in der DDR bei Erhöhung der Preise für Grundnahrungsmittel eine ›schwierige Situation‹ entstehen könnte. In der Volksrepublik Polen seien die Beschlüsse ›vom grünen Tisch aus‹ gefaßt und die Situation unter der Bevölkerung nicht berücksichtigt worden. Gleichzeitig wird mehrfach geäußert, daß es in der DDR sicher ›so

---

364 Vgl. Peter Hübner/Jürgen Danyel, Soziale Argumente im politischen Machtkampf: Prag, Warschau, Berlin 1968–1971, in: ZfG 50 (2002), S. 804-832, hier: S. 832. Demnächst ausführlich dazu Hübner, s. o. Anm. 284 (S. 622).

V. Der »Arbeiterstaat« nach dem Mauerbau (1961-1971)

weit nicht kommen‹ würde, da die Partei und Regierung die Situation ›in der Hand habe‹ und der Bevölkerung derartige ›Belastungen nicht zumuten‹ würde.«[365] Eben diese Vermeidungsstrategie gehörte zu Honeckers neuer Politik.

Der alternde Ulbricht war fasziniert von den Möglichkeiten der wissenschaftlich-technischen Revolution und hatte gehofft, mit Hilfe der Kybernetik eine durchgreifende industriegesellschaftliche Modernisierung der DDR forcieren zu können. Trotz des großen Rückstandes in der Produktivität gegenüber der Bundesrepublik glaubte er an die Möglichkeit eines dynamischen Aufschwungs, so daß »bis Ende der siebziger Jahre die Voraussetzungen geschaffen werden für die Einleitung einer neuen Etappe der gesellschaftlichen Entwicklung – des Übergangs zur Schaffung der kommunistischen Gesellschaft in der DDR.«[366] Dabei schätzte er seinen Handlungsspielraum gegenüber Moskau ebenso falsch ein wie die inneren Widerstände im SED-Apparat, der ihn – mit Honecker an der Spitze – schließlich zum Rückzug zwang.[367] Mit seinem Schöpfer verschwand auch die »sozialistische Menschengemeinschaft« von der ideologischen Bühne. Der Begriff sei, konstatierte Kurt Hager im Oktober 1971, »wissenschaftlich nicht exakt, da er die tatsächlich noch vorhandenen Klassenunterschiede verwischt und den tatsächlich erreichten Stand der Annäherung der Klassen und Schichten überschätzt.« Er verschleiere die führende Rolle der Arbeiterklasse und lasse Zweifel an der »Diktatur des Proletariats« aufkommen.[368]

Als Ulbricht im Mai 1971 zurücktrat, versuchte das MfS einige Stimmungen unter der Bevölkerung einzufangen.[369] Die dort wiedergegebenen Meinungsäußerungen müssen sicher mit großer Vorsicht gewertet werden, weil hier angesichts der Modalitäten des Rücktritts auch Sonderinteressen des MfS im Machtapparat eine Rolle gespielt haben dürften. Die Bevölkerung würdigte diesem Bericht zufolge Ulbrichts Arbeit und die Gründe für seinen Rückzug und stimmte Honecker als Nachfolger zu. »In einigen Fällen – jedoch in allen Bezirken der DDR auftretend – werden jedoch auch Vorbehalte zur Funktionsübernahme durch den Genossen Erich Honecker geäußert.« Als Argumente wurden genannt: »Er habe nicht die Traditionen und Erfahrungen im Kampf der Partei und der Arbeiterklasse wie Genosse Ulbricht« und besitze noch nicht die Sympathien bei der Bevölkerung. »Dabei werden Vergleiche zwischen dem Auftreten des Genossen Walter Ulbricht und des Genossen Erich Honecker vor Arbeitern und in der Öffentlichkeit angestellt;

---

365 Einige Hinweise zur Reaktion wirtschaftsführender Funktionäre im Zusammenhang mit vorgesehenen Regulierungen von Einzelhandelsverkaufspreisen in der DDR (22.12.1970). Ebd., Bl. 27 f. Eine eingehende Analyse der wirtschaftlichen Krisensituation bei Steiner, DDR-Wirtschaftsreform, S. 503-520.
366 Ulbricht an Breschnew am 2.6.1970, zit. bei Kaiser, Machtwechsel, S. 377.
367 Dazu ausführlich Kaiser, Machtwechsel, Kap. 5. Die entsprechenden Dokumente sind abgedruckt bei Peter Przybylski, Tatort Politbüro. Die Akte Honecker, Berlin 1991.
368 Zit. bei Kaiser, Machtwechsel, S. 447.
369 Information über die Reaktion der Bevölkerung der DDR zu den Beschlüssen des 16. Plenums des ZK der SED, Nr. 416/71 (ohne Datum), BStU, Z 1922, Bl. 1-7. Davon wurden anders als sonst lediglich drei streng geheime Exemplare erstellt: für Mielke, für die Ablage und die »Einsatzmappe« (vernichtet).

11. Ulbrichts Fiktion einer »sozialistischen Menschengemeinschaft«

Gen. Walter Ulbricht wäre ›volkstümlicher‹. Erich Honecker fände jedoch zum Arbeiter keinen Kontakt.« In der Deutschlandpolitik befürchtete man einen schärferen Abgrenzungskurs und Hoffnungen auf Erleichterungen im Reiseverkehr müßten vorerst begraben werden. Unter den grundsätzlich positiven Stimmen hob der Bericht die Meinung hervor, mit Ulbrichts Rücktritt habe die »Periode der großen Einzelpersönlichkeiten« in der SED-Führung ihren Abschluß gefunden. Bei den »negierenden, abwertenden und direkt feindlichen Äußerungen« tauchten die Argumente auf, der Wechsel sei vom Kreml diktiert worden, die wahren Gründe werde man ohnehin erst später erfahren und angesichts der wirtschaftlichen Schwierigkeiten habe jemand gefunden werden müssen, der »den Kopf hinhält« und dem alles in die Schuhe geschoben werden könne.

Dieser knappe zeitnahe Bericht konnte kein genaues Stimmungsbild wiedergeben. Dennoch ist bemerkenswert, daß zumindest Teile der Bevölkerung im Hinblick auf Ulbrichts Deutschlandpolitik und die Wirtschaftslage nüchtern und auch zutreffend urteilten, während das zeitgenössische Bild im Westen zunächst noch überwiegend anders, nämlich eher negativ für Ulbricht und positiv für seinen Nachfolger ausfiel.

Ulbrichts sozialistische Variante einer deutschen Gemeinschaftsideologie hat wenig faßbare Wirkungen entfaltet. Sie zielte zwar auf die gesamte Gesellschaft, aber der »führenden Klasse« kam darin selbstverständlich eine herausragende Stellung zu. Doch gerade sie fügte sich nicht leicht in das Konzept, weil ihre Interessen anders gelagert waren. Ulbrichts forcierter Modernisierungsversuch knüpfte im Grunde an die Aufbauphase vor dem Aufstand von 1953 an. Die Programmatik des »planmäßigen Aufbaus des Sozialismus« der 2. Parteikonferenz wurde aber jetzt von ihren voluntaristischen Elementen »gereinigt« und war nun eher der Versuch, den ökonomischen Zwängen ihren unerläßlichen Tribut zu zollen. Produktivitätssteigerung war jetzt weniger eine Sache der Appelle, sondern der Rationalisierung von oben und der Ermunterung zu »materieller Interessiertheit« an der Basis, ohne den Anspruch auf einen Gegenentwurf zur kapitalistischen Gesellschaft in Frage zu stellen oder abzuschwächen. Alle konvergenztheoretischen Versuchungen wurden daher dezidiert zurückgewiesen.

Das harmonistische Ideal einer »sozialistischen Menschengemeinschaft« konnte gerade aus der Sicht der Arbeiter die starken inneren Spannungen nicht verdecken, die angesichts der forcierten Modernisierungsversuche noch schärfer als früher zu Tage treten mußten. Denn die Trends der sozialen Differenzierung innerhalb der »führenden Klasse« brachten für Teile der Arbeiterschaft materielle Einbußen mit sich und kollidierten mit hergebrachten Egalitätsvorstellungen. Reformresistenz und struktureller Konservativismus versprachen also eine bessere Interessenrealisierung, zumal die ökonomische Reform kaum kurzfristig eine durchgreifende Verbesserung der Lebens- und Arbeitsbedingungen bieten konnte. Der Blick nach Westen vertiefte die Kluft zwischen Wunsch und Realität weiter. Sicherlich haben die Arbeiter das NÖS nicht zu Fall gebracht. Aber als in den letzten Jahren der Ära Ulbricht die Krisensymptome unübersehbar wurden, erodierte die ohnehin nur verhaltene Zustimmung zu Modernisierungsexperimenten schnell.

V. Der »Arbeiterstaat« nach dem Mauerbau (1961–1971)

Honecker ist mit seinem »konservativen« Kurswechsel ein kurzzeitiger Stimmungsumschwung gelungen. Langfristig ruinierte er damit aber um so gründlicher die Grundlagen des Gesamtsystems, das gerade im Jahrzehnt nach dem Mauerbau unter neuen Rahmenbedingungen und mit veränderten Mitteln eine solidere Fundierung hatte erhalten sollen.

VI. Kapitel

Arbeiterleben im »Arbeiter-und-Bauern-Staat«

»Und die Arbeiter bei uns ... das ist doch ein Arbeiter- und Bauernstaat, aber wir kriegen bloß immer gesagt, was wir machen müssen. Im Betrieb fängt's an. Es wäre doch besser, wenn du was mit zu sagen hättest.«[1]

Schuften und Genießen – so haben Thomas Ahbe und Michael Hofmann die Erinnerungen junger sächsischer Arbeiter an ihren Alltag in den fünfziger Jahren charakterisiert. Diese pointierte Etikettierung kennzeichnet den in den Erzählungen sichtbaren ausgeprägten Stolz der Arbeiter auf die Bedeutung ihrer Arbeit und das Bewußtsein, aus eigener Kraft vorangekommen zu sein. Eingriffe der Politik in den Alltag fehlen in den Erinnerungen zwar nicht, wiegen aber nicht schwer. Allein das belegt bereits die Selektivität solcher Perspektiven. Im noch nicht ganz zerfallenen Milieu städtischer Arbeiterviertel fanden jedoch Arbeiter in der frühen DDR offenbar – zumindest nach dem 17. Juni 1953 – einen Status, der ihren Wert- und Sinnvorstellungen entgegenkam und einen Kompromiß zwischen Staats- und traditionellen Arbeiterinteressen signalisierte.[2] Zur Illustration hier zwei Beispiele, die sich durch viele andere ergänzen ließen, aber lediglich Muster wiedergeben, die immer nur in engen Grenzen generalisierbar sind.[3]

Herr K., Dreher aus einem Leipziger Metallbetrieb: »In den fünfziger Jahren gingen das Nachtleben und die Vergnügungen dann richtig los [...] Die Leute sagten, heute habe ich zehn Mark, und damit gehe ich aus. Man traf immer Gleichgesinnte. Allein weggehen gab es nicht. Es gingen immer ganze Gruppen. Diese Gruppen blieben bis zum Schluß in den Lokalen. Sie hielten durch, egal was war. Und am nächsten Tag waren wir wieder auf Arbeit.«

Frau S. erinnert sich aus den fünfziger Jahren: »Mein Mann war ein tüchtiger Arbeiter. Schon nach zwei Monaten wurde er als Hauer eingesetzt und begann sich nach Feierabend zu qualifizieren. Gute Arbeiter, die sich nebenbei noch qualifizieren wollten, waren damals rar. Deswegen bekam mein Mann auch die Unterstützung seines Betriebsleiters, als wir beim Wohnungsamt vorsprachen, denn mit dem Antrag tat sich nichts. Ich war mit dabei und hatte die Tochter im Wagen mit. Mein Mann schilderte unsere Wohnungsverhältnisse und zeigte das Schreiben vom Direktor. Er sagte, daß er den Betrieb wieder verlassen würde, wenn er keine Wohnung bekäme. Im November 1951 wies man uns eine Neubauwohnung zu.«

Die Mischung aus Schuften, Genießen und Qualifikationsstreben dürfte nicht überall so glatt funktioniert haben wie in diesen beiden Erinnerungsbeispielen. Aber soziale Aufstiegschancen gehörten für die fünfziger Jahre zu den wichtigsten Merkmalen der Arbeitergeschichte. Diese Aufstiegsmöglichkeiten führten insgesamt zu einer deutlichen Nivellierung, die in späteren Jahrzehnten zu einem Problem für die gewünschte und notwendige Differenzierung einer sozialisti-

---

1 Aus einem Interview 1980, Gabriele Eckart, So sehe ick die Sache. Protokolle aus der DDR, Köln 1984, S. 154.
2 Thomas Ahbe/Michael Hofmann, »Eigentlich unsere beste Zeit«. Erinnerungen an den DDR-Alltag in verschiedenen Milieus, in: APZ B17 (2002), S. 13-22. Dies., Es kann nur besser werden. Erinnerungen an die 50er Jahre in Sachsen, Leipzig 2001.
3 Zit. ebd. (APZ B 17, 2002), S. 16 f.

schen Leistungsgesellschaft wurde. Der Preis aber war langfristig hoch. In der Endphase der DDR konnten die fatalen Folgen sogar vorsichtig intern kritisiert werden. So konstatierte eine unveröffentlichte Dissertation von 1989, bei der Überwindung der für den Kapitalismus charakteristischen, ungerechtfertigten Einkommensdifferenzen sei es in der DDR zu »Maßüberschreitungen« gekommen, so daß die Mehrheit der Forschungsintelligenz in der Industrie kaum noch die Möglichkeit habe, das durchschnittliche Nettoeinkommen bestimmter Facharbeitergruppen zu erreichen. Diese Nivellierung widerspreche den Erfordernissen des sozialistischen Leistungsprinzips.[4]

Der bequemere Weg konnte unter solchen Bedingungen der Verzicht auf weiteren sozialen Aufstieg sein. Selbstbewußt (und gegenüber dem westdeutschen Gesprächspartner sicher überzogen) beschrieb ein sächsischer Arbeiter 1986 gegenüber einem westdeutschen Redakteur seine Position: »Sie haben keine Ahnung, wie unabhängig man in unserem Staat sein kann, wenn man auf Privilegien verzichtet. Ich hatte die Zulassung zur EOS (Erweiterte Oberschule). Da habe ich mir überlegt: Junge, wenn du dich darauf einläßt, dann stehst du unter dauerndem Leistungsdruck, da wird von dir ständig Wohlverhalten erwartet. In unserer Gegend gibt es viele Betriebe, die Schweißer brauchen. Ich bin lieber Schweißer geworden. Ich verdiene, mit Prämien und allem Drum und Dran, mein gutes Geld; mehr als mancher Intelligenzler. Und mir kann niemand etwas sagen. Mir kann zum Beispiel niemand verbieten, mit Ihnen zu reden. Und wenn da einer vom Stasi [sic!] lauert, was soll's? Schweißer werden immer gebraucht in unserer Republik.«[5]

Was hier für die späten Jahre der DDR betont wird, läßt sich – wenn auch keineswegs einheitlich – in Ansätzen und in unterschiedlicher Ausformung im Grunde für alle Entwicklungsphasen der DDR beobachten.

Über die soziale Lage der Bevölkerung haben sich die Partei und ihre Massenorganisationen und natürlich auch das MfS kontinuierlich zu informieren versucht, so daß es an Quellen nicht mangelt. Allerdings sind sie oft verstreut, und in ihrer Ergiebigkeit sehr unterschiedlich.

Aus den fünfziger Jahren existiert eine umfangreiche Bestandsaufnahme, die »von oben« in Auftrag gegeben wurde und von den regionalen FDGB-Instanzen und den Branchengewerkschaften für ihren Bereich zusammenzustellen war.[6] Sie

---

4 Zit. bei Lothar Mertens, »Was die Partei wußte, aber nicht sagte ...«. Empirische Befunde sozialer Ungleichheit in der DDR-Gesellschaft, in: Ders. (Hg.), Soziale Ungleichheit in der DDR. Zu einem tabuisierten Strukturmerkmal der SED-Diktatur, Berlin 2002, S. 119-157, hier: S. 131.

5 Theo Sommer (Hg.), Reise ins andere Deutschland, Reinbek bei Hamburg 1986, S. 112. (Der Text ist natürlich nur sinngemäß zu verstehen und kein Wortprotokoll. So hieß das MfS bei DDR-Bürgern immer *die* Stasi.)

6 Analyse der Lage der Arbeiterklasse in der Deutschen Demokratischen Republik (September 1955), SAPMO-BArch, DY 34/23753 (Büro Warnke). Das über 300 Seiten umfassende Material setzt sich aus verschiedenen Teilen und Anhängen zusammen, die nicht durchgehend, sondern nur teilweise und in Abschnitten paginiert sind, zahlreiche handschriftliche und meist unleserliche Marginalien enthalten und in dieser Fassung mit vielen Lücken erst die Zuarbeit für den – soweit erkennbar – nie zustande gekommenen Schlußbericht wiedergeben. Die Materialien sind dennoch für Teilbereiche nützlich, gerade weil noch kaum Glättungen vorgenommen worden sind. Allerdings überwiegen die üblichen quantitativen Aufzählungen, qualitative Zusammenfassungen

dürfte zu den Fernwirkungen des 17. Juni 1953 gehören und sollte im Zeichen des »Neuen Kurses« ein möglichst realistisches Bild von der sozialen Lage der Arbeiter liefern. Diese Materialien sind teilweise außerordentlich detailliert und zudem ganz auf die Lage der »Arbeiterklasse« zugeschnitten. Daraus ließ sich einerseits ableiten, wieweit die zentralen Anweisungen tatsächlich umgesetzt wurden, andererseits gaben sie Hinweise, wo und wie etwas präventiv getan werden mußte, um neuen Unmut rechtzeitig aufzufangen und berechtigten Forderungen entgegenzukommen. Darüber hinaus registrierte seit den fünfziger Jahren die Stasi in ihren Stimmungsberichten kontinuierlich sowohl die relative Normalität von Plan- und Pflichterfüllung als auch »besondere Vorkommnisse«, hinter denen sie häufig den westlichen Klassenfeind vermutete. Diese Berichte sind allerdings nur fragmentarisch auffindbar und eher punktuell als systematisch auszuwerten.[7] Das Bild läßt sich abrunden durch eingehende Befragungen von in den Westen geflüchteten Arbeitern, die ebenfalls darauf abzielten, einen möglichst umfassenden und ungeschminkten Eindruck vom Leben »in der Zone« zu gewinnen.[8]

In den sechziger Jahren wollte es die Partei genauer wissen und erlaubte im Zuge der angestrebten Modernisierung von Staat und Gesellschaft Erhebungen, die sozialwissenschaftlichen Standards folgten und je nach Brisanz teilweise veröffentlicht oder unter Verschluß gehalten wurden.[9] Schließlich schlossen Soziologen 1973 eine dreiteilige Erhebung zur »sozialen Struktur der Arbeiterklasse« ab, die ebenfalls sehr differenzierte und instruktive Einblicke in eine »arbeiterliche Gesellschaft« vermittelte. Auch sie blieb unveröffentlicht und ist erstmals von Wolfgang Engler 1999 eingehend ausgewertet worden.[10]

Über den Arbeiteralltag in den verschiedenen Phasen der SED-Diktatur geben diese und andere Materialien statistisch relevante Auskünfte, sie illustrieren aber darüber hinaus gelegentlich auch einzelne Segmente einer sozialistischen Gesellschaft und laufen dabei populären Bildern einer totalitären Kontrolle manchmal massiv zuwider.

Daß die DDR-Geschichte nicht in ihren politischen Dimensionen aufgeht, ist kaum noch strittig. Der ominöse »Alltag« hat daher auch für die Diktaturgeschichte längst Einzug in die Historiographie gefunden. In der Geschichtsschreibung der untergegangenen DDR mußte man entsprechende Themen noch mit

---

sind eher selten. Die Akte wird im folgenden zitiert als »Material Warnke«. Zur leichteren Auffindbarkeit werden soweit möglich die systematischen römischen Ziffern jeweils in Klammern hinzugefügt.
7 Vgl. die Hinweise auf die MfS-Informationen und die ZAIG-Berichte in Kap. IV 1 (S. 379 ff.) und im Quellen- und Literaturverzeichnis.
8 Blücher, Industriearbeiterschaft, vgl. oben Kap. IV 1 (S. 379 ff.).
9 Vgl. oben Kap. V 5 (S. 568 ff.).
10 Über die soziale Struktur der Arbeiterklasse. Ergebnisse einer repräsentativen soziologischen Untersuchung in der zentralgeleiteten sozialistischen Industrie der DDR. Teil 1-3. Herausgegeben vom Institut für Gesellschaftswissenschaften beim ZK der SED, Institut für Marxistisch-Leninistische Soziologie, Berlin 1975–1977 (parteiinternes Material). Unveröffentlicht, eingehend referiert bei Engler, Die Ostdeutschen, S. 176 ff. Ein Exemplar ist in der Bibliothek der SAPMO zugänglich (Sign.: 98A1651).

der Lupe suchen.¹¹ Ergiebig waren die Studien der 1975 von Dietrich Mühlberg aufgebauten Arbeitsgruppe »Kulturgeschichte der deutschen Arbeiterklasse«, die nicht dem »Rat für Geschichtswissenschaft« unterstand. Diese kulturgeschichtliche Provokation hatte jedoch auf die marxistisch-leninistische Historiographie kaum Einfluß.¹² Wie gerade in einem Herrschaftssystem, das die gesamte Gesellschaft durchdringen und regulieren wollte, auch die Grenzen der Diktatur überall sichtbar werden, haben nach 1990 viele Studien zur Sozial- und Kulturgeschichte eindrucksvoll gezeigt.¹³ Eine genaue begriffliche Erfassung von »Alltag« bleibt dennoch schwierig. Zwar ist die »Nischengesellschaft« erst eine auf die Spätphase der DDR gemünzte Erfindung, aber bei genauerer Beobachtung hat es sie in allen Phasen gegeben. Begrenzte Rückzugsmöglichkeiten vor den Zumutungen und Vorgaben der Partei und Eigen-Sinn im Umgang mit Parolen und Institutionen waren zwar keineswegs als Elemente der Herrschaftslegitimation gedacht, funktionierten aber paradoxerweise vielfach so. Sie sind ein wichtiges Erklärungsmoment für die relative Stabilität und lange Dauer der SED-Diktatur. Das Verlangen der Bevölkerung nach einem unpolitischen Alltag war jedoch ebenso eine Chimäre wie der Wunsch Erich Mielkes, alles wissen zu wollen, zumal das MfS erst seit Ende der sechziger Jahre das Informations- und Kontrollnetz flächendeckend ausbauen konnte.¹⁴ Beide, Rückzugs- und Kontrollwunsch, durchdrangen sich, aber mit deutlichen Unterschieden in den verschiedenen Entwicklungsphasen. Der politische Zwang war in den fünfziger Jahren härter als in den siebzigern, andererseits steckte der Überwachungsapparat noch in den Anfängen, und die bis zum Mauerbau mögliche Flucht als Alternative produzierte andere Verhaltensweisen als später. Anfangs existierten auch noch Reste traditioneller Milieus. Die frühen Erfahrungswelten wurden vom Kriegs- und Besatzungserlebnis und von den Anforderungen des allgemeinen und individuellen Wiederaufbaus bestimmt. Das Geld war knapp und die Wünsche blieben begrenzt. Aber es gab unter Teilen der Arbeiterschaft zunächst auch noch so etwas wie Aufbruchstimmung. Seit den sechziger Jahren änderte sich im Zeichen einer gewissen Normalisierung und eines bescheidenen Wohlstandes vieles.

Die soziale Lage der Arbeiterklasse in der DDR sollte nach den Anweisungen des FDGB von 1955 in acht systematischen Dimensionen erfaßt werden. Dabei galt das Interesse der gegenwärtigen Lage, den Entwicklungen in der Zeit des ersten Fünfjahrplans, interessanterweise unterteilt nach den Jahren 1950/53 und

---

11 Vgl. Evemarie Badstübner-Peters, Der ungeliebte Alltag. Zu den Schwierigkeiten alltagsgeschichtlicher Forschungen in der DDR, in: Thüringer Hefte für Volkskunde 2 (1993), S. 7-25.
12 Genauer dazu Adelheid von Saldern, Eine soziale Klasse ißt, trinkt und schläft nicht. Die Arbeitsgruppe »Kulturgeschichte der deutschen Arbeiterklasse«, in: Georg G. Iggers/Konrad H. Jarausch (Hg.), Die DDR-Geschichtswissenschaft als Forschungsproblem, München 1998, S. 241-258. (Historische Zeitschrift. Beihefte N. F., Bd. 27).
13 Vgl. Norbert Elias, Zum Begriff des Alltags, in: Kurt Hammerich/Michael Klein (Hg.), Materialien zur Soziologie des Alltags, Opladen 1978, S. 22-29; Bessel/Jessen (Hg.), Die Grenzen. Darin insbesondere Thomas Lindenberger, Alltagsgeschichte und ihr möglicher Beitrag zu einer Gesellschaftsgeschichte der DDR, S. 298-325.
14 Vgl. Jens Gieseke, Mielke-Konzern. Die Geschichte der Stasi 1945-1990, Stuttgart 2001, S. 132 ff.

1953/55, sowie dem Vergleich zur Vorkriegszeit und zu Westdeutschland. »Die Untersuchung muß differenziert geschehen und die Lage verschiedener Gruppen der Werktätigen aufzeigen«, hieß es ausdrücklich im Vorspann. »Neben der sachlichen Darstellung der Lage besteht die wichtigste Aufgabe darin festzustellen, auf welchen Gebieten und in welchen einzelnen Fragen gibt es Beschwerden der Werktätigen, wo gibt es Widersprüche, die Unzufriedenheit hervorrufen? Ebenso, welche Dinge werden von den Werktätigen besonders anerkannt und gelobt?« Die sachlich-nüchterne Darstellung sollte also ausdrücklich durch die Erfassung der Stimmungslage ergänzt werden.

Die acht Hauptabschnitte umfassen: I Arbeitslohn II Versorgung III Preisentwicklung IV Wohnlage V Steuern VI Arbeitsbedingungen VII »weitere Fragen, die das Leben der Arbeiterklasse betreffen«, VIII Lage der Rentner. Andere Themen traten dagegen für die FDGB-Funktionäre kaum ins Blickfeld (z. B. Rituale und religiöse Fragen, Familien- und Geschlechterprobleme, Freizeit).[15]

Aus der dreiteiligen Untersuchung »über die soziale Struktur der Arbeiterklasse« von 1973 bietet vor allem der erste Teil über die »Arbeits- und Lebensbedingungen der Werktätigen in ihrem Zusammenhang mit der sozialen Struktur der Arbeiterklasse« einige generalisierungsfähige Befunde und verdeutlicht die zu dieser Zeit bereits viel differenzierteren Zugänge zum Problem »Arbeiterklasse«.

Um einige Trends in der Entwicklung der sozialen Lage von Arbeitern bis zum Ende der Ära Ulbricht zu erfassen, liegt es nahe, diese umfassende Erhebung des FDGB von 1955 sowie weitere empirische Daten östlicher und westlicher Provenienz aus dieser Zeit als Ausgangspunkt zu nehmen und die wichtigsten Dimensionen der sozialen Lage im Längsschnitt bis zu der Untersuchung von 1973 weiterzuverfolgen. Die Kategorien der Erhebungen und Befragungen sind naturgemäß nicht kompatibel, die Schnittmengen jedoch durchweg so groß, daß sich empirisch gut abgesicherte Aussagen treffen lassen. Dabei muß selbstverständlich die spezifische Quellenkritik, vor allem bei den nicht standardisierten, qualitativ ausgerichteten Materialien des FDGB und der Flüchtlingsbefragungen, einbezogen werden. Die Analyse von Herrschaftsstrukturen wird auf diese Weise umfassend durch die Erfahrungsgeschichte ergänzt, auch wenn diese oft nur indirekt von den Betroffenen überliefert wird. So zeichnet sich ein Gesamtbild ab, das zumindest der Vielfalt des »Arbeiterlebens im Arbeiterstaat« punktuell nahekommen kann. Vorab erscheint es sinnvoll, angesichts der für die SED zentralen Legitimationsfigur der »Arbeiterklasse« auf einige Überlegungen zur Verwendbarkeit des Klassenbegriffs und seiner Differenzierung durch das Milieukonzept detaillierter zurückzukommen.[16]

---

15 An der Spitze der Erhebung sollte die Entwicklung des Arbeitslohns stehen. Ausgerechnet diese wichtigen Daten fehlen in den bei Herbert Warnke eingegangenen Unterlagen. Sie lassen sich jedoch leicht durch andere ersetzen.
16 Vgl. oben, Einleitung (S. 9 ff.).

VI. Arbeiterleben im »Arbeiter-und-Bauern-Staat«

1. Milieu und Klasse – alte und neue Lebenszusammenhänge

Der Klassenbegriff war und blieb in der DDR wie überall im Ostblock durch und durch politisch determiniert. Die vielfältigen Bemühungen von DDR-Soziologen und Historikern, den plakativen und agitatorisch offenbar unverzichtbaren Begriff durch Differenzierung brauchbar zu machen, stießen stets an enge Grenzen. Erst nach dem Ende der DDR wurde der »Mythos Arbeiterklasse« als Produkt von Inszenierung und Selbstinszenierung demontiert.[17] Im Unterschied zum ideologisch aufgeladenen Begriff läßt sich Max Webers Definition als allgemeiner Rahmen verwenden: »Klassenlage und Klasse bezeichnen an sich nur Tatbestände gleicher (oder ähnlicher) typischer Interessenlagen, in denen der einzelne sich ebenso wie zahlreiche andere befindet.«[18] Sich dieser Interessenlagen bewußt zu werden, war jedoch stets ein Prozeß, insofern gab es eine Klasse in der gesellschaftlichen Realität nicht als festes Gebilde. Pointiert hat Edward P. Thompson diesen Prozeß charakterisiert als »class itself is not a thing, it is a happening.«[19] Anders als sich die SED mit ihrem Definitionsmonopol das vorstellte, gab es tatsächlich Konstellationen, in denen sich die Arbeiterklasse »ereignete«, wenngleich auf ganz andere Weise als im Klassenbildungsprozeß der Arbeiterbewegung des 19. Jahrhunderts, wie ihn Jürgen Kocka dargestellt hat.[20]

Denn für die DDR ist charakteristisch, daß schon das Postulat der »führenden Klasse«, deren Kern die Produktionsarbeiter waren, erhebliche politische und soziale Konsequenzen produzierte. Die Klasse wurde ideologisch dekretiert, politisch gehätschelt und gefürchtet, aber auch industriepolitisch gefördert und noch konserviert, als sie in anderen modernen Industriegesellschaften längst einem rasanten Schrumpfungsprozeß ausgesetzt war. Die statistischen Seiltänze sind bekannt: Durch die Integration der Angestellten und von Teilen der Intelligenz in die Arbeiterklasse nahm diese wie gewünscht zahlenmäßig zu. Nach offizieller Kategorisierung gehörten 1949 von 7,313 Millionen Berufstätigen (ohne Lehrlinge) 4,9 Millionen oder 67,0 Prozent zur Arbeiterklasse (Arbeiter und Angestellte), am Ende der DDR (1988) waren es bei 8,594 Millionen Berufstätigen 7,589 Millionen oder 88,3 Prozent (davon 44,4 Prozent weiblich).[21] Die letzte in der DDR durchgeführte Bevölkerungszählung von 1981 führte überraschenderweise eine Trennung durch und zählte 54,4 Prozent Arbeiter unter allen wirtschaftlich Tätigen. Davon waren 31,7 Prozent in Produktionsberufen und 22,7 Prozent in »anderen Arbeiterberufen« tätig. Ferner gab es 36,1 Prozent Angestellte (darunter 25,9 Prozent Leitungs- und Verwaltungspersonal, 10,2 Prozent Geistesschaffen-

---

17 Rolf Badstübner, Vom »Reich« zum doppelten Deutschland. Gesellschaft und Politik im Umbruch, Berlin 1999, S. 462 ff.
18 Weber, Wirtschaft und Gesellschaft, S. 177.
19 Zit. nach: Edward P. Thompson, The making of the English Working Class, London 1968 (Penguin Books), S. 939.
20 Jürgen Kocka, Arbeitsverhältnisse und Arbeiterexistenzen. Grundlagen der Klassenbildung im 19. Jahrhundert, Bonn 1990.
21 Statistisches Jb. der DDR 1989, S. 17.

de) und 9,5 Prozent Genossenschaftsmitglieder und andere Berufsgruppen. Da der zugrundegelegte Arbeiterbegriff sehr weit gefaßt war und vom Bergarbeiter bis zur Friseurin und Krankenschwester reichte, blieb die Aussagekraft des Klassen- und Schichtenmodells nach wie vor sehr begrenzt. Auszugehen ist daher von einem Anteil »echter« Arbeiterberufe von lediglich 32 Prozent.[22] Führende DDR-Soziologen postulierten zu dieser Zeit einen ideologisch gewünschten Nivellierungsprozeß, der offiziell als Annäherung der Schichten und Klassen bezeichnet wurde. Die Schwierigkeiten, jeden Menschen einer bestimmten Schicht oder Klasse zuzuordnen, wurden daher nicht als »Ausdruck subjektiven Unvermögens«, sondern als ein Indiz für die »sich in den Anfängen abzeichnende Aufhebung der Klassen- und Schichtenunterschiede« gedeutet.[23] Tatsächlich aber hoben sich die Produktionsarbeiter als Kerngruppe der Arbeiterklasse trotz unübersehbarer sozialer Differenzierungsprozesse deutlich von Angestellten und der wissenschaftlich-technischen Intelligenz ab.[24]

Daß in den veröffentlichten Statistiken der »X-Bereich«, der nicht zuletzt den Kernbereich des Machtapparats umfaßte, nicht auftaucht, ist in diesem Zusammenhang irrelevant.[25] 1956 definierte die Staatliche Zentralverwaltung für Statistik Produktionsarbeiter als diejenigen, »die in den produzierenden Einheiten der Betriebe für die Durchführung des Produktionsprozesses eingesetzt sind bzw. diesen durch Hilfsleistungen, Reparaturen, innerbetriebliche Transporte usw. unterstützen sowie Beschäftigte in Verkehrsbetrieben, die für die Durchführung der eigentlichen Betriebsleistung eingesetzt sind.«[26]

Die aufwendigen Erörterungen der Klassenstruktur waren politisch notwendig, nicht zuletzt weil Lenins Modell, das Klassen nach ihrem Verhältnis zu den Produktionsmitteln definierte, in modifizierter Form auch noch für die »Übergangsgesellschaft« im Sozialismus galt. Das ursprünglich dichotomische Schema kollidierte jedoch zu offensichtlich mit der Realität, so daß Differenzierungen gefragt waren, ohne das Axiom der führenden Rolle der Arbeiterklasse und ihrer Partei in Frage zu stellen.[27] »Daß im Sozialismus überhaupt noch Klassen beste-

---

22 Gunnar Winkler (Hg.), Sozialreport DDR 1990. Daten und Fakten zur sozialen Lager der DDR, Berlin 1990, S. 71-73. Die Aufteilung der Prozentsätze auf S. 71 ist durch einen Druckfehler falsch, aber auf S. 72 richtig.
23 Grundmann/Lötsch/ Weidig, Zur Entwicklung der Arbeiterklasse, S. 287 f.
24 Günter Erbe, Arbeiterklasse und Intelligenz in der DDR: soziale Annäherung von Produktionsarbeiterschaft und wissenschaftlich-technischer Intelligenz? Opladen 1982, S. 209.
25 Die statistischen Probleme erörtert eingehend Wolfgang Fritz, Historie der amtlichen Statistik der Erwerbstätigkeit in Deutschland, Köln 2001 (Historical Social Research, Supplement Nr. 13). Zum X-Bereich zählten u. a. Armee, Polizei, Feuerwehr, Strafvollzug, Zoll, Staatssicherheit, Staatsrat und Ministerrat einschl. unterstellter Betriebe und Einrichtungen, Bereich Kommerzielle Koordination des Ministeriums für Außenhandel, Spezialbau Potsdam, SDAG Wismut, Parteien und deren Betriebe sowie gesellschaftliche Organisationen (d. h. die hauptamtlich bei Parteien und Massenorganisationen angestellten Kader).
26 Zit. bei Peter Hübner, Arbeiter in der DDR – begriffliche und statistische Probleme, MS des Vortrags auf dem Münchner Historikertag 1996, S. 20. Vgl. die spätere Differenzierung in der soziologischen Untersuchung von 1973 unten, Anm. 36 (S. 658).
27 Vgl. Dieter Voigt, Sozialstrukturforschung in der DDR. Eine kritische Analyse, in: DA 8 (1975), S. 476-511.

hen«, konstatierte 1962 Kurt Lungwitz, »liegt darin begründet, daß es noch zwei Formen des sozialistischen Eigentums gibt und daß die wesentlichen Unterschiede zwischen der körperlichen und der geistigen Arbeit sowie zwischen Stadt und Land noch nicht überwunden sind, erst allmählich überwunden werden können.«[28] Während die Arbeiter in den sozialistischen Betrieben gemeinsam mit den Genossenschaftsbauern als Eigentümer des Volkseigentums und die Beschäftigten in Halbstaatlichen Betrieben immerhin als Miteigentümer galten, waren die Arbeiter in den Privatbetrieben nach dieser Interpretation noch der Ausbeutung unterworfen, auch wenn ihr durch die Errungenschaften des Sozialismus enge Grenzen gesetzt waren.[29] Die Arbeiterklasse insgesamt wurde zwar als ein einheitliches Ganzes definiert, gleichzeitig aber betont, daß sie sich aus verschiedenen Gruppen zusammensetzt. Diese waren nicht nur durch die Unterschiede in der Arbeit und im Tätigkeitsfeld, sondern auch vom Stand des Klassenbewußtseins bestimmt. Daraus folgte eine Differenzierung der verschiedenen Kategorien von Arbeitern, aber auch eine zwischen Arbeitern und Angestellten.[30]

Die Grundzüge der im Einzelnen wortreichen und sophistisch anmutenden Bestimmungs- und Differenzierungsversuche von Klassenstrukturen, insbesondere der Arbeiterklasse, blieben über die Jahrzehnte erhalten und fanden, kaum verändert, Eingang in Nachschlagewerke wie das »Kleine Politische Wörterbuch.« Was dort über den Kern der Arbeiterklasse zu lesen ist, spiegelte die Richtung der von der SED verfolgten Industriepolitik wider und war zugleich Ausdruck einer im politischen und betrieblichen Alltag praktizierten und ideologisch kaum verzichtbaren Inszenierung. »Die Industriearbeiter, besonders der sozialistischen Großindustrie, stellen den Kern der Arbeiterklasse dar. Sie sind die zahlenmäßig größte Gruppe unter den Produktionsarbeitern und die sozialpolitisch einflußreichste der gesamten Arbeiterklasse, weil sie mit der maschinellen Großproduktion unmittelbar und am engsten verbunden sind, mit den modernsten Produktionsinstrumenten arbeiten, über relativ hohe Allgemein- und Spezialkenntnisse verfügen. Durch die kontinuierliche politisch-ideologische Arbeit der Partei erwirbt die Arbeiterklasse immer tiefere Einsichten in gesellschaftliche Zusammenhänge, eignet sich die marxistisch-leninistische Weltanschauung an, um sachkundig ihre gesellschaftliche Funktion wahrzunehmen.«[31]

Diese Projektion gab eine verbindliche Orientierung ab, die nie aufgegeben wurde, auch wenn die sozialen Realitäten zumeist ganz anders aussahen. Den Anspruch mit quer zu ihm liegenden empirischen Befunden zusammenzubringen, war nicht ohne Rabulistik möglich. Denn die Arbeiterklasse nahm nicht nur quantitativ insgesamt ab, sondern auch der Anteil der Facharbeiter stieg gegenüber den fünfziger Jahren nicht, sondern verschob sich lediglich durch veränderte Qualifikationsniveaus in wichtigen Branchen. 1938 war in Deutschland bereits

---

28 Lungwitz, Klassenstruktur, S. 23. Ähnlich die spätere Publikation von Harry Pawula, Die Industriearbeiterschaft – Kern der sozialistischen Arbeiterklasse, Berlin (O) 1979.
29 Lungwitz, Klassenstruktur, S. 33 f.
30 Ebd., S. 33-41.
31 Kleines Politisches Wörterbuch, S. 67.

1. Milieu und Klasse – alte und neue Lebenszusammenhänge

etwa jeder zweite Arbeiter ein Facharbeiter. Die DDR erreichte diesen Stand Mitte der fünfziger Jahre, danach stagnierte und sank der Anteil der Facharbeiter in der volkseigenen Industrie. Er lag 1964 durchschnittlich nur bei 45,2 Prozent, aber mit erheblichen Abweichungen in den einzelnen Branchen. So wies der Schiffbau 67 Prozent, die Zellstoff- und Papierindustrie dagegen nur 29 Prozent Facharbeiter auf.[32]

Um die Fiktion der »führenden Klasse« aufrechtzuerhalten, war somit die permanente Inszenierung unverzichtbar.[33] Dabei wurde der Zusammenhang zwischen kommunistischer Avantgarde und Arbeiterschaft als gesetzmäßiges Axiom vorausgesetzt. Neben den statistischen Manipulationen, um den schwindenden Anteil von Arbeitern in der SED-Mitgliedschaft[34] zu kompensieren, gehörte die modellhafte Propagierung der »fortschrittlichen« Vertreter der Arbeiterklasse zu den wichtigsten inszenatorischen Elementen des »Arbeiter- und Bauernstaats«. In den Aktivisten- und Wettbewerbskampagnen rückten diese Helden der Arbeit in den Vordergrund und zielten auf die Antizipation des sozialistischen Zukunftsideals vom »neuen Menschen«. Die SED versuchte damit ihren politischen Führungsanspruch abzusichern, wurde aber zugleich einem permanenten Erwartungs- und Forderungsdruck ihrer Basis ausgesetzt. Denn diese verstand es durchaus, die als Herrschaftsinstrument gedachte Inszenierung auch »von unten« her zu instrumentalisieren, wie die Geschichte der Arbeitsbrigaden zeigt. In der Arbeitswelt bildeten sich Substrukturen und Regularien heraus, mit denen die reale Arbeiterklasse »ohne Anführungszeichen«[35] ihre Interessen wahrnahm, dabei politische Konflikte vermied, aber sozialpolitische Kosten verursachte, die beträchtlich waren.

Die Probleme eines angemessenen historischen Umgangs mit der Konstruktion »Arbeiterklasse« treten in der soziologischen Studie von 1973 sehr viel deutlicher hervor als in publizierten zeitgenössischen Arbeiten aus der DDR. Mit der salomonischen Formel der »Dialektik von Einheitlichkeit und innerer Differenziertheit« wurde hier einerseits der unvermeidliche Tribut an die als einheitliche Klasse zur politischen Macht gekommenen Arbeiter entrichtet, andererseits wurden die Differenzierungslinien aufgrund der gesellschaftlichen Arbeitsteilung hervorgehoben, um »fehlerhaften Vereinfachungen« zu entgehen. Zwar ging es nur um Arbeiter und Angestellte in der zentral geleiteten sozialistischen Industrie, aber diese machten die große Mehrheit aus. Die erfaßte Grundgesamtheit in dieser Industrie umfaßte 2,109 Millionen Personen (am 30.6.1972). Das vorrangige

---

32 Vgl. als Beispiel für den Versuch, empirische Befunde in das vorgegebene ideologische Schema zu bringen, Adelheid Muschalle/Gottfried Dittrich, Veränderungen im Qualifikationsniveau der Arbeiter in der sozialistischen Industrie 1958–1962 und ihre Rolle im Wachstum der Arbeiterklasse der DDR in der Endphase der Übergangsperiode, in: Jb. für Geschichte 28 (1983), S. 235-264. Dort die Daten auf S. 258.
33 Hübner, Arbeiterklasse als Inszenierung, in: Bessel/ Jessen (Hg.), Grenzen, S. 199-223.
34 Ebd., S. 211. Die Interpretationsprobleme zeigt auch die Statistik im Protokoll des VII. Parteitages der SED von 1967, Bd. IV. Beschlüsse und Dokumente, S. 226: Danach gab es 45,6 % Arbeiter und 16,1 % Angestellte. Ausdrücklich verwiesen wurde aber darauf, daß 61,6 % der Mitglieder und Kandidaten »beim Eintritt in die Partei Arbeiter waren.«
35 So treffend Hübner, Arbeiterklasse als Inszenierung, in: Bessel/Jessen (Hg.), Grenzen, S. 219.

VI. Arbeiterleben im »Arbeiter-und-Bauern-Staat«

Interesse galt der »sozialen Hauptgruppe« der Produktionsarbeiter, die wiederum mehrfach differenziert und von anderen Werktätigen abgegrenzt wurde.[36] Diese »bedeutsamste Gruppe der Arbeiterklasse« wurde durch gemeinsame Merkmale ihrer Arbeit sowie ihrer Abgrenzung von den Angestellten und der Intelligenz inhaltlich so charakterisiert: Produktionsarbeiter waren am unmittelbarsten mit den entscheidenden gesellschaftlichen Produktionsmitteln verbunden, sie hatten mehrheitlich noch schwere körperlich Arbeit zu leisten, ihre Arbeitsbedingungen waren im Vergleich zu denen der Angestellten und der Intelligenz ungünstiger, ihre gesellschaftliche Aktivität war höher als die der Angestellten, aber niedriger als die der Intelligenz, ihr Anteil an der Neuererbewegung dagegen höher als der beider anderer Gruppen.[37] Ein wichtiges Ergebnis, das offiziösen Einschätzungen klar zuwiderlief, war die »deutliche Warnung vor übertriebenen und unrealistischen Prognosen« im Hinblick auf die Annäherung des Qualifikationsniveaus von Arbeiterklasse und Intelligenz und die schrittweise Überwindung sozialer Unterschiede auf diesem Gebiet. Den Facharbeiter als dominierende Qualifikationsstufe zu erlangen, sei nicht »vorrangig auf dem Wege der Weiterbildung« zu erreichen, sondern ein sehr langfristiger Prozeß.[38] Die zusammenfassende Charakterisierung sozialer Ungleichheit war ebenso deutlich wie decouvrierend gegenüber den Ansprüchen der Partei: »Soziale Unterschiede heben sich nicht gegenseitig auf, sondern sie haben die Tendenz, sich zu addieren! Insgesamt konzentrieren sich die günstigeren Bedingungen (Einkommen, Wohnung, Besitz an langlebigen Konsumgütern) auf die Gruppen der Intelligenz, die weniger günstigen auf die Arbeiter.«[39]

Zur Realität gehörten also einerseits die Stilisierung und Inszenierung der Arbeiterschaft als führende Klasse, andererseits die Diffusion und die Binnendifferenzierung innerhalb dieser Großgruppe, die Arbeiterklasse mit und ohne Anführungszeichen. Heike Solga hat die unterschiedlichen Klassenlagen und die soziale Ungleichheit in der DDR-Gesellschaft hinter der harmonisierenden statistischen Fassade eingehend analysiert und die Besonderheit des neuen staatssozialistischen

---

36 Siehe oben, Anm. 10 (S. 651): Soziale Struktur, Teil 1, S. 1-14. Unterschieden werden: Produktionsarbeiter in Grundprozessen (Hand- und Maschinenarbeit), Produktionsarbeiter in industriemäßiger Regenerierung und im operativen Reparaturwesen (insbes. Werkstätten und Reparaturabteilungen), Produktionsarbeiter in übrigen Hilfsprozessen (u. a. Transportarbeiter, Lagerarbeiter, Reinigungspersonal), Werktätige in sozialen und Versorgungseinrichtungen (soziale Betreuung und Versorgung ohne Leitungsfunktion), Brigadiere, Meister und Obermeister. Schließlich Angestellte ohne Leitungsfunktion.
37 Ebd., Teil 3, S. 64. Die Neuererbewegung war Bestandteil des vom FDGB zu organisierenden sozialistischen Wettbewerbs. Sie ging in ersten Ansätzen bis in die späten vierziger Jahre zurück und sollte vor allem zur Steigerung der Produktivität beitragen, indem Werktätige dazu aufgefordert wurden, auch außerhalb der regulären Arbeitszeit Verbesserungsvorschläge und Innovationen auszuarbeiten. Diese Variante des betrieblichen Vorschlagswesens wurde dann immer weiter ausgebaut, formalisiert und zentralisiert, wie etwa die »Verordnung über die Förderung der Tätigkeit der Neuerer und Rationalisatoren in der Neuererbewegung – Neuererverordnung« vom 22.12.1971 zeigte. Vgl. den Artikel »Neuererbewegung« im FDGB-Lexikon (elektronische Version).
38 Ebd., Teil 1, S. 99-102.
39 Ebd., S. 172.

Klassencharakters skizziert.⁴⁰ Wieweit ihre Typologie von privilegierten (Parteielite und ihre Dienstklassen), marginalisierten (Selbständige und Genossenschaften) und ausgebeuteten (die Arbeiter als große Mehrheit der Bevölkerung) Klassen taugt, ist mit guten Argumenten in Frage gestellt worden.⁴¹ Den nie aufgelösten Grundwiderspruch betont Solga jedoch zu Recht: den »Widerspruch zwischen dem verfassungsmäßig fixierten Volkseigentum und seiner realen Gestalt als Parteieigentum.«⁴² Denn die Verfügungsgewalt über die produktiven Ressourcen hatte in allen staatssozialistischen Gesellschaften nicht das Volk, sondern die exklusive Gruppe der Parteielite. Mit diesem Ansatz wird keineswegs ein adäquater Zugang zur Komplexität und zu den Veränderungen der Sozialstruktur verstellt. Für eine Beschreibung des »Alltags«, der nie unpolitisch war, ist jedoch beides im Blick zu behalten, die inszenierte Harmonisierung ebenso wie die unübersehbaren sozialen Differenzierungsprozesse mit ihren Konsequenzen für materielle Lage und Verhalten. Um dieser Differenz näher zu kommen, haben sich mehrere neuere Arbeiten des Milieukonzepts bedient.⁴³

Wie sich klassische sozialdemokratische Arbeitermilieus in Sachsen und Thüringen nach 1945 unter dem massiven Druck der »Partei der Arbeiterklasse« auflösten, wie eine traditionell sozialdemokratische Arbeiterschaft durch die Einheitssozialisten gleichsam ideell enteignet und mit den eigenen Waffen der etablierten Begriffe und Symbole geschlagen wurde, ist exemplarisch mehrfach anschaulich dargestellt worden.⁴⁴ Daß es 1990 keine Anknüpfungsmöglichkeiten an diese Tradition mehr geben konnte, belegt die Tiefe dieses Bruchs. Wenn es in der Weimarer KPD durchaus einen Gegensatz zwischen Avantgardeanspruch und Milieuverwurzelung, die viele lebensweltliche Berührungspunkte von Kommunisten und Sozialdemokraten erlaubte, gegeben hat⁴⁵, blieb dafür unter den Bedingungen der SED-Herrschaft kaum noch Raum. Damit war jedoch keineswegs ausgeschlossen, daß es Restbestände und auch Neubildungen von Arbeitermilieus gab, die das gewünschte glatte Bild der politischen Avantgarde erheblich stören konnten. Ohne Frage waren die Veränderungen durch NS-Herrschaft, Krieg und Besatzungszeit tief. Dennoch läßt sich fragen, ob in einer neu und bunt zusammengewürfelten Arbeiterschaft die ältere Generation nicht noch präsent genug war, »um im Neuen die Sprache, die Handlungs- und Konfliktmuster wieder entstehen zu lassen, die sich schon früher bewährt hatten – umsomehr, als der sozialistische Arbeitsplatz von den meisten nicht grundsätzlich anders erfahren wurde

---

40 Heike Solga, Auf dem Weg; Dies., Klassenlagen und soziale Ungleichheit in der DDR, in: APZ B46 (1996), S. 18-27.
41 Vgl. die Rezension von Ralph Jessen in: DA 27 (1994), S. 647-649.
42 Solga, Auf dem Weg, S. 219.
43 Allgemein dazu Doris Ritschel, Soziale Milieus in der ehemaligen DDR. Ein neuer Forschungsansatz, in: Michael Thomas (Hg.), Abbruch und Aufbruch. Sozialwissenschaften im Transformationsprozeß. Erfahrungen – Ansätze – Analysen, Berlin 1992, S. 292-302.
44 Vgl. oben, Kap. I 1 (S. 47 ff.) und II 2 (S. 175 ff.).
45 Dazu Klaus-Michael Mallmann, Kommunismus in der Weimarer Republik. Sozialgeschichte einer revolutionären Bewegung, Darmstadt 1996. Vgl. dazu die positiv-kritische Rezension von Klaus Weinhauer in: AfS 37 (1997), S. 593 ff.

als der kapitalistische.«⁴⁶ Die Schwerpunkte des Aufstandes von 1953 in den Hochburgen der alten Arbeiterbewegung sprechen dafür. Solche Prägungen lockerten sich in den folgenden Jahren weiter, verschwanden aber nicht völlig. Die historiographische Ausbeute präziser Milieuuntersuchungen ist zwar nicht sonderlich groß, die vorliegenden Studien über Leipzig und die Neptun-Werft in Rostock erweisen sich jedoch als höchst aufschlußreich für Befunde unterhalb und hinter der offiziellen Klassenrhetorik. Vergleichende Perspektiven belegen darüber hinaus, daß auch für die Bundesrepublik die tot gesagten Arbeitermilieus durchaus ein zäheres Leben zeigten, als vielfach vermutet.

Michael Hofmann und Dieter Rink haben auf der Basis betrieblicher Materialien sowie themenzentrierter und biographischer Interviews kollektive Reaktionen und Bewältigungsstrategien von Industriearbeitern in krisenhaften Konstellationen der De-Industrialisierung erforscht und dabei Umrisse zweier verschiedener Milieus rekonstruiert. Ihre Ausgangsthese ist, daß sich durch die ausbleibende oder verspätete Modernisierung der Industrie Teile eines veränderten proletarischen Milieus relativ lange gehalten haben. Am Beispiel der Braunkohleverarbeitung in Espenhain in der Leipziger Südregion – Ende der achtziger Jahre berüchtigt als die wohl schlimmste Dreckschleuder der DDR – und des Leipziger Schwerpunktbetriebs der Kirow-Werke (bis 1952 als SAG »Unruh & Liebig«) werden zwei idealtypische Milieus identifiziert, die beide in Traditionslinien aus der Vorkriegszeit standen: das »paternalistisch orientierte Arbeitermilieu« in der sozialistischen Großindustrie und das »traditions- und berufsorientierte Facharbeitermilieu« der Leipziger Metallarbeiterschaft.⁴⁷

Das erste war bestimmt von einer umfassenden staatlichen Fürsorgepolitik, der Garantie von sozialer Sicherheit und Identifikationsangeboten, die in den fünfziger und sechziger Jahren in Anlehnung an die Erfahrungen aus der NS-Zeit »Werks-Gefolgschaften« entstehen ließen. Mit der Umorientierung der DDR-Industrie auf sowjetisches Erdöl löste sich dieser ausgeprägte Zusammenhalt allmählich auf und konnte in späteren Phasen mit der Rückbesinnung auf die einheimische Braunkohle auch nicht mehr wiederhergestellt werden. Das Profil hat Hofmann für die sechziger Jahre so zusammengefaßt: »Durch die vormundschaftlich-paternalistische Politik gegenüber den Kohlearbeitern stabilisierte sich in den 1960er Jahren die Stammbelegschaft des Espenhainer Betriebes. Die günstigen Möglichkeiten des sozialen und politischen Aufstiegs im Werk und die hohe Bedeutsamkeit der Kohlenindustrie für den DDR-Aufbau schufen einen Kern besonders werksverbundener Kohlearbeiter und ›Kohlefunktionäre‹. Sie fühlten sich für hohe Arbeitsergebnisse verantwortlich und vernetzten ihr Milieu über betriebliche Formen sozialer Gesellung, sie organisierten Werksiedlungsfeste, unterstützten die BSG [Betriebssportgemeinschaft; C. K.] ›Aktivist Espenhain‹ und

---

46 So Dorothee Wierling in ihrem Kommentar zum Beitrag von Helmut W. Smith über Bitterfeld, in: Hübner/Tenfelde (Hg.), Arbeiter, S. 827.
47 Michael Vester/Michael Hofmann/Irene Zierke (Hg.), Soziale Milieus in Ostdeutschland. Gesellschaftliche Strukturen zwischen Zerfall und Neubildung, Köln 1995; Hofmann/Rink, Auflösung, in: APZ B26-27 (1993), S. 29-36.

fuhren regelmäßig in die betriebseigenen Ferienheime. Trotz des drohenden Endes der Karbochemie hielt dieses Milieu in ›ihrem‹ Betrieb aus und sah dem bevorstehenden Wandel mit Stolz und dem Bewußtsein ihrer Unersetzbarkeit gelassen entgegen.«[48]

Das Leipziger Facharbeitermilieu hatte seine hohe Zeit ebenfalls in den fünfziger und sechziger Jahren. Die wegen ihrer Qualifikation, ihrer handwerklichen Geschicklichkeit und Arbeitsdisziplin gerade in der sozialistischen Mangelwirtschaft unverzichtbaren Metallarbeiter waren es, »über die wesentliche soziale Erfahrungen von Anpassung und Widerständigkeit (›Eigen-Sinn‹) an die nachfolgenden Arbeitergenerationen des Milieus weitergegeben wurden. Diese ›Arbeiterautoritäten‹ beteiligten sich zwar an den zahlreichen Produktionskampagnen der fünfziger und sechziger Jahre, aber in ironischer Distanz zu den ideologischen Zielen der Kampagnen.«[49] Auch hier lösten sich erst mit dem immer offenkundiger werdenden Modernisierungsrückstand und Verfall die Bindekraft des Milieus und die Formen des Arrangements auf, der Generationsriß trat in starker Fluktuation und schließlich in einem hohen Prozentsatz von »Ausreisern« in der Auflösungsphase der DDR Ende 1989 in Erscheinung.

Die Kirow-Werke in Leipzig-Plagwitz – das zweite Beispiel – lagen in einem Viertel, in dem sich in den zwanziger Jahren ein klassisches sozialdemokratisches und kommunistisches Milieu mit Unterstützungskassen, Sport- und Kleingartenvereinen sowie einem dichten Netz von Kneipen etabliert hatte. Zwar überlebten diese Organisationsformen nicht, aber unter veränderten Rahmenbedingungen lebten traditionelle und milieuspezifische Formen der Kommunikation in Sportgemeinschaften, Kulturzirkeln und Kneipen in den fünfziger Jahren wieder auf oder wirkten zumindest nach. Auch der Stolz auf die Metallarbeitertraditionen und die alteingesessenen »Metallbuden« kam bei den befragten Kirow-Werkern zum Vorschein. Dazu gehörten ebenfalls die Distanz und Skepsis gegenüber der Einführung sowjetischer Aktivisten- und Wettbewerbsmethoden, die als »neumodische Methoden« gegenüber deutschen Tugenden der Metaller abgelehnt und mit bösen Kommentaren belegt wurden.[50]

Beide Milieutypen mögen in ihrem Konstruktionscharakter überzogen sein, aber sie bieten gute Ansatzpunkte für die Frage nach Kontinuitäten und Veränderungen von Traditionslinien.

Ein völlig anderes Beispiel mit überraschenden Ergebnissen bietet die vergleichende Analyse von ost- und westdeutschen Werftarbeitermilieus in Rostock und Bremen.[51] Die umfassende Untersuchung für die Neptun-Werft mit einem deut-

---

48 Hofmann, in: Vester/Hofmann/Zierke (Hg.), Milieus, S. 112.
49 Hofmann/Rink, Auflösung, S. 32.
50 Hofmann in: Vester/Hofmann/Zierke (Hg.), Milieus, S. 146-175.
51 Alheit/Haack/Hofschen/Meyer-Braun, Gebrochene Modernisierung. Eine im wesentlichen textgleiche Fassung für den DDR-Teil ist separat erschienen: Peter Alheit/Hanna Haack, Die vergessene »Autonomie« der Arbeiter. Eine Studie zum frühen Scheitern der DDR am Beispiel der Neptunwerft, Berlin 2004. Danach wird hier zitiert. Die starken Kontinuitäten und die Spielräume einer Belegschaft von ganz anderem Zuschnitt betont auch die Studie von Andreas Wagner, Arbeit und Arbeiterexistenz im Wandel. Zur Geschichte der Belegschaft der Rostocker Brauerei Mahn &

lichen Schwerpunkt auf den vierziger und fünfziger Jahren verweist auf ausgeprägte Kontinuitäten in Betriebsstrukturen, in Teilen der Stammbelegschaft, in der Traditionspflege, aber auch im Verhalten der Arbeiter. Die Kennzeichnung eines »autonomen Milieus« mag überzeichnet und sicher nicht leicht auf andere Zweige übertragbar sein, aber das Gegenbild zur »durchherrschten« Gesellschaft erhält hier in der minutiösen Nachzeichnung vieler organisatorischer und sozialer Dimensionen plastische Umrisse.

Konsistenz und Wandlungen des Werftarbeitermilieus waren demnach bestimmt von der Kontinuität der Arbeit und der Arbeitsbeziehungen auf der Werft nach 1945. Vertreter der Stammbelegschaft beteiligten sich an der teilweisen Demontage und dem Wiederaufbau des SAG-Betriebes, machten verantwortungsvoll und relativ selbständig Vorschläge für die Erhaltung des Standortes und engagierten sich in der Leitung der Werft. Mit dem großen Schub an neuen Belegschaftsmitgliedern Ende der vierziger Jahre entstanden neue Herausforderungen, mit deren Lösung die Werftleitung ebenso wie die noch schwache betriebliche Organisation der SED und des FDGB überfordert waren, so daß hier viel Eigeninitiative gefragt war. Im Zuge der Lösung dieser Probleme, der Einführung der Brigadestruktur, der relativ egalitären Lohngestaltung wurden Erfahrungen von Solidarität gesammelt, die weit über die Anfangsjahre hinaus nachwirkten. Die etwa 1.000 Mann umfassende Stammbelegschaft stellte nicht nur die »Aktivisten der ersten Stunde«, sondern vollbrachte auch im wesentlichen die Leistung der Integration und der Umschulung der Neuankömmlinge. Auf dieser Basis bildete sich ein Milieu mit hoher Kohäsionskraft heraus, das die Autoren als »autonom« charakterisieren. Das zielt vor allem auf Handlungsautonomie bei der Aushandlung der Normen und der Lohngestaltung, insbesondere nach den Erfahrungen des Aufstandes vom 17. Juni. Peter Hübners Befund vom Streben nach Interessenkompromissen unterhalb der Konfliktschwelle[52] wird damit bestätigt, aber auch weiter zugespitzt. »Die Konsolidierung des Arbeitermilieus der Neptunwerft ging mit der Bewahrung mancher traditioneller Erscheinungsformen klassischer Arbeitermilieus einher. Loyalität gegenüber dem gesellschaftlichen System, mindestens jedoch gegenüber der Werftleitung, begleitet von Distanzhalten und in besonderen Situationen Verweigerung bis hin zum Protest gehörte genauso dazu wie Kollegialität und Solidarität untereinander. Proletarischer Habitus war mit dem Selbstbewußtsein der Facharbeiter verbunden.«[53]

Daß sich aus dieser relativen Stärke, gepaart mit ausgeprägt egalitären Vorstellungen, schließlich eine Blockade der unabweislichen Modernisierung ergab, haben bereits Kopstein und Boyer betont.[54] Das provozierende Fazit der Studie über

---

Ohlerich 1878–1955, Bremen 1997. Eine insgesamt sehr parteifromme Skizze mit einigen interessanten sozialen Details über »Werftarbeiter beim demokratischen und sozialistischen Aufbau« findet sich in der von Karl Baumgarten u. a. herausgegebenen Mecklenburgischen Volkskunde, Rostock 1988, S. 220-229.
52 Hübner, Konsens, S. 208 ff.
53 Alheit/Haack, Autonomie, S. 433 f.
54 Siehe oben, Einleitung, Anm. 48 (S. 23) und 49 (S. 23).

die Neptun-Werft geht freilich noch einen Schritt weiter: »Erstaunlich ist, daß gerade die Arbeiter, also die ideologisch privilegierte Klasse des ›Arbeiter-und-Bauern-Staates‹, den Grundstein zu seinem ökonomischen Niedergang gelegt haben. Freilich, auch dies war kein politisch motivierter Akt, kein bewußtes Kalkül straff geführter Organisationen, sondern ein schleichender Prozeß des Alltagslebens – eingebettet in bemerkenswerte individuelle Lebensleistungen, aber forciert durch ein wachsendes Potential versteckter Renitenz.«[55]

So plausibel diese These zunächst erscheint, so unzureichend ist sie und läßt sich kaum aus den auf die frühen Jahre der DDR bezogenen Befunden allein ableiten. Die Studie bietet wie kaum eine andere glänzende Einblicke in ein dicht rekonstruiertes betriebliches und außerbetriebliches Arbeitermilieu. Zugleich scheint sie mir ein Beispiel für Sackgassen zu sein, in die eine Sozialgeschichte »with politics left out« führen kann. Denn von Diktatur und Repression ist hier kaum oder nur ganz marginal die Rede. Zudem müßte zur Absicherung der These wohl der stillschweigende Pakt zwischen SED und »führender Klasse« seit den siebziger Jahren ausführlich einbezogen werden.[56] Denn erst in der Honecker-Ära verbanden sich sozialpolitische Wohltaten und ökonomischer Verfall auf dramatische Weise. Die Autonomie war im übrigen zu allen Zeiten eng begrenzt und aus den unzweifelhaft vorhandenen Spielräumen sollte nicht ein ähnliches Bild erstellt werden, wie es unter anderem Vorzeichen die Berichte des Ostbüros für die fünfziger Jahre fast durchgehend entwerfen. Die »Grumble Gesellschaft«[57] und die »mißmutige Loyalität« kennzeichnen eher das diffuse Feld von verantwortungsvollem Aufbruch, Unterdrückung, erzwungener Anpassung, Renitenz, Meckern und eigen-sinniger Interessenwahrnehmung im vorgegebenen Rahmen von Gewerkschaften und Brigaden. Zur Autonomie hätte ein Minimum rechtlich verbürgter Organisationsfreiheit gehört, die es unter der SED-Diktatur spätestens seit der Auflösung der Betriebsräte 1948 nicht mehr gab und für die auch die Brigaden keinen vollwertigen Ersatz boten. Dennoch lassen sich die hier angeführten Fallstudien, auch wenn sie nicht einfach generalisierbar sind, als idealtypische Beispiele von hoher Relevanz für die Palette innerer Differenzierungslinien innerhalb »der Arbeiterklasse« verstehen. Darauf hat auch Hartmut Zwahr in seinen Überlegungen zu alten und neuen Arbeitermilieus hingewiesen.[58]

Sowohl aus der Sicht der soziologischen Befunde als auch der Milieuuntersuchungen blieb somit von dem gewünschten Bild der »führenden Klasse« nicht mehr viel übrig. Die inneren Differenzierungslinien in der Arbeiterschaft als »Klasse« und die trotz aller Egalisierungstrends beträchtlichen Unterschiede gegenüber anderen sozialen Gruppen sind im Folgenden genauer in den Blick zu

---

55 Alheit/Haack, Autonomie, S. 11. Ähnlich der vorletzte Satz der Studie: »Die Arbeiterschaft wird zum entscheidenden Protagonisten des ökonomischen Niedergangs der DDR – weit vor der Wende.« S. 445.
56 Vgl. oben, Einleitung, Anm. 49 (S. 23).
57 Vgl. Andrew Port, The »Grumble Gesellschaft«. Industrial Defiance and Worker Protest in Early East Germany, in: Hübner/Tenfelde (Hg.), Arbeiter, S. 787-810.
58 Vgl. oben, Einleitung, Anm. 58 (S. 25).

nehmen. Bedenkenswert bleibt dennoch, wieweit der Klassenbegriff über seine Funktion als zentrale politische Legitimationsgröße hinaus partiell für die DDR durchaus zutreffend ist, weil hier Reste von proletarischem Wir-Bewußtsein und Klassenhabitus zusammen mit der zentralistisch gesteuerten Organisationskultur der Arbeiterbewegung länger als in westlichen Gesellschaften erhalten blieben.[59]

2. Löhne und Haushaltseinkommen

Nimmt man die mit dem SMAD-Befehl 234 von 1947 gestartete Leistungslohnkampagne als Ausgangspunkt, lassen sich für die folgenden Jahrzehnte einige höchst widersprüchliche Entwicklungslinien aufzeigen. Einerseits wurde ein System aus Akkord, Leistungsprämien, Sonderzulagen und Disziplinarmaßnahmen etabliert, an dessen Funktionsfähigkeit der FDGB führenden Anteil hatte und haben mußte. Das löste wenig Begeisterung aus. Andererseits war nur über Leistungsanreize eine Verbesserung der Produktivität und damit auch die dringend notwendige Hebung des Versorgungs- und Lebensstandards möglich. Viele Arbeiter wollten jedoch eine andere Reihenfolge: erst Verbesserung des Lebensstandards, dann der Produktivität. Die Deutsche Wirtschaftskommission (DWK) ging darauf vorsichtig in ihrer »Richtlinie zu Lohngestaltung in den volkseigenen und SAG-Betrieben« vom 29. September 1948 ein, indem sie den Betriebsbelegschaften ein Mitspracherecht einräumte. Mit den paritätisch von BGL und Betriebsleitung besetzten Lohnausschüssen wurde eine gewisse Balance zwischen egalitären und rein leistungsorientierten Tendenzen geschaffen, solange die immer wieder geforderte neue Arbeitsmoral sich nicht einstellen wollte.[60]

Die Durchsetzung von leistungsorientierten Löhnen war angesichts der in den ersten Nachkriegsjahren als Reaktion auf die Nazizeit völlig ins Rutschen gekommenen Arbeitsnormen ökonomisch zwingend, aber auch besonders schwierig, weil dem Geldeinkommen kein angemessenes Warenangebot gegenüberstand. Die darüber entstandenen Konflikte prägten noch die Jahre bis zum Vorabend des Juni-Aufstandes 1953. Die Verordnung vom 17. August 1950 legte für die Industrie acht Lohngruppen fest, Gruppe eins bis vier für Un- und Angelernte, fünf bis acht für qualifizierte und Facharbeiter.[61] Hinzukamen vier Ortsklassen. Jedoch erwiesen sich die Lohngruppenkataloge in der Folgezeit angesichts vielfältiger und kaum koordinierter Zuschlags- und Prämienregelungen als wenig wirksam. Peter Hübner hat daher für die fünfziger Jahre von einem »heillosen Durcheinander im Normenbereich« und einer »produktivitätshemmenden Schieflage des gesamten

---

59 Vgl. dazu die allgemeinen Überlegungen von Wolfgang Kaschuba, Volkskultur und Arbeiterkultur als symbolische Ordnungen, in: Alf Lüdtke (Hg.), Alltagsgeschichte. Zur Rekonstruktion historischer Erfahrungen und Lebensweisen, Frankfurt/M. 1989, S. 191-223, bes. 214 f. Ferner: Kaschuba/Korff/Warneken (Hg.), Arbeiterkultur.
60 Dazu Hübner, Konsens, S. 27-37.
61 Verordnung über die Verbesserung der Entlohnung der Arbeiter und Angestellten in den volkseigenen und ihnen gleichgestellten Betrieben, in: Gbl. DDR 1950, S. 839-843.

Lohnsystems und der Arbeitseinkommen« gesprochen, die wirksam zu korrigieren nicht gelang.[62] In allen wichtigen Branchen ging der Anteil der Tariflöhne am Effektivlohn zurück, und die Prämien korrespondierten nicht hinreichend mit den Leistungen. So fiel der Anteil des Tariflohns am Effektivlohn von 1952 bis 1958 im Berg- und Hüttenwesen von 83 auf 66,8 Prozent, im Schwermaschinenbau von 77 auf 59,9 Prozent, in der Elektrotechnik von 77,9 auf 63,2 Prozent.[63] Dieses strukturelle Problem wurde in den sechziger Jahren im Zuge der Wirtschaftsreform, deren einer Kern das Prinzip der »materiellen Interessiertheit« sein sollte, erneut diskutiert. Lohn und Prämie sollten als flexibel einzusetzende »ökonomische Hebel« dienen. Nach Ulbrichts Vorstellungen setzten Prämien »unbedingt besondere, über das normale Maß hinausgehende qualitative und quantitative Arbeitsergebnisse voraus.«[64] Zeitweilig schien die daraus resultierende Differenzierung des Einkommensniveaus nach Leistung zu funktionieren. Aber schon 1967 stellte der VII. Parteitag die Weichen wieder in Richtung einer stärkeren Nivellierung, indem er die Mindestlöhne anhob und einige sozialpolitische Korrekturen vornahm, um soziale Unzufriedenheit abzufangen.[65] Die beträchtlichen Differenzen zwischen den Branchen blieben jedoch, wie die Tabelle zeigt, bestehen.

Tab. 34: Monatlicher tariflicher Durchschnittslohn der vollbeschäftigten Arbeiter und Angestellten in Mark (nach Industriebranchen, 1960 bis 1971)												
Industriebereiche	'60	'61	'62	'63	'64	'65	'66	'67	'68	'69	'70	'71
Energie- und Brennstoffindustrie	547	570	575	590	605	616	630	644	664	676	694	707
Chemische Energie	509	524	531	544	563	577	591	603	620	633	654	668
Metallurgie	577	594	596	607	629	639	650	661	677	692	706	722
Baumaterialienindustrie	485	503	508	523	536	553	569	582	602	651	645	664
Maschinen- und Fahrzeugbau	505	526	536	545	558	574	589	603	620	647	662	674
Elektrotechnik/Elektronik/Gerätebau	463	482	490	501	518	536	553	566	586	612	628	644
Leichtindustrie (ohne Textilindustrie)	418	431	436	446	461	471	480	496	511	516	538	554
Textilindustrie	387	400	407	420	430	440	451	463	477	497	503	520
Lebensmittelindustrie	436	447	452	460	475	487	504	524	537	552	570	589
Industrie gesamt	471	489	497	509	525	539	554	568	584	596	621	634

[Quelle: André Steiner, Die DDR-Wirtschaftsreform der sechziger Jahre, Berlin 1999, S. 574.]

Angesichts der Brisanz der Lohn- und Normenfrage beobachteten die Spitzen von Partei und Gewerkschaft sorgfältig die Lohnentwicklung im Westen, war ihnen doch bewußt, daß die Bundesrepublik beim Fußvolk stets als wichtige

---

62 Peter Hübner, Das Tarifsystem der DDR zwischen Gesellschaftspolitik und Sozialkonflikt, in: Karl Christian Führer (Hg.), Tarifbeziehungen und Tarifpolitik in Deutschland im historischen Wandel, Bonn 2004, S. 247-278, hier: S. 263.
63 Ebd., S. 261.
64 Zit. ebd., S. 264 f.
65 Ebd., S. 265 f.

Bezugsgröße galt. Eine Gesamtübersicht des FDGB-Bundesvorstandes für die Jahre 1949 bis 1952 ergab folgendes Bild: Der wöchentliche Durchschnittsverdienst der Produktionsarbeiter in der Industrie (einschließlich Bau) lag 1949 brutto bei 52,74 Mark und stieg bis 1952 auf 69 Mark. Deutlich an der Spitze rangierten die Arbeiter aus den Bereichen Metallurgie, Bergbau, Energie, Maschinenbau, Bauindustrie, während die Textilindustrie am untersten Ende lag (1952: 51,15 Mark).[66] Der FDGB-Bundesvorstand kam bei einer Gegenüberstellung der Tarifsätze im Oktober 1953 zu dem Ergebnis, daß die Durchschnittslöhne der Industriearbeiter in Westdeutschland gegenüber denen in der DDR um 9,8 Prozent höher ausfielen. In den oberen Lohngruppen einiger Industriezweige, vor allem aber bei den Tarifsätzen für Frauen, lag jedoch die DDR deutlich vorn. Dagegen war die Diskrepanz beim Bau besonders groß: Hier verdienten westdeutsche Bauarbeiter rund 70 Pfennig mehr (pro Stunde) als ihre ostdeutschen Kollegen.[67] Gerade diese Differenz mag ein wichtiger Hinweis auf die immer wieder auftauchenden Unruhen bei den Bauarbeitern sein. Ansonsten klafften die Löhne und Lebenshaltungskosten in den fünfziger Jahren noch keineswegs so stark auseinander wie in späteren Jahrzehnten. Zudem sind bei einer – ohnehin immer sehr schwierigen – Gegenüberstellung der Löhne die Effektivverdienste und die Abgaben und Steuern zu berücksichtigen, so daß erst ein Vergleich von Netto- und Haushaltseinkommen wirklich aussagekräftig wird. Zudem wiesen die Wirtschaftsplaner zumindest seit den sechziger Jahren nicht zu Unrecht auf die Differenz zwischen Reallohn und Realeinkommen hin. Denn die »zweite Lohntüte«, das heißt die vielfältigen und meist kostenlos oder sehr günstig zur Verfügung gestellten Dienstleistungen (Kindergärten, Schulen, Gesundheitswesen, betriebliche Verpflegung usw.), erhöhte faktisch das Realeinkommen und den Lebensstandard generell, selbst wenn die Löhne nur langsam anstiegen oder die Schere zwischen hohen und niedrigen Löhnen weiter auseinander ging. Das Dilemma blieb jedoch, daß sich aus der »zweiten Lohntüte« kaum nachhaltige Leistungsanreize ergaben. Vielmehr spielten für das Verhalten der Arbeiter sowohl Tarife wie Prämien die Hauptrolle und die meisten Konflikte entstanden darüber.

Für die Anfangsjahre ist auch auf ein später völlig verschwundenes Problem hinzuweisen, das noch beträchtliches Gewicht besaß und keineswegs nur in der Bundesrepublik besondere Aufmerksamkeit beanspruchte: die hohe Zahl von Arbeitslosen. Wie die zeitgenössische westdeutsche Angabe von 1,2 Millionen Arbeitslosen im Jahr 1953 zustande kam[68], ist nicht nachvollziehbar. Insgesamt war

---

66 SAPMO-BArch, DY 34/22006, FDGB-Bundesvorstand, Abteilung Statistik: Durchschnittlicher Bruttoverdienst der Produktionsarbeiter in der Industrie der DDR (einschl. Bauindustrie) nach Plangruppen, Anlage 2. In weiteren Anlagen werden westdeutsche Löhne detailliert aufgeführt. In den Kategorien sind sie nicht immer kompatibel.
67 FDGB-Bundesvorstand, Abteilung Löhne: Kurze Einschätzung der Gegenüberstellung der Tarifsätze der DDR und der aus Westdeutschland, 8.10.1953, SAPMO-BArch, DY 34/22006.
68 So Dorothea Faber, Einkommensstruktur und Lebenshaltung in der SBZ, Bonn 1953, S. 11. Auch im SBZ-Archiv 1953 findet sich diese Angabe.

2. Löhne und Haushaltseinkommen

zunächst eine Wellenbewegung seit Kriegsende charakteristisch: Die Erwerbslosenzahlen sanken bis 1947/48 deutlich (mit einem Tiefststand von 102.000 im August 1947), stiegen aber seit Ende 1948 wieder kontinuierlich an. Im März 1950 wurde die Rekordmarke von 398.000 registriert. Das entsprach einem Anteil von 5 Prozent der Erwerbspersonen. Es dauerte bis zum Mai 1952, bis Werte unter 100.000 verzeichnet wurden.[69] Sie schwankten saisonbedingt 1953 zwischen 131.000 im März und 62.000 im August, erreichten im März 1954 noch einmal die Marke von 100.000 und sanken danach kontinuierlich.[70]

In der Lohnstruktur der fünfziger Jahre stach insbesondere der Niedriglohnsektor ins Auge. Nach Angaben des Ministeriums für Arbeit und Berufsausbildung verdienten Ende 1954 von den etwa 5 Millionen Beschäftigten der sozialistischen Industrie 357.000 weniger als 200 Mark monatlich. Tatsächlich lag die Zahl erheblich höher, weil Heimarbeiter, Lehrlinge, Halbtagsarbeiter und nicht ständig Beschäftigte in der Angabe nicht berücksichtigt waren. Ein solch niedriges Einkommen, stellte das Ministerium fest, »steht in keinem Verhältnis zu den Ausgaben, die unter den gegebenen Verhältnisses als unbedingt erforderlich angesehen werden müssen. Für eine vierköpfige Familie (Vater, Mutter und 2 Kinder im Alter von 4 und 7 Jahren) werden monatlich über DM 200 allein für den dringendsten Lebensunterhalt benötigt, ohne Ausgaben jeglicher Neuanschaffung und Besuch kultureller Veranstaltungen.«[71] Eine Analyse der Abteilung Arbeiterversorgung des Bundesvorstandes des FDGB bestätigte mit ausgewählten konkreten Beispielen, wie gering die Spielräume in der Gestaltung der Lebensverhältnisse Ende 1953 waren.[72]

Eine repräsentative Untersuchung des Staatlichen Zentralamts für Statistik über das Familieneinkommen von 5.524 Arbeiterhaushalten vom August/September 1957 hellte das Bild ein wenig auf und zeigt folgende prozentuale Verteilung der Einkommen[73]:

bis 300 Mark	5,5 %
300–500 Mark	33,7 %
500–750 Mark	42,2 %
750–1000 Mark	14,5 %
über 1000 Mark	4,2 %

Bereits die »Aktion ›Normalisierung‹« 1958, das heißt die Abschaffung der Lebensmittelkarten, war mit zusätzlichen Maßnahmen in der Preis- und Sozialpoli-

---

69 Die Zahlen nach Hoffmann, Aufbau und Krise, S. 107 f.; Zank, Wirtschaft und Arbeit, S. 173.
70 Boldorf, Sozialfürsorge, S. 45.
71 Zit. bei Peter Hübner, Tarifsystem, S. 259 f.
72 Analyse über die Lebensverhältnisse der Werktätigen in der DDR vom 9.10.1953, SAPMO-BArch, DY 34/22006. Vgl. oben Kap. II 9 (S. 259 ff.).
73 Ministerium für Arbeit und Berufsausbildung, undatiert (1957), BArch, Q-3/706. Ich danke Peter Hübner für diesen Hinweis.

VI. Arbeiterleben im »Arbeiter-und-Bauern-Staat«

tik verbunden und brachte insofern zweifellos eine deutliche Verbesserung der Lebenslage gerade der niedrig bezahlten Arbeiter.[74] Alle Arbeiter und Angestellten mit einem Bruttoverdienst bis 800 Mark erhielten zum Ausgleich für finanzielle Mehraufwendungen nach dem Wegfall der Lebensmittelkarten gestaffelte steuerfreie Zuschläge. Geburtenbeihilfen und Kinderzuschläge wurden gezahlt beziehungsweise erhöht. Renten und Sozialhilfeleistungen wurden ebenfalls angehoben. Im Gegenzug wurden die Steuern privater Unternehmer und anderer Selbständiger (mit Ausnahme der Handwerker und der freischaffenden Intelligenz) erhöht. Viele dieser Maßnahmen stellten eine Kompensation für die Nachteile des Wegfalls der Lebensmittelkarten dar. Ob sich insgesamt »die Kaufkraft der Werktätigen der DDR um 7 % erhöht«, wie Mielkes Befehl konstatierte, dürfte fraglich sein. Die eingehenden Erläuterungen bieten einige illustrative Beispiele für die positiven Auswirkungen auf einzelne, als typisch ausgewählte Familien:

Tab. 35: Typische Familie: 2 Erwachsene, 1 Kind [alle Angaben in DM[a)]]

Beruf	Arbeitsstelle	Bruttoverdienst	Ausgaben für Fleisch, Wurst, Fette, Milch, Zucker, Eier		Mehraufwand	Zuschlag f. Ausgl. u. Lohnerhöhung	Ehegattenzuschlag	Kindergeld	Auswirkungen plus/minus
			bisher	neu					
Beifahrer	MTS[b)]	285,–	76,42	88,61	12,19	27,–	5,–	20,–	+ 39,81
Techn. Sachbearbeiter	VEB Ernst-Thälmann-Werk[c)]	380,–	83,81	101,–	17,19	18,–	5,–	20,–	+ 25,81
Rangierleiter	VEB Verkehrsbetriebe[c)]	476,–	104,55	120,28	15,73	11,–	5,–	20,–	+ 20,27
Elektriker	VEB EKM[d)]	513,–	105,15	118,20	13,05	9,–	5,–	20,–	+ 20,95
Elektromaschinenbauer	VEB Kraftwerk[e)]	563,–	123,55	138,47	14,92	7,–	5,–	20,–	+ 17,08
Schlosser	VEB VTA[f)]	640,–	113,00	136,61	22,71	7,–	5,–	20,–	+ 9,29
Lehrer	Berufsschule[g)]	700,–	63,38	84,33	20,95	5,–	5,–	20,–	+ 9,05
Schlosser	VEB Walzwerk[h)]	803,–	192,15	202,55	10,40	–	–	20,–	+ 9,60
Konstrukteur	VEB Büromaschinenwerk[i)]	1.100,–	141,57	163,59	22,02	–	–	20,–	– 2,02

[a)] Angaben in DM waren in den fünfziger Jahren üblich, auch wenn Mark der DDR gemeint war. [b)] In Wolferstedt; [c)] in Magdeburg; [d)] in Halberstadt; [e)] in Halle; [f)] in Leipzig; [g)] in Dresden; [h)] in Hettstedt; [i)] in Karl-Marx-Stadt.
[Quelle: Über die Zahlung von Zuschlägen an Arbeiter und Angestellte – Erläuterungen –, hg. vom Presseamt beim Ministerpräsidenten der DDR (Anhang zum Befehl des MfS 168/58, S. 13 f.).]

---

74 Befehl 168/58 des Ministers des MfS vom 27.5.1958, betr. Aktion »Normalisierung«, BStU, ZA, DSt 100216, Bl. 1-12. (mit gedruckten Erläuterungen). Vgl. oben Kap. IV 4 (S. 420 ff.). Ausführlich zur Aufhebung der Rationierung Jennifer Schevardo, Vom Wert des Notwendigen. Preispolitik und Lebensstandard in der DDR der fünfziger Jahre, Stuttgart 2006 (VSWG-Beihefte, 185), S. 186-200.

2. Löhne und Haushaltseinkommen

Diese vermutlich gezielt ausgewählten Beispiele verdeckten jedoch den zunächst eintretenden Anstieg der Lebenshaltungskosten. So mußte eine Familie mit mittlerem Einkommen noch im Juni 1959 5,7 Prozent mehr aufwenden als vor der Aufhebung der Rationierung.[75] Nach einer Berechnung der Staatlichen Zentralverwaltung für Statistik (vom Juli 1960) war zwar in der DDR das Niveau der Lebenshaltungskosten im Zeitraum von 1950 bis 1959 um 43 Prozent gesunken, während das westdeutsche um 21 Prozent gestiegen war, dennoch war das Leben in der DDR deutlich teurer als in der Bundesrepublik.[76]

Auch wenn das Ziel, Westdeutschland einzuholen, in den sechziger Jahren weiter utopisch blieb und der Abstand eher zunahm[77], konnte das Niveau im individuellen Lebensstandard deutlich angehoben werden. Vergleichende Lebensstandardberechnungen sind schwierig und kompliziert, sobald man über aggregierte sozialökonomische Daten hinaus nach dem »alltäglichen Leben« in der Versorgung mit Konsumgütern und Dienstleistungen fragt und dabei auch regionale und soziale Differenzierungen einbezieht. Das ist hier nicht möglich.[78] Die zugänglichen Rahmendaten belegen jedoch zweierlei: zum einen den deutlichen Schub im Anstieg des durchschnittlich verfügbaren Haushaltseinkommens, zum anderen die Ausdifferenzierung von Bedürfnissen, die jetzt auch offener und selbstbewußter artikuliert wurden. Eine Sozialpolitik, die sich als Gesellschaftspolitik verstand, mußte darauf reagieren. Zur Verdeutlichung der Größenordnungen im Ost-West-Vergleich läßt sich auf die Berechnungen des Westberliner »Deutschen Instituts für Wirtschaftsforschung« verweisen. Nach DDR-internen Angaben betrugen die Lebenshaltungskosten einer vierköpfigen Familie im Herbst 1950 das 1,8fache, nach DIW-Berechnungen das 2,6fache des Jahres 1938.[79] Die durchschnittlichen verfügbaren Haushaltseinkommen lagen 1950 in Westdeutschland bei 290 DM, in der DDR bei 390 Mark, im Jahre 1960 hatten sich die Zahlen auf 879 DM und 745 Mark und 1967 auf 1245 DM und 878 Mark verschoben.[80] Der Trend setzte sich fort. Die Schere ging in den sechziger Jahren auch für die durchschnittliche Lohnentwicklung deutlich auseinander, während die Lebenshaltungskosten in der Bundesrepublik erheblich schneller stiegen als in der DDR. (☞ vgl. *Tab. 36*, S. 670)

Bereits am 19. Januar 1960 hatte ein Kommuniqué des Politbüros »die tausend kleinen Dinge des täglichen Bedarfs, der Dienstleistungen und Reparaturen« angemahnt. Es hatte »sehr nachdrücklich darauf hingewiesen, daß die Lösung der

---

75 André Steiner, Preisgestaltung, in: Geschichte der Sozialpolitik, Bd. 9, S. 295 (nach Berechnungen des Westberliner DIW).
76 Schevardo, Vom Wert des Notwendigen, S. 218 f.
77 Schwarzer, Lebensstandard, in: Jb.WG 1995 II, S. 119-146, hier: S. 134.
78 Zum Problem des Lebenshaltungs- und Kaufkraftvergleich vgl. Alfred Reinhold: Lebenshaltung und Kaufkraft im geteilten Deutschland, in: DA 3(1970), S. 528-536, und die Entgegnung von Herbert Wilkens, ebd., S. 811-813. Eine detaillierte Liste von Preisen in Relation zur Kaufkraft für 1963 ist zusammengestellt in: SBZ-Archiv 15 (1964), S. 53. Grundlegend mit neuen Methoden der Indexberechnung für die DDR Schevardo, Vom Wert des Notwendigen, S. 278 ff.
79 Steiner, Preisgestaltung, in: Geschichte der Sozialpolitik, Bd. 9, S. 292.
80 Schwarzer, Lebensstandard, in: Jb.WG 1995 II, S. 132.

VI. Arbeiterleben im »Arbeiter-und-Bauern-Staat«

Tab. 36: Durchschnittslöhne und Lebenshaltungskosten in Ost- und Westdeutschland

1938 = 100	Index für Lebenshaltung BRD	Brutto-Durchschnittslohn aus unselbständiger Arbeit BRD (DM)	Index für Lebenshaltung DDR	Brutto-Arbeitseinkommen nominal je Monat in DDR-Mark (Industrie)
1955	171,5	367	235	403
1960	187,9	513	215	478
1965	215,8	778	212	538
1970	245,0	1.153	245	612
1975	327,9	1.802	254	765-802

[**Quelle:** Oskar Schwarzer, Lebensstandard in der SBZ/DDR 1945 bis 1989, in Jb. W9 1995 II, S. 133.]

ökonomischen Hauptaufgabe nicht nur eine große Steigerung der Produktion von Fernsehgeräten, Mopeds, Kühlschränken usw. erfordert. Auch das Angebot der tausend kleinen Dinge des täglichen Bedarfs muß größer, reichhaltiger und wesentlich besser werden. Das gleiche gilt für Reparaturen und Dienstleistungen für die Bevölkerung.«[81] Zwar blieb das Angebot insgesamt immer unzureichend, aber die sechziger Jahre brachten einen deutlichen Schub in der Verbesserung der Versorgungslage. Trotzdem verschwand eine verdeckte Armut auch in den sechziger Jahren nicht.

Armut war in der DDR kein Thema, über das ein öffentlicher Diskurs geführt wurde. Das hätte dem Selbstverständnis der SED, eine neue Gesellschaftsordnung ohne Ausbeutung etabliert zu haben, allzu offen widersprochen. Die umfassend konzipierte Sozialpolitik hatte sicherzustellen, daß jeder DDR-Bürger auch bei niedrigem Einkommen ausreichend mit dem zum Lebensunterhalt Notwendigen versorgt wurde. Das Existenzminimum als »Menge und Qualität von Konsumtionsmitteln, die die physische und geistige Existenz des Menschen gerade noch gewährleisten«[82] war ohne Frage stets gesichert, wenn man die ersten Nachkriegsjahre ausnimmt, die überall in Deutschland eine Ausnahmesituation darstellten. Aber daß Armut relativ ist und die Dimensionen sozialer Ungleichheit auch im egalitären »Arbeiter-und-Bauern-Staat« beträchtlich waren, blieb in allen Jahren erkennbar und wurde zumindest hinter verschlossenen Türen häufig diskutiert. Zwar stiegen die Staatsausgaben für Subventionen und sozial-kulturelle Dienstleistungen (Gesundheit, Wohnung, Bildung, Verkehr, soziale Versorgungsleistungen, Sport, Kultur) kontinuierlich an, aber der permanente Widerspruch zwischen dem qualitativen Anspruch und der finanzierbaren Wirklichkeit blieb in der Regel gleichwohl unübersehbar.[83]

---

81 Kommunique des Politbüros über die tausend kleinen Dinge des täglichen Bedarfs, der Dienstleistungen und Reparaturen vom 19.01.1960, in: Dokumente der SED, Bd. 8, Berlin (O) 1962, S. 15-20.
82 Günter Manz, Armut in der »DDR« – Bevölkerung. Lebensstandard und Konsumtionsniveau vor und nach der Wende, Augsburg 1992, S. 34.
83 Ebd., S. 28.

2. Löhne und Haushaltseinkommen

Wirkliche Armut gab es in der Arbeitsgesellschaft der DDR vor allem für Rentner, kinderreiche Familien, beruflich unqualifizierte Eltern, anfangs auch für viele »Umsiedler«. Hier wies die sonst stark egalitär ausgerichtete DDR-Gesellschaft bisweilen durchaus extreme Formen sozialer Ungleichheit auf. Materielle Sicherheit im Alter und die Versorgung der Rentner gehörten in der Bevölkerung zu den vieldiskutierten Themen.[84]

In diesem Zusammenhang wurden häufig die zu hohen Intelligenzrenten kritisiert, im übrigen aber gefragt, warum man keine Renten wie in der Bundesrepublik zahlen könne. Auch die für 1971 beschlossenen Verbesserungen (Preissenkungen, Rentenerhöhung und freiwillige Zusatzversicherung) stießen zwar auf ein überwiegend positives Echo, aber mit charakteristischen Einschränkungen, wie ein Stimmungsbericht des MfS festhielt: Vielfach werde ein Zusammenhang mit den Arbeiterunruhen in Polen vermutet. Ähnlichen Erscheinungen wolle man in der DDR vorbeugen. Die Maßnahmen brächten aber vor allem besser verdienenden Bürgern Vorteile. »Auch die freiwillige Zusatzrentenversicherung sei nichts für den ›kleinen Mann‹. Diejenigen, die schon einen hohen Verdienst hätten, bekämen jetzt auch noch Zuschüsse vom Betrieb für die Rentenversicherung. Das sei gegenüber dem Arbeiter mit einem Verdienst unter 600,– M ungerecht. Die teuren Kühlschränke und Farbfernsehgeräte, die im Preis gesenkt worden sind, könnten jetzt noch nicht von einem Arbeiter der unteren Lohngruppen oder von kinderreichen Familien erworben werden.«[85] Zur Verbesserung der Lage der untersten Einkommen hatte das Staatliche Amt für Arbeit und Löhne am 15. Dezember 1970 eine Direktive erlassen, deren Bezeichnung allein schon Aufschluß gab über einen nicht unerheblichen Teil von Arbeitskräften mit niedrigen Löhnen: »Direktive für die Durchführung der Arbeitskräfte- und Lohnerhebung zur Erfassung der Werktätigen aller Bereiche der Volkswirtschaft mit monatlichen Bruttolöhnen unter 500,– M sowie der gewerblichen Beschäftigten und Küchenkräfte in den staatlichen Organen und Einrichtungen.«[86]

Mit der demonstrativen Aufwertung der Sozialpolitik durch Honecker erfolgte dann eine stärkere Rückbesinnung auf die sozialen Bedürfnisse der Arbeiter und der unteren Einkommensschichten.[87] Sie war primär als Krisenprävention gedacht und verhinderte Unruhen wie die Dezemberaufstände in Polen, aber ihre ökonomischen Folgen waren langfristig um so fataler.

---

84 Vgl. unten, Abschnitt 8 (S. 736 ff.).
85 BStU, Z 1898, Information über die Reaktion der Bevölkerung der DDR zu den Maßnahmen auf dem Gebiet der Einzelverkaufspreise, Bl. 4 (1971 ohne genaues Datum).
86 Mitteilungen des Ministerrats der DDR Nr. 34/1970, BStU, MfS Rechtsstelle 743, Bl. 766 ff.
87 Beatrix Bouvier, Die DDR – ein Sozialstaat? Sozialpolitik in der Ära Honecker, Bonn 2002, S. 71.

3. Wohnen und Wohnquartiere

Die Wohnungsversorgung gehörte in der DDR in allen Jahrzehnten zu einem der größten Probleme. Die Eingaben aus der Bevölkerung, unter denen das Thema Wohnung immer an der Spitze rangierte, belegen das unmißverständlich.[88] Die Auswirkungen des unbefriedigenden Wohnungsangebots waren gravierend und reichten von massiver Einschränkung (oder auch ungewollter Förderung) der Mobilität in allen Sektoren der Gesellschaft bis in verschiedene Bereiche der Sozialpolitik. Zwar war die Ausgangssituation in der SBZ 1945 aufgrund der günstigeren quantitativen Bilanz und des geringeren Zerstörungsgrads von Wohnungen besser als im Westen, aber der starke Zustrom von Flüchtlingen und Vertriebenen, der verzögerte Beginn und der vergleichsweise geringe Umfang von Neubauten machten diesen Vorteil wieder zunichte. Zudem stellte sich die Situation in städtischen Industriezentren, soweit sie wenig zerstört waren, und in ländlichen Gebieten, die den größten Teil der »Umsiedler« aufzunehmen hatten, sehr unterschiedlich dar. Die konsequente staatliche Steuerung der Wohnungswirtschaft und der geringe Anteil des privaten Eigenheimbaus verschärften die Misere weiter. Parallel dazu nahm andererseits der Verfall der Altbausubstanz immer dramatischere Ausmaße an, so daß die 1971 vollmundig angekündigte »Lösung der Wohnungsfrage« trotz unübersehbarer Fortschritte nie wirklich gelungen ist.[89] Rein quantitativ war die Wohnungsversorgung insgesamt in der DDR im Vergleich zur Bundesrepublik keineswegs ungünstig. Mit 5,9 Millionen Wohnungen kamen 1965 umgerechnet auf 100 Wohnungen durchschnittlich 294 Personen, in Westdeutschland dagegen 315. Damit war jedoch nichts über Alter, Zustand und Wohnungsgröße sowie über die tatsächliche Nutzung von Wohnungen ausgesagt. Zudem zeigt eine regionale Aufteilung große Unterschiede in der Bilanz der Wohnungsdefizite. Mittelstädte waren oft relativ besser versorgt als Großstädte.[90]

Besonders schwierig ist es angesichts der zur Verfügung stehenden Daten, Aussagen über Schwerpunkte und Formen von Arbeiterwohnen zu machen, da

---

88 Felix Mühlberg, Konformismus oder Eigensinn? Eingaben als Quelle zur Erforschung der Alltagsgeschichte der DDR, in: MKF 37, 1996, S. 331-345.

89 Aus der Literatur zur Wohnungspolitik sind besonders zu erwähnen: Jenkis, Wohnungswirtschaft; Adelheid von Saldern, Häuserleben. Zur Geschichte städtischen Arbeiterwohnens vom Kaiserreich bis heute, 2. Aufl., Bonn 1997; Klaus von Beyme, Der Wiederaufbau. Architektur und Städtebaupolitik in beiden deutschen Staaten, München 1987; Michael Langhof, Zum Bedeutungswandel der Wohnungspolitik in der DDR, in: DA 12 (1979), S. 390-405. Wichtige Hinweise zur Problematik der geschönten statistischen Daten gibt Hannsjörg F. Buck, Die Sozialpolitik der SED am Beispiel des Wohnungsbaus, in: DA 26 (1993), S. 503-520; Ders., Mit hohem Anspruch gescheitert – Die Wohnungspolitik der DDR, Münster 2004. Besonders wichtig: Thomas Topfstedt, Wohnen und Städtebau in der DDR, in: Ingeborg Flagge (Hg.), Geschichte des Wohnens, Bd. 5: 1945 bis heute: Aufbau, Neubau, Umbau, Stuttgart 1999, S. 419-562. Den neuesten Stand der Wohnungspolitik auf erweiterter Quellenbasis geben die beiden Kapitel von Jay Rowell in Band 8 und 9 der Geschichte der Sozialpolitik nach 1945, Baden-Baden 2004 und 2006 wieder.

90 Wohnungsbau und Wohnungsversorgung in Mitteldeutschland, in: Wochenbericht des deutschen Instituts für Wirtschaftsforschung 1966, Nr. 1/2, S. 223-226; Manfred Melzer, Qualitative Aspekte der regionalen Wohnungsversorgung in der DDR, in: DA 13 (1980), Sonderheft: Die DDR im Entspannungsprozeß, S. 148-162.

die SED auf Angaben zur räumlichen Segregation weitestgehend verzichtete und soziologisch ergiebige Studien bestenfalls seit den siebziger Jahren vorliegen. Daß die DDR eine im Vergleich zur Bundesrepublik sozial egalitäre Gesellschaft war, ist unstrittig. Damit sind Fragen nach der spezifischen Wohnsituation von Arbeitern noch schwerer zu beantworten als für den westlichen Teil.[91] Die soziale Durchmischung war generell relativ hoch. Die Förderung des Arbeiterwohnungsbaus betraf vor allem bestimmte Branchen und wichtige Schwerpunktbetriebe. Die Entwicklung des relativ hohen Anteils von Arbeiterwohnungsbaugenossenschaften (AWG) am Wohnungsneubau ist in diesem Zusammenhang von besonderer Bedeutung. Aber Kriterien wie fachliche Qualifikation und politische Loyalität spielten bei der Zuteilung mindestens ebenso eine Rolle wie die Zugehörigkeit zur »Arbeiterklasse«. Nach dem Rückgang der AWG seit Mitte der sechziger Jahre übernahm in späteren Phasen der Werkswohnungsbau teilweise deren Funktion.[92]

Zur Verdeutlichung der Größenordnungen: Nach der offiziellen Statistik gab es am 1. Januar 1971 in der DDR 2.253.497 Wohngebäude mit 5.971.043 Wohnungen. Der Anteil des staatlichen und genossenschaftlichen Wohnungsbestandes wuchs von 24,0 Prozent (1961) auf 37,4 Prozent (1971). Rund 62 Prozent der Wohnungen befanden sich in Gebäuden in Privateigentum. Im gleichen Zeitraum ging die Zahl von Behelfsunterkünften (als ein Indikator für Wohnungsnot) von 80.253 auf 25.463 zurück.[93]

Neben der sozialen Ausnahmesituation der unmittelbaren Nachkriegsjahre erscheinen auch die frühen fünfziger Jahre noch weit von einer Normalisierung entfernt, und die Klagen aus der Arbeiterschaft waren massiv. Die Berichte an die FDGB-Spitze von 1955 bieten gute Einblicke in den Stand der Wohnungsversorgung und die gravierendsten Kritikpunkte. Zusammenfassend wurde hier zwar zur »Wohnungslage der Arbeiterklasse« mit deutlich positivem Grundtenor konstatiert, der Bau von 175.665 Wohnungen in den Jahren 1951 bis 1954 habe dazu beigetragen, »daß Hunderttausende Werktätige mit schönen und gesunden Wohnungen versorgt werden konnten, die zum größten Teil ihren Wünschen und Anforderungen gerecht werden. Die Verbesserung der Wohnqualität hat sich überwiegend in den Wiederaufbaustädten, Industriezentren und Schwerpunkten der Landwirtschaft ausgewirkt.« Eine spürbare Verbesserung gab es jedoch nicht, weil den Neubauten ein »beträchtlicher Verfall von Altbau-Wohnungen« gegenüberstand. Die Zahl der Wohnungssuchenden war durchweg sehr hoch. »Viele junge Ehepaare können keine Familie gründen, weil sie wegen Mangel an Wohnraum noch getrennt bei beiden Elternteilen wohnen müssen. Die zum Teil noch menschenunwürdigen Wohnverhältnisse wirken sich sehr nachteilig auf die Arbeits-

---

91 Saldern, Häuserleben, S. 313.
92 Vgl. Verordnung über die Lenkung des Wohnraums vom 14.9.1967 sowie (als Anlage) Ordnung über die Wohnraumvergabe für die Werktätigen der Schwerpunktbetriebe und der Betriebe mit Werkwohnungen, in: Gbl. DDR 1967 II, S. 733 ff. und 737 ff.
93 Fritz Hagemann, Ergebnisse der Wohnraum- und Gebäudezählung 1971, in: Statistische Praxis 27 (1972), S. 371-376.

VI. Arbeiterleben im »Arbeiter-und-Bauern-Staat«

freudigkeit sowie auf die Steigerung der Produktivität aus. Es gibt noch immer Werktätige, die mit 8 Personen in einem Zimmer und einer Küche untergebracht sind.«[94] Während noch 1950 Ernährung und Bekleidung ganz oben auf der individuellen Prioritätenliste standen, rückte nun die Verbesserung der Wohnverhältnisse in den Vordergrund. In vielen wichtigen Betrieben wie beispielsweise Leuna und Buna stieg die Zahl der Wohnungssuchenden immer noch an. Kritisch wurde allerdings vermerkt, daß weder beim Ministerium für Arbeit und Berufsausbildung noch bei den Räten der Bezirke und Kreise eine genaue Übersicht bestehe. Die Entwicklung der AWG verlief relativ günstig, und auch das Interesse am Eigenheimbau war – mit Ausnahme Berlins wegen der hohen Baukosten – außerordentlich groß, doch die Baukapazitäten konnten nicht entsprechend ausgeweitet werden. »Ein großer Teil der Wohnungssuchenden ist äußerst unzufrieden und verzweifelt«, resümierte der Bericht. »Von vielen Werktätigen werden die Maßnahmen unserer Regierung zur Förderung des Arbeiterwohnungsbaus begrüßt. Weil sie hierin eine Möglichkeit sehen, die Wohnverhältnisse in absehbarer Zeit zu verbessern. Sie wünschen, daß die AWG'en auf weitere Betriebe ausgedehnt werden. Vonseiten der Landarbeiter wird kritisiert, daß der ländliche Wohnungsbau schleppend vorangeht.«

Abb. 67: Der erste Spatenstich: Arbeiter-Wohnungsbaugenossenschaft Wittenberg 1954.

---

94 Material Warnke Teil IV siehe oben, Anm. 6 (S. 650).

3. Wohnen und Wohnquartiere

Eine offenbar typische Kritik setzte an der unzureichenden Arbeit der staatlichen Wohnraumlenkung an. Dabei erregte die Tatsache besonderen Unmut, daß Angehörigen der Volkspolizei und Rückkehrern aus Westdeutschland bevorzugt Wohnraum zugeteilt wurde. Drastische Beispiele von »negativen Diskussionen« wurden dazu angeführt: »Wenn Du eine Wohnung haben willst, ist es am besten, Du haust erst einmal nach dem Westen ab und dann wirst Du in einigen Monaten als Rückkehrer mit allem Notwendigen versorgt.« Aber auch die Frage, warum die Intelligenz so viel Wohnraum haben müsse, und die Empfehlung, lieber weniger für Kulturstätten und mehr für Wohnungen auszugeben, wurden als charakteristische Beispiele angeführt.[95]

Waren solche Beispiele für die Anfangsphase symptomatisch, so lassen sich über den quantitativen Rahmen hinaus nur sehr schwer generalisierbare Aussagen zur Wohnsituation von Arbeitern machen. Denn diese fiel je nach Region und wohnungspolitischen Aktivitäten großer Betriebe durchaus unterschiedlich aus. Die Zuweisung von Wohnungen erfolgte in den frühen fünfziger Jahren von Fall zu Fall, nach unklaren Kriterien und ohne zentrale Koordinierung. Die örtlichen Wohnungsämter erhielten zwischen 1949 und 1955 einen Wust von Gesetzen, Verordnungen, Direktiven und Rundschreiben, die auf den Vorrang der Klientel der jeweiligen Ministerien abzielten. Das führte zur Benachteiligung der sozialen Gruppen, die keine unmittelbare Lobby hatten wie Kriegerwitwen, Umsiedler, Rentner, kinderreiche Familien, ungelernte Arbeiter und Beschäftigte in privaten oder zweitrangigen Wirtschaftszweigen.[96] Die Wohnungskommissionen von Schwerpunktbetrieben erhielten bereits 1952 wichtige Zuständigkeiten für die Wohnungsvergabe. Arbeitsdisziplin und Betriebsloyalität konnten mit dieser Form paternalistischer Wohnungspolitik erhöht werden. Auch die Teilung von Wohnungen war nicht unüblich. Ein Beispiel aus den Leipziger Eisen- und Stahlwerken illustriert die relative Privilegierung der Schwerpunktbetriebe sowie der Intelligenz und der Facharbeiter gegenüber anderen sozialen Gruppen. Die erste Wohnungskommission 1952 vergab 21 Wohnungen an Aktivisten, 19 an »Notstände«, 18 an Umsiedler, 12 an Intelligenzangehörige, 15 an Sonstige (u. a. Tbc-Kranke, Kinderreiche, berufstätige Mütter).[97]

Die Verordnung zur Wohnraumlenkung vom 22. Dezember 1955 löste das Problem einer sozial gerechten Zuteilung zwar nicht, relativierte aber »das Gestrüpp der Normen, die sich seit 1945 abgelagert hatten.«[98] Bereits nach dem Aufstand von 1953 hatten Partei und Staat verstärkte Anstrengungen unternommen, um die Lage der Arbeiter als der wichtigsten Klientel grundsätzlich zu verbessern. Die Verordnung vom 10. Dezember 1953 »über die weitere Verbesserung der Arbeits- und Lebensbedingungen der Arbeiter und der Rechte der Gewerkschaften«

---

95 Ebd.
96 Rowell, Wohnungspolitik, in: Geschichte der Sozialpolitik, Bd. 8, S. 709.
97 Ebd. 717 f. Text der Richtlinien des FDGB für die Arbeit der Betriebswohnungskommissionen, in: »Das Gewerkschaftsarchiv« 1 (1952)12, S. 45.
98 Rowell, Wohnungspolitik, in: Geschichte der Sozialpolitik Bd. 8, S. 717.

bildete dafür eine wichtige Grundlage.[99] Legitimatorische Gesichtspunkte dürften ebenso eine Rolle gespielt haben wie Aspekte der Krisenprävention. Den Gewerkschaften und in den sechziger Jahren auch den Arbeiterkontrolleuren fiel in der Wohnungsversorgung eine herausragende Verantwortung zu, die in den Tätigkeitsberichten auch nachdrücklich hervorgehoben wurde.[100]

Die Verordnung vom Dezember 1953 legte ausdrücklich die Bildung und staatliche Förderung von AWG fest. Damit trat neben den für Arbeiter selten erschwinglichen privaten Eigenheimbau die genossenschaftliche Form der Schaffung und Verteilung von Wohnungen. Die enge Bindung an Betriebe als Initiatoren und Bauträger machte die AWG faktisch zum Werkswohnungsbau. Im März 1954 erschienen eine (1957 noch einmal verbesserte) Verordnung zur Finanzierung der AWG und ein Muster-Statut. Sie regelten die Modalitäten der Mitgliedschaft, der Kreditvergabe, der Steuerbefreiung, der aufzubringenden Eigenleistungen. Die Förderung des genossenschaftlichen gegenüber dem volkseigenen (staatlichen) Wohnungsbau fand ihren Höhepunkt im Siebenjahrplan von 1959, der als Zielmarke festlegte, bis 1965 den genossenschaftlichen Anteil am gesamten Wohnungsbau zu vervierfachen und auf mindestens 62 Prozent zu steigern.[101] Daß die AWG wesentlich kostengünstiger bauen konnten, dürfte ein wichtiges Motiv dafür gewesen sein. Dieses Ziel wurde sogar übererfüllt, auch wenn der Siebenjahrplan scheiterte. Bereits in den ersten drei Jahren (bis 1961) konnte der Anteil auf knapp 60 Prozent gesteigert werden. Kontinuierlich wuchsen die Zahlen von 264 AWG mit rund 15.000 Mitgliedern (1954) auf rund 1.300 AWG mit rund 600.000 Mitgliedern (1963), danach gab es einen deutlichen Rückgang. Der schnelle Anstieg der Mitgliederzahl hatte nämlich zur Folge, daß die Wartezeiten für Wohnungszuteilungen immer länger wurden, so daß der Ministerrat Anfang 1963 eine Mitgliedersperre empfahl und mit einem neuen Musterstatut eine engere Einbindung in die Schwerpunkte der Wirtschaftspläne und eine bessere Verteilung nach Dringlichkeit festlegte. Anfang der siebziger Jahre gab es eine erneute Revision, die wiederum zu einer stärkeren Bindung der AWG an die Betriebe führte.[102]

Die Drosselung der AWG war auch eine unmittelbare Folge der Forcierung des Werkwohnungsbaus. Die Ordnung über die Wohnraumversorgung von 1955 legte in der Präambel fest, »mit der Bereitstellung von Werkwohnungen [...] die

99 Gbl. DDR 1953 II, S. 1219-1226.
100 Vgl. Geschäftsbericht FDGB 1950–1954, S. 160 ff.; Rechenschaftsbericht FDGB 1959–1963, S. 81 ff.; Erhard Sonntag/Kurt Kassube, Wohnungspolitik und Gewerkschaften. Aufgaben und Erfahrungen der Wohnungskommissionen der BGLs, Berlin (O) 1969.
101 Wilhelm Homann, Die Arbeiterwohnungsbaugenossenschaften im Rahmen der Wohnungsbaupolitik der DDR, Berlin 1981, S. 29-31 (Forschungsstelle für gesamtdeutsche wirtschaftliche und soziale Fragen, FS-Analysen, 5/1981).
102 Ebd., S. 31-36, 49 ff. Eine Information über die praktische Arbeit und mit den wichtigsten Verordnungstexten bot die Gewerkschaftsbroschüre: Unsere Arbeiterwohnungsbaugenossenschaft, hg. vom Büro für Arbeiterversorgung beim FDGB-Bundesvorstand, Berlin (O) 1957. Vgl. zeitgenössisch von westdeutscher Seite Heinz Kabermann, Genossenschaftlicher Wohnungsbau in der Sowjetzone, in: SBZ-Archiv 11 (1960), S. 279-283. Ferner Manfred Hoffmann, Genossenschaftlicher Wohnungsbau in der DDR, in: Jahrbücher für Nationalökonomie und Statistik 187 (1972/73), S. 522-542.

Betriebstreue und die Bildung von Stammbelegschaften zu fördern.« Im Mustermietvertrag für Werkwohnungen fand sich dieser Passus wörtlich wieder. Im Rahmen der zulässigen Mietpreise waren ausdrücklich differenzierte Mieten für Werkfremde und Werkangehörige erlaubt. Der für private Hauseigentümer perfektionierte Mieterschutz wurde tendenziell ausgehöhlt, zugleich gab es einen Bonus bei »Übernahme gesellschaftlicher Funktionen, Delegierungen usw.«, aber auch für Rentner und Invaliden. Eine zeitgenössische Analyse kommt zu dem Schluß, daß durch die enge Bindung der Wohnung an den Arbeitsplatz die regionale Mobilität der Arbeitskräfte beträchtlich gedrosselt wurde. Das entsprach durchaus den Zielen des NÖS, indem die Wohnbedingungen als »ökonomische Hebel« zur Einschränkung der Fluktuation und Förderung der Betriebstreue eingesetzt wurden.[103] Das Wohnrecht in einer Werkwohnung nach Erreichen der Altersgrenze sicherte bereits die Verordnung über Wohnungen für Werktätige der volkseigenen und ihnen gleichgestellten Betriebe vom 6. November 1952. Lediglich für Hauswart- oder Pförtnerwohnungen galt das nicht. Dafür mußte aber der Betrieb angemessenen Ersatz besorgen.[104]

In der Planung sollte sich der Anteil der Werkwohnungen bis 1970 auf 45 Prozent aller Neubauten erhöhen. Auch wenn dieses Ziel nicht erreicht wurde, war der parallel verlaufende Rückgang des genossenschaftlichen Wohnungsbaus gewollt und entsprach den Intentionen der Wirtschaftsreform, strukturbestimmende Zweige der Volkswirtschaft auch im Wohnungsbau besonders zu fördern. Daraus ergab sich, daß für viele AWG nicht mehr genügend Kapazitäten zur Verfügung gestellt wurden. »Das ist zwar für die betreffenden Familien schmerzlich«, konzedierte Erhart Sonntag, ein mit der »Ökonomisierung der Sozialpolitik« befaßter gewerkschaftlicher Spitzenfunktionär, »aber zur Stärkung unserer Volkswirtschaft gegenwärtig notwendig.«[105]

So schwierig es ist, generelle Aussagen über Wohnungsverteilung und Wohnsituation von Arbeitern zu machen, so läßt sich doch konstatieren, daß sich die propagierte (und ideologisch notwendige) generelle Bevorzugung von Arbeitern nicht durchgesetzt hat. Da Wohnraum knapp und begehrt war, erfolgte die Verteilung von Neubauwohnungen in hohem Maße nach eng gesteckten politischen und ökonomischen Kriterien. Dabei wurden junge qualifizierte Facharbeiter mit Familie und Angehörige der technischen Intelligenz bevorzugt. Einfache Produktionsarbeiter sowie Ungelernte und Angelernte gehörten in der Regel nicht zu dieser bevorzugten Gruppe. Sie lebten häufig in Altbauten der renovierungsbedürftigen Stadtzentren.[106] Aber auch hier waren die regionalen Unterschiede erheblich. Das betrifft ebenfalls die diffizile Frage nach dem Grad der Zufriedenheit

---

103 Manfred Hoffmann, Sozialistische Mietenpolitik in der DDR, in: Zeitschrift für die gesamte Staatswissenschaft 129, 1973, S. 246-291, hier: S. 257-260.
104 »Wochenpost« 1964 Nr. 22 (»Die Werkwohnung und der Rentner«).
105 Zit. bei Hoffmann, Mietenpolitik, S. 262 (aus internem Gewerkschaftsmaterial, undatiert).
106 Saldern, Häuserleben, S. 322 f.; Dagmar Meyer, Wohnungszufriedenheit und Wohnbedingungen unter dem Aspekt ihrer sozialen Strukturen und einiger Erwartungs- und Bedürfnisorientierungen der Werktätigen, Diss. A Wilhelm Pieck-Universität Rostock 1978, S. 83.

mit der Wohnsituation. Die zahlreichen Eingaben lassen generell hohe Unzufriedenheit vermuten, andere Quellen wie Meinungsumfragen und soziologische Studien widerlegen diesen Befund eher. So ergab die Befragung von Industriearbeitern in den Bezirken Dresden, Suhl und Gera, daß keineswegs am meisten über die Wohnung geschimpft wurde, sondern viel häufiger über unzureichende Versorgung, hohe Preise oder schlechte Arbeitsbedingungen.[107]

In jeder Hinsicht ein Sonderfall war das Prestigeobjekt Stalinallee in Ostberlin. Hier entstanden insgesamt etwa 2.200 großzügig geschnittene Wohnungen, deren Ausstattungsstandard weit über dem des zeitgleichen Normalwohnungsbaus in der DDR lag. (☞ vgl. *Abb. 68*) Die feierliche Übergabe der ersten 1000 Wohnungen fand am 21. Dezember 1952 statt. Sie wurden an Bauaktivisten, Aufbauhelfer und Teilnehmer der Nationalen Aufbaulotterie verlost, die drei Prozent ihres Monatseinkommens für das Jahr 1952 gezeichnet hatten. Die soziale Zusammensetzung entsprach ungefähr den Idealvorstellungen einer differenzierten Struktur im Wohngebiet: 677 Arbeiter, 322 Angestellte und 149 Intelligenzangehörige.[108] Den nachdrücklich gewünschten sozialistischen Schaufenstereffekt dieses Renommierprojekts im Gegensatz zu den Mietskasernen der Gründerzeit beschrieb einer der führenden Architekten, Kurt W. Leucht, 1951 so: »Die Stalinallee ist durch ihre besondere Lage in den Arbeitervierteln, die den bewußten Teil der Arbeiterklasse stellen, eine der wichtigsten Aufmarschstraßen des östlichen Stadtgebietes für Kundgebungen und Demonstrationen nach dem Zentrum geworden. Ebenso ist der Stalinallee eine bedeutende Position für den traditionellen Aufmarsch zu den Gräbern der großen Sozialisten auf dem Zentralfriedhof in Friedrichsfelde erwachsen. Entsprechend dieser hohen Aufgabe soll die Stalinallee eine repräsentative Gestaltung erfahren, die durch die Breite der Straße, die Höhe der Bebauung und durch die architektonische Komposition und Gestaltung der Baukörper zum Ausdruck kommen soll.«[109] Zumindest nach dem Mauerbau 1961 gab es kaum noch Fluktuation, denn der Wohnwert der Stalinallee/Karl-Marx-Allee war hoch. Über das »Innenleben« dieses privilegierten Quartiers ist dagegen wenig bekannt. Trotz ihrer unbestrittenen Propagandafunktion gingen die Häuser jedoch nicht in der populären westlichen Schablone von »Arbeiterpalästen« oder »Bonzenburgen« auf.[110] In kleinerem Maßstab entstanden architektonisch ähnliche Bauten am Dresdner Altmarkt, am Breiten Weg in Magdeburg und am Leipziger Ring.

Die Achillesferse des Wohnungsbaus war und blieb die mangelnde Effektivität der Bauindustrie, die möglicherweise stärker als andere Wirtschaftszweige eine »undurchsichtige und unregierbare Welt« war[111], zumal die Bauarbeiter der Stalinallee als Initiatoren des Aufstandes von 1953 unvergessen blieben. Die pe-

---

107 Ebd., S. 83 f. Bericht über eine Umfrage zu einigen Fragen der sozialistischen Demokratie vom 27.5.1967, in: Niemann, Meinungsforschung, Dokument VII, S. 18.
108 Topfstedt, Wohnen, in: Flagge (Hg.), Geschichte, S. 471.
109 Zit. bei Helmut Engel/Wolfgang Ribbe (Hg.), Karl-Marx-Allee – Magistrale in Berlin. Die Wandlung der sozialistischen Prachtstraße zur Hauptstraße des Berliner Ostens, Berlin 1996, S. 113 f.
110 Ebd., S. 145.
111 Rowell, Wohnungspolitik, in: Geschichte Sozialpolitik, Bd. 8, S. 714.

riodisch sich wiederholende scharfe Kritik von Spitzenfunktionären der SED verwundert daher nicht. Der Minister für Aufbau, Heinz Winkler, beklagte 1954 vor den Bezirksbaudirektoren »überhöhte Stellenpläne, unreale Abrechnungen, Materialverschwendung und Normenschwindel«, und Ulbricht schimpfte ein Jahr später auf »Simulanten und Bummelanten«, die sich auf diesem Sektor konzentrierten.[112] 1958 kritisierte das »Neue Deutschland« massiv die Mängel in der Arbeitsorganisation und die hohe Zahl von Ausfallstunden. »Der fehlende Schwung in der massenpolitischen Arbeit tritt aber am deutlichsten in der ungenügenden Arbeitsdisziplin und Arbeitsmoral besonders auf den Großbaustellen in Erscheinung.« Hier werde häufig statt der Sechs-Tagewoche zur Fünf- beziehungsweise Viereinhalb-Tagewoche übergegangen.[113] Auf der großen Baukonferenz vom 10. bis 13. November 1965 stand die Kritik des ZK an der Bauwirtschaft erneut im Mittelpunkt.[114]

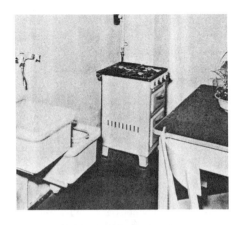

Abb. 68: Musterküche (o.) und Wohnzimmer (u.) einer Arbeiterfamilie im Vorzeigeobjekt Stalinallee, 1953.

Auch an mehr oder minder phantasievollen Versuchen, der Wohnungsmisere durch effektivere Altbaureparaturen beizukommen, fehlte es nicht. Handwerker und Arbeiter dürften besonders gefragt gewesen sein, als zeitweilig die »Komplexreparatur« ganzer Straßenzüge, also die gleichzeitige Beseitigung aller Schäden, gefordert wurde und eigens geschaffene »Reparaturbrigaden« nach Feierabend für Reparaturarbeiten im Wohngebiet sorgen sollten. Welchen Umfang solche Aktivitäten hatten, ist aus den spärlichen Hinweisen in der Literatur nicht erkennbar. Eine große Rolle haben sie kaum gespielt. Eines der Grundprobleme der DDR-Wohnungswirtschaft, die unzureichende Versorgung mit Baumaterialien und die

---

112 Zit. ebd.
113 »Wo stehen wir im Bauwesen?«, in: »Neues Deutschland« vom 3.6.1958.
114 »Neues Deutschland« vom 13.11.1965; MB Ostbüro November 1965, S. 30 ff.

permanente Konkurrenz zwischen Mitteln für Investitionen und Reparaturen bestimmte auch diese Form der erweiterten Selbsthilfe.[115] Noch 1972 mahnte der Staatsrat größere Fortschritte bei der Modernisierung und den Baureparaturen gerade in den Städten an, in denen vor allem Arbeiter wohnten.[116]

Ob mit dem seit 1955 (im Einklang mit Chruschtschows Abkehr von der stalinistischen Architektur) eingeleiteten Kurswechsel in Richtung Industrialisierung und Standardisierung des Wohnungsbaus auch die politisch »gefährliche Welt der Baustellen« verändert werden sollte[117], sei dahingestellt. Ohne Zweifel bedeutete die Standardisierung jedoch einen gravierenden Einschnitt für die individuelle Wohnsituation von Arbeitern. Die Zahl der Neubauwohnungen konnte kontinuierlich erhöht werden und der 1956 noch unbedeutende Anteil von in Montagebauweise errichteten Wohnungen stieg bis 1962 auf etwa 62 Prozent. Zugleich wurde aber die Durchschnittsgröße für den staatlichen Wohnungsbau von 65,7 Quadratmeter auf 51,9 Quadratmeter gesenkt.[118]

Auf einem anderen Blatt standen die mit den großen Wohnkomplexen verbundenen ideologischen Erwartungen, die ein Staatssekretär im Bauministerium in Anlehnung an Ulbrichts »Zehn Gebote« 1958 so formulierte: »In der Gestaltung der Wohnkomplexe soll sich das Leben von Menschen der sozialistischen Gesellschaft widerspiegeln. In diesen Wohnkomplexen sollen Gebäude zueinander so in Beziehung treten, daß das Zusammengehörigkeitsgefühl und das gesellschaftliche Leben der Bevölkerung gefördert werden.«[119] Das konnte kaum gelingen. Ein exemplarisches Beispiel war die 1957 als (nach Stalinstadt) zweite sozialistische Stadtgründung geschaffene »Vorstadt« von Hoyerswerda, die 1966 bereits fast 47.000 Einwohner zählte.[120] Brigitte Reimann hat in ihrem großen autobiographischen Roman »Franziska Linkerhand« plastische Einblicke in den hier besonders drastischen Verlust jeder Urbanität gegeben. Selbst von der Spitze der SED wurden bereits vor der Standardisierung im Plattenbau im großen Maßstab unter Honecker »Monotonie, Schematismus und Phantasielosigkeit in Architektur und Städtebau« gegeißelt.[121] Dennoch konzentrierte sich der industrielle Wohnungsbau entsprechend dem Leitbild der kompakten Stadt auf die seit Mitte der sechziger Jahre begonnenen großen Wohnkomplexe mit über 10.000 Einwohnern (so Rostock Lütten-Klein, Erfurt-Johannisplatz und Cottbus-Sandow), die dann in

---

115 Herbert Braune, Wohnungsbau und Wohnungswesen in der Sowjetzone um die Jahreswende 1965/66, in: Bundesbaublatt (1966)1, S. 10-15.
116 Arbeiterpolitik und Baureparaturen, in: Sozialistische Demokratie (Organ des Staatsrates und des Ministerrates der DDR) 1972 H. 12.
117 So Rowell, Wohnungspolitik, in: Geschichte der Sozialpolitik, Bd. 8, S. 714.
118 Ebd., S. 715.
119 Zit. ebd. Die entsprechende Passage aus Ulbrichts Rede zur Begründung des Siebenjahrplans wurde in der Zeitschrift »Deutsche Architektur« 1959 H. 12, S. 645 f. abgedruckt.
120 Saldern, Häuserleben, S. 320. Eine ausführliche Fallstudie dazu bietet Hartmut Mehls, Arbeiterwohnungsbau und Wohnerfahrungen in Hoyerswerda zwischen 1955 und 1965, in: Hübner (Hg.), Niederlausitzer Industriearbeiter, S. 233-262.
121 Thesen des Politbüros des ZK der SED und des Ministerrats der DDR zur 4. Baukonferenz, in: »Neues Deutschland« vom 20. 8. 1965, Sonderbeilage S. 1-13, hier: S. 3.

3. Wohnen und Wohnquartiere

den siebziger und achtziger Jahren sogar die extreme Zahl von 100.000 erreichten (Leipzig-Grünau, Berlin-Marzahn und -Hellersdorf).[122]

Der ins Auge springende öde Zuschnitt der architektonischen Gestaltung hat jedoch zunächst der Attraktivität von Neubauwohnungen gerade unter Arbeitern kaum Abbruch getan. Angesichts des insgesamt völlig überalterten Wohnungsbestandes mit entsprechend schlechter Innenausstattung war das verständlich. 1958 lag das Durchschnittsalter des Wohnungsbestandes in der DDR mit 63 Jahren um 40 Prozent höher als im Bundesgebiet mit 45 Jahren. Ein deutliches Gefälle bestand auch zwischen den Ländern beziehungsweise Bezirken. Sachsen lag hinsichtlich der quantitativen und qualitativen Versorgung an der Spitze, Mecklenburg-Vorpommern bildete das Schlußlicht. Die meisten Wohnungen fehlten jedoch in den Bezirken des dicht besiedelten früheren Landes Sachsen-Anhalt.[123] 1971, bevor die nachhaltige Forcierung des Wohnungsbaus unter Honecker einsetzte, waren in der DDR nur 39 Prozent der Wohnungen mit Bad/Dusche und Innentoilette ausgestattet.[124]

Einen optischen Gesamteindruck von der prekären Lage des Wohnungsbestandes vermittelt eine Grafik zum Jahr 1961:

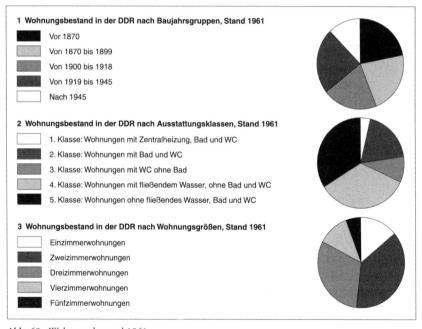

Abb. 69: Wohnungsbestand 1961.

---

122 Topfstedt, Wohnen, in: Flagge (Hg.), Geschichte, S. 515.
123 Klaus Dieter Arndt, Wohnverhältnisse und Wohnungsbedarf in der sowjetischen Besatzungszone, Deutsches Institut für Wirtschaftsforschung, Berlin (W) 1960, S. 30 f.
124 Buck, Sozialpolitik, in: DA 26 (1993), S. 517.

Für Altbauten galten generell die Stoppreise aus der Vorkriegszeit. Für den staatlichen und genossenschaftlichen Wohnungsbau lagen bis 1966 die Mietpreise in der Regel unter einer Mark pro Quadratmeter. Für Neubauten wurden ab 1966 »Preisregulierungen« eingeführt, über die die Presse aber angesichts des hohen Propagandawerts niedriger Mieten nur scheibchenweise informierte. Für die AWG wurden neben den Grundpreisen verschiedene Zuschläge zum Beispiel für Fahrstühle, Müllschlucker, Warmwasser, Heizung, Gemeinschaftsantennen und Einbaumöbel erhoben. Damit stiegen die Mietpreise für Neubauten zwar deutlich an, von einer kostendeckenden Miete aber blieben sie weit entfernt, da der Staat weiterhin die Erwerbs- und Erschließungskosten, die Kreditzinsen und die Aufwendungen für die landschaftliche Gestaltung (auch bei genossenschaftlichen Gebäuden) trug.[125] Das Problem war der SED-Führung durchaus bekannt, aber an eine durchgreifende Lösung traute man sich offenbar wegen der unkalkulierbaren politischen Folgen auch in der Phase des NÖS nicht heran. Eine interne Mitteilung an Günter Mittag bilanzierte 1970, daß im Zusammenhang der Erweiterung des Wohnungsbestandes das Fehlen kostendeckender Mieten zu einem erheblichen Anstieg der staatlichen Aufwendungen führe. Bei realistischer Rechnung ergebe sich ein Gesamtzuschuß des Staates für das Wohnungswesen von 2,6 Milliarden Mark für 1970. »Neueste Berechnungen zeigen, daß der Staat je Wohnungseinheit einen durchschnittlichen Zuschuß von 707,– M pro Jahr leistet. Damit werden durch die Mieter nur rd. 40 % der Gesamtaufwendungen für die Errichtung und Unterhaltung von Wohnungen gedeckt.« Während in der DDR 1967 die Aufwendungen für Miete in einem 2- bis 4-Personenhaushalt bei 3,2 bis 3,4 Prozent der verbrauchswirksamen Gesamtausgaben lag, habe dieser Anteil in Westberlin bereits 1964 bei über 12 Prozent mit steigender Tendenz gelegen.[126]

Über die Ausstattung von größeren Wohnkomplexen und -bezirken mit Infrastruktur und Gemeinschaftseinrichtungen lassen sich kaum generelle Aussagen machen, auch wenn es Richtlinien und Beispiele für Musterwohnkomplexe gab.[127] In den fünfziger Jahren entstand in den großen Wohngebieten ein Netz gesellschaftlicher Organisationen. Ein Politbürobeschluß von 1963 zentralisierte und vereinheitliche die »politische Massenarbeit« im Wohngebiet. Vor allem die Wohngebietsausschüsse der Nationalen Front sollten für die Entwicklung »eines regen gesellschaftlichen Lebens« und die »Einbeziehung aller Schichten der Bevölkerung in die Lösung der politischen und ökonomischen Aufgaben« sorgen.[128] Damit sollten sowohl praktische Hilfe im Alltag wie politische Kontrolle gesichert

---

125 Kurt Edelmann, Neubaumieten werden erhöht, in: SBZ-Archiv 17 (1966), S. 275-277. Das »Neue Deutschland« vom 2.9.1966 erläuterte die neuen Mietregelungen als »Antwort auf Leserfragen.«
126 SED-Hausmitteilung der Abteilung Bauwesen vom 21.1.1970 an Mittag: Information über Probleme der Entwicklung des Ausstattungsstandards im Geschoßwohnungsbau, SAPMO-BArch, DY 30/IV A2/2.021/616 Bl. 69-75.
127 Topfstedt, Wohnen, in: Flagge (Hg.), Geschichte, S. 511 f.
128 »Das System der Leitung der politisch-ideologischen Arbeit in den städtischen Wohngebieten«. Beschluß des Politbüros vom 6.8.1963, in: Dokumente der SED, Bd. 9, Berlin (O) 1965, S. 673-678.

werden. Das bereits 1951 von der Nationalen Front eingerichtete »Nationale Aufbauwerk« (NAW) ist als massenpolitische Initiative in diesem Kontext ebenfalls zu nennen. Unbezahlte Arbeit außerhalb der regulären Arbeitszeit wurde hier organisiert für Enttrümmerung, Reparatur, Bauarbeiten, Pflege von Grünanlagen, Erfassung von Rohstoffen unter anderem. Die NAW-Helfer kamen aus Betriebskollektiven und Hausgemeinschaften. Formal freiwillig und lediglich mit der moralischen Anerkennung durch die NAW-Aufbaunadel honoriert, wurde diese Arbeit attraktiver, wenn damit die Chancen für die Zuweisung einer Neubauwohnung stiegen. Auch hier spielten unter Umständen die zum sozialen und politischen Umfeld gehörenden Hausvertrauensleute, die NAW-Einsätze koordinierten, eine wichtige Rolle. Der »Hausvertrauensmann« erfüllte an der Schnittstelle von praktischen Mieterwünschen und politischen Beeinflussungsversuchen der Partei eine wichtige Funktion. Er hatte als »ehrenamtlicher Multifunktionär« für Ordnung und Sicherheit im engeren und weiteren Sinne zu sorgen. Er hatte das Hausbuch zu führen, in das sich Besucher einzutragen hatten, Hausversammlungen zur politischen Schulung der Mieter durchzuführen, aber auch sehr praktische Aufgaben wie die Verteilung von Lebensmittelkarten und Bezugsscheinen in den fünfziger Jahren zu erfüllen. Auch der sonst als Massenorganisation eher unwichtige »Demokratische Frauenbund Deutschlands« (DFD) konnte im Wohngebiet durch Beratungsstellen gerade für berufstätige Mütter und Hausfrauen nützliche Dienste leisten. Hilfe und Kontrolle lagen somit dicht beieinander, aber in welchem Umfang Hausvertrauensleute als Agitatoren oder als eifrige Zuträger von Informationen über das Privatleben der Mieter funktionierten, läßt sich wiederum nicht generell bilanzieren.[129]

Die Persiflage einer Hausversammlung in der beliebten Satirezeitschrift »Eulenspiegel« legt zumindest nahe, daß es dort oft sehr trivial und unpolitisch zuging. (☞ vgl. *Textrahmen* S. 684)

Insgesamt, so Thomas Topfstedts Resümee, »erfüllten sich die hochgespannten Erwartungen der DDR-Staatsführung nicht, über die Wohnungspolitik und die im Wohngebiet tätigen gesellschaftlichen Organisationen einen nachhaltigen ideologischen Einfluß auf die Bevölkerung zu gewinnen. Nur solche Maßnahmen, die wirklich eine Verbesserung der Wohnverhältnisse und eine kulturelle Bereicherung des Lebens im Wohngebiet bewirkten, fanden Akzeptanz.«[130]

Zunächst wurden vielfach alte Möbel benutzt, weil Neuanschaffungen zu teuer waren. Seit den sechziger Jahren änderte sich das allmählich. Zugleich hielt – ähnlich wie im Massenwohnungsbau – auch in der Möbelproduktion eine starke Normierung Einzug und rief eine unvermeidliche Einebnung sozialer Differenzierungen im Wohnstil hervor, so daß sich zumindest die wenigen allgemeinen Angaben dazu auch auf die Arbeiterschaft übertragen lassen. Die prinzipiellen Unterschiede

---

129 Zum ganzen Komplex Topfstedt, Wohnen, in: Flagge (Hg.), Geschichte, S. 445 ff. Eine ausführliche frühe Darstellung mit starker Betonung der wichtigen politischen Rolle: Karl Bönninger, Die Einrichtung der Haus- und Straßenvertrauensleute als Form der Teilnahme der Massen an der Leitung des Staates in der Deutschen Demokratischen Republik, Berlin (O) 1954.
130 Topfstedt, Wohnen, in: Flagge (Hg.), Geschichte, S. 447.

VI. Arbeiterleben im »Arbeiter-und-Bauern-Staat«

> Sie war, was den Termin betraf, längst dran.
> Man hatte sich schon ewig nicht getroffen.
> Zu Anfang sprach der Hausvertrauensmann.
> Die Rede ließ auf Diskussionen hoffen.
> Na denn man ran!
> Wie üblich war es erstmal mäuschenstill.
> Betreten blickten alle in die Runde.
> »Na, wenn denn keiner etwas sagen will,
> dann fang ich an!« sprach nach ner Viertelstunde
> der Rentner Brill.
> »Zum Beispiel schließt mein Küchenfenster nicht.
> Auch könnte der Verwalter besser fegen.
> Man sollte ferner größeres Gewicht
> auf die Moral in unserem Hause legen.«
> So sprach er schlicht.
> Auf wen das ziele, fragte Fräulein Buhr,
> ob man vielleicht in einem Kloster wohne?
> Pah, dieser eine Kuß im Treppenflur!
> Und seine Enkelin sei auch nicht ohne –
> Bei der Figur!
> Hier legte donnernd Frau Labudde los:
> Wie könne man sich derart echauffieren!
> Das führe ja zu Zwistigkeiten bloß.
> Man solle lieber endlich reparieren
> die Tür des Klos.
> Sie sprachen einzeln und sogar zu zweit
> von Joghurt, Warzentod und Ofenblechen.
> Sie diskutierten, wie gefordert, breit.
> Doch leider: Übers NAW zu sprechen –
> blieb keine Zeit.[131]

zu westdeutschen Beispielen dürften noch nicht gravierend gewesen sein. Die offiziellen Vorgaben über eine »sozialistische Wohnkultur«, wie sie sich in Richtlinien und Handbüchern finden, deckten sich jedenfalls nicht mit dem bei Arbeitern in Ost und West verbreiteten Drang zu altdeutscher Gemütlichkeit. Gestaltungshinweise aus »Anstandsbüchern« zeigen zumindest für die fünfziger Jahre frappierende und oft bis ins Lächerliche reichende Ähnlichkeiten. »Die Innenarchitektur muß ihrem Inhalt nach sozialistisch sein!« postulierte Kurt Liebknecht, der Präsident der Deutschen Bauakademie auf der Innenarchitekturkonferenz im November 1953. »Diese Forderung kann nur erfüllt werden, wenn unsere Räume in ihrer

---

[131] Die Hausversammlung, in:»Eulenspiegel« 1963 H. 2. (NAW: Nationales Aufbauwerk).

3. Wohnen und Wohnquartiere

künstlerischen Gestaltung die Ideen unserer fortschrittlichen Gesellschaftsordnung, der Macht der Arbeiter und Bauern, widerspiegeln. Das bezieht sich auch auf die Gestaltung aller Teile des Innenraumes und im besonderen Maße auf die künstlerische Form des Möbels.«[132]

Damit zog der Kampf gegen den »Formalismus« auch in der Möbelproduktion ein. Er erhielt seine pikante Note dadurch, daß Ulbricht als gelernter Möbeltischler hier eine besondere Kompetenz beanspruchte und die Deutsche Bauakademie seinen spießigen Geschmack zeitweilig zum ästhetischen Maßstab machte.[133] Einrichtungen von Musterwohnungen in der Stalinallee – dazu gehörte auch die in der Sowjetunion entwickelte »Sholtowski-Küche«, eine besondere Verbindung von Arbeitsküche und Eßplatz – ließen sich jedoch ebenso wenig wie die Vorschläge der Ausstellung »Besser leben – schöner wohnen! Raum und Möbel« vom November 1953 flächendeckend einführen, weil Effizienzzwänge letztlich jeden Versuch zur Ausgestaltung einer wie auch immer gearteten »sozialistischen Wohnkultur« zunichte machten. Seit den späten fünfziger Jahren ging der Trend immer stärker weg von schwerfälligen Garnituren hin zu den von Ulbricht als formalistisch beargwöhnten Anbaumöbeln.[134]

Kaum zu beantworten ist die Frage, ob und wieweit die Arbeiter das in Zeitschriften und Möbelhäusern angepriesene »neue sozialistische Wohnen«, dessen eigentliche Zielgruppe sie ja sein sollten, in den eigenen vier Wänden realisierten. Der verbreitete kleinbürgerliche Geschmack läßt eher Gegenteiliges vermuten. Ob die nach dem Motto »Kunst ist Waffe« gewünschten Bilder die Arbeiterwohnung schmückten[135], ist ebenfalls fraglich. Zudem blieb von der propagierten sozialistischen Moderne in der Massenproduktion wenig übrig. Die schmale Angebotspalette und das oft dürftige Design machten einen relativ einheitlichen, »klassenübergreifenden« Einrichtungsstil des DDR-Sozialismus unvermeidlich. Daß sich mit der modernen Neubauwohnung jedoch zumindest für die erste FDJ-Generation der Geschmack in der Wohnungseinrichtung schichtenübergreifend änderte, läßt sich zwar nicht generalisierend belegen, ist aber wahrscheinlich. Ina Merkel hat diese Generation und ihre Ziele in den sechziger Jahren sarkastisch so charakterisiert: »Sie kämpfte gegen das Schnitzwerk an Schränken, gegen Plüschvorhänge und Deckchen. Sie warf das Familienkristall auf den Müll und hängte den Deutschen Wald mit röhrendem Hirsch von der Wand. Sie war erfüllt vom Pathos der Sachlichkeit, und sie wollte ein modernes Leben.«[136]

---

132 Besser leben – schöner wohnen! Raum und Möbel, hg. von der Deutschen Bauakademie und dem Ministerium für Leichtindustrie, Berlin (O) 1954, S. 17.
133 Topfstedt, Wohnen, in: Flagge (Hg.), Geschichte, S. 482.
134 Vgl. ebd., S. 481 ff., 521 ff (mit Illustrationen zu Inneneinrichtungen). Zum Montagemöbelprogramm und zum Wohnungsbauprogramm im Rahmen des Siebenjahrplans vgl. die beiden Aufsätze von Marc Schweska/Markus Witte und Petra Gruner in: Wunderwirtschaft. DDR-Konsumkultur in den 60er Jahren. Hg.: Neue Gesellschaft für Bildende Kunst, Köln 1996, S. 80-89 und 90-95.
135 »Welches Bild schmückt die Wohnung des Arbeiters?« Schulungsmaterial für Kulturobleute, in: »Kulturelles Leben« 1960 H. 2, Beilage, S. 8.
136 Merkel, Leitbilder, in: Kaelble/Kocka/Zwahr (Hg.), Sozialgeschichte, S. 367.

VI. Arbeiterleben im »Arbeiter-und-Bauern-Staat«

Genauere Daten über Wohnzufriedenheit liegen zumeist erst aus der Ära Honecker vor. Man kann zwar davon ausgehen, daß der Wohnkomfort von Neubauten zumeist als zufriedenstellend oder gut galt, daß der enge Zuschnitt der Wohnungen aber zunehmend kritisiert wurde. Zumindest für die sechziger Jahre dürfte auch Salderns Befund zutreffen, daß individualisiertes Wohnen unter diesen Bedingungen erschwert wurde und rigide Ordnungs- und Erziehungsmaßnahmen förderte, daß ferner Kollektiveinrichtungen (wie Küchen und Waschküchen) wenig Anklang fanden, sondern Haushaltstätigkeit weitgehend privatisiert blieb und so auch die geschlechtsspezifische Arbeitsteilung mitprägte. Ein gerade für Arbeiterfamilien wichtiger Trend ergab sich unmittelbar aus dem verstärkten Neubau großer Wohnviertel. Diese konnten im allgemeinen nur dort errichtet werden, wo geeignetes Gelände zur Verfügung stand. Der Weg zu Betrieben und Arbeitsstätten verlängerte sich dadurch häufig und der Zeitaufwand erhöhte sich beträchtlich. So ist für die Städte Leipzig, Magdeburg, Erfurt, Jena und Neubrandenburg ermittelt worden, daß sich zwischen den Jahren 1950 und 1985 der Zeitaufwand im öffentlichen Personennahverkehr mehr als verdoppelte (von 80 auf 172 Stunden je Jahr und Einwohner).[137]

Ein Schlüsselbereich für das Thema Alltag und Wohnen ist bislang (zumindest für die frühe Phase) kaum näher untersucht worden: die Kleingarten- und Datschenkultur als Kompensationsmöglichkeit für beengte Wohnverhältnisse und als Basis für die Ausbildung einer »Nischengesellschaft.« Der Schrebergarten besaß eine lange proletarische Tradition und die dort gepflegten Kommunikationsmuster behielten ihre Bedeutung auch in der DDR.[138] Der in dieser Tradition stehende Drang zur Datsche expandierte seit den sechziger Jahren und bot eine der wenigen Nischen für die »Ursehnsucht nach einem für die Öffentlichkeit unzugänglichen Bezirk.«[139] Allerdings war das Phänomen so verbreitet, daß eine soziale Zurechnung kaum möglich ist. Allein in Ostberlin besaßen Mitte der achtziger Jahre 120.000 Familien (das waren rund 40 Prozent) ein Gartengrundstück.[140] Die DDR gehörte international zu den Regionen mit der höchsten Kleingartendichte. Seit den sechziger Jahren waren Kleingärtner »gesellschaftsfähig« geworden, und in der Folgezeit verwischten sich soziale Unterschiede immer stärker, die Kleingärtner kamen aus allen Schichten, Berufen und Altersgruppen.[141] (☛ vgl. *Abb. 70*)

Der Kleingarten war eine andere Welt mit eigenen Regeln, Lebensformen und Rollenverteilungen. Das schien jedoch in den Anfangsjahren noch keineswegs gesichert. Denn die SED versuchte auch hier, ihren Steuerungsanspruch geltend zu machen. Wenn der Parteivorstand bereits 1946 die »Förderung und

---

137 Saldern, Häuserleben, S. 330-334.
138 Hinweise zur historischen Tradition bei Isolde Dietrich, Abschied von der Laubenkolonie? In: MKF 37, 1996, S. 346-361.
139 Topfstedt, Wohnen, in: Flagge (Hg.), Geschichte, S. 447.
140 Zwischen Alex und Marzahn. Studie zur Lebensweise in Berlin. Autorenkollektiv unter Leitung von Georg Aßmann und Gunnar Winkler, Berlin (O) 1987, S. 151.
141 Sehr amüsant und plastisch wird die Entwicklung nachgezeichnet von Isolde Dietrich, 'Ne Laube, 'n Zaun und 'n Beet. Kleingärten und Kleingärtner in der DDR, in: Badstübner (Hg.), Befremdlich anders, S. 374-414.

3. Wohnen und Wohnquartiere

Organisation der Kleingärtner, Kleinsiedler und Kleintierzüchter« zur vordringlichen Aufgabe erklärte, so entsprach das den Erfordernissen der Not nach Kriegsende. Im Zuge der Transformation der SED wuchsen aber selbst hier die politischen Ambitionen nach Zentralisierung und Kontrolle. Man wollte verhindern, »daß der Partei gute Aktivisten dadurch verloren gehen, daß sie sich nach Feierabend nur noch mit ihren Gärten und nicht mehr mit der politischen Arbeit beschäftigen.«[142] Die weitere Organisationsgeschichte verlief chaotisch und aufschlußreich. Die Anbindung an den FDGB mißlang ebenso wie die an die »Vereinigung der gegenseitigen Bauernhilfe« (VdgB). Auch die Gründung eines Zentralverbandes 1952 funktionierte nicht und konnte erst 1959 im zweiten Anlauf unter Beteiligung höchster Funktionäre abgesichert werden.

Abb. 70: Umzug des Kleingartenvereins »Immergrün« 1958 in Wittenberg.

Der neu geschaffene »Verband der Kleingärtner, Siedler und Kleintierzüchter der DDR« stand in keiner Beziehung mehr zum FDGB.[143] Die Renitenz der Kleingärtner war offenbar schwer zu brechen. Pläne zur großflächigen Einbeziehung von Kleingartenland in Wohnungsbauland scheiterten. In Orten wie Stalinstadt, wo von vornherein im Sinne sozialistischer Musterplanung Kleingärten als »typisches Produkt des Kapitalismus« keine Berechtigung mehr haben sollten, begannen wilde Parzellierungsaktionen und nicht genehmigter Laubenbau am Rande neuer Siedlungen. Der verdeckte Individualismus triumphierte im Endeffekt so weit über die gewünschten kollektiven, von oben angeleiteten und politisierten Organisationsformen, daß schließlich die Funktionäre stillschweigend kapitulierten. Die politischen Kolumnen und die Ratgeberseiten im Zentralorgan »Kleingärtner«, das von 1949 bis 1962 in einer Auflage von 300.000 bis 420.000 Exemplaren vierzehntägig erschien, spiegelten die vielen bunten und überwiegend unerwünschten Facetten des tatsächlichen Alltags der Laubenpieper. »Allein schon die lange Liste der Fehltritte und Unbotmä-

---

142 Zitat aus einem Papier der Abteilung Landwirtschaft beim Zentralsekretariat der SED vom September 1948, in: ebd., S. 384.
143 FDGB-Lexikon (elektronische Version). Funktion, Struktur, Kader und Entwicklung einer Massenorganisation der SED (1945–1990), bearb. von Michael Kubina u. a., Berlin 2005 (»Kleingartenhilfe des FDGB«).

VI. Arbeiterleben im »Arbeiter-und-Bauern-Staat«

ßigkeiten, die im ›Kleingärtner‹ gerügt werden mußten, sagt viel aus.«[144] Sie reichte von schlimmer Vereinsmeierei über fehlende Kulturarbeit und exzessives Feiern bis zur Nachahmung amerikanischer Unkultur: »amerikanischer Lebensstil, Dauertanz, Kaugummi, Damenringkämpfe, Marathon-Jazzkonzerte, Makkaroni-Wettessen und Ringelsöckchen.«[145]

Der Kleingarten und die Datsche wurden, nachdem derlei politische Invektiven zu den Akten gelegt worden waren, immer selbstverständlicher zu einem akzeptierten Element der Freizeitgestaltung und der Kompensation unbefriedigender Wohnverhältnisse. Die Wohnungsfrage war in der DDR keine Arbeiterfrage mehr, aber die relative Privilegierung der »führenden Klasse« war hier auffällig wenig ausgeprägt, und die sozialen Grenzen verschwammen im Grünen noch stärker als in den Wohngebieten. Die »Werktätigen« bildeten als Kleingärtner und Datschenbewohner vielleicht am ehesten und ungewollt eine Lebensform, die Ulbricht auf andere Weise mit seinem ideologisch hoch aufgeladenen Konzept der »sozialistischen Menschengemeinschaft« für kurze Zeit als Ziel entwarf.

4. Versorgung und Konsumverhalten in der Mangelgesellschaft

Das Pathos des Aufbruchs in eine klassenlose Gesellschaft bestimmte die Propaganda der fünfziger und frühen sechziger Jahre. Schon das Ende der Ära Ulbricht war von Utopieverlust und nüchternen Einschätzungen der unvermeidlichen sozialen Differenzierung geprägt. Zwar war und blieb die DDR eine im Vergleich zur Bundesrepublik egalitär bestimmte Gesellschaft, aber die inneren Differenzierungslinien nach Einkommen und Besitz, nach Bildung, sozialem Status und Konsum traten überall deutlich zutage. Zudem nahm die soziale Mobilität in den siebziger Jahren dramatisch ab, nachdem die Gründungs- und Stabilisierungsjahre gerade den Arbeitern rasante Aufstiegsmöglichkeiten eröffnet hatten. Ob sich der Begriff »Mangelgesellschaft« zur generellen Charakterisierung der DDR eignet, ist zwar umstritten, daß die Bevölkerung jedoch gerade angesichts des ständigen Vergleichs mit dem Westen dieser Meinung war, läßt sich kaum in Frage stellen. Denn ebenso wie Armut war auch der Grad der Versorgung eine relative Größe.

Die zeitgenössischen statistischen Daten erlauben generelle Zwischenbilanzen und zeigen, daß es langsam mit der Versorgung und dem Konsum aufwärts ging, aber sie spiegeln kaum den mühsamen Alltag. Dieser wurde von westlichen Beobachtern ebenso zutreffend konstatiert und hämisch kommentiert wie von der offiziellen Berichterstattung beschönigt, aber keineswegs geleugnet. Ziemlich ungeschminkte Einblicke bieten vor allem die internen Berichte aus dem Partei-, Gewerkschafts- und MfS-Apparat. Sie ähneln sich stark und geben nach den im Berichtswesen üblichen Erfolgsmeldungen im Vorspann lange Litaneien wieder über periodisch auftretende Versorgungsmängel, Mißwirtschaft, Ausschußpro-

---

144 Dietrich, 'Ne Laube, S. 389.
145 Zit. aus einem Heft des »Kleingärtner« von 1950, ebd., S. 407.

duktion, Ladenhüter, qualitativ schlechte Waren und Artikel, verspätete Lieferungen, unfreundliche Bedienung und vieles andere mehr. Dazu gehörten vergleichende Fingerzeigen auf »den Westen«. Solche Mängellisten zu quantifizieren, ist ebenso unmöglich wie ihre genaue Wiedergabe, weil das epische Breite und endlose Wiederholungen zur Folge hätte. Einige charakteristische Beispiele sind jedoch angebracht, um das dürre Gerüst der Zahlen von Haushaltsberechnungen durch konkrete Schilderungen zu ergänzen, deren Trivialität am ehesten die Ärgernisse des Normalverbrauchers mit dem Alltag der sozialistischen Mangelwirtschaft nach dem Ende der unmittelbaren Nachkriegsnot spiegelt. Auch hier stößt allerdings der Versuch einer sozialen Differenzierung schnell an Grenzen, weil jenseits der politisch Privilegierten nahezu alle davon betroffen waren.

Ein um Synthese bemühter typischer »Überblick über die allgemeine Versorgungslage« seitens des MfS von 1955 bilanzierte nüchtern, daß eine reibungslose Versorgung der Bevölkerung 10 Jahre nach Kriegsende noch nicht zu verzeichnen sei. »Ist eine Ware für kurze Zeit vorhanden, fehlt es wieder an anderen Waren, so daß es selten vorkommt, daß der Kunde alle gewünschten Waren zugleich kaufen kann.« Selbst die Grundnahrungsmittel waren periodisch immer wieder nicht ausreichend vorhanden. Schon in den Morgenstunden, konstatierte das MfS, hätten sich Schlangen bis in die späten Nachmittagsstunden für ein paar Pfund Kartoffeln gebildet. »Es kam dabei häufig zu Ausschreitungen, wenn die Hausfrauen in den hintersten Reihen feststellten daß sie nichts mehr abbekamen. Oft mußte die VP [Volkspolizei; C. K.] eingreifen, damit ein ordnungsgemäßer Verkauf gewährleistet war.« In Karl-Marx-Stadt drohten Arbeiter mit Arbeitsniederlegungen, wenn sich die Belieferung mit Kartoffeln nicht bessere. Um die Versorgung auf Markenbasis zu sichern, mußte zum Teil auf Staatsreserven zurückgegriffen werden. Andererseits gab es bei Industriewaren wie Textilien Überplanbestände, die auf Millionen beziffert wurden. Der Handel nahm die Produkte nicht ab, weil sie als unmodern galten.[146]

Mit ähnlicher Tendenz stellte die Abteilung Arbeiterversorgung des FDGB im September 1955 große Unzufriedenheit unter Teilen der Arbeiterschaft fest. Der Grund war die unzureichende elementare Versorgung: »Da gibt es einmal keine Kartoffeln, dann wieder einmal keine Margarine oder Marmelade, ein andres Mal fehlen Streichhölzer und Zigaretten zu 0,08 und 0,10 DM, dann wieder einmal Eier. So etwas schafft eben Unzufriedenheit und wird selbstverständlich vom Klassenfeind, der an diesen auftretenden Schwierigkeiten nicht ohne Anteil ist, geschickt ausgenutzt, um die Arbeiter gegen unsere Arbeiter- und Bauernregierung zu beeinflussen, durch Diskussionen über Versorgungsfragen von Diskussionen über politische Ereignisse abzulenken, das Vertrauen der Arbeiter zur Kraft der Arbeiterklasse zu erschüttern und das Märchen vom ›goldenen Westen‹ zu verbreiten.«[147]

---

146 Überblick über die allgemeine Versorgungslage, BStU, MfS AS 43/58 Bd. 7 o. D. (1955), Bl. 46-50.
147 Bericht »Allgemeine Stimmung zur Versorgungslage« (streng vertraulich) vom 14.9.1955, Material Warnke zu II [siehe oben, Anm. 6 (S. 650)].

Mehrfach kritisierten Arbeiter in diesem Zusammenhang die Unbeweglichkeit des Handelsapparats, insbesondere die »mangelhafte Qualifikation der Verkaufsstellenleiter und des Verkaufspersonals in den Geschäften der HO und des *Konsums*, die oftmals nicht in der Lage sind, die Werktätigen fachgemäß zu beraten.« Dagegen erhielt der Privathandel gute Zensuren. »Im privaten Handel wird man beraten, mit höflichen Worten vertröstet oder unverbindlich aufgefordert, noch einmal wieder zu kommen, während im HO und *Konsum* die Redewendung vorherrscht: ›Haben wir nicht, wann es wieder reinkommt, wissen wir nicht.‹ Vor allen Dingen bei Obst und Gemüse ist das Warenangebot im Privathandel geschmackvoller. Insgesamt gibt es bei der Beurteilung des staatlichen und genossenschaftlichen Handels wenig positive Stimmen.« Die Gewerkschaften wurden in diesem Zusammenhang dafür kritisiert, daß sie die Arbeiterkontrolleure ungenügend bei ihrer Aufgabe, Mängel aufzudecken, anleiteten.[148]

Sehr charakteristische und detaillierte Kritikpunkte listete die Frauenabteilung des FDGB auf. Neben Schlangestehen und fehlender Verkaufskultur in HO und *Konsum* – im Gegensatz zu Privatgeschäften – wurde insbesondere eine bessere Versorgung mit Kinderkleidung, aber auch mit »leichten und geschmackvolleren Berufskitteln und Schürzen«, mehr farbenfrohe Stoffe und unterschiedliche Muster sowie modische Waren auch im Ausverkauf gefordert.[149]

Die Frage nach Anschaffungen von Arbeitern in der Zeit des ersten Fünfjahrplans faßte ein gewerkschaftlicher Berichterstatter so zusammen: »Durch Preissenkungen, Steuerermäßigung, Lohnerhöhungen sowie durch Zwecksparen usw. waren viele Werktätige, besonders Facharbeiter und Angestellte mit höherem Gehalt oder wo die Ehefrauen ebenfalls arbeiten, in der Lage, sich in den letzten 5 Jahren zum Teil erhebliche Anschaffungen zu machen. In den Familien, wo nur ein Verdiener ist, waren größere Anschaffungen wie Möbel usw. meist nicht möglich. Besonders unsere alleinstehenden Frauen mit 2 bis 3 Kindern haben es sehr schwierig, wenn sie solche Anschaffungen machen wollen.«[150] Die häufig sehr detaillierten Berichte aus verschiedenen Branchengewerkschaften und Regionen vermitteln zwar kein einheitliches Bild, aber lange Mängellisten finden sich insbesondere für die fünfziger Jahre nahezu überall.

Im folgenden Jahrzehnt verbesserte sich die Versorgungslage deutlich, zufriedenstellend war sie jedoch auch in den Zeiten der Wirtschaftsreform nicht. Die Gründe dafür lagen sowohl im System als auch in den Krisenerscheinungen vor Abbruch des NÖS.[151]

Anders als die nach Bedeutung und Größe der Betriebe erheblich differierenden Bilanzen zu diesem Teil der betrieblichen Sozialpolitik bieten die kumulierten Daten zur Ausgabenstruktur von Vier-Personen-Arbeitnehmerhaushalten relativ genaue Einblicke in die Schwerpunkte und die Veränderungen der Versorgungsla-

---

148 Ebd., zu II 2.
149 Ebd., zu II 2-4 (Frauenabteilung: Allgemeine Einschätzung der Versorgungslage und Preisgestaltung).
150 Ebd., zu III 8.
151 Vgl. oben, Kap. V 11 (S. 634 ff.).

4. Versorgung und Konsumverhalten in der Mangelgesellschaft

ge und des Konsumverhaltens. Dabei zeigt der Vergleich mit dem westlichen Teil Deutschlands trotz ähnlicher Ausgangssituation und Entwicklungstendenz gravierende Unterschiede insbesondere im Anteil der Ausgaben für Dienstleistungen, für Nahrungs- und Genußmittel sowie für Industrieerzeugnisse.[152] In den sechziger Jahren verschoben sich zwar die Gewichte, beispielsweise zwischen Ausgaben für Nahrungsmittel und Industrieerzeugnisse, erheblich, aber die prinzipiellen Differenzen blieben im wesentlichen konstant. Besonders deutlich wurde das in der gegenläufigen Entwicklung des Anteils für Mieten, Energie und Dienstleistungen.

Tab. 37: Ausgabenstruktur in 4-Personen-Arbeitnehmerhaushalten

	BRD		DDR	
	1960	1968	1960	1968
Verbrauchsausgaben insgesamt	100,0	100,0	100,0	100,0
Waren	75,2	69,5	88,4	84,7
Nahrungs- und Genußmittel	45,3	37,6	52,4	47,7
Nahrungsmittel	38,5	31,8	43,1	36,7
Genußmittel	6,8	5,8	9,7	11,0
Industrieerzeugnisse	29,9	31,9	33,6	37,0
Schuhe und -zubehör	2,3	2,1	2,4	2,5
Textilien und Bekleidung	10,9	9,6	12,5	13,8
Bau- und Wohnbedarf	3,8	3,8	5,0	4,0
Elektrische Erzeugnisse	2,7	1,5	3,8	3,3
Übrige Industriewaren	10,2	14,9	9,9	13,4
Leistungen und Reparaturen	24,8	30,5	13,6	15,3
Mieten	10,5	15,2	5,2	3,9
Strom, Gas, Heizung aller Art	4,6	4,9	1,6	1,9
Verkehrsleistungen	2,9	3,5	1,7	2,3
Kultur und Erholung	3,7	3,8	5,1	2,9
Übrige Leistungen und Reparaturen	3,1	3,1		4,3

[Quelle: Bericht der Bundesregierung und Materialien zur Lage der Nation 1971, hg. vom Bundesministerium für innerdeutsche Beziehungen, Bonn 1971, S. 141.]

Auch wenn die quantitativen Divergenzen blieben, führte die Verbesserung der Einkommensverhältnisse und der Versorgungslage mit zeitlicher Verzögerung in der DDR zu ähnlichen Trends im Konsum- und Freizeitverhalten wie in der Bundesrepublik. Diese bereits in der DDR für die sechziger Jahre breit aufgearbeitete Thematik ist hier nur in der Zuspitzung auf die Frage nach arbeiterspezifischen Formen des Konsums und Konsumverhaltens darzustellen.

Seit den späten fünfziger Jahren läßt sich eine an die sozialistischen Rahmenbedingungen gebundene, nicht mehr nur von der Bewältigung der Nachkriegsnot geprägte Konsumkultur der »nachholenden Bedürfnisbefriedigung« erkennen. Die geringe Vielfalt des Angebots und die oft niedrige Qualität der Waren machten den Hauptunterschied zum Konsumboom in der Bundesrepublik aus. Beide Charakteristika verstärkten die Annäherung der sozialen Schichten und

---

152 Vgl. die Daten für 1950 oben, Kap. II 9 (S. 259 ff.).

VI. Arbeiterleben im »Arbeiter-und-Bauern-Staat«

Gruppen im Hinblick auf den Konsum. Wohl eher ironisch hat Ina Merkel die DDR – die Rentner ausgenommen – daher als eine im Vergleich zu Westdeutschland in viel höherem Maße »nivellierte Mittelstandsgesellschaft« bezeichnet.[153] Zumindest hinsichtlich des von den Verhältnissen erzwungenen Konsumniveaus mag dieser Befund zutreffen, auch wenn die Einkommensverhältnisse angesichts der in den fünfziger und sechziger Jahren noch sehr verbreiteten relativen Armut eine solche Kennzeichnung problematisch machen. Zumindest ist von DDR-Soziologen in der Endphase der DDR eine Tendenz zur Nivellierung der Lebenslagen konstatiert worden.[154]

Während die Versorgung von Arbeiterhaushalten mit elementaren Konsumgütern trotz aller immer wieder auftretender Lücken schon relativ früh halbwegs ausreichend war, gab es ein deutliches Defizit im Angebot und Konsum höherwertiger Waren. Das hatte auch mit soziokulturellen Faktoren zu tun. Der Gebrauchswert für die aktuelle Lebenslage war im proletarischen Konsumverhalten[155] traditionell in der Regel wichtiger als die symbolische Demonstration. Das schloß kleinbürgerliches Imitationsbedürfnis und Streben nach Respektabilität keineswegs aus, so daß sich häufig eine kuriose Mixtur proletarischer und (bildungs)bürgerlicher Ingredienzien ergab, die dann auch im »Land der kleinen Leute« (Günter Gaus) typischerweise anzutreffen waren. Mit trefflichem Spott hat Ina Merkel diese kleinbürgerlichen Konsumsehnsüchte charakterisiert, die sich vor allem in der Ära Honecker ausdrückten »in der Balkongestaltung mit Petroleumlampe und hölzernem Wagenrad, im handgeschweißten Kerzenständer aus einer Stahlkette, in der polierten Schrankwand, im Zierteller aus Bulgarien oder in der bestrickten Klopapierrolle auf der Hutablage des Trabant.«[156]

Weniger an elementaren als an besonders schwer erreichbaren Konsumgütern wie Auto und Telefon, aber auch am Reiseverhalten lassen sich am ehesten Differenzierungslinien schichtenspezifischer Konsumkulturen erkennen. Hier waren die Arbeiter trotz ihrer ideologisch herausgehobenen Position keineswegs privilegiert. Muster eines »typisch proletarischen Konsumverhaltens«, bestimmt durch extreme Westorientierung und eine auf profane Bedarfsdeckung sowie schnelles Vergnügen zielende Alltagskultur, sind vermutlich primär als impressionistische oder auch von Stereotypen der Intellektuellen bestimmte Wahrnehmungen einzuordnen, kaum als empirisch abgesicherte Befunde. Die als Quelle ergiebigen und unverzichtbaren DEFA-Filme dürften dabei für die gesellschaftliche Ausprägung bestimmter Arbeiterbilder zwischen Wünschen der Partei und kruder beobachtbarer Realität eine wichtige Rolle gespielt haben.[157] Bilder vom »edlen Wilden« prägten

---

153 Merkel, Utopie, S. 333.
154 Vgl. Siegfried Grundmann, Zur Sozialstruktur der DDR, in: Badstübner (Hg.), Befremdlich anders, S. 20-62, hier: S. 29 f.
155 Im Anschluß an Tenfelde definiert Merkel dieses als »auf Bedarfsdeckung orientierte Haushaltung, Langlebigkeit und restlose Verwertung von Waren, aber auch schneller spontaner Genuß zur Kompensation eines nicht aufhebbaren Elends.« Merkel, Utopie, S. 338 f.
156 Ebd., S. 339.
157 Vgl. dazu ausführlich Merkel, Utopie, S. 342 ff.

die Wahrnehmung der Arbeiter durch die Intelligenz, wie sie sich in DEFA-Filmen spiegelt. »Die Arbeiterklasse im DEFA-Film ist meistens jung, trägt Lederjacke, Rollkragenpullover und Jeans, umgibt sich mit auffälligen Accessoires (Ohrring, selbstbestickter Schlips), fährt blitzende Motorräder, geht nackt baden, trinkt große Mengen Alkohol, randaliert gern, hört laut Musik und macht erfolgreich Frauen an.«[158] Auch Arbeitsbummelei, Pfuscharbeit und politisches Desinteresse wurden im Film oft angesprochen. Insofern wurden hier reale Probleme vorgeführt, die weit vom stilisierten Idealbild entfernt waren und dann ja auch auf dem berüchtigten 11. Plenum 1965 zum großen Scherbengericht und zur Verbannung einer ganzen Jahresproduktion von Filmen in die Panzerschränke führten.

Nicht nur der Wandel von literarischen und filmischen Arbeiterbildern, sondern auch die Veränderungen im Konsum der sechziger Jahre sind evident. Zu den wichtigsten gehörte, daß hochwertige Konsumgüter, die früher noch als Luxus galten, nun zunehmend zur Grundausstattung normaler Haushalte zählten. Das betraf Küchengeräte, Kühlschränke, Waschmaschinen, Rundfunk- und Fernsehapparate.[159] Auffällig war auch die deutliche Entwicklung des Individualverkehrs. Der Ausstattungsgrad der Bevölkerung mit PKW stieg zwar erheblich an, entsprach aber keineswegs den Wünschen. 1966 gab es 9,4 PKW pro 100 Einwohner (gegenüber 1,6 im Jahr 1958), eine Analyse der Vorbestellungen von 1966 ergab aber, daß 67,8 Prozent der Bevölkerung auf einen Trabant warteten. Die Autos wurden vorrangig in der Freizeit, insbesondere am Wochenende und im Urlaub genutzt. Der Besitz eines Kraftfahrzeugs bewirkte, wie das Leipziger Institut für Marktforschung 1965 konstatierte, enorme Veränderungen der Lebensweise. Er führte zu Einschränkungen im sonstigen Konsumverhalten, erhöhte aber den Trend zu mehr Mobilität und zur Individualisierung der Lebensweise.[160] Die Spareinlagen verdoppelten sich von 1960 bis 1966 und betrugen 1966 pro Haushalt 6.000 Mark. Sie waren damit die höchsten unter den RGW-Staaten.[161] Eher auf dem Stand eines Entwicklungslandes befand sich die DDR dagegen bei privaten Telefonanschlüssen: 1970 gab es auf 100 Haushalte nur 6,6 »Fernsprechhauptanschlüsse in Wohnungen«.[162] Diese politisch gesetzten Grenzen einer Modernisierung der Gesellschaft in einigen Bereichen von Konsum und Kommunikation blieben bis zum Ende der DDR äußerst eng. Kaum möglich ist eine nähere Differenzierung solcher Daten nach sozialen Gruppen, wenngleich mit Sicherheit die große Mehrheit der Arbeiterschaft hier nicht zu den Privilegierten zählte.

Ein zentrales Element betrieblicher Sozialpolitik bildete die »Arbeiterversorgung«. Sie ging im Kern auf den SMAD-Befehl 234 zurück und wurde in den BKV jährlich konkretisiert. Vor allem die Werksverpflegung für die Schichtarbei-

---

158 Ebd., S. 242.
159 Ebd., S. 313.
160 Ebd., S. 321 f. Vgl. Roesler, Jörg, Wandlungen in Arbeit und Freizeit der DDR-Bevölkerung Mitte der sechziger Jahre, in: ZfG 37 (1989), S. 1059-1077.
161 Ebd., S. 1073 f.
162 Schwarzer, Lebensstandard, in: Jb.WG 1995 II, S. 146.

ter erlangte hohe Priorität.[163] So legte 1969 das Sekretariat des Bundesvorstandes minutiös ausgearbeitete Anweisungen für die »Arbeitsweise der Küchenkommission der BGL« vor.[164] Natürlich waren und blieben angesichts periodisch auftauchender Versorgungsengpässe eine ordentliche Werksverpflegung und ihre Anpassung an den Produktionsrhythmus von Schichtarbeitern eine wichtige Aufgabe, aber ob ihr mit derlei Organisationsfetischismus wirksam beizukommen war, läßt sich doch bezweifeln. Die betriebliche Versorgung, die sowohl die Werksküchenverpflegung als auch die Versorgung mit Konsumgütern in eigenen Verkaufsstellen betraf, war ein Kernelement der umfassend konzipierten betrieblichen Sozialpolitik. Davon profitierten wiederum vorwiegend die großen und Schwerpunktbetriebe. Quantitativ war dieses Segment beträchtlich, und auch die qualitative Steigerung des Angebots war keineswegs nur geschönte Erfolgspropaganda. So kontrastierte die »Wochenpost« bereits 1960, als noch der utopische Siebenjahrplan in Kraft war, die Parole der fünfziger Jahre »erst mehr arbeiten, dann mehr essen« mit der verbesserten Versorgungslage am Arbeitsplatz in einigen großen Chemiebetrieben und entwarf für Böhlen, Espenhain und Wolfen ein schon fast lukullisch anmutendes Bild.[165] Für nicht so privilegierte und kleinere Betriebe dürfte die Situation weniger komfortabel gewesen sein.[166] Generell gehörte jedoch der Ausbau betrieblicher Handels- und Versorgungseinrichtungen schon in den fünfziger Jahren zu den Schwerpunkten betrieblicher Sozialpolitik. Da manche Waren bevorzugt für die Arbeiterversorgung bestimmt wurden und gar nicht erst ins öffentliche Handelsnetz gelangten, entstand ein Problem, das die DDR bis zu ihrem Ende begleitet hat: Der Einkauf im Betrieb während der Arbeitszeit wurde fast zum Gewohnheitsrecht. Um insbesondere Frauen Wege- und Wartezeiten zu ersparen, gingen zumindest einige Großbetriebe auch dazu über, Verkaufsautomaten in der Nähe der Arbeitsplätze aufzustellen. Ebenso wurde die Versorgung mit Industrieprodukten wie Fernsehern und Kühlschränken in betrieblichen Bestellkiosken organisiert, um damit zugleich weitere Leistungsanreize zu schaffen.[167]

In der Phase des NÖS wurde der Trend zur bevorzugten Versorgung von Schwerpunkt- und für den Export besonders wichtigen Betrieben noch nachdrücklicher gefördert. Seit 1966 mußten alle staatlichen Betriebe Jahrespläne zur Verbesserung der Arbeits- und Lebensbedingungen aufstellen. In diesem Rahmen wurde versucht, innerhalb der Betriebe Sortimente und Öffnungszeiten der Verkaufsstellen, aber auch Dienstleistungen (wie Reparaturen, Wäschereien, Ausleihdienste) auszuweiten und nach Möglichkeit den Bedürfnissen der Betriebsangehörigen anzupassen.[168]

---

163 Peter Hübner, Arbeiterversorgung, in: FDGB-Lexikon (elektronische Version).
164 Text in: Käte Behling/Horst Lehmann, Die Küchenkommission, Berlin (O) 1976, S. 34 ff. (Die gewerkschaftlichen Kommissionen im Betrieb).
165 »Zwischen Werkküche und Betriebsrestaurant. Eine aktuelle ›Wochenpost‹-Untersuchung, neben dampfenden Kochtöpfen notiert von Eberhard Richter«, in: »Wochenpost« 1960 H. 5, S. 8 f.
166 Vgl. Hübner, Betriebe als Träger, in: Geschichte der Sozialpolitik, Bd. 8, S. 767 ff.
167 Ebd., S. 768 (Beispiele aus der Wismut und den Leuna-Werken).
168 Ebd., Bd. 9, S. 737 ff. (mit einem Beispiel aus Karl-Marx-Stadt).

Trotz beträchtlicher quantitativer Erfolge in der Sicherung und Verbreiterung des Konsumangebots blieb die Arbeiterversorgung als besonders gewichtiger »Bestandteil der Arbeits- und Lebensbedingungen der Bevölkerung« auch nach dem Ende des nur partiell erfolgreichen NÖS ein bevorzugtes Feld der Sozialpolitik. Insofern ist die am 12. November 1970 vom Ministerrat verabschiedete und nicht veröffentlichte »Direktive zur Verbesserung der Arbeiterversorgung im Jahre 1971« ein symptomatischer Text von hoher Aussagekraft, mahnte er doch alles das an, was auch bislang schon gefordert, aber offenbar nicht erreicht worden war.[169] Die Arbeiterversorgung sollte detailliert in die Planung des gesamten betrieblichen Reproduktionsprozesses einbezogen und durch Kooperationsverträge mit entsprechenden Versorgungsbetrieben gesichert werden. Besonders hervorgehoben wurden die ständige Verbesserung der Versorgung mit warmen Mahlzeiten, die »komplexe Gestaltung« der Zwischenverpflegung in Frühstücks- und Pausenräumen, ein verbessertes Angebot von »hausarbeitserleichternden Halbfertigerzeugnissen« und eine Anpassung der Öffnungszeiten der Betriebsverkaufsstellen an den Schichtrhythmus der Betriebe, schließlich eine bessere Versorgung mit hauswirtschaftlichen Dienstleistungen (Wäsche, Reinigung, Reparatur). Die Bevorzugung der Arbeiter wurde hier ausdrücklich gefordert: »In Arbeiterwohnzentren ist das Netz der Annahmestellen zu erweitern. Bestehende Kapazitäten der Dienstleistungseinrichtungen sind vorrangig zur Durchführung der in diesen Annahmestellen entgegengenommenen Aufträge einzusetzen.« Die Verantwortlichkeiten auf den verschiedenen Ebenen vom Ministerium für Handel und Versorgung bis hinunter in die Städte und Gemeinden wurden minutiös vorgegeben.

Das Idealbild einer umfassenden Arbeiterversorgung gab ein für Schulungen und Ausstellungen gedachtes Tafelwerk von 1974 bildlich wieder. Es verdeutlichte die weit über das Werksessen hinausreichende Bedeutung, dürfte allerdings in dieser Ausweitung überwiegend ein Wunschbild geblieben sein. (☞ vgl. *Abb. 71*, S. 696)

5. Private und organisierte Freizeit

»Befremdlich anders« – das war eine nach dem Ende der DDR dominierende Wahrnehmung vieler Sektoren des Alltagslebens im Vergleich zur Bundesrepublik. Wieweit dieser Eindruck schichtenübergreifend zutraf oder ob sich eher Reste alter schichtenspezifischer Muster im Alltag über Jahrzehnte als dauerhaft erwiesen, ist eine kontrovers diskutierte Frage.[170]

Freizeit war jedoch stets mehr als eine Restkategorie für das, was vom Tag nach der Arbeit übrig blieb. In der DDR war die Verschränkung von Arbeit und Frei-

---

169 Mitteilungen des Ministerrats der DDR Nr. 32/1970 (Vertrauliche Dienstsache). BStU, MfS Rechtsstelle 743, Bl. 754 ff.
170 Vgl. den gleichnamigen Titel des Sammelbandes von E. Badstübner (Hg.); Merkel, Utopie, S. 335 ff.

VI. Arbeiterleben im »Arbeiter-und-Bauern-Staat«

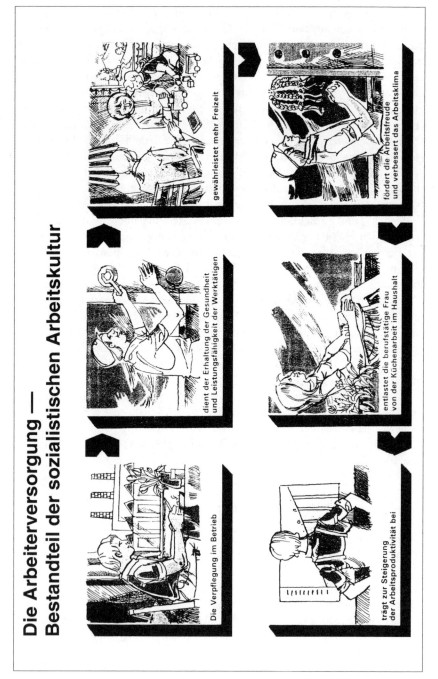

Abb. 71: »Arbeiterversorgung« – im Idealfall ein umfassendes Konzept zur Produktivitätssteigerung und für mehr Lebensqualität.

zeit relativ eng. Kulturhäuser und betriebliche Einrichtungen fungierten als Mittler zwischen staatlichen Institutionen und dem privaten Bereich. Kollektive Formen der Freizeit, deren »Vergemeinschaftungseffekt« politisch gewollt war, spielten eine wichtige Rolle und waren für die Parteiführung nachhaltig vom Erfahrungsfeld der Arbeiterorganisationen der Weimarer Republik bestimmt, bis sich in den achtziger Jahren dann auch starke Individualisierungs- und Privatisierungstrends durchsetzten. Erst in dieser Phase wurde Entspannung als »spontanes Therapeutikum« stillschweigend akzeptiert. Schließlich konnte man »sich nicht ununterbrochen und überall freuen, erholen, wechselseitig helfen, um die historische Mission der Arbeiterklasse zu bestätigen.«[171]

Unstrittig gewann Freizeit als Gegenstück zur Arbeitszeit (zunächst in ihrem einfachen Sinn als von Erwerbsarbeit freie Zeit) zunehmend an Bedeutung. Dabei bildete sich zeitlich verzögert unter Arbeitern eine ähnliche Freizeitkultur heraus wie in anderen Teilen der DDR-Gesellschaft. Voraussetzung dafür waren nicht nur ein hinreichendes Zeitbudget, sondern auch verbesserte Einkommen und Angebote zur Gestaltung und Nutzung freier Zeit. Insofern wurde das Thema erst im Zuge der verbesserten Wirtschaftslage in den sechziger Jahren wirklich akut und zu einem bevorzugten Gegenstand der empirischen Erforschung.[172] Parteisoziologen in der DDR betrachteten dieses Feld allerdings auch argwöhnisch, denn die herkömmliche scharfe Trennung von Arbeit und Freizeit sollte es im Sozialismus nicht mehr geben. Auch die private Zeit hatte als Ressource für den Aufbau des Sozialismus zur Verfügung zu stehen, Freizeit sollte entprivatisiert werden und dazu beitragen, staatliche und individuelle Ziele zur Deckung zu bringen. »Freizeit sozialistischer Menschen«, lautete eine offiziöse Definition, »ist nicht einfach Nichtarbeitszeit, sondern Zeit für ihre umfassende Bildung, Entwicklung und schöpferische Selbstbetätigung, sei es zur physischen und psychischen Reproduktion ihres Leistungsvermögens, sei es zur schöpferischen freien Betätigung auf wissenschaftlichem oder kulturell-künstlerischem Gebiet.«[173] Freizeitverhalten avancierte damit zu einem Indikator für gesellschaftlichen Fortschritt. Die Freizeitwelt im Westen war daher Objekt heftiger Polemik. Das Dilemma blieb jedoch, daß die Bevölkerung insgesamt und die Arbeiter möglicherweise noch mehr als andere gerade hier ihr Vorbild suchten. Die Maßstäbe zur Begutachtung der eigenen Lebensumstände waren daher gewissermaßen im Westen vorformuliert, »die eigenen Lebensziele

---

171 Wolfgang Kaschuba u. a., Forschungsbericht »Freizeitverhalten in der DDR und in den neuen Ländern: Geselligkeit, Fest- und Konsumkultur«, in: Materialien der Enquete-Kommission »Überwindung der Folgen der SED-Diktatur im Prozeß der deutschen Einheit«, Bd. V, Baden-Baden 1999, S. 655-744, hier: S. 672.
172 Eingehend erörtert werden die verschiedenen Freizeitbegriffe von Bettina und Volker Gransow, Disponible Zeit und Lebensweise. Freizeitforschung und Freizeitverhalten in der DDR, in: DA 16 (1983), S. 729-749.
173 Helmut Hanke (Hg.), Kultur und Freizeit. Zu Tendenzen und Erfordernissen eines kulturvollen Freizeitverhaltens, Berlin (O) 1971, S. 34. Ähnlich die Definition im Wörterbuch der marxistisch-leninistischen Soziologie, Berlin (O) 1969. Die ergiebige Untersuchung der Forschungsgruppe von Hanke fußt auf verschiedenen zeitgenössischen Erhebungen aus den sechziger Jahren.

VI. Arbeiterleben im »Arbeiter-und-Bauern-Staat«

woanders bereits Realität.«[174] Das Fernsehen, das hier inhaltlich nicht näher behandelt wird, spielte dabei zunehmend eine wesentliche Rolle.[175]

Tatsächliches Freizeitverhalten und kulturelle Massenarbeit überschnitten sich auf vielfache Weise. Standen zunächst vor allem die Defizite im Zentrum der Berichterstattung über die Kulturarbeit, so trugen die empirischen Erhebungen seit den sechziger Jahren offenbar dazu bei, sich von allzu hoch gespannten Erwartungen stillschweigend zu verabschieden und den eher banalen Realitäten ins Auge zu blicken. Die Bestandsaufnahme des FDGB von 1955 zur Lage der Arbeiterklasse blieb auf diesem Sektor ungewöhnlich dürftig. Zwar ließ sich eine allgemeine Besserung konstatieren. Aber der »rege Besuch in den Kulturhäusern der Arbeiter« bezog sich immer noch, wie kritisch vermerkt wurde, »hauptsächlich auf Veranstaltungen unterhaltenden und geselligen Charakters«.[176]

Bereits in den fünfziger Jahren bemühten sich aber auch westdeutsche Erhebungen um möglichst genaue und empirisch abgesicherte Einblicke in den Alltag von DDR-Bewohnern. Ähnlich wie bei späteren, breiter und ambitionierter angelegten Untersuchungen wurden dabei vielerlei Trivialitäten und Kuriositäten erfragt, die insgesamt aber wohl dokumentieren sollten und auch dokumentierten, daß es sich beim Leben in der »Sowjetzone« noch nicht um eine völlig fremde durchpolitisierte Welt handelte. Demnach gestaltete sich der Tagesablauf hüben und drüben kaum wesentlich anders. »Die Erwerbstätigen in der SBZ verbringen ihre Freizeit vornehmlich im Hause«, resümierte infratest 1959. »Von 57 % aller Erwerbstätigen, die beispielsweise zwischen 20.00 und 21.00 Uhr Freizeit hatten, verbrachten an jenem Stichtag im Juli 1958 ihre Freizeit 11 % außer Haus; sie gingen spazieren, hatten Freunde besucht oder waren im Kino. Weitere 11 % arbeiteten im Garten oder führten kleine Reparaturen aus und 35 % verbrachten ihre Freizeit im Hause mit Lesen, Unterhalten, Radio-Hören oder Spielen (Schach, Skat u. ä.). 47 % der Erwerbstätigen lagen bereits um 21.00 Uhr im Bett, um 22.00 Uhr bereits 70 %. Im groben Durchschnitt wird in der SBZ etwa eine halbe Stunde früher Schlafen gegangen und auch aufgestanden als in der Bundesrepublik.«[177] Die Befragung geflüchteter Industriearbeiter von 1956 war vor allem auf die Arbeitswelt und auf politische Einflüsse des SED-Regimes gerichtet, brachte aber auch einige Streiflichter über kulturelle Präferenzen. So stand bei der Frage nach Radioprogrammen Musik (»leichte« Musik) mit 48 Prozent der Nennungen an der Spitze. Mit Abstand folgten Unterhaltung (12 %), Operette (5 %), Sport (5 %), bunte Abende und klassische Musik (jeweils 4 %). Westsender, insbesondere der Nordwestdeutsche Rundfunk (NWDR), standen in der Gunst der DDR-Hörer deutlich vor den DDR-Sendern, aber beim »Augenzeugen«, der »Staatswo-

---

174 Gerlinde Irmscher, Freizeitleben. Muße, Feierabend, Freizeit, in: Badstübner (Hg.), Befremdlich anders, S. 350-373, hier: S. 361.
175 Einen Überblick bietet mit Literaturhinweisen Michael Kuhlmann, Fernsehen in der DDR. Veröffentlichungen zum Forschungsschwerpunkt Massenmedien und Kommunikation Nr. 116/1117, Siegen 1997.
176 Material Warnke zu VII 4 [siehe oben, Anm. 6 (S. 650)].
177 Alltagsleben der sowjetzonalen Bevölkerung, S. 13 ff. (Befragung von geflüchteten Hausfrauen).

chenschau der SBZ«, hielten sich Zustimmung und Ablehnung annähernd die Wage. Vermutete Gründe für die positiven Stimmen waren hier die Sportberichte und aktuelle Reportagen.[178]

In den sechziger Jahren konnte sich die empirische Sozialforschung in der DDR erstmals entfalten. In enger Anlehnung an den sowjetischen Sozialwissenschaftler G. Prudenski entwickelte eine Forschungsgruppe Lebensstandard an der Berliner Hochschule für Ökonomie ein Schema zur Aufteilung des Zeitbudgets, an dem sich die Freizeitforscher orientierten.[179]

Unter den vorgegebenen politischen Bedingungen verschwand aber nicht die Absicht, Freizeit zu kontrollieren, sie in ein Netz betrieblicher und außerbetrieblicher Angebote einzubinden und hedonistischen Wünschen durch Steuerung einen Riegel vorzuschieben.

Noch bis in die frühen sechziger Jahre gab es Bemühungen, im Rahmen der kulturellen Massenarbeit in den Wohngebieten private Hobbys in kollektive Korsetts zu zwängen. Eine in der vogtländischen Kreisstadt Aue, dem Zentrum des erzgebirgischen Uranbergbaus, gestartete Kampagne vom Sommer 1963 wollte in einem neuen Anlauf eine Verbindung von Volkskunst, Freizeitgestaltung, politischer Propaganda und Steigerung der Arbeitsproduktivität erreichen. »Aue ruft die Republik: Macht es so wie wir!« – lautete die Parole.[180] Die Zielrichtung ging aus der Kritik an der bisherigen Entwicklung hervor: »Der Wunsch etwa, in der Freizeit zu malen, war nicht immer identisch mit dem Wunsche, sich einem der zumeist auf Betriebsbasis bestehenden Zirkel anzuschließen. Die Neigung, Briefmarken zu sammeln, entsprach nicht von vornherein der Neigung, Mitglied einer Arbeitsgemeinschaft Philatelie zu werden.«[181] Größere Resonanz hat diese Kampagne offenbar nicht mehr gefunden, weil die traditionelle betriebliche Kulturarbeit im Zeichen des NÖS unter Druck geriet.[182]

Was anfangs noch mit viel sozialistischem Aufbaupathos zumindest garniert, wenn auch keineswegs im gewünschten Umfang praktiziert wurde, sah man auch in Führungsetagen der Partei und des FDGB seit Mitte der sechziger Jahre insgeheim bereits etwas gelassener. Denn offenkundig ließen sich politische Intentionen nach »kulturvollem Freizeitverhalten« und reale Wünsche nach entspannter Freizeit ohne Vorgaben und Parolen nicht so leicht zur Deckung bringen. Hier wiederholten sich vielfach auf einer generellen Ebene die alten Konfliktlinien aus der kulturellen Massenarbeit in den Betrieben. Eine Gegenüberstellung der rudimentären Daten aus der Aufbauphase mit den insbesondere vom führenden Freizeitforscher der DDR Helmut Hanke veröffentlichten Materialien für die sechziger und siebziger Jahre läßt einige Schwerpunkte und Trends der Veränderung er-

---

178 Blücher, Industriearbeiterschaft, S. 42-45.
179 Vgl. Helmut Hanke (Hg.), Kultur und Freizeit, Berlin (O) 1971, S. 53.
180 Heinz Kersten, Kollektivierte Hobbies, in: SBZ-Archiv 14 (1963), S. 355 ff.
181 So der Artikel im »Sonntag« vom 15.9.1963 »Von Bitterfeld nach Aue«, zit. ebd.
182 Vgl. oben, Kap. V 10 (S. 624 ff.).

VI. Arbeiterleben im »Arbeiter-und-Bauern-Staat«

kennen.[183] In zahlreichen Untersuchungen wurden nun große Mengen von detaillierten Daten erhoben und viele Banalitäten mit einigem Aufwand in statistische Systematik gebracht. Der noch aus der sozialistischen Arbeiterbewegung stammende Impetus, durch Kultur zur »Veredelung des Arbeiters« beizutragen und Erfolge auf diesem Gebiet mit einem »kulturvollen Freizeitverhalten« zu belegen, ist in den veröffentlichten Materialien überall spürbar. Wolfgang Beyreuther vom FDGB-Bundesvorstand beschwor auf einer Freizeitkonferenz in Brandenburg die Freizeitgestaltung als Element der Klassenauseinandersetzung: »Bürgerliche und kleinbürgerliche Traditionen und Gewohnheiten, die es natürlich bei uns noch gibt, hemmen nicht nur die sozialistische Persönlichkeitsbildung, sondern bieten zugleich dem Klassengegner günstige Beeinflussungswege für seine ideologischen Diversionsversuche.« Daher solle nicht nur interessieren, »wieviel Arbeiter zum Beispiel lesen und was sie in letzter Zeit gelesen haben, sondern wir müssen vor allem erforschen, wie dieses oder jenes Buch auf den Arbeiter wirkt, wie es sein Wissen erweitert, seine Einstellung verändert, seinen Charakter bildet usw.«[184] Die empirischen Ergebnisse im einzelnen fielen jedoch häufig nüchterner, differenzierter, bisweilen – aus der Parteiperspektive – auch alarmierend aus.

Aus unterschiedlich angelegten Teiluntersuchungen Mitte der sechziger Jahre ergab sich, daß 20 bis 25 Prozent der Arbeiter häufig lasen, 60 bis 70 Prozent selten und 5 bis 10 Prozent gar nicht. Hanke leitete daraus den Trend ab, daß sich bei immer mehr Arbeitern »das ständige Lesen als dauerhaftes Bedürfnis herausbildet.« Mit der Aufwertung des Lesens in der Freizeit sei demnach »ein altes Ideal der revolutionären Arbeiterbewegung« in der DDR gewissermaßen in Aktion.[185] Spitzenpositionen erreichten die Romane von Bruno Apitz »Nackt unter Wölfen«, Dieter Noll »Die Abenteuer des Werner Holt« und Michael Scholochow »Der stille Don«. Damit war bestätigt – so Hanke –, »daß die besten Werke der sozialistischen Gegenwartsliteratur einen festen Platz im Bewußtsein vieler Arbeiter gefunden haben.«[186] Beim Fernsehkonsum konkurrierten in den drei Erhebungen

---

183 Alltagsleben der sowjetzonalen Bevölkerung. Alltagsverhalten und politische Einflüsse, München 1959 (hektogr.). Die Untersuchung im Auftrag des Ministeriums für gesamtdeutsche Fragen fußte auf einer repräsentativen Befragung von geflüchteten Hausfrauen in den Notaufnahmelagern Berlin-Marienfelde, Gießen und Uelzen im Sommer 1958. Die starke Ausrichtung an politischen Aspekten wird aus der Vielzahl entsprechender Fragen erkennbar. Der Aussagewert ist durch die ausgewählte Klientel stark eingeschränkt. Interessenlagen und Freizeitverhalten werden auch in der empirischen Untersuchung von Voigt, Montagearbeiter, eingehend berücksichtigt, S. 32-60. Viel »Fliegenbeinzählerei« und überwiegend auf Hoyerswerda bezogene Angaben für 1964/65 bietet die soziologische Studie von Bernhard Ziegler, Frei verfügbare Zeit. Theorie, Politik und Realität der Freizeit in der DDR, Berlin (W) 1977. Vgl. ferner Helmut Hanke, Freizeit in der DDR, Berlin (O) 1979. Wichtig und ergiebig als Fallstudie Monika Rank, Sozialistischer Feierabend? Aspekte des Freizeitverhaltens von Industriearbeitern des Senftenberger Braunkohlenreviers in den 1950er Jahren, in: Hübner (Hg.), Niederlausitzer Industriearbeiter, S. 263-284.
184 Wolfgang Beyreuther, Für die freie Entfaltung aller schöpferischen Kräfte, in: »Kulturelles Leben« 15 (1968) 6/7, S. 62.
185 Hanke (Hg.), Kultur, S. 90 f. Verweise auf die verschiedenen Untersuchungen S. 6 und 89.
186 Ebd., S. 93.

Sportsendungen mit Fernsehspielen, Filmen und Krimis. Unter den DEFA-Filmen rangierten »Die Abenteuer des Werner Holt«, aber auch der künstlerisch anspruchsvolle »Ich war Neunzehn« an der Spitze. Beim Theaterbesuch sah das Ergebnis ähnlich aus wie beim Lektüreverhalten. Bei den musikalischen Präferenzen standen Schlager und Operetten eindeutig an der Spitze.[187]

Das emphatische Fazit: Es gibt eine beträchtliche Gruppe unter den Arbeitern der DDR, die entwickelte Kunstinteressen besitzt und diese auf vielfältige Weise befriedigt. »Jene Schicht der Arbeiterklasse also, die im Kampf um den wissenschaftlich-technischen Fortschritt und bei der Gestaltung des ökonomischen Systems des Sozialismus in der vordersten Reihe stehen, sind auch die führenden Kräfte bei der Aneignung und Weiterentwicklung der sozialistischen Nationalkultur.«[188] Damit wäre der Bitterfelder Weg ein voller Erfolg gewesen. Doch diese euphemistische Bilanz aus den Daten der sechziger Jahre paßte kaum zu den Ergebnissen, die Hanke später veröffentlichte, und zu den unveröffentlichten der soziologischen Studie von 1973. Diese bilanzierte (ohne Differenzierung nach den einzelnen Arbeitergruppen) die Rangfolge der Beschäftigungen in der arbeitsfreien Zeit (mit Prozentsatz der Wahlhäufigkeit für die Gesamtheit) folgendermaßen:

1.	Fernsehen	64,9
2.	Haus und Garten	59,8
3.	Spaziergänge, Ausflüge	56,2
4.	Beschäftigung gemeinsam mit Kindern	51,2
5.	Lesen, Rundfunk, Schallplatten	49,2
6.	Fahrzeugpflege	34,4
7.	Unterhaltungs-, Tanzveranstaltungen	31,3
8.	Sportveranstaltungen	26,5
9.	Kartenspielen, Schach usw.	25,0
10.	Theater, Konzert, Ausstellungen	24,4

Deutliche Unterschiede ergaben sich bei einer Aufgliederung der Rangplätze nach Geschlecht. Bei Männern rangierten Haus/Garten, Fernsehen, Spaziergänge, Autopflege, Beschäftigung mit Kindern, Lesen/Rundfunk, Sportveranstaltungen auf den ersten sieben Plätzen, bei Frauen dagegen Fernsehen, Spaziergänge, Beschäftigung mit Kindern, Lesen/Rundfunk, Handarbeiten, Haus/Garten, Unterhaltungs- und Tanzveranstaltungen.[189] Neben einer generell starken Haus- und Familienbezogenheit sind hier traditionelle geschlechtsspezifische Ausprägungen der Hobbys zumindest noch ansatzweise erkennbar. Andere Erhebungen liefern teilweise deutlich abweichende Daten, lassen sich aber wegen der differierenden Kategorien der Befragung kaum schlüssig zum Vergleich heranziehen, zumal in

---

187 Alle Angaben ebd., S. 97-113. Eine Umfrage des »Sonntag« in vier Berliner Großbetrieben brachte ähnliche Ergebnisse hinsichtlich der musikalischen Vorlieben. »Sonntag« 1963 Nr. 40.
188 Hanke (Hg.), Kultur, S. 124 f.
189 Über die soziale Struktur, Teil I, S. 166 f.

dem offiziellen Arbeiterbegriff die Angestellten mitenthalten sind. So zeigte eine spätere Erhebung von 1974 über die Wirksamkeit von Klub- und Kulturhäusern zwar beim Fernsehen identische Werte, ansonsten aber erhebliche Abweichungen. Charakteristische Differenzen zum Freizeitverhalten der Intelligenz, bei der Lesen die Spitzenposition hielt, sind wenig überraschend, ebenso wie einige Daten zu den hier eigens erfaßten Jugendlichen. Die Zahlen beider Erhebungen können daher nur als vager Anhaltspunkt gelesen werden.

Tab. 38: Frage: Was interessiert Sie in der Freizeit, unabhängig von vorhandenen Möglichkeiten, am meisten? Feierabend

Rangfolge		insg. %	Arbeiter		Intelligenz		Jugendliche	
			in %	(Rang)	in %	(Rang)	in %	(Rang)
1.	Fernsehen	61,3	64,9	(1.)	55,7	(2.)	47,4	(1.)
2.	Gartenarbeit	44,5	49,3	(2.)	39,9	(4.)	19,5	(8.)
3.	Lesen	42,5	34,5	(4.)	57,0	(1.)	43,4	(2.)
4.	Sport / Wandern	38,3	36,0	(3.)	47,5	(3.)	31,3	(5.)
5.	Treffen mit Freunden	31,3	29,6	(5.)	33,9	(6.)	35,3	(4.)
6.	Geselligkeit / Tanz	25,6	27,4	(6.)	19,9	(8.)	38,9	(3.)
7.	Theater / Konzert	23,7	18,1	(8.)	38,3	(5.)	19,2	(9.)
8.	Hobbys (Sammeln, Züchten u. ä.)	19,7	22,4	(7.)	19,6	(9.)	17,4	(10.)
9.	Andere Tätigkeiten	16,1	14,2	(11.)	16,5	(10.)	20,8	(7.)
10.	Kino	15,3	17,7	(9.)	13,6	(13.)	31,1	(6.)
11.	Lernen	12,5	7,5	(12.)	23,7	(7.)	15,0	(11.)
12.	Kartenspielen u. ä.	12,2	14,4	(10.)	10,8	(14.)	12,4	(12.)
13.	Künstlerische Selbstbetätigung	7,6	5,0	(14.)	14,2	(12.)	8,9	(14.)
14.	Wissenschaftlich-technische Hobbys	6,6	5,1	(13.)	15,5	(11.)	? 10,5 ?	(13.)

[Quelle: Helmut Hanke, Freizeit in der DDR, Berlin (O) 1979, S. 86 f. Es handelte sich dabei um eine territoriale Erhebung von 1974, deren Basis nicht genauer erläutert wird.]

Die Zahlen können kaum wiedergeben, was qualitative Studien herausgearbeitet haben. So mußte generell das Ziel, den Gegensatz zwischen Arbeitszeit und Freizeit aufzuheben oder auch nur wesentlich abzumildern, unerreichbar bleiben. Trotz deutlicher Nivellierungstendenzen waren im Gegensatz zum bürgerlichen Milieu, das nur noch in Restbeständen existierte, spezifisch »proletarische« Freizeitgewohnheiten erkennbar. Sie schlugen sich in hoher Identifikation mit dem Arbeitskollektiv, dem Hang zu einfacher Geselligkeit, sicher auch zu einem hedonistisch eingefärbten, »kulturlosen« Zeitvertreib nieder.[190] Daß Freizeitverhalten

---

[190] Vgl. Merkel, Utopie, S. 340 ff.; Engler, Die Ostdeutschen, S. 189 f. Viele Hinweise, die ebenfalls in diese Richtung gehen, lassen sich auch aus den Diskussionen über die Wirksamkeit bzw. Unwirksamkeit der kulturellen Massenarbeit ablesen. Vgl. dazu Schuhmann, Kulturelle Massenarbeit, passim.

5. Private und organisierte Freizeit

in hohem Maße von beruflicher Qualifikation und vom Bildungshintergrund abhing, war keine Besonderheit der DDR. Insofern dürften Reste eines spezifisch »proletarischen Verhaltens« größer gewesen sein als die gewünschte Annäherung an andere soziale Schichten. Trotz erheblicher Veränderungen waren auch traditionelle Unterschiede in der Situation der Geschlechter unübersehbar. Berufstätige Frauen verfügten in der Regel über erheblich weniger Freizeit als Männer. Interessant ist jedoch der Befund, Arbeiterinnen hätten unter den Frauen noch relativ am meisten Freizeit gehabt, da in Arbeiterehen die Hausarbeit aufgrund des höheren praktischen Geschicks der Männer eher paritätisch verteilt war.[191] Wolfgang Engler hat in diesem Zusammenhang auch auf die Problematik quantitativer und systematisierter Freizeitberechnungen hingewiesen. So fielen dort zum Beispiel »männliche Tätigkeiten« wie Gartenarbeit oder Heimwerken unter die Sparte »Hobby«, während sie für Frauen unter Hausarbeit verbucht wurden.[192]

Die Freizeitkultur der DDR insgesamt wich somit von der Westdeutschlands, wie die Zeitbudgetuntersuchungen ausweisen, weniger einschneidend ab, als manche Beobachter vermuteten und als Parteistrategen es wünschen mochten. Das galt überraschenderweise in der Spätphase sogar für Urlaub und Reisen, obwohl hier die Grenzen zunächst besonders eng waren.

»Einst der Kronprinz, heut der Kumpel« – mit diesem plakativen Titel umschrieb ein ebenso polemischer wie pathetischer Artikel den gründlichen Wandel des berühmten Ostseebads Zinnowitz. Wo einst der exklusiv deutsch-nationale und antisemitische Geist der wilhelminischen Gesellschaft herrschte, sei jetzt ein radikaler sozialer Austausch der Klientel eingetreten, wie eine Gegenüberstellung der Gästeliste von »Schwabes Hotel« von 1907 und dem an seine Stelle getretenen Ferienheim »Klement Gottwald« der SAG Wismut von 1958 dokumentieren sollte. Beschrieben wurde der lange Weg von einer Zeit, als es Arbeitern und Angestellten bei »Strandreunions« verboten war, die Promenaden zu betreten, bis zur verklärten sozialistischen Gegenwart: »Die Arbeiterklasse hat das Unrecht korrigiert. Auch Zinnowitz ist eine Errungenschaft unserer Arbeiter-und-Bauern-Macht.«[193]

Dieses Detail symbolisiert ohne Zweifel besonders anschaulich den tiefgreifenden sozialen Wandel, den der »Arbeiterstaat« auch für Urlaub und Erholung durchsetzte. Motor und wichtigster Träger dafür war der 1947 gegründete Feriendienst des FDGB.[194] Dabei mischten sich von Anfang an zwei legitime Motive, deren Gewichtung keineswegs von vornherein eindeutig ist. Einerseits sollte in der Tat das »historische Unrecht« einer Klassengesellschaft korrigiert werden, andererseits galt die Organisation des Urlaubs aber auch unverblümt ökonomischen Zielen. Im hölzernen Funktionärsjargon des Leiters der Abteilung Feriendienst beim FDGB-Bundesvorstand, Erhard Sonntag, las sich das so: »Der Feriendienst

---

192 Merkel, Utopie, S. 350 f.
192 Engler, Die Ostdeutschen, S. 188 f.
193 Christof Junge, Einst der Kronprinz, heut der Kumpel, in: Urania-Universum Bd. 8 (1962), S. 77-86.
194 Siehe oben, Kap. I 8 (S. 121 ff.).

des FDGB ist ein wichtiger Teil der Interessenvertretung der Werktätigen. Im Mittelpunkt seiner Arbeit steht die Sorge um den Menschen. Die Urlauberbetreuung durch den Feriendienst trägt in beachtlichem Maße dazu bei, die sozialistische Lebensweise und die Gesundheit der Werktätigen zu fördern, ihre Arbeitsfreude und das Leistungsvermögen zu erhöhen und eine aktive Wirkung auf die Steigerung der Arbeitsproduktivität zu erzielen.«[195]

Die hier nicht darzustellende Geschichte des FDGB-Feriendienstes[196] hatte viele Facetten. Es gab vielerlei, auch personelle Anknüpfungspunkte an die Tradition gewerkschaftlicher Erholungsheime in der Weimarer Republik, und die Bezüge zum sowjetischen Vorbild, so sehr dieses betont wurde, waren anfangs eher schwach.[197] Mit dem rasanten Wachstum der organisierten Ferienreisen rückte dann stärker das ökonomische Motiv der Reproduktion der Arbeitskraft und der Erhöhung der Produktivität in den Vordergrund.

In diesem Zusammenhang ist vor allem nach den Spannungen und Überlappungen zwischen individuellen Urlaubswünschen der Arbeiter und sozialpolitischen Betreuungs- und Kontrollambitionen des Apparats zu fragen. (☞ vgl. Abb. 72)

In den frühen fünfziger Jahren dienten Ferienreisen vor allem der Prämierung von Aktivisten. Nach Beschluß des FDGB-Bundesvorstands waren das immerhin 5.000 Ferienreisende, die von den Landesvorständen vorgeschlagen werden sollten.[198] Während 1950 insgesamt erst 305.000 Erholungsaufenthalte vom FDGB bereitgestellt wurden, stieg die Zahl bis 1957 auf über eine Million. Als Basis galt die Richtlinie des Bundesvorstandes vom 6. Oktober 1954. Die darin festgelegte »richtig durchgeführte demokratische Auswahl der Teilnehmer in den Gewerkschaftsgruppen« stellte diejenigen an die Spitze, die sich in der Produktion oder der Verwaltung besonders engagiert hatten. Tatsächlich aber wurde das Leistungsprinzip bei der Auswahl häufig mißachtet, so daß ab 1957 vor allem der Zuschuß in gleicher Höhe an alle Gewerkschaftsmitglieder durch eine Staffelung der Vergabe von Ferienplätzen nach Bedeutung der Industriegewerkschaften ersetzt wurde. Ferner sollten die Kosten eines bis dahin von der Sozialversicherung getragenen »vorbeugenden Erholungsaufenthalts« an den Feriendienst überwiesen werden, der damit sein Organisations- und Verteilungsmonopol unterstrich.[199] Die Sub-

---

195 Erhard Sonntag, Damit der Urlaub immer schöner wird, in: Das Ferien- und Bäderbuch, 3., erheblich erw. Aufl., Berlin (O) 1970, S. 10-13. Diese dritte Auflage des Informationsbuchs über rund 670 Ferien- und Kurorte der DDR lag bei 250.000 Exemplaren. Vgl. auch Kurt Oeser/Erich Rothhaar/Fritz Matke, Urlaub mit dem Feriendienst des FDGB, Berlin (O) 1968.
196 Dazu demnächst die Dissertation von Christopher Görlich, Potsdam. Als knappe Skizze vgl. Irmscher, Freizeitleben, in: Badstübner (Hg.), Befremdlich anders, S. 350-373. Vgl. oben Kap. IV 3 (S. 413 ff.).
197 Vgl. Karlheinz Kuba, Der Feriendienst als soziales Dienstleistungsunternehmen des FDGB, in: Jb. für Forschungen zur Geschichte der Arbeiterbewegung 2005 H. 3, S. 64-79.
198 SAPMO-BArch, DY 34, 25/209/4606, Rundschreiben Zentralvorstand IG Bau an alle Landesvorstände vom 18.2.1950.
199 SAPMO-BArch, DY 30/IV2/611/78, Sekretariatsvorlage des FDGB-Bundesvorstands, Abt. Feriendienst, vom 6.6.1956.

5. Private und organisierte Freizeit

Abb. 72

ventionierung durch staatliche und gewerkschaftliche Mittel stieg von 6,5 Millionen (1950) auf 82,7 Millionen Mark (1962) an und entsprach damit 1962 einem Zuschuß von 80 Mark für jeden Urlauber. Hinzukamen vielfach Bestimmungen aus Betriebskollektivverträgen (BKV), die unabhängig vom Einkommen und der sozialen Stellung Zuschüsse gewährten. Die noch stark vorhandenen »Tendenzen der Gleichmacherei auf dem Gebiet der Erholung« fanden daher Kritik bei der Spitze des Feriendienstes.[200]

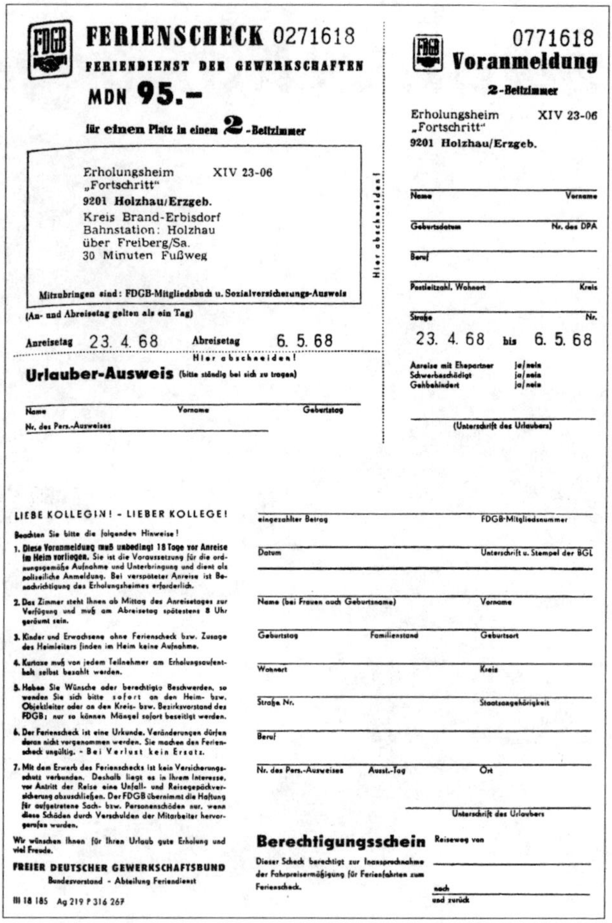

FDGB **FERIENSCHECK** 0271618
FERIENDIENST DER GEWERKSCHAFTEN
MDN 95.–
für einen Platz in einem 2 -Bettzimmer

Erholungsheim XIV 23-06
„Fortschritt"
9201 Holzhau/Erzgeb.
Kreis Brand-Erbisdorf
Bahnstation: Holzhau
über Freiberg/Sa.
30 Minuten Fußweg

Mitzubringen sind: FDGB-Mitgliedsbuch u. Sozialversicherungs-Ausweis

(An- und Abreisetag gelten als ein Tag)

Anreisetag 23. 4. 68 Abreisetag 6. 5. 68

Hier abschneiden!

Urlauber-Ausweis (bitte ständig bei sich zu tragen)

Name Vorname Gebertstag
Nr. des Pers.-Ausweises

Hier abschneiden!

FDGB 0771618
Voranmeldung
2-Bettzimmer

Erholungsheim XIV 23-06
„Fortschritt"
9201 Holzhau/Erzgeb.

Name Vorname
Geburtsdatum Nr. des DPA
Beruf
Postleitzahl, Wohnort Kreis
Straße Nr.

23. 4. 68 bis 6. 5. 68

Anreise mit Ehepartner ja/nein
Schwerbeschädigt ja/nein
Gehbehindert ja/nein

(Unterschrift des Urlaubers)

LIEBE KOLLEGIN! – LIEBER KOLLEGE!

Beachten Sie bitte die folgenden Hinweise!

1. **Diese Voranmeldung muß unbedingt 18 Tage vor Anreise im Heim vorliegen.** Sie ist die Voraussetzung für die ordnungsgemäße Aufnahme und Unterbringung und dient als polizeiliche Anmeldung. Bei verspäteter Anreise ist Benachrichtigung des Erholungsheimes erforderlich.
2. Das Zimmer steht Ihnen ab Mittag des Anreisetages zur Verfügung und muß am Abreisetag spätestens 8 Uhr geräumt sein.
3. Kinder und Erwachsene ohne Ferienscheck bzw. Zusage des Heimleiters finden im Heim keine Aufnahme.
4. Kurtaxe muß von jedem Teilnehmer am Erholungsaufenthalt selbst bezahlt werden.
5. Haben Sie Wünsche oder berechtigte Beschwerden, so wenden Sie sich bitte sofort an den Heim- bzw. Objektleiter oder an den Kreis- bzw. Bezirksvorstand des FDGB; nur so können Mängel sofort beseitigt werden.
6. Der Ferienscheck ist eine Urkunde. Veränderungen dürfen daran nicht vorgenommen werden. Sie machen den Ferienscheck ungültig. – Bei Verlust kein Ersatz.
7. Mit dem Erwerb des Ferienschecks ist kein Versicherungsschutz verbunden. Deshalb liegt es in Ihrem Interesse, vor Antritt der Reise eine Unfall- und Reisegepäckversicherung abzuschließen. Der FDGB übernimmt die Haftung für aufgetretene Sach- bzw. Personenschäden nur, wenn diese Schäden durch Verschulden der Mitarbeiter hervorgerufen wurden.

Wir wünschen Ihnen für Ihren Urlaub gute Erholung und viel Freude.

FREIER DEUTSCHER GEWERKSCHAFTSBUND
Bundesvorstand – Abteilung Feriendienst

III 18 185 Ag 219 P 316 267

eingezahlter Betrag FDGB-Mitgliedsnummer
Datum Unterschrift u. Stempel der BGL

Name (bei Frauen auch Geburtsname) Vorname
Geburtstag Familienstand Geburtsort
Wohnort Kreis
Straße Nr. Staatsangehörigkeit
Beruf
Nr. des Pers.-Ausweises Ausst.-Tag Ort

Unterschrift des Urlaubers

Berechtigungsschein
Dieser Scheck berechtigt zur Inanspruchnahme der Fahrpreisermäßigung für Ferienfahrten zum Ferienscheck.

Reiseweg von
nach
und zurück

Abb. 73: Einblick in die bürokratischen Seiten des gewerkschaftlich organisierten Urlaubs.

Spätestens seit den sechziger Jahren existierte ein entwickeltes bürokratisches System der Urlaubsverwaltung, dessen Ausdruck Ferienschecks mit Voranmeldungs- und Berechtigungsscheinen war. Die Ferienschecks wurden von der BGL vergeben, Kriterien sollten sein: Arbeitsleistung, Familiensituation, Zahl der bereits erhaltenen Ferienplätze und gesellschaftliche Aktivität. Sie wurden in der Regel für 13 Tage vergeben und galten für FDGB-Ferienheime, Vertragshäuser oder

200 SAPMO-BArch, DY 30/IV2/611/79, Sekretariatsvorlage des FDGB-Bundesvorstands, Abt. Feriendienst, vom 4.7.1962, Bl. 83.

vertraglich gebundene Privatquartiere. Niedrige Preise sollten jeden in die Lage versetzen, Urlaub zu machen: 125 Mark kostete im Schnitt ein Platz im FDGB-Heim in der Hauptsaison, davon zahlte der Urlauber 50 bis 100 Mark (je nach Einkommen), den Rest beglich die BGL.[201]

Die Zahl der Ferienheime des FDGB und der von ihm mitverwalteten Betriebserholungsheime stieg von 10 (1947) auf 677 (1970), die der Reisen von 17.500 auf 1,156 Millionen.[202]

Zur umfassenden Organisation gehörte auch die Kulturarbeit im Feriendienst, die sich jedoch zu einem heiklen Thema entwickelte, weil die Betreuten offenbar andere Vorlieben zeigten als ihre Betreuer.

Abb. 74: Urlauberheim – ein unfreiwilliger Kontrast zwischen Kampfparolen und Plüschsesseln.

Das »Institut Kulturarbeit der Gewerkschaften« in Bernau bot dazu 1962 eine »Einschätzung«, die in mehrfacher Hinsicht höchst aufschlußreich ist. Demnach waren die Funktionäre nicht fähig, »die Prinzipien der Erziehung, Bildung und Erholung in ihrer Einheit in der praktischen Arbeit durchzusetzen.« Konkret wurden insbesondere zu viele unpolitische Heimatvorträge und mangelnde Unterscheidung von Kitsch und Kunst kritisiert: »Die Heimattümelei wird in den Ferienheimen noch sehr ›gepflegt‹. Die Ursachen liegen nicht nur bei den Vortragenden und in den Gruppen, sondern auch in der Ideologie der verantwortlichen Leitungen sowie in der Politik des geringsten Widerstandes seitens der Kultur-

---

201 Gundel Fuhrmann, Der Urlaub der DDR-Bürger in den späten 60er Jahren, in: Hasso Spode (Hg.), Goldstrand und Teutonengrill. Kultur- und Sozialgeschichte des Tourismus in Deutschland 1945–1989, Berlin 1996, S. 35-50.
202 FDGB-Bundesvorstand, Abt. Feriendienst, Urlaub für Millionen (20.4.1971), SAPMO-BArch, DY 34/6790, S. 2.

funktionäre. Es werden zuviel Konzessionen an den angeblichen Geschmack der Urlauber gemacht.«[203] Verbal blieben die an der Hochkultur ausgerichteten Ansprüche unverändert, vorsichtige Konzessionen an die Wünsche der Basis waren aber unübersehbar, wenn eine Instruktion von 1971 unter den Zielsetzungen auch die »sozialistische Geselligkeit« hervorhob. Sie »erstreckt sich über die Literaturarbeit, kulturelle Selbstbetätigung, das Vortragswesen und über Folkloreveranstaltungen hinaus auf Theater- und Musikveranstaltungen sowie Tanzabende, die unter einem bestimmten Motto wie ›Abend der Völkerfreundschaft‹, ›Am Lagerfeuer‹, ›Jägerball‹, ›Köhlerhüttenfest‹ u. a. stehen.«[204]

Zu den seltenen Bonbons des Feriendienstes zählten Schiffsreisen im Rahmen der »Steckenpferdbewegung.« Der Dresdner VEB »Steckenpferd«, der Qualitätsseife und Kosmetika produzierte, rief 1958 einen Wettbewerb aus, mit dessen Mitteln zusätzliche gehobene Importe aus dem Ausland finanziert wurden, vor allem aber das Urlauberschiff »Völkerfreundschaft« des FDGB-Feriendienstes, das – neben dem 1961 in Dienst gestellten Dampfer »Fritz Heckert – als repräsentativ für den neuen Charakter des Urlaubs der Werktätigen galt.[205] Diese im wesentlichen auf Selbstverpflichtungen fußende Wettbewerbsbewegung galt zwar politisch auch als Beitrag zur Unterstützung des »anti-imperialistischen Befreiungskampfes der Völker«, aber die eigentliche Attraktion bildete ein schwer zu ergatternder Platz auf einem der beiden Urlauberschiffe. Den Aktivisten wurde überdies noch etwas Besonderes geboten. So fuhr die »Völkerfreundschaft« 1960 mit 50 handverlesenen Passagieren ins Mittelmeer. Man besichtigte die Akropolis, gedachte der Sklaven, die sie einst bauten, und der griechischen Werktätigen, die gegen niedrige Löhne und Arbeitslosigkeit kämpften.[206] Möglich wurde eine solche Reise nur mit hohen Zuschüssen, die nur »einem verhältnismäßig kleinen Kreis unserer Werktätigen (jährlich etwa 12 000)« zugute kamen und nicht nur in der FDGB-Spitze, sondern auch in kleineren Betrieben Verärgerung auslösten, weil pro Teilnehmer 1.300 Mark aus dem Prämienfonds des Betriebes zugezahlt werden mußten.[207] Hatte es bei der ersten Reise wegen der sozialen Zusammensetzung noch Kritik an der »Bonzenschaukel« gegeben, so achtete man später konsequenter auf einen hohen Anteil von Produktionsarbeitern.[208]

---

203 Einschätzung der Seminare über Kulturarbeit im Feriendienst, die im Dezember 1961 durchgeführt wurden, SAPMO-BArch, DY 34/11/433/6766.
204 Instruktion der Abt. Feriendienst des FDGB-Bundesvorstandes vom 18.5.1971, SAPMO-BArch, DY 43/6790.
205 Vgl. die bebilderte Broschüre von Nationalpreisträger Rudi Rubbel, Gerhard Voigtländer und Heinz Gnielka: Steckenpferd, wohin? Berlin (O) 1960.
206 So der peinliche Reisebericht der »Tribüne« vom 19.3.1960 »Mittelmeersonne scheint den Besten der DDR«. Auszug in: SBZ-Archiv 11 (1960), S. 159 f.
207 Vorlage des stellvertretenden FDGB-Vorsitzenden Rolf Berger für das Sekretariat des ZK der SED vom 6.12.1961, SAPMO-BArch, DY 30/IV2/611/78, Bl. 128 ff. Aktennotiz der Abt. Agit./Prop. vom 11.3.1960 betr. Steckenpferd-Bewegung, ebd. DY 30/IV2/611/80.
208 Ebd., Hausmitteilung der Abt. Feriendienst und Kuren vom 18.3.1960. Dort auch eine Aufstellung über die soziale Zusammensetzung der Teilnehmer an den Schiffsreisen vom 9.6.1960 für die ersten sieben Reisen, die eine leicht sinkende Beteiligung der Arbeiter zeigt.

Im Laufe der sechziger Jahre veränderte sich mit der besseren Befriedigung der Konsumbedürfnisse auch die Einstellung zum Konsumgut Reise. Eine Befragung der Zeitschrift »Marktforschung« von 1965 ergab, daß bei allen sozialen Schichten (mit Ausnahme der LPG-Bauern) als erstes Sparziel nicht mehr industrielle Konsumgüter genannt wurden, sondern eine Urlaubsreise. Zu nahezu gleichen Teilen wurde sie neben dem FDGB beziehungsweise Institutionen des Fremdenverkehrs privat organisiert.[209] Mit der Modernisierung der DDR, insbesondere mit der steigenden Motorisierung, wurden im Tourismus deutliche Trends der Individualisierung erkennbar, die schließlich nicht nur toleriert, sondern auch gefördert wurden.[210]

6. Rituale, Symbole, Feste, Religiosität

Das Statistische Jahrbuch der DDR verzeichnete jährlich in einer minutiös nach Branchen – gelegentlich auch noch nach Regionen – differenzierten Liste die verliehenen Auszeichnungen für Helden der Arbeit, Aktivisten und sonstige verdiente Leistungsträger im Produktionsprozeß.[211] Der weitaus größte Teil der Auszeichnungen wurde vom Staat vergeben, aber der FDGB, der seinerseits Ehrungen für besondere Leistungen vergab, spielte dabei eine wichtige Rolle, weil er häufig das Vorschlagsrecht besaß.[212] Wenn es eine reale und eine inszenierte Arbeiterklasse, eine mit und eine ohne Anführungsstriche gab, dann war erstere in diesen Zahlen enthalten. Die ubiquitäre Anwesenheit solcher Heroen der Arbeit und die ständige Aufforderung, ihnen nachzueifern, bildeten eine wesentliche Dimension von »Alltag«, obwohl das Pathos der Präsentation mit gegenläufigen Erfahrungen häufig massiv kollidierte.

Erstmals wurden 1950 die Auszeichnungen verliehen. Das Statistische Jahrbuch gab die Zahlen für die Jahre bis 1956 an. (☛ vgl. *tabellarische Aufstellung* S. 710 oben)

Urkunden und Geldprämien, die nach Kategorie und Betrieb erheblich differieren konnten, waren damit verbunden.

Die keineswegs kontinuierliche Entwicklung und die nach wie vor starke Unterrepräsentation von Frauen zeigt die folgende Tabelle. (☛ vgl. *Tab. 39*, S. 710; vgl. *Tab. 40*, S. 711; ☛ siehe auch *Abb. 75*, S. 712)

---

209 Merkel, Utopie, S. 323.
210 Christopher Görlich, Urlaub vom Staat, Vortrags-MS 2006, S. 9 f.
211 Noch detaillierter wurden im Statistischen Jahrbuch 1963 auch die Kollektive der sozialistischen Arbeit, der Teilnehmer am innerbetrieblichen sozialistischen Wettbewerb und nach Neuerermethoden arbeitenden Produktionsarbeiter aufgeführt. Die hier besonders zahlreich vertretenen Helden des Siebenjahrplans verschwanden später wieder aus der Statistik. Wie die verschiedenen Kategorien von Arbeitshelden und von »verdienten Neuerern, Arbeiterforschern und verdienten Arbeiterforschern« geehrt werden sollten, war genau geregelt. Vgl. Erich Kowalewitz, Aus unserer Arbeit mit den Neuerern. Erfahrungen aus dem VEB Mähdrescherwerk Weimar, hg. im Auftrag des Bundesvorstandes des FDGB, Berlin (O) 1963, S. 62 ff.
212 Eine Übersicht bietet der Artikel »Auszeichnungen« im FDGB-Lexikon (elektronische Version).

VI. Arbeiterleben im »Arbeiter-und-Bauern-Staat«

		darunter Frauen
Helden der Arbeit	295	21
Verdiente Aktivisten	3.491	321
Verdiente Techniker	245	0
Verdiente Erfinder	501	3
Aktivisten des Zweijahrplans	146.672	15.372
Aktivisten des Fünfjahrplans	685.257	87.306
»Ausgezeichnete Leistungen«	174.727	37.332[213]

Tab. 39: Auf dem Gebiet der Aktivisten- und Wettbewerbsbewegung verliehene staatliche Auszeichnungen

Auszeichnung	1960	1965	1966	1967	1968	1969	1970
Held der Arbeit	25	14	8	12	8	21	15
Banner der Arbeit							
an Einzelpersonen	177	96	75	61	87	70	95
an Kollektive	19	39	34	36	49	97	67
an Betriebe	56	26	20	34	23	72	48
Verdienter Aktivist	597	1 178	1 023	1 045	1 234	2 675	1 555
Verdienter Erfinder	99	36	64	29	28	62	40
Verdienter Meister	98	117	123	101	106	193	115
Aktivist der sozialistischen Arbeit	96 941	166 158	145 452	*	146 062	259 763	168 829
Kollektiv der sozialistischen Arbeit	1 220	6 706	9 502	*	15 642	31 504	24 613
Darunter weiblich							
Held der Arbeit	4	–	1	2	1	6	2
Banner der Arbeit							
an Einzelpersonen	16	13	2	9	11	17	11
Verdienter Aktivist	46	155	99	115	186	427	268
Verdienter Erfinder	–	2	4	–	–	1	2
Verdienter Meister	2	12	9	4	6	30	11
Aktivist der sozialistischen Arbeit	15 059	42 306	39 032	*	43 133	73 553	51 435

[Quelle: Statistisches Jahrbuch der DDR 1971, S.72.]

Die massenhafte Auszeichnung aller Arten von heldenhaften Arbeitern war sicherlich die am stärksten sichtbare Form der Stilisierung und Inszenierung der Arbeiterschaft als der »führenden Klasse.« Diese Inszenierung geschah ausufernd und war auch bildlich überall präsent. Sie war unverzichtbarer Bestandteil der Herrschaftslegitimation der SED. Propagandageschichte wird aber zu Recht nicht ausschließlich in politischen Kategorien erfaßt, sondern als Teil von Kulturgeschichte ernst genommen. Der Typus der Helden veränderte sich. Für die fünfziger Jahre waren die Helden der Arbeit wie Kumpel Hennecke und Frida Hockauf die eigentlichen Heroen. Sie waren in der Produktion verwurzelt, fungierten aber als Vorbild für alle sozialistischen Werktätigen. Sie sollten motivieren und beflügeln und blieben doch bescheiden. »Keine andere Heldengattung in der DDR verkörperte überzeugender als die Helden des Aufbaus den Topos der Bescheidenheit. Den aufbauenden Generationen wurde hier nicht weniger als das Opfer ihres Le-

---

213 Statistisches Jahrbuch der DDR 1956, S. 191.

6. Rituale, Symbole, Feste, Religiosität

Tab. 40: Auf dem Gebiet der Aktivisten- und Wettbewerbsbewegung verliehene staatliche Auszeichnungen nach ausgewählten Verantwortungsbereichen 1970

Verantwortungsbereich	Held der Arbeit	Banner der Arbeit an Einzelpersonen, Kollektive und Betriebe	Verdienter Aktivist	Verdienter Erfinder	Verdienster Meister	Aktivist der sozialistischen Arbeit	Kollektiv der sozialistischen Arbeit
Grundstoffindustrie (einschließlich Geologie)	2	5	49	2	6	5 814	575
Erzbergbau, Metallurgie und Kali	3	9	48	4	9	8 374	639
Chemische Industrie	–	12	62	6	10	10 565	962
Elektrotechnik und Elektronik	1	4	49	2	13	8 838	1 664
Schwermaschinen- und Anlagenbau	2	11	33	7	5	7 602	1 126
Verarbeitungsmaschinen- und Fahrzeugbau	–	10	40	4	3	7 882	1 172
Leichtindustrie	1	11	49	1	8	8 435	804
Bezirksgeleitete Industrie und Lebensmittelindustrie	–	6	4	–	–	1 138	102
Örtlich geleitete volkseigene Industrie	–	2	46	–	6	5 824	698
Genossenschaftliche Industrie	1	7	64	–	3	2 940	444
Volkseigene Bauindustrie	1	11	86	1	15	8 658	1 607
Produktionsgenossenschaften des Bauhandwerks	–	–	62	–	3	2 117	231
Wasserwirtschaft	–	–	6	–	2	489	135
Volkseigener Verkehr	1	4	26	–	3	6 109	886
Post	–	2	20	1	2	4 052	1 272
Sozialistischer Handel	–	5	134	–	4	17 208	2 831
Nichtproduzierende Bereiche	3	104	528	7	14	39 939	7 301
Betriebe mit staatlicher Beteiligung	–	3	162	–	1	4 570	372
darunter Industriebetriebe	–	3	134	–	1	3 507	276
Private Betriebe	–	–	14	–	–	493	60
darunter Industriebetriebe	–	–	6	–	–	238	28

[Quelle: Statistisches Jahrbuch der DDR 1971, S. 73.]

bens für das ›Glück‹ der Nachgeborenen abgefordert.«[214] Diese Helden des Aufbaus, die nach Kriegsende überall in Ostmitteleuropa die alten nationalen Helden verdrängt hatten, waren irgendwann nicht mehr aktuell. Sie wurden menschlicher. »Der ›sozialistische Held‹«, schrieb das »Neue Deutschland 1964, »ist ein ›gewöhnlicher Mensch‹. Wir haben es mit einem menschlichen Helden zu tun. Derjenige,

---

[214] Rainer Gries/Silke Satjukow, Von Menschen und Übermenschen. Der »Alltag« und das »Außeralltägliche« der »sozialistischen Helden«, in: APZ B17 (2002), S. 39-46, hier: S. 43. Vgl. Ralf Rytlewski/Detlev Kraa, Politische Rituale in der Sowjetunion und der DDR, in: APZ B3 (1987), S. 33-48.

VI. Arbeiterleben im »Arbeiter-und-Bauern-Staat«

der täglich für den Sozialismus arbeitet, die komplizierten geistigen Kämpfe der Zeit besteht und sich strebend bemüht, ein wahrer Mensch zu sein – verdient den Namen ›sozialistischer Held‹«.[215] Im Hintergrund stand stets, aber jetzt weniger hypertroph, der Wunsch der Führung nach Leistungsstimulierung und Produktivitätssteigerung.

Die Verleihung von Auszeichnungen sollte in »würdiger Form« geschehen. Sozialistische Brigaden und Aktivisten erhielten ihre betriebsöffentliche Ehrung häufig am 7. Oktober (Tag der DDR-Gründung) oder am Vorabend des Ersten Mai. Selbst wenn Orden und Ehrungen nicht allzu ernst genommen wurden, vor allem seit die massenhafte Verleihung in der Ära Honecker als Verflachung und Banalisierung erschien, waren sie doch eine Anerkennung und als symbolisches Kapital ein Element der sozialen Differenzierung. »Ein schöner Orden hebt das Bewußtsein« konstatierte zu Recht der Produktionsleiter eines Maschinenbauwerks aus der Rückschau.[216] Zudem waren viele Auszeichnungen mit Prämien und anderen materiellen Vorteilen verbunden.

Der Jugend galt auch hier besondere Aufmerksamkeit. Der demonstrativen Fürsorge entsprach der demonstrative Dank durch vielfältige Auszeichnungen. (☞ vgl. *Abb. 76*)

Abb. 75: Medaillen zum Ehrentitel »Held der Arbeit« in zwei zeitlichen Varianten als kreisrunde Medaille (1952) und als fünfzackiger Stern (ab 1953).

---

215 So das Fazit eines wochenlangen Meinungsaustauschs im »Neuen Deutschland« vom 24.7.1964, zit. bei Satjukow/Gries (Hg.), Sozialistische Helden, S. 17 f.
216 Klaus Schönberger, »Ein schöner Orden hebt das Bewußtsein«. Betriebliche Auszeichnungen und symbolisches Kapital, in: Monika Gibas u. a. (Hg.), Wiedergeburten. Zur Geschichte der runden Jahrestage der DDR, Leipzig 1999, S. 219-231. Eine Übersicht über alle wichtigen Auszeichnungen gibt der gleichnamige Artikel im FDGB-Lexikon (elektronische Version).

6. Rituale, Symbole, Feste, Religiosität

> **Für das Glück unserer Jugend**
>
> wendete unser Staat der Arbeiter und Bauern in den vergangenen zehn Jahren beträchtliche Mittel auf und sorgte durch zahlreiche Maßnahmen und Einrichtungen dafür, daß für unsere junge Generation das Recht auf Arbeit und Erholung, auf Bildung, Freude und Frohsinn Wirklichkeit wurde. Noch nie zuvor gab es eine solche Fürsorge für die Jugend in Deutschland. Allein bis Ende 1958 wurden unter anderem für die Jugend an finanziellen Mitteln zur Verfügung gestellt bzw. an Einrichtungen geschaffen:
> - 5889 Jugendheime und 117 Klubhäuser
> - 22 604 Sportstätten
> - 234 139 Jugendliche absolvierten die Hoch- und Fachschulen
> - 248 Jugendherbergen, 108 ständige Wanderquartiere und 10 Zeltlager
> - 39 820 Auslandsreisen, vorwiegend nach der Sowjetunion und in die Volksdemokratien, im Jahre 1959
>
> **Den Dank an unseren Staat**
>
> erstatten die Jugendlichen durch ihre Taten beim sozialistischen Aufbau. Für ihre hervorragenden Leistungen wurden ausgezeichnet:
> - 350 000 Jugendliche als Aktivisten
> - 290 Jugendliche als Verdiente Aktivisten
> - 3 Jugendliche mit dem Orden „Banner der Arbeit"
> - 23 Jugendliche als Held der Arbeit
> - 15 Jugendliche mit dem Nationalpreis
> - 135 Jugendbrigaden mit dem Titel „Hervorragende Jugendbrigade der DDR"
> - 69 Jugendbrigaden zum 10. Jahrestag der DDR mit dem Titel „Brigade der sozialistischen Arbeit".
>
> So erweist sich die Jugend unserer Republik des großen Vertrauens würdig, das ihr von der Regierung, der Partei der Arbeiterklasse und den Gewerkschaften entgegengebracht wird. Sie weiß:
>
> **Unsere Zukunft ist der Sozialismus!**

Abb. 76: Aus der Broschüre »Was gibt Dir Deine Gewerkschaft?« (1960).

Symbole lassen sich in diesem Zusammenhang als vereinfachte Objektivierungen von und als Kürzel für Ideologien verstehen.[217] Riten, Symbole und Mythen funktionierten wenn nicht als Ersatzreligion, so doch als soziale Formen des Religiösen. Sie sollten affektive Bindungen schaffen und Sinngebung vermitteln.[218] Die Kommunikation zwischen Herrschenden und Beherrschten war stark durch Rituale und Ritualisierungen geprägt. Sie sollten ein Wir-Gefühl aufbauen – Feindbilder waren dabei ein wichtiges Element – und zugleich die Führung vor unkontrollierten und eigenwilligen Artikulationen der Massen sichern.[219] Die Allgegenwart pathetischer Symbole, historischer Vorbilder und übernommener oder tradierter Rituale gehörte in ihrer emotional wirksamen oder häufig auch unfreiwillig komischen Form zur Lebenswirklichkeit, zu der man sich unterschiedlich verhalten konnte und verhielt. Diese Symbole und Rituale ließen sich eigen-sinnig umdeuten oder weitgehend ignorieren, stimulierten aber die Überzeugten auch zu neuen Höchstleistungen. Deutsche Traditionen aus der sozialistischen Arbeiterbewegung und verordnete Adaptionen an sowjetische Vorbilder verschmolzen dabei häufig, zumal das aus der Sowjetunion stammende Repertoire ursprünglich ja überwiegend auf Importe aus der deutschen Arbeiterbewegung zurückging.[220] (☞ vgl. *Bild Nr. 15* im Farbteil, S. 462)

Neben allgemein-staatlichen Veranstaltungen gab es speziellen Arbeitergruppen gewidmete Ehrungen und Rituale. Zu den traditionsreichsten gehörte der 1950 vom Politbüro festgelegte »Tag des deutschen Bergmanns« an jedem ersten

---

[217] Gottfried Korff, History of Symbols as Social History? In: International Review of Social History 38 (1993), Supplement, S. 105-125, hier: S. 124.
[218] Berthold Unfried, Einleitung zu: Berthold Unfried/Christine Schindler (Hg.), Riten, Mythen und Symbole – Die Arbeiterbewegung zwischen »Zivilreligion« und Volkskultur, Leipzig 1999, S. 12.
[219] Rainer Gries/Silke Satjukow, Von Feinden und Helden. Inszenierte Politik im realen Sozialismus, in: APZ B53 (2003), S. 20-29.
[220] Vgl. Jürgen Danyel, Politische Rituale als Sowjetimporte, in: Jarausch/ Siegrist (Hg.), Amerikanisierung, S. 67-86.

VI. Arbeiterleben im »Arbeiter-und-Bauern-Staat«

Sonntag im Juli. Ihm folgte der 1960 im Zuge des Chemieprogramms geschaffene »Tag des Chemiearbeiters« an jedem zweiten Sonntag im November.[221] Die detaillierten Anweisungen, wie der aufwendig gefeierte Tag des Chemiearbeiters zu gestalten sei, bestätigten die enge Verzahnung von Wirtschafts- und Symbolpolitik. Die Anknüpfung »an die Traditionen des revolutionären Kampfes der Chemiearbeiter« wirkte dabei eher aufgesetzt. Konflikte gab es dagegen um die zu diesem Tag verliehenen Prämien. Ausgerechnet in den Leuna-Werken verbreiteten sich Gerüchte über hohe Prämienzahlungen an die Werksleitung und die Angestellten, so daß der sarkastische Vorschlag die Runde machte, den Tag des Chemiearbeiters in »Tag der Chemieintelligenz« umzubenennen. Von Arbeitern waren böse Kommentare zu hören wie: »Im nächsten Jahr erhalten die Ingenieure zum ›Tag des Chemiearbeiters‹ einen Trabant, die Meister einen Fernsehapparat und die Arbeiter das Spiel ›Mensch ärgere Dich nicht‹«.[222] Dem »Tag des Bauarbeiters« erwies man immerhin so viel Reverenz, daß er selbst am Tag des spektakulären Sieges der DDR-Nationalmannschaft über die bundesdeutsche Elf bei der Fußball-Weltmeisterschaft 1974 die Titel-Schlagzeile des »Neuen Deutschland« abgab.[223]

Die vielfältigen Ausformungen von Symbolen und Ritualen der DDR sind mittlerweile breit dokumentiert worden. Sie reichten von den exzessiven Begrüßungs- und Beifallsritualen auf SED-Parteitagen, von staatlichen Feiertagen und Jahrestagen der DDR, historischen Gedenktagen aus der Arbeiterbewegung, verordneten Kundgebungen und Besucherspalieren über Denkmäler, Erinnerungsplaketten bis hinunter in die Traditionskabinette, die »Roten Ecken« und die Namensgebung und Ausschmückung von Betrieben mit Gemälden. Die erwartete Einlösung solcher ideologischer Vorgaben fiel in den verschiedenen Phasen der DDR unterschiedlich aus, wie nicht zuletzt die Kritik an der unzureichenden kulturellen Massenarbeit belegt[224], und die Theatralisierung des Alltags aus den fünfziger Jahren ließ in späteren Perioden nach. Aber sie verschwand nie. Das wurde zeitgenössisch in Ost und West unter konträren Vorzeichen registriert und kommentiert, wie jedoch die »führende Klasse« als primär angesprochene Klientel dieser Rituale damit umging, ist schwer zu erfassen.

Zu den am meisten verbreiteten und zugleich besonders prosaischen, mehr oder minder verordneten Ritualen gehörten die Selbstverpflichtungen einzelner Arbeiter oder ganzer Belegschaften aus Anlaß politischer Ereignisse. Sie nahmen besonders in der Gründungsphase oft kuriose Züge an. So meldete die Erfurter FDGB-Verwaltung am 30. Oktober 1951 an den Landesvorstand minutiös: »Unsere Werktätigen haben bisher 1 796 Verpflichtungen aus Anlaß der Regierungser-

---

221 Beschluß des Politbüros vom 8.8.1950. in: Dokumente der SED Bd. 3, Berlin (O) 1952, S. 193. Schreiben des Leiters der Wirtschaftskommission des Politbüros Dr. Apel an die Parteisekretäre in der Chemischen Industrie vom 12.8.1960, SAPMO-BArch, DY 30/IV2/5/194.
222 Zit. bei Albrecht Wiesener, »Neue Menschen« in der DDR-Industrieprovinz? Leuna-Arbeiter zwischen politischer Inszenierung und alltäglichem Konflikt 1958–1965, in: DA 34 (2001), S. 991-998.
223 »Neues Deutschland« vom 23.6.1974 (»Dank an die Bauschaffenden«).
224 Siehe oben, Kap. II 11 (S. 281 ff.) und V 10 (S. 624 ff.).

6. Rituale, Symbole, Feste, Religiosität

klärung, zum Stalin-Interview, zur HO-Preissenkung sowie zum zweijährigen Bestehen der Deutschen Demokratischen Republik übernommen. Hiervon sind 48 Verpflichtungen in Verbindung mit dem Betriebskollektivvertrag, 21 Verpflichtungen in Verbindung mit den Chemnitzer Beschlüssen, 543 gesellschaftlich-politische Verpflichtungen und 1 184 Produktionsverpflichtungen.«[225] Zwar wurden auch später herausragende Selbstverpflichtungen und Wettbewerbsergebnisse in den Erfolgsbilanzen sorgfältig registriert, aber quantitativ nicht mehr in dieser Form bilanziert, ausgenommen die schnell wachsende Zahl der Teilnehmer am Kampf um den lukrativen Titel einer »Brigade der sozialistischen Arbeit.«[226]

Einen breiten Raum nahmen die betrieblichen und außerbetrieblichen sozialistischen Festveranstaltungen ein. Für sozialistische Gedenk- und Feierstunden gab der Gewerkschaftsverlag »Tribüne« eine Sammlung von Lyrik und Prosastücken heraus. Sie bot Texte zum Tag der Republik, zur Ehrung der Aktivisten, zum Tag des Bergmanns, des Eisenbahners, des Lehrers, zum Ersten Mai, zum Internationalen Frauentag, zum Tag der Befreiung, zum Gedenktag für die Opfer des Faschismus, zu den Jahrestagen der Oktoberrevolution und der Novemberrevolution, zur Ehrung von Liebknecht, Luxemburg, Thälmann und Pieck sowie zu Feiern der sozialistischen Eheschließung, Namensgebung und Jugendweihe. In solchen Gedenk- und Feierstunden sollten »die Werktätigen und ihre Angehörigen den Sinn und den Inhalt unseres sozialistischen Lebens vor allem auch fühlen, also ergriffen und dadurch zum Nachdenken angeregt werden. Diese Stunden sollen ihnen ein tiefes Erleben vermitteln.«[227] Damit verbunden war der Appell zur Entwicklung kollektiver Lebensformen und zur Beseitigung der Kluft zwischen öffentlich und privat. Zwar endeten die großen Gesänge auf Stalin als den Führer der Völker – wie Kubas (Kurt Barthels) »Kantate auf Stalin«[228] – bald nach dessen Tod, aber die Peinlichkeiten inszenierter und politisierter Feiern hielten noch lange an.

Kontinuierlich blieb der Thälmann-Kult, der seine arbeiterspezifische Ausprägung verlor und – nicht zuletzt über den zweiteiligen DEFA-Film von Kurt Maetzig von 1954/55 – fester Bestandteil der gewünschten Sozialisation aller Jugendlichen blieb. Daß dieses Kolossalgemälde des »Sohns seiner Klasse« und des »Führers seiner Klasse« nicht ohne nachhaltige Wirkung blieb und ein unkritisches Thälmannbild bis in die Zeit nach dem Ende der DDR transportierte, ist evident. Wie nachdrücklich die Einflüsse speziell auf die Arbeiterschaft tatsächlich waren, läßt sich jedoch kaum genauer feststellen. Die Stilisierung und Mythisierung zum Volkstribunen und antifaschistischen Musterhelden geschah im Lau-

---

225 SAPMO-BArch, DY 34, A 3252.
226 Vgl. oben, Kap. IV 6 (S. 448 ff.). Neben den Geschäftsberichten des FDGB ist für die pathetischen Erfolgsmeldungen vor allem auf die Arbeit von Waltraud Falk von 1966 zur Geschichte der Aktivisten- und Wettbewerbsbewegung zu verweisen.
227 Rudolf Fischer u. a. (Hg.), Sieh, das ist unser Tag! Lyrik und Prosa für sozialistische Gedenk- und Feierstunden, Berlin (O) 1961, S. 6. Allgemeiner konzipiert war die spätere Ausgabe von Helmut Preißler (Hg.), Sieh, das ist unsere Zeit! Lyrik für sozialistische Festtage und Feierstunden, Berlin (O) 1978.
228 Zur hypertrophen Stalinverehrung Gerd Koenen, Die großen Gesänge: Lenin, Stalin, Mao Tsetung. Führerkulte und Heldenmythen des 20. Jahrhunderts, Frankfurt/M. 1991, S. 217 f.

VI. Arbeiterleben im »Arbeiter-und-Bauern-Staat«

fe der fünfziger Jahre. Die zunehmende Enthistorisierung bildete die Basis für alle Formen von Inszenierung eines politischen Idols.[229]

Gedenktafel auf dem Ernst-Thälmann-Platz

Sein Vermächtnis lebt in den Taten für unsere Republik

Eindrucksvolle Kundgebung der Werktätigen auf dem Leipziger Ernst-Thälmann-Platz

Leipzig (LVZ). Mit Kundgebungen und Kampfappellen begingen am Dienstag die Werktätigen der DDR den 88. Geburtstag des unvergessenen Führers der deutschen Arbeiterbewegung, Ernst Thälmann. An historischer Stätte sprach auf dem Leipziger Ernst-Thälmann-Platz Kurt Knobloch, Mitglied des Sekretariats der Bezirksleitung und 1. Sekretär der Stadtleitung der SED. Hier, wo sich 20 000 Leipziger, unter ihnen der 2. Sekretär der SED-Bezirksleitung Helmut Hackenberg, die Mitglieder des Sekretariats Joachim Prag und Rolf Opitz sowie Generalmajor Heinz Bilan, versammelt hatten, stellte sich am 9. April 1932 Ernst Thälmann als Arbeiterkandidat zur Reichspräsidentenwahl vor.

Abb. 77: Ernst Thälmann – die Galionsfigur antifaschistischer Geschichtspolitik (Bericht von 1974).

Die Allgegenwart des stilisierten Arbeiterführers im öffentlichen Raum mit dem Ziel, das kollektive Gedächtnis zu prägen, gehörte zu den bestimmenden Eindrücken im »Arbeiter-und-Bauern-Staat«.

Auch die sonstigen, sorgfältig ausgewählten und immer wieder propagierten selektiven Geschichtsbilder fanden in betrieblichen »Roten Ecken« und Traditionskabinetten ihren Niederschlag.

---

229 Dazu mehrere Beiträge in: Peter Monteath (Hg.), Ernst Thälmann. Mensch und Mythos, Amsterdam 2000.

6. Rituale, Symbole, Feste, Religiosität

Abb. 78: Urkunde für die Sieger der besten Roten Ecken.

Die bereits erwähnten, seit den sechziger Jahren veranstalteten »Arbeiterfestspiele« gehörten ebenso wie die »Feste der Neuerer« zu den fest etablierter Ritualen für eine spezielle Adressatengruppe, aber mit weit darüber hinaus wirkender Ausgestaltung. Ihre Basis hatten sie im Betrieb.[230]

Generell war die Bildsprache der Rituale und Symbole anfangs in der Tradition kommunistischer Klassenkampfpropaganda und Fortschrittsrhetorik martialisch und grob. Elemente davon hielten sich auch noch, nachdem der Hochstalinismus verschwunden war. Sie waren als Relikte dieser Phase – nun ohne Stalin – einem Prozeß der »Veralltäglichung« ausgesetzt und riefen gerade dadurch für den Beobachter von außen häufig einen besonders lächerlichen Eindruck hervor. Daß sich bei den auf Plakaten, Transparenten, illustrierten Darstellungen, aber auch in Aufmärschen und Denkmälern verwandten Bildsymbolen gesellschaftlicher mit technischem Fortschritt aufs engste verband, hatte schon eine längere Tradition.[231] Die »Einheit der Arbeiterklasse« und das uralte Symbol des Handschlags spielten eine herausgehobene Rolle.

230 Vgl. oben, Kap. IV 5 (S. 432 ff.) und V 10 (S. 624 ff.).
231 Vgl. Alf Lüdtke, Ikonen des Fortschritts. Eine Skizze zu Bild-Symbolen und politischen Orientierungen in den 1920er und 1930er Jahren in Deutschland, in: Lüdtke/Marßolek/Saldern (Hg.), Amerikanisierung, S. 199-210.

VI. Arbeiterleben im »Arbeiter-und-Bauern-Staat«

Ein unverzichtbarer Baustein in der sozialistischen Festarchitektur war die Tribüne.²³² Sie betraf zwar die gesamte Bevölkerung, aber die Betriebe hatten darin stets einen festen Platz.

Die im Erscheinungsbild frühzeitig militarisierten Massenaufmärsche zum traditionsreichen Ersten Mai hatten ebenso wie zahlreiche » Kampfdemonstrationen« nur noch wenig mit Traditionen der Weimarer Republik zu tun, sondern entwickelten sich in erster Linie zu Huldigungszeremonien des Fußvolks gegenüber ihrer Führung. Daß die Parole für einen neuen Ersten Mai auf der riesigen Demonstration am 4. November 1989 »Vorschlag für den ersten Mai: die Führung zieht am Volk vorbei!« stürmischen Beifall fand, war ein später Reflex auf die öden Marschrituale der Vergangenheit.²³³ »Die Tribüne war derjenige Ort«, so hat Monika Gibas dieses Ritual charakterisiert, »an welchem sich Herrscher und Beherrschte real und rituell begegneten. Die Marschblöcke, die Kontingente der Betriebe und Einrichtungen sollen dann nicht nur zu einer Art symbolischem Volkszählungsappell antreten, sondern allein schon durch ihre physische Anwesenheit das politische und gesellschaftliche Gefüge der DDR beglaubigen.«²³⁴

Abb. 79: Kampfgruppen der Berliner Betriebe am 1. Mai 1961.

---

232 Monika Gibas, »Vorschlag für den Ersten Mai: die Führung zieht am Volk vorbei!«. Überlegungen zur Geschichte der Tribüne, in: DA 28 (1995), S. 481-494.
233 So Hartmut Zwahr, Ende einer Selbstzerstörung. Leipzig und die Revolution in der DDR, Göttingen 1993, S. 110 (dort heißt es: Regierung statt Führung).
234 Gibas, Vorschlag, S. 483.

6. Rituale, Symbole, Feste, Religiosität

Ungemein typisch im öffentlichen Sprachgebrauch war die Verwendung von Klischees, die aus der bürokratisierten Parteisprache in alle Winkel der Kommunikation drangen und auf Uniformität und Einhämmerung immer gleicher Lehren ausgerichtet waren.[235] Pathetische Übertreibung der Errungenschaften und Verhüllung der kruden Realität, vorgestanzte Formeln mit inquisitorisch-rechthaberischen Zügen wie »unverbrüchlich«, »allmächtig«, die Militanz des ständig beschworenen siegreichen eigenen Kampfes und der Niederlagen des Gegners – das alles wurde auch bildlich umzusetzen versucht.

Die Nähe sozialistischer Rituale und Symbole zu religiösen Formen legt es nahe, auch nach deren Relikten und Wirkungsformen in einer dezidiert atheistischen Umgebung zu fragen. Daß sich die Kirchen mit »der Arbeiterfrage« schwer taten, war schon ein Erbe des 19. Jahrhunderts, das auch in der Bundesrepublik nachwirkte. Im kultischen Bereich waren sie jedoch so fest etabliert, daß alternative Formen oft marginal blieben. In den nicht vornehmlich auf die Arbeiterschaft ausgerichteten Versuchen der SED zur Etablierung sozialistischer Ersatzformen für Taufe, Eheschließung und Begräbnis wurde die propagierte Alternative greifbar und rief zunächst massive Konflikte hervor. Bis auf die Jugendweihe, die relativ schnell aus dem Konkurrenzkampf mit der Konfirmation als Sieger hervorging, konnten sich die anderen Feiern jedoch nicht auf breiter Front durchsetzen.[236] Selbst in Stalinstadt gelang das nur unvollkommen.[237] Wenn die alte sozialistische Arbeiterbewegung ihre organisierten Mitglieder von der Wiege bis zur Bahre zu umsorgen versuchte, so galt das in bestimmten Grenzen auch für den »ersten Arbeiter-und-Bauern-Staat auf deutschem Boden.« Die Konkurrenz des Christentums völlig auszuschalten, mißlang dennoch, so stark auch die ursprünglich bürgerlichen Prägungen insbesondere der protestantischen Kirche sein mochten.

In den vierziger Jahren gab es innerhalb der wiederentstandenen Volkskirche ernsthafte Diskussionen über das Verhältnis von Christentum und Sozialismus, die in anderer Form erst wieder in den siebziger Jahren unter der umstrittenen Formel »Kirche im Sozialismus« aufgenommen wurden. Die dezidierte Befürwortung der engen Symbiose von Christentum und Sozialismus[238] geriet jedoch im Zeichen des von der SED initiierten Kirchenkampfs der fünfziger Jahre ins Abseits und hielt sich nur noch in Kreisen regimetreuer Theologen. Zwar gab es im kirchlichen Milieu durchaus harsche Kritik an der traditionellen Ignoranz kirchlicher Mitarbeiter gegenüber »dem Wollen des Proletariats« und an Tenden-

---

235 Christian Bergmann, Parteisprache und Parteidenken. Zum Sprachgebrauch des ZK der SED, in: Gerhard Lerchner (Hg.), Sprachgebrauch im Wandel. Anmerkungen zur Kommunikationskultur in der DDR vor und nach der Wende, Frankfurt/M. 1992, S. 101-142.
236 Vgl. Jens Richter, Sozialistische Weihen, in: DA 11 (1978), S. 181-189.
237 Siehe oben, Exkurs (S. 519 ff.).
238 Vgl. Fritz Heidler, Thesen zur Frage Christentum und Sozialismus, in: Die Zeichen der Zeit. Evangelische Monatsschrift für Mitarbeiter der Kirche 2 (1948), S. 78-81. Der Beitrag endete mit der doppelten Feststellung: »1. das Christentum muß heute den Sozialismus bejahen; 2. der Sozialismus braucht zu seiner Sinnerfüllung das Christentum.«

zen zur Gettoisierung der Kirche[239], aber eine entwickelte Strategie zum Dialog mit der Arbeiterschaft unter den spezifischen Bedingungen der DDR war kaum erkennbar. Allerdings war die SED entgegen ihren öffentlichen Beteuerungen auch nicht bereit, sich ernsthaft darauf einzulassen. So mußten die vereinzelten Versuche etwa der kirchlichen Gossner Mission, Theologen nach dem Vorbild der französischen Arbeiterpriester im Kombinat »Schwarze Pumpe« in Hoyerswerda und im Kraftwerk Lübbenau körperlich arbeiten zu lassen, schnell wieder eingestellt werden. Auch der Vorstoß des Präsidiums der Synode der Kirchenprovinz Sachsen, eine Tagung im Klubhaus der Leuna-Werke abzuhalten und damit einen Schritt aus dem kritisierten Ghetto zu tun, scheiterte.[240] Ob auf örtlicher Gemeindeebene bessere Möglichkeiten als auf der Leitungsebene bestanden, Arbeiter anzusprechen[241], muß offen bleiben. Die geringe Repräsentanz von Arbeitern in kirchlichen und gemeindlichen Gremien entsprach auch der nach wie vor starken bürgerlichen und kleinbürgerlichen Prägung der evangelischen Kirchenanhänger. Die kritisch gegen die »bürgerliche« Kirche gerichtete generelle Feststellung eines völlig unkritischen, regimenahen DDR-Theologen von 1962 dürfte jedoch angesichts des durch die SED-Politik noch massiv verschärften Säkularisierungstrends in der Sache kaum zu bestreiten sein: »Die Arbeiterschaft ist, auch wenn sie am christlichen Glauben festhält, der Kirche weitgehend entfremdet.«[242]

Eine der frühen heftigen Auseinandersetzungen zwischen Staat und Kirche galt der aus der proletarischen Tradition stammenden Jugendweihe. Sie war auf Grund ihrer dezidiert atheistischen Stoßrichtung für die Kirchen inakzeptabel. Auf diesen Teil des Kirchenkampfes ist hier nicht näher einzugehen. Für den sozialen Kontext der Feier ist jedoch wichtig, daß die SED auf die enge Verbindung der Jugendweihe mit den Betrieben besonderen Wert legte und dafür eigene Betriebsaktivs schuf.[243] Diese Verlagerung eines wichtigen Zeremoniells von der Kirche in einen Betrieb sollte zweifellos die enge Verbindung mit der »führenden Klasse« unterstreichen. Daß dieses säkulare Ritual in seinen äußerlichen Formen viele Anleihen beim nicht gewünschten Vorbild der Konfirmation machte, war nicht zu übersehen. Wieweit die Gestaltung der Feiern tatsächlich überwiegend in die Betriebe verlegt wurde, ist anhand der vorliegenden Quellen und Literatur nicht festzustellen.

---

239 Symptomatisch sind zwei wortgewaltige Artikel in der gleichen Zeitschrift: Günter Jacob, Die Verpflichtung der Kirche gegenüber ihr Fernstehenden, in: ebd. 7 (1954), S. 248-253; Martin Niemöller, Kirche in der Massengesellschaft. Neue Aufgaben in der gewandelten Welt, in: ebd. 14 (1960), S. 161-166.
240 Adam Weyer/Stephan Wippermann/Monika Lins, »Ordentlich und fleißig arbeiten!« Die evangelischen Kirchen und die Arbeitswelt der SBZ/DDR, Duisburg 1994, S. 164 f., 221.
241 Ebd., S. 236.
242 Werner Meinecke, Die Kirchen in der volksdemokratischen Ordnung der DDR, Berlin (O) 1962, S. 45.
243 Politische Richtlinie für die Parteiorganisationen zur Vorbereitung und Durchführung der Jugendweihe 1958, Beschluß des Politbüros vom 22.10.1957, Textauszüge in: Frédéric Hartweg (Hg.), SED und Kirche. Eine Dokumentation ihrer Beziehungen, Bd. 1, bearbeitet von Joachim Heise, Neukirchen-Vluyn 1995, S. 25 ff.

Die für die SED erfolgreiche Durchsetzung der Jugendweihe bedeutete jedoch nicht generell eine schnelle Anpassung der Bevölkerung an andere sozialistische Riten. Die atheistischen Formen der Namensweihe, Eheschließung und Beerdigung konnten die kirchlichen Angebote nicht in gleichem Umfang verdrängen wie die Jugendweihe die Konfirmation. Das dürfte mit der geringeren Bedeutung für die SED und mithin dem fehlenden Nachdruck bei der Durchsetzung zusammengehangen haben. Aber offenkundig versagten hier auch die Betriebe und die Massenorganisationen als Träger sozialistischer Feiern. Betriebsfunktionäre lehnten sie häufig mit dem Argument ab: »große Unkosten, viel Arbeit mit der Vorbereitung, keine geeigneten Räume, keine Redner.«[244] Von der Jugendweihe abgesehen gelang es der SED aufs Ganze gesehen nicht, an die Stelle privater oder kirchlicher Feiern kollektiv geprägte, sozialistische Ersatzformen zu etablieren.

Mit dem dichten Netz von Inszenierungen und Ritualen ließen sich zwar Millionen erfassen und irgendwie mobilisieren, aber eine »Kolonialisierung der Köpfe« bedeutete das noch keineswegs.[245] Vielfältige Formen der Umdeutung, Ironisierung und »Veralltäglichung« pathetisch präsentierter Zielsetzungen bestätigten eher die nüchterne und interessengeleitete Distanz als »normale« Verhaltensform. Zumindest dürfte das für Jahre der Stabilisierung nach dem Mauerbau und die Ära Honecker gelten.[246]

7. Der Betrieb als Lebenswelt und Zentrum der politischen Massenarbeit

Die DDR ist zutreffend als betriebszentrierte »Arbeitsgesellschaft« charakterisiert worden.[247] Schon in den fünfziger Jahren rückte der Betrieb nicht nur in der Politik der SED, sondern auch im Erfahrungshorizont der Arbeiter viel stärker als im Westen ins Zentrum, weil er neben der Lohnarbeit für die alltägliche Versorgung und für einen nicht unerheblichen Teil der Freizeitbedürfnisse eine Schlüsselrolle spielte. Die Trennlinie zwischen öffentlich und privat war erheblich durchlässiger als beim »Klassenfeind«. Die Arbeit im Kollektiv besaß einen hohen Stellenwert. Das früh installierte und immer dichter ausgearbeitete sozialpolitische Netz fand im Betrieb seine spezifische Ausprägung, die »kulturelle Massenarbeit« hatte hier ihren Schwerpunkt, und die Brigaden als Arbeitsform bildeten ein breit akzeptiertes soziales Kommunikationszentrum. Der als Interessenvertretung wenig gelieb-

---

244 So die Kritik eines Berichts aus Leipzig von 1964, zit. bei Horst Dähn, Sozialistische Riten und ihre Rolle in der SED-Kirchenpolitik, in: Heiner Timmermann (Hg.), Agenda DDR-Forschung. Ergebnisse, Probleme, Kontroversen, Münster 2005, S. 310-328, hier: S. 326. Ausführlich zum Ganzen Ines Lange, Von der Wiege bis zur Bahre. Zur Geschichte sozialistischer Feiern zu Geburt, Ehe und Tod in der DDR, in: Kulturation. Online-Journal für Kultur, Wissenschaft unsd Politik 1 (2004).
245 So Edgar Wolfrum, Geschichtspolitik in der Bundesrepublik Deutschland. Der Weg zur bundesrepublikanischen Erinnerung 1948–1990, Darmstadt 1999, S. 147.
246 Vgl. die Studien aus verschiedenen Bereichen in Lindenberger (Hg.), Herrschaft und Eigen-Sinn.
247 Kohli, DDR als Arbeitsgesellschaft, in: Kaelble/Kocka/Zwahr (Hg.) Sozialgeschichte, S. 38 f.

te FDGB hatte im Betrieb auch für die Distanzierten als Adressat wichtige Funktionen. Über ihn liefen nicht nur die ständig wechselnden Kampagnen, Wettbewerbe, Resolutionen und Appelle, sondern auch kulturelle Angebote, die Verteilung von Ferienplätzen, Auszeichnungen und die Gestaltung von Feiern. Die »Sitzungsinflation« von Funktionären als Ausdruck eines anwachsenden Eigenlebens der Apparate war hier ebenso erfahrbar wie das Engagement jener haupt- und ehrenamtlichen Partei- oder Gewerkschaftsvertreter, die als Person akzeptiert wurden, zumal auf der untersten Ebene der FDGB-Hierarchie Arbeiter und Parteilose eine deutliche Mehrheit stellten.

Basisfunktionäre, die noch auf Weimarer Erfahrungen zurückgreifen konnten, fanden hier häufig leichteren Zugang zu den Arbeitern, andererseits galten sie in höheren Kreisen der Partei und des FDGB eher als problematische Altlasten.[248] Ärger über die permanenten Unzulänglichkeiten des Arbeitsalltags, aber auch Zeichen von Arbeitszufriedenheit artikulierten sich am unmittelbarsten im betrieblichen Rahmen. Das pragmatische Interessenarrangement zwischen der Machtelite und der Industriearbeiterschaft fand primär auf der betrieblichen Ebene statt. Denn hier konnten einerseits am ehesten die notwendigen »Diskussionen« und Beispiele für Mobilisierungskampagnen organisiert werden, andererseits gab es – insbesondere in Gestalt der Brigadiere – einen Kreis von »Sprechern« der Belegschaftsinteressen, so daß Arrangements ohne die Gefahr politischer Eskalation am ehesten möglich waren.[249] Der Betrieb war also frühzeitig und mit zunehmendem Gewicht weit mehr als nur eine Arbeitsstelle. In der DDR-Literatur bildeten insbesondere in der Aufbauphase Betriebe zentrale Sujets, meist mit schematisierten und pathetisch überhöhten Erzählkonstruktionen, ansatzweise im Zuge des »Bitterfelder Weges« dann jedoch realistischer der sperrigen Wirklichkeit angenähert.[250] Vor allem in der Spätphase der DDR nahm aber auch die Durchdringung der Betriebe mit den Abgesandten des MfS erheblich zu.[251] Zwar war das MfS zu allen Zeiten in den Betrieben präsent, aber erst seit der Schaffung eines Systems von »Sicherheitsbeauftragten« in den sechziger Jahren wurde das Netz auch hier allmählich flächendeckend.

Die unterschiedlichen Facetten der betrieblichen »Arbeitskultur« sowohl im offiziellen Verständnis der Partei wie in der Wahrnehmung durch die Belegschaften gehören somit zum Kernelement der Arbeitergeschichte der DDR. Vieles davon ist schon in den verschiedenen zeitlichen und politischen Zusammenhängen der Einzelkapitel angesprochen geworden. Nur einige wichtige Komponenten sollen hier in ihrer unterschiedlichen Akzentuierung im Zeitverlauf noch einmal zusammenhängend skizziert werden.

---

248 Peter Hübner, Zur Rolle der Massenorganisationen im Alltag des DDR-Bürgers, in: Materialien der Enquete-Kommission »Aufarbeitung von Geschichte und Folgen der SED-Diktatur in Deutschland«, Bd. II/3, Baden-Baden 1995, S. 1723-1769, hier: 1738-1741, 1748.
249 Ebd., S. 1764 f.
250 Ein essayistischer Abriß dazu bei Sabine Brandt, Der Betrieb im Spiegel, in: DA 3 (1970), Sonderheft: Industriebetrieb und Gesellschaft der DDR, S. 87-97.
251 Vgl. dazu Hürtgen, Disziplinierung, S. 209-247.

7. Der Betrieb als Lebenswelt und Zentrum der politischen Massenarbeit

In der Besatzungsphase waren Betriebe in ausgeprägter Weise auch Orte der elementaren Versorgung in einer Zeit des Zusammenbruchs aller staatlichen und administrativen Strukturen. Für den Kompensations- und Schwarzhandel von Arbeitern stellten sie vielfach eine attraktive Basis dar, die von der Partei und den Betriebsleitungen nur mühsam aufgelöst werden konnte. Die Betriebe wurden zugleich frühzeitig zum »Laboratorium für Leistungsanreizsysteme.«[252] Diese Konstellation betraf alle Zonen und bildete in den ersten Nachkriegsjahren keine Besonderheit der SBZ. Mit der konfliktreichen Durchsetzung von Betriebskollektivverträgen (BKV) entstanden aber auch neue Rahmenbedingungen für die Schlüsselrolle des Betriebs im gesellschaftlichen Leben. Denn einerseits flossen neue Elemente der Kontrolle und der Mobilisierung in das Betriebsleben ein, andererseits gaben die vielfältigen sozialen und kulturellen Angebote »von oben« dem Arbeiterleben im Betrieb ein völlig neues Gepräge.

Die von Partei und FDGB immer wieder und oft in penetranten Formen betonte »Sorge um den werktätigen Menschen« – so das Motto des III. FDGB-Kongresses 1950[253] – war nicht nur eine folgenlose Floskel, so zynisch sie auch im Kontext des politischen Systems zu Recht allen denen erschien, die dabei unter die Räder der politischen Repression kamen. Um gerade angesichts der fehlenden politischen Legitimation ein Minimum an Glaubwürdigkeit zu sichern, erhielt die praktische Umsetzung dieser Parole einen beträchtlichen Stellenwert. Vor allem in den vielfältigen betrieblicher Sozialeinrichtungen fand das seinen Niederschlag. Die Grundlagen wurden bereits in den ersten Nachkriegsjahren gelegt, der Ausbau erfolgte kontinuierlich bis zum Ende der DDR und bildete schließlich einen der Gründe für ihren Untergang. Was der FDGB 1950 als Programm verabschiedete, blieb generell in der Folgezeit gültig. Ziel war es, durch ein Netz sozialer Einrichtungen – nicht zuletzt für die verstärkt in den Arbeitsprozeß einzubeziehenden Frauen – eine »Ausgestaltung der volkeigenen Betriebe zu wirklich würdigen Arbeitsstätten des werktätigen Volkes« zu erreichen.[254] Die in der Anfangsphase extrem niedrigen Einkommen konnten zwar durch die betriebliche Sozialpolitik nur sehr begrenzt kompensiert werden, aber ein politischer Stabilisierungseffekt ging von ihr ohne Zweifel aus. Mit dem erheblichen Ausbau betrieblicher Dienstleistungseinrichtungen verstärkte sich dieser Effekt in den sechziger Jahren weiter.[255] (☞ vgl. *Tab. 41*, S. 724)

Eine der stärksten Integrationsklammern bildeten die Brigaden als kollektive Arbeitsform, die bisweilen schon den Charakter von Primärgruppen annahm. Verbindungen zwischen Brigaden und Schulen in Gestalt von Patenschaftsverträgen wurden bereits seit Ende der vierziger Jahre organisiert, erfüllten jedoch nur selten die hohen Erwartungen, weil die Interessen auf beiden Seiten zu unter-

---

252 Hübner, Betriebe als Träger, in: Geschichte der Sozialpolitik nach 1945, Bd. 2/1, S. 941.
253 Protokoll des 3. Kongresses des Freien Deutschen Gewerkschaftsbundes vom 30. August bis 3. September 1950, Berlin, Werner-Seelenbinder-Halle, Berlin (O) 1950, S. 538.
254 Ebd., S. 539.
255 Vgl. Hübner, Betriebe als Träger, in: Geschichte der Sozialpolitik Bd. 8, S. 773; Bd. 9, S. 758.

Tab. 41: Betriebliche Sozialeinrichtungen

Jahr	Betriebs-ambulatorien	Betriebs-polikliniken	Betriebs-kinderkrippen	Krippenplätze
1961	186	91	422	19 540
1963	215	91	482	22 845
1965	223	89	523	25 361
1967	212	81	655	30 474
1969	230	93	732	34 874
1971	248	96	816	39 443

[**Quelle:** Peter Hübner, Betriebe als Träger, in: Geschichte der Sozialpolitik, Bd. 9, S. 758.]

schiedlich waren.[256] Mit den »sozialistischen Brigaden« favorisierten FDGB und SED dann ausdrücklich ein neues, die gesamte Lebenswelt von Arbeitern umfassendes Konzept. Es erhöhte weiter die Bedeutung der Betriebe, auch wenn sich die Realität mit den hohen Zielen nur selten deckte oder eine so von den Erfindern nicht beabsichtigte Eigendynamik annahm: »Man entwickelte kollektive Taktiken der Lohn- und Prämienmaximierung, machte die Entsendung von Brigademitgliedern zum (Kollektiv-)Einkauf während der Arbeitszeit zum Gewohnheitsrecht, organisierte die Betreuung von Kindern erkrankter Brigademitglieder, legte gemeinsame Konten für Brigadeausflüge und -feiern an oder half sich auch gegenseitig bei der Wohnungsrenovierung.«[257] Daß die Brigaden nach dem Ende der DDR und zeitgenössisch selbst bei geflüchteten Arbeitern in besonders nachhaltiger positiver Erinnerung geblieben sind, unterstreicht ihre ausgeprägte lebensweltliche Relevanz. In ironischer Stilisierung drückte eine Karikatur des »Eulenspiegel« ebenfalls die herausgehobene Rolle der Brigaden im Arbeitsalltag aus. (☞ vgl. *Abb. 80*)

Nicht nur bei den als spezifische kollektive Arbeitsform geschätzten Brigaden, auch im populären betrieblichen Sport lief die tatsächliche gegenüber der gewünschten Entwicklung gelegentlich aus dem Ruder. Zwar stieß die anfangs stark an einer bildungsbürgerlich geprägten Hochkultur ausgerichtete betriebliche Kulturarbeit auf erhebliche Schwierigkeiten, das galt jedoch kaum für den Betriebssport, der in diesem Rahmen ebenfalls gefördert wurde und zu einem Element betrieblicher Lebenswelt wurde. Aus den 1949 gegründeten Betriebssportgemeinschaften (BSG) entwickelten sich langfristig Formen von betrieblichem »Lokalpatriotismus«, die insbesondere für den beliebten Massensport Fußball signifikant waren und schließlich sogar das Politbüro zu einer – letztlich vergeblichen – Intervention veranlaßten. Eine Förderung der alten Arbeitersportbewegung hatte es nach Kriegsende nur für kurze Zeit gegeben. Dann wurden mit den

---
256 Vgl. oben, Kap. IV 6 (S. 448 ff.) und Wierling, Geboren im Jahr Eins, S. 145 f.
257 So Peter Hübner, Linsen für die Ewigkeit. Anmerkungen zu einem Versuch, den DDR-Alltag zu musealisieren, in: Werkstatt Geschichte 14 (1996), S. 57-70, hier. S. 65.

7. Der Betrieb als Lebenswelt und Zentrum der politischen Massenarbeit

„Wie lange noch, Kollege Fotograf?"

Abb. 80: Karikatur des »Eulenspiegel« 1965 zum Vorzeigeeffekt der Brigaden.

»Betriebssportgemeinschaften« (BSG) veränderte Grundstrukturen des DDR-Sports geschaffen. Sie galten als »tragendes Fundament der Demokratischen Sportbewegung« und des Breiten- und Leistungssports und bildeten zugleich ein wichtiges Segment der »kulturellen Massenarbeit« im Betrieb.[258] Zwar versuchte die SED seit Mitte der sechziger Jahre, lokale Fußballklubs schwerpunktmäßig zu fördern, um so eine leistungsstarke Spielerreserve für den Aufbau einer Nationalmannschaft zu haben. Doch internationale Erfolge blieben aus. Die Ursachenforschung in der politischen Führung bietet interessante politische Aufschlüsse über Strukturprobleme der SED-Diktatur, die über die Sportgeschichte hinausreichen. 1969 faßte nämlich das ZK-Sekretariat einen »Fußballbeschluß«. Darin wurde das »Versagen der Nationalmannschaft« der DDR an den Pranger gestellt. Die Ursachen sahen die Spitzengenossen darin, daß der Fußball »führungsmäßig dem Fußballverband und damit auch dem DTSB [Deutscher Turn- und Sport-

---

258 Vgl. die Entschließung der Konferenz der Betriebssportgemeinschaften der VEB in Buna vom Dezember 1949, »Deutsches Sportecho« vom 16.12.1949. Generell zu weiteren politischen Entwicklung Horst Geyer, Die Politisierung des Sports in der Sowjetzone, in: Zeitschrift für Politik 3 (1956) H. 1, S. 73-86.

bund; C. K.] fast völlig entglitten« sei, und zwar weil sich »egoistische, örtliche und Betriebsinteressen gegenüber den Spielern und Trainern und gewisse Machenschaften wie sie in kapitalistischen Ländern im Profifußball üblich sind«, negativ ausgewirkt hätten. Die hier kritisierten materiellen Interessen und der Lokalpatriotismus der Betriebe wurden detailliert beim Namen genannt: »Zahlung von Gehältern, die weit über der beruflichen Qualifikation liegen [...] Hohe Sachzuwendungen, Einfamilienhäuser, Bungalows, große Neubauwohnungen, teilweise komplett eingerichtet, PKW, Zahlung sog. Treueprämien, zinslose Darlehen, teilweise ohne Rückzahlung, Sonderprämien für erreichte Punkte und Tore, hoher materieller Anreiz für Oberligaspieler, vor allem bei Abstiegsgefahr, also letztlich für mittelmäßige, ja sogar schlechte Leistungen, Zahlung von Handgeld bei Gemeinschaftswechsel oder Verbleiben in der Gemeinschaft.«[259] Derartige schlimme Sitten waren bei den großen VEB offenkundig überall verbreitet und ergaben sich mit einer gewissen Zwangsläufigkeit aus der Struktur der BSG anstelle der traditionellen Vereinsstruktur. Es gelang der SED jedoch nicht wirklich, solche Formen von Betriebspatriotismus abzustellen.[260]

Die enge Verflechtung von betrieblicher Sozialpolitik und einer breit verstandenen Kulturarbeit läßt sich gut an der ständig umstrittenen Aufteilung des Kultur- und Sozialfonds (KSF) ablesen. Dieser war 1957 eingeführt worden als zweckgebundener, aber flexibler für kulturelle, sportliche und soziale Aktivitäten gedachter Fonds. Ein Beispiel für den ökonomisch wichtigen Sektor Braunkohle aus Leipzig mag das zahlenmäßig illustrieren. (Zur Verwendung der insgesamt 3,344 Millionen Mark ☞ vgl. *Tab. 42*)

Daß die Ausgaben für Literatur nicht an der Spitze lagen, war wenig überraschend, die erdrückende Priorität der Mittel für Ferien und Küche dagegen schon. Aber auch der hohe Stellenwert kultureller Veranstaltungen, deren Definition allerdings dehnbar war, ist auffällig. Der Bundesvorstand des FDGB merkte daher kritisch an, daß die Mittel des KSF nicht unmittelbar zur Steigerung der Arbeitsproduktivität und zur Verbesserung der Arbeits- und Lebensbedingungen verwandt würden. Statt dessen gebe sich die BGL damit zufrieden, in großem Stil Kinderferienlager zu finanzieren. Selbst wenn in diesem Beispiel die Proportionen extrem verschoben sein mochten, war es symptomatisch für den Trend eines sozialpolitischen Betriebsegoismus, dessen die Machtspitze schwer Herr werden konnte.

Im Rahmen der Reformen des NÖS bemühte man sich – mit mäßigem Erfolg – um Korrekturen am System und eine engere Bindung des KSF an den Gewinn der Betriebe.[261]

---

259 Text bei Hans Joachim Teichler, Die Sportbeschlüsse des Politbüros: eine Studie zum Verhältnis von SED und Sport mit einem Gesamtverzeichnis und einer Dokumentation ausgewählter Beschlüsse, Köln 2002, S. 575 f.
260 Vgl. Jutta Braun/René Wiese, DDR-Fußball und gesamtdeutsche Identität im Kalten Krieg, in: Historical Social Research 30 (2005), S. 191-210. So fügte man sich schließlich ins Unvermeidliche und entließ den DDR-Fußball mehr oder minder aus seinem formalen Amateurstatus, ebd., S. 198 f.
261 Zu den Turbulenzen und Korrekturen im Bereich der KSF mit weiteren Daten vgl. Hübner, Betriebe als Träger, in: Geschichte der Sozialpolitik Bd. 9, S. 747-752.

7. Der Betrieb als Lebenswelt und Zentrum der politischen Massenarbeit

Tab. 42: Mittelverteilung des KSF im Bereich der VVB Braunkohle Leipzig im Jahre 1964

Position	Mark	Prozent
Kinderferienlager, Betreuung	991.748	29,6
Feriendienst	466.944	14,0
Küchenzuschuß	463.982	13,9
Ausgestaltung Feiertag u. kulturelle Veranstaltungen	431.848	12,9
Zirkelarbeit	212.311	6,3
Gesellschaftl. Organisationen	272.651	5,2
Sport	118.512	3,5
Eheschließung, Namensgebung, Jugendweihe	84.831	2,6
Ausgestaltung Klubhaus u. Küche	76.267	2,3
Dienstleistungen	67.473	2,0
Studiumzuschuß	58.357	1,6
AWG-Zuschuß	51.568	1,5
Soziale Unterstützung	39.814	1,2
Kranken- und Kurzuschuß	39.528	1,2
Frauenarbeit	39.358	1,2
Kindergärten und -krippen	18.954	0,6
Literatur	10.285	0,3

[**Quelle:** SAPMO-BArch, DY 34/1087. Büro Kirchner. Einschätzung des Gewerkschaftskomitees bei der VVB Braunkohle Leipzig vom 18.2.1965. Ich danke Peter Hübner für diesen Hinweis.]

Es ist nicht möglich, ein generelles Bild von den äußeren materiellen Arbeitsbedingungen in den Betrieben nachzuzeichnen, weil deren Lage je nach dem Stellenwert der Branchen, die besonders gefördert wurden, den lokalen Gegebenheiten und dem Alter der Anlagen naturgemäß erheblich differierte. Das nach dem Zusammenbruch der DDR besonders ins Auge stechende Bild des allgemeinen Verfalls läßt sich nicht einfach generalisieren und in frühere Phasen zurückprojizieren. Andererseits wurden Betriebe, wenn sie sich nicht zum Vorzeigen eigneten, auch sorgfältig vor kritischen Blicken von außen abgeschirmt.[262]

Den Rahmen für das Arbeitsverhältnis legte das Gesetzbuch der Arbeit (GBA) bereits detailliert fest, so daß ein Arbeitsvertrag, wie das Beispiel für Montagebetriebe zeigt, knapp ausfallen konnte. (☞ vgl. *Abb. 81*, S. 728)

Nüchterne Einblicke in Arbeitsbedingungen am Beispiel ausgewählter Branchen bietet das 1955 zusammengestellte Material des FDGB. Hervorgehoben

---

262 Es scheint mir auffällig, daß in den zeitgenössischen westdeutschen Reportagen über die gravierenden Veränderungen in der DDR kaum Hinweise auf das Innenleben der Betriebe zu finden sind, z. B. bei Marion Gräfin Dönhoff /Rudolf Walter Leonhardt/Theo Sommer, Reise in ein fernes Land. Bericht über Kultur, Wirtschaft und Politik in der DDR, Hamburg 1964, oder Hanns-Werner Schwarze, Die DDR ist keine Zone mehr, Köln 1969.

Arbeitsvertrag

Dieser Arbeitsvertrag wird in Verwirklichung des Rechts auf Arbeit zwischen

______________________________ (Bezeichnung des Betriebes)

und ______________________________ geb. am ______________
(Name des Werktätigen)

abgeschlossen.

Die Rechte und Pflichten des Werktätigen und des Betriebes ergeben sich aus dem Gesetzbuch der Arbeit der Deutschen Demokratischen Republik vom 12. April 1961 (GBl. I S. 27), den übrigen arbeitsrechtlichen Bestimmungen sowie den nachfolgenden Vereinbarungen:

1.

Koll. ______________________________ beginnt am ______________
(Name des Werktätigen)

die Tätigkeit als Montage... ______________ in einem der unter Nr.
der Betriebsliste erfaßten Arbeitsbereiche mit nachstehender Arbeitsaufgabe:

____

Als Arbeitsort ~~wird~~ werden alle Baustellen und Verwaltung ~~vereinbart.~~ vereinbart.

2.

Der Betrieb verpflichtet sich,

a) alle Bedingungen für eine hohe Arbeitsleistung bei der Durchführung der Arbeitsaufgabe zu schaffen,

b) die schöpferische Mitwirkung an der Ausarbeitung und Erfüllung des Planes und an der Leitung des Betriebes zu ermöglichen,

c) entsprechend dem vereinbarten Arbeitsbereich und auf der Grundlage der gesetzlichen Bestimmungen sowie des Rahmenkollektivvertrages ______________

den Lohn nach der ~~Lohngruppe~~/Gehaltsgruppe ______ zu zahlen,

d) 1. einen jährlichen Grundurlaub (gem. §§ 80 bzw. 140 des Gesetzbuches der Arbeit) von ______ Werktagen,

2. einen arbeitsbedingten Zusatzurlaub bei Vorliegen der Voraussetzungen entsprechend der betrieblichen Urlaubsvereinbarung,

3. einen Zusatzurlaub von ______ Werktagen,

infolge von ______________________________ zu gewähren.
(Zusatzurlaub gem. §§ 81, 82 des Gesetzbuches der Arbeit)

lt. Betriebsurlaubsvereinbarung

3.

______________________________ verpflichtet sich,
(Name des Werktätigen)

die sozialistische Arbeitsdisziplin einzuhalten, insbesondere

a) die Regeln der kameradschaftlichen Zusammenarbeit und gegenseitigen Hilfe zu achten,

b) die Arbeitsaufgaben ordnungs- und fristgemäß zu erfüllen,

c) das sozialistische Eigentum zu mehren und es vor Beschädigung und Verlust zu schützen,

d) die Arbeitszeit und die Produktionsmittel voll zu nutzen, Geld und Material sparsam zu verwenden und Qualitätsarbeit zu leisten,

e) die Bestimmungen über den Gesundheits- und Arbeitsschutz sowie Brandschutz einzuhalten,

f) die zur Erfüllung der Arbeitsaufgaben vom Betriebsleiter und den leitenden Mitarbeitern erteilten Weisungen zu befolgen.

4.

Alle Änderungen in den persönlichen Verhältnissen, die eine Berichtigung von Personalunterlagen erforderlich machen oder aus sonstigen Gründen für das Arbeitsrechtsverhältnis Bedeutung haben (Wohnungswechsel, Eheschließung, Zu- und Aberkennung der Schwerbeschädigung usw.) sind dem Betrieb unverzüglich mitzuteilen.

5.

Zusätzliche Vereinbarungen: (z. B. Teilbeschäftigung, Dauer des zeitlich begrenzten Arbeitsvertrages, besondere Kündigungsfristen, Regelungen für Heimarbeiter, Werkwohnung, Übernahme der materiellen Verantwortlichkeit gem. § 113 Abs. 2 des Gesetzbuches der Arbeit) ______________

6.

Änderungen der in diesem Arbeitsvertrag vereinbarten Bedingungen können nur in beiderseitigem Einvernehmen der Vertragspartner erfolgen. Sie bedürfen der Schriftform. Soweit arbeitsrechtliche Bestimmungen andere Regelungen treffen, sind entgegenstehende Vereinbarungen dieses Arbeitsvertrages gegenstandslos. In diesen Fällen gelten die arbeitsrechtlichen Bestimmungen.

Dieser Arbeitsvertrag kann nur nach den geltenden gesetzlichen Bestimmungen (§§ 31 ff. des Gesetzbuches der Arbeit) aufgelöst werden.

7.

~~Mit der Unterzeichnung des Arbeitsvertrages werden durch den Betrieb die~~ Arbeitsordnung,

____
(Arbeitsschutzanordnungen, BKV u. a. Materialien)

ausgehändigt.

______________________________, den ______________

______________ (Unterschrift des Betriebsleiters) ______________ (Unterschrift des Werktätigen)

Abb. 81: Beispiel eines Arbeitsvertrages aus den sechziger Jahren.

werden hier die schweren Arbeitsbedingungen und die oft fatalen gesundheitlichen Folgen der Schicht- und Nachtarbeit, von der auch Frauen in erheblichem Maß betroffen waren. Ungünstige Arbeitsbedingungen, konstatiert ein zusammenfassender Bericht, »sind im besonderen in den Ziegeleien, Gießereien, Putzereien, Stahlwerken, zum Teil in Braunkohlenwerken, in der Landwirtschaft und besonders für Frauen in der Textilindustrie vorhanden. Darüber hinaus ist allge-

7. Der Betrieb als Lebenswelt und Zentrum der politischen Massenarbeit

mein festzustellen, daß das Transportwesen noch völlig ungenügend mechanisiert ist, dadurch schwere und komplizierte Arbeiten anfallen, die zu einem hohen Unfall- und Krankenstand führen.« In der Textilindustrie war ein Teil der Arbeiter wegen der ungünstigen Bedingungen und der hohen Normen nach Einschätzung des Zentralvorstandes der IG Textil bestrebt, in die Privatwirtschaft abzuwandern. Im Hinblick auf das betriebliche Gesundheitswesen wurde vor allem die unzureichende Versorgung mit Ärzten unterstrichen. So kam im Steinkohlenwerk »Deutschland« im industriellen Schwerpunktgebiet Oelsnitz auf 3.042 Belegschaftsmitglieder nur ein Arzt. In den Landambulatorien erfolgte die Versorgung überwiegend durch frei praktizierende Ärzte, und lange Wartezeiten wurden von den Arbeitern beklagt. Unfallschutz und Arbeitshygiene zeigten zwar eine positive Entwicklungstendenz, ließen aber noch gravierende Mängel erkennen. Die in den Berichten beklagten charakteristischen Mängel wurden ausdrücklich als verallgemeinerungsfähig für die gesamte Volkswirtschaft eingestuft.[263]

Wenn interne Berichte über bedeutende Großbetriebe auch später auf katastrophale Zustände hinwiesen, dürfte das kein Einzelfall gewesen sein. So vermittelte die Auswertung des Einsatzes eines Volkskammer-Ausschusses im VEB Schwermaschinenbau »Georgij Dimitroff« in Magdeburg, einem wichtigen Betrieb mit rund 5.000 Beschäftigten und einem starken Facharbeiterstamm, im Juni 1962 einen trostlosen Eindruck. »Ich muß feststellen«, schrieb einer der Abgeordneten, »daß die Sorge um den Menschen klein geschrieben wird. Wenn man die Aufenthaltsräume ansieht, so weiß man nicht, ob die Wände schwarz oder grau sind. Wir haben uns die Schränke in den Umkleidekabinen angesehen. Sie sind derartig vergammelt oder voller Staub, daß die Kollegen abends schmutziger nach Hause gehen, als sie ins Werk gekommen sind [sic!]; die Wasserpumpanlage ist schon seit Monaten kaputt. Es ist nur eine Brause im Betrieb vorhanden, so daß sich die Kollegen anstellen müssen, wenn sie sich brausen wollen.«[264]

Solche Zustände machten es den eigentlichen politischen Aktivisten schwer, Reste ihrer Glaubwürdigkeit zu bewahren. Denn der volkseigene Betrieb sollte auch als ein »Zentrum der politischen Massenarbeit« fungieren. Das ZK-Sekretariat verabschiedete dazu 1955 einen Beschluß, der frühere Maximen im Detail bekräftigte.[265] Die Agitation als »ständige Überzeugungs- und Erziehungsarbeit« hatte die Politik der SED an den Arbeitsplatz zu bringen. Das stellte hohe Anforderungen an den Agitator. Denn er sollte nicht nur jeden Werktätigen seines Aufgabenbereichs kennen und Gespräche am Arbeitsplatz führen, sondern die Kollegen auch in ihren Wohnungen aufsuchen, um ihre Lebens- und Familienverhältnisse kennenzulernen. Diese politische Philanthropie hatte jedoch Gren-

---

263 Material Warnke zu VI [siehe oben, Anm. 6 (S. 650)]: Arbeitsbedingungen der Arbeiterklasse in den verschiedenen Industriezweigen.
264 Bericht des Ausschusses für Arbeit und Sozialpolitik der Volkskammer über seinen Einsatz vom 6. bis 8. Juni im VEB Schwermaschinenbau »Georgij Dimitroff« in Magdeburg-Buckau, SAPMO-BArch, DY 30/IV2/6.11/57, Bl. 117. Ich danke Peter Hübner für diesen Hinweis.
265 Aufgaben und Methoden der Agitatoren und des Agitatorenkollektivs in den volkseigenen Betrieben, Beschluß des Sekretariats des ZK vom 13.7.1955, in: Dokumente der SED, Bd. 5, S. 372-380.

VI. Arbeiterleben im »Arbeiter-und-Bauern-Staat«

zen: »Der Agitator ist geduldig gegenüber allen ehrlichen Menschen, die noch unklar sind. Aber er ist unduldsam gegenüber allen feindlichen Auffassungen und gegen alles, was sich hemmend auf die Produktion auswirkt.«[266] Verantwortlich für die Agitation war der Parteisekretär des Betriebes. Er hatte die Agitatoren mindestens zweimal wöchentlich über aktuelle Fragen zu informieren. Zu den wichtigsten Methoden und Mitteln der betrieblichen Agitation zählten die Betriebszeitung und die Wandzeitung, der Betriebsfunk, der Einsatz von Filmen und Flugblättern, schließlich die Gestaltung von Sichtagitation (Spruchbänder, Wettbewerbstafeln, Ehrentafeln, Produktionsdiagramme, Ausstellungen). Wie sich solche überhöhten Wunschbilder der Partei im betrieblichen Alltag niederschlugen und bei den Belegschaften ankamen, ist kaum genauer faßbar. Die Allgegenwart von Parolen war jedoch, wie sich an Betriebsphotos ablesen läßt, ebenso unübersehbar wie der Gewöhnungs- und Abstumpfungseffekt bei den Adressaten. Die Betriebszeitungen, deren Redakteure Absolventen der Leipziger Fakultät für Journalistik sein mußten oder eine spezielle Schulung zu durchlaufen hatten, waren für die SED ein wichtiges Instrument, um »große Politik« und betriebliche Alltagsfragen miteinander zu verbinden. So wurden zum Beispiel 1951 Rahmenschwerpunkte festgelegt, die sich vorrangig auf vier Bereiche erstreckten: Kampf um die Einheit Deutschlands, Produktionsaufgaben des Betriebes im Fünfjahrplan, Antworten auf Arbeiterfragen, Kritik und Selbstkritik, Erhöhung der Wachsamkeit und schließlich Kultur und Sport.[267] Viele der Mitte der fünfziger Jahre rund 400 Betriebszeitungen waren biedere oder graphisch und inhaltlich schlecht gemachte Produkte. Es gab jedoch auch ambitionierte Beispiele, an denen sich Schriftsteller im Rahmen des »Bitterfelder Weges« beteiligten, wie Jan Koplowitz in der »Taktstraße«, der »Zeitung für die Erbauer der Chemiearbeiterstadt« Halle-West.[268] Wie gering oder nachhaltig das Echo auch ausgefallen sein mag – dieser Aspekt gehörte ebenfalls zum betrieblichen Alltag.

Aus dem Wandzeitungs-Wettbewerb des VEB Funkwerk Berlin-Köpenick: Die Wandzeitung der Kollegen des Betriebsschutzes

Wandzeitungs-Wettbewerb des VEB Funkwerk Berlin-Köpenick: Die Wandzeitung „Sprachrohr" der Abteilung TKB

Abb. 82: Beispiele von Wandzeitungen aus dem Jahr 1954.

---

266 Ebd., S. 375.
267 Gerd Hecht, Das Sprachrohr der SED in den Großbetrieben. Betriebszeitungen als Instrumente der Parteipropaganda, in: SBZ-Archiv 7 (1956), S. 37 f.
268 Artikel daraus sind gesammelt in: Jan Koplowitz, *die taktstraße*. Geschichten aus einer neuen Stadt, Berlin (O) 1969.

7. Der Betrieb als Lebenswelt und Zentrum der politischen Massenarbeit

Wie verbreitet der Betriebsfunk war, ist bislang nicht erfaßt. Charakteristisch ist jedoch, daß entsprechende Einrichtungen bereits Ende der vierziger Jahre massiv gefördert wurden. Im Herbst 1948 bekamen alle Landessender den Auftrag, sich darum zu kümmern. Im Stahlwerk Riesa wurde mit Unterstützung des Landessenders Dresden eine Musteranlage gebaut. Der FDGB ernannte Rundfunksachbearbeiter der Länder. Ausgewählten Schwerpunktbetrieben galt das besondere Interesse beim Aufbau des Betriebsfunks.[269] Ein Auszug aus dem Mustersendeplan in Thüringen kann verdeutlichen, wie die gewünschte Mischung aus Politik und Unterhaltung aussehen sollte[270]:

Montag (bei Arbeitsbeginn)

8.00–8.10 Tageslosung (zum 2. Kongreß des WGB
[Weltgewerkschaftsbund; C. K.] in Mailand
Unsere letzte Wochenproduktion
5 Minuten Musik
9.30–10.00 (Frühstückspause)
5 Minuten Musik
»Beachte die Unfallvorschriften« –
Die Unfallschutzkommission hat das Wort. (2 Minuten)
Musik
»Wir stärken die Weltfriedensfront« –
Kurzkommentar zum 2. Kongreß des WGB (2 Minuten)
Musik
12.00–12.30 (Mittagspause)
10 Minuten Musik
»Politik in Schlagzeilen«
(Überblick über die politischen Geschehnisse) (3 Minuten)
Musik
»Wir stellen zur Diskussion« –
Ein Arbeiter und ein Techniker diskutieren den Kulturplan.
(5 Minuten)
Losung zum 2. Kongreß des WGB
16.15–16.30 (während der Arbeitszeit)
5 Minuten Musik
»Mit dem Mikrophon am Arbeitsplatz« –
Kollegen diskutieren ihren innerbetrieblichen Wettbewerb
(5 Minuten)
Musik

---

[269] Ausarbeitung des im FDGB-Bundesvorstand für Rundfunk zuständigen Referenten Metzger vom 22.9.1949: Die Entwicklung des Betriebsfunks. SAPMO-BArch, DY 34/42/836a/4490.
[270] Ebd. Dort wird auch eine ausführliche Diskussion auf einer Betriebsfunktagung vom 4.3.1949 wiedergegeben.

VI. Arbeiterleben im »Arbeiter-und-Bauern-Staat«

Für die von der SED gewünschte »Durchherrschung« der Betriebe hatten neben der Partei die Massenorganisationen eine wichtige Funktion. Formal betraf das nahezu alle bedeutenden Massenorganisationen wie FDGB, FDJ, DFD, DSF. Ihre Präsenz und ihre Aktivität fielen aber höchst unterschiedlich aus. Während der Frauenbund und die »Deutsch-Sowjetische Freundschaft« im allgemeinen eher Alibifunktionen hatten, sollten die schon 1952 gegründeten »Kontrollposten der FDJ« mit der Überwachung der Arbeitsmoral der Jugendlichen wichtige Kontrollaufgaben übernehmen, die sowohl im Gesetzbuch der Arbeit (GBA) wie im Jugendgesetz von 1964 ausdrücklich bekräftigt wurden. In der Praxis war ihre Bedeutung angesichts einer dünnen Personaldecke jedoch gering.[271] Bei weitem das stärkste Gewicht kam naturgemäß den Gewerkschaften zu, weil sie als die eigentliche Klassenorganisation galten und ihrem breiten Aufgabenspektrum entsprechend frühzeitig einen riesigen verwaltungs- und Verteilungsapparat aufbauen konnten und mußten, der zugleich ständiges Objekt der massiven Kritik am »Bürokratismus« wurde. Dennoch bildete das große Heer von ehrenamtlichen Funktionären auch eine Möglichkeit der Integration und Loyalitätsstiftung.

Der von Betriebsleitung und BGL zu erstellende und umzusetzende Betriebskollektivvertrag (BKV) gab den Rahmen aller gewerkschaftlichen Aktivitäten im Betrieb ab und legte in der langen Reihe seiner Einzelpositionen fest, wie das Verhältnis von sozialen und kulturellen Gratifikationen einerseits und Anforderungen an Planerfüllung und Produktivitätssteigerung andererseits aussehen sollte. Rudi Rubbels markantes Beispiel aus dem »Jahr der großen Initiative« 1954 ist oben genauer vorgestellt worden.[272] Der sozialpolitische Aufgabenbereich der BGL erweiterte sich kontinuierlich. Im Rahmen des NÖS versuchte man zwar, Leistungsanreize stärker in den Vordergrund zu rücken, de facto folgte die betriebliche Sozialpolitik aber dann doch eher dem Gesichtspunkt der sozialen Befriedung.[273] (☞ vgl. Abb. 83)

Eine wichtige Kontrollfunktion im Betrieb übernahmen die 1963 neu geschaffenen Arbeiter-und-Bauern-Inspektionen (ABI), die nun neben die Volkskontrollausschüsse in Gemeinden und städtischen Wohngebieten traten. Sie waren eng an die Betriebsparteiorganisation (BPO) angebunden und damit für den FDGB eine lästige, weil de facto übergeordnete und einflußreiche Konkurrenz. Die Betriebskommissionen der ABI fungierten als »organisierende und koordinierende Zentren einer breiten gesellschaftlichen Kontrolle in den Betrieben.«[274] Sie waren den übergeordneten Organen der ABI und der Leitung der Betriebsparteiorganisation (BPO) unterstellt. Sie vereinten jetzt die Tätigkeiten, die zuvor vier andere Gremien ausgeübt hatten: die Kommission für Parteikontrolle der Grundorganisation der SED, die Arbeiterkontrolle der Gewerkschaften, der FDJ-

---

271 Barbara Hille, Jugendpolitik, in: Geschichte der Sozialpolitik, Bd. 9, S. 529 f.
272 Siehe oben Kap. IV 1 (S. 379 ff.).
273 Hübner, Betriebe als Träger, in: Geschichte der Sozialpolitik, Bd. 9, S. 760.
274 Die Betriebskommissionen der ABI. Aufgabe und Grundsätze für die Arbeitsweise der Betriebskommissionen der ABI, ausgearbeitet von einem Autorenkollektiv unter Leitung von Gustav Grunau, Berlin (O) 1965, S. 12.

7. Der Betrieb als Lebenswelt und Zentrum der politischen Massenarbeit

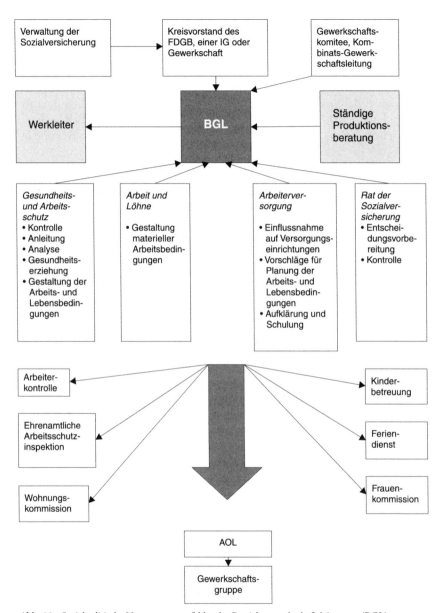

Abb. 83: Sozialpolitische Verantwortungsfelder der Betriebsgewerkschaftsleitungen (BGL).

Kontrollposten und das Helferaktiv der Staatlichen Kontrolle. Sie hatten mit anderen Institutionen wie den Ständigen Produktionsberatungen, dem Betriebskomitee Neue Technik und den Konfliktkommissionen zusammenzuarbeiten.[275]

[275] Ebd., S. 84 f.

VI. Arbeiterleben im »Arbeiter-und-Bauern-Staat«

Der Wahlmodus in der Belegschaftsversammlung und die Popularisierung der Kandidaten in den Betriebszeitungen, Wandzeitungen, im Betriebsfunk und in Kurzversammlungen suggerierten demokratische Prozeduren, jedoch blieb die Auswahl der Kandidaten bei der Betriebsparteileitung. Ende 1964 bestanden bereits 6.454 Betriebskommissionen mit insgesamt 45.740 Mitgliedern.[276] Solche imposanten Zahlenangaben sagen wenig über die betriebliche Realität ihrer Arbeit und die tatsächliche Kooperation im Institutionenwirrwar. Jedoch ist davon auszugehen, daß die ABI als neue Kontrollinstitution erheblich effektiver und insofern auch bei den Adressaten gefürchteter war als die früheren.[277]

Das Reformjahrzehnt der sechziger Jahre war zwar einerseits auch in den Betrieben zeitweilig von einer erneuten Euphorie des »Aufbruchs« geprägt, zumal es mit dem Lebensstandard deutlich aufwärts ging. Andererseits läßt sich auch eine gewisse Ernüchterung darüber konstatieren, wie schwierig die »Erziehung« der Arbeiter war und wie hartnäckig sich das politische Desinteresse hielt. Neben die üblichen parteioffiziellen Erfolgsmeldungen traten nun erstmals sozialwissenschaftliche Erhebungen, die dem Verhalten der Belegschaften genauer nachgehen wollten. Der Trend zur »Entideologisierung des Arbeitsalltages«[278] schlug sich sowohl in deutlichen Tendenzen politischer Indifferenz als auch in einer relativ höheren Arbeitszufriedenheit nieder. Allerdings sind die Daten aus zeitgenössischen Erhebungen mit Vorsicht zu werten, weil sich in den Meinungsbefragungen trotz ihrer Anonymität ein grundsätzliches politisches Mißtrauen nicht ganz ausschalten läßt, das sich auf die Antworten auswirken konnte. Gleichwohl geben die Daten gute Anhaltspunkte.

Eine Umfrage unter 200 Arbeitern im Synthesewerk Schwarzheide (Niederlausitz) von 1967 ergab, daß 32,1 Prozent ihre eigene wirtschaftliche Lage für gut, 49,3 Prozent für befriedigend hielten.[279] Ähnliche Ergebnisse zeigten die vom ZK in Auftrag gegebenen Umfragen in zehn Berliner Betrieben.[280] Drei Viertel der Befragten waren Arbeiter. Auf die Frage nach der Einschätzung der persönlichen wirtschaftlichen Verhältnisse antworteten 33,3 Prozent gut, 48,0 Prozent teils/teils und 12,7 Prozent nicht so gut. Weniger positiv dagegen war das Ergebnis auf die allgemein gestellte Frage »Sind Sie mit den Arbeitsbedingungen in Ihrem Betrieb zufrieden?« 45,2 Prozent waren zufrieden, 51,5 Prozent waren nicht zufrieden und 3,3 Prozent machten keine Angabe. Die spezifizierende Frage nach möglichen Verbesserungen erbrachte an erster Stelle den Hinweis auf »Verbesserung der Arbeitsorganisation und Sicherung eines kontinuierlichen Produktionsablaufs« (55,7 %), ferner »bessere Materialbereitstellung« (52,8 %) sowie »Verbesserung des materiellen Anreizes« (45,5 %).

---

276 Ebd., S. 17 f.
277 Vgl. exemplarisch die entsprechenden Hinweise bei Poutrus, Goldbroiler, S. 144 ff.
278 Hübner, Konsens, S. 87.
279 Ebd.
280 Niemann, Meinungsforschung, Anhang (Bericht über eine Umfrage zu einigen Problemen der Wirtschaft und Politik vom 6.2.1967). Vgl. oben Kap. V 5 (S. 568 ff.), Anm. 143 (S. 580).

7. Der Betrieb als Lebenswelt und Zentrum der politischen Massenarbeit

Sehr kritisch fiel eine von der Zeitschrift »Wirtschaftswissenschaft« 1965 veröffentlichte Befragung zum Lohnsystem aus.[281] Auf die Frage »Sind Sie der Meinung, daß die bestehende Lohnform gerecht ist?« antworteten mit ja 10,4 Prozent, mit nein 79,9 Prozent, teils/teils sagten 7,1 Prozent, weiß nicht 2,7 Prozent. Kritisiert wurde vor allem, daß sich die Ausschußproduktion auf den Lohn auswirke. »Die Arbeiter sind der Ansicht«, lautete der Kommentar, »daß an diesem Ausschuß die Technologen und Wirtschaftswissenschaftler die Hauptschuld tragen. Bei denen macht sich der Ausschuß aber nicht im Gehalt bemerkbar. Solche Mängel im Lohnsystem führen zu Unzufriedenheiten, Renitenz und Arbeitskräftefluktuation.« Eine besonders hohe, zumindest passive Arbeitszufriedenheit förderten 1966/67 durchgeführte Untersuchungen unter 732 Produktionsarbeitern zweier chemischer Großbetriebe im Bezirk Halle/Saale zu Tage.[282] »Arbeitszufriedenheit für sich genommen«, vermerkte der Autor der Erhebung, »ist jedoch nicht ausreichend zur Kennzeichnung der Haltung einer sozialistischen Persönlichkeit. Sie ist kein Index für ein gutes sozialistisches Verhältnis zur Arbeit. Arbeitszufriedenheit sollte deshalb nicht unabhängig von den Einstellungen und Verhaltensweisen, die ein sozialistisches Verhältnis zur Arbeit kennzeichnen, angestrebt werden.« Dieses immer wieder eingeforderte »sozialistische Verhältnis zur Arbeit« sollte für den überwiegenden Teil der »Werktätigen« bis zum Ende der DDR ein frommer Wunsch der Parteiführung bleiben.

Interessante Teilaspekte lieferte eine Studie des Leipziger Instituts für Jugendforschung von 1970 über junge Facharbeiter/innen des Petrochemischen Kombinats Schwedt. Die Arbeit war monoton und die Arbeitsbedingungen waren von Lärm und Hitze geprägt, dennoch oder gerade deswegen erhielt die soziale Situation im Betrieb, vor allem hinsichtlich der Beziehungen zu Arbeitskollegen und zu unmittelbar Vorgesetzten, gute Noten. Distanziert dagegen verhielten sich die jugendlichen Arbeiter/innen gegenüber politischen Instanzen im Betrieb und auch gegenüber Mitwirkungsmöglichkeiten.[283] »Wo die Arbeit als Tätigkeit enttäuschte, wurden die Arbeitsbeziehungen zum Ersatz«, so hat Dorothee Wierling solche Befunde generalisierend interpretiert. »Nicht in der Produktivität oder Rationalität der Arbeit, sondern in der Kollegialität und Solidarität der Arbeitsgruppe wurden Sinn und Befriedigung gesucht und nicht selten gefunden.«[284]

»Existieren und Durchkommen unter möglichst erträglichen Bedingungen«[285] – wenn das eine dominierende Einstellung von Arbeitern war, dann setzte sie das Arrangement mit den Mächtigen voraus und förderte eine Haltung, welche die betrieblichen Gratifikationen nutzte, aber nur höchst unzureichend die gefor-

---

281 Peter Armélin, Zur Problematik des Betriebsklimas. Ergebnisse einer industriesoziologischen Untersuchung, in: Wirtschaftswissenschaft 13 (1965), S. 239-251 (wiedergegeben in: SBZ-Archiv 16 (1965), S. 114 f.).
282 Rudhard Stollberg, Arbeitszufriedenheit und Verhältnis zur Arbeit, in: Wissenschaftliche Zeitschrift der Martin-Luther-Universität Halle-Wittenberg, Gesellschafts- und sprachwissenschaftliche Reihe 21 (1972)6, S. 89-95.
283 Wierling, Das Jahr Eins, S. 355 ff.
284 Ebd., S. 557 f.
285 Hübner, Konsens, S. 245.

derte komplementäre Leistungssteigerung realisierte. Das blieb auch den politisch Verantwortlichen nicht verborgen, aber dagegen vorzugehen, bedeutete Sysiphusarbeit. 1962 beschrieb ein SED-Funktionär auf einer Kreisdelegiertenkonferenz diese Mentalität von Arbeitern polemisch so: »Sie denken nur an privaten Wohlstand in Form von Auto, Fernsehen und sonstigen ›kleinen‹ Bequemlichkeiten, die sie auf Kosten ihrer Kollegen erhaschen wollen. Sie strengen ihren Kopf zur Verbesserung der Produktion im Betrieb nicht an, sie helfen nicht, die Speise des Sozialismus zu würzen.«[286] Wie alle Generalisierungen trafen solche Einschätzungen, zumal sie von den hohen Erwartungen der Partei ausgingen, immer nur einen Teil der Wirklichkeit, aber angesichts der üblichen pathetischen Erfolgsmeldungen war ein solches Eingeständnis immerhin bemerkenswert. Eine prinzipiell ähnlich drastische Kritik formulierte in der Endphase der DDR Günter Mittag, als ZK-Sekretär für Wirtschaft einer der mächtigsten Männer der SED, in einem internen Kreis am 5. September 1988: »Unsere Leute wollen die soziale Sicherheit, Geborgenheit, sichere Arbeitsplätze von uns und die Kaufhäuser aus der BRD.«[287]

8. Familien- und Geschlechterbeziehungen, Generationskonflikte

In der Bestandsaufnahme des FDGB von 1955 zur Lage der Arbeiterklasse wurde die Gruppe der Rentner auffällig ausführlich behandelt. Das war nicht zufällig. Die DDR war eine Arbeitsgesellschaft, und ihre Sozialpolitik wurde für die Arbeitenden konzipiert, kaum oder erst spät für die aus dem Arbeitsleben Ausgeschiedenen. Altersarmut gehörte daher zu den Erscheinungen, über die öffentlich wenig geredet wurde, weil sie schwer zu den dröhnenden Erfolgsbilanzen passen wollte. Sie prägte aber auch das Leben von Arbeitern stärker, als es dem Bild der »führenden Klasse« entsprach. Es war nicht mehr die bittere Not und partielle Verelendung des alternden Arbeiters, wie sie aus der Geschichte der Arbeiterbewegung des Kaiserreichs bekannt ist.[288] Aber schon die dürren Zahlen zum amtlich zusammengestellten Lebensniveau sprechen eine deutliche Sprache. Zwar verbesserte sich die Lage in den sechziger Jahren deutlich, aber sie blieb viele Jahre höchst prekär. Schnörkellos zitierte 1967 die Arbeitsgruppe Sozialpolitik in Ulbrichts »Strategischem Arbeitskreis« Stimmen aus dem Volke. Ihre Untersuchung »Wie beurteilen die Arbeiter die Entwicklung ihres Lebensstandards, die Entwicklung der Arbeits- und Lebensbedingungen im Betrieb und worin sehen sie schwerpunktmäßig zu lösende Probleme?« erhielt typische Antworten wie: »Der Sozialismus ist gut, solange wir arbeiten können. Er garantiert uns Arbeit und Einkommen und unser Leben wird besser. Der Sozialismus kann uns aber keinen

---
286 Zit. bei Soldt, Schwarze Pumpe, in: GG 24 (1998), S. 106.
287 Zit. bei Hertle, Fall der Mauer, S. 71 f.
288 Vgl. dazu den umfassenden Aufsatz von Heinz Reif, Soziale Lage und Erfahrungen des alternden Fabrikarbeiters in der Schwerindustrie des westlichen Ruhrgebiets während der Hochindustrialisierung, in: AfS 22 (1982), S. 1-94.

8. Familien- und Geschlechterbeziehungen, Generationskonflikte

sorgenfreien Lebensabend sichern. Alle Versuche in dieser Richtung sind gescheitert.«[289] Zahlreiche Einzelbeispiele mit detaillierten Angaben vermitteln ein differenziertes Bild von ärmlichen und bescheidenen Lebensverhältnissen, häufig aber auch von relativer Zufriedenheit vor dem Hintergrund der Erfahrung der ersten Nachkriegsjahre. Generell hat Ina Merkel wohl zu Recht konstatiert, daß sich in dieser Gruppe »am ehesten so etwas wie proletarisches Konsumverhalten als Form ein pragmatischen Umgangs mit Armut« manifestierte.[290]

Die Zahl der Rentenempfänger blieb in den fünfziger Jahren (erste Hälfte) annähernd gleich bei 3,34 Millionen. Die Durchschnittsrente stieg zwar langsam, aber sie lag mit monatlich 70,3 Mark (erstes Halbjahr 1953) und 73,5 Mark (1955) extrem niedrig, zumal viele Renten unter diesen Durchschnittssätzen lagen. »Diejenigen Rentner, die nur von der Mindestrente leben müssen, sind gerade in der Lage, den notwendigsten Lebensunterhalt zu bestreiten«, stellte die FDGB-Erhebung von 1955 fest. »Sie können ihre Lebensmittel auf Lebensmittelkarten sowie die anderen erforderlichen Lebensmittel wie Brot, Mehl, Gemüse, Kaffee usw. kaufen; die Miete, die zwischen DM 10,– und DM 25,– schwankt, Licht und Gas, zwischen DM 4,– und DM 8,– von ihrer Rente bezahlen. Zusätzliche Lebensmittel oder Genußmittel auf HO-Basis können sie nicht kaufen. Rentner, die Mindestrenten beziehen, lassen häufig in den letzten Tagen vor der Rentenzahlung beim Kaufmann anschreiben.«[291] Gelobt wurde von den Rentnern die medizinische Versorgung, kritisiert dagegen die mangelnde kulturelle Betreuung. Nur wenige Betriebe engagierten sich hier bereits hinreichend.

Das Dickicht der Rentengesetzgebung mit der Differenzierung der unterschiedlichen Rentenarten muß hier nicht gelichtet werden.[292] Es liegt in der Natur der Materie, daß auch eine Identifizierung ehemaliger Arbeiter in der Gruppe der Rentner bestenfalls in einer ungefähren Größenordnung möglich ist. Statistisch wurden auch hier Arbeiter und Angestellte zusammengefaßt. Das Thema Renten und Rentenerhöhung blieb in den fünfziger Jahren besonders aktuell. Nach dem Mauerbau wurden Pläne für eine sozialistische Rentenreform, die 1956 steckengeblieben waren, wieder aufgegriffen: Zwar beschloß der VII. Parteitag 1967 die Anhebung der Mindestrenten, folgte damit jedoch im Grunde der gleichen Linie des vergangenen Jahrzehnts, die auf eine Nivellierung statt auf eine umfassende Strukturreform der Alterssicherung hinauslief. Die Einführung der freiwilligen Zusatzrentenversicherung brachte gerade für die im unteren und mittleren Einkommensbereich liegenden Arbeiter kaum neue Perspektiven. Die Mehrzahl der Rentner bezog auch in den sechziger Jahren nur die Mindestrente.[293] Um so wichtiger waren Möglichkeiten zum Zusatzverdienst und auch Auf-

---

289 Bericht vom 7.2.1967, SAPMO-BArch, DY 5033, S. 9.
290 Merkel, Utopie, S. 349.
291 Warnke-Material, siehe oben, Anm. 6 (S. 650), zu VIII: Über die Lage der Rentner in der Deutschen Demokratischen Republik.
292 Dazu Dierk Hoffmann, Sicherung, in: Geschichte der Sozialpolitik, Bd. 8, S. 345 ff.; Bd. 9, S. 334 ff.
293 Ebd., Bd. 9, S. 373 f.

fangnetze durch die Familie. Ein Bericht der Staatlichen Zentralverwaltung für Statistik vom November 1967 bot auf der Basis der Volks- und Berufszählung von 1964 genauere Angaben zur Familien- und Haushaltsstruktur der Rentner. Danach lebten 62,5 Prozent der Personen im Rentenalter in Mehrpersonenhaushalten, 34,5 Prozent in Einpersonenhaushalten und 3 Prozent in Pflegeheimen. Der Anteil der Frauen, die in Einpersonenhaushalten lebten, lag mit 46 Prozent erheblich höher als bei den Männern. Die Kriegsfolgen und die höhere Lebenserwartung waren dafür maßgeblich. Auch unter denen, die keine Rentenleistungen erhielten, waren Frauen viel stärker vertreten. Die Beschäftigungsquote wurde für Rentner mit 31,5 Prozent, für Rentnerinnen dagegen nur mit 13,6 Prozent angegeben.[294] Die absolute Zahl von beschäftigten Rentnerinnen lag dennoch erheblich höher als bei den Rentnern. 1972 waren 298.000 Männer über 65 Jahre und 379.000 Frauen über 60 Jahre erwerbstätig, was einem Anteil von zusammen 22,7 Prozent der Bevölkerung im Rentenalter entsprach.[295]

Nach den Vorstellungen der Staatlichen Plankommission sollte die Durchschnittsrente eines Arbeiters bis 1970 auf etwa 200 Mark steigen. Legt man die offiziellen Zahlen für Altersrenten aus der Sozialversicherung für Arbeiter und Angestellte zugrunde, dann wurde dieses Ziel immerhin annähernd erreicht: Demnach betrug die durchschnittliche Altersrente 1961 153 Mark, stieg 1965 auf 173 und 1970 auf 199 Mark.[296] Zusatzarbeit blieb aber gefragt. Das Arbeitsgesetzbuch von 1961 verpflichtete alle Betriebe, entsprechende Arbeitsplätze zur Verfügung zu stellen. Trotz Arbeitskräfteknappheit scheuten jedoch viele Betriebe den mit solchen Arbeitsplätzen verbundenen Aufwand.[297]

Wie brisant das Thema Renten und Rentnerarbeit war, machte exemplarisch das außerordentlich breite Echo der Leser der »Wochenpost« auf zwei Artikel »Einmal wirst auch Du alt sein ...« deutlich.[298] Dabei standen zwei Aspekte im Mittelpunkt: die Suche nach einer angemessenen Beschäftigung, möglichst auf Teilzeitbasis, und die eher auf der symbolischen und kommunikativen Ebene angesiedelte Kontaktpflege zwischen den Veteranen und dem alten Betrieb. Zu beidem gab es vorbildliche Beispiele, aber die – vermutlich größeren – Defizite waren zwischen den Zeilen deutlich erkennbar. Ein Vorteil wurde ab 1965 den Rentnern jedoch geboten, der eine gewisse Kompensation für die in der Regel kärgliche soziale Lage bieten mochte und für Arbeitende unerreichbar war: Reisen in den Westen. Im Jahresdurchschnitt kamen etwa 1 Million DDR-Rentner zu Verwandtenbesuchen in die Bundesrepublik.[299] Daten zur sozialen Aufgliederung lie-

---

294 Die Daten werden referiert ebd., S. 339 ff.
295 Winkler, Sozialreport 1990, S. 324.
296 Hoffmann, Sicherung, in: Geschichte der Sozialpolitik Bd. 9, S. 336. Hinweise auf die Sonderversorgung der traditionell besser gestellten Bergarbeiter ebd., S. 344 f.
297 Gisela Helwig, Am Rande der Gesellschaft. Alte und Behinderte in beiden deutschen Staaten, Köln 1980, S. 24.
298 Ein offenes Wort über die Probleme unserer Rentner, in: »Wochenpost« 1963 Nr. 25.
299 DDR-Handbuch, 3., erw. Aufl., Köln 1985, S. 635 (Innerdeutsche Beziehungen).

8. Familien- und Geschlechterbeziehungen, Generationskonflikte

gen dazu nicht vor, aber von einem annähernd proportionalen Verhältnis zur Sozialstruktur wird man ausgehen können.

Wenn die Geschichte von Arbeitern im Alter eng mit der Geschichte der Arbeiterfamilie verknüpft ist, so galt das nur sehr bedingt für die DDR. Ein Familienverband konnte für Rentner vieles auffangen. Spezifische Konturen von Arbeiterfamilien im Unterschied zu anderen lassen sich jedoch in der DDR-Gesellschaft angesichts der Egalisierungstrends kaum ausmachen. Soziale Differenzierungen gab es selbstverständlich, doch sie verschwammen innerhalb der künstlichen Großgruppe »Arbeiterklasse«. Zudem ließ die generell prekäre Wohnsituation nur geringe Möglichkeiten für familiäre Unterstützung auf diesem Feld zu. In ländlichen Gebieten war die Situation allerdings in der Regel besser als in den großen Städten. Eine wichtige Rolle spielte in diesem Zusammenhang auch die »Volkssolidarität« als eine besonders für Alten gedachte Organisation.[300]

Grundsätzlich hatten Veteranen zwar in bestimmten Fällen das Recht auf Weiternutzung von Werkswohnungen oder angemessenen Ersatz dafür. Wieweit dieser Anspruch tatsächlich einlösbar war, läßt sich jedoch nicht erfassen.[301]

Was charakterisierte eine Familie aus »der Arbeiterklasse«, wie sah das Leitbild der Partei und wie die Wirklichkeit aus? »Eine gute Mutter ist heute eine arbeitende Mutter, die gleichberechtigt und gleich qualifiziert neben dem Vater steht« – das war die Quintessenz des parteioffiziellen Bildes über Frauenarbeit und Familie.[302] Die Normalfamilie sollte die Familie mit voll berufstätigen Eltern und zwei Kindern sein.[303] Zumindest aus materiellen Motiven war der Druck zum »Doppelverdienertum« bei Arbeitern vermutlich größer als bei Angestellten oder Intelligenzangehörigen. Mentale Vorbehalte gegen eine volle Berufstätigkeit der Frau und traditionelle Rollenvorstellungen waren jedoch verbreitet und ließen sich erst langsam abbauen. Die Frauen- und Familienpolitik der SED trug zudem über verbale Absichtserklärungen hinaus nur wenig dazu bei, hier einen grundsätzlichen Wandel herbeizuführen. Die Familienpflichten wurden nicht zuletzt durch etliche Sonderregelungen vornehmlich den Frauen zugeordnet. Diese geschlechtsspezifische Zuordnung kollidierte daher zwangsläufig mit der Forderung nach Berufstätigkeit und Qualifikation für möglichst alle Frauen im arbeitsfähigen Alter. »Frau und Familie wurden zusammengedacht, Mann und Familie kaum«, so hat Gisela Helwig diesen Sachverhalt pointiert charakterisiert.[304]

Das ständig propagierte Postulat der Gleichberechtigung der Frau in der sozialistischen Gesellschaft speiste sich nicht zwar nur aus ökonomischen Motiven. Aber die Gewichte in der Arbeitsteilung waren und blieben ungleich verteilt. Vor allem in der Aufbauphase war »der erhoffte Neue Mensch im Kern um den al-

---

300 Vgl. die Hinweise in dem Artikel »Soziale Dienste« im FDGB-Lexikon (elektronische Version).
301 Vgl. oben Abschnitt 3, Anm. 104 (S. 677).
302 Eva Schmidt-Kolmer/Heinz H. Schmidt, Über Frauenarbeit und Familie, in: Einheit 17 (1962)7, S. 89-99. Geschichte der Sozialpolitik, CD-ROM, Dokument 29.
303 Uta Schlegel, Geschlechter- und Frauenforschung, in: Friedrich/Förster/Starke (Hg.) Zentralinstitut, S. 373-395, hier: S. 382.
304 Gisela Helwig, Familienpolitik, in: Geschichte der Sozialpolitik, Bd. 9, S. 498.

ten Adam konstruiert.«[305] In der öffentlichen Debatte war dieses Thema dauerhaft präsent. So beklagte eine Reportage der »Wochenpost« über Leistungen und Belastungen der berufstätigen Frau: »Jeder weiß, daß das Leben einer Frau ein Verwandlungsstück ist, in dem sie mehrere Rollen spielt. Die Berufstätige arbeitet acht Stunden, hat die Verantwortung für die Arbeit im Haushalt, kümmert sich vornehmlich um die Kinder und qualifiziert sich womöglich noch. In unserem Lande ist Gleichberechtigung der Frau zwar garantiert und verwirklicht – die Gleichverpflichtung muß erst noch hergestellt werden. Eva hat an jenem Paradiesapfel, den sie selbst gar nicht gegessen hat, bis auf den heutigen Tag zu schlucken. Sie ist psychisch und physisch wesentlich höher belastet als ihr Adam.«[306] Spezifischen Konturen einer Arbeiterfamilie lösten sich im allgemeinen Erscheinungsbild der DDR-Familie auf. Traditionelle soziale Grenzen wurden in der DDR deutlich durchlässiger. So bildeten Eheschließungen zwischen Arbeitern und Lehrerinnen keineswegs ungewöhnliche Sonderfälle. Ina Merkel hat in ihrer Untersuchung des Freizeit- und Konsumverhaltens sogar festgestellt, daß Männer in Arbeitshaushalten aufgrund der höheren Berufstätigkeit von Frauen stärker im Haushalt mithelfen mußten als in anderen Gruppen. Dennoch verfügten Frauen durchschnittlich über erheblich weniger Freizeit als Männer.[307]

Auch im Verhältnis der Geschlechter lassen sich kaum arbeiterspezifische Ausprägungen erkennen. Dietrich Mühlberg hat jedoch nachdrücklich auf den generationellen Aspekt hingewiesen und die Veränderungen, die sich in den sexuellen Verhaltensmustern ergaben.

Wenn das neunte aus Ulbrichts zehn Geboten der sozialistischen Moral lautete »Du sollst sauber und anständig leben und Deine Familie achten«, so läßt sich diese Vorstellung auch auf Strömungen in der Arbeiterjugendbewegung zurückführen, die sich auf Reinheit und Kameradschaft in den Geschlechterbeziehungen bezogen. Diese in der Machtelite einflußreiche Altersgruppe war in der wilhelminischen Ära in ihren Vorstellungen von Familienmoral, Sexualität und Pflichtverständnis sozialisiert worden. Für die erste Nachkriegsgeneration, vom HJ-Drill und der Kaderdisziplin der Aufbaugesellschaft in der DDR geprägt, blieben viele dieser Prägungen noch bestimmend. Erst die folgende Generation, die in der schon bestehenden neuen Gesellschaft aufwuchs, unterlagen hergebrachte Normen einem unspektakulären Wandel, indem sie praktisch unterlaufen wurden.[308] (☞ vgl. Abb. 84)

Einschneidende Veränderungen zeigten sich in den sechziger Jahren im Verhältnis der Generationen auch auf andern Gebieten. Der forcierte Rekurs der Partei auf die Jugend war dafür wenig signifikant, wie ihn etwa die im bombastischen Tonfall ins Leben gerufene »Jugendbrigade Mamai« signalisierte. Bedeutsamer war ein neues Verhalten von Jugendlichen, die unter den Bedingungen der Tei-

---

305 Günter Kracht, Der DDR-Mann – eine rekonstruktive Annäherung an Mannsein und Männlichkeit in der DDR-Gesellschaft, in: MKF 36, 1995, S. 130-142, hier: S. 136.
306 Die Links Knöpfen. Leistung und Last der berufstätigen Frau, in: »Wochenpost« 1964 Nr. 16.
307 Merkel, Utopie, S. 350 f.
308 Dietrich Mühlberg, Sexualität und ostdeutscher Alltag, in: MKF 36, 1995, S. 8-39, hier: S. 11-13.

8. Familien- und Geschlechterbeziehungen, Generationskonflikte

„So'n Betriebsfest ist prima, Kollegin Inge. Unwillkürlich fühlt man sich mal wieder so richtig mit der Gewerkschaft verbunden."

Abb. 84: Karikatur des »Eulenspiegel« Nr. 47/1963.

lung aufgewachsen waren, die unmittelbare Not der Kriegs- und Nachkriegszeit nicht mehr aus eigenem Erleben kannten und die lautstarken Versprechungen des »Arbeiterstaates« beim Wort nahmen. »Eine Generationsspannung fehlt fast ganz« stellte infratest anhand der Befragung jugendlicher Arbeiter 1956 fest. »Das Verhältnis der Arbeiter zueinander ist stärker wirtschaftlich als politisch bestimmt. Das gleiche gilt für das Generationenverhältnis.«[309] Wie im Westen unter anderen Bedingungen wurde auch hier Anpassung zur Erreichung der individuellen Ziele als dominantes Verhalten konstatiert. Ob sich dieser punktuelle und in seiner empirischen Basis eingeengte Befund generalisieren läßt, muß offen bleiben. In den sechziger Jahren wandelte sich das Verhalten von Jugendlichen jedoch tendenziell, wobei die Reichweite ebenfalls schwer zu erfassen ist. Waren für die Aufbaugeneration noch Distanzierung vom Faschismus und Enthusiasmus für das Neue verhaltensprägend, so wurden die »Errungenschaften« später zunehmend als selbstverständlich hingenommen, die »Dankbarkeit« gegenüber Partei und Staat verschwand.[310] Veränderte Lebensstile oder der Wunsch danach hatten jedenfalls zur Folge, daß Arbeiterjugendliche in den Beat-Krawallen von 1965 und auch in Auseinandersetzungen nach der gewaltsamen Beendigung des »Prager Frühlings« 1968 eine nicht unwichtige Rolle spielten.[311]

---

309 Arbeiterschaft in der volkeigenen Industrie der SBZ, Teil I infratest (hektogr.), Hamburg/München 1956, S. 52.
310 Jana Lutz, Zwischen Aufbau und Aufgabe. Die Jugendgeneration der 50er und 80er Jahre in der DDR, in: Fortschritt, Norm und Eigensinn. Erkundungen im Alltag der DDR, hg. vom Dokumentationszentrum Alltagskultur der DDR e. V., Berlin 1999, S. 277-291, hier: S. 283 f.
311 Vgl. unten, Abschnitt 9 (S. 743 ff.).

VI. Arbeiterleben im »Arbeiter-und-Bauern-Staat«

Die unverändert große Differenz im materiellen Lebensniveau zum Westen, aber auch die von dort über die in dieser Hinsicht nicht ganz so hermetische Grenze schwappenden Auswirkungen einer »Lebensstilrevolution« stimulierten Einstellungen und Verhaltensweisen, die sich von denen der fünfziger Jahre deutlich unterschieden. Dabei verschwammen die sozialen Grenzen zwischen Arbeitern und anderen sozialen Gruppen. »Die Jugend« wurde von der Machelite als beunruhigendes Problem wahrgenommen und begrenzt auch in der Öffentlichkeit diskutiert. Insofern vollzog sich mit Verspätung in der DDR nun in Ansätzen eine Debatte, die im Westen längst im Gange war und die dort für den Begriff Generation »neben Stand, Schicht und Klasse den Rang einer sozialkulturellen Ordnungskategorie« beanspruchte.[312] Die Probleme des Begriffs und der Übertragung der familiären Generationenfolge auf die Gesellschaft sind freilich im Falle der DDR noch erheblich gravierender als für liberale westliche Gesellschaften. Denn gegenüber der dominanten Klassenschichtung und den »Relikten« aus der kapitalistischen Zeit sollte es eigentlich keine ausgeprägten Generationsspannungen geben. Die Untersuchungen des Leipziger Instituts für Jugendforschung ergeben zwar genügend Hinweise, die eine wachsende und breite emotionale Identifikation »der Jugend« und auch jugendlicher Arbeiter mit der DDR belegen. Trotz Schwankungen in einzelnen Jahren begann erst in der zweiten Hälfte der achtziger Jahre ein dramatischer Schwund.[313] Solche generellen Daten können jedoch kaum gegenläufige Trends und Verhaltensweisen erfassen, die nur scheinbar im Widerspruch zu einer formal hohen und mehrheitlichen Identifikation von Jugendlichen mit der DDR stehen. Vor allem ein prekäres Phänomen wurde immer wieder in Zusammenhang mit westlichen Einflüssen gebracht, auch wenn diese meist sehr viel vermittelter waren, als Partei und Polizei glaubten: das »Rowdytum«. Beunruhigend mußten Fälle wie die Berliner Jugendcliquen sein, bei denen – das zeigte eine unveröffentlichte DDR-Untersuchung von 1959 – überwiegend Arbeiterkinder beteiligt waren.[314] Mochte es sich hier noch um einen Berliner Sonderfall handeln, so nahm jugendliche Devianz in den sechziger Jahren doch breitere Formen an. Der Innenminister sprach dieses Problem in einer Weisung an die Bezirkschefs der Volkspolizei vom Oktober 1965 unmißverständlich an: »In den letzten Monaten haben sich verstärkt jugendliche Gruppierungen nach dem Vorbild westlicher Gammler, Beatles, Rolling Stones u. a. gebildet. Durch diese Gruppierungen werden westliche Tendenzen verbreitet […] Eine besondere Rolle spielen bei diesen Gruppierungen sogenannte Laienkapellen, die nach westlichem Muster dekadente Musik verbreiten.«[315] Auch wenn sich solche Erscheinungen nicht auf einen einfachen Nenner bringen lassen, artikulierte sich in ihnen zumindest auch Protest gegen die herr-

---

312 Ulrike Jureit/Michael Wildt (Hg.), Generationen. Zur Relevanz eines wissenschaftlichen Grundbegriffs, Hamburg 2005, S. 7.
313 Peter Förster, Die Entwicklung des politischen Bewußtseins der DDR-Jugend zwischen 1966 und 1989, in: Friedrich/ Förster/ Starke (Hg.), Das Zentralinstitut, S. 70-165, hier: S. 82-86.
314 Lindenberger, Volkspolizei, S. 385 f.
315 Zit. ebd., S. 419.

schenden Anschauungen und die Indoktrinierungspraktiken.»Die Klassenfeind-Dämonologie der Partei forderte geradezu eine spiegelbildliche Untergrund-Romantik heraus.«[316]

9. Arbeiterverhalten zwischen Loyalität, Arrangement und spontanen Streiks

Stimmungsberichte in Diktaturen gehören zu den besonders schwierigen, aber auch informativen Quellen. Nicht nur im Nationalsozialismus interessierte sich die Führung auffällig und kontinuierlich für die Einstellungen und Stimmungslagen der Bevölkerung, auch die SED und insbesondere das MfS bemühten sich ständig um ein möglichst realitätsgerechtes Bild davon, was das Volk beschäftigte, worüber es schimpfte und womit es zufrieden war. Da »die Arbeiterklasse« den weitaus größten Teil der Bevölkerung umfaßte, stand sie im Mittelpunkt der Beobachtung. Ein wichtiger Grund war und blieb der Schock des Aufstandes von 1953, der die Unberechenbarkeit von Arbeiterverhalten drastisch vor Augen geführt hatte. Zur Krisenprävention gehörte daher auch eine sorgfältige Erfassung möglicher Konfliktanlässe. Daß der 17. Juni als Menetekel in den MfS-Berichten im Kontext der Schilderung von Konfliktkonstellationen auffällig häufig genannt wird, bekräftigt diesen Zusammenhang.

Nun würde es ein völlig schiefes Bild ergeben, richtete man den Blick nur auf offene oder verdeckte Konflikte. Liest man die Monatsberichte des Ostbüros über mehrere Jahre hintereinander, so stellt sich suggestiv der Eindruck einer »Gesellschaft im Verteidigungszustand«[317] ein, wobei die Arbeiter in der Tat in dieser Hinsicht und anders, als es die SED propagierte, die »führende Klasse« bildeten. Die Berichterstatter wollten aber insbesondere in den fünfziger Jahren genau diesen Eindruck vermitteln. Andernfalls verlor sich ihr großes politisches Ziel einer Wiedervereinigung unter sozialdemokratischem Vorzeichen in nebelhafter Ferne. Nur wenn die Mehrheit der Bevölkerung sich den Zumutungen der Diktatur zumindest in latenten Formen verweigerte, machte verdeckte politische Informationsarbeit einen Sinn. Damit steht nicht der Gehalt von Detailinformationen in Frage, wohl aber ihre Einordnung und Gewichtung. Denn die Parameter des Arbeiterverhaltens veränderten sich im Laufe der Jahre und der allmählichen Stabilisierung der Verhältnisse in der DDR. Auch die wachsende Vertiefung der Teilung und die dünner werdende Kommunikation mit dem Westen gehörten dazu. Neben die »grumbling society« rückten somit verstärkt eine relative Normalität, verschiedene Formen aktiver und passiver Loyalität und auch die Bereitschaft zur engagierten Umsetzung der Direktiven »von oben«. Damit wird das Gesamtbild komplexer und im zeitlichen Längsschnitt bestenfalls annäherungsweise faßbar.

---

316 Ebd., S. 442.
317 Diesen Begriff hat Hans-Henning Hahn sehr treffend zur Charakterisierung der Grundkonstellation der jüngeren polnischen Geschichte geprägt.

VI. Arbeiterleben im »Arbeiter-und-Bauern-Staat«

Loyalität auf bestimmten Sektoren schloß Renitenz und Widerständigkeit auf anderen in keiner Weise aus. Alter und unterschiedliche Generationserfahrungen spielten dabei eine erhebliche Rolle. Jeder Versuch, charakteristische Elemente des Verhaltens der Arbeiter zu erfassen, muß also höchst fragmentarisch bleiben. Nimmt man den Aufstand vom 17. Juni als Schlüsseldatum für Herrschende und Beherrschte und als Zäsur einer Arbeitergeschichte der DDR, bietet es sich an, für die Ära Ulbricht vor allem nach unterschiedlichen Mischungsverhältnissen von Widerständigkeit und Loyalität vor und nach dieser Zäsur zu fragen. Die gewaltsame Niederschlagung der Erhebung, deren Initiatoren und wichtigste Träger zweifellos Industriearbeiter waren, bedeutete auch das Ende einer noch stark traditionell und diffus sozialdemokratisch mitgeprägten, in ihren Formen und Inhalten bereits deformierten Arbeiterbewegung.[318] Danach änderten sich einige Grundkonstellationen im Verhältnis der SED zu »ihrer Klasse«. Die Interessenwahrnehmung der Arbeiter erhielt andere Konturen, organisierter Widerstand nahm immer mehr ab, während Institutionen wie die Brigaden auch als Basis für subtilere, aber effektivere Arten des Konfliktaustrags dienten. Als »mißmutige Loyalität« hat Alf Lüdtke die charakteristische Verbindung von Kritik an den Zuständen und Bereitschaft zum aktiven Aufbau treffend charakterisiert. Der Mißmut blieb nahezu über die gesamte Zeit der Existenz der DDR gleich, zumal die Gründe dafür nie verschwanden. Die Loyalität dagegen unterlag einem stärkeren Wandel und war wohl auch generationsbedingt klarer differenziert. Ein Element, das im zeitgenössischen Urteil im Westen meist fehlt, blieb jedoch erstaunlich lange erhalten und erklärt eine verquere Form von gespaltener Loyalität: die Orientierung an »Qualitätsarbeit« und der Stolz auf erfolgreiche Arbeit trotz widriger Umstände. Leipziger Arbeiter brachten das in einem Interview mit dem selbstbewußten Motto »wir haben aus Dreck Bonbons gemacht« auf den Punkt.[319]

Gerade für die ersten Jahre nach Kriegsende läßt sich dieses Bewußtsein einer chaotischen Zeit und der unersetzlichen Rolle der »Aktivisten der ersten Stunde« häufig in den zeitgenössischen Quellen und späteren Erinnerungen in allen Besatzungszonen belegen.[320] In der SBZ mischte es sich mit einem ausgeprägten Affront gegen »die Russen«, die demzufolge nicht nur für Demontagen und ein ungeliebtes SED-Regime verantwortlich waren, sondern auch einen großen Teil der Früchte der eigenen Arbeit kassierten. Die oft verklärten »wilden Jahren« nach Kriegsende mit Kompensationshandel und noch ungefestigten politisch-sozialen Strukturen kontrastierten dann um so mehr mit der anschließende Phase der Stalinisierung, die gleichermaßen von offener politischer Repression und dem Ver-

---

318 Vgl. Stefan Wolle, »Agenten, Saboteure, Verräter ...«. Die Kampagne der SED-Führung gegen den »Sozialdemokratismus«, in: Ilko-Sascha Kowalczuk, u.a (Hg.), Der Tag X – 17. Juni 1953. Die »Innere Staatsgründung« in der DDR als Ergebnis der Krise 1952/54, Berlin 1995, S. 243-277, hier: S. 256 f.
319 Zitiert aus einem Interview 1993 mit Leipziger Arbeitern von Lüdtke, »Helden der Arbeit«, in: Kaelble/Kocka/Zwahr (Hg.), Sozialgeschichte, S. 188-213, hier: S. 202.
320 Vgl. für die Bizone und die Bundesrepublik Plato, »Der Verlierer geht nicht leer aus«. Vgl. oben, Kap. I 7 (S. 113 ff.).

9. Arbeiterverhalten zwischen Loyalität, Arrangement und spontanen Streiks

such bestimmt war, Gewerkschaften als »Transmissionsriemen« und Instrumente für eine schnelle Produktionssteigerung durchzusetzen. Wie mühsam dieses Ziel zu realisieren war, zeigte sich auf allen Ebenen, von der FDGB-Spitze bis hinunter in die betrieblichen Vertretungen.[321] Der massive und in vielfältigen Formen – nicht zuletzt in der massenhaften Flucht nach Westen – zum Ausdruck gebrachte Widerstand gegen »Gleichschaltung«, erhöhten Leistungsdruck und miserable Versorgung war jedoch nur die eine Seite der Medaille. Die Fortschrittsrhetorik und die penetranten offiziösen Erfolgsbilanzen fußten schließlich nicht auf reiner Erfindung der SED, sondern stützten sich auf ein großes Heer von Arbeitern, die sich aus unterschiedlichen Motiven für die neue Gesellschaft einsetzten. Anders wäre das riesige Räderwerk eines Partei- und Gewerkschaftsapparats von hauptamtlichen und ehrenamtlichen Funktionären gar nicht in Gang zu setzen und zu halten gewesen. Diese waren auch nicht nur gedankenlose Opportunisten, die durch Anpassung ihren eigenen Vorteil suchten. Die gerade für die fünfziger Jahre signifikanten großen Chancen zum sozialen Aufstieg schufen fraglos beträchtliche Loyalitätseffekte. So hat Alf Lüdtke wohl zu Recht konstatiert: »Die Selbstverpflichtung auf eine Haltung, die ›deutsche Qualitätsarbeit‹ zumindest als Norm anerkennt, war stark vor allem bei der Aufbaugeneration, also bei denen, die um 1949 erwachsen wurden bzw. Erwachsene waren.«[322] (☛ vgl. *Bild Nr. 16* im Farbteil, S. 463)

Der »neue Mensch«, der die Eierschalen der alten Gesellschaft abwarf und ein neues, von tiefer Verantwortung für das hehre Ziel bestimmtes Verhältnis zur Arbeit entwickelte, blieb zwar die große Ausnahme. Aber schon die enorme Zahl von Aktivisten, Helden der Arbeit und verdienten Funktionsträgern in allen Bereichen der Sozialpolitik verweist auf die starken Integrationseffekte, die der »Arbeiterstaat« entwickelte und ohne die er nicht über Jahrzehnte existiert hätte. So wurden allein bis Ende 1954 rund 780.000 Beschäftigte als Aktivisten oder mit der Medaille »für ausgezeichnete Leistungen« geehrt und prämiert. Das entsprach knapp einem Viertel der Industriearbeiterschaft oder fast der Hälfte der im volkseigenen Sektor Beschäftigten.[323] Daß Gleichgültigkeit und Apathie ein dominantes Charakteristikum der DDR-Gesellschaft waren[324], ist sicherlich ein richtiger Teilbefund, der jedoch nicht für alle Phasen in gleicher Weise zutreffend und generalisierbar ist.

Eine auch nur ungefähre Quantifizierung von bedingungslosen Apparatschiks, Antreibern, Überzeugten, Opportunisten, politisch desinteressierten »ehrlichen Arbeitern«, Widerständigen und prinzipiellen Gegnern des Systems ist unmöglich, zumal sich viele Haltungen überlappten oder im Lauf der Zeit veränderten. Daher sind die zahlreichen Akte von Verweigerung und Eigensinn auch stets schwer zu gewichten. Der immer wieder geäußerte Mißmut über schlechte Versor-

---
321 Vgl. oben, Kap. II 3 (S. 196 ff.).
322 Lüdtke, »Helden der Arbeit«, in: Kaelble/Kocka/Zwar (Hg.), Sozialgeschichte, S. 205.
323 Ebd., S. 209.
324 So Mark Allinson in seiner Regionalstudie zu Thüringen: Politics and popular opinion in East Germany 1945–1968, Manchester 2000, S. 167.

VI. Arbeiterleben im »Arbeiter-und-Bauern-Staat«

gung, fehlenden Nachschub und Produktionsstockungen, die Klagen der Partei über »Sozialdemokratismus« und »Nurgewerkschaftertum«, die in späteren Jahren erhebliche Ausmaße annehmende Fluktuation der Arbeitskräfte, das Verhalten bei Gewerkschaftswahlen und bei angeordneten Demonstrationen, schließlich die besonders aufmerksam beobachteten kurzen Streiks trotz hohen Risikos sind jedoch Phänomene, die zumindest punktuell erwähnt und illustriert werden müssen. Das ohnehin diffuse Bild wird dadurch noch komplizierter.

Fluktuation war ein schon in den fünfziger Jahren auftauchendes Problem. Dabei vermischten sich notwendige Umsetzungen, gegen die sich Arbeiter zur Wehr setzten, mit ungesteuerten Prozessen von Abwanderung in besser bezahlte Jobs. Ein drastisches Beispiel meldete das MfS im Juni 1956 aus einer Schachtanlage in Saalfeld (Kreis Gera), die Eisenerz für die Maxhütte lieferte und geschlossen wurde, da kein hochwertiges Eisen mehr gewonnen werden konnte. Dadurch wurden 100 Arbeitskräfte freigesetzt, deren Vermittlung noch ungeklärt war. »Die Arbeiter lehnen es ab, in Betrieben zu arbeiten, wo sie weniger als bisher verdienen. Mehrere Arbeiter äußerten bereits, nach Westdeutschland überzusiedeln.«[325] In den sechziger Jahren verschärfte sich das Problem im Zuge der durch das NÖS erweiterten Eigenständigkeit der Betriebe und wurde zum Gegenstand empirischer soziologischer Forschung.[326] Die Verhaltensweisen von Arbeitern in diesem Kontext lassen sich dabei zwischen »konservativer« Renitenz gegenüber Maßnahmen zur Lohndifferenzierung oder Rationalisierung und »normaler« Mobilität in einer Industriegesellschaft einordnen.

Ein anderes Feld, auf dem in begrenztem Umfang Opposition gegen SED-Vorgaben möglich war, bildeten die Gewerkschaftswahlen auf Betriebsebene. Zwar verliefen sie prinzipiell nach ähnlichem Muster wie die politischen Wahlen, aber offenbar wurde hier bisweilen größerer Wert auf formale Korrektheit gelegt. Zudem war die Manipulation bei der Kandidatenaufstellung schwieriger und das Risiko für allzu unpopuläre Funktionäre größer. Zwei Beispiele dazu. Im Kombinat »Otto Grotewohl« bestanden die Delegierten bei der Vorbereitung zu den BGL-Wahlen am 15. Dezember 1956 darauf, eine Befragung zweier bei den Arbeitern besonders unbeliebter Kandidaten vorzunehmen. Als beide nicht die Mehrheit der Stimmen bei der Wahl erhielten, mußten sie zurückgezogen und in der Produktion eingesetzt werden.[327] Anders – und eher als Normalfall – verliefen die BGL-Wahlen im VEB Junkalor, Dessau. Hier legte man Wert auf die Benutzung von Wahlkabinen. Obwohl SED-Gegner zur Streichung der gesamten Wahlliste aufforderten und viele ungültige Stimmzettel zustande kamen, waren angeblich alle gültig. »Man brauchte insgesamt 3 Tage«, so der Bericht, »um die BGL-Wahl in diesem einzigen Dessauer Betrieb durchzuführen. Diese lange Dauer war notwendig, um alle Arbeiter an die Wahlurnen zu bekommen. Bis zur Veröffentlichung des Wahlresultats dauerte es dann aber bezeichnenderweise noch einmal 5 Tage.

---

325 BStU, MfS-AS 80/59 Bd. 1b, Bl. 101 ff. Information betr. Arbeitskräfte vom 23.6.1956 mit zahlreichen weiteren Beispielen.
326 Siehe oben, Kap. V 5 (S. 568 ff.).
327 AdsD, Ostbüro 0386 Box 1394, Bericht vom 25.3.1957.

9. Arbeiterverhalten zwischen Loyalität, Arrangement und spontanen Streiks

Das Wahlergebnis, das keine einzige ungültige Stimme enthielt, wurde von den Arbeitern mit lautem Lachen aufgenommen.« Der alte BGL-Vorsitzende, der die geringste Stimmenzahl erhalten hatte, wurde auf Druck der SED-Betriebsgruppe dennoch erneut zum Vorsitzenden bestimmt.[328] Beide Beispiele mochten in dieser Zuspitzung Einzelfälle sein. Andererseits verwiesen die zunehmende Bedeutung des MfS in den Betrieben und die Observierung nicht nur des Gewerkschaftsapparats, sondern auch der Gewerkschaftswahlen[329] darauf, daß hier auch aus Sicht des MfS ein widerständiges Potential vorhanden war.

Ein aufschlußreiches Beispiel über Stimmungslagen bei SED-Mitgliedern und den Wandel der Verhaltensformen vermittelt ein Ostbüro-Bericht vom März 1959 über den VEB Textilwerke Hartha, Kreis Döbeln, mit einer Belegschaftsstärke von etwa 1.600 bis 1.800 Personen, davon 60 bis 65 Prozent Frauen. Demnach verhielt sich der überwiegende Teil der Genossen indifferent und keineswegs linientreu. Ebenso galt diese Einstellung aus Furcht vor Maßregelungen für einen großen Teil der übrigen Belegschaft. »Politischer Widerstand in offener und aktiver Form ist nirgends zu finden. Passive Resistenz ist vielfach zu spüren. Demonstrationen, Arbeitsniederlegungen in Form von Krankmeldungen, teilweise nachlässigem Arbeiten, Nichtbeachten von Anweisungen hinsichtlich der Ausnutzung der Arbeitszeit (Einkaufen in der Betriebs-HO, Aufsuchen der Betriebsambulatorien während der Arbeitszeit usw. usw.).«[330]

Als zugespitzt, aber nicht untypisch kann auch folgende Schilderung der Beteiligung an offiziellen Demonstrationen aus dem gleichen Betrieb gelten: »Nach anfänglicher ziemlicher Vollständigkeit des Zuges verschwinden im Verlaufe des Umzugs eine ganze Reihe von Teilnehmern, so daß am Kundgebungsplatz schließlich nur noch 20–30 % ankommen. Besonders erwähnenswert ist die Demonstration vom 1. Mai 1958. Scharenweise verließen die Teilnehmer die Reihen, unter ihnen waren bis auf zwei Ausnahmen sämtliche linientreuen Funktionäre, die in den anliegenden Gaststätten verschwanden und dort beträchtliche Trinkereien veranstalteten [...] Teilweise wurde dann dazu übergegangen, derartige Umzüge in die Arbeitszeit zu verlegen, weil dadurch ein Fernbleiben bzw. Verschwinden als Arbeitsverweigerung oder unentschuldigtes Fehlen geahndet werden kann.«[331] Ein eindrucksvoller Sieg menschlicher Schwächen über ideologisches Wohlverhalten!

Was sich hier beim Demonstrationsritual zeigte, war auf einer allgemeinen Ebene ein Dauerproblem, mit dem weder Partei noch Gewerkschaft jemals fertig wurden: die Nachgiebigkeit der unteren und mittleren Kader gegenüber ihrer Klientel und die unzureichende Wirksamkeit politischer Arbeit an der Basis. Die »Syndikalismus-Affäre« von 1959/60 war symptomatisch für den Eigen-Sinn vieler Arbeiter, ihre Interessen in neuen Formen wahrzunehmen, wenn die Gewerk-

---

328 Bericht vom 4.7.1959, ebd.
329 Vgl. Hürtgen, Disziplinierung, S. 64, 211.
330 AdsD, Ostbüro 0386 Box 1394, Bericht über den VEB Textilwerke Hartha vom 13.3.1959 (37 Seiten), S. 32.
331 Ebd., S. 31. Eine ähnliche Schilderung aus späterer Zeit findet sich bei Jürgen Fuchs, Gedächtnisprotokolle, Reinbek bei. Hamburg 1977, S. 81.

schaften als wirkliche Interessenvertreter versagten.³³² Die Debatten um die Rolle des FDGB verschwanden daher keineswegs, als diese Affäre durch massives Eingreifen der Partei beigelegt worden war. Die FDGB-Zeitschrift »Die Arbeit« sah sich deshalb bemüßigt, erneut gegen diese Form von »Revisionismus« zu Felde zu ziehen. »Durch die Wahlen die Gewerkschaften stärken« lautete 1961 die Parole, die darauf abzielte, jeden Gegensatz zwischen Gewerkschaften und Arbeiterinteressen zu leugnen und vor allem gegen die Verselbständigungstendenzen von Brigaden vorzugehen. Solche Erscheinungen seien im Grunde genommen »Syndikalismus, und das wiederum ist Revisionismus, und gerade den dürfen wir auf keinen Fall dulden.«³³³ Wenn das Ostbüro darin einen Beweis dafür sah, daß nach 15 Jahren »Erziehungsarbeit« noch immer »unvermindert die Tradition der freien Gewerkschaftsbewegung in den Betrieben der Zone wirksam« sei³³⁴, war das vermutlich überzogen, aber nicht ganz falsch.

Die Bauarbeiter erwiesen sich gegenüber politischer Beeinflussung immer wieder als eine besonders schwerhörige Gruppe in der Arbeiterschaft. Das MfS konstatierte 1962 zum wiederholten Male »eine Reihe ernsthafter Schwächen in der politischen Führung der Bauschaffenden, vor allem auf den Baustellen. Diese Schwächen zeigen sich besonders in den Fragen des Kampfes um politische Klarheit im Denken der Bauarbeiter, bei der Durchsetzung des Produktionsaufgebotes sowie in der Führung des sozialistischen Wettbewerbs.« Die Ursachen wurden primär im »Zurückweichen der Partei-, Gewerkschafts- und Betriebsleitungen vor der Auseinandersetzung über politische Fragen« gesehen. Auch die »mittleren Kader« scheuten vor solchen Auseinandersetzungen zurück und bezögen den Standpunkt des »Nur-Fachmanns«. Weil gerade die Bauarbeiter »in den Wohnlagern oft sich selbst überlassen bleiben und in ihrer Freizeit nicht massenpolitisch und kulturell betreut« würden, leiste das dem Abhören und Sehen von Westsendern erheblich Vorschub.³³⁵

Die gefährlichste Form abweichenden Verhaltens bildeten die in den fünfziger und sechziger Jahren noch häufig auftretenden, allerdings durchweg nur in kleinen Gruppen stattfindenden Arbeitsniederlegungen. Das Streikrecht als wichtige Errungenschaft der Arbeiterbewegung war in der ersten DDR-Verfassung von 1949 noch verankert. Es durfte aber praktisch keine Rolle spielen, weil es in einem »Arbeiterstaat« mit »Volkseigentum« und mit der fiktiven Einheit kollektiver und individueller Interessen als unzeitgemäßes Relikt galt. Es verschwand daher schon aus dem Arbeitsgesetz von 1950 und der neuen Verfassung von 1968, aus den Köpfen der Arbeiter jedoch keineswegs, wie die zahlreichen Hinweise in internen Berichten über die Erwartungen an »richtige« Gewerkschaften belegen. Vom Juni-Aufstand 1953 abgesehen, ist eine Streikgeschichte der DDR noch nicht geschrieben worden. Ein solcher Versuch stößt auch auf kaum zu überwindende Hinder-

---

332 Vgl. oben Kap. IV 6 (S. 448 ff.).
333 »Die Arbeit« 15 (1961) H. 5, zit. in: MB Ostbüro Mai 1961, S. 5.
334 Ebd.
335 Bericht über einige Mängel und Schwächen im Bauwesen vom 5.1.1962, BStU, ZAIG Z 532, Bl. 12 f.

9. Arbeiterverhalten zwischen Loyalität, Arrangement und spontanen Streiks

nisse. Denn den klassischen Streiktypus konnte es unter den Bedingungen der SED-Diktatur nicht geben, und über die zahllosen und vielfältigen Arbeitsniederlegungen und Drohungen damit haben weder der FDGB noch das MfS eine lückenlose Statistik zu erstellen vermocht. Allein dieser Sachverhalt sagt bereits einiges über den Charakter und die sozialen Konstellationen dieser Form spontanen Arbeiterprotests aus. Streiks waren durchweg betrieblich und lokal eng begrenzt mit quantitativ geringer Beteiligung und dauerten oft nur wenige Stunden, weil das Risiko hoch war und sich beide Seiten um eine schnelle und möglichst geräuschlose Beilegung bemühten, um so politischen Ärger zu vermeiden.[336] Von »Streik« ist in den offiziösen Quellen nur selten die Rede, aber als »besondere Vorkommnisse« fanden Arbeitsniederlegungen stets große Aufmerksamkeit des MfS, konnten sie doch trotz geringer Quantität als Symptome möglicher Unzufriedenheit und sich anbahnender Unruhen größeren Ausmaßes gedeutet werden.

Aufgrund dieser nur bruchstückhaften Daten und ihrer breiten Streuung über nahezu alle Regionen beziehungsweise Industriebetriebe ist es schwierig, zusammenfassende Beobachtungen und Charakterisierungen wiederzugeben. Dennoch lassen sich nicht nur relativ eindeutige Langzeitentwicklungen feststellen, sondern auch typische Konflikt- und Verlaufsmuster identifizieren. Trotz des faktischen Verbots von Streiks legten kleine Gruppen und Teile von Belegschaften aus verschiedenen Gründen immer wieder ihre Arbeit nieder und brachten damit Verhaltensweisen zum Ausdruck, die es eigentlich unter neuen politischen Bedingungen nicht mehr geben sollte. Das waren zugleich Warnsignale, auf die Partei- und Gewerkschaftsfunktionäre im allgemeinen differenziert reagierten.

Für die Besatzungsphase lassen sich einige unbedeutende Streiks feststellen, die hinsichtlich Anlaß und Organisation noch eher klassischen Vorbildern folgten. Allerdings konnten angesichts des von der Besatzungsmacht verordneten Lohnstopps nicht Lohnerhöhungen der Gegenstand der Auseinandersetzung sein, sondern es ging primär um Betriebsvereinbarungen und Mitbestimmungsregelungen.[337] Auch die kollektive Verweigerung von zusätzlichen Sonntagsschichten im Bergbau ist – allerdings selten – für 1947 belegt.[338]

Schwieriger einzuordnen sind dagegen die angedrohten und zum Teil realisierten Streikaktionen, die sich insbesondere in Sachsen nach dem Volksentscheid von 1946 abspielten. In der SED-Historiographie figurierten sie als spontane Proteste der Arbeiter zum »Schutz des Volkseigentums«.[339] Der sächsischen Landesregierung lagen Listen zur Überprüfung und Rückgabe einiger enteigneter Betriebe vor, deren Bekanntmachung einzelne Streiks und Streikdrohungen im Ja-

---

336 Vgl. Mary Fulbrook, Popular discontent and political activism in the GDR, in: Contemporary European History 2 (1993), S. 265-282.
337 Einige Streiks zur Durchsetzung von Betriebsvereinbarungen in Privatbetrieben werden genannt im Geschäftsbericht des FDGB 1946, S. 161.
338 Stadtland, Herrschaft, S. 510 f.
339 Stefan Doernberg, Die Geburt eines neuen Deutschland 1945–1949, Berlin (O) 1959, S. 370 ff. Vgl. Suckut, Betriebsrätebewegung, S. 477 ff.; Deutsche Geschichte, Bd. 9, S. 271 ff. Kritisch dagegen Halder, Modell, S. 369.

749

nuar 1947 auslösten. Es spricht jedoch einiges dafür, daß es sich hier im Kern um eine gesteuerte Aktion handelte, da die Zahl der für eine Rückgabe in Frage kommenden Betriebe zwischen SED und bürgerlichen Parteien strittig war. Die im Wortlaut weitgehend identischen Resolutionen legen diese Vermutung nahe. Den größten Umfang nahm der Protest in Bautzen an, wo eine Betriebsrätekonferenz mit 950 Vertretern aus den Betrieben einen Beschluß faßte, der sich gegen die Reprivatisierung richtete und ultimativ mit einem Generalstreik drohte, falls die Landsregierung nicht die in Aussicht gestellte Rückgabe revidiere. Der Vorsitzende des FDGB-Landesvorstandes hatte sich sogar aus wirtschaftlichen Gründen gegen Streiks ausgesprochen, konnte diese aber – ebenso wie einige Sympathiestreiks – offenbar nicht verhindern. Es gab jedoch auch etliche Fälle von Zustimmung zur Rückgabe. Insofern läßt sich kaum von einer spontanen breiten Protestbewegung sprechen. Das überraschende Urteil des SED-Historikers Stefan Doernberg, auch Vertreter der SED und des FDGB hätten sich »anscheinend nicht energisch genug für die Sicherung der demokratischen Ordnung eingesetzt«[340], spiegelt eine gewisse Ratlosigkeit gegenüber der Einordnung dieser Streiks und Proteste in einer Phase, als die Hierarchie der Entscheidungsstrukturen im Partei- und Gewerkschaftsapparat noch keineswegs voll ausgebildet war. Jedenfalls ließen die häufig überstürzten und irregulär verlaufenen Sequester- und Enteignungsprozeduren genügend Spielraum, um sowohl Forderungen nach Rückgabe als auch nach Beibehaltung der Verstaatlichung zu untermauern.[341]

Ein komplizierter Sonderfall, der die Arbeiter in Ostberlin nur indirekt betraf, war der nach der Spaltung des Währungsgebiets von der Westberliner UGO [Unabhängige Gewerkschafts-Organisation] ausgelöste mehrwöchige Streik der Eisenbahner für eine Bezahlung in Westmark.[342] Unter völlig anderen Vorzeichen standen die Widerstandsaktionen der frühen fünfziger Jahre. Die Einführung der Betriebskollektivverträge (BKV) stieß auf breite Ablehnung. Die Auseinandersetzungen nahmen durchaus massenhaften Charakter an und bereiteten den verantwortlichen Partei- und Gewerkschaftsfunktionären erhebliches Kopfzerbrechen. Zusammen mit den immer wieder eingeforderten Erhöhungen der Arbeitsnormen und der Verschlechterung der allgemeinen Versorgungssituation bestimmten sie die politische und soziale Szene im Vorfeld des Aufstandes vom 17. Juni 1953. Spektakuläre Einzelereignisse wie die gewalttätigen Krawalle von Saalfeld 1952 waren dagegen eher untypisch für die allgemeine und vor allem nach Stalins Tod anwachsende soziale Unruhe.[343] Daß der Juni-Aufstand somit eine längere sozialökonomische Vorgeschichte hatte, daß soziale Konflikte bis hin zu größeren betrieblichen Streikaktionen aber auch nach der Niederschlagung der Erhebung keineswegs aufhörten, ist oben eingehend dargestellt worden.[344]

340 Doernberg, Geburt, S. 384.
341 Vgl. oben, Kap. I 9 (S. 129 ff.).
342 Dazu Burghard Ciesla, Als der Osten durch den Westen fuhr. Die Geschichte der Deutschen Reichsbahn in Westberlin, Köln 2006, S. 94 ff.
343 Vgl. zu diesem ganzen Komplex oben, Kap. III 2 (S. 321 ff.).
344 Vgl. oben, Kap. III 5 (S. 348 ff.).

9. Arbeiterverhalten zwischen Loyalität, Arrangement und spontanen Streiks

Die Doppelstrategie von Verbesserung der sozialen Lage und Krisenprävention durch Aufbau einer Drohkulisse in Gestalt der Betriebskampfgruppen sowie der Verstärkung des MfS-Apparats rückte jedoch gegen Ende des Jahres 1953 alle Formen offener Konflikte zunächst in den Hintergrund. Da der mit großem propagandistischen Aufwand inszenierte »Neue Kurs« aber nicht die Richtigkeit der 1952 verkündeten »Generallinie« in Frage stellen sollte und bis 1955 schleichend wieder zu den Akten gelegt wurde, änderte sich im Grunde wenig an der Konstellation, die immer wieder zu Arbeitsniederlegungen oder Drohungen damit führte. Seit 1955 finden sich sowohl in der offiziellen Berichterstattung wie in den Meldungen des Ostbüros wieder häufigere Hinweise auf solche »besonderen Vorkommnisse«. 1956 tauchten dabei verstärkt zusätzliche politische Faktoren auf, deren Bedeutung jedoch schwer einzuschätzen ist. Die Ereignisse in Polen und Ungarn lösten zwar keine Streiks aus – das wäre für die Betroffenen viel zu riskant gewesen –, aber das MfS registrierte im Herbst 1956 aus allen Bezirken eine auffällig hohe Zahl von »Hetzlosungen« in den Betrieben. Arbeitsniederlegungen bezogen sich dagegen auch in dieser Phase ausnahmslos auf die üblichen Konflikte um Löhne, Prämien und Normen.[345]

Aus der Fülle von Einzelberichten sollen hier zur Illustration lediglich einige in ihrem Profil unterschiedliche Beispiele genannt werden, bevor im Anschluß an einen zusammenfassenden Stasi-Bericht für das Jahr 1960 eine Gewichtung und Einordnung versucht wird.

In einem mecklenburgischen VEB, einer Kistenfabrik mit rund 200 Beschäftigten, traten Ende Juni 1955 etwa 100 Frauen in einen mehrstündigen Sitzstreik, weil ihr Grundlohn erheblich niedriger als derjenige der Männer war. Als ein BGL-Vertreter die Urheber des Streiks erfahren wollte, wurde er aus dem Arbeitssaal expediert. Als Teilerfolg konnten die Frauen eine Anhebung ihres und eine Senkung des Männerlohns verbuchen.[346]

Im September 1955 streikten in der Hauptwerkstatt des wichtigen Stickstoffwerkes Piesteritz (Bezirk Halle) etwa 300 Arbeiter. Die Parteileitung hatte hier ein Plakat gegen »Bummelantentum« ausgehängt, auf dem ein unter der Drehbank schlafender Arbeiter gezeigt wurde. Erst nach der Entfernung dieses als Beleidigung empfundenen Plakats wurde die Arbeit wieder aufgenommen. Ein Vertreter der SED-Bezirksleitung diskutierte den Vorfall mit den Arbeitern und gestand zu, die Partei habe mit diesem Plakat falsch gehandelt.[347]

In der LPG Grabow/Parchim (Schwerin) verweigerten am 28. Mai 1956 14 Arbeiter, die sich im Rahmen der Aktion »Industriearbeiter aufs Land« in der Landwirtschaft verpflichtet hatten, für zwei Tage die Arbeit, weil zwei Arbeiter keine Fleischzuteilung erhalten hatten. Im RAW Berlin-Schöneweide erhielten die E-Schweißer am 7. Juni 1956 Auftragszettel mit neuen Normen, die von der

---

345 Information des MfS 321/56 vom 7.11.1956, betr. »Schwerpunkte feindlicher Tätigkeit in der Industrie im Zusammenhang mit den Veröffentlichungen der Westsender über angebliche Streiks in Magdeburg sowie des Ereignisses in Polen und Ungarn« [sic!], BStU, MfS-AS 84/59, Bl. 283-302.
346 MB Ostbüro Juli 1955, S. 37.
347 MB Ostbüro November 1955, S. 30.

BGL noch nicht bestätigt worden waren. Angesichts massiver Unzufriedenheit wurde eine Besprechung mit dem Leiter der Abteilung Arbeit, dem TAN-Leiter, dem Meister, dem Brigadier und dem Gruppenorganisator durchgeführt. Deren Ergebnis war eine Überprüfung aller Normen und die Zusage, finanzielle Härten auszugleichen. Als dennoch wiederum Auftragszettel mit neuen Normen auftauchten, drohten 15 E-Schweißer mit Arbeitsniederlegung oder Kündigung, nahmen nach Klärung der Angelegenheit dann aber die Arbeit sofort wieder auf.[348] Im Gebiet Ronneburg-Stolzenberg kam es im August 1956 zu einem Streik der Kraftfahrer der Wismut SDAG, die für einen verlängerten Transportweg die Bezahlung der Mehrarbeit verlangten. Als das MfS daraufhin vier angebliche Rädelsführer verhaftete, blieben die Streikenden standhaft und forderten zusätzlich die Freilassung der Verhafteten. Beide Forderungen wurden schließlich erfüllt, und der sowjetische Chef der Wismut kritisierte den zuständigen sowjetischen Direktor wegen »bürokratischen Verhaltens.«[349]

Ein für interne Differenzen interessantes Beispiel aus dem Karl-Marx-Werk in Magdeburg erwähnte der Monatsbericht des Ostbüros vom September 1956. Demnach kamen in einer gemeinsamen Sitzung von SED-Grundorganisation, BGL und AGL Klagen der Arbeiter über die schlechte Versorgung, Krisen in der Stromlieferung, aber auch über die wachsende Überwachung durch das MfS zur Sprache. Als der Erste Sekretär der Betriebsparteiorganisation (BPO) erklärte, man müsse den Arbeitern klarmachen, sie hätten in nächster Zeit den Gürtel etwas enger zu schnallen, verließen die meisten Gewerkschaftsfunktionäre unter Protest die Sitzung, legten dem Parteisekretär nahe, er solle das den Arbeitern selber sagen, und erklärten, sie würden nun mit dem Ersten Sekretär des Bezirks (Alois Pisnik) sprechen.[350]

Im Juli und August 1957 gab es mehrere Arbeitsniederlegungen auf den Bauplätzen des Großprojekts »Schwarze Pumpe« in der Lausitz. Anlaß war die schlechte Qualität des Betriebsessens und der Kartoffelversorgung. Verhaftungen von vier jugendlichen »Rädelsführern« lösten nach Angaben des Ostbüros einen vierundzwanzigstündigen Proteststreik für die Freilassung der Verhafteten aus.[351] Ebenfalls über einen Proteststreik mit politischem Anlaß berichtete ein Vertrauensmann des Ostbüros aus dem VEB Schwermaschinenbau »Heinrich Rau« in Wildau/Kreis Königswusterhausen am 10. Dezember 1957, einem wichtigen Betrieb mit rund 2000 Belegschaftsmitgliedern. Anlaß war die Verabschiedung des Paßgesetzes durch die Volkskammer am Tag zuvor und ein zusätzlicher Hinweis am Schwarzen Brett des Betriebes, Fahrten nach Westberlin seien den Werksangehörigen untersagt. Der Streik begann nach diesen Informationen mit der Frühschicht in einer Halle und griff auf die übrigen Abteilungen über. Ein »ganzer Schwarm von SSD-Leuten mit Kriminalpolizei« rückte an und diskutierte mit

---

348 Alle drei Beispiele in der Sonderinformation des MfS vom 11.6.1956, BStU, MfS-AS 80/59, Bd. 1a, Bl. 275-280.
349 MB Ostbüro August 1956, S. 16.
350 MB Ostbüro September 1956, S. 19.
351 MB Ostbüro August 1957, S. 42 f.

9. Arbeiterverhalten zwischen Loyalität, Arrangement und spontanen Streiks

den Arbeitern der einzelnen Abteilungen. Der Anschlag am Schwarzen Brett wurde als angeblich falsche Information umgehend entfernt und (nach telefonischer Rücksprache mit Berlin) versichert, Fahrten nach Westberlin seien weiterhin möglich. »Bemerkenswert ist in diesem Zusammenhang«, stellte der Berichterstatter fest, »daß der SSD die Arbeiter wie rohe Eier behandelte und zuvorkommend wie noch nie gegenüber der Belegschaft des Werkes war. Durch das Versprechen der zentralen Regierungsstellen konnte nach der Frühstückspause die Wiederaufnahme der Arbeit erreicht werden.«[352]

Mehrere Proteststreiks gegen Normerhöhungen nach dem 35. ZK-Plenum der SED wurden im Februar 1958 aus dem Bezirk Cottbus gemeldet. Erst nach der Zusicherung der Rücknahme der Normerhöhung und der Straffreiheit für die an Diskussionen und Arbeitsniederlegungen Beteiligten wurde die Arbeit wieder aufgenommen. In einigen Belegschaftsversammlungen dieser regional breit gestreuten Protestbewegung, die von Teilen der Partei- und FDGB-Funktionäre stillschweigend geduldet wurde, soll es auch demonstrative Stellungnahmen für Schirdewan und gegen Ulbricht gegeben haben.[353] 1959 und 1960 häuften sich offenbar kurze Streiks aus verschiedenen Anlässen besonders im Bezirk Dresden. Ein keineswegs singulärer Fall betraf einen Konflikt zwischen Partei und Gewerkschaft. Im VEB KAMA in Dresden wurde im Rahmen der »Sieben-Meilenstiefel-Bewegung« den Betrieben nacheinander ein riesiger Stiefel von der SED-Kreisleitung und den Kreisvorständen der Gewerkschaften überreicht. Dieses Ritual erboste den AGL-Vorsitzenden des besagten Betriebes so sehr, daß er den Stiefel in die Ecke warf. Als er daraufhin fristlos entlassen werden sollte, solidarisierten sich die Arbeiter der Abteilung mit ihrem AGL-Vorsitzenden, legten die Arbeit nieder und erzwangen die Rücknahme der Entlassung.[354]

Im ersten Halbjahr 1960 verzeichnete die ZK-Abteilung »Gewerkschaften und Sozialpolitik« der SED 30 Streiks mit 273 Teilnehmern. Als stereotype Kritikformel verwies die SED dabei auf die »völlig ungenügende Verbindung leitender Wirtschaftsfunktionäre und der Gewerkschaftsleitung des Betriebes mit den Arbeitern«.[355] Hierin sah die SED generell den tieferen Grund für die unzureichende Bewältigung von Arbeitskonflikten. Denn dem FDGB gelang nicht einmal eine angemessene Berichterstattung dazu. So wurden dem Bundesvorstand für 1960 insgesamt eine viel zu niedrige Zahl von 166 Arbeitsniederlegungen gemeldet. Mit den klassischen ideologischen Leerformeln charakterisierte die ZK-Abteilung die Situation: »Nach unserer Übersicht entsteht die Mehrzahl der Konflikte dadurch, weil Partei-, Gewerkschafts- und Wirtschaftsleitungen nicht genügend mit den Menschen arbeiten. Wegen unqualifizierter Tätigkeit verschiedener

---

352 Bericht vom 17.1.1958, AdsD, Ostbüro 0257/Box 694.
353 Bericht vom 25.2.1958, ebd.
354 Bericht vom 6.8.1959, ebd. Kurze Erwähnung auch in MB Ostbüro August 1959, S. 18.
355 Zwischenbericht der Brigade des FDGB-Bundesvorstands im Bezirk Dresden vom 8.8.1960, SAPMO-BArch, DY 30/IV 2/6.11/47. Ich danke Peter Hübner für diesen Hinweis. Eine Reihe von Streiks und Widerstandsaktionen werden auch erwähnt im MB Ostbüro Oktober 1960, S. 9 ff. mit besonderer Betonung der Stärke des »Sozialdemokratismus« im Bezirk Dresden.

VI. Arbeiterleben im »Arbeiter-und-Bauern-Staat«

Gewerkschaftsleitungen, bürokratischen herzlosen Verhaltens entstehen bei einzelnen Arbeitern oder kleineren Arbeitsgruppen oftmals Meinungen über unsere Entwicklung und den FDGB, die sie eben in Konflikte mit der Gewerkschaft und den Gesetzen unseres Arbeiter-und-Bauern-Staates bringen. Meistens sind der äußere Anlaß dafür, wie schon erwähnt, falsche Behandlung der Menschen, Administrieren und Verzicht auf die Überzeugung der Menschen für ein vorgesehene Maßnahme.«[356]
Erheblich besser war das MfS informiert, auch wenn dessen Angaben zu den Arbeitsniederlegungen ausdrücklich als unvollständig bezeichnet wurden. Demnach kam es 1960 zu insgesamt 234 Arbeitsniederlegungen mit 2.380 Beteiligten.[357] Gegenüber 1959, wo nur zirka 60 »derartige Vorkommnisse« registriert wurden, war das eine dramatische Steigerung, die sich vermutlich aus der beginnenden Wirtschafts- und Versorgungskrise erklären läßt. Für die durchschnittliche Beteiligung eines Arbeiters errechnete das MfS pedantisch 3 Stunden. Insgesamt gibt der Bericht jedoch einen instruktiven Einblick in die ungefähre Verteilung, die Schwerpunkte, Anlässe und bietet brauchbare Anhaltspunkte für ein zutreffendes Gesamturteil.

An der Spitze der Bezirke lag Dresden mit 97 »Vorkommnissen«, gefolgt von Karl-Marx-Stadt mit 30, Gera und Halle mit je 17, Erfurt mit 15, Magdeburg mit 12 und Leipzig mit 10 Arbeitsniederlegungen. Eine deutliche Konzentration wurde für die Branchen Maschinenbau (59), Bauindustrie (51) und Textil/Bekleidung/Leder (20) festgestellt. Betont wurde die Beteiligung ganzer Schichten, Brigaden oder Abteilungen. Die Höchstzahl betrug 130 beteiligte Arbeiter. Nüchtern und im wesentlichen zutreffend fiel das Urteil über die äußeren Anlässe der Arbeitsniederlegungen aus: Lohn- und Normenfragen, mangelnde Arbeitsorganisation und Materialzuführung, administrative Entscheidungen und ähnliches. Kritisch hervorgehoben wurde die breite Streuung der Beteiligung: »Beachtenswert und die ungenügende Arbeit der Partei- und Massenorganisationen charakterisierend ist in diesem Zusammenhang die Tatsache, daß sich Parteimitglieder (auch Gruppenorganisatoren), BGL-Mitglieder und andere Funktionäre an Arbeitsniederlegungen beteiligen.«[358] Es fehlten jedoch nicht die Hinweise »auf direkt provokatorisches Auftreten feindlicher Elemente«. Dazu zählte man »Rückkehrer und Erstzuziehende, Vorbestrafte, ehem. Faschisten, Provokateure vom 17.6.1953, Rowdys und ständige Bummelanten«. Sie brachten die Forderungen vor, die sich auf den Einfluß westlicher Nachrichten zurückführen ließen wie: Langsamarbeiten, Einführung der Fünftage-Woche, Lohnerhöhung und Veränderung der Arbeitsnormung, Erhöhung des Urlaubs und von Zuschlagszahlungen, Freilassung von Inhaftierten. Übermäßiger Alkoholgenuß spielte häufig eine Rolle. Zwar wurde den »Rückkehrern und Erstzuziehenden« aus dem Westen eine herausgehobene

---

356 Kurze Einschätzung der Arbeitskonflikte im Jahr 1960 (o. D.), SAPMO-BArch, DY 30/IV2/6.11/11.
357 Bericht über Arbeitsniederlegungen in der DDR im Jahre 1960 vom 18.1.1961, BStU, ZAIG Z 372. Bl. 1-19.
358 Ebd., Bl. 4.

9. Arbeiterverhalten zwischen Loyalität, Arrangement und spontanen Streiks

Bedeutung bei der Initiierung von Streiks zugeschoben, weil sie Vergleiche mit den Arbeitsbedingungen in der Bundesrepublik ziehen konnten, aber die tieferen Ursachen sah das MfS vor allem im Versagen der Gewerkschaften: »In fast allen Betrieben, in denen Arbeitsniederlegungen auftraten, ist die Arbeit der betrieblichen Gewerkschaftsleitungen und der jeweiligen Industriegewerkschaften mangelhaft oder überhaupt nicht zu spüren.«[359] Das MfS kreidete ihnen Bagatellisierung der Streiks an, betonte aber zugleich, die Arbeiter richteten sich mit ihren Aktionen häufig subjektiv keineswegs gegen die Arbeiter-und-Bauern-Macht, sondern gegen bürokratisches Verhalten, schlechte Arbeitsorganisation und Mißachtung von Arbeitervorschlägen. Das war in bestimmten Grenzen durchaus zutreffend. Andererseits verschwieg das MfS jedoch auch nicht die mangelhafte Arbeitsmoral bei den Arbeitern: überzogene Arbeitspausen, längere Aufenthalte in der Kantine während der Arbeitszeit, eigenmächtige Verkürzung der Arbeitszeit.

Insgesamt vermittelt diese MfS-Analyse ein durchaus differenziertes, in weiten Passagen realitätsnahes Bild, auch wenn die Rezepte zur Behebung der Ursachen von Arbeitsniederlegungen allzu simpel ausfielen. Mit dem Schock des Mauerbaus änderte sich die Streikhäufigkeit zunächst weniger deutlich als zu vermuten war. Zwar gab es anfangs angesichts scharfer Verfolgung aller Widerstandsaktionen einen gewissen Einbruch, aber schon für 1962 und 1963 verzeichnete das MfS im größten und wichtigsten Industriebezirk Karl-Marx-Stadt bereits einen deutlichen Anstieg. Dieser Bezirk lag nun an der Spitze. Die Anlässe waren die gleichen wie früher, und auch der in seinem tatsächlichen Gehalt schwer zu beurteilende Hinweis auf die »Rückkehrer« als Initiatoren war hier erneut zu finden.[360]

Auch wenn sich, wie die Beispiele zeigen, kein klares Muster für Ursachen und Abläufe von Streiks festlegen läßt, gab es doch eine Art Standardkonstellation, die sich in verschiedenen Varianten wiederholte. In diesem Sinne hat Peter Hübner die Stationen einer »stilisierten Verlaufskurve« aus der Beobachtung zahlreicher Fälle nachzuzeichnen versucht.[361] Der Ausgangspunkt war in der Regel die Abwehr einer Verschlechterung von Löhnen, Normen, Arbeitszeit. Diskussionen darüber fanden zumeist im engsten Kreis der unmittelbar Betroffenen statt, Beschwerden und Forderungen wurden an die unmittelbar Vorgesetzten gerichtet, wobei oftmals auch Basisfunktionäre von FDGB und SED solche Forderungen unterstützten. Wurde deren Nichterfüllung erkennbar, war das häufig Auslöser von Arbeitsniederlegungen, um weitere Gespräche zu erzwingen. Reguläre Verhandlungen gab es zwar kaum, aber in Versammlungen wurden Argumente ausgetauscht und Angebote der Werksleitung formuliert, die zusicherten, daß es keine Einkommenseinbußen gebe, wenn die Arbeit schnell wieder aufgenommen würde. Beide Seiten bemühten sich insofern um eine Entpolitisierung des Kon-

---

359 Ebd., Bl. 13.
360 Einzelinformation über Arbeitsniederlegungen im Bezirk Karl-Marx-Stadt in den Jahren 1962 und 1963 vom 1.10.1963, BStU, ZAIG Z 720, Bl. 4-7.
361 Hübner, Konsens, S. 196. Ferner, in komparativer Perspektive, ders., Arbeitskampf im Konsensgewand? Zum Konfliktverhalten von Arbeitern im »realen« Sozialismus, in: Bispinck u. a. (Hg.), Aufstände, S. 195-213.

flikts. Bisweilen gab es anschließend Loyalitätsgesten der Arbeiter im Hinblick auf die eine oder andere Mehrleistung.

Die aus Partei- und FDGB-Materialien zusammengestellte Übersicht über die Anzahl der Arbeitsniederlegungen in den sechziger Jahren zeigt zwar gegenüber den fünfzigern eine fallende Tendenz, ist aber darüber hinaus wenig aussagekräftig, zumal keine Angaben über die Anzahl der Beteiligten vorliegen. Zudem dürften auch diese Daten durchweg zu niedrig sein, weil längst nicht alle »Vorkommnisse« registriert oder gemeldet wurden.[362] Erst in den siebziger und achtziger Jahren sank dann aber die Zahl der registrierten Streiks auf eine Handvoll ab, so daß der Streik als Mittel des Protests jede Bedeutung verlor. Die Eingabe als legales und oft erfolgreiches Mittel der individuellen Interessenwahrnehmung trat an seine Stelle. Die Arbeiter stellten zwar unter den Eingabenschreibern auch schon in den fünfziger Jahren mit 60 bis 64 Prozent die große Mehrheit[363], und die Unzufriedenheit änderte sich kaum, aber die Form ihrer Artikulation verschob sich. »Der typische ›Arbeitskampf‹ hatte in der DDR in den siebziger und achtziger Jahren den Charakter einer individuellen Bittstellung angenommen, die zudem im privaten häuslichen Raum formuliert wurde.«[364]

Es ist strittig, ob und wieweit die kurzzeitige Zunahme von »Vorkommnissen« in den Jahren 1970/71 den Kurswechsel von Ulbricht zu Honecker beschleunigt hat. Mit Sicherheit hat jedoch die angespannte wirtschaftliche und soziale Situation bei der Mehrheit der SED-Spitze dazu geführt, daß die Sorge vor Unruhen, die sich in Polen zum blutigen Konflikt entwickelt hatten, das politische Handeln bestimmte und Konzessionen gegenüber der Arbeiterschaft beförderte. Daß die stillschweigende Beerdigung des NÖS und die Forcierung der Sozialpolitik Protestverhalten der Arbeiter weitgehend den Boden entzogen, erscheint daher folgerichtig.[365] (☞ vgl. Tab. 43)

Während der Trend in den sechziger Jahren generell rückläufig war, lassen sich für das Krisenjahr 1968 mit der gewaltsamen Beendigung des »Prager Frühlings« wieder überraschende Hinweise auf die relativ starke Beteiligung jugendlicher Arbeiter an den spontanen Protestaktionen feststellen. Anders als zuvor boten nun allerdings kaum die Betriebe den äußeren Rahmen für unbotmäßige Aktivitäten. Fälle von Streiks in diesem Kontext sind nicht überliefert, was nicht verwunderlich ist angesichts der massiv verschärften Repression. Insgesamt registrierte die Stasi in den ersten Monaten nach dem Einmarsch der Warschauer-Pakt-Truppen

362 Die Zahlen sind zusammengestellt worden von Renate Hürtgen, Konfliktverhalten der DDR-Arbeiterschaft und Staatsrepression im Wandel, in: Hübner/Kleßmann/Tenfelde (Hg.), Arbeiter, S. 383-403, hier: S. 395.
363 Felix Mühlberg, Konformismus oder Eigensinn? Eingaben als Quelle zur Erforschung der Alltagsgeschichte der DDR, in: MKF 37, 1996, S. 331-345, hier: S. 337.
364 Hürtgen, Konfliktverhalten S. 398.
365 Vgl. dazu in Auseinandersetzung mit Hürtgen Olaf Klenke, Betriebliche Konflikte in der DDR 1970/71 und der Machtwechsel von Ulbricht zu Honecker, in: Jb. für Forschungen zur Geschichte der Arbeiterbewegung 2004 H. 2, S. 18-27. Ausführlich zur Krisenkonstellation in dieser Zeit demnächst Peter Hübner, Sozialismus als soziale Frage. Der Dezember 1970 und die Folgen. Die DDR und Polen im Vergleich.

9. Arbeiterverhalten zwischen Loyalität, Arrangement und spontanen Streiks

jedoch 2.129 Protestaktionen, von denen 1.360 als »wesentlich« eingestuft wurden. Dabei handelte es sich vor allem um »Anschmieren von Hetzlosungen«, Verbreitung von »Hetzschriften« und Sympathiekundgebungen. Von den 506 Personen, gegen die das MfS von August bis November 1968 Ermittlungsverfahren einleitete, waren 37,3 Prozent Facharbeiter, 19,9 Prozent sonstige Arbeiter und 14,5 Prozent Lehrlinge, der größte Teil davon Jugendliche bis 25 Jahre.[366] Wieweit sich Arbeiter in Betrieben an Protestaktionen beteiligten, ist nur vage zu erschließen.[367]

»Gebranntes Kind scheut das Feuer«, erklärte Grotewohl während einer Erörterung der Folgen des XX. Parteitages unter Hinweis auf die Erfahrung des 17. Juni.[368] Diese frappierende Ehrlichkeit kann einige Eigenarten im Umgang der SED-Führung mit »ihren« Arbeitern erklären. Nicht die Ziele, aber die Methoden ihrer Durchsetzung, insbesondere die Propagierung neuer Normen, änderten sich nach dem Schock von 1953 deutlich. Die skizzierten Beispiele von Streiks lassen häufig ein erstaunliches Maß an Bereitschaft zum Verhandeln und zur Deeskalation bei den Funktionären, den Betriebsleitungen und sogar der Stasi erkennen. Das Risiko jeder Form von Auflehnung blieb für Arbeiter beträchtlich, aber spontane Wutausbrüche über ungerechte Prämienverteilung, falsche Entlohnung oder nicht einsehbare Normerhöhungen wurden nicht gleich politisch gedeutet und mit Sanktionen belegt. Die Hoffnung darauf, daß sich die »Arbeit mit den Menschen« letztlich in Einsicht und freiwillige Mitarbeit umsetzen lasse, verschwand nie, wie stereotyp und ge-

Tab. 43: Anzahl der registrierten Arbeitsniederlegungen seit 1960

1960	166
1961 (I. bis III. Quartal)	98
1962	117
1963	138
1964	57
1965	25
1966	41
1967	18
1968	15
1969	28
1970 (bis 10.12.)	26
Oktober 1970–April 1971	63
1971	48
1972	39
1973–1974	ca. 40/30
1975	26
1976	ca. 25
1977	ca. 25
1978	15
1979	8
1980	6
1981	14
1982	6
1983	1
1984	–
1985	5
1986	2
1987	2
1988	2

[Quelle: Renate Hürtgen, Konfliktverhalten, S. 395. Eine Gesamtzählung für das Jahr 1970 findet sich in den Materialien der SED und des FDGB nicht.]

---

366 Monika Tantzscher, »Maßnahme Donau und Einsatz Genesung«. Die Niederschlagung des Prager Frühlings 1968/69 im Spiegel der MfS-Akten, Berlin 1994, S. 36,126 f.(BStU, Analysen und Berichte).
367 Einige Hinweise aus MfS-Akten auf »Hetzlosungen«, verweigerte Unterschriften u. a. bringt Stefan Wolle, Die DDR-Bevölkerung und der Prager Frühling, in: APZ B36 (1992), S. 35-45, hier: S. 42 f.
368 Zit. bei Lemke, Einheit, S. 385.

dankenlos derartige Formeln auch verwandt wurden. Insofern läßt sich in der asymmetrischen Kommunikation zwischen Führung und Geführten doch eine im Kern »dialogische« Struktur erkennen, wie sie etwa in der NS-Diktatur kaum zu finden ist. Damit wird nicht das Ausmaß der latenten und offenen Repression und der Verweigerung jeder wirklichen Partizipation in Frage gestellt. Aber ein charakteristisches Element der sozialen Relevanz der Ideologie des Arbeiterstaates wird hier erkennbar. Denn dieser erforderte insbesondere nach dem Desaster von 1953 zumindest äußerlich »andere Umgangsformen« als ein kapitalistischer Staat, von dem man sich permanent abgrenzte.

Die Heroisierung der »führenden Klasse« produzierte, so hat Ina Merkel wohl zu Recht betont, verschiedene Verarbeitungsweisen. Der klassenbewußte Aktivist war eine Variante, der Nörgeler und Meckerer eine andere. Die aufgesetzte Ideologisierung bestätigte aber ein gewisses Selbstbewußtsein, zu denjenigen zu gehören, »denen keiner was konnte, die nur machten, wenn sie auch wollten und sich somit bei aller Unterordnung unter die herrschende Ordnung ein Stück Freiheit und Selbstbestimmung bewahrten.«[369]

10. Politische Geographie im Alltag: der Westen im Osten

Wenn die DDR als Gegengesellschaft zur Bundesrepublik konzipiert wurde und in ständiger Abgrenzung zu ihr existieren mußte, so implizierte dieser Anspruch zugleich den permanenten Vergleich mit dem ideologisch bekämpften und sozial in düsteren Farben dargestellten Modell im Westen. Dieses Modell war daher auf doppelte Weise, in der hohen Politik und im trivialen Alltag, ständig in irgendeiner Weise präsent. Ob beim Kampf um den Frieden, beim Vergleich der sozialpolitischen Wohltaten, dem hypertrophen wirtschaftspolitischen Ziel »Einholen und Überholen« der Bundesrepublik oder bei der Zusammenstellung offizieller Daten zum Lebensstandard, zur Bildungspolitik oder zur Kriminalitätsentwicklung – überall mußte »der Westen« auch auf der Meßlatte erscheinen. »Zwischen der Dämonisierung und Überhöhung der BRD gab es alle nur denkbaren Variationen und Differenzierungen«, so hat Stefan Wolle die Situation treffend charakterisiert.[370] Was in der propagandistischen Gegenüberstellung als Folie der eigenen Legitimation diente, war im kritischen Blick der Bevölkerung jedoch der heimliche, wenn auch keineswegs unkritische Orientierungsmaßstab für eigene Wünsche und Ziele. »Der Westen« meinte natürlich in erster Linie die Bundesrepublik. Da sich diese aber im Zuge der Westintegration in beträchtlichem Umfang amerikanischen Einflüssen öffnete, ergaben sich indirekt auch für die DDR Ansätze einer gewissen »subkutanen Amerikanisierung«.[371]

369 Merkel, »... und Du, Frau«, S. 115.
370 Stefan Wolle, Der Traum vom Westen. Wahrnehmungen der bundesdeutschen Gesellschaft in der DDR, in: Konrad H. Jarausch/Martin Sabrow, Weg in den Untergang. Der innere Zerfall der DDR, Göttingen 1999, S. 195-211, hier: S. 197.
371 Konrad Jarausch, Die Umkehr. Deutsche Wandlungen 1945-1995, München 2004, S. 166.

10. Politische Geographie im Alltag: Der Westen im Osten

Wie elementar das Interesse am Westen war, hatte der Aufstand am 17. Juni 1953 mit den politischen Forderungen nach nationaler Einheit und freien Wahlen gezeigt. Dieses Interesse blieb in der Folgezeit nahezu ungebrochen erhalten, veränderte sich aber in einigen Facetten und konnte sich zunehmend nur in indirekten Formen äußern. Seine politische Dimension ist auch in der Arbeiterschaft keineswegs zu vernachlässigen, aber daß vor allem die sozialen Aspekte im betrieblichen und privaten Alltag im Vordergrund standen, liegt nahe. Auch wenn sich nationale Bindungen in der Generationenfolge verschoben und ihre Wirksamkeit nachließ, verschwanden sie nie. Die innerdeutsche Kommunikation blieb allen Störungen und aller Gewöhnung an die Teilung zum Trotz doch so dicht, daß Bilder und Vorstellungen vom Westen, wie vage und veredelt auch immer, stets in anderer Form den Alltag bestimmten, als sich die SED das wünschte. Umgekehrt war es für die »Westarbeit« der SED und ihrer Massenorganisationen ein mühsames Unterfangen, im anderen Teil Deutschlands für ihre Ziele und Propagandabilder in größerem Umfang Resonanz zu finden.

1954 veröffentlichte der im gleichen Jahr von der DDR-Regierung als Gegenstück zum westdeutschen »Kuratorium unteilbares Deutschland« gegründete »Ausschuß für Deutsche Einheit« in Ostberlin eine umfängliche Propagandabroschüre mit dem Titel »250 Fragen – 250 Antworten über die Deutsche Demokratische Republik«.[372] Mit der Attitüde der nüchternen, objektiven Information über den tatsächlichen politischen und sozialen Alltag in der DDR sollten hier die »Gruselgeschichten« im Westen über die »Ostzone« widerlegt werden. Reiches Zahlenmaterial und ansprechende Bilder, insbesondere über das kulturelle Leben, hatten die Argumentation vom besseren ostdeutschen Staat zu stützen. Besonders ausführlich wurde die Frage dokumentiert »Wie lebt der Arbeiter in der DDR?« mit detaillierten Angaben und Beispielen über Löhne, Prämien, Sozialversicherungsbeiträge, Urlaub, Gesundheits- und Arbeitsschutz, aber auch mit Antworten auf die Frage, warum es Aktivisten, Helden der Arbeit, ständige Wettbewerbe und andere Merkwürdigkeiten gab. Alles mündete in die pathetisch beschworene Vision einer Wiedervereinigung, die nur durch Zusammenarbeit aller demokratischen Kräfte in ganz Deutschland zu erreichen sei. Das gesamte Propagandaarsenal der »Westarbeit« fand sich hier in konzentrierter Form, verbunden mit der psychologisch nicht ungeschickten Erörterung von Argumenten, die in der eigenen Bevölkerung und bei Westbesuchern immer wieder auftauchten. Die Resonanz solcher Materialien in der Bundesrepublik läßt sich nicht abschätzen, sie dürfte aber gering gewesen sein, weil platte Erfolgsbilanzen bei gegenläufigem Informationsstand selten den gewünschten Effekt haben. Überraschender und schwerer zu erklären ist dagegen die Hartnäckigkeit, mit der diese aufwendige Propaganda bis in die sechziger Jahre hinein unter gesamtdeutschen Parolen kontinuierlich fortgeführt wurde.[373] Dazu lassen sich als Teilaspekt und Vorausset-

---

372 Erschienen im Verlag »Die Wirtschaft« in Ostberlin, der auch als Adresse für Zuschriften fungierte.
373 Vgl. dazu oben, Kap. II 12 (S. 300 ff.) und IV 8 (S. 490 ff.).

VI. Arbeiterleben im »Arbeiter-und-Bauern-Staat«

zung auch die völlig realitätsfernen ideologischen Einschätzungen der SED, der illegalen KPD und des FDGB zur westdeutschen Arbeiterschaft und insbesondere zur Gewerkschaftsbewegung rechnen, auf die hier nicht einzugehen ist.[374] Zumindest in den fünfziger Jahren war der Glaube an den Erfolg dieser gesamtdeutschen Bemühungen offenbar noch so verwurzelt, daß selbst das MfS in seiner Berichterstattung davon überzeugt war. So stellte ein erstaunlich naiv anmutender Informationsbericht des MfS 1954 bei mehreren Arbeiterdelegationen aus dem Westen – unter Ausblendung der politischen Hintergründe – ausdrücklich freudige Überraschung über den herzlichen Empfang und die schnelle Grenzabfertigung fest, aber auch Erstaunen über die sozialen Einrichtungen und das sportliche und kulturelle Leben in Magdeburger Betrieben.[375] Andererseits fehlte es auch nicht an kritischen Anmerkungen zur Interesselosigkeit der Belegschaften in der DDR gegenüber politischen Fragen, zur geringen Beteiligung wichtiger Betriebe an politischen Großkundgebungen, zu Lobgesängen gerade von Arbeitern auf das Westgeld und zu verbreiteten Vorstellungen, wie eine Wiedervereinigung vor allem das Konsumangebot erhöhen würde.[376]

Auf die politischen Kampagnen, die auch in den Betrieben unübersehbare gesamtdeutsche Sichtagitation, die verordnete Streikunterstützung für westdeutsche Arbeiter, die wenig ergiebigen Versuche zur Beeinflussung von westdeutschen Parteien, Gewerkschaften und Betriebsräten, auf die Leipziger »Arbeiterkonferenzen« und den politisch gesteuerten »Delegationsrummel« ist bereits in mehreren Zusammenhängen hingewiesen worden.[377] Ein anschauliches, emotional stark aufpoliertes Beispiel, wie Delegationsbesuche abliefen oder zumindest ablaufen sollten, brachte 1956 die betriebliche Funktionärszeitschrift »Das Gewerkschaftsaktiv«.[378] In exemplarischer Absicht stand hier die betriebliche Perspektive der auf nationaler Ebene wenig erfolgreichen Gewerkschaftskontakte ganz im Vordergrund, wie ein Auszug aus dem Artikel illustrieren kann:

»Als im Herbst 1954 die ersten Kollegen aus Westdeutschland in unserem Betrieb eintrafen, fehlten uns noch die notwendigen Erfahrungen. Es bestand noch kein Betreuerkollektiv, die Quartiere wurden schnell vorbereitet, ohne mit den Quartierleuten über Sinne und Zweck zu sprechen. Im großen und ganzen waren wir uns, trotz der Freude über den zu erwartenden Besuch, über

---

374 Dazu ausführlich Manfred Wilke/Hans-Peter Müller, Gegen die Realitäten. Verlauf und Funktion der Diskussion über die westdeutschen Gewerkschaften in SED und KPD/DKP 1961 bis 1972, Köln 1990.
375 Informationsdienst, Bericht vom 29.7.1954: Stimmen zur Lage in der DDR von westdeutschen Bürgern, die in der DDR weilten, BStU, MfS-AS 9/57 Bd. 22a, Bl. 38 ff.
376 Informationsdienst, Bericht vom 4.8.1955: Die Stimmung zur Genfer-Konferenz und zum Besuch der sowjetischen Regierungs-Delegation, BStU, MfS Zentralarchiv Allg. S. 43/58 Bd. 4a, Bl. 200 ff.
377 Siehe oben, Kap. II 12 (S. 300 ff.), IV 8 (S. 490 ff.), V 11 (S. 634 ff.).
378 »Unsere gesamtdeutsche Arbeit dient der friedlichen Wiedervereinigung unseres Vaterlandes auf demokratischer Grundlage«, von Gerhard Teichgräber, BGL-Vorsitzender im VEB »Otto Buchwitz«-Werk, Dresden, in: »Das Gewerkschaftsaktiv« 5 (1956) H. 14, S. 9 ff.

10. Politische Geographie im Alltag: Der Westen im Osten

viele Fragen unklar. Über eines aber bestand bei den Kollegen unserer BGL Klarheit, die westdeutschen Freunde werden nicht in einem Hotel (was bedeutend einfacher gewesen wäre), sondern bei Kollegen unseres Betriebes untergebracht. Unsere Meinung war, daß sich auf diese Weise der beste Kontakt herstellen läßt. So lernten die westdeutschen Freunde ihre Kollegen in unserer Republik nicht nur bei der Arbeit im Betrieb kennen, sondern sahen auch, wie unsere Arbeiter zu Hause leben und wohnen. Dieser persönliche Kontakt mit den Arbeitern schaffte ein gute Grundlage für unsere gesamtdeutsche Arbeit.«

Zur weiteren Kontaktpflege wurde dann ein Gegenbesuch in einem Kasseler Betrieb vereinbart, bei dem Kindern und einem kranken Arbeiter Geschenke überreicht wurden. Danach erfolgte der weitere organisatorische Ausbau des Delegationsaustausches: Die BGL beschloß einen für alle bindenden »Betreuungsplan«, und jeder Besuch wurde »im Kollektiv ausgewertet«. Über Solidaritätsmarken (monatlicher Durchschnittsbetrag 32 Pfennig) und durch Spenden der IG Metall (Ost) sollte die künftige Finanzierung gesichert werden. Das Fazit des Delegationsaustauschs lautete, »daß es zwischen den deutschen Arbeitern nichts Trennendes gibt.« Natürlich war dies eine idealisierte Wunschvorstellung von den Möglichkeiten innerdeutscher Kommunikation unter Arbeitern. Das völlig einseitige und geschönte Bild vom »Arbeiterstaat« mochte unter den ohnehin sorgfältig ausgewählten Adressaten solcher Delegationsvereinbarungen nicht ganz ohne Wirkung bleiben, aber es betraf eben doch nur eine sehr kleine Minderheit von Arbeitern, die sich im Westen daran beteiligten beziehungsweise im Osten an die Ehrlichkeit solcher Unternehmungen glaubten.

Das Gegenstück zu inszenierten Verständigungsritualen war die genaue Beobachtung und wachsame Registrierung aller Widerstandsaktivitäten und westdeutschen Rundfunksendungen durch das MfS. Dabei spielten das Ostbüro und die Informationssendungen des RIAS, der jährlich rund 250.000 Briefe »aus der Zone« erhielt, eine herausragende Rolle.[379] (☞ vgl. *Bild Nr. 17* im Farbteil, S. 464) Die tatsächliche Bedeutung konspirativer Arbeit nahm nach dem gescheiterten Aufstand von 1953 rapide ab. Dagegen blieb das alte Gespenst des »Sozialdemokratismus« offenbar sehr lebendig. Anders als das Ostbüro, das die ungebrochene Popularität sozialdemokratischer Gedanken unter der Arbeiterschaft immer wieder betonte und vor allem das Echo auf das Godesberger Programm hervorhob[380], bemühte sich das MfS, den unmittelbaren Einfluß sozialdemokratischer Argumente zu bagatellisieren, dafür aber den »Sozialdemokratismus« primär in anderen mißliebigen ideologischen Erscheinungen aufzuspüren. Dazu gehörten ebenso ärgerliche wie schwer auszurottende Verhaltensweisen wie »Zurückweichen vor Schwierigkeiten« oder »Fehlen der kämpferischen Auseinanders-

---

379 Vgl. dazu Stöver, Befreiung, S. 426 f.
380 MB Ostbüro November 1959, S. 14 f.; MB Ostbüro Januar 1960, S. 18 f. Vgl. oben, Kap. IV 8 (S. 490 ff.).

VI. Arbeiterleben im »Arbeiter-und-Bauern-Staat«

etzung und oberflächliche Behandlung politischer Probleme«.³⁸¹ Wie vage und inflationär die inhaltliche Ausweitung des Begriffs auch sein mochte, als angstbesetzte Chimäre war der »Sozialdemokratismus« offenbar schwer zu verscheuchen. Aber auch unkontrollierte Fahrten nach Westberlin und in die Bundesrepublik waren unerwünscht. In Berlin und seinem näheren Umfeld verursachten die Versuche vor dem Mauerbau, den Kontakt nach Westberlin zu unterbinden, immer wieder besonderen Unwillen bei den Arbeitern. Das notorisch unruhige LEW Hennigsdorf (Lokomotivbau-Elektrotechnische Werke »Hans Beimler«), das schon am 17. Juni eine herausgehobene Rolle gespielt hatte, bot hier ein aufschlußreiches Beispiel. Eine Bekanntmachung, kein bewußter DDR-Bürger solle mehr die S-Bahn durch Westberlin benutzen, und die Einrichtung eines Omnibusverkehrs, der auf der Fahrt nach Ostberlin nicht mehr Westberlin berührte, verursachten erheblichen Protest bei der Belegschaft und veranlaßten die Betriebsleitung schließlich zu einer Rücknahme dieser Direktive.³⁸² Auf ein anderes Beispiel im Zusammenhang der veränderten Paßgesetzgebung ist bereits hingewiesen worden.³⁸³

Diese Form von Westkontakten betraf jedoch vor allem das Umland und den Osten Berlins. Generell wichtiger waren die Nachrichten, die aus dem Westen über Radio und Fernsehen in nahezu alle Regionen der DDR drangen. Bis zum Mauerbau wurden sie auch durch die hohe Zahl legaler Westbesuche verstärkt. Die infratest-Befragung von Arbeitern bestätigte, daß der größte Anteil der Befragten seine Informationen über den Westen aus persönlichen Besuchen bezog. Die Autoren der Untersuchung schätzten, daß 1956 rund 3 Millionen DDR-Bürger jährlich die Bundesrepublik besuchten. In den folgenden Jahren wurde dieser Besucherstrom jedoch gedrosselt. Eine deutliche Mehrheit der Befragten hörte Westsender, und zwar galt das in gleicher Weise für die 246 im Jahre 1956 befragten DDR-Arbeiter wie für 1456 Flüchtlinge allgemein, die im September 1955 befragt wurden. An der Spitze der Westsender lag der Nord-Westdeutsche Rundfunk (mit 58 beziehungsweise 57 Prozent Höreranteil) gefolgt vom RIAS mit 34 beziehungsweise 32 Prozent. Nur eine Minderheit hörte die Westsender allerdings wegen der Nachrichten, mehrheitlich waren sie wegen der Unterhaltungsprogramme gefragt.³⁸⁴ Aber das machte die Sache aus Sicht der SED kaum besser.

Da die Informationen aus Westdeutschland nur begrenzt auszuschalten waren, forcierte die offizielle Presse in der DDR als Gegenstrategie Nachrichten über wirtschaftliche und soziale Probleme in der Bundesrepublik, insbesondere über das Ruhrgebiet, dessen Strukturkrise sich Ende der fünfziger abzeichnete und in den folgenden Jahren verschärfte. Damit sollte indirekt die Unzufriedenheit über die Dauerprobleme im eigenen Land aufgefangen und auf den »Klassenfeind« abgelenkt werden. »Nicht die Arbeiter der DDR, sondern wir leiden« lautete die plaka-

---

381 Undatierter Einzelbericht von 1955, Abschnitt »Wie weit sind die Argumente der Sozialdemokratie die Kreise der Bevölkerung eingedrungen«. BStU, MfS Zentralarchiv, Allg. S. 43/58 Bd. 7, Bl. 15 f.
382 MB Ostbüro November 1955, S. 29 f.
383 Siehe oben Kap. IV (S. 375 ff.), Anm. 408 (S. 507).
384 Arbeiterschaft in der volkseigenen Industrie der SBZ, Teil I, S. 68, 84.

10. Politische Geographie im Alltag: Der Westen im Osten

tive Überschrift eines Interviews, das der Rhein-Ruhr-Korrespondent der populären »Wochenpost« mit einem Essener Gewerkschaftsfunktionär über das DDR-Angebot führte, vier Millionen Tonnen Steinkohle abzunehmen.[385] Ohne Zweifel stellte die Zechenkrise an der Ruhr ein Geschenk des Himmels für die SED dar, und in dieser Phase wurden Tonnen von Propagandamaterial nach Westen geschleust.[386] Zu diesem Zeitpunkt war jedoch der kommunistische Einfluß in einer der früheren Hochburgen der KPD bereits so geschrumpft, daß sich eine Radikalisierung der Bergarbeiter an der Ruhr kaum mit größerer Empfänglichkeit für die Einflüsse »aus der Zone« verband und das gewünschte Anwachsen des Klassenkampfes nicht in den von der SED erhofften Formen stattfand.[387] Die meist schrille Berichterstattung über andere tatsächliche und vermeintliche Krisensymptome in der westdeutschen Wirtschaft hatte vor allem die Funktion, die hohe soziale Sicherheit in der DDR als Kompensationsargument gegenüber dem erheblich höheren westdeutschen Lebensstandard zu betonen und so Loyalität zu stärken.

Ein beliebtes Thema, das indirekt zugleich die viel gerühmte Stabilität der Preise in der DDR unterstrich, war die Polemik gegen die Lohn-Preis-Spirale im Westen, die sowohl in Form seriöser Interviews als auch in griffigen Parolen dargestellt wurde: »Sekt und Kaviar billiger; Brot und Fleisch teurer; Wie man Profite verschleiert; Lohnraub plus Preisanstieg«.[388]

Solche Parolen mochten zwar dem – auch in der Bundesrepublik keineswegs unbekannten – dichotomischen Weltbild von »oben und unten« bei Arbeitern entgegenkommen, sie verhinderten jedoch nicht den Mißmut über die Lage im eigenen Lande, der nie verschwand und für den es auch in allen Phasen hinreichend Gründe gab. Eine Reportage der »Neuen Zürcher Zeitung« berichtete unter anderem von nicht untypischen Impressionen bei Bier und Wodka in Eisenhüttenstadt. Obwohl hier das Westfernsehen nicht zu empfangen war, schrieb der Reporter, »kennen diese Arbeiter die westdeutschen Lohnsätze sowie Preise über die wichtigsten Konsumgüter auswendig und vergleichen sie [...].« Zugleich betonte er die ausgeprägte Distanz zu den östlichen Nachbarn, »den ›messerstechenden‹ Polen und den ›betrunkenen‹ Russen, denen man sich weit überlegen fühlt.«[389] Solche von Stereotypen und punktuellen Erfahrungen bestimmte Einstellungen waren verbreitet.[390]

---

385 »Wochenpost« 1958 Nr. 27. Weitere Beispiele waren die Artikel desselben Korrespondenten »Schwarze Fahnen und das ›dankbare Herz‹ in der »Wochenpost« 1959 Nr. 51 und »Ein offenes Wort aus dem Ruhrgebiet«, »Wochenpost« 1963 Nr. 20.
386 Christoph Nonn, Die Ruhrbergbaukrise. Entindustrialisierung und Politik 1958–1969, Göttingen 2001, S. 114.
387 Ebd., S. 99.
388 So die vier neben den Titel »Die Lüge von der Lohn-Preis-Spirale« plazierten Balken, in: »Wochenpost« 1957 Nr. 16. Das gleiche Thema wurde anläßlich des Metallarbeiterstreiks in Baden-Württemberg im Interview mit Prof. Siegbert Kahn, Direktor des Deutschen Wirtschaftsinstituts (Berlin-Ost), erörtert, in: »Wochenpost« 1963 Nr. 19.
389 Reiseeindrücke aus der DDR, Teil III, in: »Neue Zürcher Zeitung« vom 11.12.1965.
390 Für die spätere Phase der Honecker-Ära vgl. Jonathan R. Zatlin, »Polnische Wirtschaft« – »deutsche Ordnung«? Zum Umgang mit Polen in der DDR, in: Müller/Poutrus (Hg.), Ankunft, S. 295-315.

VI. Arbeiterleben im »Arbeiter-und-Bauern-Staat«

Das ausgeprägte Interesse an Informationen über und am Vergleich mit Westdeutschland bestätigen auch interne Erhebungen des Leipziger Instituts für Jugendforschung seit Mitte der sechziger und aus den siebziger Jahren, als die gesamtdeutschen Ambitionen der SED längst zu den Akten gelegt worden waren. Die Ergebnisse decken sich im Großen und Ganzen mit anderen Beobachtungen. Danach hatten DDR-Jugendliche zu allen Zeitpunkten ein differenziertes Bild von der Bundesrepublik und verteilten Vor- und Nachteile im Hinblick auf Lebensstandard, soziale Sicherheit, Bildungspolitik unterschiedlich. Erhebliche Auswirkungen der SED-Propaganda waren dabei unübersehbar. Trotz Teilung und Abgrenzungspolitik war jedoch ein engmaschiges Netz von persönlichen Kontakten erhalten geblieben, das für den Informationsstand relevant war. Identifikation mit der DDR und Ablehnung der SED-Abgrenzungspolitik standen auf der Skala eng beieinander.»Der deutschen Frage galt zu allen Untersuchungszeitpunkten eine sehr starke Aufmerksamkeit des größten Teils der Jugendlichen in der DDR«, lautete die generelle Bilanz aus den erhobenen Daten.[391]

Daß bis zum Mauerbau der Fluchtweg nach Westen offenstand, war indirekt für das Verhalten der Bevölkerung insgesamt und auch der Betriebsbelegschaften im besonderen ein schwerlich zu überschätzender Faktor. Auf die keineswegs vereinzelten Drohungen mit Abwanderung nach Westen in betrieblichen Interessenkonflikten ist bereits hingewiesen worden.[392] Dazu paßt die nur auf den ersten Blick überraschende Bilanz der Befragung von geflüchteten jugendlichen Arbeitern durch infratest im Jahre 1956. Die übergroße Mehrheit gab nichtpolitische Gründe für die Flucht an, wobei die Verbesserung der wirtschaftlichen Verhältnisse an der Spitze stand und deutlich höher als bei älteren Arbeitern lag.»Man kann daher mit gutem Recht bei neun Zehnteln der Jugendlichen von einer ›Übersiedlung‹ und nicht von ›Flucht‹ sprechen.«[393] Das galt nur für einige Jahre. Mit der Perfektionierung der Grenze wurde jede Flucht zum tödlichen Risiko.

Eine wichtige Rolle für die staatliche Propaganda spielten dagegen diejenigen, die vom Westen in den Osten abwanderten. Unter den insgesamt rund 600.000 Menschen, die in den fünfziger und sechziger Jahren (auch noch nach dem Mauerbau) aus der Bundesrepublik in die DDR kamen, waren etwa ein Drittel Bundesbürger, etwa zwei Drittel ehemalige DDR-Bürger, die aus verschiedensten Gründen wieder zurückkehrten. Den größten Teil stellten Arbeiter.[394] Die schwer zu interpretierenden Zahlen der Wanderungsbewegung genauer einzuordnen, steht noch aus. Politische Faktoren wie das KPD-Verbot von 1956 in der Bundesrepublik, aber auch familiäre Aspekte oder Scheitern in der freien Marktwirtschaft spielten in jedem Falle eine erhebliche Rolle.

---

391 Förster, Entwicklung, S. 105 f.
392 Vgl. oben, Abschnitt 9 (S. 743 ff.).
393 Arbeiterschaft in der volkseigenen Industrie, S. 48.
394 Andrea Schmelz, Migration und Politik im geteilten Deutschland während des Kalten Krieges. Die West-Ost-Migration in die DDR in den 1950er und 1960er Jahren, Opladen 2002, S. 42,70. Eine weitere Untersuchung über die West-Ost-Wanderer bereitet Bernd Stöver, Potsdam, vor.

10. Politische Geographie im Alltag: Der Westen im Osten

Tab. 44: Arbeiter unter den West-Ost-Migranten 1952–1963

	1952	1953	1954	1955	1956	1957	1958	1959	1960	1961	1962	1963
A	6.920	10.257	25.652	24.990	29.233	32.551	26.294	32.097	22.144	18.599	8.763	3.779
B	344	481	1.517	1.492	1.338	1.298	1.233	1.787	878	589	267	112
in %	5	4,7	5,9	6	4,6	4	4,7	5,7	4	3,2	3	3
C	2.239	2.796	7.335	7.056	9.066	10.014	8.227	10.292	7.265	6.173	2.830	1.297
in %	32,4	27,3	28,5	28,2	31	30,8	31	32,1	32,8	33,2	32,3	34,3
D	482	777	1.826	1.826	1.755	1.992	1.233	1.916	1.327	1.062	748	341
in %	7	7,6	7,1	7,3	6	6,1	4,7	6	6	5,7	8,5	9
E	3.855	6.203	14.974	14.616	17.074	19.247	15.601	18.102	12.674	10.775	4.918	2.029
in %	55,7	60,4	58,4	58,5	58,4	59,1	59,3	56,4	57,2	57,9	56,1	53,7

A = Arbeiter insgesamt · B = davon im Bergbau · C = davon in der Industrie · D = davon in der Landwirtschaft · E = davon sonstige Arbeiter.
[**Quelle:** Andrea Schmelz, Migration und Politik im geteilten Deutschland während des Kalten Krieges, Opladen 2002, S. 67; dort mit falscher Überschrift.]

Die DDR sollte ein Gegenentwurf sein, der sich aus der gleichzeitigen Abgrenzung zur faschistischen Vergangenheit Deutschlands und zur bürgerlichen Gegenwart in der Bundesrepublik definierte. Das »Anti« wurde zum Merkmal und Ehrentitel im Antifaschismus, Antikapitalismus und Antiimperialismus.[395] Die utopische, aus der sozialistischen Arbeiterbewegung stammende Konstruktion einer gerechten Gesellschaft gehörte komplementär dazu. Wie wirksam oder unwirksam auch immer solche ideologischen Fixierungen waren – sie konnten zu keinem Zeitpunkt das enorme Gefälle zum Westen im Lebensstandard und die Einschnürung durch eine martialische Grenze kompensieren. Der »Sozialismus in einem halben Lande« blieb daher unter den gegebenen Bedingungen möglicherweise noch stärker als in osteuropäischen Ländern ein Kretin.

---

395 Vgl. Konrad H. Jarausch, Die gescheiterte Gegengesellschaft. Überlegungen zur Sozialgeschichte der DDR, in: AfS 39 (1999), S. 1-17.

Resümee und Ausblick

> So viele Berichte.
> So wenig Fragen.
> Die Zeitungen melden unsere Macht.
> Wie viele von uns
> Nur weil sie nichts zu melden hatten
> Halten noch immer den Mund versteckt
> Wie ein Schamteil?
> Die Sender funken der Welt unsern Kurs.
> (Volker Braun, Fragen eines regierenden Arbeiters; 1965)

Volker Braun nahm mit seinen »Fragen eines regierenden Arbeiters« ironisch Bezug auf Brecht. Aber die metaphorische Antwort auf dessen »Fragen eines lesenden Arbeiters« fiel vernichtend aus: »Auf den Thronen sitzen unsere Leute«, aber was hatte sich wirklich verändert? Nun gab es viele Berichte, jedoch kaum noch Fragen.

Die »führende Klasse« war eine stilisierte Größe. Das grandiose Ausmaß dieser Stilisierung machen erst sozialgeschichtliche Detailanalysen in vollem Umfang erkennbar. In Werner Tübkes »Gruppenbild« (☞ vgl. Umschlag), das ikonographisch Assoziationen an religiöse Darstellungen weckt, fand diese Überhöhung einen künstlerisch imposanten Ausdruck. Insbesondere die erste Nachkriegsphase, aber auch die späteren Jahre zeigten, wie bunt und heterogen in ihrer Zusammensetzung die Klasse war, wie stark von unterschiedlichen Interessen, Einstellungen und Verhaltensweisen geprägt. Die Erfahrung, lohnabhängig zu sein und die eigene Arbeitskraft verkaufen zu müssen, erwies sich dennoch auch unter neuen politischen Rahmenbedingungen einer »volkseigenen« Industrie als ein verbindendes Element. Als die neuen Herren und Besitzer der Produktionsmittel fühlten sich Arbeiter selten. Der unerschütterliche Glaube überzeugter Funktionäre an die Macht der Organisation, um die neue Ordnung durchzusetzen, blieb eine optimistische Fehleinschätzung. Ein genauer Blick in die soziale Realität belegt, daß die »Klasse an sich« ihre disparate Grundstruktur nie verlor und eine von oben geführte homogene »Klasse für sich« ein frommer Wunsch war. Als »neue Klasse« entwickelte sich eher eine bürokratische Funktionärsschicht, wie sie der wegen dieser These verfemte jugoslawische abtrünnige kommunistische Theoretiker Milovan Djilas schon 1958 diagnostizierte.[1]

Gleichwohl blieben die aufwendigen Bemühungen der Machtelite um eine Transformation der alten sozialistisch-kommunistischen Utopie in die Realität einer neuen »verstaatlichten Arbeiterbewegung« nicht ohne tiefgreifende Auswirkungen. Diese sind im Hinblick auf die Ausdifferenzierung der Aufgabenfelder des FDGB, die betrieblichen Ersatzformen von Interessenvertretung, die komplexen und sich überlappenden Erscheinungen von Loyalität, Arrangement und Renitenz in verschiedenen Zusammenhängen eingehend dargestellt worden. Die sozialistische Arbeiterbewegung war als Emanzipationsbewegung gestartet. Sie wollte auf

---

1 Milovan Djilas, Die Neue Klasse. Eine Analyse des kommunistischen Systems, München 1958.

die alte Frage nach mehr sozialer Gerechtigkeit und höherer Egalität in einer modernen Gesellschaft eine neue Antwort geben. Die SED stellte sich in diese schon von der KPD und der Komintern reklamierte Tradition und beanspruchte ihre Vollendung. Damit sollte die DDR als Staat der Arbeiterklasse zum kompletten Gegenentwurf der Bundesrepublik werden. Dieser programmatische Bezug auf den »Klassenfeind« blieb eine wichtige Determinante der inneren und äußeren Entwicklung. Aber er entfaltete angesichts der sozialökonomischen und politischen Sogkraft der Bundesrepublik zugleich eine Eigendynamik, die in eine gegenläufige Richtung wies und aus der sich die SED nie befreien konnte. Überdies war das Modell für diesen Gegenentwurf vorgegeben und erlaubte nur geringfügige Abweichungen. Nicht nur Lenins Weiterentwicklung der Marxschen Ideologie, sondern auch das imperiale Herrschaftsinteresse der siegreichen Sowjetunion schränkten die nationalen Spielräume aller Satelliten massiv ein. Für die östliche Hälfte des geteilten Deutschland galt das noch viel stärker als für die volksdemokratischen Nachbarn. Jede Geschichte der DDR und ihrer »führenden Klasse« muß somit in diesem dreifachen Bezugsrahmen von Sowjetisierung, sozialistischer Tradition und deutsch-deutscher Konkurrenz rekonstruiert und gedeutet werden. Das innere Gefüge dieser Faktoren verschob sich mehrfach im Laufe der vierzigjährigen DDR-Geschichte, aber es behielt insgesamt in allen Phasen ein ausschlaggebendes Gewicht. Anhand dieser drei Determinanten lassen sich einige Grundlinien der Darstellung knapp resümieren.

1. Lenin entwickelte das Marxsche Konzept einer »Diktatur des Proletariats« als Herrschaft einer Avantgardepartei weiter. Da der Diktaturbegriff politisch durch die NS-Vergangenheit diskreditiert war und zudem im Westen das Bild »der Sowjetzone« charakterisierte, spielte er in der auf Marx zurückgehenden Variante als Kennzeichnung einer Übergangsphase zum Endziel nur sporadisch im offiziellen Sprachgebrauch der SED eine Rolle. Aber verschwunden war er keineswegs. Unumwunden erklärte in diesem Sinne der IX. Parteitag 1976 die DDR zu einer von der Arbeiterklasse und den mit ihr verbündeten Klassen und Schichten geschaffenen »Diktatur des Proletariats«.[2]

Diese Diktatur fußte auf einer bestimmten Vorstellung vom Typ des qualifizierten Industriearbeiters. Damit paßte sie zwar letztlich auf wirtschaftlich hoch entwickelte Länder wie die Tschechoslowakei und die DDR viel besser als auf das rückständige Sowjetrußland, bildete aber zugleich langfristig auch eine Modernisierungsbarriere. Denn die SED verfolgte ziemlich konsequent eine im Grunde konservative industrielle Strukturpolitik, die genau jenen Typus von Industriearbeiter förderte und konservierte, der den aus der sozialistisch-kommunistischen Tradition übernommenen Vorstellungen Lenins und seiner volksdemokratischen Anhänger entsprach. Das hatte langfristig nicht nur fatale Folgen für den Übergang von der industriellen zur Dienstleistungsgesellschaft, sondern implizierte auch merkwürdig irrationale Beziehungen der Arbeiterschaft zu anderen Klassen und Schichten. Zwar blieb die DDR im Verständnis der SED eine (nichtantago-

---

2 Programm der Sozialistischen Einheitspartei Deutschlands, Berlin (O) 1976, S. 7.

nistische) Klassengesellschaft – mit Ausnahme der Ulbrichtschen Episode einer »sozialistischen Menschengemeinschaft« –, aber alle Klassen und Schichten sollten verbündet sein. Die Angestellten wurden trotz oder gerade wegen ihrer wachsenden Bedeutung der »führenden Klasse« einverleibt, die Intelligenz blieb eine eigene, schwer genau bestimmbare Schicht mit porösen Grenzen zur Arbeiterklasse, und die Bauern verloren nach der erzwungenen Kollektivierung deutlich an sozialer und politischer Bedeutung, auch wenn sie im Etikett des Staates gleichrangig mit den Arbeitern rangierten. De facto machte die Genossenschaftsform den größten Teil der ehemaligen Bauern zu ländlichen Arbeitern und Angestellten, ohne jedoch die zähen dörflichen Milieubindungen jemals ganz auflösen zu können. Wie prekär das gewünschte Bündnis in der Realität ausfiel, demonstrierte exemplarisch der weitgehende Fehlschlag der 1952 initiierten und erst 1963 beendeten Aktion »Industriearbeiter aufs Land«.

2. Im Rahmen dieser sozialstrukturellen und von der Politik bewußt forcierten Gegebenheiten wurde der Rekurs auf die Tradition der sozialistisch-kommunistischen Arbeiterbewegung zu einer tragenden Säule der Staatsideologie. Darin ausschließlich hohle Propaganda ohne praktische Relevanz zu sehen, greift viel zu kurz. Eric Hobsbawm hat Staatsparteien, auch wenn sie die Interessen der Arbeiterklasse zu vertreten beanspruchen, einen legitimen Bezug zur Arbeiterbewegung mit dem Argument bestritten, daß diese sich gegebenenfalls auch gegen die Regierung wenden müßte.[3] Auch wenn man eine solche Position nicht uneingeschränkt teilt, ist die Skepsis berechtigt, ob eine Arbeiterbewegung nach dem Verlust jeder Autonomie noch diesen Titel beanspruchen darf. Dennoch bleibt die Frage nach ihren prägenden Einflüssen und langfristig wirkenden Kontinuitäten wichtig. Das diffuse sozial- und kulturgeschichtliche Erscheinungsbild der Arbeiterschaft und ihrer Verhaltensweisen im Betrieb, in der Öffentlichkeit und im Privaten legt diese Frage für die DDR besonders nahe. Die Antworten sind umstritten, aber der Zusammenhang zwischen tradierten Institutionen, Symbolen und Kommunikationsformen der alten Arbeiterbewegung und denen der DDR, auf den besonders Dietrich Mühlberg und Horst Groschopp aus einem kulturwissenschaftlichen Blickwinkel hingewiesen haben, ist nicht einfach mit Hobsbawms Einwand von der Hand zu weisen. Vieles davon ist insbesondere im sechsten Kapitel dieser Darstellung angesprochen worden. Es betraf vorrangig tradierte Organisationsformen, die umfunktioniert wurden, aber auch Verhaltensweisen, die zumindest in Restbeständen in den Anfangsjahren weiterlebten und auch später noch wirksam blieben. So ließen sich die Erwartungen an den FDGB als Vertreter von Arbeiterinteressen nie vollständig vom Konzept des »Transmissionsriemens« verdrängen. Die starke Betriebszentrierung der DDR-Gesellschaft förderte neue Formen des Konfliktaustrags um solche Interessen. Zwar wurden die alten Arbeitermilieus, sofern sie die Nazi-Zeit überlebt hatten, auf verschiedenen Wegen zer-

---

3 Eric J. Hobsbawm, Sinn und Zweck der Geschichte der Arbeiterbewegung, in: Bericht über die 25. Linzer Konferenz 12.–16. September 1989, Wien 1989, S. 16, zit. bei Günter Benser, DDR und Arbeiterbewegung. Hefte zur ddr-geschichte 67, Berlin 2001, S. 10.

stört: durch starke soziale Durchmischung, aber auch durch Usurpation der Institutionen, Begriffe und Symbole. In der Zerschlagung der Betriebsräte ist dieser Prozeß punktuell besonders deutlich zu fassen. Milieuspezifische Formen der Kommunikation blieben jedoch in ehemaligen Hochburgen der Arbeiterbewegung wie Leipzig, Halle, Altenburg oder Rostock über viele Jahre erhalten. Bis zum Aufstand von 1953 sind Restbestände von Traditionsbewußtsein zumindest in diffuser Form deutlich erkennbar. Danach wurde diese Linie dünner, aber sie verschwand keineswegs. Der geradezu verbissene Kampf der Machtelite gegen den »Sozialdemokratismus« hielt bis in die siebziger Jahre an. Sicherlich war dieser Kampf primär Ausdruck einer tiefsitzenden Angst, und die verwaschene Konstruktion dieses Begriffs erlaubte eine ideologisch fast beliebige Polemik. Aber er blieb ein Indikator dafür, daß mit der erzwungenen Einheit von 1946 das sozialdemokratische Erbe zwar verschluckt, jedoch nicht verdaut war.

Neues Gewicht erhielt die in kapitalistischen Zeiten nur gelegentlich und in patriarchalischem Geist praktizierte betriebliche Sozialpolitik. Zwar wurde auch diese »von oben« organisiert, aber sie bildete doch zunehmend ein Schlüsselelement des betrieblichen Alltags. Hier trafen sich von der Partei gesetzte Ziele mit Erwartungen und Wünschen der Belegschaften. Wieweit das auch für die betriebliche Kulturarbeit galt, läßt sich nach wie vor schwer abschätzen. Diese war in ihrer Intention der »Veredelung des Arbeiters« durch Heranführung an die bürgerliche Hochkultur ein signifikantes Element von Kontinuität zur alten sozialistischen Arbeiterbewegung, kollidierte aber vielfach mit anders gelagerten Wünschen nach unpolitischer Unterhaltung und Zerstreuung.

Ohne Frage hat die Politik des »Arbeiterstaates« insgesamt erheblich dazu beigetragen, Arbeiter aus ihrer traditionell benachteiligten sozialen Position zu befreien und ihnen ein neues Selbstbewußtsein zu vermitteln. Aber nach dem Ausscheiden aus dem Arbeitsprozeß war die neue soziale Position in Frage gestellt. Insofern ist auch eine ganz andere Form von Kontinuität nicht zu übersehen: die Altersarmut bei den Rentnern. Die von Ulbrichts »Strategischem Arbeitskreis« ungeschminkt zitierte vox populi verwies auf dieses ungelöste Dilemma: »Der Sozialismus ist gut, solange wir arbeiten können [...] Der Sozialismus kann uns aber keinen sorgenfreien Lebensabend sichern.«[4]

Der kommunistische Zweig war unbestreitbar ein wichtiger Teil der Geschichte der deutschen Arbeiterbewegung im 20. Jahrhundert. Er hat zum Untergang der Weimarer Republik beigetragen, und er spielte eine essentielle Rolle in der Widerstandsgeschichte während der NS-Diktatur. Seine qualitative Veränderung erfuhr er nach 1945 nur im kleineren Teil Deutschlands: in der SBZ/DDR. Diese Veränderung hat dazu beigetragen, daß die DDR in einschlägigen westlichen historischen Darstellungen zur deutschen Arbeiterbewegung kaum vorkam. Der »erste Arbeiter-und-Bauern-Staat«, den Stalin 1949 in seinem Glückwunschtelegramm zur DDR-Gründung als weltgeschichtlichen Wendepunkt feierte, gehörte offenbar nicht mehr zum Thema Arbeiterbewegung, auch nicht als Geschichte einer

---

4   Zit. oben, Kap. VI 8 (S. 736).

Sackgasse. Nachdem dieser Staat, der ebenso pathetisch begann wie glanzlos unterging, verschwunden ist, nachdem Marx und Lenin als »Klassiker« vom Podest gestoßen und in die Ahnengalerie utopischer Irrwege eingereiht wurden, kann diese Geschichte aber wieder unbefangener und differenzierter betrachtet werden.

Günter Benser, einer der führenden SED-Historiker, hat in einer nachdrücklichen Selbstkritik post festum nicht das »Besetzen der Kommandohöhen«, sondern deren Gebrauch als den eigentlichen Sündenfall und Bruch mit den originären Traditionen der Arbeiterbewegung gewertet. »Leute meines Schlages hätten auch schon früher wissen müssen«, konstatierte er, »daß die Konzentration der gesamten Macht in der Führungsspitze einer Partei und deren diktatorische Handhabung ebensowenig als Aufstieg der Arbeiterbewegung oder Mittel zur Verwirklichung ihrer Ziele interpretiert werden kann und darf wie ein flächendeckendes Geflecht der Beobachtung und Bespitzelung der Bevölkerung, die Repression und die Säuberungskampagnen, die Verstrickung in die Verbrechen des Stalinismus, die Entmündigung und Gleichschaltung von Gewerkschaften und anderen Organisationen, die politische Zensur und manch anderes mehr.«[5] Das ist ohne Frage zutreffend. Aber legitimiert diese Grundsatzkritik die anschließende Betonung von Solidarität und Streben nach sozialer Gerechtigkeit als zentralen aus der Arbeiterbewegung übernommenen Werten in der DDR? Ist damit die DDR, wie Benser feststellt, dem Gleichheitsideal des Arbeiterbewegungssozialismus näher gewesen als der westdeutsche Sozialstaat? Formal ja, aber was war der Preis dafür? Solche Fragen sind nicht primär ein Problem von ehemaligen Parteiideologen. Denn nicht nur für die ältere Generation führender Funktionäre bildete die schlimme Erfahrung der Massenarbeitslosigkeit am Ende der Weimarer Republik ein wichtiges Moment der Sympathie für den neuen Staat, der 1950 ein »Recht auf Arbeit« kodifizierte. Umfragen haben vielfach belegt, daß für die große Mehrheit der ostdeutschen Bevölkerung auch noch nach dem Ende der DDR soziale Gerechtigkeit und soziale Sicherheit auf der Werteskala weit oben rangieren und damit deutliche Unterschiede zu Westdeutschland markieren.

Aber der Verweis auf die institutionalisierte soziale Anerkennung des Arbeiters bleibt doch problematisch. Denn diese hatte es in ganz anderer Form auch im Nationalsozialismus gegeben, und sie hatte einen erheblichen Teil seiner Popularität in der Arbeiterschaft ausgemacht, selbst wenn ein populäres Echo auf die NS-Parole »Arbeit adelt« im Volksmund lautete: »Wir bleiben bürgerlich.« So wichtig es ist, die DDR-Geschichte nicht ausschließlich in ihren diktatorischen und repressiven Elementen zu verorten, so unzureichend bleibt es, einen einfachen Dualismus zu bilanzieren. Demnach seien die SED »Kaderpartei neuen Typs *und* Massenpartei, der FDGB staatstragende Organisation *und* Interessenvertretung von Werktätigen«, die Betriebe »Domänen der Planbürokratie *und* sich durch beispielhafte soziale und kulturelle Möglichkeiten auszeichnende Produktionsstätten« gewesen.[6] Aber dieser ohne Zweifel vorhandene Dualismus war durch und

5 Benser, ebd., S. 28.
6 Ebd., S. 39.

durch asymmetrisch, die spärlichen Elemente von genuiner Interessenvertretung und Partizipation wurden, wo sie nicht in das Schema des »demokratischen Zentralismus« paßten, gegen den Willen der SED realisiert und von ihr nie als solche akzeptiert. Eben hierin lag die Arroganz der leninistischen Avantgarde, die sich als alleinige Exekutive einer historischen Gesetzmäßigkeit legitimiert fühlte und dabei Marx zum Kronzeugen und Dogma machte: »Die Lehre von Karl Marx ist allmächtig, weil sie wahr ist.«

Die Prägekraft der Erfahrung von Faschismus und verheerender Niederlage 1945, die dennoch zugleich eine Befreiung war, fiel in der Arbeiterschaft generationsspezifisch unterschiedlich aus. Für die politisch engagierten Teile, die noch in der Weimarer Republik sozialisiert worden waren, insbesondere für den kommunistischen Zweig der Arbeiterbewegung, war sie sicherlich bestimmend. Daher war der Antifaschismus, so hohl seine öffentliche Zurschaustellung später ausfiel, auch nicht nur verordnet. Er fand anfangs weit über den Kreis überzeugter Kommunisten hinaus Resonanz und hat dem Wieder- und Neuaufbau zunächst durchaus erheblichen Schwung verliehen, der sich in den ersten Nachkriegsjahren überall beobachten ließ. Selbst das Verhalten der Roten Armee hat ihn nicht vollständig in Frage stellen können. »Einheit der Arbeiterklasse« war vor dem historischen Erfahrungshintergrund ihrer Spaltung anfänglich eine Zielsetzung von beträchtlicher Faszination. Ihre politische Instrumentalisierung durch SMAD und KPD, um die Sozialdemokratie zunächst zu gewinnen und dann zu paralysieren, veränderte jedoch die Konstellation grundlegend. Die Monopolisierung der auf sowjetische Bajonette gestützten Macht und die rigorose Ausschaltung aller Sozialdemokraten und »Abweichler« bildeten die Voraussetzung für die Schaffung des »Arbeiterstaates«, der eine Diktatur mit totalitärem Anspruch war, auch wenn die soziale Realität sich mit diesem Anspruch keineswegs immer deckte. Seine leninistische Konstruktion war im Grunde einfach. Doch die Durchsetzung des unumschränkten Führungsanspruchs der SED in den Massenorganisationen, vor allem in den als eigentliche Klassenorganisation verstandenen Gewerkschaften, erwies sich als mühsam, kompliziert und höchst unvollkommen. Hier kollidierten politische Vorgaben mit anderen sozialen Erwartungen, noch wirksamen Traditionsbeständen und einem oft spontanen Eigensinn von Arbeitern, denen die nächstliegenden materiellen Interessen, aber auch elementare Freiheiten wichtiger waren als verordneter Klassenkampf und Vollzug ominöser historischer Gesetzmäßigkeiten. Im Aufstand vom 17. Juni 1953 flossen diese materiellen und politischen Interessen und Wünsche der Arbeiter auf manifeste Weise zusammen.

3. Wie ein roter Faden durchzieht die politische und soziale Geschichte der DDR der Kampf um höhere Produktivität, den die SED verlor, aber den auch die renitente Arbeiterschaft nicht gewann. Der »stillschweigende Sozialkontrakt« zwischen zwei ungleichen Partnern, zwischen SED und ihrer wichtigsten Klientel, funktionierte nicht erst in der Ära Honecker, sondern war im Kern bereits ein Produkt der Aufstandserfahrung von 1953. Unterschiedliche Ausprägungen eines betrieblichen Arrangements waren ihr sichtbarster Ausdruck. Diese geräuschlose Übereinkunft sicherte ein gewisses Maß an Stabilität. Doch sie blieb labil, wenn

der »Arbeiterstaat« mit Modernisierungszwängen konfrontiert wurde. Denn die »führende Klasse« war »konservativ.« Das galt für den »Realsozialismus« in der DDR nicht weniger als für die »Normalisierung« in der Tschechoslowakei und erklärt den zumindest temporären Erfolg einer »Strategie materieller Pazifizierung angesichts der Prädispositionen einer über weite Strecken modernisierungsresistenten Arbeiterschaft.«[7]

Jede funktionierende Diktatur in einer modernen Gesellschaft ist auf ein Mindestmaß an Konsens angewiesen. Der vollmundige Avantgarde-Anspruch der SED denunzierte sich in den 40 Jahren der DDR allzu oft selbst, aber die Ziele dieser Diktatur, die auf sozialistischen Prinzipien basierten, waren nicht beliebig relativierbar und fanden partiell Resonanz. Insofern hat es den sozialen Konsens, der einen Teil der »mißmutigen Loyalität« bildete, bei relevanten Teilen der Bevölkerung durchaus gegeben, und zwar bis in die siebziger Jahre vermutlich bei Arbeitern stärker als bei den Mittelschichten und bei der Intelligenz. Die SED mußte auf die Wünsche der »führenden Klasse« Rücksicht nehmen, war aber zugleich ökonomischen Zwängen ausgesetzt, die diese Rücksicht eigentlich verboten oder zumindest eng begrenzten. Das Dauerthema »höhere Produktivität« verdeutlichte dieses Dilemma in allen Phasen, und der Aufstand 1953 hatte es der Machtelite in dramatischer Gestalt vor Augen geführt. Dieses Dilemma war im Vergleich mit den osteuropäischen Volksdemokratien kein Spezifikum der DDR, aber es trat hier in besonders drastischer Schärfe hervor, weil das Gegenmodell jenseits der Grenze stets eine potentiell attraktive Alternative bot.

Die Spannung zwischen einer verstaatlichten Arbeiterbewegung und einer Arbeiterschaft, die teils in tradierten Verhaltensmustern und Erwartungen verharrte, teils neue entwickelte, teils aber auch den Verlockungen des sozialen Aufstiegs und der Teilhabe an der politischen Macht nachgab und sich »verstaatlichen« ließ – dieser Spannung in verschiedenen Entwicklungsphasen der DDR genauer nachzugehen, hat diese Darstellung versucht. Die Frage nach der sozialen Relevanz des Programms vom »Arbeiterstaat« findet hier ihre Antwort. Denn eigensinnige Verhaltensweisen konnten zwar kritisiert, aber nicht nur unterdrückt werden. Eher wurde versucht, sie in einem ritualisierten Dialog und mit dem Anspruch der notwendigen richtigen »Anleitung« auszubalancieren. Der Kontrast zwischen dieser unverzichtbaren »Anleitung« und der ständig beschworenen »Sorge um den Menschen« sowie den permanenten Feldzügen gegen »Bürokratismus« oder »herzlos-bürokratisches Verhalten« in der Partei und in den Massenorganisationen markierte genau die Nahtstelle von Herrschafts- und Untertaneninteressen in einem »Arbeiterstaat«, der sich massiv vom westdeutschen Kapitalismus absetzen wollte. Loyalität und Dissens waren für Arbeiter selten reine Alternativen, sondern überlappten sich in vielfältigen Formen. Das Paradoxon, das die Geschichte der Arbeiter in der DDR durchzieht, bestand in der politischen Machtlosigkeit »der Arbeiterklasse« und ihrer gleichzeitigen gesellschaftlichen

---

7 Boyer, Arbeiter im Staatssozialismus, S. 219.

Stärke.[8] Für die SED galt die »Generallinie« des sozialistischen Aufbaus von 1952 zwar auch nach dem Juni-Aufstand weiter, und der »Neue Kurs« dauerte nur wenige Jahre. Aber der Holzhammer wurde beiseite gelegt. Die Formen von Konflikt und Arrangement wurden damit komplizierter und verdeckter. Sie sind daher auch schwieriger historisch zu rekonstruieren. Die Entwicklung der Brigaden, die weder bloße Arbeitsorganisation noch Kern von Arbeiteropposition waren, ist wohl das instruktivste Beispiel für diesen Sachverhalt.

Ulbricht versuchte noch mit Nachdruck, das Dilemma aufzulösen und notwendige Modernisierungen mit sozialpolitisch flankierenden Maßnahmen allenfalls abzufedern. Vor allem hoffte er noch auf »Einsicht in die Notwendigkeit« in Gestalt freiwilliger und engagierter Mitarbeit bei der Schaffung des »neuen Menschen.« Der lähmende Gewöhnungseffekt an den »sozialistischen Gang«, an hohle Beschwörungen ohne wirkliche Veränderungen, trat flächendeckend erst nach Ulbrichts politischem Ende ein. Zuvor gab es immer neue Anläufe, dem alten Ziel doch noch näher zu kommen. 1956 stand Ulbrichts Herrschaft zwar ein zweites Mal wie 1953 auf des Messers Schneide. Danach aber saß der Erste Sekretär fester denn je im Sattel und versuchte, sein Sozialismusmodell zu realisieren. Zwei auch für die Arbeiterschaft besonders relevante Politikkomplexe sind dafür charakteristisch: 1. der verbissene Wille, in einem hypertrophen Siebenjahrplan den Westen doch noch einzuholen und zu überholen; der »Bitterfelder Weg« läßt sich als flankierendes Element dazu verstehen, um einer selbstbewußten Arbeiterklasse mehr Schubkraft bei der Mobilisierung der Gesellschaft zu verleihen; 2. die gegen mancherlei Widerstände auch in der Arbeiterschaft forcierte Wirtschaftsreform NÖS, die der gesellschaftlichen Entwicklung neue Dynamik vermitteln sollte. Vor allem dieser umfassende Reformversuch bedeutete im Kern den Abschied vom egalitären Versorgungssozialismus, an den sich viele Arbeiter bereits recht und schlecht gewöhnt hatten, auch wenn er auf einem kärglichen Niveau stattfand. Die Reform sollte die Zukunft des Gesamtsystems sichern. Sie erforderte daher Engagement, Mitdenken, größere Eigenverantwortlichkeit und eine Arbeitsmoral, die auch die Zwänge einer »sozialistischen Rationalisierung« nicht leugnete. Zwar ist das NÖS nicht am Widerstand der Arbeiterschaft gescheitert, sondern an seinen inneren Widersprüchen und immanenten Grenzen, an innerparteilichen Konflikten im SED-Apparat und an der Skepsis des »großen Bruders«. Aber das Verhalten von Arbeitern trug doch zu seinem Scheitern erheblich bei. Modernisierungsresistenz zumindest bei denjenigen Belegschaften, denen das NÖS eher Nachteile als Vorteile zu versprechen schien, verband sich mit verbreiteter Reformskepsis in den Apparaten von Partei, Gewerkschaft und Staatsbürokratie.[9]

Am Beispiel der Neptunwerft haben Alheit/Haak die paradoxe Rolle der Arbeiter für »ihren Staat« schon für die Jahre vor der Wirtschaftsreform resümiert und zu generalisieren versucht. Danach stabilisierte sich nicht nur ein neues Ar-

---

8 Vgl. Dorothee Wierling, Work, Workers and Politics in the German Democratic Republic, in: International Labor and Working-Class History 1996, S. 44-63.
9 Hübner/Danyel, Soziale Argumente, S. 831.

beitermilieu in der DDR, sondern sperrte sich zugleich frühzeitig gegen Modernisierungsprozesse. »Offensichtlich scheitert[e] der ›Arbeiter- und Bauernstaat‹ DDR, das gewiß kritisierenswerte, aber eben einzige sozialistische Projekt auf deutschem Boden, absurderweise an seiner ›Arbeiterklasse‹.«[10] Diese pointierte These scheint mir erheblich überzogen, weil sie zu einseitig nur auf die Arbeiter fokussiert ist, andere Faktoren ausblendet und aus einer aufschlußreichen Fallstudie zu weitreichende generelle Folgerungen ableitet. Dennoch macht diese Zuspitzung auf einen wichtigen Zusammenhang aufmerksam, der zumindest zeitgenössisch kaum wahrgenommen wurde.

Peter Hübner und Jürgen Danyel haben mit einem vergleichenden Ansatz für die DDR, Polen und die Tschechoslowakei das Jahr 1970 als einen »Wendepunkt vom Aufbau- und Fortschrittsmythos zum Sicherheitsmythos« interpretiert. Das sichtbar gewordene Risikopotential der Wirtschaftsreform und die Angst vor einem systemgefährdenden sozialen Druck von unten, der sich aus der verbreiterten Kluft zum westlichen Lebensstandard als Referenzsystem speiste, gaben Ulbrichts Kritikern ein starkes Argument an die Hand. Vor allem die Dezemberunruhen in Polen führten die Gefährlichkeit vor Augen, der Arbeiterklasse weiterhin soziale Belastungen zuzumuten. Auch wenn angesichts wieder ansteigender Zahlen von Arbeitsniederlegungen 1970 eine Parallelisierung mit der Situation vor dem 17. Juni 1953 übertrieben erscheint[11], spielte doch die Rücksicht auf die Arbeiterschaft eine Schlüsselrolle in dieser Konstellation. Den in Krisensituationen erhöhten Legitimationsbedarf des SED-Regimes brachte der Erste Sekretär der SED-Bezirksleitung Dresden, Werner Krolikowski, in der wichtigen 14. ZK-Sitzung vom Dezember 1970, auf der Ulbrichts Wirtschaftsreform praktisch zu Grabe getragen wurde, auf die griffige Forderung: »Wir brauchen politische Stabilität in der Arbeiterklasse.«[12] Soziale Argumente beschleunigten somit in der Endphase der Ära Ulbricht die Kursänderung und den Sturz des Ersten Sekretärs.

4. Der Blick nach Westen im östlichen Teil des gespaltenen Landes konnte zwar durch rigide Abschottung eingeengt, aber nie vollkommen verstellt werden. Auch die Trübung des Bildes vom Westen durch lautstarke und meist völlig überzogene Gegenpropaganda und aufwendige »Westarbeit« hat nur begrenzt funktioniert. Insofern stand der Aufbau eines »Arbeiterstaates« in der DDR für die SED und ihre Massenorganisationen unter noch erheblich ungünstigeren Vorzeichen als in den Volksdemokratien Ostmitteleuropas. Bis in zahllose Details hinein war der geschmähte Kapitalismus im Westen in allen Teilen der Bevölkerung als Magnetfeld präsent, drang über die Medien immer wieder in die Gesellschaft ein und forcierte empörte Abwehrreaktionen der Machtelite ebenso wie ständige individuelle Vergleiche an der Basis. Das betraf bei der Arbeiterschaft in erster Li-

---

10 Alheit/Haack, Vergessene Autonomie, S. 445.
11 So zumindest der Duktus bei Olaf Klenke, Betriebliche Konflikte in der DDR 1970/71 und der Machtwechsel von Ulbricht zu Honecker, in: Jb. für Forschungen zur Geschichte der Arbeiterbewegung 2004 H. 2, S. 18-27.
12 Zit. bei Peter Hübner, Zentralismus und Partizipation: Soziale Interessen im »Vormundschaftlichen Staat«, in: Hoffmann/Schwarz (Hg.), Sozialstaatlichkeit, S. 115-133, hier: S. 124.

nie die Themen Lebensstandard und Konsum, aber auch die permanenten Unzulänglichkeiten im Produktionsablauf. In den fünfziger Jahren wurden diese vielfach sogar als Fluchtmotive angegeben. Aber auch in den Umfragen und Erhebungen der sechziger Jahre tauchte die Forderung nach Verbesserung der Arbeitsorganisation im Betrieb mit einer bemerkenswerten Häufigkeit und Gleichförmigkeit auf. Darin wurden zumindest Reste einer auch von der SED beschworenen Orientierung an »deutscher Wertarbeit« und des Stolzes auf die eigene Leistung sichtbar, die man sich nicht ständig durch Pannen der Planwirtschaft ruinieren lassen wollte.

Ein anderer in mehreren Kapiteln angesprochener Gesichtspunkt gehört nur indirekt in die Arbeitergeschichte der DDR, verweist aber auf einen bislang wenig beachteten Zusammenhang. Die Realisierung eines für fast zweieinhalb Jahrzehnte noch gesamtdeutsch konzipierten stalinistischen Sozialismusmodells auf ostdeutschem Boden hat in der Bundesrepublik Wirkungen hervorgerufen, die den eigenen Zielen der SED letztlich zuwider liefen, weil sie ihnen die Grundlage entzogen. Der allmähliche programmatische »Abschied von gestern« in der SPD und bei den westdeutschen Gewerkschaften vollzog sich aufgrund der Spaltung des Landes schneller und nachhaltiger als in anderen Ländern Westeuropas mit einer starken kommunistischen Tradition. Daß »alle Wege des Marxismus nach Moskau führen«, wie die CDU/CSU im Wahlkampf 1953 suggerierte, schien angesichts der unglaubwürdigen Reklamierung dieser marxistischen Tradition durch die SED viel überzeugender als anderswo. Indem die SED zu erheblichen Teilen die Rolle einer kommunistischen Ersatzpartei im Westen übernahm, trug sie paradoxerweise zur Auflösung marxistischer Traditionen, zur Neuorientierung im Godesberger Programm der SPD und zur Durchsetzung einer pragmatischen Linie im DGB erheblich bei. Während die direkten und organisatorisch aufwendigen Interventionen durch die »Westarbeit« der SED und des FDGB vergleichsweise erfolglos blieben, ist dieser indirekte Effekt nicht nur für die politische Kultur der Bundesrepublik, sondern auch für die innere Entwicklung ihrer Arbeiterbewegung vermutlich kaum zu überschätzen. Zwar blieben Gewerkschaften und Sozialdemokraten trotz aller offiziellen Polemik für die SED stets bevorzugte Ansprechpartner organisierter Verbindungen nach Westen, und noch in den offiziellen politischen deutsch-deutschen Kontakten in der Ära Honecker überlebte davon ein Restbestand. Im Vorwurf des »Genossenkartells« blieb die Erinnerung an diesen Sachverhalt in polemischer Form aktuell. Doch im Kern verband diese Genossen kaum noch eine programmatische Gemeinsamkeit.

Verfolgt man die Verhaltensweisen der Arbeiter in großen Zügen, so ergibt sich ein überwiegend diffuses und widersprüchliches Bild. Das »von außen und oben« implantierte Sozialismusmodell stieß anfänglich neben Loyalität der Überzeugten überwiegend auf Ablehnung, Gleichgültigkeit und auch Widerstand, der sich schließlich im offenen Aufstand entlud. Danach nahmen die entmündigten Arbeiter »ihren Staat« insofern stärker beim Wort, als sie seine Angebote einforderten, ohne sich ausreichend zu den angemahnten Gegenleistungen verpflichtet zu fühlen. Diese Haltung wurde vom Blick auf den Westen gefördert, der auf anderen Wegen offensichtlich viel effektiver wesentliche, wenn auch keineswegs alle Ziele des Aufbaus und der Erhöhung des Lebensstandards erreichte. Der Ausbau des Sozialstaats in der DDR kompensierte zwar als »zweite Lohntüte« viele Defizite, wurde aber zunehmend als Selbstverständlichkeit wahrgenommen. Die eigene Arbeitsstätte war nach dem Ende des NÖS nur noch geringem Rationalisierungsdruck ausgesetzt und insofern ein »sicherer Hafen«.[13] Das auch als lebensweltliches Element akzeptierte Arbeitskollektiv bot zusätzlichen Schutz, und der ohnehin nachlassenden harten Repression konnten Arbeiter am ehesten entkommen, indem sie sich arrangierten. Daß Proteste und Arbeitsniederlegungen seit den siebziger Jahren signifikant zurückgingen, Eingaben als unspektakuläre Form der Interessenwahrnehmung jedoch immer wichtiger wurden, unterstreicht diesen Zusammenhang. Auch die allgegenwärtige Stasipräsenz, die für jedermann »wie ein kratzendes Unterhemd«[14] erfahrbar war, gehörte dazu und bremste offene Aufmüpfigkeit.

Dennoch ist insbesondere für die ersten beiden Jahrzehnte auch die andere Seite nicht zu unterschlagen: eine Form von »Dankbarkeit« gegenüber dem Staat, der vor allem Arbeitern ungeahnte und im Westen noch unvorstellbare Chancen zum sozialen Aufstieg bot. Auch damit war es jedoch in den siebziger Jahren mit zunehmender Schließung der Aufstiegswege weitgehend vorbei. Für die jüngeren Kohorten, primär die Jahrgänge 1949 bis 1961, hat Martin Kohli eine drastische Verschlechterung der Aufstiegschancen konstatiert. In den siebziger Jahren wurde damit »die relative Geschlossenheit des institutionellen Systems der DDR durch eine zunehmende Schließung des Generationsprozesses verdoppelt.«[15] Daraus erwuchs eine entscheidende Bestandsgefährdung des Gesamtsystems.

Die insbesondere seit den sechziger Jahren immer deutlicher werdende delikate Balance von Druck und Verlockung, von Drohung und Werbung, von Zwang und Rücksichtnahme erweist sich im Hinblick auf die Arbeiterschaft der DDR als ein besonders komplexes Untersuchungsfeld. Es läßt sich kaum mit der Geschichte einer autonomen Arbeiterbewegung im Westen, in bestimmten Grenzen aber mit der Geschichte der Arbeiter im »Dritten Reich« vergleichen. Was für Hitler das Trauma der Revolution von 1918 bedeutete, bildete für die Machtelite der SED die Schlüsselerfahrung des 17. Juni 1953: eine potentielle Bedrohung, der man mit bloßer Repression weder beggnen konnte noch wollte. Zentrale Entscheidungen der nationalsozialistischen Sozialpolitik wurden von Hitlers Revolutionsfurcht bestimmt. Unübersehbar blieb auch der »Aufbau des Sozialismus« nach dem ersten katastrophalen Fehlschlag von 1953 gleichermaßen von Krisenprävention und Rücksichtnahme geprägt. Das betraf die staatliche Sozialpolitik, das relative »laisser-faire« im Alltag und die meist geräuschlosen Konfliktregulierungen im Betrieb. Arbeiterinteressen ließen sich nicht »objektiv« bestimmen und durch Anleitung von oben lenken, sondern äußerten sich in verschiedenen Formen, auf die immer

---

13 Hübner, Die Zukunft war gestern, S. 181.
14 So die treffende Formulierung von Jens Reich, zit. bei Gieseke, Mielke-Konzern, S. 158.
15 Kohli, Arbeitsgesellschaft, in: Kaelble u. a. (Hg.), Sozialgeschichte, S. 54.

wieder neue Antworten gefunden werden mußten. Insofern veränderte Herrschaft durch soziale Praxis ihren Charakter. Sie wurde diffuser und nahm Formen von Interaktion in sich auf. Die Konturen des Bildes der Arbeiterschaft als »führender Klasse« und Objekt einer Diktatur wurden verwaschener.

Der Übergang von Ulbricht zu Honecker bedeutete hier keinen Bruch, aber eine markante Veränderung in der Gesamtkonstellation. Das galt mehr oder minder für die siebziger Jahre im gesamten Ostblock. Vorbereitet durch die »Normalisierung« als Krisenbewältigung Ende der sechziger Jahre erhielten Sozial- und Konsumpolitik einen deutlich erhöhten Stellenwert. Die »weichen Stabilisatoren« erwiesen sich als sehr wirksam. Daß sie langfristig zum Ruin der Gesamtwirtschaft führen mußten, war damals noch kaum erkennbar. Bis in die achtziger Jahre haben gerade die Arbeiter diesen Stillhaltepakt akzeptiert und mitgetragen. Aber auch die Überwachung erhielt eine erhöhte Bedeutung, so daß man durchaus von einer »Einheit von Wirtschafts-, Sozial- und Sicherheitspolitik« sprechen kann.[16]

Im folgenden Band von Peter Hübner zur Ära Honecker sollen drei Komplexe, die hier zwar schon punktuell angesprochen, aber noch nicht eingehender behandelt wurden, besonders akzentuiert werden: das Verhältnis von Wirtschafts- und Sozialpolitik, die technische Revolution und ihre Folgen für den Arbeitsprozeß und die Krise der sozialistischen Arbeitsgesellschaft.

Vielleicht der größte Unterschied zwischen beiden Phasen bestand in der Intensität und Ernsthaftigkeit beim proklamierten Aufbau der neuen Gesellschaft und beim Versuch der Durchsetzung der Utopie eines »neuen Menschen«. Ulbricht selbst hat hier ganz anders als sein Nachfolger eine Schlüsselrolle gespielt, indem er sich bis in kleine Details von Sachentscheidungen einmischte, Kontakt zur »Basis« suchte, hohe Ziele immer wieder zu popularisieren versuchte, aber auch rigoros Gegner kaltstellte und auf seiner Linie beharrte. Das Adjektiv »sozialistisch«, das allen Lösungsversuchen angehängt wurde und im Volksmund viel Spott hervorrief, war unter Ulbricht zumindest noch nicht völlig wie unter Honecker zur floskelhaften Worthülse verkommen. Die fabelhafte Fähigkeit zum Selbstbetrug nahm erst unter diesem groteske Ausmaße an. Honecker ließ die Dinge offenkundig viel stärker als zuvor laufen. »Den Sozialismus in seinem Lauf halten weder Ochs noch Esel auf« – diesen ursprünglich in der Phase des Sozialistengesetzes in den achtziger Jahren des 19. Jahrhunderts als politische Parole popularisierten Slogan verwandte Honecker scheinbar selbstbewußt in den letzten Monaten der DDR. Das war ein fatalistischer Reflex auf eine Konstellation, die sich im Zuge der internationalen Entspannungspolitik und einer wirtschaftlichen Krise nicht mehr ohne weiteres mit alten Mitteln beherrschen ließ.

Die Aufwertung einer umfassenden Sozial- und Konsumpolitik trug zur Akzeptanz des Staates in der Arbeiterschaft ohne Frage erheblich bei. Sie beförderte

---

16 So Jens Gieseke, Die Einheit von Wirtschafts-, Sozial- und Sicherheitspolitik. Militarisierung und Überwachung als Probleme einer DDR-Sozialgeschichte der Ära Honecker, in: ZfG 51 (2003), S. 997-1021.

aber durch die Überspannung aller Ressourcen zugleich die Erschütterung seiner Grundlagen. Das instrumentelle Verständnis von Wirtschaftspolitik in Honeckers Programm der »Einheit von Wirtschafts- und Sozialpolitik« ließ schließlich kaum noch einschneidende Korrekturen zu, weil denkbare Alternativen vom Schock des 17. Juni belastet waren. Honecker und der Parteiapparat wollten keine Unbequemlichkeiten haben, »es sollte doch Ruhe sein im Land.«[17] Noch im Mai 1989 beschwor Egon Krenz in einem kleinen Kreis des Politbüros angesichts der schonungslosen Offenlegung der katastrophalen Wirtschaftslage und entsprechender Sparvorschläge durch Gerhard Schürer, den Vorsitzenden der Staatlichen Plankommission, dieses Axiom mit entwaffnender Offenheit: »Es ist für mich gar keine Frage, ob die Einheit von Wirtschafts- und Sozialpolitik fortgeführt wird. Sie muß fortgeführt werden, denn sie ist ja der Sozialismus in der DDR!«[18]

Die DDR erschien nach ihrer internationalen Anerkennung lange Zeit bemerkenswert stabil. Doch diese Stabilität war prekär. Denn sie beruhte auch auf einem fatalen Verlust an gesellschaftlicher Phantasie und Kreativität, ohne die eine Gesellschaft dauerhaft schwerlich existieren kann. Das betraf weniger die alltägliche individuelle Lebensbewältigung als das Verblassen jeder Utopie in der Gesellschaftspolitik. »So viele Berichte, so wenig Fragen« – das war schon 1965 die Kurzformel von Volker Braun für diesen als lähmend empfundenen Zustand. Die bleierne Gleichgültigkeit unter der Hülle wohltönender Fortschrittsrhetorik und Selbstbeweihräucherung konnte schließlich kaum noch aufgebrochen werden. Es stellte sich zunehmend eine neue »Macht der Gewohnheit« ein, die einherging mit Privatisierungstendenzen, wie sie sich vor allem im Alltagsleben ablesen lassen. Der Begriff der »mißmutigen Loyalität« trifft daher diese dominanten Verhaltensweisen. Begeisterung hielt sich selbst bei linientreuen Kadern in Grenzen. Mißmut über die immer gleichen Probleme im Produktionsalltag und in der Versorgung gehörte zweifellos in allen Phasen zu den Grundzügen der Arbeitermentalität. Formale Loyalität aber funktionierte nach den Erfahrungen von 1953 ebenfalls. Diese Macht der Gewohnheit und der »soziale Winterschlaf«[19] verdeckten die tiefe Krise des »Arbeiterstaates«. Daher löste Gorbatschows Aufbruch zur Rettung des Sozialismus für eine desillusionierte und angepaßte Arbeiterschaft kaum ein spürbares Echo aus. Die DDR war zu einer »strukturkonservativen Industriegesellschaft« geworden.[20] Wenn es dennoch in der Endphase Aufbrüche gab, so waren ihre Initiatoren nicht mehr Arbeiter, die 1945 noch den wichtigsten Anteil am Neubeginn hatten, sondern Dissidenten aus einem anderen Milieu.

17 So Claus Krömke, der persönliche Referent Mittags, im Interview, in: Pirker/Lepsius/Weinert/Hertle, Der Plan als Befehl und Fiktion, S. 51.
18 Zit. bei Hertle, Fall der Mauer, S. 73.
19 Hübner, Die Zukunft war gestern, S. 178.
20 Gerhard A. Ritter, Die DDR in der deutschen Geschichte, in: VfZ 50 (2002), S. 171-200, hier: S. 193.

Nachwort und Dank

Arbeitergeschichte hat aus verschiedenen Gründen seit langem keine Konjunktur mehr. Auch in der nach wie vor boomenden DDR- und Osteuropa-Forschung figuriert sie eher am Rande. Das mag mit ihrer ausgeprägten Rolle als Legitimationsinstrument vor 1989 zusammenhängen. Daß sich aber hinter einer bombastischen Kulisse eine ungemein vielfältige und spannende Szenerie verbirgt, ist mir bei der langjährigen Arbeit an diesem Thema immer deutlicher geworden. Die Zweifel nach Abschluß des Textes, vieles trotz des Umfangs nur kursorisch behandelt zu haben, gehören wohl unvermeidlich zu einem solchen Versuch einer Synthese. Arbeitergeschichte bildet, wenn hier auch nur exemplarisch für die östliche Hälfte Deutschlands, den Kern der Geschichte einer untergegangenen Gesellschaftsformation, die neben der DDR die Länder Ostmitteleuropas fast ein halbes Jahrhundert geprägt hat. Dieses Segment der jüngsten Vergangenheit vor dem allzu schnellen Vergessen zu bewahren, bleibt auch in Zeiten der Auflösung aller »großen Entwürfe« wichtig.

Angesichts der Masse an Materialien, welche die Organisationen der verblichenen DDR, allen voran FDGB und SED, hinterlassen haben, hätte dieses Buches leicht noch umfänglicher ausfallen können. Die Arbeit in der Leitung des Potsdamer Zentrums für Zeithistorische Forschung hat mich zwar vielfach vom kontinuierlichen Schreiben abgehalten, sie hat mir aber angesichts des anregenden und diskussionsfreundlichen Klimas auch den Blick für einen komplexen Gegenstand geschärft. Der obligatorische Dank hat daher nicht nur denen zu gelten, die das Manuskript insgesamt oder in Teilen gelesen und produktive kritische Anregungen gegeben haben, sondern auch der Belegschaft des Instituts insgesamt.

Mein besonderer Dank gilt Peter Hübner als dem wohl besten Kenner der Materie. Seine zahlreichen Arbeiten zur Geschichte der Arbeiter in der DDR waren für viele Teilthemen dieses Buches grundlegend, seine Hinweise zum Manuskript besonders nützlich. Das gilt auch für Gerhard A. Ritter als spiritus rector der Gesamtreihe und Dieter Dowe als zuständigen Kollegen in der Friedrich-Ebert-Stiftung, die sich beide ebenfalls der Mühe der Lektüre des Gesamtmanuskripts unterzogen haben. Hans-Hermann Hertle verdanke ich vor allem eine produktive Kritik des Kapitels zum 17. Juni. Wichtig war mir darüber hinaus die intellektuelle Schützenhilfe durch die Kollegen der gesamten Arbeitsgruppe, die das Konzept in einem frühen Stadium diskutiert hat (Dieter Dowe, Peter Hübner, Jürgen Kocka, Josef Mooser, Dirk Schumann, Gerhard A. Ritter, Michael Schneider, Klaus Tenfelde, Thomas Welskopp). Viele Hinweise verdanke ich auch Annette Schuhmann, Simone Barck (†) und Jens Gieseke. Die studentischen Hilfskräfte, die mir zu unterschiedlichen Zeiten bei der Suche und Erschließung des gedruckten und ungedruckten Materials geholfen haben, möchte ich hier nicht vergessen: Antonia Bühler, Carsten Dippel, Andreas Falkenhagen, Anke Klare, Markus Prost, Thomas Reichel, Michael Tillmann (†), Thomas Vieweg, Manuela Weichert und Peter Weiß.

Herzlich zu danken ist ferner den Damen und Herren des Bundesarchivs Abt. SAPMO, insbesondere Frau Pautsch aus der für die FDGB-Überlieferung zuständigen Abteilung, der BStU, des Archivs der sozialen Demokratie in Bonn sowie verschiedener Bibliotheken. Im Potsdamer Institut habe ich vor allem der früheren Bibliothekarin Inge Schmöker für bibliographische Arbeiten und Anmerkungskontrollen sowie der Sekretärin Christa Schneider für das Schreiben von Teilkapiteln, als ich mit dem Computer noch auf Kriegsfuß stand, herzlich zu danken. Eine erfreuliche Erfahrung war für mich die Zusammenarbeit mit dem Verlag und seinem unermüdlichen Lektor Alexander Behrens. Er hat (zu) viele Substantivkonstruktionen und Schachtelsätze eliminiert und mit dafür gesorgt, daß Unklarheiten beseitigt wurden.

Zu einem ordentlichen Dankeswort gehört schließlich die familiäre Unterstützung, die zu Unrecht stets zum Schluß kommt. Ich widme dieses Buch meiner Frau in großer Dankbarkeit.

Anhang

Abkürzungsverzeichnis

ABI	Arbeiter-und-Bauerninspektion
AdsD	Archiv der sozialen Demokratie
AfS	Archiv für Sozialgeschichte
AGL	Abteilungsgewerkschaftsleitung
APZ	Aus Politik und Zeitgeschichte
AWG	Arbeiterwohnungsbaugenossenschaft
BA	Bundesarchiv
BGL	Betriebsgewerkschaftsleitung
BKV	Betriebskollektivvertrag
BPO	Betriebsparteiorganisation
BStU	Bundesbeauftragte(r) für die Stasiunterlagen
BzG	Beiträge zur Geschichte der Arbeiterbewegung
DA	Deutschland Archiv
DFD	Demokratischer Frauenbund Deutschlands
DVP	Deutsche Volkspolizei
FDGB	Freier Deutscher Gewerkschaftsbund
FDJ	Freie Deutsche Jugend
GBA	Gesetzbuch der Arbeit
GBl	Gesetzblatt
GG	Geschichte und Gesellschaft
HA	Hauptabteilung
HO	Handelsorganisation
IG	Industriegewerkschaft
IM	Inoffizieller Mitarbeiter
IWE	Informationsbüro West
IWK	Internationale Wissenschaftliche Korrespondenz zur Geschichte der deutschen Arbeiterbewegung
Jb	Jahrbuch
JHK	Jahrbuch für Historische Kommunismusforschung
KgU	Kampfgruppe gegen Unmenschlichkeit
KPdSU	Kommunistische Partei der Sowjetunion
KSF	Kultur- und Sozialfonds
LPG	Landwirtschaftliche Produktionsgenossenschaft
MB	Monatsbericht
MfS	Ministerium für Staatssicherheit
MKF	Mitteilungen aus der Kulturwissenschaftlichen Forschung
MTS	Maschinen-Traktoren-Station
NAW	Nationales Aufbauwerk
ND	Neues Deutschland
NGO	Nur-Gewerkschaftsorganisation
Nl	Nachlaß
NÖS	Neues Ökonomisches System der Planung und Leitung
NVA	Nationale Volksarmee

ÖSS	Ökonomisches System des Sozialismus
PVS	Politische Vierteljahrsschrift
RAW	Reichsausbesserungswerk
RGW	Rat für gegenseitige Wirtschaftshilfe
RIAS	Rundfunk im amerikanischen Sektor
SAG	Sowjetische Aktiengesellschaft
SAPMO	Stiftung Archiv der Parteien und Massenorganisationen
SBZ	Sowjetisch Besetzte Zone
SDAG	Sowjetisch-Deutsche Aktiengesellschaft
SMA	Sowjetische Militäradministration
SMAD	Sowjetische Militäradministration in Deutschland
SPK	Staatliche Plankommission
SSD	Staatssicherheitsdienst
SV	Sozialversicherung
TAN	Technische Arbeitsnorm
UfJ	Untersuchungsausschuß freiheitlicher Juristen
UGO	Unabhängige Gewerkschaftsorganisation
VdgB	Vereinigung der gegenseitigen Bauernhilfe
VEB	Volkseigener Betrieb
VEG	Volkseigenes Gut
VfZ	Vierteljahrshefte für Zeitgeschichte
VO	Verordnung
VP	Volkspolizei
VSWG	Vierteljahrsschrift für Sozial- und Wirtschaftsgeschichte
VVB	Vereinigung Volkeigener Betriebe
WG	Wirtschaftsgeschichte
WGB	Weltgewerkschaftsbund
WTR	Wissenschaftlich-Technische Revolution
ZfG	Zeitschrift für Geschichtswissenschaft
ZK	Zentralkomitee
ZKSK	Zentrale Kommission für Staatliche Kontrolle

Tabellenverzeichnis

Kapitel I

Tab. 1 Die Bevölkerung nach ihrer Berufszugehörigkeit 1939 und 1946 [S. 56/57]
Tab. 2 Verteilung der »Umsiedler« auf Berufszweige [S. 68]
Tab. 3 Rationen für die Versorgung der nicht in der Landwirtschaft beschäftigten Bevölkerung in der SBZ [S. 74]
Tab. 4 Zerstörte Wohnungen in der SBZ (Mai 1946) nach Ländern/Provinzen (einschließlich Großberlin) [S. 78]
Tab. 5 Gesamtzahl der Unterstützungsempfänger und Unterstütztenquote nach Ländern der SBZ (1946–1949) [S. 83]
Tab. 6 Soziale Gliederung der SED zwischen 1946 und 1950 [S. 101]
Tab. 7 Unselbständig Beschäftigte und gewerkschaftlich Organisierte in der SBZ 1946 [S. 107]
Tab. 8 Mitgliederzahlen der Industriegewerkschaften des FDGB [S. 111]
Tab. 9 Parteizugehörigkeit der Betriebsräte 1947 [S. 115]
Tab. 10 Kulturarbeit in den Betrieben der SBZ 1947 und 1948 [S. 128]

Kapitel II

Tab. 11 SED-Betriebsgruppen 1948 [S. 170]
Tab. 12 Stand der Aktivisten, die mit Urkunden und Abzeichen ausgezeichnet wurden (Mai 1950) [S. 221]
Tab. 13 Anzahl und Zusammensetzung der Betriebsfrauenausschüsse am 1.1.1955 [S. 237]
Tab. 14 Zusammensetzung der ABF-Studenten im Wintersemester 1949/50 (einschließlich übernommener Vorstudienschüler) [S. 247]
Tab. 15 Arbeiter- und Bauernkinder unter den Studierenden [S. 248]
Tab. 16 Soziale Herkunft der Regierungsangestellten 1949 und 1950 [S. 256]
Tab. 17 Altersstruktur der Regierungsangestellten [S. 256]
Tab. 18 Anteil von Arbeitern, Frauen und Jugendlichen auf den Leitungsebenen der Regierungsangestellten [S. 257]
Tab. 19 Notwendiger Aufwand für die Beschaffung der im Mengenschema des westdeutschen Lebenshaltungskostenindex vorgesehenen Waren des lebensnotwendigen und des elastischen Bedarfs [S. 265]
Tab. 20 Entwicklung der HO-Preise für Grundnahrungsmittel [S. 266]

Kapitel IV

Tab. 21 Ausgaben im Staatshaushalt für das Betriebsgesundheitswesen, Maßnahmen zur Steigerung der Arbeitsproduktivität und für den Arbeitsschutz 1952 bis 1955 [S. 417]
Tab. 22 Übersicht über die Arbeiterfestspiele [S. 446]
Tab. 23 Entwicklung der Privatbetriebe [S. 477]

Anhang

Tab. 24 Erwerbstätige in der DDR nach Eigentümergruppen der Betriebe [S. 479]
Tab. 25 Unternehmen und Erwerbstätige im Handwerk der DDR [S. 485]
Tab. 26 Übersiedler aus der DDR in die Bundesrepublik Deutschland bis Juni 1990 [S. 492]

Kapitel V

Tab. 27 Klassen- und Schichtenstruktur der Berufstätigen der DDR [S. 547]
Tab. 28 Qualifikationsstruktur der Berufstätigen der DDR [S. 547]
Tab. 29 Qualifikation der weiblichen Berufstätigen in der sozialistischen Wirtschaft der DDR [S. 548]
Tab. 30 Durchschnittliches monatliches Arbeitseinkommen der vollbeschäftigten Arbeiter und Angestellten nach Bestandteilen in der staatlichen Industrie 1960 bis 1971 [S. 573]
Tab 31 Gliederung der Prämien nach der Betriebsprämienordnung des VEB Warnow-Werft für das Jahr 1966 [S. 574]
Tab. 32 Anteil der weiblichen Produktionsarbeiter an Produktionsarbeitern insgesamt in einigen Bereichen der zentral geleiteten volkseigenen Industrie 1962 [S. 606]
Tab. 33 Einstellung der Männer zur beruflichen Weiterbildung ihrer Ehefrauen beziehungsweise Freundinnen [S. 610]

Kapitel VI

Tab. 34 Monatlicher tariflicher Durchschnittslohn der vollbeschäftigten Arbeiter und Angestellten in Mark (nach Industriebranchen, 1960 bis 1971) [S. 665]
Tab. 35 Typische Familie: 2 Erwachsene, 1 Kind [S. 668]
Tab. 36 Durchschnittslöhne und Lebenshaltungskosten in Ost- und Westdeutschland [S. 670]
Tab. 37 Ausgabenstruktur in 4-Personen-Arbeitnehmerhaushalten [S. 691]
Tab. 38 Frage: Was interessiert Sie in der Freizeit, unabhängig von vorhandenen Möglichkeiten, am meisten? Feierabend [S. 702]
Tab. 39 Auf dem Gebiet der Aktivisten- und Wettbewerbsbewegung verliehene staatliche Auszeichnungen [S. 710]
Tab. 40 Auf dem Gebiet der Aktivisten- und Wettbewerbsbewegung verliehene staatliche Auszeichnungen nach ausgewählten Verantwortungsbereichen 1970 [S. 711]
Tab. 41 Betriebliche Sozialeinrichtungen [S. 724]
Tab. 42 Mittelverteilung des KSF im Bereich der VVB Braunkohle Leipzig im Jahre 1964 [S. 727]
Tab. 43 Anzahl der registrierten Arbeitsniederlegungen seit 1960 [S. 757]
Tab. 44 Arbeiter unter den West-Ost-Migranten 1952–1963 [S. 765]

Abbildungsverzeichnis[1]

Kapitel I

Abb. 1 Wasserstraßen und ausgewählte traditionelle Industriestandorte in den Ländern und Provinzen der sowjetischen Besatzungszone 1946. *Quelle:* Deutsche Geschichte, Bd. 9, S. 264 f., Akademie Verlag. [S. 52]
Abb. 2 Produktionshalle des Elektrochemischen Werks in Hennigsdorf b. Berlin nach sowjetischer Demontage. Aufnahme vom November 1947 (tpk / Herbert Hensky). *Quelle:* Stiftung Preußischer Kulturbesitz. [S. 64]
Abb. 3 Wochenküchenzettel. *Quelle:* Merkel, Ina: »… und Du, Frau an der Werkbank«, S. 64. Rechteinhaber nicht ermittelbar. [S. 77]
Abb. 4 Vereinigungsparteitag von KPD und SPD in Mecklenburg am 7. April 1946. *Quelle:* Deutsches Historisches Museum. [S. 99]
Abb. 5 FDGB-Gründungskongreß am 18. Juli 1946. *Quelle:* Deutsches Historisches Museum. [S. 106]
Abb. 6 Befehl Nr. 63 vom 21. Oktober 1946. *Quelle:* Stiftung Archiv der Parteien und Massenorganisationen der ehemaligen DDR. [S. 136]
Abb. 7 Die Rolle der Arbeiterschaft in den volkseigenen Betrieben. *Quelle:* Christoph Kleßmann. [S. 137]
Abb. 8 versprochen – gebrochen. Die Interzonenkonferenzen der deutschen Gewerkschaften 1946–1948. *Quelle:* Archiv der sozialen Demokratie. [S. 148]
Abb. 9a Einladung zur Abschluss-Kundgebung der 1. Interzonen-Konferenz der Bauarbeiter (11. Juni 1947). Rechteinhaber nicht ermittelbar. [S. 151]
Abb. 9b Programmabfolge (zu Abb. 9a). Rechteinhaber nicht ermittelbar. [S. 151]
Abb. 10 Der Land- und Forstarbeiter. Rechteinhaber nicht ermittelbar. [S. 152]

Kapitel II

Abb. 11 Leninistische Kaderpartei SED 1949. *Quelle:* Deutsches Historisches Museum. [S. 165]
Abb. 12a Die Kleine Tribüne (Nr. II / 2. Jhrg., Nov. 1952): »Vorsicht bei den BGL-Wahlen!« (mit MfS-Kommentar). *Quelle:* BStU. [S. 178]
Abb. 12b »Schneckentier auf jeder Mauer« (mit MfS-Kommentar). *Quelle:* BStU. [S. 179]
Abb. 13 »Vom Dritten Reich zur DDR«. Tatsachen und Berichte aus der Sowjetzone. *Quelle:* Archiv der sozialen Demokratie. [S. 186]
Abb. 14 Tarnschrift O. Kremnjowa: »Die Erfahrungen der politischen Agitation in den Betrieben«. Bibliothek des Agitators. Dietz Verlag Berlin. *Quelle:* Archiv der sozialen Demokratie. [S. 186]
Abb. 15a Tarnschrift »Unser Präsident«. *Quelle:* Archiv der sozialen Demokratie. [S. 187]
Abb. 15b »Unser Präsident«: Aus dem Inhalt. *Quelle:* Archiv der sozialen Demokratie. [S. 187]

---

1 Die mit Kurztitel aufgeführten Druckschriften sind vollständig zitiert im Literaturverzeichnis zu finden.

Anhang

Abb. 16a   Flugblatt des Ostbüros »Zum 1. Mai 1953« (Bl. 1). *Quelle:* Archiv der sozialen Demokratie. [S. 188]
Abb. 16b   Flugblatt des Ostbüros »Zum 1. Mai 1953« (Bl. 2). *Quelle:* Archiv der sozialen Demokratie. [S. 189]
Abb. 17a   »Einige der wichtigsten Betriebe einzelner Industriegewerkschaften«, 13. Februar 1951 (S. 1 u. 2). *Quelle:* Stiftung Archiv der Parteien und Massenorganisationen der ehemaligen DDR. [S. 199]
Abb. 17b   »Einige der wichtigsten Betriebe einzelner Industriegewerkschaften«, 13. Februar 1951 (S. 3 u. 4). *Quelle:* Stiftung Archiv der Parteien und Massenorganisationen der ehemaligen DDR. [S. 199]
Abb. 18   Organisatorische Struktur der Betriebsgewerkschaftsleitung des Werks »Deutschland«, Oelsnitz (Stand: 6.10.1948). *Quelle:* Keller, Dietmar, Lebendige Demokratie, o. S. Rechteinhaber nicht ermittelbar. [S. 205]
Abb. 19   »Leuna-Echo« – Betriebswandzeitung Chemiewerk Leuna. *Quelle:* Geschichte der VEB Leuna-Werke »Walter Ulbricht« 1945–1981, Leipzig 1986, S. 44. Rechteinhaber nicht ermittelbar. [S. 219]
Abb. 20   Verzeichnis der »Bibliothek der Aktivisten«. Rechteinhaber nicht ermittelbar. [S. 225]
Abb. 21   Die Wettbewerbspolka. *Quelle:* Koplowitz, Jan: Unser Kumpel Max der Riese, S. 147. Rechteinhaber nicht ermittelbar. [S. 229]
Abb. 22   Mehr Frauen in verantwortliche Stellungen. *Quelle:* Deutsches Historisches Museum. [S. 240]
Abb. 23   Die Kranführerin. *Quelle:* Merkel, Ina: »… und Du, Frau an der Werkbank«, S. 92. Rechteinhaber nicht ermittelbar. [S. 241]
Abb. 24   Verzeichnis der Pläne des Betriebsplanes (VEB Industrie). *Quelle:* Unser Betriebsplan, Lehrbuch für die Betriebsabendschulen der Gewerkschaften, hg. v. Bundesvorstand des FDGB, Berlin (O) 1951, S. 42 f. Rechteinhaber nicht ermittelbar. [S. 263]
Abb. 25   TAN-Verlustzeitbogen für tägliche Selbstermittlung. Rechteinhaber nicht ermittelbar. [S. 274]
Abb. 26   Kulturelle Massenarbeit (Juni 1952). *Quelle:* Bundesarchiv Koblenz. [S. 288]
Abb. 27   Musterbetriebsplan. *Quelle:* Rubbel, Rudi: Wie erarbeiteten die Werktätigen …, S. 38 f. Rechteinhaber nicht ermittelbar. [S. 291]
Abb. 28   Freiheit für Laßberg – Koalitionsfreiheit für alle! *Quelle:* Archiv der sozialen Demokratie. [S. 303]
Abb. 29   Karikatur. *Quelle:* Archiv der sozialen Demokratie. [S. 305]
Abb. 30   FDGB-Chor. Rechteinhaber nicht ermittelbar. [S. 308]

Kapitel III

Abb. 31   Stahlarbeiter. *Quelle:* Archiv der sozialen Demokratie. [S. 334 f.]
Abb. 32   Die Kleine Tribüne (Nr. 7 / 3. Jhrg., Juli 1952): »Der neue (Kon-)Kurs!«. *Quelle:* BStU. [S. 354]
Abb. 33   Flugblatt »Größte bisherige Preissenkung beschlossen!« *Quelle:* SBZ-Archiv 4 (1953), S. 343 f. Rechteinhaber nicht ermittelbar. [S. 365]
Abb. 34   Arbeit und Aufbau. *Quelle:* Archiv der sozialen Demokratie. [S. 368]
Abb. 35   Der »Tag X« kommt doch! *Quelle:* BStU. [S. 369]

Kapitel IV

Abb. 36 Tage, die die Welt erschütterten (Bl. 1). *Quelle:* Archiv der sozialen Demokratie. [S. 406]
Abb. 37 Tage, die die Welt erschütterten (Bl. 2). *Quelle:* Archiv der sozialen Demokratie. [S. 407]
Abb. 38 Hohe finanzielle Leistungen des FDGB. *Quelle:* Sonntag, Erhard: Was gibt Dir Deine Gewerkschaft?, S. 7. Rechteinhaber nicht ermittelbar. [S. 419]
Abb. 39 V. Parteitag der SED vom 10.–16. Juli 1958 in der Werner-Seelenbinder-Halle in Berlin. *Quelle:* Deutsches Historisches Museum. [S. 426]
Abb. 40 Die Besten unserer Zeit (1959). *Quelle:* Deutsches Historisches Museum. [S. 428]
Abb. 41 Chemie gibt Brot, Wohlstand, Schönheit (1958). *Quelle:* Deutsches Historisches Museum. [S. 429]
Abb. 42 »Kluge Frauen – helle Mädchen« (Notenblatt). *Quelle:* Kulturelles Leben (1959), Heft 2, S. 30 f. Rechteinhaber nicht ermittelbar. [S. 431]
Abb. 43 Ich schreibe. Zeitschrift für die Zirkel schreibender Arbeiter und Genossenschaftsbauern, 1. Jhrg., H. 1 (Titelblatt). [S. 438]
Abb. 44 Kurt Zill / Helmut Preissler, »Die Prämie«, Geschichte aus einem Brigadetagebuch, aus: Ich schreibe. Arbeiter greifen zur Feder, S. 211 f. Rechteinhaber nicht ermittelbar. [S. 443]
Abb. 45 Tanzspiel »Glück auf« aus dem Festprogramm der IG Bergbau 1959. *Quelle:* Stiftung Archiv der Parteien und Massenorganisationen der ehemaligen DDR. [S. 447]

Farbabbildungen

Bild 1 Heimat, Brot, Arbeit für alle Umsiedler (1946). *Quelle:* Deutsches Historisches Museum. [Farbteil **S. 449**, zugehörig zu Kap. I, S. 68 f.]
Bild 2 Sozialistische Einheitspartei Deutschlands · Uns gehört die Zukunft (1946). *Quelle:* Archiv der sozialen Demokratie. [Farbteil **S. 450**, zugehörig zu Kap. I, S. 98 f.]
Bild 3 KONSUM · Das Zeichen für den genossenschaftlichen Kollektivgedanken der Verbraucher. *Quelle:* Archiv der sozialen Demokratie. [Farbteil **S. 451**, zugehörig zu Kap. II, S. 196 f.]
Bild 4 Kumpels, holt auf … *Quelle:* Archiv der sozialen Demokratie. [Farbteil **S. 452**, zugehörig zu Kap. II, S. 217 f.]
Bild 5 Studiert die Bibliothek der Aktivisten. *Quelle:* Archiv der sozialen Demokratie. [Farbteil **S. 453**, zugehörig zu Kap. II, S. 225 f.]
Bild 6 Der Aufbau geht so schnell voran, daß keine Lüge folgen kann. *Quelle:* Archiv der sozialen Demokratie. [Farbteil **S. 454**, zugehörig zu Kap. II, S. 262 f.]
Bild 7 Bauten des Fünfjahrplanes: Eisenhüttenkombinat Ost (EKO). *Quelle:* Archiv der sozialen Demokratie. [Farbteil **S. 455**, zugehörig zu Kap. II, S. 262 f.]
Bild 8 Bauten des Fünfjahrplanes: Schwimmstadion Friedrichshain. *Quelle:* Archiv der sozialen Demokratie. [Farbteil **S. 456**, zugehörig zu Kap. II, S. 262 f.]
Bild 9 Bauten des Fünfjahrplanes: Stahlwerk Brandenburg – Aus Stahl wird Brot. *Quelle:* Archiv der sozialen Demokratie. [Farbteil **S. 457**, zugehörig zu Kap. II, S. 262 f.]
Bild 10 Kulturhaus der Maxhütte »Johannes R. Becher«, Unterwellenborn. *Quelle:* Michael Schroedter. [Farbteil **S. 458**, zugehörig zu Kap. II, S. 284 f.]

Bild 11　Kulturhaus der Maxhütte »Johannes R. Becher«, Unterwellenborn (Blick vom Treppenhaus zum Musiksalon). *Quelle:* Michael Schroedter. [Farbteil S. 458, zugehörig zu Kap. II, S. 284 f.]

Bild 12　Beispiel für die Stilisierung einer Plandiskussion auf einem Gemälde von 1950. *Quelle:* Deutsches Historisches Museum. [Farbteil S. 459, zugehörig zu Kap. II, S. 295 f.]

Bild 13　II. Parteikonferenz der SED. 9.–12. Juli 1952, Berlin. *Quelle:* Archiv der sozialen Demokratie. [Farbteil S. 460, zugehörig zu Kap. III, S. 323 f.]

Bild 14　Der Kulturpalast des Elektrochemischen Kombinates Bitterfeld. *Quelle:* Simone Barck (†). [Farbteil S. 461, zugehörig zu Kap. IV, S. 435 f.]

Bild 15　FDGB – Tag der Aktivisten (13. Oktober 1949). *Quelle:* Archiv der sozialen Demokratie. [Farbteil S. 462, zugehörig zu Kap. VI, S. 713 f.]

Bild 16　»Bei Deiner Arbeiterehre ...!« (1961/62). *Quelle:* Archiv der sozialen Demokratie. [Farbteil S. 463, zugehörig zu Kap. VI, S. 745 f.]

Bild 17　»Rundfunk Im Ami-Sold!« (RIAS). *Quelle:* Archiv der sozialen Demokratie. [Farbteil S. 464, zugehörig zu Kap. VI, S. 761 f.]

Kapitel IV (Fortsetzung)

Abb. 46　»Wir wollen auf sozialistische Weise arbeiten, lernen, leben«. *Quelle:* Tribüne vom 7. Januar 1959. [S. 466]

Abb. 47　Brigade »Nicolai Mamai« aus dem Aluminiumwerk II des Elektrochemischen Kombinates Bitterfeld. *Quelle:* Simone Barck (†). [S. 467]

Abb. 48　Verpflichtung der Brigade Ofen II C-Schicht. *Quelle:* Stiftung Archiv der Parteien und Massenorganisationen der ehemaligen DDR. [S. 469]

Abb. 49　Beispiele von Werbeanzeigen von Privatbetrieben. *Quelle:* Gewerkschaftsaktiv (1/1952), Heft 5. [S. 478]

Abb. 50　Graphik »Erwerbstätige in der DDR nach Eigentümergruppen der Betriebe«. *Quelle:* Ludwig, Udo: Wandel der Arbeitsplatzstruktur ..., S. 100. Rechteinhaber nicht ermittelbar. [S. 480]

Abb. 51　Graphik »Erwerbstätige im Handwerk der DDR nach Betriebsformen«. *Quelle:* Ludwig, Udo: Wandel der Arbeitsplatzstruktur ..., S. 105. Rechteinhaber nicht ermittelbar. [S. 486]

Abb. 52　SED-Opposition Brief Nr. 35: »Der entartete Arbeiter- und Bauernstaat!« *Quelle:* Archiv der sozialen Demokratie. [S. 497]

Abb. 53　Tarantel. Satirische Monatsschrift der Sowjetzone (Mai 1957). *Quelle:* Privatbesitz. [S. 498]

Abb. 54　X. Gesamtdeutsche Arbeiterkonferenz (5. September 1959). *Quelle:* Der FDGB – Erfüllungsgehilfe der SED, S. 79 f. Rechteinhaber nicht ermittelbar. [S. 510]

Exkurs

Abb. 55　Stalinstadt – der Tag der Namensverleihung am 7. Mai 1953. *Quelle:* Bundesarchiv Koblenz. [S. 522]

Abb. 56　Frauen bei Rodungsarbeiten für die Großbaustelle EKO (1950). *Quelle:* Unternehmensarchiv EKO-Stahl GmbH, Eisenhüttenstadt. [S. 525]

Abb. 57 Hüttenfestspiel 1960 Stalinstadt (Titelseite des Programmhefts anläßlich des 10-jährigen Bestehens von Stadt und Werk. *Quelle:* Arbeitsgruppe Stadtgeschichte (Hg.), Eisenhüttenstadt, S. 155. Rechteinhaber nicht ermittelbar. [S. 536]

Kapitel V

Abb. 58 Stahlbau-Brigade »Grusa« im Produktionsaufgebot. *Quelle:* Privatbesitz. [S. 555]
Abb. 59 Die Konfliktkommission. »Tribüne« – Beilage Nr. 1 – 5. Januar 1967): »Kritik oder Beleidigung?« [S. 561]
Abb. 60 VI. Parteitag der SED (15.–21. Januar 1963). *Quelle:* Deutsches Historisches Museum. [S. 565]
Abb. 61 Produktionsberatung im Leuna-Werk »Walter Ulbricht« (1962). *Quelle:* Deutsches Historisches Museum. [S. 583]
Abb. 62 Organisationsstruktur der Arbeiter-und-Bauern-Inspektion der DDR. *Quelle:* Neuer Weg Nr. 1/1981. Rechteinhaber nicht ermittelbar. [S. 589]
Abb. 63 6. FDGB-Kongreß in Berlin (19.–21. November 1963). Blick in die Kongreßhalle (Dynamo-Sporthalle). *Quelle:* Deutsches Historisches Museum. [S. 591]
Abb. 64 Die Arbeiterin – Zeitschrift für die Interessen der werktätigen Frau (Titelseite). *Quelle:* Deutsche Nationalbibliothek Leipzig. [S. 607]
Abb. 65 »Der Sieg über die roten Zahlen. Notizen über Gerhard Kast«. *Quelle:* Geschichte des FDGB, S. 561. Rechteinhaber nicht ermittelbar. [S. 628]
Abb. 66 Jugendarbeitsschutz · der jugend vertrauen und verantwortung. *Quelle:* Der FDGB – Erfüllungsgehilfe der SED, S. 72. Rechteinhaber nicht ermittelbar. [S. 639]

Kapitel VI

Abb. 67 »1. Spatenstich! Aus eigener Kraft – Wohnraum schafft durch die Arbeiter-Wohnungsbaugenossenschaft« (1954) *Quelle:* Haus der Geschichte (Wittenberg). [S. 674]
Abb. 68 Musterküche und Wohnzimmer im Vorzeigeobjekt Stalinallee, 1953. *Quelle:* Engel/Ribbe, Karl-Marx-Allee …, S. 121. Rechteinhaber nicht ermittelbar. [S. 679]
Abb. 69 Wohnungsbestand 1961. *Quelle:* Richard Wagner, Wie groß müssen Wohnungen sein?, in: »Deutsche Architektur« 1962, S. 322. Rechteinhaber nicht ermittelbar. [S. 681]
Abb. 70 Umzug des Kleingartenvereins »Immergrün« 1958 in Wittenberg. *Quelle:* Haus der Geschichte, Wittenberg. [S. 687]
Abb. 71 »Die Arbeiterversorgung – Bestandteil der sozialistischen Arbeitskultur« (Tafeln). Rechteinhaber nicht ermittelbar. [S. 696]
Abb. 72 »Die Kurorte gehören den Werktätigen«. *Quelle:* Haus der Geschichte, Bonn. [S. 705]
Abb. 73 Formular »Ferienscheck · Feriendienst der Gewerkschaften« (Voranmeldung). *Quelle:* Oeser/Rothaar/Matke: Urlaub mit dem …, S. 35. Rechteinhaber nicht ermittelbar. [S. 706]
Abb. 74 FDGB-Ferienheim um 1950. *Quelle:* Deutsches Historisches Museum. [S. 707]
Abb. 75 Medaillen zum Ehrentitel »Held der Arbeit« (1950–53 bzw. 1961–72). *Quelle:* Deutsches Historisches Museum. [S. 712]

Abb. 76 »Für das Glück unserer Jugend« (1960). *Quelle:* Sonntag, Erhard: Was gibt Dir Deine Gewerkschaft?, S. 57. Rechteinhaber nicht ermittelbar. [S. 713]
Abb. 77 »Ernst Thälmann – Sein Vermächtnis lebt in den Taten für unsere Republik« (Bericht von 1974). *Quelle:* Bildmappe ..., S. 32. Rechteinhaber nicht ermittelbar. [S. 716]
Abb. 78 «Urkunde für vorbildliche Arbeit im Wettbewerb der Roten Ecken«. *Quelle:* Kulturelle Massenarbeit (1953), Heft 2. Rechteinhaber nicht ermittelbar. [S. 717]
Abb. 79 1. Mai 1961 – Aufmarsch der Kampfgruppen der Berliner Betriebe. *Quelle:* Deutsches Historisches Museum. [S. 718]
Abb. 80 Karikatur des »Eulenspiegel« 1965 zum Vorzeigeeffekt der Brigaden. *Quelle:* »Eulenspiegel« Nr. 49/1965. Rechteinhaber nicht ermittelbar. [S. 725]
Abb. 81 Beispiel eines Arbeitsvertrages aus den sechziger Jahren. Rechteinhaber nicht ermittelbar. [S. 728]
Abb. 82 Beispiele von Wandzeitungen des VEB Funkwerk Berlin-Köpenick (1954). *Quelle:* Archiv der sozialen Demokratie. [S. 730]
Abb. 83 Graphik »Sozialpolitische Verantwortungsfelder der Betriebsgewerkschaftsleitungen (BGL)«. *Quelle:* Die betriebliche Sozialpolitik ..., S. 55. [S. 733]
Abb. 84 Karikatur »Eulenspiegel« Nr. 47/1963. Rechteinhaber nicht ermittelbar. [S. 741]

Bei einigen der hier reproduzierten Abbildungen konnten die Rechteinhaber nicht mehr ermittelt werden. Sollten heute noch Rechteinhaber für sie existieren, bitten wir sie, sich mit dem Verlag in Verbindung zu setzen.

Quellen und Literaturverzeichnis

Systematische Bibliographie von Zeitungen, Zeitschriften und Büchern zur politischen und gesellschaftlichen Entwicklung der SBZ/DDR seit 1945, bearbeitet von Walter Völkel unter Mitarbeit von Christiana Stuff, 3 Bde., Opladen 1986–1989.
Die Bestände der Stiftung Archiv der Parteien und Massenorganisationen der DDR im Bundesarchiv. Kurzübersicht. Redaktion: Elrun Dolatowski, Anette Meiburg und Sigrun Mühl-Benninghaus, Berlin 1996.

1. Ungedruckte Quellen

Angesichts der großen Mengen von Archivalien, insbesondere aus den Provenienzen der SED und des FDGB, wäre eine Auflistung im einzelnen wenig sinnvoll. Daher werden hier lediglich pauschal die Bestände aufgeführt, die hauptsächlich ausgewertet wurden.

a) *Stiftung Archiv der Parteien und Massenorganisationen (SAPMO) im Bundesarchiv (BA) Berlin-Lichterfelde*

DY 30 (SED):
DY 30 IV 2/5 ZK der SED: Parteiorgane/Leitende Parteiorgane
DY 30 IV/A2/6.11 ZK der SED: Gewerkschaften und Sozialpolitik
DY 30 J IV/2/2.02 Büro Ulbricht
NY 4090 Nachlaß Grotewohl [= Nl]
NY 4182 Nachlaß Ulbricht [= Nl]
DY 34 (FDGB): Bundesvorstand (Abteilungen und Hauptabteilungen): Organisation, Sozialpolitik, Wirtschaftspolitik, Arbeit und Löhne, Kulturelle Massenarbeit, Gewerkschaften und Sozialpolitik; Büros der leitenden Funktionäre Heinze, Kirchner, Lehmann, Rösel, Warnke

b) *Der/die Bundesbeauftragte für die Unterlagen des Staatssicherheitsdienstes der ehemaligen DDR (BStU)*

MfS – ZAIG (Zentrale Auswertungs- und Informationsgruppe)
MfS – AS (Allgemeine Sachablage)
JHS Juristische Hochschule Potsdam-Eiche

c) *Archiv der sozialen Demokratie (AdsD) der Friedrich-Ebert-Stiftung, Bonn*

Ostbüro beim Parteivorstand der SPD: Monatsberichte über die Entwicklung in der Sowjetzone (MB Ostbüro) Januar 1953 bis 1970 (vervielfältigt);
Ostbüro, Berichte über Sonderaktionen in der SBZ 1952 bis 1958;
Einzelberichte des Ostbüros aus verschiedenen Sachbereichen

Anhang

d) Zentrum für Zeithistorische Forschung, Potsdam:

Arbeiterproteste im Vorfeld des 17. Juni 1953 im Spiegel der Lageberichte der Volkspolizei. Zeitraum: Dezember 1952 bis Juni 1953, zusammengestellt und bearb. von Franziska Frenz, Hans-Hermann Hertle und Hilde Kroll, Potsdam 2003.
Arbeiterproteste 1953 im Spiegel der Lageberichte der Volkspolizei, zusammengestellt von Mathias Harz/Hans-Hermann Hertle/Hilde Kroll, 2 Teile, Potsdam 2003.

2. Gedruckte Quellen

a) Dokumentensammlungen, Protokolle, Reden, Broschüren, zeitgenössische Handbücher aus der DDR, Geschäftsberichte, Erinnerungen, Autobiographien

18. Tagung des Bundesvorstandes des FDGB 25. bis 27. November 1954, Referat Herbert Warnke und Beschlüsse der Tagung, hg. vom Bundesvorstand des FDGB, Berlin (O) 1954.
Ackermann, Anton, Gibt es einen besonderen deutschen Weg zum Sozialismus? in: Einheit 1 (1946)1, S. 22-32.
Adomeit, Ursula (Bearb.), Förderung der Frau in der Deutschen Demokratischen Republik. Gesetzesdokumentation, Berlin (O) 1988.
Albrecht, Willy (Hg.), Kurt Schumacher. Reden – Schriften – Korrespondenzen 1945–1952, Bonn 1985.
Anweiler, Oskar (Hg.), Bildungspolitik in Deutschland 1945–1990, Bonn 1992.
Alles für die Entwicklung und Förderung der Frauen. (Erfahrungen aus der Arbeit der staatlichen Organe bei der Verwirklichung des Kommuniqués des Politbüros des ZK der SED »Die Frau – der Frieden und der Sozialismus«), ausgearb. von einem Kollektiv ehrenamtlicher Mitarbeiter der Abt. Staats- und Rechtsfragen beim ZK der SED unter Leitung von Willi Armbrust, Berlin (O) 1964.
Alltagsleben der sowjetzonalen Bevölkerung – Alltagsverhalten und politische Einflüsse, infratest München 1959 (hekt).
Die Arbeiterfestspiele der Deutschen Demokratischen Republik. Dokumentation zu ausgewählten Veranstaltungen von den 1. bis zu den 15. Arbeiterfestspielen. Gewerkschaftshochschule »Fritz Heckert« beim Bundesvorstand des FDGB/Sektion Kultur- und Bildungspolitik, Bernau Mai 1976 (vervielf.).
Arbeiterschaft in der volkseigenen Industrie der SBZ. Teil I: Analyse, infratest München 1956 (hekt.)
Arbeitskultur im sozialistischen Betrieb (Tafeln), Berlin (O) 1974.
Aufbruch in unsere Zeit. Erinnerungen an die Tätigkeit der Gewerkschaften von 1945 bis zur Gründung der Deutschen Demokratischen Republik, Berlin (O) 1975.
Die Aufgaben des Gewerkschaftsgruppenorganisators, Berlin (O) 1952 (Lehrmaterial für Betriebsseminare zur Schulung der Gewerkschaftsaktive in volkseigenen und ihnen gleichgestellten Betrieben, 4).
Aus dem Wortprotokoll der 25. Tagung des Zentralkomitees der SED vom 24.–27. Oktober 1955, Berlin (O) 1955.
Aus der Arbeit des Freien Deutschen Gewerkschaftsbundes 1947–1949, hg. vom Bundesvorstand des FDGB, Berlin (O) 1950.

Badstübner, Rolf/Loth, Wilfried (Hg.), Wilhelm Pieck – Aufzeichnungen zur Deutschlandpolitik 1945–1953, Berlin 1994.
Bahro, Rudolf, Die Alternative, Frankfurt/M. 1977.
Baske, Siegfried/Engelbert, Martha (Hg.), Zwei Jahrzehnte Bildungspolitik in der Sowjetzone Deutschlands. Dokumente, 2 Bde., 1. 1955–1958, 2. 1959–1965, Berlin 1966.
Der Bau der Mauer durch Berlin. Die Flucht aus der Sowjetzone und die Sperrmaßnahmen des kommunistischen Regimes vom 13. August 1961 in Berlin, hg. vom Bundesministerium für gesamtdeutsche Fragen, Bonn 1961.
Bauer auf neue Art. Die moderne sozialistische Landwirtschaft in der DDR, hg. vom Staatssekretariat für westdeutsche Fragen, 3. Aufl., Berlin (O) 1970.
Bednareck, Horst/Behrendt, Albert/Lange, Dieter (Hg.), Gewerkschaftlicher Neubeginn. Dokumente zur Gründung des FDGB und zu seiner Entwicklung von Juni 1945 bis Februar 1946, Berlin (O) 1975.
Behling, Käte/Lehmann, Horst, Die Küchenkommission, Berlin (O) 1976 (Die gewerkschaftlichen Kommissionen im Betrieb).
Behrendt, Albert, Die Interzonenkonferenzen der deutschen Gewerkschaften. Der Kampf des FDGB um eine fortschrittliche, gesamtdeutsche Gewerkschaftspolitik auf den Interzonenkonferenzen der deutschen Gewerkschaften, Berlin (O) 1959.
Bentzien, Hans, Meine Sekretäre und ich, Berlin 1995.
Bericht der Bundesregierung und Materialien zur Lage der Nation 1971, hg. vom Bundesministerium für innerdeutsche Beziehungen, Bonn 1971.
Berichte der Landes- und Provinzialverwaltungen zur antifaschistisch-demokratischen Umwälzung 1945/46. Quellenedition. Hg.: Staatliche Archivverwaltung des Ministeriums des Innern der DDR, Berlin (O) 1989.
Die Berliner Beschlüsse des FDGB. Bericht über die Arbeitstagung des Bundesvorstandes vom 3. und 4. März 1950, hg. vom Bundesvorstand des FDGB, Berlin (O) 1950.
Der Betriebskollektivvertrag, Berlin (O) 1951.
Die Betriebskommissionen der ABI. Aufgaben und Grundsätze für die Arbeitsweise der Betriebskommissionen der ABI, ausgearb. von einem Autorenkollektiv unter Leitung von Gustav Grunau, Berlin (O) 1965.
Bönninger, Karl, Die Einrichtung der Haus- und Straßenvertrauensleute als Form der Teilnahme der Massen an der Leitung des Staates der Deutschen Demokratischen Republik, Berlin (O) 1954.
Bonwetsch, Bernd/Bordjugov, Gennadij/Naimark, Norman M. (Hg.), Sowjetische Politik in der SBZ 1945–1949. Dokumente zur Tätigkeit der Propagandaverwaltung (Informationsverwaltung) der SMAD unter Sergej Tjul'panov, Bonn 1998.
Bottroper Protokolle, aufgezeichnet von Erika Runge, Frankfurt/M 1968.
Brandt, Heinz, Ein Traum, der nicht entführbar ist. Mein Weg zwischen Ost und West, Berlin (W) 1977.
Brecht, Bertolt, Arbeitsjournal, Bd. 2. 1942–1955, hg. von Werner Hecht, Frankfurt/M. 1974.
Brunner, Detlev (Hg.), Der Wandel des FDGB zur kommunistischen Massenorganisation. Das Protokoll der Bitterfelder Konferenz des FDGB am 25./26. November 1948, Essen 1996.
»Chemie gibt Brot, Wohlstand und Schönheit«. Protokoll der Chemiekonferenz des ZK der SED und der Staatlichen Plankommission in Leuna am 3./4. November 1958, hg. vom ZK der SED, Berlin (O) 1959.
Deuerlein, Ernst (Hg.), DDR 1945–1970. Geschichte und Bestandsaufnahme, 4. Aufl., München 1972 (dtv-dokumente).

801

Anhang

Deutsche Gewerkschafter an einen gemeinsamen Tisch. Brief des Bundesvorstandes des FDGB an den Bundesvorstand und an alle Mitglieder und Funktionäre des DGB, o. O. o. J.
Deutscher, Isaac, Reportagen aus Nachkriegsdeutschland, Hamburg 1980.
Der DGB und die Wiedervereinigung Deutschlands, hg. vom Bundesvorstand des DGB, Berlin (W) 1959.
Dokumente der Sozialistischen Einheitspartei Deutschlands. Beschlüsse und Erklärungen des Parteivorstandes, des Zentralsekretariats und des Politischen Büros, Bd. 1-9, Berlin (O) 1948-1965.
Dokumente zur Geschichte der SED, Bd. 2: 1945-1971, Berlin (O) 1986.
Einheitsdrang oder Zwangsvereinigung? Die Sechziger Konferenzen von KPD und SPD 1945 und 1946, Berlin 1990.
Elflein, Paul, Immer noch Kommunist? Erinnerungen, hg. von Rolf Becker/Claus Bremer, Hamburg 1978.
Engels, Friedrich, Die Entwicklung des Sozialismus von der Utopie zur Wissenschaft, in: MEW, Bd. 19, Berlin (O) 1960.
Die Entrechtung der Frau in der Sowjetzone. Kommunistische Frauengesetzgebung in Propaganda und Wirklichkeit, hg. vom Vorstand der SPD, Bonn 1953 (Sopade Informationsdienst, Denkschrift Nr. 49).
Erler, Peter/Laude, Horst/Wilke, Manfred (Hg.),»Nach Hitler kommen wir«. Dokumente zur Programmatik der Moskauer KPD-Führung 1944/45 für Nachkriegsdeutschland, Berlin 1994.
Ernst Thälmann. Bildmappe, Leipzig 1975.
Erste Gesamtdeutsche Arbeiterkonferenz in Leipzig am 10. September 1954, hg. vom Bundesvorstand des FDGB, Berlin (O) 1954.
Die ersten Jahre. Erinnerungen an den Beginn der revolutionären Umgestaltungen, hg. vom Institut für Marxismus-Leninismus, Berlin (O) 1979.
Das Ferien- und Bäderbuch, 3. erheblich erw. Aufl., Berlin (O) 1970.
Fischer, Rudolf u. a. (Hg.), Sieh, das ist unser Tag! Lyrik und Prosa für sozialistische Gedenk- und Feierstunden, Berlin (O) 1961.
Die Frau. Kleine Enzyklopädie, 6. neu bearb. Aufl., Leipzig 1967
Friedrich, Thomas (Hg.), Entscheidungen der SED 1948, Berlin 1995.
Fuchs, Hans-Jürgen/Petermann, Eberhard (Hg.), Bildungspolitik in der DDR 1966-1990. Dokumente, Wiesbaden 1991.
Fuchs, Jürgen, Gedächtnisprotokolle, Reinbek bei Hamburg 1977.
Gall, Erich, Arbeiter helfen Genossenschaftsbauern, Berlin (O) 1963.
Geschäftsbericht des Freien Deutschen Gewerkschaftsbundes 1946, hg. vom Vorstand des FDGB, Berlin 1947.
Geschäftsbericht des Bundesvorstandes des FDGB 1950-1954, Berlin (O) 1955.
Geschichte der Arbeiterbewegung in Leipzig 1945-1978. Eine Fotoauswahl, Bildmappe, o. O. 1978.
Gesetz über den Fünfjahrplan, Berlin (O) 1951 (Schriftenreihe der Deutschen Demokratischen Republik, 8).
Gniffke, Erich W., Jahre mit Ulbricht, Köln 1966.
Gradl, Johann Baptist, Anfang unter dem Sowjetstern. Die CDU 1945-1948 in der sowjetischen Besatzungszone Deutschlands, Köln 1981.
»Greif zur Feder Kumpel!« Protokoll der Autorenkonferenz des Mitteldeutschen Verlages Halle (Saale) am 24. April 1959 im Kulturpalast des Elektrochemischen Kombinats Bitterfeld, Halle 1959.

Grotewohl, Otto, Die gegenwärtige Lage und der neue Kurs der Partei, in: Ders., Im Kampf um die einige Deutsche Demokratische Republik. Reden und Aufsätze, Bd. 3, Berlin (O) 1959.

Grünberg, Gottfried, Helden der Arbeit. Aus dem Leben und Wirken der Helden unserer Zeit, Berlin (O) 1951.

Grundsätze, Satzungen, Forderungen des Freien Deutschen Gewerkschaftsbundes, beschlossen auf der Delegierten-Konferenz des FDGB für das sowjetisch besetzte Gebiet Deutschlands, 9.–11.2.1946 in Berlin, Berlin 1946.

Güstrow, Dietrich, In jenen Jahren. Aufzeichnungen eines »befreiten« Deutschen, Berlin (W) 1983.

Hacke, Christian (Hg.), Jakob Kaiser. Wir haben Brücke zu sein. Reden, Äußerungen und Aufsätze zur Deutschlandpolitik, Köln 1988.

Handbuch der Deutschen Demokratischen Republik, hg. vom Deutschen Institut für Zeitgeschichte in Verbindung mit dem Staatsverlag der DDR, Berlin (O) 1964.

Handbuch für den Arbeiterkontrolleur, hg. vom Bundesvorstand des FDGB, Abteilung Sozialpolitik, Berlin (O) 1975.

Handbuch für den Gewerkschaftsfunktionär im Betrieb, hg. vom Bundesvorstand des FDGB, 2. verb. Aufl., Berlin (O) 1955.

Handbuch für den Kulturfunktionär, Berlin (O) 1961, 2., neu bearb. Aufl. Berlin (O) 1965.

Handbuch für schreibende Arbeiter, hg. von Ursula Steinhaussen/Dieter Faulseit/Jürgen Bonk, Berlin (O) 1969.

Hartweg, Frédéric (Hg.), SED und Kirche. Eine Dokumentation ihrer Beziehungen, Bd. 1, bearb. von Joachim Heise, Neukirchen-Vluyn 1995.

Hastedt, Regina, Henneckegeschichten, in: DDR-Reportagen. Eine Anthologie, hg. von Helmut Hauptmann, Leipzig 1969.

Hein, Christoph, Die fünfte Grundrechenart. Aufsätze und Reden 1987–1990, Frankfurt/M. 1990.

Heym, Stefan, Forschungsreise ins Herz der deutschen Arbeiterklasse. Nach Berichten 47 sowjetischer Arbeiter, hg. vom Bundesvorstand des FDGB, Abt. Kulturelle Massenarbeit, Berlin (O) 1953.

Hoffmann, Dierk/Schmidt, Karl-Heinz/Skyba, Peter (Hg.), Die DDR vor dem Mauerbau. Dokumente zur Geschichte des anderen deutschen Staates 1949–1961, München 1993.

Hoffmann, Joachim, Erste Erfahrungen der Ständigen Produktionsberatungen, Berlin (O) 1959.

Ich schreibe ... Arbeiter greifen zur Feder. Anthologie, Berlin/Halle (Saale) 1960, 1961, 1962.

Jahrbuch Arbeit und Sozialfürsorge 1945–1947, hg. von der Deutschen Verwaltung für Arbeit und Sozialfürsorge der sowjetischen Besatzungszone in Deutschland, Berlin 1947.

Jahrbuch Arbeit und Sozialfürsorge 1947/1948, hg. von der Deutschen Verwaltung für Arbeit und Sozialfürsorge der sowjetischen Besatzungszone in Deutschland, Berlin 1948.

Junge, Christof, Einst der Kronprinz, heut der Kumpel, in: Urania-Universum 8, 1962, S. 77-86.

Der Kampf des FDGB um die Aktionseinheit, hg. vom Bundesvorstand des FDGB, Berlin (O) 1959.

Kant, Hermann, Die Aula, 23. Aufl., München 1983.

Kirchner, Rudolf, Vom Vorbild lernen! Kommissionsbericht über das Studium der Gewerkschaftsarbeit in der Sowjetunion. Referat, gehalten auf der Bundesvorstandssitzung vom 3. bis 5. Mai 1951, Berlin (O) 1951.

Klassenkampf – Tradition – Sozialismus, Berlin (O) 1974.

Kleines politisches Wörterbuch, 6. Aufl., Berlin (O) 1986.

Kolasinski, Karin (Hg.), Betriebsräte und Gewerkschaften: Dokumente 1945–1950, Berlin (O) 1990.
Koplowitz, Jan, Unser Kumpel Max der Riese. Aus der Werkstatt des Schriftstellers, Berlin (O) 1954.
Ders., Die Taktstraße. Geschichten aus einer neuen Stadt, Berlin (O) 1969.
Kowalewitz, Erich, Aus unserer Arbeit mit den Neuerern. Erfahrungen aus dem VEB Mähdrescherwerk Weimar, hg. im Auftrag des Bundesvorstandes des FDGB, Berlin (O) 1963.
Kowaljow, Fjedor Lukitsch, Wie sollen wir die fortgeschrittensten Arbeitsmethoden untersuchen, zusammenfassen und zur allgemeinen Anwendung bringen? Berlin (O) 1952.
Krause, Werner, Bedeutung und Aufgaben der Konsumgenossenschaften, Berlin (O) 1954.
Kulturkonferenz 1960. Protokoll der vom Zentralkomitee der SED, dem Ministerium für Kultur und dem Deutschen Kulturbund vom 27. bis 29. April 1960 im VEB Elektrokohle, Berlin, abgehaltenen Konferenz, Berlin (O) 1960.
Kulturpolitisches Wörterbuch, Berlin (O) 1978.
Lammel, Hans-Joachim (Hg.), Dokumente zur Geschichte der Arbeiter-und Bauern-Fakultäten der Universitäten und Hochschulen der DDR, Teil 2: 1949–1988, Berlin (O) 1988.
Laufer, Jochen/Kynin, Georgij P., Die UdSSR und die deutsche Frage 1941–1948. Dokumente aus dem Archiv für Außenpolitik der Russischen Föderation, Bd. 1-3, Berlin 2004.
Lemmer, Ernst, Manches war doch anders. Erinnerungen eines deutschen Demokraten, Frankfurt/M. 1968.
Lenin, Wladimir I., Was tun?, in: Ausgewählte Werke in zwei Bänden, Bd. 1, Berlin (O) 1960.
Leonhard, Wolfgang, Die Revolution entläßt ihre Kinder, Köln 1955 (ungekürzte Volksausgabe).
Malycha, Andreas, Auf dem Weg zur SED. Die Sozialdemokratie und die Bildung einer Einheitspartei in den Ländern der SBZ. Eine Quellenedition, Bonn 1995.
Marx, Karl/Engels, Friedrich, Das Manifest der Kommunistischen Partei, in: Marx-Engels-Werke (MEW), Bd. 4, Berlin (O) 1959.
Ders., Der achtzehnte Brumaire des Louis Bonaparte, in: MEW, Bd. 8, Berlin (O) 1960.
Ders., Das Kapital, in: MEW, Bd. 23, Berlin (O) 1962.
Materialien zum Abschluß der Betriebskollektivverträge und Betriebsvereinbarungen für das Jahr 1955, hg. vom Bundesvorstand des FDGB, Berlin (O) 1956.
Merker, Paul, Die nächsten Schritte zur Lösung des Umsiedlerproblems, hg. vom Zentralsekretariat der SED, Berlin 1947.
Mit dem Fünfjahrplan bauen wir ein Deutschland in Frieden und Wohlstand! Lehrbuch für die Betriebsabendschulen, hg. vom Bundesvorstand des FDGB, Berlin (O) 1951.
Mitbestimmungsrecht in den Betrieben in Verbindung mit dem Betriebsrätegesetz. Informationsmaterial für Gewerkschafts-Funktionäre, hg. vom FDGB, Nr. 4, Berlin 1947.
Mitter, Armin/Wolle, Stefan (Hg.), Ich liebe euch doch alle! Befehle und Lageberichte des MfS Januar–November 1989, Berlin 1990.
Mittag, Günter, Um jeden Preis. Im Spannungsfeld zweier Systeme, Berlin 1991.
Die ökonomischen Einflüsse auf das Alltagsleben in der SBZ, infratest München 1958.
Pieck, Wilhelm, Reden und Aufsätze. Auswahl aus den Jahren 1908–1950, Bd. 2, Berlin (O) 1950.
Plan zur Durchführung der Betriebsgewerkschaftsleitungs- und Betriebsrätewahlen 1948, hg. vom FDGB-Bundesvorstand, Berlin 1948.
Prang, Jürgen, Betriebsfestspiele, Berlin (O) 1977.
Preißler, Helmut (Hg.), Sieh, das ist unsere Zeit! Lyrik für sozialistische Festtage und Feierstunden, Berlin (O) 1978.

Das Programm der SED: Das erste Programm der SED. Das vierte Statut der SED. Das Nationale Dokument, eingeleitet und kommentiert von Stefan Thomas, Köln 1963.

Protokoll der Ersten Allgemeinen Delegiertenkonferenz des Freien Deutschen Gewerkschaftsbundes für das sowjetisch besetzte deutsche Gebiet, 9.–11. Februar 1946, Berlin 1946.

Protokoll der Verhandlungen des II. Parteitages der Sozialistischen Einheitspartei Deutschlands, 20. bis 24. September 1947 in der Deutschen Staatsoper Berlin, Berlin 1947.

Protokoll der Verhandlungen des III. Parteitages der Sozialistischen Einheitspartei Deutschlands, 20. bis 24. Juli 1950 in der Werner-Seelenbinder-Halle zu Berlin, Bd. 1-2, Berlin (O) 1951.

Protokoll der Verhandlungen des IV. Parteitages der Sozialistischen Einheitspartei Deutschlands, 30. März bis 6. April 1954 in der Werner-Seelenbinder-Halle zu Berlin, Bd. 1-2, Berlin (O) 1954.

Protokoll der Verhandlungen des V. Parteitages der Sozialistischen Einheitspartei Deutschlands, 10. bis 16. Juli 1958 in der Werner-Seelenbinder-Halle zu Berlin, Bd. 1-2, Berlin (O) 1959.

Protokoll der Verhandlungen des VI. Parteitages der Sozialistischen Einheitspartei Deutschlands, 15. bis 21. Januar 1963 in der Werner-Seelenbinder-Halle zu Berlin, Bd. 1-2, Berlin (O) 1963.

Protokoll der Verhandlungen des VII. Parteitages des Sozialistischen Einheitspartei Deutschlands, 17. bis 22. April 1967 in der Werner-Seelenbinder-Halle zu Berlin, Bd. 1-4, Berlin (O) 1967.

Protokoll der Verhandlungen des VIII. Parteitages der Sozialistischen Einheitspartei Deutschlands, 15. bis 19. Juni 1971 in der Werner-Seelenbinder-Halle zu Berlin, Bd. 1-2, Berlin (O) 1971.

Protokoll der Verhandlungen des 4. FDGB-Kongresses vom 15. bis 20. Juni 1955 in der Werner-Seelenbinder-Halle zu Berlin, Berlin (O) 1955.

Protokoll des 3. Kongresses des Freien Deutschen Gewerkschaftsbundes vom 30. August bis 3. September 1950, Berlin, Werner-Seelenbinder-Halle, Berlin (O) 1950.

Protokoll des 5. FDGB-Kongresses vom 26. bis 31. Oktober 1959 in der Dynamo-Sporthalle zu Berlin, Berlin (O) 1959.

Protokoll des 6. FDGB-Kongresses vom 19. bis 23. November 1963 in der Dynamo-Sporthalle zu Berlin, Berlin (O) 1964.

Protokoll des 7. FDGB-Kongresses vom 6. bis 10. Mai 1968 in der Werner-Seelenbinder-Halle zu Berlin, Berlin (O) 1968.

Protokoll des 2. Kongresses des Freien Deutschen Gewerkschaftsbundes 1947, hg. vom Bundesvorstand des FDGB, Berlin 1947.

Protokoll des Vereinigungsparteitages der Sozialdemokratischen Partei Deutschland (SPD) und der Kommunistischen Partei Deutschlands (KPD) am 21. und 22. April 1946 in der Staatsoper »Admiralspalast« in Berlin, Berlin 1946.

Quellen zur Geschichte der deutschen Gewerkschaftsbewegung im 20. Jahrhundert, hg. von Klaus Schönhoven und Hermann Weber: Bd. 9: Die IG Metall in den Jahren 1956–1963, bearb. von Felicitas Merkel, Frankfurt/M. 1999; Bd. 10: Die IG Metall in der frühen Bundesrepublik 1950–1956, bearb. von Walther Dörrich/Klaus Schönhoven, Köln 1991; Bd. 11: Der Deutsche Gewerkschaftsbund 1949 bis 1956, bearb. von Josef Kaiser, Köln 1996; Bd. 12: Der Deutsche Gewerkschaftsbund 1956–1963, bearb. von Jens Hildebrandt, Bonn 2005; Bd. 13: Der Deutsche Gewerkschaftsbund 1964–1969, bearb. von Walther von Kieseritzky, Bonn 2006.

Rechenschaftsbericht des Bundesvorstandes an den 5. FDGB-Kongreß 1955–1959, hg. vom Bundesvorstand des FDGB, Berlin (O) 1959.

Anhang

Rechenschaftsbericht des Bundesvorstandes an den 6. FDGB-Kongreß 1959–1963, hg. vom Bundesvorstand des FDGB, Berlin (O) 1963.

Rodenberg, Hans, Fragen der Entwicklung der sozialistischen Menschengemeinschaft, in: Der Staatsrat der Deutschen Demokratischen Republik 1960–1970. Dokumentation, Berlin (O) 1970, S. 671-677.

Die Rolle der Arbeiterschaft in den volkseigenen Betrieben, Berlin 1948 (FDGB Schulungs- und Referentenmaterial, Nr. 36).

Rubbel, Rudi, Wie erarbeiteten die Werktätigen des volkseigenen Betriebes Berliner Glühlampenwerk den Muster-Betriebskollektivvertrag 1955, Berlin (O) 1955.

Runge, Erika, Reise nach Rostock, Frankfurt/M. 1971.

Schirdewan, Karl, Aufstand gegen Ulbricht, Berlin 1994.

Schubbe, Elimar (Hg.), Dokumente zur Kunst-, Literatur- und Kulturpolitik der SED (1946–1970), Stuttgart 1972.

Selbmann, Fritz (Hg.), Die erste Stunde. Porträts, Berlin (O) 1969.

Sonntag, Erhard, Über die Arbeiterkontrolle der Gewerkschaften im Handel und im Wohnungsbau, Berlin (O) 1957.

Ders., Was gibt Dir Deine Gewerkschaft?, Berlin (O) 1960.

Ders., Damit der Urlaub immer schöner wird, in: Das Ferien- und Bäderbuch, 3., erheblich erw. Aufl., Berlin (O) 1970, S. 10-13.

Das soziale Klima. Ein Bericht über Umfragen in Deutschland 1945–1952, hg. vom Institut für Demoskopie Allensbach, o. O. o. J. (ca. 1952).

Sozialistische Rationalisierung und Standardisierung. Tafelwerk, Berlin (O) 1967.

Spittmann, Ilse/Helwig, Gisela (Hg.), DDR-Lesebuch. Stalinisierung 1949–1955, Köln 1991.

Der Staatsrat der Deutschen Demokratischen Republik 1960–1970. Dokumentation, Berlin (O) 1970.

Das System der sozialistischen Gesellschafts- und Staatsordnung in der Deutschen Demokratischen Republik. Dokumente, Berlin (O) 1969.

Trojan, Jakow, So wurden Normen übererfüllt!, Berlin (O) 1951 (Bibliothek der Aktivisten, 16).

Trzcinski, Piotr, Das Dreierputzsystem. Schawljugin, Fedos, Ziegelverlegen in der Fünfergruppe, Berlin (O) 1951 (Bibliothek der Aktivisten, 4).

Über die soziale Struktur der Arbeiterklasse. Ergebnisse einer repräsentativen soziologischen Untersuchung in der zentralgeleiteten sozialistischen Industrie der DDR, hg. vom Institut für Gesellschaftswissenschaften beim ZK der SED/Institut für Marxistisch-Leninistische Soziologie. Teil 1-3, Berlin 1975–1977 (parteiinternes Material).

Ulbricht, Walter, Erinnerungen an die ersten Kriegsjahre, in: Ders., Zur Geschichte der deutschen Arbeiterbewegung. Aus Reden und Aufsätzen, Bd. II: 1933–1946, Berlin (O) 1953, S. 257-260.

Ders., Über Gewerkschaften, Bd. 2. (1945–1952), Berlin (O) 1953.

Ders., Zur Geschichte der deutschen Arbeiterbewegung. Aus Reden und Aufsätzen (1933–1946), Bd. 5. Berlin (O) 1965, Bd. 2, Zusatzband, Berlin (O) 1966.

Ders., Die Bedeutung des Werkes »Das Kapital« von Karl Marx für die Schaffung des entwickelten gesellschaftlichen Systems des Sozialismus in der DDR und den Kampf gegen das staatsmonopolistische Herrschaftssystem in Westdeutschland, in: Ders., Zum ökonomischen System des Sozialismus in der DDR, Bd. 2, Berlin (O) 1968, S. 505-546.

Ders., Unser guter Weg zur sozialistischen Menschengemeinschaft, in: Das System der sozialistischen Gesellschafts- und Staatsordnung in der Deutschen Demokratischen Republik.

Dokumente, bearb. von Lothar Lippmann/Hans Dietrich Moschütz, Berlin (O) 1969, S. 232-246.
Um ein antifaschistisch-demokratisches Deutschland. Dokumente aus den Jahren 1945–1949, Berlin (O) 1968.
Unser Betriebsplan. Lehrbuch für die Betriebsabendschulen der Gewerkschaften, hg. vom Bundesvorstand des FDGB, Berlin (O) 1951.
Unsere Arbeiterwohnungsbaugenossenschaften, hg. vom Büro für Arbeiterversorgung beim FDGB-Bundesvorstand, Berlin (O) 1957.
Verzeichnis der Industriebetriebe der Sowjetischen Besatzungszone Deutschlands, 4 Teile, Berlin (O) 1949.
Warnke, Herbert, Stalin als Freund und Lehrer der Gewerkschaften, Berlin (O) 1950.
Ders., Arbeiterklasse und Gewerkschaften, Berlin (O) 1953.
Weber, Hermann (Hg.), DDR. Dokumente zur Deutschen Demokratischen Republik 1945–1985, (dtv dokumente) München 1986.
Wie organisieren wir Produktionsberatungen? Hg. vom Institut für Arbeitsökonomie und Arbeitsschutzforschung Dresden, Berlin (O) 1956.
Wille, Manfred (Hg.), Die Vertriebenen in der SBZ/DDR. Dokumente, Bd. I, Wiesbaden 1996.
Wörterbuch der marxistisch-leninistischen Soziologie, Berlin (O) 1969.
Wörterbuch der Ökonomie des Sozialismus, Berlin (O) 1968.
Wolfram, Adam, Es hat sich gelohnt. Der Lebensweg eines Gewerkschafters, Koblenz 1977.
250 Fragen, 250 Antworten über die Deutsche Demokratische Republik, hg. vom Ausschuß für Deutsche Einheit der DDR, Berlin (O) 1954.

b) Zeitungen und Zeitschriften (alphabetisch, nur erster Jg. und ff.)

Die Arbeit 1 (1947) ff.
Arbeit und Kultur. Informationsmaterial für die gewerkschaftliche Kulturarbeit in den Betrieben und auf dem Lande 1950–1952; ab Juni 1952 Kulturelle Massenarbeit; ab 1954 Kulturelles Leben. Zeitschrift für die Kulturarbeit der Gewerkschaften.
Arbeit und Sozialfürsorge 1 (1946) ff.
Betrieb und Gewerkschaft 1 (1945) ff.
Demokratischer Aufbau 1 (1946) ff.
Einheit 1 (1946) ff.
Gesetzblatt der Deutschen Demokratischen Republik, 1949 ff.
Das Gewerkschaftsaktiv. Zeitschrift für Gewerkschaftsfunktionäre in den Betrieben 1 (1952)ff.
Grundstein. Mitteilungsblatt für die Funktionäre der Industriegewerkschaft Bau im FDGB, sowjetische Besatzungszone 1 (1947) ff.
Ich schreibe. Zeitschrift für die Zirkel schreibender Arbeiter und Genossenschaftsbauern, 1 (1960) ff.
Neue Justiz 1 (1947) ff.
Neuer Weg 1 (1946) ff.
Neues Deutschland 1 (1946) ff.
Sinn und Form 1 (1949) ff.
Sozialistische Demokratie 1 (1957) ff.
Statistische Praxis 1 (1946) ff.
Statistisches Jahrbuch der Deutschen Demokratischen Republik, Jg. 1(1955) ff.
Tribüne 1 (1946) ff.

Volkssolidarität, hg. vom Zentralausschuß Berlin 1 (1946/47) ff.
Weg und Ziel. Organ des Ständigen Ausschusses der Gesamtdeutschen Arbeiterkonferenzen, Berlin 1 (1954) ff.
Die Wirtschaft 1 (1946) ff.
Wochenpost 1 (1954) ff.

3. Literatur

Abelshauser, Werner, Zur Entstehung der «Magnet-Theorie« in der Deutschlandpolitik. Ein Bericht von Hans Schlange-Schöningen über einen Staatsbesuch in Thüringen im Mai 1946, in: VfZ 27 (1979), S. 661-679.
Ackermann, Volker, Der »echte« Flüchtling. Deutsche Vertriebene und Flüchtlinge aus der DDR 1945–1961, Osnabrück 1995.
Adam, Thomas/Jaunich, Stefan, Die Leipziger Bau- und Konsumgenossenschaften. Ein sozialdemokratisches Traditionsmilieu in der NS-Zeit und der frühen DDR, in: IWK 36 (2000), S. 200-209.
Agde, Günter (Hg.), Kahlschlag. Das 11. Plenum des ZK der SED 1965. Studien und Dokumente. 2., erw. Aufl., Berlin 2000.
Ahbe, Thomas/Hofmann, Michael, Es kann nur besser werden. Erinnerungen an die 50er Jahre in Sachsen, Leipzig 2001.
Diess.,»Eigentlich unsere beste Zeit«. Erinnerungen an den DDR-Alltag in verschiedenen Milieus, in: APZ B17 (2002), S. 13-20.
Ahbe, Thomas/Gibas, Monika/Gries, Rainer, Der Handschlag. Das Propagem der Einheit und eine seiner tradierten Symbolisierungen, in: Rainer Gries/Wolfgang Schmale (Hg.), Kultur der Propaganda, Bochum 2005, S. 305-337.
Ahrberg, Edda/Hertle, Hans-Hermann/Hollitzer, Tobias (Hg.), Die Toten des Volksaufstandes vom 17. Juni 1953, Münster 2004.
Alheit, Peter, Biographische Forschung als Milieuanalyse – die unterschiedlichen »Karrieren« zweier Nachkriegsarbeitermilieus, in: BzG 42 (2000)3, S. 30-48.
Ders./Haack, Hanna, Die vergessene »Autonomie« der Arbeiter. Eine Studie zum frühen Scheitern der DDR am Beispiel der Neptunwerft, Berlin 2004.
Ders./Haack, Hanna/Hofschen, Heinz-Gerd/Meyer-Braun, Renate, Gebrochene Modernisierung – Der langsame Wandel proletarischer Milieus. Eine empirische Vergleichsstudie ost- und westdeutscher Arbeitermilieus in den 1950er Jahren, 2 Bde., Bremen 1999.
Allinson, Mark, Politics and popular opinion in East Germany 1945–1968, Manchester 2000.
Amos, Heike, Die Westpolitik der SED 1948/49–1961, Berlin 1999.
Ansorg, Leonore, Zur Situation von Textilarbeiterinnen in einem DDR-Großbetrieb oder vom schwierigen Umgang mit der »Macht der Arbeiter« in der DDR, in: Renate Hürtgen/Thomas Reichel (Hg.), Der Schein der Stabilität. DDR-Betriebsalltag in der Ära Honecker, Berlin 2001, S. 111-126.
Anweiler, Oskar, Schulpolitik und Schulsystem in der DDR, Opladen 1988.
Ders., Bildungspolitik, in: Geschichte der Sozialpolitik in Deutschland seit 1945, Bd. 9, Baden-Baden 2006, S. 582-592.
Arbeitseinsatz der Frau in der »DDR«. Gleichberechtigt als Objekt der Ausbeutung, in: SBZ-Archiv 5 (1954), S. 166-167.
Arbeitsgruppe Stadtgeschichte (Hg.), Eisenhüttenstadt.»Erste sozialistische Stadt Deutschlands«, Berlin 1999.

Arendt, Hans-Jürgen, Zur Entwicklung der Hausfrauenbrigaden in der DDR 1958 bis 1961/ 62. Eine besondere Form der Einbeziehung nichtberufstätiger Frauen in die Lösung volkswirtschaftlicher Aufgaben beim Aufbau des Sozialismus, in: Jb.WG 1979 I, S. 53-70.

Armélin, Peter, Zur Problematik des Betriebsklimas. Ergebnisse einer industriesoziologischen Untersuchung, in: Wirtschaftswissenschaft 13 (1965), S. 239-251.

Ders., Bericht über eine betriebssoziologische Fluktuationsuntersuchung, in: Kurt Braunreuther u. a. (Hg.), Soziologische Aspekte der Arbeitskräftebewegung, Berlin (O) 1967, S. 111-161.

Arndt, Klaus Dieter, Wohnverhältnisse und Wohnungsbedarf in der sowjetischen Besatzungszone, Berlin (W) 1960.

Arnold, Heinz Ludwig (Hg.), Arbeiterlyrik 1842–1932, Berlin 2003.

Aslund, Anders, Private Enterprises in Eastern Europe. The non-agricultural private sector in Poland and the GDR 1945–1983, London 1985.

Die Ausbeutung der Arbeitnehmer, in: PZ-Archiv 2 (1951)19, S. 9 f.

Bade, Klaus J. (Hg.), Deutsche im Ausland – Fremde in Deutschland. Migration in Geschichte und Gegenwart, München 1992.

Badstübner, Evemarie, Der ungeliebte Alltag. Zu den Schwierigkeiten alltagsgeschichtlicher Forschungen in der DDR, in: Thüringer Hefte für Volkskunde 2 (1993), S. 7-25.

Dies.,»Die Heimat grüßt Euch: Heimkehrer in der sowjetisch besetzten Zone Deutschlands – ein kulturgeschichtliches Thema? In: MKF 19, 1996, S. 296-313.

Dies. (Hg.), Befremdlich anders. Leben in der DDR, Berlin 2000.

Badstübner, Rolf, Vom »Reich« zum doppelten Deutschland. Gesellschaft und Politik im Umbruch, Berlin 1999.

Ders./Heitzer, Heinz (Hg.), Die DDR in der Übergangsperiode. Studien zur Vorgeschichte und Geschichte der DDR 1945 bis 1961, Berlin (O) 1979.

Bähr, Johannes, Die Betriebe der Sowjetischen Aktiengesellschaften (SAG) in Berlin 1945/46–1953, in: Berlin in Geschichte und Gegenwart. Jahrbuch des Landesarchivs Berlin 15, 1996, S. 183-208.

Bärwald, Helmut, Das Ostbüro der SPD, Krefeld 1991.

Baller, Kurt, Gewerkschaftlicher Neubeginn in Brandenburg 1945/46, Potsdam 1996.

Barck, Simone, »Ankunft im Realsozialismus« anno 1970. Anmerkungen zu sozialen Irritationen und kulturellen Diffusionen am Beispiel der Bewegung Schreibender Arbeiter (BSA) in der DDR, in: Potsdamer Bulletin für zeithistorische Studien 28/29, 2003, S. 60-72.

Baring, Arnulf, Der 17. Juni 1953, 2. Aufl., Stuttgart 1983.

Barth, Bernd-Rainer (Hg.), Wer war wer in der DDR. Ein biographisches Handbuch, stark erw. und aktualisierte Ausg., Frankfurt/M 1995.

Barthel, Horst, Der schwere Anfang. Aspekte der Wirtschaftspolitik der Partei der Arbeiterklasse zur Überwindung der Kriegsfolgen auf dem Gebiet der DDR 1945 bis 1949/50, in: Jb. für Geschichte 16, 1977, S. 253-282.

Ders., Adolf Hennecke. Beispiel und Vorbild, Berlin (O) 1979.

Ders., Die wirtschaftlichen Ausgangsbedingungen der DDR, Berlin (O) 1979.

Baske, Siegfried, Das Experiment der polytechnischen Bildung und Erziehung in der DDR, in: Peter Christian Ludz (Hg.), Studien und Materialien zur Soziologie der DDR, 2. A. Köln 1971, S. 187-207.

Bauerkämper, Arnd, Aufwertung und Nivellierung. Landarbeiter und Agrarpolitik in der SBZ/ DDR 1945 bis 1960, in: Peter Hübner/Klaus Tenfelde (Hg.), Arbeiter in der SBZ-DDR, Essen 1999, S. 245-267.

Ders., Ländliche Gesellschaft in der kommunistischen Diktatur. Zwangsmodernisierung und Tradition in Brandenburg 1945–1963, Köln 2002.

Ders., Die Sozialgeschichte der DDR, München 2005.

Ders./Sabrow, Martin/Stöver, Bernd (Hg.), Doppelte Zeitgeschichte. Deutsch-deutsche Beziehungen 1945–1990, Bonn 1998.

Beckert, Rudi, Lieber Genosse Max. Aufstieg und Fall des ersten Justizministers der DDR, Berlin 2003.

Becker, Otto Eugen Hasso, Der perfekte Sklavenstaat: Die Ausbeutung des Arbeiters im staatskapitalistischen System der sowjetischen Besatzungszone, Köln 1951 (Rote Weißbücher, 4).

Behnk, Angelika/Westerwelle, Ruth, Die Frauen von ORWO. 13 Lebensbilder, Leipzig 1995.

Behrends, Jan C., Der 17. Juni der Berliner Republik – Konjunkturen, Neuerscheinungen, Desiderate, in: H-Soz-u-Kult 14.6.2004.

Behrendt, Albert, Die Anfänge des Delegationsaustausches zwischen Gewerkschaften der Sowjetunion und dem FDGB 1946/47, in: Die Entwicklung der freundschaftlichen Beziehungen zwischen der DDR und der UdSSR, hg. von Rolf Badstübner u. a., Berlin (O) 1977, S. 85-96.

Ders., Die Betriebsrätekonferenzen der landeseigenen Betriebe in der SBZ 1947, in: ZfG 27 (1979), S. 868-883.

Beier, Gerhard, Wir wollen freie Menschen sein. Der 17. Juni 1953. Bauleute gingen voran, Köln. 1993.

Beier, Rosmarie (Hg.), aufbau west aufbau ost. Die Planstädte Wolfsburg und Eisenhüttenstadt in der Nachkriegszeit, Ostfildern-Ruit 1997.

Belwe, Katharina, Die Fluktuation Werktätiger als Ausdruck sozialer Konflikte in der DDR, Bonn 1982 (als MS vervielf.)

Dies., Sozialstruktur und gesellschaftlicher Wandel in der DDR, in: Werner Weidenfeld/Hartmut Zimmermann (Hg.), Deutschland-Handbuch. Eine doppelte Bilanz 1949–1989, Bonn 1989, S. 125-143.

Benser, Günter, Antifa-Ausschüsse – Staatsorgane – Parteiorganisation. Überlegungen zu Ausmaß, Rolle und Grenzen der antifaschistischen Bewegung am Ende des Zweiten Weltkrieges, in: ZfG 26 (1978), S. 785-802.

Ders., Die KPD im Jahre der Befreiung. Vorbereitung und Aufbau der legalen kommunistischen Massenpartei, Berlin (O) 1985.

Ders., Zusammenschluß von KPD und SPD 1946. Erklärungsversuche jenseits von Jubel und Verdammung, Berlin 1995.

Ders., Zur sozialen und politischen Struktur der KPD und ihres Kaders (1945/1946), in: BzG 39 (1997)4, S. 17-40.

Ders., DDR und Arbeiterbewegung. Hefte zur ddr-geschichte 67, Berlin 2001.

Bentzien, Hans, Was geschah am 17. Juni? Berlin 2003.

Bergmann, Christian, Parteisprache und Parteidenken. Zum Sprachgebrauch des ZK der SED, in: Gerhard Lerchner (Hg.), Sprachgebrauch im Wandel. Anmerkungen zur Kommunikationskultur in der DDR vor und nach der Wende, Frankfurt/M. 1992, S. 101-142.

Bergmann, Joachim/Jacobi, Otto/Müller-Jentsch, Walther, Gewerkschaften in der Bundesrepublik, Bd. 1, Frankfurt/M. 1976.

Berliner Gewerkschaftsgeschichte. FDGB, UGO, DGB 1945 bis 1950, Berlin (W) 1971.

Bernhardt, Rüdiger, »Greif zur Feder, Kumpel!« – Die Bewegung schreibender Arbeiter, in: Reiz und Phänomen: Die Literatur der schreibenden Arbeiter. Ein Diskurs im Spannungsfeld der Erfahrungen von Vision und deutsch-deutscher Realität, Berlin 1996, S. 25-40.

Besser leben – schöner wohnen! Raum und Möbel, hg. von der Deutschen Bauakademie und dem Ministerium für Leichtindustrie, Berlin (O) 1954.

Bestandsaufnahme: Wo wurden die Beschlüsse der Interzonenkonferenzen der deutschen Gewerkschaften verwirklicht? Hg. vom Bundesvorstand des FDGB, Berlin (O) 1962.
Bessel, Richard/Jessen, Ralph (Hg.), Die Grenzen der Diktatur. Staat und Gesellschaft in der DDR, Göttingen 1996.
Bethlehem, Siegfried, Heimatvertreibung, DDR-Flucht, Gastarbeiterzuwanderung, Stuttgart 1982.
Beyme, Klaus von, Der Wiederaufbau. Architektur und Städtepolitik in beiden deutschen Staaten, München 1987.
Bezzenberger, Tilman, Wie das Volkseigentum geschaffen wurde. Die Unternehmens-Enteignungen in der Sowjetischen Besatzungszone 1945–1948, in: Zeitschrift für Neuere Rechtsgeschichte 19 (1997), S. 210-248.
Bispinck, Hendrik/Danyel, Jürgen/Hertle, Hans-Hermann/Wentker, Hermann (Hg.), Aufstände im Ostblock. Zur Krisengeschichte des realen Sozialismus, Berlin 2004.
Blume, Eugen/März, Roland (Hg.), Kunst in der DDR. Eine Retrospektive der Nationalgalerie, Berlin 2003 (Ausstellungskatalog).
Blücher, Viggo Graf, Industriearbeiterschaft in der Sowjetzone. Eine Untersuchung der Arbeiterschaft in der volkseigenen Industrie der SBZ. Eine Veröffentlichung des Institutes infratest, München/Stuttgart 1959.
Boldorf, Marcel, Eingliederung der Kriegsopfer und Schwerbeschädigten Ostdeutschlands in den Arbeitsprozeß 1945–1951, in: Christoph Buchheim (Hg.), Wirtschaftliche Folgelasten des Krieges in der SBZ/DDR, Baden-Baden 1995, S. 403-415.
Ders., Sozialfürsorge in der SBZ/DDR 1945–1953, Stuttgart 1998.
Borodziej, Wlodzimierz/Kochanowski, Jerzy, Der DDR-Staatssicherheitsdienst und ein befreundetes Nachbarland: Das Beispiel Volksrepublik Polen, in: Diess./Bernd Schäfer, Grenzen der Freundschaft. Zur Kooperation der Sicherheitsorgane der DDR und der Volksrepublik Polen zwischen 1956 und 1989, Dresden 2000, S. 9-36.
Borsdorf, Ulrich/Niethammer, Lutz (Hg.), Zwischen Befreiung und Besatzung. Analysen des US-Geheimdienstes über Positionen und Strukturen deutscher Politik 1945, Wuppertal 1976.
Bouvier, Beatrix, Ausgeschaltet! Sozialdemokraten in der Sowjetischen Besatzungszone und in der DDR 1945–1953, Bonn 1996.
Dies., Die DDR – ein Sozialstaat? Sozialpolitik in der Ära Honecker, Bonn 2002.
Bower, Tom, Verschwörung Paperclip. NS-Wissenschaftler im Dienst der Siegermächte, München 1988.
Boyer, Christoph, »Die Kader entscheiden alles ...«. Kaderentwicklung und Kaderpolitik in der zentralen Staatsverwaltung der SBZ und der frühen DDR (1945–1952), Dresden 1996.
Ders., Bürohelden? Arbeitshabitus und Verwaltungsstil der zentralen Planbürokratie in der formativen Phase der SBZ/DDR, in: Peter Hübner (Hg.), Eliten im Sozialismus. Beiträge zur Sozialgeschichte der DDR, Köln 1999, S. 255-271.
Ders., Arbeiter im Staatssozialismus. Ein Leitfaden in theoretischer Absicht, in: Bohemia: Zeitschrift für Geschichte und Kultur der böhmischen Länder 42 (2001)2, S. 209-219.
Ders./Skyba, Peter, Sozial- und Konsumpolitik als Stabilisierungsstrategie. Zur Genese der »Einheit von Wirtschafts- und Sozialpolitik« in der DDR, in: DA 32 (1999), S. 577-590.
Bramke, Werner/Heß, Ulrich (Hg.), Wirtschaft und Gesellschaft in Sachsen im 20. Jahrhundert, Leipzig 1998.
Brandt, Peter, Die Arbeiterbewegung des 19. und 20. Jahrhunderts. Entwicklung – Wirkung – Perspektiven, in: Jb. für Forschungen zur Geschichte der Arbeiterbewegung 2002, S. 5-220.

811

Brandt, Sabine, Der Betrieb im Spiegel der DDR-Literatur, in: DA 3 (1970), Sonderheft: Industriebetrieb und Gesellschaft in der DDR, S. 87-97.
Brandt, Willy, Mitteldeutschland ohne Gewerkschaftsbewegung?, in: Gewerkschaftliche Monatshefte 3 (1952), S. 385-392.
Braun, Günter, Die SED-Kreisleitung Altenburg und die »Genossen in Uniform«. Eine lokalhistorische Skizze zum Verhältnis zwischen SED und SMAD in einem traditionellen Zentrum der deutschen Arbeiterbewegung, in: Klaus Schönhoven/Dietrich Staritz (Hg.), Sozialismus und Kommunismus im Wandel, Köln 1993, S. 352-377.
Ders., Volkssolidarität, in: Martin Broszat/Hermann Weber (Hg.), SBZ-Handbuch. Staatliche Verwaltungen, Parteien, gesellschaftliche Organisationen und ihre Führungskräfte in der sowjetischen Besatzungszone Deutschlands 1945–1949, 2. Aufl., München 1993, S. 793-801.
Ders., Die Geschichte der Sowjetischen Besatzungszone im Spiegel der Forschung. Eine Bestandsaufnahme der neueren Literatur (Teil I), in: JHK 1995, S. 284 ff.
Ders., Konturen, Probleme und Perspektiven der Arbeiterbewegung in der SBZ, in: Hartmut Mehringer/Michael Schwartz/Hermann Wentker (Hg.), Erobert oder befreit? Deutschland im internationalen Kräftefeld und die Sowjetische Besatzungszone (1945/46), München 1998, S. 163-187.
Ders., Was wollten die Russen eigentlich? Neue Forschungen zur sowjetischen Besatzungspolitik in Deutschland, in: JHK 1999, S. 340-361.
Braun, Heinz, Die Überlieferung des FDGB in der Stiftung Archiv der Parteien und Massenorganisationen der DDR im Bundesarchiv, in: IWK 32(1996), S. 520-534.
Braun, Jutta/Wiese, René, DDR-Fußball und die gesamtdeutsche Identität im Kalten Krieg, in: Historical Social Research 30 (2005), S. 191-210.
Braunreuther, Kurt u. a. (Hg.), Soziologische Aspekte der Arbeitskräftebewegung, Berlin (O) 1967.
Bräuer, Heinz, Die ersten Jahrzehnte der evangelischen Friedenskirchengemeinde Eisenhüttenstadt, Privatdruck Eisenhüttenstadt 1990.
Brenner, Christiane/Heumos, Peter (Hg.), Sozialgeschichtliche Kommunismusforschung. Tschechoslowakei, Polen, Ungarn und DDR 1948–1968, München 2005.
Broszat, Martin, Resistenz und Widerstand. Eine Zwischenbilanz des Forschungsprojekts, in: Ders./Elke Fröhlich/Falk Wiesemann (Hg.), Bayern in der NS-Zeit, Bd. IV: Herrschaft und Gesellschaft im Konflikt, Teil C, München 1981, S. 691-709.
Ders./Henke, Klaus-Dietmar/Woller, Hans (Hg.), Von Stalingrad zur Währungsreform. Zur Sozialgeschichte des Umbruchs in Deutschland, München 1988.
Ders./Weber, Hermann (Hg.), SBZ-Handbuch. Staatliche Verwaltungen, Parteien, gesellschaftliche Organisationen und ihre Führungskräfte in der sowjetischen Besatzungszone Deutschlands 1945–1949, 2. Aufl., München 1993.
Brunner, Detlev, Sozialdemokraten im FDGB, in: Gewerkschaftliche Monatshefte 46 (1995), S. 41-55.
Ders., Sozialdemokraten im FDGB. Von der Gewerkschaft zur Massenorganisation, 1945 bis in die frühen 1950er Jahre, Essen 2000.
Brussig, Martin u. a. (Hg.), Kleinbetriebe in den neuen Bundesländern, Opladen 1997.
Buchheim, Christoph (Hg.), Wirtschaftliche Folgelasten des Krieges in der SBZ/DDR, Baden-Baden 1995.
Buck, Hannsjörg F., Die Sozialpolitik der SED am Beispiel des Wohnungsbaus, in: DA 26 (1993), S. 503-520.
Ders., Formen, Instrumente und Methoden zur Verdrängung, Einbeziehung und Liquidierung der Privatwirtschaft in der SBZ/DDR, in: Materialien der Enquete-Kommission »Aufar-

beitung von Geschichte und Folgen der SED-Diktatur in Deutschland«, Bd. II 2, Baden-Baden 1995, S. 1070-1213.
Ders., Wohnungspolitik. Sowjetische Besatzungszone, in: Geschichte der Sozialpolitik in Deutschland seit 1945, Bd. 2/1, Baden-Baden 2001, S. 891-915.
Ders., Mit hohem Anspruch gescheitert – Die Wohnungspolitik der DDR, Münster 2004.
Budde, Gunilla-Friederike (Hg.), Frauen arbeiten. Weibliche Erwerbstätigkeit in Ost- und Westdeutschland nach 1945, Göttingen 1997.
Dies., Paradefrauen. Akademikerinnen in Ost- und Westdeutschland, in: Dies. (Hg.), Frauen arbeiten. Weibliche Erwerbstätigkeit in Ost- und Westdeutschland nach 1945, Göttingen 1997, S. 183-211.
Budde, Harald, Die Bewegung komponierender Werktätiger. Ein Beispiel für das Scheitern des »Bitterfelder Weges«, in: DA 16 (1983), S. 1097-1101.
Buschfort, Wolfgang, Das Ostbüro der SPD. Von der Gründung bis zur Berlin-Krise, München 1991.
Ders., Parteien im Kalten Krieg. Die Ostbüros von SPD, CDU und FDP, Berlin 2000.
Bust-Bartels, Axel, Der Arbeiteraufstand am 17. Juni 1953. Ursachen, Verlauf und gesellschaftspolitische Ziele, in: APZ B25 (1980), S. 24-54.
Ders., Herrschaft und Widerstand in den DDR-Betrieben, Frankfurt/M. 1980.
Catudal, Honoré M., Kennedy in der Mauer-Krise. Eine Fallstudie zur Entscheidungsfindung in den USA, Berlin 1981.
Czerny, Jochen, Die Herausbildung sozialistischer Kollektive und Arbeiterpersönlichkeiten beim Aufbau des Eisenhüttenkombinats Ost (EKO) 1950–1952, in: Jb. für Geschichte 17 (1977), S. 419-463.
Ders., Stalinstadt – Erste sozialistische Stadt Deutschlands, in: BzG 38 (1996), S. 31-43.
Ders., Stalinstadt im Juni ›53, in: BzG 40 (1998), S. 3-15.
Christ, Richard/Erxleben, Günter/Krüger, Peter (Hg.), Dabeisein, Mitgestalten, Berlin (O) 1960.
Christopheit, Gerald, Verschwiegene Millionen. Heimatvertriebene in der SBZ, in: Jb. für Deutsche und Osteuropäische Volkskunde 38, 1995, S. 222-251.
Chuminski, Jedrzej, Gewerkschaften und Arbeiterinteressen in Polen 1944–1956, Potsdam 2000 (MS).
Ciesla, Burghard, Demontagen und betriebliche Selbstorganisation in der SBZ. Auskünfte eines Tagebuches, in: Berliner Debatte Initial 6 (1995)4/5, S. 93-100.
Ders. (Hg.), »Freiheit wollen wir«. Der 17. Juni 1953 in Brandenburg. Dokumentenedition, Berlin 2003.
Ders., Als der Osten durch den Westen fuhr. Die Geschichte der Deutschen Reichsbahn in Westberlin, Köln 2006.
Clemens, Petra, Frauen helfen sich selbst. Die Betriebsfrauenausschüsse der fünfziger Jahre in kulturhistorischer Sicht, in: Jb. für Volkskunde und Kulturgeschichte 1987, S. 107-142.
Colditz, Heinz/Lücke, Martin, Stalinstadt. Neues Leben – Neue Menschen, Berlin (O) 1958.
Connelly, John, Captive University. The Sovietization of East Germany, Czech, and Polish Higher Education 1945–1946, Chapel Hill 2000.
Creuzberger, Stefan, »Klassenkampf in Sachsen«. Die SMAD und der Volksentscheid am 30. Juni 1946, in: Historisch-Politische Mitteilungen. Archiv für Christlich-Demokratische Politik 2 (1995), S. 119-130.
Ders., Die sowjetische Besatzungsmacht und das politische System der SBZ, Weimar 1996.
Crips, Liliane, Darstellung von sozialen Konflikten in der Romanliteratur der DDR, in: DA 3 (1970), Sonderheft: Industriebetrieb und Gesellschaft in der DDR, S. 157-176.

Anhang

Czok, Karl (Hg.), Geschichte Sachsens, Weimar 1989.

Dähn, Horst, Sozialistische Riten und ihre Rolle in der SED-Kirchenpolitik, in: Heiner Timmermann (Hg.), Agenda DDR-Forschung. Ergebnisse, Probleme, Kontroversen, Münster 2005, S. 310-328.

Danyel, Jürgen, Politische Rituale als Sowjetimporte, in: Konrad H. Jarausch/Hannes Siegrist (Hg.), Amerikanisierung und Sowjetisierung in Deutschland 1945–1970, Frankfurt/M 1997, S. 67-86.

Ders./Hübner, Peter, Soziale Argumente im politischen Machtkampf: Prag, Warschau, Berlin 1968–1971, in: ZfG 50 (2002), S. 804-832.

Die DDR im Entspannungsprozeß. Lebensweise im realen Sozialismus. Dreizehnte Tagung zum Stand der DDR-Forschung in der Bundesrepublik Deutschland 27. bis 30. Mai 1980, Köln 1980 (DA-Sonderheft).

DDR-Handbuch, hg. vom Bundesministerium für innerdeutsche Beziehungen. Wiss. Leitung Hartmut Zimmermann, Köln 1979. 3., erw., Aufl. Köln 1985.

Derbacher, Mark, Fiktion, Konsens und Wirklichkeit: Dokumentarliteratur der Arbeiterwelt in der BRD und in der DDR, Frankfurt/M. 1995.

Deubner, Rolf/Förster, Hermann, Gewerkschaftsarbeit in Privat- und Handwerksbetrieben, Berlin (O) 1966.

Deutsche Geschichte, Bd. 9. Die antifaschistisch-demokratische Umwälzung, der Kampf gegen die Spaltung Deutschlands und die Entstehung der DDR von 1945 bis 1949, Autorenkollektiv unter Leitung von Rolf Badstübner, Berlin (O) 1989.

Deutschland, Heinz, Vertrauensmann – eine traditionsreiche Funktion, Berlin (O) 1988.

Diedrich, Torsten, Zwischen Arbeitererhebung und gescheiterter Revolution, in: JHK 1994, S. 288-305.

Ders., Waffen gegen das Volk. Der 17. Juni 1953 in der DDR, München 2003.

Ders./Ehlert, Hans/Wenzke, Rüdiger (Hg.), Im Dienste der Partei. Handbuch der bewaffneten Organe der DDR, Berlin 1998.

Ders./Hertle, Hans-Hermann (Hg.), Alarmstufe »Hornisse«. Die geheimen Chef-Berichte der Volkspolizei über den 17. Juni 1953, Berlin 2003.

Diemer, Susanne, Patriarchalismus in der DDR. Strukturelle, kulturelle und subjektive Dimensionen der Geschlechterpolarisierung, Opladen 1984.

Dietrich, Isolde, Abschied von der Laubenkolonie?, in: MKF 37, 1996, S. 346-361.

Dies., 'Ne Laube, 'n Zaun und 'n Beet. Kleingärten und Kleingärtner in der DDR, in: Evemarie Badstübner (Hg.), Befremdlich anders. Leben in der DDR, Berlin 2000, S. 374-414.

Dittrich, Gottfried, Die SED und die Aktivisten- und Wettbewerbsbewegung in den Jahren 1948 bis 1950, in: Jb. für Geschichte 6, 1972, S. 343-369.

Ders., Zur Geschichte der Aktivisten- und Wettbewerbsbewegung in der DDR während der Übergangsperiode, in: Rolf Badstübner/Heinz Heitzer (Hg.), Die DDR in der Übergangsperiode. Studien zur Vorgeschichte und Geschichte der DDR 1945 bis 1961, Berlin (O) 1979, S. 116-133.

Ders., Zu den Reproduktionsquellen und einigen Veränderungen in der sozialen Struktur der Arbeiterklasse der DDR während der Übergangsperiode vom Kapitalismus zum Sozialismus (1945 bis 1961), in: Jb.WG 1981 II, S. 243-279.

Ders., Die Anfänge der Aktivistenbewegung, Berlin (O) 1987.

Ders., Staatsgründung und Aktivistenbewegung, in: Elke Scherstjanoi (Hg.), »Provisorium für längstens ein Jahr«. Protokoll des Kolloquiums »Die Gründung der DDR« September 1991, Berlin 1993, S. 189-194.

Ders./Bensing, Manfred, Konsolidierung der Arbeiterklasse und Eröffnung des Übergangs vom Kapitalismus zum Sozialismus im Osten Deutschlands, in: Wissenschaftliche Zeitschrift der Karl-Marx-Universität Leipzig, Ges.wiss. Reihe 38(1989), S. 472-480.

Doernberg, Stefan, Die Geburt eines neuen Deutschland 1945-1949, Berlin (O) 1959.

Donda, Arno, Die Bevölkerung der DDR im Spiegel der Statistik, in: Jb.WG 1974 I, S. 33-45.

Droit, Emmanuel, Die Arbeiterklasse als Erzieher – die Beziehung zwischen Schulen und Betrieben in der DDR 1949-1989. Ms. eines Vortrages im Centre Marc Bloch, Berlin 2005.

Ebbinghaus, Frank, Ausnutzung und Verdrängung. Steuerungsprobleme der SED-Mittelstandspolitik 1955-1972, Berlin 2003.

Ebbighausen, Rolf/Tiemann, Friedrich (Hg.), Das Ende der Arbeiterbewegung in Deutschland? Opladen 1984.

Eckelmann, Wolfgang/Hertle, Hans-Hermann/Weinert, Rainer, FDGB intern. Innenansichten einer Massenorganisation der SED, Berlin 1990.

Eckert, Rainer/Faulenbach, Bernd (Hg.), Halbherziger Revisionismus: Zum postkommunistischen Geschichtsbild, München 1996.

Edelmann, Kurt, Neubaumieten werden erhöht, in: SBZ-Archiv 17 (1966), S. 275-277.

Eichfeld, Rosemarie, Zu den Problemen der Teilnahme der Frau am gesellschaftlichen Produktionsprozeß im Land Sachsen in den Jahren 1945 bis 1949, in: Studien zur Rolle der Frau im Arbeitsprozeß im Sozialismus, Leipzig 1979, S. 7-49.

Eisenfeld, Bernd/Kowalczuk, Ilko-Sascha/Neubert, Ehrhart, Die verdrängte Revolution. Der Platz des 17. Juni in der deutschen Geschichte, Bremen 2004.

Elias, Norbert, Zum Begriff des Alltags, in: Kurt Hammerich/Michael Klein (Hg.), Materialien zur Soziologie des Alltags, Opladen 1978, S. 22-29.

Elsenhans, Hartmut/Jänicke, Martin (Hg.), Innere Systemkrisen der Gegenwart. Ein Studienbuch zur Zeitgeschichte, Reinbek bei Hamburg 1975.

Elsner, Eva-Maria, Zur Situation ausländischer Arbeitskräfte in der DDR, in: Probleme der Migration und Ausländerpolitik in europäischen Ländern von den 30er Jahren bis zur Gegenwart, Rostock 1986, S. 90-93.

Endlich Urlaub! Die Deutschen reisen. Begleitbuch zur Ausstellung im Haus der Geschichte, Bonn 1996.

Engel, Helmut/Ribbe, Wolfgang (Hg.), Karl-Marx-Allee – Magistrale in Berlin. Die Wandlung der sozialistischen Prachtstraße zur Hauptstraße des Berliner Ostens, Berlin 1996.

Engelmann, Roger, Zum Quellenwert der Unterlagen des Ministeriums für Staatssicherheit, in: Klaus-Dietmar Henke/Roger Engelmann (Hg.), Aktenlage. Die Bedeutung der Unterlagen des Staatssicherheitsdienstes für die Zeitgeschichtsforschung, Berlin 1995, S. 23-39.

Ders., Das Juni-Trauma als Ausgangspunkt sicherheitspolizeilicher Expansion? Zur Entwicklung der Repressionsapparate nach dem 17. Juni 1953, in: Ders./Ilko-Sascha Kowalczuk (Hg.)Volkserhebung gegen den SED-Staat. Eine Bestandsaufnahme zum 17. Juni 1953, Göttingen 2005, S. 235-250.

Ders./Kowalczuk, Ilko-Sascha (Hg.), Volkserhebung gegen den SED-Staat. Eine Bestandsaufnahme zum 17. Juni 1953, Göttingen 2005.

Engeln, Ralf, Uransklaven oder Sonnensucher? Die sowjetische AG Wismut in der SBZ/DDR 1946-1953, Essen 2001.

Engler, Wolfgang, Die Ostdeutschen. Kunde von einem verlorenen Land, Berlin 1999.

Eppelmann, Rainer/Faulenbach, Bernd/Mählert, Ulrich (Hg.), Bilanz und Perspektiven der DDR-Forschung, Paderborn 2003.

Erbe, Günter, Arbeiterklasse und Intelligenz in der DDR. Soziale Annäherung von Produktionsarbeiterschaft und wissenschaftlich-technischer Intelligenz? Opladen 1982.

Eugen, Otto/Becker, Hasso, Der perfekte Sklavenstaat: Die Ausbeutung des Arbeiters im staatskapitalistischen System der sowjetischen Besatzungszone, Köln 1951.

Ewers, Klaus, Einführung der Leistungsentlohnung und verdeckter Lohnkampf in den volkseigenen Betrieben der SBZ (1947–1949), in: DA 13 (1980), S. 612-633.

Ders., Aktivisten in Aktion. Adolf Hennecke und der Beginn der Aktivistenbewegung 1948/49, in: DA 14 (1981), S. 947-970.

Ders./Quest, Thorsten, Die Kämpfe der Arbeiterschaft in den volkseigenen Betrieben während und nach dem 17. Juni, in: Ilse Spittmann/Karl Wilhelm Fricke (Hg.), 17. Juni 1953. Arbeiteraufstand in der DDR, Köln 1982, S. 23-55.

Faber, Dorothea, Einkommensstruktur und Lebenshaltung in der SBZ, Bonn 1953.

Dies., Entwicklung und Lage der Wohnungswirtschaft in der Sowjetischen Besatzungszone 1945 bis 1953, in: Europa-Archiv 8 (1953), S. 5943-5950.

Fässler, Peter E., »Diversanten« oder »Aktivisten«? Westarbeiter in der DDR (1949–1961), in: VfZ 49 (2001), S. 613-643.

Ders., Westarbeiter im Dienste der Staatssicherheit, in: DA 37 (2004), S. 1022-1029.

Fairbairn, Brett, Wiederaufbau und Untergang der Konsumgenossenschaften in der DDR und der Bundesrepublik 1945 bis 1990, in: IWK 34 (1998), S. 171-198.

Falk, Waltraud, Kleine Geschichte einer großen Bewegung. Zur Geschichte der Wettbewerbs- und Aktivistenbewegung in der Industrie der DDR, Berlin (O) 1966.

Falter, Jürgen/Lindenberger, Thomas/Schumann, Siegfried, Wahlen und Abstimmungen in der Weimarer Republik, München 1986.

Der FDGB – Erfüllungshilfe der SED, hg. vom Bundesvorstand des DGB, 3., erg. und erw. Aufl., Düsseldorf 1964.

FDGB-Lexikon [Elektronische Version]. Funktion, Struktur, Kader und Entwicklung einer Massenorganisation der SED (1945–1990), bearb. von Michael Kubina u. a., Berlin 2005.

Fiedler, Helene, SED und Staatsmacht. Zur staatspolitischen Konzeption und Tätigkeit der SED 1946–1948, Berlin (O) 1974.

Flagge, Ingeborg (Hg.), Geschichte des Wohnens, Bd. 5: 1945 bis heute: Aufbau, Neubau, Umbau, Stuttgart 1999.

Flechtheim, Ossip K./Rudzio, Wolfgang/Vilmar, Fritz/Wilke, Manfred, Der Marsch der DKP durch die Institutionen. Sowjetmarxistische Einflussstrategien und Ideologien, Frankfurt/M. 1980.

Förster, Peter, Die Entwicklung des politischen Bewußtseins der DDR-Jugend zwischen 1966 und 1989, in: Walter Friedrich/Peter Förster/Kurt Starke (Hg.), Das Zentralinstitut für Jugendforschung Leipzig 1966–1990. Geschichte, Methoden, Erkenntnisse, Berlin 1999, S. 70-165.

Foitzik, Jan, Sowjetische Militäradministration in Deutschland (SMAD) 1945–1949, Berlin 1999.

Ders. (Hg.), Entstalinisierungskrise in Ostmitteleuropa 1953–1956, Paderborn 2001.

Fortschritt, Norm und Eigensinn. Erkundungen im Alltag der DDR, hg. vom Dokumentationszentrum Alltagskultur der DDR, Berlin 1999.

Freier, Olaf, Spontanes Aufbegehren, Machtverlust und Besatzergewalt – der 17. Juni 1953 in Bitterfeld, in: Hermann Rupieper (Hg.), »... und das Wichtigste ist doch die Einheit.« Der 17. Juni 1953 in den Bezirken Halle und Magdeburg, Münster 2003, S. 186-216.

Ders., Propaganda, Verfolgung, Disziplinierung. Die Folgen des Aufstandes im Kreis Bitterfeld, in: Stefanie Wahl/Paul Werner Wagner (Hg.), Der Bitterfelder Aufstand. Der 17. Juni 1953 und die Deutschlandpolitik, Leipzig 2003, S. 105-117.

Freund, Michael, Revolution über Deutschland, in: Gewerkschaftliche Monatshefte 4 (1953), S. 385-387.
Fricke, Karl Wilhelm, MfS intern. Macht, Strukturen, Auflösung der DDR-Staatssicherheit. Analysen und Dokumentation, Köln 1991.
Ders./Engelmann, Roger, »Konzentrierte Schläge«. Staatssicherheitsaktionen und politische Prozesse in der DDR 1953–1956, Berlin 1998.
Friedberg, Harry, Die Westarbeit des FDGB, in: SBZ-Archiv 10 (1959), S. 49-53.
Friedrich, Thomas/Hansch, Monika/Reichmuth, Angelika, Wartenberg im Rampenlicht. Bitterfelder Wege übers Land. Materialien einer Ausstellung, hg. vom Verein »Biographische Forschungen und Sozialgeschichte e.V.«, Berlin 1997.
Friedrich, Walter/Förster, Peter/Starke, Kurt (Hg.), Das Zentralinstitut für Jugendforschung Leipzig 1966–1990. Geschichte, Methoden, Erkenntnisse, Berlin 1999.
Fritz, Wolfgang, Historie der amtlichen Statistiken der Erwerbstätigkeit in Deutschland. Historical Social Research, Supplement Nr. 13/2001.
Fromm, Günter, Der 17. Juni in Stalinstadt und Fürstenberg/Oder im Spiegel der Gerichtsakten, in: IWK 39 (2003), S. 37-50.
Führer, Karl Christian (Hg.), Tarifbeziehungen und Tarifpolitik in Deutschland im historischen Wandel, Bonn 2004.
Fuhrmann, Gundel, Der Urlaub der DDR-Bürger in den späten 60er Jahren, in: Hasso Spode (Hg.), Goldstrand und Teutonengrill. Kultur- und Sozialgeschichte des Tourismus in Deutschland 1945–1989, Berlin 1996, S. 35-50.
Fulbrook, Mary, Popular discontent and political activism in the GDR, in: Contemporary European History 2 (1993), S. 265-282.
Dies., Methodologische Überlegungen zu einer Gesellschaftsgeschichte der DDR, in: Richard Bessel/Ralph Jessen (Hg.), Die Grenzen der Diktatur. Staat und Gesellschaft in der DDR, Göttingen 1996, S. 274-297.
Dies., The People's State. East German Society from Hitler to Honecker, Yale University Press 2005.
Geschichte der deutschen Arbeiterbewegung. In acht Bänden, hg. vom Institut für Marxismus-Leninismus beim ZK der SED, Berlin (O) 1966.
Geschichte der Deutschen Demokratischen Republik, von einem Autorenkoll. unter Leitung von Rolf Badstübner, Berlin (O) 1981.
Geschichte der Sozialpolitik in Deutschland seit 1945, hg. vom Bundesministerium für Arbeit und Sozialordnung und Bundesarchiv (mit Dokumentation auf CD-ROM), 11 Bde, Baden-Baden 2001 ff. (bisher 8 Bde. erschienen)
Geschichte des DFD, hg. vom Bundesvorstand des Demokratischen Frauenbundes Deutschlands, Leipzig 1989.
Geschichte des Freien Deutschen Gewerkschaftsbundes, Berlin (O) 1982, 3. Aufl. 1985.
Geschichte des FDGB. Chronik 1945–1982, Berlin (O) 1985.
Gewerkschaften in der SBZ-DDR 1945 bis 1950. Anspruch und Wirklichkeit, Hannover 1996.
Geyer, Horst, Die Politisierung des Sports in der Sowjetzone, in: Zeitschrift für Politik 3 (1956)1, S. 73-86.
Gibas, Monika, »Vorschlag für den Ersten Mai: die Führung zieht am Volk vorbei!«. Überlegungen zur Geschichte der Tribüne, in: DA 28 (1995), S. 481-494.
Dies./Gries, Rainer/Jacoby, Barbara/Müller, Doris (Hg.), Wiedergeburten. Zur Geschichte der runden Jahrestage der DDR, Leipzig 1999.
Gieseke, Jens, Die hauptamtlichen Mitarbeiter der Staatssicherheit. Personalstruktur und Lebenswelt 1950–1989/90, Berlin 2000.

Ders., Mielke-Konzern. Die Geschichte der Stasi 1945–1990, Stuttgart 2001.
Ders., Die Einheit von Wirtschafts-, Sozial und Sicherheitspolitik. Militarisierung und Überwachung als Probleme einer DDR-Sozialgeschichte, in: ZfG 51 (2003), S. 996-1021.
Gieseler, Eberhard, Sozialistische Brigaden und ihr Kulturhaus, Berlin (O) 1966.
Gill, Ulrich, Der Freie Deutsche Gewerkschaftsbund (FDGB), Opladen 1989.
Gillen, Eckhart, Das Kunstkombinat DDR. Zäsuren einer gescheiterten Kunstpolitik, Köln 2005.
Glaessner, Gert-Joachim u. a. (Hg.), Studien zur Arbeiterbewegung und Arbeiterkultur in Berlin, Berlin (W) 1989.
Gleitze, Bruno, Die Wirtschaftsstruktur der Sowjetzone und ihre gegenwärtigen sozial- und wirtschaftsrechtlichen Tendenzen, Bonn 1951.
Ders, Die Industrie der Sowjetzone unter dem gescheiterten Siebenjahrplan, Berlin 1964.
Görner, Kurt, Betriebsjustiz – ja oder nein?, in: Neue Justiz 11 (1957), S. 111 f.
Graf, Hasso, Neue Aufgaben der SED-Kampfgruppen, in: SBZ-Archiv 6 (1955), S. 337 ff.
Gransow, Bettina und Volker, Disponible Zeit und Lebensweise. Freizeitforschung und Freizeitverhalten in der DDR, in: DA 16 (1983), S. 729-749.
Grebing, Helga/Kleßmann, Christoph/Schönhoven, Klaus/Weber, Hermann, Zur Situation der Sozialdemokratie in der SBZ/DDR im Zeitraum zwischen 1945 und dem Beginn der 50er Jahre, Marburg 1992.
Gries, Rainer/Satjukow, Silke, Von Menschen und Übermenschen. Der »Alltag« und das »Außeralltägliche« der »sozialistischen Helden«, in: APZ B17 (2002), S. 39-46.
Diess., Von Feinden und Helden. Inszenierte Politik im realen Sozialismus, in: APZ B53 (2003), S. 20-29.
Gries, Rainer/Schmale, Wolfgang (Hg.), Kultur der Propaganda, Bochum 2005.
Groschopp, Horst, Zwischen Bierabend und Bildungsverein. Zur Kulturarbeit in der deutschen Arbeiterbewegung vor 1914, Berlin (O) 1987.
Ders., Deutsche Einigung – Ende einer verstaatlichten Arbeiterbewegungskultur, in: Loccumer Protokolle 8, 1991, S. 136-148.
Ders., Der singende Arbeiter im Klub der Werktätigen. Zur Geschichte der DDR-Kulturhäuser, in: MKF 33, 1993, S. 86-131.
Grundmann, Siegfried/Lötsch, Manfred/Weidig, Rudi, Zur Entwicklung der Arbeiterklasse und ihrer Struktur in der DDR, Berlin (O) 1976.
Ders., Zur Sozialstruktur der DDR, in: Evemarie Badstübner (Hg.), Befremdlich anders. Leben in der DDR, Berlin 2000, S. 20-62.
Gruner, Petra, Revolution aus Tradition? Das Montagemöbelprogramm (MDW), in: Marc Schweska/Markus Witte/Petra Gruner, Wunderwirtschaft DDR-Konsumkultur in den 60er Jahren, Köln 1996, S. 90-95.
Dies., Die Neulehrer: Schlüsselsymbol der DDR-Gesellschaft, in: APZ B38 (1999), S. 25-31.
Gruner-Domic, Sandra, Zur Geschichte der Arbeitskräftemigration in der DDR. Die bilateralen Verträge zur Beschäftigung ausländischer Arbeiter (1961–1989), in: IWK 32 (1996), S. 205-230.
Gudenschwager, Wolfgang, Die Rolle der Ost-CDU bei der Gründung, Entwicklung und Liquidation der staatsbeteiligten Betriebe in der DDR 1956 bis 1972, in: Michael Richter/ Martin Rißmann (Hg.), Die Ost-CDU: Entstehung und Entwicklung, Weimar 1995, S. 159-181.
Güttler, Herbert, Betriebsjustiz und gesellschaftliche Gerichtsbarkeit in Deutschland, in: Deutsche Studien 5 (1967), S. 137-150.

Gutmann, Gernot/Klein, Werner, Herausbildungs- und Entwicklungsphasen der Planungs-, Lenkungs- und Kontrollmechanismen im Wirtschaftssystem, in: Materialien der Enquete-Kommission »Aufarbeitung von Geschichte und Folgen der SED-Diktatur in Deutschland«, Bd. II 3, Baden-Baden 1995, S. 1579-1647.

Haack, Hanna, Aufsteiger in der Neptunwerft. Mobilität im Industriesystem der SBZ/DDR bis 1960, in: GG 27 (2001), S. 424-445.

Haas, Gerhard, Kursänderung der Sowjetzonengewerkschaft, in: SBZ-Archiv 7 (1956), S. 290-293.

Ders./Leutwein, Alfred, Die rechtliche und soziale Lage der Arbeitnehmer in der Sowjetischen Besatzungszone (Bonner Berichte, hg. vom Bundesministerium für Gesamtdeutsche Fragen), Bonn 1959.

Häder, Sonja, Schülerkindheit in Ost-Berlin. Sozialisation unter den Bedingungen der Diktatur (1945 bis 1958), Köln 1998.

Hagemann, Frank, Der Untersuchungsausschuß Freiheitlicher Juristen 1949–1969, Frankfurt/M. 1994.

Hagemann, Fritz, Ergebnisse der Wohnraum- und Gebäudezählung 1971, in: Statistische Praxis 27 (1972), S. 371-376.

Hagen, Manfred, DDR – Juni ›53. Die erste Volkserhebung im Sozialismus, Stuttgart 1992.

Hain, Simone/Stroux, Stephan, Die Salons der Sozialisten. Kulturhäuser in der DDR, Berlin 1996.

Halder, Winfrid, »Prüfstein ... für die politische Lauterkeit der Führenden«? Der Volksentscheid zur »Enteignung der Kriegs- und Naziverbrecher« in Sachsen im Juni 1946, in: GG 25 (1999), S. 589-612.

Ders., »Modell für Deutschland«. Wirtschaftspolitik in Sachsen 1945–1948, Paderborn 2001.

Handbuch der deutschen Bildungsgeschichte, Bd. VI 2: Die Deutsche Demokratische Republik und neue Bundesländer, hg. von Christoph Führ/Carl-Ludwig Furck, München 1998.

Hanke, Erich, Im Strom der Zeit, Berlin (O) 1976.

Hanke, Helmut (Hg.), Kultur und Freizeit. Zu Tendenzen und Erfordernissen eines kulturvollen Freizeitverhaltens, Berlin (O) 1971.

Ders., Freizeit in der DDR, Berlin (O) 1979.

Hansen, Else, Zum 5. FDGB-Kongreß. Die politischen und wirtschaftlichen Aufgaben des FDGB im Siebenjahrplan, in: SBZ-Archiv 10 (1959), S. 339-343.

Hartmann, Annelie/Eggeling, Wolfgang, Die Gesellschaft für Deutsch-Sowjetische Freundschaft. Zum Aufbau einer Institution in der SBZ/DDR zwischen deutschen Politikzwängen und sowjetischer Steuerung, Berlin 1993.

Hartmann, Martin, Die Neuererbewegung. Das betriebliche Vorschlagswesen in der DDR, Köln 1988.

Hartung, Ulrich, Arbeiter- und Bauerntempel. DDR-Kulturhäuser der fünfziger Jahre – ein architekturhistorisches Kompendium, Berlin 1997.

Hecht, Gerd, Das Sprachrohr der SED in den Großbetrieben. Betriebszeitungen als Instrumente der Parteipropaganda, in: SBZ-Archiv 7 (1956), S. 37 f.

Heidemeyer, Helge, Flucht und Zuwanderung aus der SBZ/DDR 1945/1949–1961. Die Flüchtlingspolitik der Bundesrepublik Deutschland bis zum Bau der Berliner Mauer, Düsseldorf 1994.

Heidler, Fritz, Thesen zur Frage Christentum und Sozialismus, in: Die Zeichen der Zeit. Evangelische Monatsschrift für Mitarbeiter der Kirche 2 (1948), S. 78-81.

Heimann, Siegfried, Die Sonderentwicklung der SPD in Ost-Berlin 1945–1961, in: Materialien der Enquete-Kommission »Aufarbeitung von Geschichte und Folgen der SED-Diktatur in Deutschland«, hg. vom Deutschen Bundestag. Bd. II 3, Baden-Baden 1995, S. 1648-1688.

Heinze, Barbara (Hg.), Franz Fühmann. Eine Biographie in Bildern, Dokumenten und Briefen, Rostock 1998.

Heitzer, Heinz, DDR. Geschichtlicher Überblick. 4., durchges. u. erg. Aufl., Berlin (O) 1987.

Heldmann, Philipp, Herrschaft, Wirtschaft, Anoraks. Konsumpolitik in der DDR der Sechzigerjahre, Göttingen 2004.

Helle, Susanne, Die Theatralisierung des Alltags, in: SBZ-Archiv 7 (1956), S. 194-196.

Helwig, Gisela, Frauenförderung und Familienpolitik in der DDR, in: DA 8 (1975), Sonderheft, S. 46-57.

Dies., Am Rande der Gesellschaft. Alte und Behinderte in beiden deutschen Staaten, Köln 1980.

Dies., Familienpolitik, in: Geschichte der Sozialpolitik in Deutschland seit 1945, Bd. 9, Baden-Baden 2006, S. 496-522.

Henke, Klaus-Dietmar, Die amerikanische Besetzung Deutschlands, München 1995.

Herbert, Ulrich, Geschichte der Ausländerbeschäftigung in Deutschland 1880–1980. Saisonarbeiter, Zwangsarbeiter, Gastarbeiter, Berlin 1986.

Hertle, Hans-Hermann, Der Fall der Mauer. Die unbeabsichtigte Selbstauflösung des SED-Staates, Opladen 1996.

Ders., Volksaufstand und Herbstrevolution: Die Rolle der West-Medien 1953 und 1989 im Vergleich, in: Bispinck u. a. (Hg.), Aufstände, S. 163-192.

Ders./Jarausch, Konrad H./Kleßmann, Christoph (Hg.), Mauerbau und Mauerfall. Ursachen – Verlauf – Auswirkungen, Berlin 2002.

Herz, Kai-Uwe, Kalter Krieg als antikommunistischer Widerstand. Die Kampfgruppe gegen Unmenschlichkeit 1948–1959, München 1987.

Herzberg, Wolfgang, So war es. Lebensgeschichten zwischen 1900 und 1980 nach Tonbandprotokollen, Halle 1985.

Herzog, Hans-Joachim, Genossenschaftliche Organisationsformen in der DDR, Tübingen 1982.

Hildermeier, Manfred, Geschichte der Sowjetunion 1917–1991, München 1998.

Hille, Barbara, Jugendpolitik, in: Geschichte der Sozialpolitik in Deutschland seit 1945, Bd. 9, Baden-Baden 2006, S. 523-552.

Hillger, Wolfgang, Zur sozialdemokratischen Tradition im 17. Juni, in: Das unverstandene Menetekel – der 17. Juni 1953. Materialien einer Tagung, Potsdam 1993, S. 5-11.

Hockerts, Hans Günter, Sozialpolitische Entscheidungen im Nachkriegsdeutschland. Alliierte und deutsche Sozialversicherungspolitik 1945 bis 1957, Stuttgart 1980.

Ders., Grundlinien und soziale Folgen der Sozialpolitik in der DDR, in: Hartmut Kaelble/Jürgen Kocka/Hartmut Zwahr (Hg.), Sozialgeschichte der DDR, Stuttgart 1994, S. 519-544.

Ders. (Hg.), Drei Wege deutscher Sozialstaatlichkeit. NS-Diktatur, Bundesrepublik und DDR im Vergleich, München 1998.

Hörnigk, Therese, Entwicklungslinien der sozialistischen Kulturrevolution am Ende der Übergangsperiode, in: Rolf Badstübner/Heinz Heitzer (Hg.), Die DDR in der Übergangsperiode, Berlin (O) 1979, S. 269-292.

Hoffmann, Dierk, Sozialpolitische Neuordnung in der SBZ/DDR. Der Umbau der Sozialversicherung 1945–1956, München 1996.

Ders., Vertriebenenintegration durch Arbeitsmarktlenkung? Zur Beschäftigungspolitik der SBZ/DDR (1945–1950), in: Ders./Michael Schwartz (Hg.), Geglückte Integration? Spezifika und Vergleichbarkeiten der Vertriebenen-Eingliederung in der SBZ/DDR, München 1999, S. 173-192.

Ders., Arbeitskräftegewinnung und Arbeitskräftelenkung in der SBZ, in: Geschichte der Sozialpolitik in Deutschland seit 1945, Bd. 2/1, Baden-Baden 2001, S. 316-340.

Ders., Gemeinsame Fragen der Organisation und des Rechts der sozialen Leistungen. Sowjetische Besatzungszone, in: Geschichte der Sozialpolitik in Deutschland seit 1945, Bd. 2/1, Baden-Baden 2001, S. 373-390.

Ders., Aufbau und Krise der Planwirtschaft. Die Arbeitskräftelenkung in der DDR, München 2002.

Ders. u. a. (Hg.), Vor dem Mauerbau. Politik und Gesellschaft in der DDR der fünfziger Jahre, München 2003.

Ders., Sicherung bei Alter, Invalidität und für Hinterbliebene, Sonderversorgungssystem, in: Geschichte der Sozialpolitik in Deutschland seit 1945, Bd. 8, Baden-Baden 2004, S. 345-386.

Ders., Sicherung bei Alter, Invalidität und für Hinterbliebene, Sonderversorgungssysteme, in: Geschichte der Sozialpolitik in Deutschland seit 1945, Bd. 9, Baden-Baden 2006, S. 334-375.

Ders./Schwartz, Michael (Hg.), Geglückte Integration? Spezifika und Vergleichbarkeiten der Vertriebenen-Eingliederung in der SBZ/DDR, München 1999.

Diess., Politische Rahmenbedingungen, in: Geschichte der Sozialpolitik in Deutschland seit 1945, Bd. 8, Baden-Baden 2004, S. 1-72.

Diess., Gesellschaftliche Strukturen und sozialpolitische Handlungsfelder, in: Geschichte der Sozialpolitik in Deutschland seit 1945, Bd. 8, Baden-Baden 2004, S. 73-158.

Diess. (Hg.), Sozialstaatlichkeit in der DDR. Sozialpolitische Entwicklungen im Spannungsfeld von Diktatur und Gesellschaft 1945/49–1989, München 2005.

Hoffmann, Heinz, Die Betriebe mit staatlicher Beteiligung im planwirtschaftlichen System der DDR 1956–1972, Stuttgart 1999.

Hoffmann, Manfred, Genossenschaftlicher Wohnungsbau in der DDR, in: Jahrbücher für Nationalökonomie und Statistik 187 (1972/73), S. 522-542.

Ders., Sozialistische Mietenpolitik in der DDR, in: Zeitschrift für die gesamte Staatswissenschaft 129, 1973, S. 246-291.

Hofmann, Jürgen/Neumann, Annette (Hg.), Die Klasse in Aufruhr. Der 17. Juni in Berliner Betrieben, Berlin 2003.

Hofmann, Michael/Rink, Dieter, Die Auflösung der ostdeutschen Arbeitermilieus. Bewältigungsmuster und Handlungsspielräume ostdeutscher Industriearbeiter im Transformationsprozeß, in: APZ B26/27 (1993), S. 29-36.

Hofmann, Michael, Die Kohlearbeiter von Espenhain. Zur Enttraditionalisierung eines ostdeutschen Arbeitermilieus, in: Michael Vester/Michael Hofmann/Irene Zierke (Hg.), Soziale Milieus in Ostdeutschland. Gesellschaftliche Strukturen zwischen Zerfall und Neubildung, Köln 1995, S. 91-134.

Ders., Die Leipziger Metallarbeiter. Etappen sozialer Erfahrungsgeschichte, in: Michael Vester/ Michael Hofmann/Irene Zierke (Hg.), Soziale Milieus in Ostdeutschland. Gesellschaftliche Strukturen zwischen Zerfall und Neubildung, Köln 1995, S. 136-192.

Hohlfeld, Brigitte, Die Neulehrer in der SBZ/DDR 1945–1953, Weinheim 1992.

Homann, Wilhelm, Die Arbeiterwohnungsbaugenossenschaften im Rahmen der Wohnungsbaupolitik der DDR, Berlin 1981 (Forschungsstelle für gesamtdeutsche wirtschaftliche und soziale Fragen, FS-Analysen 5, 1981).

Horn, Werner, Die Errichtung der Grundlagen des Sozialismus in der Industrie der DDR (1951–1955), Berlin (O) 1963.

Anhang

Hornig, Daphne/Steiner, Christine, Der alltägliche Frauenk(r)ampf zwischen Küche, Kirche und Kombinaten, in: MKF 36, 1995, S. 55-79.

Horstmann, Thomas, Logik der Willkür. Die Zentrale Kommission für Staatliche Kontrolle in der SBZ/DDR von 1948 bis 1958, Köln 2002.

Hoyer, Siegfried, Arbeiter an der Universität. Die Vorbereitungskurse zum Hochschulstudium in Sachsen 1946–1949, in: Neues Archiv für sächsische Geschichte 71 (2001), S. 239-262.

Hübner, Peter, Zu den Auswirkungen des Auf- und Ausbaus von Industriekapazitäten in der Übergangsperiode vom Kapitalismus zum Sozialismus auf die soziale Struktur der Arbeiterklasse der DDR, in: Rolf Badstübner/Heinz Heitzer (Hg.), Die DDR in der Übergangsperiode, Berlin (O) 1979, S. 196-222.

Ders., Die Zukunft war gestern: Soziale und mentale Trends in der DDR-Industriegesellschaft, in: Hartmut Kaelble/Jürgen Kocka/Hartmut Zwahr (Hg.), Sozialgeschichte der DDR, Stuttgart 1994, S. 171-187.

Ders., »Durchhalten« und »Durchkommen«. Niederlausitzer Industriearbeiter im Jahre 1945, in: Werner Stang (Hg.), Brandenburg im Jahr 1945, Potsdam 1995, S. 136-166.

Ders., Konsens, Konflikt und Kompromiß. Soziale Arbeiterinteressen und Sozialpolitik in der SBZ/DDR 1945–1970, Berlin 1995.

Ders., Niederlausitzer Industriearbeiter 1935 bis 1970. Studien zur Sozialgeschichte, Berlin 1995.

Ders., Syndikalistische Versündigungen? Versuche unabhängiger Interessenvertretung für die Industriearbeiterschaft der DDR um 1960, in: JHK 1995, S. 100-117.

Ders., Zur Rolle der Massenorganisationen im Alltag des DDR-Bürgers, in: Materialien der Enquete-Kommission »Aufarbeitung von Geschichte und Folgen der SED-Diktatur in Deutschland, Bd. II/3, Baden-Baden 1995, S. 1723-1769.

Ders., Arbeiter in der DDR – begriffliche und statistische Probleme, Potsdam 1996. (MS. für den Vortrag auf dem Historikertag in München 1996).

Ders., Arbeiterklasse als Inszenierung? Arbeiter und Gesellschaftspolitik in der SBZ/DDR, in: Richard Bessel/Ralph Jessen (Hg.), Die Grenzen der Diktatur. Staat und Gesellschaft in der DDR, Göttingen 1996, S. 199-223.

Ders., Linsen für die Ewigkeit. Anmerkungen zu einem Versuch, den DDR-Alltag zu musealisieren, in: Werkstatt Geschichte 14 (1996), S. 57-70.

Ders., »Sozialistischer Fordismus«? Oder: Unerwartete Ergebnisse eines Kopiervorgangs. Zur Geschichte der Produktionsbrigaden in der DDR, in: Alf Lüdtke/Inge Marßolek/Adelheid von Saldern (Hg.), Amerikanisierung. Traum und Alptraum im Deutschland des 20. Jahrhunderts, Stuttgart 1996, S. 96-115.

Ders., »Revolution in der Schrankwand?« Die Objektkultur des DDR-Alltags und ihre Musealisierung in der Perspektive sozialhistorischer Forschung, in: Gerd Kuhn/Andreas Ludwig (Hg.), Alltag und soziales Gedächtnis. Die DDR-Objektkultur und ihre Musealisierung, Hamburg 1997, S. 152-169.

Ders., Benzenberg im Osten. Eine Anmerkung zur Diskussion um die Statistik der DDR, in: Historical Social Research 23 (1998)3, S. 152-158.

Ders./Tenfelde, Klaus (Hg.), Arbeiter in der SBZ-DDR, Essen 1999.

Ders. (Hg.), Eliten im Sozialismus. Beiträge zur Sozialgeschichte der DDR, Köln 1999.

Ders., Der FDGB im politischen System der DDR und in der Erfahrung der Arbeitnehmer, in: Potsdamer Bulletin für Zeithistorische Studien 16, 1999, S. 29-42.

Ders., Das Jahr 1961 und die Kontinuität der Arbeitergeschichte in der DDR, in: Ders./Klaus Tenfelde (Hg.), Arbeiter in der SBZ-DDR, Essen 1999, S. 15-38.

Quellen- und Literaturverzeichnis

Ders., Betriebe als Träger der Sozialpolitik, betriebliche Sozialpolitik (SBZ), in: Geschichte der Sozialpolitik in Deutschland seit 1945, Bd. 2/1, Baden-Baden 2001, S. 920-943.
Ders., Identitätsmuster und Konfliktverhalten der Industriearbeiterschaft der SBZ/DDR, in: Bohemia: Zeitschrift für Geschichte und Kultur der böhmischen Länder 42 (2001)2, S. 220-243.
Ders., Betriebe als Träger der Sozialpolitik, betriebliche Sozialpolitik, in: Geschichte der Sozialpolitik in Deutschland seit 1945, Bd. 8, Baden-Baden 2004, S. 729-773.
Ders., Das Tarifsystem der DDR zwischen Gesellschaftspolitik und Sozialkonflikt, in: Karl Christian Führer (Hg.), Tarifbeziehungen und Tarifpolitik in Deutschland im historischen Wandel, Bonn 2004, S. 247-278.
Ders., Zentralismus und Partizipation: Soziale Interessen im »Vormundschaftlichen Staat«, in: Dierk Hoffmann/Michael Schwartz (Hg.), Sozialstaatlichkeit in der DDR. Sozialpolitische Entwicklungen im Spannungsfeld von Diktatur und Gesellschaft 1945/49–1989, München 2005, S. 115-133.
Ders., Arbeitsverfassung und Arbeitsrecht, in: Geschichte der Sozialpolitik in Deutschland seit 1945, Bd. 9, Baden-Baden 2006, S. 151-186.
Ders., Betriebe als Träger der Sozialpolitik, betriebliche Sozialpolitik, in: Geschichte der Sozialpolitik in Deutschland seit 1945, Bd. 9, Baden-Baden 2006, S. 723-762.
Ders., Gesellschaftliche Strukturen und sozialpolitische Handlungsfelder, in: Geschichte der Sozialpolitik in Deutschland seit 1945, Bd. 9, Baden-Baden 2006, S. 77-145.
Ders./Danyel, Jürgen, Das soziale Argument im politischen Machtkampf: Prag, Warschau, Berlin 1968–1971, in: ZfG 50 (2002), S. 804-832.
Ders./Kleßmann, Christoph/Tenfelde, Klaus (Hg.), Arbeiter im Staatssozialismus. Ideologischer Anspruch und soziale Wirklichkeit, Köln 2005.
Hürtgen, Renate, Die »vergessene« Demokratisierung. Die Rolle des FDGB in den DDR-Betrieben der sechziger Jahre, in: DA 33 (2000), S. 50-59.
Dies.(Hg.), DDR-Betriebsalltag in der Ära Honecker, Berlin 2001.
Dies., Konfliktverhalten der DDR-Arbeiterschaft und Staatsrepression im Wandel, in: Peter Hübner/Christoph Kleßmann/Klaus Tenfelde (Hg.), Arbeiter im Staatssozialismus. Ideologischer Anspruch und soziale Wirklichkeit, Köln 2005, S. 383-403.
Dies., Zwischen Disziplinierung und Partizipation. Vertrauensleute des FDGB im DDR-Betrieb, Köln 2005.
Hurwitz, Harold, Die Stalinisierung der SED, Opladen 1997.
Iggers, Georg G./Jarausch, Konrad H. (Hg.), Die DDR-Geschichtswissenschaft als Forschungsproblem, München 1998. (Historische Zeitschrift. Beihefte, N.F., Bd. 27)
Ihme-Tuchel, Beate, Die DDR, Darmstadt 2002 (Kontroversen um die Geschichte).
Im Rückblick. Die Interzonenkonferenzen der Baugewerkschaften und der Landarbeitergewerkschaften Deutschlands von 1947 bis 1948, hg. vom Bundesvorstand der Industriegewerkschaft Bauen–Agrar–Umwelt, Frankfurt/M 1998.
Industriebetrieb und Gesellschaft in der DDR. Dritte Studientagung zur DDR-Forschung in der Bundesrepublik 31. März bis 4. April 1979. Referate, Köln 1970 (Deutschland Archiv Sonderheft 1970).
Irmscher, Gerlinde, Freizeitleben. Muße, Feierabend, Freizeit, in: Evemarie Badstübner (Hg.), Bedenklich anders. Leben in der DDR, Berlin 2000, S. 350-373.
Jacob, Günter, Die Verpflichtung der Kirche gegenüber ihr Fernstehenden, in: Die Zeichen der Zeit. Evangelische Monatsschrift für Mitarbeiter der Kirche 7 (1954), S. 248-253.
Jäger, Manfred, Kultur und Politik in der DDR: 1945–1990, 2. A. Köln 1994.

823

Jänicke, Martin, Der dritte Weg. Die antistalinistische Opposition gegen Ulbricht seit 1953, Köln 1964.
Jajesniak-Quast, Dagmara, »Proletarische Internationalität« ohne Gleichheit. Ausländische Arbeitskräfte in ausgewählten sozialistischen Großbetrieben, in: Christian Th. Müller/Patrice G. Poutrus (Hg.), Ankunft – Alltag – Abreise. Migration und interkulturelle Begegnung in der DDR-Gesellschafr, Köln 2005, S. 267-294.
Jarausch, Konrad H., Die gescheiterte Gegengesellschaft. Überlegungen zur Sozialgeschichte der DDR, in: AfS 39, 1999, S. 1-17.
Ders., Die Umkehr. Deutsche Wandlungen 1945–1995, München 2004.
Ders./Siegrist, Hannes (Hg.), Amerikanisierung und Sowjetisierung in Deutschland 1945 bis 1970, Frankfurt/M. 1997.
Jenkis, Helmut W., Wohnungswirtschaft und Wohnungspolitik in beiden deutschen Staaten, Hamburg 1976.
Jureit, Ulrike/Wildt, Michael (Hg.), Generationen. Zur Relevanz eines wissenschaftlichen Grundbegriffs, Hamburg 2005.
Kabermann, Heinz, Genossenschaftlicher Wohnungsbau in der Sowjetzone, in: SBZ-Archiv 11 (1960), S. 279-283.
Kaelble, Hartmut/Kocka, Jürgen/Zwahr, Hartmut (Hg.), Sozialgeschichte der DDR, Stuttgart 1994.
Kaiser, Josef, »Der politische Gewinn steht in keinem Verhältnis zum Aufwand«. Zur Westarbeit des FDGB im Kalten Krieg, in: JHK 1996, S. 106-131.
Kaiser, Monika, Die Zentrale der Diktatur – organisatorische Weichenstellungen, Strukturen und Kompetenzen der SED-Führung in SBZ/DDR 1946 bis 1952, in: Jürgen Kocka (Hg.), Historische DDR-Forschung. Aufsätze und Studien, Berlin 1993, S. 57-86.
Dies., Machtwechsel von Ulbricht zu Honecker. Funktionsmechanismen der SED-Diktatur in Konfliktsituationen 1962 bis 1972, Berlin 1997.
Kaminsky, Annette, Wohlstand, Schönheit, Glück. Kleine Konsumgeschichte der DDR, München 2001.
Kantorowicz, Alfred, Deutsches Tagebuch, Teil 1, Berlin (W) 1978.
Karlsch, Rainer, Allein bezahlt? Die Reparationsleistungen der SBZ/DDR 1945–1953, Berlin 1993.
Ders., »Arbeiter schützt Eure Betriebe!« Widerstand gegen Demontagen in der SBZ, in: IWK 30 (1994), S. 380-404.
Ders., Umfang und Struktur der Reparationsentnahmen aus der SBZ/DDR 1945–1953. Stand und Probleme der Forschung, in: Christoph Buchheim (Hg.), Wirtschaftliche Folgelasten des Krieges in der SBZ/DDR, Baden-Baden 1995, S. 45-78.
Ders./Schröter, Harm (Hg.), »Strahlende Vergangenheit«. Studien zur Geschichte des Uranbergbaus der Wismut, St. Katharinen 1996.
Ders., Rekonstruktion und Strukturwandel in der sächsischen Industrie von 1945 bis Anfang der sechziger Jahre, in: Werner Bramke/Ulrich Heß (Hg.), Wirtschaft und Gesellschaft in Sachsen im 20. Jahrhundert, Leipzig 1998, S. 89-132.
Ders./Ciesla, Burghard, Vom «Karthago-Frieden« zum Besatzungspragmatismus. Wandlungen der sowjetischen Reparationspolitik und ihre Umsetzung 1945/46, in: Hartmut Mehringer/Michael Schwartz/Hermann Wentker (Hg.), Erobert oder befreit? Deutschland im internationalen Kräftefeld und die sowjetische Besatzungszone (1945/46), München 1999, S. 71-92.
Ders./Laufer, Jochen (Hg.), Sowjetische Demontagen in Deutschland 1944–1949. Hintergründe, Ziele, Wirkungen, Berlin 2002.

Kaschuba, Wolfgang, Volkskultur und Arbeiterkultur als symbolische Ordnungen Einige volkskundliche Anmerkungen zur Debatte um Alltags- und Kulturgeschichte, in: Alf Lüdtke (Hg.), Alltagsgeschichte. Zur Rekonstruktion historischer Erfahrungen und Lebensweisen, Frankfurt/M. 1989, S. 191-223.
Ders./Korff, Gottfried/Warneken, Bernd Jürgen (Hg.), Arbeiterkultur seit 1945 – Ende oder Veränderung?, Tübingen 1991.
Ders./Merkel, Ina/Scholze-Irrlitz, Leonore/Scholze, Thomas, Freizeitverhalten in der DDR und in den neuen Ländern: Geselligkeit, Fest- und Konsumkultur. Forschungsbericht, in: Materialien der Enquete-Kommission »Überwindung der Folgen der SED-Diktatur im Prozeß der deutschen Einheit«, Bd. V, Baden-Baden 1999, S. 655-744.
Kasten, Herbert A. W., Experimente des Ungeistes. Schriftsteller und »schreibende Arbeiter« aus der Retorte des SED-Politbüros, in: SBZ-Archiv 11 (1960), S. 147-152.
Keller, Dietmar, Lebendige Demokratie. Der Übergang von der antifaschistischen zur sozialistischen Demokratie in der volkseigenen Industrie der DDR 1948–1952, Berlin (O) 1971.
Kerski, Basil u. a. (Hg.), Zwangsverordnete Freundschaft? Die Beziehungen zwischen der DDR und Polen 1949–1990, Osnabrück 2003.
Kersten, Heinz, Kollektive Hobbies, in: SBZ-Archiv 14 (1963), S. 355 ff.
Keßler, Mario, Zwischen Kommunismus und Sozialdemokratie, zwischen Ost und West. Die marxistischen Kleingruppen auf dem Weg in die deutschen Nachkriegsgesellschaften, in: Arnd Bauerkämper/Martin Sabrow/Bernd Stöver (Hg.), Doppelte Zeitgeschichte. Deutschdeutsche Beziehungen 1945–1990, Bonn 1998, S. 251-266.
Kiera, Hans-Georg, Partei und Staat im Planungssystem der DDR. Die Planung in der Ära Ulbricht, Düsseldorf 1975.
Kirchner, Jürgen, Zur Bedeutung der Betriebsfrauenausschüsse für die gleichberechtigte Teilnahme der Frauen am planmäßigen Aufbau der Grundlagen des Sozialismus in der DDR (1952 bis 1955), in: Jb.WG 1976 II, S. 33-52.
Klein, Angelika, Die Arbeiterrevolte im Bezirk Halle, hg. vom Brandenburger Verein für politische Bildung »Rosa Luxemburg« e.V., Potsdam 1993.
Klein, Johannes Kurt, Ursachen und Motive der Abwanderung aus der Sowjetzone Deutschlands, in: APZ B24 (1995), S. 361-381.
Klein, Thomas, Die Parteikontrolle in der SED als Instrument der Stalinisierung, in: Michael Lemke (Hg.), Sowjetisierung und Eigenständigkeit in der SBZ/DDR (1945–1953), Köln 1999, S. 119-161.
Ders., »Für die Einheit und Reinheit der Partei.« Die innerparteilichen Kontrollorgane der SED in der Ära Ulbricht, Köln 2002.
Klenke, Olaf, Betriebliche Konflikte in der DDR 1970/71 und der Machtwechsel von Ulbricht zu Honecker, in: Jb. für Forschungen zur Geschichte der Arbeiterbewegung 2004, H. 2, S. 18-27.
Kleßmann, Christoph/Friedemann, Peter, Streiks und Hungermärsche im Ruhrgebiet 1946–1948, Frankfurt/M. 1977.
Ders., Betriebsräte und Gewerkschaften in Deutschland 1945–1952, in: Winkler, Heinrich August (Hg.), Politische Weichenstellungen im Nachkriegsdeutschland 1945–1953, Göttingen 1979, S. 44-73. (Geschichte und Gesellschaft, Sonderheft 5).
Ders., Betriebsräte, Gewerkschaften und Arbeiterselbstverwaltung in Polen (1944–1958), in: Jbb. für Geschichte Osteuropas 29, 1981, S. 185-214.
Ders., Politisch-soziale Traditionen und betriebliches Verhalten von Industriearbeitern nach 1945 – Umrisse am Beispiel zweier Werke, in: Mentalitäten und Lebensverhältnisse, Festschrift für Rudolf Vierhaus, Göttingen 1982, S. 365-381.

Ders., Betriebsparteigruppen und Einheitsgewerkschaft. Zur betrieblichen Arbeit in der Frühphase der westdeutschen Arbeiterbewegung 1945–1952, in: VfZ 31 (1983), S. 272-307.
Ders., Die doppelte Staatsgründung. Deutsche Geschichte 1945–1955, 5. überarb. Aufl., Göttingen 1991.
Ders./Wagner, Georg (Hg.), Das gespaltene Land. Leben in Deutschland 1945–1990. Texte und Dokumente zur Sozialgeschichte, München 1993.
Ders., Die »verstaatlichte« Arbeiterbewegung. Überlegungen zur Sozialgeschichte der Arbeiterschaft in der DDR, in: Karsten Rudolph/Christel Wickert (Hg.), Geschichte als Möglichkeit. Über die Chancen von Demokratie. Festschrift für Helga Grebing, Essen 1995, S. 108-119.
Ders., Zwei Staaten, eine Nation. Deutsche Geschichte 1955–1970, 2. überarb. Aufl., Bonn 1997.
Ders./Stöver, Bernd (Hg.), 1953 – Krisenjahr des Kalten Krieges in Europa, Köln 1999.
Ders., Die stilisierte Klasse. Arbeiter und Arbeiterbewegung in der Entstehungsphase der DDR (1945–1948), in: AfS 39, 1999, S. 19-71.
Ders., Arbeiter im »Arbeiterstaat«. Deutsche Traditionen, sowjetisches Modell und westdeutsches Magnetfeld, in: APZ B50 (2000), S. 20-28.
Ders., »Führende Klasse«, Sozialpolitik und Egalisierung in der DDR, in: Dierk Hoffmann u. a. (Hg.), Vor dem Mauerbau. Politik und Gesellschaft in der DDR der fünfziger Jahre, München 2003, S. 77-85.
Der 17. Juni 1953 im Geschichtsbild Deutschlands gestern und heute, in: Informationen für den Geschichts- und Gemeinschaftskundelehrer H. 67/2004, S. 13-23.
Ders. (Hg.), Geschichte der Sozialpolitik in Deutschland seit 1945, Bd. 9. DDR 1961–1971. Politische Stabilisierung und wirtschaftliche Mobilisierung, Baden-Baden 2006.
Klinger, Fred, Die »Brigaden der sozialistischen Arbeit« im Kontext der »Syndikalismus«-Kritik, in: Der X. Parteitag der SED. 35 Jahre SED-Politik, Köln 1981, S. 75-86.
Ders., Betriebsräte und Neuordnung in der sowjetischen Besatzungszone. Zur Kritik eines politischen Mythos, in: Rolf Ebbighausen/Friedrich Tiemann (Hg.), Das Ende der Arbeiterbewegung in Deutschland? Opladen 1984, S. 336-351.
Ders., Auf dem Wege zur staatgelenkten Klasse – Widersprüche und Ungleichzeitigkeiten betrieblicher Mitwirkung in der Frühphase der DDR, in: Deutsche Studien 23 (1985), S. 389-409.
Kluge, Arnd, Betriebsgeschichte in der DDR – ein Rückblick, in: Zeitschrift für Unternehmensgeschichte 38 (1993), S. 49-62.
Knabe, Hubertus, West-Arbeit des MfS. Das Zusammenspiel von »Aufklärung« und »Abwehr«, Berlin 1999.
Ders., 17. Juni 1953. Ein deutscher Aufstand, München 2003.
Kocka, Jürgen, Arbeitsverhältnisse und Arbeiterexistenzen. Grundlagen der Klassenbildung im 19. Jahrhundert, Bonn 1990.
Ders. (Hg.), Historische DDR-Forschung. Aufsätze und Studien, Berlin 1993.
Ders., Ein deutscher Sonderweg. Überlegungen zur Sozialgeschichte der DDR, in: APZ B40 (1994), S. 34-45.
Ders., Geschichte und Zukunft der Arbeiterschaft und der Arbeiterbewegung, in: Karsten Rudolph/Christel Wickert (Hg.), Geschichte als Möglichkeit. Über die Chancen von Demokratie. Festschrift für Helga Grebing, Essen 1995, S. 90-107.
Koenen, Gerd, Die großen Gesänge: Lenin, Stalin, Mao Tse-tung. Führerkulte und Heldenmythen des 20. Jahrhunderts, Frankfurt/M 1991.

Kössler, Till, Kaderpartei oder Milieupartei? Die KPD in Westdeutschland 1945 bis 1960, in: JHK 2004, S. 131-155.

Ders., Abschied von der Revolution. Kommunisten und Gesellschaft in Westdeutschland 1945–1968, Düsseldorf 2005.

Ders./Stadtland, Helke (Hg.), Vom Funktionieren der Funktionäre. Politische Interessenvertretung und gesellschaftliche Integration in Deutschland nach 1933, Essen 2004.

Kohli, Martin, Die DDR als Arbeitsgesellschaft? Arbeit, Lebenslauf und soziale Differenzierung, in: Hartmut Kaelble/Jürgen Kocka/Hartmut Zwahr (Hg.), Sozialgeschichte der DDR, Stuttgart 1994, S. 31-61.

Konsum. Konsumgenossenschaften in der DDR, hg. vom Dokumentationszentrum Alltagskultur der DDR, Köln 2006.

Koop, Volker, Der 17. Juni 1953. Legende und Wirklichkeit, Berlin 2003.

Ders., Armee oder Freizeitclub? Die Kampfgruppen der Arbeiterklasse in der DDR, Bonn 1997.

Kopstein, Jeffrey, Chipping away at the state. Worker's resistance and the demise of East Germany, in: World Politics 48 (1996), S. 391-423.

Ders., The politics of economic decline in East Germany 1945–1989, London 1997.

Korff, Gottfried, History of symbols as social history, in: International Review of Social History 38 (1993), Supplement, S. 105-125.

Kott, Sandrine, Zur Geschichte des kulturellen Lebens in DDR-Betrieben. Konzepte und Praxis der betrieblichen Kulturarbeit, in: AfS 39, 1999, S. 167-195.

Kowalczuk, Ilko-Sascha, Die Ereignisse von 1953 in der DDR, in: JHK 1996, S. 181-186.

Ders., Geist im Dienste der Macht, Berlin 2003.

Ders., 17. Juni 1953 – Arbeiteraufstand, Volksaufstand, Revolution. Aufstandsgeschichte, Forschungskontroversen und Erinnerungskultur, in: IWK 39 (2003), S. 1-36.

Ders., 17.6.1953 – Volksaufstand in der DDR. Ursachen – Abläufe – Folgen, Bremen 2003.

Ders./Wolle, Stefan, Roter Stern über Deutschland. Sowjetische Truppen in der DDR, Berlin 2001.

Ders., Die gescheiterte Revolution – 17. Juni 1953 – Forschungsstand, Forschungskontroversen und Forschungsperspektiven, in: AfS 44, 2004, S. 606-664.

Ders./Mitter, Armin, »Die Arbeiter sind zwar geschlagen worden, aber sie sind nicht besiegt«. Die Arbeiterschaft während der Krise 1952/53, in: Diess./Stefan Wolle, Der Tag X – 17. Juni 1953. Die »Innere Staatsgründung« der DDR als Ergebnis der Krise 1952/54, Berlin 1995, S. 31-74.

Diess./Wolle, Stefan (Hg.), Der Tag X – 17. Juni 1953. Die »Innere Staatsgründung« der DDR als Ergebnis der Krise 1952/54, Berlin 1995.

Kracht, Günter, Der DDR-Mann – eine rekonstruktive Annäherung an Mannsein und Männlichkeit in der DDR-Gesellschaft, in: MKF 36, 1995, S. 130-142.

Krenz, Leo, Das Kuratorium Unteilbares Deutschland. Aufbau, Programmatik, Wirkung, Opladen 1980.

Kreutzer, Susanne, »Sozialismus braucht gebildete Frauen«. Die Kampagne um das Kommuniqué »Die Frauen – der Frieden und der Sozialismus« in der DDR 1961/62, in: ZfG 47 (1999), S. 23-37.

Krieger, Wolfgang, Die amerikanische Deutschlandplanung. Hypotheken und Chancen für einen Neuanfang, in: Hans-Erich Volkmann (Hg.), Ende des Dritten Reiches – Ende des Zweiten Weltkriegs. Eine perspektivische Rückschau, München 1995, S. 25-50.

Krusch, Hans-Joachim, Forschungen zur Geschichte der örtlichen Arbeiterbewegung, in: Historische Forschungen der DDR 1970–1980. Analysen und Berichte, Berlin (O) 1980, S. 734-759.

Krysmanski, Hans-Jürgen, Entwicklung und Stand der klassentheoretischen Diskussion, in: Kölner Zeitschrift für Soziologie und Sozialpsychologie 41 (1989), S. 149-167.

Kubina, Michael, »Was in dem einen Teil verwirklicht werden kann mit Hilfe der Roten Armee, wird im anderen Teil Kampffrage sein«: Zum Aufbau des zentralen Westapparates der KPD/SED 1945–1949, in: Manfred Wilke (Hg.), Anatomie der Parteizentrale. Die KPD/SED auf dem Weg zur Macht, Berlin 1998, S. 413-500.

Kuck, Dennis, »Für den sozialistischen Aufbau ihrer Heimat«? Ausländische Vertragsarbeiter in der DDR, in: Jan C. Behrends/Thomas Lindenberger/Patrice G. Poutrus (Hg.), Fremde und Fremd-Sein in der DDR. Zu historischen Ursachen der Fremdenfeindlichkeit in Ostdeutschland, Berlin 2003, S. 271-281.

Kuhlmann, Michael, Fernsehen in der DDR. Veröffentlichungen zum Forschungsschwerpunkt Massenmedien und Kommunikation Nr. 116/117, Siegen 1997.

Kuhn, Gerd/Ludwig, Andreas (Hg.), Alltag und soziales Gedächtnis. Die DDR-Objektkultur und ihre Musealisierung, Hamburg 1997.

Kunze, Josef, Betriebsklima. Eine soziologische Studie zum System der sozialen Beziehungen im sozialistischen Industriebetrieb, Berlin (O) 1969.

Kurzer, Ulrich, Konsumgenossenschaften in der Sowjetischen Zone und in der DDR, in: DA 32 (1999), S. 812-823.

Lange, Helmut, Von Stachanow zum Produktionsaufgebot, in: SBZ-Archiv 13 (1962), S. 182 ff.

Lange, Inge, Von der Wiege bis zur Bahre. Zur Geschichte sozialistischer Feiern zu Geburt, Ehe und Tod in der DDR, in: Kulturation [Elektronische Ressource] Oneline-Journal für Kultur, Wissenschaft und Politik 1 (2004).

Lange, Max Gustav, Revisionistische Auffassungen in der SED, in: Gewerkschaftliche Monatshefte 8 (1957), S. 340-345.

Lange, Peter/Roß, Sabine (Hg.), 17. Juni 1953 – Zeitzeugen berichten. Protokoll eines Aufstandes, Münster 2004.

Langhof, Michael, Zum Bedeutungswandel der Wohnungspolitik in der DDR, in: DA 12 (1979), S. 390-405.

Laschitza, Horst, Kämpferische Demokratie gegen Faschismus. Die programmatische Vorbereitung auf die antifaschistisch-demokratische Umwälzung in Deutschland durch die Parteiführung der KPD, Berlin (O) 1969.

Laude, Horst/Wilke, Manfred, Die Pläne der Moskauer KPD-Führung für den Wiederaufbau der Gewerkschaften, in: Klaus Schroeder (Hg.), Geschichte und Transformation des SED-Staates. Beiträge und Analysen, Berlin 1994, S. 27-51.

Laufer, Jochen, Die Verfassungsgebung in der SBZ 1946–1949, in: APZ B32/33 (1998), S. 29-41.

Ders., Von den Demontagen zur Währungsreform – Besatzungspolitik und Sowjetisierung in Ostdeutschland 1945–1948, in: Michael Lemke (Hg.), Sowjetisierung und Eigenständigkeit in der SBZ/DDR (1945–1953), Köln 1999, S. 163-186.

Lehmann, Helmut, Die Sozialversicherung in der sowjetischen Besatzungszone Deutschlands, Berlin 1949.

Leim, Ernst, Probleme der »Betriebsjustiz«, in: Neue Justiz 11 (1957), S. 38-40.

Lemke, Michael (Hg.), Sowjetisierung und Eigenständigkeit in der SBZ/DDR (1945–1953), Köln 1999.

Ders., Einheit oder Sozialismus. Die Deutschlandpolitik der SED 1949–1961, Köln 2001.

Lerchner, Gerhard (Hg.), Sprachgebrauch im Wandel. Anmerkungen zur Kommunikationskultur in der DDR vor und nach der Wende, Frankfurt/M. 1992.

Leutwein, Alfred, Entwicklung des Krankenstandes im Jahre 1954, in: SBZ-Archiv 5 (1954), S. 346-347.
Ders., Durch Zeitnormative zu höheren Arbeitsnormen. Eine neue Technik der Normenermittlung, in: SBZ-Archiv 6 (1955), S. 165-166.
Lindenberger, Thomas, Alltagsgeschichte und ihr möglicher Beitrag zu einer Gesellschaftsgeschichte der DDR, in: Richard Bessel/Ralph Jessen (Hg.), Die Grenzen der Diktatur. Staat und Gesellschaft in der DDR, Göttingen 1996, S. 298-325.
Ders. (Hg.), Herrschaft und Eigen-Sinn in der Diktatur. Studien zur Gesellschaftsgeschichte der DDR, Köln 1999.
Ders., Die Diktatur der Grenzen, in: Ders. (Hg.), Herrschaft und Eigen-Sinn in der Diktatur, Köln 1999, S. 13-43.
Ders., Volkspolizei. Herrschaftspraxis und öffentliche Ordnung im SED-Staat 1952–1968, Köln 2003.
Ders., »Gerechte Gewalt?«. Der 17. Juni 1953 – ein weißer Fleck in der historischen Protestforschung, in: Hendrik Bispinck/Jürgen Danyel/Hans-Hermann Hertle/Hermann Wentker (Hg.), Aufstände im Ostblock. Zur Krisengeschichte des realen Sozialismus, Berlin 2004, S. 113-128.
Löhn, Hans-Peter, »Spitzbart, Bauch und Brille – sind nicht des Volkes Wille!« Der Volksaufstand am 17. Juni 1953 in Halle an der Saale, Bremen 2003.
Lohmann, Ulrich, Die Entwicklung des Sozialrechts in der DDR, Opladen 1996.
Lokatis, Siegfried, Der rote Faden. Kommunistische Parteigeschichte und Zensur unter Walter Ulbricht, Köln 2003.
Loth, Wilfried, Die Teilung der Welt 1941–1955, München 1980.
Ders., Stalins ungeliebtes Kind. Warum Moskau die DDR nicht wollte, Berlin 1994.
Ludwig, Andreas, Eisenhüttenstadt. Wandel einer industriellen Gründungsstadt in fünfzig Jahren, Potsdam 2000 (Brandenburgische Landeszentrale für Politische Bildung).
Ludwig, Martin H., Arbeiterliteratur in Deutschland, Stuttgart 1976.
Ludwig, Udo, Wandel der Arbeitsplatzstruktur in der ehemaligen DDR bis zur Vereinigung, in: Hans Günther Merk (Hg.), Wirtschaftsstruktur und Arbeitsplätze im Wandel der Zeit, Stuttgart 1994, S. 93-126.
Ludz, Peter Christian, Parteielite im Wandel. Funktionsaufbau, Sozialstruktur und Ideologie der SED-Führung. Eine empirisch-systematische Untersuchung, 3. Aufl., Köln 1970.
Ders., (Hg.), Studien und Materialien zur Soziologie der DDR, 2. Aufl., Opladen 1971.
Lübeck, Wilfried, Der 17. Juni in Magdeburg, in: Hermann Rupieper (Hg.), »… und das Wichtigste ist doch die Einheit.« Der 17. Juni 1953 in den Bezirken Halle und Magdeburg, Münster 2003, S. 106-139.
Lüdtke, Alf (Hg.), Alltagsgeschichte. Zur Rekonstruktion historischer Erfahrungen und Lebensweisen, Frankfurt/M 1989.
Ders., »Helden der Arbeit« – Mühen beim Arbeiten. Zur mißmutigen Loyalität von Industriearbeitern in der DDR, in: Hartmut Kaelble/Jürgen Kocka/Hartmut Zwahr (Hg.), Sozialgeschichte der DDR, Stuttgart 1994, S. 188-213.
Ders., Ikonen des Fortschritts. Eine Skizze zu Bild-Symbolen und politischen Orientierungen in den 1920er und 1930er Jahren in Deutschland, in: Ders./Inge Marßolek/Adelheid von Saldern (Hg.), Amerikanisierung. Traum und Alptraum im Deutschland des 20. Jahrhundert, Stuttgart 1996, S. 199-210.
Ders./Marßolek, Inge/Saldern, Adelheid von (Hg.), Amerikanisierung. Traum und Alptraum im Deutschland des 20. Jahrhunderts, Stuttgart 1996.

Ders./Becker, Peter (Hg.), Akten. Eingaben. Schaufenster. Die DDR und ihre Texte. Erkundungen zu Herrschaft und Alltag, Berlin 1997.

Ders., »... den Menschen vergessen«? – oder: Das Maß der Sicherheit. Arbeiterverhalten der 1950er Jahre im Blick von MfS, SED, FDGB und staatlichen Leitungen, in: Ders./Peter Becker (Hg.), Akten. Eingaben. Schaufenster. Die DDR und ihre Texte. Erkundungen zu Herrschaft und Alltag, Berlin 1997, S. 189-222.

Lungwitz, Kurt, Über die Klassenstruktur in der Deutschen Demokratische Republik. Eine sozialökonomisch-statistische Untersuchung, Berlin (O) 1962.

Lutz, Jana, Zwischen Aufbau und Aufgabe. Die Jugendgeneration der 50er und 80er Jahre in der DDR, in: Fortschritt, Norm und Eigensinn. Erkundungen im Alltag der DDR, Berlin 1999, S. 277-291.

Machcewicz, Pawel, Der Umbruch 1956 in Polen, in: Jan Foitzik (Hg.), Entstalinisierungskrise in Ostmitteleuropa 1953–1956. Vom 17. Juni bis zum ungarischen Volksaufstand. Politische, militärische, soziale und nationale Dimensionen, Paderborn 2001, S. 139-164.

Madarász, Jeanette, Die Realität der Wirtschaftsreform in der DDR. Betriebsalltag in den sechziger Jahren, in: DA 36 (2003), S. 966-980.

Mählert, Ulrich (Hg.), Der 17. Juni 1953. Ein Aufstand für Einheit, Recht und Freiheit, Bonn 2003.

Mahnke, Karl-Georg, Die deutsche Industrie 1948 im Spiegel der Fachzeitschriften, Berlin 1949.

Mai, Gunther, Der Alliierte Kontrollrat in Deutschland. Alliierte Einheit – Deutsche Teilung? München 1995.

Maier, Harry/Wahse, Jürgen, Probleme der Entwicklung des Bildungsniveaus und der Qualifikationsstruktur der Werktätigen in der DDR, in: Jb.WG 1974 I, S. 123-144.

Major, Patrick, The death of KPD. Communism and anti-communism in West Germany 1945–1956, Oxford 1997.

Ders., Vor und nach dem 13. August 1961: Reaktionen der DDR-Bevölkerung auf den Bau der Berliner Mauer, in: AfS 39, 1999, S. 325-354.

Mallmann, Klaus-Michael, Kommunismus in der Weimarer Republik. Sozialgeschichte einer revolutionären Bewegung, Darmstadt 1996.

Malycha, Andreas, Partei von Stalins Gnaden? Die Entwicklung der SED zur Partei neuen Typs in den Jahren 1946 bis 1950, Berlin 1996.

Ders., Die Illusion der Einheit – Kommunisten und Sozialdemokraten in den Landesvorständen der SED 1946–1951, in: Michael Lemke (Hg.), Sowjetisierung und Eigenständigkeit in der SBZ/DDR (1945–1953), Köln 1999, S. 81-117.

Ders., Die SED. Geschichte ihrer Stalinisierung 1946–1953, Paderborn 2000.

Mampel, Siegfried, Die arbeitsrechtliche Entwicklung in der sowjetischen Besatzungszone, in: Die Sozialpolitik in der sowjetischen Besatzungszone Deutschlands. Vortragsveranstaltung der Gesellschaft für Sozialen Fortschritt e.V. Bad Godesberg 1956, Berlin (W) 1957, S. 22-38.

Ders., Neuordnung der Sozialversicherung, in: SBZ-Archiv 8 (1957), S. 58-60.

Ders., Problematische Arbeitszeitverkürzung, in: SBZ-Archiv 8 (1957), S. 210-213.

Ders., Wende in der Lohpolitik? Die neuen Richtlinien der SED und ihre Konsequenzen, in: SBZ-Archiv 8 (1957), S. 370-373.

Ders., Das Ende der Arbeiterkomitees, in: SBZ-Archiv 9 (1958), S. 102-105.

Manz, Günter, Armut in der »DDR«-Bevölkerung. Lebensstandard und Konsumtionsniveau vor und nach der Wende, Augsburg 1992.

Mason, Timothy W., Sozialpolitik im Dritten Reich. Arbeiterklasse und Volksgemeinschaft, Opladen 1977.
Materialien der Enquete-Kommission »Aufarbeitung von Geschichte und Folgen der SED-Diktatur in Deutschland« (12. Wahlperiode des Deutschen Bundestages), hg. vom Deutschen Bundestag, Bd. I-IX, Baden-Baden 1995.
Materialien der Enquete-Kommission »Überwindung der Folgen der SED-Diktatur im Prozeß der deutschen Einheit« (13. Wahlperiode des Deutschen Bundestages), hg. vom Deutschen Bundestag, Bd. I-VIII, Baden-Baden 1999.
Materna, Ingo/Ribbe, Wolfgang (Hg.), Brandenburgische Geschichte, Berlin 1995.
Mehls, Hartmut, Arbeiterwohnungsbau und Wohnerfahrungen in Hoyerswerda zwischen 1955 und 1965, in: Peter Hübner (Hg.), Niederlausitzer Industriearbeiter 1935 bis 1970. Studien zur Sozialgeschichte, Berlin 1995, S. 233-262.
Mehringer, Hartmut (Hg.), Von der SBZ zur DDR. Studien zum Herrschaftssystem in der Sowjetischen Besatzungszone und in der Deutschen Demokratische Republik, München 1995.
Ders./Schwartz, Michael/Wentker, Hermann (Hg.), Erobert oder befreit? Deutschland im internationalen Kräftefeld und die Sowjetische Besatzungszone (1945/46), München 1999.
Meinecke, Werner, Die Kirchen in der volksdemokratischen Ordnung der DDR, Berlin (O) 1962.
Meinicke, Wolfgang, Die Entnazifizierung in der sowjetischen Besatzungszone 1945 bis 1948, in: ZfG 32 (1984), S. 968-979.
Ders., Zur Integration der Umsiedler in die Gesellschaft 1945–1952, in: ZfG 36 (1988), S. 865-878.
Ders., Entnazifizierung – durchschlagend und doch begrenzt, in: Siegfried Prokop (Hg.), Deutsche Zeitgeschichte neu befragt, Berlin 1990.
Meissner, Boris, Das Parteiprogramm der KPdSU 1903 bis 1961, Köln 1962.
Melis, Damian van (Hg.), Sozialismus auf dem platten Land, Tradition und Transformation in Mecklenburg-Vorpommern 1945 bis 1952, Schwerin 1999.
Melzer, Manfred, Qualitative Aspekte der regionalen Wohnungsversorgung in der DDR, in: DA 13 (1980), Sonderheft: Die DDR im Entspannungsprozeß, S. 148-162.
Merk, Hans Georg (Hg.), Wirtschaftsstruktur und Arbeitsplätze im Wandel der Zeit, Stuttgart 1994.
Merkel, Ina, »… und Du, Frau an der Werkbank«. Die DDR in den 50er Jahren, Berlin 1990.
Dies., Leitbilder und Lebensweisen von Frauen in der DDR, in: Hartmut Kaelble/Jürgen Kocka/Hartmut Zwahr (Hg.), Sozialgeschichte der DDR, Stuttgart 1994, S. 359-382.
Dies., Utopie und Bedürfnis. Geschichte der Konsumkultur in der DDR, Köln 1999.
Dies., Arbeiter und Konsum im real existierenden Sozialismus, in: Peter Hübner/Klaus Tenfelde (Hg.), Arbeiter in der SBZ-DDR, Essen 1999, S. 527-553.
Merseburger, Peter, Der schwierige Deutsche. Kurt Schumacher. Eine Biographie, Stuttgart, 1995.
Mertens, Lothar (Hg.), Soziale Ungleichheit in der DDR. Zu einem tabuisierten Strukturmerkmal der SED-Diktatur, Berlin 2002.
Ders., »Was die Partei wusste, aber nicht sagte …«. Empirische Befunde sozialer Ungleichheit in der DDR-Gesellschaft, in: Ders. (Hg.), Soziale Ungleichheit in der DDR. Zu einem tabuisierten Strukturmerkmal der SED-Diktatur, Berlin 2002, S. 119-157.
Meuschel, Sigrid, Legitimation und Parteiherrschaft. Zum Paradox von Stabilität und Revolution in der DDR 1945–1989, Frankfurt/M 1992.

Meyen, Michael, Die Flüchtlingsbefragungen von Infratest: Eine Quelle für die Geschichte der frühen DDR, in: BzG 42 (2000)4, S. 64-77.

Meyer, Dagmar, Wohnungszufriedenheit und Wohnbedingungen unter dem Aspekt ihrer sozialen Strukturen und einiger Erwartungs- und Bedürfnisorientierungen der Werktätigen, Rostock 1978 (Diss. A).

Michelmann, Jeanette, Aktivisten der ersten Stunde. Die Antifa in der Sowjetischen Besatzungszone, Köln 2002.

Miethe, Ingrid, »Die Universität dem Volke«. Der Beitrag der Vorstudienanstalt Greifswald zur sozialen Umschichtung an der Universität (1946–1949), in: DA 38 (2005), S. 1050-1056.

Mitter, Armin/Wolle, Stefan, Untergang auf Raten. Unbekannte Kapitel der DDR-Geschichte, München 1993.

Mitzscherling, Peter, Soziale Sicherung in der DDR. Ziele, Methoden und Erfolge mitteldeutscher Sozialpolitik, Berlin (W) 1968.

Möller, Kathrin, Wunder an der Warnow? Zum Aufbau der Warnowwerft und ihrer Belegschaft in Rostock-Warnemünde 1945–1961, Donat 1998.

Moeller, Robert G., Geschützte Mütter. Frauen und Familien in der westdeutschen Nachkriegspolitik, München 1997.

Mohr, Axel, Lebenshaltung und Preisgestaltung in der Sowjetzone. Ein Vergleich mit den Verhältnissen in der Bundesrepublik, in: SBZ-Archiv 4 (1953), S. 220-221.

Mohr, Heinrich, Literatur als Kritik und Utopie der Gesellschaft, in: DA 10 (1977), Sonderheft »Kultur und Gesellschaft in der DDR«, S. 57-70.

Monteath, Peter (Hg.), Ernst Thälmann. Mensch und Mythos, Amsterdam 2000.

Mooser, Josef, Thesen zum sozialhistorischen Ort des Marxismus in der deutschen Arbeiterbewegung, in: SOWI 14, 1985, S. 155-160.

Ders., Die Arbeiterbewegung in der Bundesrepublik und DDR in den fünfziger Jahren, in: Arnd Bauerkämper/Martin Sabrow/Bernd Stöver (Hg.), Doppelte Zeitgeschichte. Deutsch-deutsche Beziehungen 1945–1990, Bonn 1998, S. 142-157.

Moraw, Frank, Die Parole der »Einheit« und die Sozialdemokratie, Bonn-Bad Godesberg 1973; 2., aktual. Aufl., Bonn 1990.

Moritz, Heinz/Radandt, Hans, Forschungen zur Betriebsgeschichte, in: Historische Forschungen in der DDR 1970–1980. Analysen und Berichte, Berlin (O) 1980, S. 760-769.

Mortier, Jean, La »lettre de Nachterstedt 1955«, coup d'envoi du »Bitterfelder Weg«?, in: Allemagne d'aujourd'hui 129, 1994, S. 126-141.

Mühlberg, Dietrich, Warum sollten wir wissen, was Arbeiter sind und was sie in der Freizeit machen? Zur Bestimmung von Arbeiterkultur in der DDR, in: Wolfgang Kaschuba/Wolfgang Korff/Bernd Jürgen Warneken (Hg.), Arbeiterkultur seit 1945 – Ende oder Veränderung? Tübingen 1991, S. 71-85.

Ders., Sexualität und ostdeutscher Alltag, in: MKF 36, 1995, S. 8-39.

Ders., Literatur »von unten« – Arbeiterkultur und schreibende Arbeiter, in: Reiz und Phänomenen: Die Literatur der schreibenden Arbeiter. Ein Diskurs im Spannungsfeld der Erfahrungen von Vision und deutsch-deutscher Realität, Berlin 1996.

Mühlberg, Felix, Konformismus oder Eigensinn? Eingaben als Quelle zur Erforschung der Alltagsgeschichte der DDR, in: MKF 37, 1996, S. 331-345.

Mühlfriedel, Wolfgang, SAG-Betriebe – Schulen des Sozialismus. Eine Skizze der historischen Entwicklung des staatlich sowjetischen Eigentums an industriellen Produktionsmitteln in der sowjetischen Besatzungszone und in der Deutschen Demokratischen Republik, in: Jb.WG 1980 IV, S. 159-186.

Ders., Die Entwicklung der privatkapitalistischen Industrie im Prozeß der antifaschistisch-demokratischen Umgestaltung, in: Jb.WG 1984 III, S. 9-38.
Ders./Hellmuth, Edith, Das Tagebuch des Betriebsrats der Firma Carl Zeiss in Jena, in: JHK 1994, S. 189-206.
Müller, Christian Th./Poutrus, Patrice G. (Hg.), Ankunft – Alltag – Ausreise. Migration und interkulturelle Begegnung in der DDR-Gesellschaft, Köln 2003.
Müller, Hans/Reißig, Kurt, Wirtschaftswunder DDR, Berlin (O) 1968.
Müller, Kurt, Die Misere der Werkstudenten und das Arbeiter- und Bauern-Studium, in: 10 Jahre ABF: Arbeiter-und-Bauern-Fakultät »Friedrich Engels«, Berlin (O) 1959, S. 19-29.
Müller, Werner, Freier Deutscher Gewerkschaftsbund, in: Martin Broszat/Hermann Weber (Hg.), SBZ-Handbuch. Staatliche Verwaltungen, Parteien, gesellschaftliche Organisationen und ihre Führungskräfte in der sowjetischen Besatzungszone Deutschlands 1945–1949, München 1990, S. 626-664.
Ders., SED-Gründung unter Zwang – Ein Streit ohne Ende? Plädoyer für den Begriff »Zwangsvereinigung«, in: DA 24 (1991), S. 52-58.
Ders., Die Interzonenkonferenzen und die Spaltung der deutschen Gewerkschaftsbewegung, in: Gewerkschaften in der SBZ-DDR 1945 bis 1950. Anspruch und Wirklichkeit, Hannover 1996, S. 37-52.
Ders., Die Interzonenkonferenzen der deutschen Gewerkschaften – Zwei konträre Beispiele: Bergbau und Chemie – Papier – Keramik, in: Ein neues Band der Solidarität. Chemie – Bergbau – Leder. Industriearbeiter und Gewerkschaften in Deutschland seit dem Zweiten Weltkrieg, Hannover 1997, S. 129-144.
Muschalle, Adelheid/Dittrich, Gottfried, Veränderungen im Qualifikationsniveau der Arbeiter in der sozialistischen Industrie 1958–1962 und ihre Rolle im Wachstum der Arbeiterklasse der DDR in der Endphase der Übergangsperiode, in: Jb. für Geschichte 28, 1983, S. 235-264.
Naimark, Norman, Die Russen in Deutschland. Die sowjetische Besatzungszone 1945 bis 1949, Berlin 1999.
Neef, Helmut, Entscheidende Tage im Oktober 1949. Die Gründung der DDR, Berlin (O) 1984.
Nehrig, Christel, Industriearbeiter im dörflichen Milieu, in: Peter Hübner (Hg.), Niederlausitzer Industriearbeiter 1935 bis 1970. Studien zur Sozialgeschichte, Berlin 1995, S. 167-191.
Neuerermethoden und Rationalisierungsbewegung, in: SBZ-Archiv 4 (1953), S. 22 f.
Neumann, Gerd, Das Chemieprogramm der DDR, in: Jb.WG 1972 II, S. 241-272.
Niemann, Heinz, Meinungsforschung in der DDR. Die geheimen Berichte des Instituts für Meinungsforschung an das Politbüro der SED, Köln 1993.
Niemöller, Martin, Kirche in der Massengesellschaft. Neue Aufgaben in der gewandelten Welt, in: Die Zeichen der Zeit. Evangelische Monatsschrift für Mitarbeiter der Kirche 14 (1960), S. 161-166.
Niethammer, Lutz., Die Geheimnisse des roten Hochöfners, in: Ders./Alexander von Plato/ Dorothee Wierling, Die volkseigene Erfahrung. Eine Archäologie des Lebens in der Industrieprovinz der DDR, Berlin 1991, S. 382-408.
Ders., Die SED und »ihre« Menschen. Versuch über das Verhältnis zwischen Partei und Bevölkerung als bestimmendem Moment innerer Staatssicherheit, in: Siegfried Suckut/Walter Süß (Hg.), Staatspartei und Staatssicherheit. Zum Verhältnis von SED und MfS, Berlin 1997, S. 307-340.
Niethammer, Lutz/Borsdorf, Ulrich/Brandt, Peter (Hg.), Arbeiterinitiative 1945. Antifaschistische Ausschüsse und Reorganisation der Arbeiterbewegung in Deutschland, Wuppertal 1976.

Ders./Plato, Alexander von/Wierling, Dorothee, Die volkseigene Erfahrung. Eine Archäologie des Lebens in der Industrieprovinz der DDR, Berlin 1991.

Nonn, Christoph, Die Ruhrbergbaukrise. Entindustrialisierung und Politik 1958–1969, Göttingen 2001.

Ökonomisches System und Interessenvertretung. Probleme der gewerkschaftlichen Führungstätigkeit bei der Verwirklichung des ökonomischen Systems des Sozialismus. Autorenkollektiv unter Leitung von Gunnar Winkler und Heinz Menzzer, 2 Bde., Berlin (O) 1968.

Oertzen, Christine von/Rietzschel, Almut, Das »Kuckucksei« Teilzeitarbeit. Die Politik der Gewerkschaften im deutsch-deutschen Vergleich, in: Gunilla-Friederike Budde (Hg.), Frauen arbeiten. Weibliche Erwerbstätigkeit in Ost- und Westdeutschland nach 1945, Göttingen 1997.

Oeser, Kurt/Rothhaar, Erich/Matke, Fritz, Urlaub mit dem Feriendienst des FDGB, Berlin (O) 1968.

Olk, Thomas, Soziale Infrastruktur und soziale Dienste. Die Sowjetische Besatzungszone, in: Geschichte der Sozialpolitik in Deutschland seit 1945, Bd. 2/1, Baden-Baden 2001. S. 855-872.

Oschlies, Wolf, »Ich fürchte Unmutsäußerungen ...«. Polen und die DDR 1981, in: DA 14 (1981), S. 1012-1014.

Osekowski, Czeslaw, Der paß- und visafreie Personenverkehr zwischen der DDR und Polen in den siebziger Jahren, in: Basil Kerski u. a. (Hg.) Zwangsverordnete Freundschaft? Die Beziehungen zwischen der DDR und Polen 1949–1990, Osnabrück 2003, S. 123-133.

Ostdeutsche Kulturgeschichte, in: MKF 33, 1993.

Otto, Wilfriede, Eine edle Idee im Notstand. Zur Zweiten Parteikonferenz der SED im Juli 1951 (mit zwei Dokumenten), in: Jb. für Forschungen zur Geschichte der Arbeiterbewegung 2, 2002, S, 4-22.

Pampel, Manfed/Braun, Hans, Zur Anwendung leistungsabhängiger Gehälter, in: Einheit 19 (1964)8, S. 27-35.

Pareigis, Gottfried, Kritische Analyse der Realitätsdarstellung in ausgewählten Werken des »Bitterfelder Weges«, Kronberg/Ts. 1974.

Parmalee, Patty Lee, Brigadeerfahrungen und ostdeutsche Identitäten, in: BzG 38 (1996) 4, S. 70-86.

Pawula, Harry, Die Industriearbeiterschaft – Kern der sozialistischen Arbeiterklasse, Berlin (O) 1979.

Pernes, Jiri, Die politische und wirtschaftliche Krise in der Tschechoslowakei 1953 und Versuche ihrer Überwindung, in: Christoph Kleßmann/Bernd Stöver (Hg.), 1953 – Krisenjahr der Kalten Krieges in Europa, Köln 1999, S. 93-113.

Peter, Andreas, Der Juni-Aufstand im Bezirk Cottbus, in: DA 27 (1994), S. 585-594.

Pfeifer, Sylvia, Gewerkschaften und Kalter Krieg 1945 bis 1949, Köln 1980.

Piltz, Rosemarie, Die Konsumgenossenschaften in der Sowjetzone, Bonn 1960.

Pirker, Theo/Lepsius, Rainer/Hertle, Hans-Hermann, Der Plan als Befehl und Fiktion. Wirtschaftsführung in der DDR. Gespräche und Analysen, Opladen 1995.

Piskol, Joachim/Nehrig, Christel/Trixa, Paul, Antifaschistisch-demokratische Umwälzung auf dem Lande (1945–1949), Berlin (O) 1984.

Plato, Alexander von, »Der Verlierer geht nicht leer aus«. Betriebsräte geben zu Protokoll, Bonn 1984.

Ders., Arbeiter-Selbstbilder in der DDR, in: Peter Hübner/Klaus Tenfelde (Hg.), Arbeiter in der SBZ-DDR, Essen 1999, S. 867-881.

Ders./Meinicke, Wolfgang, Alte Heimat – neue Zeit. Flüchtlinge, Umgesiedelte, Vertriebene in der Sowjetischen Besatzungszone und in der DDR, Berlin 1991.

Poppe, Ulrike/Eckert, Rainer/Kowalczuk, Ilko-Sascha (Hg.), Zwischen Selbstbehauptung und Anpassung. Formen des Widerstandes und der Opposition in der DDR, Berlin 1995.

Port, Andrew Ian, When workers rumbled: the Wismut upheaval of August 1951 in East Germany, in: Social history 22 (1997), S. 145-173.

Ders., The »Grumble Gesellschaft«. Industrial defiance and worker protest in Early East Germany, in: Peter Hübner/Klaus Tenfelde (Hg.), Arbeiter in der SBZ-DDR, Essen 1999, S. 787-810.

Ders., Conflict and stability in the German Democratic Republic. A study in accommodation and working-class fragmentation 1945–1971, Cambridge 2000.

Poutrus, Patrice G., Die Erfindung des Goldbroilers. Über den Zusammenhang zwischen Herrschaftssicherung und Konsumentwicklung in der DDR, Köln 2002.

Prinz, Michael, Die Angestellten im »Dritten Reich« und in der Bundesrepublik, in: Jürgen Kocka (Hg.), Die Angestellten in der deutschen Geschichte 1850–1980, Göttingen 1981, S. 171-229.

Prokop, Siegfried (Hg.), Deutsche Zeitgeschichte neu befragt, Berlin 1990.

Probleme der Migration und Ausländerpolitik in europäischen Ländern von den 30er Jahren bis zur Gegenwart, hg. von der Wilhelm-Pieck-Universität Rostock, Sektion Geschichte, Rostock 1986.

Przybylski, Peter, Tatort Politbüro. Die Akte Honecker, Berlin 1991.

Radandt, Hans, Der Stand der Geschichte der Fabriken und Werke in der Deutschen Demokratischen Republik, in: Jb.WG 1960 II, S. 153-199.

Rank, Monika, Sozialistischer Feierabend? Aspekte des Freizeitverhaltens von Industriearbeitern des Senftenberger Braunkohlenreviers in den 1950er Jahren, in: Peter Hübner (Hg.), Niederlausitzer Industriearbeiter 1935 bis 1970. Studien zur Sozialgeschichte, Berlin 1995, S. 263-284.

Reichel, Thomas, »Jugoslawische Verhältnisse«? Die »Brigaden der sozialistischen Arbeit« und die »Syndikalismus«-Affäre 1959–1962, in: Thomas Lindenberger (Hg.), Herrschaft und Eigen-Sinn in der Diktatur. Studien zur Gesellschaftsgeschichte der DDR, Köln 1999, S. 45-73.

Ders., Konfliktprävention. Die Episode der »Arbeiterkomitees« 1956/58, in: Peter Hübner/Klaus Tenfelde (Hg.), Arbeiter in der SBZ-DDR 1945–1970, Essen 1999, S. 439-452.

Ders., Auf dem Weg zur »herrschenden Klasse«? Die Arbeiterschaft in der SBZ zwischen Betriebsräten und FDGB, in: IWK 36 (2000), S. 453-498.

Ders., »Feste Burgen der Partei«? Aufbau und Rolle der SED-Betriebsgruppen in der SBZ 1946–1949, in: IWK 36(2000), S. 62-99.

Ders., »Sozialistisch arbeiten, lernen und leben« – Zur Geschichte der sozialistischen Brigadebewegung in der DDR 1959–1989, Dissertations-MS, vorläufige Fassung, Potsdam 2005.

Reif, Heinz, Soziale Lage und Erfahrungen des alternden Fabrikarbeiters in der Schwerindustrie des westlichen Ruhrgebiets während der Hochindustrialisierung, in: AfS 22, 1982, S. 1-94.

Reinhold, Alfred, Lebenshaltung und Kaufkraft im geteilten Deutschland, in: DA 3 (1970), S. 528-536.

Richter, Gerold, Kulturlandschaft und Wirtschaft, in: Hermann Hechmann (Hg.), Mecklenburg-Vorpommern. Historische Landeskunde Mitteldeutschlands, 2. Aufl., Würzburg 1991.

Richter, Jenny/Förster, Heike/Lakemann, Ulrich, Stalinstadt – Eisenhüttenstadt. Von der Utopie zur Gegenwart. Wandel industrieller, regionaler und sozialer Strukturen in Eisenhüttenstadt, Marburg, 1977.

Richter, Jens, Sozialistische Weihen, in: DA 11 (1978), S. 181-189.

Richter, Michael, Die Ost-CDU 1948–1952, Düsseldorf 1990.

Ders./Rißmann, Martin (Hg.), Die Ost-CDU: Entstehung und Entwicklung, Weimar 1995.

Rietzschel, Almut, Teilzeitarbeit in der Industrie: ein »Störfaktor« auf dem Weg zur »Verwirklichung« der Gleichberechtigung?, in: Peter Hübner/Klaus Tenfelde (Hg.), Arbeiter in der SBZ-DDR, Essen 1999, S. 169-184.

Rißmann, Martin, »Die Differenzierung fördern ...«. Die West-Arbeit der Ost-CDU (1950–1971), in: Michael Richter/Martin Rißmann (Hg.), Die Ost-CDU, Weimar 1995.

Ritschel, Doris, Soziale Milieus in der ehemaligen DDR. Ein neuer Forschungsansatz, in: Michael Thomas (Hg.), Abbruch und Aufbruch. Sozialwissenschaften im Transformationsprozeß. Erfahrungen – Ansätze – Analysen, Berlin 1992, S. 292-302.

Ritschl, Albrecht, Aufstieg und Niedergang der DDR-Wirtschaft 1945 bis 1989, in: Jb.WG 1995 II, S. 11-46.

Ritter, Gerhard A., Zum Gesamtwerk, Vorwort zu: Jürgen Kocka, Weder Stand noch Klasse. Unterschichten um 1800, Bonn 1990.

Ders., Die DDR in der deutschen Geschichte, in: VfZ 50 (2002), S. 171-200.

Ders., Der »17. Juni 1953«. Eine historische Ortsbestimmung, in: Roger Engelmann/Ilko-Sascha Kowalczuk (Hg.),Volkserhebung gegen den SED-Staat, Göttingen 2005, S. 16-44.

Röhr, Rita, Polnische Arbeitskräfte in der DDR 1960–1970, in: Peter Hübner/Klaus Tenfelde (Hg.), Arbeiter in der SBZ-DDR, Essen 1999, S. 185-204.

Dies., Hoffnung – Hilfe – Heuchelei. Geschichte des Einsatzes polnischer Arbeitskräfte in Betrieben des DDR-Grenzbezirks Frankfurt/Oder 1966–1991, Berlin 2001.

Rönnebeck, Gerhard, Die Konsumgenossenschaften der ehemaligen DDR – eine kritische Analyse, Berlin 1994.

Roesler, Jörg, Die Rolle der Planung und Leitung bei der Umgestaltung der privaten Industrie und des Handwerks in der Übergangsperiode, in: Jb.WG 1972 II, S. 213-227.

Ders., Allgemeines und Besonderes bei der Herausbildung der sozialistischen Planwirtschaft der DDR (1945–1950), in: Jb. für Geschichte 12, 1974, S. 281-302.

Ders., Die Entwicklung der wechselseitigen Beziehungen zwischen Wettbewerbsbewegung und staatlicher Leitung und Planung in der Industrie 1956 bis 1962, in: Jb.WG 1976 I, S. 33-53.

Ders., Wiederherstellungsperiode und Wirtschaftspläne (1945–1949/50), in: Jb.WG 1977 I, S. 103-120.

Ders., Die Herausbildung der sozialistischen Planwirtschaft in der DDR, Berlin (O) 1978.

Ders. Kombinate in der Geschichte der DDR, in: Jb. für Geschichte 31, 1984, S. 221-271.

Ders., Vom Akkordlohn zum Leistungslohn, in: ZfG 32 (1984), S. 778-795.

Ders., Wandlungen in Arbeit und Freizeit der DDR-Bevölkerung Mitte der sechziger Jahre, in: ZfG 37 (1989), S. 1059-1077.

Ders., Zwischen Plan und Markt. Die Wirtschaftsreform zwischen 1963 und 1970 in der DDR, Berlin 1990.

Ders., Die Produktionsbrigaden in der Industrie der DDR. Zentrum der Arbeitswelt?, in: Hartmut Kaelble/Jürgen Kocka/Hartmut Zwahr (Hg.), Sozialgeschichte der DDR, Stuttgart 1994, S. 144-170.

Ders., Gewerkschaften und Brigadebewegung in der DDR. Ende der 40er bis Anfang der 60er Jahre, in: BzG 38 (1996)3, S. 3-26.

Ders., Probleme des Brigadealltags. Arbeitsverhältnisse und Arbeitsklima in volkseigenen Betrieben 1950–1989, in: APZ B38 (1997), S. 3-17.
Ders., Zur Rolle der Arbeitsbrigaden in der betrieblichen Hierarchie der VEB. Eine politik- und sozialgeschichtliche Betrachtung, in: DA 30 (1997), S. 737-750.
Ders., Das NÖS als Wirtschaftskonzept. Sichten, Tatsachen, Interpretationen, in: DA 31 (1998), S. 383-398.
Ders., Jugendbrigaden im Fabrikalltag der DDR 1948–1989, in: APZ B28 (1999), S. 21-31.
Ders., Das Brigadetagebuch – betriebliches Rapportbuch, Chronik des Brigadelebens oder Erziehungsfibel?, in: Evemarie Badstübner (Hg.), Befremdlich anders. Das Leben in der DDR, Berlin 2000, S. 151-166.
Ders., Arbeitskräftegewinnung und Arbeitskräftelenkung, in: Geschichte der Sozialpolitik in Deutschland seit 1945, Bd. 9, Baden-Baden 2006, S. 225-265.
Ders., Beschäftigung, soziale Sicherheit und soziale Integration von Ausländern, in: Geschichte der Sozialpolitik in Deutschland seit 1945, Bd. 9, Baden-Baden 2006, S. 635-655.
Rosenthal, Uwe/Loeding, Matthias, Stadien der Betriebsrätebewegung in der SBZ – eine Skizze, in: BzG 41 (1999)1, S. 35-57.
Ross, Corey, Constructing socialism at the grass-roots. The transformation of East Germany, 1945–65, Basingstoke 2000.
Ders., East Germans and the Berlin Wall: Popular opinion and social change before and after the border closure of August 1961, in: Journal of contemporary History 39 (2004), S. 25-44.
Ders., The East German Dictatorship. Problems and Perspectives in the Interpretation of the GDR, London 2002.
Roth, Heidi, Die Gruppe der Arbeiterklasse in den Industriebetrieben mit staatlicher Beteiligung, Leipzig 1974 (Mschr. Diss.)
Dies., Die SAG-Betriebe und der 17. Juni 1953, in: DA 26 (1993), S. 531-536.
Dies./Diedrich, Torsten, Wir sind Kumpel – uns kann keiner. Der 17. Juni 1953 in der SAG Wismut, in: Rainer Karlsch/Harm Schröter (Hg.), »Strahlende Vergangenheit«. Studien zur Geschichte des Uranbergbaus der Wismut, St. Katharinen 1996, S. 228-259.
Dies., Der 17. Juni 1953 in Sachsen, Köln 1999.
Rowell, Jay, Wohnungspolitik, in: Geschichte der Sozialpolitik nach 1945, Bd. 8, Baden-Baden 2004, S. 699-726.
Ders., Wohnungspolitik, in: Geschichte der Sozialpolitik nach 1945, Bd. 9, Baden-Baden 2006, S. 697-719.
Rubbel, Rudi/Voigtländer, Gerhard/Gnielka, Heinz, Steckenpferd, wohin?, Berlin (O) 1960.
Rudolph, Karsten/Wickert, Christel (Hg.), Geschichte als Möglichkeit. Über die Chancen der Demokratie. Festschrift für Helga Grebing, Essen 1995.
Rüfner, Wolfgang/Schwartz, Michael/Goschler, Constantin, Ausgleich von Kriegs- und Diktaturfolgen, soziales Entschädigungsrecht, in: Geschichte der Sozialpolitik in Deutschland seit 1945, Bd. 2/1, Baden-Baden 2001, S. 733-809.
Rühle, Jürgen, Die Arbeiter im Spannungsfeld. Zu einer Untersuchung über die Einstellung der Arbeiterschaft in der mitteldeutschen Schwerpunktindustrie, in: SBZ-Archiv 8 (1957), S. 262-265.
Ders./Holzweißig, Gunter (Hg.), 13. August 1961. Die Mauer von Berlin, Köln 1981.
Rüther, Günther, »Greif zur Feder, Kumpel«. Schriftsteller, Literatur und Politik in der DDR, Düsseldorf 1991.
Rüther, Martin, Zwischen Zusammenbruch und Wirtschaftswunder. Betriebsratstätigkeit und Arbeiterverhalten in Köln 1945 bis 1952, Bonn 1991.

Rupieper, Hermann (Hg.), »... und das Wichtigste ist doch die Einheit.« Der 17. Juni 1953 in den Bezirken Halle und Magdeburg, Münster 2003.
Rupieper, Hermann-Josef/Sattler, Friederike/Wagner-Kyora, Georg (Hg.), Die mitteldeutsche Chemieindustrie und ihre Arbeiter im 20. Jahrhundert, Halle (Saale) 2005.
Rytlewski, Ralf/Kraa, Detlev, Politische Rituale in der Sowjetunion und der DDR, in: APZ B3 (1987), S. 33-48.
Sabrow, Martin (Hg.), Geschichte als Herrschaftsdiskurs. Der Umgang mit der Vergangenheit in der DDR, Köln 2000.
Sachse, Carola, Der Hausarbeitstag. Gerechtigkeit und Gleichberechtigung in Ost und West 1939–1994, Göttingen 2002.
Saldern, Adelheid von, Häuserleben. Zur Geschichte städtischen Arbeiterwohnens vom Kaiserreich bis heute, 2. Aufl., Bonn 1997.
Dies., Eine soziale Klasse ißt, trinkt und schläft nicht. Die Arbeitsgruppe »Kulturgeschichte der deutschen Arbeiterklasse«, in: Georg G. Iggers/Konrad H. Jarausch (Hg.), Die DDR-Geschichtswissenschaft als Forschungsproblem, München 1998, S. 241-258.
Satjukow, Silke/Gries, Rainer (Hg.), Sozialistische Helden. Eine Kulturgeschichte von Propagandafiguren in Osteuropa und der DDR, Berlin 2002.
Sattler, Friederike, Unternehmensstrategien und Politik. Zur Entwicklung der mitteldeutschen Chemieindustrie im 20. Jahrhundert, in: Hermann-Josef Rupieper/Friederike Sattler/ Georg Wagner-Kyora (Hg.), Die mitteldeutsche Chemieindustrie und ihre Arbeiter im 20. Jahrhundert, Halle (Saale) 2005, S. 119-175.
SBZ-Handbuch – siehe Broszat, Martin/Weber, Hermann (Hg.)
Scherstjanoi, Elke (Hg.), »Provisorium für längstens ein Jahr«. Protokoll des Kolloquiums »Die Gründung der DDR«, Berlin 1993.
Schevardo, Jennifer, Vom Wert des Notwendigen. Preispolitik und Lebensstandard in der DDR der fünfziger Jahre, Stuttgart 2006.
Schier, Barbara, Alltagsleben im »sozialistischen Dorf«. Merxleben und seine LPG im Spannungsfeld der SED-Agrarpolitik 1945–1990, Münster 2001.
Schimanski, Hans, Kontrolle wird verschärft. Zur Gründung der Arbeiter-und-Bauern-Inspektion, in: SBZ-Archiv 14 (1963), S. 194-197.
Ders., Parteiaufbau nach dem Produktionsprinzip, in: SBZ-Archiv 14 (1963), S. 119-122.
Ders., Westarbeit im Zeichen des Klassenkampfes. Die kommunistische Taktik in der Bundesrepublik, in: SBZ-Archiv 14 (1963), S. 343-346.
Schlegel, Uta, Geschlechter- und Frauenforschung, in: Walter Friedrich/Peter Förster/Kurt Starke (Hg.), Das Zentralinstitut für Jugendforschung Leipzig 1966–1990. Geschichte, Methoden, Erkenntnisse, Berlin 1999, S. 373-395.
Schmelz, Andrea, Migration und Politik im geteilten Deutschland während des Kalten Krieges. Die West-Ost-Migration in die DDR in den 1950er und 1960er Jahren, Opladen 2002.
Schmidt, Manfred G., Sozialpolitik der DDR, Wiesbaden 2004.
Schmidt-Kolmer, Eva/Schmidt, Heinz H., Über Frauenarbeit und Familie, in: Einheit 17 (1962)7, S. 89-99.
Schmiechen-Ackermann, Detlef (Hg.), Anpassung, Verweigerung, Widerstand. Soziale Milieus, Politische Kultur und Widerstand gegen den Nationalsozialismus in Deutschland im regionalen Vergleich, Berlin 1997.
Schneider, Michael, Unterm Hakenkreuz. Arbeiter und Arbeiterbewegung 1933 bis 1939, Bonn 1999.

Schneider, Michael C., Chancengleichheit oder Kaderauslese? Zu Intentionen, Traditionen und Wandel der Vorstudienanstalten und Arbeiter-und-Bauern-Fakultäten in der SBZ/ DDR zwischen 1945 und 1952, in: Zeitschrift für Pädagogik 41 (1995), S. 959-983.

Ders., Bildung für neue Eliten. Die Gründung der Arbeiter-und-Bauern-Fakultäten in der SBZ/DDR, Dresden 1998.

Schönberger, Klaus, »Ein schöner Orden hebt das Bewusstsein«. Betriebliche Auszeichnungen und symbolisches Kapital, in: Monika Gibas u. a. (Hg.), Wiedergeburten. Zur Geschichte der runden Jahrstage der DDR, Leipzig 1999, S. 219-231.

Schöne, Jens, Frühling auf dem Lande? Die Kollektivierung der DDR-Landwirtschaft, Berlin 2005.

Schöneburg, Karl-Heinz (Leitung des Autorenkollektivs), Errichtung des Arbeiter-und-Bauern-Staates der DDR 1945–1949, Berlin (O) 1983.

Schönhoven, Klaus, Kalter Krieg in den Gewerkschaften. Zur Gewerkschaftspolitik von KPD und SPD nach 1945, in: Ders./Dietrich Staritz (Hg.) Sozialismus und Kommunismus im Wandel, Köln 1993, S. 261-280.

Ders./Staritz, Dietrich (Hg.), Sozialismus und Kommunismus im Wandel, Köln 1993.

Scholze, Thomas, Zur Ernährungssituation der Berliner nach dem Zweiten Weltkrieg. Ein Beitrag zur Erforschung des Großstadtalltags (1945–952), in: Jb. für Geschichte 35, 1987, S. 539-563.

Schreiner, Katharina, Das Zeiss-Kombinat (1975–1989). Ein fragmentarisches Zeitzeugnis, Jena 1999.

Schroeder, Klaus (Hg.), Geschichte und Transformation des SED-Staates, Berlin 1994.

Schroeder, Wolfgang, Facetten der deutschlandpolitischen Diskussion des DGB in der Adenauer-Ära, in: Klaus Schönhoven/Dietrich Staritz (Hg.), Sozialismus und Kommunismus im Wandel, Köln 1993, S. 281-300.

Schüle, Annegret, Mächtige Mütter und unwillige Töchter. Ein Generationsvergleich unter Arbeiterinnen eines Textilbetriebs in der DDR, in: Peter Hübner/Klaus Tenfelde (Hg.), Arbeiter in der SBZ-DDR, Essen 1999, S. 709-739.

Schuhmann, Annette, Der »Nachterstedter Brief« (1955). Zur Vorgeschichte und Durchführung einer kulturpolitischen Kampagne des FDGB, in: Weimarer Beiträge 48 (2002), S. 434-456.

Dies., Veredelung der Produzenten oder Freizeitpolitik? Betriebliche Kulturarbeit vor 1970, in: Potsdamer Bulletin für zeithistorische Studien 28/29, 2003, S. 73-78.

Dies., »Auch in der Kunst: Das Beste für die Arbeiter«. Theaterwochen für Betriebsarbeiter in der DDR der fünfziger Jahre, in: Jb. für Forschungen zur Geschichte der Arbeiterbewegung 3, 2005, S. 80-93.

Dies., Kulturhäuser der Gewerkschaften in Industriebetrieben der DDR der fünfziger Jahre, in: Christiane Brenner/Peter Heumos (Hg.), Sozialgeschichtliche Kommunismusforschung, München 2005, S. 277-303.

Dies., Kulturarbeit im sozialistischen Betrieb. Gewerkschaftliche Erziehungspraxis in der SBZ-DDR 1946 bis 1970, Köln 2006.

Schulz, Andrea, Migration und Politik im geteilten Deutschland, Opladen 2001.

Schulz, Dieter, Zur Entwicklung der Ständigen Produktionsberatungen in sozialistischen Industriebetrieben der DDR von 1957/58 bis 1965, in: ZfG 28 (1980), S. 842-850.

Schulz, Frank, Elitenwechsel in Industrieunternehmen im Wirtschaftsraum Leipzig von 1945 bis Anfang der fünfziger Jahre, in: Werner Bramke/Ulrich Heß (Hg.), Wirtschaft und Gesellschaft in Sachsen im 20. Jahrhundert, Leipzig 1998, S. 185-225.

Schuster, Ulrike, Mut zum eigenen Denken? DDR-Studenten und Freie Deutsche Jugend 1961–1965, Berlin 1999.
Schwartz, Michael, Zwischen Zusammenbruch und Stalinisierung. Zur Ortsbestimmung der Zentralverwaltung für deutsche Umsiedler (ZVU) im politisch-administrativen System der SBZ, in: Hartmut Mehringer (Hg.), Von der SBZ zur DDR. Studien zum Herrschaftssystem in der sowjetischen Besatzungszone und in der Deutschen Demokratischen Republik, München 1995, S. 43-96.
Ders., Vertrieben in der Arbeiterschaft. Umsiedler als »Arbeiter« in der SBZ/DDR 1945–1952, in: Peter Hübner/Klaus Tenfelde (Hg.), Arbeiter in der SBZ-DDR, Essen 1999, S. 81-128.
Ders., Emanzipation zur sozialen Nützlichkeit. Bedingungen und Grenzen von Frauenpolitik in der DDR, in: Dierk Hoffmann/Michael Schwartz (Hg.), Sozialstaatlichkeit in der DDR. Sozialpolitische Entwicklungen im Spannungsfeld von Diktatur und Gesellschaft 1945/49–1989, München 2005, S 47-87.
Schwarz, Hans-Peter, Vom Reich zur Bundesrepublik, Neuwied 1966.
Ders., Die Ära Adenauer 1949–1957 (Geschichte der Bundesrepublik Deutschland Bd. 3) Stuttgart 1981.
Schwarzbach, Helmut, So wie wir heute arbeiten, werden wir morgen leben! Frida Hockauf. Biographische Skizzen, in: BzG 19 (1977), S. 1037-1044.
Schwarzer, Oskar, Der Lebensstandard in der SBZ/DDR 1945 bis 1989, in: Jb.WG 1995 II, S. 119-146.
Ders., Sozialistische Zentralplanwirtschaft in der SBZ/DDR. Ergebnisse eines ordnungspolitischen Experiments (1945–1989), Stuttgart 1999.
Schweska, Marc/Witte, Markus/Gruner, Petra, Wunderwirtschaft DDR-Konsumkultur in den 60er Jahren, Hg.: Neue Gesellschaft für Bildende Kunst, Köln 1996.
Schweska, Marc/Witt, Markus, »neues Leben – neues Wohnen«, in: Diess./Petra Gruner, Wunderwirtschaft DDR-Konsumkultur in den 60er Jahren, Köln 1996, S. 80-89.
Semmelmann, Dagmar, Der 17. Juni in der Erinnerung ehemaliger Betriebsangehöriger des Eisenhüttenkombinats Ost in Stalinstadt/Eisenhüttenstadt, in: Das unverstandene Menetekel – der 17. Juni 1953. Materialien einer Tagung, hg. vom Brandenburger Verein für politische Bildung »Rosa Luxemburg« e.V., Potsdam 1993.
Dies., Zur Integration aus lebensgeschichtlicher Sicht. Eingliederungsverläufe von Flüchtlingen und Vertriebenen in der SBZ/DDR dargestellt am Sonderfall Eisenhüttenstadt, in: Dierk Hoffmann/Michael Schwartz (Hg.), Geglückte Integration. Spezifika und Vergleichbarkeiten der Vertriebenen – Eingliederung in der SBZ/DDR, München 1999, S. 321-333.
Soldt, Rüdiger, Zum Beispiel Schwarze Pumpe: Arbeiterbrigaden in der DDR, in: GG 24 (1998), S. 88-109.
Solga, Heike, Auf dem Weg in eine klassenlose Gesellschaft? Klassenlagen und Mobilität zwischen Generationen in der DDR, Berlin 1995.
Dies., Klassenlagen und soziale Ungleichheit in der DDR, in: APZ B46 (1996), S. 18-27.
Sommer, Theo (Hg.), Reise ins andere Deutschland, Reinbek bei Hamburg 1986.
Sonntag, Erhard/Kassube, Kurt, Wohnungspolitik und Gewerkschaften. Aufgaben und Erfahrungen der Wohnungskommissionen der BGL's, Berlin (O) 1969.
Spanger, Hans-Joachim, Die SED und der Sozialdemokratismus, Köln 1982.
Spittmann, Ilse/Fricke, Karl Wilhelm (Hg.), 17. Juni 1953. Arbeiteraufstand in der DDR, Köln 1982.
Spode, Hasso (Hg.), Goldstrand und Teutonengrill. Kultur- und Sozialgeschichte des Tourismus in Deutschland 1945–1989, Berlin 1996.

Springer, Philipp, Da konnt' ich mich dann so'n bißchen entfalten. Die Volkssolidarität in der SBZ/DDR 1945–1969, Frankfurt/M. 1999.
Staadt, Jochen, Die geheime Westpolitik der SED 1960–1970. Von der gesamtdeutschen Orientierung zur sozialistischen Nation, Berlin 1993.
Stadtland, Helke, Herrschaft nach Plan und Macht der Gewohnheit. Sozialgeschichte der Gewerkschaften in der SBZ/DDR 1945–1953, Essen 2001.
Dies., Kommunismus und Kultur. Überlegungen zur betrieblichen Kulturarbeit der staatssozialistischen Gewerkschaften Osteuropas und der DDR, in: Christiane Brenner/Peter Heumos (Hg.), Sozialgeschichtliche Kommunismusforschung, München 2005, S. 205-242.
Stammer, Otto, Sozialstruktur und System der Werterhaltungen der sowjetischen Besatzungszone Deutschlands, in: Schmollers Jahrbuch für Gesetzgebung, Verwaltung und Volkswirtschaft 76 I (1956), S. 55-105.
Standke, F., Der Anteil der Arbeiter-und-Bauern-Fakultäten an der Demokratisierung des Hochschulwesens in der DDR, in: Wissenschaftliche Zeitschrift der Karl-Marx-Universität Leipzig, Gesellschafts- und sprachwiss. Reihe 16 (1967), S. 459-466.
Staritz, Dietrich, Sozialismus in einem halben Lande. Zur Programmatik und Politik der KPD/SED in der Phase der antifaschistisch-demokratischen Umwälzung in der DDR, Berlin 1976.
Ders., Die »Arbeiterkomitees« der Jahre 1956/58. Fallstudie zur Partizipations-Problematik in der DDR, in: Der X. Parteitag der SED. 35 Jahre SED-Politik, Köln 1981, S. 63-74.
Ders., Die Gründung der DDR. Von der Sowjetischen Besatzungsherrschaft zum sozialistischen Staat, München 1984.
Ders., Die SED, Stalin und die Gründung der DDR. Aus den Akten des zentralen Parteiarchivs des Instituts für Geschichte der Arbeiterbewegung, in: APZ B5 (1991), S. 3-16.
Ders., Geschichte der DDR. Erw. Neuausg., Frankfurt/M. 1996.
Steinbach, Peter, Das Ende der Arbeiterkultur, in: Zeitgeschichte 19 (1992), S. 67-91.
Ders./Tuchel, Johannes (Hg.), Widerstand gegen den Nationalsozialismus, Bonn 1994.
Steiner, André, Politische Vorstellungen und ökonomische Probleme im Vorfeld der Errichtung der Berliner Mauer. Briefe Walter Ulbrichts an Nikita Chruschtschow, in: Hartmut Mehringer (Hg.), Von der SBZ zur DDR, München 1995, S. 233-268.
Ders., DDR-Wirtschaftsreform als »aufgeklärte Planwirtschaft«?, in: DA 31 (1998), S. 796-800.
Ders., Die DDR-Wirtschaftsreform der sechziger Jahre. Konflikt zwischen Effizienz- und Machtkalkül, Berlin 1999.
Ders., Von Plan zu Plan. Eine Wirtschaftsgeschichte der DDR, München 2004.
Ders., Preisgestaltung, in: Geschichte der Sozialpolitik in Deutschland seit 1945 Bd. 9, Baden-Baden 2006, S. 289-325.
Steininger, Rolf, Deutsche Geschichte seit 1945, 4 Bde, erw. Neuausg., Frankfurt/M. 1996-2002.
Stern, Carola, Die soziale Struktur der SED. Parteibürokratie ohne Verbindung mit den Arbeitern, in: SBZ-Archiv 5 (1954), S. 146-148.
Dies., Arbeiterschaft und SED. Das Fiasko der Gewerkschaftswahlen in den »volkeigenen Betrieben«, in: SBZ-Archiv 6 (1955), S. 114-116.
Dies., Der V. Parteitag der SED. Die »DDR« soll Schaufenster des Ostblocks werden, in: SBZ-Archiv 9 (1958), S. 241-246.
Stoedtner, Gerhard, Der Arbeiter, hg. vom Bundesministerium für gesamtdeutsche Fragen, Bonn 1956.
Stöver, Bernd, Das Umbruchjahr 1953 – Ein Resümee, in: Christoph Kleßmann/Bernd Stöver (Hg.), 1953 – Krisenjahr des Kalten Krieges in Europa, Köln 1999, S. 199-222.

Ders., Die Befreiung vom Kommunismus. Amerikanische Liberation Policy im Kalten Krieg 1947–1991, Köln 2002.

Stollberg, Rudhard, Arbeitszufriedenheit und Verhältnis zur Arbeit, in: Wissenschaftliche Zeitschrift der Martin-Luther-Universität Halle-Wittenberg, Gesellschafts- und sprachwissenschaftl. Reihe 21 (1972)6, S. 89-95.

Stolz, Otto, Die Klasse der Ausbeuter in der Sowjetzone. Hauptamtliche Funktionäre im Betrieb, in: SBZ-Archiv 6 (1955), S. 86-87.

Ders., Arbeitskräftemangel in der Sowjetzone. »Abwerbung« in der Bundesrepublik als Ausweg?, in: SBZ-Archiv 8 (1957), S. 344-347.

Ders., Betriebsferienlager des FDGB. Neue Richtlinien für 1958, in: SBZ-Archiv 9 (1958), S. 23-24.

Storbeck, Dietrich, Flucht oder Wanderung? Eine Rückschau auf Motive, Folgen und Beurteilung der Bevölkerungsabwanderung aus Mitteldeutschland seit dem Kriege, in: Soziale Welt 14 (1963), S. 153-171.

Stützner, Heinz, Der Kampf der Bergarbeiter des sächsischen Steinkohlenreviers für die Errichtung und Festigung der antifaschistisch-demokratischen Ordnung im Osten Deutschlands 1945–1948, Diss. Leipzig 1964 (MS).

Suckut, Siegfried, Die Betriebsrätebewegung in der sowjetisch besetzten Zone Deutschlands (1945–1948), Frankfurt/M. 1982.

Ders./Süß, Walter (Hg.), Staatspartei und Staatssicherheit. Zum Verhältnis von SED und MfS, Berlin 1997.

Sutthoff, Ludger J., Kulturhäuser – Zentren des politischen und kulturellen Lebens der DDR, in: Verfallen und vergessen oder aufgehoben und geschützt? Architektur und Städtebau der DDR-Geschichte, Bedeutung, Umfang, Erhaltung, Bonn 1995, S. 84-88.

Sywottek, Arnold, Deutsche Volksdemokratie. Studien zur politischen Konzeption der KPD 1935–1946, Düsseldorf 1971.

Tantzscher, Monika, »Maßnahme Donau und Einsatz Genesung«. Die Niederschlagung des Prager Frühlings 1968/69 im Spiegel der MfS-Akten, Berlin 1994 (BStU, Analysen und Berichte).

Teichler, Hans Joachim, Die Sportbeschlüsse des Politbüros: eine Studie zum Verhältnis von SED und Sport mit einem Gesamtverzeichnis und einer Dokumentation ausgewählter Beschlüsse, Köln 2002.

Tenfelde, Klaus, Die Geschichte der Arbeiterbewegung, in: BzG 33 (1991), S. 638-643.

Ders. (Hg.), Arbeiter im 20. Jahrhundert, Stuttgart 1991.

Thalheim, Karl C., Die Wirtschaft der Sowjetzone in Krise und Umbau, Berlin (W) 1964.

Ther, Philipp, Deutsche und polnische Vertriebene. Gesellschaft und Vertriebenenpolitik in der SBZ/DDR und in Polen 1945–1956, Göttingen 1998.

Thiel, Wera, Arbeitsverfassung und Arbeitsrecht. Sowjetische Besatzungszone, in: Geschichte der Sozialpolitik in Deutschland seit 1945, Bd. 2/1, Baden-Baden 2001, S. 199-210.

Thomas, Michael (Hg.), Abbruch und Aufbruch. Sozialwissenschaften im Transformationsprozeß. Erfahrungen – Ansätze – Analysen, Berlin 1992.

Thompson, Edward P., The making of the English Working Class, London 1968.

Thurnwald, Hilde, Gegenwartsprobleme Berliner Familien. Eine Untersuchung an 498 Familien, Berlin 1948.

Timmermann, Heiner (Hg.), Die DDR – Analysen eines aufgegebenen Staates, Berlin 2001.

Ders. (Hg.), Die DDR in Deutschland: ein Rückblick auf 50 Jahre, Berlin 2001.

Tobien, Hubertus von, Die Lebensmittelversorgung der Sowjetzone. Staatliche Organisation und ihre Probleme, in: SBZ-Archiv 5 (1954), S. 258-261.

Topfstedt, Thomas, Städtebau in der DDR 1955-1971, Leipzig 1988.
Ders., Wohnen und Städtebau in der DDR, in: Ingeborg Flagge (Hg.), Geschichte des Wohnens, Bd. 5: 1945 bis heute: Aufbau, Neubau, Umbau, Stuttgart 1999, S. 419-562.
Uhlitzsch, Joachim, Bildende Kunst auf dem Bitterfelder Weg. Beiträge zur Kunsterziehung, Berlin (O) 1966.
Unfried, Berthold/Schindler, Christine (Hg.), Riten, Mythen und Symbole – Die Arbeiterbewegung zwischen »Zivilreligion« und Volkskultur, Leipzig 1999.
Das unverstandene Menetekel – der 17. Juni 1953. Materialien einer Tagung, hg. vom Brandenburger Verein für politische Bildung »Rosa Luxemburg« e.V., Potsdam 1993.
Valerius, Gabriele, Private Erwerbsarbeit und Beschäftigung in Kleinbetrieben der DDR, in: Martin Brussig u. a. (Hg.), Kleinbetriebe in den neuen Bundesländern, Opladen 1997, S. 293-321.
Versprochen – Gebrochen. Die Interzonenkonferenzen der Deutschen Gewerkschaften von 1946-1948, hg. vom Bundesvorstand des Deutschen Gewerkschaftsbundes, Düsseldorf 1961.
Vester, Michael/Hofmann, Michael/Zierke, Irene (Hg.), Soziale Milieus in Ostdeutschland. Gesellschaftliche Strukturen zwischen Zerfall und Neubildung, Köln 1995.
Vogler, Johann, Von der Rüstungsfirma zum volkseigenen Betrieb. Aufzeichnungen eines Unternehmers der Sowjetischen Besatzungszone Deutschlands von 1945-1948, hg. von Burghard Ciesla, München 1992.
Voigt, Dieter, Die Fluktuation von Arbeitskräften als Forschungsgegenstand in der DDR, in: DA 3 (1970), S. 1207-1214.
Ders., Montagearbeiter in der DDR. Eine empirische Untersuchung über Industrie-Bauarbeiter in den volkseigenen Großbetrieben, Darmstadt 1973.
Ders., Freizeitforschung in der DDR, in: DA 7 (1974), S. 503-520.
Ders., Sozialstrukturforschung in der DDR. Eine kritische Analyse, in: DA 8 (1975), S. 476-511.
Ders./Voß, Werner/Meck, Sabine, Sozialstruktur der DDR. Eine Einführung, Darmstadt 1987.
Voigt, Heinz, Die Zeiss-Arbeiter proben den Aufstand, in: Ulrich Mählert (Hg.), Der 17. Juni 1953. Ein Aufstand für Einheit, Recht und Freiheit, Bonn 2003, S. 109-131.
Vollnhals, Clemens, Der Schein der Normalität. Alltag und Herrschaft in der SED-Diktatur, München 2002.
Wagner, Andreas, Arbeit und Arbeiterexistenz im Wandel. Zur Geschichte der Belegschaft der Rostocker Brauerei Mahn & Ohlerich 1878-1955, Bremen 1997.
Wagner, Armin, Die Kampfgruppen der Arbeiterklasse (1953-1990), in: Torsten Diedrich/Hans Ehlert/Rüdiger Wenzke (Hg.), Im Dienste der Partei. Handbuch der bewaffneten Organe der DDR, Berlin 1998, S. 281-337.
Wahl, Stefanie/Wagner, Paul Werner (Hg.), Der Bitterfelder Aufstand. Der 17. Juni 1953 und die Deutschlandpolitik, Leipzig 2003.
Walter, Franz, Sachsen – Stammland der Sozialdemokratie?, in: PVS 32 (1991), S. 207-231.
Ders., Thüringen – einst Hochburg der sozialistischen Arbeiterbewegung?, in: IWK 28 (1992), S. 21-39.
Ders./Dürr, Tobias/Schmidtke, Klaus, Die SPD in Sachsen und Thüringen zwischen Hochburg und Diaspora. Untersuchungen auf lokaler Ebene vom Kaiserreich bis zur Gegenwart, Bonn 1993.
Walter, Rudolf, Zwang zur Arbeit. Über die Gleichberechtigung der Frau in Mitteldeutschland, in: SBZ-Archiv 11 (1960), S. 354-357.
Ders., Das neue Arbeitsgesetzbuch, in: SBZ-Archiv 12 (1961), S. 137-141.

Anhang

Ders., Hüter der sozialistischen Moral. Konfliktkommissionen im Arbeitsleben der Zone, in: SBZ-Archiv 14 (1963), S. 34-37.

Ders., Untersuchungen über Frauenarbeit. Hoher Krankenstand der weiblichen Arbeitskräfte und seine Ursachen, in: SBZ-Archiv 15 (1964), S. 295-296.

Weber, Hermann, »Hauptfeind Sozialdemokratie«: Zur Politik der deutschen Kommunisten gegenüber den Sozialdemokraten zwischen 1930 und 1950, in: Rainer Eckert/Bernd Faulenbach (Hg.), Halbherziger Revisionismus: Zum postkommunistischen Geschichtsbild, München 1996, S. 25-46.

Ders., Was beweisen die Akten? Anmerkungen zu Veröffentlichungen von Archivalien aus der DDR, in: IWK 33 (1997), S. 232-243.

Ders., Geschichte der DDR, aktualisierte u. erw. Neuausg., München 1999.

Ders./Mählert, Ulrich (Hg.), Terror. Stalinistische Parteisäuberungen 1936–1953, Paderborn 2001.

Weber, Max, Wirtschaft und Gesellschaft, Tübingen 1922.

Weidenfeld, Werner/Korte, Karl-Rudolf (Hg.), Handbuch zur deutschen Einheit 1949 – 1989–1999, Bonn 1999.

Ders./Zimmermann, Hartmut (Hg.), Deutschland-Handbuch. Eine doppelte Bilanz 1949–1989, Bonn 1989.

Weidig, Rudi u. a., Sozialstruktur der DDR, Berlin (O) 1988.

Weißleder, Wolfgang, Die Gründung der Deutschen Wirtschaftskommission. Zentrale Staatsorgane der antifaschistisch-demokratischen Ordnung auf dem Weg zum Zweijahrplan, in: Jb.WG 1977 IV, S. 45-62.

Welskopp, Thomas, Von der verhinderten Heldengeschichte des Proletariats zur vergleichenden Sozialgeschichte der Arbeiterschaft – Perspektiven der Arbeitergeschichtsschreibung in den 1990er Jahren, in: 1999. Zeitschrift für Sozialgeschichte des 20. und 21. Jahrhunderts 8 (1993), S. 34-53.

Wendt, Hartmut, Die deutsch-deutschen Wanderungen – Bilanz einer 40jährigen Geschichte von Flucht und Ausreise, in: DA 24 (1991), S. 386-395.

Wentker, Hermann, Arbeiteraufsrand, Revolution? Die Erhebungen von 1953 und 1989/90 in der DDR: ein Vergleich, in: DA 34 (2001), S. 385-397.

Ders., Entsatellisierung oder Machtverfall? Das sowjetische Imperium und die innerstaatlichen Konflikte im Ostblock 1953 bis 1981, in: Bispinck u. a. (Hg.), Aufstände, S. 231-255.

Werkentin, Falco, Politische Strafjustiz in der Ära Ulbricht, Berlin 1995.

Werner, Oliver, Ein Betrieb in zwei Diktaturen. Von der Bleichert Transportanlagen GmbH zum VEB VTA Leipzig 1932 bis 1963, Stuttgart 2004.

Werum, Stefan, »Wir sind die Illegalen!« Zum Wandel der Funktionen und Organisationsstrukturen des FDGB 1948–1952/53, in: AfS 39, 1999, S. 73-121.

Ders., Gewerkschaftlicher Niedergang im sozialistischen Aufbau: der FDGB 1945–1953, Göttingen 2005.

Westarbeit im Zeichen des Klassenkampfes. Die kommunistische Taktik in der Bundesrepublik, in: SBZ-Archiv 12 (1963), S. 343-346.

Wettig, Gerhard, Berija und das Problem der deutschen Einheit im Frühjahr 1953, in: DA 36 (2003), S. 599-614.

Ders., Der 17. Juni im Lichte der neuesten Literatur, in: DA 36 (2003), S. 881-893.

Weyer, Adam/Wippermann, Stephan/Lins, Monika, »Ordentlich und fleißig arbeiten!« Die evangelischen Kirchen und die Arbeitswelt der SBZ/DDR, Duisburg 1994.

Wierling, Dorothee, Geboren im Jahr Eins. Der Jahrgang 1949 in der DDR. Versuch einer Kollektivbiographie, Berlin 2002.

Wiesener, Albrecht, »Neue Menschen« in der DDR-Industrieprovinz. Arbeiterkultur und Arbeitsbeziehungen in Leuna 1955–1965, Berlin 2000. (Magisterarbeit)
Ders., »Neue Menschen« in der DDR-Industrieprovinz? Leuna-Arbeiter zwischen politischer Inszenierung und alltäglichem Konflikt 1958–1965, in: DA 34 (2001), S. 991-998.
Ders., Taktieren und Aushandeln. Erziehen und Ausgrenzen, in: Hermann-Josef Rupieper/ Friederike Sattler/Georg Wagner-Kyora (Hg.), Die mitteldeutsche Chemieindustrie und ihre Arbeiter im 20. Jahrhundert, Halle (Saale) 2005, S. 237-258.
Wiggershaus, Renate, Geschichte der Frauen und der Frauenbewegung, Wuppertal 1979.
Wikerski, Siegfried, Ideologische Probleme der komplexen sozialistischen Rationalisierung in der DDR, in: Einheit 21 (1966), S. 1350-1355.
Wilke, Jürgen, Radio im Geheimauftrag. Der Deutsche Freiheitssender 904 und der Deutsche Soldatensender 935 als Instrumente des Kalten Krieges, in: Klaus Arnold/Christoph Classen (Hg.), Zwischen Pop und Propaganda. Radio in der DDR, Berlin 2004, S. 249-266.
Wilke, Manfred (Hg.), Anatomie der Parteizentrale. Die KPD/SED auf dem Weg zur Macht, Berlin 1998.
Ders., Die Streikbrecherzentrale. Der Freie Deutsche Gewerkschaftsbund (FDGB) und der 17. Juni 1953, Münster 2004.
Ders., Der SED-Staat. Geschichte und Nachwirkungen. Gesammelte Schriften, Köln 2006.
Ders./Hertle, Hans-Hermann, Das Genossenkartell. Die SED und die IG Druck und Papier/ IG Medien. Dokumente, Frankfurt/M. 1992.
Ders./Müller, Hans-Peter, Gegen die Realitäten. Verlauf und Funktion der Diskussion über die westdeutschen Gewerkschaften in SED und KPD/DKP 1961 bis 1972, Köln 1990.
Wilkens, Herbert, Umstrittener Lohn- und Kaufkraftvergleich, in: DA 3 (1970), S. 811-813.
Wille, Manfred, Die Industrie Sachsen-Anhalts im Spannungsfeld zwischen Neuaufbau, Besatzungsregime und gesellschaftlichen Umbrüchen 1945–1947, in: Christoph Buchheim (Hg.), Wirtschaftliche Folgelasten des Krieges in der SBZ/DDR, Baden-Baden 1995, S. 141-168.
Winkler, Gunnar (Hg.), Geschichte der Sozialpolitik in der DDR 1945–1985, Berlin (O) 1989.
Ders. (Hg.), Sozialreport DDR 1990. Daten und Fakten zur sozialen Lage der DDR, Berlin 1990.
Winkler, Heinrich August, Der Schein der Normalität. Arbeiter und Arbeiterbewegung in der Weimarer Republik 1924 bis 1930, 2., durchges. Aufl., Bonn 1988.
Winters, Jochen Peter, Angst vor dem polnischen Bazillus, in: DA 14(1981), S. 1009-1012.
Witkowski, Gregory R., On the campaign trail: state planning and »Eigen-Sinn« in a communist campaign to transform the East German countryside, in: Central European History 37 (2004), S. 400-422.
Wolfrum, Edgar, Geschichtspolitik in der Bundesrepublik Deutschland. Der Weg zur bundesrepublikanischen Erinnerung 1948–1990, Darmstadt 1999.
Wolle, Stefan, Das MfS und die Arbeiterproteste im Herbst 1956 in der DDR, in: APZ B5 (1991), S. 42-51.
Ders., Die DDR-Bevölkerung und der Prager Frühling, in: APZ B36 (1992), S. 35-45.
Ders., »Agenten, Saboteure, Verräter …«. Die Kampagne der SED-Führung gegen den Sozialdemokratismus, in: Ilko-Sascha Kowalczuk u. a. (Hg.), Der Tag X – 17. Juni 1953. Die »Innere Staatsgründung« der DDR als Ergebnis der Krise 1952/54, Berlin 1995.
Ders., Die SPD in Ostberlin (1946–1961), in: Materialien der Enquete-Kommission »Aufarbeitung von Geschichte und Folgen der SED-Diktatur in Deutschland (12. Wahlperiode

des Deutschen Bundestages), hg. vom Deutschen Bundestag, Bd. II,4, Baden-Baden 1995, S. 2941-2993.

Ders., Der Traum vom Westen. Wahrnehmung der bundesdeutschen Gesellschaft in der DDR, in: Konrad H. Jarausch/Martin Sabrow (Hg.), Weg in den Untergang. Der innere Zerfall der DDR, Göttingen, 1999, S. 195-211.

Wohnungsbau und Wohnungsversorgung in Mitteldeutschland, in: Wochenblatt des Deutschen Instituts für Wirtschaftsforschung (1966), Nr. ½, S. 223-226.

Wunschik, Tobias, Die Befreiung der Gefangenen im Juni 1953, in: Roger Engelmann/Ilko-Sascha Kowalczuk (Hg.), Volkserhebung gegen den SED-Staat. Eine Bestandsaufnahme zum 17. Juni 1953, Göttingen 2005, S. 175-204.

Zank, Wolfgang, Wirtschaft und Arbeit in Ostdeutschland 1945–1949, München 1987.

Zatlin, Jonathan R.,»Polnische Wirtschaft« – »deutsche Ordnung«? Zum Umgang mit Polen in der DDR, in: Christian Th. Müller/Patrice G. Poutrus (Hg.), Ankunft – Alltag – Ausreise. Migration und interkulturelle Begegnung in der DDR-Gesellschaft, Köln 2003, S. 295-315.

Zech, Karl-Adolf, Klassenauftrag und Auslandsstudium. Vor fünfzig Jahren wurde die Arbeiter- und Bauernfakultät Halle II gegründet, in: DA 37 (2004), S. 854-863.

10 Jahre ABF: Arbeiter-und-Bauern-Fakultät »Friedrich Engels«. Beiträge zu Problemen der pädagogischen, fachlichen und methodischen Arbeit, Berlin (O) 1959.

Der X. Parteitag der SED. 35 Jahre SED-Politik, Köln 1981.

Ziegler, Bernhard, Frei verfügbare Zeit. Theorie, Politik und Realität der Freizeit in der DDR, Berlin (W) 1977.

Zimmermann, Hartmut, Der FDGB als Massenorganisation und seine Aufgaben bei der Erfüllung der betrieblichen Wirtschaftspläne, in: Peter Christian Ludz (Hg.), Studien und Materialien zur Soziologie der DDR, 2. Aufl., Opladen 1971, S. 115-144.

Zimmermann, Peter, Industrieliteratur der DDR. Vom Helden der Arbeit zum Planer und Leiter, Stuttgart 1984.

Zöger, Heinz, Proteste gegen die Staatsgewerkschaft, in: SBZ-Archiv 14 (1963), S. 325-329.

Ders., Der 6. FDGB-Kongreß, in: SBZ-Archiv 14 (1963), S. 353-355.

Zubok, Vladislav,»Unverfroren und grob in der Deutschlandfrage ...«.Berija, der Nachfolgestreit nach Stalins Tod und die Moskauer DDR-Debatte im April–Mai 1953, in: Christoph Kleßmann/Bernd Stöver (Hg.), 1953 – Krisenjahr des Kalten Krieges in Europa, Köln 1999, S. 29-48.

Zum deutschen Neuanfang 1945–1949. Tatsachen – Probleme – Ergebnisse – Irrwege, Bonn 1993 (Schriftenreihe der Marx-Engels-Stiftung, 19).

Zur Geschichte der Arbeiter-und-Bauern-Fakultät der Humboldt-Universität zu Berlin, Berlin (O) 1980 (Beiträge zur Geschichte der Humboldt-Universität Berlin, 2)

Zwahr, Hartmut, Alte und neue Arbeitermilieus in der DDR. Einige Anmerkungen zu Kontinuitäten und Kontinuitätsbrüchen (MS), 1995.

Ders., Ende einer Selbstzerstörung. Leipzig und die Revolution in der DDR, Göttingen 1993.

Zwiener, Karl, Geschichte der Krippenerziehung in der DDR, in: Was für Kinder. Aufwachsen in Deutschland. Ein Handbuch, hg. vom Deutschen Jugendinstitut. Red.: Donata Elschenbroich/Lising Pagenstecher, München 1993, S. 300-303.

Zwischen Alex und Marzahn. Studie zur Lebensweise in Berlin, Autorenkollektiv unter Leitung von Georg Aßmann und Gunnar Winkler, Berlin (O) 1987.

Personenregister

A
Acker, Paula 610
Ackermann, Anton .. 100 158 162 163 247
Adenauer, Konrad . 344 370 371 392 423 503 505 513
Agartz, Victor 501 502
Ahbe, Thomas 649
Apel, Erich 412 471 472 572
Apitz, Bruno 700
Arendsee, Martha 125

B
Bahr, Egon 343 496
Barthel, Kurt 362 715
Bärwald, Helmut 183
Bauer, Werner 535
Bauerkämper, Arnd 58
Beethoven, Ludwig van ... 98 161 298
Behrens, Fritz 570
Benary, Arne 570
Benjamin, Hilde 399 609
Benser, Günter 34 90 773
Bentzien, Hans 432 635
Berger, Rolf 474 595
Berija, Lawrentij P. 318 324
Bernhard, Nikolaus 149 150
Beyer, Frank 630
Beyreuther, Wolfgang ... 437 595 700
Bolz, Lothar 223
Borkmann, Lothar 218
Boyer, Christoph 256 579 662
Brandt, Heinz 328 329
Brandt, Willy 315 370
Braß, Otto 103 104
Braun, Volker 441 769 781
Bräunig, Werner 433
Brecht, Bertolt 11 60 297 769
Breitscheid, Rudolf 99
Briefs, Goetz 18
Brill, Hermann 47 62 97
Broszat, Martin 177
Brumme (Kollege) 284
Buchwitz, Otto 164

C
Chruschtschow, Nikita ... 420 426 427 549 550 570 680
Chwalek, Roman 103 104 279
Claudius, Eduard 630
Clemens, Petra 236

D
Dahlem, Franz .. 168 169 170 176 307
Dahrendorf, Gustav 97 98
Deutscher, Isaac 59 61 86
Diemer, Alfred 339
Dietrich, Franz 308
Dimitroff, Georgij 327 729
Dittrich, Gottfried 34 55
Djilas, Milovan 769
Doernberg, Stefan 750

E
Eisenhower, Dwight D. 320 372
Engels, Friedrich 13 99 409
Engler, Wolfgang 15 42 651 703
Ermisch, Luise 218

F
Fechner, Max 94 351 360
Feininger, Lyonel 287
Fettling, Max 330
Foitzik, Jan 33
Forest, Jean Kurt 536
Foth, Karl 330
Freitag, Walter 373
Freyhoff, Otto 218
Fühmann, Franz 441 443 629
Fuhrmann, Bruno 307

G
Gaganowa, Walentina 428
Garbe, Hans 218
Gaus, Günter 692
Geisler, Paul 308
Gierek, Edward 626
Glückauf, Erich 307
Gniffke, Erich W. 33 163

847

Goethe, Johann Wolfgang von . 297 629
Gomulka, Wladyslaw 400 646
Göring, Bernhard . . . 104 105 107 109 146 147
Gorki, Maxim 30 643
Gotsche, Otto 60 432 437 438
Gottfurcht, Hans 147
Götting, Gerald 481
Gradl, Johann Baptist 33
Groschopp, Horst 636 771
Grotewohl, Otto . . . 94 96 98 174 218 223 259 269 289 311 314 330 331 360 369 381 399 401 418 511 746 757
Grothaus, Wilhelm 346
Grünberg, Karl 298

H
Häder, Sonja 250 251
Hager, Kurt 647
Hähnel, Walter 307
Haid, Bruno 307
Hain, Simone 287
Hallstein, Walter 306
Hanke, Helmut 699 700 701
Hastedt, Regina 436
Havemann, Robert 331
Heine, Heinrich 181 182 629
Heine, Paul 218
Heintze, Horst 595
Helbig, Kurt 302
Hennecke, Adolf
 (i.e. ›Kumpel Hennecke‹) . . 215 216 217 218 219 220 224 226 227 436 437 710
Herrnstadt, Rudolf . . 284 358 360 641
Heym, Stefan 313 362 384
Hitler, Adolf . . . 24 62 110 131 261 779
Hockauf, Frida 218 220 380 710
Hofmann, Michael 649 660
Honecker, Erich . . . 23 37 364 415 475 476 479 481 546 551 577 588 590 636 647 648 649 663 671 680 681 686 692 712 721 756 774 778 780 781
Hübner, Peter . . 23 26 35 40 55 61 231 284 422 580 593 662 664 727 755 777 780
Hurwitz, Harald 161
Husemann, Fritz 161

J
Jahn, Franz 149 150 357
Jarowinsky, Werner 601
Jendretzky, Hans 104 105 147 150 201 595 641

K
Kaiser, Jakob 104 105 157 171
Kämmer, Veronika 428
Kant, Hermann 247 443
Kantorowicz, Alfred 174
Kast, Gerhard 582 631
Kasten, Herbert A.W. 441
Kießler, Bruno 218
Kirchner, Rudi . . 228 264 277 414 416 595
Klein, Thomas 163 176 359
Klingelhöfer, Gustav 97 98
Klinger, Fred 222
Kolesnitschenko, J. S. 95
Koplowitz, Jan 228 300 433 730
Kopstein, Jeffrey 275 662
Kössler, Till 312
Kotzur, Theodor 201
Kowaljow (sowjetischer Ingenieur) . 226 391 428
Kraienhorst, Clemens 116
Krömke, Claus 570
Krug, Manfred 630
Kubina, Michael 307
Kunze, Otto 564
Kurella, Alfred . . . 432 433 434 629 636

L
Lange, Fritz 505
Laßberg, Paul 307
Latt, Max 346
Leber, Julius 161
Lehmann, Helmut 84 125 414
Lehmann, Otto 386 414 558
Leipart, Theodor 161
Lemmer, Ernst 33 104 105 171
Lenin, Wladimir Iljitsch
 (eigtl. Uljanow) 12 13 16 22 106 149 197 206 254 255 408 410 532 589 655 770 773
Leonhard, Wolfgang 33 96
Lepsius, Rainer 27

Personenregister

Lessing, Gotthold Ephraim 297
Leucht, Kurt W. 532 678
Leuschner, Bruno 554 569
Leuschner, Wilhelm 161
Ley, Hermann 287
Liberman, Evsej 570
Liebknecht, Karl 217 327 388 395 397 436 715
Liske, Rudi 483
Lüdtke, Alf 35 744 745
Ludz, Peter Christian 567 592
Lungwitz, Kurt 656
Luxemburg, Rosa 715

M
Maetzig, Kurt 715
Mamai, Nikolai 466 473 740
Marchwitza, Hans . . . 446 524 530 535
Marquardt, Otto 116
Marx, Karl . . . 11 12 15 19 99 159 300 327 336 340 341 347 351 409 484 521 531 586 614 623 643 678 689 752 754 755 770 773 774
Masaryk, Tomas 319
Mason, Tim 24
Matern, Hermann 87 164
Mathäus (›Meister Mathäus‹) 428
Matthes, Heinz 591
Melsheimer, Ernst 399
Merkel, Ina . . . 15 242 685 692 737 740 758
Merker, Paul 67
Mewis, Karl 554 572 618
Mielke, Erich . 16 190 313 351 367 424 652 668
Mittag, Günter . 24 364 570 645 682 736
Mohr, Arno 299
Moniuszko, Stanislaw 298
Moore, Barrington 26
Mühlberg, Dietrich . 20 286 652 740 771
Müller, Ernst 293
Müller, Fritz 595
Müller, Heiner 629 630
Müller, Heinz 226
Müller, Werner 148
Mundstock, Karl 523 530
Murphy, Robert 60
Mussorgsky, Modest Petrowitsch . . 298

N
Naimark, Norman 33 60 63 85
Nesler, Wolfgang 641
Neumann, Sigi 182
Neutsch, Erik 630
Newis (Genosse) 174
Niethammer, Lutz 31 38 90
Noll, Dieter 700
Norden, Albert 516
Norkus, Eckard 355
Nowack, Paul 201
Nuschke, Otto 223 314

O
Oelßner, Fred 338 350
Ollenhauer, Erich 642
Orlow (Major) 63

P
Paul, Rudolf 64
Pieck, Arthur 91
Pieck, Wilhelm . . . 33 94 96 98 175 186 211 218 269 298 715
Pisnik, Alois 327 507 752
Pöffel, Adolf 307
Pogodin, Nikolaj 297
Preißler, Helmut 534 535
Prudenski, G. 699

R
Radandt, Hans 31
Rau, Heinrich 331 505 752
Reimann, Brigitte . . . 439 441 443 680
Reimann, Max 642
Rentzsch, Egon 629
Rettmann, Fritz 410
Reuter, Ernst 370
Richter, Irmgard 428
Rink, Dieter 660
Ritter, Gerhard A. 18
Roesler, Jörg 229
Rösel, Fritz 590 604 641
Roßberg, Kurt 83
Roth, Harry 511
Rubbel, Rudi 384 385 471 472 732
Rühle, Jürgen 398

849

S

Saburov, Maksim S. 64
Sack, Paul 218
Scharnowski, Ernst 331
Scharoun, Hans 287 289
Schiller, Friedrich 125 297 629
Schilling, Erich 181
Schirdewan, Karl 307 408 420 753
Schlimme, Hermann 103 104 105 109
Schmidt, Alfred 92 357
Schmidt, Hans 357
Schnitzler, Karl-Eduard von 496
Scholochow, Michael 700
Schüle, Annegret 251
Schulze, Willy 307
Schumacher, Kurt . . 95 99 157 162 164 166 170 176 180 182 183
Seifert, Erich 426 427 428
Selbmann, Fritz . . 131 217 264 331 355 529 630
Shdanow, Andrej 147 160
Siegert, Dieter 484
Sindermann, Horst 190
Slawsky, Hans 308
Söchtig, Werner 116
Solga, Heike 17 658 659
Sonntag, Erhard 419 677 703
Stachanow, L. G.
 (sowj. Bergmann) 216 217
Stalin, Josef W.
 (eigtl. Dschugaschwili) . . . 23 33 43 48 85 106 160 172 184 206 226 276 318 319 320 321 322 325 329 330 342 347 359 362 378 380 398 399 420 473 505 519 521 523 526 527 531 532 533 534 535 536 537 538 566 678 680 685 687 715 717 719 750 772
Steidl, Josef 308
Stern, Carola 259
Stolz, Otto 514
Stoph, Willy 360 572
Streit, Josef 562
Strittmatter, Erwin 443
Suckut, Siegfried 34 102 103
Szymanski, Stanislaus 218

T

Taut, Bruno 287
Tenfelde, Klaus 35 41
Thälmann, Ernst . . 99 161 327 338 340 363 388 557 631 634 715
Thape, Moritz 33
Thomas, Stephan 182 373
Thompson, Edward P. 654
Tillich, Ernst 84
Tjulpanov, Sergej 91 97 161
Trabalski, Stanislaw 195
Trojan, Jakow 225
Truppel, Berta 235
Trzcinski, Piotr 225

U

Ulbricht, Walter . . . 11 16 22 35 40 41 42 60 62 64 87 88 89 94 103 105 114 126 131 141 151 160 161 172 174 184 208 209 214 223 234 245 249 255 258 283 286 293 308 318 322 323 327 350 353 357 358 360 361 369 373 377 378 391 394 398 399 400 401 404 405 408 409 410 412 420 425 427 429 430 432 433 434 435 436 439 444 466 468 471 475 476 479 480 502 521 524 525 537 543 544 549 550 551 557 559 567 568 569 570 572 573 575 577 582 585 586 588 596 598 599 600 601 604 612 632 637 638 641 645 647 648 653 665 679 680 685 688 736 740 744 753 756 771 772 776 777 780
Urban (Genosse) 410

W

Wajda, Andrzej 526
Walter, Franz 192 193
Walter, Paul 104
Warnke, Herbert 109 115 119 120 201 203 214 215 216 222 311 357 383 384 403 405 410 414 428 437 465 466 556 587 595 596 599
Weber, Hermann 28
Weber, Max 16 654
Wehner, Herbert 370 501 642
Welm, Lotte 408
Werum, Stefan 211 213
Wierling, Dorothee 38 611 735

Winkler, Heinz 679
Wirth, Erich 218
Wischnewski, Wsewolod 297
Wogatzki, Benito 630
Wolf, Christa 441 443
Wolf, Friedrich 297 532 534
Wolfram, Adam 33
Wollweber, Ernst 360 420

Z
Zach, Sepp 436 446
Zaisser, Wilhelm 358 360 641
Zank, Wolfgang 34 65 66
Zille, Hermann 307
Zschau (Kollege) 284
Zwahr, Hartmut 25 663

Orts- und Länderregister

A
Afrika 627
Altenburg 192 772
Asien 627
Aue 699

B
Bad Godesberg 500 501 761 778
Bad Pyrmont 146
Badenweiler 146
Bautzen 92 213 750
Berlin (siehe auch: Ostberlin,
Westberlin) 47 48 51 59 60 61
66 74 75 76 78 91 96 98 103 108 109
115 117 124 125 146 147 148 149 161
167 168 176 180 181 183 200 217 250
251 297 298 299 307 313 315 314 317
320 327 328 329 330 331 332 333 336
337 339 340 342 343 345 347 359 361
367 370 387 392 399 404 435 465 475
481 506 511 517 526 531 545 546 550
551 552 553 556 582 602 612 620 635
642 644 674 681 699 734 742 751 753
762
Bernau 707
Böhlen 348 401 418 511 694
Boitzenburg 235
Borna 239 348
Brandenburg . . . 47 48 50 62 67 69 104
117 143 198 209 244 313 317 360 470
538 700
Bremen 661
Bulgarien 618 692
Buna 355 409 674
Bundesrepublik (siehe auch:
Westdeutschland) 14 15 23 27
39 41 42 153 159 190 223 239 249 260
262 266 270 306 308 310 312 313 314
367 369 372 373 374 378 396 398 421
425 433 441 445 491 494 495 497 501
502 504 506 511 513 515 516 517 545
564 582 586 587 605 610 617 618 638
641 642 647 660 665 666 669 671 672
673 688 691 695 698 719 738 755 758
759 762 763 764 765 770 778 860

C
Chemnitz 209 210 213 239 272 297 521
Coswig 91
Cottbus 317 327 341 369 495 621
680 753

D
Danzig 320
Delitzsch 337
Dessau 297 746
Deuben 438
Deuzen 348
Dimitrowgrad 521
Dresden . . . 47 76 148 213 271 297 338
343 346 352 399 409 423 471 472 483
495 496 501 591 623 633 678 708 731
753 754 777
Düben 337

E
Eichsfeld 171
Eisenhüttenstadt 528
Eisleben 60 91 211 337
Enzisweiler 148
Erfurt 47 92 235 339 352 495 546
680 686 714 754
Espenhain 218 348 660 694

F
Falkensee 506 508
Freital 191 192 193
Friedrichsfelde 678
Fürstenberg . . 184 348 521 524 526 529
530 534

G
Garmisch-Partenkirchen 146
Geiseltal 338
Gera 297 339 678 746 754
Gröditz 471

853

H

Halle . . 47 50 120 190 297 337 338 343 358 360 372 395 438 468 489 496 546 551 613 623 730 735 751 754 772
Hannover 146
Heidelberg 147
Hennigsdorf . . . 169 198 313 367 369 552 762
Hettstedt . . . 198 200 279 297 391 474
Holleben 489
Hoyerswerda . . . 299 378 439 473 680 720

J

Jalta 48
Jena . . 50 64 116 244 250 339 353 484 686
Jessen (Bezirk Cottbus) 341
Jugoslawien 162 471

K

Karl-Marx-Stadt (Chemnitz) . . 336 341 347 484 521 586 614 623 689 754 755
Kleinmachnow 404
Knappenrode 299

L

Leipzig . . 37 39 91 116 133 168 181 182 194 195 201 208 236 259 284 290 295 296 297 337 343 345 346 356 360 422 424 471 484 495 507 509 511 609 612 623 641 649 660 661 675 681 686 693 726 727 730 735 742 744 754 760 764 772 792
Leuna 50 209 338 429 430 629 674
Lübeck 149 372

M

Magdeburg . . 50 297 326 327 339 340 351 359 360 387 388 395 397 438 439 444 445 495 501 507 546 551 557 612 678 686 729 752 754 760
Mansfeld 338 432
Mecklenburg . . . 47 48 51 67 69 77 99 117 208 296 414 539 681
Merseburg 283 337 350 355
Merxleben 489 490

Moskau . . 33 85 89 90 91 112 129 150 161 172 322 323 385 399 570 645 647 778

N

Neubrandenburg 341 546 686
Niederlausitz 61 70 473 734
Nowa Huta 521

O

Oelsnitz 79 91 217 446 729
Ostberlin (siehe auch: Berlin, Westberlin) . . . 66 135 192 311 331 332 333 345 367 379 391 401 502 552 612 678 686 750 759 762
Ostdeutschland 15 158 448
Österreich 96 395
Ostmitteleuropa . . 13 19 27 39 53 54 66 130 158 317 321 322 566 711 777

P

Piesteritz 385 751
Pilsen 318 319
Plauen 239 269 327
Polen . . . 24 313 378 398 399 400 401 402 404 408 409 411 421 471 525 618 619 620 621 622 623 624 625 626 627 644 646 671 751 756 763 777
Posen 320 398 399 400
Potsdam . . 47 48 297 340 369 420 471 499 645
Prag 319 638 741 756

R

Recklinghausen 445
Regis 348
Roßlau 337
Rostock . . . 39 51 174 181 192 297 341 392 410 440 495 546 576 581 660 661 680 772

S

Saalfeld 326 746 750
Schkopau 327 350 469
Schmölln 192 337
Schwedt/Oder 430 602 735
Schwerin 47 174 297 341 495 499 546 751

Orts- und Länderregister

Schwiebus 218
Sohland/Spree 483
Sömmerda 339 543
Sowjetunion . . 13 26 28 30 53 60 62 65
    81 85 96 102 112 134 135 153 163 164
    173 190 198 206 207 217 226 228 262
    279 282 285 290 301 320 321 325 390
    475 514 521 550 560 566 570 574 618
    637 685 713 770
Spandau 91
Stalinstadt (Eisenhüttenstadt) . . 43 184
    347 378 473 505 519 521 523 526 527
    531 532 534 535 536 537 538 680 687
    719
Stettin 320
Stralsund 208
Suhl 329 341 405 422
    678

T
Tschechoslowakei . . 53 261 318 319 320
    325 770 775 777

U
Ulm 149
Ungarn . . 96 321 378 398 400 401 402
    403 404 405 408 409 411 421 511 618
    620 623 751
Unterwellenborn . . 84 168 223 300 433
    529
USA 84 85 320 524 640

W
Warnemünde 392
Warschau . 42 284 398 400 526 549 756
Weimar 13 47 120 297 339
Werder 256
Wernigerode 387
Westberlin (siehe auch:
    Berlin, Ostberlin) . . . 177 182 258
    266 283 313 314 330 331 356 361 372
    379 392 465 505 515 539 552 640 642
    669 682 750 752 753 762
Westdeutschland (siehe auch:
    Bundesrepublik) . . 158 173 206 249
    262 307 309 324 325 328 381 393 395
    405 425 430 444 445 481 482 494 495
    501 502 503 504 505 506 507 508 511
    515 516 530 544 545 549 550 576 582
    640 641 642 646 653 666 669 670 672
    675 692 703 746 760 762 764 773
Westeuropa 153 778
Wien 531
Wilmersdorf 91
Wismar 297 392
Wittenau 91
Wolfen 337 416 428 616 694
Worms 149

Z
Zinnowitz 703
Zittau 220 428
Zwickau 91 185 223

Sachregister

1, 2, 3 ...
4. Jahrestag der DDR-Gründng . . . 220
10. Jahrestag der DDR-Gründung . 465 468
20. Jahrestag der DDR-Gründung . 643
35. Jahrestag der bolschewistischen Revolution 301
10-Minuten-Bewegung 390
40-Stunden-Woche 423 600
45-Stunden-Woche 396 421 422
48-Stunden-Woche 81
100-DM-Bewegung 390

A
ABF (Arbeiter-und-Bauern-Fakultät) 243 244 245 246 247 249 250 615
ABI (Arbeiter-und-Bauern-Inspektion) . . 213 587 591 592 593 732 734
Abschaffung der Lebensmittelkarten . . 420 423 424 667 668
Absentismus 140
Absicherung, soziale . . 281 603 620 625
Abteilung Arbeiterversorgung 413 635 667 689
Abteilungsgewerkschaftsleitung (siehe: AGL)
Abwerbung 493 494 495
Abwesenheitsquote 138
Acht-Stunden-Tag . . . 81 111 421 511
ADGB 103 104 106 148
AFL (American Federation of Labor) 147
Agitation . 173 221 262 300 307 356 405 439 507 610 634 729 730
AGL 200 210 240 409 414 415 752 753
Akkord . . 80 140 142 159 327 526 664
Akkordschinderei 275
Aktion ›Bollwerk‹ 353 366
Aktion ›Bumerang‹ 367
Aktion ›Festigung‹ 552
Aktion ›Normalisierung‹ 420 667

Aktionseinheit . . . 97 184 185 311 500 503 641
Aktivisten . . 25 30 78 216 217 218 220 221 222 223 224 227 228 239 245 260 261 277 279 281 282 299 362 381 436 585 595 660 675 687 704 708 709 710 712 715 729 745 758 759
Aktivisten der ersten Stunde . . 34 61 113 215 662 744
Aktivisten des Fünfjahrplans . . 315 710
Aktivisten des Zweijahrplans . . 223 710
Aktivisten, polnische 224 225
Aktivistenbewegung . . 160 170 200 209 216 217 220 222 223 224 226 227 228 276 280 379 380 525 657 661
Akzeptanz der Kulturarbeit (siehe auch: FDGB-Kulturarbeit) 21 204 291 293 294 296 300 397 465
Alkohol 531 622 623 636 693 754
Allgemeiner freier Angestelltenbund 109
Alltag 15 16 26 27 30 32 37 38 71 76 95 103 118 134 144 175 184 197 206 212 221 234 235 261 266 276 285 377 396 432 434 439 442 467 473 474 489 503 530 563 594 605 617 649 651 652 656 659 663 682 686 687 688 689 692 695 698 709 714 722 724 730 734 758 759 772 779 781
Altbauten . . . 601 672 673 677 679 682
Altersarmut (siehe auch: Armut) . . . 545 736 772
Altersrente 604 738
Altersstruktur 545
Ambulanzen 262
Ambulatorien (siehe auch: Betriebs-/Landambulatorien) 127
amerikanische Kulturpropaganda . . 292
›Ami-Paketaktion‹ 356
Amt für Information (Vorläufer des MfS) 239
Angestellte (siehe auch: Arbeiter und Angestellte) . . 17 54 55 73 109 110 129 170 196 213 231 255 298 325 346

857

Anhang

390 418 493 511 654 655 658 678 702 714 739 771
Angestellte ›neuen Typs‹ 256
Antiamerikanismus 301
Antifa 85 89 90 91 113 114 131
Antifaschismus 26 181 765 774
Antifaschisten 76 87 89 106
antifaschistisch-demokratische
Umwälzung 86 129 158
Antikommunismus,
demokratischer 513
Ära Adenauer 513
Ära Honecker 23 364 415 475 476 546 590 636 663 686 692 712 721 774 778 780
Ära Ulbricht .. 16 35 40 41 567 586 604 612 648 653 688 744 777
Ära, wilhelminische 740
Arbeiter, Arbeiterklasse (Definition) . 11 13 14 15 16 18 19 23 45 54 100 245 247 256 655 656 702
Arbeiter und Angestellte 17 54 70 80 87 101 110 111 134 139 141 142 196 203 207 238 270 280 283 285 294 295 310 363 372 383 392 424 428 501 505 529 547 558 559 575 577 582 583 598 604 612 616 654 656 657 665 668 690 703 737 738 771
Arbeiter und Bauern .. 16 130 132 245 247 248 249 250 254 258 293 317 321 490 548 589 649 685
Arbeiter, als ›führende Klasse‹ (siehe auch: führende Klasse) ... 20 25 657 658 663 710 736 743 780
Arbeiter, ältere ... 191 290 346 448 469 529 545 659 764
Arbeiter, Arbeiter- und Bauernproteste 316 317 321
Arbeiter, Arbeitsbedingungen 129 135 138 185 279 319 329 364 380 386 387 388 390 392 404 405 408 411 412 417 418 421 422 423 425 427 429 470 472 476 494 496 503 515 529 556 557 558 564 569 575 579 581 582 585 586 587 588 590 599 631 649 651 658 664 675 724 729 736 772
Arbeiter, ausländische ... 617 618 622 623 624 625 626 627

Arbeiter, Bildungssituation ... 244 245 248 249 293 381 548 608 615 622 675 688 700
Arbeiter, Einkommenssituation (siehe auch: Einkommen) .. 80 140 270 272 276 280 283 326 327 387 388 389 390 394 496 575 579 581 582 595 602 658 664 666 668 671 688 734 735 736 737 738 739 746 763
Arbeiter, Freizeitkultur (siehe auch: Freizeit) .. 435 470 484 531 688 697 700 703 721 740
Arbeiter, geflüchtete (siehe auch: Flucht) 37 42 325 344 366 396 398 493 651 698 724
Arbeiter, Geschichte ... 14 27 28 39 62 159 175 255 739 775 779
Arbeiter, gesundheitliche Versorgung (siehe auch: Gesundheitswesen) . 129 141 220 729
Arbeiter, im Juni-Aufstand 1953 .. 311 313 315 316 330 331 333 341 343 344 348 349 351 352 355 356 359 361 362 366 370 371 372 374 377 379 380
Arbeiter, in Kirche und Gemeinde .. 470 720
Arbeiter, in ländlichen Regionen .. 130 487 488 489
Arbeiter, jugendliche) 741
Arbeiter, kommunistische ... 60 86 100
Arbeiter, kulturelle Aktivitäten ... 304 432 434 629 634 698 701
Arbeiter, Lebensbedingungen ... 75 76 82 313 319 364 380 396 397 418 470 488 494 556 582 586 587 590 602 627 631 640 648 649 651 658 664 675 688 704 724 729 736 759 761 772
Arbeiter, Lebensmittel-/Waren-/Konsumgüterzuteilung 73 75 169 185 218 364 530 644 689 690 692 723
Arbeiter, lesende 11 629 700 769
Arbeiter, Mentalität 23 26 28 41 62 177 217 232 252 295 309 313 324 326 333 396 411 475 483 514 538 554 579 596 625 629 630 644 648 649 662 736 744 745 746 747 774 775 776 778 781

Sachregister

Arbeiter, politisch-soziale Aktivitäten . 59
  61 70 90 116 139 176 216 218 228 382
  394 401 403 412
Arbeiter, polnische . . . 398 400 619 620
  621 622 624 625 627
Arbeiter, schreibende 433 434 437
  438 439 440 441 442 444 446 634
Arbeiter, sozialdemokratische
  Traditionen 187 190 191 196
Arbeiter, soziale Lage 653
Arbeiter, Sozialpolitik . . . 364 582 599
  671 704 756
Arbeiter, soziologische Zuordnung . . 17
  54 55 101 130 170 173 209 244 245
  247 252 258 259 271 290 346 418 474
  493 496 528 529 540 582 592 651 653
  654 655 656 657 658 659 701 714 722
  736 737 739 740 742 746
Arbeiter, Traditionen 338
Arbeiter, ungarische 620 621 623
Arbeiter,
  Vorbildrolle der sowjetischen . . 362
Arbeiter, westdeutsche . . . 256 266 393
  418 423 502 505 509 515 516 530 642
  760 761
Arbeiter, Wohnsituation . . . 78 143 531
  673 675 676 677 679 680 681 684 685
  688 695
Arbeiter, Zugang zu kulturellen
  Einrichtungen 20 435 465
Arbeiterbewegung . . 11 12 14 18 19 20
  22 26 28 31 38 48 53 76 83 86 88 90 93
  94 98 100 110 111 112 113 124 125
  130 131 141 151 157 161 165 176 177
  190 191 193 194 209 216 243 251 275
  282 286 287 289 306 315 317 314 342
  359 371 390 433 434 502 538 564 627
  654 664 700 713 714 748 771 772 773
  778
Arbeiterbewegung und Nation
  (siehe auch: Nation) 370
Arbeiterbewegung,
  ›verstaatlichte‹ 12 18 20 22 24
  306 769
Arbeiterbewegung, alte/frühe . . . 12 19
  38 112 114 125 181 345 660 771
Arbeiterbewegung, christliche 171
Arbeiterbewegung, deformierte . . . 744

Arbeiterbewegung, Geschichte . . 11 14
  19 20 21 26 28 31 38 39 113 114 121
  176 307 315 341 736 779
Arbeiterbewegung, in der SBZ . . 45 121
Arbeiterbewegung, internationale . . 617
Arbeiterbewegung, katholische . . . 504
Arbeiterbewegung,
  kommunistische . . . 12 51 306 333
  771 774
Arbeiterbewegung,
  sozialdemokratische . . . 25 49 109
  194 306 340 359
Arbeiterbewegung, sozialistische . . 14 18
  19 50 101 159 234 251 286 371 433
  434 700 713 719 765 769 771 772 773
Arbeiterbewegung, Tradition . . . 20 83
  107 286 315 411 773
Arbeiterbewegung, westdeutsche . . . 27
  39 315 364 369 374 779
Arbeiterchöre 301
Arbeiterdelegation 509 760
Arbeiterdelegation, sowjetische . 381 383
Arbeiterehen 703
Arbeiterfamilien . . 516 611 686 739 740
Arbeiterfestspiele . . . 444 445 446 447
  634 717
Arbeiterhaushalt (siehe auch:
  Einkommen) 667 692 740
Arbeiterinnen, polnische 625
Arbeiterinnen, ungarische 621
Arbeiterinnenkonferenzen 512
Arbeiterinteressen . . 25 35 121 190 305
  308 349 515 649 748 771 779
Arbeiterjugend-Kongresse 512
Arbeiterklasse . . 11 13 14 15 16 17 23 26
  47 54 55 58 59 87 92 96 97 101 131 139
  159 162 163 171 190 191 197 206 213
  234 247 250 252 255 256 259 264 284
  286 338 339 340 377 393 408 423 433
  434 444 466 474 481 482 489 490 504
  528 535 537 547 560 587 593 604 615
  629 641 651 652 653 654 656 657 658
  663 673 678 689 693 698 703 709 739
  743 770 771 775 776 777
Arbeiterklasse, Einheit . . 96 97 308 717
  774
Arbeiterklasse, Partei . . 100 101 315 535
  568 592 597 647 659

859

Arbeiterklasse, politische Moral 64
Arbeiterklasse, Solidarität 83
Arbeiterklasse, Umerziehung 87
Arbeiterkomitees ... 131 378 398 404
  405 408 409 411
Arbeiterkonferenzen .. 404 500 509 512
  641 760
Arbeiterkontrolle der
  Gewerkschaften 418 635 732
Arbeiterkontrolleure .. 418 554 591 676
  690
Arbeiterkultur ... 18 192 193 290 432
Arbeiterkultur, in der DDR ... 286 445
Arbeiterkultur,
  in der Weimarer Republik 286
Arbeiterkultur, sozialistische .. 192 378
arbeiterliche Gesellschaft .. 42 637 651
Arbeiterpaläste 21 287 678
Arbeiterpriester, französische 720
Arbeiterräte 113 404 405
Arbeiterräte, polnische 408
Arbeiterselbstverwaltung 102 378
Arbeiterselbstverwaltung,
  polnische 378 404 471
Arbeiterselbstverwaltung,
  ungarische 378
Arbeitertheater 444 447
Arbeiter-und-Bauern-Fakultät
  (siehe: ABF)
Arbeiter-und-Bauern-Inspektion
  (siehe: ABI)
Arbeiter-und-Bauern-Macht .. 314 592
  703 755
Arbeiter-und-Bauern-Staat ... 11 17 18
  20 26 158 159 160 173 313 557 573
  597 663 670 716 719 754 772
Arbeiterunruhen, in Polen ... 398 671
Arbeiterwiderstand 175 182 194
Arbeiterwohnsituation .. 59 79 672 673
  674 685 695
Arbeiterwohnungsbaugenossenschaft
  (siehe: AWG)
Arbeiterzirkel (siehe: Zirkel)
Arbeitsämter ... 69 78 80 123 238 239
  281 540
Arbeitsbedingungen (siehe auch:
  Arbeiter, Arbeitsbedingungen) .. 73
  79 653 678 727 728 755

Arbeitsbedingungen, betriebliche ... 82
  88 378 582 584 603 642 658 727 734
  735
Arbeitsbedingungen, Lebens- und .. 73
  202 282 330 364 380 418 528 538 554
  582 585 590 597 599 602 603 604 645
  648 653 675 694 695 726 736
Arbeitsbrigaden 228 231 657
Arbeitsbummelei ... 394 488 531 622
  623 693
Arbeitsdisziplin ... 87 138 139 141 145
  427 560 634 661 675 679
Arbeitsgerichte 112 387 562
Arbeitsgesetz, von 1950 .. 273 277 280
  281 282 564 748
Arbeitsgesetzbuch, von 1961 .. 558 613
  738
Arbeitsgruppe ›Frauen‹ 610
Arbeitsgruppe ›Kulturgeschichte
  der deutschen Arbeiterklasse‹ .. 652
Arbeitsgruppe ›Sozialpolitik‹ (siehe
  auch: Strategischer Arbeitskreis) . 582
  583 598 601 604 736
Arbeitshelden, polnische 224
Arbeitshelden, sowjetische 224
Arbeitshelden, technokratische ... 582
Arbeitshelden, weibliche 220
Arbeitshygiene 729
Arbeitsinstrukteure 227
Arbeitskommissionen 86 87
Arbeitskräfte .. 58 66 67 69 78 79 80 81
  134 170 233 235 240 280 392 491 493
  528 529 530 546 554 584 605 608 614
  618 619 620 627 671 677
Arbeitskräfte, ausländische ... 605 619
  620 621 623 624 626 627
Arbeitskräfte, freigesetzte 392 746
Arbeitskräfte, weibliche ... 24 239 416
  530 546 605
Arbeitskräfteanwerbung,
  deutsch-deutsche 315
Arbeitskräftebilanzen 481
Arbeitskräftefluktuation (siehe auch:
  Fluktuation) . 138 558 584 735 746
Arbeitskräftelenkung .. 68 79 80 81 123
  238 240 281
Arbeitskräftemangel 66 78 80 202
  203 473 487 531 552 600 601 618 738

Sachregister

Arbeitskräftepotential . . 66 80 233 530 597 605
Arbeitslosigkeit . . 239 262 313 616 708 773
Arbeitsmigration 620
Arbeitsmoral . . 75 117 139 427 535 558 560 563 578 622 664 679 755 776
Arbeitsmoral, sozialistische . . . 425 468 557 560 732
Arbeitsniederlegungen (siehe auch: Streiks) . . 82 231 326 327 353 384 389 396 401 578 580 689 747 748 749 751 752 753 754 755 756 757 777 779 792
Arbeitsniederlegungen (1953) 183 314 316 326 329 333 340 341 342 343 349 356
Arbeitsniederlegungen (1956) 527 751 752
Arbeitsnormen (siehe auch: Normen 142 224 276 277 279 281 379 386 387 388 391 401 425 557 581 588 664 750
Arbeitsnormen, Technische (TAN) (siehe auch: TAN) . . . 159 204 273 386 429 556
Arbeitsnormung 277 388 391 476 557 754
Arbeitsplatzwechsel . . 389 473 558 584
Arbeitsproduktivität 554 600
Arbeitsproduktivität, hohe . . . 138 568 588
Arbeitsproduktivität, niedrige . . 81 138 140 141 394 549
Arbeitsproduktivität, Steigerung . . . 33 143 159 213 230 262 276 277 279 280 282 292 300 383 416 426 556 558 559 562 568 572 573 590 592 603 604 699 704 726
Arbeitsproduktivität, Steigerung der 141 281
Arbeitsschutz . . . 122 169 204 210 233 239 272 281 350 380 382 383 399 415 416 422 477 585 634 759
Arbeitsvertrag 69 558 619 727
Arbeitszeitregelungen . . . 421 422 599
Arbeitszeitverkürzung . . . 420 421 422 423 511 600 755

Arbeitszufriedenheit 722 734 735
Armaturenwerk
 ›Karl Marx‹ (Magdeburg) 327
Armut (siehe auch: Altersarmut) . . . 61 269 670 671 688 692 737
Aufbau des Sozialismus . . . 155 160 256 302 322 325 377 399 427 438 524 548 588 604 648 697 779
Aufbaugeneration 251 741 745
Aufstand vom 17. Juni . . 23 24 34 36 41 135 169 180 183 187 191 203 230 273 275 279 301 393 398 411 476 480 487 524 526 527 551 648 649 651 660 662 664 675 678 743 744 748 750 757 759 761 772 774 775 776 777 778 781
Aufstieg, sozialer 100 251 254 259 260 538 649 650 660 745 775 779
Aufstiegschancen 203 251 779
August-Thyssen-Hütte (Duisburg) . 505
Ausbeuter, kapitalistische . . 16 190 419 521 609
Ausbeuterordnung, ›faschistische‹ 80 618
Ausbeutung 185 217 280 281 309 481 511 567 597 605 656 670
Ausgabenstruktur 690 691 792
Ausschuß für Arbeit und Sozialpolitik 413
Ausschuß für Deutsche Einheit . . . 759
Außenhandel 47 255 262
Auszeichnungen . . 216 218 220 223 224 251 282 468 475 605 709 710 712 722
Avantgarde, kommunistische . . . 13 191 26 31 100 160 207 222 260 349 377 398 567 657 659 770 774 775
Avantgarde, politische im antifaschistischen Widerstand . . 53
AWG 380 673 674 676 677 682 727

B

Ballonaktionen . . 183 184 320 367 404
Banner der Arbeit 380
Barackenlager 527 531 532
Bauarbeiter 116 330 331 332 341 345 379 526 527 529 536 539 602 644 666 748
Bauarbeiter, Berliner . . 330 342 343 345 359 367 401
Bauarbeiter, der Stalinallee . . . 320 329 330 342 678

Anhang

Bauarbeiter, Leipziger 337
Bauarbeiter, Lied der Rostocker ... 440
Bauarbeiter, Stalinstädter 347
Bauarbeiter, westdeutsche 666
Bauarbeiterverbände, westliche ... 149
Bauern .. 12 123 130 139 244 252 324 328 341 361 424 437 486 487 489 490 534 771
Bauernproteste 316 317 321
Baugenossenschaften 194
Bauindustrie ... 262 345 392 477 622 666 678 754
Befehl 234 ..... 82 109 129 142 645
Behelfsunterkünfte 673
Benzinwerke Böhlen .. 168 223 295 392
Berichterstattung .. 32 33 36 37 39 144 297 329 330 337 389 397 402 423 442 482 499 539 578 621 688 698 751 753 760 763
Berlin-Blockade 172 180
Berliner Beschlüsse des FDGB 261
Berliner Glühlampenwerk .. 26 295 384 472
Berlin-Krise 168 172 173
Berlin-Ultimatum 550
Berufspendler 315
Bestarbeiter 260
Bestarbeiter, polnische 525
Betrieb und Gewerkschaft .. 20 97 109 113 120 139 202 203 206 235 347 581 635
Betriebe, genossenschaftliche .. 271 481
Betriebe, halbstaatliche ... 273 476 477 479 480 481 482 483 484 548 656
Betriebe, herrenlose ... 80 113 131 132
Betriebsabendschulen 262
Betriebsakademien 285 472 608
Betriebsambulatorien (siehe auch: Land-/Ambulatorien) ... 417 747
Betriebsausschüsse 87 102 119
Betriebsberichtsbögen 144
Betriebsbibliotheken 302 382
Betriebsdelegationen 502
Betriebsegoismus 114 726
Betriebsessen 169 752
Betriebsfeste 294
Betriebsfestspiele 447 534
Betriebsfrauenausschüsse .. 234 235 236

Betriebsfrauenkommissionen 117
Betriebsfunk ... 273 301 402 484 533 730 731 734
Betriebsfunksendungen 313
Betriebsgemeinschaftsideologie ... 272
Betriebsgeschichten 30 31
Betriebsgewerkschaftsgruppen ... 114 117 118 120 198
Betriebsgewerkschaftsleitung (siehe: BGL)
Betriebsharmonie 272
Betriebs-HO 747
Betriebskampfgruppen (siehe auch: Kampfgruppen) .. 357 362 402 552 751
Betriebskindergärten 117 126
Betriebskollektivverträge (siehe: BKV)
Betriebskomitee Neue Technik ... 733
Betriebskommissionen ... 209 210 592 732
Betriebsparteiorganisationen (siehe: BPO)
Betriebsparteischulen 168
Betriebsplan 264
Betriebspolikliniken (siehe auch: Polikliniken) 417 532 533
Betriebsrat 82 91 102 103 108 112 113 114 115 116 117 118 119 120 121 126 127 129 131 133 135 139 140 142 143 146 168 198 200 202 203 209 232 259 309 405 411 663 760 772
Betriebsrätebewegung 34 118
Betriebsrätegestz 114 116 119
Betriebsrätekonferenzen 118 750
Betriebsrätepolitik 114
Betriebsratswahlen ... 114 115 116 120 200
Betriebssport 193 304 414 724
Betriebssportgemeinschaften (siehe: BSG)
Betriebsvereinbarungen .. 82 118 212 239 477 482 484 749
Betriebsverkaufsstellen 607 695
Betriebsversammlungen .. 133 143 167 283 355 400
Betriebsvertretungen .. 113 114 116 122
Betriebsverwaltungsrat 113
Betriebsvolkshochschulen (siehe auch: Volkshochschulen) ... 285 302 608
Betriebszeitungen 30 438 505 533 563 730 734

Sachregister

Beutebrigaden 63
Bevölkerungsgruppen/-schichten ... 69
  70 83 366 398 495 496 597
Bevölkerungsstruktur ... 55 65 77 100
  545 546
Bevölkerungszahl/-zählung ... 49 51 66
  546 654
Bewegung schreibender Arbeiter
  (siehe: Arbeiter, schreibende)
BGL (Betriebsgewerkschaftsleitung) .. 103 108 110 112 114 115
  117 118 168 180 198 200 201 202 203
  208 209 210 235 240 272 273 282 294
  300 301 330 343 350 351 352 356 378
  382 383 386 403 404 405 409 414 415
  416 418 477 483 484 489 511 515 562
  625 664 694 706 707 726 732 747 751
  752 754 761
BGL-Wahlen 200 386 409 746
Bibliothek des Agitators 186
Bibliothek des Aktivisten 30 224
Bildungswesen (siehe auch:
  Schulen) ... 159 243 247 248 543
  607 615
Bitterfeld 50 114 201 203 297 304
  337 343 345 350 358 361 395 409 416
  423 430 432 433 438 466 616
Bitterfelder Konferenz (1948) .. 114 116
  198 201 203 291 297
Bitterfelder Konferenz (1959) .. 304 378
  432 433 434 435 436 437 438 441 442
  444 445
Bitterfelder Konferenz (1964) 630
Bitterfelder Weg (1959) .. 289 428 430
  432 433 434 435 436 437 438 439 441
  443 444 445 447 534 627 629 630 636
  643 644 701 722 730 776
BKV ... 159 206 211 213 226 231 236
  239 266 273 277 279 282 283 284 285
  295 326 362 377 384 385 386 390 693
  705 723 732 750
Bleichert (Leipzig) 208
Bodenkämpfe 51 62 77
Bodenreform .. 54 58 68 70 75 122 130
  141 417
Bolschewisierung 164
BPO 31 166 168 170 171 356 358
  410 483 515 732 752

Brachlandaktion 122
Branchengewerkschaften (siehe auch:
  Industriegewerkschaften) .. 108 110
  145 149 172 201 357 372 385 387 415
  482 650 690
Brigade ›Nikolai Mamai‹ .. 466 473 740
Brigade ›Patrice Lumumba‹ 473
Brigadebewegung ... 228 229 232 465
  466 473 475 633
Brigadefeste 470 617 636 724
Brigadekassen 470 472
Brigaden .. 21 36 206 213 225 226 227
  228 229 230 231 232 314 378 379 382
  384 391 397 428 441 442 448 466 468
  469 470 471 472 473 474 475 476 491
  563 579 608 616 626 634 636 657 663
  721 723 724 744 748 754 776
Brigaden (Definition) . 227 448 465 473
Brigaden, sozialistische ... 224 231 232
  378 428 430 441 442 447 448 465 468
  470 471 472 473 474 475 476 537 596
  633 634 637 715 712 724
Brigaderäte 470 471
Brigadetagebücher ... 31 436 437 441
  442 468 475 634
BSG ... 296 302 534 660 724 725 726
Buna-Werke 48 337 350 353 355
Bundestag 314 370 501
Bundestagswahlkampf (1953) 371
Bundestagswahlkampf (1957) 502
Buntmetall-Walzwerk (Hettstedt) .. 198
  279 391
Bürgertum 16
Büro für deutsche
  Gewerkschaftseinheit 307
Bürokratismus 22 31 196 204 206
  207 209 211 214 258 292 413 418 465
  593 732 775

C

CDU (siehe auch: Ost-CDU) .. 104 105
  115 130 157 171 481 778
CDU-Betriebsgruppen 166 167
CDU-Ostbüro (siehe auch:
  Ost-CDU) 499
Chemie 430
Chemie(fach)arbeiter/in .. 616 714 730
  735

863

Chemie(groß)betriebe ... 333 409 619 694 735
Chemieprogramm 429 430 714
Chemische Werke Buna 409
Chemnitzer Beschlüsse 210 211 715
Chemnitzer Kulturtagung 215
Christentum 719

D
›Das Gewerkschaftsaktiv‹ 478 760
Datsche (siehe auch:
  Schrebergarten) 686 688
DDR-Nationalmannschaft ... 714 725
DDR-Sozialgeschichte ... 38 159 194
DEFA-Filme 630 692 693 701 715
Degussa-Werke 524
›Die Tarantel‹ 499
›Die Tat‹ 564
Delegationen ... 112 207 312 330 331 343 381 502 505 515 641
Delegationen, sowjetische 362
Delegationsbesuche ... 27 312 490 505 760 761
demographische Entwicklung ... 54 58 65 66 545 597 605 612
Demokratie .. 11 40 86 87 121 158 172 194 197 339 342 373 384 537 596
Demokratie, sozialistische ... 404 412 585 586
Demokratischer Frauenbund Deutschlands (siehe: DFD)
Demonstrationen . 173 174 193 314 316 317 319 321 325 329 331 332 333 337 339 340 342 343 344 345 348 349 359 363 371 424 526 624 678 692 718 746 747
Demonstrationsritual 747
Demontagen .. 51 61 62 63 64 65 80 81 82 103 134 135 138 153 162 516 524 662 744
›Der Tag‹ 499 539
Deutsche an einen Tisch 311
Deutsche Arbeitsfront 287
Deutsche Frage ... 94 96 161 175 495 509 514 642 764
Deutsche Reichsbahn 81 494

Deutsche Staatsoper (Berlin) .. 112 161
Deutsche Verwaltung für Arbeit und
  Sozialfürsorge (DVAS) 123
deutsche Wertarbeit 631 745 778
Deutsche Wirtschaftskommission
  (siehe: DWK)
Deutscher Freiheitssender 904 503
Deutscher Siedlerbund Sachsen e. V. . 76
Deutscher Turn- und Sportbund
  (DTSB) 419 725
deutscher Weg zum Sozialismus ... 100 157 160 162 190 289
Deutsches Institut für Wirtschaftsforschung, DIW (Berlin) .. 266 669
deutsches Wunder 638
Deutschlandplan des Volkes 504
Deutsch-Sowjetische Freundschaft
  (siehe: DSF)
DFD 127 171 233 234 236 592 683 732
DGB (Deutscher Gewerkschaftsbund) .. 145 308 309 312 353 369 371 372 373 404 405 445 501 502 503 504 506 507 514 516 556 564 641 642 778
DGB, Wirtschaftswissenschaftliches
  Institut 501
DGB-Aktionen 371
DGB-Gewerkschaften 306 312
DGB-Kongreß 1954 ...... 501 514
DGB-Ostbüro 353 369 404 499
DGB-Vorsitzende ... 331 372 373 514
›Die Arbeit‹ 386 557 581 589 748
Die Frau - der Frieden und
  der Sozialismus 606
Dienstleistungseinrichtungen .. 695 723
Diktatur . 13 24 26 40 85 130 448 652 663 743 775 780
Diktatur des Proletariats .. 12 13 24 173 253 254 647 770
Diktatur, nationalsozialistische ... 113 176 193 367 758 772
Diktatur, poststalinistische 321
Diktatur, revolutionär-demokratische 132
Diktatur, sozialistische ... 157 317 320 775
Diktatur, stalinistische 155 336
Diktatur, totalitäre 24 385 774

Sachregister

Direktive zur Verbesserung der
 Arbeiterversorgung (1971) . 645 695
Direktorfonds 294 386
DKP (Deutsche Kommunistische
 Partei) 511
Doppelverdiener 238 239 739
Dorfgewerkschaftsleitung (DGL) . . 483
Dreierputzsystem 225
Dreiersystem 526
dritter Weg 157 409 500 638
DSF (Deutsch-Sowjetische
 Freundschaft) . . . 171 194 353 382
 418 496 732
DWK . . 144 158 169 202 217 245 254
 255 256 271 276 664

E

Effektivlohn 82 665
Egalisierung . 140 243 251 663 739 770
Egalitarismus . . . 23 24 41 129 142 253
 275 281 390 579 581 597 615 648 662
 664 670 671 673 688 776
Eheschließung 537 715 719 721 727 740
Ehrung 218 221 709 712 713 715
Ehrung, Totenehrung 161
Eigenheimbau, privater . . 672 674 676
Eigen-Sinn . . . 19 377 385 396 401 434
 472 614 652 661 663 713 747
Eingaben 38 488 672 678 756 779
Eingruppierung 285 626
›Einheit‹ 186 497 557 575 602
Einheit . . 93 94 95 98 102 105 107 110
 111 112 125 153 161 165 175 184 192
 214 317 358 370 416 603 641 748 772
Einheit von Wirtschafts- und
 Sozialpolitik 415 416 780 781
Einheit, Arbeiterklasse . . . 93 94 96 97
 308 717 774
Einheit, deutsche . . 48 173 175 214 215
 293 294 314 315 323 370 503 641 730
 759
Einheit, organisatorische . . 92 93 94 97
 161
Einheitsgegner . . . 94 96 97 98 161 175
Einheitsgewerkschaft 90 105 107 145 146
 148 149 202
Einheitspartei . . 90 92 96 97 99 107 165
 175 358 772

Einheitsschule 243 244
›Einholen und Überholen‹ . . 42 425 544
 550 758
Einkommen (siehe auch: Arbeiter) . . 74
 218 253 428 533 574 575 577 604 658
 664 665 666 667 669 678 688 697 705
 707 736 755
Einkommen, mittlere 669 737
Einkommen, niedrige . . 75 423 424 582
 667 670 671 723 737
Einkommensdifferenzierung . . 253 269
 604 650 665
Einkommensgruppen . . . 269 270 423
 424 582 667 671 737
Einkommensverbesserungen . . 276 428
 574 691 697
Einkommensverhältnisse . . 261 691 692
Einrichtungen, soziale . . . 200 262 386
 603 723 760
Eisenbahn 60 141 142 392 467
Eisenbahner (siehe auch: Tag des
 Eisenbahners) . 218 369 494 715 750
Eisenbahnergewerkschaft 201
Eisenhüttenkombinat 521 524
Eisenhüttenkombinat
 ›J. W. Stalin‹ 505 533
Eisenhüttenkombinat Ost (siehe: EKO)
Eisenhüttenstadt 473 528 634 763
EKO (Eisenhüttenkombinat Ost) . . 43
 184 185 264 336 347 473 505 521 523
 524 526 527 528 529 530 531 532 534
 538 540
Elektrochemisches Kombinat
 Bitterfeld (EKB) . . 350 430 432 466
Elite, alte 251
Elite, neue (politische) 135 275
Elite, tschekistische 16
Elitenaustausch 159 253 256 260
Emigranten, deutsche 85
Emigranten, kommunistische
 deutsche 89 112
Emigranten, sozialdemokratische . . 105
Enteignungen . . . 130 131 132 133 134
 135 750
Enteignungen, gewerbliche 494
Enteignungen, Großindustrie . . 54 116
 130
Enteignungen, Landwirtschaft . . . 494

865

Enteignungen, symbolische der
  Sozialdemokratie 193
Entlassungen (DDR-Definition) . . 584
Entlassungen, (politische) Haft . . . 328
  329 353 366 399 753
Entlassungen, Arbeitsplatz . . 80 143 356
  391 392 487
Entlassungen,
  Kriegsgefangenschaft 539
Entlassungen,
  Rekrutierungspotential 391
Entnazifizierung . . . 54 55 117 129 131
  133 134 136 146 195
Entnazifizierung, Bildungsbereich . . 249
Entnazifizierung,
  Fachkräftemangel 250
Entnazifizierung, Folgen 80 134
Entnazifizierung,
  Wirtschaft/Betriebe 111 259
Entstalinisierung . . . 360 378 398 399
Entstalinisierungsfolgen 420
Entstalinisierungskrise 1956/57 . . . 378
  398 410 549
EOS (Erweiterte Oberschule) . . 615 650
Erfinderbewegung 226 294
  412
Erfurter Zeitung ›Das Volk‹ 352
Erholungsurlaub (siehe auch:
  Urlaub) 129 417
Errungenschaft, sozialpolitische . . . 748
Errungenschaften, Arbeiterbewegung/
  -klasse 282 560 703 748
Errungenschaften, sowjetische 290
Errungenschaften, sozialistische . . . 68
  242 310 344 363 394 395 530 624 656
  719 741
Errungenschaften, sozialpolitische . . 236
  397 516 599
Erster Mai . . . 80 103 111 184 314 363
  415 514 712 715 718 747
Erzbergwerk ›Dsershinski‹ 225
Erziehungsdiktatur, SED 227 285
Essensversorgung 82
›Eulenspiegel‹ 683 724
Exil 145 147 307
Exil, Moskau 33 85 129 150
Exil-KPD, Konzeptionen 33 85 86
  87 90 129 150 642

F
Facharbeiter . . . 23 66 78 190 271 315
  327 342 491 530 552 570 610 620 626
  631 656 657 658 662 664 675 690 729
  757
Facharbeiter, polnische 624
Facharbeiter, Qualifikationsstufen . . 615
  620 658
Facharbeiter, qualifizierte . . 50 180 271
  535 584 677
Facharbeiter, sowjetische 618
Facharbeiter, Traditionen 327
Facharbeiter, ungarische 623
Facharbeiterausbildung 251 626
Facharbeitergruppen 650
Facharbeiterin 611 616 735
Facharbeitermilieu 660 661
Fachleute, bürgerliche 253
Familie . . 59 250 251 270 281 366 404
  516 531 538 610 617 673 677 706 729
  736 738 739 740
Familie und Beruf . . . 235 546 605 612
  614 739
Familie, Einkommen 667 669
Familie, Geschlechterprobleme . 612 653
Familie, Hilfen 366
Familie, kinderreiche . . 78 579 583 598
  671 675
Familie, Moral 740
Familie, Sexualität 740
Familie, soziale Bedingungen . . . 59 486
  686 690
Familie, Zusammenhalt 18
Familienangehörige, Zusammen-
  führung 71
Familiengesetzbuch (1965) 611
Familienpolitik 531 612 615 739
Farbenfabrik Wolfen 337 416
Faschismus (siehe auch:
  Nationalsozialismus) . . 54 106 234
  741 774
Faschismusinterpretation,
  kommunistische 129 134
FDGB (Freier Deutscher
  Gewerkschaftsbund) 21 29 30
  32 58 75 81 82 95 104 106 108 109 111
  112 114 115 118 119 120 121 122 123
  124 125 127 128 129 132 134 139 142

Sachregister

143 145 147 149 150 169 171 172 177
180 181 183 185 190 194 196 197 198
201 202 203 204 206 207 208 210 213
214 217 223 224 226 228 229 231 232
238 240 244 247 254 261 276 277 283
289 291 292 293 297 298 302 306 307
308 309 310 311 312 313 331 342 352
353 356 357 358 362 373 377 378 387
389 395 397 403 409 411 412 413 414
415 416 417 418 419 432 434 435 437
465 468 470 477 479 483 486 488 502
503 505 506 508 509 512 513 514 515
516 517 554 558 562 563 579 585 587
588 590 591 592 593 596 599 601 603
613 614 621 625 633 635 641 642 652
653 662 664 687 689 690 698 699 703
704 707 709 714 722 723 724 726 727
731 732 736 737 748 749 750 753 754
756 757 760 769 771 773 778 785
FDGB-›Prinzipienerklärung‹ 148
FDGB-Apparat . . 108 203 212 284 377
468 593
FDGB-Berichte . . 142 204 223 228 232
311 379 486 644
FDGB-Beschlüsse . . . 297 301 405 444
FDGB-Bundesvorstand . . 35 36 40 108
110 117 122 128 142 147 166 187 196
198 203 207 208 209 210 211 221 222
230 236 247 255 270 280 283 293 298
302 307 308 313 342 352 358 382 386
403 404 405 409 410 411 413 414 432
437 444 471 474 477 482 505 508 516
585 586 599 600 602 604 629 634 635
666 667 700 703 704
FDGB-Chöre 312
FDGB-Ferien-/Erholungsdienst . . . 21
123 128 129 298 310 397 414 416 417
418 703 704 706 707 708
FDGB-Frauenabteilung . . 117 127 613
690
FDGB-Funktionäre . . 177 309 311 342
358 402 414 419 445 509 589 653 753
755
FDGB-Geschäftsberichte 117 119
121 239 272 477
FDGB-Geschichte . . . 22 103 107 126
166 378 593 631
FDGB-Gründungsausschuß 104

FDGB-Gründungskongreß (1946) . 104
105 106 126
FDGB-Gründungsmitglieder . . 104 126
146 147
FDGB-Instrukteure 309
FDGB-Kongreß (III.) (1950) . . 204 207
416 723
FDGB-Kongreß (IV.) (1955) . . 358 385
386
FDGB-Kongreß (V.) (1959) 428
FDGB-Kongreß (VI.) (1963) 593
595 609
FDGB-Kongreß (VII.) (1968) . . . 596
FDGB-Kreisvorstände . . . 197 294 296
507
FDGB-Kulturarbeit . . . 21 128 291 292
293 299 301 304 414 445 446 465 634
707
FDGB-Kunstpreis 444
FDGB-Landesvorstände . . 118 126 127
138 144 198 209 414 750
FDGB-Leitung . . 104 108 109 112 144
206 207 211 214 224 229 239 277 282
300 357 386 403 409 465 472 482 582
587 589 603 636 673 708 745
FDGB-Literaturpreis 439 534
FDGB-Ortsvorstände 122
FDGB-Satzung (1963) 588
FDGB-Schule (Falkensee) . . . 506 508
FDGB-Verlag ›Tribüne‹ 437
FDGB-Vorsitzende . . 150 201 228 254
264 415 465 595 596 641
FDGB-Zentralorgan ›Tribüne‹ . . 97 177
180 186 213 298 329 386 432 466 471
610
FDJ (Freie Deutsche Jugend) . . 127 171
231 290 325 339 361 418 435 488 592
685 732
FDJ-Kontrollposten 732
FDJ-Lieder 296
FDJ-Organ ›Junge Welt‹ 356 402
Feierabend 602 649 679 687
Feiern . . . 18 220 373 521 536 537 715
719 720 721 722
Feiern, betriebliche 224 290 688
Feiern, kirchliche 721
Feierstunden 301 715
Feiertage . 313 315 373 379 600 714 727

867

Feindpropaganda 423
Ferien 129 235 310 397 418 505 704 726
Feriendienst (siehe auch: FDGB-Ferien-/Erholungsdienst) 129 397 727
Ferienheim ›Klement Gottwald‹ . . . 703
Ferienheime (siehe auch: FDGB-Ferienheime) 384 661
Ferienplätze/-quartiere . . . 417 704 706 722
Ferienschecks 706
Ferienvereinbarungen 211
Fernsehapparate/-geräte . . 496 670 671 693 694 714
Fernsehen . . . 361 441 617 632 698 700 701 702 736
Fernsehsendungen, westliche . . 622 623 762 763
Fernsehspiele 630 701
Festarchitektur, sozialistische 718
Feste 18 536 617 660 709 717
Festspiele 446 535
Festveranstaltungen 633 715
Field-Affäre 307
Filmabende 296
Filme (siehe auch: DEFA-Filme) . . . 28 293 298 299 302 435 445 526 533 603 630 631 693 701 730
Filmfabrik Bitterfeld 409
Filmfabrik Wolfen 337
Filmstars 218
Filmvorführungen 296 297 534
Filmwerbung 298
Flucht (siehe auch: Republikflucht) . . 109 175 253 324 325 366 397 495 512 545 550 554 612 652 745 764
Fluchtgründe/-motive . 397 491 494 764 778
Flüchtlinge . . . 48 51 54 55 58 65 66 67 182 315 392 396 493 494 495 545 546 550 672 762
Flüchtlingsbefragungen 653
Flüchtlingsfrauen 58
Flüchtlingsgruppen 315
Fluchtwege 551 764
Flugblattaktionen 185 320

Flugblätter . . 181 183 184 185 308 309 344 353 367 371 395 400 499 730
Flugschriften 320 502
Fluktuation (siehe auch: Arbeitskräftefluktuation) . . . 532 579 584 661 677 678 746
Formalismus 292 299 301 685
Fortschritt, wissenschaftlich-technischer 586 701
Frankfurter Allgemeine Zeitung 283 564
Frauen . . . 55 69 81 82 86 113 115 121 126 127 219 220 233 234 235 236 237 238 239 240 241 242 252 258 281 295 299 332 339 384 415 416 424 467 470 530 539 547 559 583 605 606 607 608 609 610 611 612 613 614 623 649 684 693 694 701 703 709 710 728 738 739 740 751
Frauen- und Familienpolitik . . 531 612 615 739
Frauen, alleinstehende . . . 238 612 690
Frauen, berufs-/werktätige . . 69 126 127 233 234 235 236 239 251 260 281 416 530 595 607 608 610 611 612 613 614 615 616 617 703 723 739 740
Frauen, Gleichberechtigung . . 144 233 234 238 240 242 605 609 610 611 614 739 740 751
Frauen, studierende 243
Frauen, verheiratete . . 236 237 238 239 467 511 611 612 614 690
Frauenabteilung (siehe auch: FDGB-Frauenabteilung) 117 127 613
Frauenanteil . . . 55 66 67 240 245 530 546 606 607 614 738 747
Frauenarbeit . . . 146 231 233 235 281 530 546 727 739
Frauenarbeit, gewerkschaftliche . 117 126
Frauenausschüsse . . . 127 233 234 235 239 530 605
Frauenbeschäftigung, -qualifikation . . 81 126 127 159 230 233 235 239 240 260 281 530 605 607 608 610 612 739
Frauenbewegung 234 611
Frauenbild 220 240 242 616 739
Frauenbrigaden 231
Frauenemanzipation 233 605

Sachregister

Frauenförderung 256 605 606 607
  608 610 615 616 739
Frauenförderungspläne 239 607 611 615
Frauenlöhne 117 144 238 666
Frauenpolitik 235 606 614 616
›Freie Junge Welt‹ 499
freie Wahlen 344 373
Freifahrtscheine 494
Freiheit . . . 14 40 184 306 370 371 373
  401 500 539 567 758 774
Freiheitssender 904 503
Freizeit . . 193 470 556 597 622 653 693
  695 697 698 699 700 702 703 740 748
Freizeitangebote 622 697
Freizeitberechnungen 703
Freizeiteinrichtungen 531 532
Freizeitforscher 699
Freizeitgestaltung . . 21 192 299 304 397
  484 634 636 637 688 691 697 698 699
  700 702 740
Freundschaftsverträge 477 505
Friedrich-Wolf-Theater 532 534
›Frohe Ferien für alle Kinder‹ . . 310 505
führende Klasse . . 17 20 25 28 38 42 135
  160 212 255 266 275 299 326 364 370
  395 413 423 485 487 489 491 493 509
  560 567 579 599 630 641 642 647 648
  654 655 657 658 663 688 710 714 720
  736 743 758 769 770 771 775 780
Fünfersystem 526
Fünfjahrplan . . . 226 228 238 247 256
  259 260 261 262 264 266 271 273 277
  282 293 294 315 323 385 416 428 523
  529 652 690 710 730
Fünf-Tage-Woche 74 421 422 599
  600 601
fünfte Zone (i.e. Berlin) 146
Funktionäre, ehrenamtliche . . . 204 210
  415 419 593 683 732 745
›Für Dich‹ 77 240
Fürsorge . . 83 88 123 415 416 420 528
  660 712
Fußball 724 725
Fußballstadion 63

G

Gartenland 75
Gastarbeiter   28 617 618 621 624 626 627
GBA (siehe: Gesetzbuch der Arbeit)
Gebäude, genossenschaftliche 682
gebildete Nation 629
Gegenkirche 192 537
Gemeindebodenkommissionen . 70 130
Gemeinschaftserlebnis 534 539
Gemeinschaftshäuser 636
Gemeinschaftsideologie, deutsche . . 648
Gemeinschaftsunterkünfte (siehe auch:
  (Behelfs-)Unterkünfte) . . . 621 623
  624
Generallinie 175 323 349 395 420
  479 491 751 776
Generallinie, osteuropäische 157
Generalstreik 314 331 750
Generationsspannung 741 742
Genossenschaften . . . 192 194 195 196
  333 488 500 659 771
Genossenschaftsbauern . . . 437 488 489
  490 535 547 592 655 656
Gerechtigkeit, soziale 142 770 773
Gerüchtebildung 645
Gesamtdeutsche Arbeit 507
Geschichte der deutschen Arbeiter-
  bewegung (8 Bde.) . . 11 29 42 99 632
Geschichtspolitik, nationale 313
Gesellschaft für deutsch-sowjetische
  Freundschaft (siehe: DSF)
Gesellschaft, sozialistische . . 17 425 537
  560 568 597 599 601 606 610 631 651
  680 739
Gesellschaftliche Räte 585
gesellschaftliche Verpflichtungen . . 421
Gesetz der Arbeit (siehe: Arbeitsgesetz)
Gesetzbuch der Arbeit (GBA) . . 427 558
  559 560 562 564 569 581 585 727 732
Gesundheitswesen . . . 47 262 416 532
  533 666 729
Gewerkschaft der Bau- und
  Holzarbeiter 149
Gewerkschaft Post und
  Fernmeldewesen 358
Gewerkschaften (siehe FDGB)
Gewerkschaften, christliche . . . 104 107
  157 201 504
Gewerkschaften, polnische . . . 621 625
Gewerkschaften, sowjetische 382
Gewerkschaften, sowjetischen Typs . 109

869

Anhang

Gewerkschaften, westdeutsche ... 306
  311 312 423 445 506 513 642 778
Gewerkschafter ... 22 181 201 203 207
  208 211 255 311 641
Gewerkschafter,
  sozialdemokratische 107 308
Gewerkschaftliche Monatshefte ... 371
Gewerkschaftsaktiv .. 210 220 359 384
Gewerkschaftsaktivtagung 353
Gewerkschaftsapparat ... 128 197 198
  202 214 258 378 413 688 745 747 750
Gewerkschaftsarbeit .. 105 108 117 126
  145 197 204 206 207 208 209 211 215
  272 284 304 309 311 357 381 382 403
  410 412 418 483 484 595 707
Gewerkschaftsarbeit
  (in Privatbetrieben) 482 484
Gewerkschaftsarbeit, sowjetische 206 207
Gewerkschaftsausschuß 103
Gewerkschaftsbeiträge 284 294
Gewerkschaftsberichte .. 29 37 297 538
Gewerkschaftsbewegung ... 86 106 112
  119 148 157 161 201 315 410 760
Gewerkschaftsbewegung, freie 748
Gewerkschaftsbürokratie .. 105 190 209
  214 383 403 465
Gewerkschaftseinheit 147
Gewerkschaftsentwicklung ... 105 106
Gewerkschaftsführung ... 104 121 172
  177 180 187 197 198 200 206 208 209
  210 214 229 230 234 235 239 283 284
  290 292 309 311 352 369 372 377 381
  382 383 385 386 403 409 465 470 483
  484 506 508 511 514 558 564 585 587
  590 595 596 609 748 753 754 755
Gewerkschaftsfunktionäre ... 106 120
  201 210 211 212 232 239 264 284 299
  300 311 327 343 345 383 394 410 411
  481 514 552 556 579 581 635 745 749
  750 752 763
Gewerkschaftsfunktionäre,
  sozialdemokratische 109
Gewerkschaftsgeschichte 102 197
Gewerkschaftsgruppen ... 90 169 209
  211 312 350 410 600 621 633 704
Gewerkschaftsgruppen
  betriebliche . 88 97 102 115 180 209
Gewerkschaftsgruppen, polnische .. 625

Gewerkschaftsgruppen-
  organisator 209 210
Gewerkschaftshäuser . 287 331 357 533
Gewerkschaftshochschule
  ›Fritz Heckert‹ 590 597
Gewerkschaftsinstrukteure 213
Gewerkschaftskonferenzen ... 146 198
  207
Gewerkschaftskonzepte,
  kommunistische 120 198
Gewerkschaftsmitglieder .. 200 210 272
  308 373 410 503 504 514 593 635 640
  704
Gewerkschaftspolitik ... 87 88 108 196
  206 212 641
Gewerkschaftsprogrammatik,
  kommunistische 87 104 114
Gewerkschaftssekretäre 119
Gewerkschaftstraditionen . 347 410 748
Gewerkschaftsverbände,
  amerikanische 372
Gewerkschaftsversammlungen . 410 633
Gewerkschaftsvertrauensleute . 119 209
  309
Gewerkschaftswahlen ... 200 201 209
  358 588 595 643 746 747 748
Gießerei 259 603 728
Gießereiarbeiter 603
Gläser (Firma in Chemnitz) 272
gleicher Lohn für gleiche Arbeit ... 117
  127 144 233 238
Gleichheitsideal 773
Gleichmacherei .. 140 215 220 222 277
  285 706
Godesberger Programm der SPD .. 500
  501 761 778
Golden fließt der Stahl (Schauspiel) . 298
›goldener Westen‹ 530 689
Grenzgänger 552
Grenzsekretariate 183
Großbauern 317 330 341 361
Großbetriebe ... 50 63 69 118 122 132
  133 134 166 167 168 169 184 198 212
  236 259 295 297 326 327 333 339 340
  358 395 404 409 472 475 479 548 557
  580 585 636 694 729 735
Großgrundbesitz 129 130
Großgrundbesitz, feudal-junkerlicher 130

Sachregister

Grundstein (Organ der IG Bau) . 150 663
Grundversorgung 51 124 267 394

H

Häftlinge, politische 329 351 399
Halbfertigerzeugnisse,
  hausarbeitserleichternde . . 645 695
Halbleiterwerk Frankfurt/Oder . . . 625
Halbtagsarbeiter 389 613 667
Hallstein-Doktrin 306
Hamsterfahrten 140
Handel . . 47 59 80 87 110 270 418 477
  601 646 689 690
Handelsabkommen, innerdeutsche . 550
Handelsberufe 67
Handelseinrichtungen, betriebliche . 694
Handelsnetz 255 694
Handelsorganisation (siehe: HO)
Handwerk . . . 87 289 477 481 483 485
  531 545
Handwerker . . . 49 66 67 325 424 485
  486 668 679 796
Handwerksbetriebe . . . 51 481 483 484
  485 486 529
Handwerksbetriebe, kleine 84
Handwerksbetriebe, mittlere . . . 49 485
Handwerksbetriebe, private . . . 476 477
  485 548
Hauptaufgabe, ökonomische . . 377 425
  550 560 585 592 670
Haus Auensee 509
Hausarbeitstag, bezahlter 127 233
Hausbuch 683
Hausfrauenbrigaden 608
Haushaltseinkommen (siehe: Einkommen)
Hausvertrauensleute 683
Hebel, ökonomischer . . . 142 572 574
  576 577
Heimarbeit 68
Heimarbeiter 389 667
Heimkehrer (siehe auch:
  Rückkehrer) . . . 65 69 71 72 81 122
  123 238
Held der Arbeit . . 239 260 282 428 436
  631 657 709 710 745 759
Helden, Heldentum . . . 11 12 217 224
  536 631 632 710 711 712 715
Hennecke-Aktivisten 215 217 227

Hennecke-Bewegung 215 217 218
  219 224 226
Hetzschriften . . . 177 184 356 401 408
  495 497 499 757
Hilfsarbeiten 58
Hilfsarbeiterinnen 58 238
Hilfsorganisationen, soziale 82
Hilfswerk der Evangelischen Kirche . . 84
Hirsch-Dunckersche 104 107
Hirschfelder Abkommen 619
HO (staatl. DDR-Handels-
  organisation) . . . 195 268 690 715
  737 747
Hochöfen . . . 138 440 524 527 529 530
  534 539
Hochöfner 336 440 539
Hochschulpolitik 249
HO-Großgaststätte ›Aktivist‹ 532
HO-Läden 268 332 533
HO-Lebensmittel 393
HO-Preise . . 269 331 340 343 423 515
  715
Horch-Werk 223
Hüttenfest 534 535 708
Hydrierwerk Schwarzheide 230

I

›Ich schreibe‹ 437
Ideologie . . . 19 24 25 42 109 387 413
  434 528 549 568 623 707 713
Ideologie, bürgerliche 16 254 623
Ideologie, des ›Arbeiterstaates‹ . . 14 604
  758
Ideologie, marxistische 397
Ideologie, marxistisch-leninistische . 260
  640 770
Ideologie, sozialdemokratische . . . 366
Ideologiegeschichte 14 18
IG (siehe: Industriegewerkschaften)
IG Bau/Holz . . . 145 150 349 357 379
  482
IG Bergbau 108 117 145 211 218
IG Chemie 108 117 145 409
IG Druck und Papier 410 514 642
IG Energie 358
IG Land- und Forstwirtschaft (siehe
  auch: Land- und Forstwirtschaft) . 58
  145

871

IG Metall   117 133 145 209 284 311 312
    313 349 357 372 511 514 603 642 761
IG Nahrung und Genuß . . 117 408 409
IG Textil, Bekleidung, Leder . . 272 297
    729
IG Wismut 593
Imperialismus, amerikanischer . . . 309
Industrie . . 47 48 49 53 62 64 70 73 75
    110 118 130 134 138 139 141 142 143
    151 198 215 217 230 234 235 253 254
    255 262 264 270 276 279 281 311 313
    333 339 363 381 390 392 396 401 416
    420 479 485 487 488 500 521 526 528
    529 538 545 557 568 572 574 575 578
    579 592 599 603 606 608 609 614 616
    620 623 630 650 660 664 665 666 672
    673 689 749 755
Industrie, Berliner 48 51
Industrie, chemische . . . 50 53 218 231
    235 259 381 392 430 528 548 607 618
    661 735
Industrie, eisenverarbeitende . . . 49 392
Industrie, elektrotechnische . . . 138 142
Industrie, erdölverarbeitende 430
Industrie, feinmechanisch-optische . . 50
Industrie, metallverarbeitende . . . 49 53
    184
Industrie, privatwirtschaftliche . . . 261
    271 426 476 480 485
Industrie,
    sowjetische Zentralverwaltung . . 48
Industrie, volkseigene . . . 206 226 231
    236 270 272 276 396 421 575 609 657
    667 769
Industriearbeiter . . . 18 23 34 51 58 70
    73 75 100 101 114 150 230 259 290
    333 396 397 398 487 488 490 578 636
    656 660 666 678 698 722 744 745 770
Industriearbeiter aufs Land . . . 393 487
    488 489 751 771
Industriegesellschaft, moderne . . 17 654
    746
Industriegesellschaft,
    strukturkonservative 781
Industriegewerkschaften . . . 87 104 108
    109 110 117 119 123 201 204 206 208
    211 223 296 307 308 378 382 409 410
    508 511 593 704 755

Industriegruppe Farben 430
Industriepolitik 18 22 264
Industriepreisreform 573 631
Industrieproduktion 51 62 73 262
    600 691 694
Industriezerstörungen 62 64
Informanten des Ostbüros . . . 367 501
    508
Information . . 32 36 85 87 120 144 182
    183 184 209 210 228 264 281 295 307
    313 315 336 339 342 405 424 499 506
    508 512 514 550 551 552 573 578 592
    627 631 683 743 752 753 759 762 764
Informationen, westliche . . 313 422 506
    624 762
Informationsarbeit, politische . 179 182
    743
Informationsberichte . . 35 138 422 494
Informationsblätter 89 484
Informationsgewinnung,
    systematische 36 163
Informationskontrolle 266
Informationsverzerrung,
    systematische 36
infratest 42 396 698 741 762 764
Initiativgruppen 89 90
Institut für Gewerkschaftspolitik
    in Westdeutschland 641
Institut für Jugendforschung (Leipzig)   37
    735 742 764
Institut für Marktforschung (Leipzig) . 37
    693
Institut für Marxismus-Leninismus
    beim ZK der SED 31
Institut für Sozialpolitik 597
Institut Kulturarbeit der
    Gewerkschaften (Bernau) 707
Instrukteure 169 170 187 207 210
    211 307 308 310 341
Instrukteursberichte 211 228 416
Instrukteursbrigaden . . 36 204 213 359
Instrukteurseinsätze 208 210 211
Instrukteurssystem 36
Inszenierung . . . 433 654 656 657 721
Inszenierung der ›führenden Klasse‹ . . 15
    657 658 710
Inszenierung der Brigadebewegung . 473
Inszenierung politischer Idole 716

Sachregister

Intelligenz . . . 16 17 54 74 78 253 271
    295 324 399 433 474 535 547 548 592
    650 654 658 675 678 693 702 739 771
    775
Intelligenz, bürgerliche 535
Intelligenz, freischaffende 668
Intelligenz, kaufmännische 259
Intelligenz, Privilegierung 253 313
    399 433 675 677
Intelligenz, sozialistische 247
Intelligenz, technische . . . 226 259 277
    285 298 346 655 677
Intelligenz, werktätige 325
Intelligenz, wissenschaftliche . . 285 474
    650 655
Intelligenzrenten 671
Interessen . . . 15 26 27 38 113 117 121
    144 145 150 207 223 275 277 284 309
    362 371 386 395 396 403 422 448 470
    472 482 484 485 534 569 570 579 590
    625 634 647 648 657 662 701 722 723
    726 747 748 764 769 771 775
Interessen, ›kleinbürgerliche‹ 534
Interessen, individuelle . . . 304 587 748
Interessen, nationale . . 309 370 639 640
Interessen, ökonomische . . 197 271 315
    387 572 627 726 774
Interessen, politische 11 85 96 774
Interessen, sowjetische 80
Interessen, soziale . . . 416 482 580 587
Interessenausgleich 421
Interessengegensätze 147
Interessenlagen 25 466 630 654
Interessenorganisation . . . 198 231 378
Interessenvertretung . . . 21 23 159 202
    210 213 231 236 254 352 397 409 410
    411 413 418 470 585 586 587 588 590
    594 595 663 704 744 756 774 779
Interessenvertretung, autonome . . . 203
Interessenvertretung, betriebliche . . 543
    769 773
Interessenvertretung,
    gewerkschaftliche . 357 593 721 748
Interessenvertretung, informelle . . . 473
Interessenvertretung, traditionelle . . 377
    419
Interessenvertretung,
    wirtschaftliche 139 197 419

Internationale Gewerkschafts-
    bewegung 146 372
Internationaler Bund Freier
    Gewerkschaften (IBFG) . . 372 373
Internationaler Frauentag 715
Internationalismus 28 617 626
Interzonenhandel 47
Interzonenkonferenzen . . . 145 146 148
    149 150 153 305
Invalidenrente 72
Investitionsgüterindustrie 548

J
Jahr der großen Initiative . . 380 416 732
Jahresendprämie 326 575 576 644
Jahreskulturpläne 633
Jahrespläne . . 222 326 572 573 633 694
Jahrestag des SMAD-Befehls 234 . . 216
Jahrestage der DDR-Gründung . . . 714
Jahrestage der Novemberrevolution . 715
Jahrestage der Oktoberrevolution . . 715
Jugend, Jugendliche . . . 73 87 115 129
    217 218 220 231 232 245 258 260 290
    299 301 302 314 397 446 448 468 469
    489 493 505 523 533 545 619 632 702
    712 715 732 740 741 742 757 764
Jugendarbeit 465
Jugendarbeitszeiten 144
Jugendbetreuung 414
Jugendbrigade Gruner 473
Jugendbrigaden 231 466 468 740
Jugendbrigaden, sozialistische . 468 595
Jugendförderung 386
Jugendgesetz 732
Jugendklubs 636
Jugendkommissionen 415
Jugendweihe . . . 232 470 536 537 715
    719 720 721 727
jugoslawische Frage 162
Jungaktivisten 223
Junge Gemeinde 252 319
Junge Pioniere 224
›Junge Welt‹ 356 402

K
Kabelwerk Berlin-Köpenick 392
Kabelwerk Berlin-Oberschöneweide . 392
Kabelwerk Berlin-Oberspree 395

Kader ... 90 255 257 307 312 420 488 500 508 530
Kader, leitende ... 580 585
Kader, linientreue ... 781
Kader, mittlere ... 383 580 589 747 748
Kader, technische ... 383
Kader, untere ... 747
Kaderanalyse ... 327
Kaderauslese, effiziente ... 256
Kaderdisziplin ... 740
Kaderpartei ... 161 164
Kaderpartei ›neuen Typs‹ ... 162 773
Kaderrekrutierung, politische ... 247
Kaderreserve, weibliche ... 607
›Kaderwelsch‹ (›Parteichinesisch‹} ... 40
Kahlschlagplenum ... 444 630 635
Kaiserreich ... 49 736
Kalorientabellen ... 73
Kameradschaftshäuser ... 287 636
Kampf gegen ›Sozialdemokratismus‹ (siehe auch: Sozialdemokratismus) ... 112 158 175 177 180 182 187 206 366 772
Kampf gegen Faschismus ... 106 234
Kampf gegen Pazifismus ... 301
Kampf gegen Republikflucht ... 495
Kampf gegen Schwarzhandel ... 213
Kampf gegen sowjetischen Totalitarismus ... 372
Kampfdemonstrationen ... 718
Kampfgruppe gegen den Schwarzmarkt ... 122
Kampfgruppe gegen Unmenschlichkeit (KgU) ... 84 179 499
Kampfgruppen der Arbeiterklasse ... 362 363 369 402
Kampfmetaphern ... 164
Kampfvokabular, stalinistisches ... 162
Karl-Liebknecht-Schacht der Zeche ›Gottes Segen‹ ... 217 436
Karl-Liebknecht-Werk (Magdeburg) ... 388 395 397
Karl-Marx-Allee ... 678
Karl-Marx-Hof (Wien) ... 531
Karl-Marx-Jahr ... 643
Karl-Marx-Werk (Magdeburg) ... 351 752
›Kartoffelbetriebsrat‹ ... 73
Kartoffelversorgung ... 394 752

Kasernierte Volkspolizei ... 72 323 325 331 340 363 381 391 488
›KdF-Rummel‹ ... 292
Kinder ... 58 73 126 174 235 242 301 310 338 418 447 470 494 505 511 523 539 547 548 552 605 610 611 613 616 625 667 675 690 701 739 761
Kinder, westdeutsche ... 310 505
Kinderbetreuung ... 127 414 530 534 610 611 613 625 724 727 740
Kindererholungsheime ... 302
Kindererziehung ... 607 610 611 612
Kinderferienlager ... 505 726 727
Kindergärten ... 127 235 302 384 397 532 607 610 666 727
Kindergeld ... 424 596 598 601
Kinderhorte ... 193 302 397 532
Kinderkleidung ... 690
Kinderkrippen ... 235 416 532 607 610 611 727
Kinderwochenheime ... 302
Kinderzuschläge ... 423 668
Kirche ... 83 84 252 287 328 470 536 537 719 720
Kirchenbau ... 287 536
Kirchenkampf ... 319 719 720
Kirchenpolitik ... 328
Kirchensozialdienste ... 83
Kirow-Werke, Leipzig (siehe auch: SAG ›Unruh & Liebig‹ . 425 660 661
Klassen- und Schichten ... 16 18 27 75 77 604 647 655 701 742 770 771
Klassen- und Schichtenstruktur . 547 655
Klassenbegriff . 14 15 16 17 653 654 664
Klassenbewußtsein ... 143 157 171 197 209 213 255 259 292 314 336 363 403 556 588 639 656 758
Klassenkampf ... 12 13 30 212 272 427 556 607 763 774
Klassenkampf, verschärfter ... 160 163 323 340 379
Klassenkampfpropaganda, kommunistische ... 483 717
Kleinbauern ... 123 325
Kleinbetriebe ... 50 212 294 297 482 483 608
Kleinbürgertum ... 16
›Kleine Tribüne‹ ... 178 353

Sachregister

›Kleingärtner. Zeitung für Garten, Siedlung und Kleintierzucht‹ 186 687 688
Kleingarten . . 76 304 367 500 661 686 687 688
Klubhaus 297 727
Klubhaus ›Freundschaft‹ (Leipzig) . . 296
Klubhaus ›Hans Marchwitza‹ . . 446 447
Klubhaus der Leuna-Werke 720
Kneipen 661
Kollektivierung, Landwirtschaft . . . 18 252 289 319 322 426 486 487 489 490 548 554
Kombinat ›Otto Grotewohl‹ (Böhlen) . . . 401 418 511 746
Kombinat ›Schwarze Pumpe‹ (Hoyerswerda) . . . 422 439 720 752
Kombinat Gölzan (Halle) 496
Kominform (Kommunistisches Informationsbüro) 147 160
Kommanditgesellschaften 480
Kommission für kulturelle Massenarbeit 301
Kommission für Parteikontrolle . . . 732
Kommissionen ›für Arbeiterfragen in Westdeutschland‹ 641
Kommissionen der SMA 58
Kommissionsstrukturen 204
Kommunismus 321 564
Kommunismus, Hochburgen 59
Kommunismus-Forschung, westliche . 32
Kommunisten . . 86 89 91 102 103 112 115 161 162 175 176 186 193 409 659 774
Kommunistische Parteiopposition (KPO) 175
Kompensationsgeschäfte . . 75 139 140 144 686
Kompensationshandel . . 73 82 120 128 138 139 140 144 723 744
Komplementäre 481 483
Komplexbrigaden 474
Komplexreparatur 679
Konfirmation vs. Jugendweihe . 537 719 720 721
Konflikte, politische . . . 53 108 155 396 529 577 657

Konflikte, soziale . . 25 155 396 444 529 597 623 750
Konfliktkommissionen . . . 387 427 560 562 563 564 733
Konfliktmuster 388 659
Konföderation 640
Konsum (Verbrauch) 364 527 543 688 691 692 693 709 778
Konsum (Verkaufsstelle) . . 126 196 533 690 694
Konsumangebote 692 695 760
Konsumenten 75
Konsumgenossenschaften . 165 194 195 196 204
Konsumgewohnheiten 16
Konsumgüter . . . 235 261 381 425 554 590 658 669 692 693 694 709 763
Konsumgüter, industrielle . . 53 272 273 319 323 644 709
Konsummuster, westliche 646
Konsumniveau, westliches . . . 490 692
Konsumpolitik 780
Konsumverhalten . . . 688 691 693 740
Konsumverhalten, proletarisches 692 737
Konsumverzicht 545
Kontinuität, ›alte‹ Arbeiterbewegung . 12 38 125 181 772
Kontinuität, Betriebe/Wirtschaft . . 200 228 300 661 662 771
Kontinuität, kommunistische Kader 53 90
Kontinuität, nationalsozialistische . . 80
Kontinuität, personelle 272 377
Kontinuität, soziale 108 377 772
Kontrollrat, alliierter 69 78 80 102 114 116 125 146 202 421
Kowaljow-Methode 226 391 428
KPD (siehe auch: Exil-KPD) . . 20 34 53 60 76 86 87 88 89 90 91 92 94 95 96 98 99 100 102 103 104 108 113 114 116 125 130 149 150 151 152 166 167 175 250 253 306 307 308 310 311 312 370 500 503 507 511 513 515 517 760 763 770 774
KPD, Weimarer 312 659
KPD, westdeutsche 306 504
KPD-Abspaltungen 91
KPD-Delegierte 105 151

875

Anhang

KPD-Führung . . 33 89 90 91 94 96 104
  298 307
KPD-Funktionäre . . . 104 130 312 380
  511
KPD-Geschichte 34
KPD-Gründungsaufruf . . . 93 129 271
KPD-Mitglieder 162 257
KPD-Programmatik 63 86 90 106
  243
KPD-Prozeß 385
KPdSU 164 206
KPdSU, XX. Parteitag 398
KPdSU, XXII. Parteitag 566
KPdSU-Parteiprogramm . . 544 566 587
  637
KPD-Verbot 312 764
KPO (Kommunistische Partei-
  opposition) 91 108 116 175
Kraftwerk Boxberg (Berlin) 644
Kraftwerk Lübbenau 720
Kranführerin 240
Krankenstand . . . 185 382 417 421 556
  604 612
Kriegsgefangene . . 65 66 71 89 122 123
  233 524 539
Kriegsopfer 72
Kriegsverluste 55 233
Kriegszerstörungen 49 50 62 65
Krisen . . . 24 50 60 82 262 318 320 321
  323 325 332 370 402 403 405 409 420
  476 550 630 646 752 780 781
Krisenjahre 321 398 625 756
Krisenmanagement . . 328 331 336 424
  549 554 780
Krisenprävention . . . 317 320 321 347
  357 361 362 364 398 405 646 671 676
  743 751 779
Krisensituationen . . 27 320 321 324 377
  379 393 411 557 574 645 777
Krisensymptome . . . 162 640 648 763
KSF (siehe: Kultur- und Sozialfond)
Küchenkommissionen 694
Kultur- und Sozialfond (KSF) . . 477 635
  726 727
Kulturarbeit, betriebliche . . . 21 30 128
  168 204 206 292 294 295 297 298 300
  301 304 380 534 627 633 634 636 637
  699 724 726 772

Kulturarbeit, gewerkschaftliche . . . 293
  294 296 297 302 304 397 432 465 627
  635 636 707
Kulturbewegung 286 289 290 434
Kulturbewegung, proletarische . . . 304
Kulturbund 418 534
›Kulturelle Massenarbeit‹ /
  ›Kulturelles Leben‹ 299 304
Kulturfonds der DDR 297 298
Kulturfunktionäre . . . 292 299 304 437
  445 465 629 636 707
Kulturhäuser . . 21 30 286 287 289 290
  297 299 300 301 302 304 384 435 465
  527 532 635 636 697 698 702
Kulturkommissionen,
  betriebliche 293
Kulturkonferenz 432 435
Kulturpalast 435
Kulturprogramme . . . 207 211 289 292
Kulturrevolution 432 436 634
Kunstausstellungen 444 445
Kuratorium ›Unteilbares
  Deutschland‹ 373 759
KVP (siehe: Kasernierte Volkspolizei)
KZ-Häftlinge 307

L

Laienkunstgruppen 293 297
Landambulatorien (siehe auch:
  Betriebs-/Ambulatorien) . . 262 729
Landarbeiter . . 18 54 58 59 130 150 476
  486 487 488 489 490 535 674
Landarbeitergewerkschaften 150
›Land und Forst‹ 488
Landwirtschaft . . 18 47 49 59 67 74 81
  234 255 261 279 289 322 392 393 426
  477 480 486 487 488 494 529 530 548
  549 550 551 568 606 607 608 673 728
  751
Landwirtschaftliche Produktions-
  genossenschaften (LPG) . . 486 562
LDPD (Liberaldemokratische
  Partei Deutschlands) 130 166
Lebenshaltungskosten . . 75 140 266 267
  331 666 669 670
Lebensmittelkarten 58 73 117 140
  420 423 424 667 668 683 737
Lebensniveau 23 517 549 736 742

Sachregister

Lebensstandard . . . 27 38 159 218 260
  261 266 267 271 273 381 400 424 511
  515 516 543 569 570 574 578 596 597
  604 664 666 669 699 734 736 758 763
  764 765 777 778 779
Ledigenwohnheim (siehe auch:
  Wohnheime) 532
Lehrlinge . . . 389 424 468 533 611 615
  654 667 757
Lehrlings-Singgruppe 296
Leichtindustrie 50 51 273 476 579
  614 618 620
Leipziger Messe 511
›Leipziger Volkszeitung‹ 182
Leistungslohn . . . 143 200 230 276 384
Leistungslohnkampagne . . 275 279 664
Leistungslohnprinzip 216
Leitungskader 218 255
Leuna-Werke 69 140 169 208 209
  223 281 282 283 337 350 352 358 430
  439 557 714 720
LEW Hennigsdorf
  (Lokomotivbau-Elektrotechnische
  Werke ›Hans Beimler‹) 762
Liberaldemokraten 133
Lied des Freien Deutschen
  Gewerkschaftsbundes (FDGB) . 214
Lied des Sozialismus 437
Lied vom 17. Juni 371
Lohn . . 80 81 117 140 144 159 213 215
  230 233 238 270 272 275 283 330 331
  353 388 389 390 396 419 423 470 473
  494 496 515 516 530 531 557 573 574
  581 601 619 620 621 622 624 664 665
  666 671 708 735 751 755 759
Lohn- und Tariffragen 309
Lohnentwicklung 579 665 669
Lohnerhöhung . . 276 364 423 428 484
  554 690 749 754
Lohnfortzahlung 144
Lohngruppen 82 364 380 389 394
  488 608 609 627 664 666 671
Lohngruppenkataloge 285 664
Lohnkampf 275
Lohnkürzung . . . 279 330 387 388 588
Lohnpolitik 75 82 276 364
Lohnstopp 80 82 579 749
Lohnsystem . . . 23 80 275 580 665 735

Loyalität . . 28 247 266 349 377 385 396
  474 554 662 663 673 732 743 744 745
  756 763 769 775 778 781
Loyalitätskonflikte 36 590
Loyalitätssicherung 222
LPG (Landwirtschaftliche
  Produktionsgenossenschaft) . . . 18
  317 392 486 487 489 490 709 751

M

Magistrat, Berliner 76
Magnettheorie 502
Mansfelder Revier 432
Mansfeld-Kombinat ›Wilhelm
  Pieck‹ (Eisleben) 211 259 337
Marshall-Plan 141 147 148 153
Marxismus 13 778
Marxismus-Leninismus . . . 31 162 206
  251 606
Maschinen-Ausleih-Stationen 255
Maschinen-Traktoren-Stationen
  (MTS) 362 486
Massenorganisationen . . . 19 29 30 32
  35 87 95 105 109 145 158 163 168 171
  173 194 195 196 197 207 214 234 236
  254 256 266 299 306 349 367 377 378
  384 408 410 411 413 418 419 470 502
  503 532 568 579 587 591 606 639 650
  683 721 732 754 759 774 775 777
Massenwettbewerb (siehe auch:
  Wettbewerb) 226 227
materielle Interessiertheit . . 558 572 573
  581 648 665
Mathias-Thesen-Werft (Wismar) . . 392
Mauerbau . . 37 42 192 232 305 315 363
  373 375 377 378 412 420 445 487 490
  491 503 509 511 541 546 549 550 552
  558 569 574 618 638 640 641 642 643
  649 652 678 721 737 755 762 764
Maxhütte Unterwellenborn (Thür.) . 84
  223 229 300 433 529
Maxim-Gorki-Jahr 643
medizinische Versorgung . . 193 414 417
  737
Mehrbohrermethode 225
Mehr-Sektoren-Wirtschaft 480
Mehrstoßmethode 225
›Meine Hand für mein Produkt‹ . . . 556

877

Meister . . 129 143 227 229 230 295 382 388 390 423 424 427 428 470 529 539 563 575 610 630 714 752
Meisterbereiche 230
›Meisterhauer‹ 280
Meisterverordnung 230
Mercedes-Werk (Zella-Mehlis/Suhl) 405 422
MfS (Ministerium für Staatssicherheit; siehe auch: Stasi) 32 35 36 177 178 180 183 184 190 239 317 329 330 336 339 341 345 348 351 353 355 356 359 360 366 367 369 387 389 390 392 393 394 398 399 400 401 403 404 405 408 420 422 423 424 499 527 621 622 623 624 626 645 646 647 650 652 671 689 722 743 746 747 748 749 751 752 754 755 757 760 761
MfS-Apparat 688 751
MfS-Berichte . . . 329 354 355 367 389 392 393 398 399 400 405 422 423 527 552 559 588 624 645 671 743 755
MfS-Informationen . . . 42 315 367 389 390 391 422 508 623 652 760
MfS-Leitung 332
MfS-Quellen 37 317
MfS-Sicherheitsbeauftragte 722
Miete . . 269 364 516 601 677 682 691 737
Mieter 440 539 682 683
Mieterschutz 677
Migration (siehe auch: Arbeiter, ausländische) 626 765
Milieu . . . 92 177 191 192 538 649 652 654 660 661 662 702 781
Milieu, kirchliches 719
Milieu, kommunistisches 661
Milieu, ländlich-dörfliches . . . 487 771
Milieu, proletarisches 660
Milieu, sozialdemokratisches . . 191 193 661
Milieubildungen 19 38 53
Milieubindung 22 175
Milieugrenzen 250
Milieukonzepte 653 659
Milieuuntersuchungen 660 663
Militär, sowjetisches . . 132 283 340 346 645

Militarisierung . . 184 319 323 331 363 381
Mindesturlaub (siehe auch: Urlaub) . 598
Ministerium für Arbeit und Berufsausbildung . 389 392 667 674
Ministerium für Gesamtdeutsche Fragen 32
Ministerium für Handel und Versorgung 695
Ministerium für Staatssicherheit (siehe: MfS)
Ministerium Landwirtschaft und Forsten 393
Mitbestimmungsrechte . . 111 117 119 280 403 404
Mittelbetriebe 39 49 476 596
Mitteldeutscher Verlag 432
Mittelstand . . 16 319 323 328 424 477 480
Möbel 683 685 690
Möbelhäuser 685
Möbelproduktion 683 685
Mobilisierungskampagnen 722
Modell, sowjetisches . . . 14 19 21 24 41 134 159 228 250 261 285 286 326
Modernisierungsresistenz 579 776
Monat der deutsch-sowjetischen Freundschaft 301
Monatsberichte der Ostbüros . 37 42 171 183 184 379 381 556 558 645 743 752
Montagearbeiter 527 584 600
Moskauer Archive 33
Moskauer Außenministerkonferenz . 161
Moskauer Deklaration 385
Münchner Parteitag der KPD (1951) 312
Musik . . 214 293 295 296 445 693 698 731 742
Musikgruppen 167 297
Musikveranstaltungen 708
Muster-Betriebskollektivvertrag . . . 384
Musterwohnungen 685

N
Nachtarbeit 728
Nachterstedter Brief 432
Namensgebung 521 714 715 727
Nation . . 157 177 370 371 567 568 637 639 640 641

Sachregister

Nation, sozialistische 639
Nationale Aufbaulotterie 678
Nationale Bautradition 531
Nationale Front . . . 592 637 638 682 683
Nationale Streitkräfte 381
Nationaleinkommen 574 608
Nationaler Verteidigungsrat 569
Nationales Aufbauwerk (NAW) . 535 683 684
Nationales Dokument 639 640
Nationalkomitee Freies Deutschland . 89
Nationalkultur, sozialistische . . 433 701
Nationalsozialismus (siehe auch:
   Faschismus) . . . 19 26 61 90 93 145 192 243 244 743 773
Nationalsozialisten 20 50 159 195 258 287
NATO-Sender 623
Naturallöhne 82
Neptun-Werft . . . 51 174 192 660 661 662 663
Nero-Befehl 62
Nettoeinkommen (siehe auch:
   Einkommen) 266 650
Neubauern 58 79 122 123
Neubaugebiet ›Hans Beimler‹ 623
Neubaugebiete 624
›Neue Berliner Illustrierte‹ 240
›Neue Justiz‹ 564
›neue Klasse‹ 769
Neue Menschen . . 22 168 197 217 425 430 432 433 441 448 476 523 536 588 634 643 657 739 745 776 780
Neuer Kurs . . 270 318 319 323 328 329 332 341 349 351 354 359 360 364 365 375 377 379 380 381 395 417 524 527 651 751 776
›Neuer Vorwärts‹ 371
›Neuer Weg‹ 557
Neuerer, Neuererbewegung . . . 379 381 384 595 601 636 658 717
Neues Ökonomisches System (siehe: NÖS)
Neulehrer 249 250
Neusiedler 122
NGO (Nur-Gewerkschafts-
   organisation) 177
Niedriglohnsektor 667
Niles-Werke (VEB ›7. Oktober‹) 350 351

Nischengesellschaft 652 686
›nivellierte Mittelstandsgesellschaft‹ . 692
Nivellierung 490 579 649 650 665 692 737
Nordwestdeutscher Rundfunk
   (siehe: NWDR)
Normbrecher 469
Normen (siehe auch:
   Arbeitsnormen) . . . 16 24 145 159 215 230 239 275 276 277 279 314 329 330 331 340 378 383 384 387 388 390 396 400 401 436 470 473 557 559 578 579 581 587 623 662 664 675 729 740 745 751 752 755 757
Normenarbeit 276 386 427
Normenfestsetzung 230 277 383 557 579
Normenfragen . . 211 230 277 285 496 665 754
Normenschinderei-/treiberei . . 159 222
Normenschwindel 679
Normenverordnung 359
Normerhöhungen 24 190 230 276 319 320 327 329 330 331 332 343 344 379 386 387 390 421 427 473 476 556 557 581 753 757
Normsenkungen 330 343
Normzeiten 556 557
NÖS (Neues Ökonomisches System)
   (siehe auch: Wirtschaftsreform) . 23 474 475 476 528 558 568 569 570 572 573 574 576 577 578 579 580 581 582 586 587 588 590 596 599 601 607 619 630 631 635 648 677 682 690 694 695 699 726 732 746 756 776 779
Notaufnahmeverfahren 491 494
Nur-Genossenschaftlertum 194
Nur-Gewerkschaftertum . . 150 190 556 588
NVA (Nationale Volksarmee) 363
NWDR (Nordwestdeutscher
   Rundfunk) 313 342 698

O

Oder-Neiße-Grenze . . 313 505 521 529
Ökonomische Betriebskonferenzen . 391
Opfer des Faschismus . 123 129 346 715
Opposition 176 177 309 359 378 395 398 401 776

Anhang

Opposition,
  gewerkschaftliche 177 357
Oppositionsbewegungen,
  westdeutsche 381 504 505
Ordnung, antifaschistisch-
  demokratische 276 359
Ortsklassen 82 389 530 664
ORWO-Werke 616 617
ÖSS (Ökonomisches System
  des Sozialismus) 543 577 701
Ostblockländer 261
Ostbüro-Aktionen 344
Ostbüro-Berichte . . . 380 381 385 391
  394 395 747
Ostbüros (siehe auch: SPD-Ostbüro) 164
  176 177 178 180 181 182 183 184 185
  186 189 190 191 282 367 368 373 379
  381 397 399 400 401 402 406 408 409
  424 551 552 558 641 663 743 748 751
  752 761
Ost-CDU (siehe auch: CDU) . . 171 504
Österreichfrage 395
Ostgebiete 48 51 54 354
Ost-West-Konflikt 176 515
Ost-West-Vergleich 669

P

Paketaktion, amerikanische 356
Paktierertum 213 272
Pariser Verträge 393 503 506 515
Paritätsprinzip 162
Partei der Werktätigen 91
Partei neuen Typs . . . 167 168 171 172
  175 195
Parteiapparat . . . 166 258 259 260 360
  395 408 413 502 567 781
Parteihistoriographie 34
Parteikonferenz, Erste (1949) . . 164 245
Parteikonferenz, Zweite (1952) . . . 234
  259 273 321 322 323 324 328 524 648
Parteikonferenz, Dritte (1956) . . . 480
Parteikonferenzen 168 321
Parteikontrolle 163 192 256 732
Parteikontroll-Kommissionen
  (PKK) 163 164 234 358 359
Parteitag, II. (1947) . . 101 145 151 160
  161 162 233 254 259
Parteitag, III. (1950) . . 164 195 293 503

Parteitag, V. (1958) . . 378 420 425 426
  427 428 430 432 433 448 480 485 487
  516 537 550 559 608
Parteitag, VI. (1963) . . 543 554 566 568
  572 574 588 631
Parteitag, VII. (1967) . . . 575 577 583
  597 598 600 601 637 641 665 737
Parteitag, VIII. (1971) 443
Parteitag, IX. (1976) 770
Parteizeitung ›Freiheit‹ 190
Parteizugehörigkeit 115 257
Partizipation . . 18 411 471 475 586 587
  593 758 774
Paßgesetz 409 495 507 752
Paßgesetzgebung 762
Patenklassen 232 633 634
Patenschaften . 129 232 252 487 641 723
Pendler, polnische 620
Pendlerabkommen 619 620
Pendlerinnen, polnische 625
Personenkult, Debatte um 399
Perspektivplan . . 428 475 570 572 574
  644
Pflicht zur Arbeit 560
PGH (siehe: Produktionsgenossen-
  schaften des Handwerks)
PGs, nominelle 167
Planbürokratie 572 588 773
Plankommission
  (siehe: Staatliche Plankommission)
Planwirtschaft . . . 65 135 253 413 421
  596 778
Plünderungen 59 61 314
Polikliniken (siehe auch: Betriebs-
  polikliniken) . . . 127 262 384 417
Politbüro 24 194 204 234 280 285
  306 307 324 328 329 338 357 359 360
  408 427 432 471 502 509 521 551 572
  574 590 595 599 606 610 618 629 632
  645 669 713 724 781
Politbüro-Mitglieder 307 516
Politlyrik 439
Polizeiabteilung K 5 173
›polnischer Oktober‹ 27
Polytechnischer Unterricht . . . 250 252
›Po Prostu‹ 402
Posener Aufstand . . . 320 398 399 400
Prager Frühling 638 741 756

Sachregister

Prämien ... 215 217 220 230 231 280 281 313 326 327 353 384 386 389 390 394 400 409 412 419 422 465 468 469 570 573 574 575 576 577 580 622 634 650 664 665 666 704 708 712 714 724 751 759
Prämienkonflikte 473 578
Prämienordnung 389 390
Prämienverteilung . 390 401 580 583 757
Präsidialkommission der Landesverwaltung 132
›Prawda‹ 220 570
Preis, Preisstrukturen, -system etc. ... 24 80 117 214 218 266 267 271 314 364 381 416 421 423 428 573 577 590 601 604 645 646 650 653 667 671 678 682 690 707 763 773
Prinzip der ›materiellen Interessiertheit‹ (siehe: materielle Interessiertheit)
Privatbetriebe 82 212 213 236 270 271 272 273 348 416 476 477 478 479 480 481 482 483 548 559 656
Privateigentum 133 397 673
Privathandel 690
Privatinitiative, unternehmerische . . 271
Privatunternehmer . . . 69 132 212 213 272 273 312 361 481 483 485 668
Produktionsabläufe . . 292 383 385 442 469 491 557 582 584 603 614 634 734 778
Produktionsarbeiter . . 228 269 276 382 390 468 474 533 557 580 609 654 655 656 658 666 677 708 735
Produktionsarbeiterinnen . 612 613 625
Produktionsaufgebot . 473 474 549 555 556 557 579 588 605 640 748
Produktionsberatungen (siehe auch: Ständige Produktionsberatungen) 200 204 220 226 232 382 411 412 471 472 583 585
Produktionsbrigaden 231
Produktionsgenossenschaften des Handwerks (PGH) . . . 477 485 531
Produktionskomitees . 412 585 586 592 596
Produktionspropaganda . . 172 263 291 377 411 428 587 590 595
Produktivgenossenschaften 131

Produktivität ... 138 158 216 227 275 286 300 381 383 395 419 426 428 543 546 555 573 576 587 588 599 600 635 647 664 674 704 735 774 775
Produktivitätssteigerung ... 41 204 217 230 279 415 465 474 546 578 579 581 586 648 696 712 732
Proletariat . . 12 24 163 173 253 254 363 647 719 770
Proletarität 18
Proteste 116 181 209 280 311 316 317 318 319 326 327 332 333 336 341 343 344 345 347 348 351 353 372 373 390 400 401 402 421 552 579 624 662 742 749 750 752 756 757 762 779

Q

Qualifikationsabkommen 619
Qualifikationsstruktur 547 607
Qualifizierung (siehe auch: Weiterqualifizierung) 556 579 580 602 605 607 610 619 620 621
Qualifizierungsangebote 608 615
Qualitätsarbeit 18 605 744 745
Qualitätsbrigaden 281

R

Radio- und Fernmeldetechnik 236
Rahmenkollektivvertrag 282
Rat für Gegenseitige Wirtschaftshilfe (RGW) 262
Rat für Geschichtswissenschaft . . . 652
Räte . . 91 239 408 471 495 564 585 592 643 674
Rationalisatoren . . 226 294 381 384 412
Rationalisierung 232 279 391 393 475 577 581 590 596 602 603 631 648 746 779
Rationalisierung, kapitalistische . . . 602
Rationalisierung, sozialistische . 579 590 593 595 596 598 601 602 603 776
Rationen 69 74 75 121 134 185
RAW (Reichsausbesserungswerke) . . 392 751
RAW Berlin-Schöneweide 751
Recht auf Arbeit 280 281 560 773
Refa (Reichsausschuß für Arbeitszeitermittlung) . . 277 278 279 387 388

881

Refa-Methoden 387
Reformismus / Reformisten . . . 109 148 161 196 201
Reformpädagogik 243
Reformresistenz 648
Regierungsangestellte (siehe auch: Staatsangestellte) 257 258
Rehabilitierung 123
Reifenwerk Riesa 402
Religiosität 709
Renitenz . . 25 166 228 284 349 379 391 394 396 578 663 687 735 744 746 769
Rente . . 424 494 596 668 671 737 738
Rentner 269 325 421 424 483 546 598 604 653 671 675 677 684 692 736 737 738 739 772
Rentnerinnen 738
Reparationen . . 48 61 65 80 81 134 135 138 139 264 323
Reparationspolitik 134
Reparaturbrigaden 679
Republikflucht (siehe auch: Flucht) . . 389 490 491 493 494 495
Resistenz 37 109 171 176 177 181 190 193 295 401 474 500 536 636 747
Resistenzpotential 171 196 203
Revisionismus . . . 409 410 465 544 570 748
Revolution . 13 86 129 287 301 315 325 369 371 398 402 403 603 634 779 780
Revolution, bolschewistische . 13 86 301
RGO (Revolutionäre Gewerkschaftsopposition) . . . 103 104 312
RGW (Rat für Gegenseitige Wirtschaftshilfe) 262 273 693
Rheinmetall-Borsig AG 524
RIAS (Rundfunk im amerikanischen Sektor) . . 183 313 320 329 330 331 342 356 400 422 488 495 496 761 762
Richtungsgewerkschaften 103 111
Rituale . . . 20 27 161 175 315 313 370 475 521 531 537 585 640 653 709 713 714 717 718 719 720 721 753
Rote Armee . . . 13 51 60 87 89 103 336 524 526 774
Rote Ecken . . . 30 300 301 302 714 716
›Rote Fahne‹ 91
rote Fahnen 193
Rote Hilfe 83
›rote Hochöfner‹ 347 526
Rote Ruhrarmee 363
Roter Frontkämpferbund 363
›Roter Ochse‹ 338
Rowdytum 622 742
Rückkehrer (siehe auch: Heimkehrer) . . . 530 675 754 755
Ruhrbergbau 141 151
Ruhrfestspiele 445
Ruhrgebiet . 23 49 216 523 533 622 762
Rüstungsbetriebe 524
Rüstungsindustrie 51 53
Rüstungsinvestitionen 48 264

S

SAG (Sozialistische Aktiengesellschaft) . . 134 135 264 327 348 379 660 703
SAG-Betrieb Bleichert (Leipzig) . . . 208
SAG-Betriebe 345
Sägewerk Wernigerode 387
Saisonarbeiter, historische Tradition . 619
SAP (siehe: Sozialistische Arbeiterpartei)
Säuberungen . . 55 93 100 108 129 131 136 163 166 171 175 176 181 201 258 345 357 358 359 377 426 773
Säuberungen, stalinistische . . . 187 195
Säuberungskommissionen 256
Schachtanlage ›Carolinenglück‹ . . . 311
Schauprozesse 176
Schicht- und Nachtarbeit 728
Schichtarbeit 600 611 728
Schichtarbeiter(innen) 611 694
Schiedskommissionen 562
Schlägereien 332 488 622
Schnecke (als Widerstandssymbol) . 177
Schrebergarten (siehe auch: Datsche) 122 602 686
Schrittmacherbetriebe 580
Schule für westdeutsche Gewerkschafter 506
Schulen 232 244 250 251 252 634 666 723
Schulen der Demokratie und des Sozialismus 194 197
Schwarzhandel 139 213 723

Sachregister

Schwerbeschädigte 72 78 122
Schwerindustrie .. 23 235 258 261 263
  264 273 319 323 328 333 523 527 548
Schwermaschinenbaubetrieb ›Ernst-
  Thälmann-Werk‹ (Magdeburg) . 388
  557
Schwermaschinenbaubetrieb
  ›Karl-Liebknecht‹ 327
Schwerpunktbetriebe 289 345 352
  391 416 607 660 673 675 694 731
›Sechzehn Grundsätze des Städtebaus‹ 531
Sechziger-Konferenz, Erste (1945) . 96 97
Sechziger-Konferenz, Zweite (1946) . 98
SED-Betriebsrat 120
SED-Diktatur .. 19 20 28 29 31 40 227
  313 544 651 652 663 725 749
SED-Industriepolitik 17 656
SED-Kommissionen zur Erforschung
  der Geschichte der Arbeiter-
  bewegung 31
›SED-Opposition‹ ... 186 408 497 746
SED-Parteiprogramm (1963) .. 543 548
  564 565 567 568 569 570 638
SED-Parteistatut 98 321 566
SED-Verfassungsentwurf (1946) .. 233
SED-Zentralausschuß für TAN ... 277
Seifert-Methode 426 427 428
Sektierer ... 85 88 89 90 91 92 102 108
  131 163 194 209 483 485
Sektor Alltagsleben 695
Sektor Arbeit und Gewerkschaft ... 413
Sektor Hilfsarbeiten 67
Sektor Sozial- und Kulturarbeit ... 204
Sektor, genossenschaftlicher .. 482 488
Sektor, privater .. 261 270 273 397 425
  477 479 480 482 548
Sektor, tertiärer 23 49 528
Sektor, volkseigener 195 271 745
Sektorengrenzen 340 424
Selbsthilfe 89 122 211 680
Selbstverpflichtungen . 159 311 313 379
  380 390 469 585 634 708 714 715 745
Selbstverpflichtungseuphorie 587
Selbstversorgung 76
Sequesterkommissionen 132
SEW (Sozialistische Einheitspartei
  Westberlins) 511
Sexualität 740

Sicherheit, soziale ... 21 24 252 567 58
  597 660 736 763 764 773
Sicherheitsapparat 17 295
Sicherheitsbeauftragte des MfS ... 722
Sichtagitation 730 760
Siebenjahrplan . 42 412 427 428 429 430
  434 435 550 554 569 574 676 694 776
Sieben-Meilenstiefel-Bewegung ... 753
Sieg des Sozialismus .. 427 434 435 468
  558
Sitzstreik (siehe auch: Streiks) 355 552 751
SMA (Sowjetische
  Militäradministration) .. 58 59 104
SMAD (Sowjetische Militär-
  administration in Deutschland) . 47
  50 53 58 63 64 69 74 80 81 88 90 91 94
  95 96 97 98 99 102 103 104 105 107
  112 113 114 123 124 129 131 132 133
  142 144 149 166 171 198 200 202 233
  236 238 254 290 417 645 774
SMAD-Befehl 234 .. 41 76 119 138 139
  140 141 158 160 199 216 220 291 664
  693
Soldatensender 935 503
Solidarität 27 83 140 142
  303 307 310 327 347 353 356 358 366
  371 372 397 400 503 514 556 627 662
  735 761 773
Solidarnosc 27
Sonderstipendien 245 248
Sonderzulagen 80 664
Sonn- und Feiertagszuschläge 559
Sorge um den Menschen ... 40 207 210
  416 590 597 599 604 704 723 729 775
Sowjetisierung .. 24 41 112 130 158 163
  198 206 224 225 286 331 382 426 562
  770
Sowjetkommunismus, Geschichte .. 321
Sowjetunion ... 13 26 28 30 53 60 62
  5 81 85 96 102 112 134 135 153 163
  164 173 190 198 206 207 217 226 228
  262 279 282 285 290 301 320 321 325
  390 475 514 521 550 560 566 570 574
  618 637 685 713 770
Sozial- und Kulturgeschichte .. 19 29 42
  523 652 771
Sozial- und Mentalitätsgeschichte ... 62
Sozialbeziehungen, betriebliche . 210 625

883

Sozialdemokraten ... 87 89 91 96 102 104 105 116 160 161 162 163 175 181 182 186 190 191 192 193 194 257 306 345 346 366 659 774 778
Sozialdemokratie ... 50 95 96 175 181 191 195 306 370 414 774
Sozialdemokratismus .. 36 112 158 166 175 177 180 182 187 190 191 192 206 209 294 306 342 358 359 366 414 746 761 762 772
Sozialeinrichtungen .. 117 126 127 364 416 635 723 724 792
Sozialeinrichtungen, betriebliche .. 117 126 127 364 416 635 723 724 792
Sozialfaschismus 308 359
Sozialforschung, empirische .. 579 612 699
Sozialfürsorge .. 47 66 80 81 83 122 123 220 276
Sozialgeschichte ... 11 18 27 35 54 86 159 177 222 255 315 663
Sozialisierung 131 133 216
Sozialismus .. 24 134 153 172 194 195 197 227 269 328 423 471 477 481 483 485 501 521 524 535 537 543 544 545 564 568 606 616 637 640 655 656 697 712 719 736 765 772 780 781
Sozialismus, (gesamt-)deutscher .. 27 62
Sozialismus, demokratischer 370
Sozialismus, gesellschaftliches System des 543 595 596 643
Sozialismus, ökonomische (Grund-) Gesetze des 562 572 597
Sozialismus, ökonomisches System des (siehe: ÖSS)
Sozialismus, utopischer 140
Sozialismusmodelle 261 323 776 778
Sozialisten ... 84 162 175 193 197 403 678
Sozialistengesetz 194 780
Sozialistische Aktiengesellschaft (siehe: SAG)
Sozialistische Arbeiterpartei (SAP) .. 91 108 175
sozialistische Arbeits- und Forschungsgemeinschaften ... 474
›Sozialistische Demokratie‹ 563

sozialistische Menschengemeinschaft .. 16 42 544 637 638 640 643 647 648 688 771
Sozialkontrakt, ›geheimer‹ .. 23 275 774
Sozialmilieu (siehe auch: Milieu) .. 250
Sozialpolitik .. 14 21 23 24 35 38 72 73 79 84 121 123 125 127 141 273 364 381 396 413 414 415 416 419 550 590 596 597 598 599 603 604 669 670 671 672 695 736 745 753 756 779
Sozialpolitik, betriebliche 122 239 273 386 397 413 415 690 693 694 723 726 732 772
Sozialpolitik, Definition (DDR) 597 599
Sozialpolitik, nationalsozialistische . 779
Sozialpolitik, ökonomisierte 596 600 677
Sozialpolitik, Primat der 275
Sozialpolitik, sozialistische 596
Sozialpolitik, traditionelle 543
Sozialpolitik, westdeutsche 516
Sozialprofil 100
Sozialrente 269
Sozialstaat 491 779
Sozialstaat, westdeutscher 773
Sozialstatistik 15 17 130
Sozialstruktur (siehe auch: Bevölkerungsgruppen) 15 107 487 528 659 739
Sozialsystem 82 601
Sozialversicherung ... 83 110 112 165 196 210 414 415 562 598 599 601 608 619 704 738
Sozialversicherungsbeiträge 759
Sozialversicherungskassen 124
Sozialversicherungsleistungen 601
Sozialversicherungsträger 124
Spareinlagen 693
SPD-Ostbüro (siehe auch: Ostbüros) .. 37 42 171 177 179 185 295 344 352 359 371 379 404 556 588
SPD-Widerstandsgruppe ›Eisenhüttenkombinat Ost‹ . 184 185
Speisezettel 77
Sportgemeinschaften 500 661
Sprache ... 20 60 226 284 316 382 659 736 752
Staatliche Plankommission ... 258 412 493 494 554 572 618 630 738 781

Sachregister

Staatliche Zentralverwaltung für
   Statistik 584 592 655 669 738
Staatliches Amt für Arbeit und
   Löhne 624 671
Staatsangestellte (siehe auch:
   Regierungsangestellte) . . 18 487 489
Staatsrat 564 569 577 643 680
Staatssekretariat für Hochschulwesen 249
Staatssekretariat für Staatssicherheit
   (siehe auch: MfS) 36 360
Staatssekretariat für
   westdeutsche Fragen 487 605
Staatssicherheit (siehe: MfS)
Staatssicherheitsdienst (SSD) 402
Stachanowismus 217
Stahl- und Walzwerk Gröditz 471
Stahl- und Walzwerk Riesa . . . 270 283
   633 731
Stahlwerk ›Wilhelm Florin‹ (Hennigs-
   dorf) 169 198 313 367 470
Stalinallee 320 329 330 342 531 678 685
Stalin-Aufgebot 276
Stalindenkmal 527
Stalinkult 325
Stalin-Note 322
Stalin-Preisträger 362 380
Ständige Produktionsberatungen (siehe
   auch: Produktionsberatungen) . 279
   411 412 585 586 733
Stasi (siehe auch: MfS) . . . 177 313 401
   508 624 650 756 757
Stasi-Apparat 424
Stasi-Berichte . . . 29 32 35 37 177 180
   282 295 337 366 392 394 422 507 538
   589 646 651 751
Stasi-Informationen 390 508
Stasi-Observation 192
Stasi-Präsenz 779
Stasi-Westarbeit 306 509
›Steckenpferdbewegung‹ 708
Steinkohlenbergbau 216
Steinkohlenbergwerk ›Deutschland‹ . 79
   204 211 729
Steinkohlenbergwerk Oelsnitz . 446 447
Stickstoffwerk Piesteritz 385 751
Stimmungsberichte . . . 36 272 313 367
   551 625 651 671 743
Stimmungsbild 174 648

Stimmungslage . . . 36 60 94 98 110 311
   323 332 337 366 379 381 396 423 424
   653 743 747
Strafverfolgung 361
Strategischer Arbeitskreis . . 582 598 604
   736 772
Streikdrohungen . 202 339 353 422 749
Streikende . . 314 330 331 339 342 346
   355 361 366 515 752
Streikgeschichte der DDR 748
Streikgremien 342
Streikhäufigkeit 342 755
Streikkomitees 338 343
Streikleitung . . . 337 342 343 345 346
   351 358 360
Streikmeldungen 400
Streikordnung des FDGB 82
Streikrecht . 82 351 360 409 559 644 748
Streiks (siehe auch: Arbeitsnieder-
   legungen) . . 82 87 108 184 202 311
   313 317 319 327 328 330 333 337 339
   341 342 343 344 345 349 351 353 355
   356 367 424 505 515 526 552 578 624
   689 743 746 748 749 750 751 752 753
   754 755 756 757
Streiks der Bauarbeiter . . . 329 332 341
Streiks der Eisenbahner 750
Streiks in Westdeutschland 27 310
Streikstimmung 352
Streiktypus, klassischer 749
Streikunterstützung 311 760
Subkultur 90
Subkultur, proletarische . . . 22 251 286
Subventionierungspraxis 364 704
SVA (siehe: Sozialversicherungsanstalten)
Symbole . . 93 177 314 318 432 531 659
   709 713 714 717 719 771 772
Symbolik 193 521
Symbolpolitik 714
Symbolsprache 193
Syndikalismus 231 471 748
Syndikalismus-Affäre (1959-62) . . 474
   476 549 747

T

Tag des Aktivisten 222 223
Tag der Befreiung 600 715
Tag der Chemieintelligenz 714

Tag der nationalen Einheit 315
Tag der Republik 715
Tag des Bauarbeiters 714
Tag des Bergmanns 348 715
Tag des Chemiearbeiters 714
Tag des deutschen Bergmanns .. 280 713
Tag des Eisenbahners 715
Tag des Lehrers 715
Tag des sowjetischen Neuerers 379
›Taktstraße‹ (Zeitung für die Erbauer der Chemiearbeiterstadt Halle-West) 730
TAN (Technische Arbeitsnormen) . 159 204 274 277 278 279 386 429 556 752
Tarif- und Sozialpolitik 145 277
Tarifabschlüsse 135
Tarifbestimmungen 619
Tarife 81 389 484 626 666
Tariflöhne 202 665
Tarifordnungen 81
Tarifparteien 470
Tarifverträge ... 111 142 202 203 282
Tarifvertragspolitik 202
Tarifwesen 82 119 202
›Tatsachen und Berichte aus der Sowjetzone‹ 186
Tauschhandel 139
Tauschprodukte 75
Tauschreserven 74
Tausender-Bewegung 526
›Tausender-Wettbewerb‹ 526
Teilzeitarbeit ... 608 612 613 614 615
Textilarbeiter 220
Textilarbeiterinnen 251
Textilfaserkombinat Guben 625
Textilindustrie ... 49 220 270 273 297 618 666 728 729
Thälmann-Kult 715
›Titelkampf‹ (der Brigaden) 475
Titoisten 175
Todesopfer des Juni-Aufstandes ... 346 361 362 366
Tonnenideologie 261 293 503 573
Totalitarismus, kommunistischer .. 371
Totalitarismus, sowjetischer 372
Trade-Unionismus 13 579
Traditionen, berufsständische 485
Traditionen, kleinbürgerliche .. 534 700
Traditionsbelegschaften 63

Traditionsbestände 53 112 774
Traditionsbewußtsein ... 280 348 772
Traditionsbezüge 27 121 195 342
Traditionsbrüche 112
Traditionselemente 172 191 195 196 635
Traditionskabinette 301 714 716
Traditionslinien .. 20 25 90 194 244 287 289 342 371 377 636 640 660 661
Traditionslinien, sozialdemokratische 593
Traditionspflege 70 301 662
Traditionsverständnis 186
Traktorist 218
Traktoristin 240
Transmissionsriemen-Konzept ... 125 196 197 202 206 212 213 352 377 419 593 745 771
›Tribüne‹ (siehe: FDGB-Zentralorgan)
Trotzkismus 369
Trotzkisten 163 175
Trümmerfrauen 233 242

U

Überstunden ... 140 220 421 422 469 490 586 600
Überstundenlöhne 80
UfJ (Untersuchungsausschuß Freiheitlicher Juristen) 179
UGO (Unabhängige Gewerkschaftsorganisation) ... 148 180 200 750
Umfragen .. 15 36 69 117 118 344 580 582 586 614 642 678 773 778
Umfragen, betriebliche ... 580 582 734
Umsetzungen (Befehle, Beschlüsse, Programme etc.) .. 69 160 167 199 206 212 223 225 274 276 287 290 351 358 377 382 390 392 414 442 537 573 577 578 580 582 590 606 630 633 723 743 746
Umsiedler .. 47 48 51 53 54 55 58 66 67 68 69 70 71 79 81 83 122 123 130 167 238 313 347 529 671 672 675
Unfallschutz ... 144 231 608 729 731
Ungarische Botschaft 623
Ungarn-Aufstand . 321 398 400 405 511
Unkultur, amerikanische 688
Unterkünfte (siehe auch: Behelfs-/ Gemeinschaftsunterkünfte) 527 621

Sachregister

Unternehmer (siehe: Privatunternehmer)
Unternehmerinitiative, private 271
Unternehmertum, kapitalistisches . . 82
›Unterrichtstag in der
  sozialistischen Produktion‹ . . . 252
Unterstützungseinrichtung 122
Unterstützungsempfänger 83 269
Unterstützungskassen 661
Unterstützungsleistungen 635
Untersuchungsausschuß Freiheitlicher
  Juristen (UfJ) 179
Unvereinbarkeitsbeschlüsse . . . 503 514
Urabstimmung in den
  Westsektoren 98
Uranbergbau (siehe auch: Wismut) . . 69
  379 392 699
Urlaub (siehe auch: Erholungs-,
  Mindest- u. Zusatzurlaub . . 271 281
  310 422 622 693 703 704 706 707 708
  709 754 759
Urlauber 705 707 708
Urlauberschiff ›Völkerfreundschaft‹ . 468
  708
Urlaubstage 129
USA-Imperialismus 640

V

VdgB (siehe: Vereinigung der
  gegenseitigen Bauernhilfe)
VEB (Volkseigener Betrieb) . . . 82 118
  134 142 203 224 226 271 272 300 345
  348 380 415 477 481 483 487 494 505
  572 608 614 635 726 751
VEB Agfa Wolfen 428
VEB Bauunion (Rostock) 410
VEB Berliner Glühlampenwerk . . . 472
VEB Braunkohlewerk Nachterstedt . 432
VEB Buntmetallwerk (Hettstedt) . . 474
VEB Carl Zeiss Jena 116 339
VEB EKM Turbine 353
VEB Elbe-Werft Boitzenburg 235
VEB Elektrokohle Berlin 556
VEB Entwicklungsbau Pirna 633
VEB Fernmeldewesen
  Berlin-Oberschöneweide 392
VEB Industriebau 330
VEB Junkalor Dessau 746
VEB Kama Dresden 753

VEB Mähdrescherwerk Weimar . . . 339
VEB Mechanische Weberei Zittau . . 220
VEB Motorenwerke Thurm
  (Sachsen) 185
VEB Rheinmetall Sömmerda 339
VEB Schwermaschinenbau
  ›Heinrich Rau‹ 505 752
VEB Schwermaschinenbaubetrieb
  ›Georgij Dimitroff‹ 327 729
VEB ›7. Oktober‹ (Niles-Werke) . . . 350
VEB ›Steckenpferd‹ Dresden 708
VEB Steinkohlenwerk
  ›Karl Liebknecht‹ 436
VEB Textilwerke Hartha 747
Verband der Kleingärtner, Siedler und
  Kleintierzüchter der DDR . 500 687
›Verdienter Bergmann der Deutschen
  Demokratischen Republik‹ . . . 280
Vereinigung der gegenseitigen
  Bauernhilfe (VdgB) . . 254 415 687
Vereinigung Volkseigener Betriebe
  (siehe: VVB)
Vereinigung, KPD/SPD zur SED
  (siehe auch: Zwangsvereinigung) . 34
  92 93 95 96 97 98 99 100 104 161 500
Vereinigungsparteitag
  KPD/SPD (1946) . . . 96 98 99 164
Verfassungsentwurf der SED (1946) . 233
Verfassungsschutz,
  westdeutscher 310 512
Vergnügungen, kleinbürgerliche . . 290
Verordnung ›Über die weitere
  Verbesserung der Arbeits- und
  Lebensbedingungen der Arbeiter
  und der Rechte der Gewerk-
  schaften‹ 364 380 418 675
Verpflichtungsbewegung 226
Verpflichtungserklärung (für MfS) . 356
Versicherungswesen 124 539
Versorgung . . . 47 59 61 68 71 73 74 75
  77 82 117 121 196 216 227 261 270
  271 328 345 400 414 417 423 425 430
  532 540 551 554 555 557 584 597 601
  611 624 625 627 645 646 653 669 671
  678 679 681 688 689 690 692 694 695
  721 723 729 737 745 752 781
Versorgungsbetriebe 695
Versorgungseinrichtungen . 193 531 694

887

Versorgungskrise 261 322 364 391 393 394 479 554 555 644 694 754
Versorgungslage .. 48 58 70 73 117 236 323 380 381 393 399 400 550 555 574 644 670 689 690 691 694 750
Versorgungssozialismus 776
Versorgungssystem ... 139 193 196 236 364 494
Verstaatlichung 12 116 253 271 397 750
Vertragsarbeiter 618 621 627
Vertrauensleute ... 37 182 183 187 198 200 209 210 410 415
Vertrauensmänner ... 185 209 210 352 402 404 409 437 634 752
Vertrauensrat 113
Vertriebene (siehe auch: Umsiedler) .. 48 51 54 55 65 66 67 69 71 72 77 494
Verwaltungsbrigaden 231
Völkerfreundschaft 27 617 708
Volksdemokratien, ostmittel- europäische .. 19 25 39 95 158 216 260 262 390 398 475 566 775 777
Volkseigene Güter (VEG) 486
Volkseigentum ... 16 383 394 397 566 570 592 656 659 748 749
Volksentscheid (Sachsen 1946) ... 131 132 133 749
Volkshaus Leipzig 181
Volkshäuser 182 287 289 635 636
Volkshausidee 635
Volksheime 636
Volkshochschulen (siehe auch: Betriebsvolkshochschulen) ... 608
Volkskirche 719
Volkskontrolle 204 213 418
Volkskorrespondenten 433
Volkspolizei 174 283 317 329 330 332 337 338 339 340 345 350 355 356 360 493 494 563 622 675 689 742
Volkspolizeiberichte 332 337 339 341 353
Volkssolidarität 83 84 127 739
Volkswerft Stralsund 208
Volkszählung (DDR 1971) 546
Volkszählung (SBZ 1945) 55
Volkszählung (SBZ 1946) 55
Volkszählungsappell 718
›Vom Dritten Reich zur DDR‹ 186
Vorarbeiter 227 229 230

Vorbereitungskurse 244
Vorkommnisse, ›besondere Vorkommnisse‹ 651 749 751
Vorstudienanstalten 244 245 250
Vorzeigebrigaden 469 470 473
VVB (Vereinigung Volkseigener Betriebe) ... 255 572 585 592 603
VVB Braunkohle Cottbus 621
VVB Braunkohle Leipzig 727 792
VVB Elektrochemie 613
VVB Gießereien Leipzig 259

W

Waggonfabrik Ammendorf (Halle) . 337
Wahlen .. 115 172 201 331 340 343 344 353 373 386 395 405 504 596 746 759
Währungsreform 81 173 319 320
Währungsumtausch 319
Wandzeitungen .. 170 301 382 730 734
Warnow-Werft (Warnemünde) ... 208 392 443 576
Warschauer Pakt 42 549
Warschauer Tempo 526
Wäschereien 416 610 694
Wasser für ›Max‹ 84
›Weg und Ziel‹ 509
Weihnachtsgratifikation 280 326
Weimarer Erbe 100
Weimarer Republik .. 22 49 50 59 83 96 108 116 166 190 192 243 244 286 287 289 298 304 363 697 704 718 772 773 774
Weiterqualifizierung (siehe auch: Qualifizierung) ... 81 251 465 472 608 610
›Welt der Arbeit‹ 373 564
Weltgewerkschaftsbund (WGB) ... 146 147 149 184 731
Werbeabteilung, genossenschaftliche 195
Werftarbeiter 392
Werftarbeiter, polnische 624
Werftarbeitermilieus 661 662
Werksküchen ... 122 123 127 142 281 416 530 533 694
Werksverpflegung . 122 281 693 694 695
Werktätige ... 15 91 101 112 143 184 185 190 208 213 226 227 233 238 252 254 290 293 299 300 301 302 330 338

Sachregister

339 351 403 412 417 418 422 423 425
435 444 445 446 481 484 490 495 496
502 503 505 535 537 550 560 568 581
585 588 590 597 598 599 601 602 603
619 620 621 653 658 668 671 673 674
677 688 690 704 708 710 714 715 729
735 773
›Werktag der Zone‹ 183 422
Werkwohnungsbau . . 673 676 677 739
Westalliierte 85 141
Westapparat der KPD/SED . . . 306 307
Westarbeit der SED . . . 30 149 150 305
306 307 315 378 490 501 502 503 504
505 506 508 509 511 515 516 517 641
642 759 777 778
Westarbeit des FDGB . . . 305 307 308
310 313 502 509 512 513 514 639 641
Westarbeit, kommunistische . . 145 153
Westbesuche 491 759 762
Westbüro des ZK 511
Westemigranten 175 307
Westempfang 496
Westen im Osten 13 27 758
Westgeld 760
Westintegration,
 bundesrepublikanische . . . 322 501
505 515 758
Westkommission . . . 306 307 502 509
Westkontakte 409 762
Westmächte 104 158
Westmark 313 750
Westorientierung 180 692
West-Ost-Migranten 765 792
Westreisen 423 507 508 738
Westreportagen 538
Westschule des FDGB (Falkensee) . . 508
Westsektoren 98
Westsender 495 496 506 624 698 748 762
Westsendungen 496 497 762 763
Westverbindungen 258 495 778
Westverwandtschaft 258 617
Westzone 48 61 62 65 66 75 77 81
84 86 88 95 102 108 109 114 118 120
121 125 133 134 135 138 139 146 148
149 157 160 161 166
Westzonengewerkschaften 148
Wettbewerb . 206 227 230 281 380 383
426 448 465 468 550 587 708 722 759

Wettbewerb, betrieblicher . 226 391 731
Wettbewerb, internationaler . . 576 577
Wettbewerb, kultureller 30
Wettbewerb, politischer 223
Wettbewerb, sozialistischer
 (siehe auch: Massenwettbewerb)   382
391 602 603 609 748
Wettbewerbsbewegung . . . 23 200 204
209 216 222 224 227 228 260 275 280
391 428 442 526 555 587 657 661 708
715 730
›Wettbewerbspolka‹ 228
Widerstand 37 72 89 167 176 177
181 182 183 195 231 349 353 356 367
377 380 385 387 396 427 515 552 556
557 578 581 588 707 744 745 750 755
761 776 778
Widerstand, sozialdemokratischer . . 177
359
Widerstandsbewegung 500
Widerstandsformen . . 176 177 179 187
193 500 747
Widerstandsgeschichte . . . 176 401 772
Widerstandshistoriographie 177
Widerstandskampf, antifaschistischer . 53
Widerstandspotential 109
Wiedervereinigung . . 314 315 344 373
377 381 395 397 640 743 759 760
Wiedervereinigungspolitik . . . 370 371
Wirtschafts- und Sozialpolitik 145
415 646 780 781
Wirtschaftsbürgertum 252
Wirtschaftskommission beim
 Politbüro 471
Wirtschaftskommission,
 deutsch-polnische 619
Wirtschaftsreform (siehe auch: Neues
 Ökonomisches System (NÖS) . 412
472 474 543 568 569 576 577 578 580
586 587 590 591 602 619 620 633 643
646 665 677 690 776 777
Wirtschaftsstrafprozesse 259
Wirtschaftswissenschaftliches
 Institut des DGB 501
Wirtschaftswunder 273 638
Wirtschaftswunderland 514
Wismut AG . . . 17 72 336 341 347 392
401 433 703 752

889

Wismut-Arbeiter 326
Wismut-Belegschaft 347
Wissenschaftlich-Technische
   Revolution (WTR) . . 566 568 580
   584 587 592 630 633 634 647
Wochenkrippen 610
Wohnen 70 73 77 81 127 143 539
   597 627 672 673 677 684 685 686 761
Wohnraumlenkung 675
Wohnungsbau, genossen-
   schaftlicher 673 676 677 682
Wohnungseinrichtung 685
Wohnungsgesetz des Alliierten
   Kontrollrats (8. März 1946) . . . 78
Wohnungskommissionen 675
Wohnungsversorgung . . 78 414 672 673
   676 679
Wohnzufriedenheit 686
WTR (siehe: Wissenschaftlich-
   Technische Revolution)

X
X-Bereich 17 655

Z
Zechenkrise an der Ruhr 763
Zehn Gebote der sozialistischen
   Moral . . 378 425 430 468 537 638
   680 740
Zehn-Stunden-Tag 81
Zeiss-Werke Jena . . . 50 64 65 116 285
   339 353 354
Zeitbudget 697 699
Zeitbudgetuntersuchungen 703
Zentralausschuß der SPD . . 93 94 96 97
Zentrale Beschwerdekommission . . 415
Zentrale Kommission für Staatliche
   Kontrolle (ZKSK) . . . 213 294 591
Zentralsekretariat der SED . . 67 84 162
   163 168 169 170 200 201 202 292
Zentralverwaltung für Arbeit und
   Sozialfürsorge (ZVAS) . . 80 123 141
Zentralverwaltung für Umsiedler
   (ZVU) 67 71 123
Zentralverwaltungen 47 253 254 255 256
Zentralverwaltungswirtschaft 544

Zerstörungen . . 49 62 65 72 77 78 81 90
   193 319 332 345 672
Zietenstraße (Sitz des SPD-Ostbüros
   in Westberlin) 181
Zirkel . . 293 296 301 434 437 438 439
   441 442 445 447 465 533 534 632 661
   699
Zirkel der Leuna-Werke
   ›Walter Ulbricht‹ 439
Zirkel des Kombinats
   ›Schwarze Pumpe‹ 439
Zirkel, Deubener Zirkel
   ›schreibender Arbeiter‹ 442
Zirkelarbeit 296 441 465 727
ZK-Abteilung ›Gewerkschaften
   und Sozialpolitik‹ 413 753
ZK-Abteilung ›Parteiorgane‹ 100
ZK-Abteilung ›Sicherheitsfragen‹ . . 491
ZK-Abteilung ›Staat und Recht‹ . . . 493
ZK-Erklärung (26. Juli 1953) 323
ZK-Institut für
   Meinungsforschung 614 642
ZK-Plenum, 8. (1956, Warschau) . . 400
ZK-Plenum, 11. (1965) 577
ZK-Plenum, 13. (1970) 645
ZK-Plenum, 14. (1953) 349
ZK-Plenum, 25. (1955) 394 507
ZK-Plenum (1957) 405
ZK-Plenum, 35. (1958) 753
ZK-Sekretariat der SED . . 206 725 729
ZK-Sitzung, 14. (1970) 777
ZKSK (siehe: Zentrale Kommission
   für Staatliche Kontrolle)
Zonengrenze 47 110 354 372
Zuckerfabrik Voßberg 143
Zusatzrente 380 598
Zusatzrentenversicherung . . . 671 737
Zusatzurlaub (siehe auch: Urlaub) . . 129
Zusatzversicherung 671
Zwangsvereinigung
   (siehe auch: Vereinigung) . . . 92 95
Zweier-, Dreier-, Fünfersystem . . . 526
Zweijahrplan . . 22 84 223 255 256 261
   266
›zweite Lohntüte‹ 666 779
Zwischenhandel 270

Über den Autor

Christoph Kleßmann, geb. 1938, Dr. phil., Professor für Zeitgeschichte an den Universitäten Bielefeld (seit 1976) und Potsdam (seit 1993). Von 1996 bis zur Emeritierung 2004 Direktor des Zentrums für Zeithistorische Forschung, Potsdam. Arbeitsschwerpunkte: Deutsche und polnische Geschichte des 19. und 20. Jahrhunderts, insbesondere der NS-Zeit, der Bundesrepublik und der DDR.

Anhang

Geschichte der Arbeiter und der Arbeiterbewegung in Deutschland seit dem Ende des 18. Jahrhunderts

Herausgegeben von Gerhard A. Ritter

Band 1:
Jürgen Kocka
Weder Stand noch Klasse
Unterschichten um 1800
ISBN 978-3-8012-0152-4

Band 2:
Jürgen Kocka
Arbeitsverhältnisse und Arbeiterexistenzen. Grundlagen der Klassenbildung im 19. Jahrhundert
ISBN 978-3-8012-0153-1

Band 5:
Gerhard A. Ritter / Klaus Tenfelde
Arbeiter im Deutschen Kaiserreich 1871-1914
ISBN 978-3-8012-0168-5

Band 9:
Heinrich August Winkler
Von der Revolution zur Stabilisierung. Arbeiter und Arbeiterbewegung in der Weimarer Republik 1918 bis 1924
ISBN 978-3-8012-0093-0
(vergriffen)

Band 10:
Heinrich August Winkler
Der Schein der Normalität
Arbeiter und Arbeiterbewegung in der Weimarer Republik 1924 bis 1930
2. Auflage 1988
ISBN 978-3-8012-0094-7

Band 11:
Heinrich August Winkler
Der Weg in die Katastrophe
Arbeiter und Arbeiterbewegung in der Weimarer Republik 1930 bis 1933
2. Auflage 1990
ISBN 978-3-8012-0095-4

Band 12:
Michael Schneider
Unterm Hakenkreuz
Arbeiter und Arbeiterbewegung 1933–1939
ISBN 978-3-8012-5025-6

Band 14:
Christoph Kleßmann
Arbeiter im »Arbeiterstaat« DDR
Deutsche Traditionen, sowjetisches Modell, westdeutsches Magnetfeld (1945 bis 1971)
ISBN 978-3-8012-5034-8

Jetzt in 2. Auflage!

Ordnung durch Terror

Gewaltexzesse und Vernichtung im nationalsozialistischen und im stalinistischen Imperium

In den Kriegsimperien Hitlers und Stalins sollte Ordnung durch äußerste Gewalt erzeugt werden. Nationalsozialismus und Stalinismus versuchten, Vielfalt in Eindeutigkeit zu verwandeln. Vor allem durch ihre Eroberungsfeldzüge während des Zweiten Weltkrieges schufen die totalitären Regime jedoch die Uneindeutigkeit und Heterogenität selbst, die sie dann mit Terror und Vernichtung zu überwinden trachteten. So wurde das »Imperium« zum Hort der schlimmsten Gewaltexzesse des 20. Jahrhunderts.

»...ein Referenzpunkt der künftigen historisch-politischen Reflexion...«
FAZ vom 18.12.2006

Baberowski /
Doering-Manteuffel
Ordnung durch Terror
Gewaltexzesse und Vernichtung im nationalsozialistischen und im stalinistischen Imperium

116 Seiten
Broschur
Euro 16,80
ISBN 978-3-8012-0368-9

www.dietz-verlag.de

Verlag J.H.W. Dietz Nachf. – Dreizehnmorgenweg 24 – 53175 Bonn
Tel. 0228/238083 – Fax 0228/234104 – E-Mail: info@dietz-verlag.de

Jetzt in 2. Auflage!

Friedrich Ebert (1871–1925)

Reichspräsident der Weimarer Republik

Friedrich Ebert (1871–1925) hat die Politik seiner Zeit entscheidend geprägt. Weit mehr als bislang bekannt, beeinflusste der Sozialdemokrat, Republikgründer und erste Reichspräsident die Geschicke der Weimarer Demokratie, besonders in ihren ersten Jahren.

Walter Mühlhausen beschreibt in dieser ersten umfassenden Biographie Eberts detailliert, wie das erste demokratische Staatsoberhaupt in Deutschland auf den zentralen Politikfeldern seiner Zeit agierte. Politik und Persönlichkeit werden dabei in den Rahmen der krisenhaften Anfangsjahre der Republik eingebettet und scharf konturiert. Unter sorgfältiger Auswertung weit verstreuter und bislang nicht genutzter Quellenbestände wird eine Fülle neuer Einsichten in Amtsverständnis und Amtsführung Friedrich Eberts vermittelt.

Walter Mühlhausen
Friedrich Ebert 1871–1925
Reichspräsident der
Weimarer Republik

1.064 Seiten
gebunden
mit Schutzumschlag
Euro 48,00
ISBN 978-3-8012-4164-3

www.dietz-verlag.de

Verlag J.H.W. Dietz Nachf. – Dreizehnmorgenweg 24 – 53175 Bonn
Tel. 0228/238083 – Fax 0228/234104 – E-Mail: info@dietz-verlag.de